Herbert Lippert • Désirée Herbold • Wunna Lippert-Burmester

Anatomie – Text und Atlas

Titelblatt des Hauptwerks von Andreas Vesal: „Vom Bau des menschlichen Körpers" aus dem Jahre 1543. Es ist das erste umfassende gedruckte Werk über die menschliche Anatomie, das auf dem Studium der Leiche beruht. Mit ihm hielt die naturwissenschaftliche Betrachtungsweise ihren Einzug in die Medizin. Allerdings eilte die Anatomie darin den anderen medizinischen Fächern weit voraus. Bis weit in das 19. Jahrhundert hinein wurde die praktische Medizin mehr von Spekulationen als von Tatsachenwissen bestimmt. – Das Bild zeigt, wie Vesal die Bauchorgane an einer weiblichen Leiche demonstriert. *[ve]*

Herbert Lippert • Désirée Herbold • Wunna Lippert-Burmester

Anatomie

Text und Atlas

Deutsche und lateinische Bezeichnungen

7., völlig neu bearbeitete Auflage
823, meist mehrfarbige Abbildungen

URBAN & FISCHER
München • Jena

Zuschriften und Kritik an:
Urban & Fischer Verlag, Lektorat Pflege, Karlstraße 45, 80333 München

Anschrift der Verfasser:
Prof. Dr. med. Dr. phil. Herbert Lippert,
Facharzt für Anatomie, Dipl.-Psych.,
ehemals Leiter der Abteilung für Funktionelle und Angewandte Anatomie der Medizinischen Hochschule Hannover,
Schneeren, Am großen Horn 1, D-31535 Neustadt

Dr. med. Désirée Herbold,
Fachärztin für Orthopädie
Chirotherapie, Naturheilverfahren,
physikalische Therapie, Sozialmedizin,
Ltd. Oberärztin der Klinik Porta Westfalica,
Steinstraße 65, D-32547 Bad Oeynhausen

Dr. med. Wunna Lippert-Burmester,
Ärztin (in Weiterbildung zur Fachärztin für Anästhesiologie),
Im Klingenkampe 28F, D-30659 Hannover

Die Deutsche Bibliothek – CIP-Einheitsaufnahme
Ein Titeldatensatz dieser Ausgabe ist erhältlich bei Der Deutschen Bibliothek

ISBN 3-437-26180-0

1. Auflage 1975
6. Auflage 1995
7. Auflage 2002

02 03 04 05 06 5 4 3 2 1

Griechische Ausgabe: Ανατομικη. Κειμενο και Ατλαντας. Ελληνικοι και Λατινικοι Οροι. Μεταφραση Ν. Δ. Νηφορος, Επιμελεια Ν. Παπαδοπουλος. Parisianos, Athina 1993.

Herstellung: Christine Böhme, München
Satz: Verfasser und Appl, Wemding
Bildbearbeitung und Druck: Appl, Wemding
Verarbeitung: Großbuchbinderei Monheim
Umschlaggestaltung: prepress | ulm, GmbH, Ulm
Titelbild aus Sobotta: Atlas der Anatomie des Menschen, 21. Aufl. 2000

Aktuelle Informationen finden Sie im Internet unter der Adresse: http://www.urbanfischer.de

Vorwort

Wer erstmals einen anatomischen Atlas durchblättert, wundert sich gewöhnlich über die vielen Bezeichnungen. Er gewinnt leicht den Eindruck, das Studium der Anatomie sei eine Art Sprachkurs, bei dem es in erster Linie auf das Vokabellernen ankomme. Der anatomische Atlas ist dann für ihn ein Wörterbuch dieser Fremdsprache. Beginnt man mit dieser Einstellung das „Pauken", so wird die Anatomie bald zum Alptraum werden. In der Anatomie geht es in erster Linie um das Verständnis der Baugesetzlichkeiten des menschlichen Körpers und nicht um die anatomischen Bezeichnungen. Diese sind nur Hilfsmittel zur leichteren Verständigung, aber niemals Selbstzweck. Ebenso wenig wie man eine Fremdsprache durch Auswendiglernen eines Wörterbuchs beherrschen lernt, kann man den Körperbau des Menschen durch Auswendiglernen anatomischer Bezeichnungen erfassen.

In der hier vorliegenden Kombination von Lehrtext und Atlas soll der *Text* mit möglichst wenig Fachbegriffen klare Vorstellungen vom funktionellen Bau des Körpers vermitteln. Sie sollten in den Krankenpflegeberufen als Examenswissen ausreichen, für den Medizinstudenten können sie nur eine Einführung bedeuten. Der *Atlas* muss nach Art eines Bildwörterbuchs möglichst viele Begriffe anbieten. Damit sich der Anfänger im „Dschungel" der Begriffe nicht verläuft, sind die Hinweisziffern für die wichtigen Bezeichnungen durch Fettdruck herausgehoben.

Das Entgegenkommen des Verlags ermöglichte für die vorliegende 7. Auflage eine völlige Neubearbeitung, die sich schon rein äußerlich im größeren Format (und dafür geringeren Seitenzahl) ausdrückt.

• Das Buch sollte noch stärker an der praktischen Medizin orientiert werden. Das neue Verfasser(innen)team besteht aus zwei in der klinischen Medizin tätigen Ärztinnen und einem Anatomen. Beide Ärztinnen waren während ihrer Aus- und Weiterbildungsjahre in der Anatomie der Medizinischen Hochschule Hannover als Tutorinnen bzw. wissenschaftliche Mitarbeiterinnen lehrend und forschend tätig. Sie haben in der Anatomie ihre Doktorarbeiten verfasst, bevor sie sich der praktischen Medizin zuwandten. Das Übergewicht der jetzt klinisch arbeitenden Autorinnen betont, dass es in der Anatomie um den lebenden Menschen und nicht um die Leiche geht.

• Den menschlichen Körper gibt es in den „Versionen" von Frau und Mann. Ein Buch über den menschlichen Körper sollte daher gemeinsam von Frauen und Männern geschrieben werden, damit weder männliche noch weibliche Vorurteile überwiegen. Eine der Mitautorinnen bringt als Mutter von drei schulpflichtigen Kindern auch noch die unmittelbare Anschauung von Entwicklungsvorgängen ein. Zugleich wurde das Buch verjüngt, weil die beiden Autorinnen in ihrem Weltbild der überwiegenden Altergruppe der Leser(innen) viel näher stehen als der schon etwas „abgeklärte" Anatom.

• Im Zuge der „Verjüngung" wurde der gesamte Text didaktisch und stilistisch überarbeitet. Die Beschreibung sollte noch verständlicher, übersichtlicher und einprägsamer werden. Noch mehr Zwischenüberschriften und kursiv gesetzte Stichwörter sollen die rasche Orientierung erleichtern. Die noch in der 6. Auflage erhaltene Zweiteilung in einen Bildteil mit kurzen Texten und einen bildfreien Wiederholungstext wurde aufgegeben. Das größere Buchformat ermöglichte es, den vollen Lerntext mit den Bildern zu verbinden. Zahlreiche Abbildungen wurden durch didaktisch bessere ersetzt.

• Selbstverständlich sollte die Neuauflage den aktuellen Stand der Wissenschaft widerspiegeln. Dazu wurden die klinischen Hinweise aktualisiert und die neue internationale anatomischen Nomenklatur von 1998 eingeführt.

• Die von kritischen Lesern vorgeschlagenen Verbesserungen wurden soweit wie möglich berücksichtigt. Lehrbuchautor(inn)en brauchen in besonderem Maß die Rückkoppelung. Deshalb die Bitte an die Leserinnen und Leser: Schreiben Sie, was Ihnen nicht gefällt. Haben Sie keine Hemmungen, Kritik zu üben. Jede Zuschrift wird willkommen sein.

Besonderen Dank schulden wir der Leiterin des Lektorats Pflege, Frau Ulrike Bazlen, und ihren Mitarbeiterinnen, vor allem Frau Christine Böhme, die verständnisvoll auf unsere Wünsche für diese Auflage eingingen. Ohne sie im einzelnen zu erwähnen, sei all derer gedacht, die durch Erteilen von Abdruckgenehmigungen die Zusammenstellung dieses Atlasses ermöglicht haben. Ihre Namen gehen aus dem Bildnachweis am Ende des Buches hervor.

Sommer 2001

Herbert Lippert
Désirée Herbold
Wunna Lippert-Burmester

Inhalt

Was bedeutet Anatomie?

Das Wort Anatomie leitet sich vom griechischen anatémnein = auseinanderschneiden, zergliedern ab. Anatomie bedeutet somit etwa Zergliederungskunst. Der heutigen Anatomie geht es aber weniger um das Aufteilen als um das geistige Zusammenfügen der Teile zu einem funktionsfähigen Ganzen. Wir können dies mit der Berufsbezeichnung „Schneider" vergleichen. Das Zerschneiden des Stoffes ist zwar auch nötig, aber noch nötiger erscheint uns das Zusammennähen zu einem passenden Kleidungsstück.

Anatomie = Lehre vom Bau des Körpers

Geschichte der Anatomie

Die Anatomie ist eine sehr alte Wissenschaft. Nach schon sehr weitgehenden Erkenntnissen in der Antike trat im Mittelalter, wie in allen Naturwissenschaften, ein Rückschlag ein. Damals herrschte die Lehre von *Galen*, der seine anatomischen Kenntnisse mehr an Affen als an Menschen gewonnen hatte. Im 13. Jahrhundert begann dann für die Anatomie bereits die Renaissance. Man führte, zunächst zögernd, dann immer häufiger, Sektionen des Menschen durch. In der Mitte des 16. Jahrhunderts erlebte die Anatomie eine unerhörte Blüte.

Vom 16. bis zum 18. Jahrhundert war die Anatomie die Naturwissenschaft vom Menschen schlechthin. Der Arzt studierte damals im wesentlichen 4 Fächer: Anatomie, Chirurgie, (innere) Medizin und Botanik. Im 19. Jahrhundert verselbständigten sich dann in rascher Folge Teilgebiete der „Lehre vom Körperbau": Die „vergleichende Anatomie", die den Bau des Menschen mit dem der Tiere vergleicht, wurde zu einem Teil der Zoologie. Die „pathologische Anatomie", mit den krankhaften Veränderungen des Körpers befasst, wurde zu einem selbständigen Fach der klinischen Medizin.

Einschneidend wurde die Spaltung der Lehre vom gesunden Menschen in „Anatomie" und „Physiologie". Physiologie bedeutet, wörtlich übersetzt, „Lehre vom Körper". Sie befasst sich jedoch im wesentlichen mit den Lebensvorgängen (Kreislauf, Atmung, Verdauung, Fortpflanzung usw.). Für die Anatomie blieb damit die Untersuchung des Baues und der Strukturgesetzlichkeiten des gesunden menschlichen Körpers übrig.

Die Anatomie hat als Lehr- und Forschungsgebiet eine Fülle von Aufgaben. Gerade in letzter Zeit gewann sie durch neue Untersuchungsverfahren am lebenden Menschen (Ultraschall, Computertomographie, Kernspintomogramm (Magnetschichtbild), Spiegeluntersuchung und Feinnadelpunktion fast aller inneren Organe usw.) besondere Aktualität.

Betrachtungsweisen der Anatomie

Die Anatomie beschränkt sich heute nicht mehr auf die Beschreibung von Formen, sondern sieht die Wechselwirkung von Form und Funktion („funktionelle Anatomie"). Der menschliche Körper ist ein funktionelles Ganzes. Die einzelnen Teile können ohne das Ganze nicht zweckmäßig arbeiten. Trotzdem ist es nötig, zum Studium die einzelnen Teile und Aspekte gesondert zu betrachten. Man darf aber das Ganze nicht einfach als Summe der Teile verstehen. Dies wird bei der „Baustofflehre" deutlich: Ein Gewebe ist mehr als die Summe der Zellen, ein Organ mehr als die Summe der Gewebe. Erst das sinnvolle Gefüge, die Abstimmung der Funktionen der einzelnen Teile, ergibt ein vollständiges Ganzes.

Grundfragen der Anatomie

❶ *Wie ist ein Organ gebaut?*
- Zellenlehre (Zytologie)
- Gewebelehre (Histologie)
- Organlehre: mikroskopische Anatomie (Feinbau) und makroskopische Anatomie (Grobbau)

❷ *Wo liegt es?*
- topographische Anatomie

❸ *Wie ist es entstanden?*
- Entwicklungsgeschichte (Embryologie)

Die anatomischen Bezeichnungen

Die meisten Wissenschaftssprachen sind von den Sprachen des klassischen Altertums geprägt. Auch die offiziellen Bezeichnungen der Anatomie für Organe, Organteile usw. sind lateinisch. Da man aus den alten Sprachen oft mehrere Bezeichnungen für das gleiche Gebilde ableiten kann, haben sich die Anatomen aus aller Welt auf einheitliche Bezeichnungen geeinigt, um die internationale Verständigung zu erleichtern. Im Laufe der Zeit wurden Ergänzungen und Verbesserungen nötig, so dass die erstmals 1895 erstellte Liste („Basler Nomenklatur") inzwischen 6mal überarbeitet wurde.

Die neueste Fassung von 1998 umfasst rund 7600 Begriffe und führt neben den lateinischen auch englische Bezeichnungen auf. Sie ist unter dem Titel „Terminologia Anatomica" als Buch erschienen und dient als Nachschlagewerk. Die Begriffe der Gewebelehre und der Entwicklungsgeschichte sind seit 1975 in gesonderten Listen („Nomina histologica" und „Nomina embryologica") erfasst.

Der praktisch tätige Arzt kümmert sich meist wenig um die Bemühungen der Anatomen um einheitliche Bezeichnungen. Man hört daher in Praxis und Klinik häufig Bezeichnungen, die nicht genau der Terminologia Anatomica entsprechen. Oft fallen die Endungen weg und werden lange Begriffe verkürzt. Meist werden die Gattungsbezeichnungen (Arteria, Musculus, Nervus, Vena usw.) weggelassen, so meint z.B. „die Femoralis" die Arteria femoralis oder die Vena femoralis, „der Femoralis" den Nervus femoralis.

Manche anatomischen Bezeichnungen wurden auch in die Umgangssprache übernommen: So entstand „Muskel" aus Musculus, „Nerv" aus Nervus, „Nase" aus Nasus usw.

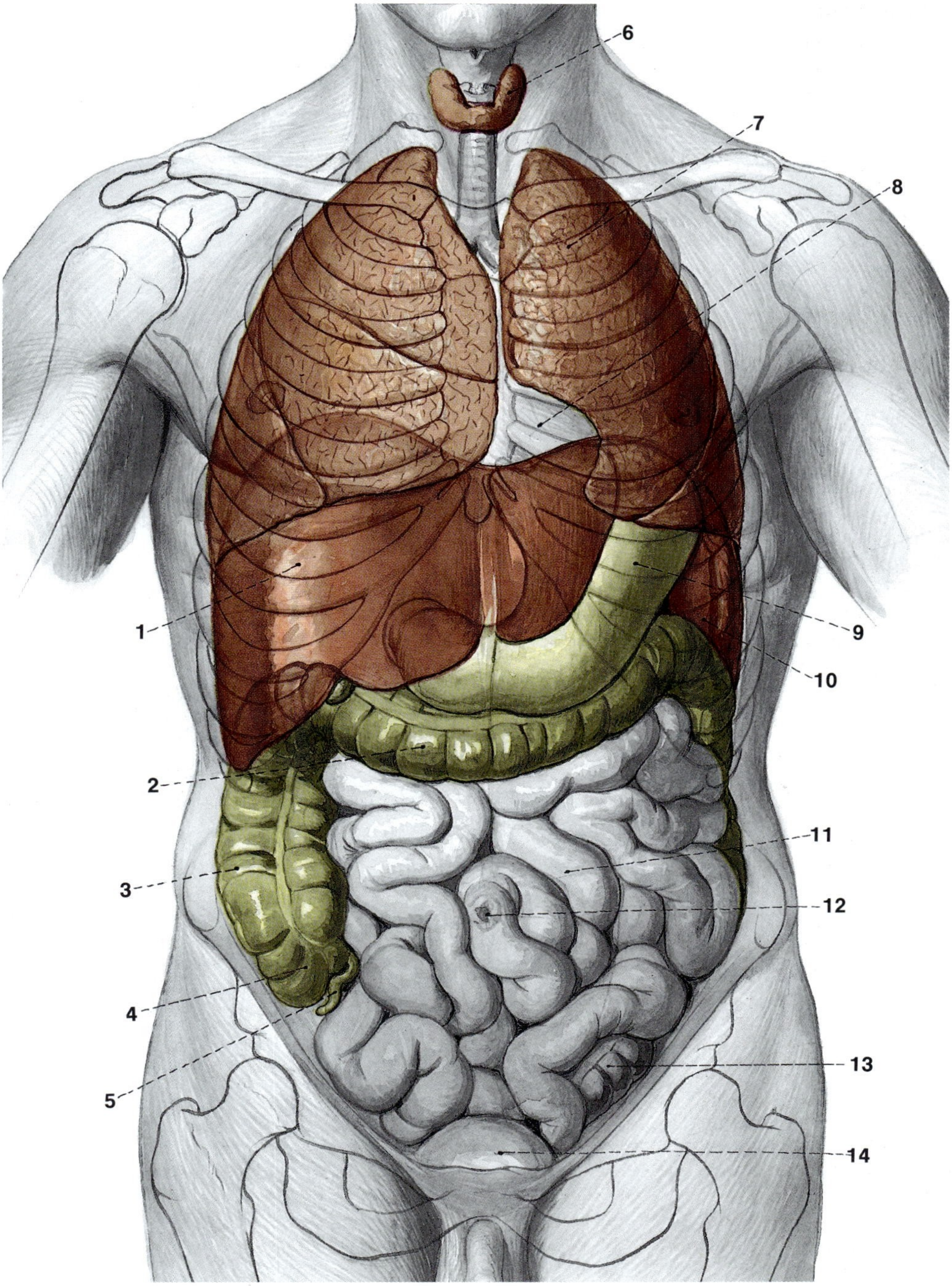

Innere Organe von vorn gesehen. *[ta]*

1	Leber	*Hepar*
2	Dickdarm, querer Teil	*Colon transversum*
3	Dickdarm, aufsteigender Teil	*Colon ascendens*
4	Blinddarm	*Caecum*
5	Wurmfortsatz	*Appendix vermiformis*
6	Schilddrüse	*Glandula thyroidea*
7	Lunge	*Pulmo*
8	Herzbeutel	*Pericardium*
9	Magen	*Gaster*
10	Milz	*Splen [Lien]*
11	Dünndarm	*Intestinum tenue*
12	Nabel	*Umbilicus*
13	Dickdarm, s-förmiger Teil	*Colon sigmoideum*
14	Harnblase	*Vesica urinaria*

Schreibweise und Aussprache der anatomischen Bezeichnungen

Die derzeit gültigen anatomischen Bezeichnungen weichen in der *Schreibweise* etwas vom klassischen Latein ab. So ist es üblich, das erste Wort eines anatomischen Begriffs (und nur dieses) mit großem Anfangsbuchstaben zu schreiben: z.B. Arcus aortae = Aortenbogen. Umlaute werden vielfach nicht mehr gebraucht: z.B. Peritoneum = Bauchfell (früher üblich Peritonaeum). Wie „j" gesprochenes lateinisches „i" wird als „j" geschrieben: z.B. Jejunum = Leerdarm.

Die *Aussprache* der lateinischen Wörter in der Medizin folgt dem lateinischen Gebrauch des Mittelalters, wie er in den romanischen Sprachen weiterlebt. So wird „c" vor e, ae, oe und i wie „z", sonst wie „k" gesprochen, z.B. Caecum (= Blinddarm), gesprochen „Zäkum". Die größte Schwierigkeit bietet dem Nichtlateiner die richtige *Betonung*. Viele Fehler kann man vermeiden, wenn man sich einprägt, dass nie die letzte Silbe, sondern immer die zweit- oder drittletzte Silbe betont ist. Meist liegt der Ton auf der vorletzten Silbe, z.B. Vagina (= Scheide). Nur wenn die vorletzte Silbe kurz ist, geht die Betonung auf die drittletzte über, z.B. Umbilicus (= Nabel). Bei einigen Wörtern ist man sich über die korrekte Betonung nicht einig, vor allem bei der Endung –ideus: Bei M. deltoideus (= Deltamuskel) betonen die einen „deltoideus", die anderen „deltoideus".

Hauptrichtungen des Körpers

Der Mensch lebt in einem dreidimensionalen Raum und erlebt auch den eigenen Körper als dreidimensional. Wir sind gewohnt, an unserem Körper „oben" und „unten" (Längsrichtung), „vorn" und „hinten" (Pfeilrichtung), „rechts" und „links" (Querrichtung) zu unterscheiden. Diese Richtungen sind nicht austauschbar: Wir können uns drehen wie wir wollen: Der rechte Arm wird nie zum linken, das „Hinterteil" nie ein „Vorderteil", der „Ober"-Schenkel nie zum „Unter"-Schenkel (auch wenn wir uns auf den Kopf stellen!). Weil die Richtungen nicht austauschbar sind, können wir sie bei anatomischen Bezeichnungen verwenden: So unterscheiden wir an der Lunge einen Oberlappen und einen Unterlappen, am Herzen eine rechte Kammer und eine linke Kammer, am Rückenmark eine vordere und eine hintere Wurzel.

Hauptrichtungen des Körpers

❶ längs (longitudinal): oben (kranial, superior) ↔ unten (kaudal, inferior)
❷ in Pfeilrichtung (sagittal): vorn (ventral, anterior) ↔ hinten (dorsal, posterior)
❸ quer (transversal):
- rechts (dexter) ↔ links (sinister)
- seitlich (lateral) ↔ zur Mitte zu (medial)
- in der Mittelebene gelegen (median)

Bei den Armen und Beinen spricht man statt von oben und unten gern von „rumpfnah" (proximal) und „rumpffern" (distal). Bei der Hand ist auf den ersten Blick nicht eindeutig, was als vorn und hinten zu bezeichnen ist. Deshalb zieht man hier die Begriffe „hohlhandseitig" (palmar) und „handrückenseitig" (dorsal) vor, entsprechend beim Fuß „fußsohlenseitig" (plantar) und „fußrückenseitig" (dorsal). Da man die Hand wenden kann, werden an Hand und Unterarm die Begriffe lateral und medial meist durch die eindeutigen „speichenseitig" (radial) und „ellenseitig" (ulnar) ersetzt.

Abkürzungen von Richtungsbezeichnungen. Die Richtungsbezeichnungen als Bestandteile anatomischer Begriffe werden in der Fachliteratur häufig abgekürzt. Da im Lateinischen die Endung der Eigenschaftswörter vom Geschlecht des zugehörigen Hauptworts abhängig ist, hat der des Lateinischen nicht Kundige dann Schwierigkeiten mit der vollständigen Wiedergabe solcher abgekürzten Bezeichnungen. Man beachte auch, dass das Geschlecht im Lateinischen und im Deutschen nicht immer übereinstimmt, z.B. der Körper = „das" Corpus, die Lunge = „der" Pulmo, die Leber = „das" Hepar, die Speiche = „der" Radius, der Oberschenkelknochen = „das" Femur.

Abkürzung	*Einzahl (Singular)*			*Mehrzahl (Plural)*			*deutsch*
	männlich	*weiblich*	*sächlich*	*männlich*	*weiblich*	*sächlich*	
ant.	anterior	anterior	anterius	anteriores	anteriores	anteriora	vorderer (bzw. vordere, vorderes)
caud.	caudalis	caudalis	caudale	caudales	caudales	caudalia	unten
dext.	dexter	dextra	dextrum	dextri	dextrae	dextra	rechts
dist.	distalis	distalis	distale	distales	distales	distalia	rumpffern
dors.	dorsalis	dorsalis	dorsale	dorsales	dorsales	dorsalia	hinten (rückwärts)
ext.	externus	externa	externum	externi	externae	externa	außen (im Sinne von oberflächlich)
inf.	inferior	inferior	inferius	inferiores	inferiores	inferiora	unterer
int.	internus	interna	internum	interni	internae	interna	innen (im Sinne von tief)
lat.	lateralis	lateralis	laterale	laterales	laterales	lateralia	außen (im Sinne von seitlich)
med.	medialis	medialis	mediale	mediales	mediales	medialia	innen (als Gegensatz von seitlich)
	medius	media	medium	medii	mediae	media	mittlerer (von 3)
post.	posterior	posterior	posterius	posteriores	posteriores	posteriora	hinterer
prof.	profundus	profunda	profundum	profundi	profundae	profunda	tief
prox.	proximalis	proximalis	proximale	proximales	proximales	proximalia	rumpfnah
sin.	sinister	sinistra	sinistrum	sinistri	sinistrae	sinistra	links
sup.	superior	superior	superius	superiores	superiores	superiora	oberer
superf.	superficialis	superficialis	superficiale	superficiales	superficiales	superficialia	oberflächlich
ventr.	ventralis	ventralis	ventrale	ventrales	ventrales	ventralia	vorn (bauchwärts)

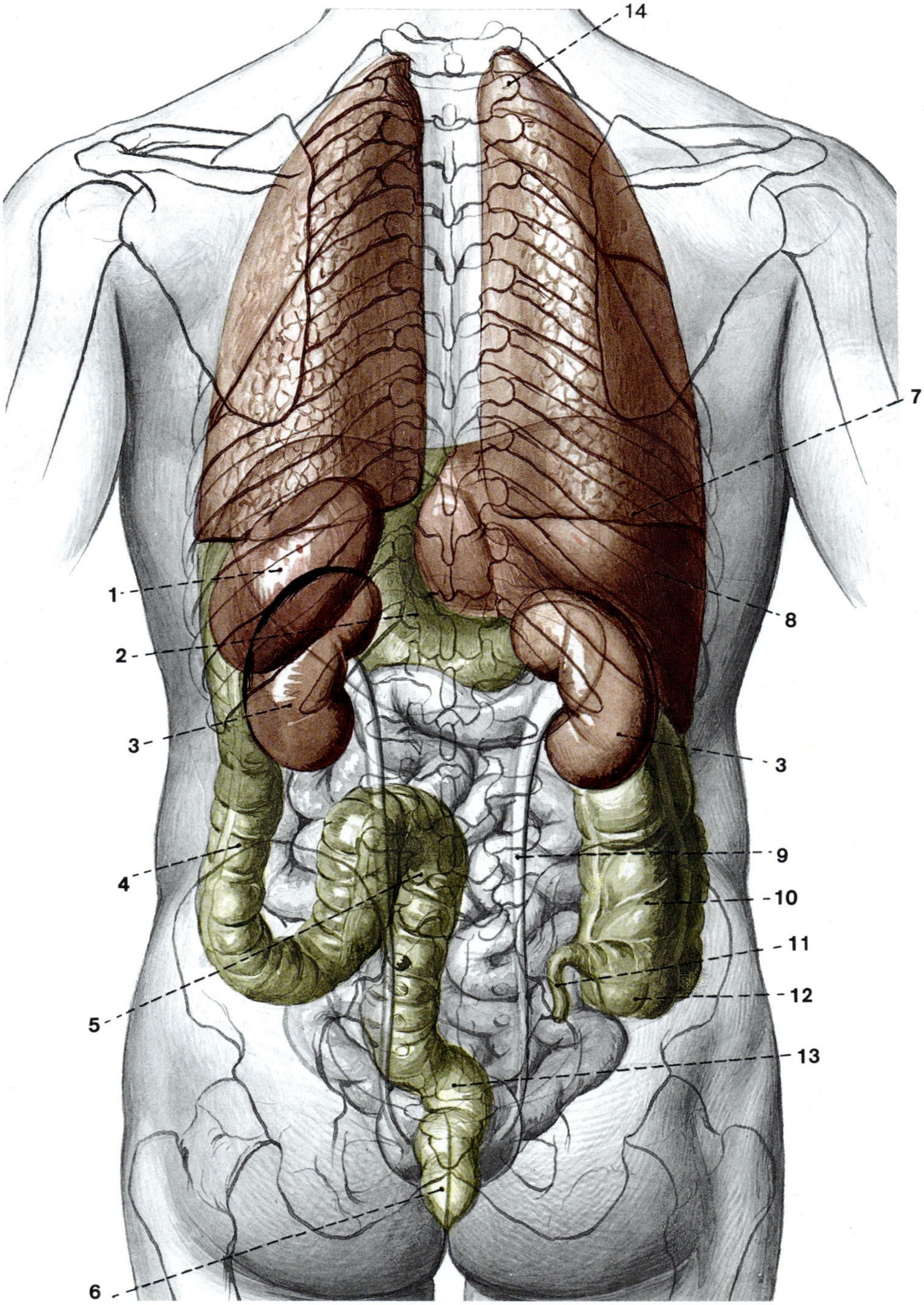

Innere Organe von hinten gesehen. *[ta]*

1	Milz	*Splen [Lien]*
2	Magen	*Gaster*
3	Niere	*Ren [Nephros]*
4	Dickdarm, absteigender Teil	*Colon descendens*
5	Dickdarm, s-förmiger Teil („Sigma“)	*Colon sigmoideum*
6	After	*Anus*
7	Lunge	*Pulmo*
8	Leber	*Hepar*
9	Harnleiter	*Ureter*
10	Dickdarm, aufsteigender Teil	*Colon ascendens*
11	Wurmfortsatz	*Appendix vermiformis*
12	Blinddarm	*Caecum*
13	Mastdarm	*Rectum*
14	Lungenspitze	*Apex pulmonis*

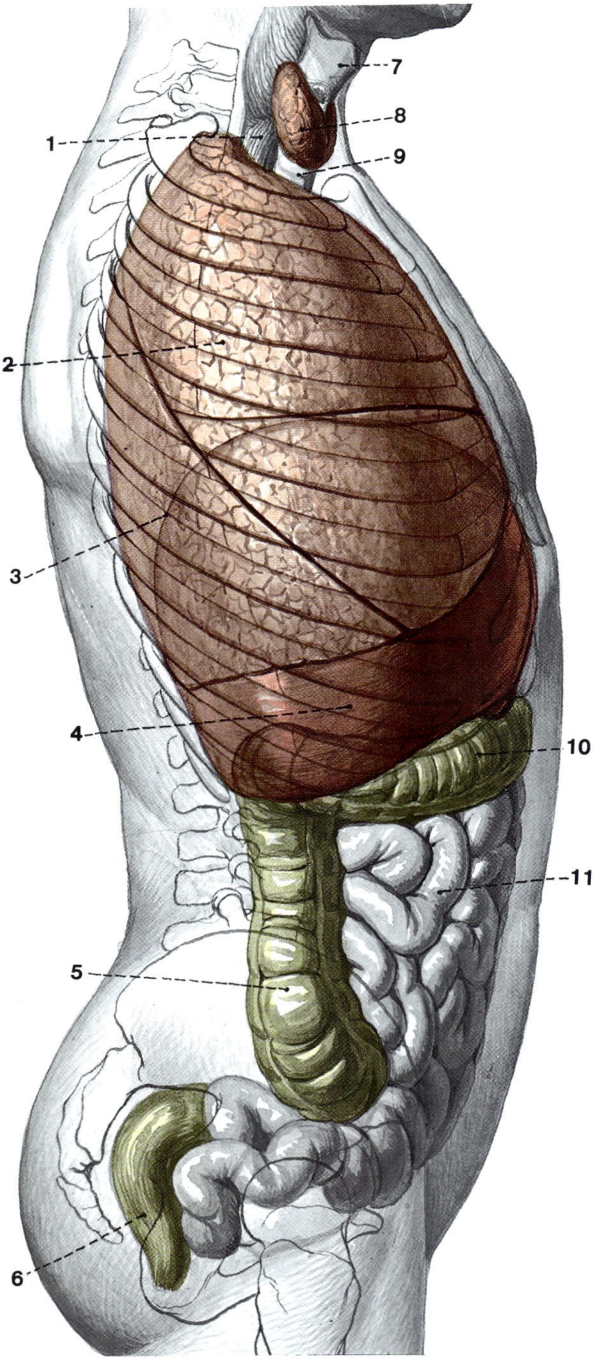

Innere Organe von rechts gesehen. Die Brustwirbelsäule ist nach rückwärts ausgebogen. Deshalb reicht die Brusthöhle weit nach hinten. Die Lendenwirbelsäule ist vorn konvex und drängt die Baucheingeweide nach vorn. Diese können nur etwa die vordere Hälfte des Unterleibs einnehmen. Die Kippstellung des Beckens lässt den Beckenorganen rückwärts mehr Platz. *[ta]*

Organsysteme

Nach ihren Aufgaben für den Gesamtorganismus kann man die Organe des Menschen (wie aller Wirbeltiere) in 10 große Gruppen einteilen:

❶ **Bewegungsapparat:** Knochen, Gelenke, Muskeln.

❷ **Verdauungsorgane**: Mundhöhle (Lippen, Wangen, Zähne, Gaumen, Zunge, Speicheldrüsen), Rachen, Speiseröhre, Magen, Dünndarm, Dickdarm, After, Leber, Bauchspeicheldrüse.

❸ **Atmungsorgane:** Nase mit Nebenhöhlen, Rachen, Kehlkopf, Luftröhre, Bronchen, Lungen.

❹ **Kreislauforgane:** Herz (mit Herzbeutel), Arterien (Schlagadern), Haargefäße (Kapillaren), Venen.

❺ **Lymphatisches System:** Lymphgefäße, Lymphknoten, Thymus, Milz, Mandeln, schleimhautassoziiertes lymphatisches Gewebe.

❻ **Harn- und Geschlechtsorgane:**
- *Harnorgane:* Nieren, Harnleiter, Harnblase, Harnröhre.
- *Innere weibliche Geschlechtsorgane:* Eierstöcke, Eileiter, Gebärmutter, Scheide.
- *Äußere weibliche Geschlechtsorgane* (Vulva): Kitzler, Schamlippen, Scheidenvorhof.
- *Innere männliche Geschlechtsorgane:* Hoden, Nebenhoden, Samenleiter, Samenblasen, Vorsteherdrüse.
- *Äußere männliche Geschlechtsorgane:* Glied, Hodensack.

❼ **Haut:** mit Haaren, Nägeln, Schweiß-, Talg- und Milchdrüsen.

❽ **Sinnesorgane:** Auge, Hör- und Gleichgewichtsorgan, Geschmacksknospen, Riechschleimhaut, Nervenendkörperchen.

❾ **Nervensystem:**
- *Zentralnervensystem:* Gehirn, Rückenmark.
- *Periphere Nerven:* Hirnnerven, Rückenmarknerven.
- *Autonomes = vegetatives Nervensystem:* Sympathikus, Parasympathikus, intramurales System.

❿ **Hormondrüsen:** Hirnanhangsdrüse (Hypophyse), Schilddrüse, Nebenschilddrüsen, Inseln der Bauchspeicheldrüse, Nebennieren, Eierstöcke, Hoden.

Dieses Buch ist weitgehend nach der eben angegebenen Reihenfolge der Organsysteme gegliedert. Die unter ❷–❻ + ❿ aufgeführten Organsysteme fasst man unter dem Begriff innere Organe zusammen.

1	Speiseröhre	*Oesophagus*
2	Lunge	*Pulmo*
3	Zwerchfell	*Diaphragma*
4	Leber	*Hepar*
5	Dickdarm, aufsteigender Teil	*Colon ascendens*
6	Mastdarm	*Rectum*
7	Kehlkopf	*Larynx*
8	Schilddrüse	*Glandula thyroidea*
9	Luftröhre	*Trachea*
10	Dickdarm, querer Teil	*Colon transversum*
11	Dünndarm	*Intestinum tenue*

Gliederung des Körpers

Hauptabschnitte des Körpers

Körperstamm:	• Kopf
	• Hals
	• Rumpf
Gliedmaßen:	• Arme (obere Gliedmaßen)
(Extremitäten)	• Beine (untere Gliedmaßen)

Die auf den ersten Blick selbstverständliche Gliederung wird problematisch, wenn man scharfe Grenzen zwischen den Abschnitten angeben soll:

- Grenze Kopf – Hals: vom Unterrand des Unterkiefers zum Hinterhauptvorsprung.
- Grenze Hals – Rumpf: Nur vorn bilden die Schlüsselbeine eine klare Grenze. Hinten geht der Nacken fließend in den Rücken über.
- Grenze Rumpf – Arm: In der Anatomie zählt man den Schultergürtel (Schlüsselbein + Schulterblatt) zur oberen Gliedmaße.
- Grenze Rumpf – Bein: Hüftbein und Gesäßgegend rechnet man zur unteren Gliedmaße. Als Teil des Beckens gehört das Hüftbein aber auch zum Rumpf.

Untergliederung des Rumpfes

Rumpfwand:	• Rücken + Wirbelsäule
	• Brustwand
	• Bauchwand
	• Becken
Leibeshöhle:	• Brusthöhle
	• Bauchhöhle
	• Beckenhöhle

Leibeshöhle

Die Leibeshöhle ist der von der Leibeswand umschlossene Hohlraum im Rumpf, der von Eingeweiden gefüllt wird. Das Zwerchfell teilt die Leibeshöhle in 2 große Abschnitte: die Brusthöhle und die Bauchhöhle. Meist spricht man aber von den „3" großen Körperhöhlen: Brust-, Bauch- und Beckenhöhle. Die Beckenhöhle ist streng genommen nur ein Teil der Bauchhöhle, und zwar jener Abschnitt, der im kleinen Becken liegt. Brust- und Bauchhöhle sind durch das Zwerchfell scharf getrennt. Die Grenze zwischen Bauchhöhle im engeren Sinn und Beckenhöhle ist jedoch fließend.

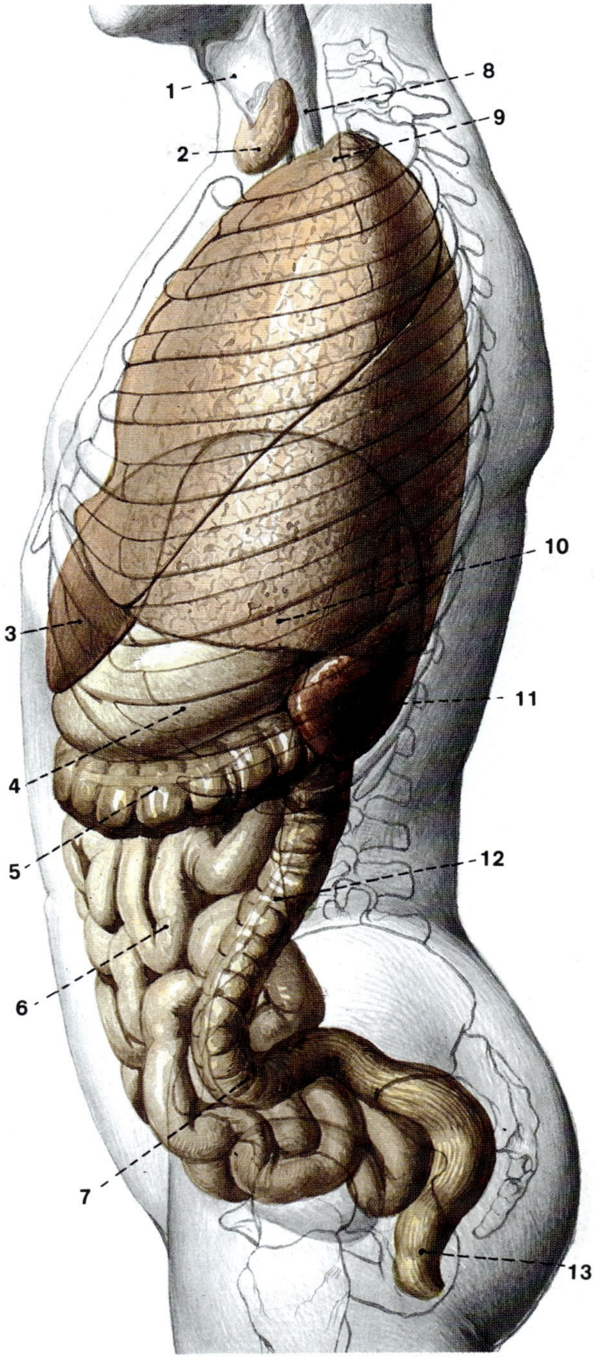

1	Kehlkopf	*Larynx*
2	Schilddrüse	*Glandula thyroidea*
3	Leber	*Hepar*
4	Magen	*Gaster*
5	Dickdarm, querer Teil	*Colon transversum*
6	Dünndarm	*Intestinum tenue*
7	Dickdarm, s-förmiger Teil („Sigma")	*Colon sigmoideum*
8	Speiseröhre	*Oesophagus*
9	Linke Lunge, Oberlappen	*Pulmo sinister, Lobus superior*
10	Linke Lunge, Unterlappen	*Pulmo sinister, Lobus inferior*
11	Milz	*Splen [Lien]*
12	Dickdarm, absteigender Teil	*Colon descendens*
13	Mastdarm	*Rectum*

Innere Organe von links gesehen. Die inneren Organe nennt man auch Eingeweide. Dieser Begriff entstammt der Jägersprache: Es handelt sich um die Teile des erlegten Wildes, die den Hunden zur Nahrung (= „Weide") vorgeworfen wurden. Je nach der Lage im Körper spricht man von Kopf-, Hals-, Brust-, Bauch- und Beckeneingeweiden. *[ta]*

↑ **Weiblicher und männlicher Körper** (Stahlstich des 19. Jahrhunderts nach einem Gemälde von Palma il Vecchio, Venedig 1512). Auch wenn man die Geschlechtsorgane nicht sieht, kann man meist ohne Schwierigkeit Frau und Mann unterscheiden. Dies ist häufig sogar an einzelnen Körperteilen möglich, z.B. einem Fuß, der unter einer Decke vorragt. Dabei ist es oft schwierig anzugeben, woran wir das Geschlecht erkennen. Wir erfassen den Körper gestalthaft als Ganzes aufgrund angeborener Bilder und langjähriger Erfahrung. *[li7]*

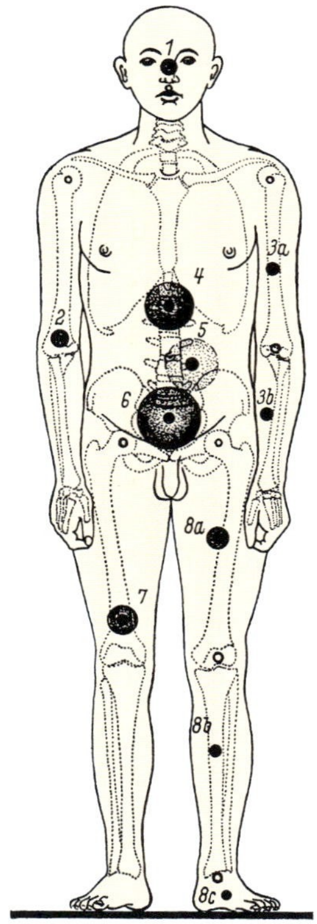

Schwerpunkte des Körpers und seiner Teile. *[ku1]* ↑
Die Prozentzahlen bedeuten die Anteile am Körpergewicht. Die Kenntnis der Lage der Teilschwerpunkte ist für die wissenschaftliche Analyse des aufrechten Standes und der Bewegungen („Biomechanik") und vor allem in der Unfallforschung von großer Bedeutung.

1	Kopf	7 %	5	Ganzer Körper ohne Standbein	81 %
2	Arm	7 %	6	Ganzer Körper	100 %
3a	Oberarm	3 %	7	Bein	19 %
3b	Unterarm	3 %	8a	Oberschenkel	12 %
4	Rumpf + Kopf + Arme	63 %	8b	Unterschenkel	5 %
			8c	Fuß	2 %

Geschlechtsunterschiede im Körperbau

Obwohl sich weiblicher und männlicher Körper nach dem grundsätzlich gleichen Bauplan entwickeln, findet man beim Vergleich einer größeren Anzahl erwachsener Frauen und Männer statistisch signifikante Unterschiede. Der Mann unterscheidet sich von der Frau (abgesehen von den Geschlechtsorganen) durch:

- größere Körperlänge (im Mittel 7 %), daher größere innere Organe.
- dünneres Unterhautfettgewebe, daher eckigere Körperformen.
- schmäleres Becken und breitere Schultern.
- unentfaltete Brustdrüsen.
- größeren Kehlkopf, daher tiefere Stimme.
- stärkere Körperbehaarung, besonders im Gesicht.
- Die Schambehaarung steigt spitz zum Nabel auf (bei der Frau verläuft deren Obergrenze horizontal).

Die 4 letztgenannten Unterschiede sind durch Geschlechtshormone auch noch beim Erwachsenen zu beeinflussen: Durch weibliche Geschlechtshormone kann man auch beim Mann die Brustdrüse zu weiblichen Formen entwickeln. Durch männliche Geschlechtshormone wird bei der Frau die Stimme tiefer und die Behaarung dichter. Dies tritt bei der Frau normalerweise in den Wechseljahren ein, wenn weniger weibliche Hormone erzeugt werden.

Die Geschlechtsdiagnose kann u.U. schon aus wenigen Zellen gestellt werden: Bei der Frau ist von den beiden X-Chromosomen jeweils nur eines entspiralisiert. Das andere bleibt als Geschlechtschromatin (Barr-Körper) bei manchen Zellen als Kernanhängsel im Mikroskop gut sichtbar.

Proportionen während des Wachstums. Ganz links Neugeborenes, ganz rechts Erwachsener, dazwischen die Altersstufen 2, 6 und 12 Jahre. *[vv]* Am auffälligsten ist die relative Größenänderung des Kopfes und der Beine, während der Rumpf seine relative Länge beibehält. Der Kopf ist beim Kleinkind so groß, weil das Gehirn beim Dreijährigen schon nahezu seine Endgröße erreicht hat. Im Alter von einem Jahr lernt das Kind bereits gehen und sprechen. Damit müssen sowohl der Apparat für die Steuerung der Bewegungen als auch der Apparat für die geistigen Funktionen betriebsfähig sein. Hingegen sind die Beine beim Säugling noch nicht sehr wichtig. Sie sind daher vor der Geburt im Wachstum zurückgeblieben. Auf diese Weise kann die Gesamtgröße der Frucht in der Gebärmutter klein gehalten werden.

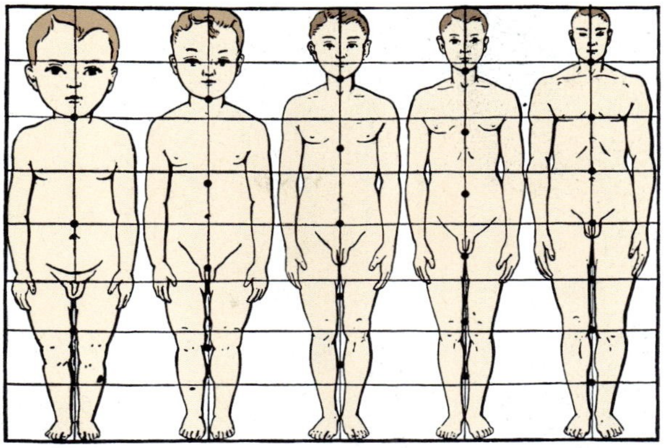

Proportionsänderungen beim Wachstum

Das Neugeborene hat (verglichen mit dem Erwachsenen) einen relativ großen Kopf und kurze Arme und Beine. Während des folgenden Wachstums bleibt der Kopf etwas zurück, während die Beine besonders rasch wachsen. Beim Neugeborenen macht der Kopf etwa ein Viertel der gesamten Körperlänge aus, beim Erwachsenen nur 1/7 bis 1/10. Die Beinlänge beträgt beim Erwachsenen etwa die Hälfte der gesamten Körperlänge, beim Neugeborenen nur etwa ein Viertel.

Auch innerhalb des Kopfes lassen sich Proportionsänderungen erkennen: Beim Neugeborenen ist das Gesicht klein und der Hirnschädel groß. Mit der Bezahnung der Kiefer nimmt die Größe des Gesichts zu. Der Hirnschädel hingegen muss nicht mehr sehr viel wachsen, da das Gehirn ab dem dritten bis vierten Lebensjahr kaum noch an Volumen zunimmt.

Bedeutung der relativen Übergröße des Kopfes bei Neugeborenen und Säuglingen für die Pflege

In den ersten Lebenswochen können die noch schwachen Halsmuskeln des Kindes den schweren Kopf nicht im Gleichgewicht halten. Die Pflegeperson muss daher bei allen Pflegemaßnahmen den Kopf des Kindes sorgfältig abstützen, damit er nicht nach rückwärts oder zur Seite fällt. Dies gilt besonders, wenn das Kind aus dem Bett oder dem Kinderwagen gehoben wird.

Der übergroße Kopf des Säuglings ist bei Unfällen stärker gefährdet. Fällt das Kind vom Wickeltisch, so kommt es leicht zu Schädelverletzungen, weil der schwere Kopf voran fällt und das Kind damit zuerst auf den Boden aufschlägt. Einen Säugling darf man daher nicht auch nur kurze Zeit unbeaufsichtigt auf einem Wickeltisch liegen lassen, um etwa neue Windeln zu holen.

Körperbautypen

Kein Mensch entspricht im Körperbau genau einem anderen. Trotzdem bestehen aber auffallende Gemeinsamkeiten bei Gruppen von Menschen, wodurch sie sich von anderen unterscheiden. Dies hat schon die Maler der Renaissance beschäftigt. Von Albrecht Dürer gibt es ein Buch „von menschlicher Proportion“ (1528), worin er einen breitwüchsigen Typ, einen Mitteltyp und einen schmalwüchsigen Typ unterscheidet. Seitdem wurden in aller Welt immer wieder neue Körperbautypen beschrieben.

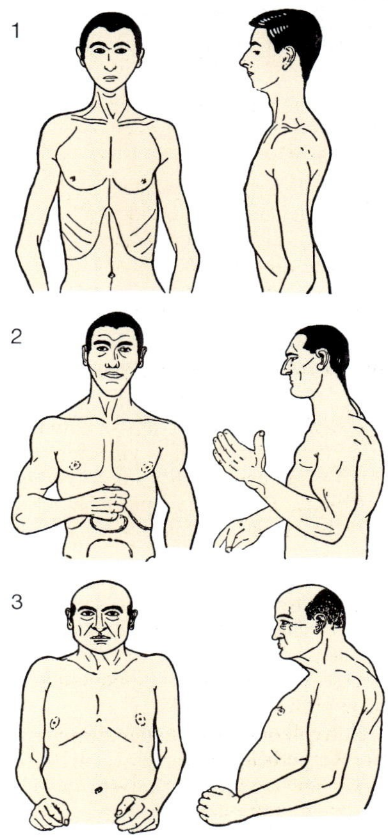

Körperbautypen (Konstitutionstypen) nach Kretschmer.
1 *Schmalwüchsiger Typ* (Leptosomer), in ausgeprägter Form Astheniker genannt.
2 *Athletischer Typ*.
3 *Breitwüchsiger Typ* (Eurysomer), in ausgeprägter Form Pykniker genannt. *[vv]*

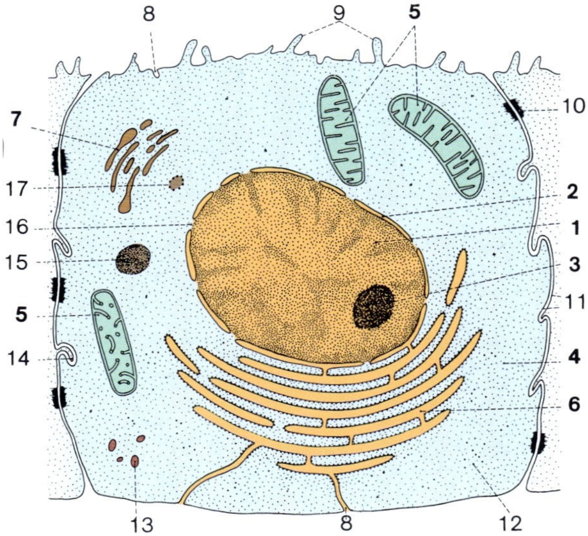

Zellschema nach elektronenmikroskopischen Bildern (nicht maßstabgetreu). *[wa]*

1	Zellkern	Nucleus
2	Kernmembran	Nucleolemma
3	Kernkörperchen	Nucleolus
4	Zellleib	Cytoplasma
5	Mitochondrion („Fadenkorn")	Mitochondrion
6	Raues (granuliertes) endoplasmatisches Retikulum	Reticulum endoplasmicum granulosum
7	Golgi-Apparat (Binnennetz)	Complexus golgiensis
8	Einstülpung der Zellmembran	Invaginatio cellularis
9	Mikrozotte	Microvillus
10	Haftplatte	Macula adherens [Desmosoma]
11	Zwischenzellraum	Spatium intercellulare
12	Freies Ribosom	Ribosoma
13	Bläschen im Zellleib	Vesicula cytoplasmica
14	Fingerförmige Verzahnung der Zellmembranen	Junctio intercellularis digitiformis
15	Zellorganellen und Zelleinschlüsse (verschiedener Art)	Organellae + Inclusiones cytoplasmicae
16	Kernpore	Porus nuclearis
17	Zentralkörperchen	Centriolum

Was ist eine Zelle?

Der Begriff „Zelle" ist vom lateinischen „cellula" = Kämmerchen abgeleitet. Der Name wurde erstmals im 17. Jahrhundert gebraucht, als man mit den damals noch recht primitiven Mikroskopen kleine Hohlräume in Pflanzen bemerkte. Bei der Pflanzenzelle liegt der Vergleich mit einem „Kämmerchen" nahe. Sie besitzt im Gegensatz zur Tierzelle eine feste Zellwand. Erst als man im 19. Jahrhundert den Zellkern entdeckt hatte, entstand der Zellbegriff im heutigen Sinne.

Zelle = Zellkern + Zellleib

Die Zelle gilt als der Grundbaustein aller Lebewesen. Nimmt man den Begriff „Baustein" wörtlich, so kann man die Zellen mit den Ziegeln eines Hauses vergleichen. So wie es (nach Ausgangsmaterial und Größe) sehr verschiedenartige Ziegel gibt, so sind auch die Zellen je nach ihrer Aufgabe in ihrem Feinbau und ihrer Größe recht unterschiedlich. Die meisten Zellen des menschlichen Körpers haben Durchmesser im Größenbereich zwischen 7 und 20 μm (μm = Mikrometer; 1 μm = 1/1000 mm). Die größten menschlichen Zellen, die reifen Eizellen, die Knochenmarkriesenzellen und die Riesenpyramidenzellen im Großhirn, sind mit einem Durchmesser von 0,10–0,12 mm gerade noch mit dem freien Auge sichtbar.

Mit der Zellenlehre (Zytologie) ging es ähnlich wie mit der Atomlehre. So wie man in dem ursprünglich für unteilbar gehaltenen Atom eine ganze Reihe von „Atomteilchen" entdeckte, so hat man innerhalb der Zelle wieder winzige „Organe" gefunden, die man „Zellorganellen" nennt.

Es gibt übrigens auch Zellen ohne Kern, die reifen roten Blutkörperchen. Sie gehen jedoch aus kernhaltigen Vorstufen hervor und sind nur begrenzte Zeit (etwa 4 Monate) lebensfähig.

Mikroskop

Es ist das wichtigste Arbeitsmittel der Zellenlehre:

❶ **Lichtmikroskop:** Um die Zellen und ihre Bausteine gut sichtbar zu machen, werden hauchdünne Ausstriche oder Schnitte von wenigen Mikrometern Dicke mit bestimmten Farbstoffen angefärbt. Aufgrund der verschiedenen chemischen Zusammensetzung von Zellkern, Zellleib und Zellorganellen färben sich diese mit unterschiedlichen Farbstoffen an.

Die Grenze der Detailerkennbarkeit im Lichtmikroskop liegt bei etwa 0,1 μm. Diese Grenze ist erstens durch den Abstand der lichtempfindlichen Zellen in der menschlichen Netzhaut, zweitens durch die Wellenlänge des sichtbaren Lichts bedingt. Da man an beiden nichts ändern kann, hat es auch keinen Zweck, mit dem Lichtmikroskop stärker als etwa 2000fach zu vergrößern (obwohl dies theoretisch möglich wäre).

❷ **Elektronenmikroskop:** Will man feinere Einzelheiten unterscheiden, muss man anstelle des sichtbaren Lichts Strahlen von kleinerer Wellenlänge und anstelle von Glaslinsen elektromagnetische Felder verwenden. Mit dem Elektronenmikroskop erreicht man Vergrößerungen bis 1,5millionenfach. Die Grenze der Detailerkennbarkeit liegt bei etwa 1 nm (nm = Nanometer; 1 nm = 0,001 μm = 0,000 001 mm). Nachteil des Elektronenmikroskops ist der große Arbeitsaufwand, der mit der Gewinnung eines Bildes verbunden ist. Es muss im Vakuum gearbeitet werden usw. Es gibt 2 Haupttypen von Elektronenmikroskopen:

- *Durchstrahlungselektronenmikroskop* (Transmissionselektronenmikroskop: Feinste Gewebeschnitte (dünner als 0,0001 mm) werden ähnlich wie beim Lichtmikroskop durchstrahlt.
- *Rasterelektronenmikroskop:* Es bildet ähnlich wie eine Lupe Oberflächen ab.

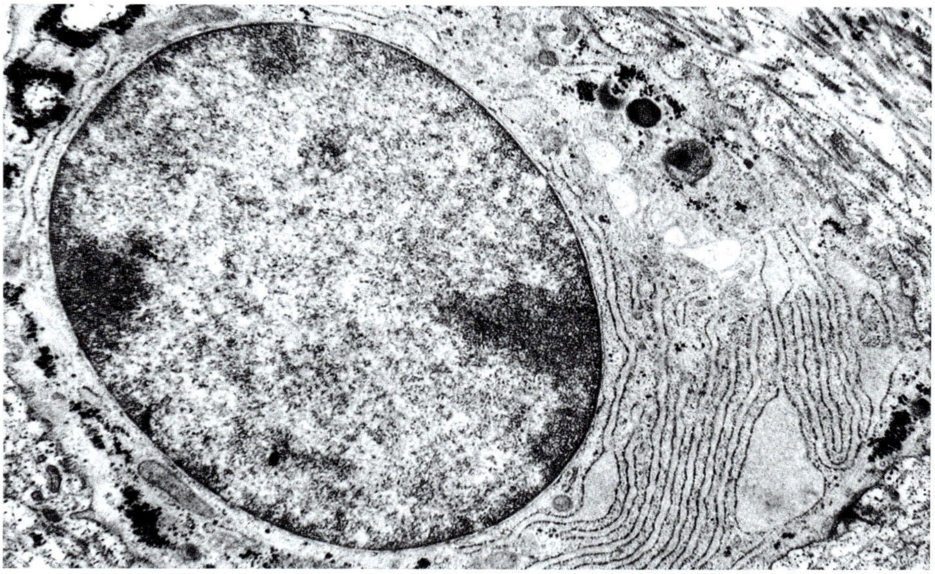

Elektronenmikroskopisches Bild einer Knorpelzelle, Vergrößerung etwa 12 000fach. Man versuche die im Schema auf der linken Seite dargestellten Strukturen in diesem Bilde wiederzufinden! *[he5]*

Bau des Zellkerns

Der **Zellkern** (Nucleus) besteht aus:

- *Kernmembran* (Nucleolemma) mit Kernmembranspalt: Der Zellkern ist von der Kernhülle umschlossen. Diese hat zahlreiche Löcher (Kernporen), die dem Stoffaustausch dienen.
- *Kernplasma* (Nucleoplasma). Es enthält die Erbanlagen (Gene) in Form von Desoxyribonucleinsäure (DNS) in den Chromosomen. Diese sind jedoch nur während der Zellteilung zu sehen.
- *Kernkörperchen* (Nucleolus): Dies sind sehr dichte, rundliche Gebilde, in denen Ribosomenbestandteile aufgebaut werden.

Die Zellkerne aller Körperzellen (ausgenommen Keimzellen) enthalten in den Chromosomen einen vollständigen (!) Satz der Erbanlagen (Gene)

Zellmembranen

Nahezu alle Membranen im Inneren und an der Oberfläche der Zelle sind nach dem gleichen Prinzip gebaut. Man spricht daher von „Elementarmembran" oder „Einheitsmembran". Im Elektronenmikroskop sieht man einen Dreischichtenbau: 2 dunkle (hydrophile = wasserfreundliche) Streifen werden durch einen hellen (hydrophoben = wasserabweisenden) getrennt. Die Zellmembranen bestehen hauptsächlich aus Phospholipiden, Cholesterin und Eiweiß und sind meist 8 nm (0,000 008 mm) dick. Aufgaben:

- *Diffusionsbarriere:* Membranen dienen der Abgrenzung zwischen innen und außen und um einzelne Bereiche innerhalb der Zelle.
- *Bläschentransport:* z.B. als „Verpackung" für Sekrete.
- *Zellerkennung:* An besonderen Kennzeichen der Zellmembran können die Abwehrzellen körpereigene und fremde Zellen unterscheiden.
- *Zellverbindung:* Sie koppeln mit Hilfe sog. Verbindungskomplexe Nachbarzellen aneinander.

Zellmembranen: Bauschema. Die wasserfreundlichen „Köpfe" der Phospholipide bilden die äußere und innere Oberfläche der Membran (1), ihre wasserabweisenden „Schwänze" die Mittelschicht (2). Membranproteine (Eiweiße, 3) durchziehen die Membran und vermitteln zwischen außen und innen. *[go2]*

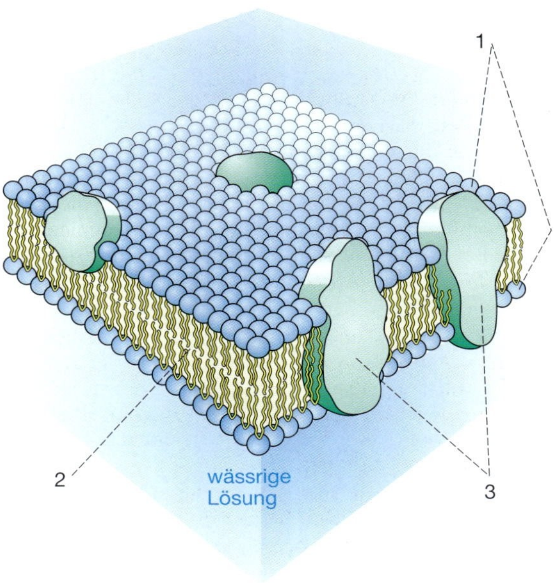

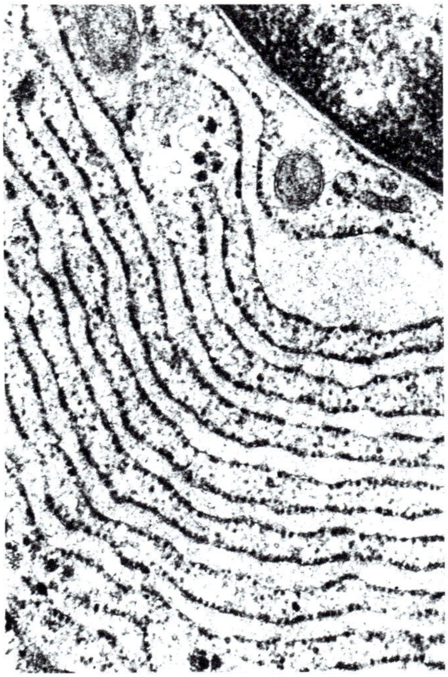

↑ **Raues endoplasmatisches Retikulum** im elektronenmikroskopischen Bild, Vergrößerung etwa 25 000fach. Ein Netzwerk von Röhrchen, Bläschen und flachen Hohlräumen ist mit Ribosomen bedeckt, die Eiweiße herstellen. *[he5]*

↓ **Golgi-Apparat** im elektronenmikroskopischen Bild, Vergrößerung etwa 25 000fach. Im Golgi-Apparat (gesprochen „gol-dschi") werden Membranen erzeugt. *[he5]*

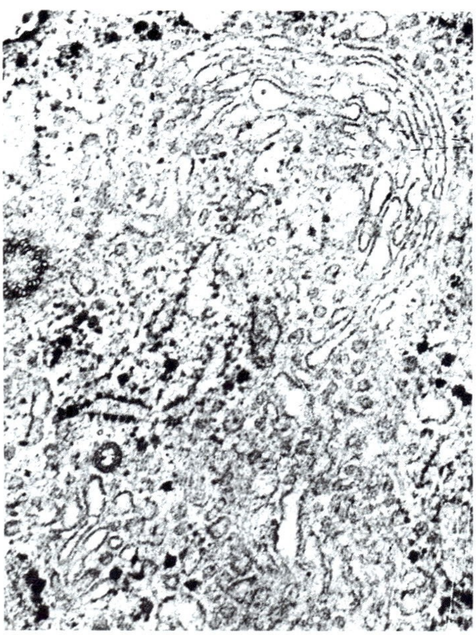

Aufgaben von Zellorganellen

❶ **Energiegewinn:** Die Zelle gewinnt Energie hauptsächlich durch Verbrennungsvorgänge. Die Enzyme hierfür sind in den *Mitochondrien* enthalten. Diese sind damit für den Betriebsstoffwechsel der Zelle unentbehrlich. Sie kommen daher in allen Zellen, ausgenommen den reifen roten Blutkörperchen, vor. Sie sind aus einem komplizierten Membransystem aufgebaut und haben eine Sonderstellung unter den Zellorganellen: Sie sind weitgehend autonom. Sie leben nach Art einer Symbiose innerhalb der Zelle (wenige bis über tausend).

❷ **Stoffsynthese:** Alle Zellen synthetisieren Stoffe. Drüsenzellen erzeugen Sekrete. Bindegewebezellen bauen die Zwischenzellsubstanz und die in ihr liegenden Fasern auf. Nervenzellen sondern „Überträgerstoffe" ab, um die Erregung von einer Zelle zur nächsten weiterzuleiten. Vor allem aber müssen alle Zellen ihren eigenen Zellkörper erhalten. Sie müssen dazu ständig Eiweiß herstellen, um verbrauchte Zellbestandteile zu ersetzen. Dies geschieht in den *Ribosomen*, die vom Zellkern in Form der Boten-Ribonucleinsäure (mRNS) eine Art Schablone für das Zusammenfügen der richtigen Aminosäuren in der richtigen Reihenfolge erhalten. Sie sind als feine Körnchen im Zellleib verteilt oder liegen den Membranen des endoplasmatischen Retikulums an und bedingen dessen „raues" Aussehen. Man unterscheidet 2 Formen des endoplasmatischen Retikulums:

- *raues endoplasmatisches Retikulum:* mit Ribosomen besetzt. Hier wird Eiweiß erzeugt.
- *glattes endoplasmatisches Retikulum:* ohne Ribosomen. In ihm werden Lipide, z.B. Steroidhormone, synthetisiert.

❸ **Membransynthese:** Die vom endoplasmatischen Retikulum gebildeten Sekrete werden in membranumhüllten Bläschen gespeichert. Sie schützen die Zelle vor ihren eigenen Sekreten, z.B. Verdauungssäften. In den Bläschen werden sie durch die Zelle befördert. Das Bläschen verschmilzt mit der äußeren Zellmembran und entleert seinen Inhalt in die Umgebung der Zelle, z.B. in einen Drüsenausführungsgang. Die Membran wird wiederverwendet („recycelt"). Membranen werden vom *Golgi-Apparat* geliefert. Zum Teil werden im Golgi-Apparat auch Sekrete gebildet oder fertiggestellt.

❹ **Stoffabbau:** *Lysosomen* sind die Verdauungsorgane der Zelle. Sie enthalten eine Vielfalt von Enzymen, mit deren Hilfe von der Zelle aufgenommene Stoffe abgebaut werden können. *Peroxysomen* erzeugen Wasserstoffperoxid. Dieses wird in der Leber und in der Niere für Entgiftungsvorgänge benötigt.

❺ **Ankerpunkte für das Zellskelett:** Die Form der Zelle wird durch ein Gerüst feinster Fädchen *(Mikrofilamente)* und Röhrchen *(Mikrotubuli)* gesichert. Diese sind an den *Zentralkörperchen* und an den Verbindungskomplexen verankert. Die Zentralkörperchen sind die Ausgangspunkte der Teilungsspindel bei der Zellteilung.

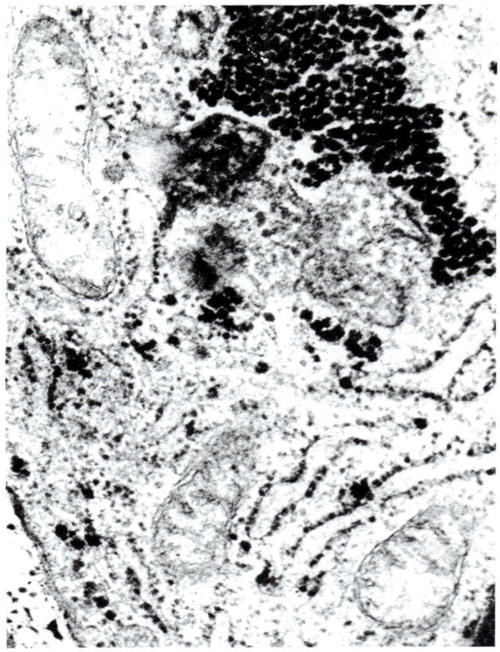

Mitochondrien im elektronenmikroskopischen Bild, Vergrößerung etwa 40 000fach. [he5]

Bestandteile des Zellleibs (Cytoplasma)

❶ *Zellmembran* (Plasmalemm)
❷ *Grundplasma*
❸ *Zellorganellen*:
- Mitochondrien
- Ribosomen
- raues endoplasmatisches Retikulum
- glattes endoplasmatisches Retikulum
- Golgi-Apparat
- Lysosomen
- Peroxysomen
- Zentralkörperchen (Zentriol)

❹ *Zelleinschlüsse:*
- Zellskelett: Mikrotubuli, Mikrofilamente
- Bläschen (mit Sekreten, Farbstoffen, Fett, Abbauprodukten)
- in manchen Zellen spezielle Fäserchen (Myofibrillen, Neurofibrillen)

❺ *Verbindungskomplexe* (zu Nachbarzellen):
- Haftverbindungen (Desmosomen)
- undurchlässige Verbindungen
- kommunizierende Verbindungen

Stoffaufnahme und Stoffabgabe

Manche Zellen, z.B. weiße Blutkörperchen, können außerhalb der Zelle liegende Fremdkörper, z.B. Bakterien, umfließen und so in das Zellinnere bringen *(Endozytose = Phagozytose)*. Dort verschmilzt dieses Bläschen (Phagosom) mit einem Lysosom. Mit Hilfe dessen Enzyme wird der Fremdkörper abgebaut. Unverdauliche Anteile (Residualkörper) werden ebenso wie verbrauchte Zellteile (Autophagosom) auf dem umgekehrten Weg wieder über ein Bläschen aus der Zelle *(Exozytose)* abgegeben.

• Auch Flüssigkeiten können als kleine Bläschen in das Zellinnere gelangen *(Mikropinozytose):* Dort kann die umhüllende Membran aufgelöst und der Inhalt in das Grundplasma aufgenommen werden.

• In Form von Bläschen können auch Stoffe durch die Zelle geschleust werden *(Transzytose):* Die durch Mikropinozytose in die Zelle gelangten Flüssigkeitsbläschen durchqueren diese und werden auf der anderen Seite wieder unverändert ausgeschieden. Dieser Transportweg dient höhermolekularen Stoffen, z.B. Eiweißen, durch Kapillarwände oder das Darmepithel.

• Niedermolekulare Stoffe können dagegen durch Zellen entsprechend den Konzentrationsgefällen hindurch diffundieren.

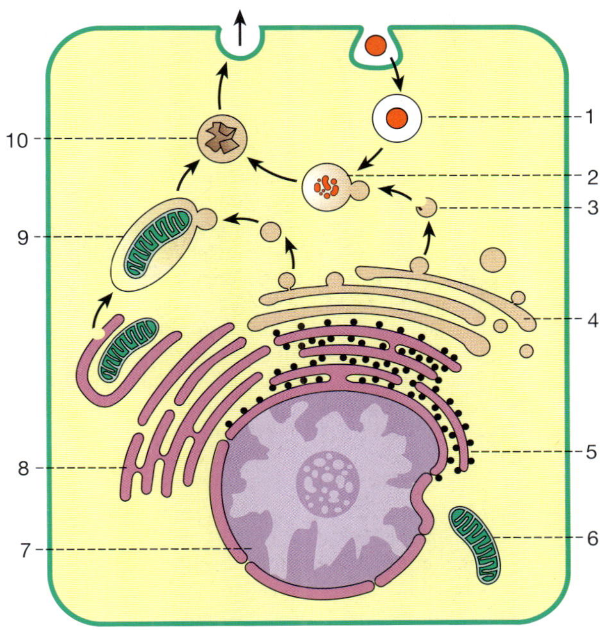

Stofftransport durch die Zelle (Schema): Stoffaufnahme (Endozytose, rechts oben) und Stoffabgabe (Exozytose, links oben). [de3]

1	Phagosom	*Phagosoma*
2	Phagolysosom	*Phagolysosoma*
3	Lysosom	*Lysosoma*
4	Golgi-Apparat (Binnennetz)	*Complexus golgiensis*
5	Raues (granuliertes) endoplasmatisches Retikulum	*Reticulum endoplasmicum granulosum*
6	Mitochondrion	*Mitochondrion*
7	Zellkern	*Nucleus*
8	Glattes (nichtgranuliertes) endoplasmatisches Retikulum	*Reticulum endoplasmicum nongranulosum*
9	Autophagosom	*Autophagosoma*
10	Residualkörper	*Corpusculum residuale*

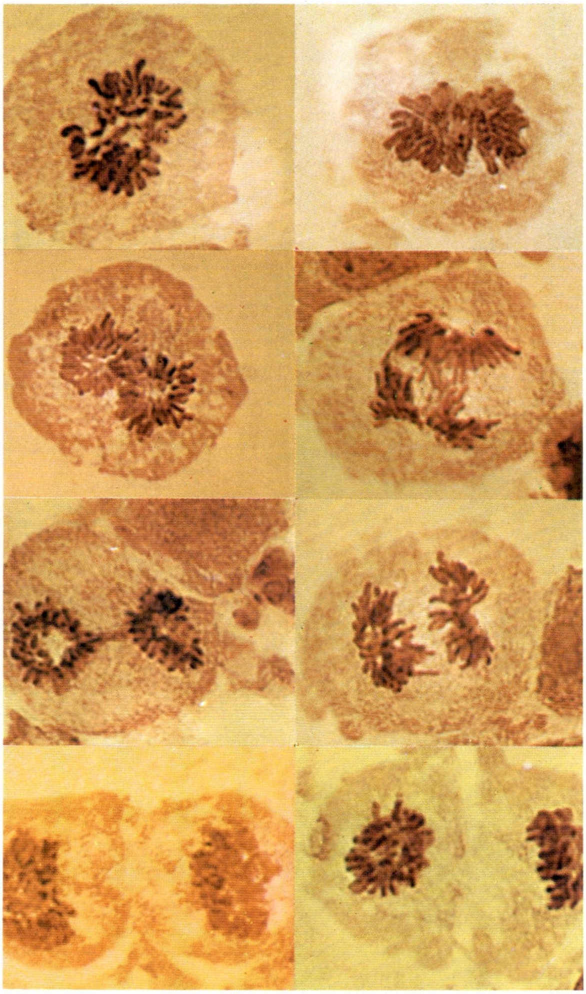

Zellteilung: Mikrofotos von sich teilenden Zellen aus Lymphozytenkulturen, Vergrößerung 2000fach (Grenze des Auflösungsvermögens des Lichtmikroskops). [pl]

- Oberste Reihe: Knäuelstadium *(Prophase)*: Im Zellkern werden knäuelförmige Strukturen sichtbar. Es handelt sich um die Chromosomen. Sie sind in der zwischen den Zellteilungen liegenden „Arbeitsphase" (fälschlich oft „Ruhephase" genannt) der Zelle nicht zu sehen. Im Zellleib hat sich das Zentralkörperchen geteilt. Die beiden neuen Zentralkörperchen wandern zu gegenüberliegenden Polen der Zelle (daher auch „Polkörperchen" genannt). Die Kernmembran beginnt zu verschwinden. Die Zellorganellen mit Ausnahme der Mitochondrien scheinen aufgelöst zu werden.
- 2. Reihe: Bildung des Muttersterns *(Metaphase):* Die Chromosomen haben sich in der Ebene des Zelläquators angeordnet. Sie liegen dabei so, dass ihre Einschnürungen zur Mitte und die Arme abgewinkelt zur Seite weisen. Es entsteht ein Stern. Von den Zentralkörperchen ausgehend hat sich in jeder Zellhälfte eine Spindel ausgebildet. Sie setzt jeweils an den Einschnürungen der schon gespaltenen Chromosomen an.
- 3. Reihe: Auseinanderrücken der Kernhälften *(Anaphase):* Von den Spindeln werden die beiden Tochterchromosomen auseinandergezogen. Es sind 2 Tochtersterne entstanden. Der Zellleib beginnt sich einzuschnüren.
- Unterste Reihe: Endphase (*Telophase* oder Rekonstruktionsphase): Die beiden Tochterzellen haben sich getrennt. Die Chromosomen werden sich entknäueln und scheinbar verschwinden.

Zellen entstehen immer nur aus Zellen. Sie werden im Körper niemals aus Einzelteilen zusammengebaut, sondern sind immer Ergebnis einer Zellteilung!

Indirekte Zellteilung

Angesichts des komplizierten Aufbaus jeder einzelnen Zelle kann die Zellvermehrung nicht einfach so vor sich gehen, dass eine Zelle in mehrere Stücke zerfällt und diese wieder zur ursprünglichen Größe heranwachsen. Alle wichtigen Zellbestandteile müssen allen neuen Zellen mitgegeben werden. Die Zellteilung erfolgt daher meist nicht „direkt" (Amitose), sondern auf einem komplizierten „indirekten" Weg (Mitose). Dabei werden die Erbanlagen zu genau gleichen Teilen als jeweils ein vollständiger Chromosomensatz den beiden Tochterzellen übergeben. Deswegen wird vor der Zellteilung jedes Chromosom verdoppelt. Alle Erbanlagen werden lückenlos an jede der beiden Tochterzellen weitergereicht.

Im Mikroskop kann man die Trennung der schon verdoppelten Chromosomen und das Durchschnüren von Zellkern und Zellleib beobachten. Dies ist auch bei menschlichen Zellen möglich, die man in einer Nährlösung züchtet („Gewebekultur").

Zellzyklus

4 Phasen im Lebenslauf einer Zelle

❶ *G_1-Phase,* Wachstums- und Arbeitsphase: Nach der Zellteilung wachsen die beiden Tochterzellen allmählich zur Größe der Mutterzellen heran und nehmen die Arbeit auf, die ihnen im Bauplan des Körpers zukommt. Diese Phase dauert bei kurzlebigen Zellen, z.B. den Deckzellen des Darms oder bestimmten weißen Blutkörperchen, nur wenige Tage. Bei langlebigen Zellen, z.B. Nerven- oder Muskelzellen, erstreckt sie sich über Jahrzehnte.

❷ *S-Phase,* Synthesephase: Zur Vorbereitung der Zellteilung wird die Erbsubstanz (Desoxyribonucleinsäure = DNS) im Zellkern verdoppelt. Die DNS-Synthese dauert etwa 5–8 Stunden.

❸ *G_2-Phase,* Prämitosephase: Ruhepause vor der Zellteilung von 1–5 Stunden.

❹ *M-Phase:* Die Zellteilung (Mitose) ist in 4 Unterphasen gegliedert. Ihr Gesamtablauf benötigt etwa eine Stunde.

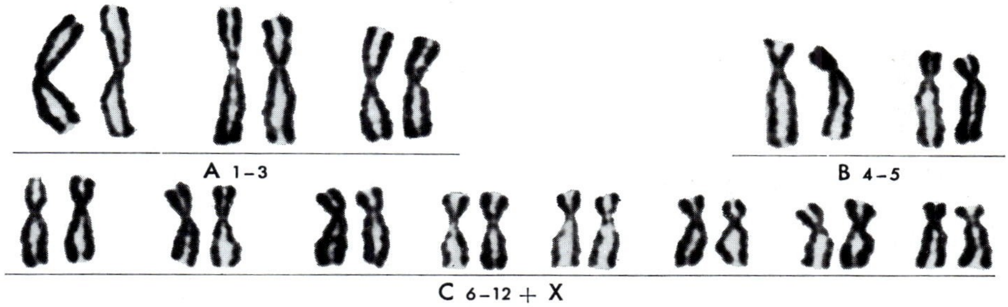

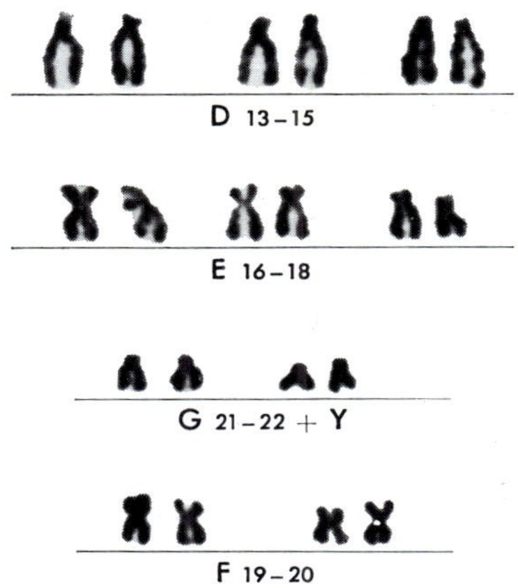

Karyogramm = paarweise Anordnung der Chromosomen nach Länge, Lage der Einschnürung, des Querbänderungsmusters usw. Die Buchstaben und Ziffern entsprechen den internationalen Bezeichnungen (Denver-Klassifikation). Da es sich um den Chromosomensatz einer Frau handelt, fehlt das Y-Chromosom in der Reihe G (Fotomontage aus der unteren Abbildung). *[wt]*

Bau der Chromosomen

Jedes Chromosom besteht aus 2 Armen, die durch eine Einschnürung (Zentromer) verbunden sind.

• Die Erbanlagen sind an einem Faden aus Desoxyribonucleinsäure (DNS, häufig auch nach der englischen Form DNA abgekürzt) aufgereiht. Dieser Faden ist in Schraubenwindungen gelegt, die ihrerseits wieder in übergeordneten Systemen schraubig gewickelt sind. Man hat errechnet, dass die Länge der DNS-Fäden eines Zellkerns in gestrecktem Zustand etwa 100 000- bis 1 000 000-mal länger als der Durchmesser des Zellkerns ist.

• In der Arbeitsphase sind die Chromosomen im Zellkern „entspiralisiert" und daher nicht abgrenzbar. Vor der sichtbaren Kernteilung muss sich jeder DNS-Faden verdoppeln. Es bilden sich die beiden Tochterfäden. Sie rollen sich getrennt auf und werden als Tochterchromosomen sichtbar.

Zahl der Chromosomen

Der Mensch hat 46 Chromosomen, davon 2 Geschlechtschromosomen: Frau XX, Mann XY

• Von den 46 Chromosomen des Menschen liegen 44 in Paarform vor *(„Autosomen"*, Nr. 1–22). Dabei stammt jeweils der eine Paarling von der Mutter, der andere vom Vater ab.

• Die restlichen beiden Chromosomen sind geschlechtsspezifisch und werden daher *„Geschlechtschromosomen"* genannt. Die Frau besitzt 2 X-Chromosomen, der Mann ein X- und ein Y-Chromosom in allen Körperzellen.

Anomalien der Chromosomenzahl

Nicht jede Zellteilung läuft planmäßig ab. Bei Störung der Spindel können Chromosomen ungleich auf die Tochterzellen verteilt werden. Die eine Zelle kann ein Chromosom zuviel, die andere eines zuwenig erhalten. Dies kann sich bei den Keimzellen verheerend auswirken.

• Viele angeborene Missbildungen beruhen auf einer fehlerhaften Chromosomenzahl. Beim Down-Syndrom („Mongolismus") findet man ein überzähliges Chromosom Nr. 21 (also drei = „Trisomie 21").

• Manche Formen der Zwitterbildung (s. S. 422) sind auf eine falsche Zahl der Geschlechtschromosomen zurückzuführen, z.B. Klinefelter-Syndrom (2 X- und 1 Y-Chromosom = XXY), Turner-Syndrom (1 X-, kein Y-Chromosom = X0).

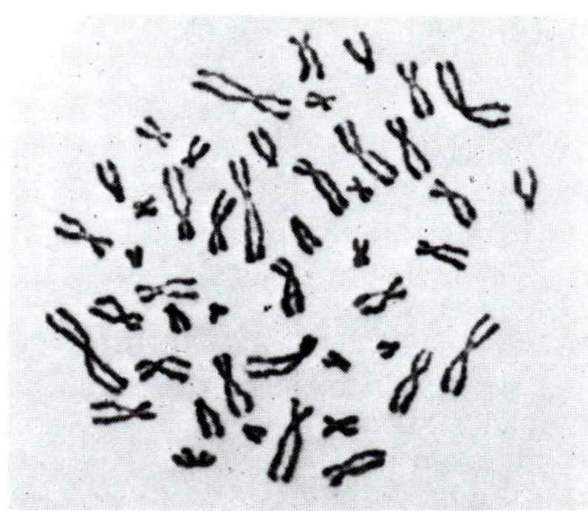

Chromosomensatz einer Frau (Mikrofoto). Die Chromosomen sind am besten in der Metaphase der Zellteilung zu beobachten. Zum Studium der Chromosomen züchtet man Lymphozyten oder Fibroblasten in der Gewebekultur und hält dann die Zellteilung durch Mitosehemmer (z.B. Colchicin) in der Metaphase an. Die Chromosomen sind bereits längsgespalten. Die beiden Hälften hängen nur noch an der Einschnürung (Zentromer) zusammen. Dies bedingt die eigenartige H-Figur der Chromosomen. *[wt]*

Gewebearten

Angesichts der Winzigkeit der Zellen bedeutet eine einzelne Zelle nicht viel. Es müssen sich zahlreiche Zellen der gleichen Art zusammenschließen, um eine Aufgabe zu erfüllen. Einen Verband gleichartiger Zellen nennt man Gewebe. Es gibt 4 Hauptarten von Zellen und demgemäß 4 Grundgewebe:

4 Grundgewebe
- *Deckgewebe* (Epithel)
- *Bindegewebe*
- *Muskelgewebe*
- *Nervengewebe*

• *Deckgewebe (Epithelien)* bedecken die äußeren (Haut) und inneren (Schleimhäute) Oberflächen des Körpers. Damit eine geschlossene Oberfläche zustande kommt, müssen sich die Deckzellen lückenlos aneinander lagern.

• *Bindegewebe* sichern den Zusammenhalt der einzelnen Teile des Körpers und gewährleisten seine Form. Kennzeichnend ist die Art der zwischen den Bindegewebezellen liegenden Zwischenzellsubstanz. Sie kann verformbar (Bindegewebe i.e.S., Knorpel) oder formstabil (Knochen, Zahnbein) sein. In der Zwischenzellsubstanz liegen Fasern.

• *Muskelzellen* können aktiv ihre Form verändern. Sie ermöglichen das Bewegen des Körpers. Die kontraktilen Fasern liegen (im Gegensatz zu den Bindegewebefasern) innerhalb der Zellen.

• *Nervenzellen* dienen der Verarbeitung und Fortleitung von Nachrichten („Erregungen") im Körper. Da die Nervenfaser ein langer Fortsatz der Zelle ist, können Nervenzellen über einen Meter lang werden (z.B. in den Nerven, die zum Fuß ziehen).

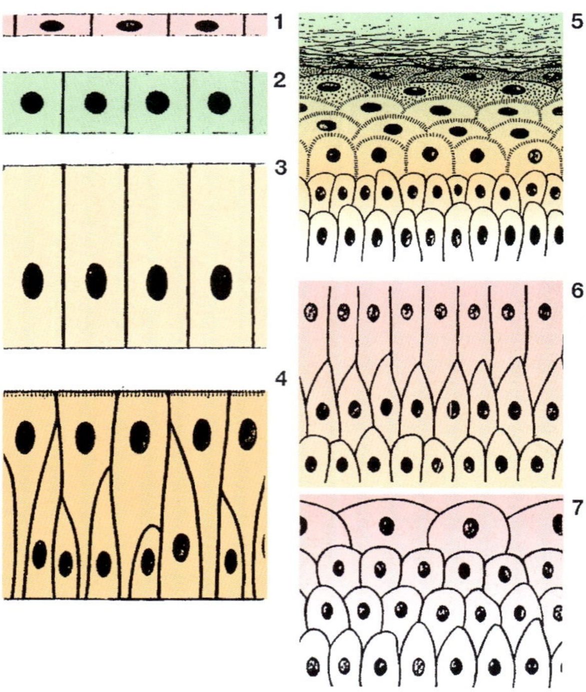

Deckgewebe (Epithel)

Die Deckgewebe unterscheiden sich entsprechend ihren Aufgaben in:

• *Zellform:* Flache (platte) Zellen dienen nur dem Abgrenzen und Abdichten. Hohe (säulenförmige) Zellen enthalten mehr Organellen und erfüllen damit zusätzliche Aufgaben, z.B. Stoffaufnahme oder Stoffabgabe.

• *Zahl der Zellschichten:* Je nach der Stärke des Abriebs sind die Deckgewebe ein- oder mehrschichtig. Eine Sonderform bildet das „mehrreihige" Epithel: Es besteht eigentlich aus nur einer Zellschicht, aber die Zellen sind verschieden lang, die Zellkerne liegen in mehreren Reihen übereinander.

• *Besonderheiten der Oberfläche:* Bürstensaum (Microvilli) zur Vergrößerung der Resorptionsfläche, Flimmerhaare zum Bewegen von Schleim, Hornschicht bei besonders starkem Abrieb usw.

Vorkommen der einzelnen Epithelarten

❶ **Plattenepithel:**

• *Einschichtiges Plattenepithel* dient dem Glätten von Oberflächen. Vorkommen: Brustfell, Bauchfell, Herzinnenwand, Gefäßinnenwand, Lungenbläschen.

• *Mehrschichtiges Plattenepithel:* Die mehrschichtigen Epithelien werden nach der Form der obersten Zellschicht benannt. Mehrschichtige Plattenepithelien verwendet der Körper an mechanisch besonders beanspruchten Stellen:

• *Unverhorntes mehrschichtiges Plattenepithel:* an mechanisch beanspruchten Schleimhäuten mit geringen spezifischen Zellaufgaben, z.B. Mundhöhle, Speiseröhre, After, Stimmlippen im Kehlkopf, Bindehaut des Auges, Scheide, Eichel.

• *Verhorntes mehrschichtiges Plattenepithel:* Als zusätzlicher Schutz wird aus abgestorbenen Epithelzellen eine Hornschicht gebildet: äußere Haut.

❷ **Kubisches Epithel:** Die Zellen sind wie Pflastersteine zusammengefügt. Einschichtiges kubisches Epithel findet man in den dicken Teilen der Nierenkanälchen und in vielen Drüsenausführungsgängen.

❸ **Säulenepithel** (Zylinderepithel, „hochprismatisches" Epithel):

• *Einschichtiges Säulenepithel:* Die Zellen dienen der Stoffaufnahme (Resorption) oder -abgabe (Sekretion) in Magen, Darm, Eileiter, Gebärmutter.

• *Mehrschichtiges Säulenepithel* kommt nur an wenigen Stellen vor, z.B. in manchen Drüsenausführungsgängen.

❹ **Mehrreihiges Epithel** (Atemepithel): An seiner Oberfläche finden sich Flimmerhärchen („Flimmerepithel"). Es kleidet die Atemwege aus: Nasenhöhle, Kehlkopf, Luftröhre, Bronchen.

Deckgewebe, Formen: 1 einschichtiges Plattenepithel, 2 einschichtiges kubisches Epithel, 3 einschichtiges Säulenepithel, 4 mehrreihiges Epithel (Atemepithel), 5 verhorntes mehrschichtiges Plattenepithel, 6 mehrschichtiges Säulenepithel, 7 Übergangsepithel. *[wa]*

Verhorntes mehrschichtiges Plattenepithel mit besonders dicker Hornschicht von der Haut der Fingerbeere (Vergrößerung etwa 130-fach). Die Hornschicht entsteht aus absterbenden Epithelzellen. [pa3]

1	Hornschicht	Stratum corneum
2	Helle Schicht	Stratum lucidum
3	Körnerschicht	Stratum granulosum
4	Stachelzellschicht	Stratum spinosum
5	Grundschicht	Stratum basale
6	Schweißdrüsen-Ausführungsgang	Ductus sudorifer
7	Lederhautpapille	Papilla (dermidis)
8	Blutgefäß	Vas sanguineum

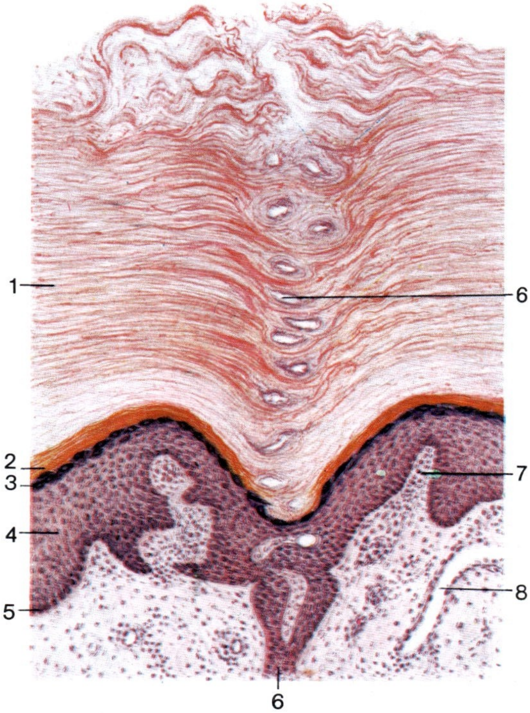

❺ **Übergangsepithel** kleidet nur die Harnwege aus: Nierenbecken, Harnleiter, Harnblase und Teile der Harnröhre. Kennzeichnend ist die oberflächliche Lage großer Zellen. Sie sondern Schleim ab, der die darunter liegenden Zellen vor dem hochkonzentrierten Harn schützt. Den Namen verdankt das Übergangsepithel seiner Fähigkeit, sich den unterschiedlichen Füllungszuständen der Hohlräume anzupassen und, z.B. beim Ausdehnen der Harnblase, von einer scheinbar vielschichtigen in eine zweischichtige Form überzugehen.

Zellfortsätze

Viele Deckzellen an der Oberfläche von Schleimhäuten tragen feine Fortsätze. Man könnte sie etwa den Haaren auf dem Kopf vergleichen, jedoch sind die Zellen und ihre Fortsätze nur etwa ein Zwanzigtausendstel so groß wie der Kopf. Manche Menschen ziehen einen Bürstenhaarschnitt vor, andere wallendes langes Haar. Ähnlich gibt es kurze und lange Zellfortsätze.

- Manche Zellfortsätze sind aktiv beweglich. Man nennt sie *Flimmerhaare* (Wimpern, Zilien). Bei Lebendbeobachtung im Mikroskop sieht ihr Schlag aus wie das Wogen eines Getreidefeldes. Auf diese Weise können kleine Teilchen (z.B. Staubteilchen in den Atemwegen, Eizellen im Eileiter) transportiert werden. Die Flimmerhaare überragen die Zelle um 5–10 μm und sind tief in den Zellen verankert.
- Die meisten Fortsätze sind unbeweglich und kurz (etwa 2 μm). Sie dienen der Oberflächenvergrößerung für Austauschvorgänge, z.B. Resorption im Darmepithel und in bestimmten Abschnitten der Nierenkanälchen. Sie liegen meist dicht aneinander (bis zu 3000 an einer Zelle). Die Zelloberfläche sieht dann wie eine Bürste aus (daher der Name *Bürstensaum* oder Bürstenbesatz). Man vergleicht diese Fortsätze auch mit den Darmzotten (Villi) und nennt sie deshalb *Mikrozotten* (Microvilli), weil sie eben sehr viel kleiner als die Darmzotten sind.
- Besonders lange haarförmige unbewegliche Fortsätze („Stereozilien") findet man im Nebenhodengang.

🡻 **Bürstensaum und Flimmerhaare** an der Schleimhautoberfläche der Ohrtrompete bei 8300facher Vergrößerung. Man sieht die langen Flimmerhaare in Büscheln an einzelnen „Wimpernzellen", daneben den dichten Bürstensaum an den übrigen Deckzellen. [re2]

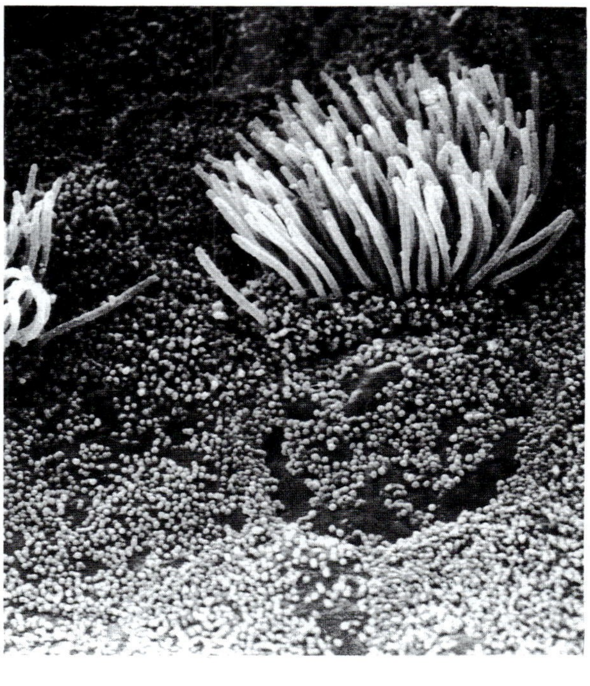

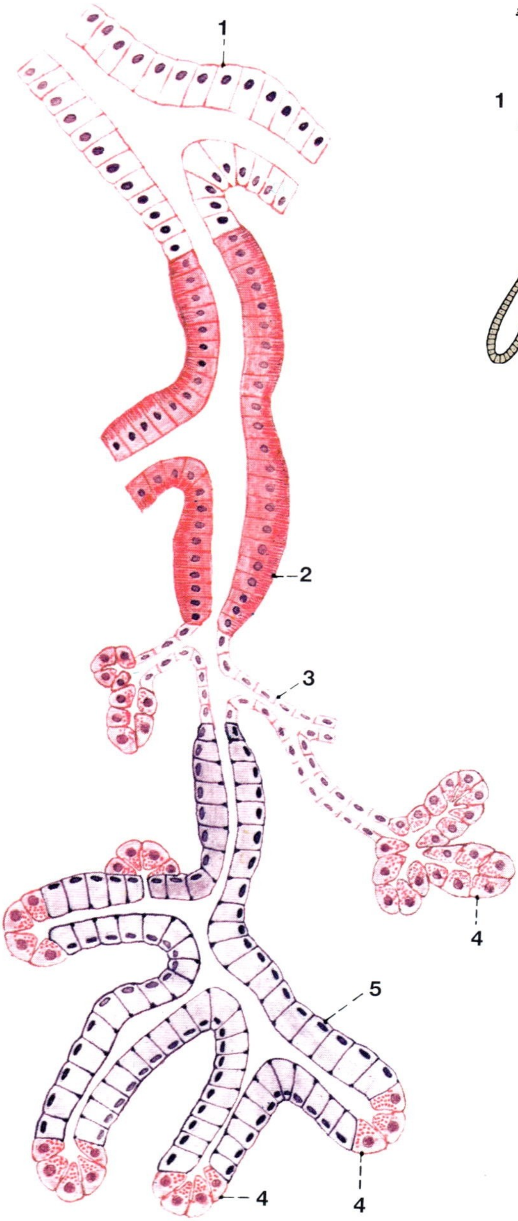

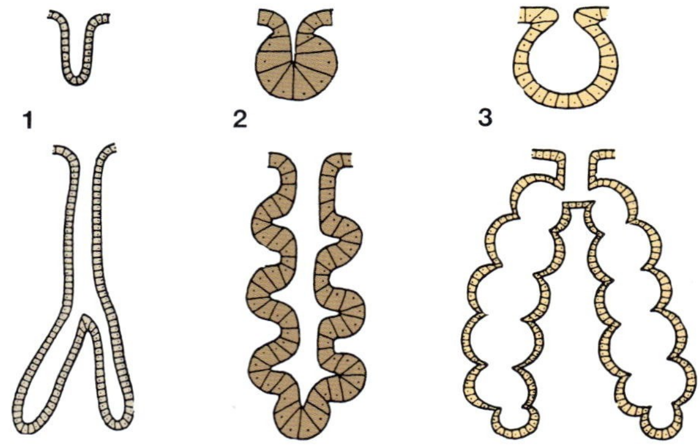

↑ Drüsen: Grundformen. 1 schlauchförmige (tubulöse) Drüse, 2 beerenförmige (azinöse) Drüse, 3 bläschenförmige (alveoläre) Drüse. [wa]

← Große Drüse: Bauschema (Beispiel Unterkieferdrüse). Es sind 2 Drüsenanteile zu erkennen: [pa3]
- seröse = dünnes Sekret bildend (4).
- muköse = schleimbildend (5). Die Lichtungen der schleimbildenden Drüsenteile müssen weiter sein, da zähflüssiges Sekret in dünnen Röhren zu langsam vorankommt. Am Ende der schleimbildenden Drüsenschläuche sitzen häufig noch einige seröse Zellen. Sie spülen mit ihrem dünnen Sekret den zähen Schleim aus.

Das Sekret fließt über zunächst dünne (3 = Schaltstücke), dann zunehmend dickere Kanäle (2 = Sekretrohr, 1 = Ausführungsgang) ab.

Drüsengewebe

Das Drüsengewebe ist eine Sonderform des Deckgewebes. Es handelt sich um Deckzellen, die sich auf die Stoffabsonderung spezialisiert haben. Die abgegebenen Stoffe kann man in 2 Gruppen einteilen:
- *Sekrete* sind für den Körper nützliche Stoffe, z.B. Verdauungssäfte, Tränenflüssigkeit, Hormone.
- *Exkrete* sollen aus dem Körper entfernt werden, z.B. Harn.

Die einfachsten „Drüsen" sind die Becherzellen des Darms. Sie bestehen nur aus einer Zelle. Die meisten Drüsen sind jedoch vielzellig. Die vielen Zellen haben nicht an der Oberfläche Platz. Sie werden schlauchartig in die Tiefe ausgestülpt. Diese Schläuche können sich weiter verzweigen und beerenförmig oder bläschenförmig auswachsen. Durch weiteres Wachstum und fortgesetzte Verzweigungen entsteht dann die endgültige Drüse. Diese liegt aus Platzgründen oft recht weit von ihrem Entstehungsort entfernt (z.B. Ohrspeicheldrüse, Leber). Sie bleibt mit ihm aber immer durch den Ausführungsgang verbunden. Eine Ausnahme bilden die Hormondrüsen. Da sie ihr Sekret direkt an das Blut abgeben, benötigen sie keinen Ausführungsgang.

Nach der *Art der Stoffabgabe* unterscheidet man
- *Ekkrine* Drüsen: Sie geben ihr Sekret frei an der Zelloberfläche ab, z.B. Schweiß, Speichel.
- *Apokrine* Drüsen: Manche Sekrete werden jedoch mit Membranen umhüllt, so dass ein Teil der Zelle mit verloren geht, z.B. Milch, Duftstoffe.
- *Holokrine* Drüsen: In den Talgdrüsen schließlich wandeln sich die Zellen vollständig in ihr Sekret um und werden somit vollständig abgestoßen.

2 Hauptarten von Drüsen
- *Exokrine Drüsen* geben ihr Sekret über einen Ausführungsgang an eine innere oder äußere Oberfläche des Körpers ab
- *Endokrine Drüsen* (Hormondrüsen) haben keinen Ausführungsgang. Sie geben ihr Sekret (Hormon) in Blutgefäße ab.

Kennzeichen der Binde- und Stützgewebe

Alle Gewebe müssen durch das Blut mit Sauerstoff und Nährstoffen versorgt werden. Blut steht in den Arterien unter hohem Druck. Die Blutgefäßwand muss diesem Druck standhalten können. Deckgewebe kann zwar die Innenseite der Gefäßwand glätten, ein Gefäßrohr aus Deckgewebe allein würde aber beim Einströmen des Blutes sofort aufplatzen: Zellen sind nicht für höhere Zugbeanspruchungen gebaut. Zug wird in der Technik mit Seilen abgefangen. Ähnlich lagert der Körper zwischen die Zellen Fasern ein, die Zugspannungen aufnehmen können.

Fasern allein sind nicht lebensfähig (Grundbaustein des Lebendigen ist die Zelle). Sie benötigen Zellen zur Bildung und Ernährung der Fasern. Beim Zusammenlagern runder Fasern bleiben Zwischenräume. Diese werden mit einer Füllsubstanz („Grundsubstanz") ausgefüllt. Für die Binde- und Stützgewebe ist somit „das zwischen den Zellen Liegende", d.h. die Zwischenzellsubstanz (= Fasern + Grundsubstanz), kennzeichnend.

Binde- und Stützgewebe bestehen aus
- Zellen
- Zwischenzellsubstanz: Fasern + Grundsubstanz

Bindegewebefasern

Es gibt 3 Hauptarten von Bindegewebefasern:
- *Kollagene (zugfeste) Fasern:* Der Name „Kollagen" kommt vom griechischen kolla = Leim (früher erzeugte man durch Auskochen von Sehnen und Bändern den Tischlerleim). Collagen (mit 5 Untertypen) ist das im Körper am häufigsten vorkommende Eiweiß (etwa 1/3 des gesamten Körpereiweißes).
- *Retikuläre Fasern:* Es handelt sich um besonders feine kollagene Fasern, die Netze bilden (lateinisch reticulum = Netz), und daher auch „Gitterfasern" genannt werden. Sie können sich besonders gut an Formänderungen des Gewebes anpassen. Sie bestehen aus Reticulin = Collagen Typ III. Alternsvorgänge beruhen z.T. auf dem Übergang der zarten Gitterfasern in die groben kollagenen Fasern (Collagen Typ I). Dadurch verhärtet das Gewebe.
- *Elastische Fasern* bestehen aus dem Eiweiß Elastin. Der Vergleich mit einem Gummiband liegt nahe. Es ist dehnbar, kehrt aber danach in seine ursprüngliche Lage zurück, ohne dass man noch einmal „Arbeit" aufwenden muss.

Grundsubstanz

Sie besteht aus hochmolekularen Zuckern (Glycosaminoglycanen) und Eiweißen (Proteoglycanen). Sie ist
- *flüssig* bei den *Bindegeweben* (im engeren Sinn).
- *fest* bei den *Stützgeweben*. Beim *Knorpelgewebe* ist die Grundsubstanz rein organisch. Beim *Knochengewebe* und den *Zahnhartgeweben* (Zahnbein und Zahnschmelz) sind auch noch anorganische Bestandteile (vor allem Calcium- und Magnesiumsalze) eingelagert.

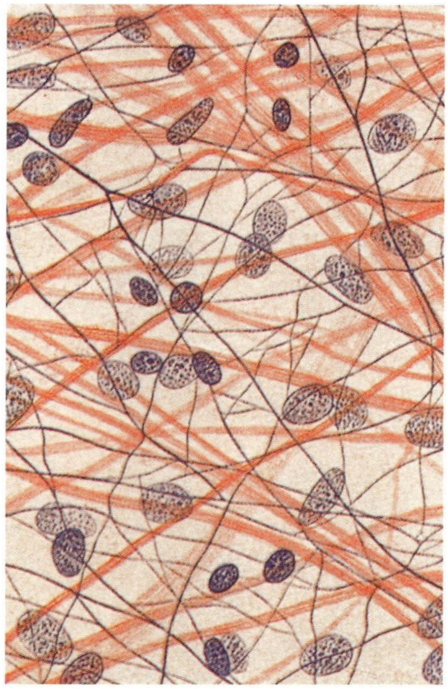

↑ **Lockeres Bindegewebe** aus dem großen Netz. Die rotbraun angefärbten kollagenen Fasern sind viel dicker als die schwarz angefärbten elastischen Fasern. Die elastischen Fasern sind zudem verzweigt und bilden Netze. Zwischen den Fasern sieht man die Zellkerne der Bindegewebezellen. *[sh]*

↓ **Retikuläres Bindegewebe** aus der Leber. (Vergrößerung 240fach). Die retikulären Fasern bilden das Stützgerüst für die Leberzellbalken. *[sh]*

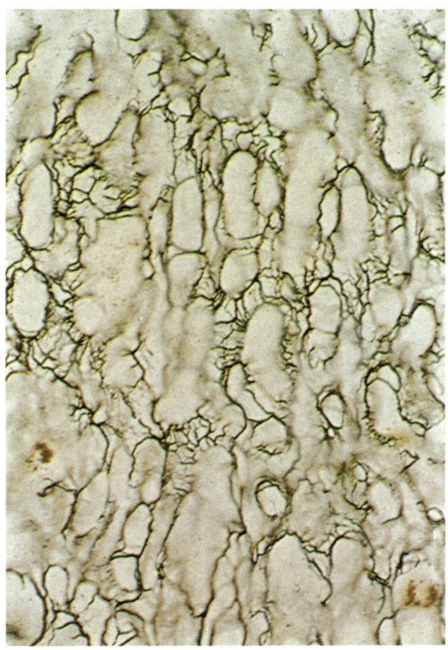

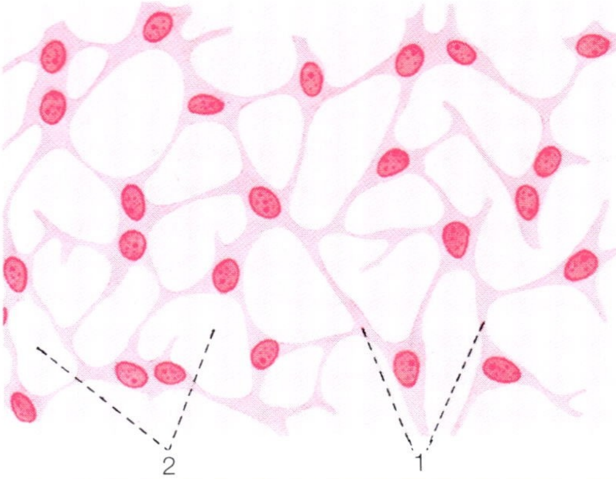

Embryonales Bindegewebe (Mesenchym), Vergrößerung 640fach. Die noch undifferenzierten Bindegewebezellen (Fibroblasten) bilden ein Zellnetz (1). Die von ihm umschlossenen Maschenräume (2) sind mit Zwischenzellsubstanz gefüllt. *[wa]*

Bindegewebezellen

Die Zwischenzellsubstanz wird von den Bindegewebezellen gebildet und laufend erneuert. Nach deren Beweglichkeit unterscheidet man 2 Hauptgruppen:

- *Ortsständige* = fixe Bindegewebezellen haben einen festen Platz im Gewebe: z.B. faserbildende Zellen (Fibroblasten), knorpelbildende Zellen (Chondroblasten), knochenbildende Zellen (Osteoblasten).
- *Freie* = mobile Bindegewebezellen können sich im Körper bewegen: kleine Fresszellen (Granulozyten), große Fresszellen (Makrophagen), Plasmazellen, Mastzellen (s. Abwehrsystem).

4 Hauptformen des Bindegewebes (i.e.S.)

- *embryonales* Bindegewebe (Mesenchym)
- *retikuläres* Bindegewebe
- *kollagenes* Bindegewebe (locker oder straff)
- *elastisches* Bindegewebe

Embryonales Bindegewebe (Mesenchym)

Es ist zellreich, enthält aber keine Fasern. Es ist die Urform des Bindegewebes, aus der alle anderen Binde- und Stützgewebe sowie das Blut hervorgehen. Auch nach der Geburt bleiben noch Zellen mit den Eigenschaften des Mesenchyms erhalten. Sie können sich bei Bedarf zu den verschiedenen Binde- und Stützgeweben hin differenzieren. Auf dieser Fähigkeit beruhen die meisten Wundheilungsvorgänge.

Retikuläres Bindegewebe

Netze retikulärer Fasern stützen den Verband großer, reich verzweigter Zellen ab. Es bildet das feinere Stützgerüst vieler Organe, das Maschenwerk von Lymphknoten, Milz und Knochenmark und die Bindegewebeschicht der Magen- und Darmschleimhaut.

Kollagenes Bindegewebe

Es kommt in unterschiedlicher Dichte und Anordnung der Fasern vor:

❶ *Lockeres Bindegewebe* ist meist faserarm. Es füllt die Lücken und Verschieberäume zwischen Organen und Organteilen. Es erleichtert Formänderungen und Verschiebungen bei der Arbeit der Organe.

❷ *Dichtes = straffes Bindegewebe* ist faserreich.

- *Geflechtartiges straffes Bindegewebe:* Durchflochtene Faserzüge bilden die Grundlage der Lederhaut und der Bindegewebeschicht mechanisch beanspruchter Schleimhäute, der Knorpel- und Knochenhaut, der harten Hirnhaut und des Herzbeutels sowie des gröberen Stützgerüstes und der Organkapseln vieler innerer Organe.
- *Parallelfaseriges straffes Bindegewebe:* Parallele Faserlagen findet man in Sehnen und Bändern. Sehnen dienen der Übertragung der Muskelkraft auf Knochen. Die kollagenen Fasern der Sehnen gehen an Muskelursprung und -ansatz in die kollagenen Fasern des Knochens über. Die Zugfestigkeit von Bändern, Sehnen, Knorpel und Knochen beruht auf den in ihnen enthaltenen kollagenen Fasern. So werden fast alle mechanischen Belastungen im Körper mit kollagenen Fasern aufgefangen.

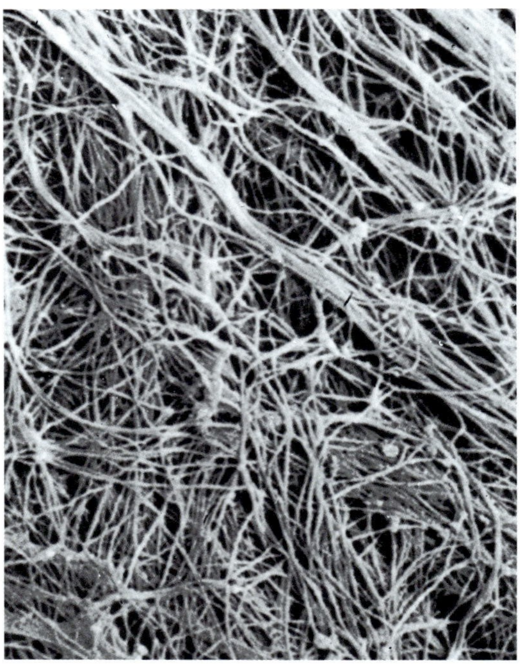

Kollagene Fibrillen aus Gelenkknorpel, die nahe dessen Oberfläche ein Netz bilden (rasterelektronenmikroskopisches Bild, Vergrößerung etwa 6000fach). Die im Lichtmikroskop sichtbare kollagene Faser (Durchmesser 1–20 µm) ist aus Kollagenfibrillen (Durchmesser 0,3–0,5 µm) und diese aus noch feineren Fasern, den Mikrofibrillen (Durchmesser 20–200 nm; nm = Nanometer, 1nm = 1/1000000 mm) zusammengesetzt. Diese wiederum werden von Tropocollagenmolekülen (Durchmesser etwa 1,4 nm) gebildet. Die Zugfestigkeit der kollagenen Fasern beträgt etwa 5–10 kg pro mm^2 Querschnittfläche. *[he5]*

Elastisches Band: Querschnitt (Vergrößerung 250fach). Die elastischen Fasern (im Bild gelb, 1) sind von kollagenen Fasern (rot, 2) umsponnen, um sie zu bündeln und eine Überdehnung zu verhindern. *[so]*

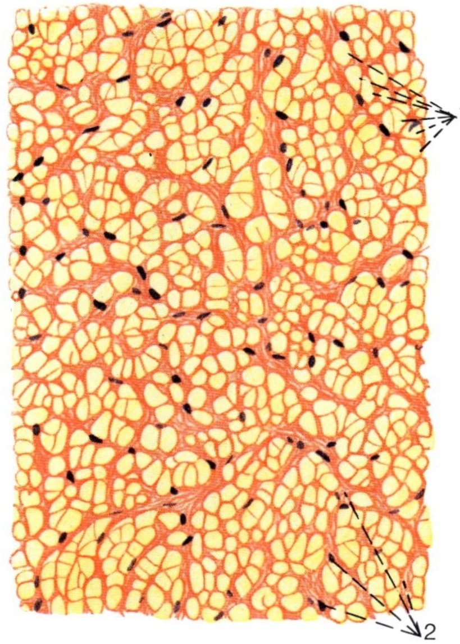

Elastisches Bindegewebe

Der Körper verwendet es häufig, um Muskelarbeit einzusparen. So hilft das elastische Nackenband, den Kopf im Gleichgewicht zu halten. Die elastischen Bänder zwischen den Wirbelbogen erleichtern die aufrechte Körperhaltung. Die Mittelschicht der großen herznahen Arterien besteht hauptsächlich aus elastischen Lamellen. Diese werden von der Pulswelle gedehnt und kehren anschließend zur ursprünglichen Weite zurück. Dadurch wird der Blutstrom ausgeglichen (Windkesselfunktion).

Fettgewebe

Fettgewebe ist eine Sonderform des Bindegewebes, bei dem die Zellen fähig sind, in ihrem Zellleib Fett zu speichern. Dadurch schwellen die Zellen zu großen Kugeln an. Fettgewebe hat 2 Hauptaufgaben:

- *Baufett:* Die Fettzellen sind von retikulären und kollagenen Fasern umsponnen. Bei Druck auf Fettpolster verformen sich die Fettzellen. Dadurch werden die Fasern gespannt und der Druck abgefangen. Solche Druckpolster findet man z.B. an der Fußsohle, am Handteller und am Gesäß. An anderen Körperstellen dient Fett zur Füllung von Hohlräumen. Es sichert dadurch die Lage von Organen, z.B. in der Augenhöhle oder in der Nierenkapsel. Gleichzeitig wirkt es als Schutzpolster, z.B. bei Stößen. Fett versteift die Wangen beim Säugling, damit diese sich beim Saugen nicht eindellen (deshalb das „pausbäckige" Aussehen von Säuglingen!). Schließlich dient Fett auch als Platzhalter für ruhende Gewebe: So besteht z.B. die weibliche Brustdrüse außerhalb von Schwangerschaft und Stillzeit hauptsächlich aus Fettgewebe.
- *Speicherfett:* Fett hat den höchsten Brennwert von allen Nährstoffen 9,3 kcal/g (39 kJ/g) gegenüber 4,1 kcal/g (17 kJ/g) bei Kohlenhydraten und Eiweißen Der Körper kann daher in Form von Fettdepots große Energiereserven anlegen. Ein normalgewichtiger Europäer mittlerer Größe hat in seinem Körper etwa 10 kg Fettgewebe. Er könnte damit etwa 6 Wochen ohne Nahrungsaufnahme leben (ohne schwere Arbeit und bei genügender Wasserzufuhr). Fett wird vor allem in der Unterhaut (wo es zusätzlich der Wärmeisolierung dient) und im Bauchraum unter dem Bauchfell (Gekröse, großes Netz, Fettanhängsel am Dickdarm) gespeichert.

Geschlechtsspezifische Fettverteilung

♀ Frauen neigen zum Fettansatz am Gesäß und an den Oberschenkeln („birnenförmig").

♂ Männer lagern Fett vor allem in die Bauchwand und im Bauchraum ein („apfelförmig").

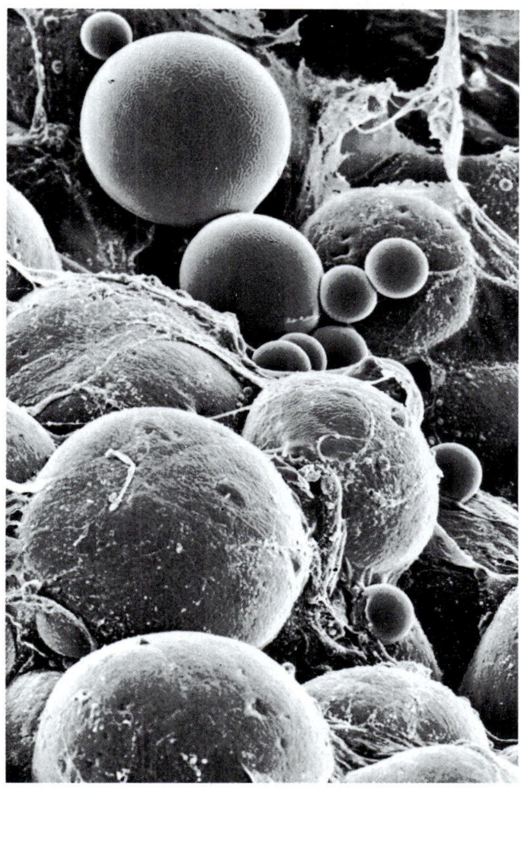

Fettgewebe: rasterelektronenmikroskopisches Bild (Vergrößerung etwa 400fach). Die großen, kugeligen Fettzellen können Durchmesser von 0,1–0,2 mm erreichen. Sie sind von retikulären Fasern umsponnen. Die kleinen glattwandigen Kugeln sind Kunstprodukte: Bei der Anfertigung des Präparats sind einige Fettzellen geplatzt. Dabei ist das Fett in Tröpfchenform frei geworden. *[he5]*

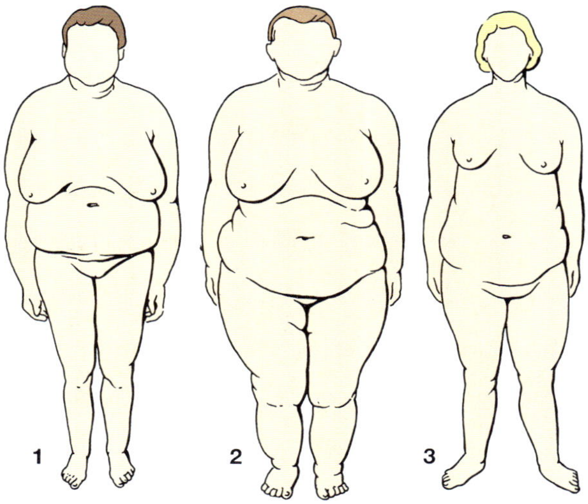

↑ Fettsucht: Die meisten Fälle beruhen auf Überernährung, doch können Störungen der Hormonproduktion die Fetteinlagerung fördern. *[lo]*

1 Cushing-Krankheit: Bei vermehrter Bildung von Glucocorticoiden in der Nebennierenrinde kommt es zur sog. „Stammfettsucht" mit „Vollmondgesicht", „Büffelnacken" und schlanken Gliedmaßen.

2 „Matronenfettsucht". Nach den Wechseljahren mit verminderter Bildung weiblicher Geschlechtshormone nimmt oft das Fettgewebe im gesamten Körper zu.

3 Fröhlich-Krankheit bei Schädigung von Hirnanhangsdrüse und Zwischenhirn. Fettpolster besonders an Hüften, Bauch, Schamgegend, Gesäß, und Oberschenkeln.

↓ Hyaliner Knorpel aus der Nasenscheidewand (Vergrößerung 270fach). Die Knorpelzellen liegen meist in kleinen Gruppen zusammen. Am oberen Rand des Bildes sieht man die Knorpelhaut aus kollagenem Bindegewebe. Sie ernährt und regeneriert den Knorpel. *[wa]*

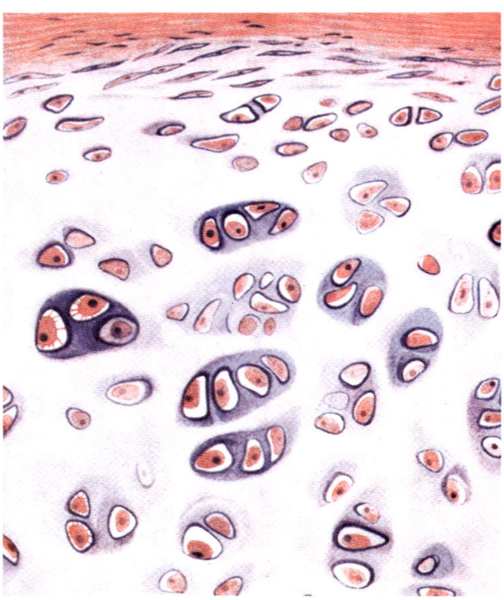

Fettsucht

Speicherfett ist kein „totes" Depot. Es ist reichlich mit Blutgefäßen versorgt und in ständigem Umbau begriffen. Zu große Depots bedeuten für den Körper eine Belastung, besonders für den Kreislauf. Sie verkürzen die Lebenserwartung. Die Fettspeicherung ist zunächst ein Bilanzproblem: Wird zuviel gegessen, so wird Fett gespeichert. Wird zuwenig Nahrung aufgenommen, so wird Speicherfett abgebaut.

- Die einzige wirksame Methode der *Entfettung* ist daher das bekannte „FDH" (friss die Hälfte). Für den Kalorienplan muss man wissen, dass Fettgewebe Wasser speichert. Man muss also nicht 9300 kcal einsparen, um 1 kg Körpergewicht zu verlieren, sondern nur etwa Dreiviertel davon (etwa 7100 kcal). Nimmt man täglich etwa 1200 kcal zu sich, so kann man bei körperlich nicht anstrengender Arbeit etwa 1 kg pro Woche an Gewicht abnehmen.
- Die Anfangserfolge vieler sog. „Entfettungskuren" beruhen auf der vermehrten Ausscheidung von Wasser. Wird jedoch das zugehörige Speicherfett nicht durch Hungern abgebaut, so wird das Wasser alsbald wieder eingelagert: Raschen Gewichtsverlusten entspricht ein ebenso rascher Wiederanstieg.
- Bei länger dauerndem Hungern wird die Gewichtsabnahme geringer als nach der Bilanzrechnung zu erwarten wäre: Der Körper lernt Energie zu sparen, vor allem bei der Muskelarbeit. Hungernde sind wenig motiviert, sich zu bewegen.

Bauprinzip der Stützgewebe

Kollagene Fasern sind sehr zugfest, aber auch sehr biegsam. Diese Biegsamkeit ist bei Sehnen, Bändern, Organkapseln usw. erwünscht, nicht jedoch beim Skelett. An diesem greifen Kräfte (vor allem Schwerkraft und Muskelzug) in wechselnden Richtungen an, ohne dass es dabei zu wesentlichen Verformungen kommen darf. Nur so werden eine rasche Fortbewegung des Körpers und eine ungestörte Tätigkeit der inneren Organe möglich. Diese Steifigkeit wird erreicht, indem die kollagenen Fasern (und Zellen) mit einer festen Grundsubstanz umhüllt werden. Diese ist rein organisch (vor allem Chondroitinsulfat) beim *Knorpelgewebe* und enthält zusätzlich anorganische Kristalle beim *Knochengewebe*.

Knorpelgewebe

Knochen ist wegen seiner hohen Biegungssteifigkeit nicht überall zu gebrauchen: Wie oft würde man sich die Nasenspitze oder das Ohr brechen, wenn diese aus Knochen statt aus Knorpel gebaut wären! Ebenso erleichtern die Rippenknorpel die Verformung des Brustkorbs bei der Atmung. Wegen des Knorpelskeletts sind auch Kehlkopf, Luftröhre und Bronchen weniger gefährdet. Ferner hat Knochen eine raue Oberfläche. Würden 2 Knochen direkt aufeinander reiben, so wären sie sehr rasch abgenutzt. Zur Glättung der Oberflächen wird den Knochen in den Gelenken Knorpel angelagert.

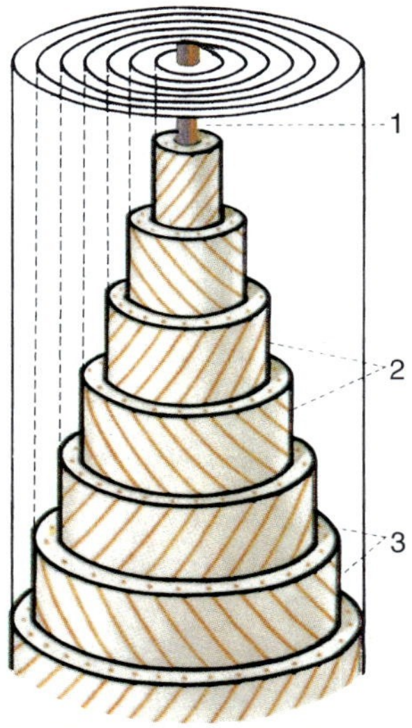

↑ Osteon mit Lamellensystem (2). Die kollagenen Fasern (3) sind in wechselnder Wicklungsrichtung um die im Zentralkanal liegenden Blutgefäße (1) angeordnet. *[wa]*

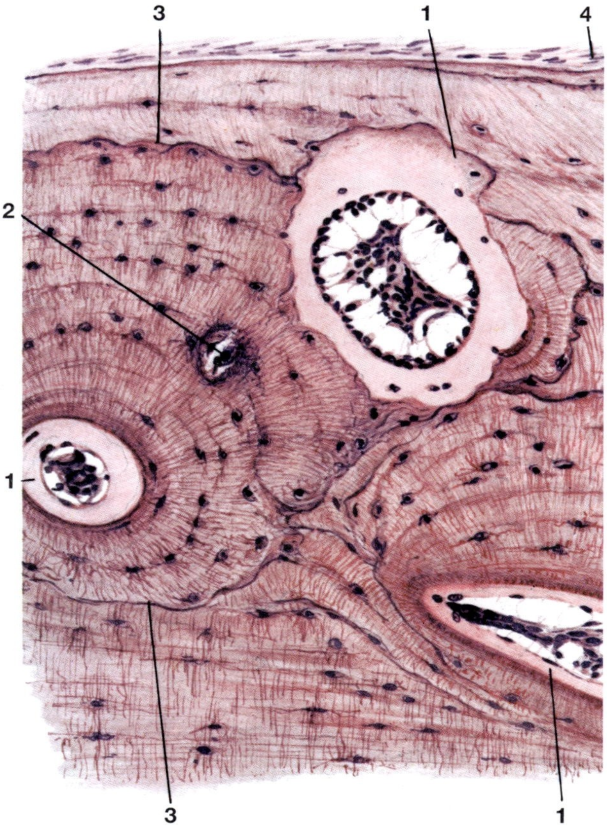

Lamellenknochen: →
Querschnitt (200fache Vergrößerung). Knochen wird ständig umgebaut, deshalb sieht man Erosionslakunen mit neugebildetem Knochen (1), durchbrechende Blutgefäße (2) und Kittlinien (3). Knochenhaut (Periost, 4). *[kr1]*

Arten des Knorpelgewebes

• *Hyaliner Knorpel:* Die kollagenen Fasern haben die gleiche Lichtbrechung wie die Grundsubstanz des Knorpels, dadurch heben sie sich nicht von ihr ab. Im mikroskopischen Präparat sind daher die Fasern normalerweise nicht zu sehen. Man nennt diese im Körper am meisten verwandte Art des Knorpels „hyalin" (griechisch hýalos = Glas), weil die Zwischenzellsubstanz glasartig homogen erscheint.

• *Elastischer Knorpel:* Dort wo besondere Elastizität erforderlich ist, z.B. am Ohr, werden statt kollagener Fasern elastische Fasern als Grundgerüst des Knorpels verwendet. Diese sind stark lichtbrechend und heben sich daher von der Grundsubstanz ab, besonders deutlich nach Spezialfärbungen.

• *Faserknorpel* ist besonders faserreich und daher besonders zugfest. Wir finden ihn z.B. in den Faserringen der Zwischenwirbelscheiben, der Schambeinfuge und den Menisken des Kniegelenks.

Knochengewebe

Knochengewebe ist das mechanisch am vielseitigsten beanspruchbare Gewebe: Es hat eine um etwa die Hälfte höhere Zugfestigkeit als eine Sehne (etwa 10 kg/mm^2) und eine zehnmal so hohe Druckfestigkeit wie Knorpelgewebe (etwa 15 kg/mm^2).

Knochengewebe ist durch seine harte, unverschiebliche Grundsubstanz gekennzeichnet. Die Knochenzellen sind in diese Grundsubstanz praktisch eingemauert. Als lebende Zellen müssen sie aber, wie alle anderen Zellen auch, ernährt werden. Durch das Kristallgitter der Grundsubstanz können die Nährstoffe nicht hindurchgelangen. Deshalb sind die Knochenzellen mit vielen feinen Fortsätzen mit den ernährenden Blutgefäßen verbunden. Diese Fortsätze hatten sie natürlich schon ausgestreckt, bevor sie sich einmauerten!

Knochengewebe kommt in 2 Formen vor:

• *Geflechtknochen:* Beim vor der Geburt gebildeten recht primitiven Knochen verlaufen die kollagenen Fasern ungeordnet durchflochten.

• *Lamellenknochen:* Um ein Blutgefäß herum werden in schießscheibenartigen Ringen Lamellen kollagener Fasern (mit zugehörigen Zellen) gelegt. Zwischen sie werden Calcium- und Magnesiumphosphatkristalle eingelagert. Die Wicklungsrichtungen der Fasern wechseln in aufeinanderfolgenden Lagen. Diese Lamellensysteme *(Osteone)* verlaufen vorwiegend in der Längsrichtung des Knochens und tragen zu seiner großen Biegefestigkeit bei.

Obwohl Knochengewebe so starr erscheint, stellt es sich jeweils auf neue Beanspruchungen ein. Dazu werden kleine Knochenbereiche von knochenabbauenden Zellen (Osteoklasten) zerstört und von knochenaufbauenden Zellen (Osteoblasten) nach funktionellen Gesichtspunkten neu gestaltet.

↑ Quergestreiftes Muskelgewebe im lichtmikroskopischen Bild (Vergrößerung 960fach). *[sh]*

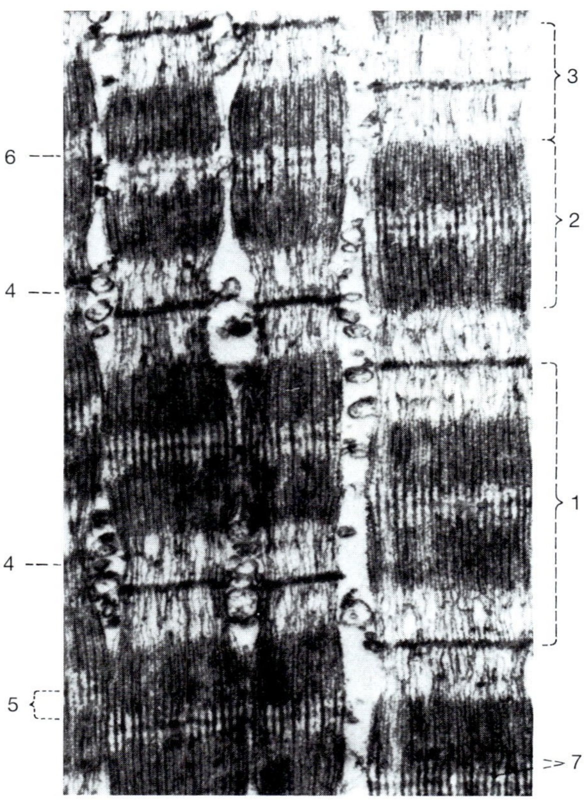

Muskelgewebe

Muskelgewebe kann sich zusammenziehen. Dies ist eine Fähigkeit der innerhalb des Zellleibs der Muskelzelle liegenden Myofibrillen. Diese enthalten zahlreiche, parallel nebeneinander liegende feine Fäden aus den Eiweißen *Actin* und *Myosin*. Die Actinfäden und ebenso die Myosinfäden sind wie die Borsten einer Bürste aneinander gekoppelt. Die „Bürste" der dünnen Actinfäden (hell) und die „Bürste" der dicken Myosinfäden (dunkel) stehen einander gegenüber und können ineinander gezogen werden. Dadurch wird der Abstand der „Bürsten" kleiner. Ein dem Blutfarbstoff verwandter Farbstoff (Myoglobin) verleiht dem Muskelgewebe die rotbraune Farbe.

3 Arten von Muskelgewebe
- *glattes Muskelgewebe:* Eingeweidemuskulatur
- *quergestreiftes Muskelgewebe:* Skelettmuskeln
- *Herzmuskelgewebe:* nur beim Herzmuskel (➥ Herz)

Glattes Muskelgewebe

Seine Myofibrillen lassen keine Querstreifung erkennen, sind also „glatt". Das glatte Muskelgewebe ist aus einzelnen Zellen aufgebaut, deren Zellkerne in der Mitte liegen. In lockerer Lage kommt es in manchen Organkapseln vor. In dichter Lage bildet es die Muskelwände aller Eingeweide mit Ausnahme von Mund, Rachen und oberer Speiseröhre. Das Zusammenziehen der glatten Muskulatur erfolgt unwillkürlich. Es wird vom autonomen Nervensystem gesteuert. Das „Unbewusste" hat jedoch großen Einfluss, z.B. Durchfall bei Aufregung!

Quergestreiftes Muskelgewebe

Bei den in einer Muskelzelle zahlreich nebeneinander liegenden Myofibrillen stehen beim Skelettmuskel die hellen und dunklen Teile auf gleicher Höhe, beim Eingeweidemuskel nicht. Dies bedingt die Querstreifung der ganzen Skelettmuskelfaser. Die Zellkerne sind an den Rand verlagert. Zellgrenzen sind innerhalb der Muskelfaser nicht zu erkennen. Eine derartige Muskelfaser kann bis zu 0,1 mm dick und 20 cm lang werden! In den Myofibrillen wechseln ständig „Bürsten" aus den dünnen Actinfäden (hell) mit „Bürsten" aus den dicken Myosinfäden (dunkel) ab. Die Skelettmuskeln werden vom Willen gesteuert (animalisches Nervensystem), doch laufen auch hier die meisten Bewegungen unbewusst ab.

Quergestreifte Myofibrillen: elektronenmikroskopisches Bild (Vergrößerung etwa 40 000fach). *[wa]*

1 Myofibrillensegment (Sarkomer, Myomer)
2 A-Streifen (anisotrop, stark lichtbrechend)
3 I-Streifen (isotrop, schwach lichtbrechend)
4 Z-Streifen (Zwischenstreifen)
5 H-Streifen (Hensen-Streifen)
6 M-Streifen (Mittelstreifen)
7 Myofilamente

2 Hauptzelltypen des Nervengewebes
- *Nervenzellen:* leiten, verarbeiten, speichern und erzeugen Informationen („Erregungen“)
- *Gliazellen:* stützen, schützen, isolieren und ernähren Nervenzellen

Nervenzelle

Jede Nervenzelle (Neuron, Mehrzahl Neuren, Neurone oder Neuronen) besteht aus dem *Nervenzellkörper* (Perikaryon, mit Zellkern und Zellleib) und den *Nervenzellfortsätzen.*

• Nervenzellen sind höchst unterschiedlich in Form und Größe. Man findet sie unter den kleinsten (Körnerzellen des Kleinhirns, Durchmesser des Nervenzellkörpers etwa 4 μm) und größten Zellen (Riesenpyramidenzellen des Großhirns bis 130 μm) des Körpers.

• Nervenzellfortsätze können über 1 m lang sein, z.B. in den Nerven, die am Fuß enden und deren Nervenzellkörper im Rückenmark im Wirbelkanal der oberen Lendenwirbelsäule liegen.

Nervenzellfortsätze

Erregbarkeit ist eine Eigenschaft jeder lebenden Zelle. Nervenzellen besitzen darüber hinaus die Fähigkeit, Erregungen auch über große Entfernungen weiterzuleiten. Der „Aktionsstrom“ wird nicht im Innern der Nervenzellfortsätze, sondern an deren Oberfläche, der Zellmembran, weitergegeben. Durch einen Draht kann man einen elektrischen Strom in beiden Richtungen schicken. Die Fortsätze der Nervenzellen hingegen können nur in eine Richtung leiten.

2 Haupttypen der Nervenzellfortsätze
- *Dendrit:* leitet zur Nervenzelle hin
- *Axon* (Neurit): leitet von der Nervenzelle weg

Jede Nervenzelle hat nur ein Axon (das sich allerdings verzweigen kann). Hingegen wechselt die Zahl der Dendriten. Nach deren Zahl kann man die Nervenzellen gliedern in:

• *unipolare Nervenzelle:* nur 1 Axon, kein Dendrit. Sie kommt in Sinnesorganen als „primäre Sinneszelle“ vor. Anstelle von Dendriten sitzen die Sinnesrezeptoren unmittelbar am Nervenzellkörper. Beispiel: Stäbchen- und Zapfenzellen der Netzhaut.

• *bipolare Nervenzelle:* 1 Dendrit, 1 Axon. Auch dieser Typ kommt vorwiegend in höheren Sinnesorganen vor, z.B. die Riechzellen der Nase.

• *pseudounipolare Nervenzelle:* Dendrit und Axon sind in der Nähe des Zellkörpers miteinander verschmolzen, so dass die Nervenzelle scheinbar nur einen Fortsatz hat. Beispiel: Zellen der Rückenmarkganglien (Spinalganglien).

• *multipolare Nervenzelle:* mehrere Dendriten, 1 Axon. Dies ist der überwiegende Zelltyp im Zentralnervensystem und in den autonomen Ganglien.

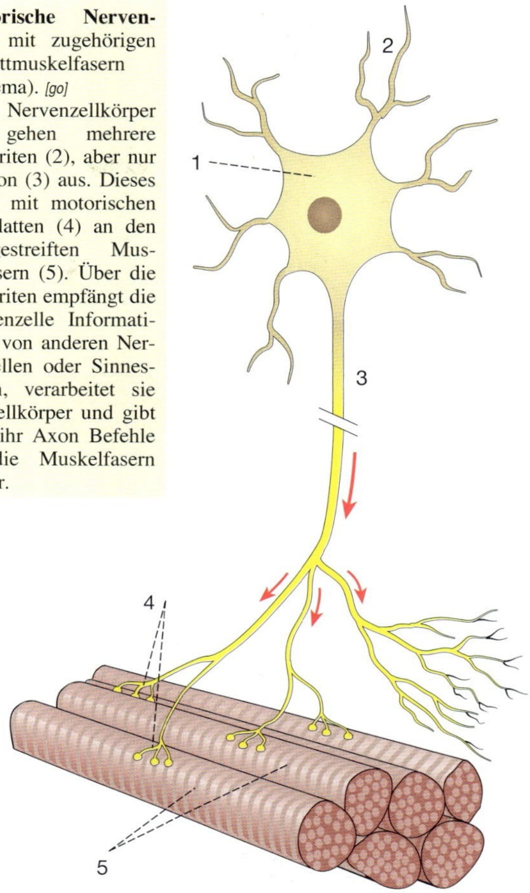

Motorische Nervenzelle mit zugehörigen Skelettmuskelfasern (Schema). *[go]*
Vom Nervenzellkörper (1) gehen mehrere Dendriten (2), aber nur 1 Axon (3) aus. Dieses endet mit motorischen Endplatten (4) an den quergestreiften Muskelfasern (5). Über die Dendriten empfängt die Nervenzelle Informationen von anderen Nervenzellen oder Sinneszellen, verarbeitet sie im Zellkörper und gibt über ihr Axon Befehle an die Muskelfasern weiter.

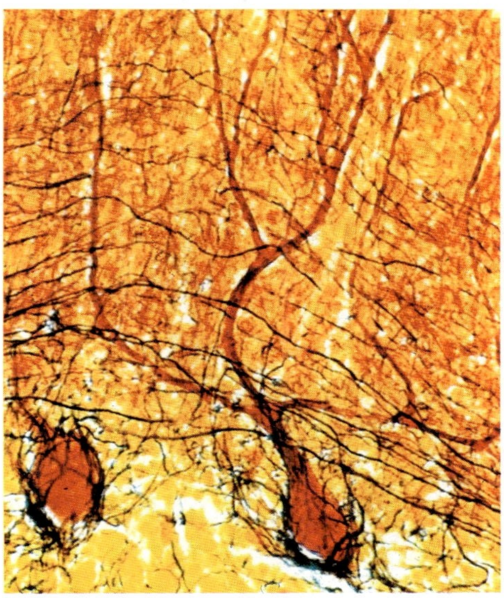

Große Nervenzelle (Purkinje-Zelle, hellrotbraun) aus dem Kleinhirn mit reich verzweigten Fortsätzen (Dendriten), von Axonen anderer Nervenzellen umsponnen. *[li1]*

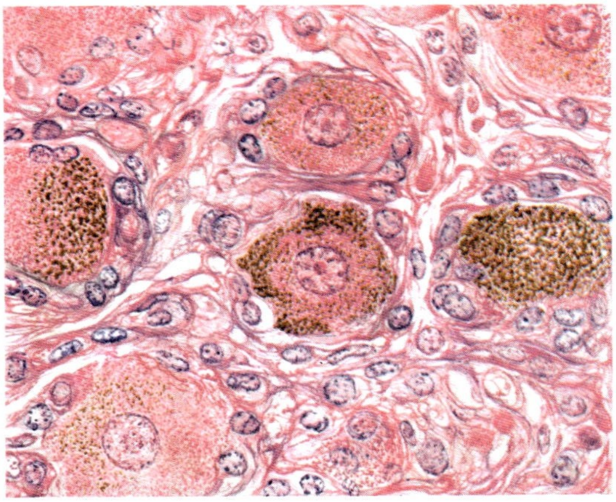

Große Nervenzellen aus einem Spinalganglion umgeben von Gliazellen („Mantelzellen"). [kr1]

Synapsen

Nervenzellfortsätze gehen nicht kontinuierlich ineinander über. Sie berühren sich an speziellen Kontaktstellen, den Synapsen, bleiben aber durch den Synapsenspalt getrennt.

- Die Erregung wird an den meisten Synapsen mit Hilfe von chemischen Überträgerstoffen (Transmittern) von einer Zelle auf eine andere übertragen. Wichtige Überträgerstoffe sind Acetylcholin und Noradrenalin.
- Die Synapsen spielen als Angriffspunkte vieler Arzneimittel, z.B. der Betarezeptorenblocker, in der heutigen Pharmakotherapie eine große Rolle.

Gliazellen

Der Begriff *Neuroglia* umfasst alle Zellen des Nervensystems, die nicht Nervenzellen sind:

- *Markscheidenzellen:* Hüllzellen der Nervenfasern.
- *Astrozyten:* Stützzellen des Zentralnervensystems.
- *Ependymzellen:* Wandzellen der Hirnkammern.
- *Mikroglia:* Fresszellen des Zentralnervensystems.

Die Neuroglia macht nahezu die Hälfte der Masse des Zentralnervensystems aus. Sie übernimmt dort alle Aufgaben, die sonst im Körper vom Bindegewebe wahrgenommen werden.

Einteilung der Nervenfasern

Die Nervenfaser ist ein in eine Nervenscheide (Neurolemm) eingehüllter Nervenzellfortsatz. Die Nervenfasern teilt man ein nach:

- *Nervenscheide:* in markhaltige und marklose Nervenfasern.
- *Leitungsgeschwindigkeit:* in A-, B- und C-Nervenfasern.
- *Leitungsrichtung:* in afferente und efferente Nervenfasern.
- *Systemzugehörigkeit:* in animalische und autonome Nervenfasern.

Markscheiden

Da die Erregung an der Oberfläche des Nervenzellfortsatzes (Axon oder Dendrit) entlangläuft, muss dieser gegen die in der Umgebung liegenden Nervenzellfortsätze isoliert sein. Deshalb sind alle Nervenfasern von speziellen Gliazellen (Markscheidenzellen) umhüllt. 2 Fälle:

❶ *Markhaltige Nervenfaser:* Bei besonders gut isolierten Nervenfasern wickelt sich die Markscheidenzelle (Schwann-Zelle) mit ihrem Zellleib spiralig um den Nervenzellfortsatz. Je nach der Zahl der Windungen spricht man von markreichen und markarmen Nervenfasern. An den Grenzen zweier Nervenscheidenzellen ist die Markscheide eingekerbt (Schnürring). Die Erregung der Nervenfaser springt von Schnürring zu Schnürring weiter („saltatorische Erregungsleitung"). Je dicker die Faser, desto größer ist der Abstand der Schnürringe, desto schneller pflanzt sich die Erregung fort. Die Leitungsgeschwindigkeit beträgt bei den

- dicken *A-Nervenfasern* (mit Untergruppen α, β, γ, δ) 20–100 m/s,
- mittleren *B-Nervenfasern:* etwa 10 m/s,
- dünnen *C-Nervenfasern:* etwa 1 m/s.

❷ *Marklose Nervenfaser:* Bei weniger gut isolierten Nervenfasern liegen die Nervenzellfortsätze ohne Wickelung im Zellleib der Markscheidenzelle, meist mehrere Nervenfasern nebeneinander in einer Zelle. Die Erregung pflanzt sich in solchen Zellen sehr viel langsamer fort als in den markreichen Fasern. Man findet sie vor allem im autonomen Nervensystem.

Die *Markscheidenbildung* (Myelinisation) beginnt im 4. Entwicklungsmonat und zieht sich über mehrere Jahre hin. Sie bestimmt entscheidend die körperliche und geistige Entwicklung des Kleinkinds.

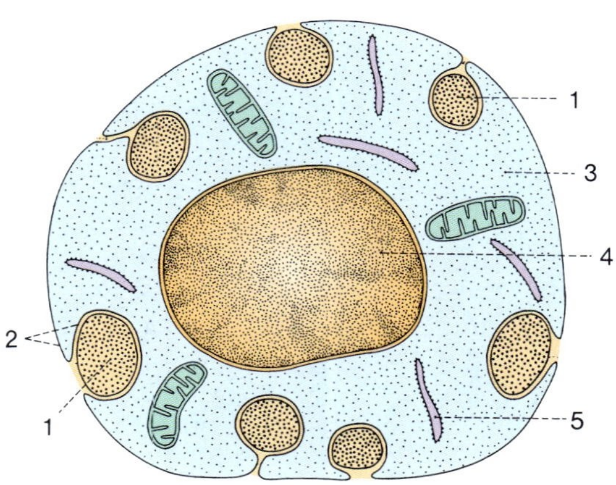

Nervenscheidenzelle mit „marklosen" Nervenfasern. Die Nervenfasern sind einfach in den Zellleib der Nervenscheidenzelle eingelassen. [wa]

1 Vom Zellleib wegleitender Nervenzellfortsatz (Axon)
2 Zellmembran der Nervenscheidenzelle (Neurolemm)
3 Zellleib der Nervenscheidenzelle
4 Zellkern der Nervenscheidenzelle
5 Raues endoplasmatisches Retikulum

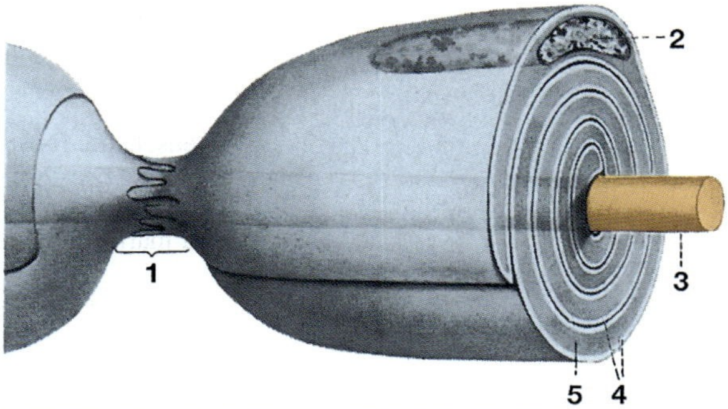

↑ **Markscheide** eines Nervenzellfortsatzes. Die isolierende Markscheide der „markhaltigen" Nervenfaser ist fünfmal um den Nervenzellfortsatz (3) gewickelt. Die Nervenzellfortsätze liegen inmitten der Markscheide. Sie bilden die „Achse" der Nervenfaser (deswegen Achsenzylinder oder Axon genannt). Man sieht den Zellkern (2), den Zellleib (5) und die Zellmembran (4) der Nervenscheidenzelle. Diese endet jeweils am Schnürring (1). *[wa]*

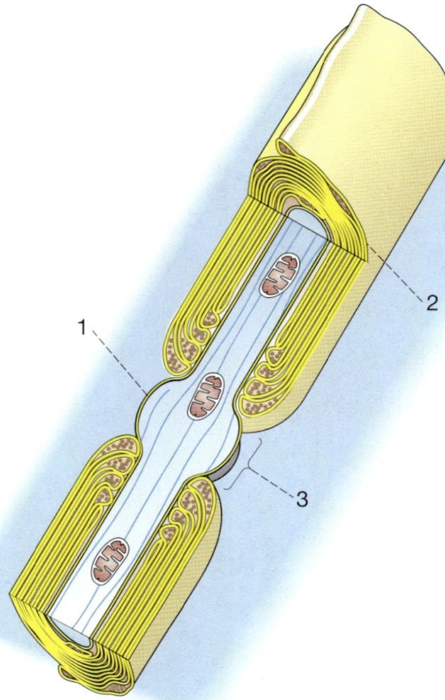

Markreiche Nervenfaser, aufgeschnitten. Das Axon ist durch die Zellmembran der Nervenzelle (Neurolemm, 1) gegen die Markscheide (2) abgegrenzt. Die Erregung springt von Schnürring (3) zu Schnürring weiter. Sie wird immer nur in einer Richtung weitergeleitet. *[go]* ➔

Leitungsrichtung

• Afferente (sensorische) Nervenfasern leiten von der Peripherie zum Zentralnervensystem oder innerhalb des Zentralnervensystems von niederen zu höheren Zentren. Die Erregung beginnt an einem Rezeptor („Empfänger"), z.B. einer Sinneszelle. Den Weg für eine Schmerzmeldung vom Fuß zum Großhirn teilen sich nur 3 sensorische Neurone.

• Efferente (motorische) Nervenfasern leiten in der umgekehrten Richtung. Die Erregung endet meist an einem Muskel. Den Weg vom Großhirn zu einem Muskel des Fußes teilen sich nur 2 motorische Neurone.

Regeneration

Nervenzellen können sich nach der Geburt kaum noch teilen (daher können abgestorbene Nervenzellen nicht durch neue ersetzt werden). Nervenzellfortsätze können jedoch regenerieren.

• Wird eine Nervenfaser durchgeschnitten, so geht der Teil, der keine Verbindung zum Zellkörper hat, zugrunde. Der andere Teil bleibt am Leben, kann wieder auswachsen und neue Endorgane bilden. Voraussetzung ist, dass der auswachsende Nervenzellfortsatz den richtigen Weg findet. Dazu dienen ihm die Reste des abgestorbenen Teils. Bei einer Nervennaht müssen daher die Stümpfe der Nervenfasern sorgfältig verbunden werden.

• Der Vorgang benötigt viel Zeit: Pro Tag wächst die Nervenfaser um 1–2 mm aus. Es kann also viele Monate dauern, bis die Leitung wiederhergestellt ist.

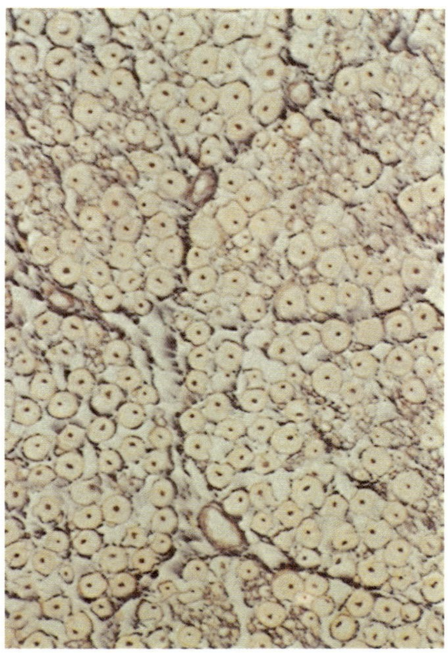

Nervenfasern in einem peripheren Nerv: Ausschnitt aus einem Querschnitt durch den Ischiasnerv des Menschen (Vergrößerung 240fach). *[sh]*
Die einzelnen Nervenfasern erscheinen als helle Kreise mit einem dunklen Punkt in der Mitte. Die Punkte sind die Axone, die bei der Herstellung des Präparats geschrumpft sind. Die hellen Kreise sind die Markscheiden. Die einzelnen Nervenfasern und Bündel von ihnen sind von feinem Bindegewebe (violett) umgeben

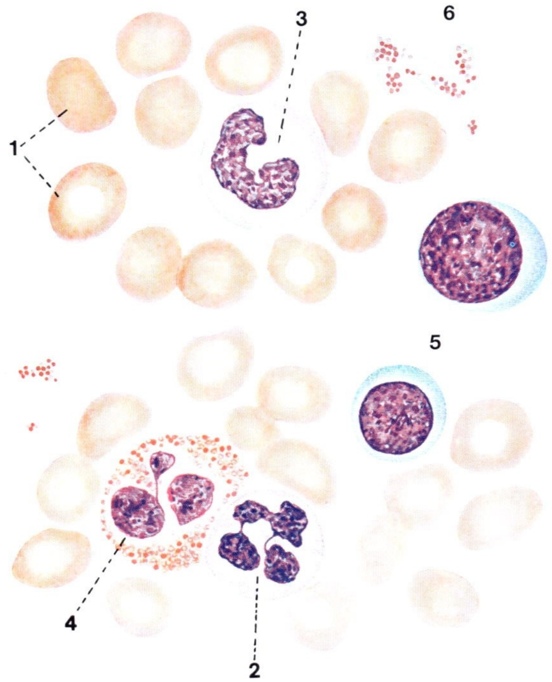

Blutausstrich mit roten (1) und weißen (2–5) Blutkörperchen (2 segmentkerniger neutrophiler Granulozyt, 3 jugendlicher neutrophiler Granulozyt, 4 eosinophiler Granulozyt, 5 Lymphozyt) sowie Blutplättchen (6). Vergrößerung 1200fach. *[bg2]*

Menge

Das normale Blutvolumen beträgt bei der Frau etwa 6,5 % des Körpergewichts, beim Mann 7 %, beim Säugling 8 %. Demnach hat eine 50 kg schwere Frau etwa 3,25 l, ein 71 kg schwerer Mann etwa 5 l und ein 5 kg schwerer Säugling etwa 0,4 l Blut.

Zusammensetzung

Blut besteht zu etwa 50–60 % aus einer eiweißreichen Flüssigkeit *(Blutplasma)* und zu etwa 40–50 % aus Zellen *(Blutkörperchen = Blutzellen)*. Den Anteil der Blutzellen am Blut nennt man *Hämatokrit*. Er beträgt durchschnittlich 0,45 (45 %). Die Schwankungsbreite des Normalen ist groß (0,35–0,55). Der Hämatokrit wird durch Zentrifugieren von Blutverdünnungen bestimmt.

Die Stammzellen der Blutzellen gehen aus embryonalen Bindegewebezellen hervor. Das Blut kann man als eine Sonderform des Bindegewebes betrachten. Die Zwischenzellsubstanz ist flüssig (Blutplasma). Blut ist also ein flüssiges Gewebe.

Blut besteht aus:	
Blutzellen:	• rote Blutkörperchen • weiße Blutkörperchen • Blutplättchen
Blutplasma:	• Fibrinogen • Blutserum

Blutplasma

Es enthält etwa 0,3 % des Eiweißes Fibrinogen, das bei der Blutgerinnung als Fibrin Fasern bildet. Der nach dem Ausfällen des Fibrins übrigbleibende Teil des Blutplasmas heißt Blutserum.

• Mit dem Blutplasma werden Kohlenhydrate, Fette, Eiweiße, Mineralien, Vitamine, Hormone, Stoffwechselabfallprodukte, dem Körper zugeführte Arzneimittel und nicht zuletzt Wasser durch den ganzen Körper geleitet.

• Für die Zusammensetzung des Blutplasmas sind vor allem die Leber (als Bildungsort der Bluteiweiße) und die Niere (als „Reinigungsanstalt") verantwortlich.

Rote Blutzellen (Erythrozyten)

• *Aufgaben:* Sie transportieren die Blutgase (Sauerstoff und Kohlendioxid) mit Hilfe des roten Blutfarbstoffs *(Hämoglobin)*. Dieser macht etwa ⅓ des Gewichts eines roten Blutkörperchens aus. Sauerstoff wird in den Lungenkapillaren aufgenommen und mit dem Blut zu allen Körperzellen befördert. Dort wird er von den Mitochondrien benötigt, um Nahrungsstoffe zu Kohlendioxid und Wasser zu verbrennen. Dabei wird die für die Lebensvorgänge nötige Energie gewonnen. Das Kohlendioxid wird vom Blut zu den Lungen zurücktransportiert. Das sauerstoffreiche („arterielle") Blut ist hellrot, das sauerstoffarme („venöse") ist dunkelrot.

• *Bau:* Die roten Blutkörperchen sind runde Scheibchen von etwa 7,5 µm Durchmesser und 2 µm Dicke, die auf beiden Seiten eingedellt sind (bikonkav). Sie haben keinen Zellkern und keine Zellorganellen, jedoch eine Zellmembran. Im Grunde sind sie daher keine vollständigen Zellen, sondern nur noch Behälter für den Blutfarbstoff. Sie können sich nicht teilen oder Schäden an der Zellmembran reparieren. Ihre Lebensdauer beträgt etwa 4 Monate. Bei manchen angeborenen Leiden haben die Erythrozyten abnorme Formen: oval, kugelförmig oder sichelförmig.

• *Entwicklung:* Die roten Blutkörperchen entstehen im roten Knochenmark. Dort liegen ihre kernhaltigen Stammzellen. Aus ihnen gehen durch fortgesetzte Teilung und schließlich Ausstoßen des Kerns die reifen roten Blutkörperchen hervor, die in das Blut ausgeschwemmt werden.

Wichtige Laborwerte der roten Blutzellen

• *Zahl der Erythrozyten:* normal etwa $4{,}5–5 \cdot 10^{6}/\mu l$ (Millionen pro Mikroliter) = $4{,}5–5 \cdot 10^{12}/l$ (Billionen pro Liter).

• *Hämoglobingehalt im Blut* (meist abgekürzt Hb): normal etwa 150–160 g/l (Gramm pro Liter), bei der menstruierenden Frau etwas weniger.

• *Mittleres Erythrozytenvolumen:* normal etwa 90 fl (Femtoliter, 1 fl = 10^{-15} l = Billiardstel Liter).

• *Mittlerer Hämoglobingehalt des Einzelerythrozyten* (meist abgekürzt HbE): normal etwa 30 pg (Pikogramm, 1 pg = 10^{-12} g = Billionstel Gramm).

Aufgaben der weißen Blutzellen (Leukozyten)

Die weißen Blutkörperchen dienen den Abwehrvorgängen im weitesten Sinne. Im Gegensatz zu den roten Blutkörperchen halten sie sich nur vorübergehend im Blut auf. Sie benützen das Blut als Verkehrsmittel, um zu ihren Bestimmungsorten zu gelangen. Dort treten sie durch die Haargefäßwand in die Gewebe über *(Diapedese)*. Vermutlich werden sie dabei von bestimmten chemischen Stoffen angelockt *(Chemotaxis)*.

Die Zahl der weißen Blutkörperchen im Blut wechselt daher stark. Eine Vermehrung nennt man Leukozytose (z.B. bei Infektionskrankheiten), eine Verminderung Leukopenie (z.B. nach Behandlung mit Strahlen oder zellteilunghemmenden Stoffen). Im Durchschnitt kreisen etwa 5 % aller weißen Blutkörperchen im Blut. Der Rest ist auf alle Gewebe verteilt. Ein Drittel davon hält sich in ihrer Bildungsstätte, dem Knochenmark, auf.

Arten der weißen Blutzellen

Entsprechend der Mannigfaltigkeit der Abwehrvorgänge sind auch die weißen Blutkörperchen vielgestaltig. Man unterscheidet 3 Hauptgruppen:

❶ *Granulozyten* („Körnchenzellen"): kennzeichnend sind der vielgelappte Zellkern und die zahlreichen Körnchen (Granula) im Zellleib. Diese lassen sich mit neutralen (neutrophile Granulozyten), basischen (basophile Granulozyten) oder sauren Farbstoffen (z.B. Eosin, eosinophile Granulozyten) anfärben.

- *Neutrophile Granulozyten* machen mehr als die Hälfte der weißen Blutzellen aus. Sie haben die Fähigkeit zur Phagozytose (kleine Fresszellen). Sie umfließen Fremdkörper und lösen diese dann mit den in den Lysosomen enthaltenen Enzymen auf. Sie gehen nach einmaligem Einsatz zugrunde. Tote Neutrophile sind der Hauptbestandteil von Eiter.
- *Eosinophile Granulozyten* finden sich besonders reichlich bei allergischen Reaktionen und bei Wurmbefall. Sie bauen Antigen-Antikörper-Komplexe ab.
- *Basophile Granulozyten* enthalten in ihren Körnchen gefäßerweiternde und gerinnungshemmende Stoffe, z.B. Heparin.

❷ *Monozyten:* Sie sind die größten Leukozyten. Ihr Zellkern ist nur eingedellt, aber nicht gelappt. Sie enthalten reichlich Enzyme. Die Monozyten sind große Fresszellen (Makrophagen). Im Blut gibt es nur wenig Aufgaben für sie. Sie wandern aus dem Blut in die Gewebe aus. Dort beseitigen sie als Makrophagen vor allem Zellschutt. Sie umfließen den „Müll", nehmen ihn in ihren Zellleib auf und verdauen ihn mit Hilfe ihrer Lysosomen. Bei Abwehrvorgängen arbeiten die Monozyten eng mit den Lymphozyten zusammen.

❸ *Lymphozyten* (Lymphzellen): Sie sind die kleinsten Leukozyten. Ihr Zellkern ist meist rund. Sie dienen der „spezifischen" Abwehr und werden beim Abwehrsystem näher beschrieben.

Differentialblutbild

Die einzelnen Formen der weißen Blutkörperchen sind im Blut unterschiedlich häufig zu finden. Ihr Verteilungsmuster lässt Rückschlüsse auf die Diagnose und den Verlauf von Krankheiten zu. Für das sog. „Differentialblutbild" werden 100 weiße Blutkörperchen ausgezählt. *Myeloblasten* (ohne Körnchen), *Myelozyten* (Körnchen, runder Zellkern), *Metamyelozyten* (Zellkern eingebuchtet) und *„Stabkernige"* sind Entwicklungsstufen der Granulozyten von der Stammzelle zu den reifen Granulozyten mit gelapptem Zellkern. Ihr vermehrtes Auftreten im Blut weist auf überstürzte Neubildung weißer Blutzellen, z.B. bei Infektionen, hin. Das Kleinkind hat weniger Segmentkernige und dafür mehr Lymphozyten.

Normales Differentialblutbild	%
Basophile Granulozyten	0–1
Eosinophile Granulozyten	2–4
Myelozyten	0
Metamyelozyten („Jugendliche")	0–1
Stabkernige neutrophile Granulozyten	3–5
Segmentkernige neutrophile Granulozyten	50–70
Lymphozyten	20–30
Monozyten	4–10

Blutplättchen (Thrombozyten)

❶ *Aufgaben:*

- Sie enthalten für die *Blutgerinnung* nötige Enzyme. Da Blut so wichtig ist, muss der Körper sich bei Verletzung von Blutgefäßen vor Blutverlusten schützen. Blut ist daher mit der Fähigkeit ausgestattet, rasch aus dem flüssigen in einen halbfesten Zustand überzugehen und damit ein Leck in der Gefäßwand abzudichten („Blutgerinnung"). Dazu ist im Blutplasma ein Eiweiß gelöst (Fibrinogen), das durch das Enzym Thrombin in das faserige Fibrin umgewandelt wird. Thrombin wiederum wird auf kompliziertem Weg aus Prothrombin gebildet. An diesem Prozess sind mehr als ein Dutzend „Gerinnungsfaktoren" beteiligt, die zum Teil aus den Blutplättchen, zum Teil aus dem Blutplasma stammen.
- Blutplättchen können auch zur „Ersten Hilfe" durch Aneinanderlagern (*Thrombozytenaggregation*) einen Pfropf bilden, mit welchem kleinere Löcher der Gefäßwand sofort verschlossen werden.

❷ *Bau:* Die Blutplättchen werden zwar bei den zelligen Bestandteilen des Blutes aufgeführt, sind aber keine vollständigen Zellen. Es handelt sich vielmehr um Bruchstücke (Durchmesser 2–4 µm) von riesigen Zellen (Megakaryozyten) im Knochenmark.

❸ *Zahl:* Normalerweise etwa 200 000–300 000/µl = 200–300·10^9/l Blut. Eine Verminderung nennt man Thrombopenie.

Zahl der Blutzellen pro Mikroliter (µl) Blut
- Rote Blutkörperchen: etwa 4,5–5 Millionen
- Weiße Blutkörperchen: etwa 4000–8000
- Blutplättchen: etwa 200 000–300 000

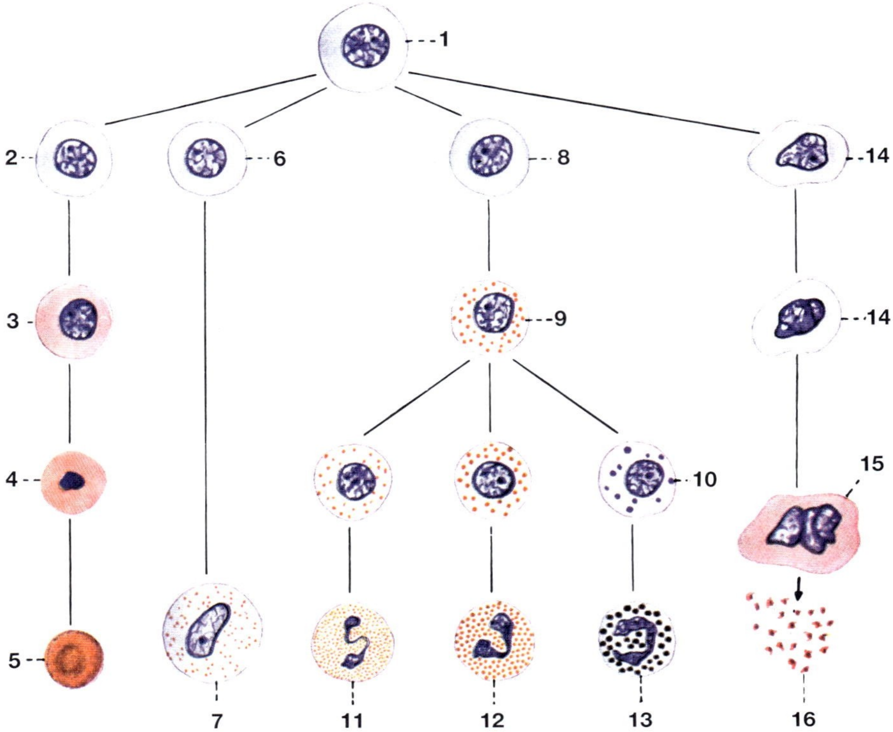

↑ Entwicklung der Blutzellen (Schema). *[wa]*
Alle Arten der Blutzellen entstehen im roten Knochenmark, die Lymphozyten darüber hinaus auch in den lymphatischen Organen. Alle Blutzellen leiten sich von primitiven Bindegewebezellen ab. Zunächst entstehen Stammzellen (1 Hämozytoblast), die noch alle 5 Wege der Blutzellbildung einschlagen können. Sie differenzieren sich zu einer zweiten Generation von Stammzellen (2, 6, 8, 14), die sich nur noch in einer Richtung weiterentwickeln können, zu:
• *roten Blutzellen:* 2 Proerythroblast, 3 polychromatophiler Erythroblast, 4 Normoblast (acidophiler Erythroblast), 5 reifer Erythrozyt.
• *Monozyten:* 6 Monoblast, 7 Monozyt.
• *Granulozyten:* 8 Myeloblast, 9 Promyelozyt, 10 Myelozyten, 11 segmentkerniger neutrophiler Granulozyt, 12 eosinophiler Granulozyt, 13 basophiler Granulozyt.
• *Knochenmarkriesenzellen bzw. Blutplättchen:* 14 Megakaryoblast, 15 Megakaryozyt, 16 Blutplättchen (Thrombozyten)
• *Lymphozyten* (im Bild nicht mit dargestellt, Besprechung beim Abwehrsystem).

Entwicklung der roten Blutkörperchen

Die große Stammzelle besitzt einen Zellkern sowie zahlreiche Organellen. Die Weiterentwicklung ist durch 3 Merkmale gekennzeichnet:
• Durch laufende Zellteilungen entstehen immer kleinere Zellen.
• Roter Blutfarbstoff wird eingelagert, bis die Zelle zu etwa einem Drittel aus ihm besteht.
• Zellorganellen werden immer weniger. Zuletzt wird auch noch der Zellkern ausgestoßen.
• Stündlich werden etwa 10 000 000 000 (10 Milliarden) rote Blutkörperchen erzeugt!
• *Retikulozyten* sind frisch aus dem Knochenmark in das Blut entlassene rote Blutkörperchen. Sie enthalten noch Reste von RNS (Ribonucleinsäure), die sich mit Spezialfärbungen nachweisen lassen. Die Retikulozyten reifen in einem Tag zu den „erwachsenen" roten Blutkörperchen (Erythrozyten) heran. Aus der Zahl der Retikulozyten im Blut (normal etwa 1 %) kann man auf die Intensität der Blutzellbildung schließen.

Entwicklung der Blutzellen: Zellformen. *[kb]* →
1–20 Zellen aus der Entwicklungsreihe der Granulozyten *(Granulozytopoese):* 1 + 2 + 17 Myeloblast, 3 + 4 Promyelozyt, 5 + 9 + 18 + 19 neutrophiler Myelozyt, 6–8 neutrophiler Metamyelozyt („Jugendlicher"), 10 „Stabkerniger" (= stabkerniger neutrophiler Granulozyt), 11 + 12 + 20 segmentkerniger neutrophiler Granulozyt, 13 eosinophiler Myelozyt, 14 eosinophiler Granulozyt, 15 basophiler Myelozyt, 16 basophiler Granulozyt, 17–20 Zellen mit negativer und positiver (blaue Körnchen) Peroxidasereaktion.
21–36 Zellen aus der Entwicklungsreihe der roten Blutzellen *(Erythrozytopoese):* 21 + 22 Proerythroblast, 23 + 24 basophiler Erythroblast, 25–27 polychromatophiler Erythroblast, 28 + 29 acidophiler Erythroblast (= orthochromatischer Normoblast), 30–34 Retikulozyt (Stadien 0-IV), 35 Erythrozyt mit Jolly-Körperchen, 36 reifer Erythrozyt.
37–38 Zellen aus der Entwicklungsreihe der Blutplättchen *(Thrombozytopoese):* 37 Megakaryoblast, 38 Megakaryozyt.

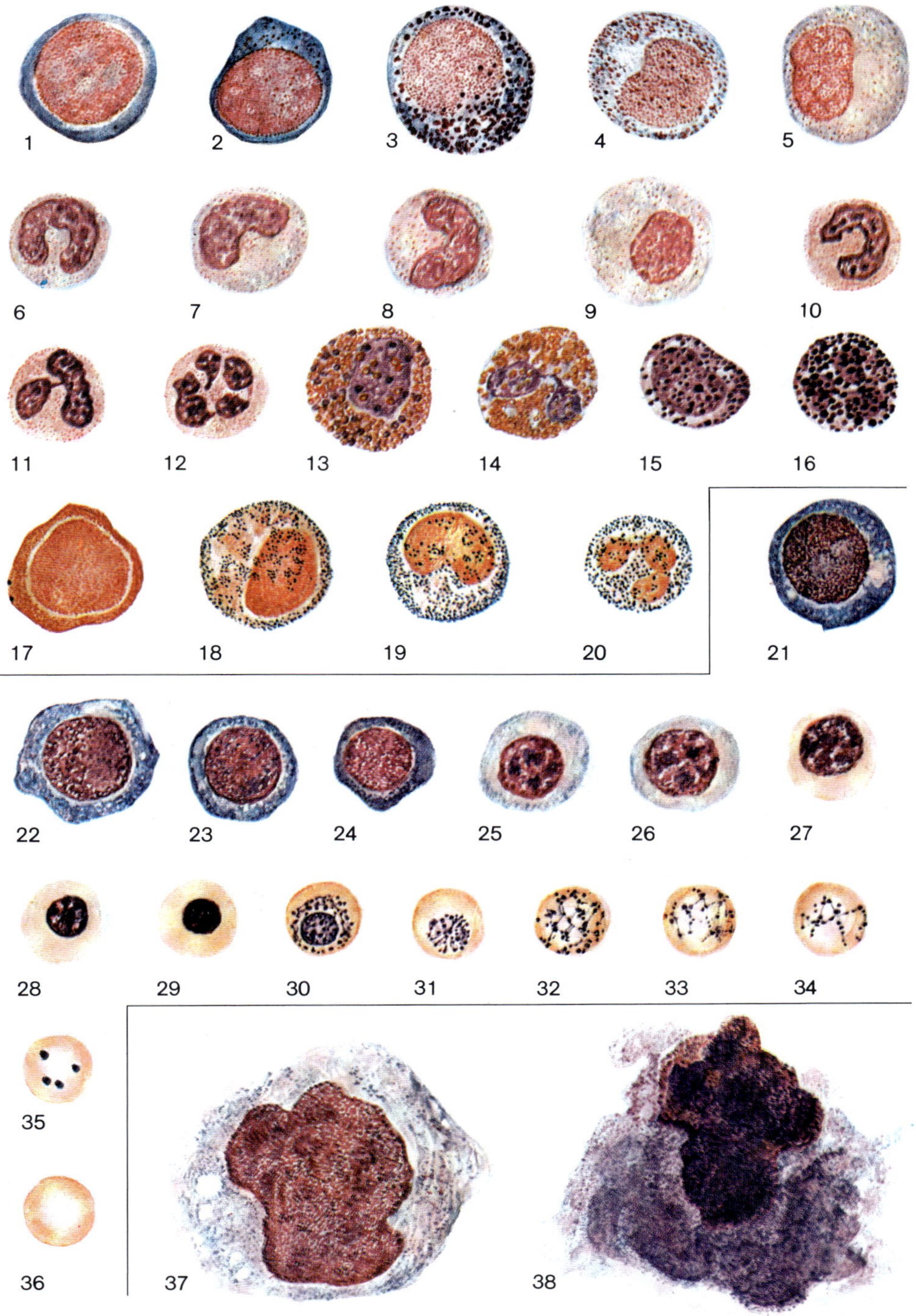
1
2
3
4
5
6
7
8
9
10
11
12
13
14
15
16
17
18
19
20
21
22
23
24
25
26
27
28
29
30
31
32
33
34
35
36
37
38

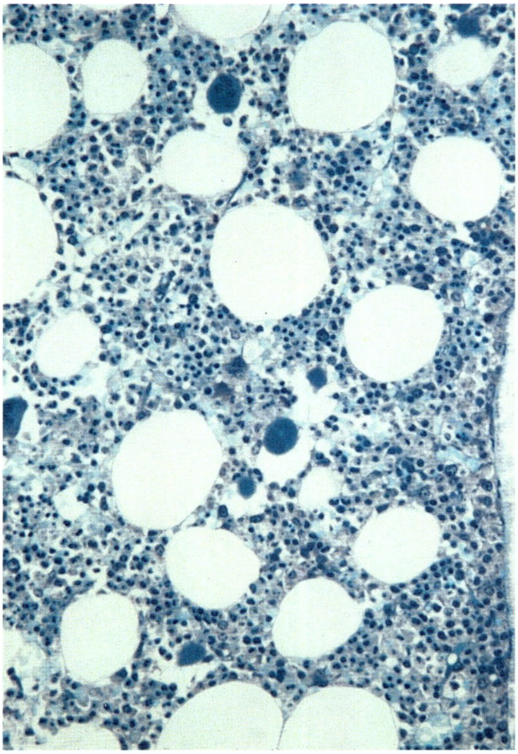

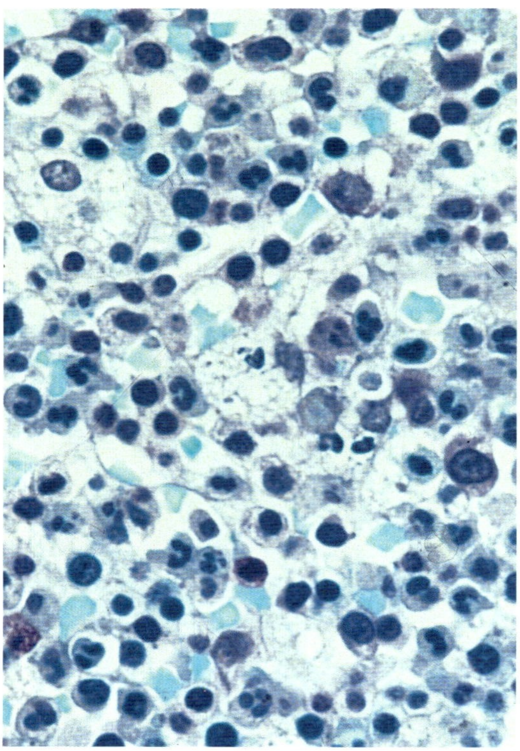

Gesundes rotes Knochenmark: *[de1]*
Oberes Bild: Das blutbildende Gewebe erscheint von Hohlräumen durchsetzt (Gruppen von Fettzellen, deren Fett bei der Anfertigung des Präparats herausgelöst wurde).
Unteres Bild: Bei stärkerer Vergrößerung sieht man die kernhaltigen Vorstufen der roten und weißen Blutkörperchen. Obwohl im Blut rund tausendmal mehr rote als weiße Blutzellen kreisen, überwiegen im Knochenmark die Vorstufen der weißen. Dies hat 3 Gründe:
• Alle Erythrozyten halten sich in den Blutgefäßen auf, die Leukozyten weitaus überwiegend in den Geweben.
• Die Lebensdauer der Erythrozyten ist wesentlich höher als die der meisten Leukozyten.
• Die Mitoserate der Vorstufen der weißen Zellen ist geringer als die der roten.

Lebensdauer der Blutzellen

- Rote Blutkörperchen: etwa 4 Monate.
- Granulozyten: einige Tage.
- Monozyten: einige Monate.
- Lymphozyten: 1–2 Wochen, die Gedächtniszellen mehrere Jahre.
- Blutplättchen: etwa 10 Tage. In Blutkonserven gehen sie schnell zugrunde. Daher muss man Thrombozytenkonzentrate übertragen, wenn es auf die Blutgerinnung ankommt!

Knochenmark

➊ **Arten:**
- *Rotes* = blutbildendes Knochenmark: in den kurzen und platten Knochen, beim Kind auch in Röhrenknochen.
- *Gelbes* = Fettmark: in den Röhrenknochen. Beim Erwachsenen ist der Bedarf an Blutzellen nicht so hoch wie beim Kind. Daher wird ein Teil des blutbildenden Gewebes durch Fettgewebe ersetzt. Es kann jedoch bei Bedarf (z.B. nach hohen Blutverlusten) wieder in blutbildendes Gewebe zurückverwandelt werden (aus erhaltenen Mesenchymzellen).

➋ **Untersuchung:** Man gewinnt Knochenmark durch Ansaugen aus dem Brustbein (Sternalpunktion) oder Ausstanzen aus dem Darmbein (Beckenkammbiopsie).

➌ **Strahlenempfindlichkeit:** Ionisierende Strahlen stören die Zellteilung. Strahlenschäden treten daher zuerst bei Geweben mit hoher Mitoserate wie dem Knochenmark auf. Störung der Blutzellbildung ist daher eine regelmäßige Nebenwirkung der Krebsbekämpfung durch Bestrahlung oder Zytostatika (die Zellteilung hemmende Arzneimittel). Wegen der kürzeren Lebensdauer der Granulozyten und Blutplättchen werden Strahlenschäden bei diesen zuerst bemerkt: Abwehrschwäche des Organismus und Blutungsneigung. Bei weniger als 500 Leukozyten pro Mikroliter besteht hohe Infektionsgefahr. Der Patient muss in keimarmer Umgebung isoliert werden. Eine krebshemmende Behandlung wird daher unterbrochen, wenn die Leukozyten auf 1000–2000/μl abgefallen sind.

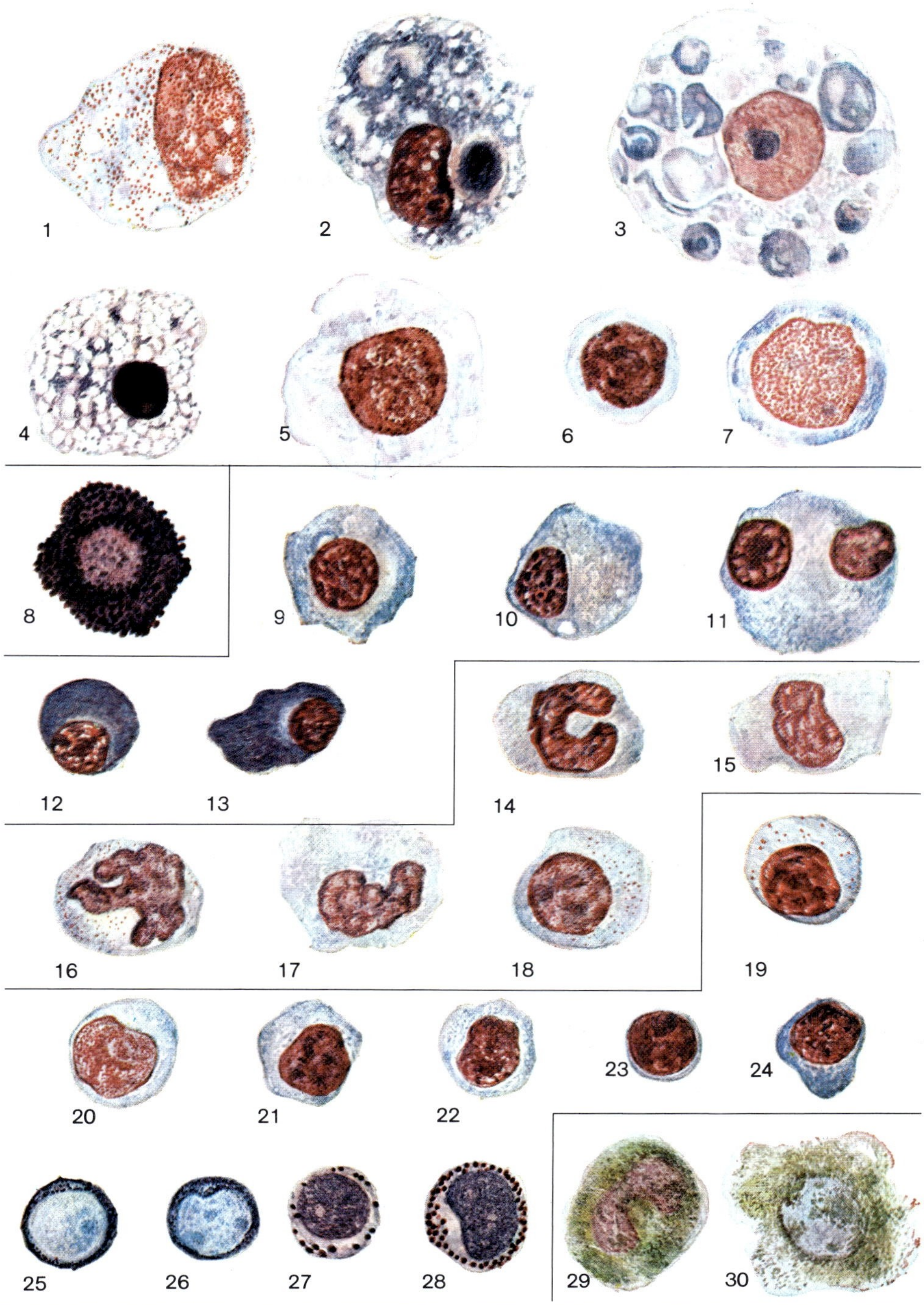

Blut- und Gewebezellen. *[kb]*

1–7 + 30 Retikulumzellen (Zellen des retikulären Bindegewebes), 2 + 3 „Sternenhimmelzelle" (Speicherung von Kerntrümmern), 4 Fettspeicherung, 5 große undifferenzierte Retikulumzelle, 6 kleine lymphoide Retikulumzelle, 7 lymphatische Retikulumzelle aus Lymphknoten

8 Mastzelle

9–13 Plasmazellen

14–18 + 29 Monozyten

19–28 Lymphozyten: 19 + 20 großer Lymphozyt, 21 + 22 mittlerer Lymphozyt, 23 + 24 kleiner Lymphozyt, 25 + 26 Anfärbung der Kernkörperchen, 27 + 28 PAS-Reaktion (Perjodsäure-Schiff-Reaktion zum Glycogennachweis)

29 + 30 Esterasereaktion

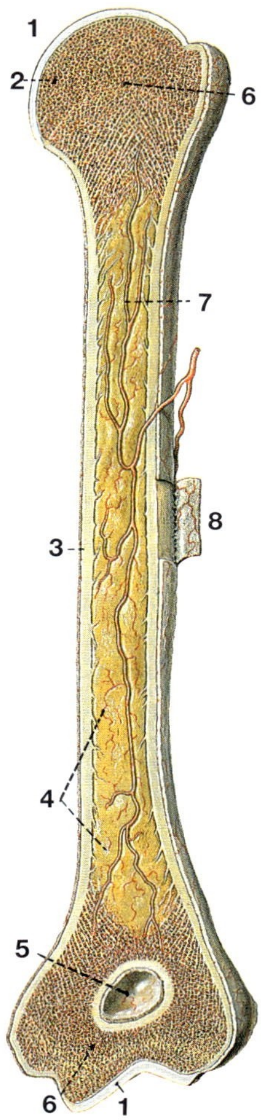

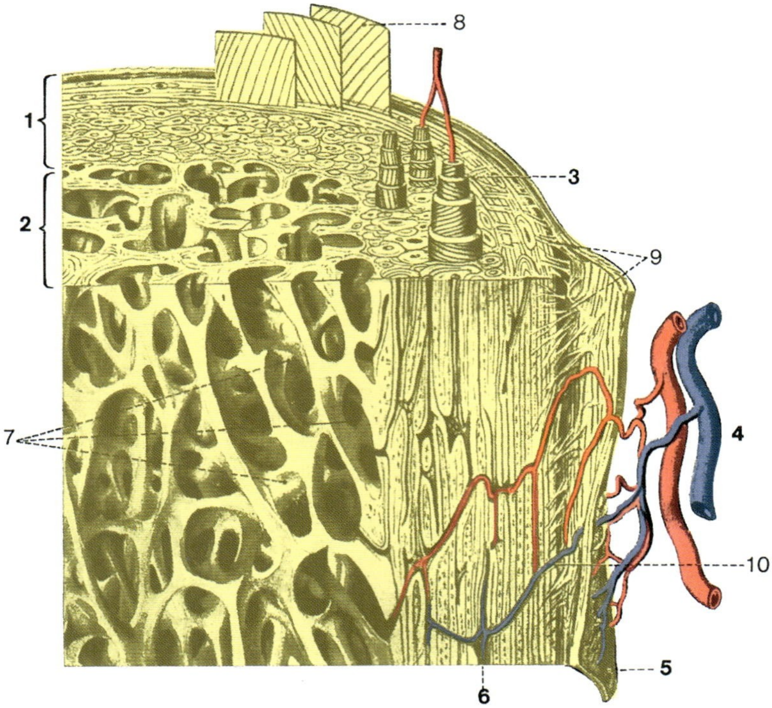

← Röhrenknochen: frontal aufgeschnittenes rechtes Oberarmbein (Humerus), Blick auf die vordere Hälfte. Man achte auf den unterschiedlichen Bau des Schaftes und der beiden Gelenkenden sowie die Füllung mit gelbem und rotem Knochenmark. *[sb1]*

1	Gelenkfläche mit Gelenkknorpel	Facies articularis; Cartilago articularis
2	Oberarmkopf (Schulterkopf)	Caput humeri
3	Dichter (kompakter) Knochen	Substantia compacta
4	Markhöhle mit gelbem Knochenmark	Cavitas medullaris + Medulla ossium flava
5	Ellbogengrube	Fossa olecrani
6	Schwammartig (spongiös) gebauter Knochen mit rotem Knochenmark	Substantia spongiosa [trabecularis] + Medulla ossium rubra
7	Knochenarterie	A. nutricia [nutriens]
8	Knochenhaut	Periosteum

↑ Knochen: Schema vom Bau des Schaftes eines Röhrenknochens (etwa 8fache Vergrößerung). *[bg1]*

1	Kompakter Knochen (Rindenschicht)	Substantia compacta (Substantia corticalis)
2	Schwammartig gebauter Knochen	Substantia spongiosa [trabecularis]
3	Osteon (auseinandergezogen)	Osteonum
4	Blutgefäße	Vasa sanguinea
5	Knochenhaut	Periosteum
6	Zentralkanal (Havers-Kanal) mit Blutgefäß	Canalis centralis
7	Erweiterte Havers-Kanäle in der Spongiosa	(Canales centrales)
8	Äußere Generallamellen	Lamellae circumferentiales externae
9	Von der Knochenhaut in den Knochen einstrahlende Fasern (Sharpey-Fasern)	Fibrae perforantes
10	Durchbrechender Kanal (Volkmann-Kanal) mit Blutgefäß	Canalis perforans

Knochen als Organ

Die einzelnen Knochen bestehen zwar hauptsächlich aus Knochengewebe, doch sind an ihrem Bau auch andere Gewebe beteiligt:

- straffes Bindegewebe in der Knochenhaut.
- lockeres Bindegewebe, Deck- und Muskelgewebe in der Wand der Blutgefäße.
- Nervengewebe: vor allem die Knochenhaut ist sehr schmerzempfindlich.

Man unterscheide daher zwischen „Knochen" und „Knochengewebe"!

Knochenformen

- *Lange Knochen* (= Röhrenknochen, weil ihr Mittelstück = Schaft hohl ist): Oberarmbein, Speiche, Elle, Mittelhand- und Fingerknochen, Oberschenkelbein, Schienbein, Wadenbein, Mittelfuß- und Zehenknochen.
- *Kurze Knochen:* Hand- und Fußwurzelknochen, Wirbelkörper.
- *Platte Knochen:* Brustbein, Rippen, Schulterblatt, Hüftbein, Schädeldach.
- *Mischformen:* Wirbel und die meisten Knochen der Schädelbasis und des Gesichts.

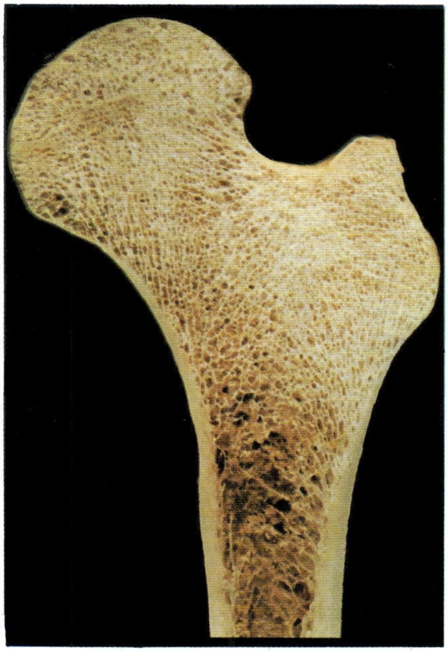

Funktioneller Bau des Knochens: Frontalschnitt durch den hüftgelenknahen Teil eines Oberschenkelbeins (Femur). Auf dem Foto erkennt man deutlich die Verlaufsrichtungen der Knochenbälkchen. Diese Anordnung ist nicht zufällig, sondern ergibt sich aus der Belastungssituation im Hüftgelenk. Bei Änderungen der Belastung über längere Zeit werden die Knochenbälkchen neu orientiert. *[li5]*

Bau des Röhrenknochens

Knochengewebe ist 2- bis 3-mal schwerer als die meisten übrigen Gewebe. Der Körper verwendet daher Knochengewebe sparsam, um nicht schwerfällig zu werden. Von der Bautechnik her ist bekannt, dass ein T-Träger nahezu ebenso biegefest ist wie ein massiver Balken, ein Rohr wie ein massiver Stab. Deshalb sind die langen Knochen rohrartig gebaut: außen kompakter Knochen, innen schwammartiger Knochen oder Markraum.

- Im Schaft liegt das gesamte Knochengewebe als kompakte Schicht außen. Die Markhöhle ist mit gelbem Knochenmark (Fettgewebe) ausgefüllt.
- Die beiden Gelenkenden bestehen aus feinen Knochenbälkchen. In ihrem Maschenwerk findet man blutbildendes Gewebe (rotes Knochenmark). Die Gelenkflächen sind mit Gelenkknorpel, die angrenzenden Bereiche mit einer relativ dünnen Rindenschicht aus dichtem Knochen überzogen.

Blutversorgung der Knochen

Den lebhaften Umbauvorgängen entspricht die ausgezeichnete Blutversorgung der Knochen. Hierin unterscheidet sich der Knochen grundsätzlich vom Knorpel: Knorpel ist meist gefäßlos und wird nur durch Diffusion ernährt. Verletzungen am Knorpel heilen schlecht, am Knochen jedoch sehr gut. Die schlechte Regeneration des Knorpels ist das Grundproblem aller sog. Abnützungserkrankungen der Gelenke („Arthrosen"). Bei Knochenbrüchen können lebensbedrohende Blutungen erfolgen (mittlerer Blutverlust bei Beckenringbrüchen etwa 2½ Liter!).

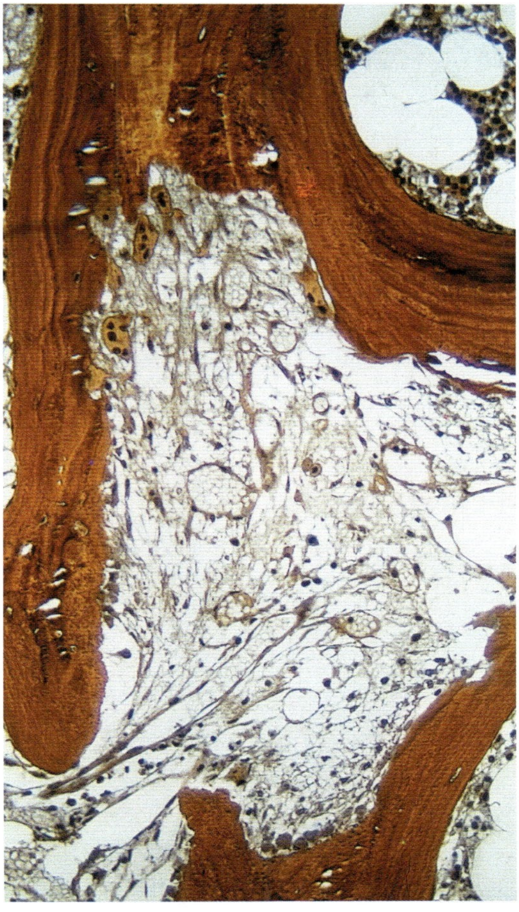

Knochenumbau im mikroskopischen Bild. In ein Knochenbälkchen (rotbraun) ist eine Gruppe von Osteoklasten (die großen mehrkernigen hellbraunen Zellen, die dem Rand des Knochengewebes anliegen) eingebrochen und hat Knochen abgebaut. Blutgefäße sprossen in die Resorptionshöhle ein. *[de1]*

Knochen ist nicht ein für allemal in seiner Form festgelegt, sondern als lebendes Organ in einem ständigen Erneuerungsprozess begriffen.

- Anpassung an veränderte Belastung: An weniger belasteten Stellen wird Knochen abgebaut und dafür an stärker belasteten aufgebaut.
- Sicherung des konstanten Calciumspiegels im Blut: Calciumüberschüsse werden im Knochen abgelagert und bei Bedarf wieder mobilisiert.

Beim gesunden Knochen halten sich Abbau- und Aufbauvorgänge die Waage. In höherem Alter oder bei manchen Erkrankungen (Osteoporose) wird dieses Gleichgewicht zugunsten des Abbaus verschoben. Dann besteht erhöhte Bruchgefahr. Ein für das Kind harmloser Sturz kann für den Greis lebensgefährlich sein.

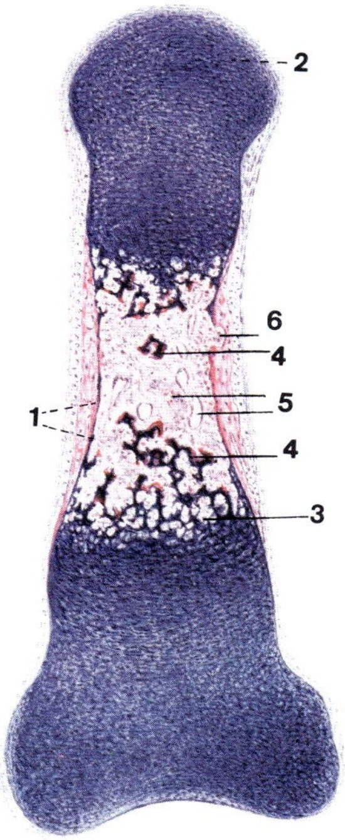

Knochenbildung: Fingerknochen eines 5 Monate alten Fetus. Die Röhrenknochen werden bei der Leibesfrucht zunächst als Knorpel (im Bild violett) angelegt. Die Knochenhaut legt dann um den Schaft des Knorpels herum eine Schicht Knochen an. Im Bereich dieser „Knochenmanschette" wird der Knorpel aufgelöst. Es entsteht eine kleine Markhöhle. Der übrige Knorpel wird allmählich in Knochen umgebaut: *[pa3]*

1 Knochenmanschette *Anulus osseus perichondrialis*
2 Knorpeliges Gelenkende *Epiphysis*
3 Umbauzone von Knorpel in Knochen *Zona ossificationis*
4 Knochenbälkchen *Trabeculae osseae*
5 Primäres Knochenmark *Cavitas medullaris primaria*
6 Blutgefäße *Vasa sanguinea*

Knochenwachstum

Knochengewebe kann nicht direkt wachsen, weil die Knochenzellen in den Knochen „eingemauert" sind und sich wegen der starren Grundsubstanz nicht voneinander trennen können. Knochengewebe kann somit nicht von innen heraus wachsen. Knochen werden größer, indem an vorhandenes Knochengewebe neugebildetes angelagert wird. Knochen entsteht dabei durch Umbau von Knorpel oder Bindegewebe.

- *Längenwachstum:* Die Röhrenknochen enthalten während des Wachstumsalters Wachstumszonen (Epiphysenfugen) aus Knorpel zwischen Schaft und Gelenkenden. Der Knorpel wächst ständig und wird laufend in Knochen umgebaut. Nach dem Schluss der Epiphysenfugen (d.h. nach ihrer vollständigen Verknöcherung) ist ein Längenwachstum nicht mehr möglich.
- *Breitenwachstum:* Die Knochenhaut lagert an den vorhandenen Knochen der Rindenschicht immer neuen Knochen an (zeitlebens möglich).
- *Wachstum der Gelenkenden und der kurzen Knochen:* Im Innern wird Knorpel in Knochen umgebaut. Es entsteht ein Knochenkern, der sich allmählich vergrößert. Am Ende des Wachstums ist der gesamte Knorpel, ausgenommen der Knorpelüberzug der Gelenkflächen, durch Knochen ersetzt.

Knochenhaut (Periost)

Jeder Knochen wird mit Ausnahme der knorpeligen Gelenkflächen von der bindegewebigen Knochenhaut bedeckt. Diese besteht aus 2 Schichten mit unterschiedlichen Aufgaben:

- Die *Innenschicht* enthält knochenbildende Zellen. Diese sorgen für das Dickenwachstum des Knochens und für die Bruchheilung.
- Die *Außenschicht* besteht aus einem Geflecht zugfester Fasern. Sie erhöht die Biegungssteifigkeit des Knochens und vermittelt die Befestigung von Muskeln, Sehnen und Bändern.

Knochenbruchheilung

In den Bluterguss um die Bruchenden wandern Bindegewebezellen aus dem Knochenmark und der Knochenhaut ein und vermehren sich. Eine bindegewebige Manschette *(bindegewebiger Kallus)* bildet sich außen um den Bruchspalt. Diese verknöchert und wird dadurch zum *knöchernen Kallus.* Die Knochenmanschette verhindert Verschiebungen der Bruchenden gegeneinander. Erst jetzt wachsen die beiden Knochenenden knöchern zusammen. Sind die Bruchenden stabil vereinigt, wird der nun nicht mehr benötigte knöcherne Kallus wieder abgebaut.

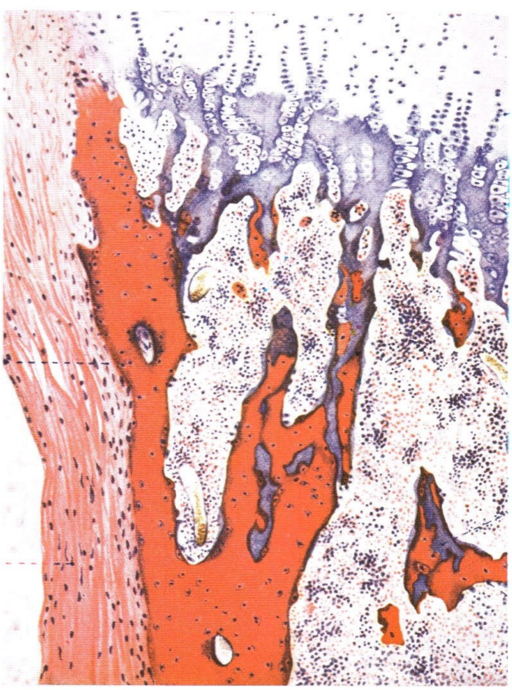

Knochenbildung (80fache Vergrößerung). In der Hauptwachstumszone teilen sich die Knorpelzellen sehr rasch und ordnen sich dabei in Säulen an. Der bei der Verknöcherung entstehende geflechtartige Knochen wird später durch Lamellenknochen mit Osteonen ersetzt. *[wa]*

1	Knochenhaut, Keimschicht	*Periosteum, Stratum osteogenicum*
2	Knochenhaut, Faserschicht	*Periosteum, Stratum fibrosum*
3	Umbauzone von Knorpel in Knochen	*Zona ossificationis*
4	Knochenbälkchen	*Trabeculae osseae*
5	Primäres Knochenmark	*Cavitas medullaris primaria*

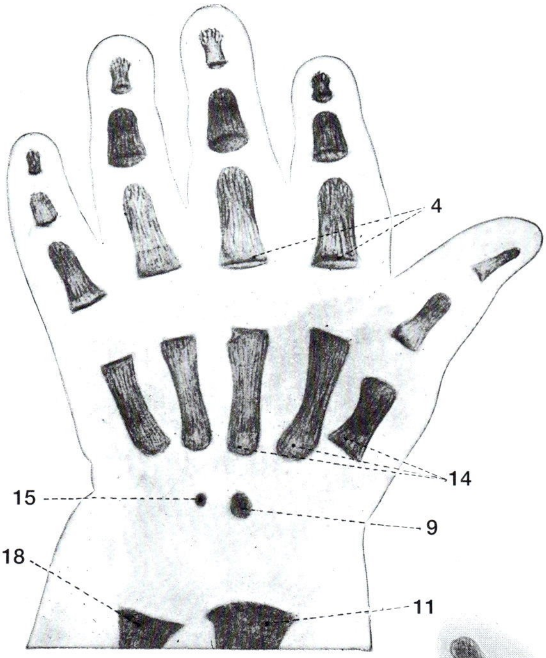

← Einjähriges Kind: Röntgenbild der Hand. Die wachsenden Teile des Skeletts bestehen aus Knorpel oder aus Bindegewebe. Sie sind auf normalen Röntgenbildern nicht sichtbar. Röntgenbilder der Hände von kleinen Kindern sehen so leer aus, weil große Teile des Skeletts noch aus Knorpel bestehen. Am Ende des ersten Lebensjahres sind die Schäfte aller Finger- und Mittelhandknochen verknöchert. Von den 8 Handwurzelknochen haben erst 2 sichtbare Knochenkerne. *[sb1]*

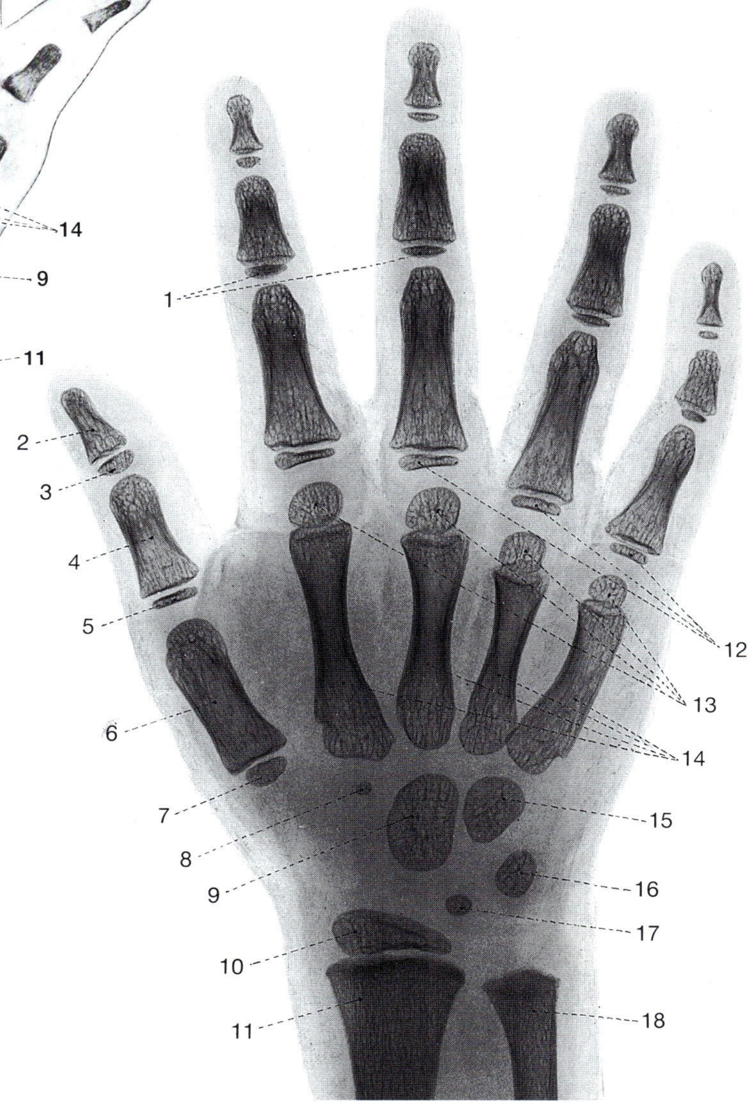

1 Fingermittelglied (Knochenscheibe in der Basis) *Phalanx media (Basis)*
2 Daumenendglied (Schaft) *Phalanx distalis I (Corpus)*
3 Daumenendglied (Knochenscheibe in der Basis) *Phalanx distalis I (Basis)*
4 Daumengrundglied (Schaft) *Phalanx proximalis I (Corpus)*
5 Daumengrundglied (Knochenscheibe in der Basis) *Phalanx proximalis I*
6 Mittelhandknochen des Daumens (Schaft) *Os metacarpi [metacarpale] I*
7 Mittelhandknochen des Daumens (Knochenkern in der Basis) *Os metacarpi I (Basis)*
8 Großes Vieleckbein *Os trapezoideum*
9 Kopfbein *Os capitatum*
10 Speiche (distale Epiphyse) *Radius*
11 Speiche (Schaft) *Radius (Corpus)*
12 Fingergrundglieder (Knochenscheiben in den Basen) *Phalanges proximales*
13 Mittelhandknochen (Knochenkerne in den Köpfen) *Ossa metacarpi*
14 Mittelhandknochen (Schäfte) *Ossa metacarpi [metacarpalia]*
15 Hakenbein *Os hamatum*
16 Dreieckbein *Os triquetrum*
17 Mondbein *Os lunatum*
18 Elle *Ulna*

Knabe von 5½ Jahren: Röntgenbild der Hand. *[sb1]* ➚
Die Röhrenknochen haben für das Längenwachstum knorpelige Wachstumszonen, die Epiphysenfugen. Sie liegen bei den Fingerknochen und dem Mittelhandknochen des Daumens am rumpfnahen (proximalen), bei den Mittelhandknochen II–V am rumpffernen (distalen) Ende. Hier ist nur scheinbar ein Spalt im Knochen, weil der gut strahlendurchlässige Knorpel im Röntgenbild nicht sichtbar ist. In 5 der 8 Handwurzelknochen sind bereits Knochenkerne zu erkennen.
Für die einzelnen Altersstufen liegen Normtabellen über den jeweiligen Bestand an Knochenkernen vor. Um den körperlichen Entwicklungsstand eines Kindes genau zu beurteilen, vergleicht man die bei ihm in Röntgenbildern der Hände und Füße sichtbaren Knochenkerne mit den Normtabellen.

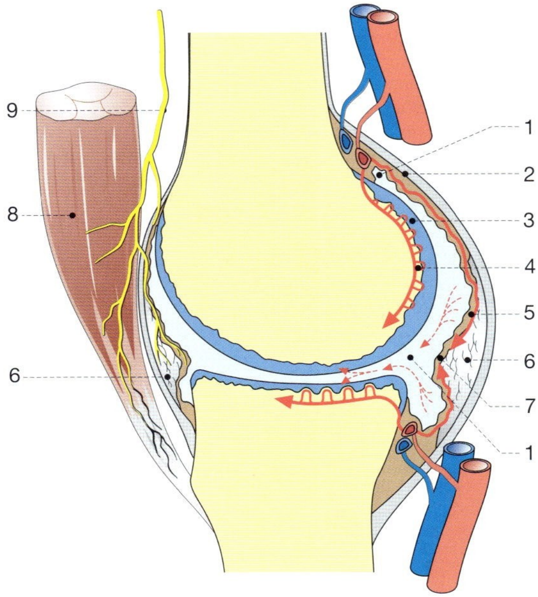

Gelenk: Bauschema am Beispiel des Kniegelenks. *[rr3]*
Der Gelenkknorpel (im Bild blau) ist nicht von einer Knorpelhaut überzogen: Dies schafft eine glatte Oberfläche für reibungsarme Bewegungen.

1	Gelenkhöhle (mit Gelenkschmiere gefüllt)	*Cavitas articularis; Synovia*
2	Gelenkkapsel, Faserschicht	*Capsula articularis, Membrana fibrosa [Stratum fibrosum]*
3	Gelenkknorpel	*Cartilago articularis*
4	Blutgefäße im Gelenkende des Knochens	*(Vasa sanguinea; Epiphysis)*
5	Blutgefäße in der Gelenkkapsel	*(Vasa sanguinea; Capsula articularis)*
6	Fettkörper	*Corpus adiposum*
7	Gelenkkapsel, weiche Schicht (Synovialis)	*Capsula articularis, Membrana synovialis [Stratum synoviale]*
8	Muskel	*Musculus*
9	Nerv (zu Muskel, Gelenkkapsel und Knochen)	*Nervus*

Knochenverbindungen

2 Knochen können auf verschiedene Weise beweglich miteinander verbunden sein:

❶ durch straffes Bindegewebe:
- Bandverbindung *(Syndesmose):* z.B. Elle und Speiche oder Schienbein und Wadenbein durch eine Zwischenknochenmembran.
- Knochennaht *(Sutur):* die Schädelknochen beim Kind. Im Laufe des Lebens verknöchern die Schädelnähte, die benachbarten Knochen vereinigen sich knöchern *(Synostose).*

❷ durch Knorpel:
- Knorpelverbindung aus hyalinem Knorpel *(Synchondrose):* z.B. die Rippen mit dem Brustbein. Knorpelverbindungen neigen zum Verknöchern, wodurch die Beweglichkeit verloren geht.
- *Symphyse* aus Faserknorpel z.B. Schambeinfuge und Zwischenwirbelscheibe.

❸ durch echte Gelenke *(Diarthrosen):* z.B. Schultergelenk, Hüftgelenk usw. Kennzeichen sind:
- Gelenkspalt.
- überknorpelte Gelenkflächen der durch das Gelenk verbundenen Knochen.
- Gelenkkapsel.
- Gelenkschmiere.
- bei den meisten Gelenken zusätzlich Bänder zur Stabilisierung der Bewegung.

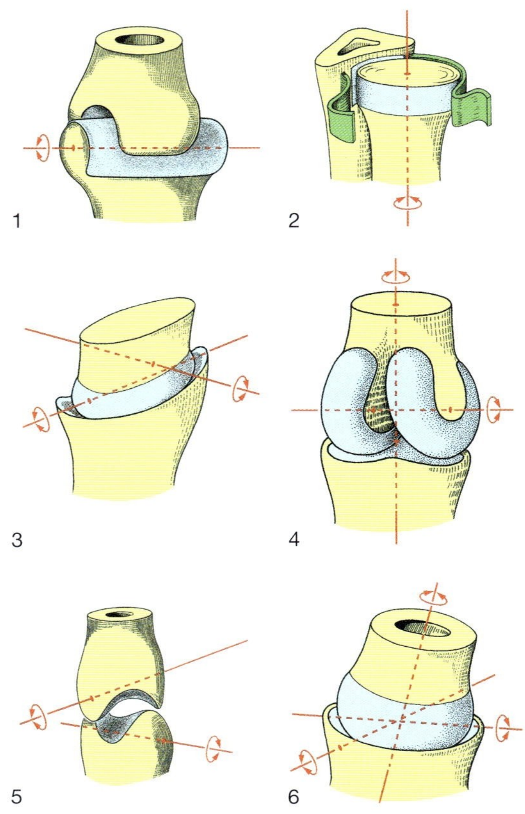

Gelenkformen: Abgesehen vom ebenen Gelenk kann man die Gelenke nach der Krümmung der Gelenkflächen in 6 Hauptformen einteilen. Von der Gelenkform hängt die Zahl der Hauptachsen ab. *[dr3]*
- Einachsige Gelenke sind das Scharniergelenk (walzenförmiger Gelenkkörper) und das Radgelenk.
- Zweiachsige Gelenke sind das Eigelenk (ovaler Querschnitt), das Radwinkelgelenk (mit 2 Rollen) und das Sattelgelenk.
- Über 3 Hauptachsen verfügt das Kugelgelenk.

1 Scharniergelenk, z.B. Fingermittel- und -endgelenke
2 Radgelenk = Zapfengelenk, z.B. Speichen-Ellen-Gelenke
3 Eigelenk, z.B. proximales Handgelenk
4 Radwinkelgelenk = Drehscharniergelenk, z.B. Kniegelenk
5 Sattelgelenk, z.B. Daumensattelgelenk
6 Kugelgelenk, z.B. Schultergelenk, Hüftgelenk

Hauptachsen eines Gelenks am Beispiel des Schultergelenks: *[dr3]*
1 Um eine transversale Achse (Querachse) ist das Vorwärtsheben (Anteversion, 4) und das Rückwärtsstrecken (Retroversion) möglich.
2 Um eine sagittale Achse (Pfeilachse) kann man Abspreizen (Abduktion, 5) und Anziehen (Adduktion).
3 Um eine longitudinale Achse (Längsachse) erfolgt das Innenkreiseln (Innenrotation, 6) und Außenkreiseln (Außenrotation)

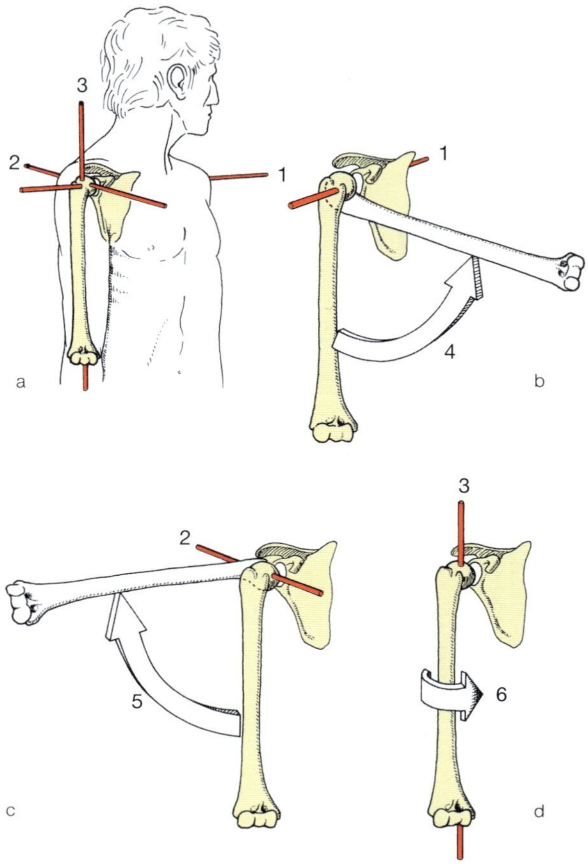

Bewegungsumfänge nach Neutral-Null-Methode

Um bei Bewegungsmessungen vergleichbare Ergebnisse zu erhalten, muss man einheitliche Messbedingungen schaffen. In der Bundesrepublik Deutschland wird für alle Begutachtungen die *Neutral-Null-Methode* empfohlen. Ausgangsstellung (Nullstellung) ist dabei für alle Gelenke ihre Haltung bei der „Neutralnullstellung": Der Patient steht aufrecht mit geschlossenen Füßen und angelegten Armen, wobei die Daumen nach vorn weisen.

Den Bewegungsumfang gibt man für jede Hauptachse eines Gelenks in 3 Zahlen an:

- den Winkel (in Grad) der vom Körper wegführenden Bewegung,
- die Null (für die Nullstellung),
- den Winkel der zum Körper hinführenden Bewegung.

z.B. Abspreizen – Anführen 180°–0°–20° (Normalwerte beim Schultergelenk).

Man misst jeweils die „passive" Beweglichkeit, d.h. den Bewegungsumfang, den der Arzt beim Bewegen des Patienten erzielen kann. Die „aktive" Beweglichkeit (das was der Patient mit den zu dem betreffenden Gelenk gehörenden Muskeln selbst erreichen kann) ist meist kleiner.

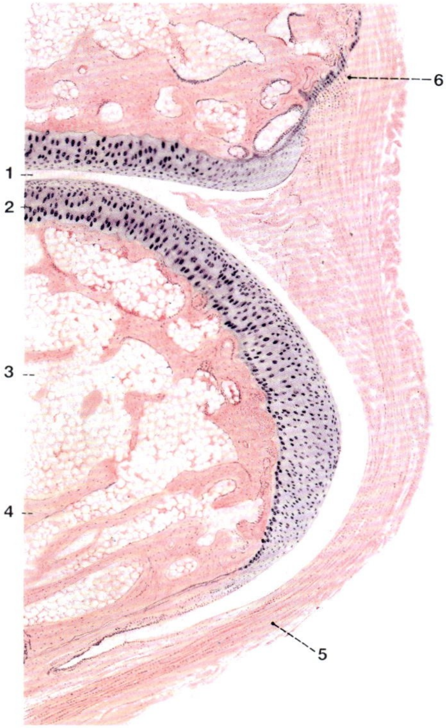

Fingergelenk: Teil eines Längsschnitts (Vergrößerung etwa 10fach). Die Gelenkenden der Knochen sind mit hyalinem Knorpel überzogen. Diesem Knorpel fehlt die Knorpelhaut. Er hat auch keine Blutgefäße. Die Ernährung muss auf der einen Seite von der Gelenkschmiere, auf der anderen Seite vom Knochen her erfolgen. Dieses Ernährungssystem wird bei starker Belastung und mit zunehmendem Alter immer störanfälliger. Deshalb sind „Abnutzungserscheinungen" der Gelenke (Arthrosen) im Alter so häufig. Die Möglichkeiten der Regeneration sind begrenzt. *[pa3]*

1	Gelenkhöhle	*Cavitas articularis*
2	Gelenkknorpel	*Cartilago articularis*
3	Gelbes Knochenmark (Fettgewebe)	*Medulla ossium flava (Textus adiposus)*
4	Knochenbälkchen	*Trabecula ossea*
5	Gelenkkapsel	*Capsula articularis*
6	Verankerung straffer Faserzüge der Gelenkkapsel im Knochen	-

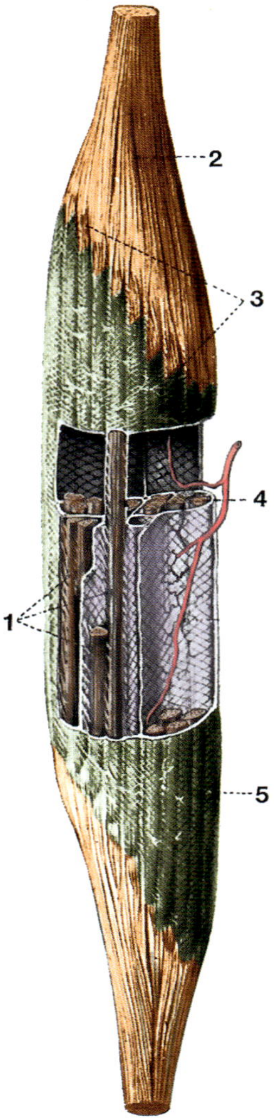

← **Skelettmuskel:** Bauschema. *[bg1]*

Der Skelettmuskel besteht zwar hauptsächlich aus quergestreiftem Muskelgewebe, doch sind Bindegewebe für seine Funktion wichtig:

- Straffes parallelfaseriges Bindegewebe überträgt den Zug der Muskelfasern auf den Knochen. Jede Muskelfaser geht in eine Sehnenfaser über. Nur diese strahlt in das Knochengewebe bzw. in die Knochenhaut ein (auch wenn man vereinfachend sagt, dass der „Muskel“ am Knochen ansetzt).
- Lockeres Bindegewebe umhüllt die einzelnen Muskelfasern und ermöglicht so ihre Verschiebung gegeneinander. Lockeres Bindegewebe fasst auch Bündel von Muskelfasern zusammen. Schließlich wird der ganze Muskel strumpfartig von der „Muskelfaszie“ umhüllt.
- Arbeitende Muskeln verbrauchen viel Energie. Deshalb sind Muskeln von einem dichten Gefäßnetz durchzogen

1 Bindegewebehüllen um Gruppen von Muskelfaserbündeln *Epimysium*
2 Sehnenfasern *Fibrae tendineae*
3 Übergang der Muskelfasern in Sehnenfasern *Junctio myotendinea*
4 Muskelfaserbündel *Fasciculus muscularis* mit umhüllendem Bindegewebe *Perimysium*
5 Muskelfaszie *Fascia*

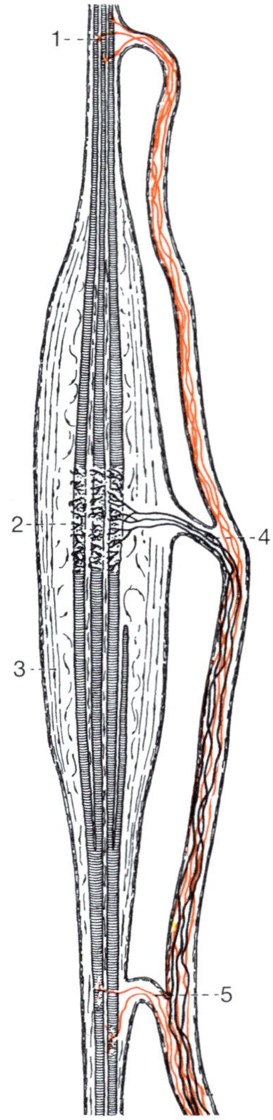

← **Muskelspindel:** Schema (Vergrößerung etwa 100fach). *[wa]*

An speziellen Muskelfasern enden sensorische Nerven (4, im Bild schwarz), die mit Spiral- und Doldenendungen (2, in der Mitte der Muskelspindel) Dehnungsreize aufnehmen. Am Rand der Muskelspindel stellen motorische Nervenfasern (1, rot) die Vorspannung der Spindelfasern ein. Die Muskelspindel ist von einer bindegewebigen Kapsel umgeben.

Über die Muskelspindeln werden die sog. Muskeleigenreflexe ausgelöst: Schlägt man mit dem Reflexhammer unterhalb der Kniescheibe auf die Sehne des vierköpfigen Oberschenkelmuskels, so wird dieser ruckartig gedehnt. Dies melden die Muskelspindeln an das Rückenmark. Dieses veranlasst sofort ein Zusammenziehen des Muskels: Der Unterschenkel schlägt nach vorn aus (Patellarsehnenreflex). Die Muskeleigenreflexe schützen z.B. den Muskel vor Überdehnung.

Bau des Skelettmuskels

An einem Skelettmuskel unterscheidet man

- *Ursprung und Ansatz:* die Befestigungen an Knochen (selten an der Haut).
- *Muskelbauch:* den hauptsächlich aus Muskelgewebe bestehenden kontraktilen Abschnitt. Ein Muskel kann sich bis auf etwa die Hälfte der Länge seiner Muskelfasern im Ruhezustand zusammenziehen.
- *Sehnen:* Bündel zugfester Fasern, die wie Seile den Muskelzug auf den Knochen übertragen.
- *Muskelspindeln:* Sinnesorgane, die dem Zentralnervensystem den Spannungszustand des Muskels melden.
- *motorische Endplatten:* an ihnen wird die Erregung (der Befehl zur Kontraktion) vom Nerv auf den Muskel weitergegeben.
- Muskelbinde = *Faszie:* Eine Hülle aus Bindegewebe erleichtert die Verschiebung des Muskels bei der Kontraktion gegenüber der Umgebung.

Hilfseinrichtungen bei Muskeln und Sehnen

- *Sehnenscheide:* Eine Gleithülle mit Flüssigkeitsschmierung mindert die Reibung der Sehne an Bändern und Knochen.
- *Schleimbeutel:* Ein Flüssigkeitskissen mindert die Reibung von Muskeln an Knochen oder verteilt den Druck von Knochen auf die Haut, z.B. vor der Kniescheibe, hinter dem Ellbogen usw.

Synergisten und Antagonisten

Synergisten sind Muskeln, die bei einer Bewegung zusammenarbeiten. Antagonisten sind Gegenspieler, also Muskeln die entgegengesetzte Bewegungen ausführen. Gezielte Bewegungen setzen ein harmonisches Zusammenspiel von Synergisten und Antagonisten voraus. Soll eine bestimmte Stellung eingenommen werden, so muss die Bewegung rechtzeitig gebremst werden. vor allem wenn eine Bewegung in Richtung der Schwerkraft erfolgt.

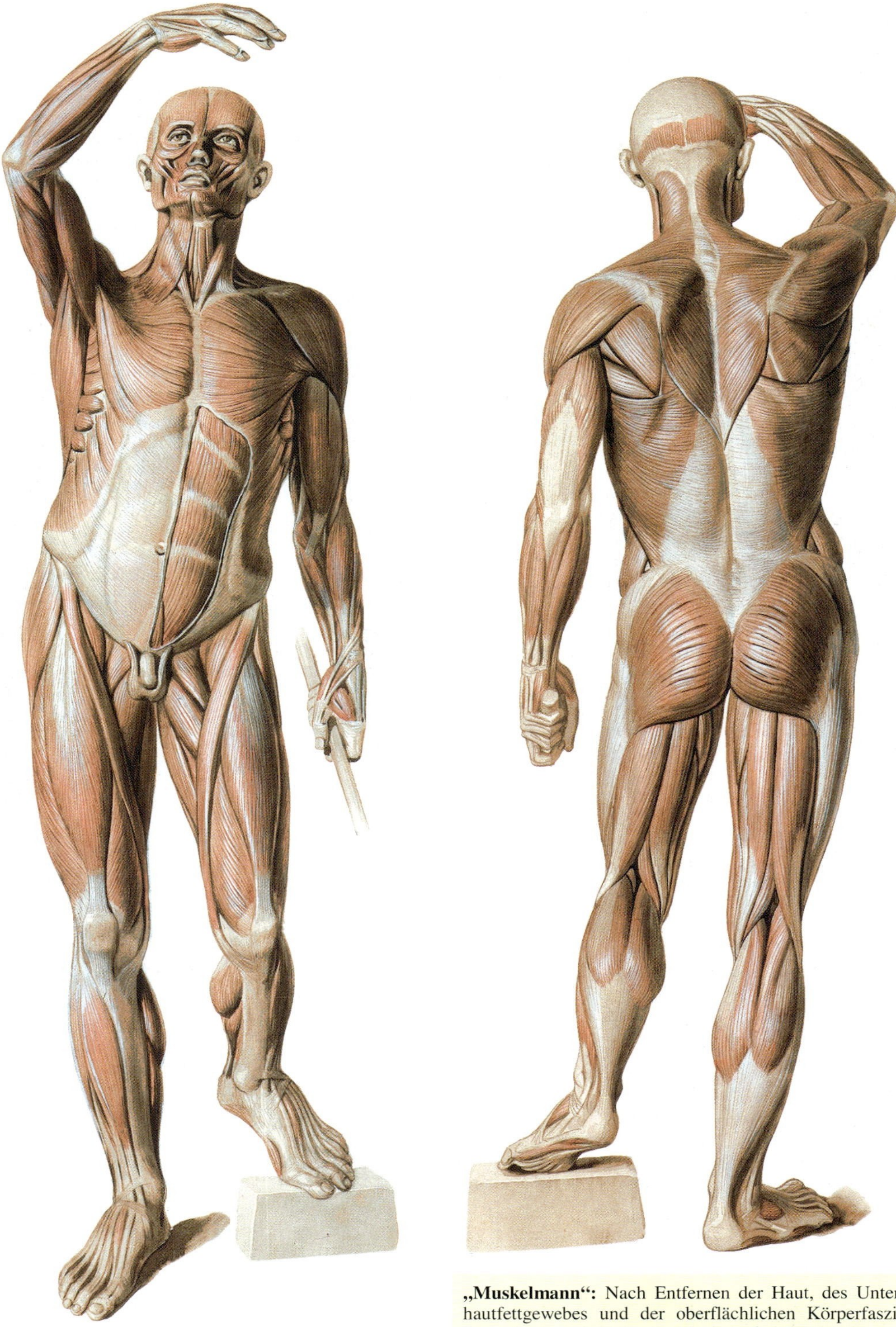

„Muskelmann“: Nach Entfernen der Haut, des Unterhautfettgewebes und der oberflächlichen Körperfaszie liegt die erste Schicht der Muskeln frei. Man achte auf die großen Sehnenplatten am Bauch und am Rücken. Die einzelnen Muskeln werden in diesem Buch bei den entsprechenden Körperteilen besprochen. *[pp1]*

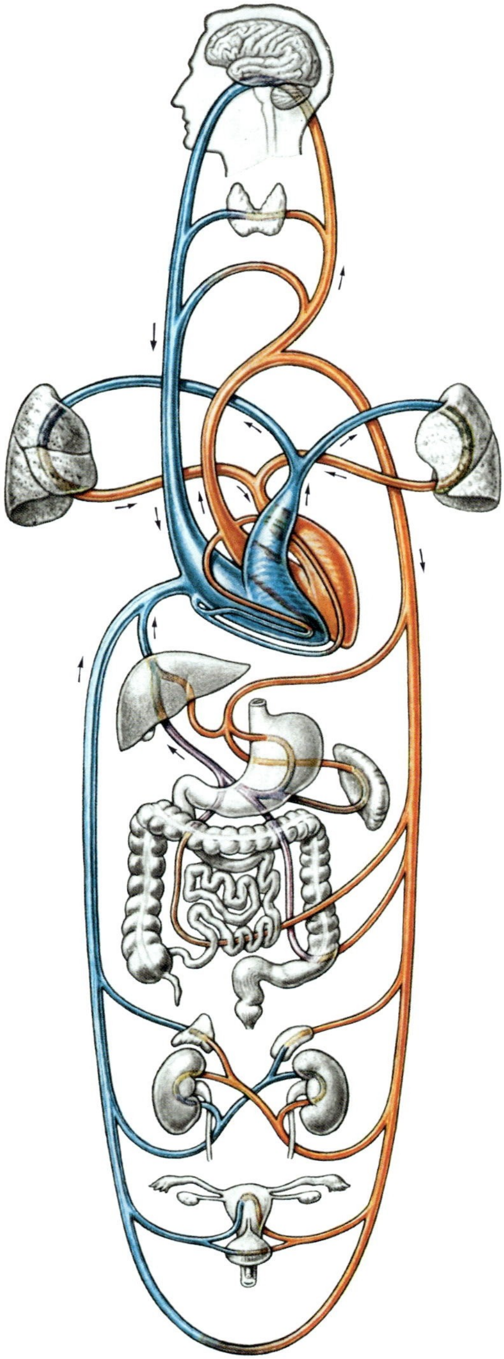

Kreislaufschema (nicht maßstäblich). Verfolgen Sie den Weg des Blutes durch den „kleinen" und den „großen" Kreislauf! Die Arterien führen im Körperkreislauf sauerstoffreiches = „arterielles" (im Bild rot), im Lungenkreislauf sauerstoffarmes = „venöses" Blut (blau), die Venen entsprechend umgekehrt. Beachten Sie dabei die Sonderstellung der Leber (Pfortaderkreislauf, violett)! *[sb3]*

Blutkreislauf als Transportmittel

Das Blut befördert nahezu alles, was im Körper von einem Ort zu einem anderen gebracht werden muss:

- *Blutgase:* Allen Zellen wird Sauerstoff angeliefert und Kohlendioxid abgenommen. In der Lunge (bei der Leibesfrucht in der Plazenta) wird Kohlendioxid wieder gegen Sauerstoff ausgetauscht.
- *Nahrungsbestandteile:* Im Darm werden Aminosäuren, einfache Zucker, Mineralstoffe und Vitamine aufgenommen und dann über die Pfortader zur Leber gebracht. Dort wird ein großer Teil von ihnen dem Blut entnommen, gespeichert und nach Bedarf wieder an das Blut abgegeben. Fette werden vom Darm nicht auf dem Blutweg, sondern auf dem Lymphweg abtransportiert. Da aber die Lymphe schließlich doch in den Blutstrom einmündet, gelangen auch die Fette (in feinsten Tröpfchen) in den Kreislauf.
- *Wärme:* In stark arbeitenden Organen entsteht als Nebenprodukt des Stoffwechsels Wärme. An der Körperoberfläche, mit der Atmung und mit den Ausscheidungen geht dem Körper Wärme verloren. Der Kreislauf sorgt für den Temperaturausgleich und damit für die gleichbleibende Körpertemperatur.
- *Hormone:* Die Hormondrüsen geben ihre „Botenstoffe" in das Blut ab. Mit ihm werden sie wie eine Postwurfsendung allen Zellen angeboten und erreichen damit auch die wenigen, für die sie bestimmt sind.
- *Abwehrzellen + Abwehrstoffe (Antikörper):* Die weißen Blutkörperchen kommen aus den lymphatischen Organen zu Streifengängen in das Blut, um Feinde und Gifte aufzuspüren.
- *Wasser:* Alle Zellen sind von der Wasserzufuhr über den Kreislauf abhängig.
- *Schlackenstoffe:* Nahezu alles, was der Körper nicht mehr benötigt, wird auf dem Blutweg zu den Ausscheidungsorganen (Nieren, Leber, Lunge) befördert.

„Großer" und „kleiner" Kreislauf

Es gibt nur einen Kreislauf. Das Herz wird aber bei einem Blutumlauf zweimal durchflossen: einmal die rechte und einmal die linke Herzhälfte. Dementsprechend kann man den Kreislauf in 2 Abschnitte teilen:

- *Großer Kreislauf = Körperkreislauf:* der Weg von der linken Herzkammer durch alle Organe (außer Lunge) und zurück zum rechten Vorhof.
- *Kleiner Kreislauf = Lungenkreislauf:* der Weg von der rechten Herzkammer durch die Lunge zum linken Vorhof.

Gliederung der Kreislauforgane

- Das *Herz* ist die Pumpe des Kreislaufs.
- *Arterien = Schlagadern* nennt man alle Blutgefäße, in denen Blut vom Herzen wegfließt.
- *Haargefäße = Kapillaren* sind die feinsten Blutgefäße, durch deren Wand der Stoffaustausch mit den Körperzellen erfolgt.
- *Venen:* So nennt man alle Blutgefäße, in denen das Blut zum Herzen zurückströmt.

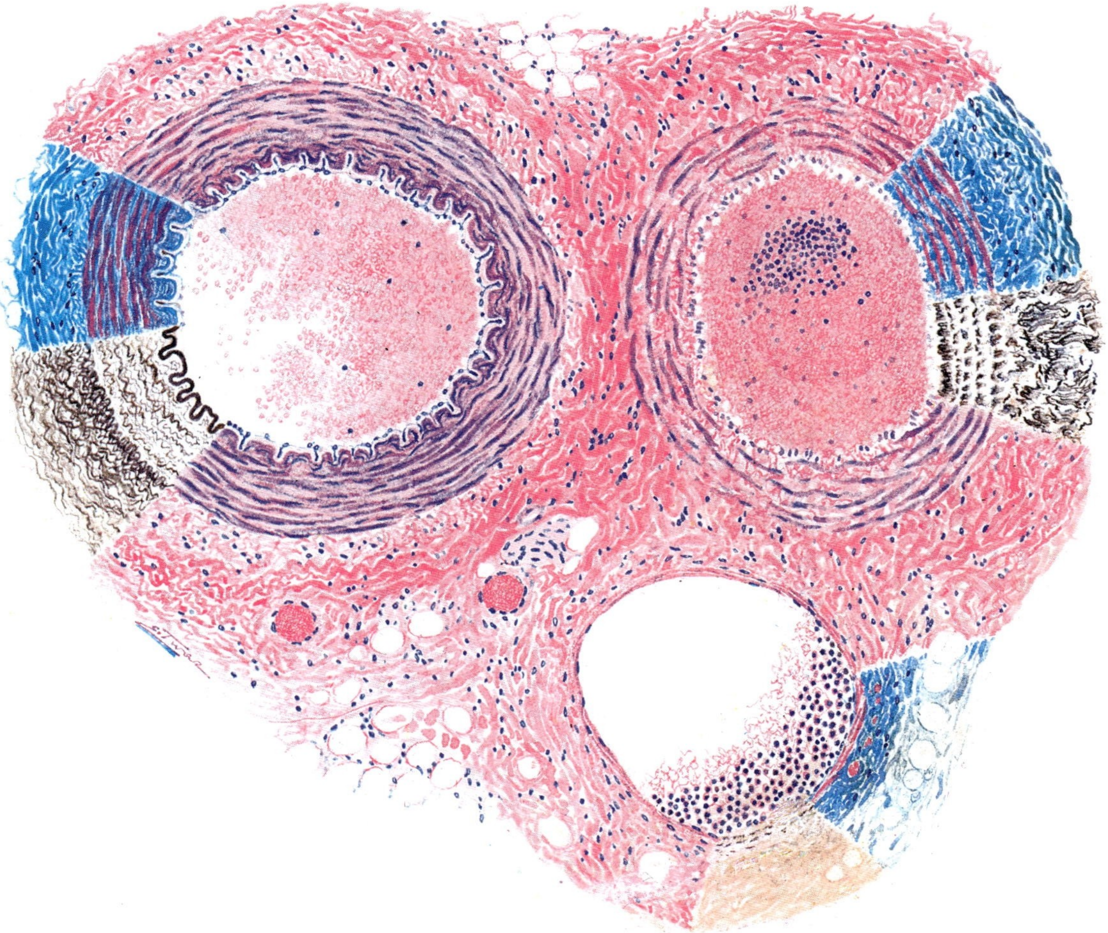

Gemeinsames Bauprinzip aller Kreislauforgane

Herz und Blutgefäße haben 3 Wandschichten:

• *Innenschicht* (Intima): Ein einschichtiges, sehr flaches Deckgewebe (Endothel) ruht auf Bindegewebe. Die Innenschicht heißt beim Herzen Endokard.

• *Mittelschicht* (Media): Muskelschicht. Ihr Bau wechselt in den einzelnen Abschnitten des Kreislaufs. Sie ist beim Herzen sehr mächtig (Myokard) und fehlt bei den Haargefäßen. Bei den herznahen Arterien sind die Muskeln weitgehend durch elastische Lamellen verdrängt.

• *Außenschicht* (Adventitia): Bindegewebe vermittelt die Verbindung mit der Umgebung. Beim Herzen bildet das Epikard eine Seite der Herzbeutelhöhle.

Gefäßwände: Schema vom Bau der Arterien-, Venen- und Lymphgefäßwand im mikroskopischen Schnittbild. In je 2 Segmenten sind die elastischen (braun) bzw. zugfesten Fasern (blau)speziell angefärbt. *[pa3]*

• Oben links ist der Bau einer mittleren **Arterie** dargestellt. Die Mittelschicht enthält reichlich Muskelfasern („Arterie vom muskulären Typ"). Die Muskelfasern sind vorwiegend ringförmig in die Gefäßwand eingelassen. So kann die lichte Weite des Gefäßrohres und damit die Durchblutungsmenge verändert werden. Die Gefäßmuskeln werden durch autonome Nerven gesteuert.

• Die Wand der **Vene** (rechts oben) ist dünner als die Wand der Arterie, da der Blutdruck in den Venen sehr viel niedriger als in den Arterien ist. Die 3 Schichten (Intima, Media, Adventitia) sind häufig nicht klar abzugrenzen. Setzt man ein Stück Vene in den Verlauf einer Arterie ein (z.B. bei Erkrankung einer Arterie), so nimmt die ursprüngliche Vene bald den Wandbau einer Arterie an: Der Wandbau hängt folglich von der Beanspruchung ab.

• Die Wand eines größeren **Lymphgefäßes** (rechts unten) ähnelt einer Venenwand. Sie ist meist etwas dünner.

• Die Gewebe der Blutgefäßwände müssen wie jedes lebende Gewebe mit Nährstoffen versorgt werden. Die Wände der größeren Blutgefäße sind so dick, dass ihre Ernährung aus dem Blutstrom im Gefäß selbst nicht ausreicht. In der Wand der großen Blutgefäße liegen daher kleinere Blutgefäße, die deren Stoffwechsel sichern. Zwei dieser **Gefäße der Gefäße** sieht man unten in der Außenschicht der Arterienwand.

• Arterien und Venen laufen häufig parallel. Manchmal sind die Außenschichten der beiden Gefäßwände durch Bindegewebe so eng aneinander gekoppelt, dass sich die Pulsationen der Arterie direkt auf die Vene auswirken: Die Lichtung der Vene wird rhythmisch verengt und damit der Rückstrom des Blutes zum Herzen gefördert.

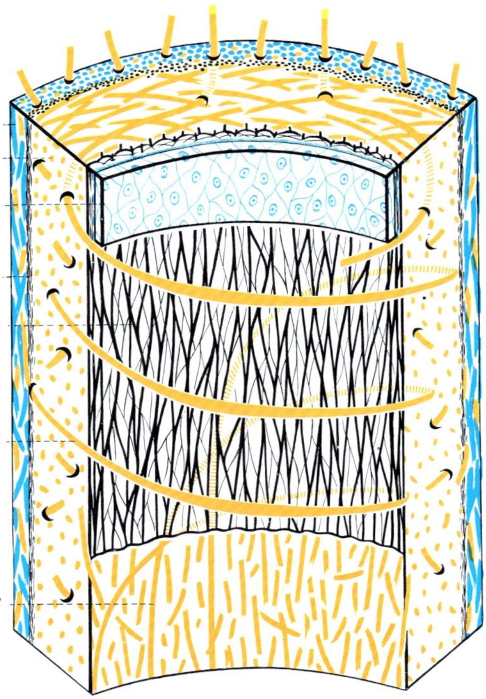

Mittlere Arterie (Arterie vom muskulären Typ): Schema des Wandbaus. *[bg2]*
Die Mittelschicht (Media) wird hauptsächlich von glatten Muskelzellen gebildet (im Bild gelb). Sie verlaufen überwiegend in Schraubenwindungen. Am Rand zur Innen- und Außenschicht trifft man auch mehr längs ausgerichtete Muskelzellen an. Diese Anordnung der Muskelzellen findet man auch bei anderen röhrenförmigen Organen, z.B. Samenleiter, Harnleiter, Harnröhre, Gallenwege. Zwischen die 3 Hauptschichten schieben sich 2 elastische Membranen ein.

1	Außenschicht der Arterienwand („Adventitia“)	Tunica externa [adventitia]
2	Mittelschicht der Arterienwand („Media“)	Tunica media
3	Innenschicht der Arterienwand („Intima“)	Tunica intima
4	Äußere elastische Schicht	Membrana elastica externa
5	Innere elastische Schicht	Membrana elastica interna
6	Mehr ringförmig verlaufende Muskelfasern	<Stratum circulare>
7	Mehr längs verlaufende Muskelfasern	<Stratum longitudinale>

Bedeutung der Mittelschicht der Blutgefäßwand

Mit Hilfe des Muskelgewebes der „Media“ können die Blutgefäße ihre lichte Weite regeln.

• Dies wirkt sich auf den *Blutdruck* aus: hoher Blutdruck bei überwiegend engen Arterien.

• Es wird damit auch die *Blutverteilung* im Körper gesteuert: In den jeweils am stärksten arbeitenden Organen werden (vor allem die kleinen) Arterien erweitert. Dafür müssen sich in anderen Körperteilen die kleinen Arterien verengen.

• Versagt dieser Ausgleichsmechanismus und werden zu viele Gefäße erweitert, so reicht die Blutmenge nicht. Der Blutdruck fällt dann stark ab. Wichtige Organe erhalten nicht mehr genügend Blut. In diesem *„Schock“* genannten Zustand ist das Auffüllen des Kreislaufs mit Flüssigkeit das wichtigste Gebot.

• An den Hautgefäßen kann man die Durchblutungssteuerung gut beobachten: Bei einem warmen Fußbad werden die Füße rot. Die Gefäßmuskeln erschlaffen auf den Wärmereiz hin. Das Gefäßrohr wird weiter. Mehr Blut strömt hindurch. Die Haut rötet sich. Umgekehrt führt ein Kältereiz zu einer Anspannung der Gefäßmuskeln. Die Haut erblasst.

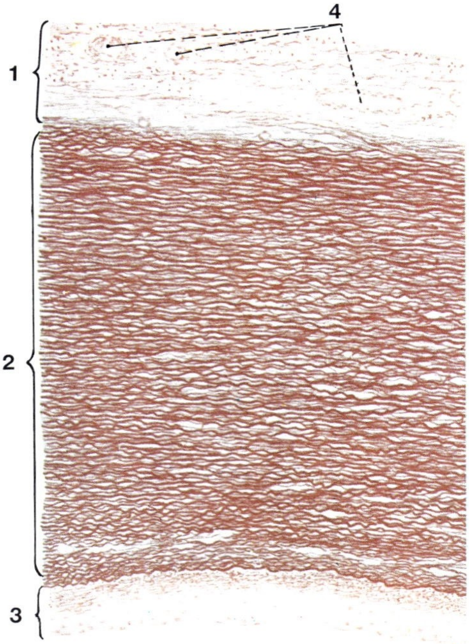

Wand der Brustaorta (Arterie vom elastischen Typ): Schnittbild, Vergrößerung 60fach. *[so]*
Die Mittelschicht besteht aus elastischen Lamellen. Diese werden durch die Pulswelle gedehnt und ziehen sich anschließend wieder auf ihre ursprüngliche Länge zusammen. Durch diese *„Windkesselfunktion“* wird der Blutstrom gleichmäßiger: In starren Rohren würde das Blut nur fließen, wenn die Herzkammern Blut in die Gefäße spritzen. Bei der Erschlaffung der Herzkammern würde der Blutstrom ruhen. So aber wird ein Teil der Energie von den elastischen Lamellen aufgenommen und während der Erschlaffung der Herzkammern durch das Zusammenziehen der Gefäßwand wieder frei. Die Arterien vom elastischen Typ pumpen also mit.

1	Außenschicht der Arterienwand („Adventitia“)	Tunica externa [adventitia]
2	Mittelschicht der Arterienwand („Media“)	Tunica media
3	Innenschicht der Arterienwand („Intima“)	Tunica intima
4	Blutgefäße in der Adventitia („Gefäße der Gefäße“)	Vasa vasorum

Mikrozirkulation

Unter diesem Begriff fasst man den Blutstrom in den nur mit Lupe oder Mikroskop sichtbaren Blutgefäßen zusammen (im Gegensatz zur Makrozirkulation in Herz, Arterien und Venen). Die deutsche Bezeichnung „Endstrombahn" ist irreführend: Das Wesen des Kreislaufs besteht ja gerade darin, dass er kein „Ende" hat, also auch die Endstrombahn eine Durchgangsstrecke ist!

• Die kleinsten Arterien (lichte Weite unter 0,5 mm) nennt man *Arteriolen*, die kleinsten Venen *Venulen* oder Venolen.

• Die *Kapillaren* (Haargefäße) bilden das Bindeglied zwischen Arterien und Venen. Sie sind die feinsten Blutgefäße. Durch ihre Wände erfolgt der Stoffaustausch mit den umliegenden Zellen. Bei den Haargefäßen fehlen die Mittel- und die Außenschicht der Wand. Die Innenschicht besteht manchmal nur aus einer Lage flacher Zellen. Der Durchmesser beträgt 3–40 µm. Die lichte Weite der engsten Haargefäße ist damit kleiner als der Durchmesser der roten Blutkörperchen (7,5 µm). Diese müssen sich unter starkem Verformen hindurchzwängen.

• An einigen Stellen des Körpers (Bindehaut des Auges, Zahnfleisch, Nagelwall) kann man die Blutströmung in den Kapillaren beim lebenden Menschen mit dem Mikroskop direkt beobachten.

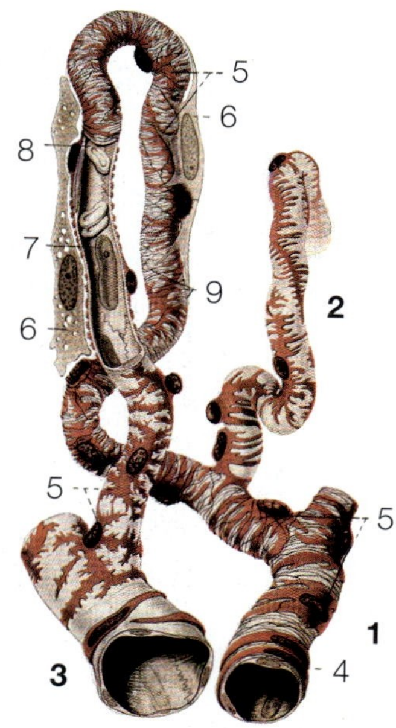

Mikrozirkulation: eine Kapillarschlinge mit der zuführenden Arteriole und der wegführenden Venule. Der venöse Schenkel der Kapillare ist eröffnet, um die Lichtung mit den Erythrozyten zu zeigen. *[cl]*

1 Kleinste Arterie *Arteriola*
2 Kapillarschlinge *Ansa capillaris*
3 Kleinste Vene *Venula*
4 Glatte Muskelzellen
5 Perizyten
6 Fibrozyt
7 Kern einer Endothelzelle
8 Rotes Blutkörperchen (Erythrozyt)
9 Retikuläre Fasern

Hochdruck- und Niederdrucksystem

Der Blutdruck ist in den einzelnen Abschnitten des Kreislaufs unterschiedlich hoch:

• *Hochdrucksystem:* linke Herzkammer und Arterien des Körperkreislaufs.

• *Niederdrucksystem:* alle übrigen Bereiche des Kreislaufs, also Haargefäße und Venen des Körperkreislaufs, rechte Herzhälfte, Lungenkreislauf, linker Vorhof.

Die Dicke der Gefäßwand hängt vom im Gefäß herrschenden Blutdruck ab.

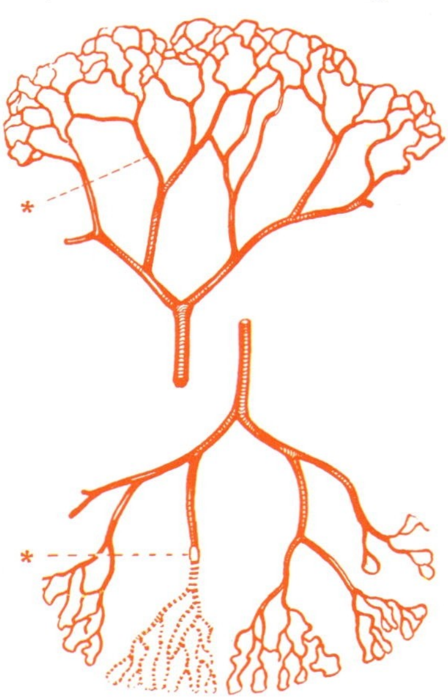

↑ Endverzweigung von Arterien: Schema. *[bg2]*

• Im oberen Bild sind die Äste der Arterie netzartig verbunden. Wird ein Ast (*), z.B. durch ein Blutgerinnsel (Embolus), verschlossen, so hat dies kaum nachteilige Folgen: Das Blut strömt über die Verbindungen („Kollateralen") zu den Nachbarästen in das Versorgungsgebiet des verschlossenen Astes ein.

• Im unteren Bild fehlt diese Kollateralenbildung. Jeder Arterienast versorgt sein Verzweigungsgebiet allein („*Endarterie*"). Wird ein solcher Ast (*) verschlossen, so kann kein Blut von Nachbarästen einfließen. Damit wird der entsprechende Organbereich von der Versorgung mit Sauerstoff und Nährstoffen abgeschnitten. Das Gewebe stirbt ab („Infarkt").

• In manchen Organen gibt es reichlich Umgehungskreisläufe, z.B. im Darm, in anderen nicht ausreichend, z.B. in Oberschenkel und Kniekehle. Deshalb gibt es am Darm selten, am Bein häufig Durchblutungsstörungen.

Kollateralbahnen: *[bg2]* ➔
Ausweiten von Umgehungsstraßen bei Verschluss einer Arterie. Wird eine Arterie undurchgängig (im Bild symbolisch durch 2 Unterbindungen angegeben), so strömt infolge des Rückstaues das Blut mit höherem Druck in die vor dem Verschluss abgehenden Seitenäste. Diese werden dadurch allmählich erweitert und können manchmal die Aufgaben des verschlossenen Blutgefäßes mit übernehmen (sofern es sich nicht um eine „Endarterie" handelt).

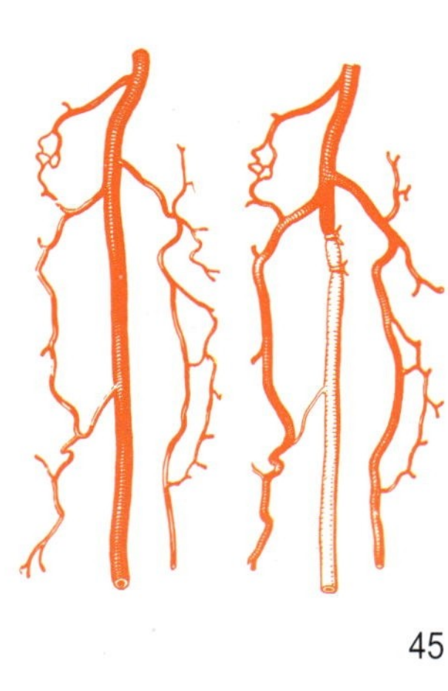

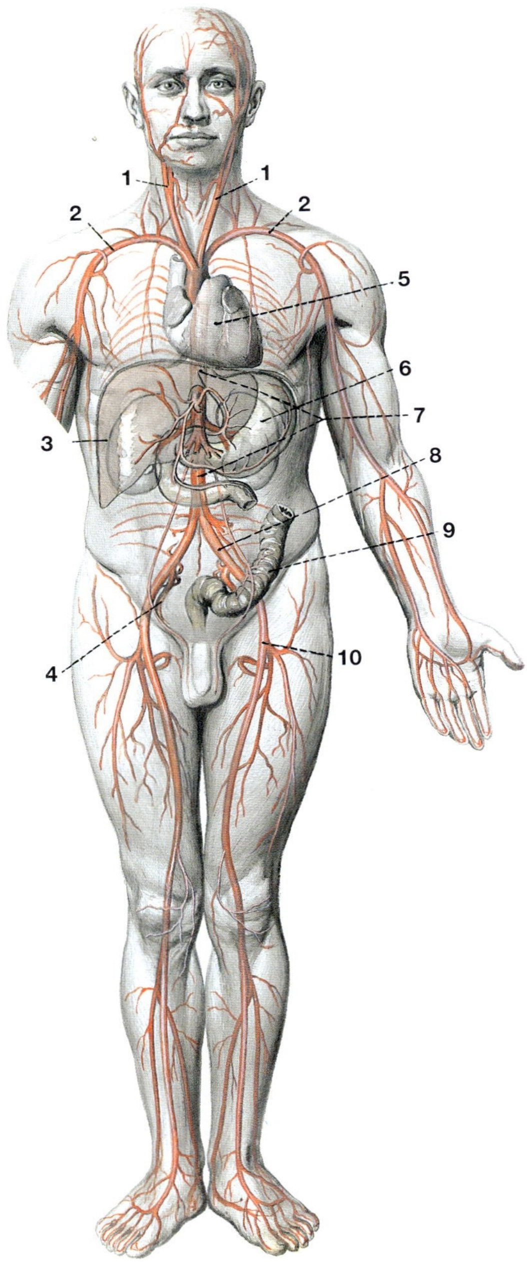

Große Arterien des Körperkreislaufs des Menschen: Überblick. Die einzelnen Arterien werden bei den entsprechenden Körperteilen besprochen. *[ta]*

1	Halsarterie (gemeinsame Kopfarterie)	*A. carotis communis*
2	Schlüsselbeinarterie	*A. subclavia*
3	Leber, dahinter Niere	*Hepar + Ren [Nephros]*
4	Innere Beckenarterie	*A. iliaca interna*
5	Herz	*Cor*
6	Magen, dahinter Niere	*Gaster + Ren [Nephros]*
7	Bauchaorta	*Pars abdominalis aortae [Aorta abdominalis]*
8	Gemeinsame Beckenarterie	*A. iliaca communis*
9	Grimmdarm	*Colon*
10	Oberschenkelarterie	*A. femoralis*

Wundernetz

Normalerweise durchströmt das Blut auf seinem Weg durch den Körperkreislauf nur ein Haargefäßnetz, also Herz → Arterien → Haargefäße → Venen → Herz. An wenigen Stellen des Körpers verzweigt sich eine Vene „wunderbarerweise" in ein zweites Haargefäßnetz („Wundernetz"), z.B. in der Leber: also Herz → Arterien → Haargefäße des Darms → Pfortader → Haargefäße der Leber → Lebervenen → Herz.

Doppeldeutigkeit von „arteriell" und „venös"

Von Arterie und Vene leiten sich die Adjektive arteriell und venös ab. Sie führen gelegentlich zu Missverständnissen, wenn man sie mit „Blut" verbindet: arterielles Blut = sauerstoffreiches Blut, venöses Blut = sauerstoffarmes Blut.

• Die Arterien enthalten nicht immer „arterielles", die Venen nicht immer „venöses" Blut. Die Definitionen von Arterie und Vene berücksichtigen ausschließlich die Strömungsrichtung, nicht aber den Sauerstoffgehalt des Blutes. Im kleinen Kreislauf und im Plazentakreislauf ist die Blutqualität gerade umgekehrt, wie es der Name des Blutgefäßes erwarten lässt: Die Lungenarterien führen sauerstoffarmes („venöses") Blut zur Lunge, dort wird es mit Sauerstoff beladen und kehrt als sauerstoffreiches („arterielles") Blut in den Lungenvenen zum Herzen zurück. Entsprechendes gilt für die Nabelarterien und die Nabelvene im Kreislauf vor der Geburt.

• Die Begründung für die anatomische Definition von Arterie und Vene liegt im Wandbau der Blutgefäße. Alle Blutgefäße, die Blut vom Herzen wegleiten, stehen unter hohem Innendruck. Sie bedürfen also einer kräftigen Wand. Zum Herzen zurück strömt das Blut unter niedrigem Druck. Die Venen haben folglich viel dünnere Wände. Der Blutgefäßwand sieht man an, welcher Druck im Gefäß herrscht, nicht dagegen, ob sauerstoffreiches oder sauerstoffarmes Blut im Gefäß fließt.

Blutdruck in den einzelnen Gefäßtypen

Der Blutdruck fällt bei der Passage des Blutes durch den großen Kreislauf notwendigerweise ständig ab. Am stärksten sinkt der Druck nicht in den Kapillaren, sondern in den Arteriolen (Mitteldruck 40–75 mmHg). Auf sie entfällt etwa die Hälfte des peripheren Gefäßwiderstandes (daher werden sie auch „Widerstandsgefäße" genannt). Die Durchblutung der nachfolgenden Gefäßgebiete wird hauptsächlich durch die Weite der Arteriolen geregelt. Die einzelne Kapillare hat zwar einen höheren Strömungswiderstand als die Arteriole, weil ihr Rohrdurchmesser kleiner ist. Trotzdem ist der Gesamtwiderstand aller Kapillaren geringer, weil es wesentlich mehr Kapillaren als Arteriolen gibt.

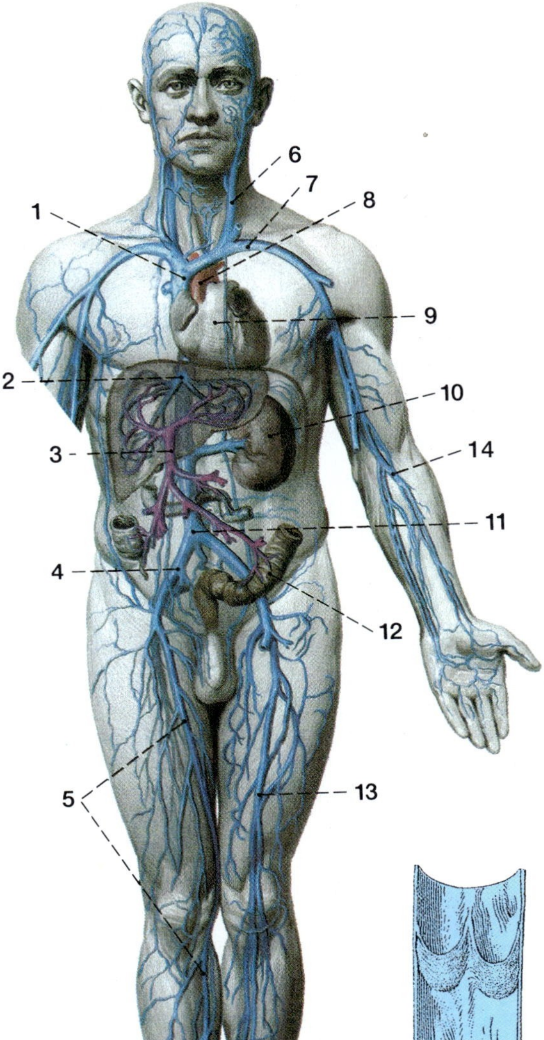

Große Venen des Menschen (Venen des allgemeinen Körperkreislaufs blau, Venen des Pfortadersystems violett). *[ta]*

Die *Pfortader* hat eine Sonderstellung im Venensystem. Das Blut in ihr hat bereits ein Haargefäßnetz in den Verdauungsorganen durchflossen. In der Leber muss es erneut ein Haargefäßnetz durchqueren, bevor es zum Herzen zurückgelangt. Zwischen dem Pfortadersystem und dem Hohlvenensystem bestehen Verbindungen (portokavale Anastomosen). Sie werden vor allem bei der Leberzirrhose wichtig, wenn der Blutfluss durch die Leber behindert ist. Es bilden sich dann z.B. Krampfadern in der Speiseröhre (Ösophagusvarizen), die lebensbedrohende Blutungen verursachen können.

1	Obere Hohlvene	*V. cava superior*
2	Lebervenen	*Vv. hepaticae*
3	Pfortader	*V. portae hepatis*
4	Innere Beckenvene	*V. iliaca interna*
5	Große Rosenvene (große Saphena)	*V. saphena magna*
6	Innere Halsvene (innere Drosselvene)	*V. jugularis interna*
7	Schlüsselbeinvene	*V. subclavia*
8	Aorta (Hauptschlagader)	*Aorta*
9	Herz	*Cor*
10	Niere	*Ren [Nephros]*
11	Untere Hohlvene	*V. cava inferior*
12	Dickdarm (Grimmdarm)	*Colon*
13	Oberschenkelvene	*V. femoralis*
14	Speichenvene	*V. radialis*

Venenklappen

In die Arm- und Beinvenen sind *Rückschlagventile* eingebaut. Sie lassen den Blutstrom nur in einer Richtung zu. Die Venenklappe besteht aus Falten der Veneninnenhaut. Sie legen sich der Wand an, wenn das Blut zum Herzen strömt. Bei Stillstand der Strömung oder gar beginnender Stromumkehr blähen sie sich auf, legen sich aneinander, verschließen so die Vene und verhindern damit das Zurückfließen des Blutes in den Kapillarbereich.

• Intakte Venenklappen sind die wichtigste Voraussetzung für den Rückstrom des venösen Blutes aus dem Bein. Der Blutdruck allein reicht hierfür nicht aus, da er in den Venen nur noch etwa 1/8 des arteriellen Drucks beträgt.

Krampfadern

Bei angeborener Schwäche der Venenwand und starker Belastung (z.B. viel Stehen ohne Bewegung, Behinderung des Blutabflusses im Becken bei der Schwangerschaft usw.) gibt die Venenwand allmählich nach. Die Lichtung wird weiter. Die Klappensegel berühren sich nicht mehr. Die Klappen schließen nicht mehr dicht und können die Umkehr der Blutströmung nicht verhindern. Die Folge ist ein Rückstau des Blutes. Dieser fördert seinerseits die Erweiterung der Vene. Es bilden sich *Krampfadern,* in denen zeitweise die Blutströmung aufhört. Dadurch wird die Ernährung des Gewebes gestört: Wo das venöse Blut nicht abfließt, kann arterielles Blut nicht einfließen. Der Gewebeuntergang führt zu schlecht heilenden Beingeschwüren (Ulcera cruris). Es treten auch leicht Venenentzündungen auf.

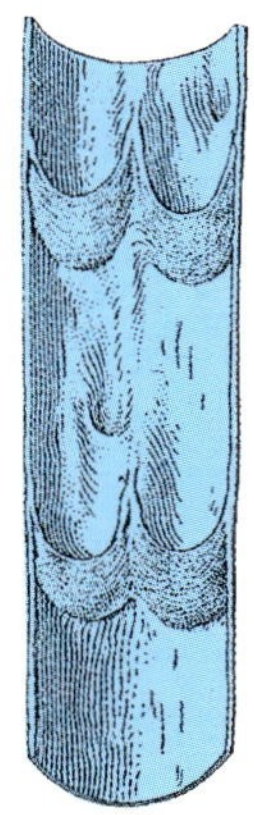

Venenklappen in der Oberschenkelvene. *[bg2]* ↑

Die Vene ist in der Längsrichtung aufgeschnitten, so dass die Klappen im Innern sichtbar werden.

Die Venenklappen kann man bei sich selbst am Unterarm gut sichtbar machen. Streicht man mit der flachen Hand kräftig am Unterarm zur Hand hin, so springen in den durchscheinenden Venen an einigen Stellen Vorwölbungen auf, die bei Wegnahme der Stauung sofort wieder verschwinden: Beim Massieren des Unterarms gegen die Strömungsrichtung des venösen Blutes wird dieses gegen die Klappen gepresst. Diese dehnen sich dabei.

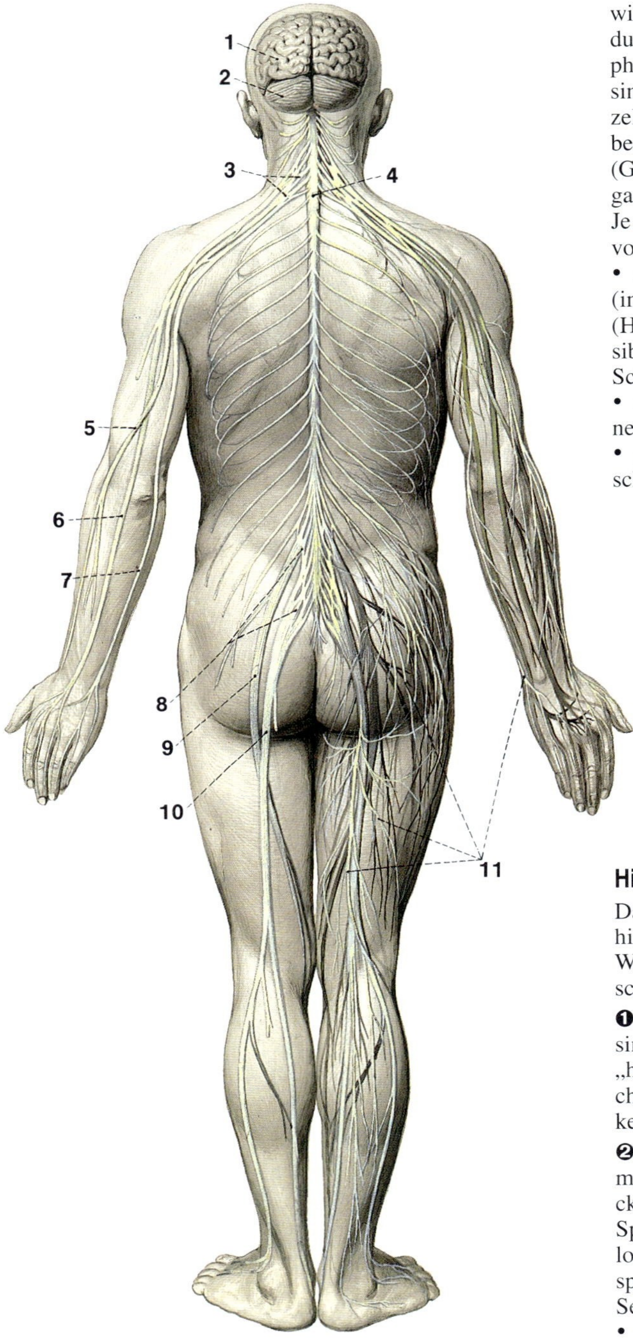

Periphere Nerven

Unser Denken, Fühlen und Wollen, alle bewussten Vorgänge sind an das Gehirn gebunden. Das Gehirn benötigt Informationen aus der Umwelt. Diese liefern die Sinnesorgane. Die Informationen werden vom Gehirn verarbeitet und veranlassen es zu handeln. Die Befehle gehen an die Muskeln. Meldungen wie Befehle werden im Körper nicht „drahtlos" durch Funk, sondern durch das „Festnetz" der peripheren Nerven übertragen. In den peripheren Nerven sind Tausende einzelner Kabel (Axone von Nervenzellen) zusammengebündelt, von denen jedes eine bestimmte Nervenzelle des Zentralnervensystems (Gehirn und Rückenmark) mit einer bestimmten Organzelle (oder einer Gruppe von diesen) verbindet. Je nach der Leitungsrichtung der Kabel sprechen wir von

- *sensorischen Nerven:* sie verbinden Sinnesorgane (im weiteren Sinne) mit dem Zentralnervensystem. (Häufig hört man noch die ältere Bezeichnung „sensible" Nerven für Nerven von der Haut und den Schleimhäuten.)
- *motorischen Nerven:* sie verbinden das Zentralnervensystem mit Muskeln (und anderen Organen).
- *gemischten Nerven:* wenn sensorische und motorische Nervenfasern in einem Nerv beisammen liegen.

Spinalnerven = Rückenmarknerven: Überblick. *[ta]*

1	Großhirn	*Telencephalon [Cerebrum]*
2	Kleinhirn	*Cerebellum*
3	Armnervengeflecht	*Plexus brachialis*
4	Rückenmark	*Medulla spinalis*
5	Speichennerv	*N. radialis*
6	Mittelarmnerv	*N. medianus*
7	Ellennerv	*N. ulnaris*
8	Lenden-Kreuzbein-Nervengeflecht	*Plexus lumbosacralis*
9	Oberschenkelnerv	*N. femoralis*
10	Ischiasnerv	*N. ischiadicus*
11	Hautnerven	*Nn. cutanei*

Hirnnerven und Rückenmarknerven

Das Zentralnervensystem wird nach der Lage in Gehirn (in der Schädelhöhle) und Rückenmark (im Wirbelkanal) gegliedert. Dementsprechend unterscheidet man bei den peripheren Nerven:

❶ **Hirnnerven** oder Kopfnerven: vom Gehirn. Es sind auf jeder Seite 12. Sie dienen vor allem den „höheren" Sinnen (Sehen, Hören, Schmecken, Riechen) und versorgen Haut, Schleimhäute und Muskeln im Kopfbereich.

❷ **Rückenmarknerven** (= Spinalnerven = Segmentnerven): vom Rückenmark. Aus jedem Rückenmarksegment entspringt rechts und links je ein Spinalnerv. Er verlässt durch das Zwischenwirbelloch zwischen zwei Wirbeln den Wirbelkanal. Entsprechend der Zahl der Wirbel haben wir auf jeder Seite:

- *8 Halsnerven:* Es gibt zwar nur 7 Halswirbel, aber der Nerv zwischen Hinterhauptbein und erstem Halswirbel wird hinzugerechnet.
- *12 Brustnerven* (12 Brustwirbel).
- *5 Lendennerven* (5 Lendenwirbel).
- *5 Kreuzbeinnerven* (5 zum Kreuzbein verschmolzene Wirbel).
- *1–3 Steißnerven* (mehrere zum Steißbein verschmolzene Wirbel).

Verzweigung der Rückenmarknerven

Während jeder der Hirnnerven sehr spezifische Aufgaben erfüllt, gleichen sich die Spinalnerven weitgehend in Aufgaben und Grundverzweigung (nur jeweils auf ein anderes Segment des Körpers bezogen und je nach dessen Innervationsbedarf unterschiedlich dick). Jeder Spinalnerv teilt sich in einen hinteren und einen vorderen Ast:

- Die *hinteren Äste* versorgen Haut und Muskeln des Rückens einschließlich des Nackens und des Hinterhaupts.
- Die meist sehr viel stärkeren *vorderen Äste* versorgen die Seiten- und die Vorderwand des Halses und des Rumpfes sowie die gesamten Arme und Beine.

Nervengeflechte

Während die hinteren Äste der einzelnen Rückenmarknerven immer getrennt verlaufen, durchflechten sich die vorderen Äste in bestimmten Bereichen, in denen während der vorgeburtlichen Entwicklung starke Verschiebungen von Geweben stattfinden:

- *Halsnervengeflecht:* Der 1. bis 4. Halsnerv versorgen nicht nur die Vorderseite des Halses, sondern auch Teile des Kopfes (vor und hinter dem Ohr) sowie das Zwerchfell, das im Halsbereich angelegt wird und dann mit dem Herzen in den Brustraum absteigt.
- *Armnervengeflecht:* Der 5. Halsnerv bis 1. Brustnerv ziehen zu Schulter und Arm und zu den oberflächlichen Rückenmuskeln, die im Dienst des Arms stehen.
- *Lendennervengeflecht:* Der 12. Brustnerv bis 4. Lendennerv versorgen im wesentlichen die Vorderseite des Beins.
- *Kreuzbeinnervengeflecht:* Der 4. Lendennerv bis 4. Kreuzbeinnerv innervieren die Hinterseite des Beins, die Gesäßgegend und große Teile der Dammgegend.

Peripherer Nerv: mikroskopisches Bild eines Querschnitts (Ausschnitt, Vergrößerung 35fach, Nervenfasern und Blutgefäße gelb, Bindegewebe rot). *[so]*
An unseren Nerven zerren nicht nur von außen einwirkende Kräfte. Schon durch die normalen Bewegungen des Körpers werden die Nerven gedehnt, besonders wenn sie über die Streckseiten von Gelenken laufen. Im Gegensatz zum Zentralnervensystem sind daher die peripheren Nerven in Bindegewebe eingehüllt, die Zugspannungen aufnehmen und das Verschieben der einzelnen Nervenfaser gegen die Nachbarfasern erleichtern. Im Bindegewebe liegen auch die Blutgefäße, die die Nervenfasern ernähren.
Die bindegewebigen Nervenhüllen kann man ähnlich wie die bindegewebigen Muskelhüllen in 3 Ebenen hierarchisch gliedern:

- Jede einzelne periphere Nervenfaser ist in feines Bindegewebe eingehüllt (Endoneurium).
- Durch gröberes Bindegewebe werden Bündel von Nervenfasern (1) zusammengehalten (Perineurium).
- Zuletzt wird der Nerv außen von einer dicken bindegewebigen Scheide (Epineurium) überzogen (2).

Regeneration von Nerven

Wird ein peripherer Nerv zerrissen oder durchgetrennt, so geht bei jeder Nervenfaser das distale Stück zugrunde, das keine Verbindung mehr zum Zellkörper hat. Es bleibt eine Kette von Schwann-Zellen zurück.

- Aus dem proximalen (zellkörpernahen) Stumpf sprosst Axoplasma aus. Findet es Anschluss an einen distalen Stumpf, so wächst es in diesem weiter bis zu den Endorganen. Dabei ist es nicht nötig, dass die beiden ursprünglich zusammengehörigen Faserteile einander finden. Jeder proximale Stumpf kann in jeden distalen einwachsen.
- Ist die Nervenbahn wiederhergestellt, muss das Zentralnervensystem umlernen: Wenn die peripheren Neurone nun andere Muskelfasern oder Hautareale innervieren, weil sie in anderen Stümpfen weitergewachsen sind, müssen die übergeordneten zentralen Neurone neu programmiert werden. Man muss also den Gebrauch des zwischendurch gelähmten Gliedes wieder erlernen.

Nervennaht

Ein durchgetrennter Nerv kann spontan regenerieren, wenn zufällig die beiden Enden in Kontakt bleiben (was wenig wahrscheinlich ist). Besser ist es, den Nerv freizulegen und die beiden Enden sorgfältig aneinander anzupassen und zu vernähen. Dann besteht gute Aussicht, dass die Funktion voll wiederhergestellt wird. Allerdings braucht man Geduld. Die Regeneration schreitet pro Tag um etwa 1-2 mm voran. Für die Heilung muss man also etwa soviel Wochen ansetzen wie Zentimeter zu regenerieren sind.

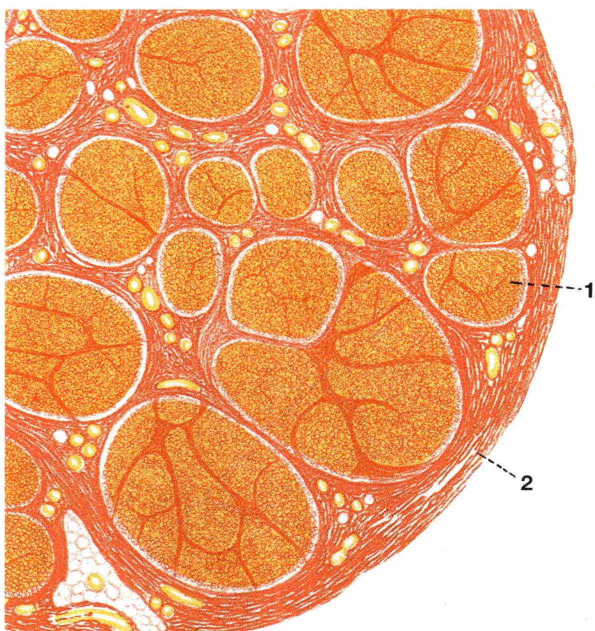

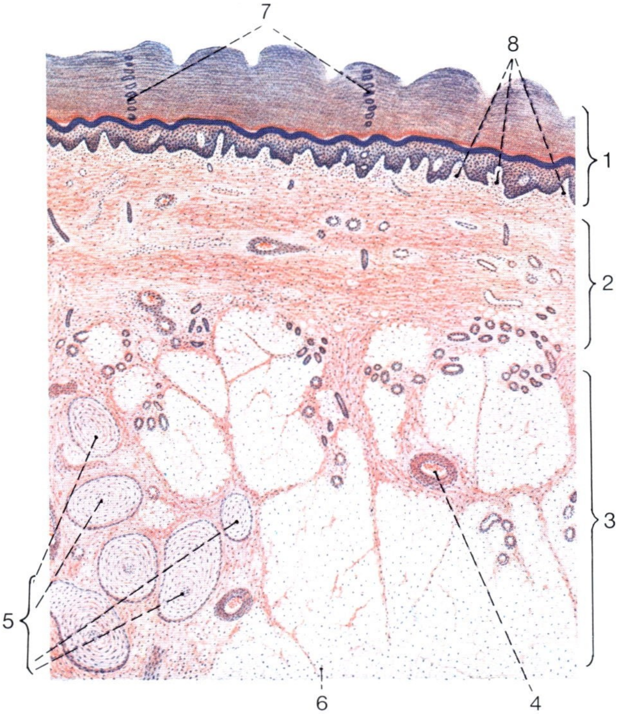

Leistenhaut: mikroskopisches Bild der Haut der Fingerbeere, Vergrößerung etwa 20fach. *[so]*
Die Haut im weiteren Sinn besteht aus Oberhaut, Lederhaut und Unterhaut. Als Haut im engeren Sinn fasst man Oberhaut und Lederhaut zusammen.

1 + 2	Haut (im engeren Sinn)	*Cutis*
1–3	Haut (im weiteren Sinn)	*Integumentum commune*
1	Oberhaut	*Epidermis*
2	Lederhaut	*Dermis*
3	Unterhaut (= „Subkutis")	*Tela subcutanea [Hypodermis]*
4	Blutgefäß	*Vas sanguineum*
5	Lamellenkörperchen (= Vater-Pacini-Körperchen)	*Corpusculum lamellosum*
6	Fettgewebe der Unterhaut	*Panniculus adiposus*
7	Ausführungsgang einer Schweißdrüse	*Ductus sudorifer*
8	Lederhautpapille	*Papilla (dermidis)*

Schichten der Haut

Oberhaut:	• Hornschicht • verhornende Schicht • Keimschicht
Lederhaut:	• Papillarschicht • Netzschicht
Unterhaut:	• Fettpolster

Oberhaut

Die Oberhaut wird von einem mehrschichtigen verhornten Plattenepithel gebildet.

• *Hornschicht:* Sie ist dünn an mechanisch wenig beanspruchten Stellen, z.B. Augenlid. Sie ist dick an Körperstellen, die in ständigem Kontakt mit festen Gegenständen der Umwelt sind: Hohlhand und Fußsohle. Dort bilden sich Schwielen. Diese sind nötig, um die empfindlichen Gewebe in der Tiefe zu schützen. Nimmt ein Handarbeiter nach einer längeren Ruhepause, z.B. Erkrankung, wieder die Arbeit auf, so ist in den ersten Tagen Schonung geboten.

• *Verhornende Schicht:* Im mittleren Bereich der Oberhaut werden ständig Zellen in Horn umgewandelt, um den Abrieb an der Oberfläche der Hornschicht zu ersetzen.

• *Keimschicht:* Hier teilen sich die Zellen lebhaft, um laufend neue Zellen an die verhornende Schicht abgeben zu können.

Lederhaut

Die Lederhaut besteht vorwiegend aus zugfestem und elastischem Bindegewebe, das von feinen Blutgefäßen und Nerven durchzogen ist.

• *Papillarschicht:* Die Lederhaut ist durch „Papillen" („Wärzchen") mit der Oberhaut verzahnt. In den Papillen liegen Kapillarschlingen, aus denen die blutgefäßfreie Oberhaut ernährt wird.

• *Netzschicht:* Der mechanische Schutz darf nicht starr sein wie ein Panzer (wie bei den schwerfälligen Krebsen oder Schildkröten), sondern muss sich Bewegungen anpassen können und zäh sein: Die Netzschicht der Lederhaut (aus der man durch Gerben Leder gewinnt) besteht im wesentlichen aus einem Geflecht zugfester Fasern, das erhebliche Belastungen aushält.

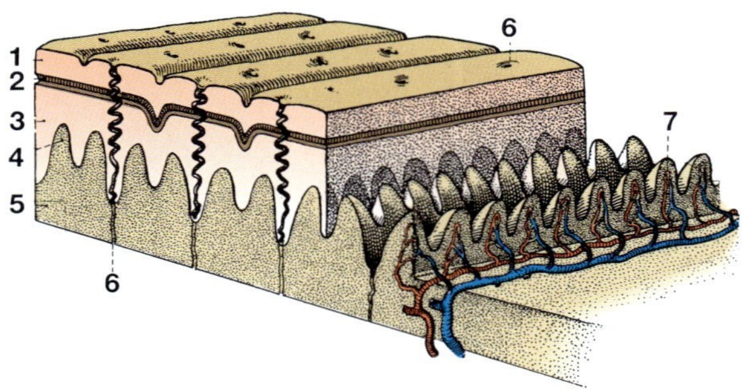

Leistenhaut: Räumliches Schema des Baues der unbehaarten Haut (Leistenhaut). *[bg3]*

1–3	Oberhaut	*Epidermis*
4 + 5	Lederhaut	*Dermis*
1–5	Haut (im engeren Sinn)	*Cutis*
1	Hornschicht	*Stratum corneum*
2	Verhornende Schicht (helle Schicht + Körnerschicht)	*Stratum lucidum + Stratum granulosum*
3	Keimschicht (Stachelzellschicht + Grundschicht)	*Stratum spinosum + Stratum basale*
4	Papillarschicht	*Stratum papillare*
5	Netzschicht	*Stratum reticulare*
6	Ausführungsgang einer Schweißdrüse	*Ductus sudorifer*
7	Haargefäße (Kapillaren) (der Lederhautpapille)	*Vasa capillaria*

Aufgaben der Haut

❶ **Mechanischer Schutz:** Das feine Bewegungsspiel der menschlichen Hand hätte wenig Sinn, wenn wir mit der Hand nicht fest zugreifen könnten, ohne sie zu verletzen (Hornschicht + Lederhaut).

❷ **Wärmeschutz:** Die Säugetiere erhalten eine gleichmäßige Körperwärme, die für ihre Leistungsfähigkeit optimal ist. Die Haut ist die wichtigste Berührungszone für eine Umwelt, die meist eine andere Temperatur hat als der Körper (andere Berührungszonen: Atem- und Verdauungstrakt!). Die Haut muss daher in die Temperaturregelung einbezogen werden.

• Die Papillarschicht der Lederhaut ist reich an Blutgefäßen. Sie erweitern sich, wenn der Körper Wärme abgeben will. Sie verengen sich, wenn Wärmeenergie gespart werden soll. Die Blutgefäße sind damit den Heizkörpern einer Warmwasserheizung zu vergleichen.

• Das Haarkleid und das Unterhautfettgewebe wirken zusätzlich wärmeisolierend (magere Menschen frieren leichter).

• Der Wärmeregelung dient auch die Schweißsekretion: Beim Verdunsten des Schweißes wird dem Körper Wärme entzogen („Verdunstungswärme").

❸ **Flüssigkeitsschutz:** Rund 2/3 des Körpers bestehen aus Wasser. Größere Wasserverluste führen zu lebensbedrohlichen Krankheitszuständen (Exsikkose). Die Haut muss also den Flüssigkeitsdurchtritt gering halten. Wasser wird nur gezielt zur Wärmeregelung abgegeben. Pro Tag gehen etwa 0,5 l Wasser durch die Haut verloren. Die Haut muss umgekehrt auch verhindern, dass beim Baden Wasser in den Körper dringt.

❹ **Bakterienschutz:** Die gesunde Haut ist für Bakterien und andere Kleinlebewesen schlecht zu durchdringen. Bei Verletzungen hingegen kommt es rasch zu Entzündungen und Eiterungen.

• Der Bakterienabwehr dient auch die leicht saure Oberfläche („Säuremantel") der Haut.

• Die Haut ist in die Abwehrvorgänge bei manchen Allgemeininfektionen einbezogen: Hautausschläge bei Masern, Röteln, Windpocken usw.

❺ **Strahlenschutz:** Die Zellteilung ist sehr strahlenempfindlich. Deshalb sind in die Keimschicht Pigmentzellen eingelagert. Der von diesen gebildete braunschwarze Farbstoff (Melanin) fängt ultraviolette Lichtstrahlen ab. Bei starker Lichteinstrahlung wird dieser Farbstoff vermehrt erzeugt. Diese Hautbräunung wird auch durch ionisierende Strahlen, z.B. Röntgenstrahlen, ausgelöst.

❻ **Energiespeicher:** Die Unterhaut enthält Fettgewebe als Reserve zur Verbrennung in Mangelzeiten. Bei der Mehrzahl der Menschen in den hochindustrialisierten Ländern wird allerdings wegen Überernährung mehr Speicherfett eingelagert, als der Gesundheit zuträglich ist.

❼ Die **Hautsinnesorgane** (für Berührung, Kälte, Wärme und Schmerz) melden Gefahren und lösen damit Gegenreaktionen des Körpers aus.

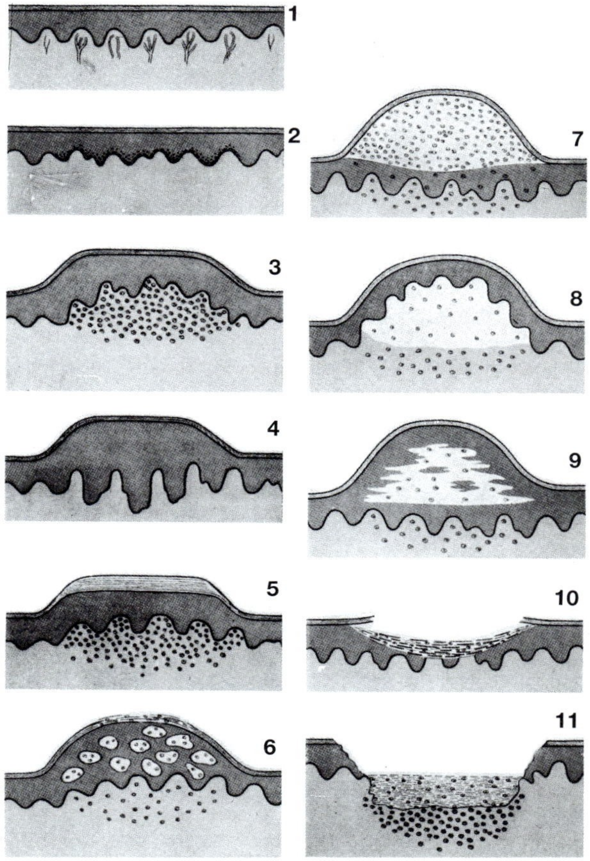

Hautausschläge (Effloreszenzen): Das Verständnis von Hautkrankheiten wird sehr erleichtert, wenn man sich klarmacht, welche Hautschicht besonders betroffen ist. *[bu l]*

1–2 Flecken (Makeln)
1 Roter Fleck: Gefäßerweiterung in der Lederhaut
2 Brauner Fleck (Mal): vermehrte Pigmentbildung in der Grundschicht der Oberhaut
3–6 Hautknötchen (Papeln)
3 Lederhautknötchen (dermale Papel)
4 Oberhautknötchen (epidermale Papel)
5 Gemischtes Hautknötchen: Oberhaut + Lederhaut verdickt
6 Ekzemknötchen: Schwellung von Oberhaut und Unterhaut, Hornschicht aufgelockert
7–9 Hautbläschen (Vesikeln) und Eiterbläschen (Pusteln)
7 Subkorneales Bläschen: Die Flüssigkeit hebt die Hornschicht von der verhornenden Schicht ab
8 Subepitheliales Bläschen: Die Flüssigkeit trennt die Oberhaut von der Lederhaut
9 Intraepitheliales Bläschen: Die Flüssigkeit spaltet die Oberhaut auf
10 Oberflächlicher Hautdefekt (Erosion): Nur die Oberhaut ist betroffen
11 Tiefer Hautdefekt = Geschwür (Ulkus): Der Schaden reicht bis in die Leder- oder Unterhaut

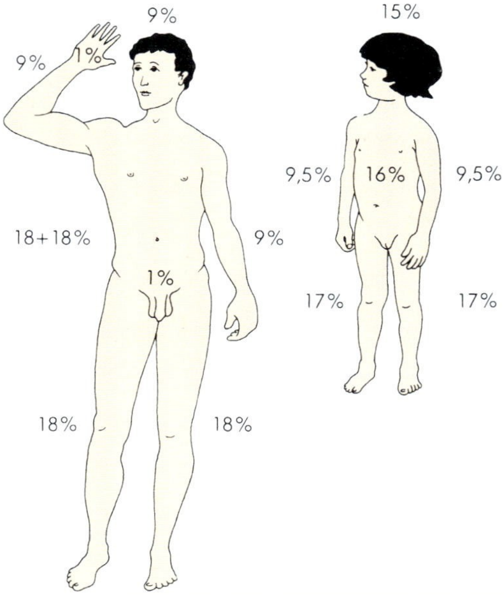

↑ Haut: Verteilung auf die einzelnen Körperteile: *[bh1]*

- Beim Erwachsenen ermöglicht die „Neunerregel" ein rasches (wenn auch grobes) Abschätzen. Die Oberflächen des Kopfes sowie eines Armes betragen beim Erwachsenen je etwa 9 %, die eines Beines sowie der Rumpfvorderseite und der Rumpfrückseite je 2 × 9 % = 18 %. Dies gibt zusammen 99 %. Das restliche 1 % weist man den äußeren Geschlechtsorganen zu.
- Beim Kind stimmt die Neunerregel nicht. Der Kopf ist relativ größer. Dafür sind die Beine bei ihm relativ kürzer als beim Erwachsenen. Deshalb muss man beim Kind für den Kopf einen höheren Prozentsatz als 9 %, für die Beine einen niedrigeren Prozentsatz als 18 % ansetzen. Die im Bild angegebenen Zahlen gelten für das etwa 5jährige Kind.

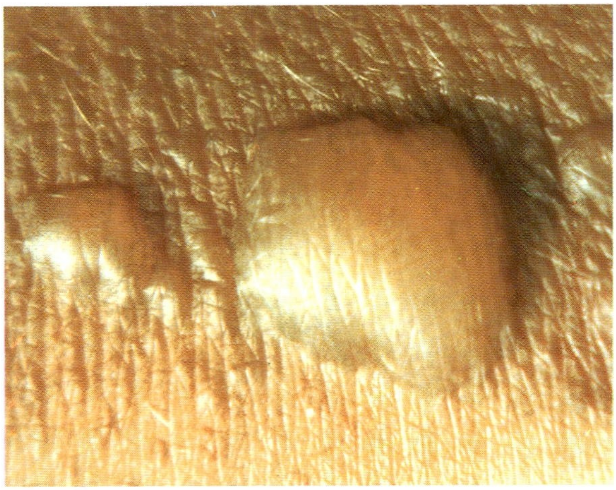

↑ Brandblasen bei leichter Verbrühung. Die Hornschicht ist von der verhornenden Schicht abgehoben. *[li6]*
Die Gefährlichkeit einer Verbrennung hängt von ihrer Tiefe und ihrer Ausdehnung ab. Nach der Tiefe der Schädigung der Haut teilt man Verbrennungen in 4 Grade ein:

- 1. Grad: Rötung (z.B. Sonnenbrand).
- 2. Grad: Blasenbildung (Abbildung).
- 3. Grad: Zerstörung bis in die Unterhaut.
- 4. Grad: Verkohlung auch von Muskeln und Knochen.

Die Ausdehnung einer Verbrennung gibt man in Prozent der Körperoberfläche an. Kleinere Verbrennungen schätzt man dabei nach der Größe der Handfläche (einschließlich Fingern): Sie beträgt etwa 1 % der Körperoberfläche des Patienten (also etwa 150-240 cm^2). Für ausgedehnte Verbrennungen gibt die sog. Neunerregel einen Anhalt (siehe links):

- weniger schwere Verbrennung: bis 20 %,
- schwere Verbrennung: 20-40 %,
- kritische Verbrennung: mehr als 40 % der Haut tief verbrannt.

Die Beurteilung der Verbrennung nach dem Prozentsatz der verbrannten Haut dient nur der groben Orientierung. Eine Verbrennung des Gesichtes oder der äußeren Geschlechtsorgane ist viel ernster als eine gleich ausgedehnte Verbrennung am Rücken. Todesfälle stehen meist im Zusammenhang mit

- dem Schockzustand: Kreislauf- und Nierenversagen.
- Infektionen: Blutvergiftung (Sepsis).
- Verbrennungen der Atemwege durch Flammengase.

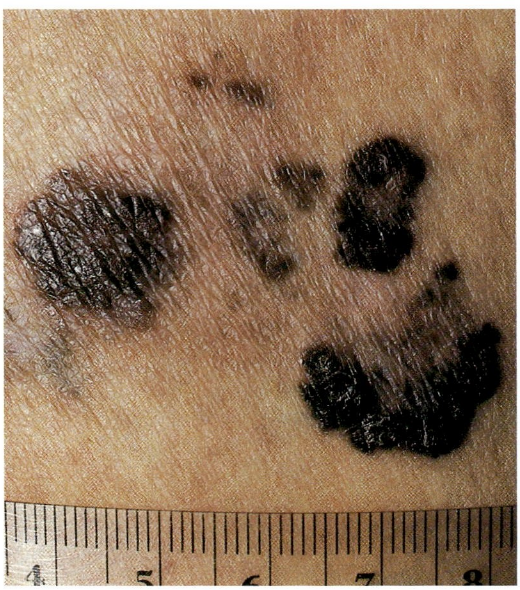

← Melanom = „schwarzer Hautkrebs" (oberflächlich spreitendes Melanom): Ein seit der Kindheit bestehender kleiner brauner Fleck begann vor 2 Jahren zu wachsen, wobei sich Teile auch wieder aufhellten. *[ra]*

- Das Melanom ist anfangs schwer vom gutartigen „Muttermal" (Nävus) zu unterscheiden. Verdächtig ist (nach der ABCDE-Regel) die Kombination von: Asymmetrischer Form, unregelmäßiger Begrenzung mit Ausläufern, gesprenkelter Farbe (Color), Durchmesser über 5 mm, Erhabenheit über 1 mm.
- Das Melanom wächst bisweilen sehr rasch und siedelt auch schon frühzeitig Metastasen im übrigen Körper ab. Es gilt als einer der bösartigsten Krebse überhaupt.
- Melanome können auch bei jüngeren Menschen, ja sogar bei Kleinkindern, auftreten.

Haupttypen der Haut

Der größte Teil der Körperoberfläche ist behaart. Nur an wenigen, mechanisch besonders beanspruchten Stellen mit entsprechend dicker Hornschicht (Fußsohlen und Handflächen) und an einigen anderen Körperstellen (Lippenrot, kleine Schamlippen, Vorhaut) fehlen die Haare.

- **Felderhaut** (behaarte Haut): Mit der Lupe betrachtet erscheint die Haut durch Furchen in kleine „Felder" eingeteilt. Die Haare stehen in den Furchen.
- **Leistenhaut:** Die unbehaarte Haut der Hohlhand und der Fußsohle ist straff auf der Unterlage (Hohlhandsehnenplatte, Fußsohlensehnenplatte) befestigt und ermöglicht so den festen Griff bzw. sicheren Stand. Der Name kommt von dem angeborenen Hautleistenmuster, das für jeden Menschen charakteristisch ist und daher in der Kriminologie zur Identifizierung verwendet wird (Fingerabdruck!).

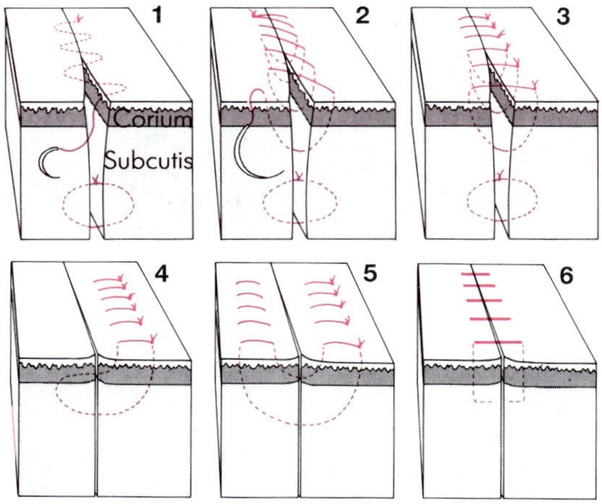

↑ Chirurgische Hautnähte. *[bh1]*
Eine zugfeste Naht muss durch zugfestes Gewebe, d.h. die Netzschicht der Lederhaut, gehen.

1 Fortlaufende Hautnaht in der Lederhaut, davor gesonderte Naht des Unterhautfettgewebes
2 Fortlaufende überwendliche Hautnaht
3 Einzelknopfnaht
4 Allgöwer-Naht
5 Rückstichnaht (Donati-Naht)
6 Maschinelle Klammernaht

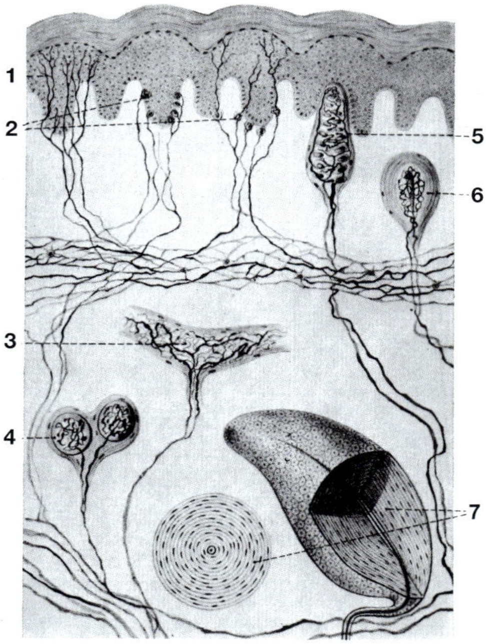

← Hautsinnesorgane (schematisch). In der Haut liegen getrennte Rezeptoren für die Berührungs-, Vibrations-, Wärme-, Kälte- und Schmerzempfindung. Sie sind z.T. in sog. Nervenendkörperchen eingeschlossen. *[sr]*

1	Freie Nervenendung (Schmerzempfindung)	Terminatio neuralis libera
2	Merkel-Tastscheiben (Druckempfindung)	Menisci tactus
3–7	Umkapselte Nervenendkörperchen	Corpuscula nervosa capsulata
4	Golgi-Mazzoni-Körperchen (Tiefensensibilität)	Corpusculum bulboideum
5	Meissner-Tastkörperchen (Berührungsempfindung)	Corpusculum tactile
6	Krause-Körperchen (Berührungsempfindung?)	Corpusculum bulboideum
7	Lamellenkörperchen (Vater-Pacini-Körperchen, Vibrationsempfindung)	Corpusculum lamellosum

Prüfen der Raumschwelle. Die Hautsinnesorgane liegen an manchen Körperstellen eng beisammen, an anderen weit entfernt. Je nachdem werden 2 nebeneinander liegende Einstiche in die Haut als 2 oder nur als ein Stich empfunden. Von der unterschiedlichen Dichte der Hautsinnesorgane kann man sich leicht selbst überzeugen: Die Versuchsperson schließt die Augen. Dann berührt man in unregelmäßigem Wechsel mit einer oder gleichzeitig mit den beiden Spitzen eines Zirkels die Haut. Die Versuchsperson soll nun angeben, ob sie eine oder 2 Berührungen verspürt hat. An den Fingerspitzen werden meist 2 Berührungen bereits als getrennt empfunden, wenn sie im Abstand von 2 mm erfolgen. Am Rücken hingegen können oft noch Berührungen von 10 cm Abstand nicht als getrennt erkannt werden. *[li4]* →

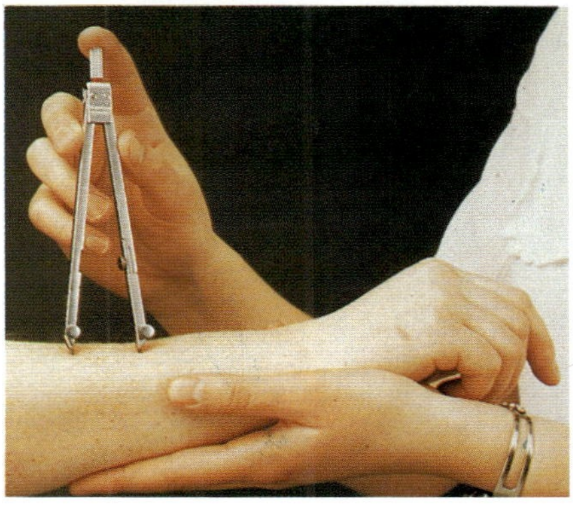

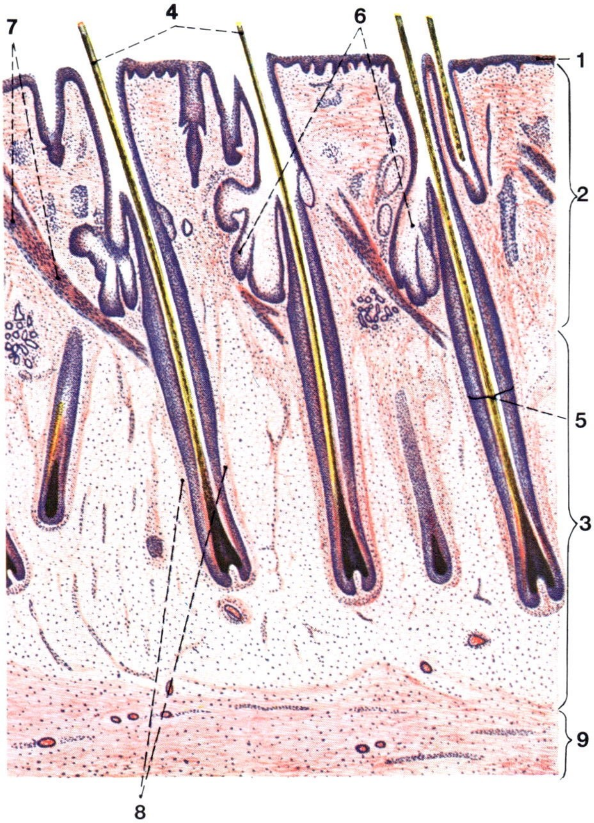

Felderhaut: mikroskopisches Schnittbild der Kopfhaut (Vergrößerung 20fach). *[so]*
Die Haare reichen mit ihren Wurzeln tief in die Unterhaut. Die Kopfhaut ist straff auf einer Sehnenplatte befestigt. Diese erstreckt sich haubenartig von der Stirn bis zum Hinterhaupt. In diese „Sehnenhaube" strahlen Muskeln von der Stirn, den Schläfen und dem Hinterhaupt ein. Da die Knochenhaut des Schädeldachs nicht sehr fest am Knochen verankert ist, kann man die Kopfhaut mit Sehnenhaube und Knochenhaut leicht vom Schädeldach abschieben. Diese Technik des „Skalpierens" wird in der Pathologie angewandt. Bei der Obduktion wird im Hinterhauptbereich die Kopfhaut durchgetrennt und bis zur Stirn vorgeschoben. Dann wird das Schädeldach aufgesägt und das Gehirn zur weiteren Untersuchung herausgenommen. Zuletzt stülpt man die Haut wieder über das Schädeldach zurück und vernäht den Hautschnitt. Er bleibt bei der Aufbahrung der Leiche verdeckt.

1	Oberhaut	*Epidermis*
2	Lederhaut	*Dermis*
3	Unterhaut (= „Subkutis")	*Tela subcutanea [Hypodermis]*
4	Haarschaft	*Scapus (pili)*
5	Haarfollikel	*Folliculus (pili)*
6	Talgdrüsen	*Glandulae sebaceae*
7	Haarbalgmuskel (Haaraufrichter)	*M. arrector pili*
8	Haarbalg (bindegewebige Hülle)	*Vagina dermalis radicularis*
9	Sehnenhaube	*Galea aponeurotica [Aponeurosis epicranialis]*

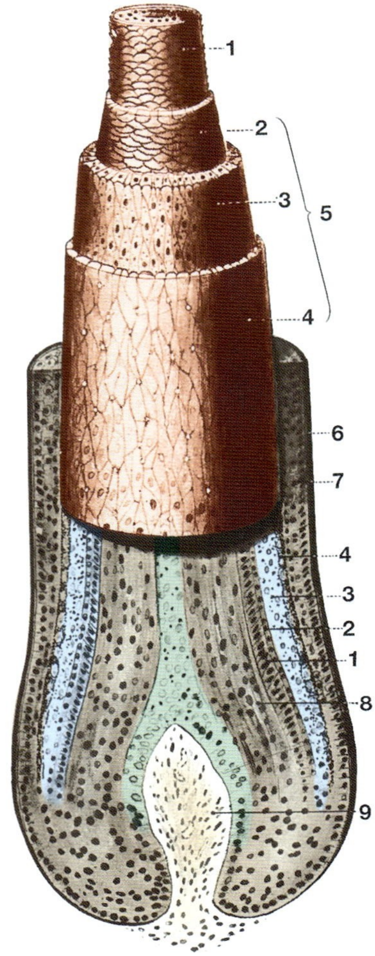

Haar: Bauschema. *[bg3]*
Das Oberhäutchen des Haares und das Oberhäutchen der inneren Wurzelscheide bestehen aus dachziegelartig angeordneten Zellen, die ineinander verzahnt sind. Das Haar wird dadurch im Follikel gehalten.

1	Oberhäutchen des Haares („Haarkutikula")	*Cuticula (pili)*
2	Oberhäutchen der inneren Wurzelscheide	*Cuticula vaginalis*
3	Huxley-Schicht	*Stratum epitheliale internum [granuliferum]*
4	Henle-Schicht	*Stratum epitheliale externum [pallidum]*
5	Innere Wurzelscheide (Fortsetzung der Hornschicht der Oberhaut)	*Vagina epithelialis radicularis interna*
6	Glashaut	*Membrana basalis [vitrea]*
7	Äußere Wurzelscheide (Fortsetzung der Keimschicht der Oberhaut)	*Vagina epithelialis radicularis externa*
8	Haarrinde	*Cortex (pili)*
9	Haarpapille (mit Blutgefäß)	*Papilla (pili)*

Hauptarten von Haaren

❶ **Wollhaare** (Flaum, Lanugo) bedecken beim Neugeborenen fast den ganzen Körper und auch beim Erwachsenen noch große Hautgebiete.

❷ **Terminalhaare** sind stärker, länger und dunkler: Barthaare, Schamhaare, Achselhaare, Haare der Nasenöffnung und des äußeren Gehörgangs. Sonderformen der Terminalhaare sind das Kopfhaar, die Augenbrauen und die Augenwimpern. Die Entwicklung der Terminalhaare wird von Hormonen der Keimdrüsen und der Nebennieren beeinflusst:
• mangelnde Schambehaarung bei zu geringer Hormonbildung der Keimdrüsen,
• starke Behaarung bei übermäßiger Absonderung männlicher Hormone durch die Nebennierenrinde.

Bau des Haares

Das Haar ist ein Hornfaden. Den in der Haut steckenden Teil nennt man Haarwurzel, den herausragenden Teil Haarschaft. Die Haarwurzel ist von einer Hautröhre (Haarfollikel) umgeben: Die Wurzelscheide aus Deckgewebe entspricht der Oberhaut, der bindegewebige Haarbalg der Lederhaut.
• *Haarwachstum:* Das Haar wächst am verdickten unteren Ende der Haarwurzel, der Haarzwiebel. Die Kopfhaare wachsen etwa 1 cm pro Monat. Die Lebensdauer der Terminalhaare beträgt etwa 3–5 Jahre. Dann fällt das Haar aus. Es bildet sich eine neue Haarwurzel.
• *Haarfarbe:* Sie hängt vom Ausmaß des Farbstoffeinbaus (Melanin) beim Wachstum an der Haarwurzel ab. Wird kein Farbstoff mehr eingelagert, so ergraut das Haar. In weiße Haare sind kleine Luftbläschen eingeschlossen.
• *Haarbalgmuskel:* An jedem Haar setzt ein winziger Haaraufrichtemuskel an. Er wird vom autonomen Nervensystem (Sympathikus) versorgt: Bei Aufregung „sträuben sich die Haare“, dabei entsteht die „Gänsehaut“ (weil die Ansätze der Haarbalgmuskeln an der Lederhaut punktförmig eingezogen werden).
• *Talgdrüsen:* Durch sie wird das Haar eingefettet und dadurch geschmeidig erhalten.

Aufgaben von Haaren

• *Wärmeisolierung:* Zwischen den Haaren hält sich ein „Luftkissen“, das die Wärmeabgabe behindert (Pelzmantel!).
• *Wärmeabgabe:* Beim Schwitzen verdunstet das Wasser rascher von der großen Oberfläche der Haare und entzieht damit dem Körper schneller Wärme.
• *Reibungsminderung* wo Haut auf Haut liegt: z.B. Achselhaare, Haare der Afterfurche.
• *Verbesserung der Berührungsempfindung:* Das Haar kann als Hebel selbst sehr feine Berührungen verstärkt auf die Nervenendkörperchen übertragen.
• *Sexuelle Signalwirkung:* geschlechtsspezifische Behaarung des Gesichts (Bartwuchs) und des Unterbauchs (horizontale Begrenzung des Schamhaars bei der Frau, beim Mann zum Nabel aufsteigend).

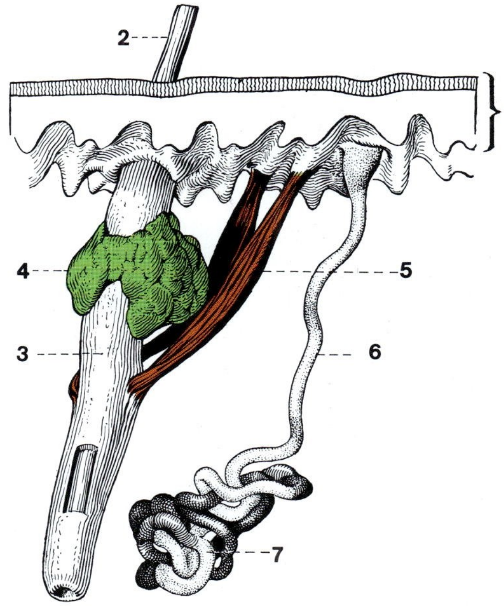

↑ **Felderhaut:** Bauschema. Haar mit Haarbalgmuskel, Talg- und Schweißdrüse. *[bg3]*

1	Oberhaut	*Epidermis*
2	Haarschaft	*Scapus pili*
3	Haarfollikel	*Folliculus pili*
4	Talgdrüse	*Glandula sebacea*
5	Haarmuskel (Haaraufrichter, Haarbalgmuskel)	*M. arrector pili*
6	Ausführungsgang der Schweißdrüse	*Ductus sudorifer*
7	Schweißdrüse	*Glandula sudorifera*

↓ **Felderhaut:** Flachschnitt durch die Kopfhaut mit Haarquerschnitten (Vergrößerung 30fach). *[so]*

1	Talgdrüse	*Glandula sebacea*
2	Innere Wurzelscheide (Fortsetzung der Hornschicht der Oberhaut)	*Vagina epithelialis radicularis interna*
3	Schweißdrüse	*Glandula sudorifera*
4	Haarschaft	*Scapus pili*

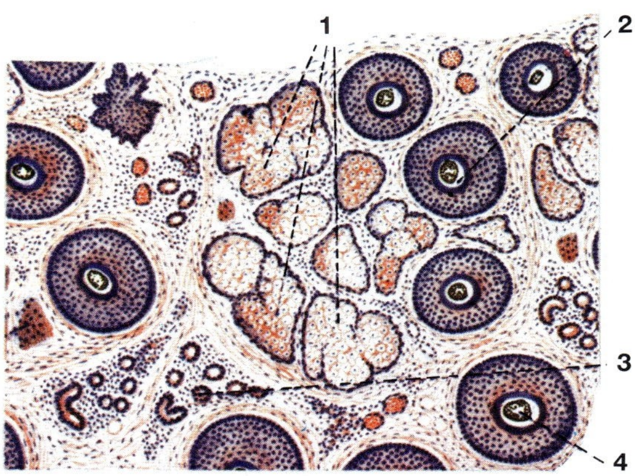

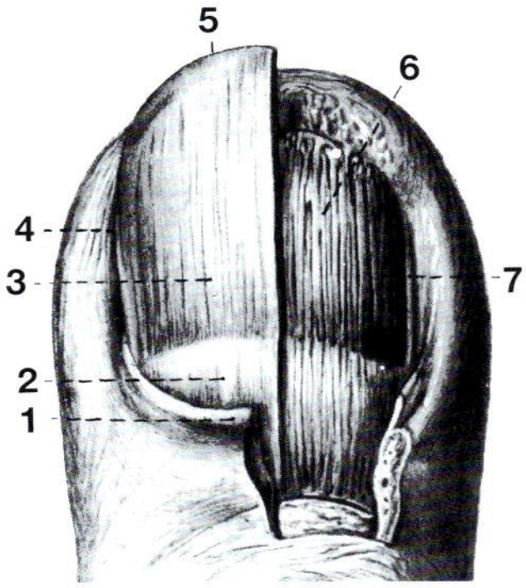

1 Hornschicht des Nagelwalls *Eponychium*
2 „Möndchen" *Lunula*
3 Nagelplatte *Corpus unguis*
4 Seitlicher Rand (des Nagels) *Margo lateralis*
5 Freier Rand (des Nagels) *Margo liber*
6 Nagelbett *Hyponychium*
7 Nagelfalz *Sulcus matricis*

Nagel: Endglied eines Fingers. In der rechten Bildhälfte ist der Nagel entfernt, um das Nagelbett zu zeigen. *[bg3]* Bei Beschädigung des Nagelbetts wird der Nagel abgestoßen. Ein neuer Nagel wird vom „Möndchen" gebildet. Er wächst allmählich nach vorn.

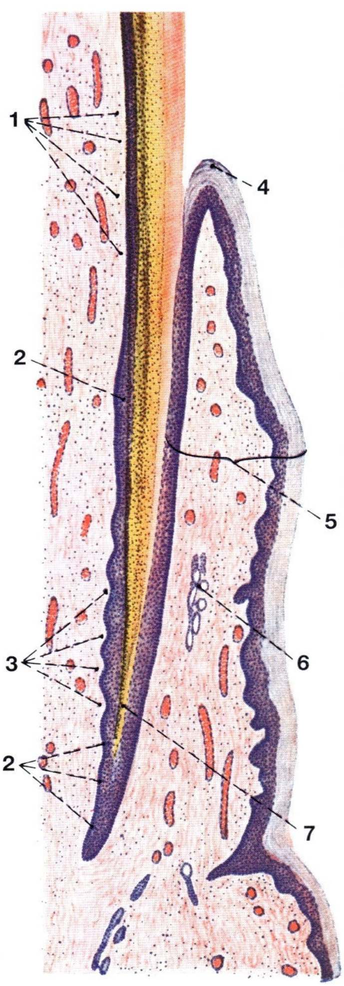

Nagel: mikroskopisches Schnittbild (Vergrößerung 30fach). *[so]*

1 Nagelbett *Hyponychium*
2 Keimschicht (des Nagels) *Stratum germinativum (unguis)*
3 Papillen (der Lederhaut) *Papillae (dermidis)*
4 Hornschicht des Nagelwalls *Eponychium*
5 Nagelwall *Vallum unguis*
6 Schweißdrüse *Glandula sudorifera*
7 Nagelwurzel *Margo occultus*

Aufgaben der Nägel

Nägel sind von der Oberhaut gebildete Hornplatten, die den Krallen und Hufen bei anderen Wirbeltieren entsprechen. Nach ihrer Entstehung sind sie mit den Haaren verwandt. Sie dienen dem Schutz der Fingerspitze und ermöglichen das Kratzen. Darüber hinaus bieten sie der weichen Fingerbeere ein Widerlager. Dies verfeinert das Tastempfinden.

Nagelwachstum

Der Nagel wird vom Nagelbett gebildet, und zwar von seinem hellen Abschnitt („Möndchen"). Der Nagel wächst pro Woche 1–3 mm.

• Bei Durchblutungsstörungen, z.B. bei schweren Erkrankungen, ist die Nagelbildung beeinträchtigt. Es entstehen dann quere Linien und Verfärbungen am Nagel. Sie werden entsprechend dem Nagelwachstum allmählich gegen den freien Rand vorgeschoben. Die Längsrillung der Nägel ist normal.

Eingewachsener Nagel

Bei unzweckmäßigem Nagelschnitt kann (besonders an den Zehen) eine Ecke des freien Nagelrandes in die Haut des Nagelwalls einwachsen. Dies schafft eine Eintrittspforte für Bakterien Es folgt eine schmerzhafte Entzündung und evtl. Eiterung, die der chirurgischen Entlastung bedarf. Gefährdete Fußnägel sollte man daher seitlich nicht rund schneiden, sondern die Ecken den Nagelwall überragen lassen!

Hautdrüsen

• *Talgdrüsen* fetten die Haare und die Hornschicht der Oberhaut ein und halten diese geschmeidig und wasserabweisend. Die Mündungen der Talgdrüsen sind an Nase und Wangen besonders weit und verschmutzen leicht („Mitesser").
• *Schweißdrüsen* bilden den Schweiß, eine wässrige Flüssigkeit, bei deren Verdunstung dem Körper Wärme entzogen wird.
• *Duftdrüsen* sind den Schweißdrüsen verwandt. Sie kommen an der Achselhaut sowie im Genital- und Afterbereich vor. Sie bedingen den typischen Geruch einer Person, woran z.B. der Hund seine Bezugspersonen erkennt.
• *Milchdrüsen*: beim Menschen die Brustdrüsen.

Hautfarbe

In der Keimschicht der Oberhaut liegen Pigmentzellen, die einen braunschwarzen Farbstoff (Melanin) bilden. Sie geben den Farbstoff an die umliegenden Hautzellen ab. Je nach dem Ausmaß der Farbstoffbildung wird die Haut heller oder dunkler.
• Besonders pigmentreich sind die Warzenhöfe der Brust sowie die Haut der äußeren Geschlechtsorgane und des Afters. In der Schwangerschaft nimmt die Pigmentierung zu.
• Ultraviolettes Licht und Röntgenstrahlen regen die Farbstoffbildung an. Sie bleibt auf das bestrahlte Hautfeld beschränkt.

Regeneration

Regeneration (wörtlich „Wiedererzeugung") ist der Ersatz von verbrauchten, beschädigten oder verlorengegangenen Zellen bzw. Zellverbänden oder Organteilen durch neugebildete. Regenerationsfähigkeit besitzen nicht alle Zellen im gleichen Ausmaß. Sie ist gut bei Deck- und Bindegewebezellen, schlecht bei Muskel- und Nervenzellen: Eine Hautwunde oder ein Knochenbruch heilen meist ohne Spätfolgen aus. Von einem Herzinfarkt oder einer Gehirnerkrankung bleibt immer ein Dauerschaden zurück.

• Wenn bei den beiden letztgenannten Fällen trotzdem eine „Genesung" eintritt, so beruht dies auf einer anderen Fähigkeit des Körpers, der zur *Kompensation*. Bei Zerstörung von Nervenzellen übernehmen andere Nervenzellen einen Teil ihrer Aufgaben. Anstelle zugrunde gegangener Muskelzellen verdicken sich erhaltene Nachbarzellen und stellen so die ursprüngliche Muskelkraft wieder her. Diese Kompensation ist aber nur begrenzt möglich: Gehen zu viele Zellen verloren, so reichen bald die Kompensationsmöglichkeiten durch die Nachbarzellen nicht mehr aus.

• Regeneration ist grundsätzlich ein Leben lang möglich. Wird jedoch der Körper über Jahre hinweg zu ständiger Regeneration an der gleichen Stelle gezwungen, z.B. bei chronischen Magengeschwüren oder Strahlenschäden der Haut, so kann die Steuerung der Zellteilung defekt werden. Eine Zellgruppe teilt sich dann ohne Rücksicht auf den tatsächlichen Bedarf immer weiter. Der Zellverband wächst sinnlos. Es entsteht eine *Geschwulst*. Bleiben diese autonom gewordenen Zellen in einem geschlossenen, scharf abgegrenzten Verband, so nennt man die Geschwulst gutartig (z.B. Myome in der Gebärmutter). Brechen dagegen diese Zellen in Nachbargewebe ein und bilden sie Absiedlungen (Tochtergeschwülste = Metastasen) in anderen Körperteilen, so nennt man die Geschwulst bösartig (z.B. Krebs). Dies ist allerdings nur einer von mehreren Wegen der Krebsentstehung!

Phasen der Wundheilung

❶ **Blutgerinnsel** (Exsudationsphase): Das aus zerrissenen Haargefäßen sowie kleinen Venen und Arterien in die Wunde ausgetretene Blut gerinnt. Die Blutung wird dadurch beendet. In das Blutgerinnsel wandern weiße Blutkörperchen (Fresszellen) ein. Diese beseitigen Gewebetrümmer und nehmen den Kampf mit in die Wunde gelangten Bakterien auf.

❷ **Einsprossen von Bindegewebe** (Proliferationsphase): Haargefäße sprossen in das Blutgerinnsel ein. Aus Zellen der Gefäßwand gehen verschiedene Arten von Bindegewebezellen hervor, die das Blutgerinnsel durchsetzen. Auch im Deckgewebe beginnen abseits der Wunde Zellteilungen. Die Zellen schieben sich von der Seite her über den Spalt und bedecken ihn mit einer dünnen Schicht.

❸ **Narbenbildung** (Reparationsphase): Die Bindegewebezellen bilden etwa ab dem 5. Tag Gitterfasern, ab dem 20. Tag zugfeste Fasern. Das ursprüngliche Gerüst der Lederhaut wird langsam wiederhergestellt. Auch das Deckgewebe kehrt zu seiner ursprünglichen Dicke zurück. Die Gesamtdauer der Heilung hängt von der Größe der Wunde ab. Bei Knochenbrüchen kann man geradezu einen „Fahrplan" angeben. Die Bruchheilung dauert bei

Finger	2,	Oberarm	6,
Rippen	3,	Wadenbein	6,
Schlüsselbein	4,	Schienbein	7,
Elle	5,	Oberschenkel	10,
Speiche	5,	Schenkelhals	12 Wochen.

1

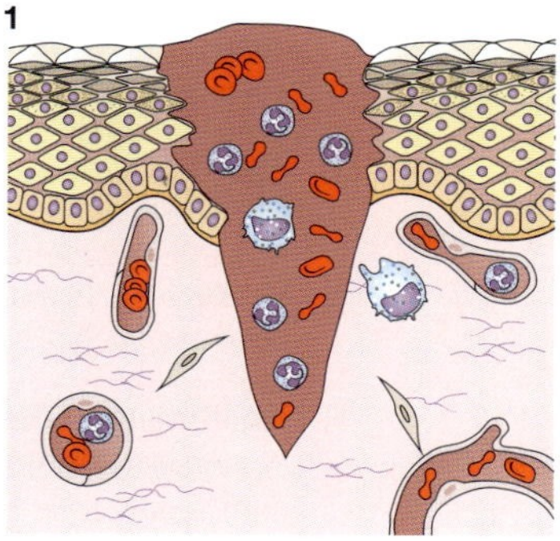

2

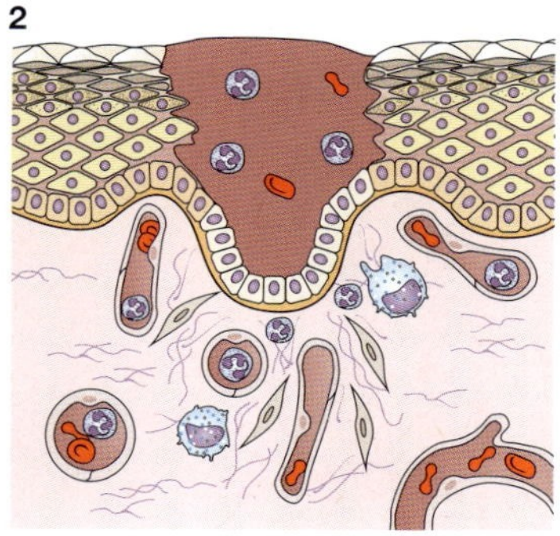

3a

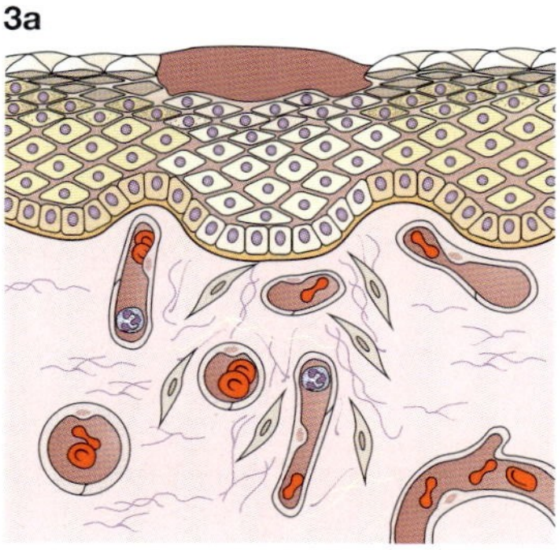

3b

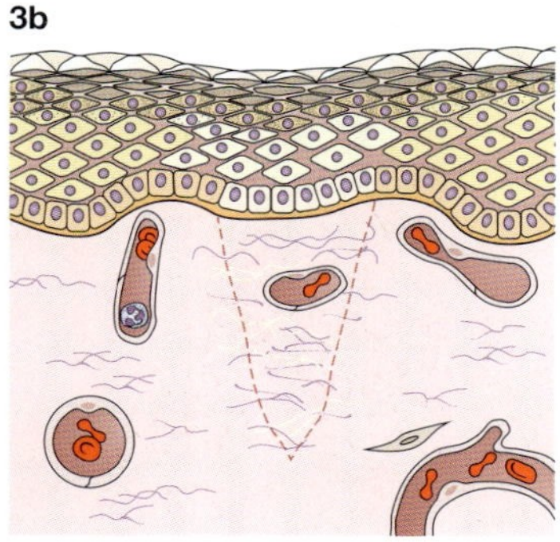

Wundheilung. *[bö2]*
Zum besseren Verständnis vergleiche man die Bilder der gesunden Haut auf den vorhergehenden Seiten.
1 Exsudationsphase
2 Proliferationsphase
3a Reparationsphase
3b Endzustand Narbe (weißlich, weil die Pigmentzellen nicht regenerieren).

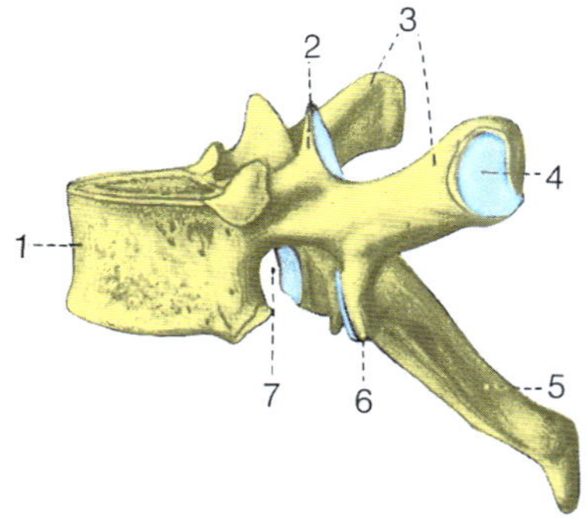

↑ Brustwirbel (sechster) von links. *[bg1]*

1	Wirbelkörper	*Corpus vertebrae*
2	Oberer Gelenkfortsatz	*Processus articularis superior*
3	Querfortsatz	*Processus transversus*
4	Gelenkfläche für die Rippe am Querfortsatz	*Fovea costalis processus transversi*
5	Dornfortsatz	*Processus spinosus*
6	Unterer Gelenkfortsatz	*Processus articularis inferior*
7	Unterer Wirbeleinschnitt	*Incisura vertebralis inferior*

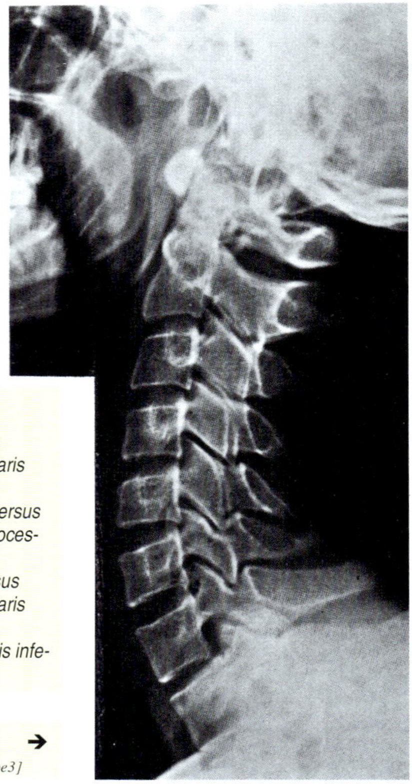

Halswirbelsäule: →
Röntgenbild im seitlichen Strahlengang. *[be3]*

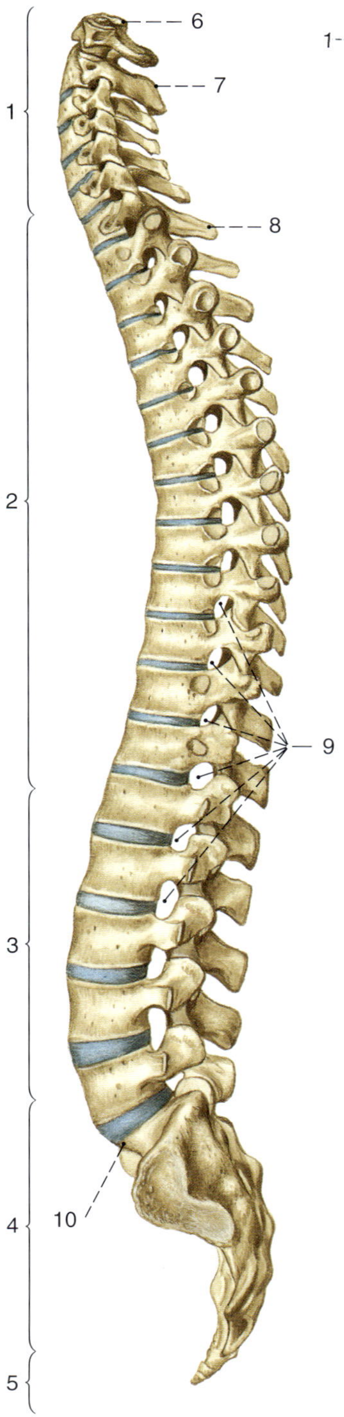

← Wirbelsäule von links. Man beachte die Größenzunahme der Wirbelkörper von der Hals- zur Lendenwirbelsäule. *[pu]*

- 1–5 Wirbelsäule *Columna vertebralis*
- 1 Halswirbel *Vertebrae cervicales*
- 2 Brustwirbel *Vertebrae thoracicae*
- 3 Lendenwirbel *Vertebrae lumbales*
- 4 Kreuzbein *Os sacrum [Vertebrae sacrales]*
- 5 Steißbein *Os coccygis [Coccyx]*
- 6 Erster Halswirbel („Träger") *Atlas*
- 7 Zweiter Halswirbel („Dreher") *Axis*
- 8 Siebenter Halswirbel (mit langem Dornfortsatz) *Vertebra prominens*
- 9 Zwischenwirbelloch *Foramen intervertebrale*
- 10 Lenden-Kreuzbein-Knick *Promontorium*

Gliederung der Wirbelsäule

Die menschliche Wirbelsäule besteht aus:

- *Halswirbelsäule* aus 7 kleinen Halswirbeln.
- *Brustwirbelsäule* aus 12 mittelgroßen Brustwirbeln: mit ihnen sind die Rippen gelenkig verbunden.
- *Lendenwirbelsäule* aus 5 großen Lendenwirbeln.
- *Kreuzbein* aus 5 miteinander verschmolzenen Kreuzbeinwirbeln.
- *Steißbein* aus 3–5 zurückgebildeten Wirbeln. Es ist der Rest des beim Menschen verlorenen Schwanzes.

Krümmungen der Wirbelsäule

Die gesunde Wirbelsäule ist (in der sagittalen Richtung) doppelt s-förmig gekrümmt. Es wechseln Lordosen und Kyphosen mäßigen Grades miteinander ab: Lordose = nach vorn konvexe, Kyphose = nach hinten konvexe Krümmung.

- Halslordose.
- Brustkyphose.
- Lendenlordose.
- Kreuzbeinkyphose.
- Charakteristisch für den Menschen ist der Knick zwischen Lendenwirbelsäule und Kreuzbein (Promontorium). Er kommt durch den Übergang vom vierbeinigen zum zweibeinigen Stand (die „Aufrichtung" des Menschen) zustande.
- Die gesunde Wirbelsäule hat im aufrechten Stand keine seitlichen Krümmungen.

Kernspintomogramm (Magnetschichtbild): Medianschnitt durch den Oberkörper. Die rechte Hälfte des Bildes wird von der Wirbelsäule eingenommen. An ihrem s-förmig geschwungenem breiten Band kann man leicht 3 Zonen abgrenzen: Links im Bild die Wirbelkörper mit den Zwischenwirbelscheiben, in der Mitte der Wirbelkanal mit dem Rückenmark, rechts die Dornfortsätze mit Bändern und Muskeln. Links der Wirbelsäule folgen als dunkle Bereiche von oben nach unten der Rachen, die Luftröhre und die Herzhöhlen mit den großen Blutgefäßen, unter dem Herzen die hellere Leber. *[he2]*

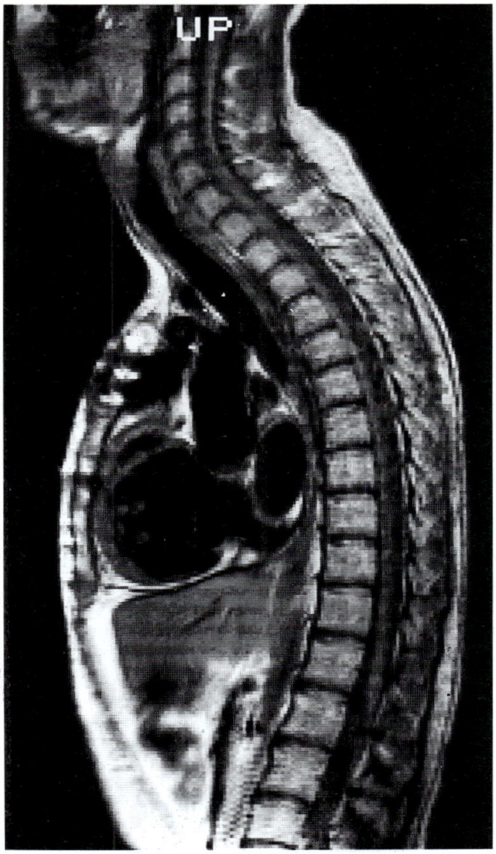

Aufgaben der Wirbelsäule

Die Wirbelsäule stützt, schützt, federt und ermöglicht Bewegungen

- *Stützen:* Der Rumpf benötigt wie die übrigen Teile des Körpers ein Stützgerüst, damit er nicht zu einer unförmigen Masse zusammensinkt. Diese Aufgabe wird hauptsächlich von den Wirbelkörpern erfüllt. Da die zu tragende Körperlast von oben nach unten zunimmt, werden die Wirbelkörper von oben nach unten hin größer.
- *Schützen:* Das Zentralnervensystem ist der mechanisch gefährdetste Teil des menschlichen Körpers (weil Heilungsvorgänge in ihm nur begrenzt möglich sind). Deshalb werden Gehirn und Rückenmark schützend von Knochen umschlossen. An der Wirbelsäule übernehmen vor allem die Wirbelbogen diese Aufgabe.
- *Federn:* Das Gehirn ist nicht nur durch direkte Verletzungen, sondern auch durch Stöße und Erschütterungen gefährdet („Hirnerschütterung"). In die Wirbelsäule sind daher die Zwischenwirbelscheiben (Bandscheiben) als Federungselemente eingebaut.
- *Bewegen:* Die Beweglichkeit innerhalb der Wirbelsäule ist nicht nur wegen der Federung, sondern auch wegen der inneren Organe nötig: Atmung, Nahrungsverarbeitung und Schwangerschaft führen zu Volumenänderungen in Brust- und Bauchraum, denen sich die Wirbelsäule anpassen muss. Schließlich erfordert auch die Erhaltung des Gleichgewichts beim Stehen und Gehen Ausgleichsbewegungen der Wirbelsäule. Der passiven Beweglichkeit dienen die „Bewegungssegmente", der aktiven Beweglichkeit Muskeln, denen die Wirbelsäule mit ihren Quer- und Dornfortsätzen Ursprungs- und Ansatzstellen bietet. Elastische Bänder zwischen den Wirbelbogen und Dornfortsätzen unterstützen die Muskelarbeit.

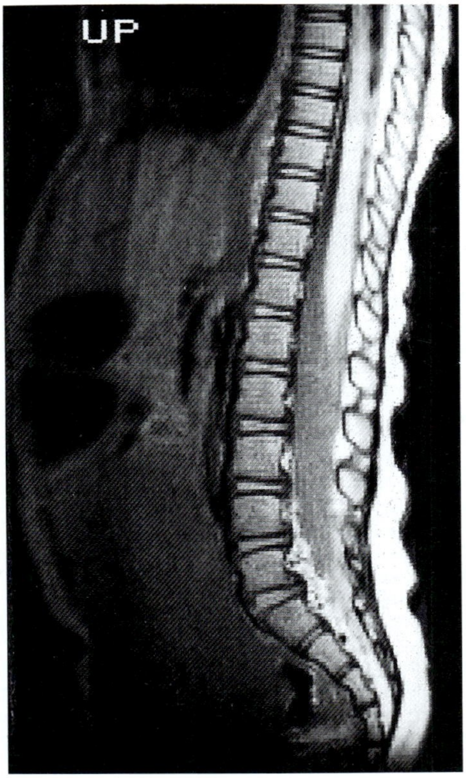

Kernspintomogramm (Magnetschichtbild): Schnitt durch den Unterkörper geringfügig neben der Körpermittelebene. Im Wirbelkanal ist überwiegend der hauptsächlich Fettgewebe enthaltende Raum um die harte Rückenmarkhaut (Epiduralraum) getroffen. *[he2]*

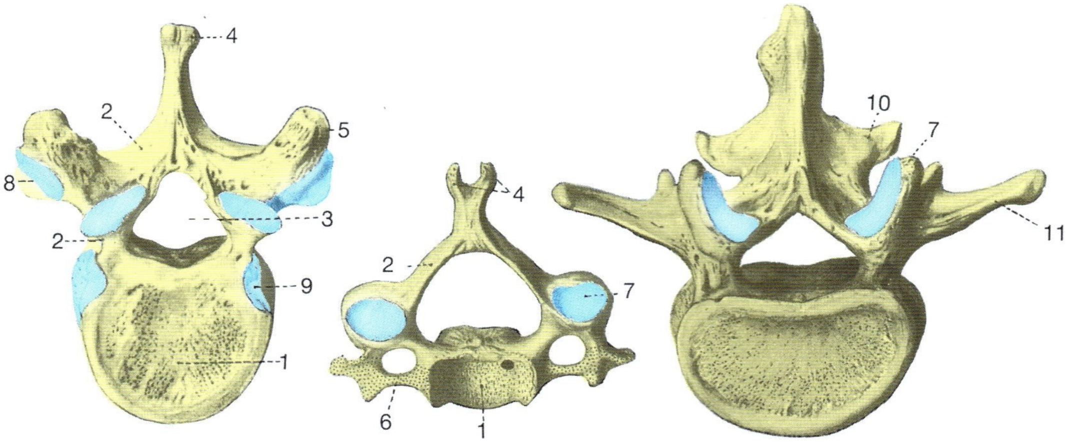

Bau des Wirbels

Am Wirbel unterscheidet man:

- *Wirbelkörper:* das massive Vorderstück.
- *Wirbelbogen:* er umschließt das Wirbelloch. Die Wirbellöcher aller Wirbel zusammen bilden den Wirbelkanal. In ihm liegt das Rückenmark.
- *7 Fortsätze:* 1 Dornfortsatz (nach hinten), 2 Querfortsätze (zur Seite), 4 Gelenkfortsätze (je 2 nach oben und nach unten). Dorn- und Querfortsätze dienen der Befestigung von Bändern und Muskeln. Die Gelenkfortsätze zweier benachbarter Wirbel bilden die Wirbelbogengelenke.

Unterschiede der Hals-, Brust- und Lendenwirbel:

- Die *Halswirbel* haben kleine Wirbelkörper und ein Querfortsatzloch für die Wirbelarterie.
- Die *Brustwirbel* haben Gelenkflächen für die Rippen am Wirbelkörper und an den Querfortsätzen. Die Dornfortsätze steigen schräg ab.
- Bei den *Lendenwirbeln* sind die Wirbelkörper besonders groß.

Wirbel von oben gesehen. Links sechster Brustwirbel, Mitte fünfter Halswirbel, rechts dritter Lendenwirbel. Überknorpelte Gelenkflächen blau. Die Anteile der Halswirbel, die im Brustbereich den Rippen entsprechen, sind gepunktet. *[bg1]*

1	Wirbelkörper	Corpus vertebrae
2	Wirbelbogen	Arcus vertebrae
3	Wirbelloch	Foramen vertebrale
4	Dornfortsatz (bei Halswirbeln meist zweigeteilt)	Processus spinosus
5	Querfortsatz	Processus transversus
6	Querfortsatzloch (nur bei Halswirbeln)	Foramen transversarium
7	Oberer Gelenkfortsatz	Processus articularis superior
8	Gelenkfläche für die Rippe am Querfortsatz	Fovea costalis processus transversi
9	Gelenkfläche für die Rippe am Wirbelkörper	Fovea costalis superior
10	Unterer Gelenkfortsatz	Processus articularis inferior
11	Querfortsatz des Lendenwirbels („Rippenfortsatz", da den Rippen im Brustbereich entsprechend)	Processus costiformis [costalis]

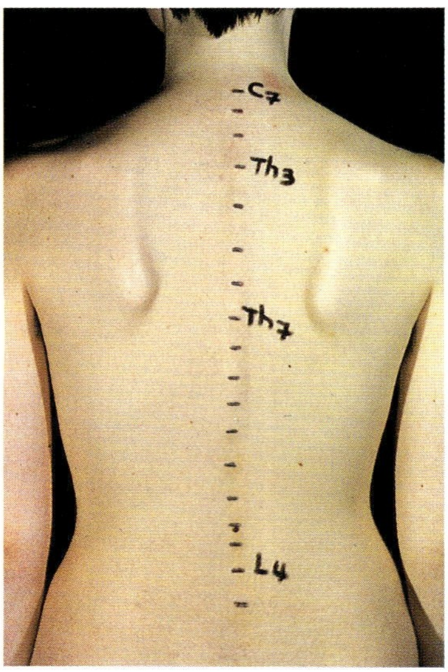

Dornfortsätze: Bei mageren Menschen wölben die Dornfortsätze die Haut vor. Das richtige Nummerieren der Dornfortsätze ist schwerer, als man zunächst annimmt. Man orientiert sich am besten an:

- 7. Halswirbel (C7): Der Dornfortsatz ist meist etwas länger als bei den benachbarten Wirbeln und tritt daher am Übergang vom Hals zum Rumpf am stärksten hervor.
- 3. Brustwirbel (Th3): Der Dornfortsatz steht etwa auf der Höhe der beiden Schulterblattgräten (bei locker herabhängenden Armen).
- 7. Brustwirbel (Th7): Der Dornfortsatz steht etwa auf der Höhe der beiden unteren Schulterblattwinkel (bei locker herabhängenden Armen).
- 4. Lendenwirbel (L4): Der Dornfortsatz liegt etwa in der Verbindungslinie der höchsten Punkte der beiden Darmbeinkämme.

Von diesen Dornfortsätzen ausgehend, kann man die dazwischen liegenden zuordnen. Der erste Halswirbel (Atlas) hat keinen Dornfortsatz, daher gehört der erste unter dem Hinterhaupt zu tastende Dornfortsatz zum zweiten Halswirbel (Axis). *[li6]*

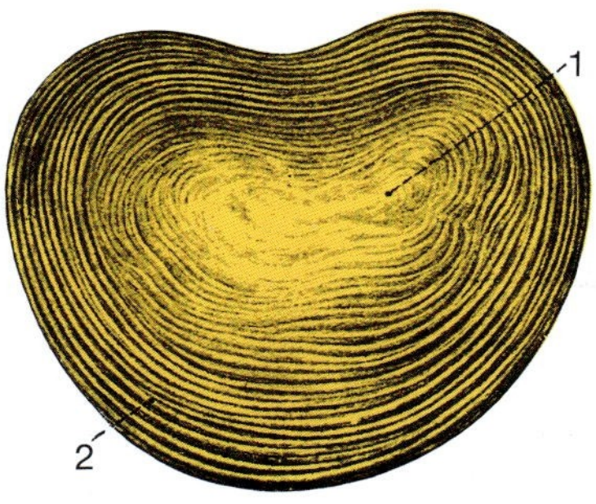

← **Zwischenwirbelscheibe** aus dem Lendenbereich, von oben gesehen. *[sb1]*

1	Gallertkern	*Nucleus pulposus*
2	Faserring	*Anulus fibrosus*

Brustwirbelpaar mit Zwischenwirbelscheibe (Medianschnitt). *[bg1]* →

1	Zwischenwirbelscheibe	*Discus intervertebralis*
2	Zwischenwirbelloch	*Foramen intervertebrale*
3	Wirbelbogengelenk	*Articulatio zygapophysialis*

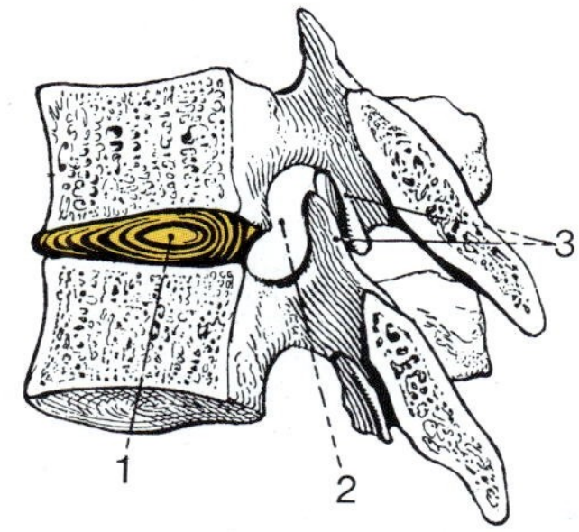

Zwischenwirbelscheibe (Bandscheibe)

Zwischen den Wirbelkörpern liegen Druckpolster, die Belastungen abfedern und Bewegungen ermöglichen. Sie bestehen aus 2 Teilen:

- *Faserring:* außen ein Ring aus Faserknorpel.
- *Gallertkern:* das eigentliche Druckpolster in der Mitte.

Bei Druckbelastung wird der Gallertkern flacher und breiter und spannt damit den Faserring. Dieser federt zurück und richtet den Gallertkern wieder auf.

Zwischenwirbelscheiben fehlen zwischen den ersten beiden Halswirbeln und zwischen den Kreuzbein- und Steißwirbeln.

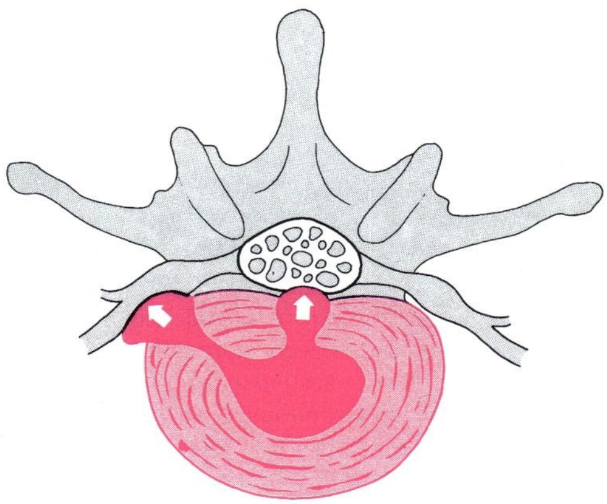

↑ **Bandscheibenvorfall** (Nucleus-pulposus-Prolaps). Der Lenden-Kreuzbein-Knick verursacht offenbar eine verstärkte Abnutzung der benachbarten Zwischenwirbelscheiben. Die 3.–5. Lendenzwischenwirbelscheibe erkranken etwa 100mal häufiger als die übrigen. Beim sogenannten Bandscheibenvorfall wird der Gallertkern (im Bild dunkelrot) durch den schadhaften Faserring nach rückwärts oder zur Seite herausgepresst (weiße Pfeile). Durch Druck auf die Segmentnerven in den Zwischenwirbellöchern oder im Wirbelkanal werden Schmerzen in den Beinen („Ischias") hervorgerufen (projizierter Schmerz). Das Rückenmark ist beim Bandscheibenvorfall im unteren Lendenbereich nicht gefährdet, weil es nicht so weit nach unten reicht. Hingegen können Bandscheibenschäden im Hals- und Brustbereich zur Querschnittlähmung führen. Sie sind jedoch im Brustbereich (höhere Stabilität durch den Brustkorb) selten. *[bh1]*

Bewegungssegmente

Bei der Wirbelsäule wechseln starre (die knöchernen Wirbel) und bewegliche Elemente (die Bewegungssegmente) miteinander ab. Als Bewegungssegment bezeichnet man den gesamten zwischen 2 Wirbeln liegenden Bereich. Er umfasst

- *Zwischenwirbelscheibe (= Bandscheibe).*
- *Zwischenwirbelloch:* Seitlich bleibt zwischen 2 Wirbeln eine Öffnung, durch die der Rückenmarknerv (Spinalnerv) den Wirbelkanal verlässt.
- *Wirbelbogengelenke:* zwischen den Gelenkfortsätzen benachbarter Wirbel.
- *Bänder:* Die rückwärtigen Bänder enthalten reichlich elastische Fasern.

↓ **Bewegungssegmente** (gelb): Medianschnitt durch die Brustwirbelsäule eines Jugendlichen. *[bg1]*

1	Wirbelkörper	*Corpus vertebrae*
2	Dornfortsatz	*Processus spinosus*
3 + 4	Zwischenwirbelscheibe	*Discus intervertebralis*
3	Faserring	*Anulus fibrosus*
4	Gallertkern	*Nucleus pulposus*
5	Zwischenwirbelloch	*Foramen intervertebrale*
6	Vorderes Längsband	*Lig. longitudinale anterius*
7	Hinteres Längsband	*Lig. longitudinale posterius*
8	Zwischenbogenband („gelbes Band")	*Lig. flavum*
9	Zwischendornfortsatzband	*Lig. interspinale*

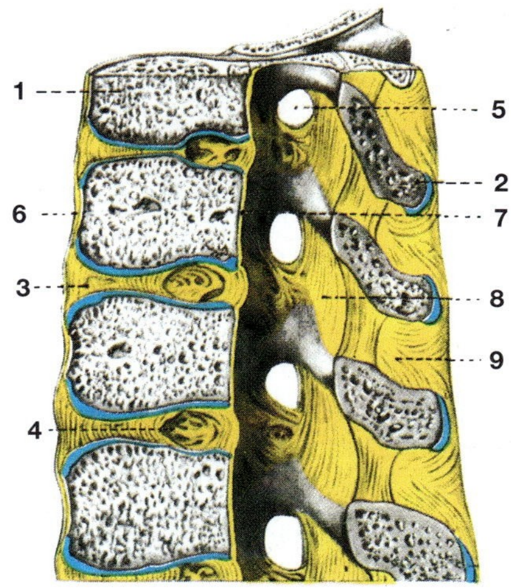

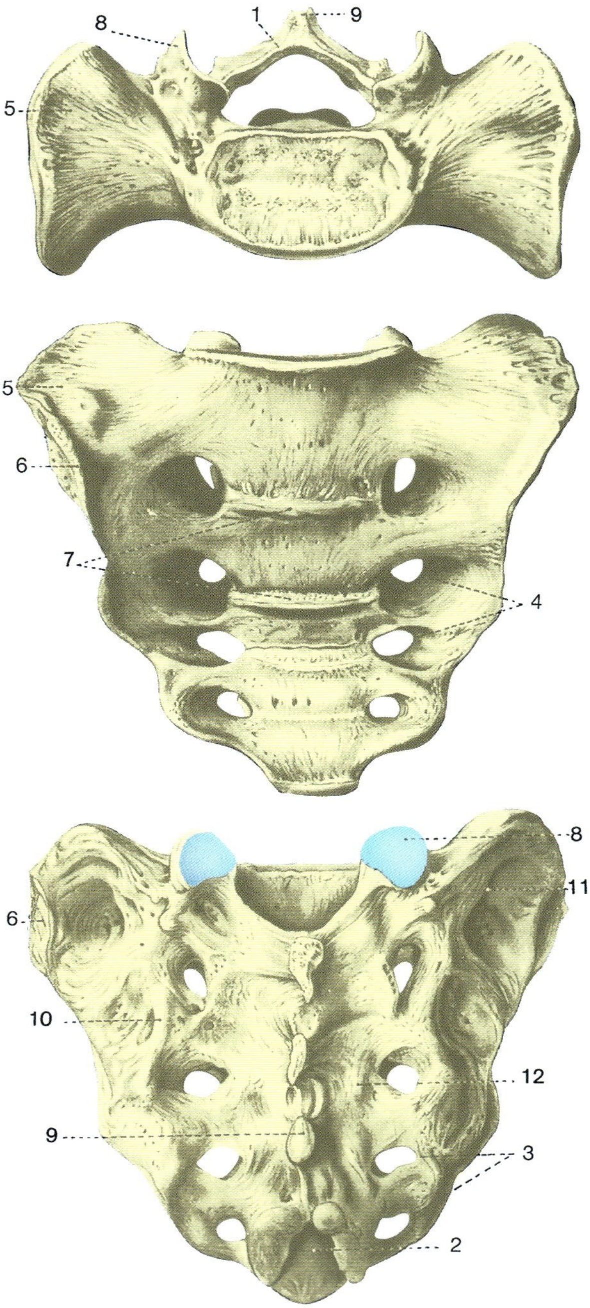

← **Kreuzbein** von oben, von vorn und von hinten. *[bg1]*

1	Kreuzbeinkanal	Canalis sacralis
2	Untere Öffnung des Kreuzbeinkanals	Hiatus sacralis
3	Hintere Kreuzbeinlöcher	Foramina sacralia posteriora
4	Vordere Kreuzbeinlöcher	Foramina sacralia anteriora
5	Seitlicher Teil (des Kreuzbeins)	Pars lateralis
6	Gelenkfläche für das Darmbein	Facies auricularis
7	Querlinien (Verschmelzungslinien der Kreuzbeinwirbelkörper)	Lineae transversae
8	Oberer Gelenkfortsatz (für den 5. Lendenwirbel)	Processus articularis superior
9	Mittelständiger Kreuzbeinkamm (Reste der Dornfortsätze)	Crista sacralis mediana
10	Seitlicher Kreuzbeinkamm (Reste der Querfortsatzkanten)	Crista sacralis lateralis
11	Rauigkeit des Kreuzbeins (Ansatzstelle für vom Darmbein kommende Bänder)	Tuberositas ossis sacri
12	Medialer Kreuzbeinkamm (Reste der Gelenkfortsätze)	Crista sacralis medialis

Kreuzbein

Das Kreuzbein entsteht durch Verschmelzen von 5 Kreuzbeinwirbeln.

• Die ursprüngliche Gliederung des Kreuzbeins kann man beim Anblick von vorn noch gut erkennen: An Stelle der Zwischenwirbelscheiben finden sich beim Kreuzbein jedoch nur quere Linien. Hier liegen während der Wachstumsphase Knorpelscheiben.

• Den Grundbauplan des Wirbels sieht man am Kreuzbein am besten bei Betrachtung von oben: Der Kreuzbeinkanal entspricht dem Wirbelkanal.

• Dem Rückenmark entspringen beiderseits segmental angeordnete Nerven, die den Wirbelkanal durch die Zwischenwirbellöcher verlassen. Auch im Kreuzbeinbereich sind entsprechende Löcher für den Austritt der Segmentnerven vorhanden. Aus dem Kreuzbeinkanal führen auf jeder Seite 4 Kanäle nach außen (4 „Zwischenwirbellöcher" zwischen 5 „Wirbeln"). Jeder Segmentnerv teilt sich in einen vorderen und einen hinteren Ast. Die seitlichen Kanäle enden daher jeweils mit einem vorderen (beckenseitigen) und einem rückwärtigen Loch.

Übergangswirbel: teilweise Verschmelzung des 5. Lendenwirbels mit dem Kreuzbein. *[bg1]* **→**
Bei dieser häufigen Missbildung wird der 5. Lendenwirbel ganz oder teilweise in den Verschmelzungsprozess der Kreuzbeinwirbel mit einbezogen. Dann kann die Deckplatte des 5. Lendenwirbels schräg stehen. Dies zieht seitliche Verkrümmungen der Wirbelsäule („Skoliosen") nach sich.

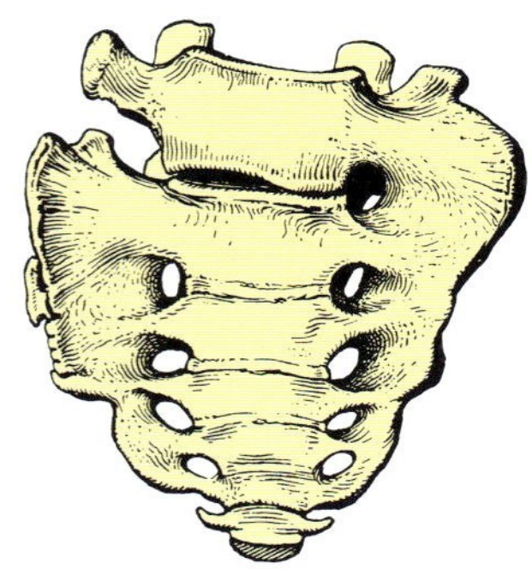

Bewegungen der Wirbelsäule

Hauptbewegungsrichtungen der Wirbelsäule
- *Vor- und Rückneigen* (Inklination – Reklination)
- *Seitneigen* (Lateralflexion)
- Drehen (Rotation)

Je 2 benachbarte Wirbel sind durch ein Bewegungssegment (Zwischenwirbelscheibe, Wirbelgelenke, Bänder) beweglich miteinander verbunden. Der Bewegungsumfang ist in den einzelnen Bereichen der Wirbelsäule verschieden:

- *Halswirbelsäule:* Hier ist die größte Beweglichkeit erforderlich, da die Halswirbelsäule den Kopf mit den wichtigsten Sinnesorganen trägt. Der Kopf muss ähnlich wie eine Radaranlage nach allen Seiten frei bewegt werden können. Die Bewegungen des Kopfes finden hauptsächlich in den Gelenken zwischen dem Hinterhauptbein und dem erstem Halswirbel (Vor-, Rück- und Seitneigen) bzw. dem ersten und dem zweiten Halswirbel (Drehen) statt.
- *Brustwirbelsäule:* Die Beweglichkeit ist durch den anhängenden Brustkorb eingeschränkt. Lediglich im Bereich der „freien" Rippen (11. + 12.) wird die Bewegung nicht behindert.
- *Lendenwirbelsäule:* Vor- Rück- und Seitneigen sind ausgedehnt möglich. Hingegen behindert die Stellung der Wirbelbogengelenke die Drehbewegung. Das, was als Drehen des Rumpfes erscheint, geht im wesentlichen als Drehen in den Hüftgelenken und in der unteren Brustwirbelsäule (im Bereich der freien Rippen) vor sich.

Aufnahmerichtungen beim Röntgenbild

Der Radiologe definiert die Aufnahmerichtung nach dem Verlauf des Röntgenstrahls. Steht die Röntgenröhre vor und die Kassette mit dem Film hinter dem Patienten, so spricht man vom anterior-posterioren Strahlengang (abgekürzt a.-p. oder AP), im umgekehrten Fall vom posterior-anterioren Strahlengang (p.-a. oder PA). AP- und PA-Bild sind nicht identisch. Je näher ein Körperteil dem Röntgenfilm ist, desto schärfer wird er abgebildet. Man wird also den Strahlengang so wählen, dass die Körperteile, die man beurteilen will, „filmnahe" liegen. Die Wirbelsäule wird daher meist in anterior-posteriorer Richtung aufgenommen, das Brustbein in posterior-anteriorer. Will man z.B. die Kniescheibe scharf sehen, so legt man den Film unmittelbar auf die Haut vor der Kniescheibe (Kontaktaufnahme).

Zu den Standardaufnahmerichtungen gehören außer den beiden sagittalen der transversale und der schräge Strahlengang. „Transversale" oder „seitliche" Röntgenbilder kann man z.B. beim Kniegelenk in tibiofibularer oder fibulotibialer Richtung aufnehmen, je nachdem ob das Schienbein oder das Wadenbein der Röntgenröhre zugewandt ist. Bei den Schrägaufnahmen kann entweder die rechte Schulter („Fechterstellung", „1. schräger Durchmesser", RAO) oder die linke Schulter („Boxerstellung", „2. schräger Durchmesser", LAO) der Röntgenröhre zugekehrt sein.

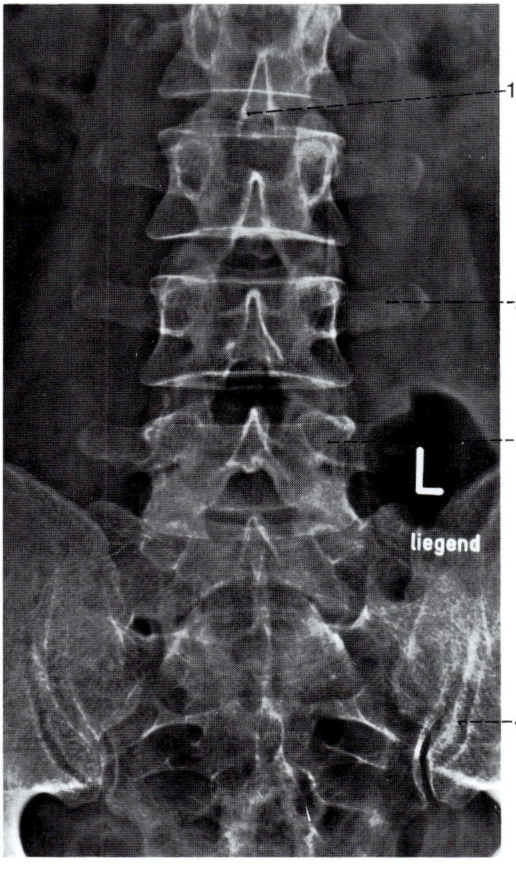

Lendenwirbelsäule und oberer Teil des Kreuzbeins mit Kreuzbein-Darmbein-Gelenken: Röntgenbild im Strahlengang von vorn nach hinten (anterior-posterior). *[be3]*

- Die Höhen der 1. bis 3. Lenden-Zwischenwirbelscheiben sind gut zu beurteilen, weil die Deck- und Bodenplatten der angrenzenden Wirbelkörper annähernd parallel zum Strahlengang stehen.
- Nicht zu beurteilen sind bei dieser Aufnahmetechnik die 4. und 5. Lendenbandscheibe, weil wegen der Lendenlordose und des Knicks zwischen Lendenwirbelsäule und Kreuzbein (Promontorium) der 5. Lendenwirbel nach vorn geneigt ist und sich großteils über das Kreuzbein projiziert. Will man diesen Bereich klar sehen, muss man den Röntgenstrahl von vorn unten nach hinten oben um etwa 25° geneigt führen.
- Die Gelenkspalten der Kreuzbein-Darmbein-Gelenke erscheinen vermeintlich doppelt, weil sie schräg stehen und sich dabei vordere und hintere Abschnitte nebeneinander projizieren.

1	Dornfortsatz	*Processus spinosus*
2	Querfortsatz des Lendenwirbels („Rippenfortsatz", da den Rippen im Brustbereich entsprechend)	*Processus costiformis [costalis]*
3	Wirbelbogen	*Arcus vertebrae*
4	Kreuzbein-Darmbein-Gelenk	*Articulatio sacroiliaca*

← **Atlas und Axis:** erster und zweiter Halswirbel von links. *[bg1]*
Die beiden obersten Halswirbel sind umgestaltet, um dem Kopf die nötige Beweglichkeit zu geben.

Sonderstellung der beiden obersten Halswirbel

Diese beiden Wirbel weichen deutlich von der Form der übrigen Wirbel ab:

- Dem ersten Halswirbel (*Atlas*) fehlt der Wirbelkörper und der Dornfortsatz. Er hat dafür einen vorderen und einen hinteren Bogen.
- Der Wirbelkörper des Atlas ist gewissermaßen dem zweiten Halswirbel (*Axis*) als nach oben ragender Zapfen („Zahn") angewachsen.
- Zwischen Atlas und Axis fehlt die Bandscheibe.

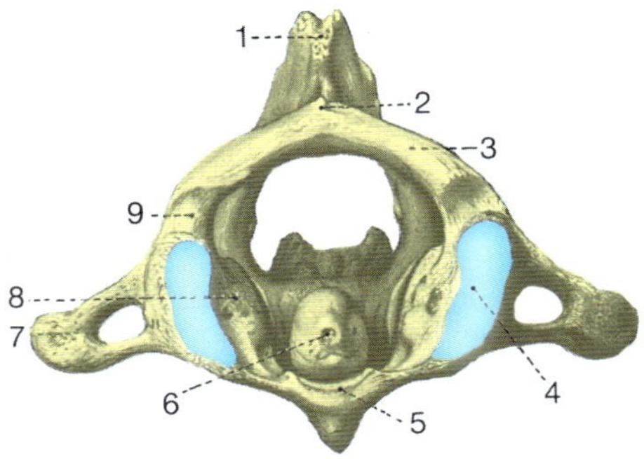

← **Atlas und Axis:** erster und zweiter Halswirbel von oben. *[bg1]*

1	Dornfortsatz	*Processus spinosus*
2	Hinterer Höcker (des Atlas)	*Tuberculum posterius*
3	Hinterer Atlasbogen	*Arcus posterior atlantis*
4	Obere Gelenkfläche (für das Hinterhauptbein)	*Facies articularis superior*
5	Vorderer Atlasbogen	*Arcus anterior atlantis*
6	Zapfen („Zahn") des 2. Halswirbels (Axis)	*Dens axis*
7	Querfortsatzloch	*Foramen transversarium*
8	Seitliche Masse des Atlas	*Massa lateralis atlantis*
9	Wirbelarterienrinne	*Sulcus arteriae vertebralis*

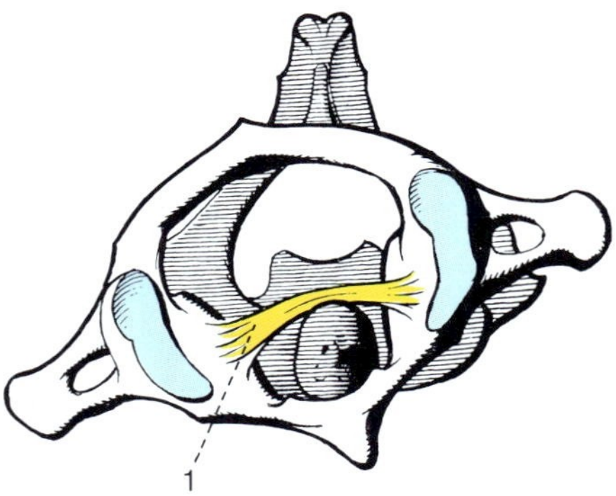

↙ **Atlas und Axis:** Vorderer Atlasbogen und Atlasquerband umschließen den Zapfen des zweiten Halswirbels. Der Atlas und mit ihm der Kopf drehen sich um den Zapfen des Axis. *[bg1]*

1	Atlasquerband	*Lig. transversum atlantis*

Kopfgelenke

Der Kopf wird hauptsächlich in den „Kopfgelenken" geneigt und gedreht (unterstützt durch Bewegungen in der übrigen Halswirbelsäule).

❶ *Oberes Kopfgelenk* (Atlantookzipitalgelenke): Der erste Halswirbel ist beidseits mit dem Hinterhauptbein gelenkig verbunden.

❷ *Unteres Kopfgelenk* (Atlantoaxialgelenke): Der erste Halswirbel (und mit ihm der Kopf) kann sich um den Zapfen des zweiten Halswirbels drehen. Das untere Kopfgelenk hat 3 Teilgelenke:

- Mittleres Atlantoaxialgelenk = Gelenk des Axiszapfens: Der Zapfen hat eine vordere Gelenkfläche für den vorderen Atlasbogen und eine hintere Gelenkfläche für das Atlasquerband.
- Seitliche Atlantoaxialgelenke: zwischen den seitlichen Gelenkflächen von Atlas und Axis.

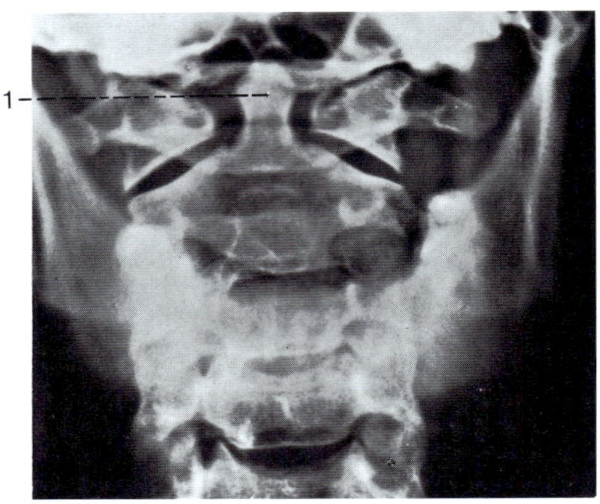

← **Halswirbelsäule:** sagittales Röntgenbild. Der Patient muss den Mund während der Aufnahme öffnen und schließen, damit der Unterkiefer verwischt wird. Sonst werden die ersten beiden Halswirbel von den Zähnen und dem Unterkieferknochen verdeckt. *[be3]*
Man sieht sehr schön den nach oben ragenden Zapfen des 2. Halswirbels (Axis) und die annähernd dreieckigen Querschnitte der seitlichen Massen des 1. Halswirbels (Atlas). Dementsprechend fallen die Gelenkflächen des seitlichen Atlantoaxialgelenks schräg zur Seite ab und steigen die des oberen Kopfgelenks zur Seite an.

1	Zapfen („Zahn") des 2. Halswirbels	*Dens axis*

Gesunde Wirbelsäule: Beim Vorneigen ist der Rücken harmonisch gekrümmt. Die Bewegung verteilt sich auf alle Bewegungssegmente. Die Dornfortsätze werden ziehharmonikaartig auseinandergezogen. Bei besonders starker Beweglichkeit (Hypermobilität) der Wirbelsäule und der Hüftgelenke können beim Vorneigen die Hände flach auf den Boden gelegt werden. Das Modell hat allerdings etwas gemogelt: Die Knie sind leicht gebeugt. Junge Erwachsene erreichen meist mit den Fingerspitzen den Boden, ältere nicht mehr. Der Finger-Boden-Abstand ist eine Kenngröße für die Beweglichkeit der Wirbelsäule und der Hüftgelenke. *[li6]* →

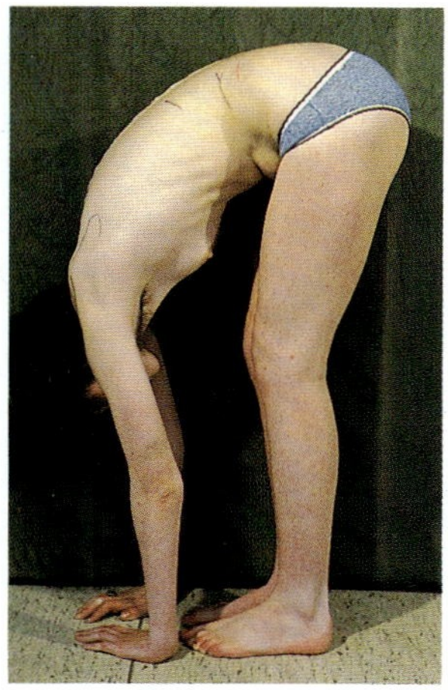

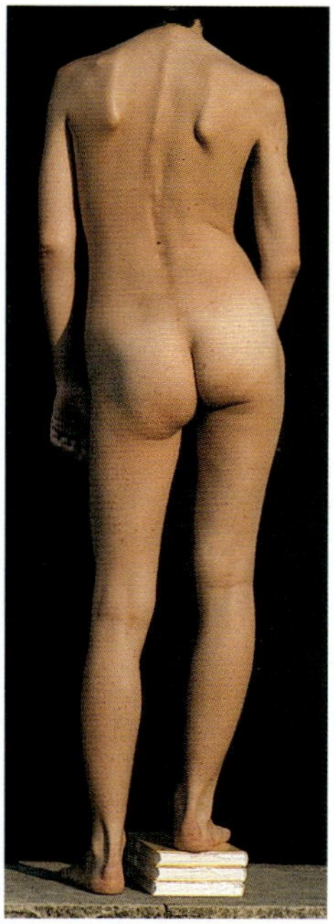

← **Seitliche Krümmungen** der Wirbelsäule sind in erster Linie von der Stellung des Beckens abhängig. Man kann sich dies einfach veranschaulichen, indem man (wie hier im Bild) einige Bücher unter den rechten Fuß legt, das Bein aber gestreckt hält. Dann steht die Deckplatte des Kreuzbeins nach links geneigt, und die Lendenwirbelsäule muss sich nach links biegen. Um den aufrechten Stand zu erhalten, krümmt sich die Brustwirbelsäule nach rechts. Es entsteht also eine s-förmige Biegung.

• Das wirbelsäulengesunde Modell konnte einen Höhenunterschied von 9 cm (kurzzeitig) ausgleichen. *[li6]*

• Häufigste Ursache eines dauernden Beckenschiefstands ist die unterschiedliche Länge der Beine. Folge ist eine einseitige Überlastung der Bewegungssegmente und dadurch ein verstärkter Verschleiß. Seitliche (skoliotische) Verkrümmungen sollten daher frühzeitig begradigt werden. Ein Beinlängenunterschied von 1–2 cm ist durch eine Schuheinlage auszugleichen, ab 3 cm sind orthopädische Zurichtungen der Schuhe erforderlich. Ohne rechtzeitige Maßnahmen gehen skoliotische Verkrümmungen in fixierte Skoliosen mit Verformung von Wirbelkörpern über, die nur noch operativ zu berichtigen sind.

Haltungsfehler und Haltungsschäden

Abweichungen von der gesunden Haltung bezeichnet man als Haltungsfehler oder Fehlhaltung, solange sie aktiv voll ausgleichbar sind (also mehr oder weniger eine schlechte Angewohnheit bilden). Ohne gegensteuernde Übungsbehandlung (Krankengymnastik) gehen sie allmählich in eine fixierte Form über (Haltungsschaden). Typische Haltungsfehler sind:

• *Rundrücken* („schlechte" Haltung): Die Brustkyphose ist verstärkt, die Lendenlordose vermindert. Bei „sitzenden" Berufen sollte man auch im Sitzen auf eine aufrechte Haltung achten und zwischendurch immer wieder einmal aufstehen und ein wenig umhergehen. Sonst drohen Muskelverspannungen mit Rückenschmerzen.

• *hohlrunder Rücken:* Brustkyphose und Lendenlordose sind verstärkt. Der „Bauch" wird dadurch stärker vorgewölbt, wie umgekehrt ein schwerer Bauch (Fettsucht, Schwangerschaft) mit schlaffen Muskeln den hohlrunden Rücken fördert.

• *Flachrücken:* Brustkyphose, Hals- und Lendenlordose sind abgeschwächt. Dadurch ist die Federung in der Wirbelsäule verschlechtert.

Muskeln für die Bewegungen der Wirbelsäule: Das Rückneigen bewirken kräftige Muskeln am Rücken (tiefe Rückenstrecker, „Wirbelsäulenaufrichter"). Entsprechende Muskeln auf der Vorderseite der Brust- und Lendenwirbelsäule fehlen: Das Vorneigen der Wirbelsäule wird von Muskeln der vorderen Rumpfwand (in aufrechter Haltung unterstützt von der Schwerkraft) übernommen. Zur Seite neigen am stärksten die Muskeln der seitlichen Rumpfwand, hinzu treten die seitlichen Züge der tiefen Rückenstrecker. *[bg1]*

1 Wirbelsäulenaufrichter *M. erector spinae*
2 Treppenmuskeln *Mm. scaleni*
3 Innerer schräger Bauchmuskel *M. obliquus internus abdominis*
4 Äußerer schräger Bauchmuskel *M. obliquus externus abdominis*
5 Gerader Bauchmuskel *M. rectus abdominis* →

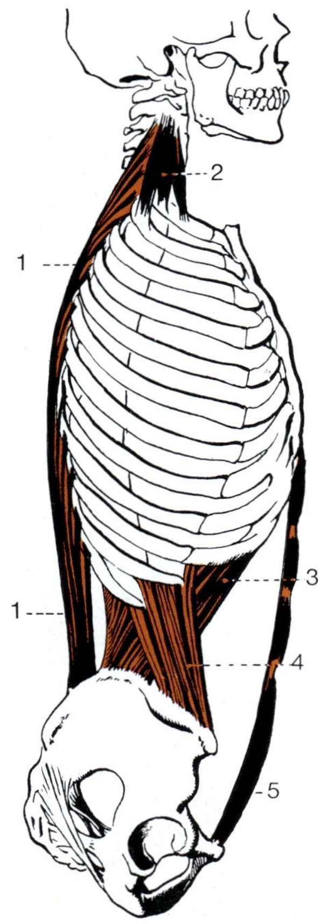

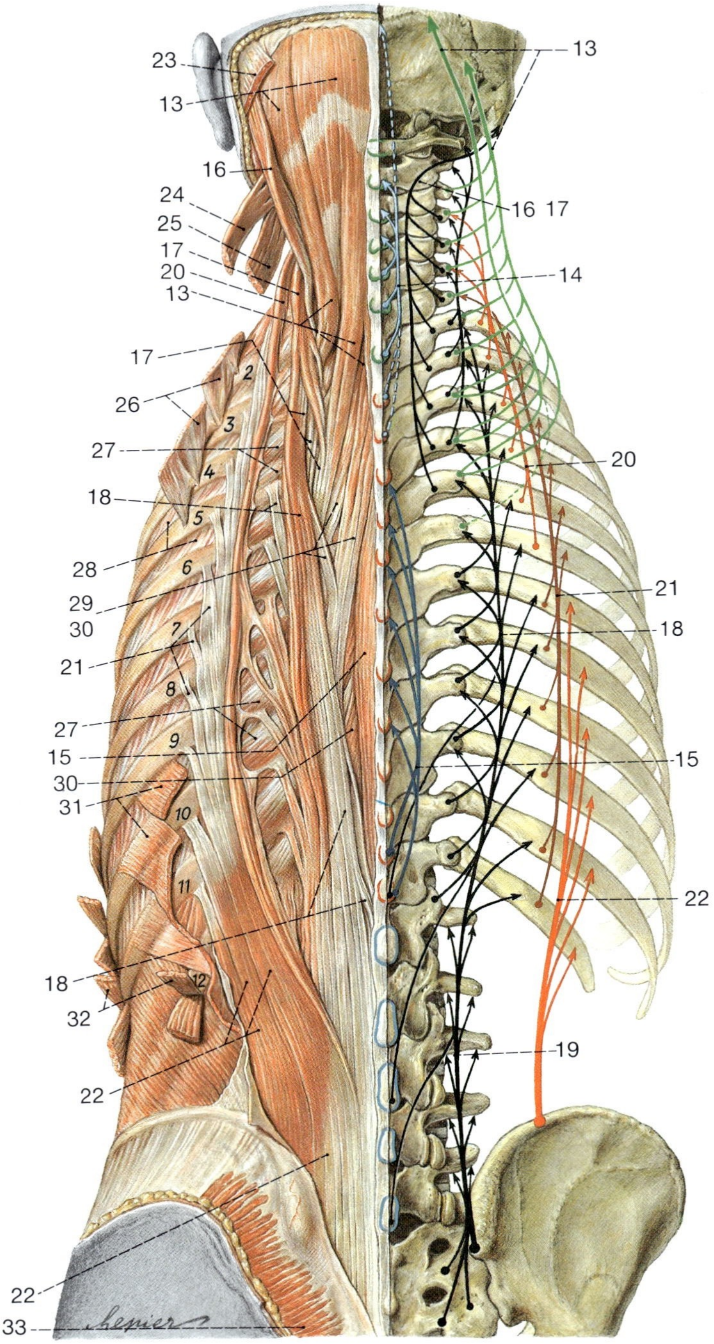

Tiefe Rückenstrecker: Die oberflächliche Schicht nehmen die großen Längszüge („Wirbelsäulenaufrichter") ein. Man kann sie jeweils in 2–4 Abschnitte gliedern (Kopfabschnitt, Halsabschnitt, Brustabschnitt, Lendenabschnitt), weshalb mehrere Hinweisziffern in der Abbildung erscheinen. Auf der rechten Seite sind die Ursprünge und Ansätze der einzelnen Teile im Schema veranschaulicht. Man sollte sich nicht zu sehr in das Studium der Einzelheiten verlieren, sondern sich um das Verständnis des Bauprinzips bemühen! *[sb1]*

Tiefe Rückenstrecker

Da der Schwerpunkt des Körpers vor der Wirbelsäule liegt, besteht eine Neigung, nach vorn umzufallen. Wir brauchen daher kräftige Muskeln am Rücken, die der Schwerkraft entgegenwirken. Im Gegensatz zu den oberflächlichen Rückenmuskeln, die im wesentlichen im Dienst der oberen Gliedmaßen stehen, bezeichnen wir als tiefe Rückenstrecker die den Bewegungen der Wirbelsäule dienenden bodenständigen Rückenmuskeln.

❶ **Gliederung** in 4 große Systeme:
- die großen Längsmuskeln („Wirbelsäulenaufrichter"): Dornmuskel, längster Muskel und Darmbein-Rippen-Muskel.
- an den Querfortsätzen entspringendes Schrägsystem: Drehmuskeln, vielgefiederter Muskel, Halbdornmuskel.
- an den Dornfortsätzen entspringendes Schrägsystem: Riemenmuskel.
- Muskeln der Kopfgelenke zwischen Hinterhauptbein und erstem (Atlas) und zweitem (Axis) Halswirbel: schräge und hintere gerade Kopfmuskeln.

❷ **Aufgaben:**
- *Rückneigen:* alle in der Längsrichtung verlaufenden Muskeln (vor allem Wirbelsäulenaufrichter).
- *Seitneigen:* die seitlichen Anteile der tiefen Rückenmuskeln. Sie wirken um so stärker, je weiter seitlich sie liegen (vor allem Darmbein-Rippen-Muskel und die Muskeln der Schrägsysteme).
- *Drehen:* die Muskeln der Schrägsysteme.

❸ **Medizinische Bedeutung:** „Rückenschmerzen" gehören zu den am häufigsten von Patienten geklagten Beschwerden.

2–12	Rippen 2–12	*Costae II-XII*
13, 29, 30	Halbdornmuskel	*M. semispinalis*
14–22	Wirbelsäulenaufrichter	*M. erector spinae*
14, 15	Dornmuskel	*M. spinalis*
16–19	Längster Muskel	*M. longissimus*
20–22	Darmbein-Rippen-Muskel	*M. iliocostalis*
23, 24	Riemenmuskel	*M. splenius*
25	Schulterblattheber	*M. levator scapulae*
26	Hinterer oberer Sägemuskel	*M. serratus posterior superior*
27	Rippenheber	*Mm. levatores costarum*
28	Äußere Zwischenrippenmuskeln	*Mm. intercostales externi*
31	Hinterer unterer Sägemuskel	*M. serratus posterior inferior*
32	Breiter Rückenmuskel	*M. latissimus dorsi*
33	Großer Gesäßmuskel	*M. gluteus maximus*

Ein großer Teil dieser „Rückenschmerzen“ beruht auf Verspannungen der tiefen Rückenmuskeln infolge statischer Probleme und funktioneller Störungen der Wirbelsäule.

Eine dreidimensionale Vorstellung dieser Muskeln ist für das Verständnis ihres Bewegungsspiels hilfreich:

- Es gibt Längszüge und Schrägzüge.
- Es gibt kurze und lange Muskeln. Die kürzesten verbinden 2 benachbarte Wirbel, die längsten ziehen nahezu über die gesamte Wirbelsäule hinweg.
- Die Muskeln liegen in mehreren Schichten übereinander, die nicht scharf von einander getrennt sind. Notwendigerweise müssen die kürzesten Muskeln am tiefsten, die längsten am oberflächlichsten liegen.
- Die längs verlaufenden Muskeln können nur rückneigen oder, wenn sie seitlich der Dornfortsätze liegen, zusätzlich seitneigen.
- Die schräg verlaufenden Muskeln können zusätzlich auch rotieren, und zwar um so stärker, je mehr sich ihre Verlaufsrichtung der Horizontalen nähert.

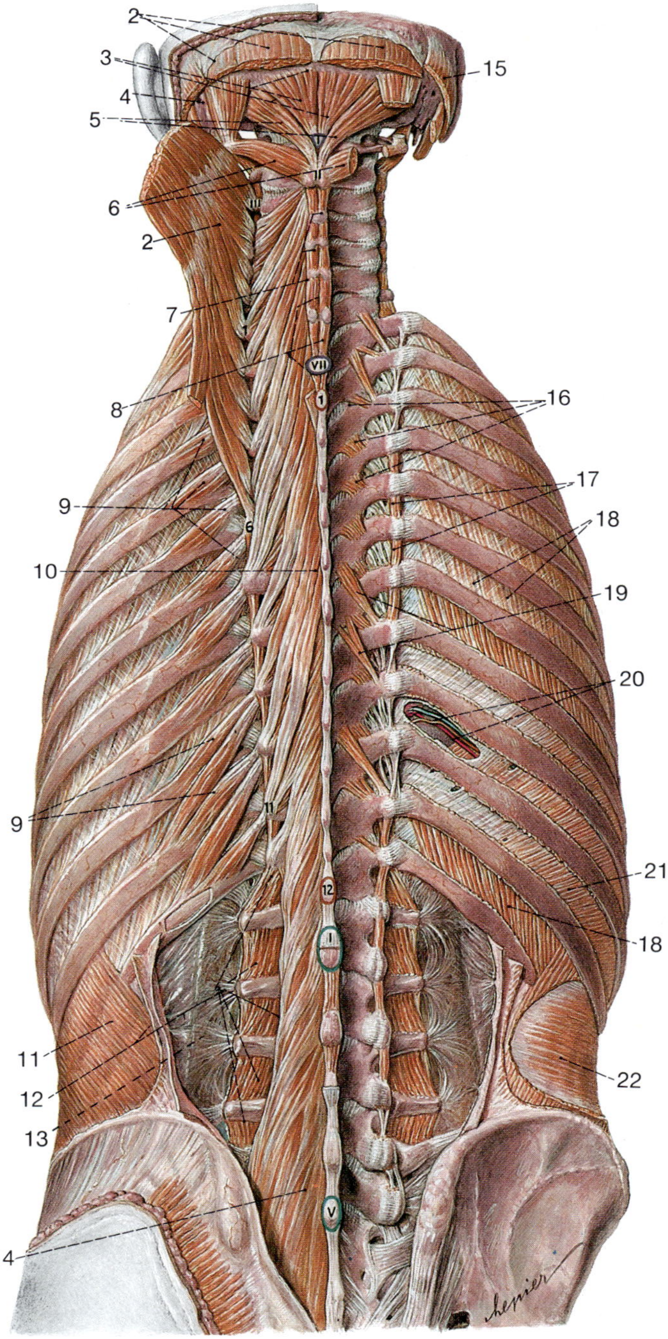

Tiefe Rückenstrecker: rechts tiefste Schicht, links mittlere Schicht. Der Halbdornmuskel ist links vom Hinterhauptbein abgelöst und zur Seite geklappt. Im obersten Halsbereich sieht man die zwar kurzen, aber sehr kräftigen Muskeln der Kopfgelenke. Im Brustbereich sind die Muskeln nur mäßig dick, weil der Brustkorb die Bewegungen der Wirbelsäule einschränkt. Am stärksten sind die Rückenstrecker im Lendenbereich, weil sie hier den ganzen Oberkörper im Gleichgewicht halten müssen. *[sb1]*

I–VII	(im Bild oben) Halswirbel	*Vertebrae cervicales*
1–12	(im Bild Mitte) Brustwirbel	*Vertebrae thoracicae*
I–V	(im Bild unten) Lendenwirbel	*Vertebrae lumbales*
2, 8, 10	Halbdornmuskel	*M. semispinalis*
3	Kleiner hinterer gerader Kopfmuskel	*M. rectus capitis posterior minor*
4	Oberer schräger Kopfmuskel	*M. obliquus capitis superior*
5	Großer hinterer gerader Kopfmuskel	*M. rectus capitis posterior major*
6	Unterer schräger Kopfmuskel	*M. obliquus capitis inferior*
8	Zwischendornfortsatzmuskeln	*Mm. interspinales*
9	Rippenheber	*Mm. levatores costarum*
11	Innerer schräger Bauchmuskel	*M. obliquus internus abdominis*
12,17	Zwischenquerfortsatzmuskeln	*Mm. intertransversarii*
13	Innere Bauchwandfaszie	*Fascia transversalis*
14	Vielgefiederter Muskel	*M. multifidus*
15	Riemenmuskel des Kopfes	*M. splenius capitis*
16, 19	Drehermuskeln	*Mm. rotatores*
18	Äußere Zwischenrippenmuskeln	*Mm. intercostales externi*
20	Zwischenrippenarterie, -vene, -nerv	*A. + V. + N. intercostalis*
21	Innere Zwischenrippenmuskeln	*Mm. intercostales interni*
22	Querer Bauchmuskel	*M. transversus abdominis*

Medianschnitt durch den Körperstamm mit Skelett und Eingeweideräumen. *[ta]*

• Das besonders empfindliche Zentralnervensystem wird von Knochen (Schädel und Wirbelsäule) gegen Gefahren abgeschirmt.

• Die Brusteingeweide liegen in einem nicht ganz so stabilen Knochenkäfig (Brustkorb). Man beachte den von hinten nach vorn absteigenden Verlauf der Rippen!

• Die Baucheingeweide werden nur zum Teil von Brustkorb und Becken umgeben. Die freie Bauchwand bietet nur wenig Schutz, kann sich dafür aber um so schneller an wechselnde Belastungen anpassen.

1	Schädelhöhle	*Cavitas cranii*
2	Wirbelkanal	*Canalis vertebralis*
3	Hals	*Collum*
4	Brusthöhle	*Cavitas thoracis [thoracica]*
5	Bauchhöhle	*Cavitas abdominis [abdominalis]*
6	Zwerchfell	*Diaphragma*

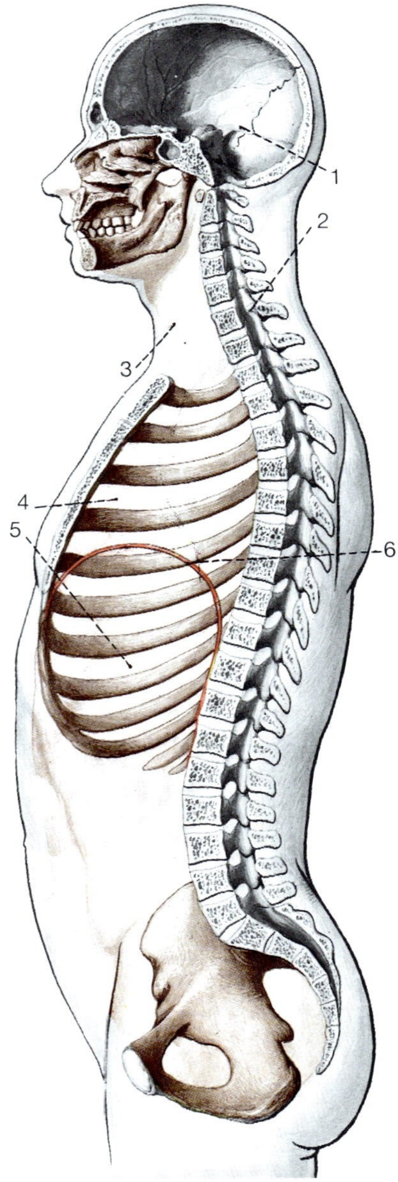

Knochen des Brustkorbs

• *Brustbein:* Es besteht aus 3 durch Knorpelfugen getrennten Teilen: Brustbeinhandgriff (oben), Brustbeinkörper und Schwertfortsatz (unten).

• *Rippen:* je 12 auf jeder Seite. Jede Rippe besteht aus einem längeren knöchernen (hinten und seitlich) und einem kürzeren knorpeligen Teil (vorn). Die oberen 10 Rippen sind meist mit den Rippenknorpeln am Brustbein befestigt. Die Knorpel der 7.-10. Rippe verschmelzen zum Rippenbogen. Die 11. und 12. Rippe enden frei in der Bauchwand.

• *Brustwirbelsäule.*

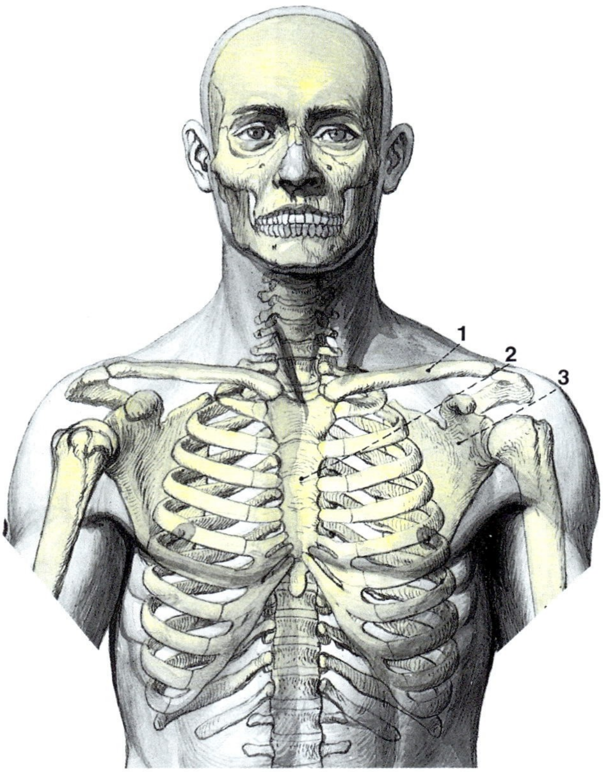

Wände des Brustraums

• Brustkorb mit Zwischenrippenmuskeln

• Zwerchfell

← Knochengerüst des Oberkörpers: Es wird von Schädel, Hals- und Brustwirbelsäule, Brustkorb und Schultergürtel (Schlüsselbein und Schulterblatt) gebildet. *[ta]*

1	Schlüsselbein	*Clavicula*
2	Brustbein	*Sternum*
3	Schulterblatt	*Scapula*

Wirbel-Rippen-Gelenke: Die Rippen sind an 2 Stellen gelenkig mit den Wirbeln verbunden: *[bg1]*
- *Rippenkopfgelenk:* Das hintere Ende der Rippe (= Rippenkopf) steht meist auf Höhe der Zwischenwirbelscheibe und berührt den darüber und den darunter stehenden Wirbelkörper.
- *Rippen-Querfortsatz-Gelenk:* Das Rippenhöckerchen ist mit dem Querfortsatz verbunden.

Infolge dieser doppelten Befestigung können sich die Rippen nur um eine Achse drehen, die der Richtung des Rippenhalses folgt, also vom Wirbelkörper auf beiden Seiten schräg nach rückwärts (!) zieht.

1	Rippenhöckerchen	*Tuberculum costae*
2	Rippenhals	*Collum costae*
3	Rippenkopf	*Caput costae*

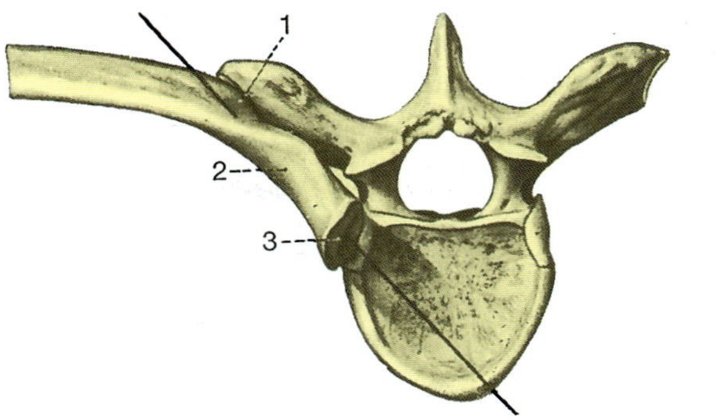

Atembewegungen des Brustkorbs. *[pu]*
Die Rippen stehen nicht horizontal (wie auf romanischen Kunstwerken), sondern sind in allen Atemphasen nach vorn geneigt. Ein Heben der Rippen rückwärts ist wegen der Doppelbefestigung nicht möglich. Das Drehen der Rippen in den Wirbel-Rippen-Gelenken führt jedoch wegen der Krümmung der Rippen zum Heben und Senken der vorderen Rippenabschnitte und damit auch des Brustbeins. Dabei wird der Durchmesser des Brustkorbs in Pfeilrichtung, im unteren Bereich auch in Querrichtung größer (Einatmung) und kleiner (Ausatmung).

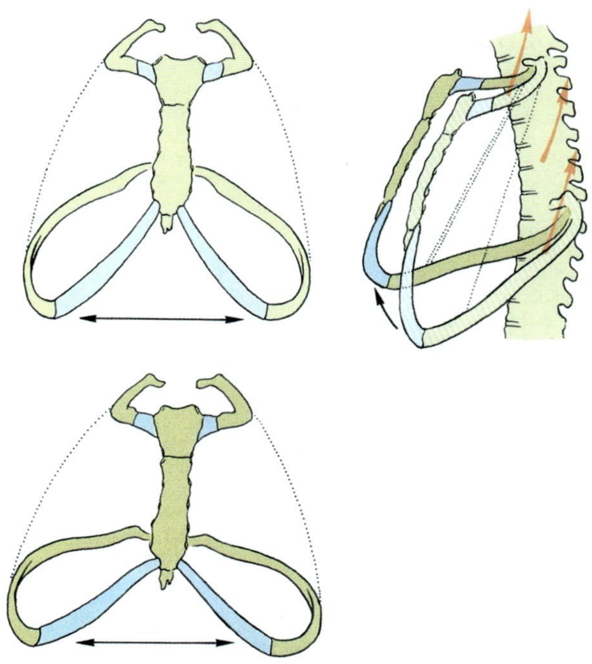

Prinzip der Brustkorbatmung (Rippenatmung)

Gase strömen abhängig von Druckunterschieden. Solche Gasbewegungen erleben wir täglich in größtem Ausmaß beim Wetter: Die Winde wehen vom Hoch zum Tief. Nach dem gleichen Prinzip arbeitet der Organismus. Er erzeugt im Innern des Brustkorbs abwechselnd höheren und niedrigeren Luftdruck als in der Außenwelt. Dementsprechend strömt Luft aus dem Körper aus oder in ihn ein. Für den Unterdruck benötigen wir eine versteifte Wand, die vom höheren Druck der Umgebung nicht zusammengepresst werden kann. Das gesamte luftleitende System hat daher durch Knochen oder Knorpel versteifte Wände.

Bei Gasen ist das Produkt von Volumen und Druck konstant (Boyle-Mariotte-Gesetz). Unterdruck erzeugt man am einfachsten, indem man den Rauminhalt vermehrt. Der Brustkorb ist daher so gestaltet, dass der umschlossene Rauminhalt durch die Drehbewegungen der Rippen vergrößert (Einatmung) und verkleinert (Ausatmung) werden kann.

Querschnitt durch den Oberkörper des Erwachsenen (von unten gesehen, entsprechend der Norm der Computertomographie). *[ta]*
Die äußere Kontur ist annähernd queroval, die Kontur der Brusthöhle hingegen bohnen- oder nierenförmig. Die Wirbelsäule springt in den Brustraum vor. Die Lungen liegen nicht nur vor, sondern auch seitlich der Wirbelsäule. Da die Rippen nach vorn absteigen, werden mehrere Rippen schräg angeschnitten.

1	Brusthöhle	*Cavitas thoracis*
2	Wirbelkanal mit Rückenmark	*Canalis vertebralis + Medulla spinalis*

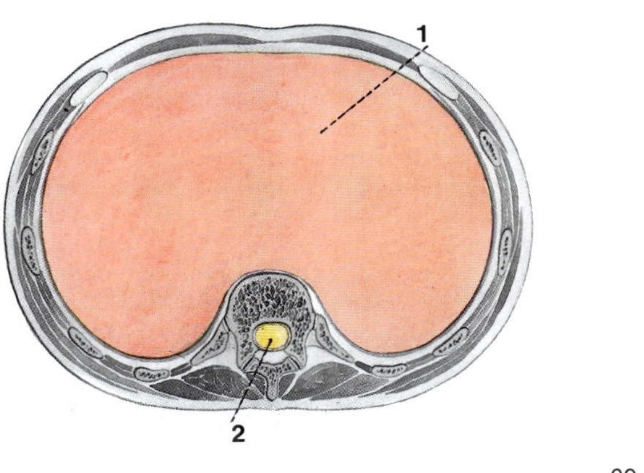

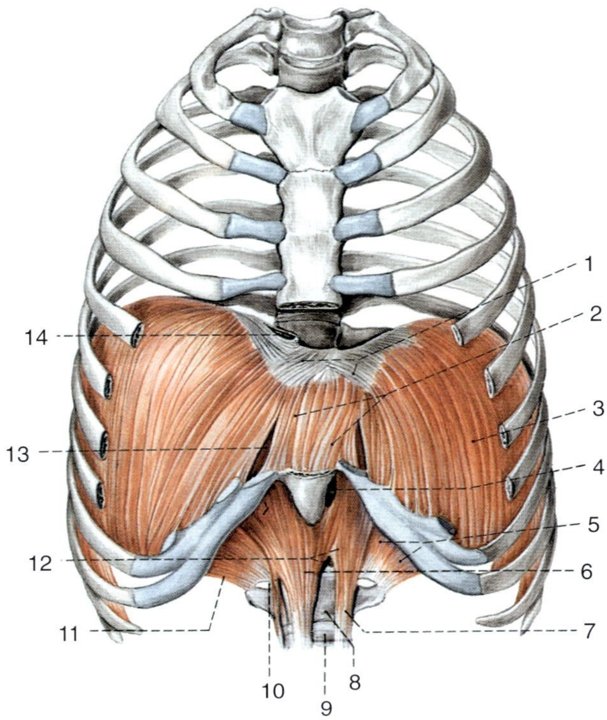

Zwerchfell von vorn. Die 5.–8. Rippen sind auf beiden Seiten durchgetrennt und mit einem Teil des Brustbeins entfernt, um den Blick auf das Zwerchfell freizugeben. Knorpelige Abschnitte der Rippen blau. *[pu]*

1	Sehnenzentrum des Zwerchfells	*Centrum tendineum*
2	Brustbeinteil des Zwerchfells	*Pars sternalis diaphragmatis*
3	Rippenteil des Zwerchfells	*Pars costalis diaphragmatis*
4	Speiseröhrenschlitz	*Hiatus oesophageus*
5–7	Lendenteil des Zwerchfells	*Pars lumbalis diaphragmatis*
8	Erster Lendenwirbel	*Vertebra lumbalis I*
9	Zweiter Lendenwirbel	*Vertebra lumbalis II*
10	Mediales Bogenband (Zwerchfellbogen über dem großen Lendenmuskel, „Psoasarkade“)	*Lig. arcuatum mediale*
11	Seitliches Bogenband (Zwerchfellbogen über dem viereckigen Lendenmuskel, „Quadratusarkade“)	*Lig. arcuatum laterale*
12	Medianes Bogenband über dem Aortenschlitz	*Lig. arcuatum medianum + Hiatus aorticus*
13	Brustbein-Rippen-Dreieck (Larrey-Spalte)	*Trigonum sternocostale*
14	Hohlvenenloch	*Foramen venae cavae*

Bau und Lage des Zwerchfells

Das Zwerchfell ist eine flache Muskel-Sehnen-Platte, die Brust- und Bauchhöhle voneinander trennt. Sie ist an der unteren Brustkorböffnung und an der Lendenwirbelsäule befestigt. Das Zwerchfell steht nicht quer im Körper, sondern wird von den Baucheingeweiden in den Brustkorb nach oben gewölbt. Die Höhenlage der Zwerchfellkuppel ist abhängig von Ein- und Ausatmung, von der Körperhaltung, vom Konstitutionstyp usw. Als grober Anhalt kann gelten: Bei tiefer Ausatmung reicht die Zwerchfellkuppel rechts bis nahe an die Brustwarze. Links steht die Zwerchfellkuppel wegen des auf ihr ruhenden Herzens etwas tiefer.

Prinzip der Zwerchfellatmung (Bauchatmung)

Das Zwerchfell kann sich im Brustkorb, ähnlich wie der Kolben in einem Zylinder des Automotors, auf- und ab bewegen. Bei der Abwärtsbewegung steigt der Längsdurchmesser des Brustraums, der Druck sinkt, Luft wird in den Brustkorb gesaugt (Einatmung), bei der Aufwärtsbewegung umgekehrt (Ausatmung). Bei tiefer Einatmung kann die Zwerchfellkuppel bis zu 10 cm absteigen. Die Bewegung nach unten erfolgt durch aktives Zusammenziehen der Muskelfasern des Zwerchfells. Bei deren Erschlaffen wird das Zwerchfell durch die Baucheingeweide (verstärkt durch den Druck der Bauchmuskeln) wieder nach oben geschoben.

Auch bei der Brustkorbatmung muss das Zwerchfell mitwirken: Es hält die Bauchorgane zurück, damit diese bei der Erweiterung des Brustraums bei der Einatmung nicht statt der Atemluft durch den Unterdruck nach oben gesaugt werden.

Zwerchfelllücken

Brust- und Bauchhöhle dürfen nicht vollständig voneinander getrennt sein, sonst hätten Ober- und Unterkörper keine Verbindung. Das Zwerchfell lässt daher 3 große und mehrere kleine Lücken frei:

- *Speiseröhrenschlitz:* für die Speiseröhre und die 10. Hirnnerven (Vagus).
- *Aortenschlitz:* für die Aorta (Hauptweg des Blutes vom Herzen zur unteren Körperhälfte) und den Milchbrustgang (größter Lymphgang).
- *Hohlvenenloch:* für die untere Hohlvene (Hauptweg des Blutes von der unteren Körperhälfte zurück zum Herzen).
- Kleinere Lücken werden von den Grenzsträngen des Sympathikus sowie Blutgefäßen und Nerven durchquert.

Zwerchfellbruch (Hiatushernie)

Der Speiseröhrenschlitz muss erweiterungsfähig sein, damit auch ein großer Bissen in den Magen gelangen kann. Ist er zu nachgiebig, so kann umgekehrt ein Teil des Magens infolge des Druckunterschieds zwischen Brust- und Bauchraum in den Brustraum gepresst werden. Kleine „Gleitbrüche“ verursachen meist nur geringe Beschwerden (Sodbrennen). Gleitet jedoch der gesamte Magen in die Brusthöhle, so ist die Atmung stark beeinträchtigt, weil sich die Lunge bei der Einatmung nicht angemessen entfalten kann. Zwerchfellbrüche sind bei älteren Menschen häufig.

1	Querer Bauchmuskel	*M. transversus abdominis*
2, 3	Innerer schräger Bauchmuskel	*M. obliquus internus abdominis*
4	Gerader Bauchmuskel	*M. rectus abdominis*
5	Rippenteil des Zwerchfells	*Pars costalis diaphragmatis*
6	Brustbeinteil des Zwerchfells	*Pars sternalis diaphragmatis*
7	Sehnenzentrum des Zwerchfells	*Centrum tendineum*
8	Zungenbein	*Os hyoideum*
9	Kopfwender	*M. sternocleidomastoideus*
10	Rippenbogen	*Arcus costalis*
11	Darmbeinmuskel	*M. iliacus*
12	Leistenband	*Lig. inguinale [Arcus inguinalis]*
13	Leistenkanal	*Canalis inguinalis*
14	Innere Zwischenrippenmuskeln	*Mm. intercostales interni*
15	Brustbein	*Sternum*
16	Äußere Beckenarterie + äußere Beckenvene	*A. iliaca externa + V. iliaca externa*
17	Samenleiter	*Ductus deferens*
18	Darmbein-Schambeinkamm-Bogen	*Arcus iliopectineus*
19	Gefäßfach (unter dem Leistenband)	*Lacuna vasorum*
20	Leistensichel (Ausstrahlung der Sehne des queren Bauchmuskels)	*Falx inguinalis [Tendo conjunctivus]*
21	Unterkiefer-Zungenbein-Muskel	*M. mylohyoideus*
22	Kinn-Zungenbein-Muskel	*M. geniohyoideus*
23	Brustbein-Zungenbein-Muskel	*M. sternohyoideus*
24	Schulterblatt-Zungenbein-Muskel	*M. omohyoideus*
25	Querer Brustmuskel	*M. transversus thoracis*
26	Hohlvenenloch (Zwerchfelllücke für untere Hohlvene)	*Foramen venae cavae*
27	Lücke zwischen Brustbein- und Rippenursprüngen des Zwerchfells (Larrey-Spalte)	*Trigonum sternocostale*
28	Halbmondlinie	*Linea semilunaris*
29	Bogenlinie (untere Begrenzung des hinteren Blattes der Rektusscheide)	*Linea arcuata*
30	Untere Bauchwandarterie	*A. epigastrica inferior*
31	Zwischengrubenband (in der Hinterwand des Leistenkanals)	*Lig. interfoveolare*
32	Faszie des Darmbeinmuskels	*Fascia iliaca*

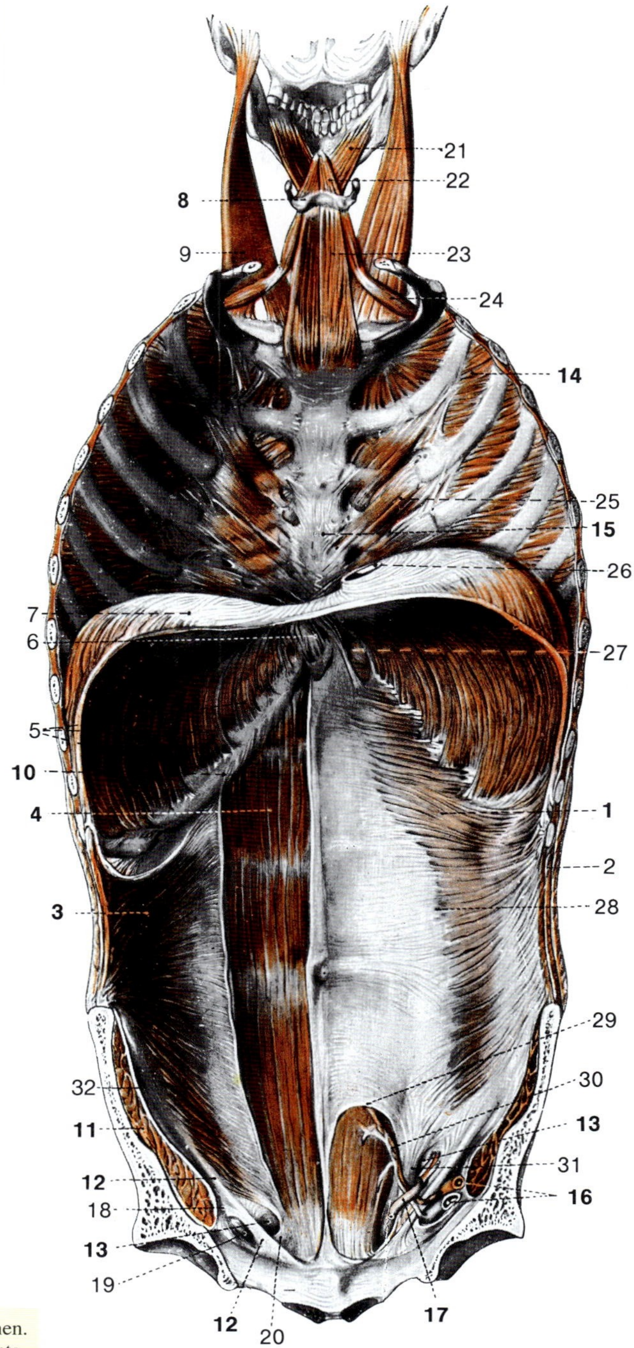

Vordere Brust- und Bauchwand von innen gesehen. Im Bild sind links der quere Bauchmuskel und das hintere Blatt der Rektusscheide entfernt. Dadurch wird der sonst im Köcher der Rektusscheide verborgene gerade Bauchmuskel sichtbar. Man vergleiche hierzu die Abbildungen auf den übernächsten Bildseiten! *[sb1]*

• Im Bild sind sehr schön die Zwischenrippenmuskeln zu sehen. Sie dichten die Zwischenrippenräume ab und beteiligen sich an den Atembewegungen: Die äußeren Zwischenrippenmuskeln spannen sich bei der Einatmung, die inneren und der quere Brustmuskel bei der Ausatmung an.

• Die im Halsbereich eingezeichneten Muskeln heben das Brustbein und wirken so als Hilfsatemmuskeln bei der tiefen Einatmung mit.

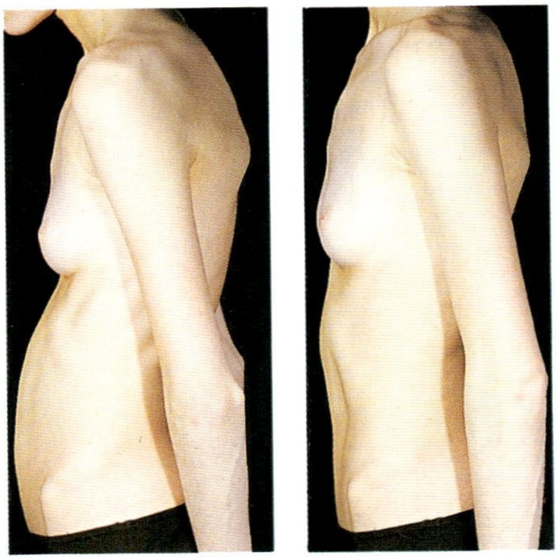

Zwerchfellatmung: Bewegung der Bauchwand bei überwiegender Bauchatmung. Wird der Rauminhalt des Brustraums hauptsächlich durch Senken und Heben des Zwerchfells vermehrt, so werden die Baucheingeweide nach unten und oben verlagert. Die Bauchwand wird beim Einatmen vorgewölbt (linkes Bild) und sinkt beim Ausatmen ein (rechtes Bild). Die Brustwand kann dabei nahezu unverändert bleiben. *[li1]*
Die Atemformen in der Bildreihe sind Extremfälle. Bei der „durchschnittlichen" Atmung laufen Brust- und Bauchatmung in wechselnden Anteilen je nach Körperlage, Bekleidung und Sauerstoffbedarf gleichzeitig ab.

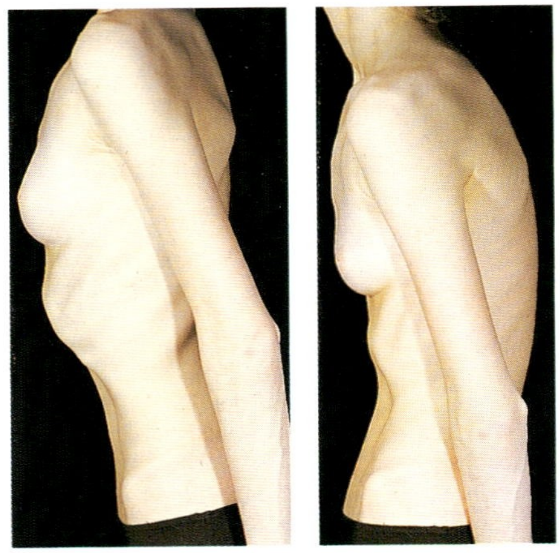

Rippenatmung: Bewegung der Bauchwand bei überwiegender Brustkorbatmung. Wird der Rauminhalt des Brustraums hauptsächlich durch Weiterstellen und Heben des Brustkorbs vermehrt, so werden die Baucheingeweide nur wenig verlagert. Die vom gehobenen Brustkorb gestraffte Bauchwand sinkt beim Einatmen (linkes Bild) ein. *[li1]*

Mechanische Hilfskräfte der Ausatmung

- *Schwerkraft*: In aufrechter Haltung zieht die Schwerkraft den Oberkörper nach unten. Im Liegen schiebt sie mit den Baucheingeweiden das Zwerchfell in den Brustraum.
- *Elastische Kräfte* der Lunge: Die Lunge enthält reichlich elastische Fasern. Diese werden bei der Einatmung gedehnt. Sie suchen die Lunge in den Ausatmungsstellung zurückzuziehen. Da sich die Lunge normalerweise nicht von der Brustwand abheben kann, muss die Brustwand folgen.
- *Verformungsenergie* des Brustkorbs: Bei der Einatmung werden die Rippenknorpel verdrillt. Sie suchen die Ausatmungsstellung zurückzugewinnen.

Bedeutung der Wirbelsäule für die Atmung

Wird die Brustwirbelsäule nach rückwärts gekrümmt, so wird der Brustkorb ziehharmonikaartig auseinandergezogen. Dies unterstützt die Einatmung. Wird die Wirbelsäule nach vorn gebeugt, so wird der Brustkorb zusammengepresst. Dies unterstützt die Ausatmung. Bei der tiefen Einatmung strecken wir uns daher. Bei der tiefen Ausatmung lassen wir uns zusammensinken.

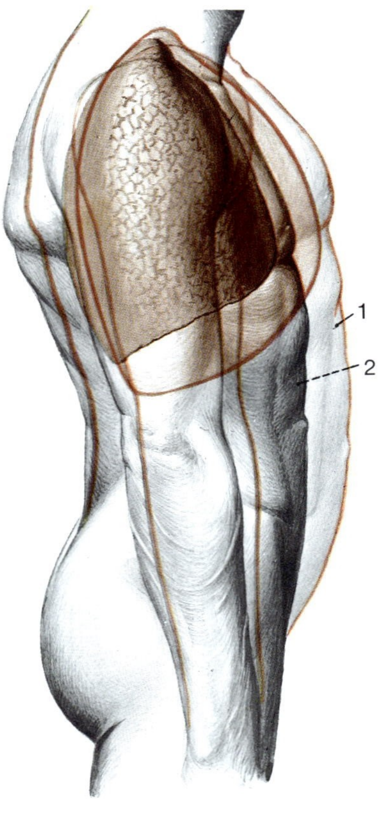

Zwerchfellatmung: Bewegung der Bauchwand. Wenn das Zwerchfell wie ein Kolben im Zylinder tiefer tritt, müssen die abwärts gedrängten Baucheingeweide irgendwohin ausweichen, denn das Volumen des Bauchraums wird bei den Atembewegungen praktisch nicht verändert. Da ein Ausweichen nach unten (Becken) und hinten (Wirbelsäule) nicht möglich ist, müssen die Muskeln der Bauchwand bei der Einatmung (1) etwas nachgeben. Bei der Ausatmung (2) ziehen sich die Bauchmuskeln wieder zusammen und schieben mit den Baucheingeweiden das Zwerchfell nach oben. *[ta]*

Oberflächliche Brustmuskeln

Sie stehen im Dienst von Schultergürtel und Arm:

❶ **Großer Brustmuskel:**

- Er entspringt am Schlüsselbein, an den Rippen und an der Rektusscheide.
- Er setzt am Oberarmknochen an.
- Er zieht den Arm an den Rumpf heran und nach vorn. Er kreiselt ihn nach innen. Er hilft bei festgestelltem Arm bei der Einatmung.

❷ **Kleiner Brustmuskel:**

- Er entspringt an den oberen Rippen.
- Er setzt am Rabenschnabelfortsatz des Schulterblatts an.
- Er senkt den Schultergürtel und hebt die Rippen. Er hilft bei der Einatmung.

❸ **Vorderer Sägemuskel:**

- Er entspringt an den oberen 9 Rippen.
- Er setzt am inneren Rand des Schulterblatts an.
- Er schwenkt das Schulterblatt nach vorn und ermöglicht so gemeinsam mit dem Trapezmuskel das Heben des Arms über die Horizontale.

1	Zungenbein	*Os hyoideum*
2	Kopfwender	*M. sternocleidomastoideus*
3	Schlüsselbein	*Clavicula*
4	Gerader Bauchmuskel („Rektus")	*M. rectus abdominis*
5	Äußerer schräger Bauchmuskel	*M. obliquus externus abdominis*
6	Rektusscheide	*Vagina musculi recti abdominis*
7	Deltamuskel	*M. deltoideus*
8	Großer Brustmuskel	*M. pectoralis major*
9	Breiter Rückenmuskel	*M. latissimus dorsi*
10	Vorderer Sägemuskel	*M. serratus anterior*
11	Darmbeinkamm	*Crista iliaca*
12	Oberflächlicher Leistenring	*Anulus inguinalis superficialis*
13	Samenstrang	*Funiculus spermaticus*
14	Zwischensehne im geraden Bauchmuskel	*Intersectio tendinea*
15	Weiße Linie (Durchkreuzung der Sehnenzüge der schrägen Bauchmuskeln in der Körpermittelebene)	*Linea alba*
16	Pyramidenmuskel	*M. pyramidalis*
17	Schlingenförmiges Gliedband	*Lig. fundiforme penis*
18	Öffnung der Schenkelbinde für die große Rosenvene	*Hiatus saphenus*
19	Schenkelbinde (Oberschenkelfaszie)	*Fascia lata*
20	Große Rosenvene („große Saphena")	*V. saphena magna*
21	Hautmuskel des Halses	*Platysma*
22	Muskeleck des äußeren schrägen Bauchmuskels	*(M. obliquus externus abdominis)*
23	Schenkelbindenspanner	*M. tensor fasciae latae*
24	Leistenband	*Lig. inguinale [Arcus inguinalis]*
25	Darmbein-Schienbein-Sehne	*Tractus iliotibialis*
26	Schneidermuskel	*M. sartorius*

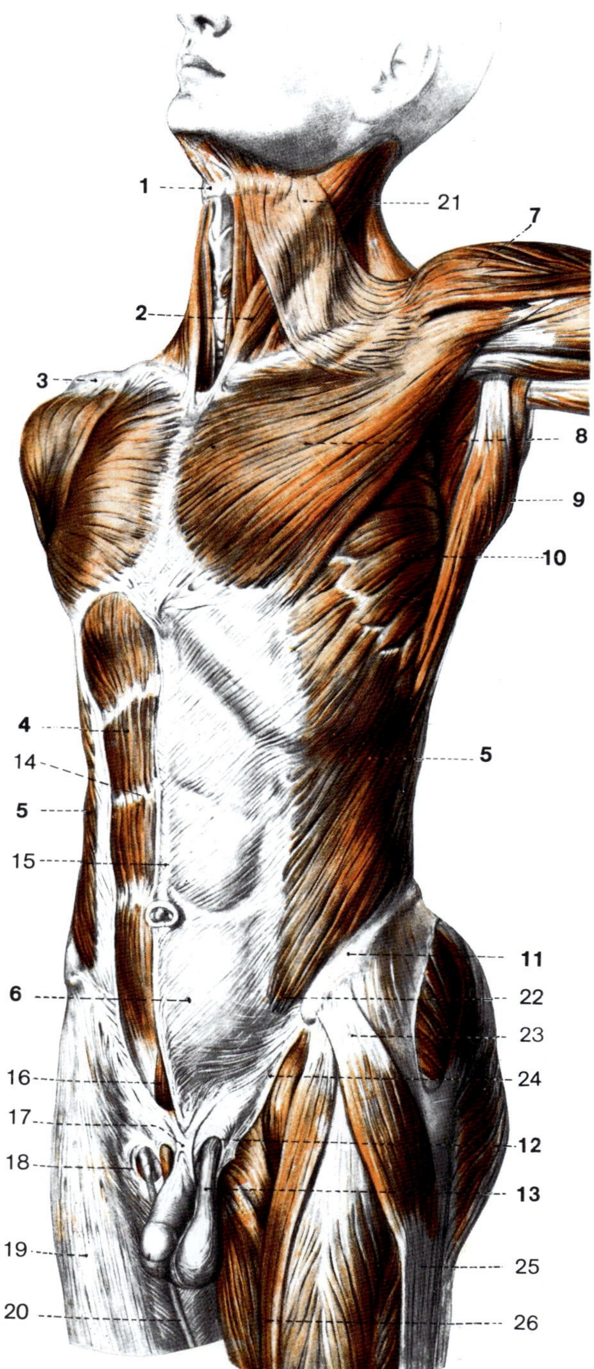

Muskeln der vorderen Brust- und Bauchwand: oberflächliche Schicht. Auf der rechten Seite des Präparats (im Bild links) ist das vordere Blatt der Rektusscheide entfernt, so dass der gerade Bauchmuskel sichtbar wird. *[bg1]*

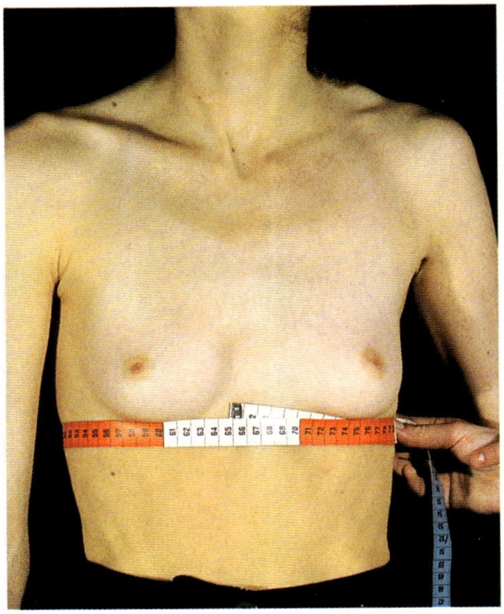

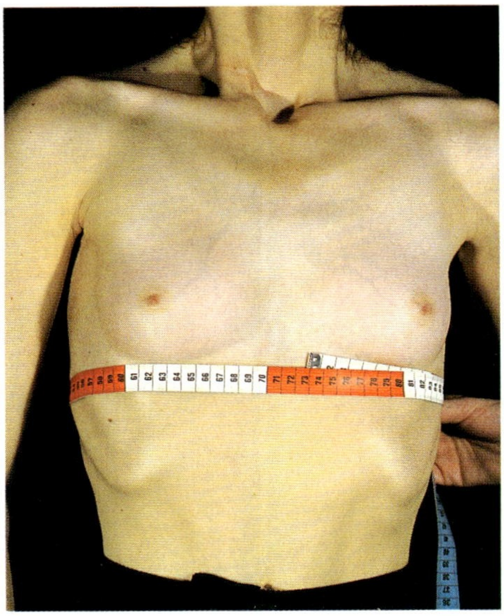

Änderung des Brustumfangs bei den Atembewegungen (Rippenatmung): Bei gesunden jungen Erwachsenen beträgt der Unterschied zwischen dem Brustumfang bei tiefer Ausatmung (Bild oben) und tiefer Einatmung (Bild unten) je nach Trainingszustand, Körperbautyp und Höhe der Messstelle etwa 6–15 cm (10–20 %). Die Querschnittfläche des Brustkorbs wächst dabei viel stärker als der Umfang, da sie vom Quadrat des Umfangs abhängt. Bei der abgebildeten Person stieg der Brustumfang von 65 auf 73 cm , somit um 12 %. Die Querschnittfläche wuchs dabei um 26 %. Der Rauminhalt der Lufträume in der Lunge nahm jedoch um ein Vielfaches zu, da

- sich gleichzeitig auch noch das Zwerchfell senkte und damit die Höhe des Brustraums zunahm.
- der Rauminhalt der Brustwand und des Lungengewebes unverändert blieb und der ganze Unterschied im Gesamtrauminhalt den Lufträumen zugute kam. *[li1]*

Muskeln der Atembewegungen

❶ **Zwerchfell:** wichtigster Einatemmuskel.

❷ **Zwischenrippenmuskeln:** Sie füllen die Zwischenräume zwischen benachbarten Rippen. Ihre aktive Anspannung ist nötig, damit das Gewebe der Zwischenrippenräume bei Unterdruck im Brustraum (Einatmung) nicht durch den höheren äußeren Luftdruck in den Brustraum eingedellt und umgekehrt bei der Ausatmung nach außen gedrängt wird. Sie sind in 2 Hauptschichten mit sich annähernd rechtwinklig überkreuzenden Fasern angeordnet:

- *Äußere Zwischenrippenmuskeln:* Sie heben die Rippen und spannen sich bei der Einatmung an.
- *Innere Zwischenrippenmuskeln:* Sie senken die Rippen und spannen sich bei der Ausatmung an.

❸ **Bauchmuskeln:** wichtigste Ausatemmuskeln.

❹ **Hilfsatemmuskeln:** In wechselndem Maße beteiligen sich an den Atembewegungen alle Muskeln, die am Brustkorb entspringen oder ansetzen:

- *Hilfsmuskeln der Einatmung:* Treppenmuskeln, Kopfwender, großer und kleiner Brustmuskel, Rückenstrecker.
- *Hilfsmuskel der Ausatmung:* breiter Rückenmuskel („Hustenmuskel“: man kann sein Anspannen beim Husten an der seitlichen Brustwand leicht tasten).

Bauchmuskeln

Die Bauchwand wird von 2 um einen halben rechten Winkel gegeneinander verdrehten Muskelkreuzen verstärkt. Ein Kreuz bilden die beiden schrägen Bauchmuskeln, das andere der gerade und der quere Bauchmuskel.

- *Äußerer schräger Bauchmuskel:* Er entspringt an den 8 unteren Rippen abwechselnd mit den Ursprungszacken des vorderen Sägemuskels („Sägelinie“). Seine Muskelfasern verlaufen von oben außen nach unten innen. Seine Sehnenplatte geht in das vordere Blatt der Rektusscheide über.
- *Innerer schräger Bauchmuskel:* Er entspringt am Darmbeinkamm. Seine Fasern verlaufen annähernd rechtwinklig zu denen des äußeren schrägen Bauchmuskels. Seine Sehnenzüge gehen in das vordere und das hintere Blatt der Rektusscheide über.
- *Querer Bauchmuskel:* Er entspringt an der Innenseite der unteren Rippen, an der Faszie der tiefen Rückenstreckmuskeln und am Darmbeinkamm. Seine Sehnenplatte geht in das hintere Blatt der Rektusscheide über.
- *Gerader Bauchmuskel:* Er zieht von der Vorderseite des Brustkorbs (5.-7. Rippe) zum Schambein. Er ist durch Zwischensehnen gegliedert. Er liegt in einem bindegewebigen Köcher (Rektusscheide), der von den Sehnenplatten der vorgenannten Bauchmuskeln gebildet wird. Diese durchflechten sich in der Mittellinie, so dass Sehnenzüge in Form einer 8 die geraden Bauchmuskeln umrunden.
- *Viereckiger Lendenmuskel:* Er zieht neben der Wirbelsäule vom Darmbeinkamm zur 12. Rippe.

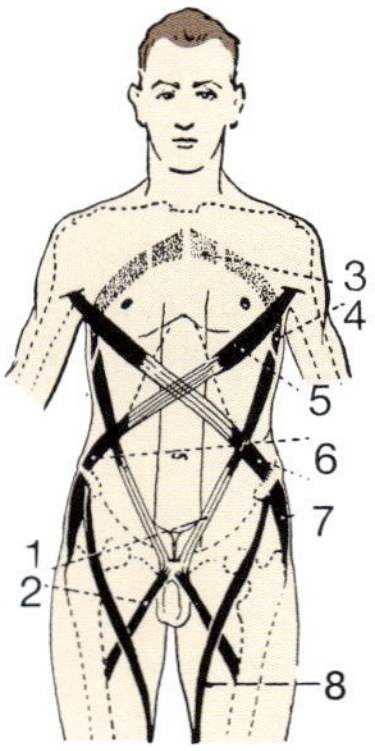

↑ Muskelschlingen, an denen sich Bauchmuskeln beteiligen (punktiert dargestellte Muskeln liegen am Rücken). Man beachte die sich überkreuzende „Schräggurtung" der Bauchwand. *[bg1]*

1	Äußerer schräger Bauchmuskel	*M. obliquus externus abdominis*
2	Oberschenkelanzieher (Adduktoren)	*Mm. adductores*
3	Großer Rautenmuskel + kleiner Rautenmuskel	*M. rhomboideus major + M. rhomboideus minor*
4	Vorderer Sägemuskel	*M. serratus anterior*
5	Großer Brustmuskel	*M. pectoralis major*
6	Innerer schräger Bauchmuskel (Sehnenplatte)	*M. obliquus internus abdominis*
7	Mittlerer Gesäßmuskel	*M. gluteus medius*
8	Schneidermuskel	*M. sartorius*

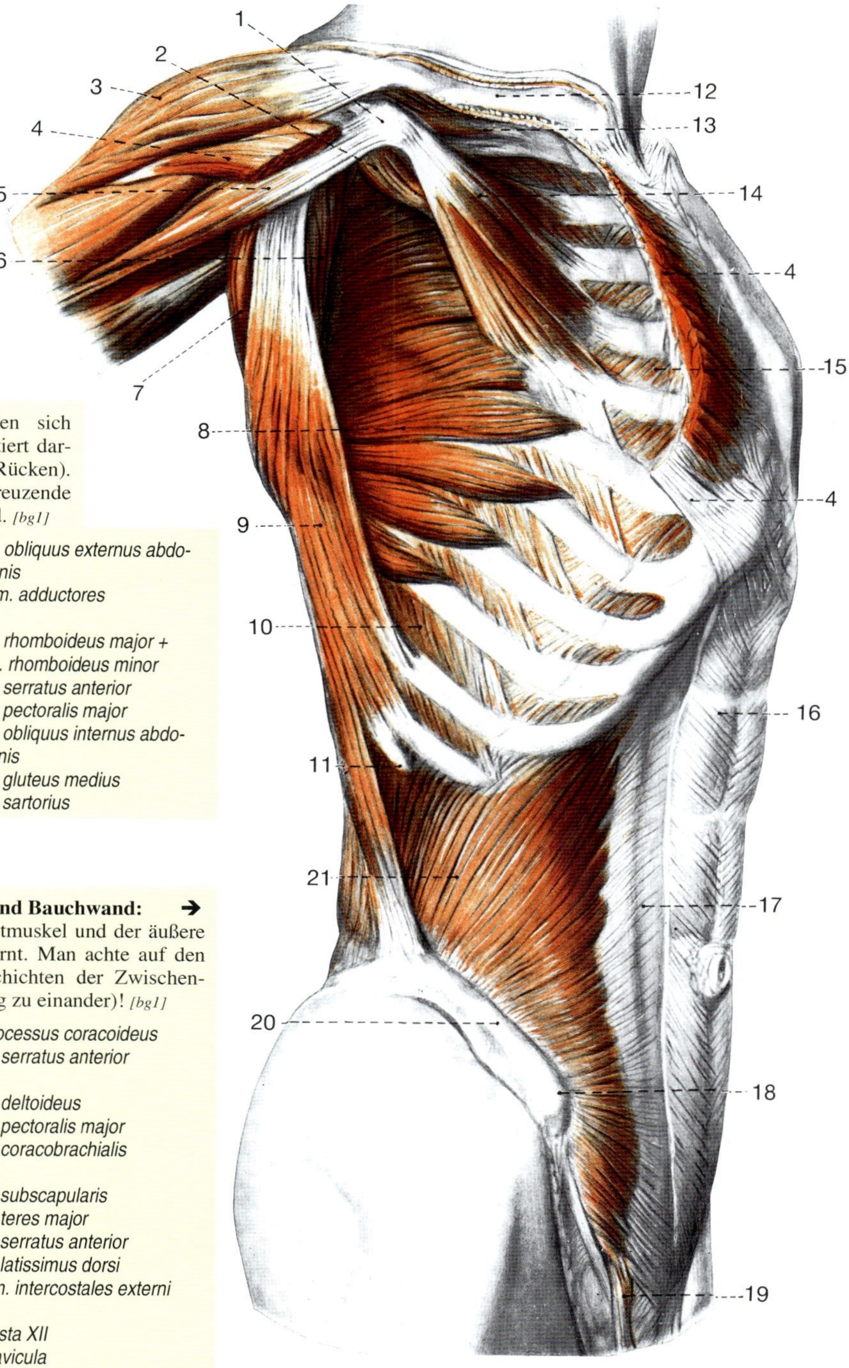

Muskeln der vorderen Brust- und Bauchwand: ➔ mittlere Schicht. Der große Brustmuskel und der äußere schräge Bauchmuskel sind entfernt. Man achte auf den Faserverlauf bei den beiden Schichten der Zwischenrippenmuskeln (etwa rechtwinklig zu einander)! *[bg1]*

1	Rabenschnabelfortsatz	*Processus coracoideus*
2	Vorderer Sägemuskel (oberster Abschnitt)	*M. serratus anterior*
3	Deltamuskel	*M. deltoideus*
4	Großer Brustmuskel	*M. pectoralis major*
5	Rabenschnabelfortsatz-Oberarm-Muskel	*M. coracobrachialis*
6	Unterschulterblattmuskel	*M. subscapularis*
7	Großer Rundmuskel	*M. teres major*
8	Vorderer Sägemuskel	*M. serratus anterior*
9	Breiter Rückenmuskel	*M. latissimus dorsi*
10	Äußere Zwischenrippenmuskeln	*Mm. intercostales externi*
11	Zwölfte Rippe	*Costa XII*
12	Schlüsselbein	*Clavicula*
13	Unterschlüsselbeinmuskel	*M. subclavius*
14	Kleiner Brustmuskel	*M. pectoralis minor*
15	Innere Zwischenrippenmuskeln	*Mm. intercostales interni*
16	Rektusscheide	*Vagina musculi recti abdominis*
17	Innerer schräger Bauchmuskel (Sehnenplatte)	*M. obliquus internus abdominis*
18	Vorderer oberer Darmbeinstachel	*Spina iliaca anterior superior*
19	Samenstrang	*Funiculus spermaticus*
20	Darmbeinkamm	*Crista iliaca*
21	Innerer schräger Bauchmuskel	*M. obliquus internus abdominis*

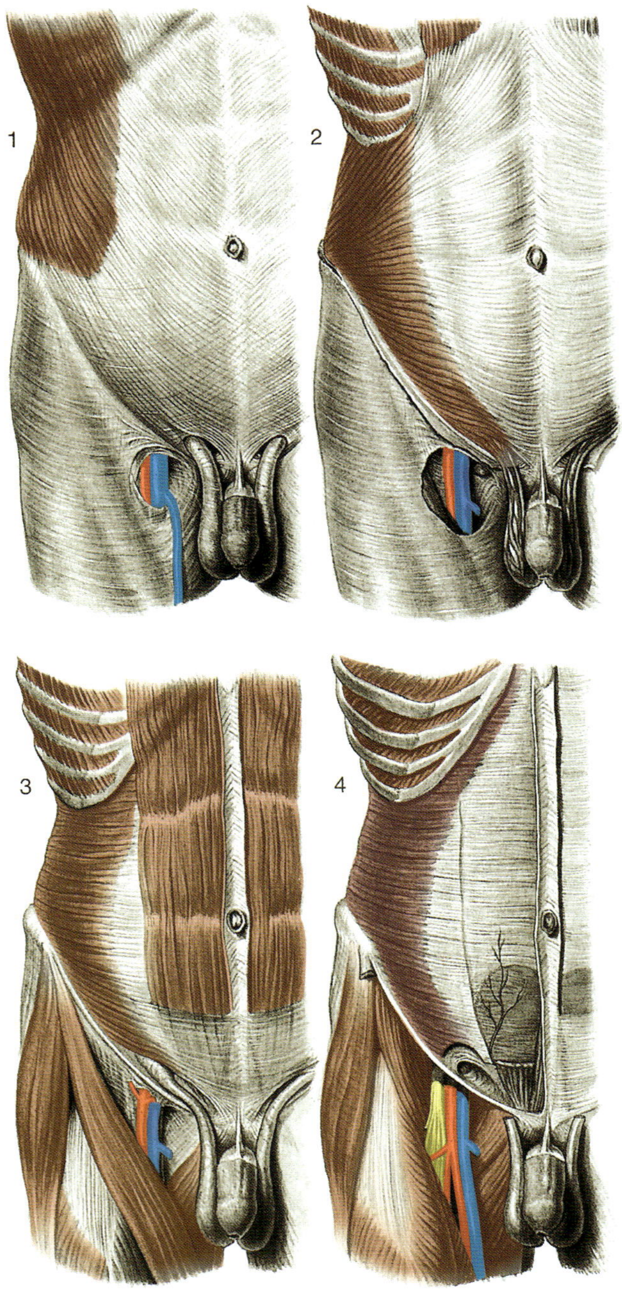

Bauchmuskeln: Schichtenfolge. *[le1]*

1 Oberflächliche Schicht: äußerer schräger Bauchmuskel, vorderes Blatt der Rektusscheide und oberflächlicher Leistenring.

2 Mittlere Schicht: innerer schräger Bauchmuskel, vorderes Blatt der Rektusscheide und Hodenhebermuskel.

3 Tiefe Schicht: querer Bauchmuskel, gerader Bauchmuskel (unten von einem Teil der Rektusscheide bedeckt), Samenstrang.

4 Tiefe Schicht nach Entfernung der geraden Bauchmuskeln: hinteres Blatt der Rektusscheide, untere Bauchwandarterie und tiefer Leistenring.

Aufgaben der Bauchmuskeln

- *Rumpfbewegungen:* Die geraden Bauchmuskeln krümmen den Rumpf nach vorn, die schrägen zur Seite. Sie wirken teils gegen die Rückenstrecker, teils mit ihnen zusammen. Zieht ein schwerer Rucksack den Körper nach hinten, so müssen sich die Bauchmuskeln zum Erhalten des Gleichgewichts anspannen.
- *Verspannen der Bauchwand:* Diese muss bei aufgerichtetem Körper einen Teil des Gewichts der Bauchorgane halten. Sie muss ihren Umfang dem jeweiligen Raumbedarf der Bauchorgane (Mahlzeiten, Entleerung von Harnblase und Mastdarm, Schwangerschaft) anpassen.
- *Atmung:* Die Bauchmuskeln sind Gegenspieler des Zwerchfells. Bei der Ausatmung schieben sie mit den Bauchorganen das erschlaffte Zwerchfell hoch.
- *Bauchpresse:* Durch Anspannen der Bauchmuskeln wird der Druck im Bauchraum erhöht. Bei Erschlaffen der Afterschließmuskeln wird dadurch der Mastdarm entleert. Die Bauchpresse unterstützt auch die Entleerung der Harnblase, die Austreibung der Frucht bei der Entbindung (Presswehen) und das Erbrechen.
- *Stabilisieren der Lendenwirbelsäule.*

Leistenband

Das Leistenband verbindet den vorderen oberen Darmbeinstachel mit dem Schambeinhöckerchen. Es handelt sich um das verstärkte untere Ende der Sehnenplatte des äußeren schrägen Bauchmuskels.

Rektusscheide

Die rechten und linken schrägen und queren Bauchmuskeln sind vorn durch eine breite Sehnenplatte verbunden. Sie spaltet sich um die beiden geraden Bauchmuskeln zu einem vorderen und einem hinteren Blatt auf. Der gerade Bauchmuskel (Rektus) liegt in ihr wie in einem Köcher.

Bruchpforten der Bauchwand

Die Bauchwand kann die Baucheingeweide nicht wie ein verschweißter Sack umgeben: Sie muss Öffnungen für die Bauchhöhle durchziehende Leitungsbahnen und in die Bauchhöhle eintretende Eingeweide freigeben. Sind diese Öffnungen zu weit, so können durch den Überdruck im Bauchraum auch Baucheingeweide hineingepresst werden, die nicht hineingehören (Eingeweidebruch). In der vorderen Bauchwand sind solche Öffnungen der Nabel und die beiden Leistenkanäle.

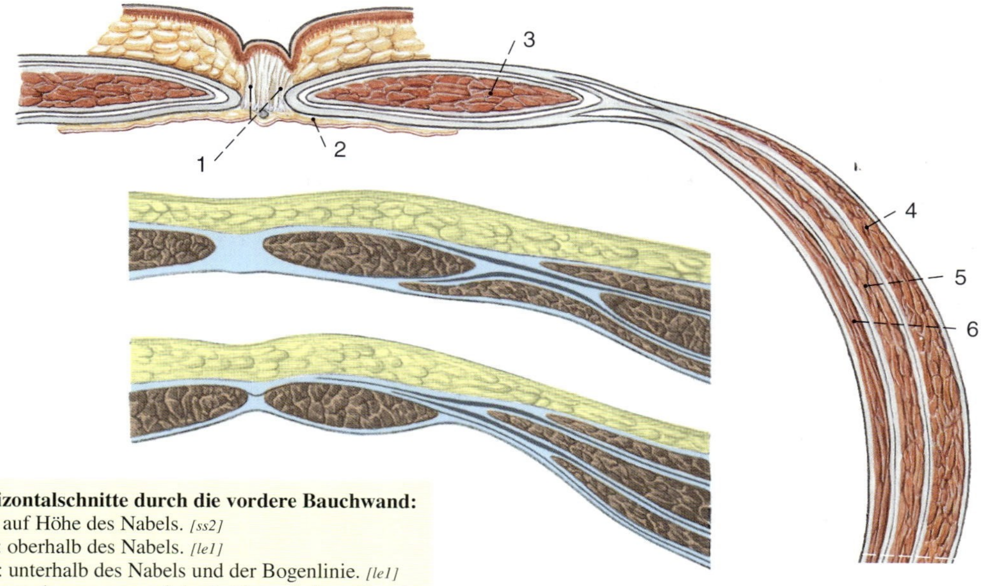

↑ Horizontalschnitte durch die vordere Bauchwand:

- oben: auf Höhe des Nabels. *[ss2]*
- Mitte: oberhalb des Nabels. *[le1]*
- unten: unterhalb des Nabels und der Bogenlinie. *[le1]*

Die Sehnen des queren und der beiden schrägen Bauchmuskeln durchflechten sich in der Mittellinie und bilden Sehnenköcher um die beiden geraden Bauchmuskeln (Rektusscheide).

- Am Nabel hat die Durchflechtungszone ein Loch (für die Nabelschnur mit den von der Plazenta kommenden Blutgefäßen), das nach der Geburt durch eine Narbenplatte verschlossen wird. Sie hält manchmal dem Druck im Bauchraum nicht stand, so dass es zum „Nabelbruch" kommt.
- Oberhalb des Nabels geht die Sehnenplatte des äußeren schrägen Bauchmuskels in das vordere Blatt, die Sehnenplatte des queren Bauchmuskels in das hintere Blatt der Rektusscheide über, und die Sehnenplatte des inneren schrägen Bauchmuskels spaltet sich zu beiden Blättern aus.
- Unterhalb des Nabels (genauer der Bogenlinie) vereinigen sich alle 3 Sehnenplatten zum vorderen Blatt der Rektusscheide.

1	Nabelring	*Anulus umbilicalis*
2	Faszie des queren Bauchmuskels (Teil der inneren Bauchwandfaszie)	*Fascia transversalis; Fascia abdominis parietalis [Fascia endoabdominalis]*
3	Gerader Bauchmuskel	*M. rectus abdominis*
4	Äußerer schräger Bauchmuskel	*M. obliquus externus abdominis*
5	Innerer schräger Bauchmuskel	*M. obliquus internus abdominis*
6	Querer Bauchmuskel	*M. transversus abdominis*

Gliederung der Bauchwand. Beim Lebenden sind leicht zu bestimmen und am Modell markiert: *[li1]* →

- oben schwarz: die Rippenbogen.
- unten schwarz: die Darmbeinkämme, die vorderen oberen Darmbeinstachel (Kreise) und die Leistenbänder.
- weiß horizontal oben: die Verbindungslinien der unteren Brustkorbränder.
- weiß horizontal unten: die Verbindungslinien der vorderen oberen Darmbeinstachel.
- weiß vertikal: die Seitenränder der geraden Bauchmuskeln, über denen bei nicht zu dickem Unterhautfettgewebe die Haut zu einer Rinne einsinkt.

Mit Hilfe der horizontalen Linien kann man die Bauchwand zunächst in 3 Zonen gliedern: Oberbauch, Mittelbauch und Unterbauch. Mit Hilfe der Vertikalen kann man jede Zone in 3 Regionen (also insgesamt 9) untergliedern. Besonders wichtig hiervon sind die Magengrube (Epigastrium, Oberbauch Mitte), die Nabelgegend (Mittelbauch Mitte) und die Leistengegenden (Unterbauch seitlich), um Befunde an der Bauchwand zu beschreiben.

Eine gröbere Gliederung (hier nicht abgebildet) begnügt sich mit 4 Quadranten: Man denkt sich ein Achsenkreuz durch den Nabel und nennt die 4 Bereiche rechter und linker Oberbauch sowie rechter und linker Unterbauch.

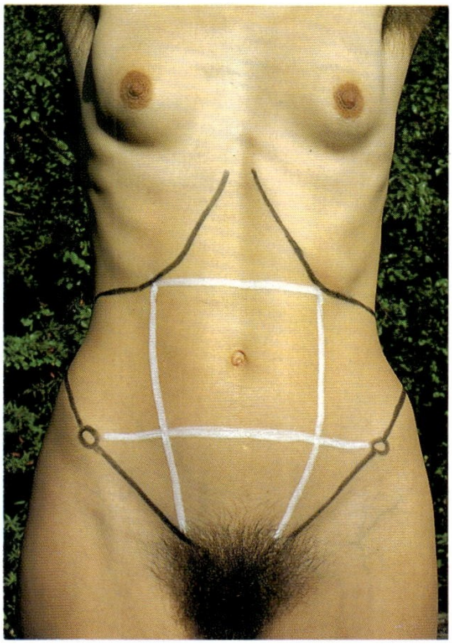

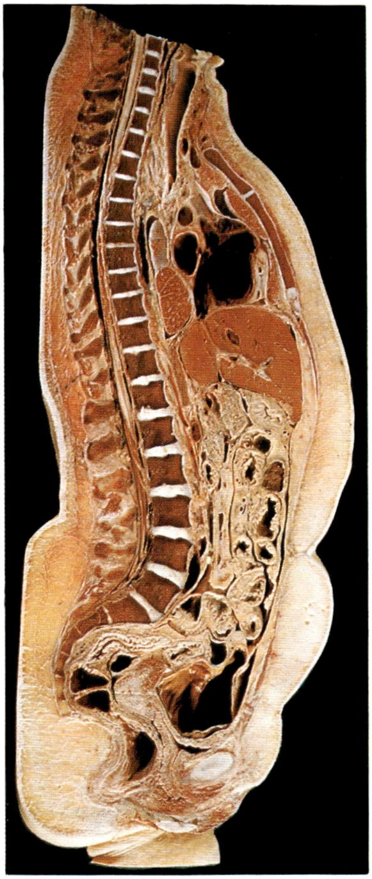

← **Medianschnitt durch den Rumpf.** Gesäß und Rücken sind wegen der Rückenlagerung der Leiche plattgedrückt. Man achte auf die Dicke des Unterhautfettgewebes! Der Raum zwischen Wirbelsäule und vorderer Bauchwand ist schmäler, als sich dies Laien gewöhnlich vorstellen. Man kann sich davon leicht überzeugen, wenn man z.B. links neben dem Nabel die Bauchwand eindrückt und schon bald den Puls der Bauchaorta fühlt, die der Wirbelsäule vorne anliegt. *[li5]*

III–V	Lendenwirbel (3.-5.)	*Vertebrae lumbales* →
O	Lenden-Kreuzbein-Knick	*Promontorium*
1	Brustwirbel (10.)	*Vertebra thoracica*
2	Darmbeinkamm	*Crista iliaca*
3	Grenzlinie (zwischen großem und kleinem Becken)	*Linea terminalis*
4	Schambein	*Os pubis*
5–12	Rippen (5.-12.)	*Costae*
13	Zwerchfell	*Diaphragma*
14	Brustfell	*Pleura*
15	Herzbeutel	*Pericardium*
16	Speiseröhre	*Oesophagus*
17	Hauptarterie (Aorta)	*Aorta*
18	Aortenschlitz des Zwerchfells mit Anfangsteil der Bauchaorta	*Hiatus aorticus mit Pars abdominalis aortae [Aorta abdominalis]*
19	Untere Hohlvene	*V. cava inferior*
20	Viereckiger Lendenmuskel	*M. quadratus lumborum*
21	Großer Lendenmuskel + kleiner Lendenmuskel	*M. psoas major + M. psoas minor*
22	Darmbeinmuskel	*M. iliacus*
23	Querer Bauchmuskel	*M. transversus abdominis*
24	Innerer schräger Bauchmuskel	*M. obliquus internus abdominis*
25	Äußerer schräger Bauchmuskel	*M. obliquus externus abdominis*
26	Gerader Bauchmuskel	*M. rectus abdominis*
27	Leistenkanal	*Canalis inguinalis*
28	Leistenband	*Lig. inguinale [Arcus inguinalis]*
29	Äußere Beckenarterie	*A. iliaca externa*
30	Äußere Beckenvene	*V. iliaca externa*
31	Oberschenkelarterie	*A. femoralis*
32	Große Rosenvene	*V. saphena magna*
33	Oberschenkelnerv	*N. femoralis*
34	Breiter Rückenmuskel	*M. latissimus dorsi*
35	Vorderer Sägemuskel	*M. serratus anterior*
36	Zwischengrubenband	*Lig. interfoveolare*
37	Schneidermuskel	*M. sartorius*
38	Schenkelbinde	*Fascia lata*
39	Seitliches Bogenband	*Lig. arcuatum laterale*
40	Inneres Bogenband	*Lig. arcuatum mediale*
41	Rippenfortsatz (des dritten Lendenwirbels)	*Processus costiformis [costalis]*
42	Lenden-Rippen-Band	*Lig. lumbocostale*
43	Zwischenquerfortsatzband	*Lig. intertransversarium*
44	Zwischenschenkelfasern	*Fibrae intercrurales*
45	Weiße Linie	*Linea alba*
46	Pyramidenmuskel	*M. pyramidalis*
47	Öffnung der Schenkelbinde für die große Rosenvene	*Hiatus saphenus*
48	Oberflächlicher Leistenring, äußerer Schenkel	*Anulus inguinalis superficialis, Crus laterale*
49	Oberflächlicher Leistenring, innerer Schenkel	*Anulus inguinalis superficialis, Crus mediale*
50	Falx inguinalis [Tendo conjunctivus]	*Leistensichel*
51	Umbiegendes Band	*Lig. reflexum*
52	Kleines Becken	*Pelvis minor*

↓ **Operationsschnitt im Unterbauch:** Bei Operationen schneidet man die Bauchwand so auf, dass möglichst wenig Muskeln durchgetrennt werden. Dabei wechselt man in verschiedenen Schichten notfalls die Schnittrichtung („Wechselschnitt"). Beim sog. Pfannenstiel-Schnitt wird die Haut im Schamhaarbereich quer durchgeschnitten (Vorteil: Die Narbe wird durch das Schamhaar verdeckt). Dann wird die Wunde auseinandergezogen und der Schnitt zwischen den beiden geraden Bauchmuskeln längs weitergeführt, um die beiden Muskeln nicht zu verletzen. 1 = Faszie des queren Bauchmuskels. *[li1]*

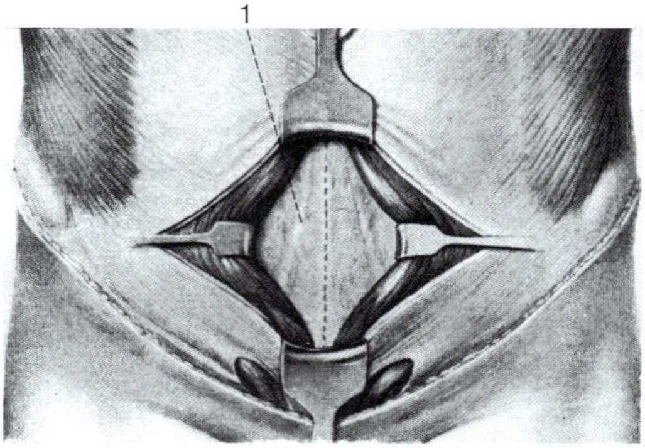

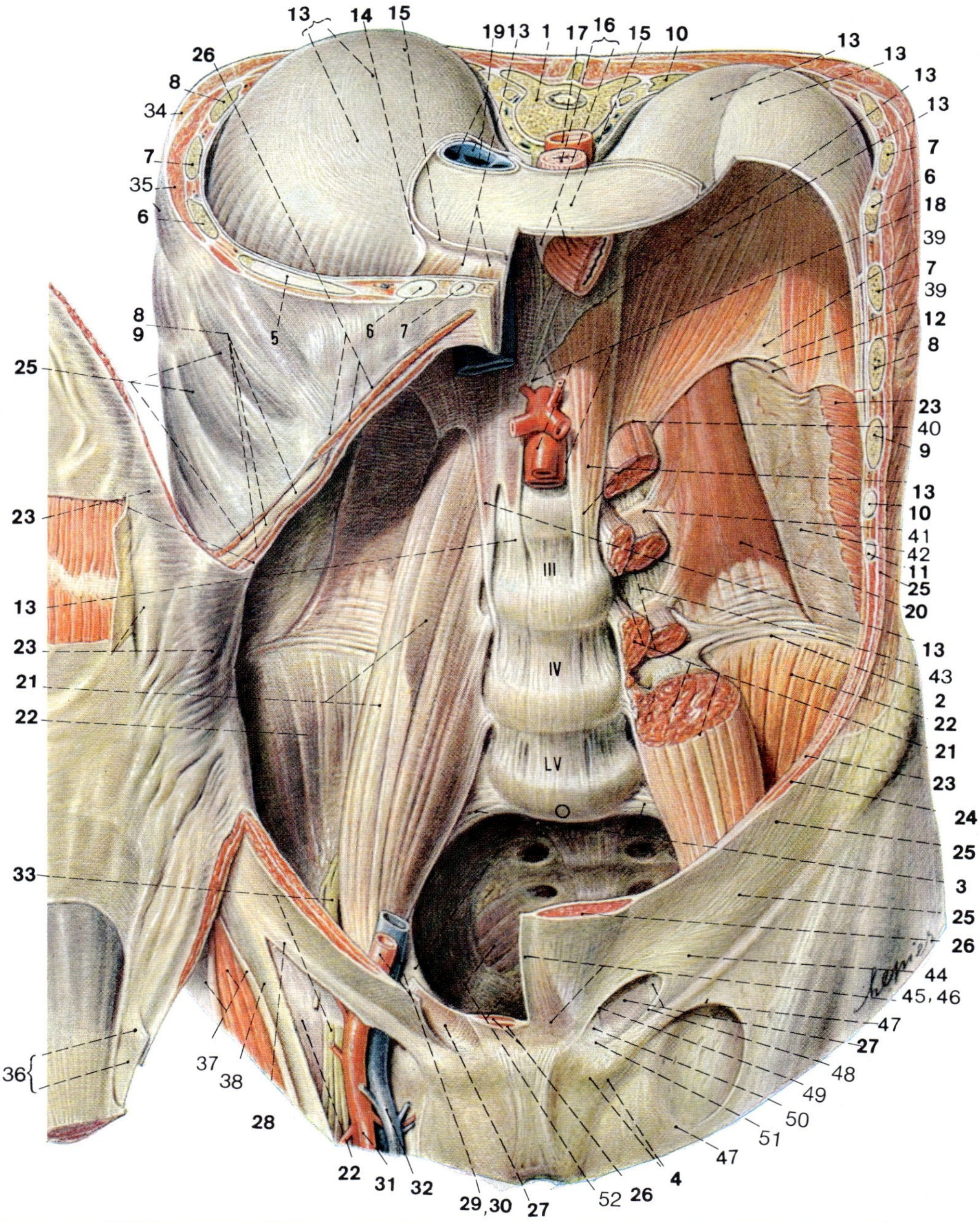

Hinterwand des Bauchraums. *[sb1]*

• Auf der rechten Seite des Präparats (im Bild links) wurde der weiche Teil der Bauchwand türflügelartig aufgeklappt. Der Schnitt geht unten durch den Leistenkanal. Im hinteren Blatt der Rektusscheide wurde ein Fenster geöffnet, um den geraden Bauchmuskel mit einer Zwischensehne zu zeigen.

• Auf der linken Seite des Präparats (im Bild rechts) ist ein Teil des Zwerchfells mit dem Rippenbogen und ein großer Teil der vordere Bauchwand herausgeschnitten. Lediglich deren unterer Abschnitt mit dem Leistenkanal blieb stehen. Man achte besonders auf den oberflächlichen Leistenring in der Sehnenplatte des äußeren schrägen Bauchmuskels. Er ist die äußere Bruchpforte der Leistenbrüche Vom großen und kleinen Lendenmuskel wurden Teile entfernt, um die Ursprünge zu zeigen.

• Die Bauchorgane und die Leitungsbahnen wurden mit wenigen Ausnahmen entnommen. Erhalten blieben die Inhalte der großen Verbindungskanäle der Bauchhöhle zur Brusthöhle (Hohlvenenloch mit der unteren Hohlvene, Speiseröhrenschlitz mit der Speiseröhre und Aortenschlitz mit der absteigenden Aorta) und zum Oberschenkel (Schenkelkanal mit den großen Blutgefäßen zum Bein).

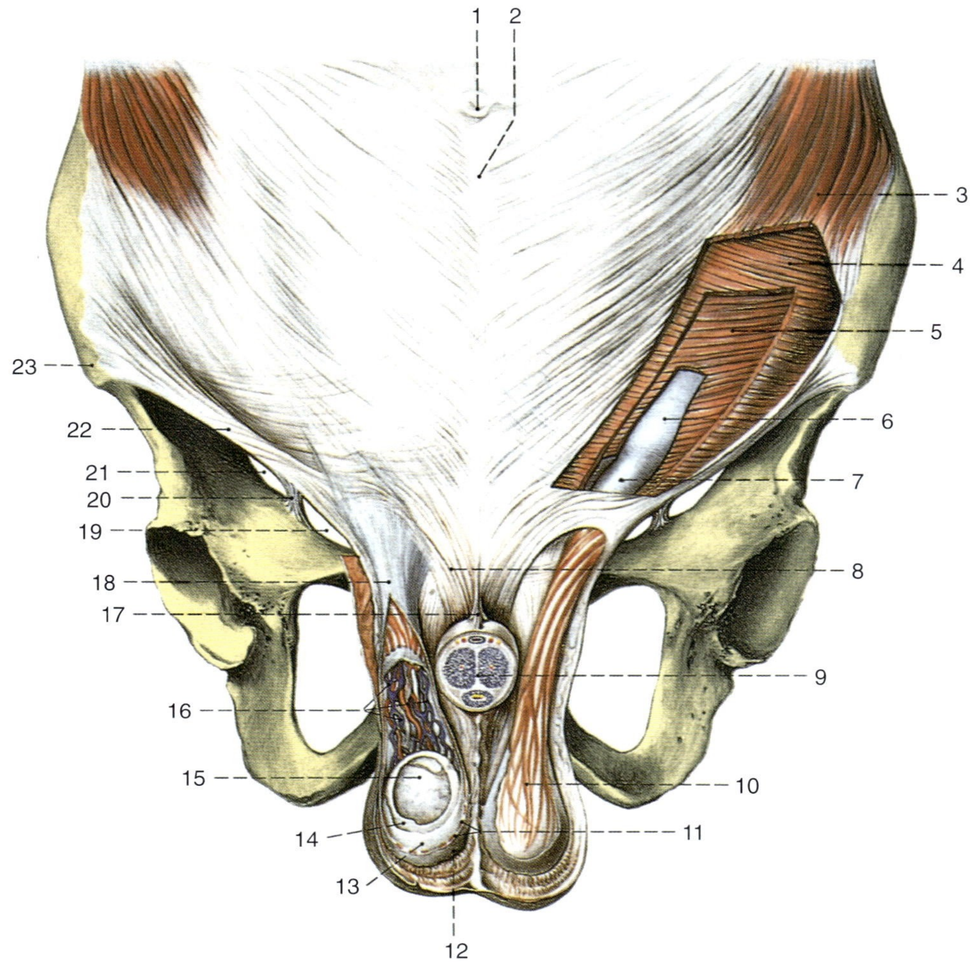

Leistengegend beim Mann. Auf der linken Seite des Präparat (im Bild rechts) ist die Bauchwand gefenstert, um die 3 Schichten von Bauchmuskeln zu zeigen. Auf der rechten Seite des Präparats sind der Samenstrang und die seröse Hodenhülle eröffnet. *[pu]*

Der Hodenhebermuskel ist eine Abspaltung aus den unteren Randfasern des inneren schrägen Bauchmuskels. Er zieht den Hoden näher an die Bauchwand und trägt damit zu dessen Temperaturregelung bei. Der Bau des Samenstrangs und der Hodenhüllen wird bei den männlichen Geschlechtsorganen eingehend besprochen.

1	Nabel	*Umbilicus*
2	Weiße Linie (Durchflechtung der Sehnenplatten)	*Linea alba*
3	Äußerer schräger Bauchmuskel	*M. obliquus externus abdominis*
4	Innerer schräger Bauchmuskel	*M. obliquus internus abdominis*
5	Querer Bauchmuskel	*M. transversus abdominis*
6	Faszie des queren Bauchmuskels (Teil der inneren Bauchwandfaszie)	*Fascia transversalis; Fascia abdominis parietalis [Fascia endoabdominalis]*
7, 13	Innere Samenfaszie	*Fascia spermatica interna*
8	Schlingenband des Glieds	*Lig. fundiforme penis*
9	Männliches Glied (Querschnitt)	*Penis*
10, 11	Hodenhebermuskel	*M. cremaster*
12, 18	Äußere Samenfaszie	*Fascia spermatica externa*
14	Seröse Hodenhülle, äußeres Blatt	*Tunica vaginalis testis, Lamina parietalis*
15	Seröse Hodenhülle, inneres Blatt	*Tunica vaginalis testis, Lamina visceralis*
16	Rankenvenengeflecht + Samenleiter	*Plexus pampiniformis + Ductus deferens*
17	Gliedaufhängeband	*Lig. suspensorium penis*
19	Gefäßfach unter dem Leistenband (für die Oberschenkelgefäße)	*Lacuna vasorum für A. femoralis + V. femoralis*
20	Darmbein-Schambeinkamm-Bogen	*Arcus iliopectineus*
21	Muskelfach unter dem Leistenband (für Darmbein-Lenden-Muskel)	*Lacuna musculorum für M. iliopsoas*
22	Leistenband	*Lig. inguinale [Arcus inguinalis]*
23	Vorderer oberer Darmbeinstachel	*Spina iliaca anterior superior*

1 Äußerer schräger Bauchmuskel *M. obliquus externus abdominis*
2 Innerer schräger Bauchmuskel *M. obliquus internus abdominis*
3 Querer Bauchmuskel *M. transversus abdominis*
4 Darmbeinmuskel *M. iliacus*
5 Großer Lendenmuskel *M. psoas major*
4 + 5 Darmbein-Lenden-Muskel *M. iliopsoas*
6 Äußerer Hüftlochmuskel *M. obturatorius externus*
7 Innerer Hüftlochmuskel *M. obturatorius internus*
8 Afterheber *M. levator ani*
9 Faszie des queren Bauchmuskels *Fascia transversalis*
10 Bauchfell *Peritoneum*
11 Samenleiter *Ductus deferens*
12 Samenblase (Bläschendrüse) *Glandula vesiculosa [Glandula seminalis] [Vesicula seminalis]*
13 Vorsteherdrüse *Prostata*
14 Harnleiter *Ureter*
15 Nabelarterie *A. umbilicalis*
16 Sichelband der Leber *Lig. falciforme*
17 Rundes Leberband *Lig. teres hepatis*
18 Mittelständige Nabelfalte *Plica umbilicalis mediana*
19 Mediale Nabelfalte *Plica umbilicalis medialis*
20 Seitliche Nabelfalte *Plica umbilicalis lateralis [Plica epigastrica]*
21 Seitliche Leistengrube *Fossa inguinalis lateralis*
22 Mediale Leistengrube *Fossa inguinalis medialis*
23 Oberharnblasengrube *Fossa supravesicalis*
24 Bogenlinie *Linea arcuata*

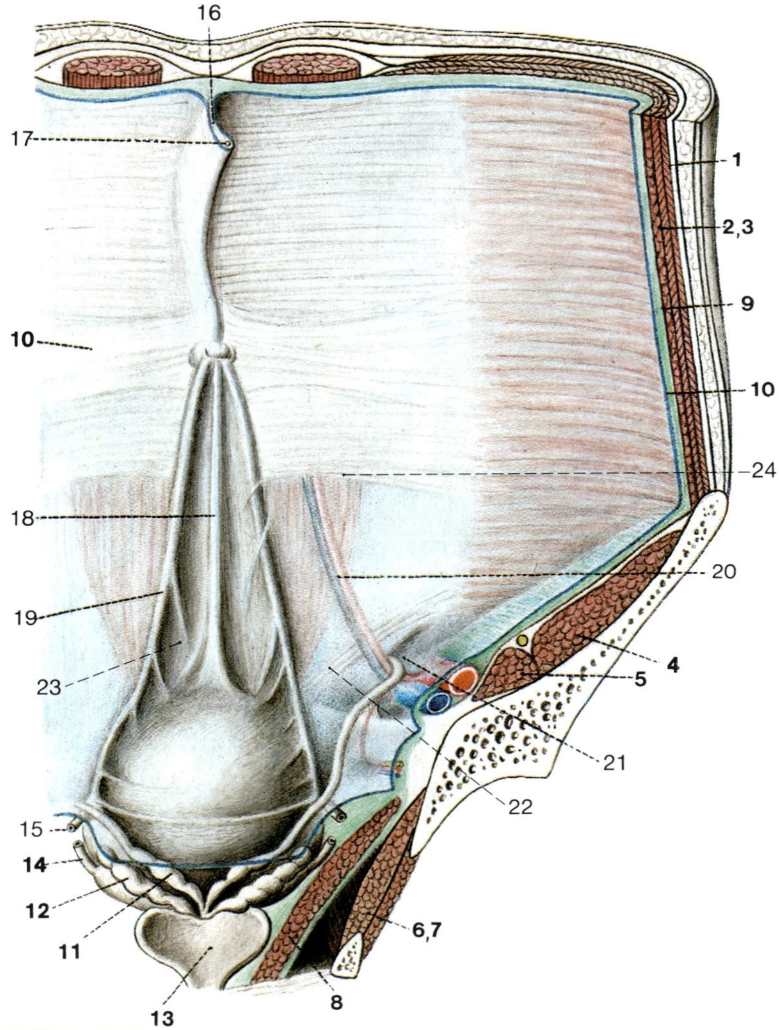

Vordere Bauchwand, von innen her gesehen. Man beachte die auf den Nabel zulaufenden Bauchfellfalten. Sie enthalten die Nabelbänder = Reste der in der vorgeburtlichen Entwicklung so wichtigen Nabelgefäße und eines Verbindungskanals zum Urharnsack (Allantois). *[bl]*

Leistenkanal

• *Entstehung:* Die Säugetiere können Samenzellen nur bei einer Temperatur bilden, die einige Grad unter der des Körperinnern liegt. Die Hoden müssen daher außerhalb der Leibeshöhle liegen. Sie werden zwar in der Embryonalzeit wie die Eierstöcke im Bauchraum angelegt, vor der Geburt aber durch den Leistenkanal nach außen in den Hodensack gezogen („Abstieg" des Hodens). Im Hodensack ist dann eine feine Temperaturregelung durch den Hodenhebermuskel möglich: Wird es im Hoden zu kalt, so zieht dieser Muskel den Hoden näher an den warmen Bauchraum heran. Wird es im Hoden zu warm, so erschlafft der Muskel, der Hoden sinkt nach unten. Diese Hodenbewegungen kann man beim Wechsel vom kalten zum warmen Bad und umgekehrt gut beobachten.

• *Begrenzung:* Der Leistenkanal ist etwa 4 cm lang und durchsetzt die Bauchwand schräg vom tiefen Leistenring (oben, seitlich) zum oberflächlichen Leistenring (unten, mehr zur Mitte zu).

• *Inhalt:* Im Leistenkanal liegt beim Mann der Samenleiter, bei der Frau das runde Mutterband. Bei beiden Geschlechtern wird er außerdem von Nerven, Blut- und Lymphgefäßen durchquert. Die Leistenkanäle müssen beim Mann wegen der Blutversorgung von Hoden und Nebenhoden zeitlebens offen bleiben.

• Man beachte: Da weiblicher und männlicher Körper sich nach dem grundsätzlich gleichen Bauplan entwickeln, hat auch die Frau einen Leistenkanal. Er ist jedoch enger, daher sind Leistenbrüche bei der Frau viel seltener als beim Mann.

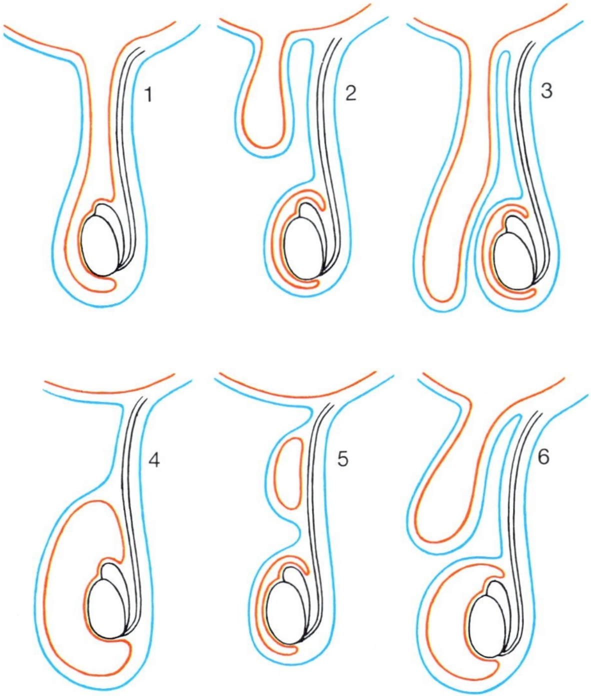

Schemata zu Leisten- und Wasserbrüchen. Bauchfell und Abkömmlinge rot. *[le2]*

Auf seinem Weg durch den Leistenkanal stülpt der Hoden alle Schichten der Bauchwand mit aus. Wichtig ist vor allem eine Ausstülpung des Bauchfells: Der Hoden zieht bei seinem Abstieg einen Bauchfellsack neben sich her (er liegt nicht in ihm, sondern neben ihm!). Hat der Hoden seinen endgültigen Platz im Hodensack erreicht, schließt sich normalerweise dieser Sack, und es bleibt nur ein kleiner Abschnitt als Gleitlager für den Hoden übrig (die seröse Hodenhülle).

1 Angeborener Leistenbruch (Hernia inguinalis congenita, immer indirekt): Es besteht eine offene Verbindung zwischen Bauchraum und Hodensack bei fehlender Rückbildung des Bauchfellfortsatzes. Es fehlt eine gesonderte seröse Hodenhülle.
2 Kleiner erworbener Leistenbruch (Hernia inguinalis acquisita, direkt oder indirekt): Es stülpt sich das Bauchfell unabhängig vom fetalen Bauchfellfortsatz aus. Es hat keine Verbindung zur serösen Hodenhülle.
3 Großer erworbener Leistenbruch: Er reicht bis in den Hodensack, bleibt aber von den Hodenhüllen getrennt.
4 Wasserbruch des Hodens (Hydrocele testis): In der serösen Hodenhülle sammelt sich Flüssigkeit an. Sie hat keine Verbindung zur Bauchhöhle. Der Wasserbruch wird manchmal mit einem Leistenbruch verwechselt.
5 Wasserbruch des Samenstrangs (Hydrocele funiculi):Flüssigkeit sammelt sich in einem Rest des fetalen Bauchfellfortsatzes an.
6 Kombination von Leistenbruch und Wasserbruch.

Haupttypen der Leistenbrüche
- *Indirekter Leistenbruch:* durch Leistenkanal zum oberflächlichen Leistenring, angeboren oder erworben
- *Direkter Leistenbruch:* direkt durch Bauchwand zum oberflächlichen Leistenring, immer erworben

Leistenbruch

❶ Indirekter Leistenbruch:

- *Angeborener indirekter Leistenbruch:* So nennt man einen Leistenbruch, der in einen offen gebliebenen Bauchfellfortsatz hinein erfolgt. Diese Form ist beim Säugling sehr häufig zu finden und heilt meist unter einem einfachen Pflasterverband aus.
- *Erworbener indirekter Leistenbruch:* Indirekte Leistenbrüche können auch ohne Entwicklungsfehler entstehen, wenn der Leistenkanal sehr weit ist. Dann können sich frei bewegliche Baucheingeweide (zunächst meist großes Netz, bei zunehmender Erweiterung des Kanals auch Darm) in den Kanal hineinzwängen.

❷ Direkter Leistenbruch: Durch den Leistenkanal ist das Gefüge der Bauchwand so gestört, dass Baucheingeweide auch direkt durch die Bauchwand im Bereich des oberflächlichen Leistenrings durchbrechen können, ohne den „indirekten" Weg durch den Leistenkanal zu benutzen. Ein direkter Leistenbruch ist niemals angeboren, sondern immer erworben. Er kommt vor allem im Erwachsenenalter vor.

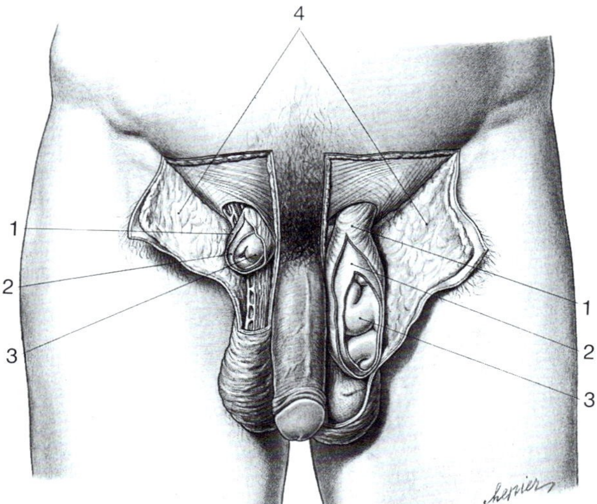

Zwei Leistenbrüche unterschiedlicher Größe. Die Bruchsäcke sind eröffnet, um den Bruchinhalt zu zeigen. *[kk]*

1	Faszie des queren Bauchmuskels	*Fascia transversalis*
2	Bauchfell	*Peritoneum*
3	Dünndarm	*Intestinum tenue*
4	Unterhautfettgewebe	*Panniculus adiposus*

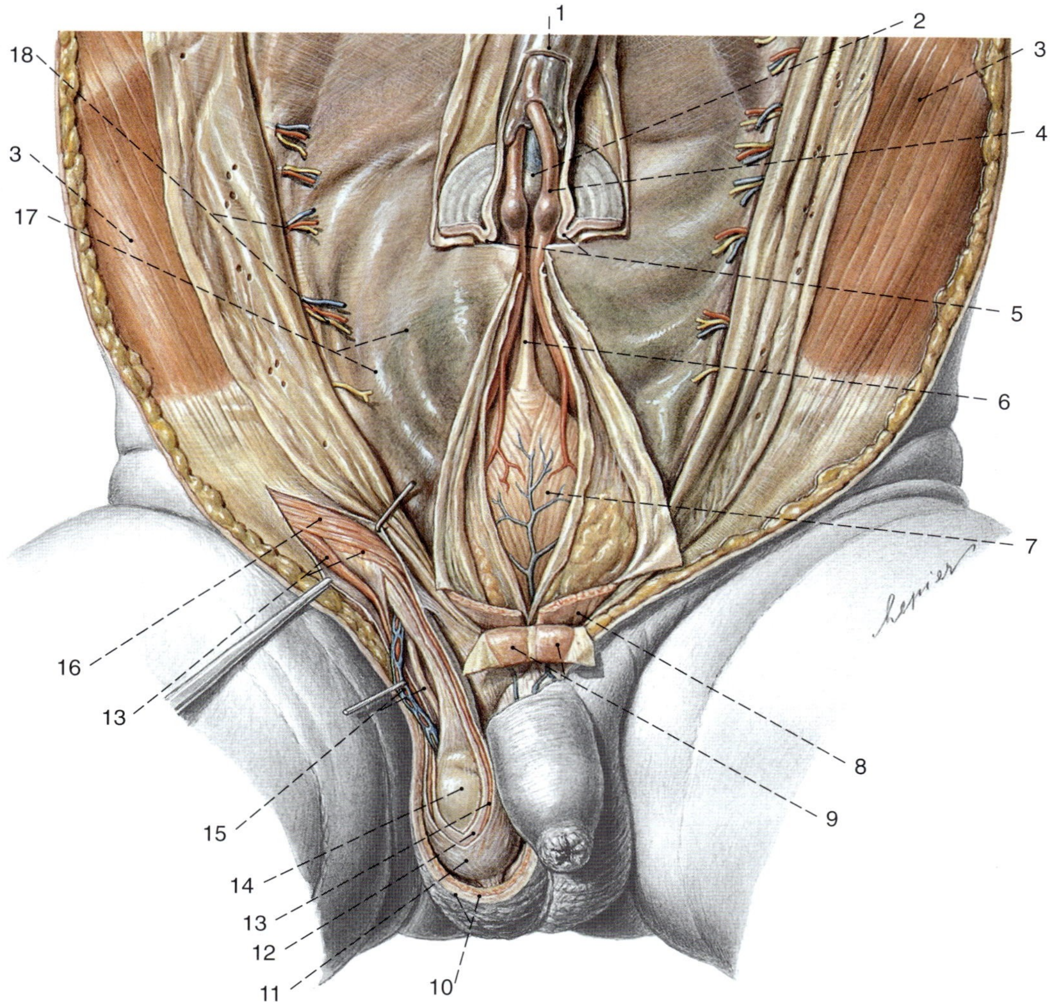

Bauchwand eines Neugeborenen mit Nabelschnur und noch offener Nabelöffnung. Die geraden Bauchmuskeln sind entfernt, man sieht auf das hintere Blatt der Rektusscheide. Kaudal des Nabels ist die Bauchwand median durchgetrennt und zur Seite gezogen, so dass der Blick auf die Vorderwand der Harnblase frei wird. Rechts sind Leistenkanal und Samenstrang eröffnet. *[sb2]*

Das Loch in der Bauchwand für den Durchtritt der Nabelschnurgefäße kann sich bei der Geburt nicht schlagartig verschließen. Es wird allmählich enger. Dieser Vorgang dauert etwa 1–2 Jahre. In dieser Zeit ist die Narbenplatte des Nabels wenig widerstandsfähig und kann einem erhöhten Druck im Bauchraum schlecht standhalten. Das Entstehen eines Nabelbruchs wird durch starkes Schreien gefördert. Besonders gefährdet sind Frühgeborene (etwa ¾ der Kinder mit einem Geburtsgewicht unter 1,5 kg haben einen Nabelbruch). Die Nabelhernie des Säuglings hat wegen der zunehmenden Verengung der Bruchpforte eine große Neigung zur Selbstheilung. Deshalb ist meist keine Behandlung nötig.

1	Nabelschnur	*Funiculus umbilicalis*
2	Nabelvene	*V. umbilicalis*
3	Äußerer schräger Bauchmuskel	*M. obliquus externus abdominis*
4	Nabelarterien	*Aa. umbilicales*
5	Nabelring	*Anulus umbilicalis*
6	Mittelständiges Nabelband (Rest des embryonalen Harngangs)	*Lig. umbilicale medianum*
7	Harnblase	*Vesica urinaria*
8	Gerader Bauchmuskel	*M. rectus abdominis*
9	Pyramidenmuskel	*M. pyramidalis*
10	Fleischhaut des Hodensacks	*Tunica dartos*
11	Äußere Samenfaszie	*Fascia spermatica externa*
12	Innere Samenfaszie	*Fascia spermatica interna*
13	Hodenhebermuskel	*M. cremaster*
14	Seröse Hodenhülle, äußeres Blatt	*Tunica vaginalis testis, Lamina parietalis*
15	Samenleiter	*Ductus deferens*
16	Innerer schräger Bauchmuskel	*M. obliquus internus abdominis*
17	Bogenlinie	*Linea arcuata*
18	11. Zwischenrippenarterie, -vene und -nerv	*A. + V. + N. intercostalis XI*

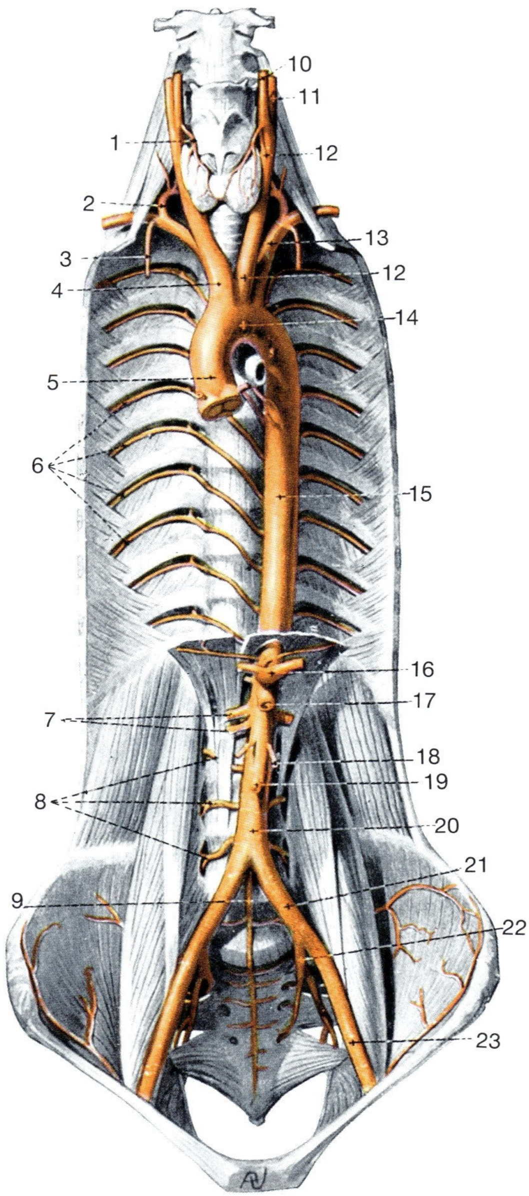

Aorta (Hauptarterie des Körpers) mit ihren wichtigsten Ästen an der Hinterwand von Brust- und Bauchraum. Die Eingeweide sind entfernt. Vom Zwerchfell blieb nur der Lendenteil mit dem Aortenschlitz stehen. Als Varietät findet man auf der rechten Seite des Präparats zwei Nierenarterien. Abschnitte: *[bg2]*

• *Aufsteigende Aorta:* Vom Herzen steigt die Hauptarterie nach rechts oben auf. Sie ist beim jungen Erwachsenen etwa 2–3 cm dick.

• *Aortenbogen:* In der Krümmung des „Spazierstocks" wendet sich die Hauptarterie zuerst nach links hinten und dann nach unten.

• *Absteigende Aorta:* Sie liegt den Wirbelkörpern links an, durchsetzt den Aortenschlitz des Zwerchfells (Grenze zwischen *Brustaorta* und *Bauchaorta*) und endet mit ihrer Aufgabelung in die rechte und linke gemeinsame Beckenarterie gering unterhalb des Nabels.

1	Obere Schilddrüsenarterie	*A. thyroidea superior*
2	Schilddrüsen-Hals-Arterienstamm	*Truncus thyrocervicalis*
3	Innere Brustwandarterie	*A. thoracica interna*
4	Arm-Kopf-Arterienstamm	*Truncus brachiocephalicus*
5	Aufsteigende Aorta	*Pars ascendens aortae [Aorta ascendens]*
6	Hintere Zwischenrippenarterien	*Aa. intercostales posteriores*
7	Nierenarterie	*A. renalis*
8	Lendenarterien	*Aa. lumbales*
9	Mittelständige Kreuzbeinarterie	*A. sacralis mediana*
10	Äußere Kopfarterie	*A. carotis externa*
11	Innere Kopfarterie	*A. carotis interna*
12	Halsarterie (gemeinsame Kopfarterie)	*A. carotis communis*
13	Schlüsselbeinarterie	*A. subclavia*
14	Aortenbogen	*Arcus aortae*
15	Brustaorta	*Pars thoracica aortae [Aorta thoracica]*
16	Stamm der Leber-, Milz- und Magenarterien	*Truncus coeliacus*
17	Obere Gekrösearterie	*A. mesenterica superior*
18	Hodenarterie	*A. testicularis*
19	Untere Gekrösearterie	*A. mesenterica inferior*
20	Bauchaorta	*Pars abdominalis aortae [Aorta abdominalis]*
21	Gemeinsame Beckenarterie	*A. iliaca communis*
22	Innere Beckenarterie	*A. iliaca interna*
23	Äußere Beckenarterie	*A. iliaca externa*

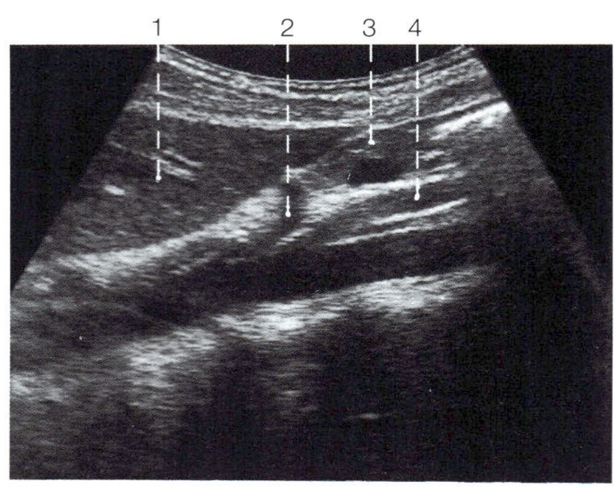

Bauchaorta mit ihren großen Ästen: Sonogramm, Längsschnitt nahe der Körpermittelebene. Im Ultraschallbild erscheinen die Blutgefäße als relativ breite dunkle Bänder. So durchzieht hier die Bauchaorta das Bild leicht schräg nach rechts ansteigend. Die großen Äste gehen spitzwinklig entsprechend der Strömungsrichtung des Blutes ab. *[wb]* ➔

1	Linker Leberlappen	*Lobus hepatis sinister*
2	Stamm der Leber-, Milz- und Magenarterien	*Truncus coeliacus*
3	Bauchspeicheldrüse	*Pancreas*
4	Obere Gekrösearterie	*A. mesenterica superior*

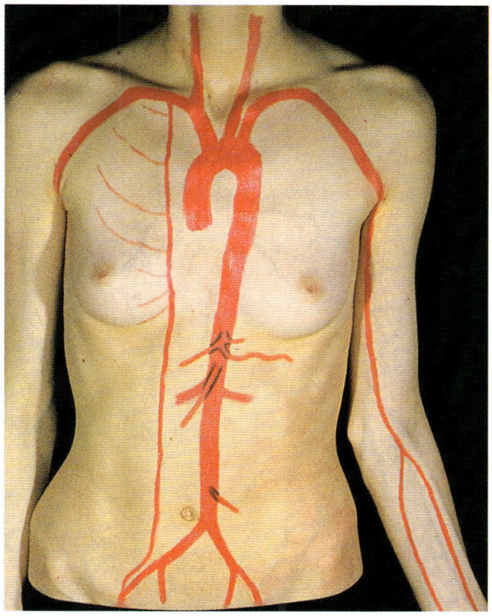

Aorta und ihre großen Äste: Projektion auf die vordere Körperwand. Der Aortenbogen liegt auf Höhe des ersten Zwischenrippenraums am Brustbein. Die Aorta teilt sich in die beiden gemeinsamen Beckenarterien unmittelbar links unterhalb des Nabels. Dort ist ihr Puls im Liegen meist leicht zu tasten. Auf der rechten Seite des Modells (im Bild links) wurde eine Verbindung von der Schlüsselbeinarterie durch die vordere Brust- und Bauchwand zur äußeren Beckenarterie eingezeichnet. Sie ist normalerweise dünn, kann sich aber bei Durchblutungsstörungen der Aorta erweitern („Kollateralkreislauf"). *[li1]*

Hauptäste der Aorta

❶ *Aufsteigende Aorta:* nur rechte und linke Herzkranzarterie. Versorgungsgebiet: Herz.

❷ *Aortenbogen:* nur Halsarterie (= gemeinsame Kopfarterie) und Schlüsselbeinarterie (setzt sich zur Armarterie fort). Die beiden bilden rechts einen gemeinsamen Stamm, links entspringen sie einzeln. Versorgungsgebiet: Kopf, Hals und Arme.

❸ *Brustaorta:* hintere Zwischenrippenarterien sowie kleinere Äste zu den Brustorganen und zum Zwerchfell. Versorgungsgebiet: Brustwand und Brustorgane (ausgenommen Herz und Lunge).

❹ *Bauchaorta:*

- *unpaarige Äste:* der gemeinsame Stamm der Leber-, Milz- und Magenarterien, die obere und die untere Gekröseearterie. Versorgungsgebiet: Verdauungsorgane im Bauchraum und Milz.
- *paarige Äste:* Nierenarterie, Eierstockarterie bzw. Hodenarterie, ferner Äste zum Zwerchfell, zu den Nebennieren und zur hinteren Bauchwand. Versorgungsgebiet: Nieren, Nebennieren, innere Geschlechtsorgane, Bauchwand.
- *Aufgabelung in die gemeinsamen Beckenarterien:* Versorgungsgebiet: Becken (innere Beckenarterie) und Beine (äußere Beckenarterie).

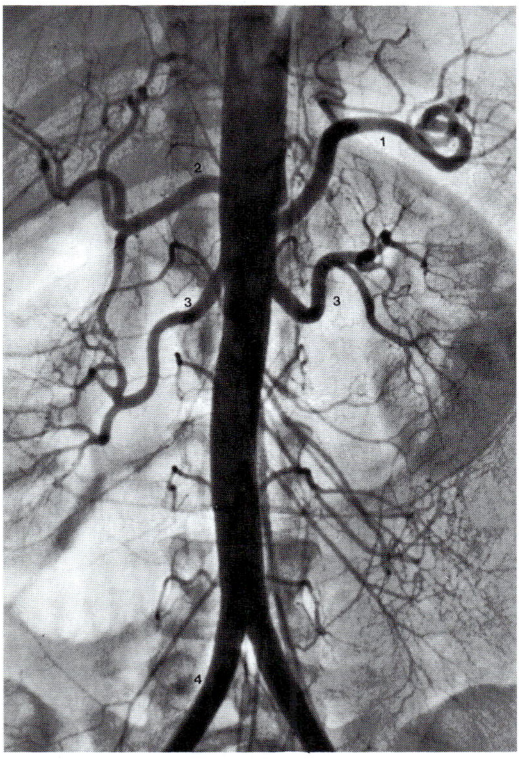

Bauchaorta und Äste: Röntgenbild nach Injektion eines Kontrastmittels (Arteriogramm). *[wi1]*

- Im normalen Röntgenbild sind die Arterien nicht zu sehen. Sie weisen annähernd die gleiche Strahlendurchlässigkeit wie die umgebenden Weichteile auf. Sie heben sich daher nicht von diesen ab. Spritzt man jedoch als „Kontrastmittel" einen nur wenig strahlendurchlässigen Stoff (z.B. eine Jodverbindung) in die Arterie ein, so hebt sich diese nun deutlich von der Umgebung ab. Mit solchen *Arteriographien* kann man den Sitz von Engstellen und Verschlüssen in Arterien nachweisen und damit eine gezielte Behandlung ermöglichen.
- In die Oberschenkelarterie ist besonders leicht zu injizieren: Sie verläuft unterhalb des Leistenbandes recht oberflächlich. Diese gute Zugänglichkeit nutzt man in der Radiologie zum Darstellen selbst weit entfernter Arterien (Seldinger-Methode): Man sticht eine lange Kanüle in die Oberschenkelarterie herzwärts ein und schiebt über die Kanüle einen Schlauch in das Gefäß. Dann zieht man die Kanüle zurück und ersetzt sie durch einen langen dünnen Katheter. Diesen kann man im Rohrsystem der Arterien (nahezu) beliebig weit hoch schieben: in die Bauchaorta, in den Aortenbogen, ja selbst in die Herzkranzgefäße und in die Halsarterien. Ist die Katheterspitze an der gewünschten Stelle angelangt, spritzt man das Röntgenkontrastmittel ein.
- Mit zunehmendem Alter verlaufen die Arterien immer stärker geschlängelt.

1	Milzarterie	*A. splenica [lienalis]*
2	Gemeinsame Leberarterie	*A. hepatica communis*
3	Nierenarterie	*A. renalis*
4	Gemeinsame Beckenarterie	*A. iliaca communis*

Obere Hohlvene

Zur oberen Hohlvene fließen die rechte und die linke Arm-Kopf-Vene zusammen. Diese wiederum gehen aus der Vereinigung mehrerer Venen im „Venenwinkel" hervor:

- *innere Halsvene* (innere Drosselvene): vom Kopf.
- *äußere und vordere Halsvene* (äußere und vordere Drosselvene): vom Hals.
- *Schlüsselbeinvene:* von Arm und Schulter.

Venen der Brust- und Bauchwand: Sie bilden ein zusammenhängendes Netz. Bei Abflussstörungen in einem Bereich kann das Blut über den anderen abfließen. Dies ist besonders bei der Thrombose der unteren Hohlvene und der Einengung der Pfortader bei der Leberzirrhose aktuell. Dann erweitern sich die Venen der Brust- und Bauchwand und treten (krampfaderähnlich) deutlich sichtbar durch die Haut hervor. *[de2]*

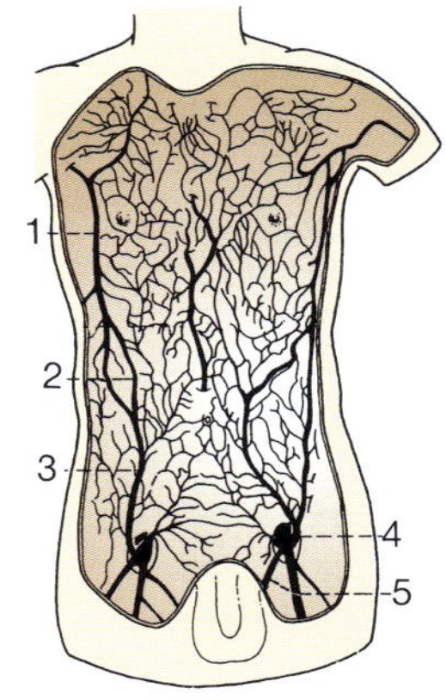

1	Seitliche Brustwandvene	*V. thoracica lateralis*
2	Brustwand-Bauchwand-Venen	*Vv. thoracoepigastricae*
3	Oberflächliche Bauchwandvene	*V. epigastrica superficialis*
4	Oberschenkelvene	*V. femoralis*
5	Große Rosenvene („große Saphena")	*V. saphena magna*

Einzugsgebiete der Hohlvenen

- *Obere Hohlvene:* die obere Körperhälfte (oberhalb des Zwerchfells mit Ausnahme der Lungenvenen und der Herzvenen).
- *Untere Hohlvene:* die untere Körperhälfte (unterhalb des Zwerchfells).

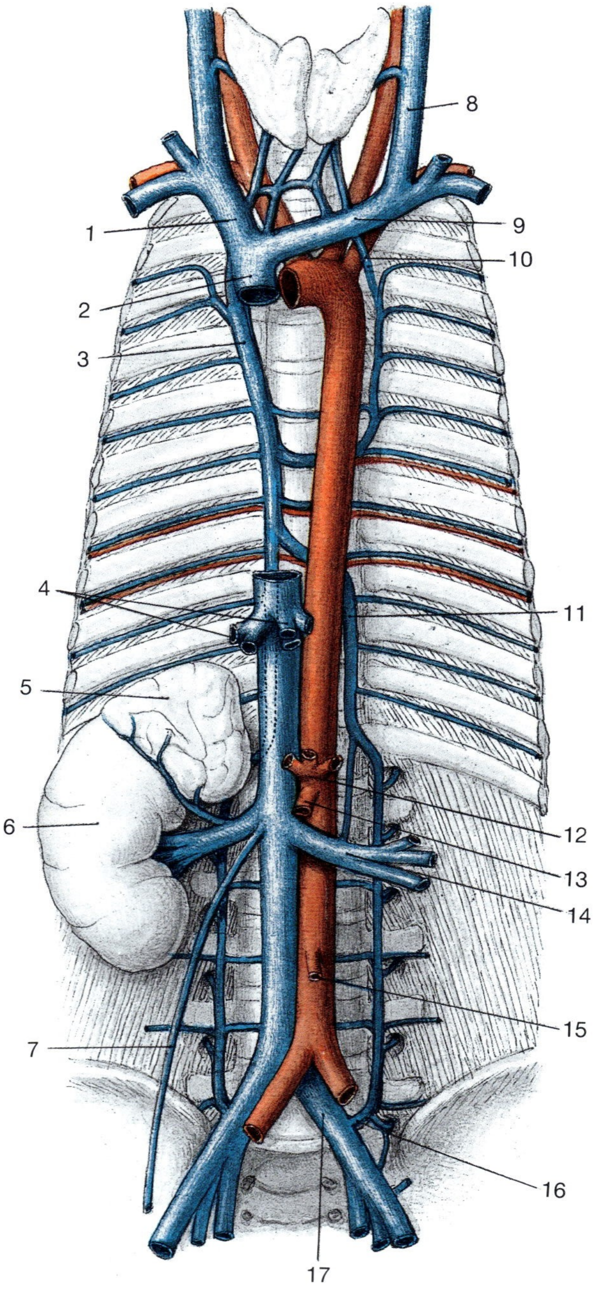

Obere und untere Hohlvene sowie Venen der hinteren Rumpfwand. Während nur ein großes Gefäß (Aorta) das Blut vom Herzen im Körperkreislauf verteilt, strömt es in zwei großen Gefäßen (obere und untere Hohlvene) zum Herzen zurück. Das Blut von Brust- und Bauchwand fließt hauptsächlich in segmentalen Venen (Zwischenrippenvenen, Lendenvenen) zur hinteren Brustkorblängsvene (Azygosvene), die in die obere Hohlvene einmündet. *[he3]*

1	Rechte Arm-Kopf-Vene	*V. brachiocephalica dextra*
2	Obere Hohlvene	*V. cava superior*
3	Rechte hintere Brustkorblängsvene	*V. azygos*
4	Lebervenen	*Vv. hepaticae*
5	Nebenniere	*Glandula suprarenalis*
6	Niere	*Ren [Nephros]*
7	Rechte Eierstockvene bzw. rechte Hodenvene	*V. ovarica dextra* *V. testicularis dextra*
8	Innere Halsvene (innere Drosselvene)	*V. jugularis interna*
9	Linke Arm-Kopf-Vene	*V. brachiocephalica sinistra*
10	Linke obere hintere Brustkorblängsvene	*V. hemiazygos accessoria*
11	Linke untere hintere Brustkorblängsvene	*V. hemiazygos*
12	Stamm der Leber-, Milz- und Magenarterien	*Truncus coeliacus*
13	Obere Gekrösearterie	*A. mesenterica superior*
14	Nierenvene	*V. renalis*
15	Untere Gekrösearterie	*A. mesenterica inferior*
16	Aufsteigende Lendenvene	*V. lumbalis ascendens*
17	Gemeinsame Beckenvene	*V. iliaca communis*

1	Schlüsselbeinvene	*V. subclavia*
2	Innere Halsvene (innere Drosselvene)	*V. jugularis interna*
3	Arm-Kopf-Vene	*V. brachiocephalica*
4	Innere Brustkorbvene	*Vv. thoracicae internae*
5	Obere Hohlvene	*V. cava superior*
6	Hintere Zwischenrippenvenen	*Vv. intercostales posteriores*
7	Untere Hohlvene	*V. cava inferior*
8	Lebervenen	*Vv. hepaticae*
9	Leber	*Hepar*
10	Pfortader	*V. portae hepatis*
11	Venen um den Nabel	*Vv. paraumbilicales*
12	Oberflächliche Bauchwandvene	*V. epigastrica superficialis*
13	Lendenvenen	*Vv. lumbales*
14	Untere Bauchwandvene	*V. epigastrica inferior*
15	Gemeinsame Beckenvene	*V. iliaca communis*
16	Äußere Beckenvene	*V. iliaca externa*
17	Tiefe umbiegende Darmbeinvene	*V. circumflexa ilium profunda*
18	Oberschenkelvene	*V. femoralis*
19	Große Rosenvene (große Saphena)	*V. saphena magna*
20	Äußere Schamvenen	*Vv. pudendae externae*
21	Mittlere Mastdarmvenen	*Vv. rectales mediae*
22	Untere Mastdarmvenen	*Vv. rectales inferiores*
23	Innere Schamvene	*V. pudenda interna*
24	Mastdarmvenengeflecht	*Plexus venosus rectalis*
25	Obere Mastdarmvene	*V. rectalis superior*
26	Hüftlochvene	*V. obturatoria*
27	Innere Beckenvene	*V. iliaca interna*
28	Untere Gekrösevene	*V. mesenterica inferior*
29	Obere Gekrösevene	*V. mesenterica superior*
30	Milzvene	*V. splenica [lienalis]*
31	Linke Magenvene	*V. gastrica sinistra*
32	Portokavale Anastomose am Mageneingang	
33	Speiseröhrenvenen	*Vv. oesophageales*
34	Linke untere hintere Brustkorblängsvene	*V. hemiazygos*
35	Linke obere hintere Brustkorblängsvene	*V. hemiazygos accessoria*
36	Rechte hintere Brustkorblängsvene	*V. azygos*

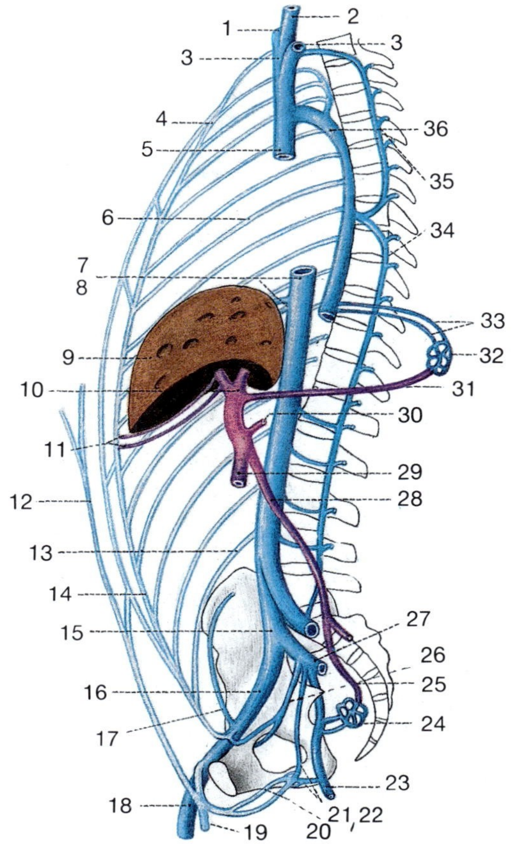

↑ **Venen der Rumpfwand**, schematisch, von der Seite gesehen. Hohlvenensystem blau. Das Bild zeigt zusätzlich die Sonderstellung der Pfortader (violett, Einzelheiten siehe Leber). Die kräftigen Längssysteme in der hinteren Leibeswand sind mit dem viel schwächeren Längssystem in der vorderen Leibeswand durch die Zwischenrippenvenen und die Lendenvenen (in der seitlichen Leibeswand) verbunden. *[bl]*

Untere Hohlvene

Zur unteren Hohlvene fließen die rechte und die linke gemeinsame Beckenvene zusammen. Zur gemeinsamen Beckenvene vereinigen sich die:

- *innere Beckenvene*: Ihr Einzugsgebiet entspricht etwa dem Versorgungsbereich der inneren Beckenarterie (Beckenorgane, Gesäßgegend und hinterer Teil der Dammgegend).
- *äußere Beckenvene*: Sie ist die Fortsetzung der Oberschenkelvene und entspricht der gleichnamigen Arterie. Einzugsgebiet: Bein, untere Bauchwand und vorderer Teil der Dammgegend.

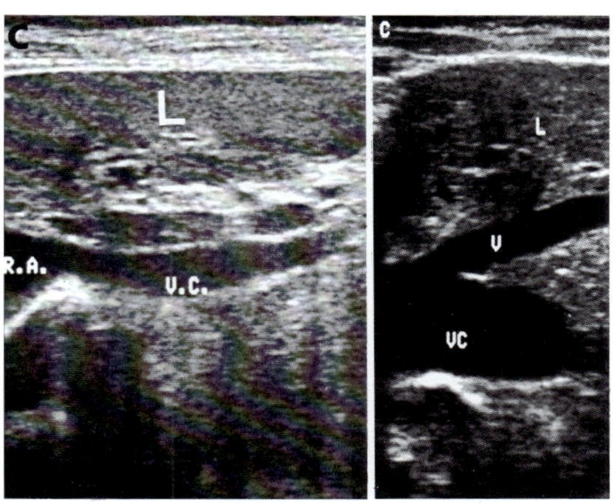

Untere Hohlvene (V. cava inferior, v.c., vc) im Ultraschallbild (Längsschnitte). Linkes Bild normal weite Vene. Rechtes Bild gestaute Vene bei Rechtsherzinsuffizienz. L = Leber, V = Lebervene, r.a. = rechter Vorhof, c = oben. *[st3]* ➔

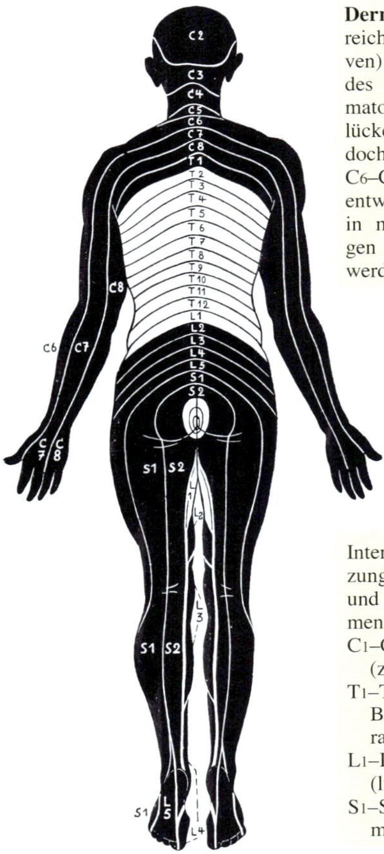

Dermatome (Hautbereiche der Segmentnerven) auf der Rückseite des Körpers. Die Dermatome bilden hier eine lückenlose Folge, jedoch sind die Segmente C6–C8 oft sehr schwach entwickelt (so dass sie in manchen Abbildungen ganz weggelassen werden). *[bg3]*

Internationale Abkürzungen für die Wirbel- und Rückenmarkssegmente:
- C1–C8 Halssegmente (zervikal)
- T1–T12 oder Th1–Th12 Brustsegmente (thorakal)
- L1–L5 Lendensegmente (lumbal)
- S1–S5 Kreuzbeinsegmente (sakral)

Hautbereiche (Dermatome) der Spinalnerven

• Aus jedem Rückenmarksegment entspringt ein Paar von Spinalnerven (Rückenmarknerven). Jedes versorgt einen ganz bestimmten Hautbereich (Dermatom) und bestimmte Muskeln.

• Die Dermatome sind nicht scharf gegeneinander abgegrenzt. Sie überlappen sich so weitgehend, dass häufig bei Lähmung eines Nervs noch kein Empfindungsausfall entsteht. Die Begrenzungen der Hautsegmente stimmen bei verschiedenen Menschen nicht völlig überein. Dementsprechend gibt es auch kleine Unterschiede in den Abbildungen verschiedener Bücher.

• Im Bereich des Rumpfes entspricht jedem Dermatom auch ein Hautnerv, d.h. der Rückenmarknerv zieht als Einheit zu seinem Haut- und Muskelgebiet. Im Bereich der Gliedmaßen hingegen überlagern und verschieben sich die Nervengebiete beträchtlich. Die einzelnen Rückenmarknerven bilden zunächst ein Geflecht (Plexus), aus dem dann nach Umordnung der Nervenfasern die in die Peripherie ziehenden Nerven hervorgehen. Die aus den 4 großen *Nervengeflechten* (Hals-, Arm-, Lenden- und Kreuzbeinnervengeflecht) entspringenden Nerven führen Fasern aus mehreren Rückenmarksegmenten. Ihre Versorgungsgebiete können daher nicht den Dermatomen entsprechen.

• Die Kenntnis der Dermatome ist z.B. für die Lokalisation von Erkrankungen im Wirbelkanal wichtig.

• Die Gürtelrose *(Herpes zoster)* ist eine Viruserkrankung, bei der Schmerz und Hautausschlag meist auf ein Dermatom beschränkt sind.

↓ **Dermatome** (Hautbereiche der Segmentnerven) auf der vorderen Brustwand. Hier wurden die Halssegmente 5–8 und das Brustsegment 1 in die Arme hinausverlegt. Deshalb folgt auf C4 gleich T2 („Segmentsprung"). Die Dermatome werden nach vorne zu breiter und divergieren daher. Zur Orientierung merke man sich: Brustwarze T5, Nabel T10, Leistenfurche L1. *[li1]*

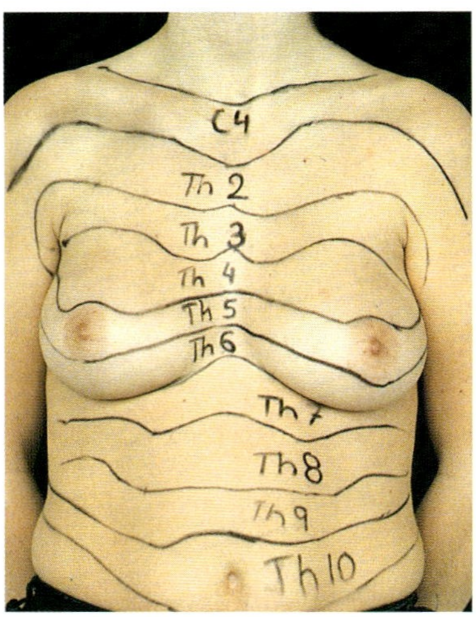

➔

1	Speichenseitige Hautvene des Arms („Zephalika")	*V. cephalica*
2	Innere Brustkorbarterie + Innere Brustkorbvene	*A. thoracica interna + V. thoracica interna*
3	Obere Bauchwandarterie + obere Bauchwandvene	*A. epigastrica superior + V. epigastrica superior*
4	Äußerer schräger Bauchmuskel	*M. obliquus externus abdominis*
5	Mediales Nabelband	*Lig. umbilicale mediale*
6	Pyramidenmuskel	*M. pyramidalis*
7	Untere Bauchwandarterie	*A. + V. epigastrica inferior*
8	Gerader Bauchmuskel	*M. rectus abdominis*
9	Darmbein-Leisten-Nerv	*N. ilioinguinalis*
10	Große Rosenvene (große Saphena)	*V. saphena magna*
11	Oberschenkelnerv, vordere Hautäste	*N. femoralis, Rr. cutanei anteriores*
12	Oberflächliche Bauchwandarterie und -vene	*A. + V. epigastrica superficialis*
13	Schamgegend-Oberschenkel-Nerv, Oberschenkelast	*N. genitofemoralis, R. femoralis*
14	Oberflächliche umbiegende Darmbeinarterie	*A. + V. circumflexa ilium superficialis*
15	Venen um den Nabel	*Vv. paraumbilicales*
16	Brustwand-Bauchwand-Vene + Brustwand-Rücken-Arterie	*V. thoracoepigastrica + A. thoracodorsalis*
17	Überschlüsselbeinnerven	*Nn. supraclaviculares*
T3–T12	Zwischenrippennerven	*N. intercostalis III–XII*

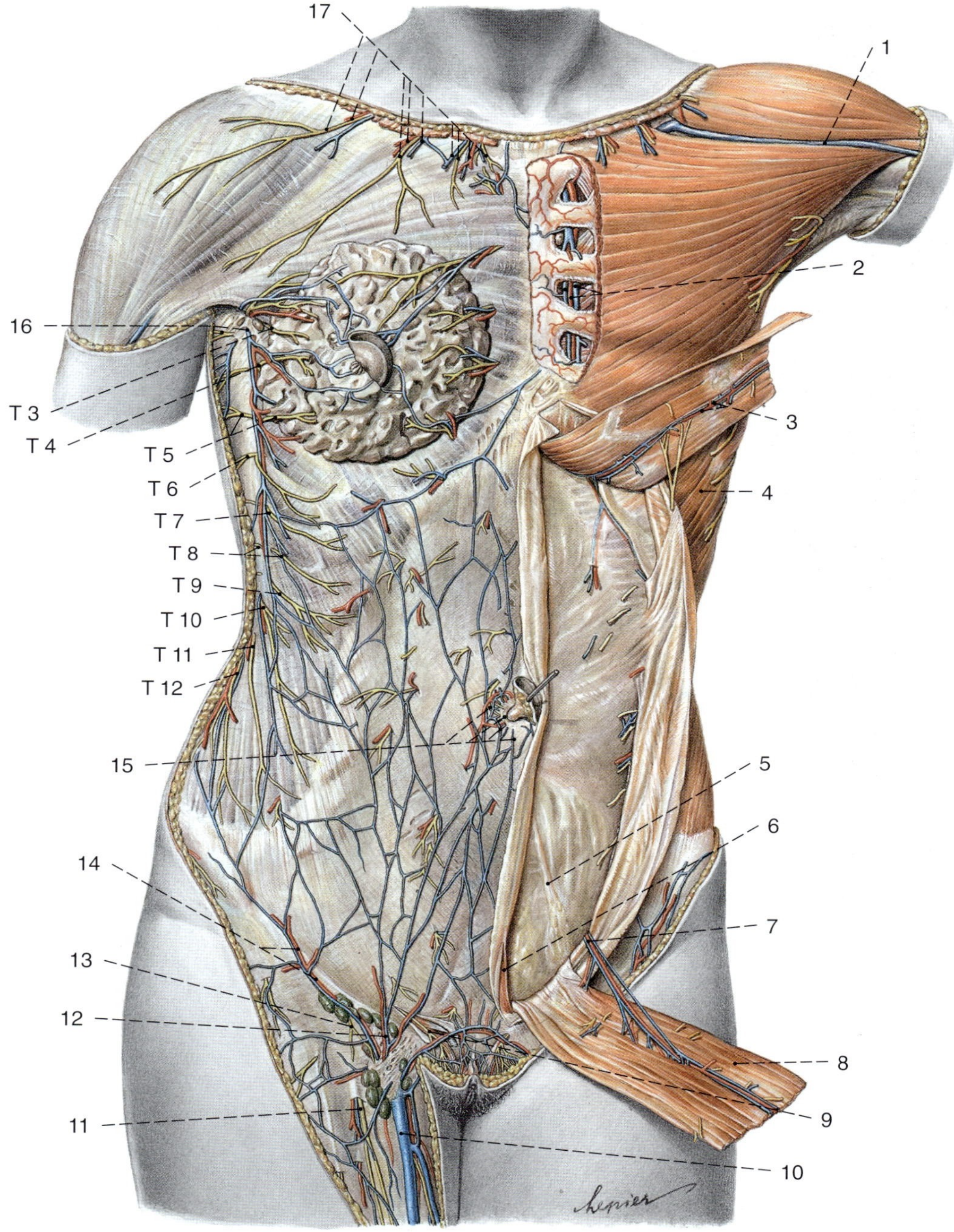

Vordere Rumpfwand. *[sb3]*

• Auf der rechten Seite des Präparats (im Bild links) sind die im Unterhautfettgewebe liegenden Leitungsbahnen und die Brustdrüse dargestellt. Man achte auf die segmental angeordneten Hautnerven (T3–T12)!

• Die linke Seite des Präparats (im Bild rechts) zeigt die tieferen Leitungsbahnen. Dazu sind im Brustbereich die Zwischenrippenräume gefenstert, in der Bauchwand ist die Rektusscheide längs aufgeschnitten und der gerade Bauchmuskel auseinander geklappt.

• Die Brustdrüse liegt im wesentlichen auf dem großen Brustmuskel. Sie überragt ihn jedoch seitlich. Dort liegt in der Tiefe der vordere Sägemuskel. Blutgefäße, Lymphgefäße und Nerven treten von allen Rändern in die Brustdrüse ein. Ärztlich besonders wichtig ist die Verbindung zur Achselhöhle wegen der bevorzugten Ausbreitungsrichtung eines Brustkrebses. Bei der früher üblichen radikalen Brustkrebsoperation wurde die Brustdrüse mit dem großen Brustmuskel und den Lymphknoten der Achselhöhle entfernt.

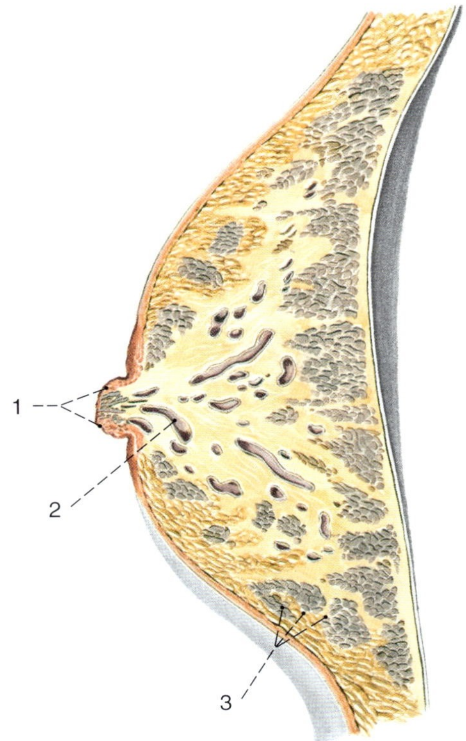

Brustdrüse einer jungen Frau: Vertikalschnitt durch die Brustwarze. *[ss2]*

• Die einzelnen Drüsenlappen sind von den Nachbarlappen durch reichlich Binde- und Fettgewebe getrennt.

• Man sieht weite Ausführungsgänge (= Milchgänge).

• Die Brustdrüse ist gegen die Brustfaszie gut abgegrenzt. Es laufen keine wesentlichen Blutgefäße oder Nerven vom großen Brustmuskel zur Drüse. Der kosmetische Chirurg kann daher zwischen Brustdrüse und Faszie eine Kunststoffprothese einführen und damit das äußere Aussehen verändern. Der Hautschnitt wird am unteren Rand der Brustdrüse geführt. Die Narbe wird durch die etwas überhängende Brustdrüse verdeckt.

1	Brustwarze („Mamille“)	*Papilla mammaria*
2	Milchgang	*Ductus lactifer*
3	Läppchen der Milchdrüse	*Lobuli glandulae mammariae*

Weibliche Brust (Mamma)

❶ *Bauprinzip:* Das Gesamtorgan „weibliche Brust“ oder Brustdrüse im weiteren Sinn besteht aus:

• einem drüsigen Anteil = Brustdrüse im engeren Sinn. Genau genommen handelt es sich nicht um eine große Drüse, sondern um 15–25 Einzeldrüsen, die unabhängig von einander mit den „Milchgängen“ an der Brustwarze ausmünden.

• reichlich Fettgewebe und Bindegewebe.

• Haut mit dem stärker pigmentierten Warzenhof und der vorragenden Brustwarze.

❷ *Äußere Form:* Sie wird weniger durch das Drüsengewebe als durch das Fettgewebe bestimmt. Bei der nichtschwangeren Frau ist der Anteil des Drüsengewebes gering. Die Brustdrüse hat als Organ der Haut kein knorpeliges oder knöchernes Skelett und keine der Schwerkraft entgegenwirkenden Muskeln. Bei der jugendlichen Brustdrüse hält das eingelagerte Bindegewebe die Form einigermaßen konstant. Mit zunehmendem Alter erschlafft das Bindegewebe, und die Brustdrüse sinkt tiefer (Hängebrust).

❸ *Zuordnung zu Organsystemen:*

• Die Milchdrüsen gehören, ähnlich wie Talg- und Schweißdrüsen, zu den Hautdrüsen: Sie liegen vollständig in der Haut und münden an der Hautoberfläche aus.

• Die Brust entwickelt sich ab der Pubertät bei Mädchen und Knaben verschieden und wird damit zu einem sekundären Geschlechtsmerkmal.

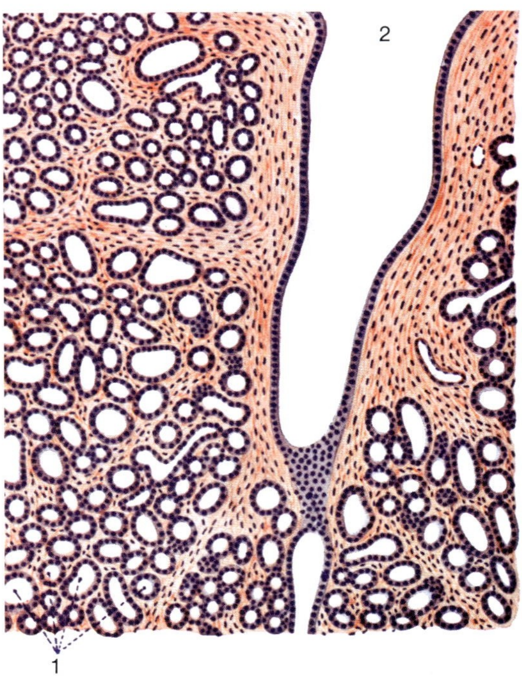

Milchbildende Brustdrüse: mikroskopisches Schnittbild, Vergrößerung 75fach. Jeder der 15–25 die Brustdrüse zusammensetzenden Drüsenlappen enthält ein baumartig verzweigtes System von Ausführungsgängen, an deren Enden die milchbildenden Drüsenzellen (wie die Blätter des Baums) liegen. Der Hauptausführungsgang = Milchgang erweitert sich vor der Mündung zum Milchsäckchen. In den weiten Milchsäckchen sammelt sich die Milch an. Die Milchsäckchen werden durch die Saugbewegungen des Mundes des Säuglings ausgepresst. Das Drüsengewebe ist in Fettgewebe eingebettet. *[so]*

1	Drüsenendstück	*Alveolus glandulae*
2	Ausführungsgang	*Ductus alveolaris lactifer*

Milchgänge: Anordnung der Hauptausführungsgänge der Brustdrüse (schematisch). *[li1]* ➔
Die 15–25 Milchgänge laufen strahlig auf die Brustwarze zu. Sie erweitern sich zu „Milchsäckchen", bevor sie auf der Brustwarze ausmünden. Wenn der Chirurg in die Brustdrüse einschneiden muss, z.B. bei einem Abszess, gerät er in einen Zwiespalt: Ein radiärer Schnitt durchtrennt möglichst wenig Milchgänge, ein bogenförmiger gibt kosmetisch schönere Narben.

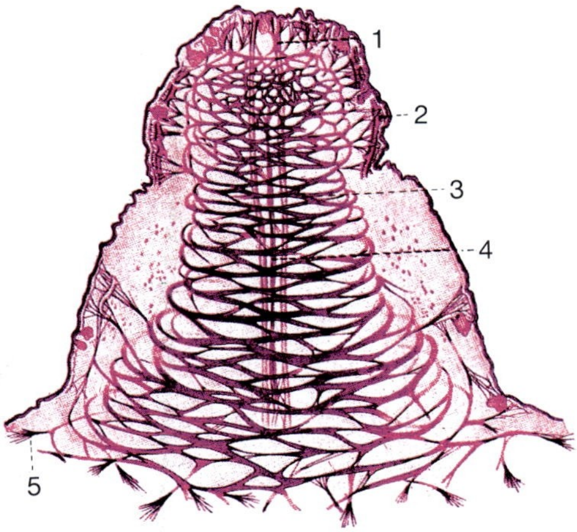

🡅 **Brustwarze:** Schema der Anordnung der Muskelfasern. Die Brustwarze enthält ein schraubenförmiges Netz von Muskelfasern, das in den Warzenhof ausstrahlt. Es vermag die Brustwarze aufzurichten. *[bg3]*

1	Milchgang	*Ductus lactifer*
2	Vene	*Vena*
3	Ringmuskel der Brustwarze	*M. sphincter papillae*
4	Längsgerichteter Muskelzug	*(Myocyti)*
5	Elastische Sehnen zur Haut	*(Fibrae elasticae)*

Brustwarze und Warzenhof einer Frau. *[li1]* ➔
Die kleinen Höckerchen im Bereich des Warzenhofs sind durch Talg- und Schweißdrüsen bedingt, welche die zarte Haut des Warzenhofs vorwölben. Sie fetten den Warzenhof ein und feuchten ihn an. Sie gewährleisten einen besseren Kontakt mit dem Mund des Säuglings. Mit der Lupe sind die Mündungen der „Milchgänge" an der Brustwarze erkennbar.

Brustwarze und Warzenhof nach Berührung. ➔
Berühren der Brustwarze löst das Aufrichten der Brustwarze aus: Durch das Zusammenziehen der Ringmuskeln wird die Brustwarze länger und tritt so stärker aus der Kontur der Brustdrüse hervor. Gleichzeitig wird der Durchmesser des Warzenhofs kleiner. Die durch die darunter liegenden Warzenhofdrüsen bedingten Höckerchen werden deutlicher. Der biologische Sinn dieses Reflexes ist klar: Die Brustwarze schiebt sich auf den Berührungsreiz hin geradezu in den Mund des Säuglings. Hört der Berührungsreiz auf, so erschlafft die Muskulatur. Die Brustwarze kehrt in die Ruhestellung zurück. *[li1]*

1	Warzenhofdrüsen („Montgomery-Drüsen")	*Glandulae areolares*
2	Warzenhof	*Areola mammae*

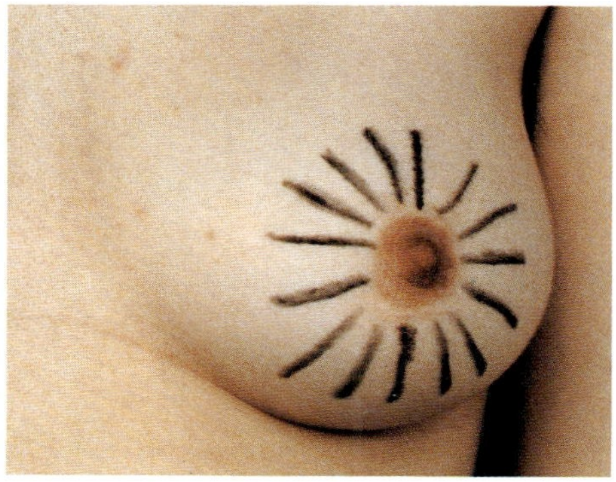

Milch

Milch ist im wesentlichen eine Emulsion von Fett in Wasser. Die feinen Fetttröpfchen werden vom Milcheiweiß in der Schwebe gehalten. Milch enthält außerdem Kohlenhydrate, Salze, Vitamine, Antikörper usw. Fett und Eiweiß werden offenbar von den gleichen Zellen abgesondert, aber in verschiedenen Zellorganellen gebildet.

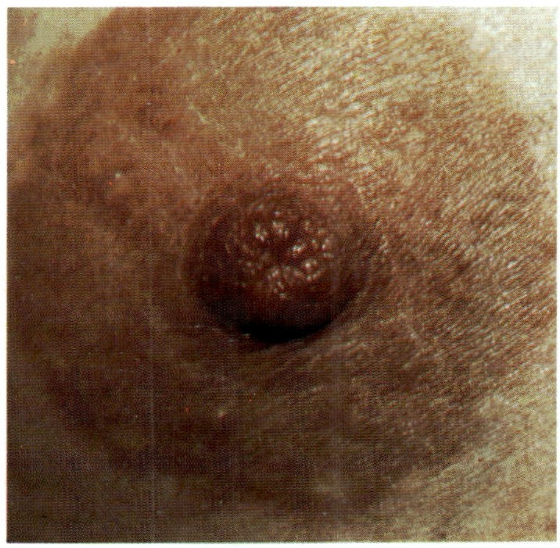

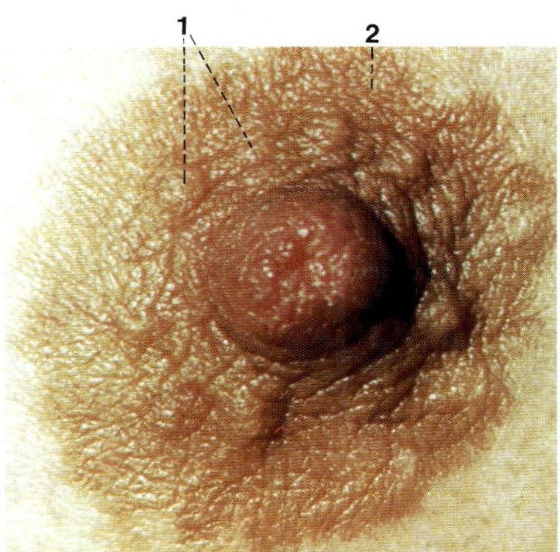

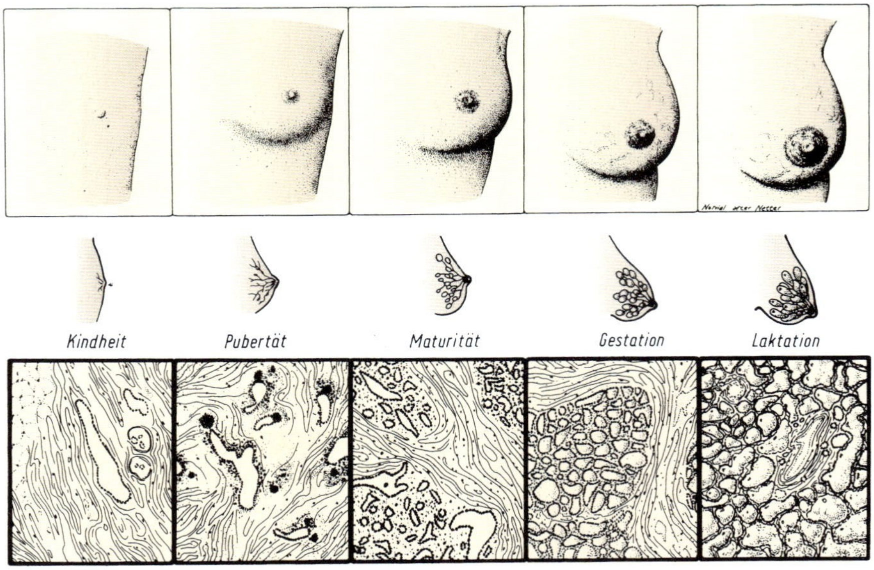

Entwicklung der Brustdrüse: Maturität = geschlechtsreife junge Frau, Gestation = Schwangerschaft, Laktation = Stillen. *[vo]*
• Obere Bildreihe: äußere Form der Brustdrüse,
• Mittlere Reihe: Schnittbilder mit schematische Darstellung der Anteile des Drüsengewebes. Man beachte die Formänderung mit zunehmendem Gewicht der Drüse.
• Untere Reihe: mikroskopisches Bild (man vgl. hierzu das Farbbild auf der vorletzten Seite).

Entwicklung der Brustdrüse

• *Neugeborenes:* Über den Mutterkuchen (Plazenta) gelangen Hormone der Mutter in den Körper der Leibesfrucht (Fetus). Durch diese werden die Brustdrüsen funktionsfähig und können nach der Geburt sogar etwas Milch absondern („Hexenmilch").
• *Kind:* Nach dem Wegfall der mütterlichen Hormone bilden sich die Brustdrüsen rasch zurück und verharren dann beim Kind in einem Ruhezustand.
• *Pubertät:* Mit dem Anstieg der Blutspiegel der weiblichen Geschlechtshormone beginnt sich das Drüsengewebe zuerst unter dem Warzenhof zu vermehren. Dieser erhebt sich über die sonst noch flache Brust. Danach wächst auch der Drüsenkörper in verschiedenem Ausmaß heran. Die Drüsenschläuche verzweigen sich etwas, bleiben aber gegenüber dem Zwischengewebe zurück.
• *Geschlechtszyklus:* Unter dem Einfluss der Geschlechtshormone verändert sich die Brustdrüse zyklisch. Vor der Regelblutung wird die Brust stärker durchblutet und dabei etwas größer. Dabei können gelegentlich ziehende Schmerzen auftreten.
• *Schwangerschaft:* Erst jetzt geht unter dem Einfluss der von der Plazenta gebildeten weiblichen Geschlechtshormone die Entwicklung weiter. Die Drüsenschläuche sprossen aus und treiben Seitenzweige. In den ursprünglich soliden Strängen treten Lichtungen auf. Im Schnittbild überwiegt das Drüsengewebe. Der Warzenhof wird dunkler.
• *Stillen:* Die Brustdrüse ist voll entfaltet. Die Milchsekretion wird vom Vorderlappen der Hirnanhangsdrüse (Hypophyse) mit dem Hormon Prolactin gesteuert. Dieses wird schon in der Spätschwangerschaft vermehrt in das Blut abgegeben. Die Milchsekretion wird aber noch durch die von der Plazenta in großen Mengen gebildeten Östrogene und Gestagene unterdrückt. Mit dem Ausstoßen der Plazenta als Nachgeburt fällt die Östrogen- und Gestagenproduktion schlagartig ab, und das Prolactin wird voll wirksam: „die Milch schießt ein". Unmittelbar nach der Geburt wird nicht gleich die typische Muttermilch, sondern die eiweißreiche „Vormilch" (Kolostrum) abgesondert.
• *Abstillen:* Milch wird solange erzeugt, wie gesaugt wird (neurohormonaler Reflex!). Wird die Milch nicht mehr entnommen, so stellt die Brustdrüse im Laufe einiger Tage die Sekretion ein und kehrt allmählich zu ihrem Ruhezustand ähnlich dem vor der Schwangerschaft zurück. Die beim Abstillen zurückgestaute Milch kann zu heftigem Spannungsgefühl und Schmerzen in der Brust führen.

Brustdrüse des Mannes

Die Brustdrüsen werden bei Frau und Mann angelegt. Beim Mann bleibt die Brustdrüse normalerweise in der kindlichen Form bestehen. Der Brustkrebs ist bei ihm selten (nur etwa 100 Todesfälle pro Jahr in Deutschland). Durch weibliche Geschlechtshormone kann jedoch auch beim Mann die Brustdrüse weiterentwickelt werden. Dies ist erwünscht bei der Geschlechtsumwandlung vom Mann zur Frau. Dabei kann dieses Merkmal des weiblichen Körper einfach und sehr natürlich entfaltet werden. Leider steigt damit auch das Brustkrebsrisiko an.

Lymphabflusswege aus der Brustdrüse (schematisch). Der Hauptabflussweg geht zu den Lymphknoten der Achselhöhle. Weitere Lymphstraßen führen zu Lymphknoten oberhalb des Schlüsselbeins, hinter dem Brustbein, im Oberbauch und zu Brustdrüse und Achselhöhle der anderen Körperseite. Auch die „radikale" Brustkrebsoperation kann nicht alle diese Wege für Absiedlungen ausschalten. Deswegen begnügt man sich heute meist mit weniger eingreifenden Operationen, zumal sie das Risiko des Wiederauftretens des Krebses nicht sehr erhöhen. *[li1]* ➔

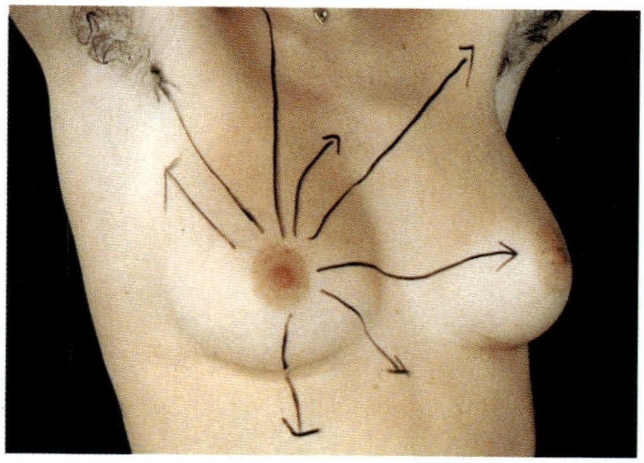

Häufigkeit von Krebserkrankungen in den einzelnen Bereichen der weiblichen Brustdrüse (Prozent, stark abgerundet). Am häufigsten befallen ist das äußere obere Viertel. *[li1]* ➘

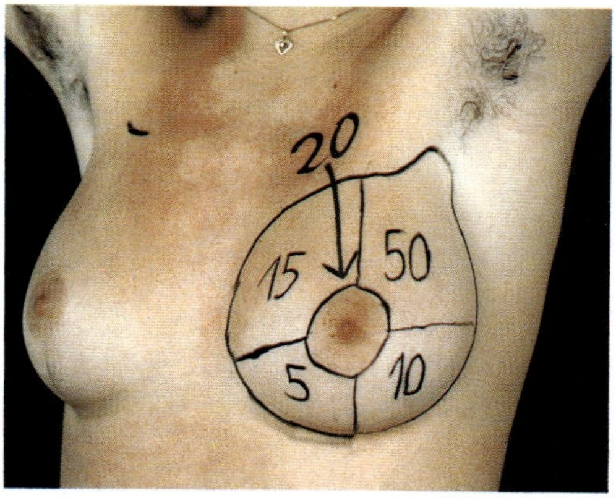

Brustkrebs (Mammakarzinom)

Die schwerstwiegende Erkrankung der Brustdrüse ist der Brustkrebs. Etwa jede 20. Frau erkrankt im Laufe ihres Lebens an Brustkrebs, und etwa die Hälfte von ihnen stirbt früher oder später an den Tochtergeschwülsten (Metastasen): im vereinten Deutschland pro Jahr etwa 18 000 Frauen. Bedauerlicherweise kann diese Krebsform auch schon bei jungen Frauen auftreten (im Gegensatz zu den meisten anderen Krebsarten, die das höhere Alter bevorzugen).

Röntgenbild der Brustdrüse (Mammogramm). *[bh1]* Fettgewebe ist gut strahlendurchlässig. Im Röntgenbild der gesunden Brustdrüse zeichnen sich daher vorwiegend Bindegewebezüge und Blutgefäße ab. Im Krebsgewebe liegen die Zellen dicht nebeneinander. Es ist viel „strahlendichter" als die übrigen Gewebe der Brustdrüse. Man kann daher im Röntgenbild der Brustdrüse auch schon kleine Geschwülste sehen. Die Röntgenaufnahme bedarf dazu allerdings einer besonderen Technik *(Mammographie)*. Auf dem üblichen Röntgenbild des Brustkorbs zur Darstellung des Herzens oder der Lungen sind Feinheiten der Brustdrüse nicht zu erkennen. ➔

- Die Mammographie ist keine Untersuchungsmethode, die man etwa monatlich anwenden könnte, um einen Krebs auch ganz sicher im Frühstadium zu erfassen. Röntgenstrahlen schädigen den Körper und begünstigen das Entstehen bösartiger Geschwülste. Die Mammographie soll daher gezielt eingesetzt werden, wenn es um die Klärung von Tastbefunden geht. Allerdings sollte jede Frau schon in ihren Dreißigerjahren eine Mammographie vornehmen lassen, um über ein „Vergleichsbild" aus wahrscheinlich noch gesunden Tagen zu verfügen.
- Wurde im Röntgenbild ein verdächtiger Bereich festgestellt, so sollte das Gewebe unbedingt mikroskopisch untersucht werden. Hierzu ist die Entnahme einer Gewebeprobe mit Hilfe einer Injektionsnadel (Feinnadelpunktion) oder durch Herausschneiden (Probeexzision) erforderlich.
- Im Gegensatz zur Mammographie kann die Ultraschalluntersuchung (Sonographie) beliebig oft wiederholt werden. Sie ist vor allem für die Beurteilung der Achsellymphknoten wertvoll. Erfahrungsgemäß werden die ersten Tochtergeschwülste (Metastasen) des Brustkrebses in den Achsellymphknoten abgesiedelt. Erkrankte Lymphknoten können mit der Ultraschalluntersuchung ab etwa 1 cm Durchmesser erkannt werden.

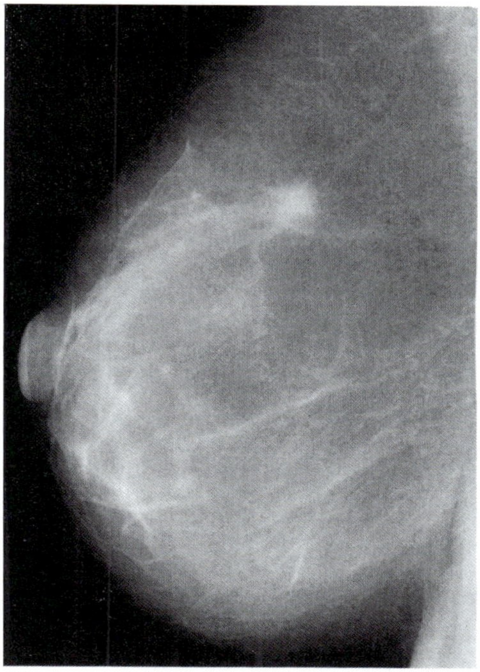

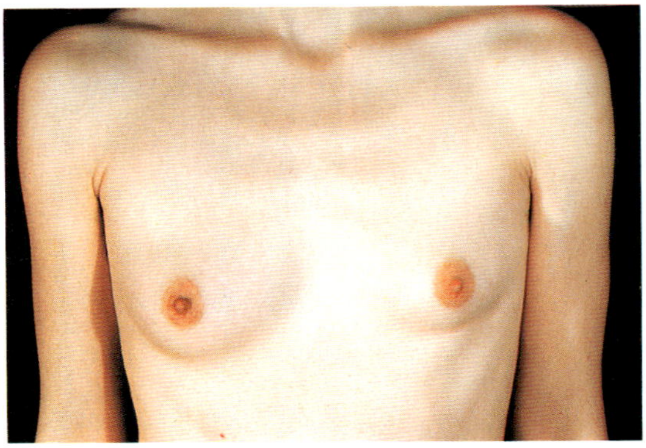

← **Seitenunterschied in der Größe der Brustdrüse** bei einer jungen Frau: medizinisch belanglos. Manche Frauen leiden jedoch unter derartigen „Schönheitsfehlern". In solchen Fällen kann ein verständnisvolles Gespräch mit einer Vertrauensperson (die nicht unbedingt ein Arzt oder Psychologe sein muss) über Wesentliches und Unwesentliches im Leben (vor allem in der Partnerschaft) oft mehr bringen als eine Schönheitsoperation (z.B. Einsetzen einer Kunststoffprothese unter die kleinere Brustdrüse). *[li1]*

Selbstuntersuchung der Brustdrüse

Sie ist die wichtigste Maßnahme zur Früherkennung des Brustkrebses, die jede Frau in ihrem eigensten Interesse regelmäßig vornehmen sollte. Wie bei allen Krebsarten ist auch beim Brustkrebs die Aussicht auf endgültige Heilung umso besser, je kleiner der Krebs ist, also desto früher er entdeckt wird. Der Brustkrebs verursacht im Frühstadium keinerlei Beschwerden. Er ist lediglich ein harter Knoten, den man im sonst weichen Drüsen- und Fettgewebe tasten kann.

Bemerkt man etwas Verdächtiges, so sollte man umgehend einen in der Brustuntersuchung erfahrenen Arzt aufsuchen. Die meisten „Befunde" sind harmlos. Sie können jedoch erst nach einer gründlichen apparativen Untersuchung sicher beurteilt werden. Dazu gehören als nächste Maßnahmen die Sonographie (Ultraschalluntersuchung) und die Mammographie (Röntgenuntersuchung, siehe vorhergehende Seite). Besteht dann weiter ein Verdacht, so wird man den Knoten punktieren oder entfernen und mikroskopisch untersuchen. Nur die mikroskopische Untersuchung kann eindeutig zwischen einer bösartigen und einer gutartigen Geschwulst entscheiden. Hierzu wird die Gewebeprobe in der Regel in ein pathologisches Institut eingeschickt.

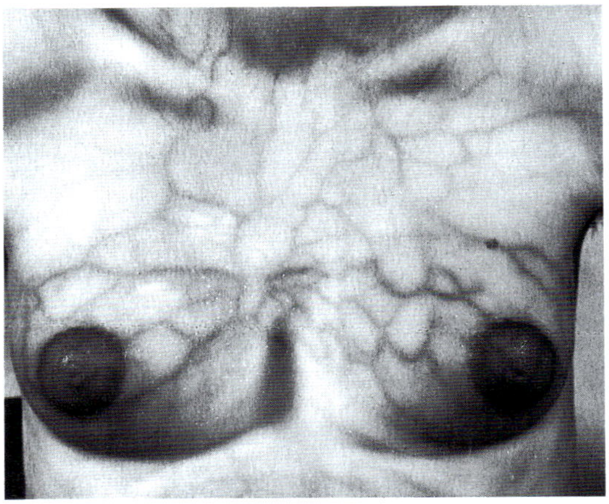

↑ **Brustwand einer Schwangeren:** Infrarotfoto. Mit der Infrarotfotografie kann man die Hautvenen sichtbar machen. Am Ende der Schwangerschaft ist die Brustdrüse besonders gut durchblutet. Man sieht das dichte Venennetz unter der Haut. *[lk]*

Selbstuntersuchungsprogramm: mindestens einmal monatlich:
- *Besichtigen* bei locker herabhängenden Armen
- *Besichtigen* bei langsamem Heben beider Arme
- *Abtasten* 4 Quadranten und Warzenhof
- *Austasten* Achselgrube

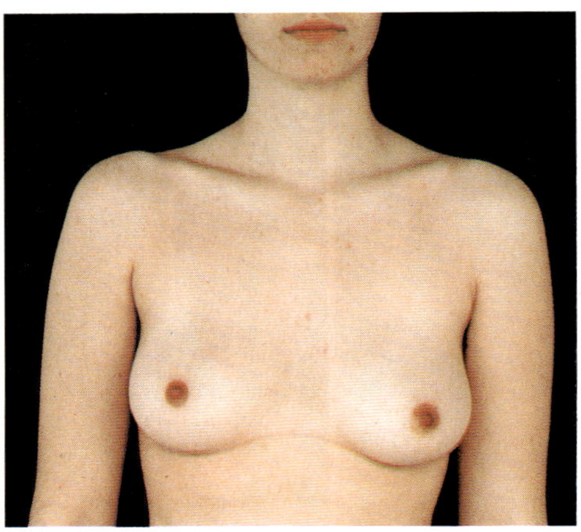

← ❶ **Besichtigen** (Inspektion) bei locker herabhängenden Armen: Man stelle sich vor einen großen Spiegel, der möglichst den ganzen Rumpf, mindestens aber den Oberkörper verzerrungsfrei widerspiegelt. *[li1]*

• Die *Brustwarzen* stehen normalerweise *auf gleicher Höhe* und gleich weit von der Mittellinie entfernt. Bei Geschwülsten ist die Brustwarze manchmal in Richtung der Geschwulst verzogen.

• Die gesunden *Brustdrüsen erscheinen etwa gleich groß*. Bei vielen gesunden Frauen ist jedoch eine Brustdrüse größer. Verdächtig ist nur ein Größenunterschied, der sich nach vorheriger gleicher Größe allmählich einstellt.

• Die *Haut* der gesunden Brustdrüse *ist nirgends eingezogen* oder verändert. Bei in die Haut einwachsenden Krebsen nimmt die Haut oft ein apfelsinenschalenartiges Aussehen an.

❷ **Besichtigen** *(*Inspektion) bei langsamem Heben beider Arme: Die *Symmetrie* der Brustdrüsen *darf sich hierbei nicht ändern.* Der große Brustmuskel setzt am Oberarm an. Er wird beim Heben der Arme gedehnt. Seine Kontur tritt stärker hervor. Die Brusthaut wird mit dem angehobenen Schultergürtel nach oben gezogen. Die Brustdrüse als Hautorgan muss diesem Zug folgen: Bleibt sie auf einer Seite zurück, so lässt dies auf bindegewebige Verwachsungen schließen. Sie können u.a. auf einer Geschwulst beruhen. *[li1]*

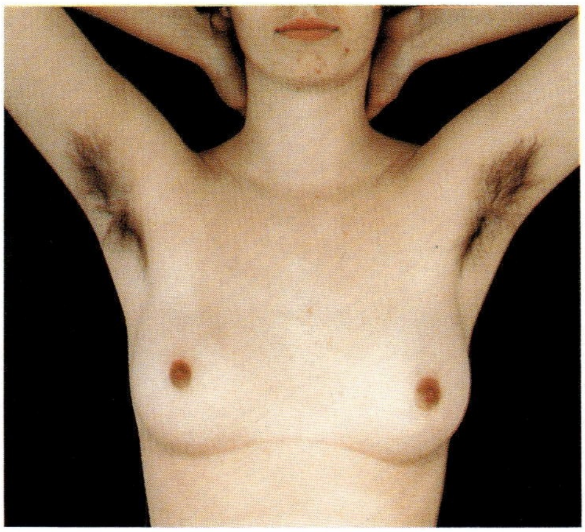

❸ **Abtasten** *(*Palpation) von 4 Quadranten und des Warzenhofes: Die untersuchende Hand wird flach auf die Brust gelegt. Die Fingerballen dringen mit nicht zu zaghaftem Druck in die Tiefe. Die gesunde Brustdrüse ist von gleichmäßig weicher Beschaffenheit und gut beweglich.

• Krebsgewebe ist hart, aber nicht jedes härtere Gewebe in der Brustdrüse ist ein Krebs. Viele Frauen haben umschriebene „Drüsenpakete" in der Brustdrüse (Mastopathie). Sie fühlen sich etwas härter an als das andere Gewebe und sind immer gut verschieblich. Verdächtig sind neu auftretende oder größer werdende härtere Knoten.

• Krebsgewebe wächst in Nachbargewebe ein. Die gesunde Drüse ist gegen ihre Unterlage gut verschieblich. Hat ein Brustkrebs von der Drüse auf die darunter liegende Brustfaszie oder den großen Brustmuskel übergegriffen, so ist die Verschieblichkeit aufgehoben, ein wichtiges Zeichen, das allerdings schon ein fortgeschrittenes Stadium anzeigt!

• Um Befunde leichter beschreiben zu können, denke man sich die Brustdrüse durch ein Achsenkreuz, das seinen Mittelpunkt in der Brustwarze hat, in 4 Viertel zerlegt. Alle 4 Viertel sind sorgfältig abzutasten. Besondere Aufmerksamkeit ist dem äußeren oberen Quadranten zu widmen, weil hier erfahrungsgemäß die meisten Krebse entstehen. *[li1]*

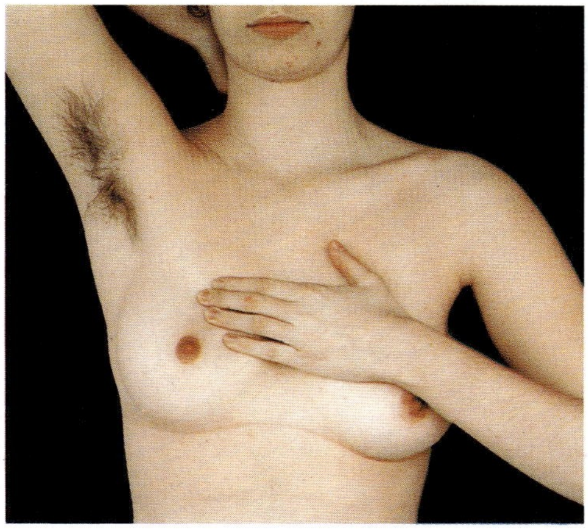

❹ **Austasten** *(*Palpation) des Achselhöhle: Die wichtigsten Lymphbahnen ziehen von der Brustdrüse zu den Achsellymphknoten. Die ersten Tochtergeschwülste (Metastasen) des Brustkrebses entstehen meist in der Achselhöhle. Deshalb sollte man zum Schluss der Untersuchung die Achselhöhle nach verhärteten Lymphknoten austasten. Der Arm muss dazu locker an den Rumpf angelegt werden. Bei abgespreiztem Arm kann man nicht tief genug in die Achselhöhle eindringen. *[li1]*

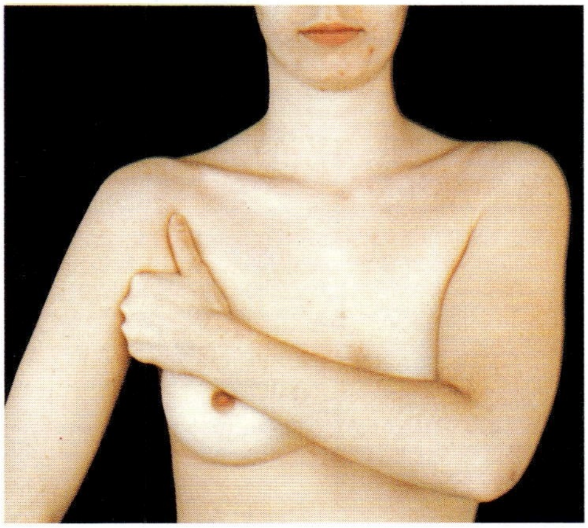

Ausbreitung des Brustkrebses

Bösartige Geschwülste bilden Absiedlungen = Tochtergeschwülste (Metastasen), indem sich Zellen von der Geschwulst lösen und mit dem Blut- und Lymphstrom im Körper verteilt werden. Beim Brustkrebs geht die Lebensgefahr in der Regel nicht von der Erstgeschwulst (Primärtumor), sondern von den Metastasen aus. Die Lebenserwartung hängt entscheidend davon ab, ob die Geschwulst zum Zeitpunkt der Operation schon Tochtergeschwülste abgesiedelt hat oder nicht. Am häufigsten befallen sind:

• *Achsellymphknoten:* Bei etwa 2/3 der Brustkrebspatientinnen sind sie zum Zeitpunkt der Operation bereits erkrankt und müssen daher operativ entfernt oder bestrahlt werden.

• *Lunge:* Hier gelangen Krebszellen aus der Brustdrüse mit dem Blutstrom erstmals in ein Kapillarnetz, bleiben darin hängen und vermehren sich.

• *Knochenmark:* Bevorzugt befallen sind Wirbelsäule, Rippen, Becken, Schädeldach und Oberschenkel. Knochenmetastasen werden mit radioaktiven Stoffen (Skelettszintigraphie) aufgespürt.

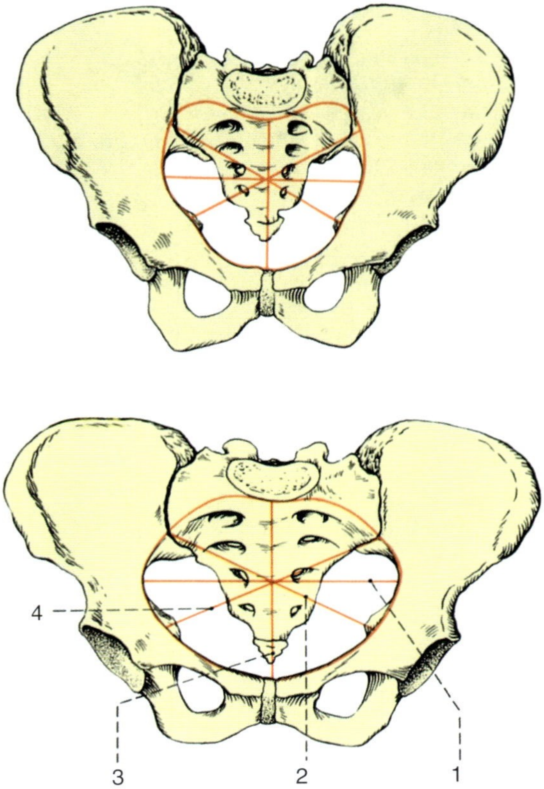

Becken von vorn: unteres Bild weibliches Becken, oben männliches Becken, rot die Beckeneingangsebene mit ihren Hauptdurchmessern. [dr1]

Im Hinblick auf den Gebärvorgang ist der Beckenkanal der Frau breiter und tiefer als der des Mannes. Die Darmbeinkämme laden seitlich weiter aus. Das weibliche Skelett erkennt man am raschesten am Schambeinwinkel: Die unterhalb der Schambeinfuge gelegenen unteren Schambeinäste bilden bei der Frau einen deutlich größeren Winkel als beim Mann.

1	Querer Durchmesser	*Diameter transversa*
2, 4	Schräger Durchmesser	*Diameter diagonalis*
3	Kleinster gerader Durchmesser	*Conjugata vera*

Der **Beckengürtel** besteht aus
- *3 Knochen:* Kreuzbein + 2 Hüftbeine
- *3 Knochenverbindungen:* Schambeinfuge + 2 Kreuzbein-Darmbein-Gelenke

Beckenknochen

➊ **Kreuzbein:** Es ist bereits als Teil der Wirbelsäule besprochen worden.

➋ **Hüftbein:** Zu ihm verschmelzen 3 Knochen:
- *Darmbein:* Die Darmbeinschaufel wird oben vom Darmbeinkamm begrenzt, der mit dem vorderen oberen und dem hinteren oberen Darmbeinstachel endet. Diese bilden wichtige Orientierungspunkte an der Rumpfwand. Der Darmbeinkamm ist in ganzer Länge durch die Haut zu tasten. Er ist auch für ärztliche Eingriffe leicht zugänglich, wenn man z.B. Knochenmark zur Untersuchung der Blutbildung entnehmen will.
- *Schambein:* Es umgreift hakenförmig mit dem oberen und unteren Schambeinast das Hüftloch.
- *Sitzbein:* Auf den mächtigen Sitzbeinhöckern ruht beim Sitzen das Gewicht des Rumpfes.

Die 3 Teilknochen treffen sich in der *Hüftgelenkpfanne*. Schambein und Sitzbein umgeben das etwa fünfmarkstückgroße *Hüftloch*. Es wird durch die Hüftlochmembran aus straffem Bindegewebe verschlossen.

Großes und kleines Becken

Das knöcherne Becken ist einem Trichter mit weitem Auslauf zu vergleichen:
- *Großes Becken* nennt man das kegelförmige Stück des Trichters, das von den seitlich ausladenden Darmbeinschaufeln gebildet wird.
- *Kleines Becken* nennt man das Auslaufrohr. Dieses umschließt den Beckenkanal („Beckenhöhle") mit den Beckenorganen.
- Die Grenze zwischen großem und kleinen Becken verläuft vom Oberrand des Kreuzbeins zum Oberrand der Schambeinfuge und tritt als „Grenzlinie" beim Hüftbein deutlich hervor.

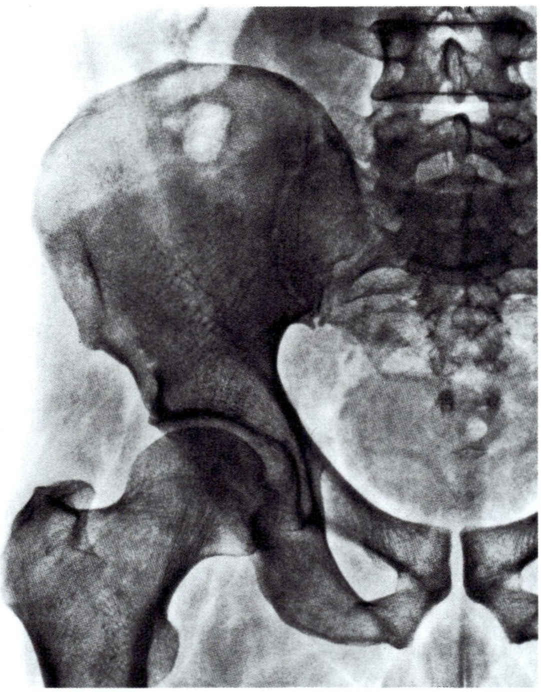

Becken und Hüftgelenk: Röntgenbild. Die hellen „Flecken" auf dem Darmbein sind Gasblasen im aufsteigenden Dickdarm. [wi1]

Beckenkanal

Der Beckenkanal ist bei der Frau der Gebärkanal, den die Leibesfrucht bei der natürlichen Geburt zum „Licht der Welt“ wählt. Der Beckenkanal ist nicht gerade, sondern nach vorn gekrümmt:

- *Beckeneingang:* Die obere Öffnung (Grenze zum großen Becken vom Oberrand des Kreuzbeins zum Oberrand der Schambeinfuge) ist etwa kartenherzförmig. Der Beckeneingang steht nicht horizontal, sondern ist im aufrechten Stand um etwa 60° nach vorn unten gekippt. Dadurch wird der Beckenboden entlastet und ein Teil des Gewichts der Bauchorgane von den Schambeinen getragen.
- *Beckenausgang:* Die untere Öffnung ist etwa rautenförmig bis oval. Sie wird durch den Beckenboden (Dammgegend) verschlossen. Die Eckpunkte der „Raute“ sind der Unterrand der Schambeinfuge, die beiden Sitzbeinhöcker und die Steißbeinspitze. Der Beckenausgang ist im Gegensatz zum recht starren Beckeneingang nach rückwärts um etwa 2 cm erweiterungsfähig, indem das Steißbein im Kreuzbein-Steißbein-Gelenk nach hinten abgebogen wird.

1	Darmbeinkamm	*Crista iliaca*
2	Vorderes Kreuzbein-Darmbein-Band	*Lig. sacroiliacum anterius*
3	Vorderer oberer Darmbeinstachel	*Spina iliaca anterior superior*
4	Leistenband	*Lig. inguinale [Arcus inguinalis]*
5	Grenzlinie (zwischen großem und kleinem Becken)	*Linea terminalis; Pelvis major; Pelvis minor*
6	Großer Rollhügel	*Trochanter major*
7	Darmbein-Oberschenkel-Band	*Lig. iliofemorale*
8	Oberschenkelschaft	*Corpus femoris*
9	Kleiner Rollhügel	*Trochanter minor*
10	Schambein-Oberschenkel-Band	*Lig. pubofemorale*
11	Hüftlochmembran	*Membrana obturatoria*
12	Schambeinfuge	*Symphysis pubica*
13	Steißbein	*Os coccygis [Coccyx]*
14	Sitzbeinhöcker	*Tuber ischiadicum*
15	Ringzone der Hüftgelenkkapsel	*Zona orbicularis*
16	Sitzbein-Oberschenkel-Band	*Lig. ischiofemorale*
17	Kreuzbein-Sitzbeinhöcker-Band	*Lig. sacrotuberale*
18	Kreuzbein-Sitzbeinstachel-Band	*Lig. sacrospinale*
19	Fünfter Lendenwirbel	*Vertebra lumbalis V*
20	Darmbein-Lendenwirbel-Band	*Lig. iliolumbale*
21	Hinterer oberer Darmbeinstachel	*Spina iliaca posterior superior*
22	Unteres Schambeinfugenband	*Lig. pubicum inferius*
23	Sitzbeinstachel	*Spina ischiadica*
24	Hinteres Kreuzbein-Darmbein-Band	*Lig. sacrococcygeum posterius [dorsale] superficiale*
25	Oberflächliches hinteres Kreuzbein-Steißbein-Band	*Lig. sacroiliacum posterius*
26	Medialer Knochenkamm des Kreuzbeins	*Crista sacralis medialis*
27	Dornfortsatzband	*Lig. supraspinale*

Hüftbein eines 14-Jährigen, Außenseite. *[bg1]*
Die 3 Teile des Hüftbeins (Darmbein, Schambein, Sitzbein) sind beim Kind durch Knorpelfugen verbunden, die sich in der Hüftpfanne treffen *(Y-Fuge)*. Diese Knorpelfugen sind Wachstumszonen der Knochen, denn die Hüftpfanne muss mit dem Wachstum des Hüftkopfes Schritt halten. Die Knorpelfugen verknöchern am Ende der Wachstums. Am erwachsenen Hüftbein sind die ehemaligen Wachstumszonen nur undeutlich zu erkennen.

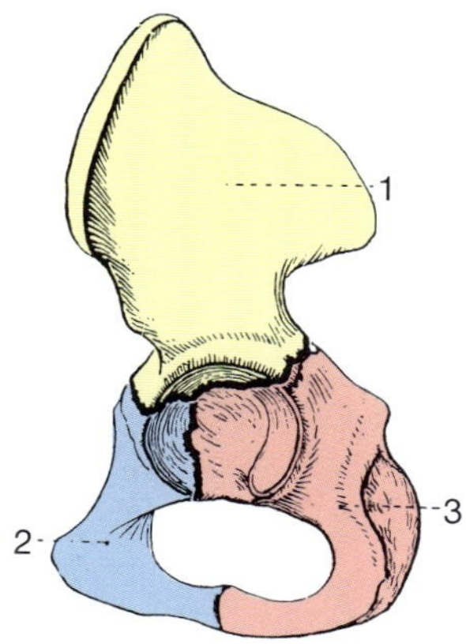

1–3	Hüftbein	*Os coxae*
1	Darmbein	*Os ilium [Ilium]*
2	Schambein	*Os pubis [Pubis]*
3	Sitzbein	*Os ischii [Ischium]*

↓ **Bänder des Beckens und des Hüftgelenks** von vorn (oberes Bild) und von hinten (unteres Bild). *[bg1]*

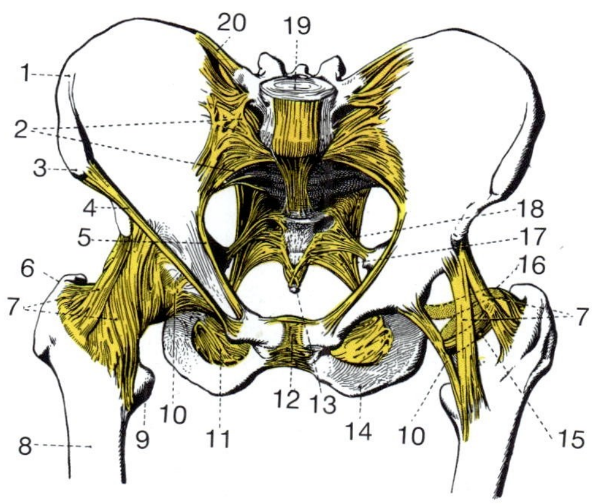

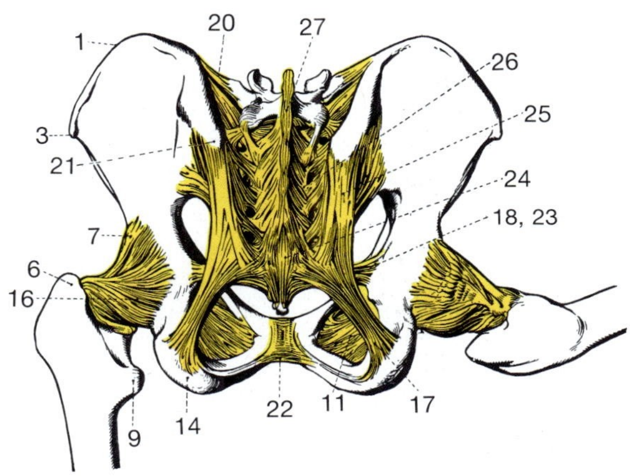

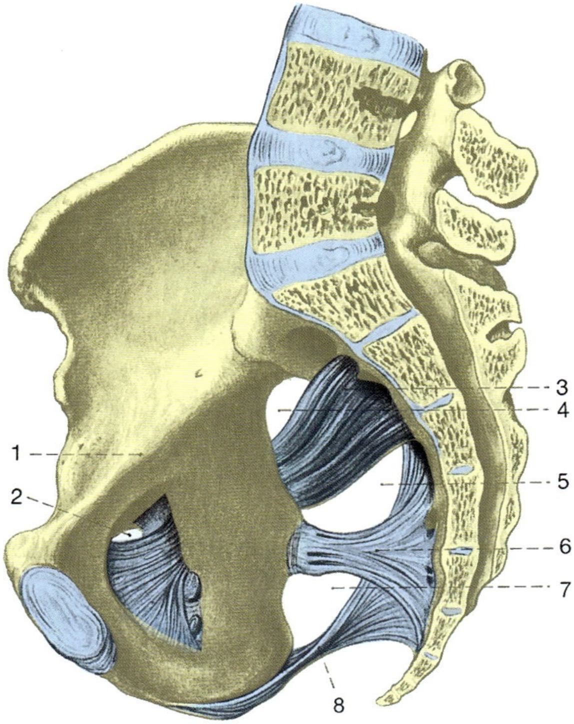

Becken mit Bändern, in der Körpermittelebene (median) halbiert, rechte Hälfte. *[le2]*

1	Grenzlinie (zwischen großem und kleinem Becken)	*Linea terminalis; Pelvis major; Pelvis minor*
2	Hüftlochkanal	*Canalis obturatorius*
3	Birnförmiger Muskel	*M. piriformis*
4	Großes Sitzbeinloch, suprapiriformer Teil	*(Foramen ischiadicum majus)*
5	Großes Sitzbeinloch, infrapiriformer Teil	*(Foramen ischiadicum majus)*
6	Kreuzbein-Sitzbeinstachel-Band	*Lig. sacrospinale*
7	Kleines Sitzbeinloch	*Foramen ischiadicum minus*
8	Kreuzbein-Sitzbeinhöcker-Band	*Lig. sacrotuberale*

Verbindungen der Beckenknochen

Sie dienen weniger der aktiven Beweglichkeit als der Elastizität und damit der Bruchfestigkeit des Beckenrings sowie der Federung der Wirbelsäule (und somit des Kopfes). Beckenbrüche wären bei einem knöchern geschlossenen Beckenring viel häufiger.

• *Schambeinfuge* („Symphyse"): Rechtes und linkes Schambein werden durch eine Faserknorpelscheibe (ähnlich der Zwischenwirbelscheibe) verbunden.

• *Kreuzbein-Darmbein-Gelenke* (vom Arzt meist Iliosakralgelenke genannt, abgekürzt ISG): Wegen sehr straffer Bänder sind in ihnen nur kleine Bewegungen möglich. Die Bänder müssen so kräftig sein, da sie das Gewicht des auf der Kreuzbeinbasis lastenden oberen Rumpfteiles auffangen müssen.

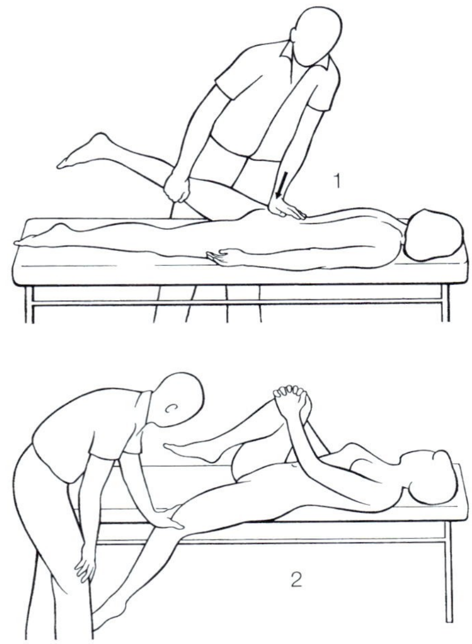

Untersuchung der Kreuzbein-Darmbein-Gelenke. *[le4]*
An diesen Gelenken kommt es oft zu schmerzhaften Bewegungsstörungen. Sie sind die häufigste Ursache des „Hexenschusses", eines plötzlichen heftigen Kreuzschmerzes. Bei Kreuzschmerzen muss man daher auch die Kreuzbein-Darmbein-Gelenke überprüfen. Angesichts der benachbarten sehr gut beweglichen Hüftgelenke und der Lendenwirbelsäule ist es nicht leicht, die Kreuzbein-Darmbein-Gelenke besonders anzuspannen. Man muss zunächst die Mitbewegung in den Nachbargelenken ausschalten. Dazu bringt man die Hüftgelenke in äußerste Streckstellung und verhindert Bewegungen in der Lendenwirbelsäule. Der englische Orthopäde Mennell hat dafür folgendes Vorgehen empfohlen:

1 Der Patient liegt auf dem Bauch. Der Arzt steht neben der Untersuchungsliege. Er hebt mit der einen Hand den Oberschenkel bis in volle Überstreckung des Hüftgelenks. Mit der anderen Hand drückt er die Gesäßbacke der anderen Seite des Patienten herab, um Bewegungen der Lendenwirbelsäule unmöglich zu machen. Ruckt er nun das gehobene Bein an, so trifft die Belastung voll beide Kreuzbein-Darmbein-Gelenke. Wenn sie erkrankt sind, spürt der Patient den typischen Kreuzschmerz.

2 Bei schwergewichtigen Patienten ist es für den Arzt weniger anstrengend, den Patienten in Rückenlage zu untersuchen und das Bein nach unten zu drücken. Dabei muss das Bein über den Rand der Untersuchungsliege hängen. Mitbewegungen in der Lendenwirbelsäule schaltet man aus, indem man den Patienten das andere Bein im Hüftgelenk maximal beugen lässt (Oberschenkel an den Rumpf ziehen).

Großes und kleines Sitzbeinloch

In die Hinterwand des Beckenkanals sind Lücken eingelassen, durch die Blutgefäße und Nerven aus dem Beckeninneren zur Gesäßgegend und zur Dammgegend gelangen. Die Lücken werden von den Kreuzbein-Sitzbein-Bändern begrenzt (siehe Bild).

Beckenboden der Frau, vom Bauchraum her gesehen. Harnröhre, Scheide und Mastdarm sind im Levatortor quer abgeschnitten *[wel]*

1 Weibliche Harnröhre *Urethra feminina*
2 Scheide *Vagina*
3 Mastdarm *Rectum*
4 Hüftlochkanal *Canalis obturatorius*
5 After-Steißbein-Band *Corpus [Lig.] anococcygeum*
6 Innerer Hüftlochmuskel *M. obturatorius internus*
7 Ursprungssehnenbogen des Afterhebers *Arcus tendineus musculi levatoris ani*
8 Steißmuskel (auf Kreuzbein-Sitzbein-stachel-Band) *M. ischiococcygeus [coccygeus]; Lig. sacrospinale*
9 Birnförmiger Muskel *M. piriformis*

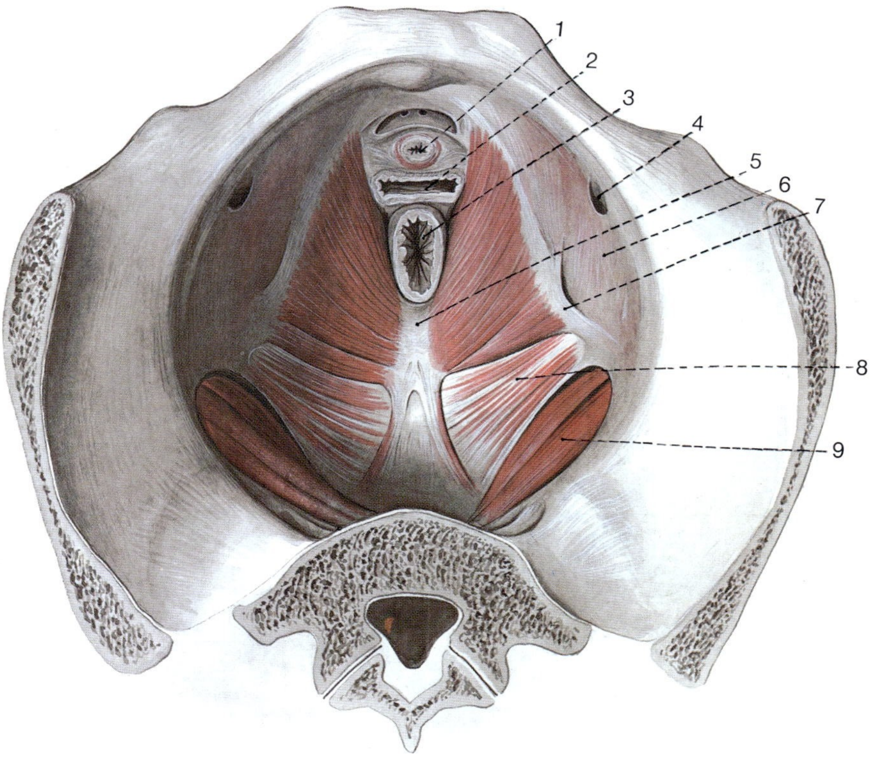

Beckenboden

Unter diesem Begriff fasst man die den Beckenausgang verschließenden beiden Muskel-Sehnen-Platten und die zugehörigen Bindegeweberäume zusammen:

❶ **Beckenzwerchfell** (Diaphragma pelvis): Ähnlich wie das Zwerchfell den Bauchraum nach oben begrenzt, schließt es den Bauchraum nach unten ab. Es besteht aus 3 Muskeln:

- *Afterheber* (Hauptteil der Muskel-Sehnen-Platte),
- *Steißmuskel* (auf dem Kreuzbein-Sitzbeinstachel-Band) und
- *äußerer Afterschließmuskel* (auf der Unterseite).

Wie beim Zwerchfell darf der Verschluss nicht vollständig sein, weil Eingeweide die Muskelplatte durchsetzen: Harnröhre und Mastdarm sowie bei der Frau zusätzlich die Scheide. Der Afterheber ist daher U-förmig angelegt: Das sogenannte „Levatortor" (Levator-Tor) lässt die Eingeweide hindurchtreten. Es kann sich bei der Entbindung gewaltig erweitern. Der Name „Afterheber" beschreibt nur eine Nebenfunktion dieses Muskels.

❷ **Dammmembran** mit den angelagerten Muskeln: Sie verstärkt den Beckenboden unterhalb des Beckenzwerchfells im Bereich des Levatortors. Sie wird bei den äußeren Geschlechtsorganen abgebildet und eingehend behandelt.

Afterheber, von oben gesehen. Im Unterschied zum Bild oben sind hier das Levatortor (für Harnröhre, Scheide und Mastdarm) und die großen Sitzbeinlöcher (für die birnförmigen Muskeln) frei gelassen. *[wel]*

1–3	Afterheber	*M. levator ani*
1	Schambein-Steißbein-Muskel	*M. pubococcygeus*
2	Ursprungssehnenbogen des Afterhebers	*Arcus tendineus musculi levatoris ani*
3	Darmbein-Steißbein-Muskel	*M. iliococcygeus*
4	Steißmuskel (auf Kreuzbein-Sitzbeinstachel-Band)	*M. ischiococcygeus [coccygeus]; Lig. sacrospinale*
5	Kreuzbein -Steißbein-Band	*Lig. sacrococcygeum*
6	Levatortor	*Hiatus urogenitalis*

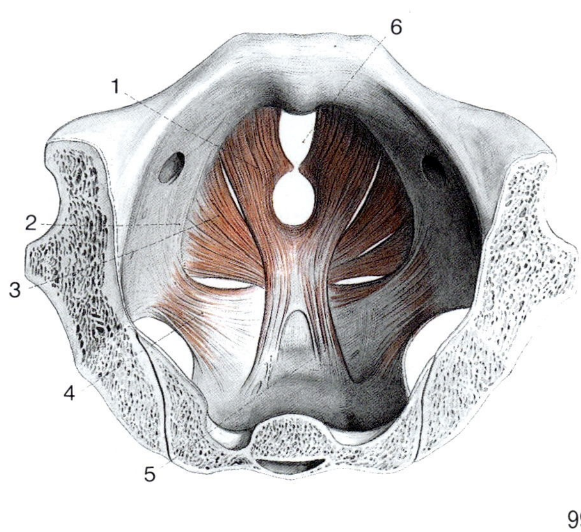

Begriff Bein

Der Begriff „Bein" ist nicht eindeutig: Im allgemeinen versteht man darunter den frei beweglichen Teil der unteren Gliedmaße, also vom Hüftgelenk abwärts. Manche Ärzte setzen jedoch Bein gleich untere Gliedmaße (also einschließlich Hüftbein). Dementsprechend wird auch die „Beinlänge" unterschiedlich definiert: vom Boden bis zum Unterrand der Schambeinfuge, zur Spitze des großen Rollhügels, zum vorderen oberen Darmbeinstachel oder bis zum höchsten Punkt des Darmbeinkamms.

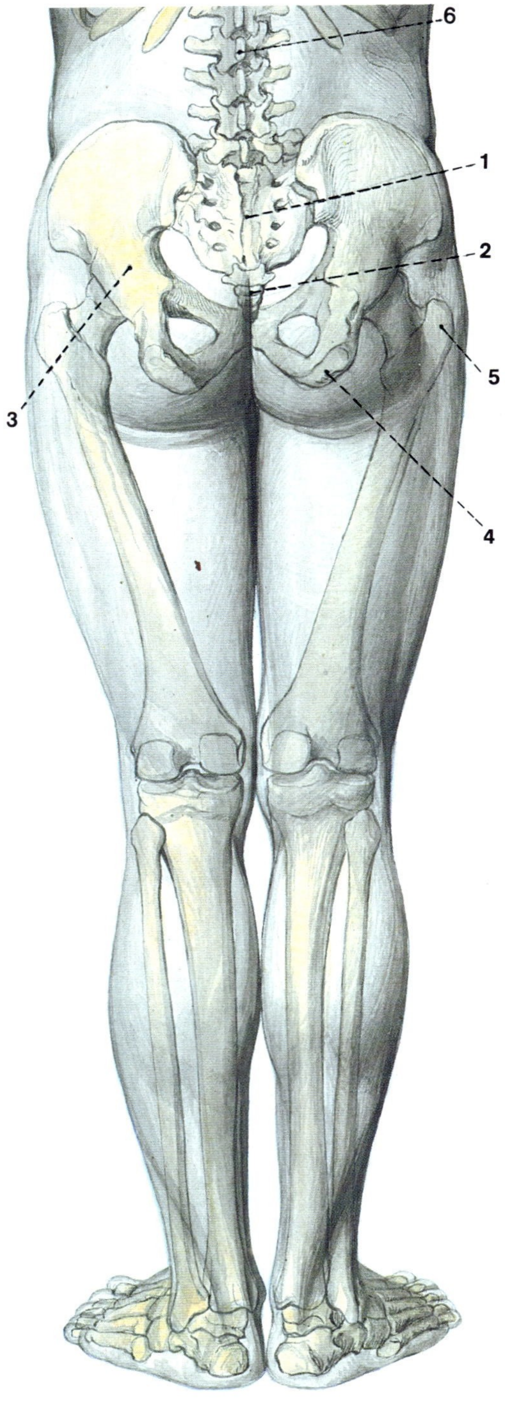

Gliederung der unteren Gliedmaße (Extremität)
- Hüftbein (zugleich Teil des Beckens)
- Hüftgelenk
- Oberschenkel
- Kniegelenk
- Unterschenkel (Schienbein + Wadenbein)
- oberes Sprunggelenk
- Fuß (Fußwurzel + Mittelfuß + Zehen)

O- und X-Beine

Die beiden Hüftgelenke haben einen größeren Abstand als die beiden Kniegelenke oder Sprunggelenke. Deshalb muss auch beim „geraden" Bein der Unterschenkel gegenüber dem Oberschenkel abgeknickt sein. Der Knick ist jedoch so bemessen, dass sich beim geraden Bein im aufrechten Stand mit geschlossenen Beinen sowohl die Knie als auch die Innenknöchel berühren. Beim *O-Bein* klaffen in dieser Stellung die Knie, beim *X-Bein* die Innenknöchel auseinander.

Gelenkkörper des Hüftgelenks

• *Hüftpfanne:* Sie wird gemeinsam von den 3 Knochen des Hüftbeins (Darmbein, Schambein und Sitzbein) gebildet. Die Höhlung entspricht etwa dem Abdruck einer Halbkugel. Am inneren unteren Ende sinkt eine kleine Grube für das Hüftkopfband nochmals tiefer ein. Dem Rand der Hüftpfanne ist ein Faserknorpelring (Gelenklippe) aufgelagert. Er umschließt den Hüftkopf bis über den Äquator.

• *Hüftkopf:* Er ist annähernd kugelförmig und durch den Schenkelhals vom Oberschenkelschaft abgespreizt. Am oberen Ende des Oberschenkelschaftes springen 2 Knochenhöcker vor (großer und kleiner Rollhügel). Sie dienen dem Ansatz von Muskeln.

Skelett der unteren Körperhälfte von hinten. *[ta]*
• Die Hauptgelenke des Beins stehen nicht genau in der Frontalebene: Hüftgelenk und Sprunggelenke sind etwas außen-, das Kniegelenk innengedreht. Beim entspannten Stehen weisen daher die Zehen nach außen. Diese Torsion des Beins ist sehr zweckmäßig: Beim Beugen im Kniegelenk z.B. wird der Fuß nach hinten außen geführt. Damit schlägt er beim raschen Laufen nicht gegen das Standbein, sondern wird an ihm vorbeigeführt.
• Das Gewicht des Rumpfes wird über Hüftgelenk, Kniegelenk und Sprunggelenke auf den Boden übertragen („Traglinie"). Wegen des Schenkelhalses steht der Oberschenkelschaft nicht in der Traglinie des Beins. Dies bedingt große Biegespannungen am Schenkelhals.

1	Kreuzbein	*Os sacrum [Vertebrae sacrales]*
2	Steißbein	*Os coccygis [Coccyx]*
3	Hüftbein	*Os coxae*
4	Sitzbeinhöcker	*Tuber ischiadicum*
5	Großer Rollhügel	*Trochanter major*

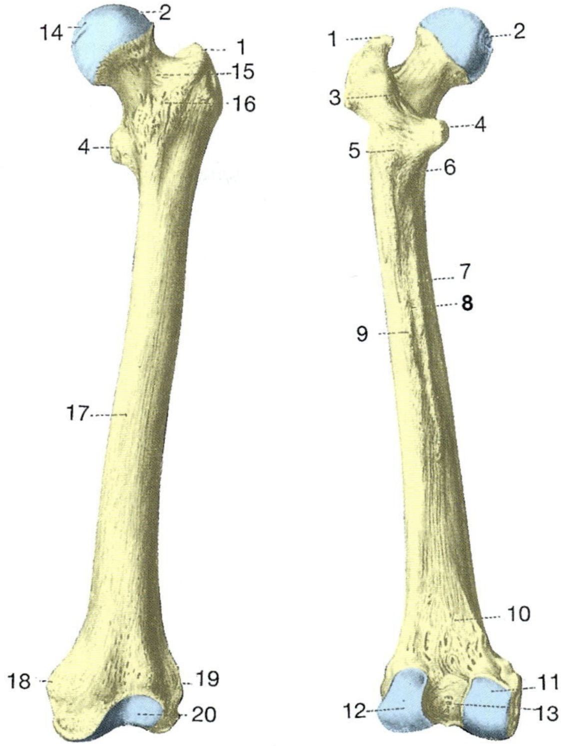

Linkes Oberschenkelbein (Femur) von vorn (linkes Bild) und von hinten. Knorpelüberzogene Gelenkflächen blau. *[bg1]*

1	Großer Rollhügel	*Trochanter major*
2	Hüftkopf (= Schenkelkopf)	*Caput femoris*
3	Knochenkamm zwischen den Rollhügeln	*Crista intertrochanterica*
4	Kleiner Rollhügel	*Trochanter minor*
5	Rauigkeit für den Ansatz des großen Gesäßmuskels	*Tuberositas glutea*
6	Kammlinie (Ansatz des Kammmuskels)	*Linea pectinea*
7	Raue Linie, innere Lippe	*Linea aspera, Labium mediale*
8	Raue Linie	*Linea aspera*
9	Raue Linie, äußere Lippe	*Linea aspera, Labium laterale*
10	Kniekehlenfläche (des Oberschenkelbeins)	*Facies poplitea*
11	Innerer Gelenkknorren (des Oberschenkelbeins)	*Condylus medialis (femoris)*
12	Äußerer Gelenkknorren (des Oberschenkelbeins)	*Condylus lateralis (femoris)*
13	Zwischenknorrengrube	*Fossa intercondylaris*
14	Kopfbandgrube	*Fovea capitis femoris*
15	Schenkelhals	*Collum femoris*
16	Linie zwischen den Rollhügeln	*Linea intertrochanterica*
17	Oberschenkelschaft	*Corpus femoris*
18	Innerer Obergelenkknorren (des Oberschenkelbeins)	*Epicondylus medialis (femoris)*
19	Äußerer Obergelenkknorren (des Oberschenkelbeins)	*Epicondylus lateralis (femoris)*
20	Gelenkfläche für die Kniescheibe	*Facies patellaris*

Hüftgelenke und Wirbelsäule

Beuge- und Streckbewegungen in den Hüftgelenken werden durch Vertiefen und Abflachen der Krümmungen der Wirbelsäule ergänzt. Leichte Bewegungsbehinderungen in der Wirbelsäule oder im Hüftgelenk können so durch den jeweils anderen Teil der Bewegungskette ausgeglichen werden.

↓ **Hüftgelenke und Wirbelsäule:** Beispiele für ihr Zusammenwirken. Die Stellung des Beckens (und damit des Hüftgelenks) kann man in den 3 Abbildungen anhand des Oberrandes des Bikiniunterteils sowie am markierten Beckenkamm leicht beurteilen: *[li1]*

- Links: Eine leichte Beugung im Hüftgelenk kann durch Vertiefen der Lendenlordose ausgeglichen werden.
- Mitte: Neutralnullstellung.
- Rechts: Beim Überstrecken des Hüftgelenks wird die Lendenlordose abgeflacht.

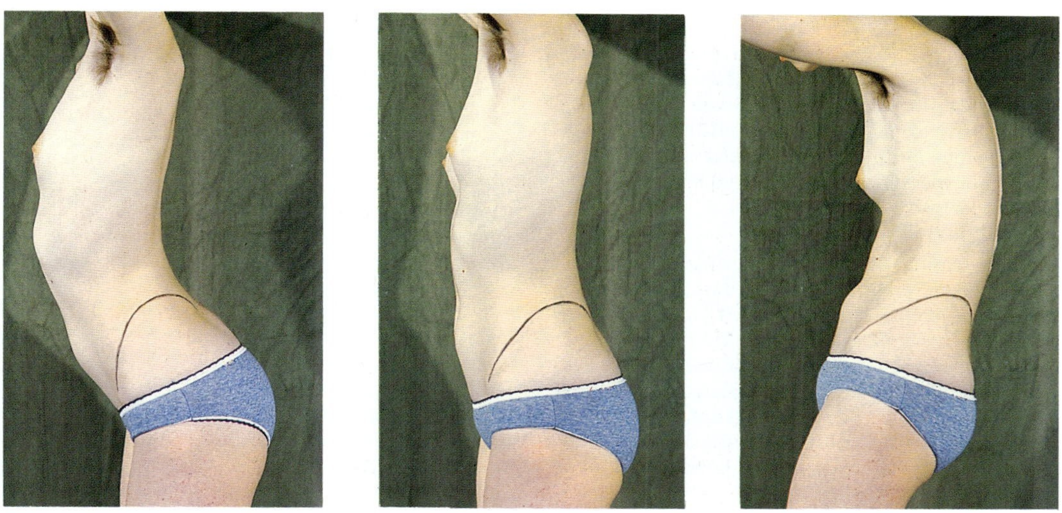

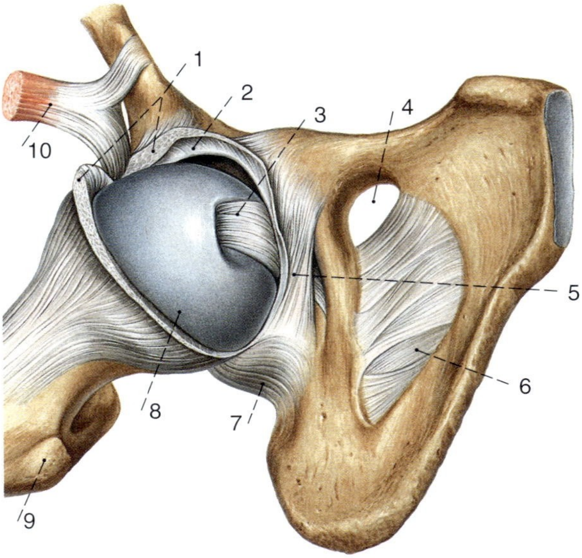

↑ **Rechtes Hüftgelenk** von vorn mit stark abgespreiztem und nach außen gekreiseltem Oberschenkelbein. Die Gelenkkapsel und das Darmbein-Oberschenkel-Band sind aufgeschnitten, um den Hüftkopf mit dem Hüftkopfband zu zeigen. *[ss2]*

1	Darmbein-Oberschenkel-Band	*Lig. iliofemorale*
2	Gelenklippe der Hüftpfanne	*Labrum acetabuli*
3	Hüftkopfband	*Lig. capitis femoris*
4	Hüftlochkanal	*Canalis obturatorius*
5	Schambein-Oberschenkel-Band	*Lig. pubofemorale*
6	Hüftlochmembran	*Membrana obturatoria*
7	Sitzbein-Oberschenkel-Band	*Lig. ischiofemorale*
8	Hüftkopf (= Schenkelkopf)	*Caput femoris*
9	Kleiner Rollhügel	*Trochanter minor*
10	Gerader Oberschenkelmuskel	*M. rectus femoris*

Kapsel des Hüftgelenks

Die Gelenkkapsel entspringt an der Gelenklippe und setzt seitlich am Schenkelhals an. Wegen des großen Bewegungsspielraums des Hüftgelenks muss sie recht weit sein. Sie umgreift den Hüftkopf und einen großen Teil des Schenkelhalses. Sie wird durch 4 Bänder verstärkt: je eines von jedem der 3 Teilknochen des Hüftbeins (Darmbein, Schambein, Sitzbein) und eine Ringzone, die den Schenkelhals umrundet. Die Bänder sind so angeordnet, dass sie die Beugung freigeben, aber das Überstrecken verhindern.

Hüftkopfband

Das den Hüftkopf mit der Hüftpfanne verbindende Hüftkopfband dient keineswegs dazu, den Hüftkopf in der Hüftpfanne zu halten. Es ist eine Ernährungsstraße, über die Blutgefäße zum Hüftkopf gelangen. Allerdings reichen sie allein nicht aus, um den Hüftkopf zu ernähren. Zusätzliche Blutgefäße kommen über den Schenkelhals zum Hüftkopf. Werden diese bei Wachstumsfugenlösung, Hüftverrenkung oder Schenkelhalsbruch zerrissen, so kann der Hüftkopf geschädigt werden („Hüftkopfnekrose").

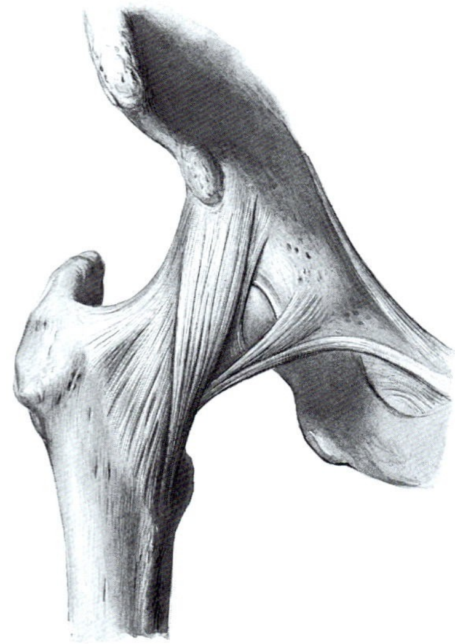

Rechtes Hüftgelenk von vorn in Neutralnullstellung. ↑ Das Darmbein-Oberschenkel-Band (das stärkste Band des menschlichen Körpers) und das Schambein-Oberschenkel-Band treten deutlich hervor. Zwischen ihnen ist die Gelenkkapsel eröffnet. Man sieht ein kleines Stück des Hüftkopfs und des Hüftpfannenrandes. *[us]*

Schenkelhals

Der erstaunlich große Bewegungsumfang des Hüftgelenks wird durch die Konstruktion des Schenkelhalses möglich: Der Hüftkopf sitzt nicht unmittelbar dem Oberschenkelschaft auf, sondern ist durch einen sich verjüngenden Hals mit ihm verbunden. Deswegen kann sich der Kopf sehr frei in der Hüftpfanne bewegen und ist trotzdem gegen Verrenkungen gut geschützt (im Gegensatz zum Schultergelenk!). Ein Nachteil dieser Konstruktion ist die Gefahr des Schenkelhalsbruchs, vor allem beim alten Menschen.

Schenkelhalsbruch

Die eigenartige Abwinklung des Hüftkopfs gegenüber dem Schaft des Oberschenkelbeins führt zu starken Biegebelastungen im Schenkelhals. Die Anordung der Knochenbälkchen und die hochgezogene kompakte Rindenschicht des Schaftes wirken der Biegung entgegen. Beim Knochenabbau im Alter („Altersosteoporose") oder bei mangelnder Bewegung („Inaktivitätsosteoporose") kann aber so viel Knochen verloren gehen, dass schon eine geringfügige Mehrbelastung zum Schenkelhalsbruch führt.

- Die Bruchheilung dauert im Alter sehr lange und bedeutet damit ein langes Krankenlager. Es wirft den alten Menschen körperlich und seelisch aus seiner Bahn und beschleunigt so oft das Ende.
- Durch Osteosynthese, z.B. Verschrauben der Bruchstücke, oder Einsetzen eines künstlichen Hüftgelenks sucht man die Mobilität (Beweglichkeit) des Patienten rasch wiederherzustellen.

Bewegungsumfänge des Hüftgelenks: ➔
mittlere Messwerte von gesunden jungen Erwachsenen nach der Neutral-Null-Methode. *[bh1]*

• Um die Beuge-Streck-Achse kann man das Hüftgelenk (in Seitenlage) etwa 10° strecken und 130° beugen. Das Protokoll lautet dann: Strecken – Beugen (Extension – Flexion) 10° – 0° – 130°. Beugen und Strecken im Hüftgelenk werden normalerweise durch entsprechende Bewegungen in der Lendenwirbelsäule ergänzt. Deshalb muss man diese Mitbewegungen ausschalten: Beim Strecken verhindert der Patient eine Mitbewegung des Beckens, indem er den Oberschenkel der anderen Seite an den Rumpf presst. Beim Beugen hält der Untersucher den Oberschenkel der anderen Seite fest.

• Um die Abspreiz-Anführ-Achse kann man das Hüftgelenk (in Rückenlage) etwa 45° abspreizen und 30° anführen (anziehen). Das Protokoll lautet: Abspreizen – Anführen (Abduktion – Adduktion) 45° – 0° – 30°.

• Kreiselbewegungen werden bei den großen Kugelgelenken gewöhnlich außer aus der Neutralnullstellung noch aus einer weiteren Ausgangsstellung gemessen. Beim Hüftgelenk ist dies die rechtwinklige Beugung (entsprechend dem Sitzen). Häufig ist in Beugestellung die Kreiselung größer als in Streckstellung. Um einen einfachen „Zeiger" für die Bewegung zu gewinnen, beugt man das Knie rechtwinklig. Dann kann man am Unterschenkel das Bewegungsmaß für das Kreiseln im Hüftgelenk leicht ablesen. Das Protokoll lautet etwa: Außenkreiseln – Innenkreiseln (Außenrotation – Innenrotation) 50° – 0° – 40°.

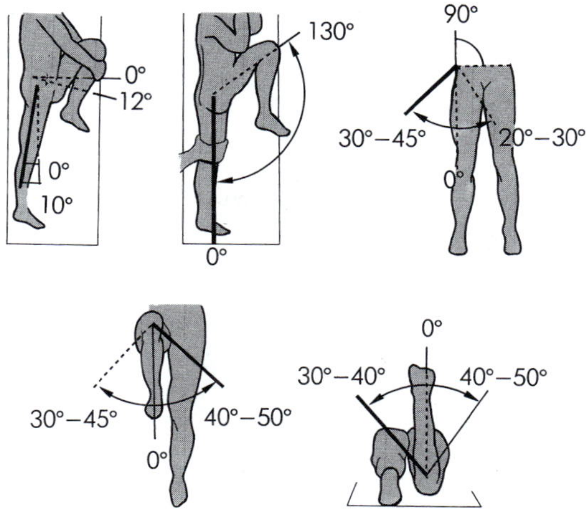

Das Hüftgelenk ist ein Kugelgelenk mit 3 Hauptachsen und 6 Hauptbewegungsrichtungen:

- Strecken – Beugen
- Abspreizen – Anziehen
- Außenkreiseln – Innenkreiseln

🡻 **Überbeweglichkeit** (Hypermobilität) im Hüftgelenk. Es kann bis auf 170° gebeugt werden. *[li1]*

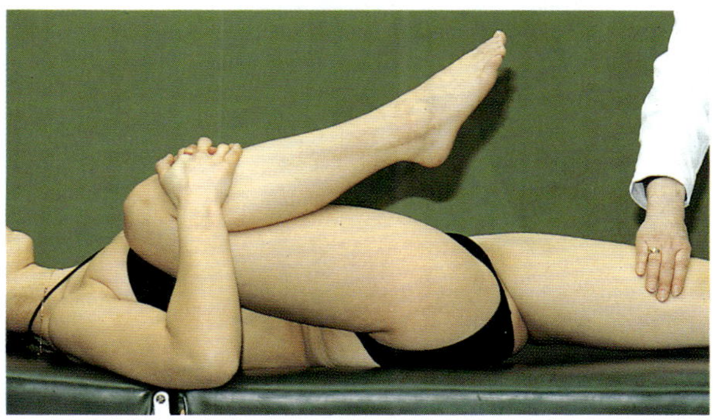

Außenkreiseln und Innenkreiseln im Hüftgelenk im Sitzen. Man beachte, dass beim Innenkreiseln im Hüftgelenk der Unterschenkel nach außen geführt wird und umgekehrt! Beim Außenkreiseln im Hüftgelenk mit den Unterschenkeln als „Zeiger" behindern sich die Unterschenkel. Dann kann man jeweils ein Kniegelenk etwas schwächer beugen oder strecken, um den einen Unteerschenkel vor den anderen zu führen. Diese Bewegung im Kniegelenk hat keinen Einfluss auf das Kreiseln im Hüftgelenk. *[li1]*

Außenkreiseln 🡻 Innenkreiseln 🡾

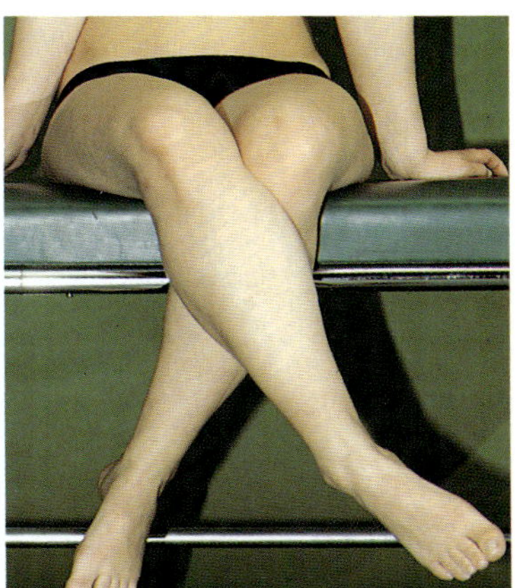

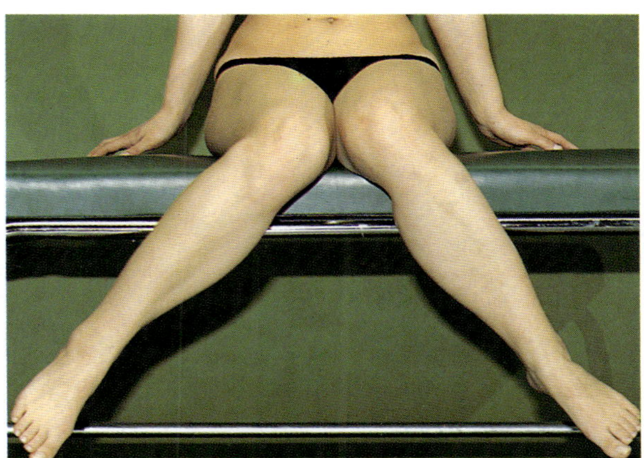

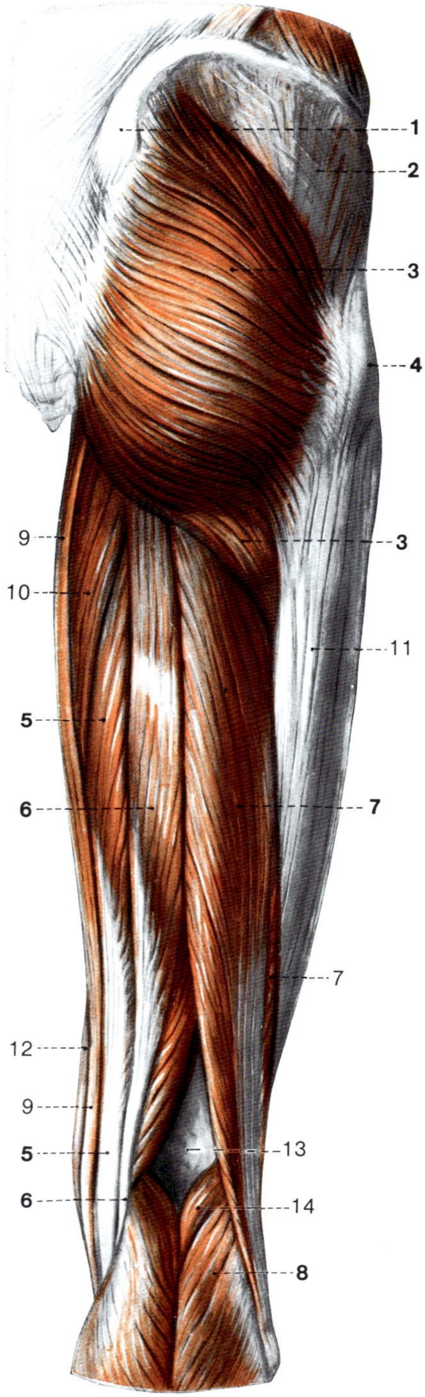

Muskeln des Gesäßes und der Rückseite des Oberschenkels, oberflächliche Schicht. Haut, Unterhaut, allgemeine Faszie, Blutgefäße und Nerven sind entfernt („Muskelpräparat"). *[bg1]*

Gesäßmuskeln

❶ *Großer Gesäßmuskel:*

- Er entspringt vom Kreuzbein und vom hinteren Abschnitt des Darmbeins und setzt am Oberschenkelschaft unterhalb der Rollhügel an. Er strahlt aber auch in die Darmbein-Schienbein-Sehne in der Oberschenkelfaszie ein.
- Er streckt im Hüftgelenk und kreiselt den Oberschenkel nach außen.
- Der große Gesäßmuskel ist ein für den Menschen charakteristisches Merkmal des Körperbaus: Infolge der „Aufrichtung" zum zweibeinigen Stand hat sich die Streckmuskulatur des Hüftgelenks so stark entfaltet. Während die Hüftgelenkbeuger im allgemeinen nur das Gewicht des Beins heben, müssen die Strecker beim Treppensteigen und Bergaufgehen das Gewicht des restlichen Körpers über das Bein heben.

❷ *Mittlerer und kleiner Gesäßmuskel:*

- Sie entspringen am Darmbein und setzen am großen Rollhügel an.
- Sie spreizen den Oberschenkel im Hüftgelenk ab.
- Das Durchschwingen des Beins beim Gehen wird erleichtert, wenn das Becken auf der Spielbeinseite etwas angehoben wird. Dies bewirken die Abspreizmuskeln („Abduktoren") auf der Standbeinseite. Die große Kraft der Abspreizer wird also nicht benötigt, um das Bein vom Körper abzuspreizen, sondern um den restlichen Körper über dem festgestellten Bein zur Seite zu neigen.

Sitzbein-Unterschenkel-Muskeln

Als ischiokrurale Muskeln fasst man 3 Muskeln auf der Rückseite des Oberschenkels zusammen:

- zweiköpfiger Oberschenkelmuskel.
- halbsehniger Muskel.
- halbmembranöser Muskel.

Sie entspringen gemeinsam am Sitzbein und setzen am Wadenbein bzw. Schienbein an. Sie strecken im Hüftgelenk und beugen im Kniegelenk.

1	Hinterer oberer Darmbeinstachel	*Spina iliaca posterior superior*
2	Mittlerer Gesäßmuskel	*M. gluteus medius*
3	Großer Gesäßmuskel	*M. gluteus maximus*
4	Großer Rollhügel	*Trochanter major*
5	Halbmembranöser Muskel	*M. semimembranosus*
6	Halbsehniger Muskel	*M. semitendinosus*
7	Zweiköpfiger Oberschenkelmuskel	*M. biceps femoris*
8	Äußerer Wadenmuskel	*M. gastrocnemius, Caput laterale*
9	Schlanker Muskel	*M. gracilis*
10	Großer Anzieher	*M. adductor magnus*
11	Darmbein-Schienbein-Sehne	*Tractus iliotibialis*
12	Schneidermuskel	*M. sartorius*
13	Kniekehlenfläche (des Oberschenkelbeins)	*Facies poplitea*
14	Sohlenmuskel	*M. plantaris*

Wichtigste Muskeln der Hauptbewegungen des Hüftgelenks
- *Strecken:* großer Gesäßmuskel
- *Beugen:* Darmbein-Lenden-Muskel + gerader Oberschenkelmuskel
- *Abspreizen:* mittlerer + kleiner Gesäßmuskel
- *Anziehen:* Anziehergruppe (Adduktoren)
- *Außenkreiseln*: Gesäßmuskeln
- *Innenkreiseln*: vordere Anteile des mittleren und des kleinen Gesäßmuskels.

Kleine Außenroller

In der Tiefe der Gesäßgegend liegt eine Gruppe kleinerer Muskeln, die an den Beckenknochen entspringen und am großen Rollhügel oder der Rollhügelgrube ansetzen. Ihre gemeinsame Aufgabe ist das Außenkreiseln des Beins im Hüftgelenk. Sie unterstützen darin die 3 viel stärkeren Gesäßmuskeln.

Anziehergruppe (Adduktoren)

Die Innenseite des Oberschenkels nimmt eine mächtige Gruppe von Muskeln ein, die am Schambein entspringen und auf der Hinterseite des Oberschenkelbeins ansetzen. Gemeinsame Aufgabe ist das Anziehen (Adduktion) des Oberschenkels.
- Kammmuskel.
- Langer, kurzer und großer Anzieher.
- schlanker Muskel.

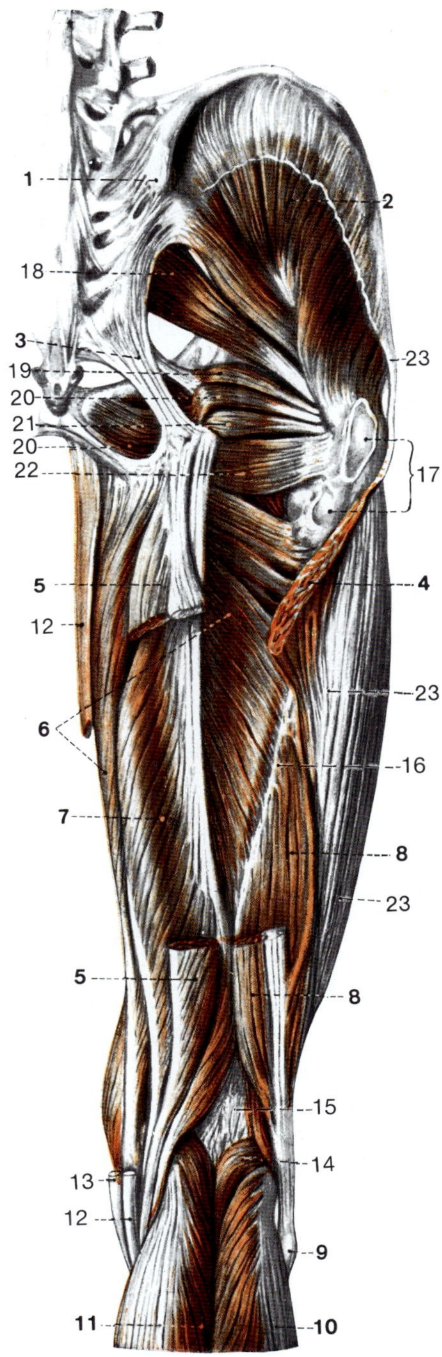

1	Hinterer oberer Darmbeinstachel	*Spina iliaca posterior superior*
2	Mittlerer Gesäßmuskel	*M. gluteus medius*
3	Kreuzbein-Sitzbeinhöcker-Band	*Lig. sacrotuberale*
4	Großer Gesäßmuskel (durchgetrennt)	*M. gluteus maximus*
5	Halbsehniger Muskel (durchgetrennt)	*M. semitendinosus*
6	Großer Anzieher	*M. adductor magnus*
7	Halbmembranöser Muskel	*M. semimembranosus*
8	Zweiköpfiger Oberschenkelmuskel	*M. biceps femoris*
9	Wadenbeinkopf	*Caput fibulae*
10	Äußerer Wadenmuskel	*M. gastrocnemius, Caput laterale*
11	Innerer Wadenmuskel	*M. gastrocnemius, Caput mediale*
12	Schlanker Muskel	*M. gracilis*
13	Schneidermuskel (Sehne)	*M. sartorius*
14	Sohlenmuskel	*M. plantaris*
15	Kniekehlenfläche (des Oberschenkelbeins)	*Facies poplitea*
16	Raue Linie	*Linea aspera*
17	Schleimbeutel auf dem großen Rollhügel unter dem großen Gesäßmuskel	*Bursa trochanterica musculi glutei maximi*
18	Birnförmiger Muskel	*M. piriformis*
19	Oberer Zwillingsmuskel	*M. gemellus superior*
20	Innerer Hüftlochmuskel	*M. obturatorius internus*
21	Unterer Zwillingsmuskel	*M. gemellus inferior*
22	Viereckiger Oberschenkelmuskel	*M. quadratus femoris*
23	Darmbein-Schienbein-Sehne	*Tractus iliotibialis*

Muskeln des Gesäßes und der Rückseite des Oberschenkels, tiefe Schicht. Der große Gesäßmuskel, der halbsehnige Muskel und der lange Kopf des zweiköpfigen Oberschenkelmuskels sind größtenteils entfernt. *[bg1]*

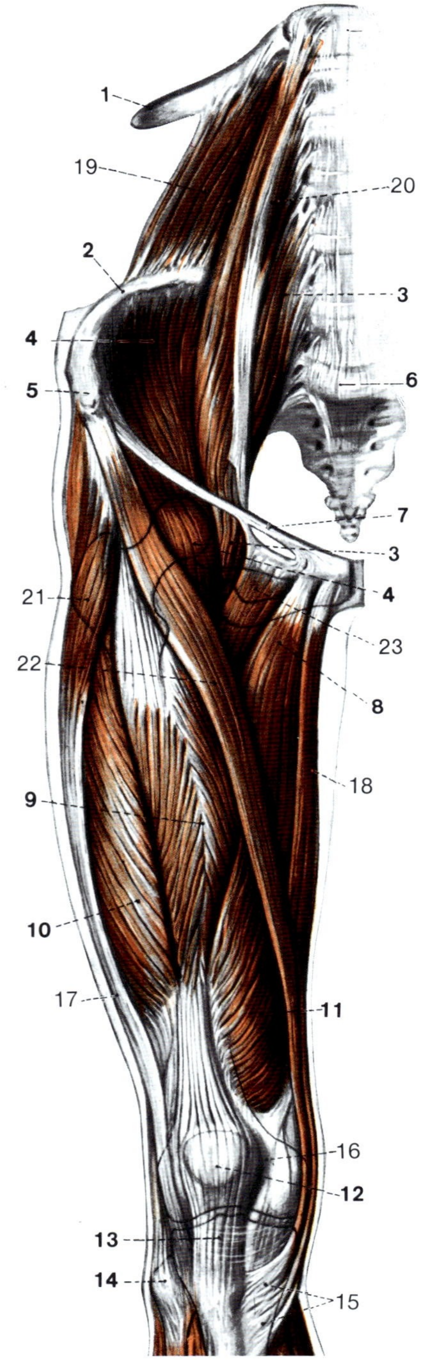

Muskeln des großen Beckens und der Vorderseite des Oberschenkels, oberflächliche Schicht. Haut, Unterhaut, allgemeine Faszie, Blutgefäße und Nerven sind entfernt („Muskelpräparat"). *[bg1]*

Vordere Oberschenkelmuskeln

Die Muskeln der Vorderseite des Oberschenkels kann man nach den Gelenken, an denen sie ihre Hauptwirkung entfalten, in 3 große Gruppen einteilen, in Hüftgelenk- und Kniegelenkmuskeln und Muskeln, die auf beide Gelenke wirken:

- *Darmbein-Lenden-Muskel* („Iliopsoas"): Er entspringt mit 2 Teilen von der Lendenwirbelsäule (großer Lendenmuskel) und der Innenseite der Darmbeinschaufel (Darmbeinmuskel) und setzt am kleinen Rollhügel an. Er ist der stärkste Hüftgelenkbeuger.
- *Vierköpfiger Oberschenkelmuskel* („Quadrizeps"): Er entspringt mit 4 Köpfen vom Darmbein (gerader Oberschenkelmuskel) und vom Oberschenkelbein (äußerer + innerer + mittlerer Oberschenkelmuskel) und setzt an der Kniescheibe an. Er ist der einzige Strecker des Kniegelenks und daher ein besonders mächtiger Muskel. Der gerade Oberschenkelmuskel beugt außerdem im Hüftgelenk.
- Der schräg über den Oberschenkel verlaufende *Schneidermuskel* beugt im Hüft- und im Kniegelenk. Seine Ansatzsehne bildet zusammen mit den Sehnen des schlanken Muskels und des halbsehnigen Muskels den „Gänsefuß" auf der Innenseite des Schienbeins.
- Die *Anziehergruppe* („Adduktoren") ist schon auf der vorhergehende Seite erwähnt worden.

1	Zwölfte Rippe	Costa XII
2	Darmbeinkamm	Crista iliaca
3–4	Darmbein-Lenden-Muskel	M. iliopsoas
3	Großer Lendenmuskel	M. psoas major
4	Darmbeinmuskel	M. iliacus
5	Vorderer oberer Darmbeinstachel	Spina iliaca anterior superior
6	Lenden-Kreuzbein-Knick der Wirbelsäule	Promontorium
7	Leistenband	Lig. inguinale [Arcus inguinalis]
8	Langer Anzieher	M. adductor longus
9–11	Vierköpfiger Oberschenkelmuskel	M. quadriceps femoris
9	Gerader Oberschenkelmuskel	M. rectus femoris
10	Äußerer Oberschenkelmuskel	M. vastus lateralis
11	Innerer Oberschenkelmuskel	M. vastus medialis
12	Kniescheibe	Patella
13	Kniescheibenband	Lig. patellae
14	Wadenbeinkopf	Caput fibulae
15	„Gänsefuß" (Ansatzsehnen des Schneidermuskels, des schlanken Muskels und des halbsehnigen Muskels)	<Pes anserinus>
16	Inneres Halteband der Kniescheibe	Retinaculum patellae mediale
17	Darmbein-Schienbein-Sehne	Tractus iliotibialis
18	Schlanker Muskel	M. gracilis
19	Viereckiger Lendenmuskel	M. quadratus lumborum
20	Kleiner Lendenmuskel	M. psoas minor
21	Schenkelbindenspanner	M. tensor fasciae latae
22	Schneidermuskel	M. sartorius
23	Kammmuskel	M. pectineus

Lendenraute

Im Lenden-Kreuzbein-Bereich sinkt die Haut gewöhnlich an 4 Punkten zu Grübchen ein, die etwa in Rautenform angeordnet sind:

- Die beiden seitlichen Grübchen liegen über den hinteren oberen Darmbeinstacheln.
- Die obere, rinnenförmige Einsenkung entsteht durch die Lendenlordose (tiefster Punkt etwa über dem 3. Lendendornfortsatz).
- Die untere Begrenzung der Raute bildet der Rand des großen Gesäßmuskels auf beiden Seiten.
- Eine gut hervortretende Lendenraute gehört zu den Schönheiten des Körpers.

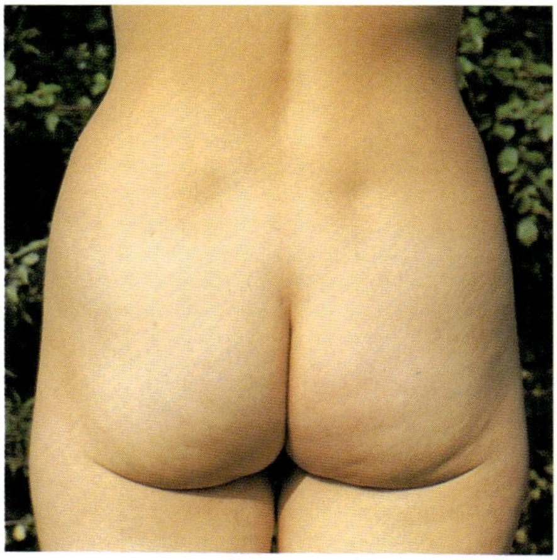

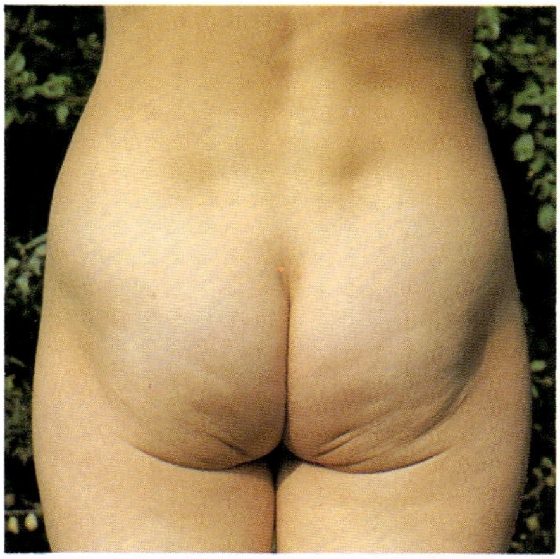

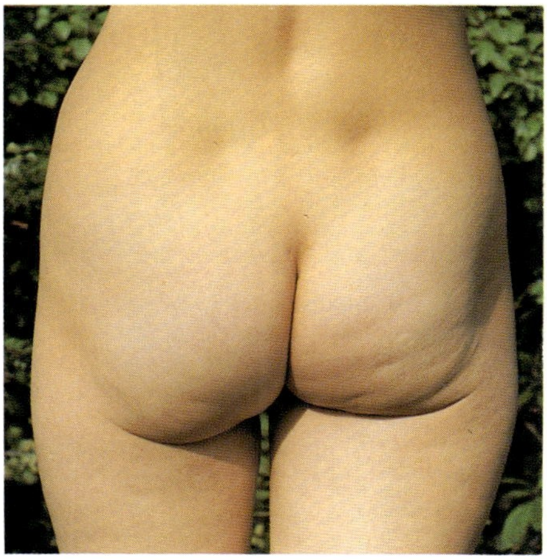

Lendenraute und Gesäßbacken. *[li1]* →
Die Form der Gesäßbacken hängt sehr vom Grad der Anspannung des großen Gesäßmuskels ab:

- *Oberes Bild:* Beim ruhigen Stehen sind die Gesäßbacken gleichmäßig gerundet. Die Gesäßfurche läuft weit zur Seite.
- *Mittleres Bild:* Bei der strammen Haltung (oder um den Abgang heftig drängender Winde zu verhindern) werden die Gesäßbacken zusammengepresst. Die Gesäßfurchen sind verkürzt.
- *Unteres Bild:* Wird nur das rechte Bein belastet, so ist die rechte Gesäßbacke gespannt und die linke schlaff. Die Gesäßfurche ist links weniger deutlich und steht tiefer. Die linke Gesäßbacke steht auch tiefer, wenn bei Lähmung des rechten mittleren und kleinen Gesäßmuskels beim Stehen auf dem kranken Bein das Becken nicht im Gleichgewicht gehalten werden kann. Das Gesäß sinkt dann auf der gesunden (!) Seite nach unten. Ähnlich sieht es auch bei der angeborenen Hüftgelenkverrenkung aus, wenn der Hüftkopf aus der Hüftpfanne nach oben gleitet und sich die Gesäßmuskeln nicht ausreichend verkürzen können.

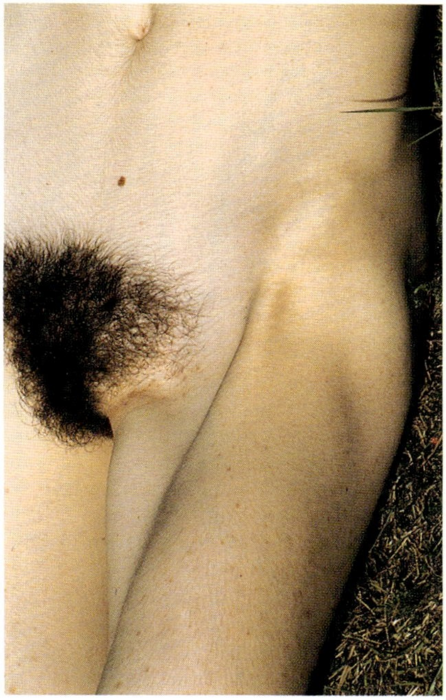

← **Linker Oberschenkel:** Beim Heben des Beins gegen Widerstand tritt unterhalb des vorderen oberen Darmbeinstachels der Schneidermuskel vor. Medial von ihm sinkt das „Schenkeldreieck“ ein, das am langen Oberschenkelanzieher endet. Die Rundung des Oberschenkels unterhalb des Schneidermuskels wird vom vierköpfigen Oberschenkelmuskel bestimmt. *[li1]*

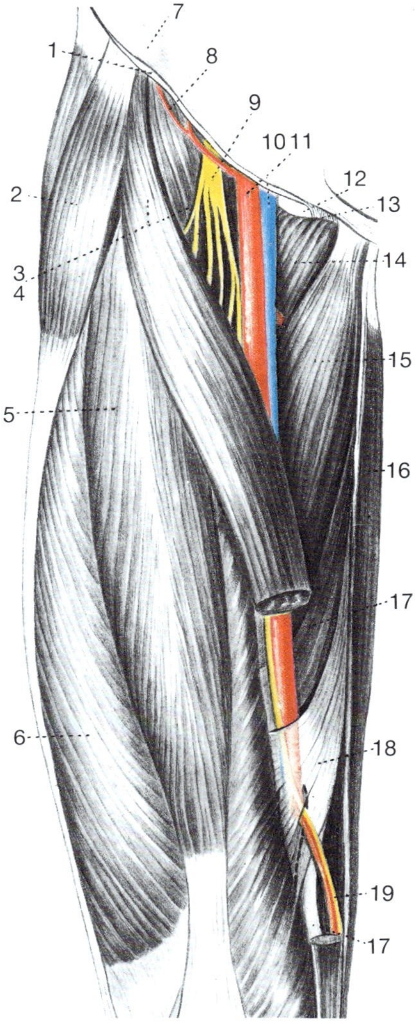

1	Leistenband	*Lig. inguinale [Arcus inguinalis]*
2	Schenkelbindenspanner	*M. tensor fasciae latae*
3	Schneidermuskel	*M. sartorius*
4	Darmbein-Lenden-Muskel	*M. iliopsoas*
5	Gerader Oberschenkelmuskel	*M. rectus femoris*
6	Äußerer Oberschenkelmuskel	*M. vastus lateralis*
7	Vorderer oberer Darmbeinstachel	*Spina iliaca anterior superior*
8	Oberflächliche umbiegende Darmbeinarterie	*A. circumflexa ilium superficialis*
9	Oberschenkelnerv	*N. femoralis*
10	Oberschenkelarterie	*A. femoralis*
11	Oberschenkelvene	*V. femoralis*
12	Schenkelkanal	*Canalis femoralis*
13	Lakunenband	*Lig. lacunare*
14	Kammmuskel	*M. pectineus*
15	Langer Anzieher	*M. adductor longus*
16	Schlanker Muskel	*M. gracilis*
17	Großer Anzieher	*M. adductor magnus*
18	Anzieherkanal	*Canalis adductorius*
19	Saphenusnerv (Hautnerv)	*N. saphenus*

↑ Rechtes Schenkeldreieck: Foto eines Präparats. *[li5]* Man vergleiche die Einzelheiten mit der nebenstehenden beschrifteten Abbildung und der der nächsten Seite!

← Rechter Oberschenkel: Nerven und Blutgefäße der Vorderseite. Der Schneidermuskel ist durchgetrennt. *[bl]* Seitlich der Oberschenkelarterie gelangt der Oberschenkelnerv unter dem Leistenband zum Oberschenkel. Er versorgt dort die Strecker des Kniegelenks (vierköpfiger Oberschenkelmuskel) und die Vorderseite der Haut.

Hauptversorgungsstraße zum Bein

Der Raum zwischen Leistenband und Hüftbein ist die wichtigste Verbindungsstraße zwischen Bauchraum und Bein. Sie ist durch einen Faszienstreifen in 2 Fächer geteilt:

- *Muskelfach* (seitlich): für den Darmbein-Lenden-Muskel und den Oberschenkelnerv.
- *Gefäßfach* (medial): für die Oberschenkelarterie und -vene sowie Lymphbahnen. Gelegentlich wird das Gefäßfach zur Bruchpforte für einen Eingeweidebruch (Schenkelhernie). Man beachte: Der Leistenbruch bricht oberhalb des Leistenbandes durch, der Schenkelbruch unterhalb.

Hautvenen und Hautnerven des rechten Oberschenkels. *[sb3]* ➔

1	Oberschenkelarterie	*A. femoralis*
2	Oberschenkelvene	*V. femoralis*
3	Große Rosenvene („große Saphena")	*V. saphena magna*
4	Vordere Hautäste (des Oberschenkelnervs)	*Rr. cutanei anteriores (des N. femoralis)*
5	Oberflächliche Bauchwandarterie + -vene	*A. + V. epigastrica superficialis*
6	Seitlicher Oberschenkelhautnerv	*N. cutaneus femoris lateralis*
7	Schamgegend-Oberschenkel-Nerv	*N. genitofemoralis*
8	Oberflächliche umbiegende Darmbeinarterie + -vene	*A. + V. circumflexa ilium superficialis*
9	Darmbein-Unterbauch-Nerv	*N. iliohypogastricus [iliopubicus]*
10	Darmbein-Leisten-Nerv	*N. ilioinguinalis*
11	Äußere Schamarterie + -vene	*A. + V. pudenda externa*

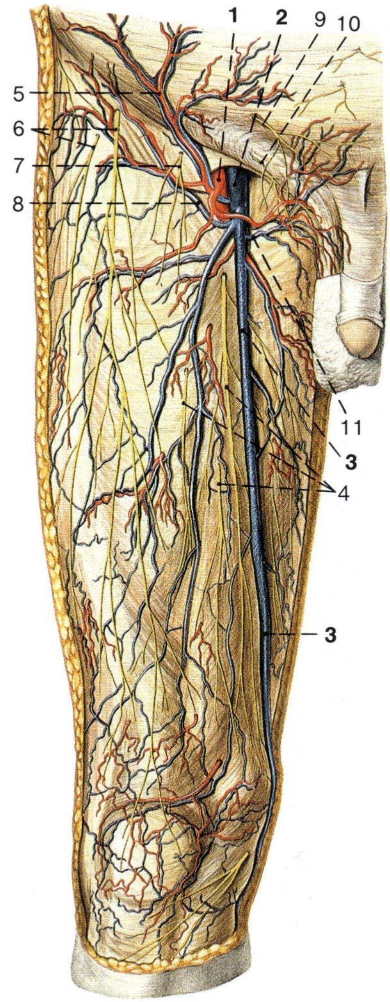

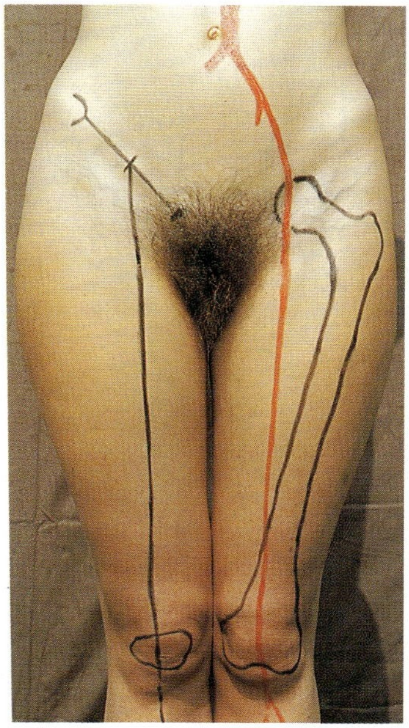

↑ Oberschenkelarterie und Oberschenkelbein. *[li1]* Auf den rechten Oberschenkel ist die Projektion der Traglinie des Beins, auf den linken die der Oberschenkelarterie und des Oberschenkelbeins aufgemalt.

• Wegen des Schenkelhalses weicht der Schenkelschaft aus der Traglinie nach außen ab. Deswegen kann die Hauptarterie des Beins den kürzesten Weg von der Beugeseite des Hüftgelenks (vorn) zur Beugeseite des Kniegelenks (hinten) entsprechend der Traglinie wählen. Arterien sind nicht beliebig dehnbar. Deshalb verlaufen die großen Arterien immer auf der Beugeseite von Gelenken, um bei extremen Bewegungen nicht zerrissen zu werden.

• Unmittelbar unterhalb des Leistenbandes ist der Puls der Oberschenkelarterie etwa in der Mitte zwischen dem vorderen oberen Darmbeinstachel und dem Oberrand der Schambeinfuge deutlich zu fühlen. Hier kann die Arterie zur Ersten Hilfe abgedrückt werden. Man sollte das Tasten ihres Pulses daher üben.

↓ Einstich in die Oberschenkelarterie zur Blutentnahme (zur Blutgasanalyse) oder zur Injektion. Unterhalb des Leistenbandes liegt die Arterie recht oberflächlich. Ihr Puls ist gut zu tasten. Trotzdem erfordert der Einstich großes Geschick, um die Hohlnadel in die Arterie zu bringen und nicht deren Hinterwand zu durchstoßen. Über die Oberschenkelarterie kann man Katheter in alle großen Arterien und in das linke Herz einführen. *[st1]*

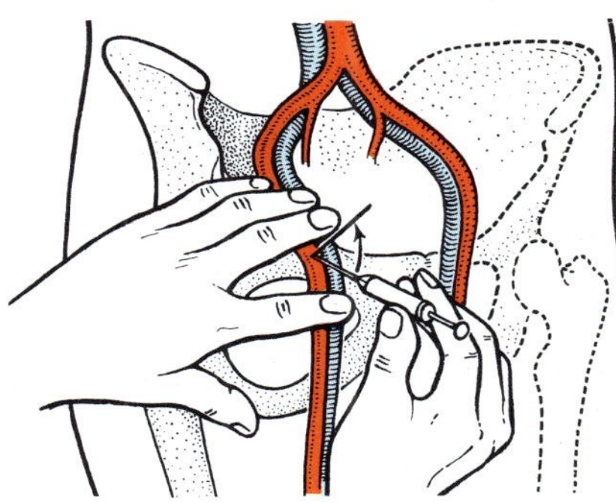

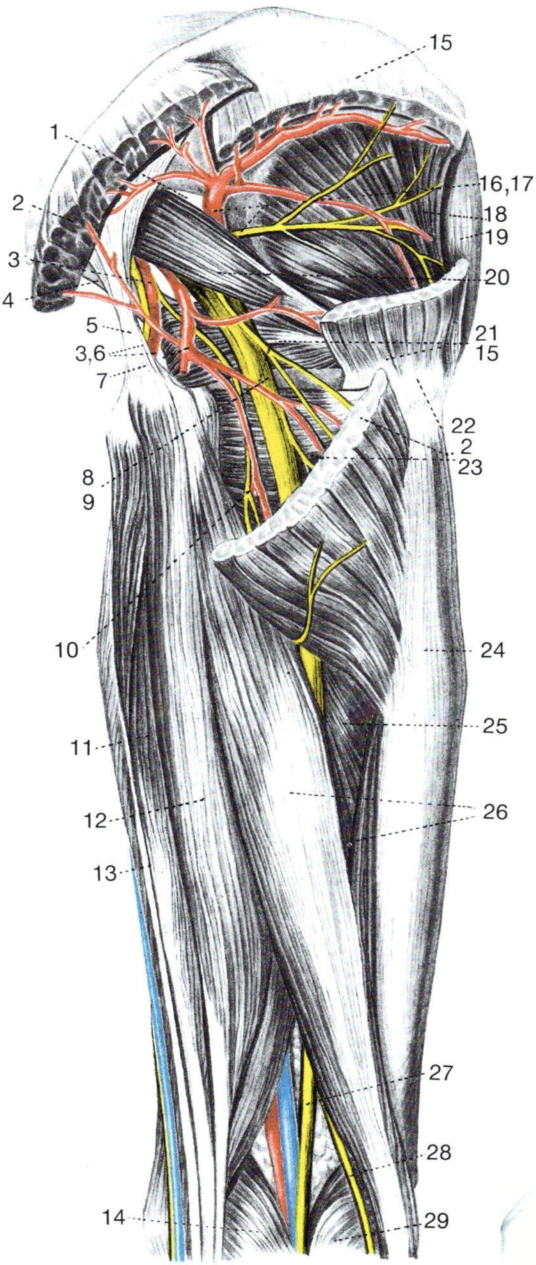

Gesäßgegend und Rückseite des Oberschenkels: Nerven und Arterien, rechtes Bein. Der große und der mittlere Gesäßmuskel sind teilweise entfernt. *[bl]*
Die großen Blutgefäße und Nerven gelangen mit dem birnförmigen Muskel durch das große Sitzbeinloch in die Gesäßgegend: Oberhalb des birnförmigen Muskels liegen die obere Gesäßarterie und der obere Gesäßnerv, unterhalb des Muskels die unteren Gesäßgefäße, der untere Gesäßnerv, der Ischiasnerv und der hintere Oberschenkelhautnerv.

1	Lücke oberhalb des birnförmigen Muskels	*<Foramen suprapiriforme>*
2	Großer Gesäßmuskel (durchgetrennt)	*M. gluteus maximus*
3	Schamnerv	*N. pudendus*
4	Kreuzbein-Sitzbeinstachel-Band	*Lig. sacrospinale*
5	Kreuzbein-Sitzbeinhöcker-Band	*Lig. sacrotuberale*
6	Innere Schamarterie	*A. pudenda interna*
7	Untere Gesäßarterie	*A. glutea inferior*
8	Unterer Gesäßnerv	*N. gluteus inferior*
9	Ischiasnerv	*N. ischiadicus*
10	Hinterer Oberschenkelhautnerv	*N. cutaneus femoris posterior*
11	Halbmembranöser Muskel	*M. semimembranosus*
12	Halbsehniger Muskel	*M. semitendinosus*
13	Schlanker Muskel	*M. gracilis*
14	Innerer Wadenmuskel	*M. gastrocnemius, Caput mediale*
15	Mittlerer Gesäßmuskel	*M. gluteus medius*
16	Obere Gesäßarterie	*A. glutea superior*
17	Oberer Gesäßnerv	*N. gluteus superior*
18	Kleiner Gesäßmuskel	*M. gluteus minimus*
19	Schenkelbindenspanner	*M. tensor fasciae latae*
20	Birnförmiger Muskel	*M. piriformis*
21	Innerer Hüftlochmuskel	*M. obturatorius internus*
22	Großer Rollhügel	*Trochanter major*
23	Viereckiger Oberschenkelmuskel	*M. quadratus femoris*
24	Darmbein-Schienbein-Sehne	*Tractus iliotibialis*
25	Großer Anzieher	*M. adductor magnus*
26	Zweiköpfiger Oberschenkelmuskel	*M. biceps femoris*
27	Schienbeinnerv	*N. tibialis*
28	Gemeinsamer Wadenbeinnerv	*N. fibularis [peroneus] communis*
29	Äußerer Wadenmuskel	*M. gastrocnemius, Caput laterale*

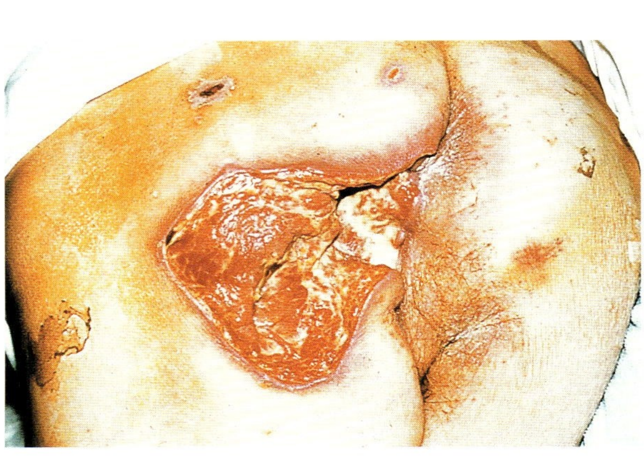

Großer Gewebedefekt nach fehlerhafter intramuskulärer Injektion. *[mv]* ➔
Der Einstich erfolgte zu weit innen und unten und traf die untere Gesäßarterie. Das Arzneimittel löste einen Gefäßkrampf aus. Das nicht mehr durchblutete Gewebe starb ab. Es dauerte viele Wochen, bis der tiefe Krater wieder geschlossen war. Eine tief eingezogene Narbe, Schmerzen und Bewegungsbehinderungen blieben.

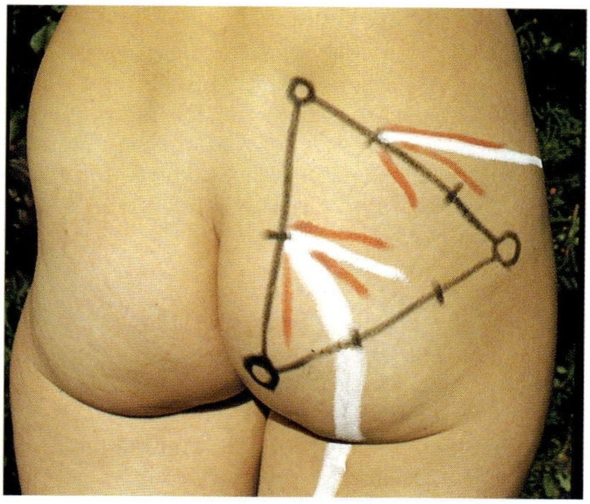

↑ **Gesäßgegend:** Zum besseren Verständnis sollte man sich die besonders gefährdeten Nerven und Blutgefäße einmal auf die Gesäßgegend aufmalen. Wichtige Orientierungspunkte sind dabei: *[li1]*

- *hinterer oberer Darmbeinstachel:* seitlicher Eckpunkt der Lendenraute (im Bild oberer Kreis),
- *Sitzbeinhöcker:* unten in der Tiefe der Gesäßgegend zu tasten (unterer Kreis),
- *Spitze des großen Rollhügels:* seitlich ganz oberflächlich (rechter Kreis).

Ischiasnerv und untere Gesäßarterie treten in der Mitte der Verbindungslinie von Darmbeinstachel und Sitzbeinhöcker in die Gesäßgegend ein und ziehen im Bogen nach außen und unten (innerer Drittelpunkt der Verbindungslinie von Rollhügelspitze und Sitzbeinhöcker).
Der obere Gesäßnerv und die obere Gesäßarterie verlaufen von inneren Drittelpunkt der Verbindungslinie von Darmbeinstachel und Rollhügelspitze etwa horizontal zur Seite.

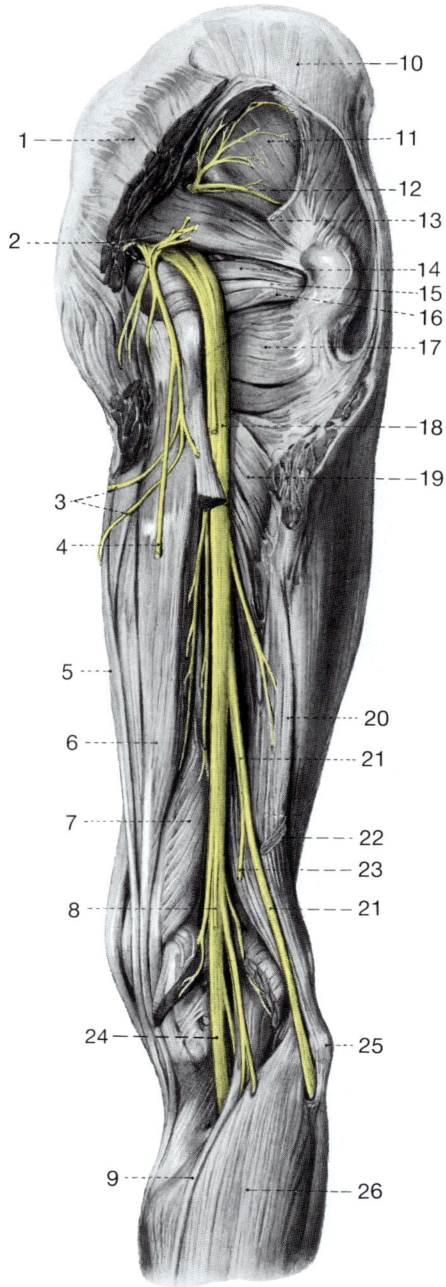

Rechter Oberschenkel und Kniekehle: ➔
Nerven der Rückseite. *[bg5]*

1	Großer Gesäßmuskel (durchgetrennt)	*M. gluteus maximus*
2	Unterer Gesäßnerv	*N. gluteus inferior*
3	Untere Gesäßhautnerven	*Nn. clunium inferiores*
4	Hinterer Oberschenkelhautnerv	*N. cutaneus femoris posterior*
5	Schlanker Muskel	*M. gracilis*
6	Halbsehniger Muskel	*M. semitendinosus*
7	Halbmembranöser Muskel	*M. semimembranosus*
8	Innerer Wadenhautnerv	*N. cutaneus surae medialis*
9	Sohlenmuskel	*M. plantaris*
10	Mittlerer Gesäßmuskel	*M. gluteus medius*
11	Kleiner Gesäßmuskel	*M. gluteus minimus*
12	Oberer Gesäßnerv	*N. gluteus superior*
13	Birnförmiger Muskel	*M. piriformis*
14	Oberer Zwillingsmuskel	*M. gemellus superior*
15	Innerer Hüftlochmuskel	*M. obturatorius internus*
16	Unterer Zwillingsmuskel	*M. gemellus inferior*
17	Viereckiger Oberschenkelmuskel	*M. quadratus femoris*
18	Ischiasnerv	*N. ischiadicus*
19	Großer Anzieher	*M. adductor magnus*
20	Zweiköpfiger Oberschenkelmuskel, kurzer Kopf	*M. biceps femoris, Caput breve*
21	Gemeinsamer Wadenbeinnerv	*N. fibularis [peroneus] communis*
22	Zweiköpfiger Oberschenkelmuskel, langer Kopf	*M. biceps femoris, Caput longum*
23	Äußerer Wadenhautnerv	*N. cutaneus surae lateralis*
24	Schienbeinnerv	*N. tibialis*
25	Wadenbeinkopf	*Caput fibulae*
26	Schollenmuskel	*M. soleus*

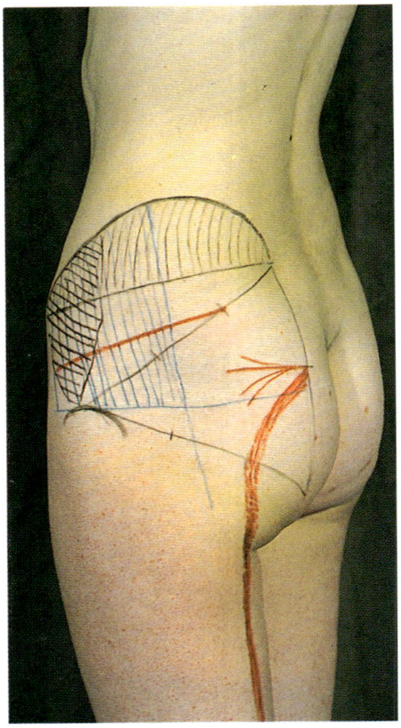

↑ Injektionsfelder und Nerven der Gesäßgegend. *[li1]*
• Blau geschrafft der „äußere obere Quadrant".
• Schwarz horizontal markiert das Feld für die Injektion in den vorderen Abschnitt der Gesäßgegend (ventrogluteale Injektion).
• Schwarz vertikal geschrafft ein Injektionsfeld zwischen Darmbeinkamm und der Verbindungslinie zwischen vorderem und hinterem oberen Darmbeinstachel (nach von Lanz und Wachsmuth). Dieses Feld ist bezüglich Gefäßen und Nerven am sichersten. Es hat aber den Nachteil, dass die Dicke der Muskeln nicht so einfach abzuschätzen ist.
• Rot die Nerven der Gesäßgegend: oberer und unterer Gesäßnerv, Ischiasnerv.

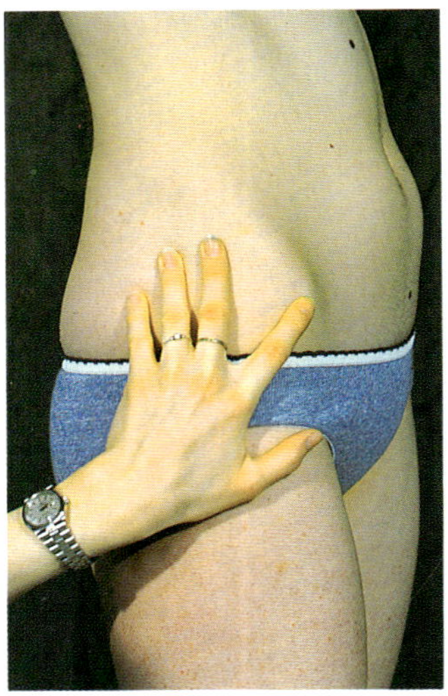

Intramuskuläre Injektion

Muskeln sind gut durchblutet. Spritzt man ein in Wasser gelöstes Heilmittel in Muskeln ein, so gelangt es fast ebenso schnell in den Kreislauf wie beim Einspritzen in eine Vene. Man kann aber auch durch entsprechende Zubereitung (Depotform) des Heilmittels eine langsame Aufnahme des Wirkstoffs erreichen (z.B. „3-Monats-Spritze").

Bevorzugte Orte für die intramuskuläre Injektion
• Gesäßgegend („intragluteale Injektion")
• vordere Oberschenkelgegend
• hintere Oberarmgegend

Intragluteale Injektion: Vorsichtsmaßnahmen

Durch eine unsachgemäße Injektion kann einem Patienten schwerer Schaden zugefügt werden. Die Nähe größerer Blutgefäße oder Nerven ist zu meiden.
• *Richtige Einstichstelle:* Injiziert wird in den mittleren Gesäßmuskel, niemals in den großen! Das Einspritzfeld ist möglichst weit seitlich zu wählen .
• *Einstichtiefe:* Eingespritzt wird in den Muskel und nicht in die Unterhaut. Manche Arzneimittel sind zwar im Muskel, nicht aber bei Injektion in Fettgewebe, Blutgefäße oder Nerven verträglich. Lang anhaltende Schmerzen, Lähmungen („Spritzenlähmung") oder gar plötzliches Kreislaufversagen (Schock) sind möglich. Deshalb muss man zuerst die Dicke des Fettgewebes abschätzen (Falte abheben), dann eine genügend lange Hohlnadel (Kanüle) wählen und entsprechend tief einstechen.
• *Menge des Arzneimittels:* Zwischen den Muskelfasern ist wenig Platz. Deshalb sollte man nicht mehr als 2 ml in den Muskel einspritzen. Andernfalls wird das Bindegewebe zwischen den Muskelfasern zerrissen, was starke Schmerzen auslösen kann.
• *Verträglichkeit des Arzneimittels:* In den Muskel darf man nur Arzneimittel einspritzen, die ausdrücklich für die intramuskuläre (i.m.) Injektion freigegeben sind (Packungsbeilage lesen!).
• *Nötigkeit:* Viele Injektionen sind überflüssig, weil die betreffenden Arzneimittel mit gleicher Wirkung auch über den Mund eingenommen werden können. Lässt sich das Einspritzen nicht vermeiden, so sollte man zumindest prüfen, ob nicht auch eine intravenöse Injektion möglich wäre. Bei dieser wird das eingespritzte Mittel im Blutstrom rasch verdünnt. Deshalb sind örtliche Reizerscheinungen selten, allerdings sind Kreislaufreaktionen häufiger.

← Technik der ventroglutealen Injektion (Injektion in den vorderen Abschnitt der Gesäßgegend). *[li1]*
Bei der Methode nach von Hochstetter legt man bei Injektion in die rechte Gesäßgegend die Spitze des Zeigefingers der linken Hand auf den rechten vorderen oberen Darmbeinstachel des Patienten, spreizt den Mittelfinger weit ab und injiziert in das dreieckige Feld zwischen den beiden Fingern und dem Darmbeinkamm. Die Handfläche liegt dabei auf dem großen Rollhügel. Bei Injektion in die linke Gesäßgegend werden die Finger sinngemäß vertauscht.

Vorteile der ventroglutealen Injektion

- *Besonders dicke Muskelschicht:* Der mittlere und der kleine Gesäßmuskel liegen hier übereinander. Man darf daher tief einstechen, ohne Gefahr zu laufen, den Knochen zu treffen.
- *Keine größeren Blutgefäße oder Nerven:* Lediglich der Muskelast des oberen Gesäßnervs für den Schenkelbindenspanner kreuzt das Injektionsfeld. Sollte er zufällig getroffen werden, so hätte das nur bei Balletttänzern und bestimmten Hochleistungssportlern (z.B. Sprintern) unangenehme Folgen: „Normalpersonen" dürften den Ausfall des Schenkelbindenspanners kaum bemerken.

Querschnitt durch den Körper auf Höhe des 5. Lendenwirbels (etwa 40 % der natürlichen Größe, Blick von unten). *[li5]*

- Der Wirbelkörper des 5. Lendenwirbels liegt fast in der Mitte. Der Schwerpunkt des Körpers liegt nahe dem 5. Lendenwirbel, und die Schwerlinie geht durch die Lendenwirbelkörper.
- Dornfortsatz und Querfortsätze sind vom Schnitt nicht vollständig getroffen. Im Wirbelkanal sieht man den Hirnwasserraum (Subarachnoidealraum) mit Nervenwurzeln, jedoch kein Rückenmark (dessen unteres Ende liegt auf Höhe der zweiten Lendenzwischenwirbelscheibe).
- Seitlich der Querfortsätze geht der Schnitt durch die Darmbeinschaufel. An deren mechanisch stark belasteten Rändern ist der Knochen dick, in der wenig belasten Mitte jedoch ganz dünn.
- Von der Darmbeinschaufel entspringen auf beiden Seiten Muskeln: innen der Darmbeinmuskel, außen der mittlere Gesäßmuskel.
- Da der mittlere Gesäßmuskel bevorzugt für die intramuskuläre Injektion herangezogen wird, sollte man sich die Dicke der Fettschicht zwischen Haut und Muskel klarmachen: im abgebildeten Präparat bis zu 4 cm! Dabei handelt es sich nicht um einen Fettsüchtigen, wie die zarte Fettschicht an der seitlichen Bauchwand und der Vergleich mit anderen Schnitten durch dieselbe Leiche zeigt. Man sehe sich auch die Fettreserven in anderen Bereichen des Schnitts an: Alles Gelbe ist Fett. Zum Rücken hin wird das Fett immer rötlicher, weil sein Blutgehalt zunimmt. Mit dem Herzstillstand endet der Kreislauf, und das Blut sinkt entsprechend der Schwerkraft allmählich nach unten. Da die Leiche auf dem Rücken lag, sammelte sich das Blut am Rücken an („Totenflecken").
- Beidseits des Dornfortsatzes sieht man die tiefen Rückenstreckmuskeln, von Fett durchzogen (beim Rind das Roastbeef). Dem Wirbelkörper liegen auf beiden Seiten die großen runden Querschnitte des großen Lendenmuskels an (beim Rind das Filet).
- An der seitlichen Bauchwand lassen sich 3 Muskelschichten abgrenzen (die beiden schrägen und der quere Bauchmuskel), vorn nur eine (der gerade Bauchmuskel in der Rektusscheide).
- Unmittelbar vor dem Wirbelkörper verlaufen die Hauptblutgefäße für Becken und Bein.
- In der Bauchfellhöhle ist der Dünndarm mehrfach angeschnitten. Das Gekröse enthält reichlich Fett.

1	Mittlerer Gesäßmuskel	*M. gluteus medius*
2	Darmbeinmuskel	*M. iliacus*
3	Großer Lendenmuskel	*M. psoas major*
4	Gemeinsame Beckenvene	*V. iliaca communis*
5	Gemeinsame Beckenarterie	*A. iliaca communis*
6	Dünndarmgekröse	*Mesenterium*
7	Fünfter Lendenwirbel	*Vertebra lumbalis V*
8	Wirbelsäulenaufrichter	*M. erector spinae*
9	Gerader Bauchmuskel	*M. rectus abdominis*
10	Dickdarm, absteigender Teil	*Colon descendens*
11	Darmbein	*Os ilium [Ilium]*

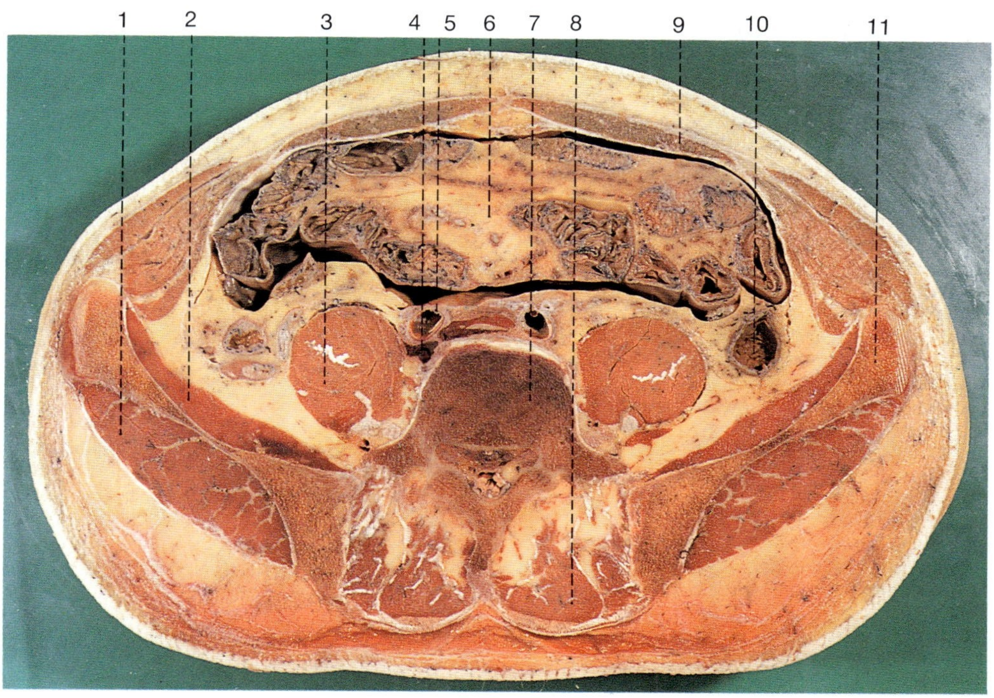

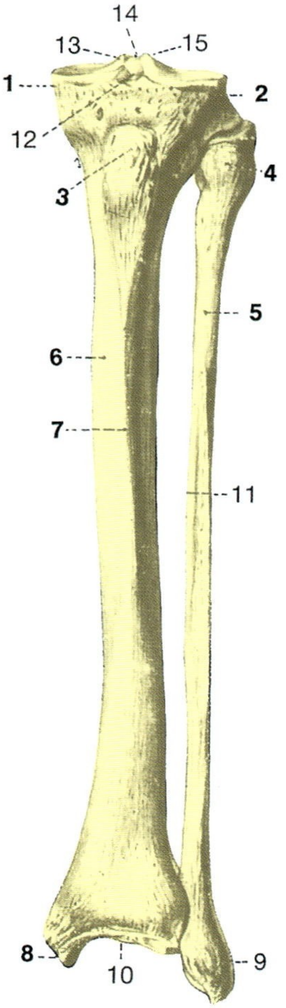

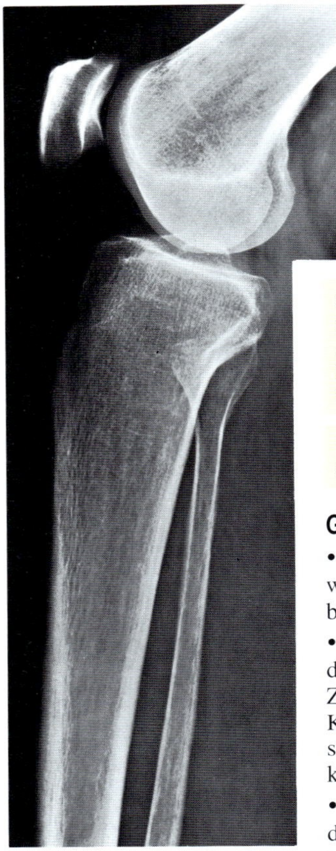

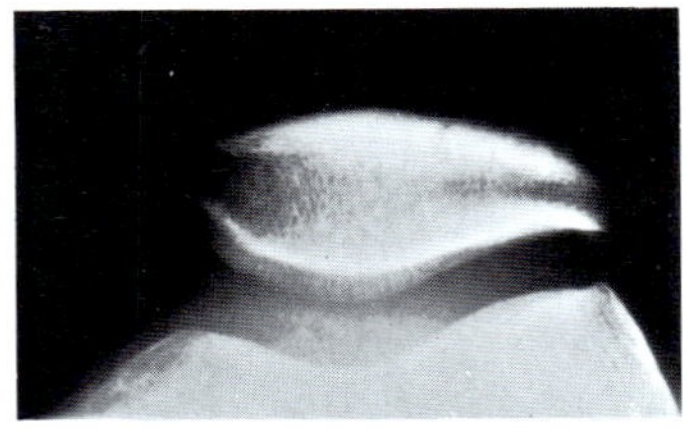

↗ Rechtes Kniegelenk: Röntgenbild des Gelenks zwischen Kniescheibe und Oberschenkelbein („tangentiale" Aufnahme). Der äußere Gelenkknorren des Oberschenkelbeins ragt stärker vor als der innere. Dazwischen gleitet die Kniescheibe in ihrer Führungsrinne. *[be3]*

← Kniegelenk: Röntgenbild im seitlichen (tibiofibularen) Strahlengang. *[be3]*

↑ Linker Unterschenkel: Knochen von vorn. *[bg1]*

1	Innerer Gelenkknorren (des Schienbeins)	*Condylus medialis (tibiae)*
2	Äußerer Gelenkknorren (des Schienbeins)	*Condylus lateralis (tibiae)*
3	Schienbeinhöcker (Ansatz des Kniescheibenbandes)	*Tuberositas tibiae*
4	Wadenbeinkopf	*Caput fibulae*
5	Wadenbeinschaft	*Corpus fibulae*
6	Schienbeinschaft	*Corpus tibiae*
7	Vordere Schienbeinkante	*Margo anterior*
8	Innerer Knöchel (Schienbeinknöchel)	*Malleolus medialis*
9	Äußerer Knöchel (Wadenbeinknöchel)	*Malleolus lateralis*
10	Untere Gelenkfläche (des Schienbeins)	*Facies articularis inferior*
11	Zwischenknochenkante (des Wadenbeins)	*Margo interosseus*
12	Vordere Zwischenknorrenfläche	*Area intercondylaris anterior*
13	Inneres Zwischenknorrenhöckerchen	*Tuberculum intercondylare mediale*
14	Zwischenknorrenerhebung	*Eminentia intercondylaris*
15	Äußeres Zwischenknorrenhöckerchen	*Tuberculum intercondylare laterale*

Gelenkkörper des Kniegelenks

- *Oberschenkelbein:* Zwischen 2 überknorpelten walzenförmigen Gelenkknorren sinkt eine tiefe Grube zur Aufnahme der Kreuzbänder ein.
- *Schienbein:* Die überknorpelten Gelenkflächen auf den beiden Gelenkknorren sind nur flach eingedellt. Zwischen ihnen erheben sich die Ansatzstellen der Kreuzbänder. Unterhalb davon springt die Ansatzstelle des Kniescheibenbandes (= Endsehne des vierköpfigen Oberschenkelmuskels) stark vor.
- *Kniescheibe:* Sie ist als Sesambein in die Sehne des vierköpfigen Oberschenkelmuskels eingeschaltet und verhindert die Reibung der Sehne an den Gelenkknorren des Oberschenkelbeins. Ihre überknorpelte Hinterfläche ist v-förmig gekrümmt. Sie gleitet damit in der Führungsrinne zwischen den beiden Gelenkknorren des Oberschenkelbeins und verhindert deren seitliches Abgleiten. Sie hebt die Sehne von der Unterlage ab und erhöht damit das Drehmoment des Muskels.

Teilgelenke des Kniegelenks

Das Kniegelenk besteht eigentlich aus 3 Gelenken:
- zwischen den inneren (medialen) Gelenkknorren des Oberschenkelbeins und des Schienbeins.
- zwischen den äußeren (lateralen) Gelenkknorren des Oberschenkelbeins und des Schienbeins.
- zwischen der Kniescheibe und der Kniescheibenfläche des Oberschenkelbeins.

Die 3 Teilgelenke bilden eine funktionelle Einheit: An allen Bewegungen sind alle Teilgelenke beteiligt. Sie werden von einer gemeinsamen Gelenkkapsel umschlossen. Eine Entzündung in einem Teilgelenk greift immer auf die anderen Teilgelenke über. Das Wadenbein ist am Kniegelenk nicht beteiligt!

Im Kniegelenk kann man
- strecken und beugen
- bei gebeugtem Gelenk auch innenkreiseln und außenkreiseln

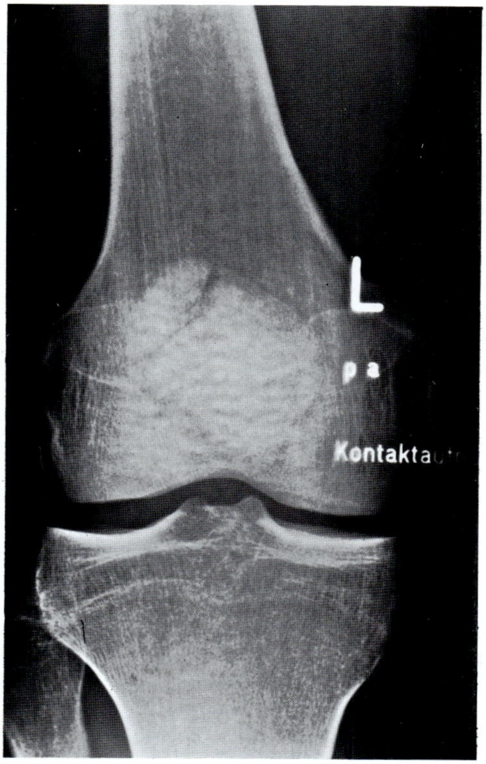

↑ Kniegelenk: Röntgenbild im Strahlengang von hinten nach vorn (posterior-anterior, PA-Bild). Der Röntgenfilm liegt der Kniescheibe an („Kontaktaufnahme"). *[be3]*

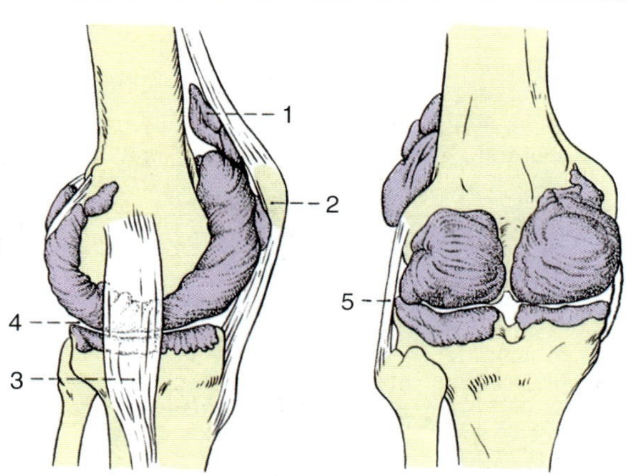

Linkes Kniegelenk: Gelenkhöhle (maximal gefüllt, lila) von rechts und von hinten. Seitenbänder weiß. *[dr1]*
Der normale Gelenkraum entspricht nur einem kapillaren Spalt. Bei Entzündungen oder Blutergüssen kann es zu der dargestellten maximalen Füllung der Gelenkhöhle kommen. Das Knie schwillt dann an. Die Kniescheibe wird durch die Flüssigkeit aus ihrer Führungsrinne im Oberschenkelbein abgehoben. Sie hat keinen Halt mehr und vibriert beim Anstoßen („tanzende Kniescheibe"). Der Schleimbeutel oberhalb der Kniescheibe steht regelmäßig mit der Gelenkhöhle in Verbindung. Der Erguss breitet sich daher auf diesen Schleimbeutel aus.

1	Schleimbeutel oberhalb der Kniescheibe	*Bursa suprapatellaris*
2	Kniescheibe	*Patella*
3	Innenband (= inneres Seitenband des Kniegelenks)	*Lig. collaterale tibiale*
4	Innerer Meniskus	*Meniscus medialis*
5	Außenband (= äußeres Seitenband des Kniegelenks)	*Lig. collaterale fibulare*

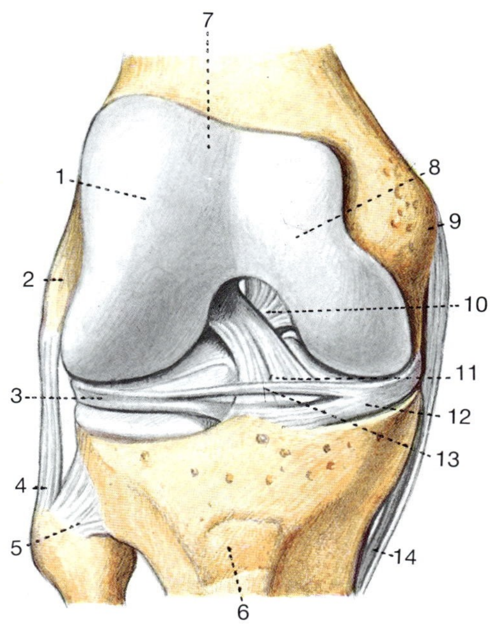

Rechtes Kniegelenk von vorn. Die Kniescheibe ist mit dem Kniescheibenband entfernt. Das Gelenk ist gebeugt, deswegen ist ein großer Teil der überknorpelten Gelenkfläche des Oberschenkelbeins sichtbar. Im Einschnitt zwischen den beiden Gelenkknorren liegen die Kreuzbänder. *[bl]* →

1	Äußerer Gelenkknorren (des Oberschenkelbeins)	*Condylus lateralis (femoris)*
2	Äußerer Obergelenkknorren (des Oberschenkelbeins)	*Epicondylus lateralis (femoris)*
3	Äußerer Meniskus	*Meniscus lateralis*
4	Außenband (= äußeres Seitenband des Kniegelenks)	*Lig. collaterale fibulare*
5	Schienbein-Wadenbein-Gelenk	*Articulatio tibiofibularis*
6	Schienbeinhöcker (Ansatz des Kniescheibenbandes)	*Tuberositas tibiae*
7	Kniescheibenfläche (des Oberschenkelbeins)	*Facies patellaris*
8	Innerer Gelenkknorren (des Oberschenkelbeins)	*Condylus medialis (femoris)*
9	Innerer Obergelenkknorren (des Oberschenkelbeins)	*Epicondylus medialis (femoris)*
10	Hinteres Kreuzband	*Lig. cruciatum posterius*
11	Vorderes Kreuzband	*Lig. cruciatum anterius*
12	Innerer Meniskus	*Meniscus medialis*
13	Querband des Kniegelenks	*Lig. transversum genus*
14	Innenband (= inneres Seitenband des Kniegelenks)	*Lig. collaterale tibiale*

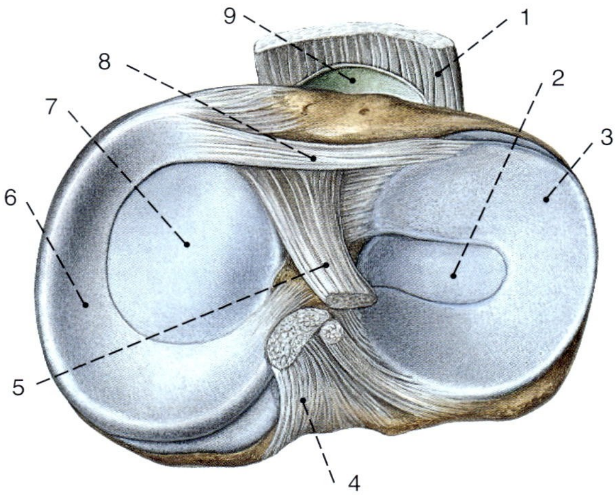

↑ Rechtes Kniegelenk: Blick auf die Menisken von oben. Man achte auf die unterschiedliche Form der beiden Menisken und auf die Verlaufsrichtung der (abgeschnittenen) Kreuzbänder! *[ss2]*

1	Kniescheibenband	*Lig. patellae*
2	Äußerer Gelenkknorren (des Schienbeins)	*Condylus lateralis (tibiae)*
3	Äußerer Meniskus	*Meniscus lateralis*
4	Hinteres Kreuzband	*Lig. cruciatum posterius*
5	Vorderes Kreuzband	*Lig. cruciatum anterius*
6	Innerer Meniskus	*Meniscus medialis*
7	Innerer Gelenkknorren (des Schienbeins)	*Condylus medialis (tibiae)*
8	Querband des Kniegelenks	*Lig. transversum genus*
9	Tiefer Schleimbeutel unterhalb der Kniescheibe	*Bursa infrapatellaris profunda*

Menisken

Die Gelenkknorren des Schienbeins weisen nahezu ebene Gelenkflächen auf. Damit eine Art Gelenkpfanne zustande kommt, sind Faserknorpelringe (Menisken) aufgelagert. Durch ihre Beweglichkeit lassen sie auch Kreiselungen zu, die bei knöchernen Gelenkpfannen infolge der starren Koppelung der beiden Teilgelenke nicht möglich wären.

Die beiden Menisken unterscheiden sich in der Form sehr deutlich: Die Befestigungspunkte des äußeren Meniskus liegen nahe zusammen, die des inneren weit auseinander. Dadurch ist der äußere Meniskus gut verschieblich, der innere nicht. Dieser ist außerdem noch mit dem Innenband verwachsen. Bei ruckartigem Strecken aus einer Drehstellung hat ein Meniskus manchmal nicht mehr genügend Zeit, wieder nach vorn zu gleiten. Er kann dann zwischen die Gelenkknorren von Oberschenkel- und Schienbein eingeklemmt und dabei zerrissen werden. Dies trifft weitaus häufiger den schlechter beweglichen inneren als den besser beweglichen äußeren Meniskus.

Kreuzbänder

Ihr Name kommt daher, dass sie etwa kreuzförmig zu einander verlaufen. Sie sind für die Stabilität des Kniegelenks entscheidend wichtig. Beim Innenkreiseln wickeln sich die Kreuzbänder umeinander und begrenzen die Bewegung. Beim Außenkreiseln geben sie diese frei. In nahezu jeder Stellung des Gelenks ist ein Teil eines Kreuzbands angespannt und presst dadurch die Gelenkflächen aufeinander. Die Kreuzbänder verhindern übermäßiges Strecken und Innenkreiseln. Volles Strecken im Kniegelenk ist nur möglich, wenn die Kreuzbänder durch leichtes Außenkreiseln etwas entspannt werden.

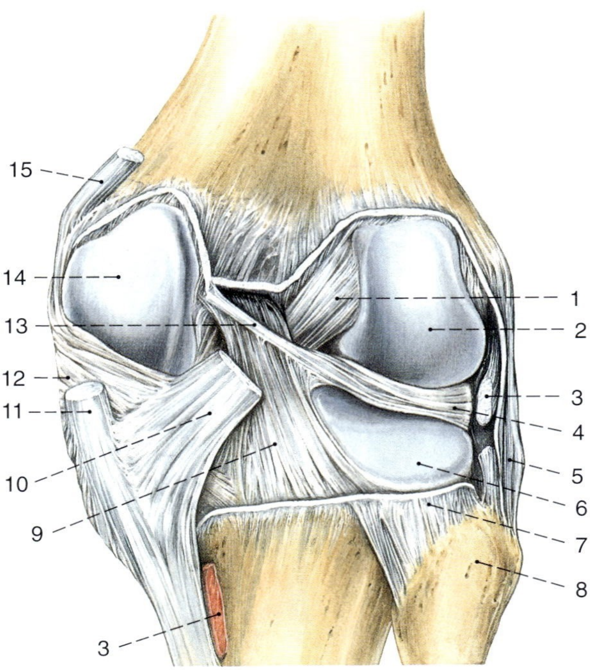

← Rechtes Kniegelenk von hinten. Die Gelenkkapsel ist breit eröffnet. *[pp2]*

1	Vorderes Kreuzband	*Lig. cruciatum anterius*
2	Äußerer Gelenkknorren (des Oberschenkelbeins)	*Condylus lateralis (femoris)*
3	Kniekehlenmuskel	*M. popliteus*
4	Äußerer Meniskus	*Meniscus lateralis*
5	Außenband (= äußeres Seitenband) des Kniegelenks	*Lig. collaterale fibulare*
6	Äußerer Gelenkknorren (des Schienbeins)	*Condylus lateralis (tibiae)*
7	Hinteres Wadenbeinkopfband	*Lig. capitis fibulae posterius*
8	Wadenbeinkopf	*Caput fibulae*
9	Hinteres Kreuzband	*Lig. cruciatum posterius*
10	Schräges Kniekehlenband	*Lig. popliteum obliquum*
11	Halbmembranöser Muskel (Sehne)	*M. semimembranosus*
12	Innenband (= inneres Seitenband) des Kniegelenks	*Lig. collaterale tibiale*
13	Hinteres Meniskus-Oberschenkel-Band	*Lig. meniscofemorale posterius*
14	Innerer Gelenkknorren (des Oberschenkelbeins)	*Condylus medialis (femoris)*
15	Großer Anzieher	*M. adductor magnus*

Rechtes Kniegelenk von vorn. Die Gelenkkapsel ist u-förmig aufgeschnitten und die Kniescheibe nach unten geklappt. Man sieht die Vorderseite der Gelenkknorren des Oberschenkelbeins und die Hinterseite der Kniescheibe. *[ss2]*

1	Kniescheibenfläche (des Oberschenkelbeins)	*Facies patellaris*
2	Innerer Gelenkknorren (des Oberschenkelbeins)	*Condylus medialis (femoris)*
3	Fettkörper unterhalb der Kniescheibe	*Corpus adiposum infrapatellare*
4	Gelenkkapsel	*Capsula articularis*
5	Kniescheibe, Gelenkfläche	*Patella, Facies articularis*
6	Schleimbeutel oberhalb der Kniescheibe	*Bursa suprapatellaris*
7	Außenband (= äußeres Seitenband) des Kniegelenks)	*Lig. collaterale fibulare*
8	Äußerer Gelenkknorren (des Oberschenkelbeins)	*Condylus lateralis (femoris)*

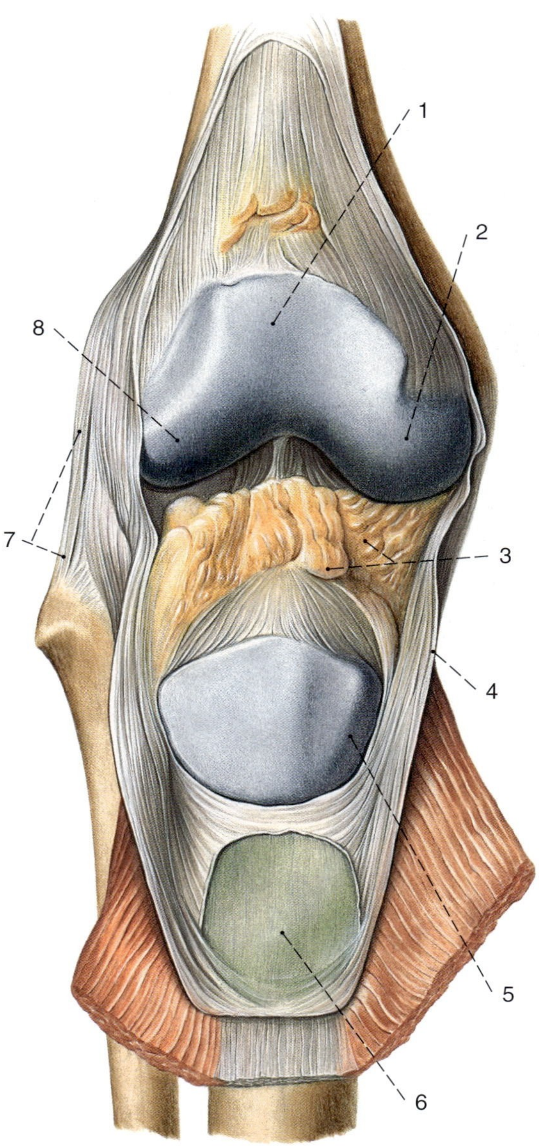

Seitenbänder

Die Gelenkkapsel wird medial durch das Innenband, lateral durch das Außenband verstärkt. Die Seitenbänder verhindern übermäßiges Außenkreiseln sowie Abknicken nach außen oder innen.

Bewegungsumfang des Kniegelenks

Das Kniegelenk kann man nur geringfügig überstrecken, aber sehr weit beugen (Extension – Flexion 10° – 0° – 150°). In Beugung kann das Kniegelenk auch ein- und auswärts gekreiselt werden. Dies ist an der Bewegung der Fußspitze leicht zu erkennen.

Wichtigste Muskeln des Kniegelenks
- *Strecken:* vierköpfiger Oberschenkelmuskel
- *Beugen:* Sitzbein-Unterschenkel-Muskeln + Wadenmuskel
- *Innenkreiseln:* „Gänsefußmuskeln" + halbmembranöser Muskel
- *Außenkreiseln:* zweiköpfiger Oberschenkelmuskel

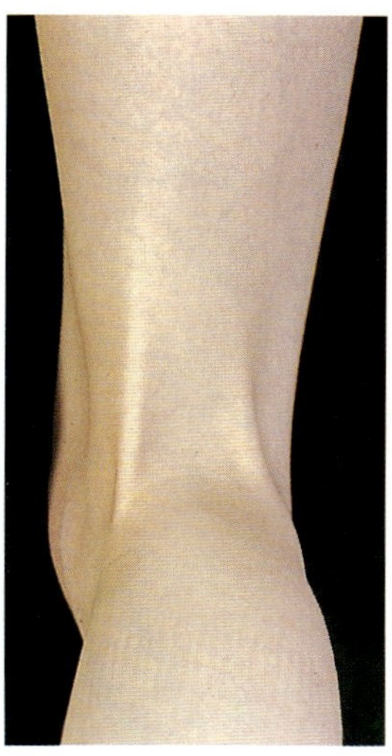

Rechte Kniekehle bei leichter Beugung gegen Widerstand. Zwei Sehnen bestimmen das Relief: auf der Innenseite (im Bild links) die des halbsehnigen Muskels, auf der Außenseite die des zweiköpfigen Oberschenkelmuskels. Unter der Sehne des halbsehnigen Muskels kann man noch die breitere Sehne des halbmembranösen Muskels tasten. Die nach unten folgende Rundung ist durch den dreiköpfigen Wadenmuskel bedingt. *[li1]*

Kniekehle

Die hintere Kniegegend bezeichnet man auch als Kniekehle, weil beim Beugen hier eine rautenförmige Grube einsinkt. Die Raute wird oben begrenzt von den Sitzbein-Unterschenkel-Muskeln (Innenseite: halbsehniger und halbmembranöser Muskel, Außenseite: zweiköpfiger Oberschenkelmuskel), unten von den beiden Köpfen des Wadenmuskels. Die Raute selbst wird von einem Fettkörper gefüllt. Diesen durchzieht die Hauptversorgungsstraße für Unterschenkel und Fuß. Sie enthält:

- den Ischiasnerv, der sich hier in den Schienbeinnerv und den gemeinsamen Wadenbeinnerv teilt.
- die Kniekehlenarterie und -vene mit ihren Ästen.
- Lymphgefäße.

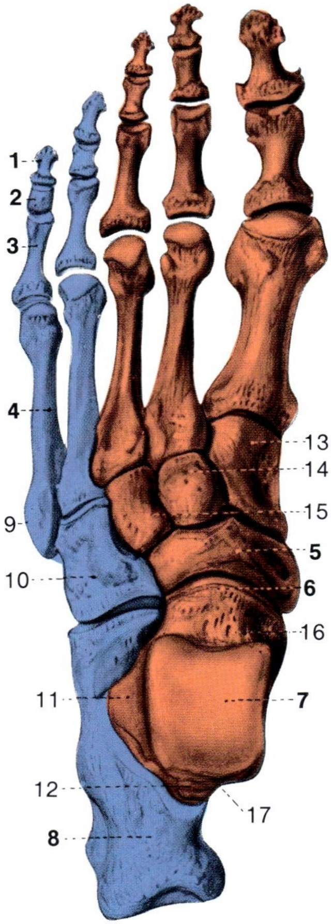

← Linker Fuß: Skelett von oben. *[bg1]*
Die 3 inneren Strahlen (rot) des „fünfstrahligen" Fußes laufen in das Sprungbein, die 2 äußeren (blau) in das Fersenbein aus. Während im Vorfußbereich die 5 Strahlen nebeneinander liegen, sind im Fußwurzelbereich die 2 äußeren Strahlen unter die 3 inneren geschoben. Die dadurch erzeugte Längswölbung verbessert die Federung, macht aber auch anfällig (Senkfuß)!

1–3	Zehenknochen	*Phalanges*
1	Zehenendglied	*Phalanx distalis*
2	Zehenmittelglied	*Phalanx media*
3	Zehengrundglied	*Phalanx proximalis*
4	Mittelfußknochen	*Os metatarsi [metatarsale]*
5	Kahnbein (des Fußes)	*Os naviculare*
6	Sprungbeinkopf	*Caput tali*
7	Sprungbeinrolle	*Trochlea tali*
8	Fersenbein	*Calcaneus*
9	Rauigkeit am 5. Mittelfußknochen	*Tuberositas ossis metatarsalis quinti (V)*
10	Würfelbein	*Os cuboideum*
11	Sprungbein, Gelenkfläche für den Wadenbeinknöchel	*Talus, Facies malleolaris lateralis*
12	Hinterer Sprungbeinfortsatz	*Processus posterior tali*
13	Inneres Keilbein	*Os cuneiforme mediale*
14	Mittleres Keilbein	*Os cuneiforme intermedium*
15	Äußeres Keilbein	*Os cuneiforme laterale*
16	Sprungbeinhals	*Collum tali*
17	Rinne für die Sehne des langen Großzehenbeugers	*Sulcus tendinis musculi flexoris hallucis longi*

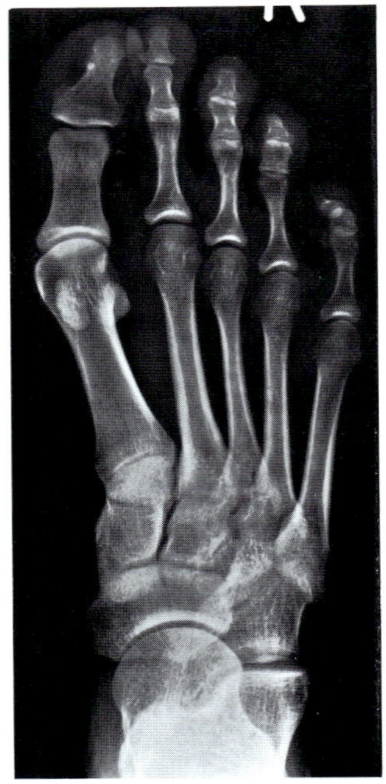

↑ Röntgenbild des Fußes im dorsoplantaren Strahlengang (der Fuß ruht auf der Röntgenfilmkassette, die Röntgenröhre steht über dem Fußrücken). Der Fersenbereich wird wegen des überlagernden Unterschenkels hierbei nicht scharf abgebildet. *[be3]*

Knochen des Fußes

❶ *Fußwurzelknochen:*

- hintere Gruppe: Sprungbein, Fersenbein, Kahnbein.
- vordere Gruppe: inneres, mittleres und äußeres Keilbein, Würfelbein.

❷ *Mittelfußknochen:* 5 Röhrenknochen mit Basis, Schaft und Kopf.

❸ *Zehenknochen:* 5 Zehengrundglieder, 4 Zehenmittelglieder, 5 Zehenendglieder (an der Großzehe fehlt wie beim Daumen das Mittelglied).

❹ *Sesambeine:* 2 Sesambeine liegen regelmäßig unter dem Kopf des 1. Mittelfußknochens. Weitere Sesambeine und „überzählige" Fußwurzelknochen kommen unterschiedlich häufig vor. Sesambeine sind Knochen, die in den Verlauf von Sehnen eingeschaltet sind. Größtes Sesambein des Menschen ist die Kniescheibe. Ein weiteres wichtiges Sesambein ist das Erbsenbein in der Handwurzel.

Auf die Gesamtlänge des Fußes bezogen macht der Bereich der 7 Fußwurzelknochen etwa die hintere Hälfte aus. Die Zehen haben beim Menschen ihre ursprüngliche Bedeutung als Greiforgane verloren und sind daher (verglichen mit den Fingern) kurz.

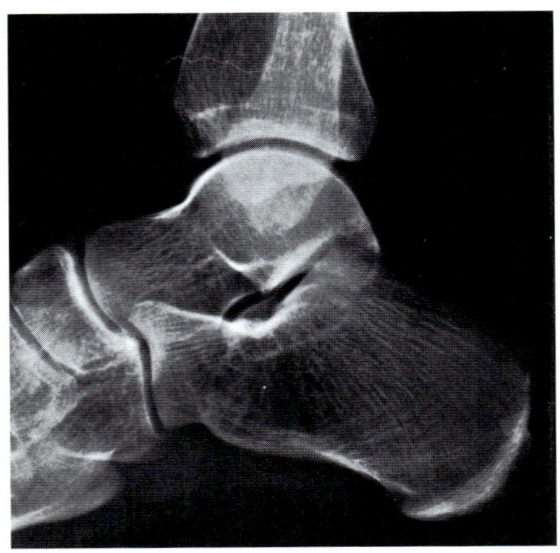

Sprunggelenke: Röntgenbild im seitlichen (tibiofibularen) Strahlengang. Man beachte in den Knochen die Hauptverlaufsrichtung der Knochenbälkchen. Sie entspricht der Richtung der Hauptbelastung. *[be3]*

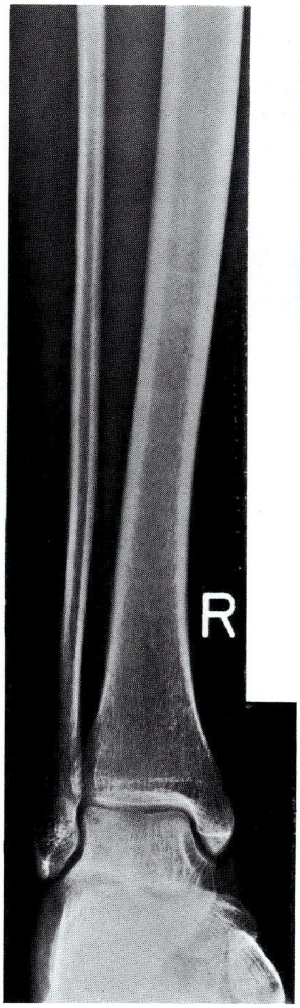

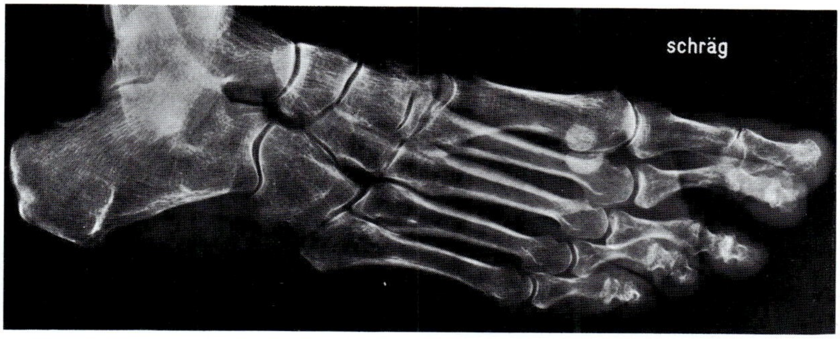

↑ Röntgenbild des Fußes: Die Schrägaufnahme gibt den besten Überblick über alle Bereiche des Fußes. Die beiden bohnenförmigen „Schatten" unter dem Kopf des 1. Mittelfußknochens sind die Sesambeine der Großzehe. *[be3]*

← Röntgenbild des Unterschenkels, der Knöchelgabel und des oberen Sprunggelenks im anterior-posterioren Strahlengang. An den Fußknochen sind außer der Sprungbeinrolle andere Einzelheiten nicht zu beurteilen, da die einzelnen Knochen übereinander projiziert werden. *[be3]*

↓ Rechter Fuß: Skelett von medial. *[pp2]*
Die über den Unterschenkel auf den Fuß drückende Körperlast wird vom Sprungbein in 2 Richtungen weitergegeben: nach vorn über das Kahnbein hauptsächlich zum ersten Mittelfußknochen, nach hinten zum Fersenbeinhöcker. Man vergleiche hierzu die Ausrichtung der Knochenbälkchen im Röntgenbild linke Seite unten.

1-4	Sprungbein	*Talus*
1	Sprungbeinkopf	*Caput tali*
2	Sprungbeinhals	*Collum tali*
3	Innere Knöchelgelenkfläche	*Facies malleolaris medialis*
4	Sprungbeinkörper	*Corpus tali*
5-6	Fersenbein	*Calcaneus*
5	Sprungbeinstütze (des Fersenbeins)	*Sustentaculum tali*
6	Fersenbeinhöcker	*Tuber calcanei*
7	Würfelbein	*Os cuboideum*
8	Rauigkeit am fünften Mittelfußknochen	*Tuberositas ossis metatarsi quinti [V]*
9	Sesambeine	*Ossa sesamoidea*
10	Zehenendglied	*Phalanx distalis*
11	Zehenmittelglied	*Phalanx media*
12	Zehengrundglied	*Phalanx proximalis*
13	Mittelfußknochen	*Ossa metatarsi [metatarsalia]*
14	Inneres Keilbein	*Os cuneiforme mediale*
15	Mittleres Keilbein	*Os cuneiforme intermedium*
16	Kahnbein (des Fußes)	*Os naviculare*

Gliederung des Fußes
- Fußwurzel (7 Fußwurzelknochen)
- Mittelfuß (5 Mittelfußknochen)
- 5 Zehen (14 Zehenglieder)

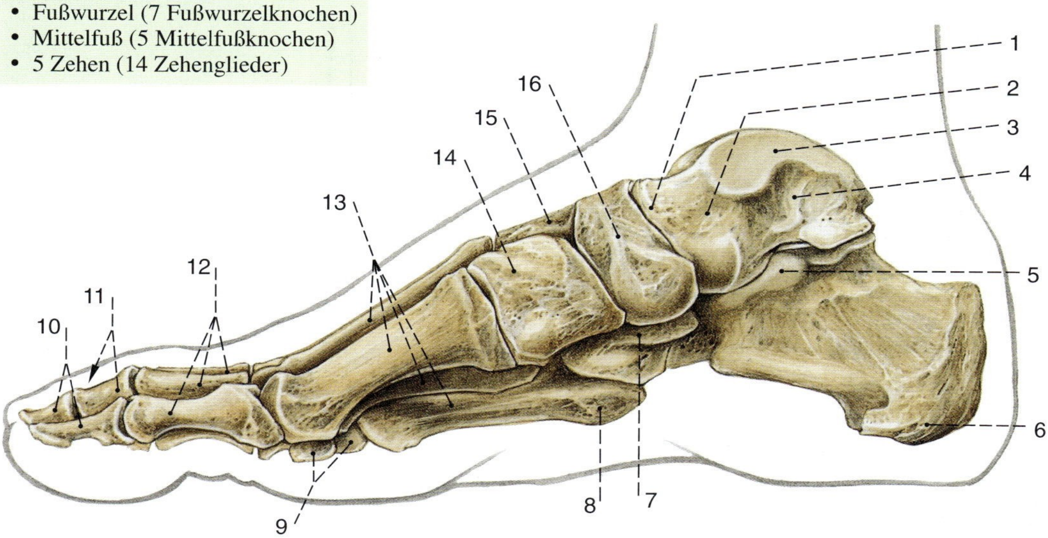

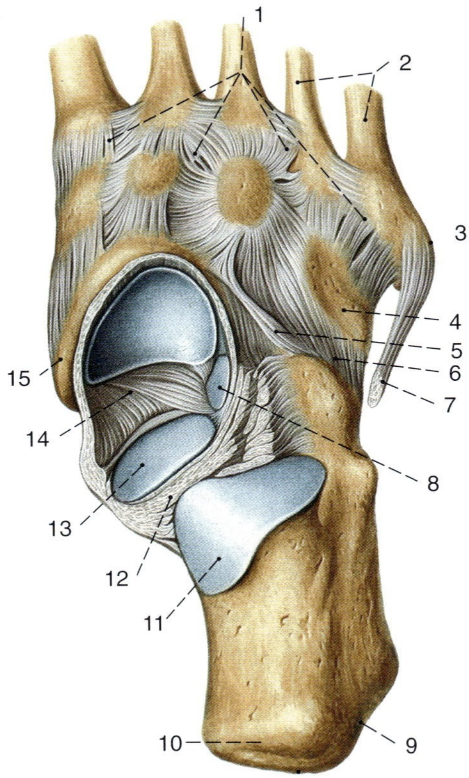

Unteres Sprunggelenk des rechten Fußes von oben. Das Sprungbein ist entnommen. *[ss2]*

1	Rückseitige Fußwurzel-Mittelfuß-Bänder	*Ligg. tarsometatarsalia dorsalia*
2	Mittelfußknochen	*Ossa metatarsi [metatarsalia]*
3	Rauigkeit am fünften Mittelfußknochen	*Tuberositas ossis metatarsalis quinti [V]*
4	Würfelbein	*Os cuboideum*
5	Fersenbein-Kahnbein-Band	*Lig. calcaneonaviculare*
6	Fersenbein-Würfelbein-Band	*Lig. calcaneocuboideum*
5-6	Gabelband	*Lig. bifurcatum*
7	Kurzer Wadenbeinmuskel	*M. fibularis [peroneus] brevis*
8	Vordere Sprungbeingelenkfläche (des Fersenbeins)	*Facies articularis talaris anterior*
9	Fersenbein	*Calcaneus*
10	Fersenbeinhöcker	*Tuber calcanei*
11	Hintere Sprungbeingelenkfläche (des Fersenbeins)	*Facies articularis talaris posterior*
12	Sprungbein- Fersenbein-Zwischenknochenband	*Lig. talocalcaneum interosseum*
13	Mittlere Sprungbeingelenkfläche (des Fersenbeins)	*Facies articularis talaris media*
14	Pfannenband	*Lig. calcaneonaviculare plantare*
15	Kahnbein (des Fußes)	*Os naviculare*

Gelenke des Fußes

Die vielen Knochen des Fußes sind durch entsprechend viele Gelenke miteinander verbunden. In vielen von ihnen sind nur geringe Federungsbewegungen möglich. Größere Bewegungen erfolgen in 5 Gelenklinien:

- *Oberes Sprunggelenk:* zwischen der „Knöchelgabel" von Schienbein und Wadenbein und dem Sprungbein.
- *Unteres Sprunggelenk:* zwischen dem Sprungbein oben und dem Fersenbein und dem Kahnbein unten.
- *Zehengrundgelenke:* zwischen den Köpfen der Mittelfußknochen und den Zehengrundgliedern.
- *Zehenmittelgelenke:* zwischen den Zehengrundgliedern und den Zehenmittelgliedern (fehlt bei der Großzehe).
- *Zehenendgelenke:* zwischen den Zehenmittelgliedern (bei der Großzehe dem Zehengrundglied) und dem Zehenendglied.

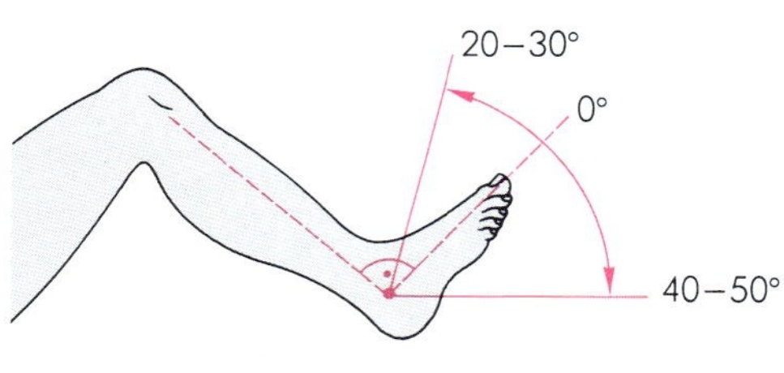

Oberes Sprunggelenk: mittlere Bewegungsumfänge von gesunden jungen Erwachsenen (Neutral-Null-Methode). Im oberen Sprunggelenk kann man den Fußrücken heben (rückwärtsstrecken, „Dorsalextension") und senken (fußsohlenwärtsbeugen, „Plantarflexion"). *[bh1]*

Bänder der Sprunggelenke

Sicheres Gehen und Stehen hängen von der Stabilität der Fußgelenke ab. Deshalb sind die Sprunggelenke durch kräftige Seitenbänder gesichert. Die Bänder der Sprunggelenke kann man in 5 Gruppen einteilen:

- *Bänder der Knöchelgabel* („Syndesmosenbänder"): vorderes und hinteres Schienbein-Wadenbein-Band. Diese beiden Bänder gehören streng genommen nicht zu den Sprunggelenken, doch ist die Festigkeit der Knöchelgabel die Voraussetzung sicherer Bewegungen im oberen Sprunggelenk.
- *Bänder des oberen Sprunggelenks:* zwischen Schienbeinknöchel und Sprungbein auf der Innenseite und zwischen Wadenbeinknöchel und Sprungbein auf der Außenseite.
- *Bänder des unteren Sprunggelenks:* zwischen Sprungbein und Fersenbein, hauptsächlich in der Tiefe der Fußbucht als „Zwischenknochenband". Dieses trennt die beiden Teilgelenke des unteren Sprunggelenks.
- *Bänder, die beide Sprunggelenke überspannen:* vom Schienbeinknöchel zum Fersenbein und zum Kahnbein („Deltaband"), vom Wadenbeinknöchel zum Fersenbein.
- *„Pfannenband":* Das fußsohlenseitige Fersenbein-Kahnbein-Band bildet einen Teil der Gelenkpfanne des unteren Sprunggelenks für den Sprungbeinkopf und trägt daher einen Überzug aus Gelenkknorpel.

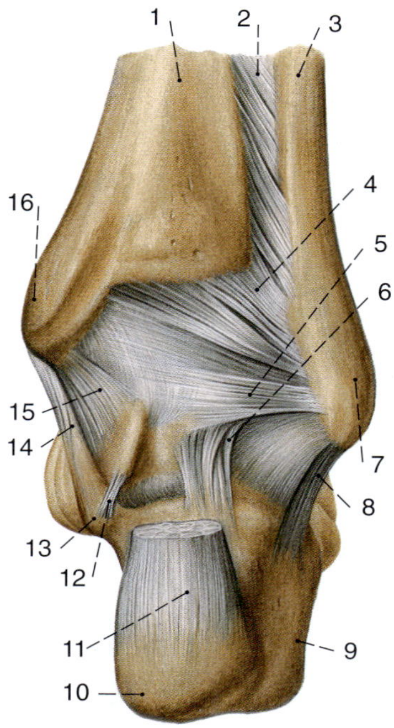

Bänder der Sprunggelenke von hinten (rechter Fuß). *[ss2]*

1	Schienbein	*Tibia*
2	Zwischenknochenmembran des Unterschenkels	*Membrana interossea cruris*
3	Wadenbein	*Fibula*
4	Hinteres Schienbein-Wadenbein-Band	*Lig. tibiofibulare posterius*
5	Hinteres Wadenbein-Sprungbein-Band	*Lig. talofibulare posterius*
6	Äußeres Sprungbein- Fersenbein-Band	*Lig. talocalcaneum laterale*
7	Äußerer Knöchel (= Wadenbeinknöchel)	*Malleolus lateralis*
8	Wadenbein-Fersenbein-Band	*Lig. calcaneofibulare*
9	Fersenbein	*Calcaneus*
10	Fersenbeinhöcker	*Tuber calcanei*
11	Achillessehne (Sehne des dreiköpfigen Wadenmuskels)	*Tendo calcaneus*
12	Inneres Sprungbein- Fersenbein-Band	*Lig. talocalcaneum mediale*
13	Sprungbeinstütze (des Fersenbeins)	*Sustentaculum tali*
14	Deltaband, Schienbein-Fersenbein-Teil	*Lig. collaterale mediale [Lig. deltoideum], Pars tibiocalcanea*
15	Deltaband, hinterer Schienbein-Sprungbein-Teil	*Lig. collaterale mediale [Lig. deltoideum], Pars tibiotalaris posterior*
16	Innerer Knöchel (= Schienbeinknöchel)	*Malleolus medialis*

Bewegungen im unteren Sprunggelenk

Im unteren Sprunggelenk kann man:
- Auswärtsdrehen (Eversion, Pronation)
- Einwärtsdrehen (Inversion, Supination)

Die Bewegungen sind schwierig zu verstehen:

• Das Gelenk hat 2 getrennte Gelenkkammern. Die vordere Kammer ist ähnlich wie ein Kugelgelenk gebaut: Der Sprungbeinkopf bewegt sich in der Gelenkpfanne, die vom Kahnbein, vom Fersenbein und vom überknorpelten Pfannenband gebildet wird. Trotzdem entspricht der Bewegungsspielraum nicht einem Kugelgelenk. Wegen der Koppelung an die hintere Gelenkkammer ist nur die Drehung um eine Achse möglich.

• Die Achse läuft schräg durch die Fußwurzel. Deshalb gibt es im Grunde kein reines Auswärts- oder Einwärtsdrehen. Der Fuß wird beim Auswärtsdrehen gleichzeitig vorn gehoben (rückwärtsgestreckt) und nach außen geführt (abgespreizt). Beim Einwärtsdrehen wird der Fuß gleichzeitig vorn gesenkt und nach innen geführt.

• Es besteht keine Einigkeit über die lateinischen Bewegungsbegriffe. In der deutschsprachigen Anatomie sind die Bezeichnungen *Pronation* (äußeren Fußrand heben) und *Supination* (inneren Fußrand heben) üblich. Manche Kliniker bevorzugen die in der englischsprachigen Medizin üblichen Begriffe Eversion und Inversion für die Bewegung des Fersenbeins, z.T. auch für den ganzen Fuß, während andere Pronation und Supination für die Drehung des Vorfußes beibehalten.

• Auch die deutschen Bezeichnungen Auswärts- und Einwärtsdrehen können leicht missverstanden werden. Sie orientieren sich an der Fußspitze. Sie wird im ersten Fall nach außen, im zweiten nach innen geführt. Wollte man die Drehung des Fußrückens ähnlich wie bei der Hand betrachten, so käme man zu genau umgekehrten Bezeichnungen: Hier bedeutet Auswärtsdrehen, die Handfläche nach oben zu drehen. Die Hand ist jedoch um 180° gegenüber dem Fuß verdreht: Der Daumen ist bei der Hand auf der Außenseite (lateral), die Großzehe beim Fuß hingegen auf der Innenseite (medial).

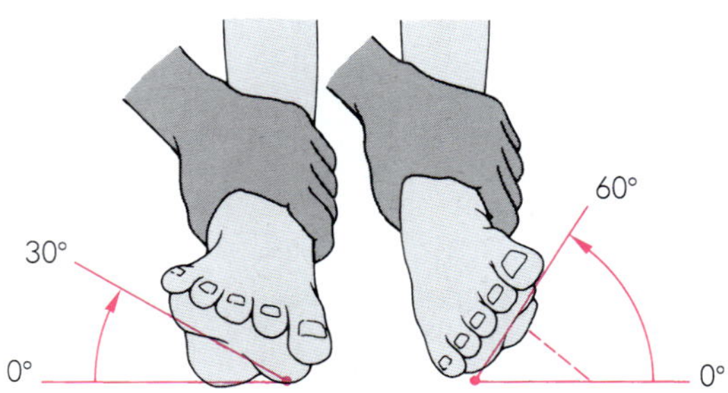

Unteres Sprunggelenk: mittlere Bewegungsumfänge von gesunden jungen Erwachsenen nach der Neutral-Null-Methode. Im unteren Sprunggelenk kann man den äußeren Fußrand heben (Auswärtsdrehen, Pronation, Eversion) oder den inneren Fußrand heben (Einwärtsdrehen, Supination, Inversion). Beim Messen hält man den Unterschenkel fest, um dessen Mitbewegung zu verhindern. *[bh1]*

Rechter Unterschenkel und Fuß: Muskeln der Außenseite. Man achte auf die Haltebänder der Sehnen in Knöchelnähe. Die Sehnen liegen dort in Sehnenscheiden. *[bg1]*

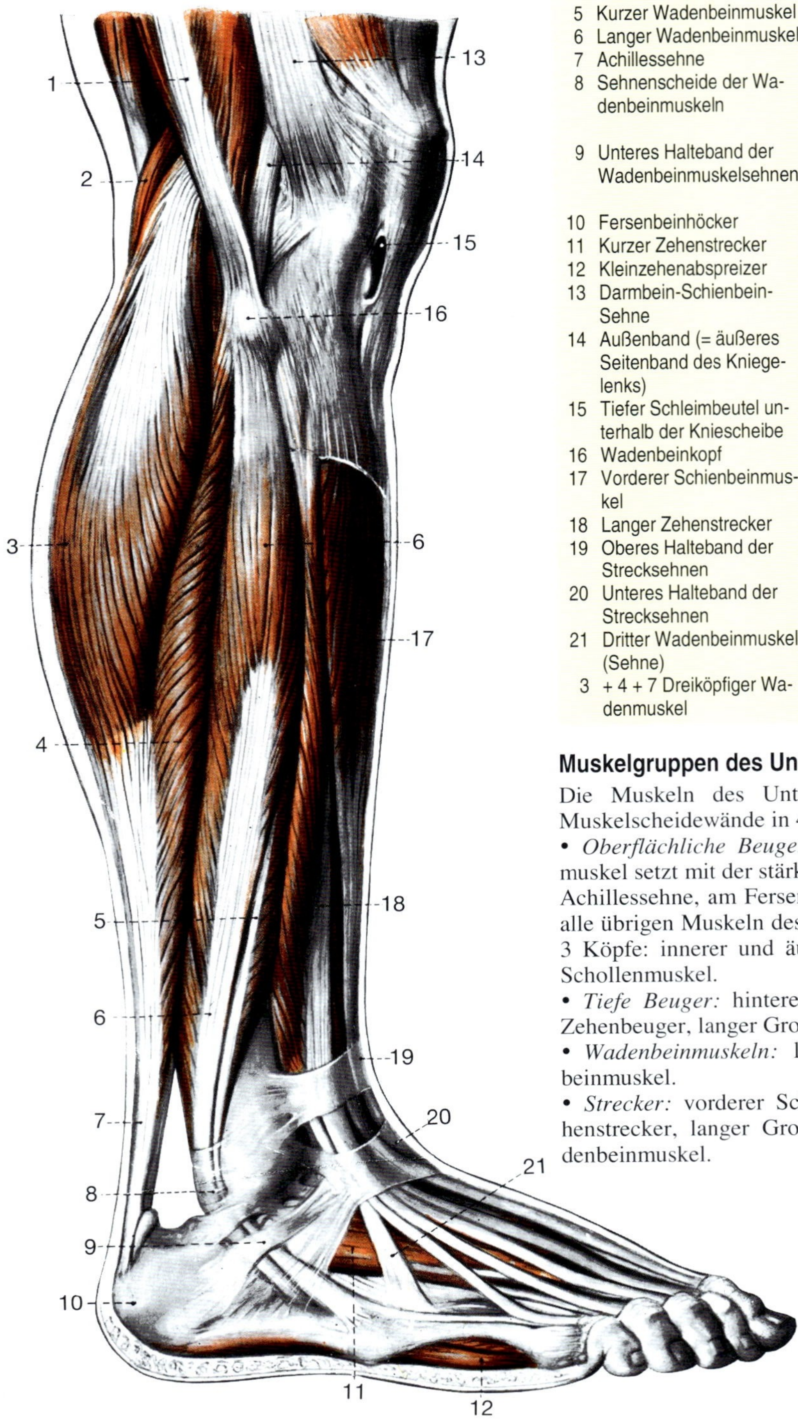

1	Zweiköpfiger Oberschenkelmuskel	*M. biceps femoris*
2	Sohlenmuskel	*M. plantaris*
3	Äußerer Wadenmuskel	*M. gastrocnemius, Caput laterale*
4	Schollenmuskel	*M. soleus*
5	Kurzer Wadenbeinmuskel	*M. fibularis [peroneus] brevis*
6	Langer Wadenbeinmuskel	*M. fibularis [peroneus] longus*
7	Achillessehne	*Tendo calcaneus*
8	Sehnenscheide der Wadenbeinmuskeln	*Vagina communis tendinum musculorum fibularium [peroneorum]*
9	Unteres Halteband der Wadenbeinmuskelsehnen	*Retinaculum musculorum fibularium [peroneorum] inferius*
10	Fersenbeinhöcker	*Tuber calcanei*
11	Kurzer Zehenstrecker	*M. extensor digitorum brevis*
12	Kleinzehenabspreizer	*M. abductor digiti minimi*
13	Darmbein-Schienbein-Sehne	*Tractus iliotibialis*
14	Außenband (= äußeres Seitenband des Kniegelenks)	*Lig. collaterale fibulare*
15	Tiefer Schleimbeutel unterhalb der Kniescheibe	*Bursa infrapatellaris profunda*
16	Wadenbeinkopf	*Caput fibulae*
17	Vorderer Schienbeinmuskel	*M. tibialis anterior*
18	Langer Zehenstrecker	*M. extensor digitorum longus*
19	Oberes Halteband der Strecksehnen	*Retinaculum musculorum extensorum superius*
20	Unteres Halteband der Strecksehnen	*Retinaculum musculorum extensorum inferius*
21	Dritter Wadenbeinmuskel (Sehne)	*M. fibularis [peroneus] tertius*
3	+ 4 + 7 Dreiköpfiger Wadenmuskel	*M. triceps surae*

Muskelgruppen des Unterschenkels

Die Muskeln des Unterschenkels werden durch Muskelscheidewände in 4 Gruppen geteilt:

- *Oberflächliche Beuger:* Der dreiköpfige Wadenmuskel setzt mit der stärksten Sehne des Körpers, der Achillessehne, am Fersenbein an. Er ist kräftiger als alle übrigen Muskeln des Unterschenkels zusammen. 3 Köpfe: innerer und äußerer Wadenmuskel sowie Schollenmuskel.
- *Tiefe Beuger:* hinterer Schienbeinmuskel, langer Zehenbeuger, langer Großzehenbeuger.
- *Wadenbeinmuskeln:* langer und kurzer Wadenbeinmuskel.
- *Strecker:* vorderer Schienbeinmuskel, langer Zehenstrecker, langer Großzehenstrecker, dritter Wadenbeinmuskel.

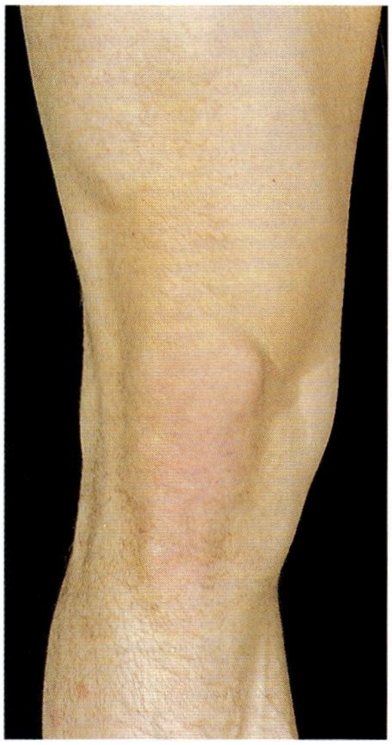

← Rechtes Knie von vorn bei aktivem Strecken. Kniescheibe und Kniescheibenband treten hervor. *[li1]*

- Seitlich der Kniescheibe (im Bild links) hebt sich die Darmbein-Schienbein-Sehne deutlich ab. Über diese Sehne beteiligen sich der große Gesäßmuskel und der Schenkelbindenspanner am Strecken des Kniegelenks. Hauptstrecker ist der vierköpfige Oberschenkelmuskel („Quadrizeps"). Der Muskelwulst seines medialen Kopfes (im Bild rechts) reicht weiter nach unten als der des seitlichen.
- Der Gelenkspalt des Kniegelenks ist etwa auf Höhe des Unterrandes der Kniescheibe medial und lateral des Kniescheibenbandes zu tasten.
- Die Vorderkante und die Medialfläche des Schienbeins werden nicht von Muskeln bedeckt und sind in ganzer Länge durch die Haut abzutasten. Ein Schlag auf den Knochen ist sehr schmerzhaft (Knochenhautschmerz).

Sehnenscheiden im Knöchelbereich

Sehnenscheiden sind Gleithülsen um Sehnen. Sie sind ähnlich wie Gelenkkapseln gebaut (straffe Außenseite, glatte Innenseite). Man findet sie immer dort, wo Sehnen von Haltebändern gezügelt werden und das Scheuern der Sehne am Band verhindert werden muss:

- hinter und unter dem Innenknöchel unter dem Halteband der Beugesehnen.
- am Fußrücken (im Bereich der Sprunggelenke) unter den Haltebändern der Strecksehnen.
- unter dem Außenknöchel unter den Haltebändern der Wadenbeinmuskeln.

Sehnenscheidenentzündung (Tendovaginitis): Bei Überbeanspruchung, z.B. bei längeren ungewohnten Märschen, können sich die Sehnenscheiden entzünden. Dann werden Bewegungen sehr schmerzhaft. Bei Ruhigstellung klingen die Beschwerden meist ohne weitere Behandlung in einigen Tagen ab.

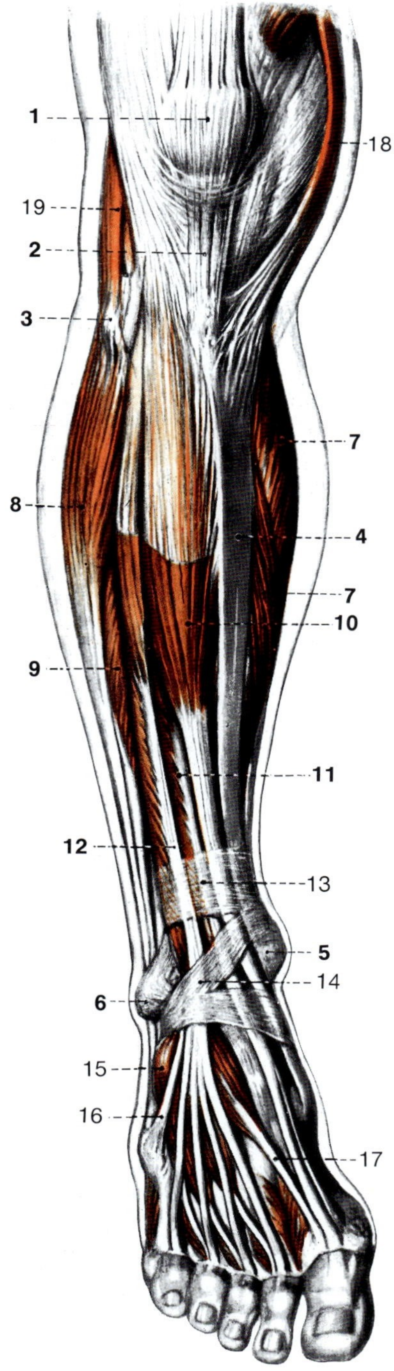

Rechter Unterschenkel und Fußrücken: Muskeln der Vorderseite. *[bg1]* →

1	Kniescheibe	*Patella*
2	Kniescheibenband	*Lig. patellae*
3	Wadenbeinkopf	*Caput fibulae*
4	Schienbein	*Tibia*
5	Innenknöchel (Schienbeinknöchel)	*Malleolus medialis*
6	Außenknöchel (Wadenbeinknöchel)	*Malleolus lateralis*
7	Dreiköpfiger Wadenmuskel	*M. triceps surae*
8	Langer Wadenbeinmuskel	*M. fibularis [peroneus] longus*
9	Kurzer Wadenbeinmuskel	*M. fibularis [peroneus] brevis*
10	Vorderer Schienbeinmuskel	*M. tibialis anterior*
11	Langer Großzehenstrecker	*M. extensor hallucis longus*
12	Langer Zehenstrecker	*M. extensor digitorum longus*
13	Oberes Halteband der Strecksehnen	*Retinaculum musculorum extensorum superius*
14	Unteres Halteband der Strecksehnen	*Retinaculum musculorum extensorum inferius*
15	Kurzer Zehenstrecker	*M. extensor digitorum brevis*
16	Dritter Wadenbeinmuskel (Sehne)	*M. fibularis [peroneus] tertius*
17	Kurzer Großzehenstrecker	*M. extensor hallucis brevis*
18	Schneidermuskel	*M. sartorius*
19	Zweiköpfiger Oberschenkelmuskel	*M. biceps femoris*

Muskelkammern des Unterschenkels: Die 4 großen Muskelgruppen werden durch straffere Faszien und die Zwischenknochenmembran voneinander getrennt. Zusammen mit der äußeren Unterschenkelfaszie entstehen damit 4 Muskelkammern (Kompartments). Sie begrenzen Schwellungen, erhöhen aber gerade dadurch den Druck in der Kammer nach Verletzungen. Dies kann die Durchblutung der Muskeln behindern (Kompartment-Syndrom). Dann muss man die Faszie weit aufschneiden, um die Muskeln zu retten. *[bl]* ➔

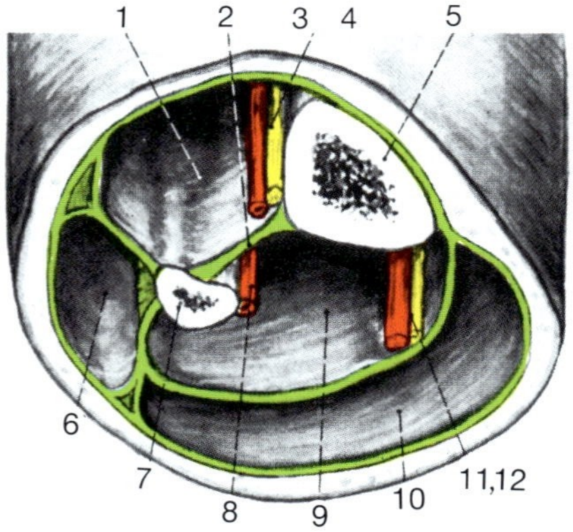

➚

1	Kammer der Streckmuskeln (Extensorenloge)	*Compartimentum cruris anterius [extensorum]*
2	Zwischenknochenmembran des Unterschenkels	*Membrana interossea cruris*
3	Vordere Schienbeinarterie	*A. tibialis anterior*
4	Tiefer Wadenbeinnerv	*N. fibularis [peroneus] profundus*
5	Schienbein	*Tibia*
6	Kammer der Wadenbeinmuskeln (Fibularisloge = Peroneusloge)	*Compartimentum cruris laterale [fibularium] [peroneorum]*
7	Wadenbein	*Fibula*
8	Wadenbeinarterie	*A. fibularis [peronea]*
9	Kammer der tiefen Beugemuskeln (tiefe Flexorenloge)	*Compartimentum cruris posterius [flexorum], Pars profunda*
10	Kammer der oberflächlichen Beugemuskeln (oberflächliche Flexorenloge)	*Compartimentum cruris posterius [flexorum], Pars superficialis [tricipitalis]*
11	Hintere Schienbeinarterie	*A. tibialis posterior*
12	Schienbeinnerv	*N. tibialis*

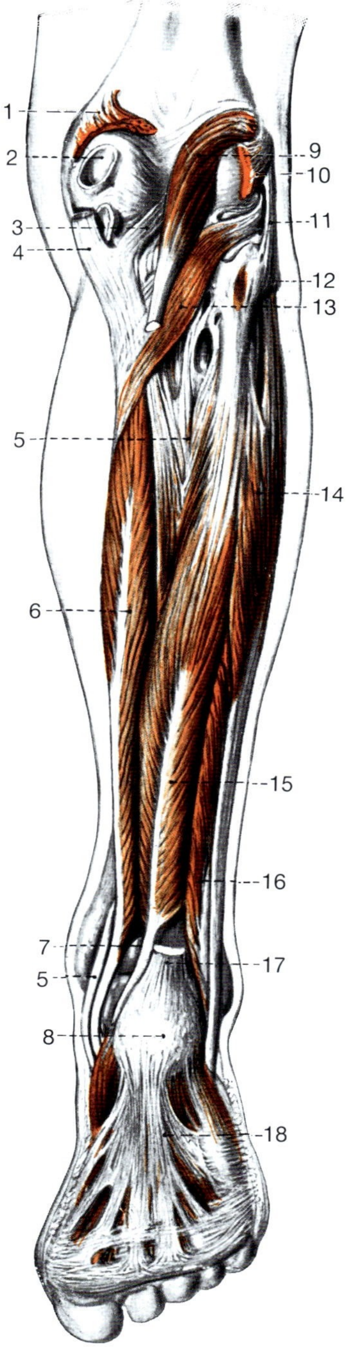

🡐 **Rechter Unterschenkel und Fußsohle:** Muskeln der Hinterseite, tiefe Schicht. Der mächtige dreiköpfige Wadenmuskel ist bis auf die Ursprünge des inneren und äußeren Wadenmuskels und den Ansatz der Achillessehne entfernt. Die Sehnen der drei Muskeln der tiefen Beugerloge ziehen hinter dem Innenknöchel zum Fuß und werden dort vom Halteband der Beugesehnen festgehalten (nicht im Bild), damit sie nicht vor den Knöchel gleiten. Zur Reibungsminderung werden sie in Sehnenscheiden geführt. *[bg1]*

1	Innerer Wadenmuskel (abgeschnitten)	*M. gastrocnemius, Caput mediale*
2	Schleimbeutel unter der Sehne des inneren Wadenmuskels	*Bursa subtendinea musculi gastrocnemii medialis*
3	Schräges Kniekehlenband	*Lig. popliteum obliquum*
4	Halbmembranöser Muskel (Sehne)	*M. semimembranosus*
5	Hinterer Schienbeinmuskel	*M. tibialis posterior*
6	Langer Zehenbeuger	*M. flexor digitorum longus*
7	Sprungbein	*Talus*
8	Fersenbeinhöcker	*Tuber calcanei*
9	Sohlenmuskel (Sehne durchgetrennt, setzt neben Achillessehne am Fersenbein an)	*M. plantaris*
10	Äußerer Wadenmuskel (abgeschnitten)	*M. gastrocnemius, Caput laterale*
11	Außenband (= äußeres Seitenband des Kniegelenks)	*Lig. collaterale fibulare*
12	Wadenbeinkopf	*Caput fibulae*
13	Kniekehlenmuskel	*M. popliteus*
14	Langer Wadenbeinmuskel	*M. fibularis [peroneus] longus*
15	Langer Großzehenbeuger	*M. flexor hallucis longus*
16	Kurzer Wadenbeinmuskel	*M. fibularis [peroneus] brevis*
17	Achillessehne (abgeschnitten)	*Tendo calcaneus*
18	Fußsohlensehnenplatte	*Aponeurosis plantaris*

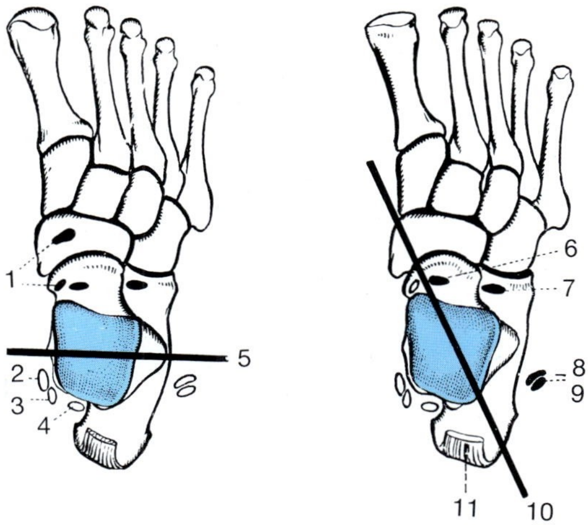

Sprunggelenke: Lage der Sehnen der Unterschenkelmuskeln zu den Hauptachsen der Sprunggelenke des rechten Fußes: *[bg1]*

• Links: Die Achse des oberen Sprunggelenks läuft etwa durch die Knöchelgabel. Der Vorfuß kann um diese Achse fußrückenwärts (Dorsalextension) und fußsohlenwärts (Plantarflexion) bewegt werden. Nur die Sehnen der Strecker laufen vor der Achse, d.h., alle übrigen Muskeln drehen fußsohlenwärts, sind also Plantarflexoren.

• Rechts: Im unteren Sprunggelenk dreht sich der Fuß um eine schräge Achse. Dabei wird der äußere Fußrand entweder gehoben (Pronation) oder gesenkt (Supination). Die Wadenbeinmuskeln und der größere Anteil der Strecker pronieren, alle übrigen supinieren. Bei Lähmung der Wadenbeinmuskeln sinkt der äußere Fußrand ab. Es bildet sich ein Klumpfuß.

1	Vorderer Schienbeinmuskel	*M. tibialis anterior*
2	Hinterer Schienbeinmuskel	*M. tibialis posterior*
3	Langer Zehenbeuger	*M. flexor digitorum longus*
4	Langer Großzehenbeuger	*M. flexor hallucis longus*
5	Hauptachse des oberen Sprunggelenks	*(Articulatio talocruralis)*
6	Langer Großzehenstrecker	*M. extensor hallucis longus*
7	Langer Zehenstrecker	*M. extensor digitorum longus*
8	Kurzer Wadenbeinmuskel	*M. fibularis [peroneus] brevis*
9	Langer Wadenbeinmuskel	*M. fibularis [peroneus] longus*
10	Hauptachse des unteren Sprunggelenks	*(Articulatio talocalcaneonavicularis)*
11	Achillessehne	*Tendo calcaneus*

Fehlformen des Fußes

Die wichtigsten erworbenen Formen lassen sich zwanglos in 2 Gruppen gliedern:

❶ Veränderte Fußwölbungen:

• *Hohlfuß:* verstärkte Längswölbung.

• *Plattfuß* (Senkfuß): Bei ihm sinkt die Längswölbung des Fußes ein. Der innere Fußrand, der normalerweise wegen der Längswölbung den Boden im Bereich des Kahnbeins und Sprungbeinkopfes nicht berührt, liegt flach auf. Dies macht beim Gehen erhebliche Beschwerden. Beim *Plattknickfuß* ist zusätzlich die Ferse nach außen abgeknickt.

• *Spreizfuß:* Die Querwölbung ist abgesenkt. Der Vorfuß wird breiter. Der Kopf des 1. Mittelfußknochens tritt stark hervor. Die Großzehe wird seitlich abgebogen (Hallux valgus). Es bildet sich eine Schwiele auf dem „Ballen" unter dem Kopf des 2. oder 3. Mittelfußknochens.

❷ Abnorme Stellungen: Sie sind häufig Folge von Muskelschwächen:

• *Hackenfuß:* Bei Lähmung der Beuger (z.B. bei Ausfall des Schienbeinnervs) wird der Fußrücken durch die dann überwiegenden Strecker hochgezogen. Der Patient setzt beim Gehen nur die Ferse auf.

• *Spitzfuß:* Bei Schwäche der Strecker (z.B. bei Lähmung des tiefen Wadenbeinnervs) kann der Fußrücken nicht mehr gehoben werden. Durch das Überwiegen der Beuger wird der Fuß mit den Zehen zuerst aufgesetzt. Die Zehen schleifen beim Gehen am Boden.

• *Klumpfuß* (i.e.S.): Die Wadenbeinmuskeln heben den äußeren Fußrand. Bei ihrer Schwäche (z.B. bei Lähmung des oberflächlichen Wadenbeinnervs) ist der äußere Fußrand gesenkt. Der Fuß ist stark einwärts gedreht. Der Patient geht nur auf dem äußeren Fußrand.

• *Spitzklumpfuß* (Klumpfuß i.w.S.): Bei Lähmung der Strecker und der Wadenbeinmuskeln (z.B. bei Lähmung des gemeinsamen Wadenbeinnervs) entsteht eine Kombination von Spitzfuß und Klumpfuß.

• *Knickfuß.* Bei Schwäche der tiefen Beuger knickt der Fuß über dem inneren Rand ein. Das Fersenbein ist aus der Achse des Beins abgeknickt

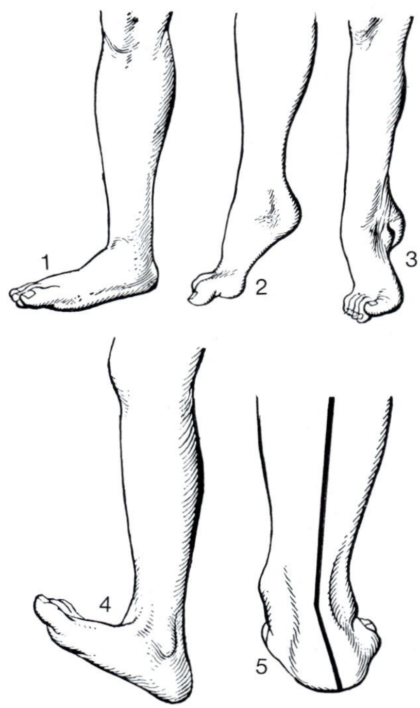

Fehlformen des Fußes: 1 Plattfuß (Senkfuß), 2 Spitzfuß, 3 Spitzklumpfuß, 4 Hackenfuß, 5 Knickfuß. *[bg1]*

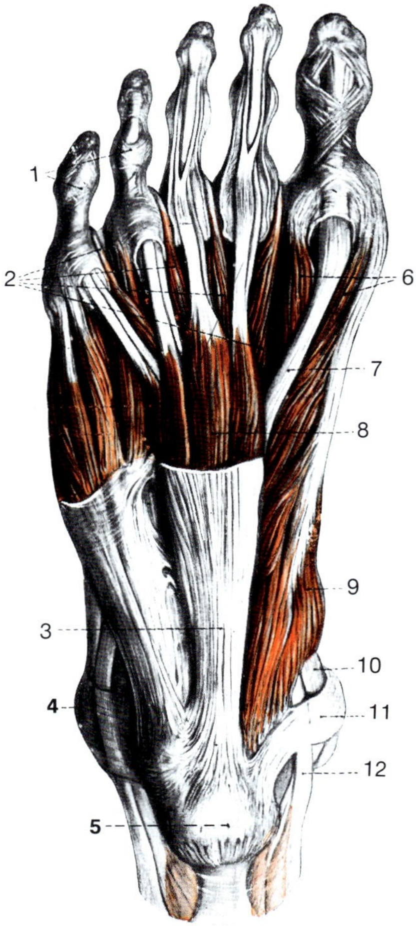

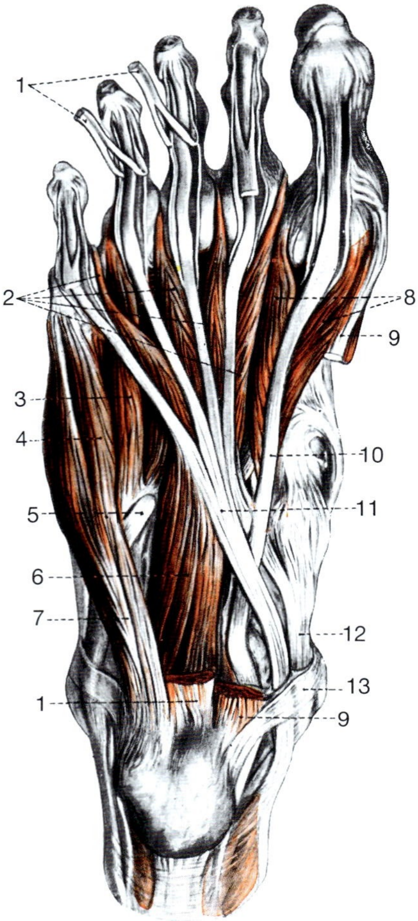

Rechte Fußsohle: Muskeln, oberflächliche Schicht. Die Fußsohlensehnenplatte (Plantaraponeurose) ist im vorderen Fußbereich entfernt. *[bg1]*

Die Plantaraponeurose ist eine Platte straffen Bindegewebes mit Längszügen (von der Ferse zu den Zehen), Querfasern und vertikalen Fasern (zu Haut und Mittelfußknochen). Die Haut der Fußsohle ist matratzenartig auf dieser Sehnenplatte befestigt. Dadurch wird sie unverschieblich, was für den sicheren Stand nötig ist (sonst würde man in der Fußsohlenhaut hin und her rutschen).

1	Bindegewebige Sehnentunnel der Zehen	*Vaginae fibrosae tendinum digitorum pedis*
2	Spulmuskeln (Regenwurmmuskeln)	*Mm. lumbricales*
3	Fußsohlensehnenplatte	*Aponeurosis plantaris*
4	Äußerer Knöchel (= Wadenbeinknöchel)	*Malleolus lateralis*
5	Fersenbeinhöcker	*Tuber calcanei*
6	Kurzer Großzehenbeuger	*M. flexor hallucis brevis*
7	Langer Großzehenbeuger	*M. flexor hallucis longus*
8	Kurzer Zehenbeuger	*M. flexor digitorum brevis*
9	Großzehenabspreizer	*M. abductor hallucis*
10	Hinterer Schienbeinmuskel	*M. tibialis posterior*
11	Halteband der Beugesehnen	*Retinaculum musculorum flexorum*
12	Langer Zehenbeuger	*M. flexor digitorum longus*

Rechte Fußsohle: Muskeln, mittlere Schicht. Plantaraponeurose, kurzer Zehenbeuger und Großzehenabspreizer sind abgeschnitten. *[bg1]*

1	Kurzer Zehenbeuger (abgeschnitten)	*M. flexor digitorum brevis*
2	Spulmuskeln (Regenwurmmuskeln)	*Mm. lumbricales*
3	Rückseitiger Zwischenknochenmuskel	*M. interosseus dorsalis*
4	Kurzer Kleinzehenbeuger	*M. flexor digiti minimi brevis*
5	Langer Wadenbeinmuskel (Sehne)	*M. fibularis [peroneus] longus*
6	Viereckiger Fußsohlenmuskel	*M. quadratus plantae*
7	Kleinzehenabspreizer	*M. abductor digiti minimi*
8	Kurzer Großzehenbeuger	*M. flexor hallucis brevis*
9	Großzehenabspreizer (abgeschnitten)	*M. abductor hallucis*
10	Langer Großzehenbeuger (Sehne)	*M. flexor hallucis longus*
11	Langer Zehenbeuger (Sehnen)	*M. flexor digitorum longus*
12	Hinterer Schienbeinmuskel (Sehne)	*M. tibialis posterior*
13	Halteband der Beugesehnen	*Retinaculum musculorum flexorum*

Rechte Fußsohle: Muskeln, tiefe Schicht. *[bg1]*

1	Bindegewebige Sehnentunnel der Zehen	*Vaginae fibrosae tendinum digitorum pedis*
2	+ 14 Großzehenanzieher	*M. adductor hallucis*
2	Großzehenanzieher, querer Kopf	*M. adductor hallucis, Caput transversum*
3	Kurzer Kleinzehenbeuger	*M. flexor digiti minimi brevis*
4	Rückseitige Zwischenknochenmuskeln	*Mm. interossei dorsales*
5	Fußsohlenseitige Zwischenknochenmuskeln	*Mm. interossei plantares*
6	Fünfter Mittelfußknochen	*Os metatarsi [metatarsale] V*
7	Langer Wadenbeinmuskel (Sehne)	*M. fibularis [peroneus] longus*
8	Kurzer Wadenbeinmuskel (Sehne)	*M. fibularis [peroneus] brevis*
9	Langes Fußsohlenband	*Lig. plantare longum*
10	Kurzer Zehenbeuger (abgeschnitten)	*M. flexor digitorum brevis*
11	Fersenbeinhöcker	*Tuber calcanei*
12	Kurzer Großzehenbeuger	*M. flexor hallucis brevis*
13	Großzehenabspreizer (abgeschnitten)	*M. abductor hallucis*
14	Großzehenanzieher, schräger Kopf	*M. adductor hallucis, Caput obliquum*
15	Vorderer Schienbeinmuskel (Sehne)	*M. tibialis anterior*
16	Hinterer Schienbeinmuskel (Sehne)	*M. tibialis posterior*
17	Langer Zehenbeuger (Sehnen)	*M. flexor digitorum longus*
18	Langer Großzehenbeuger (Sehne)	*M. flexor hallucis longus*

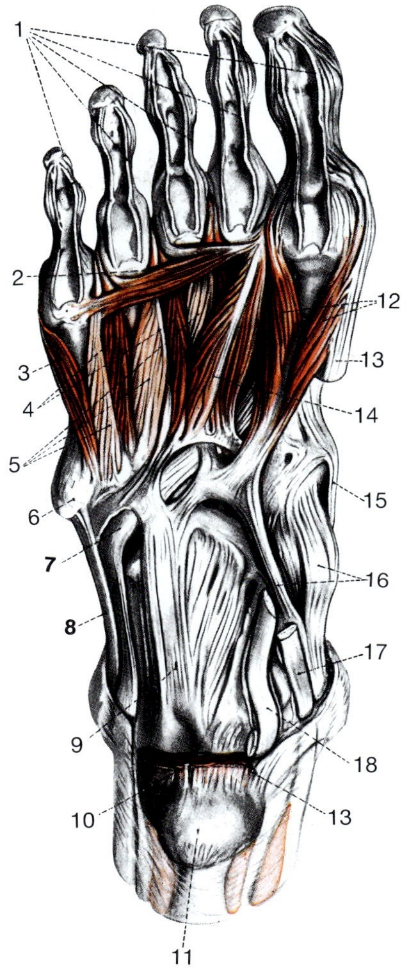

Fußsohle

Der Bau der Fußsohle unterscheidet sich wesentlich vom Bau der Hohlhand. Dies hat mehrere Gründe:

- Die Hand ist ein Greifwerkzeug, der Fuß ein Stand- und Gehwerkzeug.
- Der Fuß ist gegen den Unterschenkel rechtwinklig abgesetzt, die Hand setzt die Richtung des Unterarms fort.
- Die Gewölbekonstruktion des Fußes lässt an der Fußsohle viel Platz für Muskeln, die Hohlhand nicht.

Die Vielfalt der Muskeln der Fußsohle ist aus der biologischen Sonderstellung des Menschen in der Reihe der Säugetiere zu verstehen.

Sonderstellung des Menschenfußes

Der zweibeinige Stand ermöglichte es, die Hände als Greifwerkzeuge einzusetzen, wodurch der Mensch allen Tieren überlegen wurde. Voraussetzung ist die Sicherheit dieses zweibeinigen Stehens und Gehens. Der Kontakt mit dem Boden muss mit 2 Füßen so gut sein wie bei den anderen Säugetieren mit 4 Füßen. Wir benötigen daher sehr differenzierte Anpassungsmöglichkeiten des Fußes an den Boden. Beim Schuhe tragenden hochindustrialisierten Menschen verkümmert diese Aufgabe des Fußes allmählich. Fußbeschwerden werden daher immer häufiger. Ihnen kann man durch eifriges Training der Fußsohlenmuskeln, z.B. Barfußgehen, entgegenwirken.

Gruppen der „kurzen" Fußmuskeln

- Kurze Strecker: am Fußrücken
- Kurze Beuger: in der Fußsohle
- Kurze Großzehenmuskeln
- Kurze Kleinzehenmuskeln
- Zwischenknochenmuskeln: in den Lücken zwischen den Mittelfußknochen

Normaler Fußabdruck

- Die Hauptbelastungspunkte liegen beim gesunden Fuß unter dem Fersenbeinhöcker und unter dem Kopf des 1. Mittelfußknochens.
- Mäßig belastet ist die Haut unter den Köpfen der übrigen Mittelfußknochen und am äußeren Fußrand.
- Wegen der Längswölbung des Fußes ist der innere Fußrand größtenteils unbelastet. Der normale Fußabdruck ist daher am Innenrand U-förmig eingezogen.

Der Fußabdruck ist ein wichtiges Hilfsmittel bei der Beurteilung von Fußfehlformen, z.B. fehlt beim Plattfuß die Einziehung des inneren Fußrandes, beim Hohlfuß ist sie vergrößert.

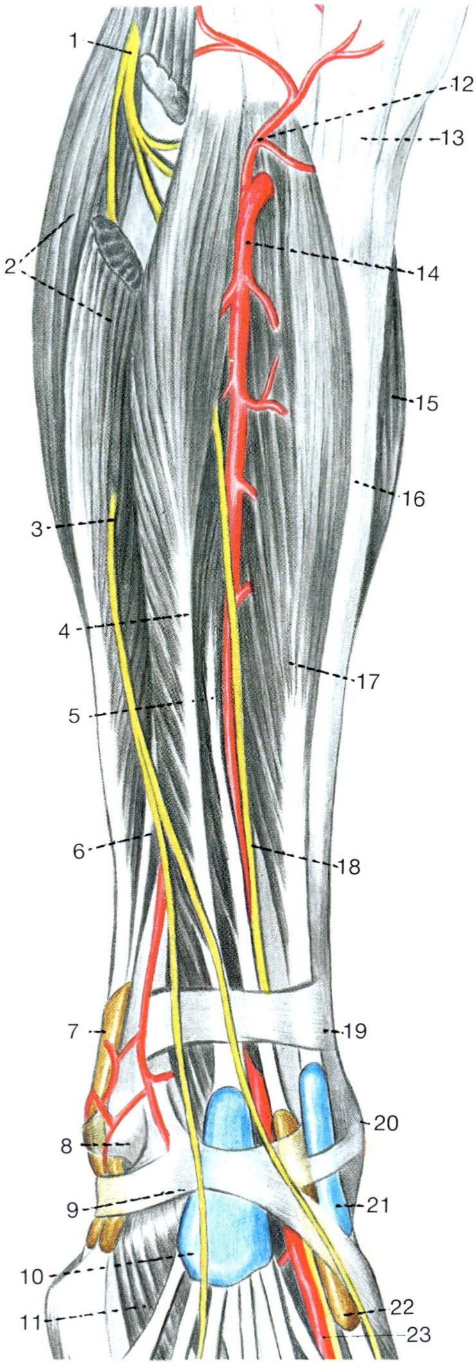

Rechter Unterschenkel: Arterien, Nerven und Sehnenscheiden der Vorderseite. Der lange Wadenbeinmuskel ist gefenstert, um die Aufzweigung des gemeinsamen Wadenbeinnervs zu zeigen. Sehnenscheiden blau und hellbraun. *[bl]*

Ischiasnerv (N. ischiadicus)

Der stärkste Nerv des Körpers (in der Gesäßgegend etwa 1 cm breit!) innerviert die Muskeln der Rückseite des Oberschenkels und alle Muskeln unterhalb des Kniegelenks. Er entsteht aus dem Kreuzbeinnervengeflecht auf der Vorderseite des Kreuzbeins, tritt unter dem birnförmigen Muskel in die Gesäßgegend über und zieht auf der Hinterseite des Oberschenkels zur Kniekehle. Dort teilt er sich in seine beiden Hauptäste:

❶ Der **Schienbeinnerv** setzt den Verlauf auf der Rückseite des Unterschenkels fort und gelangt hinter dem Innenknöchel mit der hinteren Schienbeinarterie zur Fußsohle. Er versorgt alle Beuger am Unterschenkel und alle Muskeln der Fußsohle.

❷ Der **gemeinsame Wadenbeinnerv** wendet sich in der Kniekehle zur Seite, umrundet den Wadenbeinkopf und spaltet sich in 2 Äste auf:
- Der *oberflächliche Wadenbeinnerv* innerviert die Wadenbeinmuskeln und endet mit den Hautnerven des Fußrückens.
- Der *tiefe Wadenbeinnerv* tritt in die Streckerloge über und versorgt dort alle Muskeln sowie die Muskeln des Fußrückens.

1	Gemeinsamer Wadenbeinnerv	*N. fibularis [peroneus] communis*
2	Langer Wadenbeinmuskel	*M. fibularis [peroneus] longus*
3	Oberflächlicher Wadenbeinnerv	*N. fibularis [peroneus] superficialis*
4	Langer Zehenstrecker	*M. extensor digitorum longus*
5	Langer Großzehenstrecker	*M. extensor hallucis longus*
6	Kurzer Wadenbeinmuskel	*M. fibularis [peroneus] brevis*
7	Sehnenscheide der Wadenbeinmuskeln	*Vagina communis tendinum musculorum fibularium [peroneorum]*
8	Außenknöchel (Wadenbeinknöchel)	*Malleolus lateralis*
9	Unteres Halteband der Strecksehnen	*Retinaculum musculorum extensorum inferius*
10	Sehnenscheide des langen Zehenstreckers	*Vagina tendinum musculi extensoris digitorum longi*
11	Kurzer Zehenstrecker	*M. extensor digitorum brevis*
12	Vordere rückläufige Schienbeinarterie	*A. recurrens tibialis anterior*
13	Kniescheibenband	*Lig. patellae*
14	Vordere Schienbeinarterie	*A. tibialis anterior*
15	Dreiköpfiger Wadenmuskel	*M. triceps surae*
16	Schienbein	*Tibia*
17	Vorderer Schienbeinmuskel	*M. tibialis anterior*
18	Tiefer Wadenbeinnerv	*N. fibularis [peroneus] profundus*
19	Oberes Halteband der Strecksehnen	*Retinaculum musculorum extensorum superius*
20	Innenknöchel (Schienbeinknöchel)	*Malleolus medialis*
21	Sehnenscheide des vorderen Schienbeinmuskels	*Vagina tendinis musculi tibialis anterioris*
22	Sehnenscheide des langen Großzehenstreckers	*Vagina tendinis musculi extensoris hallucis longi*
23	Fußrückenarterie	*A. dorsalis pedis*

Gefährdung des Wadenbeinnervs

Der gemeinsame Wadenbeinnerv liegt am Wadenbeinkopf ungeschützt oberflächlich. Er kann hier, z.B. durch einen ungepolsterten Gipsverband, gedrückt werden. Wird ein Fußgänger beim Überqueren der Straße von einem Auto angefahren, so wird häufig dieser Nerv verletzt, wenn er zwischen Stoßstange und Knochen gequetscht wird.

Arterien des Beins

Die *Oberschenkelarterie* ist die Fortsetzung der äußeren Beckenarterie. Sie gelangt mit der Oberschenkelvene durch das Gefäßfach unter dem Leistenband in den Oberschenkel und zieht mit dieser in der unteren Hälfte des Oberschenkels durch den Anzieherkanal zur Kniekehle. Dort heißt sie *Kniekehlenarterie* bis sie sich etwas unterhalb des Kniegelenks in ihre beiden Endäste teilt:

- Die *vordere Schienbeinarterie* läuft in der Streckerloge zum Fußrücken.
- Die *hintere Schienbeinarterie* nimmt den Weg mit dem Schienbeinnerv in den Beugern zur Fußsohle. Hinter dem Innenknöchel ist ihr Puls leicht zu tasten (Bild übernächste Seite).

1	Schlanker Muskel	*M. gracilis*
2	Halbmembranöser Muskel (Sehne)	*M. semimembranosus*
3	Halbsehniger Muskel	*M. semitendinosus*
4	Untere innere Kniearterie	*A. inferior medialis genus*
5	Kniekehlenmuskel	*M. popliteus*
6	Sehnenbogen des Schollenmuskels	*Arcus tendineus musculi solei*
7	Hintere Schienbeinarterie	*A. tibialis posterior*
8	Schienbeinnerv	*N. tibialis*
9	Langer Zehenbeuger	*M. flexor digitorum longus*
10	Achillessehne (abgeschnitten)	*Tendo calcaneus*
11	Innerer Wadenmuskel (abgeschnitten)	*M. gastrocnemius, Caput mediale*
12	Kniekehlenarterie	*A. poplitea*
13	Kniekehlenvene	*V. poplitea*
14	Äußerer Wadenmuskel (abgeschnitten)	*M. gastrocnemius, Caput laterale*
15	Zweiköpfiger Oberschenkelmuskel	*M. biceps femoris*
16	Gemeinsamer Wadenbeinnerv	*N. fibularis [peroneus] communis*
17	Untere äußere Kniearterie	*A. inferior lateralis genus*
18	Hintere rückläufige Schienbeinarterie	*A. recurrens tibialis posterior*
19	Vordere Schienbeinarterie	*A. tibialis anterior*
20	Schollenmuskel (abgeschnitten)	*M. soleus*
21	Wadenbeinarterie	*A. fibularis [peronea]*
22	Wadenbein	*Fibula*
23	Langer Wadenbeinmuskel	*M. fibularis [peroneus] longus*
24	Hinterer Schienbeinmuskel	*M. tibialis posterior*
25	Langer Großzehenbeuger	*M. flexor hallucis longus*
26	Kurzer Wadenbeinmuskel	*M. fibularis [peroneus] brevis*
27	Verbindungsast	*R. communicans*
10	+ 11 + 14 + 20 Dreiköpfiger Wadenmuskel	*M. triceps surae*

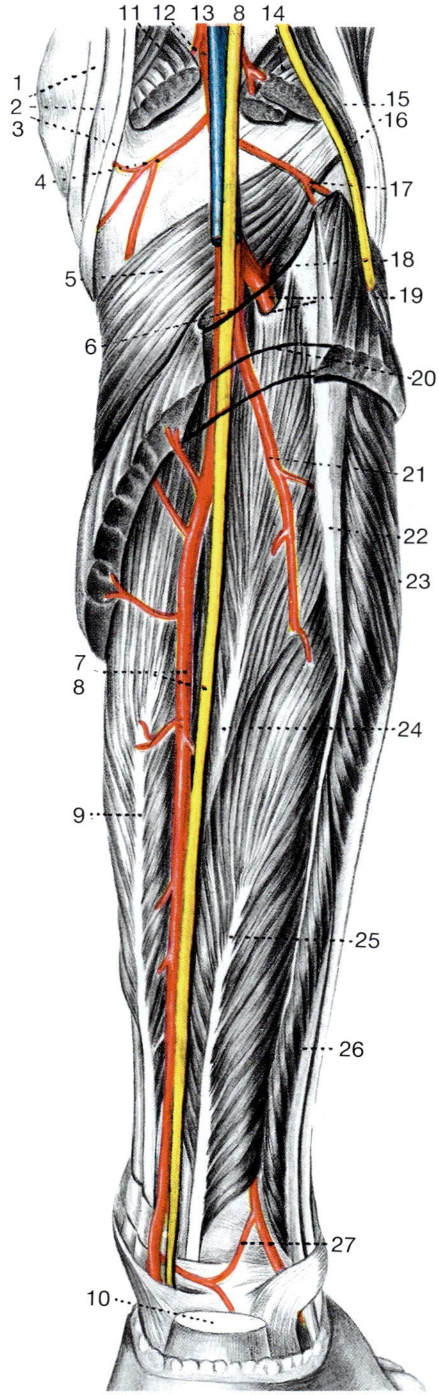

Rechter Unterschenkel: Arterien und Nerven der Hinterseite. Die oberflächlichen Beuger (Muskeln der Achillessehne) sind (ausgenommen die Ursprünge und Ansätze) entfernt. *[bl]*

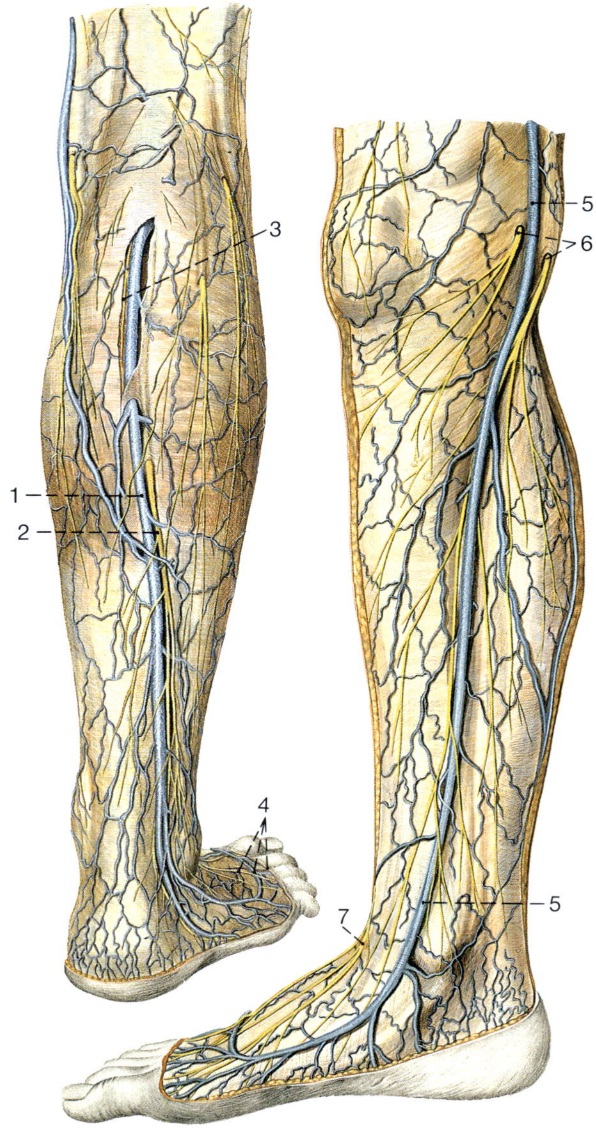

Hautvenen und Hautnerven des rechten Unterschenkels und Fußes. In den Hautvenen ist der Blutrückstrom erschwert: Da sie außerhalb der Körperfaszie liegen, ist die Muskelpumpe wenig wirksam. Der Körper sucht dies durch besonders viele Venenklappen auszugleichen. *[sb3]*

1	Kleine Rosenvene („kleine Saphena")	*V. saphena parva*
2	Wadennerv	*N. suralis*
3	Hinterer Oberschenkelhautnerv	*N. cutaneus femoris posterior*
4	Venennetz des Fußrückens	*Rete venosum dorsale pedis*
5	Große Rosenvene („große Saphena")	*V. saphena magna*
6	Saphenusnerv	*N. saphenus*
7	Oberflächlicher Wadenbeinnerv	*N. fibularis [peroneus] superficialis*

Blutrückfluss in den Beinvenen

Der in den großen Arterien das Blut rasch vorantreibende Blutdruck fällt in den kleinen Arterien (Arteriolen) und in den Haargefäßen stark ab. In den Venen ist dann die bewegende Kraft gering. Sie ist im Fuß geringer als das Gewicht der Flüssigkeitssäule (hydrostatischer Druck) zwischen Fuß und Herz. Der Körper muss gewissermaßen mit Tricks arbeiten, um das Blut zum Herzen zurückzubefördern:

- *Venenklappen:* Sie sind das wichtigste Hilfsmittel des venösen Rückstroms. Sie lassen den Blutstrom nur in einer Richtung zu. Die über einen Meter lange Blutsäule vom Fuß zum Herzen wird dadurch in viele, nur wenige Zentimeter hohe Stockwerke zerlegt. Für jedes dieser Stockwerke kann der Körper dann zusätzliche „Pumpen" einsetzen:
- *Muskelpumpe:* Wenn sich Muskeln zusammenziehen, werden sie kürzer, aber ihr Rauminhalt bleibt gleich. Folglich müssen sie dicker werden. Dies ist jedem bekannt, der schon einmal seinen Bizeps angespannt hat, um anderen damit zu imponieren. Liegen Muskeln und Venen im gleichen Bindegeweberaum , so werden bei jeder Verdickung des Muskels die Venen zusammengepresst. Wegen der Venenklappen kann das Blut nur herzwärts weiterfließen.
- *Fußsohlenpumpe:* Beim Gehen wird die Fußsohle abwechselnd be- und entlastet. So wird bei jedem Schritt das Blut aus der Fußsohle herausgepumpt. Gehen ist für den Kreislauf besser als Stehen.
- *Bewegungen ganz allgemein* führen zu Druckänderungen in umschriebenen Körperbereichen und fördern damit den Blutrückstrom. Beim Einatmen wird nicht nur Luft in den Luftwegen, sondern auch Blut in den Venen zur Brusthöhle gesaugt. Selbst der Puls in den Arterien wird für den Blutstrom in den Venen ausgenutzt: Wegen der gemeinsamen bindegewebigen Hülle der Arterie mit ihren Begleitvenen werden diese von der Pulswelle zusammengedrückt.

Krampfadern (Varizen)

Mit zunehmendem Alter erschlafft die Venenwand. Die Klappen schließen nicht mehr dicht. Die Stockwerkbildung versagt. Die höhere Flüssigkeitssäule lastet auf der Venenwand und dehnt diese aus. Es entstehen Krampfadern. Diese sind zunächst nur Schönheitsfehler. Sie begünstigen jedoch das Entstehen von Venenentzündungen und Beingeschwüren. Hochlagern der Beine vermindert den hydrostatischen Druck und erleichtert so den Blutrückfluss.

Verbindungsvenen *(Perforansvenen):* Die Hautvenen (im Schema links) sind durch eine Art Kurzschlüsse mit den tiefen Venen verbunden. In diesen strömt das Blut wegen der Venenklappen normalerweise nur von außen nach innen. Werden hier die Klappen undicht („insuffizient"), so verstärkt dies die Krampfaderbildung in den Hautvenen. Zugleich wird auch der Blutrückstrom in den tiefen Venen behindert, weil die Muskelpumpe unwirksam wird (das Blut pendelt zwischen tiefen und Hautvenen hin und her). Dann ist es besser, die Hautvenen zu opfern (Veröden oder Stripping-Operation). *[bh1]* ➔

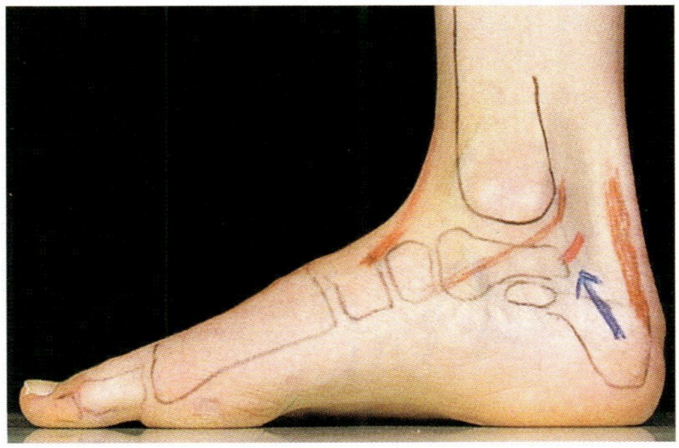

Abtasten des inneren Fußrandes. Markiert sind die leicht tastbaren Knochen, Sehnen und Arterien. *[li1]* ➔

• Der Fuß ist ausgezeichnet geeignet, sich im Tasten des Körpers zu üben. Man beginnt am besten bei der Großzehe, bewegt sie auf und ab und wird so schnell das Großzehengrundgelenk und den Kopf des 1. Mittelfußknochens abgegrenzt haben.

Dann folgt man der Fußwölbung in Richtung Schienbeinknöchel. Nahe der Höhe der Wölbung wird man 3 Einschnitte tasten: die Gelenke zwischen dem Mittelfußknochen und dem inneren Keilbein, zwischen diesem und dem Kahnbein und zuletzt das untere Sprunggelenk (vordere Kammer).

• Zwischen Schienbeinknöchel und Fersenbeinhöcker tastet man dann das Sprungbein und die Sprungbeinstütze des Fersenbeins.

• An Sehnen sind außer der Achillessehne die Sehnen des vorderen und des hinteren Schienbeinmuskels leicht zu finden. Man spannt sie an, wenn man den Vorfuß gegen Widerstand hebt (vorderer Schienbeinmuskel) bzw. senkt hinterer Schienbeinmuskel).

• Den Puls der hinteren Schienbeinarterie fühlt man am besten zwischen Schienbeinknöchel und Fersenbeinhöcker (im Bild mit einem Pfeil bezeichnet).

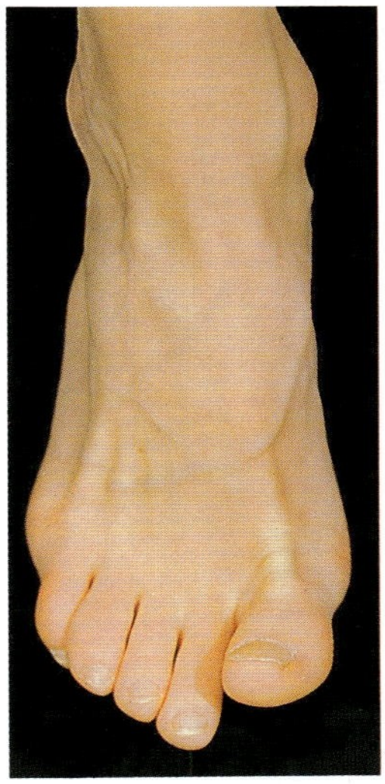

🡐 **Fußrücken.** Bei herabhängendem Bein füllt sich das Venennetz des Fußrückens stark an. Aus ihm fließt das Blut auf der Innenseite des Fußes zur großen Rosenvene (vor dem Schienbeinknöchel zu erkennen), auf der Außenseite zur kleinen Rosenvene (Saphena) ab. Darunter treten die Strecksehnen hervor: am weitesten medial (im Bild rechts) die Sehne des vorderen Schienbeinmuskels, anschließend die Sehne des langen Großzehenstreckers, dann die 4 Sehnen des langen Zehenstreckers. *[li1]*

Rechte innere Knöchelgegend und Fußsohle mit Sehnenscheiden, Blutgefäßen und Nerven, von schräg unten betrachtet. *[bl]*

1	Saphenusnerv (Hautnerv)	*N. saphenus*
2	Große Rosenvene („große Saphena“)	*V. saphena magna*
3	Langer Großzehenbeuger (Sehne)	*M. flexor hallucis longus*
4	Halteband der Beugesehnen	*Retinaculum musculorum flexorum*
5	Hinterer Schienbeinmuskel (Sehne)	*M. tibialis posterior*
6	Vorderer Schienbeinmuskel (Sehne)	*M. tibialis anterior*
7	Medialer Fußsohlennerv	*N. plantaris medialis*
8	Kurzer Zehenbeuger (abgeschnitten)	*M. flexor digitorum brevis*
9	Großzehenabspreizer (abgeschnitten)	*M. abductor hallucis*
10	Seitlicher Fußsohlennerv	*N. plantaris lateralis*
11	Viereckiger Fußsohlenmuskel	*M. quadratus plantae*
12	Kleinzehenabspreizer	*M. abductor digiti minimi*
13	Arterienbogen der Fußsohle	*Arcus plantaris profundus*

➔

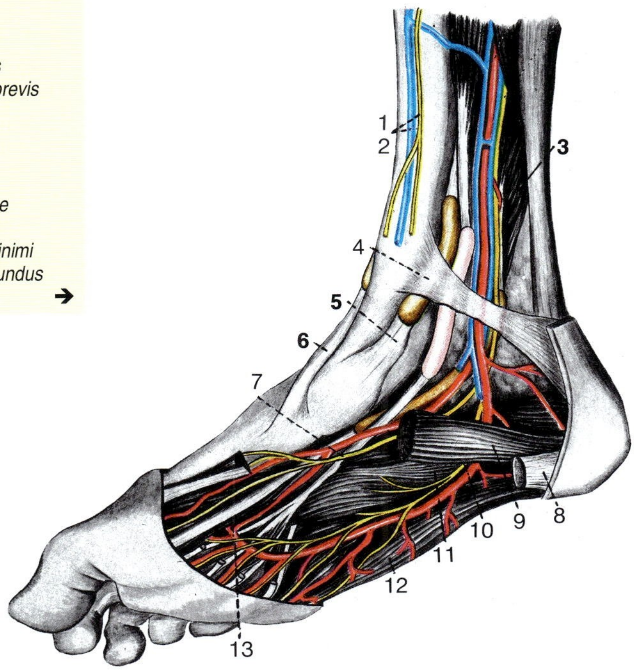

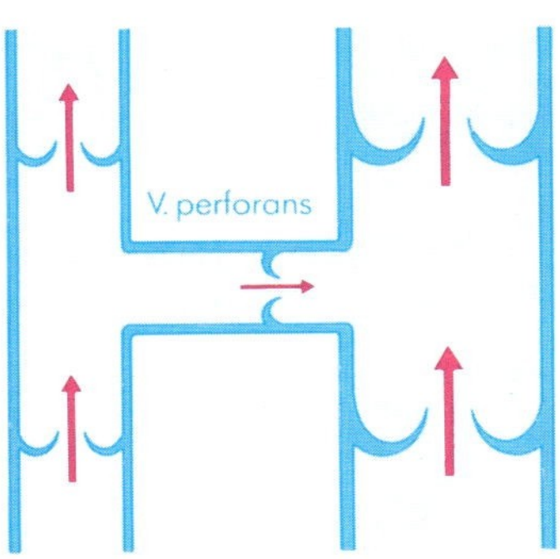

Gliederung der oberen Gliedmaße

Sie wird durch 3 große Gelenke (Schultergelenk, Ellbogengelenk, oberes Handgelenk) in 4 Abschnitte gegliedert:

- *Schultergürtel:* Er ist auch ein Teil des Rumpfes.
- *Oberarm.*
- *Unterarm.*
- *Hand:* Sie lässt sich in 3 Bereiche untergliedern: Handwurzel, Mittelhand und Finger.

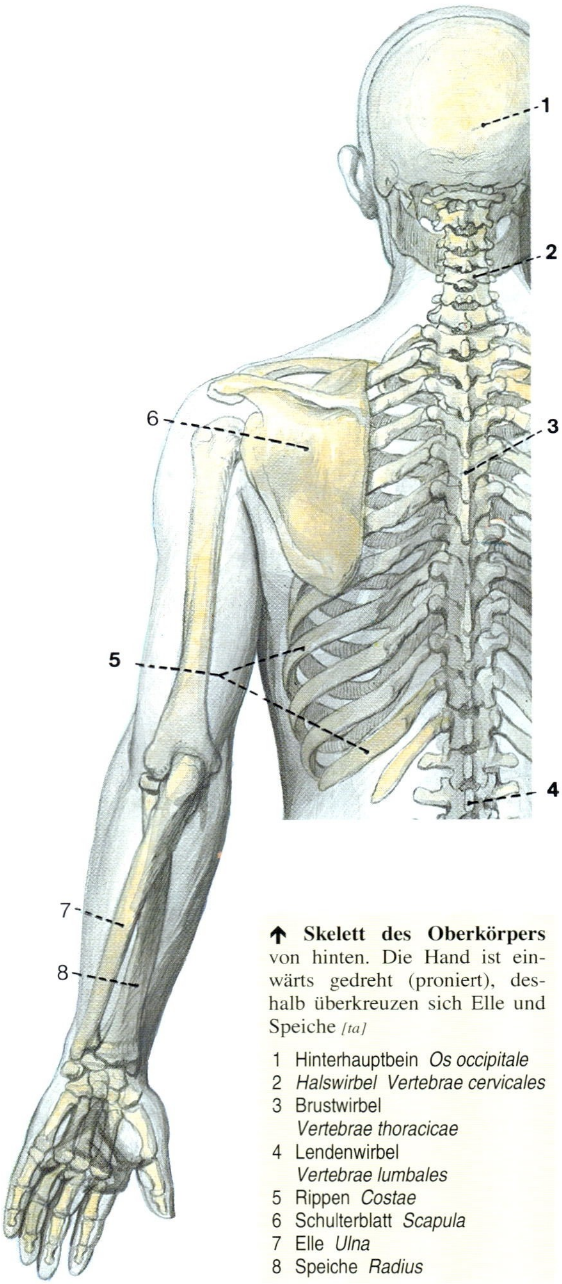

↑ Skelett des Oberkörpers von hinten. Die Hand ist einwärts gedreht (proniert), deshalb überkreuzen sich Elle und Speiche *[ta]*

1 Hinterhauptbein *Os occipitale*
2 *Halswirbel Vertebrae cervicales*
3 Brustwirbel *Vertebrae thoracicae*
4 Lendenwirbel *Vertebrae lumbales*
5 Rippen *Costae*
6 Schulterblatt *Scapula*
7 Elle *Ulna*
8 Speiche *Radius*

Knochen des Schultergürtels

- **Schlüsselbein** (Clavicula): Es ist in ganzer Länge unter der Haut zu tasten. Bei vielen Säugetieren, besonders solchen, die beim Erjagen der Beute oder im schnellen Lauf auf die Vorderbeine aufspringen, fehlt das Schlüsselbein. Bei diesen Tieren wird das Schulterblatt nur mit Muskeln am Rumpf gehalten. Dies ermöglicht ein besonders gutes Abfedern beim Aufsprung. Beim Menschen ist der Arm über das Schlüsselbein relativ starr am Rumpf befestigt. Deshalb bricht das Schlüsselbein (oder die Speiche) beim Sturz auf den schützend vorgestreckten Arm häufig.
- **Schulterblatt** (Scapula): An dem etwa dreieckigen platten Knochen liegt am äußeren Eck die Schultergelenkpfanne für das Schultergelenk. Nach vorn springt der Rabenschnabelfortsatz, nach rückwärts die Schulterblattgräte mit dem Schultereck vor. Das Schulterblatt hat am Rücken kein Gelenk mit dem Rumpf, sondern ist an Muskeln aufgehängt.

Gelenke des Schultergürtels

Der Arm ist durch den Schultergürtel mit dem Rumpf verbunden. Praktisch alle Bewegungen des Schultergelenks werden durch Bewegungen der Schlüsselbeingelenke ergänzt. Der Oberarm verfügt damit über eine Fülle von Bewegungsmöglichkeiten, die letztlich im Dienst der Hand stehen.

- **Inneres Schlüsselbeingelenk** (Brustbein-Schlüsselbein-Gelenk, Sternoklavikulargelenk): zwischen dem Handgriff des Brustbeins und dem inneren Ende des Schlüsselbeins.
- **Äußeres Schlüsselbeingelenk** (Schultereck-Schlüsselbein-Gelenk, Akromioklavikulargelenk): zwischen dem Schultereck (äußeres Ende der Schulterblattgräte) und dem äußeren Ende des Schlüsselbeins.

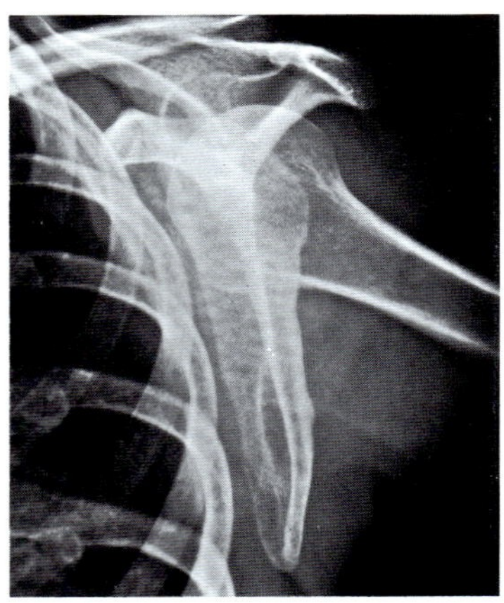

↑ Röntgenbild des Schulterblatts („im Profil"). *[be3]* Die Krümmung der Vorderfläche des Schulterblatts entspricht der Krümmung des Brustkorbs. Wie die schrägen Balken eines Y ragen nach vorn der Rabenschnabelfortsatz, rückwärts die Schulterblattgräte heraus.

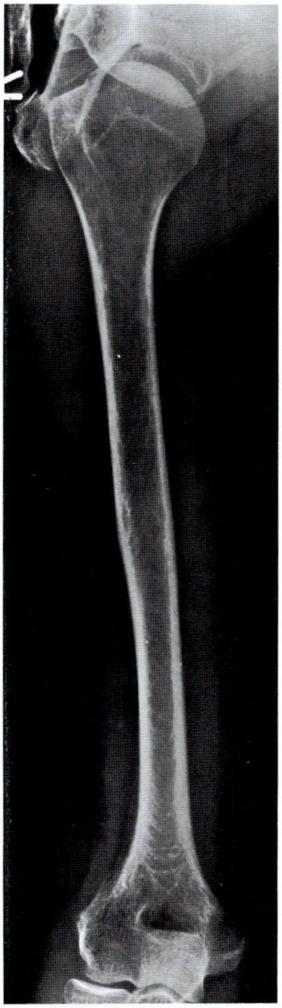

1 Oberarmkopf ➔ *Caput humeri*
2 Großer Höcker *Tuberculum majus*
3 Kleiner Höcker *Tuberculum minus*
4 Oberarmschaft *Corpus humeri*
5 Oberarmrolle *Trochlea humeri*
6 Oberarmköpfchen *Capitulum humeri*
7 Innerer Obergelenkknorren (des Oberarmbeins) *Epicondylus medialis (humeri)*
8 Äußerer Obergelenkknorren (des Oberarmbeins) *Epicondylus lateralis (humeri)*
9 Ellbogengrube *Fossa olecrani*
10 Kronenfortsatzgrube *Fossa coronoidea*
11 Speichenkopfgrube *Fossa radialis*
12 Knochenkamm des großen Höckers *Crista tuberculi majoris [Labium laterale]*
13 Knochenkamm des kleinen Höckers *Crista tuberculi minoris [Labium mediale]*
14 Zwischenhöckerrinne *Sulcus intertubercularis*
15 Anatomischer Hals *Collum anatomicum*
16 Chirurgischer Hals *Collum chirurgicum*

🡅 **Röntgenbild des Oberarmbeins** (AP-Aufnahme, der gestreckte Arm ist im Schultergelenk rechtwinklig abgespreizt. *[be3]*

🡇 **Röntgenbild des Schultergelenks** bei abgespreiztem Arm („axial"). Die Röntgenröhre steht über der Schulter, der Röntgenfilm liegt der Achselhöhle und der Innenseite des Oberarms an. Rabenschnabelfortsatz (nach oben ragend) und Schultereck-Schlüsselbein-Gelenk (in den Oberarmkopf projiziert) sind dabei besonders gut zu beurteilen. *[be3]*

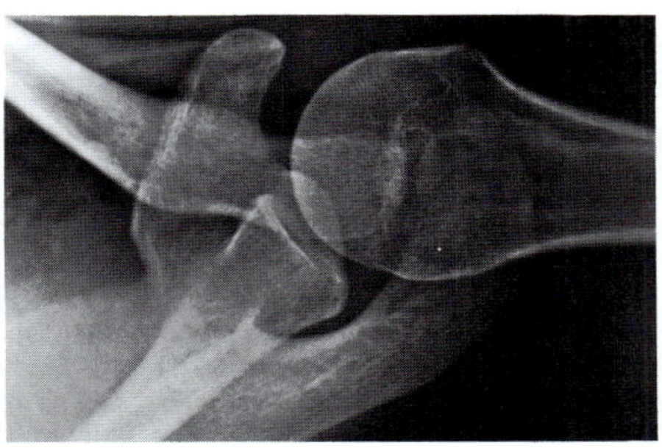

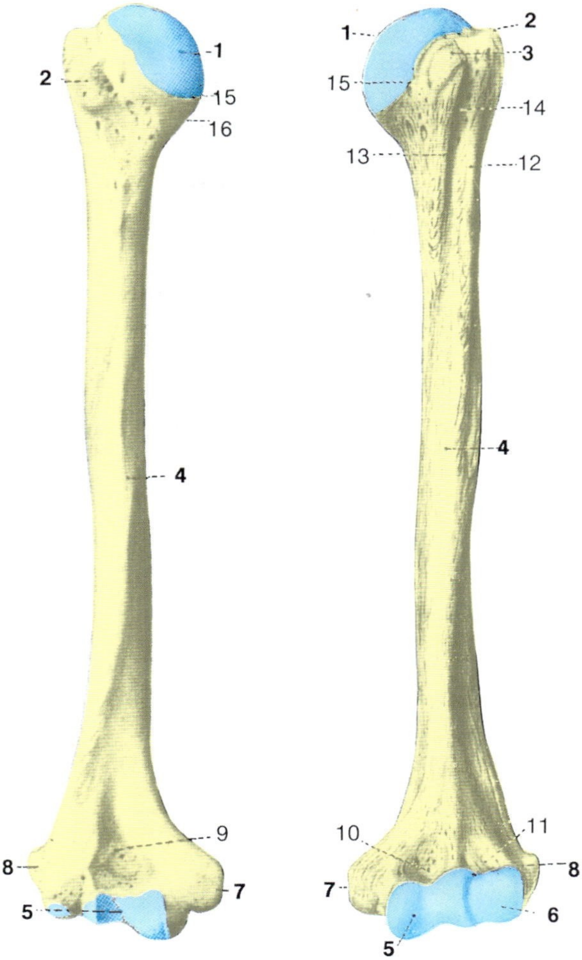

🡅 **Linkes Oberarmbein** (Humerus) von hinten (linkes Bild) und von vorn (rechtes Bild). *[bg1]*

- Das Oberarmbein ist ein typischer Röhrenknochen mit 2 verdickten Gelenkenden, dazwischen der schlanke Schaft.
- Das Oberarmbein hat 2 „Köpfe": oben den Oberarmkopf für das Schultergelenk, unten das Oberarmköpfchen neben der Oberarmrolle für das Ellbogengelenk.
- Seltsamerweise unterscheidet man oben 2 „Hälse": Der „anatomische" Hals liegt, entsprechend dem allgemeinen Baugesetz des Röhrenknochens, zwischen der überknorpelten Gelenkfläche und den Muskelansatzhöckern. Beim Oberschenkelbein ist dieser Hals lang und bruchgefährdet. Beim Oberarmbein ist er kurz und sehr stabil. Brüche sind unterhalb der Höcker viel häufiger. Daher bezeichnet der Chirurg diese Stelle als Hals.
- Das rumpfferne (distale) Ende des Oberarmbeins ist stark verbreitert, weil es für 2 Knochen Gelenkflächen bieten muss: Das Oberarmköpfchen für die Speiche, die Oberarmrolle für die Elle. Die kräftigen Obergelenkknorren dienen dem Ursprung der Beugemuskeln (medial) und Streckmuskeln (lateral) der Handgelenke. Bei Überbeanspruchung dieser Muskeln können deren Sehnenansätze an den Obergelenkknorren erkranken (Insertionstendinopathien: Tennisellbogen, Werferellbogen).

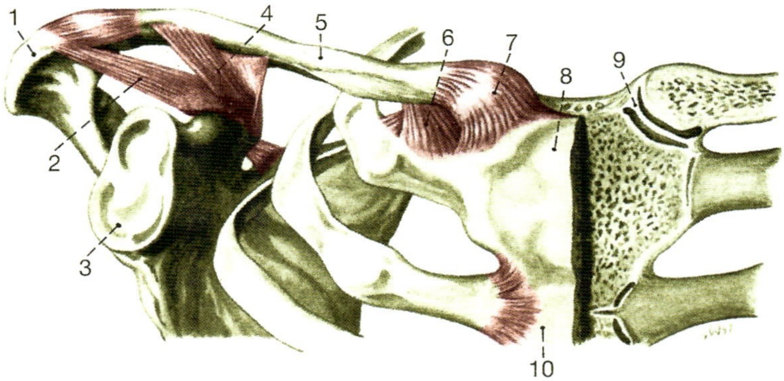

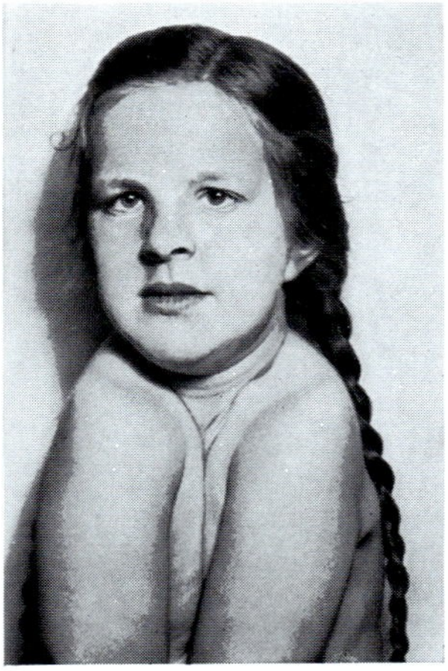

↑ **Schultergürtel:** Knochen und Bänder (rot). *[br1]* Schlüsselbein und Schulterblatt können sich normalerweise nicht vom Rumpf abheben. Deswegen können die in den Schlüsselbeingelenken vorhandenen Bewegungsmöglichkeiten nicht voll genutzt werden. Größte Bewegungen sind im
- inneren Schlüsselbeingelenk: Heben und Senken.
- äußeren Schlüsselbeingelenk: Schwenken des unteren Schulterblattwinkels vor- und rückwärts. Die Schwenkbewegung dient dem Einstellen der Schulterpfanne als Ausgangsbasis für die Bewegungen des Schultergelenks.

1	Schultereck	*Acromion*
2	Rabenschnabelfortsatz-Schultereck-Band	*Lig. coracoacromiale*
3	Schultergelenkpfanne	*Cavitas glenoidalis*
4	Rabenschnabelfortsatz-Schlüsselbein-Band	*Lig. coracoclaviculare*
5	Schlüsselbein	*Clavicula*
6	Rippen-Schlüsselbein-Band	*Lig. costoclaviculare*
7	Brustbein-Schlüsselbein-Gelenk	*Articulatio sternoclavicularis*
8	Brustbeinhandgriff	*Manubrium sterni*
9	Gelenkscheibe (im Brustbein-Schlüsselbein-Gelenk)	*Discus articularis*
10	Brustbeinkörper	*Corpus sterni*

↗ **Angeborenes Fehlen der Schlüsselbeine** (Dysostosis cleidocranialis): Die Schultern lassen sich vor der Brust zusammenklappen. Bei dieser Erbkrankheit treten meist auch Störungen am Schädel, den Zähnen, dem Becken und anderen Knochen auf. *[lo]*

Bau des Schultergelenks

- *Schultergelenkpfanne:* Sie bildet das äußere Eck des etwa dreieckigen Schulterblatts. Die birnförmige Höhlung ist flach und wesentlich kleiner als der Oberarmkopf. Um den Oberarmkopf besser zu umfassen, ist der Pfannenrand durch eine faserknorpelige Gelenklippe erhöht.
- *Oberarmkopf:* Anders als der Hüftkopf ist er nur durch eine leichte Einziehung (anatomischer Hals) vom Schaft des Oberarmbeins abgehoben. Seitlich dienen der große und der kleine Höcker dem Ansatz von Muskeln. Darunter verjüngt sich der Schaft zum chirurgischen Hals, an dem der Knochen häufig bricht.
- *Gelenkkapsel:* Um dem Oberarmbein einen großen Bewegungsspielraum zu ermöglichen, muss die Gelenkkapsel weit sein. Kräftige Verstärkungsbänder fehlen. Verrenkungen sind daher häufig.

↓ **Schlüsselbeinbruch.** Durch den Zug des Kopfwenders wird dabei das innere Bruchstück des Schlüsselbeins häufig nach oben gezogen. Es kann sich dann in die Haut des Halses einspießen. *[ah]*

↓ **Röntgenbild des Schultergelenks** bei angeführtem Arm (in Neutralnullstellung). AP-Aufnahme. *[be3]*

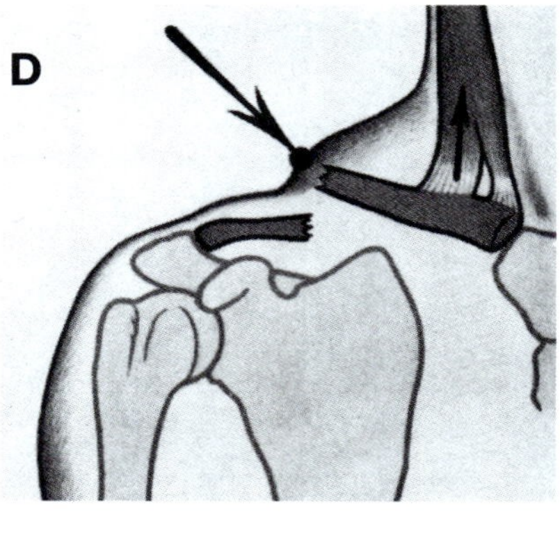

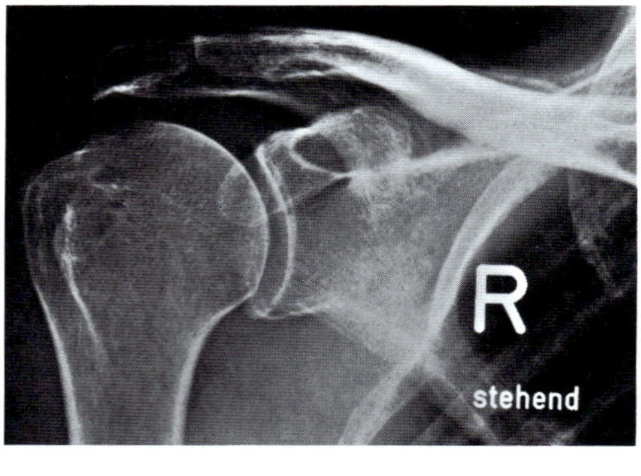

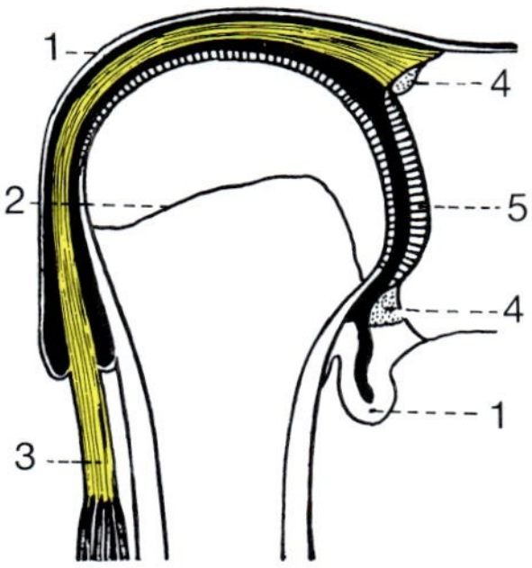

↑ Schultergelenk:: Frontalschnitt. Die Sehne des langen Bizepskopfs entspringt am Schulterblatt innerhalb des Gelenks und wird dann durch eine Sehnenscheide nach außen geschleust. Sie liegt dabei in der Knochenrinne zwischen großem und kleinem Höcker des Oberarmbeins. *[bg1]*

1 Gelenkkapsel *Capsula articularis*
2 Epiphysenlinie *Linea epiphysialis*
3 Bizeps, langer Kopf *M. biceps brachii, Caput longum*
4 Gelenklippe der Schultergelenkpfanne *Labrum glenoidale*
5 Schultergelenkpfanne *Cavitas glenoidalis*

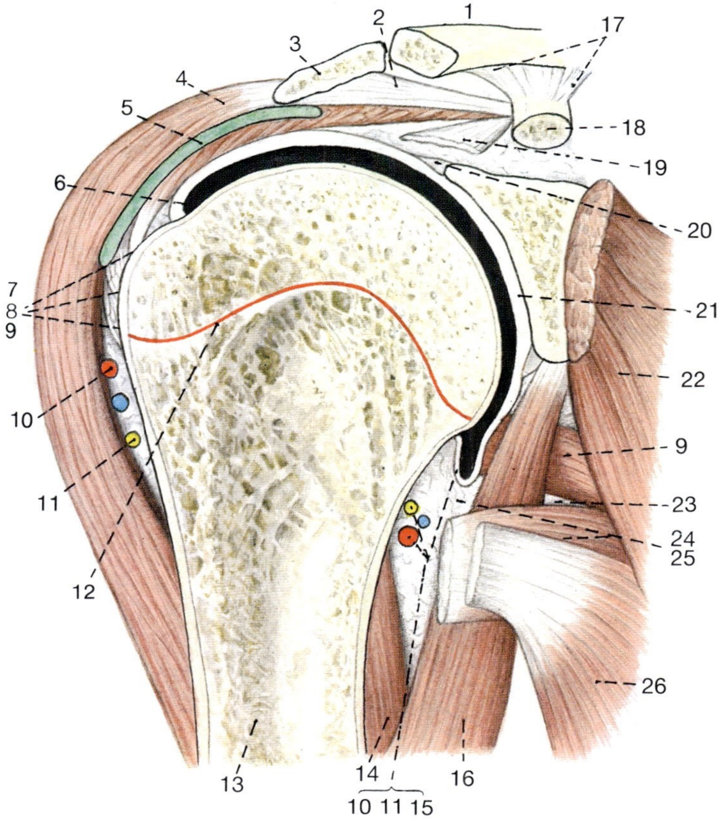

Rechtes Schultergelenk mit Muskelmantel: ↗
Frontalschnitt. *[bl]*

1	Schlüsselbein	*Clavicula*
2	Rabenschnabelfortsatz-Schultereck-Band	*Lig. coracoacromiale*
3	Schultereck	*Acromion*
4	Deltamuskel	*M. deltoideus*
5	Schleimbeutel unter dem Deltamuskel	*Bursa subdeltoidea*
6	Gelenkhöhle	*Cavitas articularis*
7	Obergrätenmuskel	*M. supraspinatus*
8	Untergrätenmuskel	*M. infraspinatus*
9	Kleiner Rundmuskel	*M. teres minor*
10	Hintere umbiegende Oberarmarterie	*A. circumflexa humeri posterior*
11	Achselnerv	*N. axillaris*
12	Epiphysenlinie (ehemalige Wachstumszone)	*Linea epiphysialis*
13	Oberarmschaft	*Corpus humeri*
14	Armstrecker, innerer (tiefer) Kopf	*M. triceps brachii, Caput mediale [profundum]*
15	Gelenkkapsel	*Capsula articularis*
16	Armstrecker, langer Kopf	*M. triceps brachii, Caput longum*
17	Rabenschnabelfortsatz-Schlüsselbein-Band	*Lig. coracoclaviculare*
18	Rabenschnabelfortsatz	*Processus coracoideus*
19	Rabenschnabelfortsatz-Oberarm-Band	*Lig. coracohumerale*
20	Gelenklippe der Schultergelenkpfanne (Faserknorpelring)	*Labrum glenoidale*
21	Schultergelenkpfanne	*Cavitas glenoidalis*
22	Unterschulterblattmuskel	*M. subscapularis*
23	Innere Achsellücke	*<Hiatus axillaris medialis>*
24	Äußere Achsellücke	*<Hiatus axillaris lateralis>*
25	Großer Rundmuskel	*M. teres major*
26	Breiter Rückenmuskel	*M. latissimus dorsi*

Schultergelenk und Schlüsselbeingelenke

Im Schultergelenk allein kann der Arm nur etwa bis zur Horizontalen gehoben werden. Wollen wir den Arm über die Horizontale bringen, müssen wir die Schultergelenkpfanne nach oben richten. Dazu heben wir den Schultergürtel (oberer Abschnitt des Trapezmuskels) und schwenken das Schulterblatt nach vorn (unterer Teil des Trapezmuskels und vorderer Sägemuskel). Die Bewegungen des Schultergürtels und des Schultergelenks sind jedoch nicht so abgegrenzt, dass das Heben bis zur Horizontalen nur im Schultergelenk und darüber nur in den Schlüsselbeingelenken vor sich geht. Vielmehr wirken alle 3 Gelenke auch schon bei kleinen Bewegungen zusammen: Man kann sich selbst leicht davon überzeugen, wenn man mit einer Hand nach dem unteren Schulterblattwinkel der anderen Seite tastet und dann Armbewegungen ausführt. Man merkt deutlich, wie das Schulterblatt ständig mitbewegt wird.

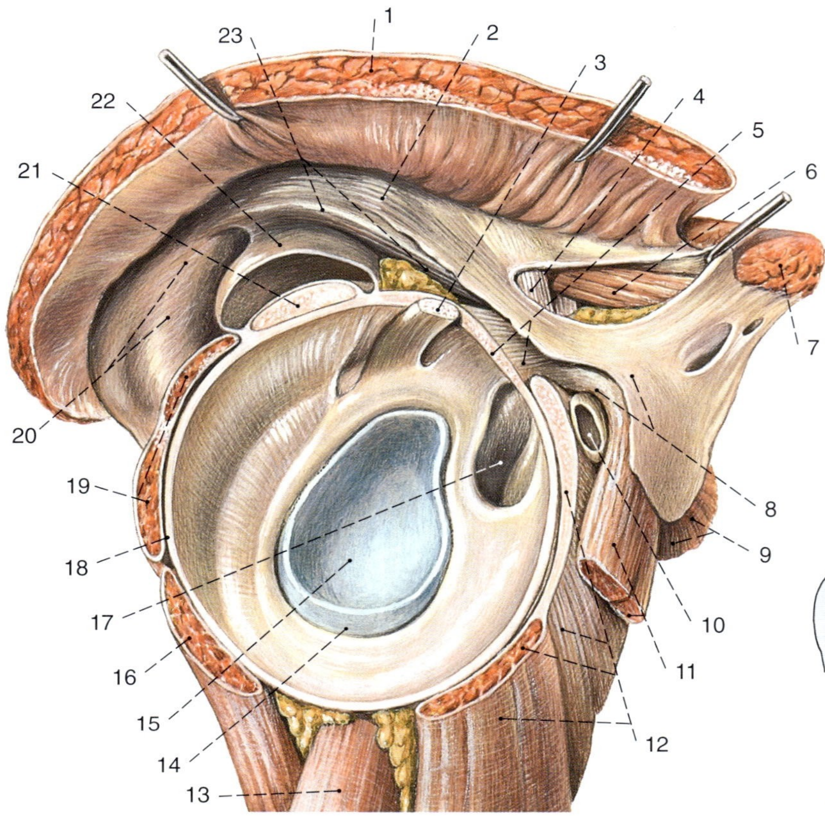

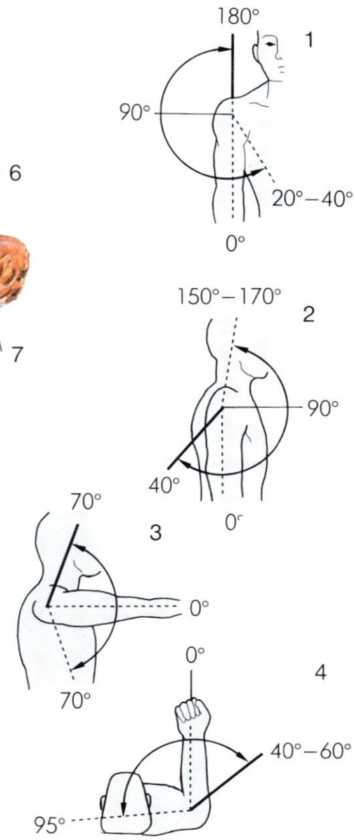

↑ **Rechtes Schultergelenk** mit Rotatorenmanschette von der Seite gesehen. Die Gelenkkapsel ist sagittal durchgetrennt und der Oberarmkopf entfernt. Damit ist der Blick auf die Schultergelenkpfanne frei. *[ss1]*

1	Deltamuskel	*M. deltoideus*
2	Schultereck-Schlüsselbein-Band	*Lig. acromioclaviculare*
3	Bizeps (= zweiköpfiger Oberarmmuskel), langer Kopf (Sehne)	*M. biceps brachii, Caput longum*
4	Rabenschnabelfortsatz-Schlüsselbein-Band	*Lig. coracoclaviculare*
5	Rabenschnabelfortsatz-Oberarm-Band	*Lig. coracohumerale*
6	Unterschlüsselbeinmuskel	*M. subclavius*
7	Großer Brustmuskel	*M. pectoralis major*
8	Rabenschnabelfortsatz	*Processus coracoideus*
9	Kleiner Brustmuskel	*M. pectoralis minor*
10	Schleimbeutel hinter dem Rabenschnabelfortsatz-Oberarm-Muskel	*Bursa musculi coracobrachialis*
11	Bizeps (= zweiköpfiger Oberarmmuskel), kurzer Kopf + Rabenschnabelfortsatz-Oberarm-Muskel	*M. biceps brachii, Caput breve + M. coracobrachialis*
12	Unterschulterblattmuskel	*M. subscapularis*
13	Armstrecker (= dreiköpfiger Oberarmmuskel), langer Kopf	*M. triceps brachii, Caput longum*
14	Gelenklippe der Schultergelenkpfanne (Faserknorpelring)	*Labrum glenoidale*
15	Schultergelenkpfanne	*Cavitas glenoidalis*
16	Kleiner Rundmuskel	*M. teres minor*
17	Schleimbeutel hinter dem Unterschulterblattmuskel	*Bursa subtendinea musculi subscapularis*
18	Gelenkkapsel	*Capsula articularis*
19	Untergrätenmuskel	*M. infraspinatus*
20	Schultereck	*Acromion*
21	Obergrätenmuskel	*M. supraspinatus*
22	Schleimbeutel unter dem Schultereck	*Bursa subacromialis*
23	Rabenschnabelfortsatz-Schultereck-Band	*Lig. coracoacromiale*

Bewegungsumfänge des Schultergelenks ↑
einschließlich der Schlüsselbeingelenke (mittlere Messwerte von gesunden jungen Erwachsenen nach der Neutral-Null-Methode). Bewegungen im Schultergelenk sind praktisch immer mit Bewegungen in den Schlüsselbeingelenken verbunden. *[bh1]*

Das Schultergelenk ist ein Kugelgelenk und hat demnach 3 Hauptachsen, um welche die Hauptbewegungen des Oberarms erfolgen:

1 Abspreizen und Anführen (Abduktion und Adduktion): 180° – 0° – 40°.
2 Rückwärts- und Vorwärtsheben (Retroversion und Anteversion): 40° – 0° – 180°.
3 Außen- und Innenkreiseln bei rechtwinklig abgespreiztem Arm: 90° – 0° – 90°.
4 Außen- und Innenkreiseln (Außen- und Innenrotation) bei angeführtem Arm: 60° – 0° – 90°.

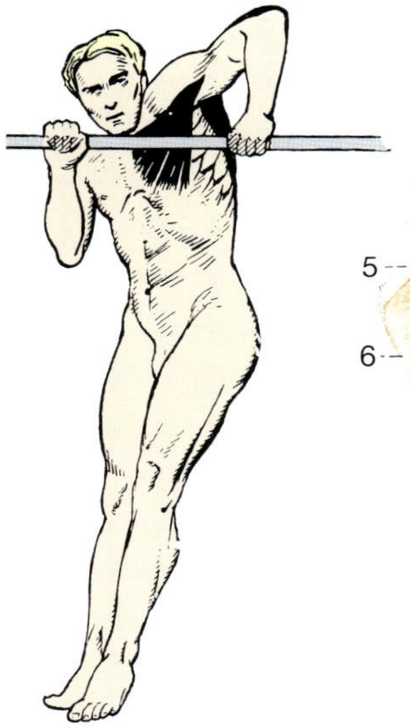

↑ **Schultergürtelmuskeln:** Beim Aufstützen des Arms am Reck hängt der Körper an der Muskelschlinge des großen Brustmuskels und des breiten Rückenmuskels, die beide am Oberarmbein ansetzen. Der vordere Sägemuskel stabilisiert zusammen mit den Rautenmuskeln das Schulterblatt als Ausgangsbasis des Schultergelenks. *[bg1]*

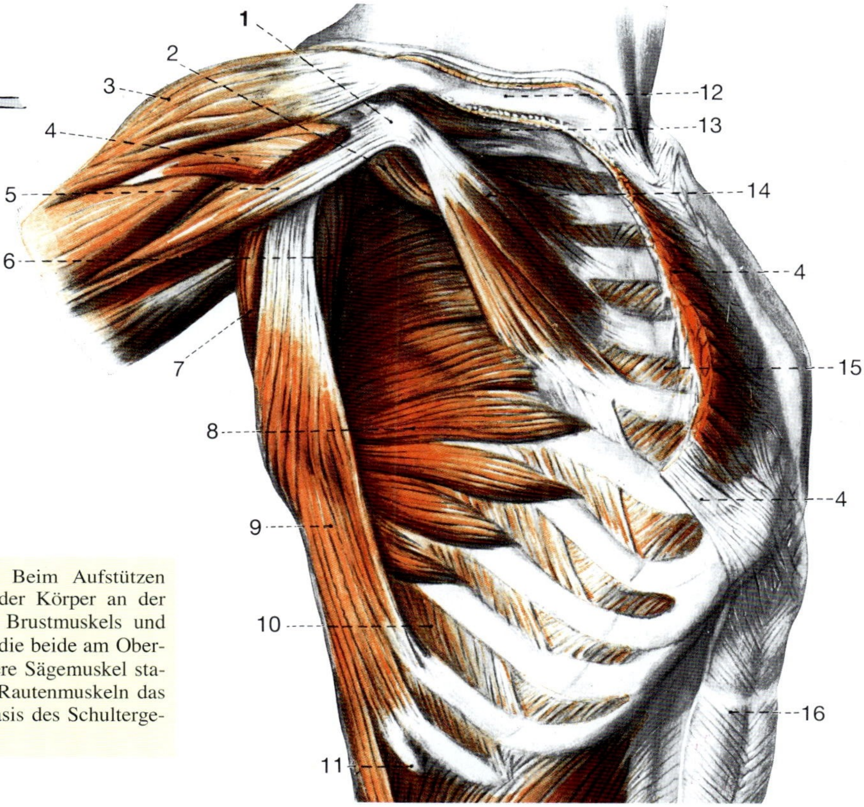

↑ **Schultergürtelmuskeln.** Der große Brustmuskel ist, ausgenommen Ursprünge und Ansätze, entfernt. *[bg1]*

1	Rabenschnabelfortsatz	*Processus coracoideus*
2	+ 8 Vorderer Sägemuskel	*M. serratus anterior*
3	Deltamuskel	*M. deltoideus*
4	Großer Brustmuskel	*M. pectoralis major*
5	Rabenschnabelfortsatz-Oberarm-Muskel	*M. coracobrachialis*
6	Unterschulterblattmuskel	*M. subscapularis*
7	Großer Rundmuskel	*M. teres major*
9	Breiter Rückenmuskel	*M. latissimus dorsi*
10	Äußere Zwischenrippenmuskeln	*Mm. intercostales externi*
11	Zwölfte Rippe	*Costa XII*
12	Schlüsselbein	*Clavicula*
13	Unterschlüsselbeinmuskel	*M. subclavius*
14	Kleiner Brustmuskel	*M. pectoralis minor*
15	Innere Zwischenrippenmuskeln	*Mm. intercostales interni*
16	Rektusscheide	*Vagina musculi recti abdominis*

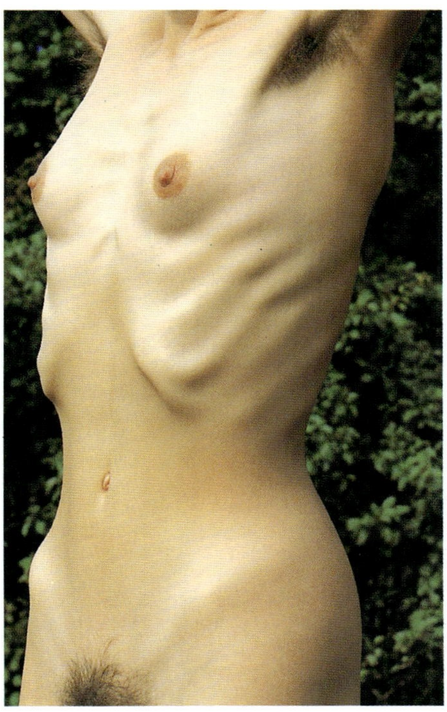

← **Schultergürtelmuskeln:** Beim Heben der Arme und Einatmung treten bei schlanken Personen ihre Ursprünge an der Brustwand deutlich hervor. Die vordere Achselfalte mit dem großen Brustmuskel zieht zur Brustdrüse. Darunter heben sich die Ursprünge des vorderen Sägemuskels von den einzelnen Rippen deutlich voneinander ab. Mit den Ursprüngen des äußeren schrägen Bauchmuskels bilden sie eine Zickzacklinie („Sägelinie"). Sie hat dem vorderen Sägemuskel zu seinem Namen verholfen. *[li1]*

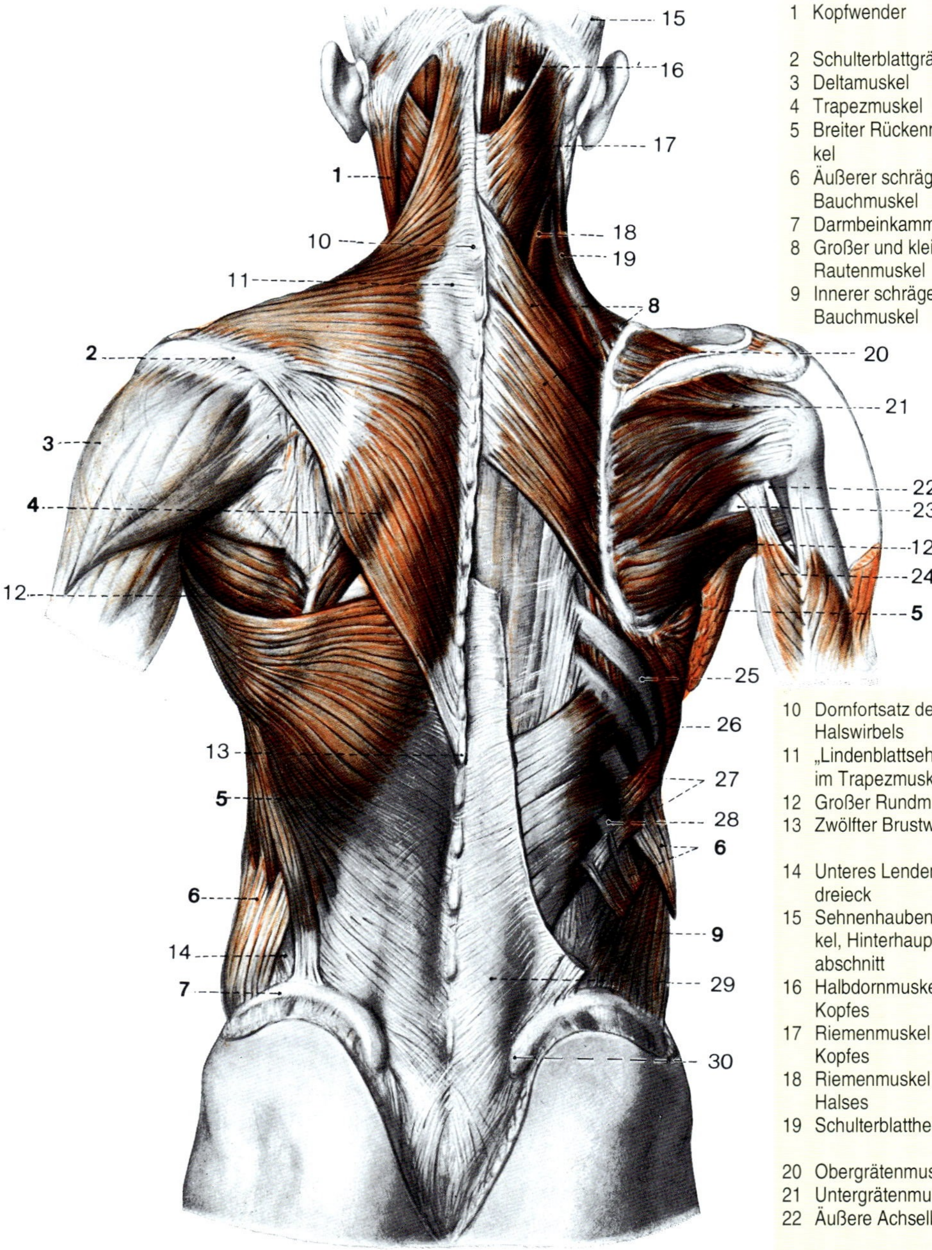

1	Kopfwender	*M. sternocleidomastoideus*
2	Schulterblattgräte	*Spina scapulae*
3	Deltamuskel	*M. deltoideus*
4	Trapezmuskel	*M. trapezius*
5	Breiter Rückenmuskel	*M. latissimus dorsi*
6	Äußerer schräger Bauchmuskel	*M. obliquus externus abdominis*
7	Darmbeinkamm	*Crista iliaca*
8	Großer und kleiner Rautenmuskel	*M. rhomboideus major + minor*
9	Innerer schräger Bauchmuskel	*M. obliquus internus abdominis*
10	Dornfortsatz des 7. Halswirbels	*Vertebra prominens*
11	„Lindenblattsehne“ im Trapezmuskel	*(M. trapezius)*
12	Großer Rundmuskel	*M. teres major*
13	Zwölfter Brustwirbel	*Vertebra thoracica XII*
14	Unteres Lendendreieck	*Trigonum lumbale inferius*
15	Sehnenhaubenmuskel, Hinterhauptabschnitt	*M. occipitofrontalis, Venter occipitalis*
16	Halbdornmuskel des Kopfes	*M. semispinalis capitis*
17	Riemenmuskel des Kopfes	*M. splenius capitis*
18	Riemenmuskel des Halses	*M. splenius cervicis [colli]*
19	Schulterblattheber	*M. levator scapulae*
20	Obergrätenmuskel	*M. supraspinatus*
21	Untergrätenmuskel	*M. infraspinatus*
22	Äußere Achsellücke	*<Hiatus axillaris lateralis>*
23	Innere Achsellücke	*<Hiatus axillaris medialis>*
24	Armstrecker, langer Kopf	*M. triceps brachii, Caput longum*
25	Achte Rippe	*Costa VIII*
26	Hinterer unterer Sägemuskel	*M. serratus posterior inferior*
27	= 5	
28	Zwölfte Rippe	*Costa XII*
29	Rücken-Lenden-Faszie	*Fascia thoracolumbalis*
30	Hinterer oberer Darmbeinstachel	*Spina iliaca posterior superior*

Hintere Schulter- und Schultergürtelmuskeln. Auf der rechten Seite ist die erste Lage der Muskeln (Trapezmuskel und breiter Rückenmuskel) abgetragen, um die zweite Schicht zu zeigen. *[bg1]*

Die oberflächlichen Rückenmuskeln sind Muskeln der oberen Gliedmaße, die sich mit ihren Ursprüngen über die ganze Rückseite des Rumpfes ausgebreitet haben, um dem Arm vielseitige und kräftige Bewegungen zu ermöglichen.

Schultergürtel- und Schultermuskeln

- *Muskeln von Rumpf, Hals und Kopf zum Schultergürtel* bewegen die Schlüsselbeingelenke: Kopfwender, Trapezmuskel, Schulterblattheber, Rautenmuskeln, kleiner Brustmuskel, vorderer Sägemuskel.
- *Muskeln vom Schultergürtel zum Oberarm* (oder Unterarm) bewegen das Schultergelenk: Deltamuskel, großer Rundmuskel, langer Kopf des Armsteckers (dreiköpfiger Oberarmmuskel = Trizeps), Rabenschnabelfortsatz-Oberarm-Muskel, zweiköpfiger Oberarmmuskel (Bizeps) und die 4 Muskeln der „Rotatorenmanschette" (Obergrätenmuskel, Untergrätenmuskel, Unterschulterblattmuskel, kleiner Rundmuskel).
- *Muskeln vom Rumpf zum Oberarm* bewegen die Schlüsselbeingelenke und das Schultergelenk: großer Brustmuskel, breiter Rückenmuskel.

Wichtigste Muskeln des Schultergelenks

- *Vorführen:* großer Brustmuskel, Deltamuskel (vorderer Teil), Rabenschnabelfortsatz-Oberarm-Muskel.
- *Rückführen:* breiter Rückenmuskel, großer Rundmuskel, Deltamuskel (hinterer Teil).
- *Abspreizen:* Deltamuskel, Obergrätenmuskel.
- *Anziehen:* großer Brustmuskel, breiter Rückenmuskel, kleiner und großer Rundmuskel.
- *Außenkreiseln:* Untergrätenmuskel, kleiner Rundmuskel, Deltamuskel (hinterer Teil).
- *Innenkreiseln:* Unterschulterblattmuskel, großer Brustmuskel, breiter Rückenmuskel, großer Rundmuskel, Deltamuskel (vorderer Teil), Rabenschnabelfortsatz-Oberarm-Muskel.

Verrenkung des Schultergelenks

Das Schultergelenk ist das am häufigsten verrenkte Gelenk des menschlichen Körpers (nahezu die Hälfte aller Verrenkungen). Dies liegt an:

- der verhältnismäßig kleinen Schultergelenkpfanne,
- der weiten Gelenkkapsel,
- den unzureichenden Bändern.

Einen unsicheren Schutz bietet der „Muskelmantel" des Gelenks: Es wird von allen Seiten von Muskeln umgeben, die sich schützend anspannen, wenn Gefahr droht. Muskelreflexe benötigen Zeit (obzwar nur im Millisekundenbereich). Sehr schnell einwirkende Zerrungen können dann das Gelenk schon verrenkt haben, bevor sich die Muskeln anspannen konnten.

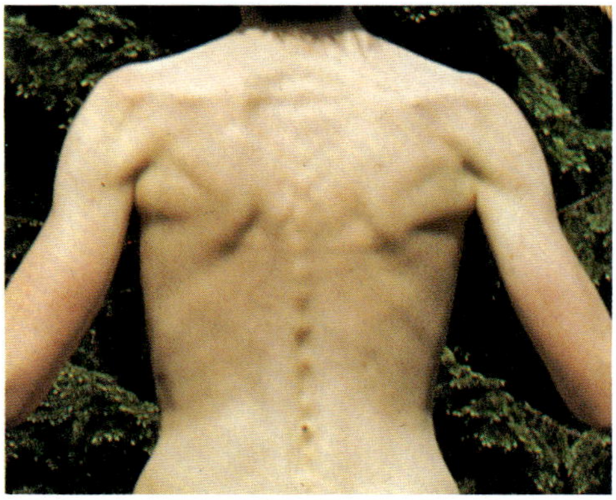

↑ **Hintere Schultergürtelmuskeln**: Anspannen beim Seilspringen. Wie bei kaum einer anderen gymnastischen Übung kann man beim Seilspringen das wechselnde Anspannen der hinteren Schultergürtel- und Schultermuskeln beobachten: *[li1]*
- medial (von oben nach unten) Trapezmuskel, großer Rautenmuskel, breiter Rückenmuskel.
- seitlich Untergrätenmuskel, großer Rundmuskel, vorderer Sägemuskel.
- am Arm Deltamuskel + dreiköpfiger Oberarmmuskel.

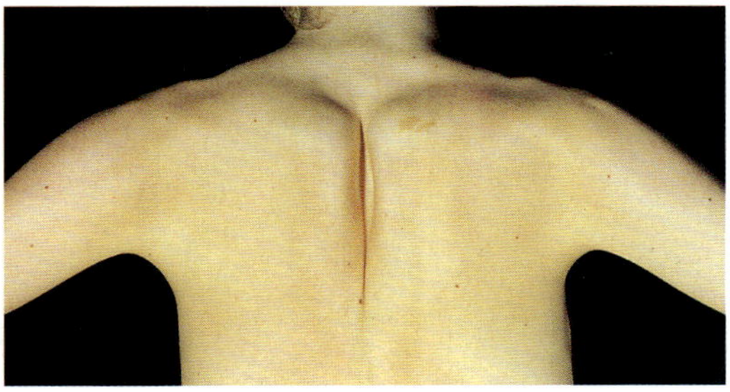

↑ **Schulterblattbewegungen:** Gut bewegliche Personen können die Schulterblätter so weit zurückführen, dass sie sich nahezu berühren. Zwischen den beiden Innenrändern werden dabei die Trapezmuskeln zusammengestaucht. Sie bilden die Randwülste um die Hautrinne über den Dornfortsätzen. *[li1]*

Flügelartiges Abstehen der Schulterblätter (Scapula alata). Die Muskelschlinge aus Rautenmuskeln und vorderem Sägemuskel presst den medialen Rand des Schulterblatts an den Rumpf. Ist einer der beiden Anteile der Muskelschlinge gelähmt, hebt sich infolge des Zugs anderer Muskeln der mediale Rand der Schulterblatts vom Rumpf ab. Im abgebildeten Fall handelt es sich nicht um eine Muskellähmung, sondern um eine familiäre Schlaffheit des Bindegewebes, die ungewöhnliche Bewegungen zulässt. *[he1]* →

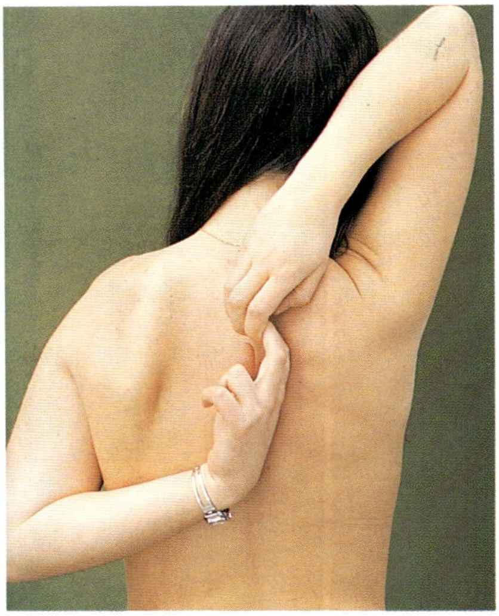

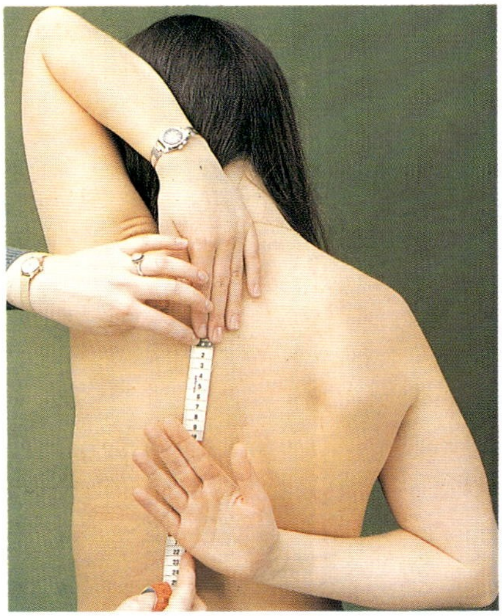

↑ „Nackengriff" und „Schürzengriff". Schultergürtel und Schulter sind bei vielen Menschen nicht seitengleich beweglich. Übungen bei Medizinstudenten zeigen, dass nahezu alle die Hände fassen können, wenn die rechte Hand von oben (Nackengriff) und die linke Hand von unten (Schürzengriff) kommt (Bild oben). Hingegen klafft häufig ein Zwischenraum von etwa 10 cm bei der seitenverkehrten Übung (Bild unten). *[li1]*

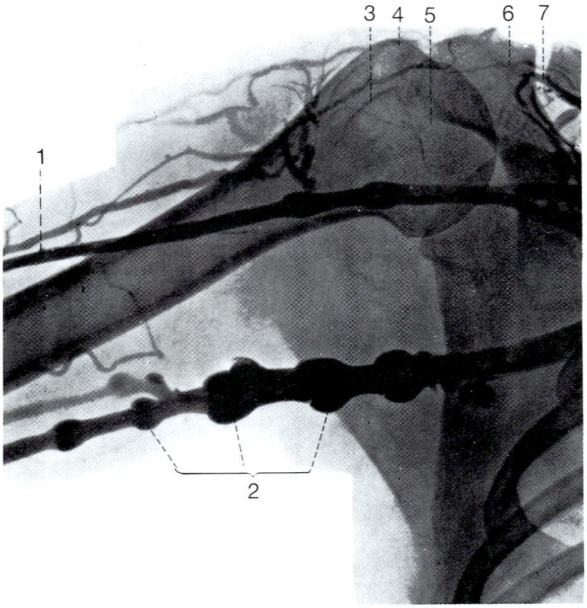

Venen des Achsel-Schulter-Bereichs im Röntgenbild. Die auf dem normalen Röntgenbild nicht erkennbaren Venen kann man durch intravenöses Einspritzen eines „Kontrastmittels" sichtbar machen (Phlebographie = Venographie). Die Venenklappen fallen besonders auf. *[sb3]*

1	Speichenseitige Hautvene des Arms („Zephalika")	*V. cephalica*
2	Venenklappen in der Achselvene	*Valvulae venosae; V. axillaris*
3	Kleiner Oberarmhöcker	*Tuberculum minus*
4	Großer Oberarmhöcker	*Tuberculum majus*
5	Oberarmkopf	*Caput humeri*
6	Schultereck	*Acromion*
7	Schultereck-Schlüsselbein-Gelenk	*Articulatio acromio-clavicularis*

Umgrenzung der Achselgegend (Achselhöhle)

Die Achselgegend ist eine wichtige Lymphknotenstation sowie Aufzweigungsstelle der Blutgefäße und Nerven für Arm, Brustwand und Rücken. Sie hat bei abgespreiztem Arm etwa die Form einer vierseitigen Pyramide:

- *Vorderwand:* großer und kleiner Brustmuskel.
- *Hinterwand:* breiter Rückenmuskel, Schulterblatt mit den angelagerten Muskeln der Rotatorenmanschette, die das Schultergelenk unmittelbar umgeben.
- *Innenwand:* Brustkorb mit vorderem Sägemuskel.
- *Außenwand:* Haut der Achselgrube, vorn und hinten begrenzt von den beiden Achselfalten.

Inhalt der Achselgegend (Achselhöhle)

- *Achselarterie:* mit zahlreichen Seitenästen zur Schultergegend und zur Brustwand.
- *Achselvene:* Ihre Äste entsprechen weitgehend denen der Achselarterie. Zusätzlich bestehen Verbindungen zu Venen der Bauchwand.
- *Achsellymphknoten:* Zu ihrem Einzugsgebiet gehören der gesamte Arm, die vordere und seitliche Brustwand (Brustdrüse!) sowie der Rücken. Die Lymphknoten der Achselgegend werden vor allem bei Brustkrebs von Tochtergeschwülsten (Metastasen) befallen. Die Achselgegend ist daher bei der regelmäßigen Selbstuntersuchung der Brustdrüse der Frau sorgfältig auszutasten.
- *Armnervengeflecht:* Alle Nerven des Arms durchqueren die Achselhöhle.

Armnervengeflecht

Auf ihrem Weg von den Zwischenwirbellöchern zu ihren Versorgungsgebieten am Arm durchflechten sich die Nerven ähnlich wie das Schienennetz eines Bahnhofs. Das Armnervengeflecht bildet sich aus den vorderen Ästen des 5.-8. Halsnervs und des 1. Brustnervs (C_5 bis T_1). Seine Äste liegen in der Achselgegend rund um die Achselarterie. Spritzt man hierhin ein Lokalanästhetikum, so wird die Schmerzempfindung nahezu im gesamten Arm ausgeschaltet (Armplexusanästhesie).

5 Hauptäste des Armnervengeflechts zum Arm
- Mittelarmnerv (Medianus)
- Ellennerv (Ulnaris)
- Speichennerv (Radialis)
- Achselnerv (Axillaris)
- Muskel-Haut-Nerv (Muskulokutaneus)

➔ **Achselgrube** bei gehobenem Arm: Die Achselgrube wird von den beiden Achselfalten begrenzt. Die vordere Achselfalte wird vom großen Brustmuskel, die breitere hintere Achselfalte vom großen Rundmuskel und vom breiten Rückenmuskel aufgeworfen. *[li1]*

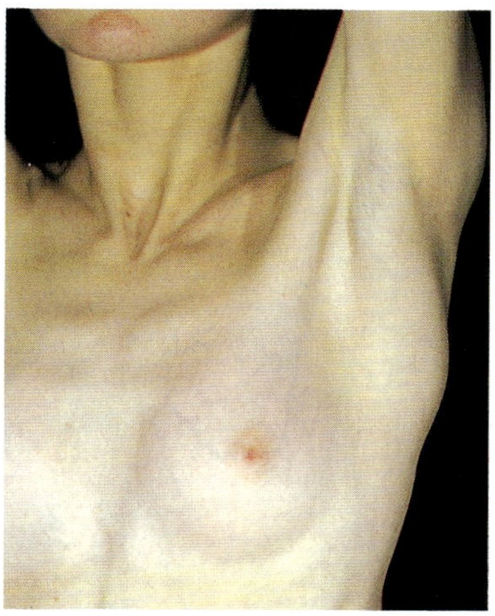

➔ **Armnervengeflecht** in Hals und Achselgegend. *[bg3]* Des besseren Überblicks wegen wurden im abgebildeten Präparat Teile des Schlüsselbeins, des großen und kleinen Brustmuskels, der Blutgefäße sowie alle Lymphknoten und der Fettkörper der Achselgegend entfernt.

• Bei Druck auf die Achselgegend können die Nerven gegen das Oberarmbein gequetscht werden. Deshalb sind Gehstützen, die in die Achselgrube eingestemmt werden, nicht zu empfehlen (moderne Gehstützen werden mit der Hand gestützt und enden am Unterarm).

• Der Speichennerv liegt dem Schaft des Oberarmbeins eng an. Er kann durch scharfkantige Knochenbruchstücke verletzt werden. Er ist auch noch während der Bruchheilung gefährdet: Er kann in den knöchernen Kallus „eingemauert" und dadurch gedrückt werden. Bei Lähmung des Speichennervs kann die Hand nicht mehr gestreckt werden („Fallhand").

1	Kopfwender („Sternokleido")	*M. sternocleidomastoideus*
2	Großer Brustmuskel	*M. pectoralis major*
3	Breiter Rückenmuskel + großer Rundmuskel	*M. latissimus dorsi + M. teres major*
4	Schlüsselbeinarterie	*A. subclavia*
5	Armarterie	*A. brachialis*
6	Schlüsselbeinvene	*V. subclavia*
7–12	Armnervengeflecht	*Plexus brachialis*
7	Speichennerv („Radialis")	*N. radialis*
8	Achselnerv	*N. axillaris*
9	Muskel-Haut-Nerv	*N. musculocutaneus*
10	Mittelarmnerv („Medianus")	*N. medianus*
11	Ellennerv („Ulnaris")	*N. ulnaris*
12	Ellenseitiger Unterarmhautnerv	*N. cutaneus antebrachii medialis*
13	Beinerv (elfter Hirnnerv)	*N. accessorius*
14	Zwerchfellnerv	*N. phrenicus*
15	Hinterer Schulterblattnerv	*N. dorsalis scapulae*
16	Überschulterblattnerv	*N. suprascapularis*
17	Medialer + lateraler Brustmuskelnerv	*N. pectoralis medialis + lateralis*
18	Zwischenrippen-Arm-Nerv	*N. intercostobrachialis*
19	Brustkorb-Rücken-Nerv	*N. thoracodorsalis*
20	Langer Brustkorbnerv	*N. thoracicus longus*

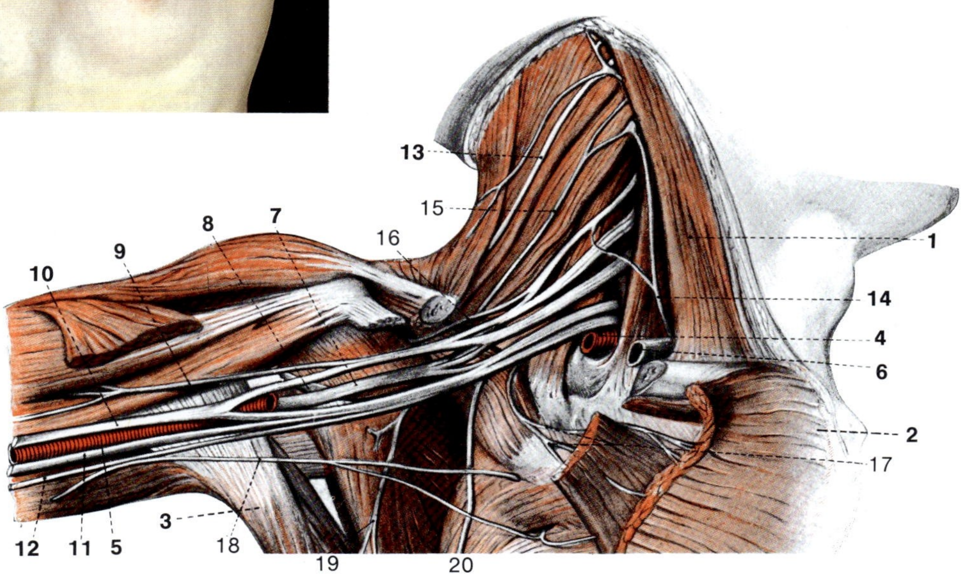

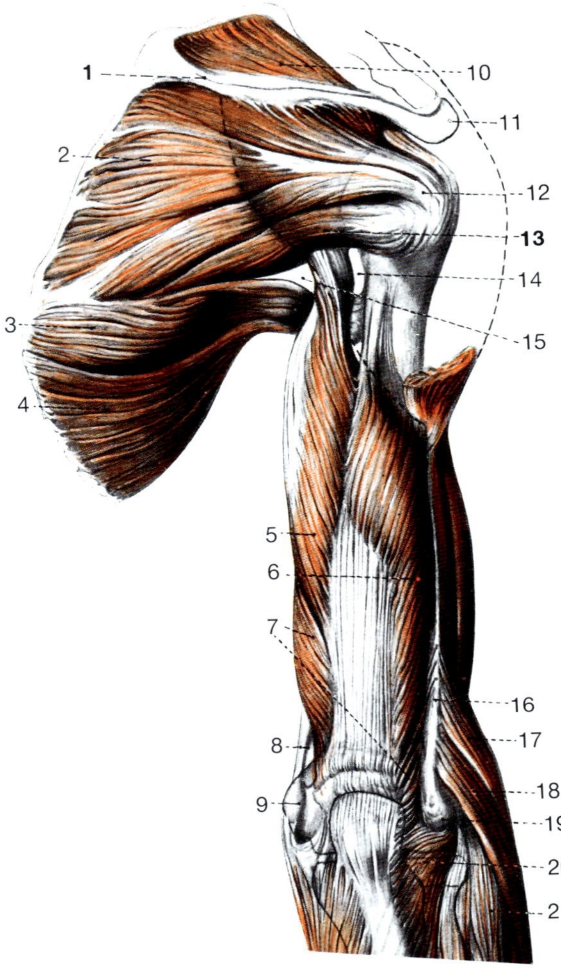

← Rechter Schultergürtel und Oberarm: Muskeln der Hinterseite. Der Deltamuskel ist abgetragen. *[bg1]*
Die an Vorder- und Hinterfläche des Schulterblatts entspringenden Muskeln werden in der Klinik meist unter dem Begriff „Rotatorenmanschette" zusammengefasst, weil sie wie eine Manschette die Gelenkkapsel des Schultergelenks umgeben. Sie sind häufig am Entstehen einer Schultersteife beteiligt:

- Die degenerativ verdickte Sehne des Obergrätenmuskels kann zwischen Schultereck und Oberarmkopf eingeklemmt werden („Impingement") und sogar reißen.
- Die Ansätze am großen und kleinen Höcker können gereizt werden (Insertionstendinopathien).
- Der Schleimbeutel unter dem Schultereck kann sich entzünden (Bursitis subacromialis).

1	Schulterblattgräte	*Spina scapulae*
2	Untergrätenmuskel	*M. infraspinatus*
3	Großer Rundmuskel	*M. teres major*
4	Breiter Rückenmuskel	*M. latissimus dorsi*
5-7	Armstrecker (= dreiköpfiger Oberarmmuskel)	*M. triceps brachii*
5	Langer Kopf	*Caput longum*
6	Äußerer Kopf	*Caput laterale*
7	Innerer (tiefer) Kopf	*Caput mediale [profundum]*
8	Innere Muskeltrennwand des Oberarms	*Septum intermusculare brachii mediale*
9	Innerer Obergelenkknorren (des Oberarmbeins)	*Epicondylus medialis (humeri)*
10	Obergrätenmuskel	*M. supraspinatus*
11	Schultereck	*Acromion*
12	Großer Höcker (des Oberarmbeins)	*Tuberculum majus*
13	Kleiner Rundmuskel	*M. teres minor*
14	Äußere Achsellücke	*<Hiatus axillaris lateralis>*
15	Innere Achsellücke	*<Hiatus axillaris medialis>*
16	Äußere Muskeltrennwand des Oberarms	*Septum intermusculare brachii laterale*
17	Oberarm-Speichen-Muskel	*M. brachioradialis*
18	Langer speichenseitiger Handstrecker	*M. extensor carpi radialis longus*
19	Äußerer Obergelenkknorren (des Oberarmbeins)	*Epicondylus lateralis (humeri)*
20	Knorrenmuskel	*M. anconeus*
21	Kurzer speichenseitiger Handstrecker	*M. extensor carpi radialis brevis*

Linker Oberarm: Querschnitt, Ansicht von unten. *[dr4]*
Der Oberarm wird durch zwei Muskeltrennwände in einen vorderen Bereich (im Bild oben) für die „Beuger" (im Ellbogengelenk beugende Muskeln: Oberarmmuskel und Bizeps) und einen hinteren Bereich für die „Strecker" (dreiköpfiger Oberarmmuskel) geteilt. Die Hauptversorgungsstraße für Blutgefäße und Nerven liegt in der „inneren Bizepsrinne". Dort ist der Puls der Armarterie am gesamten Oberarm zu tasten. Einen Sonderweg schlägt der Speichennerv zwischen den Köpfen des Armstreckers zur Außenseite des Arms ein. →

1	Bizeps (= zweiköpfiger Oberarmmuskel)	*M. biceps brachii*
2	Oberarmmuskel (Armbeuger)	*M. brachialis*
3	Speichennerv („Radialis")	*N. radialis*
4	Äußere Muskeltrennwand des Oberarms	*Septum intermusculare brachii laterale*
5	Armstrecker (= dreiköpfiger Oberarmmuskel, Trizeps)	*M. triceps brachii*
6	Innere Muskeltrennwand des Oberarms	*Septum intermusculare brachii mediale*
7	Ellennerv („Ulnaris")	*N. ulnaris*
8	Armarterie	*A. brachialis*
9	Mittelarmnerv („Medianus")	*N. medianus*

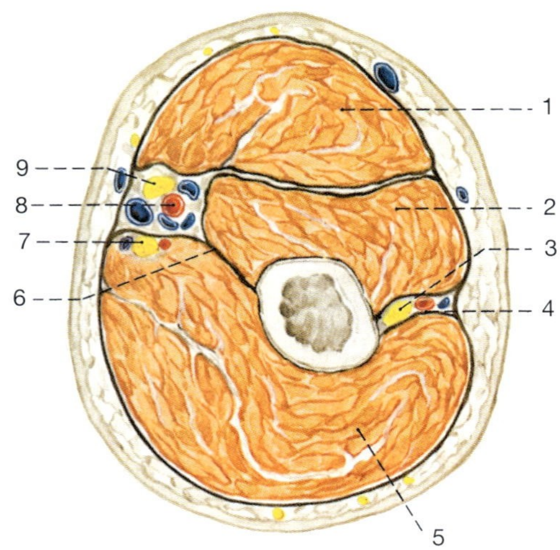

Rechter Schultergürtel und Oberarm: Muskeln der Vorderseite. *[bg3]*

1	Schulterblattquerband	*Lig. transversum scapulae superius*
2	Rabenschnabelfortsatz	*Processus coracoideus*
3	Deltamuskel	*M. deltoideus*
4	Großer Brustmuskel	*M. pectoralis major*
5	Rabenschnabelfortsatz-Oberarm-Muskel	*M. coracobrachialis*
6	Bizeps (= zweiköpfiger Oberarmmuskel)	*M. biceps brachii*
7	Armstrecker (dreiköpfiger Oberarmmuskel, Trizeps), seitlicher Kopf	*M. triceps brachii, Caput laterale*
8	Oberarmmuskel (Armbeuger)	*M. brachialis*
9	Langer speichenseitiger Handstrecker	*M. extensor carpi radialis longus*
10	Oberarm-Speichen-Muskel	*M. brachioradialis*
11	Speichenkopf	*Caput radii*
12	Kurzer speichenseitiger Handstrecker	*M. extensor carpi radialis brevis*
13	Schlüsselbein (abgesägt)	*Clavicula*
14	Obergrätenmuskel	*M. supraspinatus*
15	Kleiner Brustmuskel	*M. pectoralis minor*
16	Unterschulterblattmuskel	*M. subscapularis*
17	Großer Rundmuskel	*M. teres major*
18	Breiter Rückenmuskel	*M. latissimus dorsi*
19	Armstrecker (dreiköpfiger Oberarmmuskel, Trizeps), langer Kopf	*M. triceps brachii, Caput longum*
20	Armstrecker (dreiköpfiger Oberarmmuskel, Trizeps), innerer (tiefer) Kopf	*M. triceps brachii, Caput mediale [profundum]*
21	Innere Muskeltrennwand des Oberarms	*Septum intermusculare brachii mediale*
22	Innerer Obergelenkknorren (des Oberarmbeins)	*Epicondylus medialis (humeri)*
23	Flache Bizepssehne	*Aponeurosis musculi bicipitis brachii [Aponeurosis bicipitalis]*
24	Runder Einwärtsdreher	*M. pronator teres*
25	Speichenseitiger Handbeuger	*M. flexor carpi radialis*

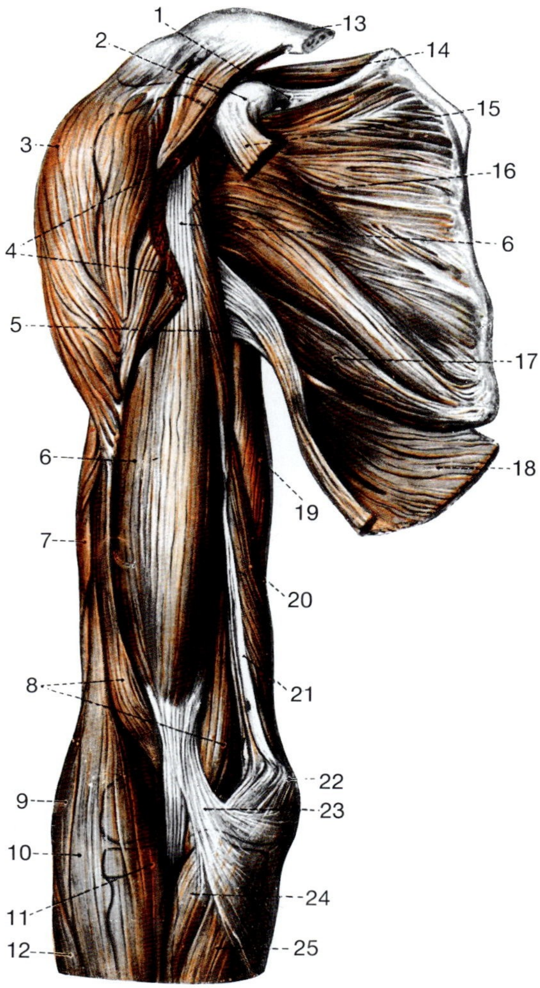

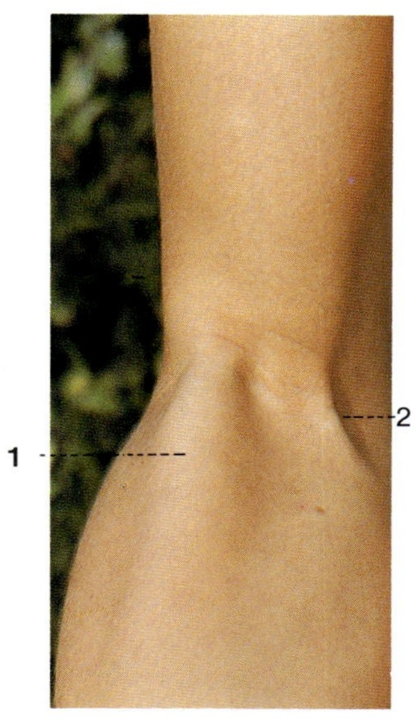

Bizeps (zweiköpfiger Oberarmmuskel)

Er hat 2 Ursprünge am Schulterblatt und 2 Ansätze am Unterarm:

- Der *lange Bizepskopf* entspringt mit einer langen Sehne oberhalb der Schultergelenkpfanne.
- Der *kurze Bizepskopf* entspringt gemeinsam mit dem Rabenschnabelfortsatz-Oberarm-Muskel mit einer kurzen Sehne am Rabenschnabelfortsatz.
- Die beiden Köpfe vereinigen sich zunächst zu einer gemeinsamen Sehne, die sich dann aber aufspaltet: Die Hauptsehne setzt an der Speiche an, die flache oberflächliche Sehne strahlt in die Faszie des Unterarms aus.
- Der Bizeps beugt im Ellbogengelenk und dreht den Unteram nach außen.

Ellenbeuge: Beim Beugen und Auswärtsdrehen gegen Widerstand (Yergason-Test) treten der Oberarm-Speichen-Muskel (1), die Bizepshauptsehne (Mitte) und die flache Bizepssehne (2) hervor. Der Bizeps ist der stärkste Auswärtsdreher in den Speichen-Ellen-Gelenken. *[li1]*

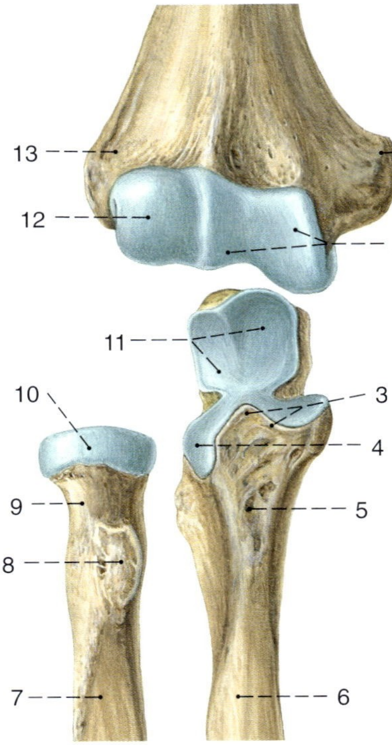

Rechtes Ellbogengelenk: Knochen von vorn. *[ss1]*

1	Innerer Obergelenkknorren (des Oberarmbeins)	*Epicondylus medialis (humeri)*
2	Oberarmrolle	*Trochlea humeri*
3	Kronenfortsatz (der Elle)	*Processus coronoideus (ulnae)*
4	Einschnitt für den Speichenkopf	*Incisura radialis*
5	Rauigkeit der Elle (Ansatz des Oberarmmuskels)	*Tuberositas ulnae*
6	Ellenschaft	*Corpus ulnae*
7	Speichenschaft	*Corpus radii*
8	Rauigkeit der Speiche (Ansatz der Bizepssehne)	*Tuberositas radii*
9	Speichenhals	*Collum radii*
10	Speichenkopf	*Caput radii*
11	Einschnitt für die Oberarmrolle	*Incisura trochlearis*
12	Oberarmköpfchen	*Capitulum humeri*
13	Äußerer Obergelenkknorren (des Oberarmbeins)	*Epicondylus lateralis (humeri)*

Teilgelenke des Ellbogengelenks

Im Ellbogengelenk treffen 3 Knochen aufeinander. Dementsprechend gibt es 3 Teilgelenke. Sie werden jedoch von einer gemeinsamen Gelenkkapsel umhüllt und bilden eine funktionelle Einheit mit 2 Hauptachsen mit 4 Bewegungsrichtungen:

- *Oberarm-Ellen-Gelenk:* zwischen der Rolle des Oberarmbeins und dem Einschnitt der Elle zwischen Kronenfortsatz und Ellbogen (Scharnierbewegung: Beugen – Strecken).
- *Oberes Speichen-Ellen-Gelenk:* zwischen dem Speichenkopf und einem entsprechenden Einschnitt der Elle. Die Speiche dreht sich radartig um die Elle, wodurch die Handfläche nach oben (Auswärtsdrehen = Supination) oder unten (Einwärtsdrehen = Pronation) gedreht wird.
- *Oberarm-Speichen-Gelenk:* zwischen dem Oberarmköpfchen und dem Speichenkopf. Die Speiche muss gegenüber dem Oberarmbein sowohl die Scharnier- als auch die Radbewegung ausführen können. Deshalb ist das der Speiche gegenüberstehende Oberarmköpfchen halbkugelig.

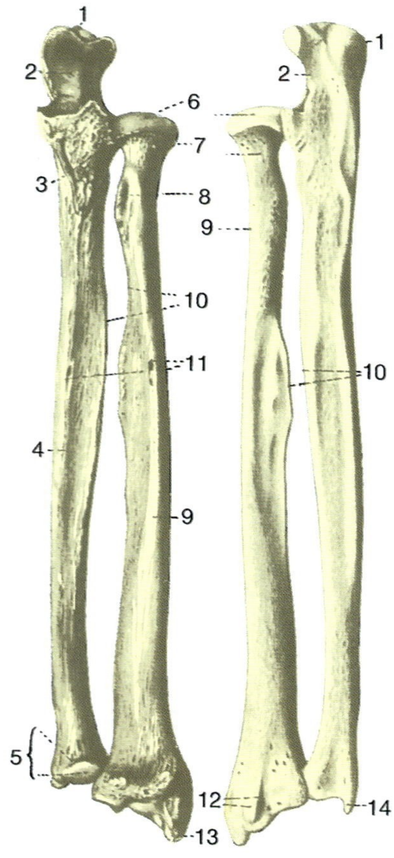

Linke Elle und Speiche von vorn (linkes Bild) und von hinten (rechtes Bild). *[bg1]*

1	Ellbogen	*Olecranon*
2	Einschnitt für die Oberarmrolle	*Incisura trochlearis*
3	Rauigkeit der Elle	*Tuberositas ulnae*
4	Ellenschaft	*Corpus ulnae*
5	Ellenkopf	*Caput ulnae*
6	Speichenkopf	*Caput radii*
7	Speichenhals	*Collum radii*
8	Rauigkeit der Speiche	*Tuberositas radii*
9	Speichenschaft	*Corpus radii*
10	Zwischenknochenrand	*Margo interosseus*
11	Eintrittsstellen für Blutgefäße	*Foramina nutricia*
12	Durch die Strecksehnen bedingte Knochenrinnen	*Sulci tendinum musculorum extensorum*
13	Griffelfortsatz der Speiche	*Processus styloideus radii*
14	Griffelfortsatz der Elle	*Processus styloideus ulnae*

Rechtes Ellbogengelenk: Der Speichenkopf wird durch das Ringband an die Elle gebunden. *[bg1]* ➔

1	Ellbogen (Ansatz des Armstreckers)	*Olecranon*
2	Einschnitt für die Oberarmrolle	*Incisura trochlearis*
3	Einschnitt für den Speichenkopf	*Incisura radialis*
4	Ringband der Speiche	*Lig. anulare radii*
5	Kronenfortsatz (der Elle)	*Processus coronoideus (ulnae)*
6	Rauigkeit der Elle	*Tuberositas ulnae*

Bänder des Ellbogengelenks

• *Ringband:* bogenförmig von der Vorderseite der Elle um den Speichenhals zur Hinterseite der Elle. Der Speichenkopf wird vom Ringband wie in einer Schlaufe gehalten. Ist die Schlaufe zu weit, kann der Speichenkopf hindurchschlüpfen. Dies ist eine häufige Verrenkung beim Kleinkind, z.B. wenn das an der Hand geführte Kind stürzt und der Erwachsene das Kind am Arm „hilfreich" hochreißt.

• *Innenband:* von der Innenseite des Oberarmbeins fächerförmig zur Elle.

• *Außenband:* von der Außenseite des Oberarmbeins in das Ringband einstrahlend.

Muskeln des Ellbogengelenks

Das Ellbogengelenk ist ein Drehscharniergelenk (Radwinkelgelenk) mit 2 Hauptachsen. Wichtigste Muskeln der Hauptbewegungen sind:

• *Strecken:* dreiköpfiger Oberarmmuskel (Trizeps).

• *Beugen:* Bizeps, Oberarmmuskel (Armbeuger), Oberarm-Speichen-Muskel.

• *Auswärtsdrehen* (Supination): Bizeps, Auswärtsdreher.

• *Einwärtsdrehen* (Pronation): runder und viereckiger Einwärtsdreher, speichenseitiger Handbeuger.

🡻 **Röntgenbild des Ellbogengelenks.** Man beachte, wie die Elle mit Kronenfortsatz und Ellbogen die Rolle des Oberarmbeins umgreift. *[be3]*

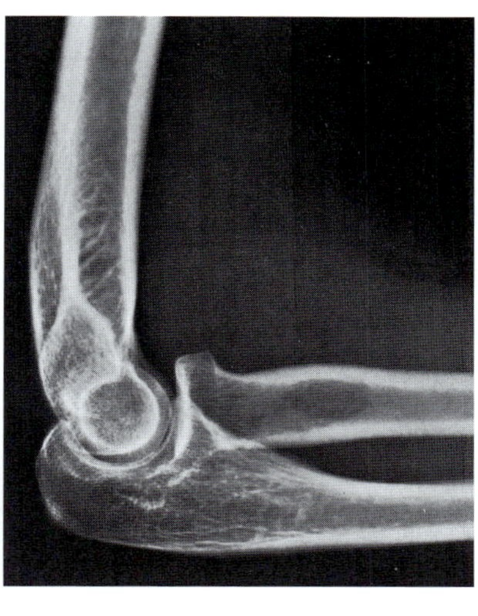

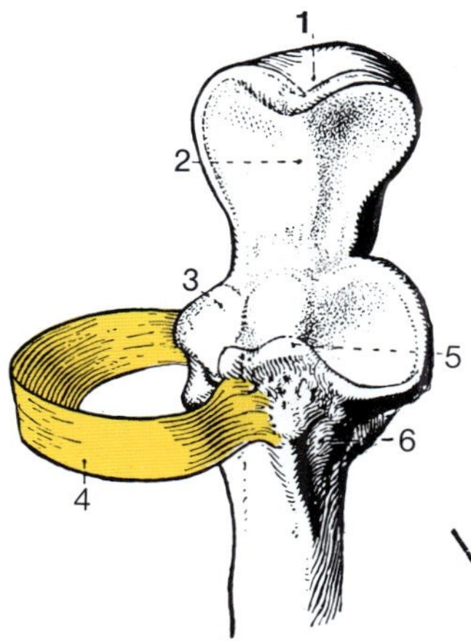

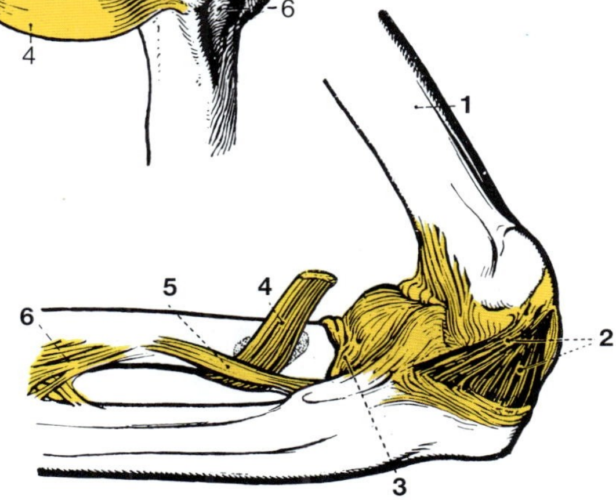

🡹 **Rechtes Ellbogengelenk:** Gelenkkapsel mit Innenband und Zwischenknochenmembran. *[bg1]*

1	Oberarmschaft	*Corpus humeri*
2	Innenband des Ellbogengelenks	*Lig. collaterale ulnare*
3	Gelenkkapsel	*Capsula articularis*
4	Bizepshauptsehne	*(M. biceps brachii)*
5	Schrägzug	*Chorda obliqua*
6	Zwischenknochenmembran des Unterarms	*Membrana interossea antebrachii*

🡻 **Ellbogengelenk:** Bewegungsumfänge (mittlere Messwerte von gesunden jungen Erwachsenen nach der Neutral-Null-Methode). *[bh1]*

• Linkes Bild: Strecken und Beugen (Extension – Flexion): Es kann nur gering überstreckt werden. Das Beugen geht bis zum Anschlag des Unterarms an den Oberarm: Kräftige Muskeln vermindern (!)das Bewegungsmaß.

• Rechtes Bild: Auswärtsdrehen und Einwärtsdrehen (Supination – Pronation): Das Bewegungsausmaß bestimmt man am einfachsten, wenn man einen Zeiger (Stift, Lineal o.ä.) in die Faust nimmt und dann die Faust maximal nach beiden Seiten dreht.

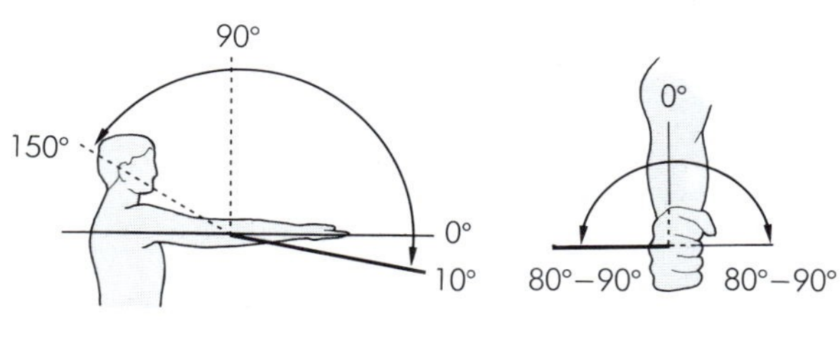

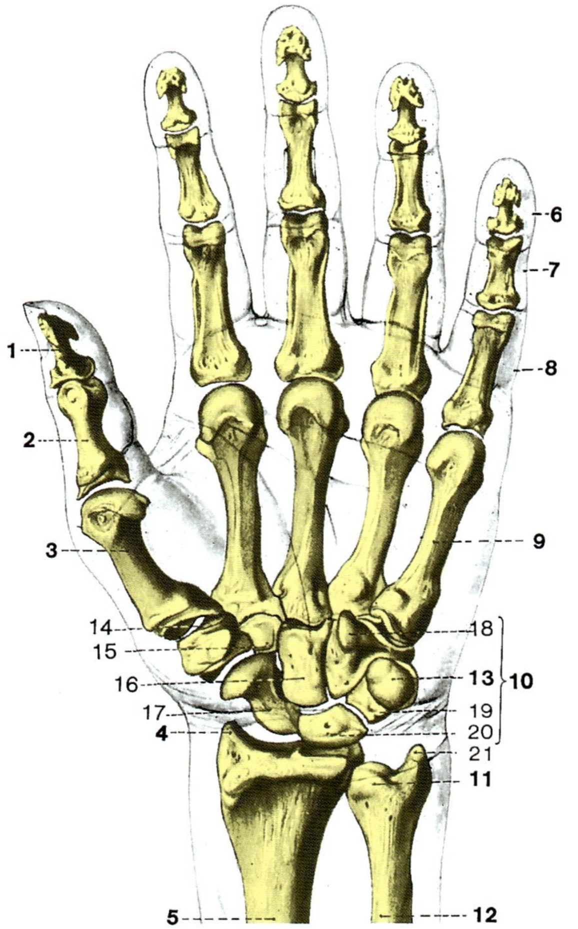

Linke Hand: Skelett, Hohlhandseite. *[bg1]*

1	Daumenendglied	*Phalanx distalis I*
2	Daumengrundglied	*Phalanx proximalis I*
3	Mittelhandknochen des Daumens	*Os metacarpi (metacarpale) I*
4	Griffelfortsatz der Speiche	*Processus styloideus radii*
5	Speiche	*Radius*
6–8	Fingerknochen	*Phalanges*
6	Fingerendglied	*Phalanx distalis*
7	Fingermittelglied	*Phalanx media*
8	Fingergrundglied	*Phalanx proximalis*
9	Mittelhandknochen	*Ossa metacarpi [metacarpalia]*
10	Handwurzelknochen	*Ossa carpi [carpalia]*
11	Ellenkopf	*Caput ulnae*
12	Elle	*Ulna*
13	Erbsenbein	*Os pisiforme*
14	Trapezbein (= großes Vieleckbein)	*Os trapezium*
15	Trapezoidbein (= kleines Vieleckbein)	*Os trapezoideum*
16	Kopfbein	*Os capitatum*
17	Kahnbein der Hand	*Os scaphoideum*
18	Haken des Hakenbeins	*Hamulus ossis hamati*
19	Dreieckbein	*Os triquetrum*
20	Mondbein	*Os lunatum*
21	Griffelfortsatz der Elle	*Processus styloideus ulnae*

Knochen der Hand

➊ Die 8 **Handwurzelknochen** sind in 2 Reihen angeordnet:
- Obere (proximale) Reihe (von der Daumen- zur Kleinfingerseite): Kahnbein, Mondbein und Dreieckbein. Das Erbsenbein ist als Sesambein in der Sehne des ellenseitigen Handbeugers dem Dreieckbein angelagert.
- Untere (distale) Reihe: Trapezbein (großes Vieleckbein), Trapezoidbein (kleines Vieleckbein), Kopfbein und Hakenbein.

Wer die Namen behalten will, kann sich mit einem (schwachsinnigen, aber altbewährten) Reim helfen:

„Es fuhr ein Kahn im Mondenschein
im Dreieck um das Erbsenbein.
Vieleckchen groß, Vieleckchen klein –
der Kopf, der muss am Haken sein."

➋ An den 5 **Mittelhandknochen** unterscheidet man Basis, Schaft und Kopf.

➌ Die **Fingerknochen** bestehen aus den
- 5 Fingergrundgliedern,
- 4 Fingermittelgliedern (beim Daumen fehlt wie bei der Großzehe das Mittelglied),
- 5 Fingerendgliedern.

➍ Außer den bisher genannten 27 größeren Knochen gibt es an der Hand noch eine wechselnde Zahl kleiner **Sesambeine**, wovon 2 auf der Beugeseite des Daumengrundgelenks regelmäßig vorhanden sind (im Röntgenbild deutlich zu sehen).

Gelenke der Hand

➊ Hauptgelenklinien:
- *Oberes (proximales) Handgelenk:* zwischen der Speiche und der oberen Reihe der Handwurzelknochen (Kahnbein, Mondbein, Dreieckbein, nicht Erbsenbein). Die Elle ist durch eine Faserknorpelscheibe vom Handgelenk getrennt.
- *Unteres (distales) Handgelenk:* zwischen der oberen und der unteren Reihe der Handwurzelknochen (ohne Beteiligung des Erbsenbeins).
- *Handwurzel-Mittelhand-Gelenke:* Zwischen der unteren Reihe der Handwurzelknochen und den Basen der Mittelhandknochen. Das Handwurzel-Mittelhand-Gelenk des Daumens nimmt wegen seiner großen Beweglichkeit eine Sonderstellung ein (Daumensattelgelenk).
- *Fingergrundgelenke:* zwischen den Köpfen der Mittelhandknochen und den Basen der Fingergrundglieder.
- *Fingermittelgelenke:* zwischen den Köpfen der Fingergrundglieder und den Basen der Fingermittelglieder. Das Mittelgelenk fehlt beim Daumen, weil er kein Mittelglied hat.
- *Fingerendgelenke:* zwischen den Köpfen der Fingermittelglieder (beim Daumen des Daumengrundglieds) und den Basen der Fingerendglieder.

➋ Nebengelenke: Gelenke zwischen Nachbarknochen innerhalb der Reihen der Handwurzelknochen und der Mittelhandknochen.

Rechte Handwurzel: Flachschnitt, Dorsalansicht (vom Handrücken her). Knorpelüberzogene Gelenkflächen blau. *[ss1]* ➔

- Die Bezeichnungen oberes und unteres Handgelenk sind auf den herabhängenden Arm bezogen. Im Bild mit den Fingern nach oben liegt dann das untere Handgelenk über dem oberen! Um Verwechslungen auszuschließen, sollte man die eindeutigen Bezeichnungen proximales und distales Handgelenk bevorzugen.
- Beim unteren (distalen) Handgelenk achte man auf den wellenförmigen Verlauf der Gelenklinie: Das Kopfbein springt weit in die proximale Reihe der Handwurzelknochen vor.
- Der Ellenkopf wird durch die Gelenkscheibe vom proximalen Handgelenk getrennt.

1	Handwurzel-Mittelhand-Gelenke	*Articulationes carpometacarpales*
2	Hakenbein	*Os hamatum*
3	Unteres (distales) Handgelenk	*Articulatio mediocarpalis*
4	Innenband der Hand	*Lig. collaterale carpi ulnare*
5	Dreieckbein	*Os triquetrum*
6	Gelenkscheibe	*Discus articularis*
7	Ellenkopf	*Caput ulnae*
8	Unteres (distales) Speichen-Ellen-Gelenk	*Articulatio radioulnaris distalis*
9	Speiche	*Radius*
10	Mondbein	*Os lunatum*
11	Oberes (proximales) Handgelenk	*Articulatio radiocarpalis*
12	Kopfbein	*Os capitatum*
13	Kahnbein der Hand	*Os scaphoideum*
14	Außenband der Hand	*Lig. collaterale carpi radiale*
15	Trapezoidbein (= kleines Vieleckbein)	*Os trapezoideum*
16	Trapezbein (= großes Vieleckbein)	*Os trapezium*
17	Daumensattelgelenk	*Articulatio carpometacarpalis pollicis*
18	Mittelhandknochen des Daumens	*Os metacarpi [metacarpale] I*

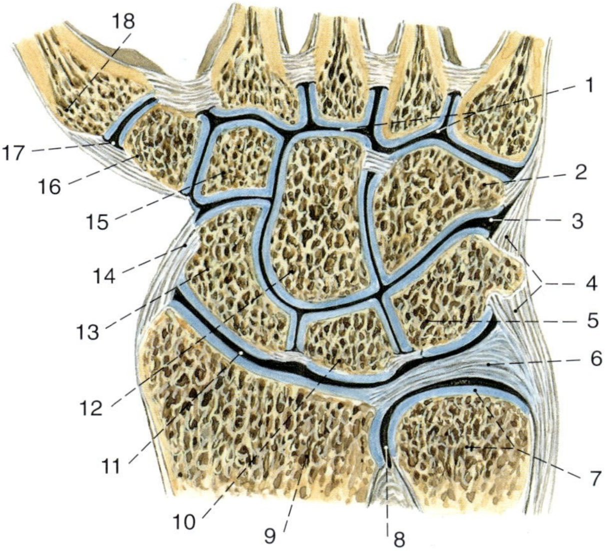

➔ **Röntgenbild der Hand:** Xeroradiogramm im dorsopalmaren Strahlengang (vom Handrücken zur Hohlhand). Man achte auf die Drehung des Daumens gegenüber den Strahlen 2–5. Deshalb ist eines der beiden Sesambeine, die der Handflächenseite (Palmarseite) des Kopfes des Mittelhandknochens des Daumens anliegen, rechts oberhalb des Kopfes zu sehen. *[sp1]*

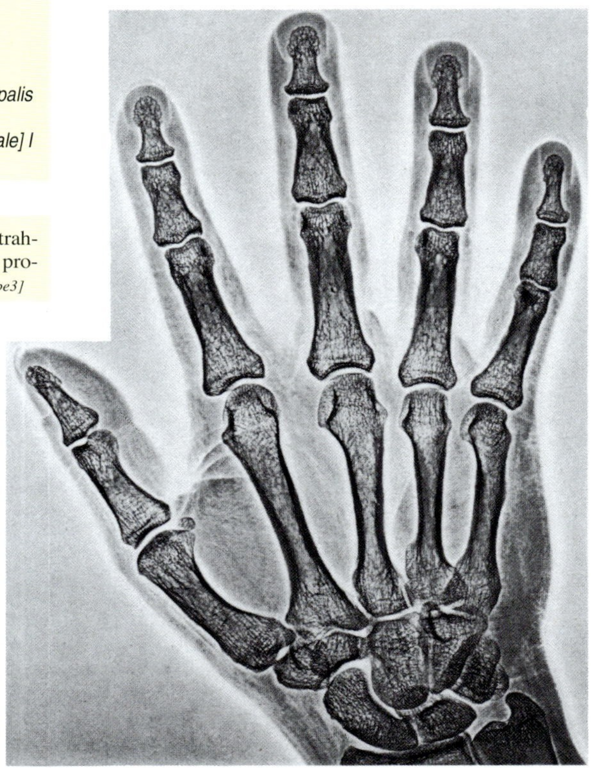

➔ **Röntgenbild der Handwurzel** im ulnoradialen Strahlengang. Die Handwurzelknochen sind übereinander projiziert und nicht leicht gegeneinander abzugrenzen. *[be3]*

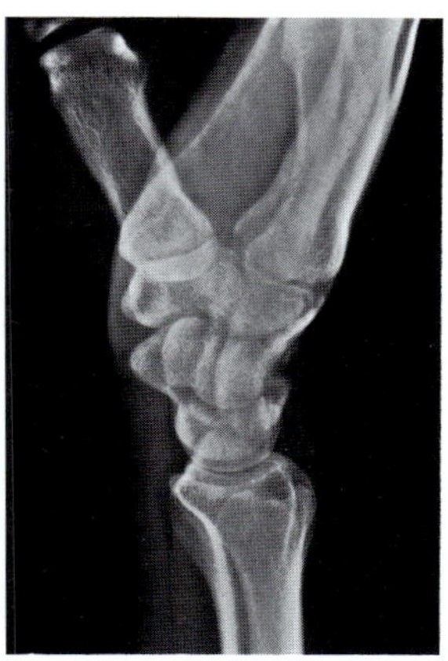

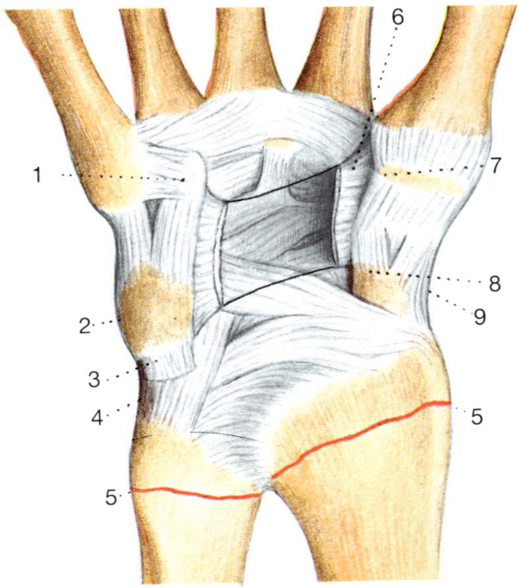

↑ **Rechte Handwurzel:** Bandapparat der Hohlhandseite. Das Halteband der Beugesehnen ist z.T. herausgeschnitten. *[bl]*

1	Haken des Hakenbeins	*Hamulus ossis hamati*
2	Erbsenbein	*Os pisiforme*
3	Ellenseitiger Handbeuger (Sehne abgeschnitten)	*M. flexor carpi ulnaris*
4	Innenband der Hand	*Lig. collaterale carpi ulnare*
5	Epiphysenlinie (ehemalige Wachstumszone)	*Linea epiphysialis*
6	Halteband der Beugesehnen	*Retinaculum musculorum flexorum*
7	Trapezbein (= großes Vieleckbein)	*Os trapezium*
8	Kahnbein der Hand	*Os scaphoideum*
9	Außenband der Hand	*Lig. collaterale carpi radiale*

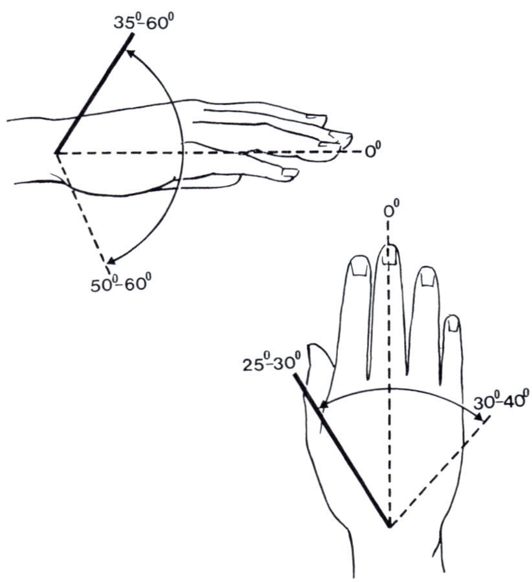

Bewegungen der Handgelenke

Oberes (proximales) und unteres (distales) Handgelenk haben meist getrennte Gelenkkapseln. Trotzdem arbeiten sie eng zusammen. Sie haben 2 Achsen mit 4 Bewegungsrichtungen (die für die Bewegungen wichtigsten Muskeln werden ab der übernächsten Seite abgebildet):

- *Beugen* (Palmarflexion): speichenseitiger und ellenseitiger Handbeuger, Hohlhandsehnenspanner, Fingerbeuger.
- *Strecken* (Dorsalextension): speichenseitige und ellenseitiger Handstrecker, Fingerstrecker.
- *Speichenwärts* (zur Daumenseite) *Abspreizen* (Radialabduktion): speichenseitige Handstrecker und speichenseitiger Handbeuger, Daumenabspreizer.
- *Ellenwärts* (zur Kleinfingerseite) *Abspreizen* (Ulnarabduktion): ellenseitiger Handstrecker und ellenseitiger Handbeuger.

Beugen und Strecken laufen gemeinsam in beiden Handgelenken ab. Das Abspreizen ist auf das proximale Handgelenk (ein Eigelenk) beschränkt.

Bewegungen der Nebengelenke

- Gute Beweglichkeit besteht nur im Erbsenbeingelenk (zwischen Erbsenbein und Dreieckbein).
- Bei den übrigen Gelenken zwischen benachbarten Handwurzelknochen innerhalb der oberen oder unteren Reihe lassen straffe Bänder nur geringe Bewegungen zu, die jedoch die Hauptbewegungen im oberen und unteren Handgelenk zweckmäßig ergänzen.

Bewegungen der Handwurzel-Mittelhand-Gelenke

❶ *Handwurzel-Mittelhand-Gelenke II-V:* Straffe Bänder lassen nur kleine Bewegungen zu. Trotzdem sind diese, z.B. beim Faustschluss oder beim Gegenüberstellen des Kleinfingers zum Daumen, wichtig.

❷ *Handwurzel-Mittelhand-Gelenk I (Daumensattelgelenk):* Das Gelenk zwischen dem Trapezbein und der Basis des Mittelhandknochens des Daumens. ist, wie der Name sagt, ein Sattelgelenk mit 2 Achsen und 4 Bewegungsrichtungen:

- *Abspreizen* (vom Zeigefinger weg, Abduktion): langer und kurzer Daumenabspreizer.
- *Anziehen* (zum Zeigefinger hin, Adduktion): Muskeln des Daumenballens, erster rückseitiger Zwischenknochenmuskel.
- *Gegenüberstellen* (zum Kleinfinger hin, Opposition): Muskeln des Daumenballens.
- *Rückstellen* (vom Kleinfinger weg, Reposition): kurzer und langer Daumenstrecker.

Handgelenke: Bewegungsumfänge (mittlere Messwerte bei gesunden jungen Erwachsenen nach der Neutral-Null-Methode). *[sc1]*

- Oberes Bild: Rückwärtsstrecken und Beugen (Dorsalextension und Palmarflexion). Nulllinie ist die Fortsetzung der Unterarm-Längsachse.
- Unteres Bild: Daumen- und kleinfingerseitiges Abspreizen (Radial- und Ulnarabduktion): Nulllinie ist die Längsachse des Mittelfingers.

Rechte Handwurzel: Flachschnitt, Dorsalansicht (vom Handrücken her). Knorpelüberzogene Gelenkflächen blau. *[ss1]* ➔

- Die Bezeichnungen oberes und unteres Handgelenk sind auf den herabhängenden Arm bezogen. Im Bild mit den Fingern nach oben liegt dann das untere Handgelenk über dem oberen! Um Verwechslungen auszuschließen, sollte man die eindeutigen Bezeichnungen proximales und distales Handgelenk bevorzugen.
- Beim unteren (distalen) Handgelenk achte man auf den wellenförmigen Verlauf der Gelenklinie: Das Kopfbein springt weit in die proximale Reihe der Handwurzelknochen vor.
- Der Ellenkopf wird durch die Gelenkscheibe vom proximalen Handgelenk getrennt.

1	Handwurzel-Mittelhand-Gelenke	*Articulationes carpometacarpales*
2	Hakenbein	*Os hamatum*
3	Unteres (distales) Handgelenk	*Articulatio mediocarpalis*
4	Innenband der Hand	*Lig. collaterale carpi ulnare*
5	Dreieckbein	*Os triquetrum*
6	Gelenkscheibe	*Discus articularis*
7	Ellenkopf	*Caput ulnae*
8	Unteres (distales) Speichen-Ellen-Gelenk	*Articulatio radioulnaris distalis*
9	Speiche	*Radius*
10	Mondbein	*Os lunatum*
11	Oberes (proximales) Handgelenk	*Articulatio radiocarpalis*
12	Kopfbein	*Os capitatum*
13	Kahnbein der Hand	*Os scaphoideum*
14	Außenband der Hand	*Lig. collaterale carpi radiale*
15	Trapezoidbein (= kleines Vieleckbein)	*Os trapezoideum*
16	Trapezbein (= großes Vieleckbein)	*Os trapezium*
17	Daumensattelgelenk	*Articulatio carpometacarpalis pollicis*
18	Mittelhandknochen des Daumens	*Os metacarpi [metacarpale] I*

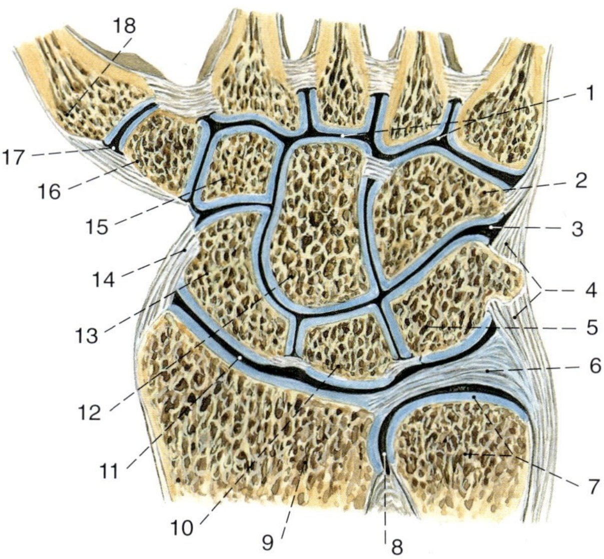

➔ Röntgenbild der Handwurzel im ulnoradialen Strahlengang. Die Handwurzelknochen sind übereinander projiziert und nicht leicht gegeneinander abzugrenzen. *[be3]*

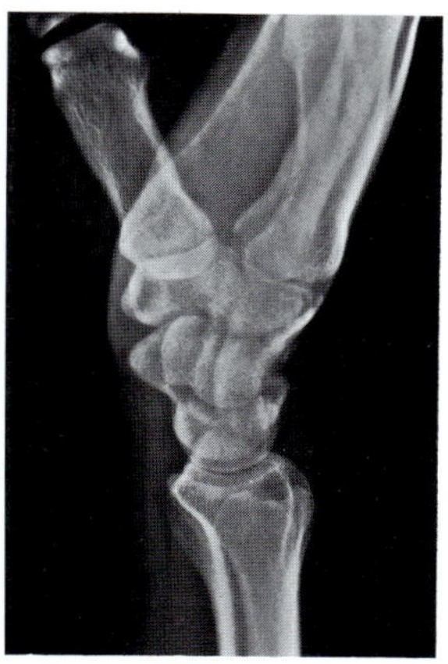

➔ Röntgenbild der Hand: Xeroradiogramm im dorsopalmaren Strahlengang (vom Handrücken zur Hohlhand). Man achte auf die Drehung des Daumens gegenüber den Strahlen 2–5. Deshalb ist eines der beiden Sesambeine, die der Handflächenseite (Palmarseite) des Kopfes des Mittelhandknochens des Daumens anliegen, rechts oberhalb des Kopfes zu sehen. *[sp1]*

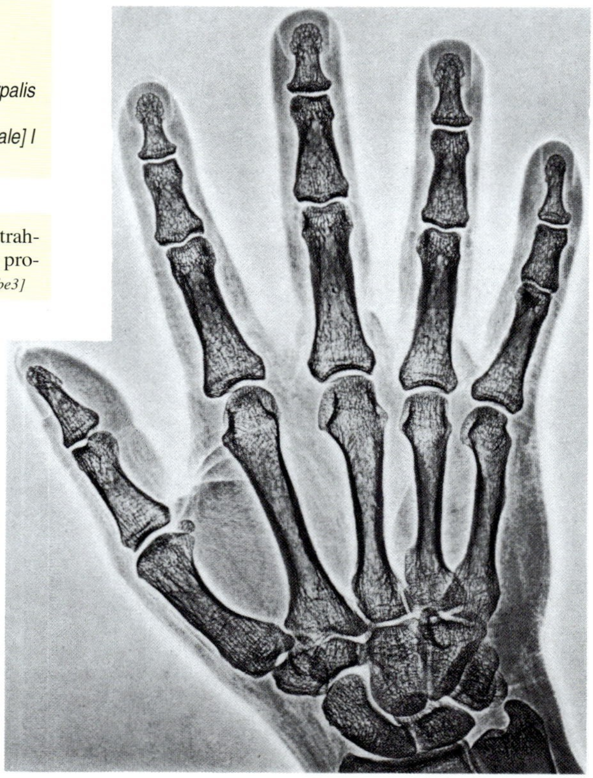

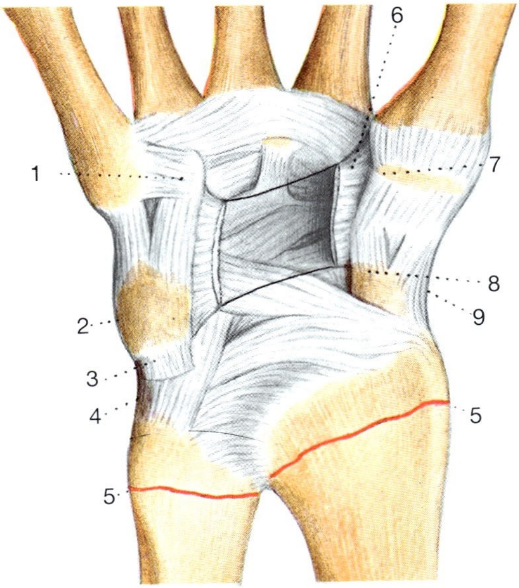

↑ Rechte Handwurzel: Bandapparat der Hohlhandseite. Das Halteband der Beugesehnen ist z.T. herausgeschnitten. *[bl]*

1	Haken des Hakenbeins	*Hamulus ossis hamati*
2	Erbsenbein	*Os pisiforme*
3	Ellenseitiger Handbeuger (Sehne abgeschnitten)	*M. flexor carpi ulnaris*
4	Innenband der Hand	*Lig. collaterale carpi ulnare*
5	Epiphysenlinie (ehemalige Wachstumszone)	*Linea epiphysialis*
6	Halteband der Beugesehnen	*Retinaculum musculorum flexorum*
7	Trapezbein (= großes Vieleckbein)	*Os trapezium*
8	Kahnbein der Hand	*Os scaphoideum*
9	Außenband der Hand	*Lig. collaterale carpi radiale*

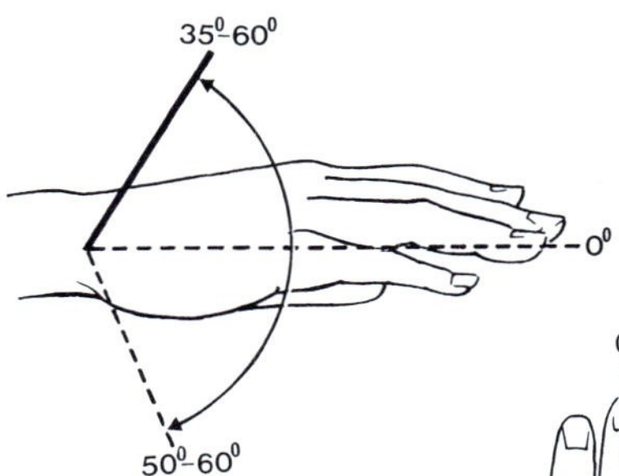

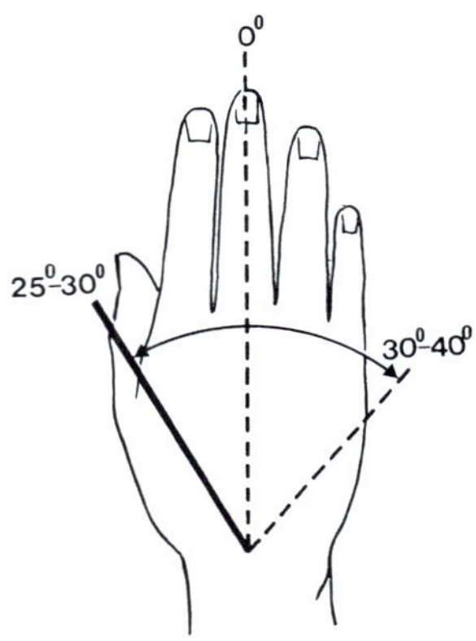

Bewegungen der Handgelenke

Oberes (proximales) und unteres (distales) Handgelenk haben meist getrennte Gelenkkapseln. Trotzdem arbeiten sie eng zusammen. Sie haben 2 Achsen mit 4 Bewegungsrichtungen (die für die Bewegungen wichtigsten Muskeln werden ab der übernächsten Seite abgebildet):

- *Beugen* (Palmarflexion): speichenseitiger und ellenseitiger Handbeuger, Hohlhandsehnenspanner, Fingerbeuger.
- *Strecken* (Dorsalextension): speichenseitige und ellenseitiger Handstrecker, Fingerstrecker.
- *Speichenwärts* (zur Daumenseite) *Abspreizen* (Radialabduktion): speichenseitige Handstrecker und speichenseitiger Handbeuger, Daumenabspreizer.
- *Ellenwärts* (zur Kleinfingerseite) *Abspreizen* (Ulnarabduktion): ellenseitiger Handstrecker und ellenseitiger Handbeuger.

Beugen und Strecken laufen gemeinsam in beiden Handgelenken ab. Das Abspreizen ist auf das proximale Handgelenk (ein Eigelenk) beschränkt.

Bewegungen der Nebengelenke

- Gute Beweglichkeit besteht nur im Erbsenbeingelenk (zwischen Erbsenbein und Dreieckbein).
- Bei den übrigen Gelenken zwischen benachbarten Handwurzelknochen innerhalb der oberen oder unteren Reihe lassen straffe Bänder nur geringe Bewegungen zu, die jedoch die Hauptbewegungen im oberen und unteren Handgelenk zweckmäßig ergänzen.

Bewegungen der Handwurzel-Mittelhand-Gelenke

❶ *Handwurzel-Mittelhand-Gelenke II-V:* Straffe Bänder lassen nur kleine Bewegungen zu. Trotzdem sind diese, z.B. beim Faustschluss oder beim Gegenüberstellen des Kleinfingers zum Daumen, wichtig.

❷ *Handwurzel-Mittelhand-Gelenk I (Daumensattelgelenk):* Das Gelenk zwischen dem Trapezbein und der Basis des Mittelhandknochens des Daumens. ist, wie der Name sagt, ein Sattelgelenk mit 2 Achsen und 4 Bewegungsrichtungen:

- *Abspreizen* (vom Zeigefinger weg, Abduktion): langer und kurzer Daumenabspreizer.
- *Anziehen* (zum Zeigefinger hin, Adduktion): Muskeln des Daumenballens, erster rückseitiger Zwischenknochenmuskel.
- *Gegenüberstellen* (zum Kleinfinger hin, Opposition): Muskeln des Daumenballens.
- *Rückstellen* (vom Kleinfinger weg, Reposition): kurzer und langer Daumenstrecker.

Handgelenke: Bewegungsumfänge (mittlere Messwerte bei gesunden jungen Erwachsenen nach der Neutral-Null-Methode). *[scl]*

- Oberes Bild: Rückwärtsstrecken und Beugen (Dorsalextension und Palmarflexion). Nulllinie ist die Fortsetzung der Unterarm-Längsachse.
- Unteres Bild: Daumen- und kleinfingerseitiges Abspreizen (Radial- und Ulnarabduktion): Nulllinie ist die Längsachse des Mittelfingers.

Handgelenke: Schnelltest zur groben Bewegungsprüfung. Die Beweglichkeit ist nicht eingeschränkt, wenn der Patient bei etwa horizontal gehaltenen Unterarmen die Handflächen (Dorsalextension) bzw. Handrücken (Palmarflexion) aneinander legen kann. *[li1]* ➔

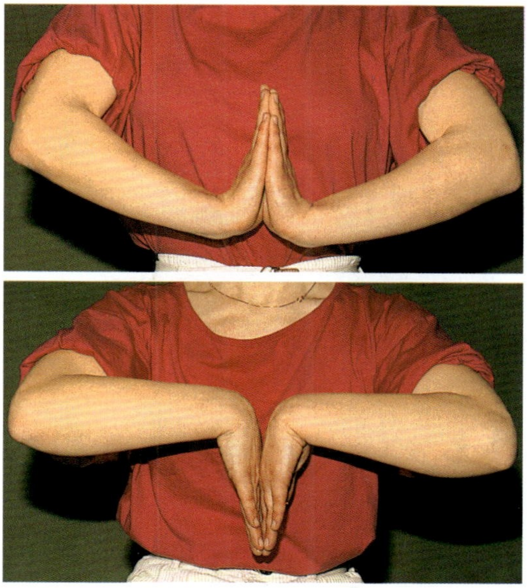

Fingergelenke

❶ **Fingergrundgelenke** (in Befunden weltweit oft abgekürzt MCP = Metakarpophalangealgelenke): Dem Bau nach sind sie Kugelgelenke. Es fehlen jedoch Muskeln für selbständige Kreiselungen.
• *Beugen:* Zwischenknochenmuskeln.
• *Strecken:* Fingerstrecker.
• *Abspreizen:* hintere Zwischenknochenmuskeln, Daumen- und Kleinfingerabspreizer.
• *Anziehen:* vordere Zwischenknochenmuskeln, Daumenanzieher.

❷ **Fingermittelgelenke** (PIP = proximale Interphalangealgelenke): Sie sind reine Scharniergelenke.
• *Beugen:* oberflächlicher und tiefer Fingerbeuger, kurzer und langer Daumenbeuger.
• *Strecken:* Zwischenknochenmuskeln, kurzer und langer Daumenstrecker.

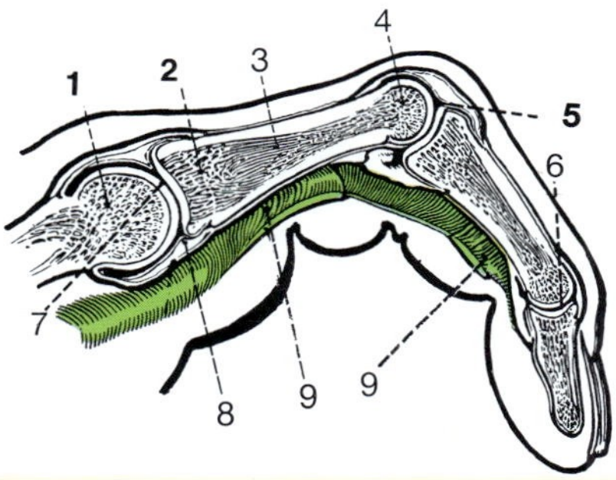

🡅 **Finger:** Längsschnitt. *[bg1]*

1	Mittelhandknochen, Kopf	*Caput ossis metacarpi*
2	Fingergrundglied, Basis	*Phalanx proximalis, Basis phalangis*
3	Fingergrundglied, Schaft	*Phalanx proximalis, Corpus phalangis*
4	Fingergrundglied, Kopf	*Phalanx proximalis, Caput phalangis*
5	Fingermittelgelenk	*Articulatio interphalangea (proximalis)*
6	Fingerendgelenk	*Articulatio interphalangea (distalis)*
7	Fingergrundgelenk	*Articulatio metacarpophalangea*
8	Gelenkkapsel	*Capsula articularis*
9	Fingersehnenscheide	*Vagina tendinum digitorum manus*

Fingergelenke: Bewegungsumfänge (mittlere Messwerte bei gesunden jungen Erwachsenen nach der Neutral-Null-Methode). *[sc1]* ➔
• Oberes Bild: Fingergrundgelenke, Beugen zur Hohlhandseite (Palmarflexion).
• Mittleres Bild: Fingergrundgelenke, Strecken zur Handrückenseite (Dorsalextension).
• Unteres Bild: Fingermittelgelenke. Bei diesen Scharniergelenken kann nur gestreckt (Dorsalextension) und gebeugt (Palmarflexion) werden. Ein Strecken über die 0°-Stellung ist meist nicht möglich.

❸ **Fingerendgelenke** (DIP = distale Interphalangealgelenke): Sie sind reine Scharniergelenke.
• *Beugen:* tiefer Fingerbeuger, langer Daumenbeuger.
• *Strecken:* Zwischenknochenmuskeln, langer Daumenstrecker.

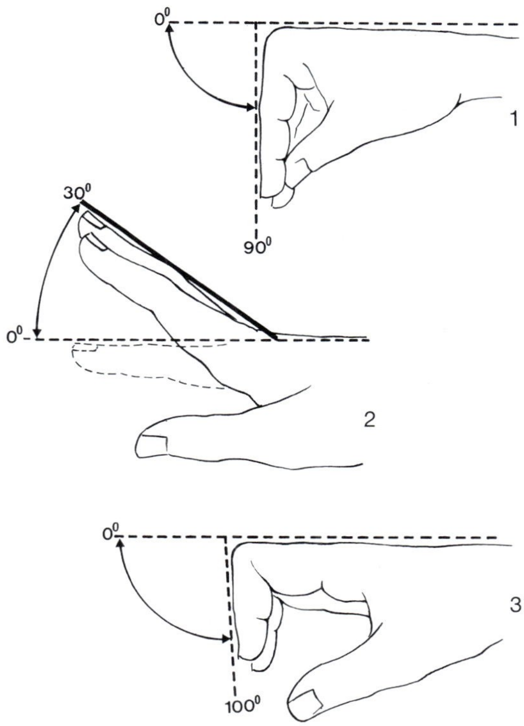

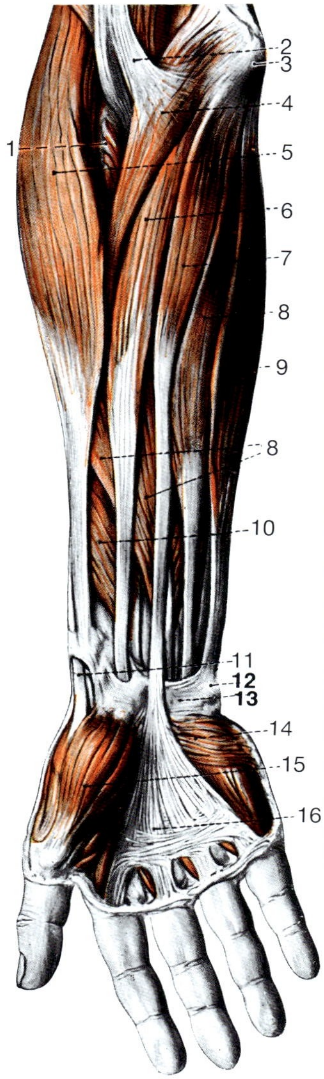

Unterarm und Hand, rechts. Muskeln der Beugeseite (Palmarseite), oberflächliche Schicht. *[bg1]*

1 Auswärtsdreher
M. supinator
2 Flache Bizepssehne
Aponeurosis musculi bicipitis brachii [Aponeurosis bicipitalis]
3 Innerer Obergelenkknorren (des Oberarmbeins)
Epicondylus medialis (humeri)
4 Runder Einwärtsdreher
M. pronator teres
5 Oberarm-Speichen-Muskel
M. brachioradialis
6 Speichenseitiger Handbeuger
M. flexor carpi radialis
7 Langer Hohlhandsehnenspanner
M. palmaris longus
8 Oberflächlicher Fingerbeuger *M. flexor digitorum superficialis*
9 Ellenseitiger Handbeuger
M. flexor carpi ulnaris
10 Langer Daumenbeuger
M. flexor pollicis longus
11 Langer Daumenabspreizer *M. abductor pollicis longus*
12 Erbsenbein *Os pisiforme*
13 Halteband der Beugesehnen *Retinaculum musculorum flexorum*
14 Kurzer Hohlhandsehnenspanner
M. palmaris brevis
15 Kurzer Daumenabspreizer
M. abductor pollicis brevis
16 Hohlhandsehne
Aponeurosis palmaris

Unterarmmuskeln

❶ **Beugergruppe** (Flexoren): Sie entspringen vom inneren Obergelenkknorren des Oberarmbeins sowie von der Vorderseite der Unterarmknochen und der Zwischenknochenmembran. Die Mehrzahl beugt in den Handgelenken:

- speichenseitiger und ellenseitiger Handbeuger,
- oberflächlicher und tiefer Fingerbeuger (für die Finger 2–5),
- langer Daumenbeuger,
- langer Hohlhandsehnenspanner

Schon oberhalb der Hand enden der runde und der viereckige Einwärtsdreher.

❷ **Streckergruppe** (Extensoren): Sie entspringen vom äußeren Obergelenkknorren des Oberarmbeins sowie von der Hinterseite der Unterarmknochen und der Zwischenknochenmembran. Die Mehrzahl streckt in den Handgelenken. 3 Untergruppen:

- *Speichenseitige Streckergruppe:* langer und kurzer speichenseitiger Handstrecker, Oberarm-Speichen-Muskel.
- *Ellenseitige Streckergruppe:* ellenseitiger Handstrecker, Fingerstrecker.
- *Tiefe Streckergruppe:* lange Daumenmuskeln, Zeigefingerstrecker.

Hohlhandsehnenplatte (Palmaraponeurose)

Diese Platte straffen Bindegewebes besteht aus:

- Längszügen von der Handwurzel zu den Fingern.
- Querfasern (sie halten die Längszüge zusammen).
- vertikalen Fasern zur Haut und in die Tiefe.

Die Haut der Hohlhand ist matratzenartig auf der Hohlhandsehnenplatte befestigt. Dadurch wird sie unverschieblich, was für den sicheren Griff nötig ist (sonst würde der Hammer in der Hand hin und her rutschen).

Hohlhandkanal („Karpaltunnel")

Die Vorderseite des Unterarms wird hauptsächlich von den langen Beugemuskeln der Hand und der Finger eingenommen. Auf dem Weg zu den Fingern werden 9 lange Sehnen (4 vom oberflächlichen Fingerbeuger, 4 vom tiefen Fingerbeuger, 1 vom langen Daumenbeuger) durch eine Öse geführt, den Hohlhandkanal. Er wird vom Halteband der Beugesehnen und den hufeisenförmig angeordneten Handwurzelknochen gebildet. Er verhindert ein Abgleiten der Sehnen bei den Handbewegungen.

Karpaltunnelsyndrom

Um die Reibung der 9 Sehnen an den Wänden des engen Hohlhandkanals zu mindern, sind sie von Sehnenscheiden umhüllt. Diese an sich zweckmäßige Bauweise hat auch eine Schattenseite: Bei Entzündung und damit Schwellung der Sehnenscheiden wird es im Hohlhandkanal besonders eng. Der auf dem Weg zur Hand ebenfalls den Hohlhandkanal durchquerende Mittelarmnerv („Medianus") wird dabei gequetscht und dadurch zuerst gereizt (Schmerzen in der Hand) und schließlich gelähmt (Schwäche der Muskeln des Daumenballens, Gefühlsstörungen vom Daumen bis zum Mittelfinger). Dieses Karpaltunnelsyndrom gehört zu den „Nervenkompressionssyndromen".

Speichenbruch

Bei den Umwendbewegungen der Hand (Pronation – Supination) dreht sich die Speiche um die Elle. Die Speiche hat eine breite Kontaktfläche zu den Handwurzelknochen, die Elle zum Oberarmbein. Druck wird von der Hand vor allem auf die Speiche weitergegeben. Deshalb bricht beim Sturz auf die schützend vorgestreckte Hand bevorzugt die Speiche, und zwar nur wenige Zentimeter oberhalb des oberen Handgelenks.

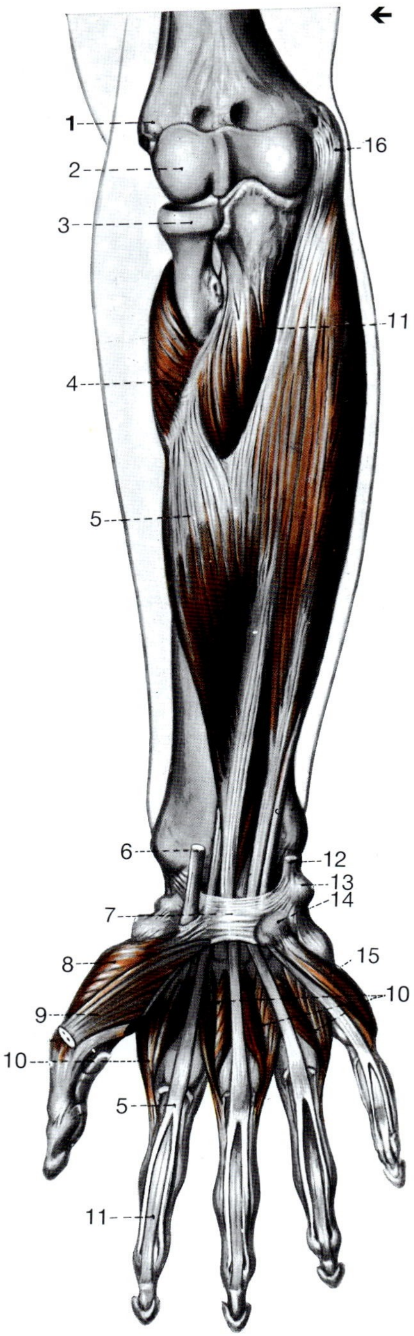

1 Äußerer Obergelenkknorren (des Oberarmbeins) *Epicondylus lateralis (humeri)*
2 Oberarmköpfchen *Capitulum humeri*
3 Speichenkopf *Caput radii*
4 Auswärtsdreher *M. supinator*
5 Oberflächlicher Fingerbeuger *M. flexor digitorum superficialis*
6 Speichenseitiger Handbeuger *M. flexor carpi radialis*
7 Halteband der Beugesehnen *Retinaculum musculorum flexorum*
8 Daumengegensteller *M. opponens pollicis*
9 Kurzer Daumenbeuger *M. flexor pollicis brevis*
10 Rückseitige Zwischenknochenmuskeln *Mm. interossei dorsales*
11 Tiefer Fingerbeuger *M. flexor digitorum profundus*
12 Ellenseitiger Handbeuger *M. flexor carpi ulnaris*
13 Erbsenbein *Os pisiforme*
14 Haken des Hakenbeins *Hamulus ossis hamati*
15 Kleinfingergegensteller *M. opponens digiti minimi*
16 Innerer Obergelenkknorren (des Oberarmbeins) *Epicondylus medialis (humeri)*

Unterarm und Hand, rechts. In der mittleren Muskelschicht der Beugeseite ziehen vier Sehnen des oberflächlichen Fingerbeugers zu den Mittelgliedern des 2.-5. Fingers. An den Fingern spalten sich die Sehnen des oberflächlichen Fingerbeugers in jeweils zwei Züge auf. Zwischen ihnen gelangen die Sehnen des tiefen Fingerbeugers zu den Fingerendgliedern. *[bg1]*

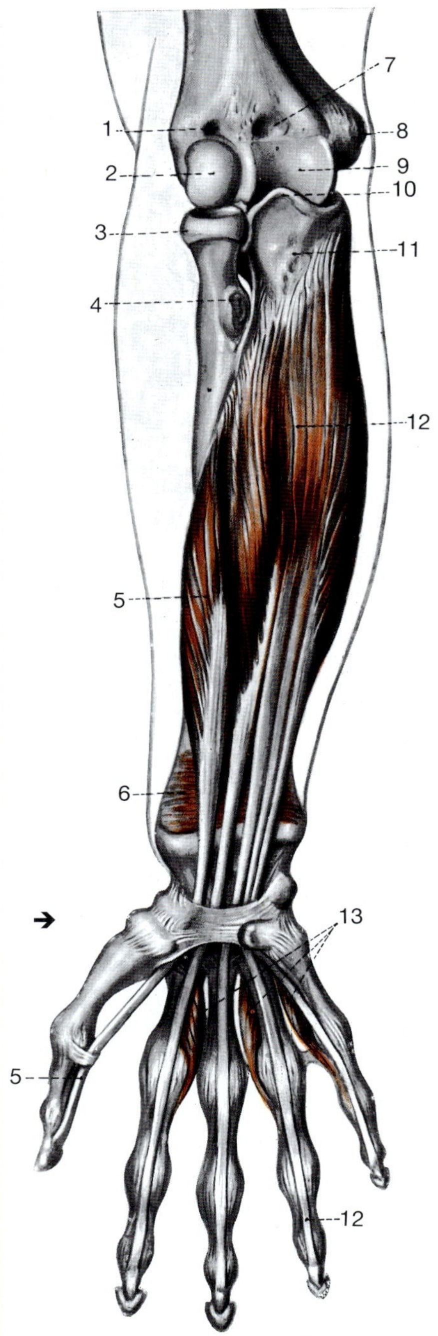

1 Speichenkopfgrube *Fossa radialis*
2 Oberarmköpfchen *Capitulum humeri*
3 Speichenkopf *Caput radii*
4 Rauigkeit der Speiche *Tuberositas radii*
5 Langer Daumenbeuger *M. flexor pollicis longus*
6 Viereckiger Einwärtsdreher *M. pronator quadratus*
7 Kronenfortsatzgrube *Fossa coronoidea*
8 Innerer Obergelenkknorren (des Oberarmbeins) *Epicondylus medialis (humeri)*
9 Oberarmrolle *Trochlea humeri*
10 Kronenfortsatz (der Elle) *Processus coronoideus (ulnae)*
11 Rauigkeit der Elle *Tuberositas ulnae*
12 Tiefer Fingerbeuger *M. flexor digitorum profundus*
13 Hohlhandseitige Zwischenknochenmuskeln *Mm. interossei palmares*

Unterarm und Hand, rechts. In der tiefen Muskelschicht liegen der lange Daumenbeuger, die vier Köpfe des tiefen Fingerbeugers und der viereckige Einwärtsdreher. Man achte auf den Hohlhandkanal unter dem Halteband der Beugesehnen. Hier sind alle Sehnen von Sehnenscheiden umhüllt. *[bg1]*

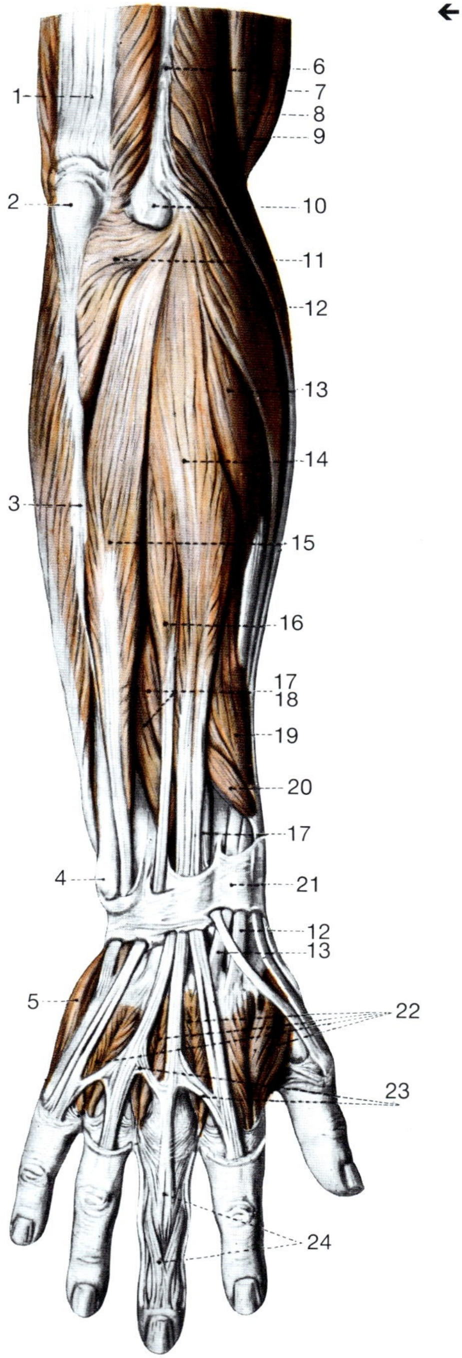

1	Armstrecker (= dreiköpfiger Oberarmmuskel)	*M. triceps brachii*
2	Ellbogen	*Olecranon*
3	Hinterkante (der Elle)	*Margo posterior*
4	Ellenkopf	*Caput ulnae*
5	Kleinfingerabspreizer	*M. abductor digiti minimi*
6	Äußere Muskeltrennwand des Oberarms	*Septum intermusculare brachii laterale*
7	Bizeps (zweiköpfiger Oberarmmuskel)	*M. biceps brachii*
8	Oberarmmuskel	*M. brachialis*
9	Oberarm-Speichen-Muskel	*M. brachioradialis*
10	Äußerer Obergelenkknorren (des Oberarmbeins)	*Epicondylus lateralis (humeri)*
11	Knorrenmuskel	*M. anconeus*
12	Langer speichenseitiger Handstrecker	*M. extensor carpi radialis longus*
13	Kurzer speichenseitiger Handstrecker	*M. extensor carpi radialis brevis*
14	Fingerstrecker	*M. extensor digitorum*
15	Ellenseitiger Handstrecker	*M. extensor carpi ulnaris*
16	Kleinfingerstrecker	*M. extensor digiti minimi*
17	Langer Daumenstrecker (Sehne)	*M. extensor pollicis longus*
18	Zeigefingerstrecker	*M. extensor indicis*
19	Langer Daumenabspreizer	*M. abductor pollicis longus*
20	Kurzer Daumenstrecker	*M. extensor pollicis brevis*
21	Halteband der Strecksehnen	*Retinaculum musculorum extensorum*
22	Rückseitige Zwischenknochenmuskeln	*Mm. interossei dorsales*
23	Sehnenverbindungen des Fingerstreckers	*Connexus intertendinei*
24	Fingerrückensehne („Dorsalaponeurose“)	*<Aponeurosis dorsalis digiti>*

↑ Rechter Unterarm und rechte Hand: Muskeln der Rückseite (Dorsalseite). *[bg1]*
Die Muskelbäuche liegen überwiegend in der oberen Hälfte des Unterarms und entsenden lange Sehnen zur Hand. Sie werden in der Nähe des oberen Handgelenks durch das Halteband der Strecksehnen gebündelt. Sie liegen dort in Sehnenscheiden (Bild nächste Seite).

↓ Wirkung der Zwischenknochen- und Spulmuskeln. Die Beuge-Streck-Achse des Fingergrundgelenks ist durch einen Kreispunkt markiert. *[bg1]*

- Die Sehnen verlaufen zunächst vor den Fingergrundgelenken und strahlen dann in die Strecksehne des Fingerrückens („Dorsalaponeurose“) ein. Sie beugen in den Fingergrundgelenken und strecken in den Fingermittel- und -endgelenken. Sie spreizen und schließen die Finger.
- Farbig hervorgehoben ist der erste rückseitige Zwischenknochenmuskel, der von den einander zugewandten Seiten des ersten und zweiten Mittelhandknochens entspringt und mit seiner Sehne in die Dorsalaponeurose einstrahlt. Er wirkt außer auf den Zeigefinger auch auf das Daumensattelgelenk: Er zieht den Daumen an den Zeigefinger (adduziert). Der kräftige Muskel wölbt die Haut des Handrückens vor, wenn man den Daumen an den Zeigefinger presst.

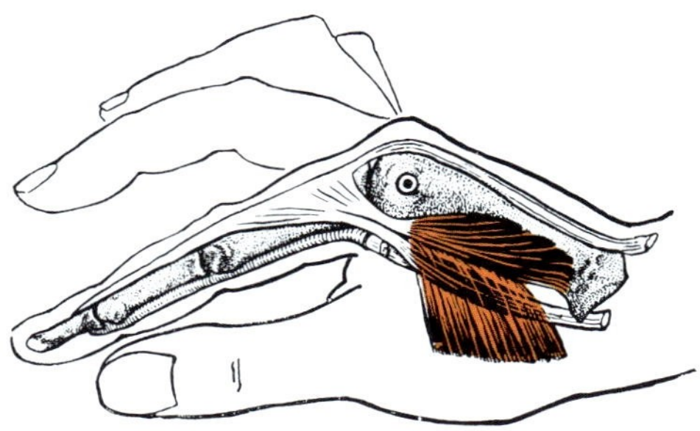

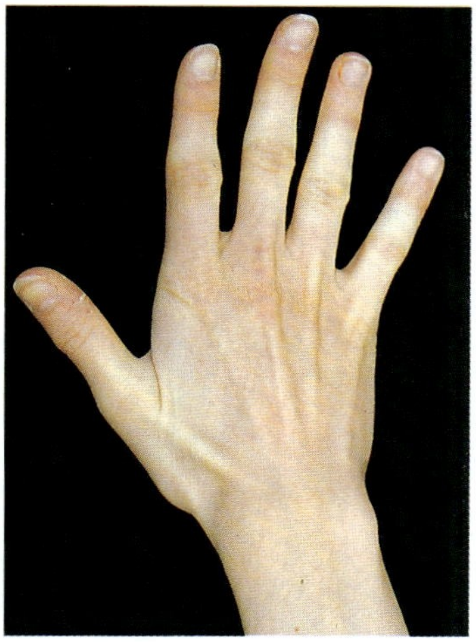

↑ Rechter Handrücken: Bei maximalem Strecken der Finger wölben die Strecksehnen die Haut vor. Zu den Fingern 2–5 gelangen die Sehnen des Fingerstreckers. Zum Daumen ziehen der lange und der kurze Daumenstrecker. Zwischen deren Sehnen sinkt die Haut zu einer Mulde ein (seit alters *Tabatiere* genannt, weil Tabakschnupfer hier eine kleine Prise Schnupftabak auftragen). *[li1]*

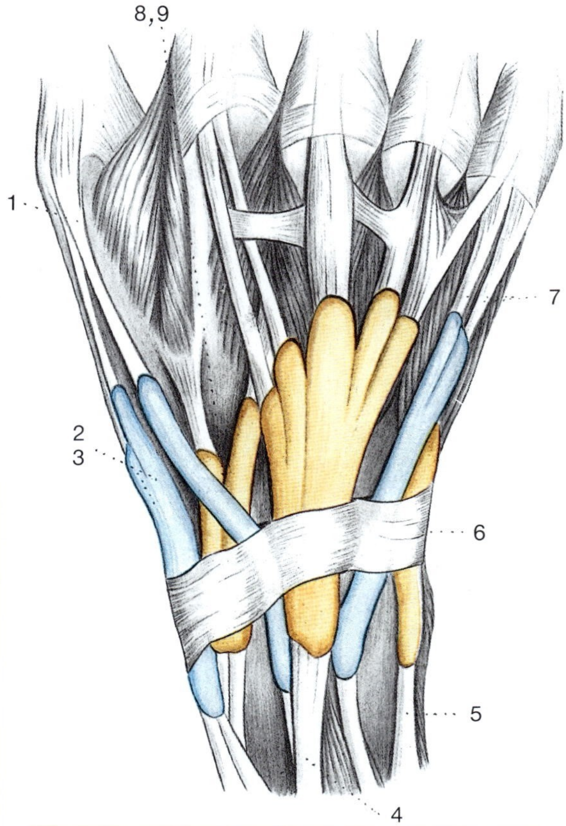

↑ Rechter Handrücken: Sehnenscheidenfächer unter dem Halteband der Strecksehnen. *[bl]*
Aufgabe von Sehnenscheiden ist es, die Reibung der Sehne an Haltebändern zu mindern. Dazu ist die Sehne in einen bindegewebigen Köcher eingelassen. Die Sehne und die Innenseite des Köchers sind mit einer glatten feuchten Schicht überzogen.

1	Langer Daumenstrecker	*M. extensor pollicis longus*
2	Kurzer Daumenstrecker	*M. extensor pollicis brevis*
3	Langer Daumenabspreizer	*M. abductor pollicis longus*
4	Fingerstrecker	*M. extensor digitorum*
5	Ellenseitiger Handstrecker	*M. extensor carpi ulnaris*
6	Halteband der Strecksehnen	*Retinaculum musculorum extensorum*
7	Kleinfingerstrecker	*M. extensor digiti minimi*
8	Langer speichenseitiger Handstrecker	*M. extensor carpi radialis longus*
9	Kurzer speichenseitiger Handstrecker	*M. extensor carpi radialis brevis*

↓ Finger: Beuge- und Strecksehnen. Die Beuge-Streck-Achsen der Fingergelenke sind durch Kreispunkte markiert, Zwischenknochen- und Spulmuskeln farbig hervorgehoben. Man achte auf die Durchflechtung der Sehnen des oberflächlichen und tiefen Fingerbeugers. *[bg1]*

1	Tiefer Fingerbeuger	*M. flexor digitorum profundus*
2	Sehnenfesseln	*Vincula tendinum*
3	Strecksehne des Fingerrückens („Dorsalaponeurose")	*(Aponeurosis dorsalis digiti)*
4	Spulmuskel	*M. lumbricalis*
5	Zwischenknochenmuskel	*M. interosseus*
6	Fingerstrecker	*M. extensor digitorum*
7	Oberflächlicher Fingerbeuger	*M. flexor digitorum superficialis*
8	Fingerendgelenk	*Articulatio interphalangea (distalis)*
9	Fingermittelgelenk	*Articulatio interphalangea (proximalis)*
10	Fingergrundgelenk	*Articulatio metacarpophalangea*
11	Handwurzel-Mittelhand-Gelenk	*Articulatio carpometacarpalis*
12	Distales Handgelenk	*Articulatio mediocarpalis*

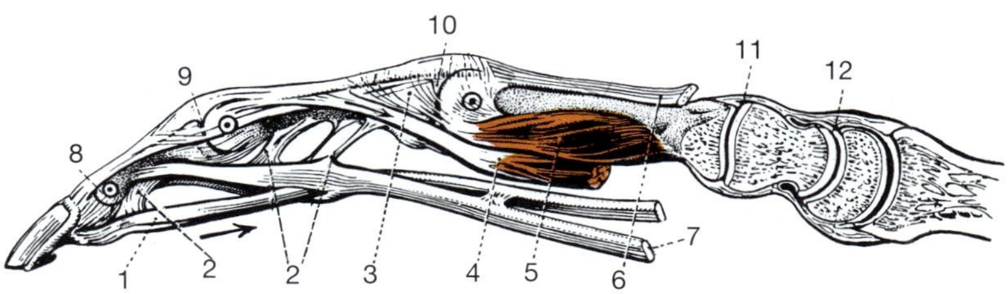

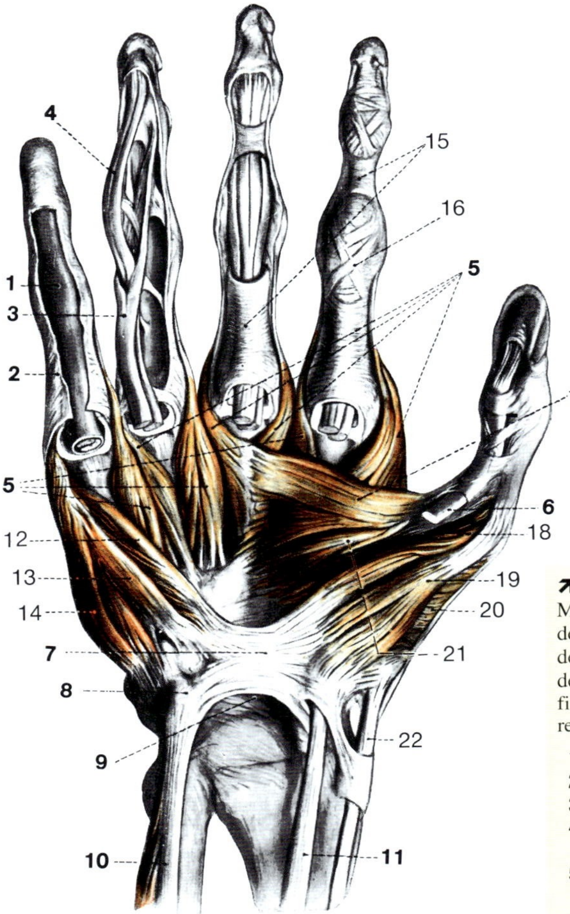

↑ Rechte Hohlhand: Muskeln. Die Hohlhandsehne (Palmaraponeurose) ist mit ihren Spannmuskeln entfernt. Die Sehnen der Fingerbeuger sind über den Mittelhandknochen abgeschnitten, die Sehnenscheiden z.T. eröffnet. Die langen Fingerbeugesehnen gelangen durch den Hohlhandkanal vom Unterarm zur Hand. *[bg1]*

1	Sehnenscheide der Finger	*Vagina synovialis digitorum manus*
2	Straffer Sehnentunnel	*Vagina fibrosa digiti manus*
3	Oberflächlicher Fingerbeuger (Sehne)	*M. flexor digitorum superficialis*
4	Tiefer Fingerbeuger (Sehne)	*M. flexor digitorum profundus*
5	Hohlhandseitige + rückseitige Zwischenknochenmuskeln	*Mm. interossei palmares + Mm. interossei dorsales*
6	Langer Daumenbeuger	*M. flexor pollicis longus*
7	Halteband der Beugesehnen	*Retinaculum musculorum flexorum*
8	Erbsenbein	*Os pisiforme*
9	Hohlhandkanal	*Canalis carpi*
10	Ellenseitiger Handbeuger	*M. flexor carpi ulnaris*
11	Speichenseitiger Handbeuger (Sehne)	*M. flexor carpi radialis*
12	Kleinfingergegensteller	*M. opponens digiti minimi*
13	Kleinfingerbeuger	*M. flexor digiti minimi brevis*
14	Kleinfingerabspreizer	*M. abductor digiti minimi*
15	Ringzüge des straffen Sehnentunnels	*Pars anularis vaginae fibrosae*
16	Kreuzzüge des straffen Sehnentunnels	*Pars cruciformis vaginae fibrosae*
17	Daumenanzieher, querer Kopf	*M. adductor pollicis, Caput transversum*
18	Kurzer Daumenbeuger	*M. flexor pollicis brevis*
19	Kurzer Daumenabspreizer	*M. abductor pollicis brevis*
20	Daumengegensteller	*M. opponens pollicis*
21	Daumenanzieher, schräger Kopf	*M. adductor pollicis, Caput obliquum*
22	Langer Daumenabspreizer (Sehne)	*M. abductor pollicis longus*

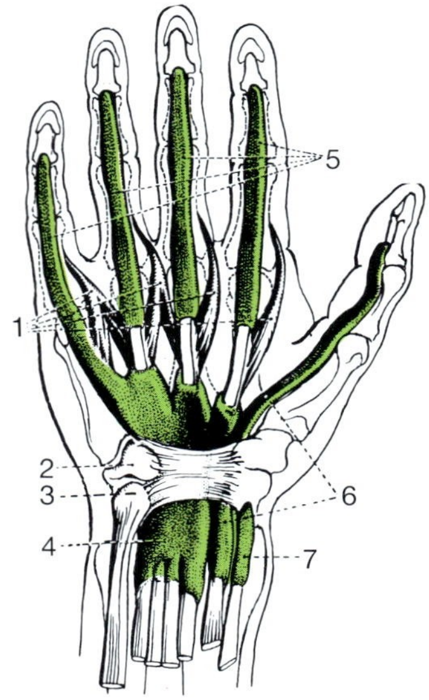

↗ Rechte Hohlhand: Sehnenscheiden. *[bg1]*
Man beachte, dass die Sehnenscheiden des Daumens und des Kleinfingers bis in den Hohlhandkanal reichen, die der 3 mittleren Finger jedoch nicht. Eine Sehnenscheidenentzündung des Daumens kann daher auf den Kleinfinger übergreifen (und umgekehrt), während die mittleren Finger ausgespart bleiben („V-Phlegmone").

1	Spulmuskeln	*Mm. lumbricales*
2	Haken des Hakenbeins	*Hamulus ossis hamati*
3	Erbsenbein	*Os pisiforme*
4	Gemeinsame Sehnenscheide der Fingerbeuger	*Vagina communis tendinum musculorum flexorum*
5	Sehnenscheiden der Finger	*Vaginae synoviales digitorum manus*
6	Sehnenscheide des langen Daumenbeugers	*Vagina tendinis musculi flexoris pollicis longi*
7	Sehnenscheide des speichenseitigen Handbeugers	*Vagina tendinis musculi flexoris carpi radialis*

Kleine Muskeln der Hand

Sie sind 3 Gruppen zuzuordnen:
- Daumenballenmuskeln
- Kleinfingerballenmuskeln
- Zwischenknochenmuskeln + Spulmuskeln

Linker Unterarm: Querschnitt oberhalb (proximal) des Handgelenks, Ansicht von unten (distal). *[sb1]* ➔

- Die Hand ist so leicht, weil die schweren Muskelbäuche auf den Unterarm hochgezogen wurden und nur die schlanken Sehnen die Hand erreichen.
- Der Chirurg ist nicht zu beneiden, der bei einer Kreissägenverletzung alle Sehnen, Nerven und Blutgefäße wieder zusammenflicken muss!

1	Langer speichenseitiger Handstrecker	*M. extensor carpi radialis longus*
2	Kurzer speichenseitiger Handstrecker	*M. extensor carpi radialis brevis*
3	Halteband der Strecksehnen	*Retinaculum musculorum extensorum*
4	Langer Daumenstrecker	*M. extensor pollicis longus*
5	Fingerstrecker	*M. extensor digitorum*
6	Zeigefingerstrecker	*M. extensor indicis*
7	Unteres Speichen-Ellen-Gelenk	*Articulatio radioulnaris distalis*
8	Kleinfingerstrecker	*M. extensor digiti minimi*
9	Gelenkkapsel	*Capsula articularis*
10	Ellenseitiger Handstrecker	*M. extensor carpi ulnaris*
11	Tiefer Fingerbeuger	*M. flexor digitorum profundus*
12	Ellennerv („Ulnaris")	*N. ulnaris*
13	Ellenseitiger Handbeuger	*M. flexor carpi ulnaris*
14	Ellenarterie	*A. ulnaris*
15	Oberflächlicher Fingerbeuger	*M. flexor digitorum superficialis*
16	Langer Hohlhandsehnenspanner	*M. palmaris longus*
17	Mittelarmnerv („Medianus")	*N. medianus*
18	Langer Daumenbeuger	*M. flexor pollicis longus*
19	Speichenseitiger Handbeuger	*M. flexor carpi radialis*
20	Speichenarterie	*A. radialis*
21	Viereckiger Einwärtsdreher	*M. pronator quadratus*
22	Langer Daumenabspreizer	*M. abductor pollicis longus*
23	Kurzer Daumenstrecker	*M. extensor pollicis brevis*
24	Oberarm-Speichen-Muskel	*M. brachioradialis*

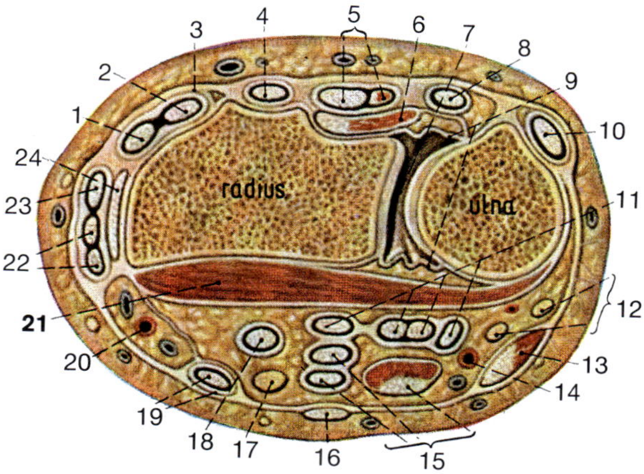

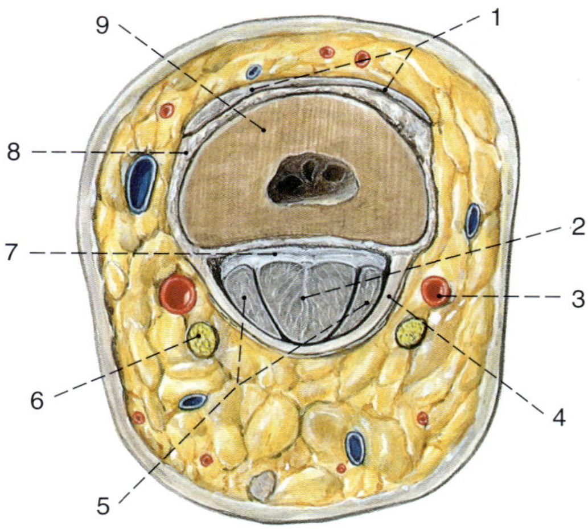

↑ Fingergrundglied: Querschnitt (Vergrößerung 2,5-fach). *[ss1]*

1	Strecksehne des Fingerrückens („Dorsalaponeurose")	*(Aponeurosis dorsalis digiti)*
2	Tiefer Fingerbeuger	*M. flexor digitorum profundus*
3	Hohlhandseitige Fingerarterie	*A. digitalis palmaris propria*
4	Straffer Sehnentunnel	*Vagina fibrosa digiti manus*
5	Oberflächlicher Fingerbeuger	*M. flexor digitorum superficialis*
6	Hohlhandseitiger Fingernerv	*N. digitalis palmaris proprius*
7	Sehnengekröse	*Mesotendineum*
8	Knochenhaut	*Periosteum*
9	Fingergrundglied	*Phalanx proximalis*

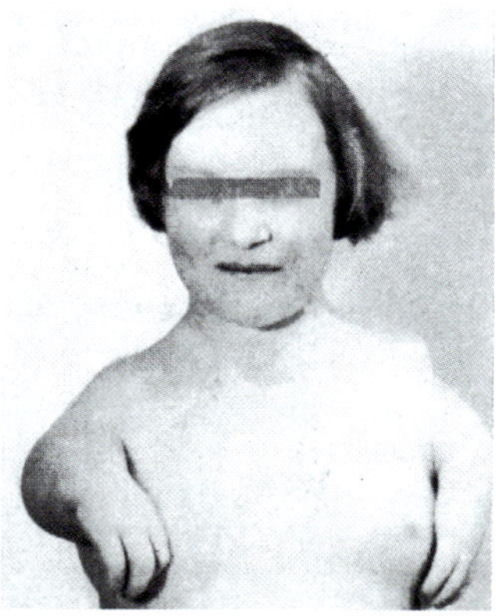

↑ Robbengliedrigkeit (Phokomelie): angeborene Fehlbildung. Die langen Röhrenknochen der Arme (Oberarmbein, Speiche, Elle) sind stark verkürzt oder fehlen völlig. Die Hände sitzen mehr oder weniger unmittelbar am Rumpf. Das 12-jährige Mädchen auf der Abbildung kann mit der rechten Hand gerade noch den Mund erreichen. Ursache ist eine Erkrankung des Embryos in der 5. Entwicklungswoche, wenn die Gliedmaßen angelegt werden. Um 1960 traten solche Gliedmaßenfehlbildungen (Dysmelien) gehäuft auf. Nachträglich stellte sich dann heraus, dass die Mütter das Schlafmittel Thalidomid (Handelsname Contergan®) in der 7. Schwangerschaftswoche eingenommen hatten. Durch dieses Schlafmittel wird die Entwicklung der Gliedmaßen gehemmt (Thalidomid-Embryopathie, volkstümlich „Contergan-Kind" genannt). *[pi]*

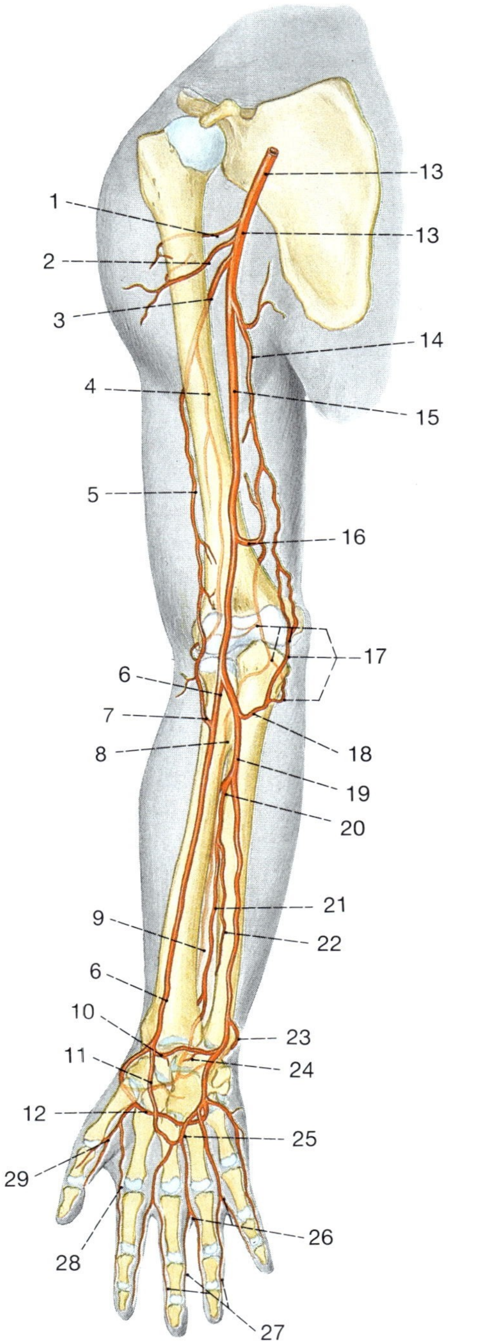

Arterien des Arms: Überblick, Vorderseite bzw. Hohlhandseite (Palmarseite) des rechten Arms. *[sb4]*
Das Bild veranschaulicht das gute Kollateralnetz des Arms: In allen Bereichen laufen mehrere Arterien parallel. Bei Verschluss einer Arterie kann meist eine andere deren Versorgungsgebiet mit übernehmen. Durchblutungsstörungen sind daher am Arm selten.

Arterien des Arms

Die Hauptarterie des Arms ändert 2mal ihren Namen: Sie entspringt als *Schlüsselbeinarterie* aus dem Aortenbogen (links) bzw. dem Arm-Kopf-Arterienstamm (rechts). Sie gibt Äste zur vorderen Leibeswand, zum Hals und zum Gehirn ab. Der Hauptstamm zieht weiter zur Achselhöhle und heißt dort *Achselarterie*. Diese versorgt den Schulterbereich und die Wände der Achselhöhle. Sie läuft weiter zum Arm und heißt dann *Armarterie*.

• In der Ellenbeuge gabelt sich die Armarterie zur *Speichenarterie* und zur *Ellenarterie* auf. Diese ziehen weiter zur Hand und vereinigen sich dort wieder im tiefen und im oberflächlichen *Hohlhandbogen*.

• Aus den Hohlhandbogen gehen die starken hohlhandseitigen *Fingerarterien* hervor. Am Handrücken sind die Arterien schwach.

1	Hintere umbiegende Oberarmarterie	*A. circumflexa humeri posterior*
2	Vordere umbiegende Oberarmarterie	*A. circumflexa humeri anterior*
3	Tiefe Oberarmarterie	*A. profunda brachii*
4	Mittlere Kollateralarterie	*A. collateralis media*
5	Speichenseitige Kollateralarterie	*A. collateralis radialis*
6	Speichenarterie	*A. radialis*
7	Speichenseitige rückläufige Arterie	*A. recurrens radialis*
8	Rückläufige Zwischenknochenarterie	*A. interossea recurrens*
9	Hintere Zwischenknochenarterie	*A. interossea posterior*
10	Speichenarterie, hohlhandseitiger Handwurzelast	*A. radialis, R. carpalis palmaris*
11	Speichenarterie, oberflächlicher Hohlhandast	*A. radialis, R. palmaris superficialis*
12	Tiefer Hohlhandbogen	*Arcus palmaris profundus*
13	Achselarterie	*A. axillaris*
14	Obere ellenseitige Kollateralarterie	*A. collateralis ulnaris superior*
15	Armarterie	*A. brachialis*
16	Untere ellenseitige Kollateralarterie	*A. collateralis ulnaris inferior*
17	Arteriennetz der Ellbogengegend	*Rete articulare cubiti*
18	Ellenseitige rückläufige Arterie	*A. recurrens ulnaris*
19	Ellenarterie	*A. ulnaris*
20	Gemeinsame Zwischenknochenarterie	*A. interossea communis*
21	Vordere Zwischenknochenarterie	*A. interossea anterior*
22	Begleitarterie des Mittelarmnervs	*A. comitans nervi mediani*
23	Ellenarterie, rückseitiger Handwurzelast	*A. ulnaris, R. carpalis dorsalis*
24	Ellenarterie, hohlhandseitiger Handwurzelast	*A. ulnaris, R. carpalis palmaris*
25	Oberflächlicher Hohlhandbogen	*Arcus palmaris superficialis*
26	Gemeinsame hohlhandseitige Fingerarterien	*Aa. digitales palmares communes*
27	Hohlhandseitige Fingerarterien	*Aa. digitales palmares propriae*
28	Speichenseitige Zeigefingerarterie	*A. radialis indicis*
29	Daumenhauptarterie	*A. princeps pollicis*

Hautgebiete der Armnerven: Vorderseite bzw. Hohlhandseite (Palmarseite) des rechten Arms. Dunkelgelb = Autonomgebiet, hellgelb = anatomisches Gebiet. *[bg3]*

• Alle im Bild bezeichneten Nerven entstammen dem Armnervengeflecht.

• Die hier nicht abgebildete Rückseite des Arms wird hauptsächlich von Hautästen des Speichennervs („Radialis") versorgt.

1 Achselnerv („Axillaris", Hautäste) *N. axillaris*
2 Ellenseitiger Oberarmhautnerv *N. cutaneus brachii medialis*
3 Speichennerv („Radialis", Hautäste) *N. radialis*
4 Muskel-Haut-Nerv („Muskulokutaneus", Hautäste) *N. musculocutaneus*
5 Ellenseitiger Unterarmhautnerv *N. cutaneus antebrachii medialis*
6 Mittelarmnerv („Medianus", Hautäste) *N. medianus*
7 Ellennerv („Ulnaris", Hautäste) *N. ulnaris*

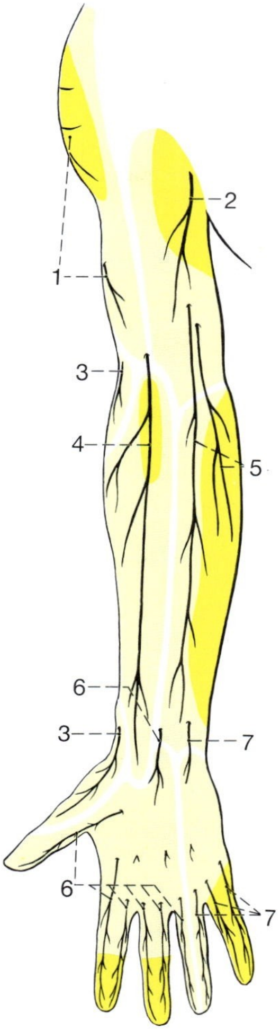

Rechter Oberarm: Arterien und Nerven. *[bg3]*

1 Rabenschnabelfortsatz-Oberarm-Muskel *M. coracobrachialis*
2 Mittelarmnerv („Medianus") *N. medianus*
3 Muskelast (der Armarterie) *R. muscularis*
4 Flache Bizepssehne *Aponeurosis musculi bicipitis brachii [Aponeurosis bicipitalis] [Lacertus fibrosus]*
5 Speichenseitige rückläufige Arterie *A. recurrens radialis*
6 Speichenarterie *A. radialis*
7 Tiefe Oberarmarterie *A. profunda brachii*
8 Armarterie *A. brachialis*
9 Obere ellenseitige Kollateralarterie *A. collateralis ulnaris superior*
10 Armstrecker (dreiköpfiger Oberarmmuskel, Trizeps), innerer (tiefer) Kopf *M. triceps brachii, Caput mediale [profundum]*
11 Untere ellenseitige Kollateralarterie *A. collateralis ulnaris inferior*
12 Oberarmmuskel (Armbeuger) *M. brachialis*
13 Ellenarterie *A. ulnaris*

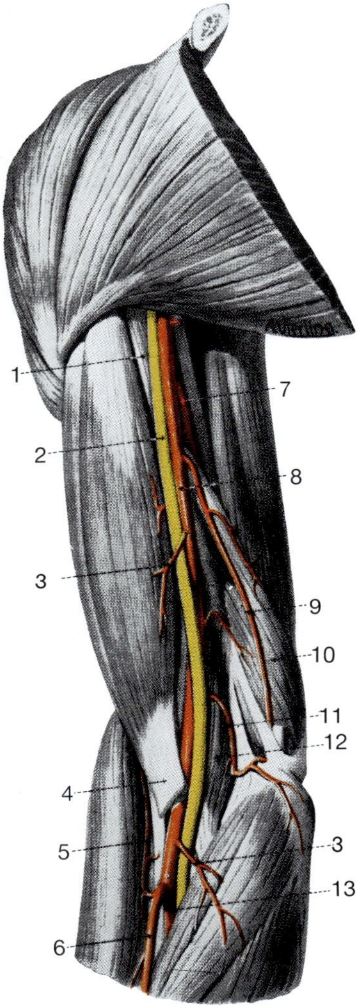

Autonomgebiet und anatomisches Gebiet

Unter „anatomischem" Gebiet eines Nervs versteht man den Bereich, über den sich seine gröberen Äste, die man an der Leiche freilegen kann, erstrecken. Bei Lähmung eines Nervs kommt es gewöhnlich nur in einem Teil des „anatomischen" Gebiets zu einer Empfindungsstörung. Dies ist einfach zu erklären: Die Nerven entsenden feine Fortsätze auch in die anatomischen Gebiete der Nachbarnerven. Die Gebiete überlappen sich. Die Bereiche ohne Überlappung, in denen ein Nerv „autonom" ist, nennt man daher „Autonomgebiete".

• Die Kenntnis der Autonomgebiete erleichtert die Diagnose von Nervenschäden. So weist eine Gefühlsstörung an den Endgliedern des Zeige- und Mittelfingers auf eine Schädigung des Mittelarmnervs („Medianus") hin. Häufige Ursache ist ein „Karpaltunnelsyndrom" (s.o.). Bei Schädigung des Ellennervs („Ulnaris") betrifft die Empfindungsstörung den Kleinfinger.

Erste Hilfe bei Blutungen am Arm

Der Puls der Armarterie ist am gesamten Oberarm in der Rinne zwischen Bizeps und Armstrecker auf der Innenseite des Arms zu tasten. Sie kann dort rasch zur Ersten Hilfe abgedrückt werden (mit dem Daumen gegen das Oberarmbein pressen).

• Auf die Dauer ist es für den Helfer bequemer, den Oberarm abzubinden: Ein Tuch um den Oberarm legen, verknoten und mit einem Stab zudrehen. Man sollte jedoch nicht stärker als nötig zuziehen, da sonst die Nerven geschädigt werden können.

• Die Unterbrechung der Blutzufuhr bedeutet Ausfall der Sauerstoffversorgung und damit Untergang des Gewebes. Der Verletzte ist daher auf schnellstem Weg in unfallchirurgische Behandlung zu bringen. Arm und Bein „überleben" bis zu 2 Stunden ohne Durchblutung (das Gehirn nur 3 Minuten ohne Dauerschaden!). Dauert der Transport länger, so muss zwischendurch die Abbindung kurzzeitig gelöst werden.

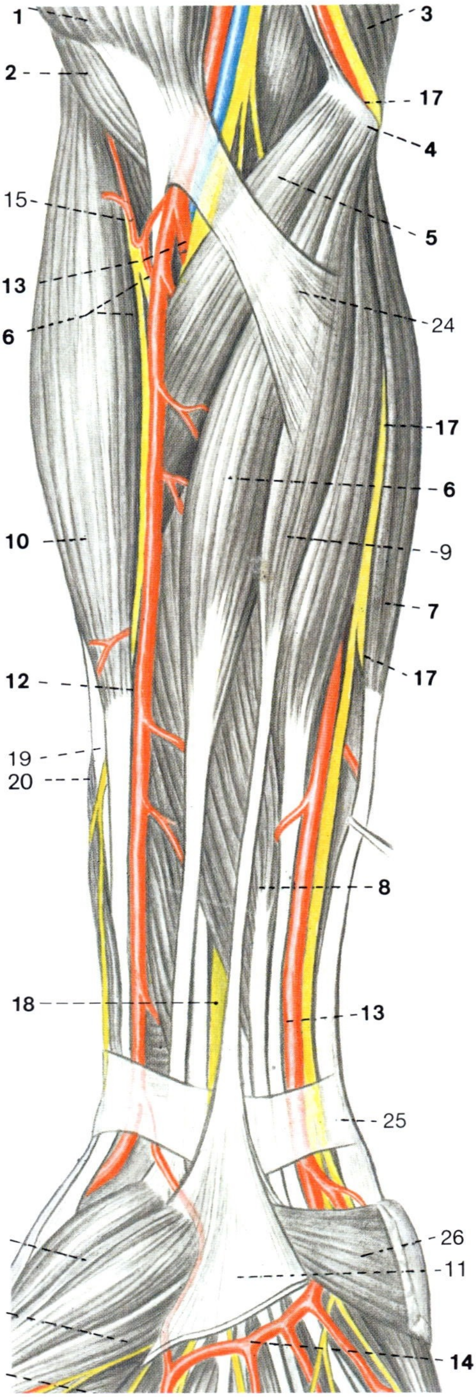

Rechter Unterarm: Arterien und Nerven der Ellenbeuge und des Unterarms nach dem Entfernen von Haut, Unterhaut und Faszie. Die Palmaraponeurose ist abgeschnitten. *[bl]*

Nerven des Arms

Alle großen Nerven des Arms sind Äste des Armnervengeflechts:

❶ **Achselnerv** („Axillaris"): für den Deltamuskel und ein Hautgebiet an Schulter und Oberarm.

❷ **Speichennerv** („Radialis"): Er ist für alle Streckmuskeln des Ober- und Unterarms verantwortlich. Hautgebiete hat er am Handrücken und der Rückseite von Ober- und Unterarm.

• Bei Lähmung des Speichennervs (und damit der Handstrecker) fällt die Hand kraftlos herab („Fallhand"). Es ist auch kein kräftiger Faustschluss mehr möglich. Um fest zupacken zu können, muss man die Hand im Handgelenk rückwärtsstrecken: Dann werden die Beugesehnen, die durch den Hohlhandkanal laufen, gestrafft, und die Fingerbeugemuskeln können ihre volle Kraft entfalten. Bei Schwäche des Speichennervs legt man daher eine Streckschiene an, um die Hand rückwärtsgestreckt zu halten und so dem Patienten einen festen Griff zu ermöglichen. Optimales Arbeiten einer Muskelgruppe setzt in der Regel auch die Leistungsfähigkeit ihrer Gegenspieler voraus.

1	Bizeps (zweiköpfiger Oberarmmuskel)	*M. biceps brachii*
2	Oberarmmuskel (Armbeuger)	*M. brachialis*
3	Armstrecker (dreiköpfiger Oberarmmuskel)	*M. triceps brachii*
4	Innerer Obergelenkknorren (des Oberarmbeins)	*Epicondylus medialis (humeri)*
5	Runder Einwärtsdreher	*M. pronator teres*
6	Speichenseitiger Handbeuger	*M. flexor carpi radialis*
7	Ellenseitiger Handbeuger	*M. flexor carpi ulnaris*
8	Oberflächlicher Fingerbeuger	*M. flexor digitorum superficialis*
9	Langer Hohlhandsehnenspanner	*M. palmaris longus*
10	Oberarm-Speichen-Muskel	*M. brachioradialis*
11	Hohlhandsehne	*Aponeurosis palmaris*
12	Speichenarterie	*A. radialis*
13	Ellenarterie	*A. ulnaris*
14	Oberflächlicher Hohlhandbogen	*Arcus palmaris superficialis*
15	Speichenseitige rückläufige Arterie	*A. recurrens radialis*
16	Speichennerv („Radialis")	*N. radialis*
17	Ellennerv („Ulnaris")	*N. ulnaris*
18	Mittelarmnerv („Medianus")	*N. medianus*
19	Langer Daumenabspreizer	*M. abductor pollicis longus*
20	Kurzer Daumenstrecker	*M. extensor pollicis brevis*
21	Kurzer Daumenabspreizer	*M. abductor pollicis brevis*
22	Kurzer Daumenbeuger	*M. flexor pollicis brevis*
23	Daumenanzieher	*M. adductor pollicis*
24	Flache Bizepssehne	*Aponeurosis musculi bicipitis brachii [Aponeurosis bicipitalis] [Lacertus fibrosus]*
25	Unterarmfaszie	*Fascia antebrachii*
26	Kurzer Hohlhandsehnenspanner	*M. palmaris brevis*

❸ **Muskel-Haut-Nerv** („Muskulokutaneus"): Er versorgt Bizeps und Oberarmmuskel und die Haut auf der Speichenseite des Unterarms.

❹ **Mittelarmnerv** („Medianus"): Sensibel versorgt er den größeren Teil der Hohlhand und der Finger (wichtigster Nerv der Tastempfindung!). Er innerviert fast alle Beugemuskeln des Unterarms.

• Bei Ausfall des Mittelarmnervs können der Daumen, der Zeigefinger und meist auch der Mittelfinger in den Mittel- und Endgelenken nicht mehr gebeugt werden. Die Hand wird dann in einer Stellung gehalten, die an eine „Schwurhand" erinnert.

❺ **Ellennerv** („Ulnaris"): Sensibel innerviert er den kleinen Finger und die angrenzenden Teile der Hand. Motorisch versorgt er die meisten kleinen Muskeln der Hand, den ellenseitigen Handbeuger und einen Teil der Fingerbeuger.

• Der Ellennerv liegt einwärts vom Ellbogen ungeschützt unmittelbar unter der Haut. Er wird dort häufig verletzt, ist aber auch leicht zu tasten und bequem für eine Leitungsbetäubung zugänglich.

• Bei seiner Lähmung wird die Hand wegen des Ausfalls der Zwischenknochenmuskeln in einer eigenartigen „Krallenstellung" gehalten.

❻ **Ellenseitiger Oberarmhautnerv:** für die Haut der Innenseite des Oberarms.

❼ **Ellenseitiger Unterarmhautnerv:** für die Haut der Innenseite des Unterarms. Er wird besonders leicht bei fehlerhafter intravenöser Injektion in der Ellenbeuge geschädigt.

1	Speichenseitige rückläufige Arterie	*A. recurrens radialis*
2	Oberarm-Speichen-Muskel	*M. brachioradialis*
3	Speichennerv („Radialis"), tiefer Ast	*N. radialis, R. profundus*
4	Speichennerv („Radialis"), oberflächlicher Ast	*N. radialis, R. superficialis*
5	Speichenarterie	*A. radialis*
6	Langer Daumenbeuger	*M. flexor pollicis longus*
7	Mittelarmnerv („Medianus")	*N. medianus*
8	Kurzer Daumenstrecker	*M. extensor pollicis brevis*
9	Viereckiger Einwärtsdreher	*M. pronator quadratus*
10	Speichenseitiger Handbeuger	*M. flexor carpi radialis*
11	Armarterie	*A. brachialis*
12	Flache Bizepssehne	*Aponeurosis musculi bicipitis brachii [Aponeurosis bicipitalis] [Lacertus fibrosus]*
13	Runder Einwärtsdreher, Oberarmkopf	*M. pronator teres, Caput humerale*
14	Oberflächlicher Fingerbeuger	*M. flexor digitorum superficialis*
15	Runder Einwärtsdreher, Ellenkopf	*M. pronator teres, Caput ulnare*
16	Ellenseitiger Handbeuger	*M. flexor carpi ulnaris*
17	Ellenseitige rückläufige Arterie	*A. recurrens ulnaris*
18	Ellennerv („Ulnaris")	*N. ulnaris*
19	Tiefer Fingerbeuger	*M. flexor digitorum profundus*
20	Ellenarterie	*A. ulnaris*
21	Langer Hohlhandsehnenspanner	*M. palmaris longus*

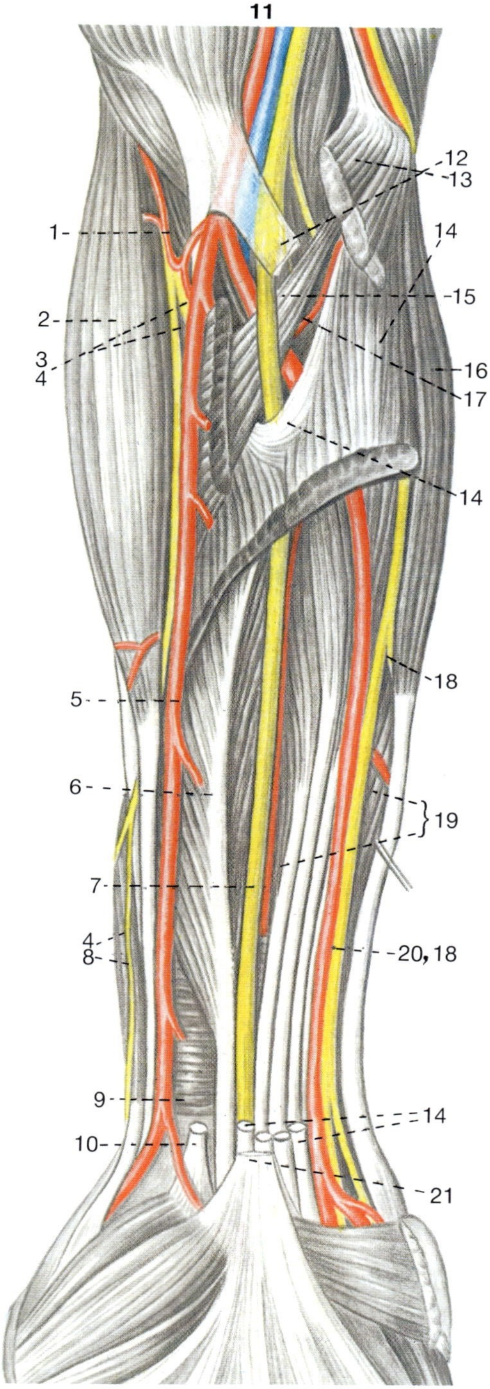

Rechter Unterarm: Arterien und Nerven der Ellenbeuge und des Unterarms: tiefe Schicht. Die Muskeln der oberflächlichen und mittleren Beugerschicht sind durchgetrennt. *[bl]*

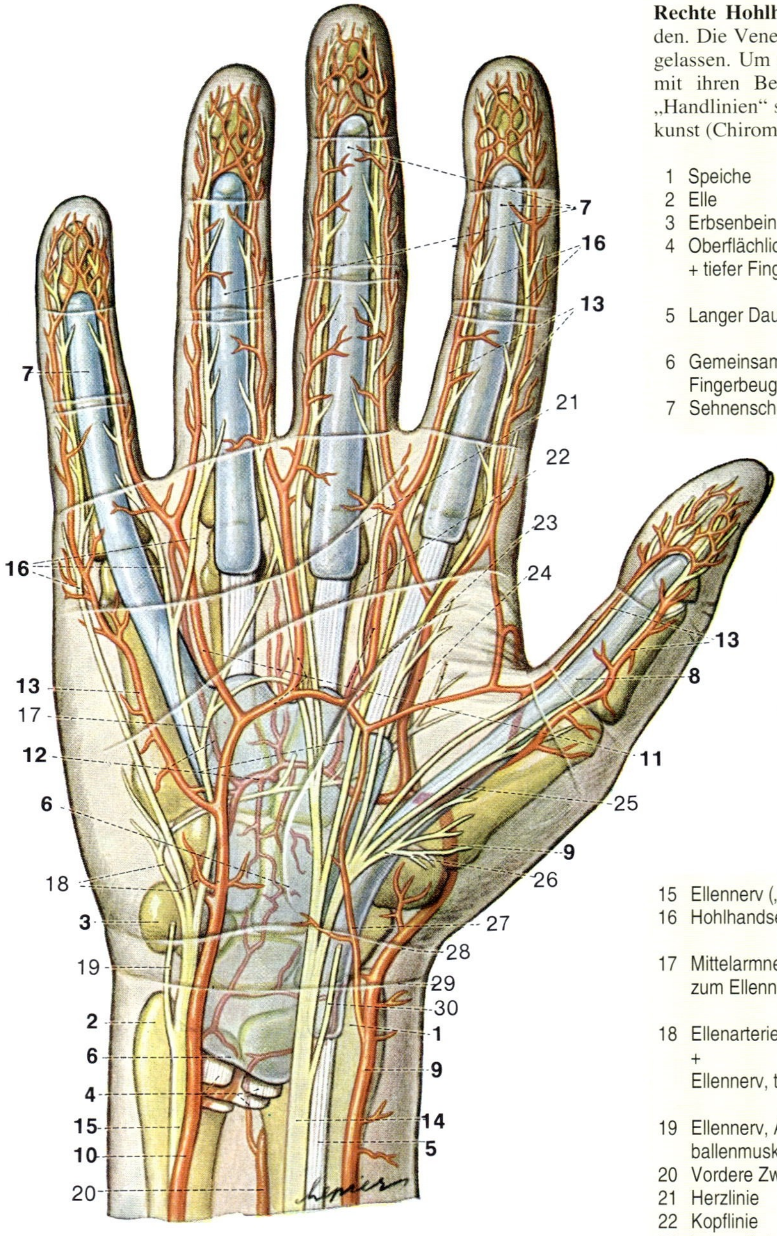

Rechte Hohlhand: Arterien, Nerven und Sehnenscheiden. Die Venen sind der besseren Übersicht wegen weggelassen. Um die Zuordnung zu erleichtern, ist die Haut mit ihren Beugefalten durchsichtig dargestellt. Diese „Handlinien“ spielen seit Jahrtausenden in der Handlesekunst (Chiromantie) eine wichtige Rolle. *[sb3]*

1	Speiche	*Radius*
2	Elle	*Ulna*
3	Erbsenbein	*Os pisiforme*
4	Oberflächlicher Fingerbeuger + tiefer Fingerbeuger	*M. flexor digitorum superficialis + M. flexor digitorum profundus*
5	Langer Daumenbeuger	*M. flexor pollicis longus*
6	Gemeinsame Sehnenscheide der Fingerbeuger	*Vagina communis musculorum flexorum*
7	Sehnenscheiden der Finger	*Vaginae synoviales digitorum manus*
8	Sehnenscheide des langen Daumenbeugers	*Vagina tendinis musculi flexoris pollicis longi*
9	Speichenarterie	*A. radialis*
10	Ellenarterie	*A. ulnaris*
11	Oberflächlicher Hohlhandbogen + hohlhandseitige gemeinsame Fingerarterien	*Arcus palmaris superficialis + Aa. digitales palmares communes*
12	Tiefer Hohlhandbogen + hohlhandseitige Mittelhandarterien	*Arcus palmaris profundus + Aa. metacarpales palmares*
13	Hohlhandseitige Fingerarterien	*Aa. digitales palmares propriae*
14	Mittelarmnerv („Medianus“)	*N. medianus*
15	Ellennerv („Ulnaris“)	*N. ulnaris*
16	Hohlhandseitige Fingernerven	*Nn. digitales palmares proprii*
17	Mittelarmnerv, Verbindungsast zum Ellennerv	*N. medianus, R. communicans cum nervo ulnari*
18	Ellenarterie, tiefer Hohlhandast + Ellennerv, tiefer Hohlhandast	*A. ulnaris, R. palmaris profundus + N. ulnaris, R. profundus*
19	Ellennerv, Ast zu den Kleinfingerballenmuskeln	*N. ulnaris, R. muscularis*
20	Vordere Zwischenknochenarterie	*A. interossea anterior*
21	Herzlinie	*(Linea mensalis)*
22	Kopflinie	*(Linea cephalica)*
23	Lebenslinie	*(Linea vitalis)*
24	Hohlhandseitige Mittelhandarterie	*A. metacarpalis palmaris*
25	Hauptarterie des Daumens	*A. princeps pollicis*
26	Mittelarmnerv, Äste zu den Daumenballenmuskeln	*N. medianus, Rr. musculares*
27	Speichenarterie, oberflächlicher Hohlhandast	*A. radialis, R. palmaris superficialis*
28	Untere hohlhandseitige Handbeugefalte	*<Linea rascetae>*
29	Obere hohlhandseitige Handbeugefalte	*<Linea restricta>*
30	Mittelarmnerv, Hohlhandast	*N. medianus, R. palmaris*

Puls tasten

Die Speichenarterie ist in den handgelenknahen Abschnitten des Unterarms, vor allem in der sogenannten „Radialispulsgrube“, gut zu tasten. Hier liegt sie auf dem Knochen und kann deshalb dem tastenden Finger nicht ausweichen. Man zählt den Puls am besten nach Auflegen der Fingerspitzen des 2.–4. Fingers (nicht so gut des Daumens). Außer auf die Pulsfrequenz sollte man auch auf die Regelmäßigkeit des Pulses achten (vor allem bei Patienten mit Herzrhythmusstörungen).

Vorteile der intravenösen Injektion

Ein in die Blutbahn eingespritztes Medikament ist innerhalb einer Minute im gesamten Körper verteilt. Es kann damit sofort und vollständig wirken. Ein durch den Mund („peroral") eingenommenes Heilmittel hingegen wirkt unter Umständen erst nach Stunden (z.B. bei vollem Magen) und seine Wirkstärke ist oft nicht vorhersehbar, da die Aufnahme durch den Darm in unterschiedlichem Maß erfolgt.

Injektionsorte für die intravenöse Injektion

Ideal sind die Venen des Unterarms und der Ellenbeuge: Die Haut ist zart, der Einstich kaum schmerzhaft. Nur wenn die Injektion hier nicht möglich ist, wird man auf andere Körperstellen ausweichen:

- Der Einstich am Handrücken ist schmerzhafter, die Haut ist zäher, die Venen sind schlechter verankert und weichen leicht der Nadel aus.
- In die Kopfvenen wird beim Kleinkind injiziert, da die Armvenen bei ihm schlecht sichtbar sind.
- Die Hautvenen des Beins sind für die intravenöse Injektion im allgemeinen nicht geeignet: Hier ist der schnelle Abfluss des injizierten Mittels nicht gewährleistet (Gefahr der Venenwandreizung).

Vorsichtsmaßnahmen bei intravenöser Injektion

Vor der Injektion muss man immer aspirieren (ansaugen), um sich zu vergewissern, dass man in der Vene ist. Nur wenn dunkelrotes Blut kommt, darf man injizieren.

- *Gefahr der paravenösen Injektion* (neben statt in die Vene): Manche Arzneimittel sind außerhalb der Venen nicht verträglich und rufen schmerzhafte Reizzustände bis zum Gewebeuntergang hervor. Die den Venen benachbarten Hautnerven sind dabei besonders gefährdet. Vor allem bei Infusionen muss man sorgfältig auf die gute Lage der Verweilkanüle (und Befestigung mit Heftpflasterstreifen) achten.
- *Gefahr der intraarteriellen Injektion:* Hellrotes Blut weist auf die Lage der Kanüle in einer Arterie hin. Bei der intravenösen Injektion wird das Arzneimittel infolge der Vereinigung der Venen zu immer größeren Stämmen laufend verdünnt und kann daher die Gefäßwand immer weniger reizen. Bei der intraarteriellen Injektion hingegen gelangt das Arzneimittel in voller Konzentration in immer feinere Gefäße. Die Schädigung der Arterienwand ruft häufig Gefäßkrämpfe hervor, die nur schwer zu lösen sind. Es kann zum Absterben von Gewebe kommen, das u.U. sogar zur Amputation zwingen kann.

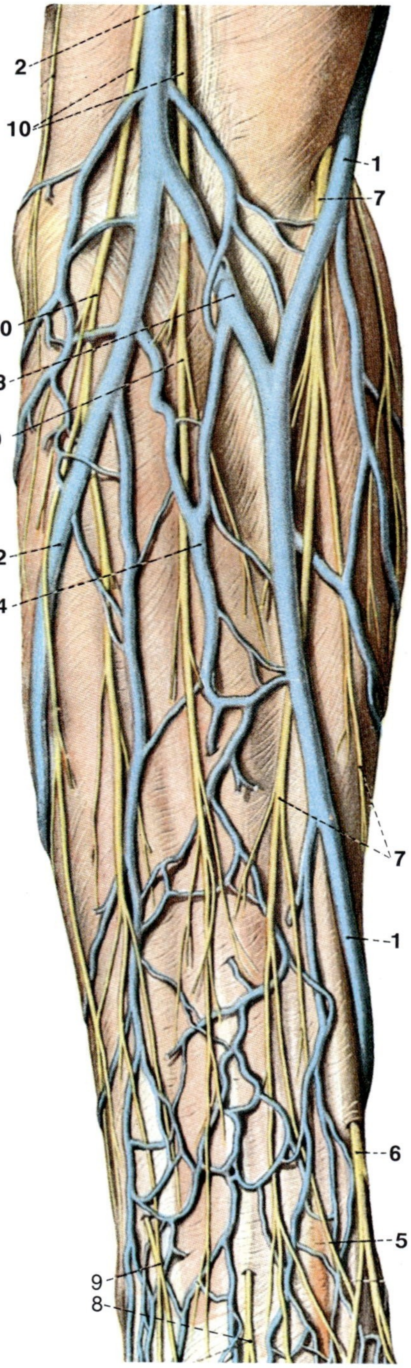

Linker Unterarm: Hautvenen und Hautnerven des Unterarms und der Ellenbeuge. *[sb3]*

1	Speichenseitige Hautvene des Arms („Zephalika")	*V. cephalica*
2	Ellenseitige Hautvene des Arms („Basilika")	*V. basilica*
3	Mittelvene der Ellenbeuge	*V. mediana cubiti*
4	Mittelvene des Unterarms	*V. mediana antebrachii*
5	Speichenarterie	*A. radialis*
6	Speichennerv (Hautäste)	*N. radialis*
7	Muskel-Haut-Nerv (Hautäste)	*N. musculocutaneus*
8	Mittelarmnerv (Hautäste)	*N. medianus*
9	Ellennerv (Hautäste)	*N. ulnaris*
10	Ellenseitiger Unterarmhautnerv	*N. cutaneus antebrachii medialis*

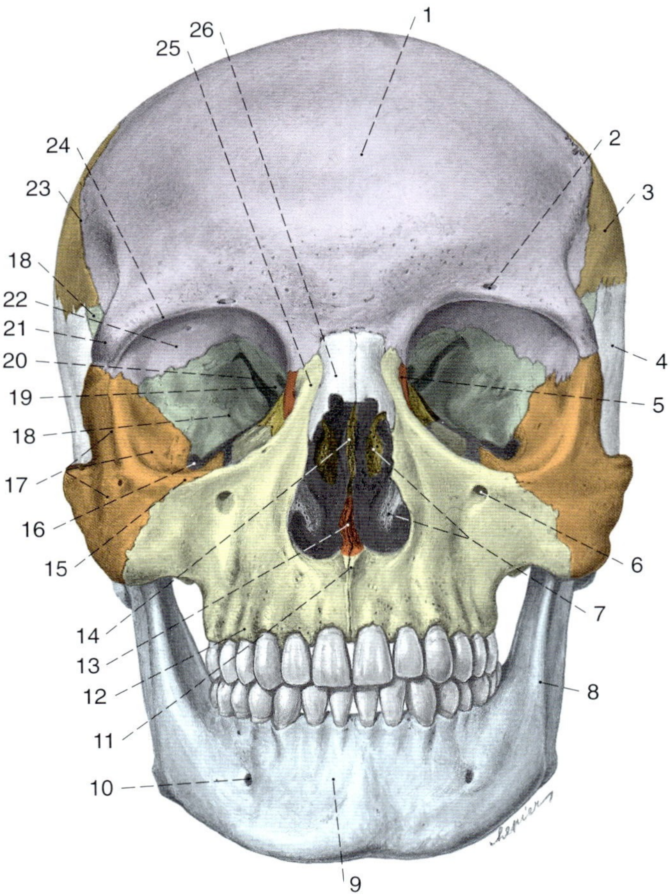

Schädel von vorn. *[sb1]*

1	Stirnbeinschuppe	*Squama frontalis*
2	Oberaugenhöhlenloch	*Foramen supraorbitale*
3	Scheitelbein	*Os parietale*
4	Schläfenbein	*Os temporale*
5	Tränenbein	*Os lacrimale*
6	Unteraugenhöhlenloch	*Foramen infraorbitale*
7	Mittlere + untere Nasenmuschel	*Concha nasalis media + Concha nasalis inferior*
8	Unterkieferast	*Ramus mandibulae*
9	Unterkieferkörper	*Corpus mandibulae*
10	Kinnloch	*Foramen mentale*
11	Vorderer Nasenstachel	*Spina nasalis anterior*
12	Oberkiefer, Alveolarfortsatz	*Maxilla, Processus alveolaris*
13	Pflugscharbein	*Vomer*
14	Siebbein, lotrechte Platte	*Os ethmoidale, Lamina perpendicularis*
15	Augenhöhlenunterrand	*Margo infraorbitalis*
16	Untere Augenhöhlenspalte	*Fissura orbitalis inferior*
17	Jochbein	*Os zygomaticum*
18	Keilbein, großer Flügel	*Os sphenoidale, Ala major*
19	Keilbein, kleiner Flügel	*Os sphenoidale, Ala minor*
20	Obere Augenhöhlenspalte	*Fissura orbitalis superior*
21	Stirnbein, Jochfortsatz	*Os frontale, Processus zygomaticus*
22	Stirnbein, Augenhöhlenteil	*Os frontale, Pars orbitalis*
23	Kranznaht	*Sutura coronalis*
24	Augenhöhlenoberrand	*Margo supraorbitalis*
25	Oberkiefer, Stirnfortsatz	*Maxilla, Processus frontalis*
26	Nasenbein	*Os nasale*

Gliederung des Schädels

Der Schädel ist das knöcherne Skelett des Kopfes. Man gliedert ihn in:

❶ *Hirnschädel:* Er umschließt die Schädelhöhle, in der das Gehirn liegt. Er besteht aus:

- *Schädeldach:* Stirnbein, Scheitelbeine, Hinterhauptbein, Schläfenbeine, Keilbein.
- *Schädelbasis:* Stirnbein, Siebbein, Keilbein, Schläfenbeine, Hinterhauptbein.

❷ *Gesichtsschädel:* Er umfasst die knöchernen Wände von Augen-, Nasen- und Mundhöhle: Unterkiefer, Oberkiefer, Siebbein, Pflugscharbein, Gaumenbeine, Jochbeine, Nasenbeine, Tränenbeine, untere Nasenmuscheln.

Hohlräume im Schädel

Der Schädel als knöchernes „Haus" des Kopfes enthält 8 „Wohnungen":

- Die größte „Wohnung" („Theatersaal") ist die Schädelhöhle mit etwa 1,5–2 l Fassungsvermögen. Ihr Fußboden, die Schädelbasis, hat zahlreiche Ein- und Ausgänge für Nerven und Blutgefäße. Darüber wölbt sich als Kuppel das Schädeldach.
- Die kleinste Wohnung bilden die Hohlräume im Felsenbein: Die Paukenhöhle (Mittelohr) ist nur etwa 3 mm tief, die Bogengänge haben einen Rohrdurchmesser von etwa 1 mm.
- Zimmerreichste „Wohnung" ist die Nasenhöhle mit ihren Nebenhöhlen (Kieferhöhlen, Stirnhöhlen, Keilbeinhöhlen, Siebbeinzellen).

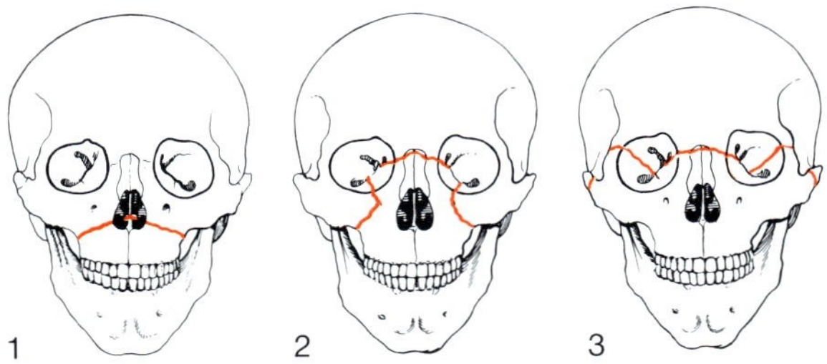

Oberkieferbrüche: Sie sind häufig symmetrisch und lassen sich gewöhnlich einem der 3 Typen zuordnen, die nach dem Chirurgen René le Fort benannt sind. *[us]*

1. Le Fort I = tiefer Querbruch: Der zahntragende Teil ist mit dem Boden der Kieferhöhle abgesprengt.
2. Le Fort II = Pyramidenbruch: Der Bruch steigt zu den Augenhöhlen auf und läuft dann quer durch die Nase.
3. Le Fort III = Abriss des Gesichtsschädels von der Schädelbasis. Der Bruch zieht quer durch die Nasenwurzel und die Augenhöhlen.

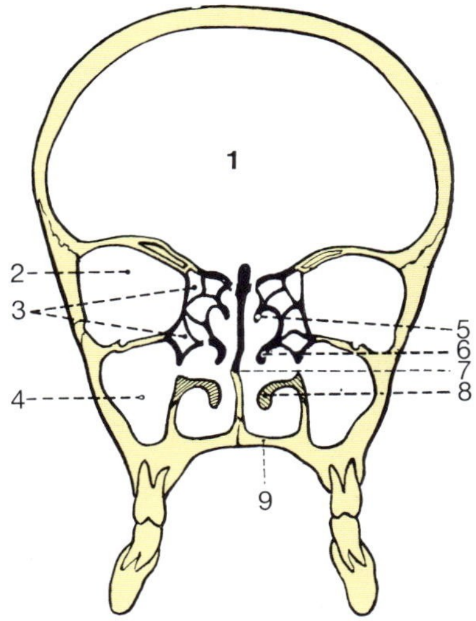

Gesichtsschädel: Frontalschnitt durch den vorderen Schädelbereich. Der von außen so kompakt wirkende Schädel enthält im Innern ein kompliziertes Hohlraumsystem, das größtenteils von Weichteilen (Gehirn, Auge, Zunge) ausgefüllt wird. *[bg1]*

1	Schädelhöhle	*Cavitas cranii*
2	Augenhöhle	*Orbita, Cavitas orbitalis*
3	Siebbeinzellen	*Cellulae ethmoidales*
4	Kieferhöhle	*Sinus maxillaris*
5	Obere Nasenmuschel	*Concha nasalis superior*
6	Mittlere Nasenmuschel	*Concha nasalis media*
7	Nasenscheidewand	*Septum nasi*
8	Untere Nasenmuschel	*Concha nasalis inferior*
9	Knöcherner Gaumen	*Palatum osseum*

Änderung der Proportionen im Lauf des Lebens

• *Kind:* Das Neugeborene hat noch keine Zähne und nimmt nur flüssige Nahrung zu sich. Die Entwicklung des Kieferapparats ist daher noch weit im Rückstand. Das Gehirn hingegen ist in der Entwicklung schon sehr weit fortgeschritten. Es erreicht mit 3 Jahren praktisch seine Endgröße. Die Kindheit ist schließlich das Hauptlernalter. Der Gehirnschädel ist daher beim Neugeborenen weitaus größer als der Gesichtsschädel. Die Augen liegen unterhalb der Mitte und „steigen" dann allmählich auf.

• *Erwachsener:* Die Augen liegen etwa in der Mitte der Höhe des Kopfes. Die Breite des Schädels ist geringer als die Höhe.

• *Greis:* Der Gesichtsschädel wird wieder kleiner, weil sich nach dem Zahnausfall die Zahnfachfortsätze der Kieferknochen zurückbilden. Ein künstliches Gebiss verjüngt das Aussehen!

Schädel: Vergleich der Proportionen des Schädels des Neugeborenen (links) mit denen des Erwachsenen (rechts). Hirnschädel gelb, Kieferknochen schwarz. *[bg1]*
Beim Neugeborenen ist der Schädel im Frontalschnitt annähernd rund. Das Volumen des Hirnschädels ist beim Neugebornen etwa 30mal, beim Erwachsenen nur noch 3mal größer als das des Gesichtsschädels.

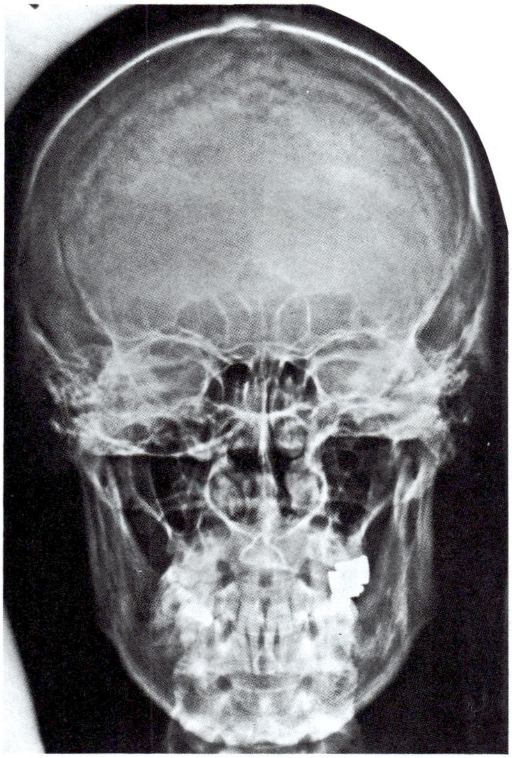

Schädel: Röntgenbild im Strahlengang von hinten nach vorn (PA-Bild = posteroanteriore Aufnahme). *[be3]*
Man versuche durch Vergleich mit den beiden linksstehenden Bildern die großen Höhlen zuzuordnen: Nasenhöhlen, Augenhöhlen, Kieferhöhlen und Stirnhöhlen.

Kindchenschema

Die Proportionen des Schädels bestimmen unser instinktives Verhalten mit. Ein großer rundlicher Kopf mit hoher Stirn löst Hilfsbereitschaft und Zuwendung aus. Dieses „Kindchenschema" (Konrad Lorenz) beeinflusst sogar unser Verhalten gegenüber Tieren. Der Pflegetrieb wird auch von Tieren mit folgenden Schlüsselreizen ausgelöst: rundlich, mollig, hohe Stirn, großes Auge, Pausbacken, tapsig, kurzfingrige Patschhand.

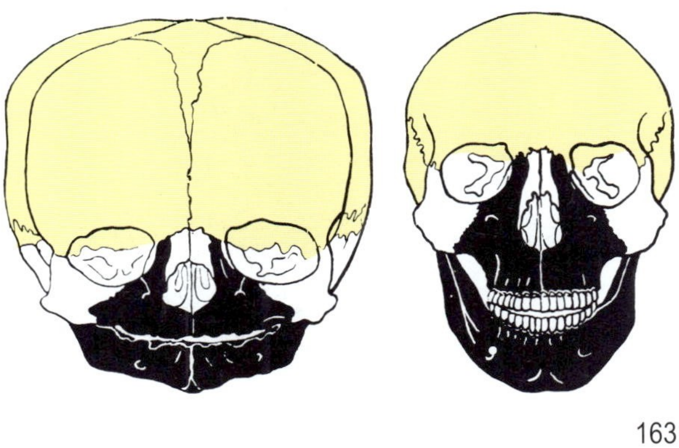

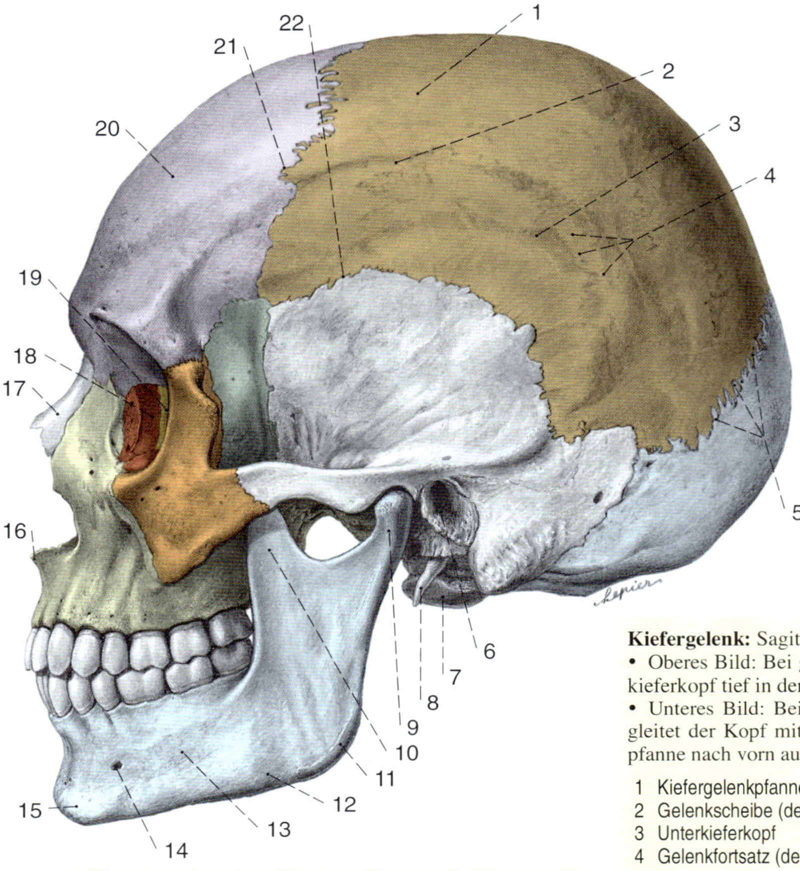

Schädel des Erwachsenen von links. Die Gliederung in Hirnschädel und Gesichtsschädel ist hierbei besonders gut zu erkennen. *[sb1]*

1	Scheitelbein	*Os parietale*
2	Obere Schläfenlinie	*Linea temporalis superior*
3	Untere Schläfenlinie	*Linea temporalis inferior*
4	Scheitelbeinhöcker	*Tuber parietale*
5	Lambdanaht	*Sutura lambdoidea*
6	Äußerer Gehörgang	*Meatus acusticus externus*
7	Gelenkknorren des Hinterhauptbeins	*Condylus occipitalis*
8	Griffelfortsatz (des Schläfenbeins)	*Processus styloideus*
9	Gelenkfortsatz (des Unterkiefers)	*Processus condylaris (mandibulae)*
10	Kronenfortsatz (des Unterkiefers)	*Processus coronoideus (mandibulae)*
11	Unterkieferwinkel	*Angulus mandibulae*
12	Unterkieferbasis	*Basis mandibulae*
13	Unterkieferkörper	*Corpus mandibulae*
14	Kinnloch	*Foramen mentale*
15	Kinnvorsprung	*Protuberantia mentalis*
16	Vorderer Nasenstachel	*Spina nasalis anterior*
17	Nasenbein	*Os nasale*
18	Tränenbein	*Os lacrimale*
19	Siebbein	*Os ethmoidale*
20	Stirnbein	*Os frontale*
21	Kranznaht	*Sutura coronalis*
22	Schuppennaht	*Sutura squamosa*

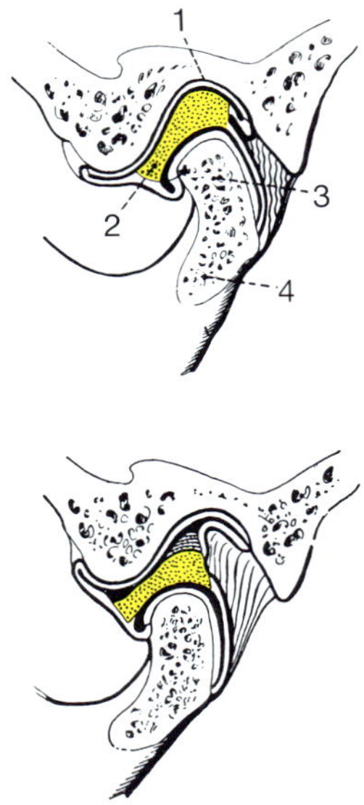

Kiefergelenk: Sagittalschnitt. *[bg1]*
- Oberes Bild: Bei geschlossenem Mund ruht der Unterkieferkopf tief in der Gelenkpfanne.
- Unteres Bild: Bei der Mahlbewegung zur Gegenseite gleitet der Kopf mit der Gelenkscheibe aus der Gelenkpfanne nach vorn auf das Gelenkhöckerchen.

1	Kiefergelenkpfanne	*Fossa mandibularis*
2	Gelenkscheibe (des Kiefergelenks)	*Discus articularis*
3	Unterkieferkopf	*Caput mandibulae*
4	Gelenkfortsatz (des Unterkiefers)	*Processus condylaris*

Bau des Kiefergelenks

- *Gelenkkörper:* Gelenkpfanne ist die Unterkiefergrube am Schläfenbein. In ihr bewegt sich der Unterkieferkopf (am Gelenkfortsatz des Unterkiefers). Zwischen Kopf und Pfanne teilt eine Gelenkscheibe aus Faserknorpel die Gelenkhöhle in 2 Kammern.
- *Gelenkkapsel und Bänder:* Die Gelenkkapsel reicht auch noch über das Gelenkhöckerchen vor der Gelenkpfanne. Kräftige Bänder ziehen vom Unterkiefer zum Keilbein und zum Griffelfortsatz des Schläfenbeins.

Bewegungen im Kiefergelenk

Das Kiefergelenk ist das wohl am schwierigsten zu verstehende Gelenk des menschlichen Körpers:
- *Scharnierbewegung:* Öffnen und Schließen des Mundes. Dabei dreht sich der Kieferkopf nicht nur um seine quere Achse, sondern gleitet auch an der Gelenkscheibe entlang nach vorn auf das Gelenkhöckerchen.
- *Schlittenbewegung:* Vor- und Zurückschieben des Unterkiefers ohne Öffnen des Mundes.
- *Mahlbewegung:* Drehen des Unterkiefers um eine vertikale Achse. Jeweils ein Unterkieferkopf bleibt in der Gelenkpfanne, der andere gleitet nach vorn.

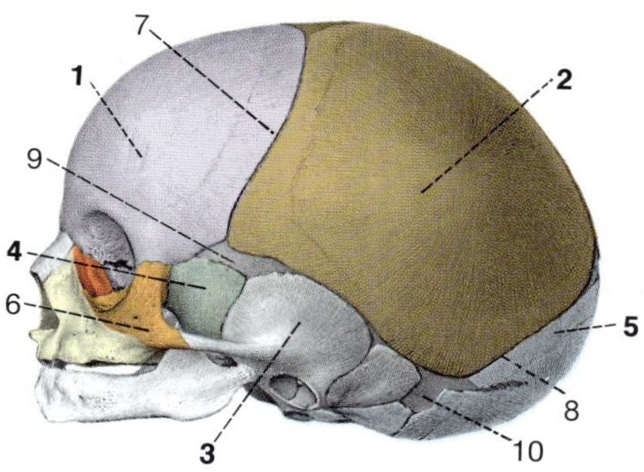

Schädel des Neugeborenen von links. *[sb1]*
Die einzelnen Knochen des Schädeldachs sind noch durch deutliche Spalten getrennt. Dies ermöglicht das Verformen des Schädels bei der Geburt, um sich dem mütterlichen Beckenkanal besser anpassen zu können.

1	Stirnbein	*Os frontale*
2	Scheitelbein	*Os parietale*
3	Schläfenbein	*Os temporale*
4	Keilbein, großer Flügel	*Os sphenoidale, Ala major*
5	Hinterhauptbein	*Os occipitale*
6	Jochbein	*Os zygomaticum*
7	Kranznaht	*Sutura coronalis*
8	Lambdanaht	*Sutura lambdoidea*
9	Vordere Seitenfontanelle	*Fonticulus sphenoidalis [anterolateralis]*
10	Hintere Seitenfontanelle	*Fonticulus mastoideus [posterolateralis]*

Tasten der Bewegungen des Kieferkopfs

Von der Vor- und Rückbewegung des Kieferkopfs beim Öffnen und Schließen des Mundes kann man sich ganz einfach überzeugen, wenn man einen Finger unmittelbar vor dem äußeren Gehörgang auf die Gesichtshaut aufsetzt. Bei weitem Öffnen des Mundes sinkt der Finger in die Tiefe, beim Schließen wird er wieder herausgeschoben. Man kann auch den kleinen Finger in den äußeren Gehörgang einführen, um die Bewegungen des Unterkieferkopfes zu tasten.

Verrenkung des Kiefergelenks

Wird der Mund sehr weit geöffnet, so kann der Unterkieferkopf bis vor das Gelenkhöckerchen gleiten und sich dort verhaken. Der Mund kann dann nicht mehr geschlossen werden. Eine derbe Behandlungsmethode besteht darin, dem Patienten eine kräftige Ohrfeige zu versetzen. Der Mund schnappt dann meist wieder zu. In der kultivierten Praxis geht man von der Überlegung aus, dass man den Unterkieferkopf nach unten drücken müsse, damit er unter dem Gelenkhöckerchen nach hinten gleiten kann. Man legt dazu die beiden Daumen auf die Zahnreihe des Unterkiefers und drückt kräftig nach unten. Man sollte dabei nicht vergessen, die Daumen durch Umwickeln mit Mull (oder Einlegen eines Gummikeils) zu schützen, da beim Einrenken die Kiefer kräftig zusammenschlagen!

Schädelnähte

Abgesehen vom Kiefergelenk sind die einzelnen Knochen des Schädels nicht durch Gelenke, sondern durch straffes Bindegewebe verbunden. Diese Bindegewebefugen des Schädels nennt man Nähte (Suturen). Bei der Geburt ermöglichen sie eine Verschiebung der Schädelknochen, damit der Kopf leichter durch das Becken der Mutter gleiten kann.

Beim Kind wachsen die Schädelknochen an den Nähten. Nach Abschluss des Wachstums werden die Nähte nicht mehr benötigt und verknöchern allmählich. Sie sind jedoch noch lange im Röntgenbild zu erkennen. Die wichtigsten Schädelnähte sind:

- *Kranznaht:* zwischen Stirn- und Scheitelbeinen.
- *Pfeilnaht:* zwischen den beiden Scheitelbeinen.
- *Lambdanaht* (nach dem griechischen Buchstaben Lambda = λ): zwischen den Scheitelbeinen und dem Hinterhauptbein.
- *Stirnnaht:* in der Mitte des Stirnbeins. Sie verknöchert schon in den ersten Lebensjahren. Aus ursprünglich 2 Stirnbeinen entsteht ein Knochen.

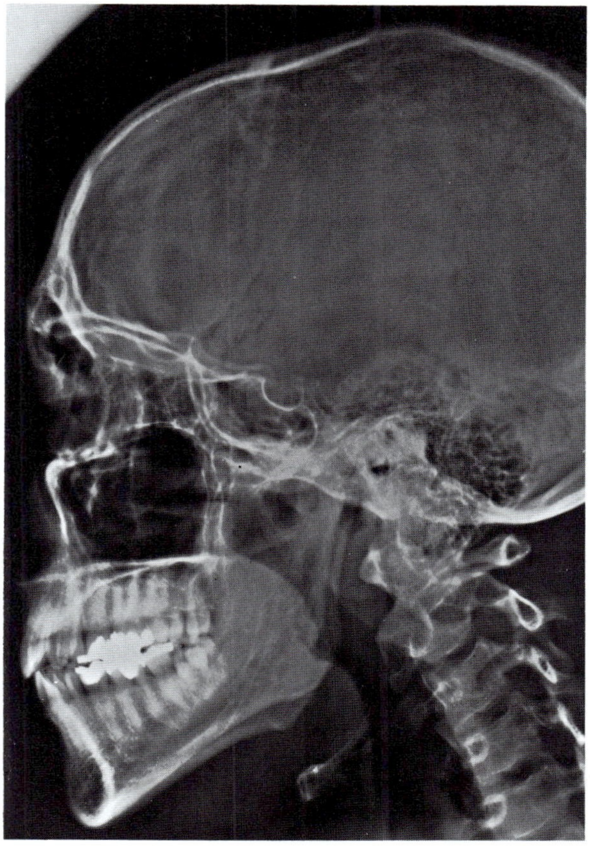

Schädel: Röntgenbild im seitlichen Strahlengang. *[be3]*

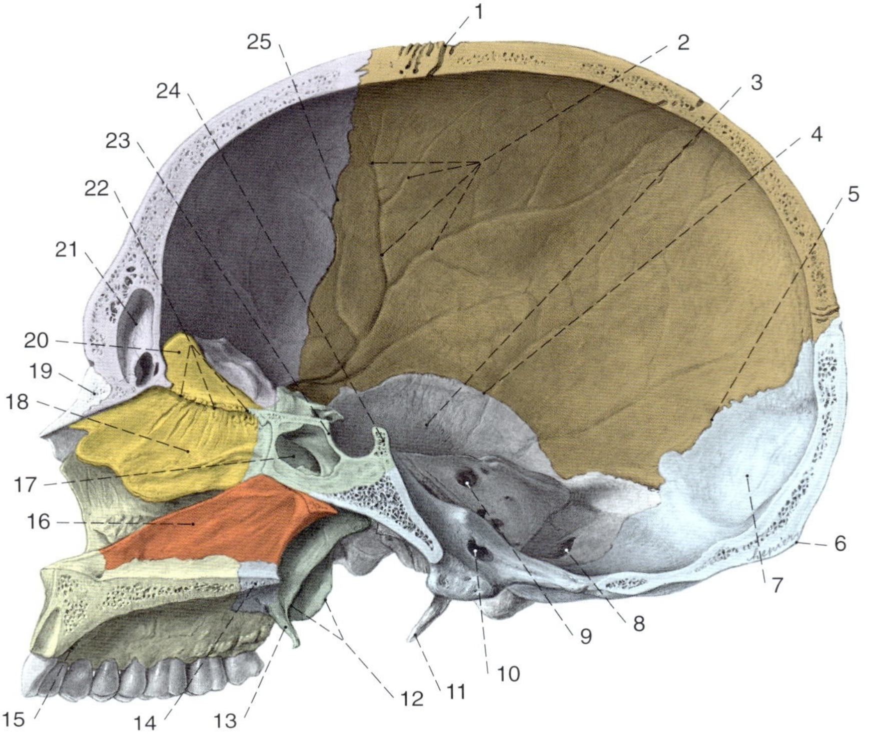

← **Schädel:** Paramedianschnitt (der Schnitt liegt etwas links der Medianebene, um die Nasenscheidewand zu erhalten). *[sb1]*

• Der Schnitt zeigt u.a., dass die 3 Schädelgruben von vorn nach hinten absteigen. Die rechte und die linke mittlere Schädelgrube sind durch die Grube der Hirnanhangsdrüse (Hypophyse) im „Türkensattel" verbunden.

• Der knöcherne Teil der Nasenscheidewand wird vom Siebbein und vom Pflugscharbein gebildet. Der vordere Teil der Nasenscheidewand ist durch Knorpel versteift und daher am Schädel nicht zu sehen.

• Von den Nasennebenhöhlen werden durch den Schnitt nur die Stirnhöhle und die Keilbeinhöhle getroffen. Diese ist nur durch eine dünne Knochenwand vom Türkensattel getrennt.

↓ **Schädeldach:** Lupenfoto eines Schnitts (Vergrößerung 8fach). Zwischen den dichten Rindenschichten liegt die Diploe, eine Schicht aufgelockerten Knochens mit größeren Venen. Der starke Blutstrom gleicht die Temperaturunterschiede zwischen Haut und Gehirn aus. Über das Blut erfolgt Wärmezufuhr bei kaltem Wetter, Wärmeabtransport bei direkter Sonnenbestrahlung. *[li1]*

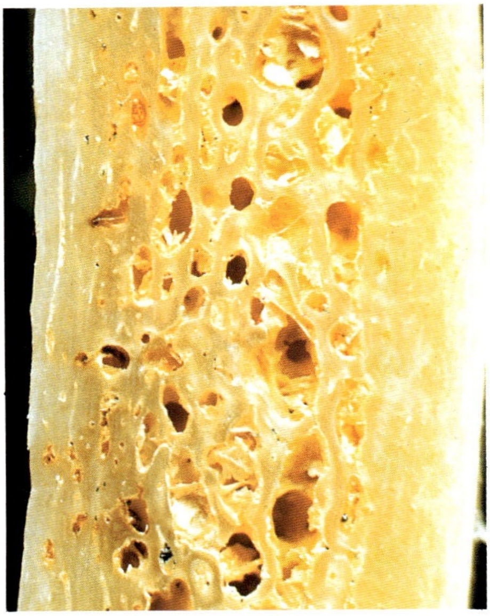

1	Scheitelbeinloch (für Vene)	*Foramen parietale*
2	Arterienrinnen	*Sulci arteriosi*
3	Schläfenbein, Schuppenteil	*Os temporale, Pars squamosa*
4	Schuppennaht	*Sutura squamosa*
5	Lambdanaht	*Sutura lambdoidea*
6	Äußerer Hinterhauptvorsprung	*Protuberantia occipitalis externa*
7	Hinterhauptschuppe	*Squama occipitalis*
8	Warzenfortsatzloch	*Foramen mastoideum*
9	Innerer Gehörgang	*Meatus acusticus internus*
10	Kanal des Unterzungennervs	*Canalis nervi hypoglossi*
11	Griffelfortsatz (des Schläfenbeins)	*Processus styloideus*
12	Flügelfortsatz (Teil des Keilbeins), innere und äußere Platte	*Processus pterygoideus, Lamina medialis + lateralis*
13	Haken des Flügelfortsatzes	*Hamulus pterygoideus*
14	Gaumenbein	*Os palatinum*
15	Oberkiefer	*Maxilla*
16	Pflugscharbein	*Vomer*
17	Keilbeinhöhle	*Sinus sphenoidalis*
18	Siebbein, lotrechte Platte	*Os ethmoidale, Lamina perpendicularis*
19	Nasenbein	*Os nasale*
20	Hahnenkamm	*Crista galli*
21	Stirnhöhle	*Sinus frontalis*
22	Siebbein, Siebplatte	*Os ethmoidale, Lamina cribrosa*
23	Türkensattel	*Sella turcica*
24	Sattelrücken	*Dorsum sellae*
25	Kranznaht	*Sutura coronalis*

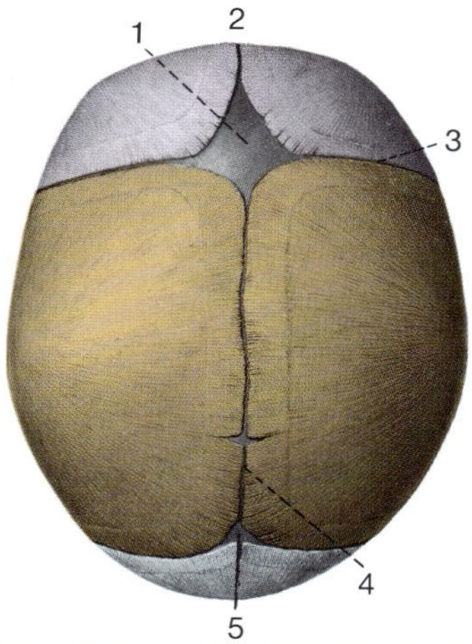

Schädel des Neugeborenen von oben. Kennzeichnend sind die weiten Lücken (Fontanellen), in denen mehrere Knochen aneinandergrenzen. *[sb1]*

1	Vordere (große) Fontanelle	*Fonticulus anterior*
2	Stirnnaht	*Sutura frontalis [metopica]*
3	Kranznaht	*Sutura coronalis*
4	Pfeilnaht	*Sutura sagittalis*
5	Hintere (kleine) Fontanelle	*Fonticulus posterior*

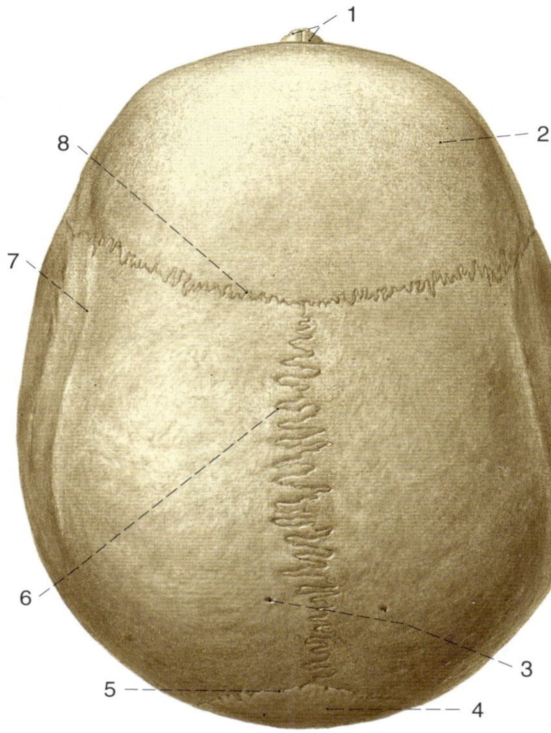

Schädel des Erwachsenen von oben. *[fs1]*

1	Nasenbein	*Os nasale*
2	Stirnbein	*Os frontale*
3	Scheitelbeinloch (für Vene)	*Foramen parietale*
4	Hinterhauptbein	*Os occipitale*
5	Lambdanaht	*Sutura lambdoidea*
6	Pfeilnaht	*Sutura sagittalis*
7	Scheitelbein	*Os parietale*
8	Kranznaht	*Sutura coronalis*

Fontanellen

Fontanellen sind größere knochenfreie Bezirke im Schädeldach des Neugeborenen. Sie sind mit Bindegewebeplatten verschlossen, die sich je nach der Höhe des Drucks im Innern der Schädelhöhle vorwölben oder einsinken. Man fühlt an ihnen auch das Pulsieren der Arterien. Dies mag zu ihrer Bezeichnung als Fontanellen („Springbrünnlein“) beigetragen haben. Durch rasches Wachstum der Schädelknochen schließen sich die Fontanellen im ersten Lebensjahr. Sie liegen dort, wo größere Schädelnähte aufeinanderstoßen:

- *Vordere = große Fontanelle:* am Zusammentreffen von Stirnnaht, Kranznaht und Pfeilnaht.
- *Hintere = kleine Fontanelle:* am Zusammentreffen von Pfeilnaht und Lambdanaht.
- *Vordere und hintere Seitenfontanelle:* unterhalb des Scheitelbeins.

Anencephalus (Froschkopf): →
Beim angeborenen Fehlen des Gehirns (*Anenzephalie*) wird auch der Hirnschädel nicht ausgebildet (*Akranie*). Der Kopf hört über den Augen auf, was an den Kopf des Frosches erinnert. Meist ist die Anenzephalie mit Spaltbildungen der Wirbelsäule verbunden (*Rachischisis*). Das Kind stirbt bald nach der Geburt.

- Die Anenzephalie gehört zu den häufigen Fehlbildungen: Sie kam früher bei etwa 0,1 % aller Geburten vor. Heute wird die Diagnose durch die Ultraschalluntersuchung schon spätestens in der 20. Schwangerschaftswoche gestellt.
- Die Hornhäute der Augen sind beim abgebildeten Präparat durch die Konservierung getrübt. *[li5]*

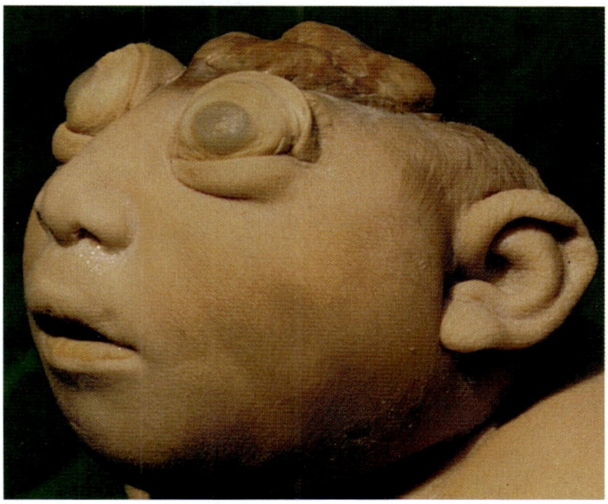

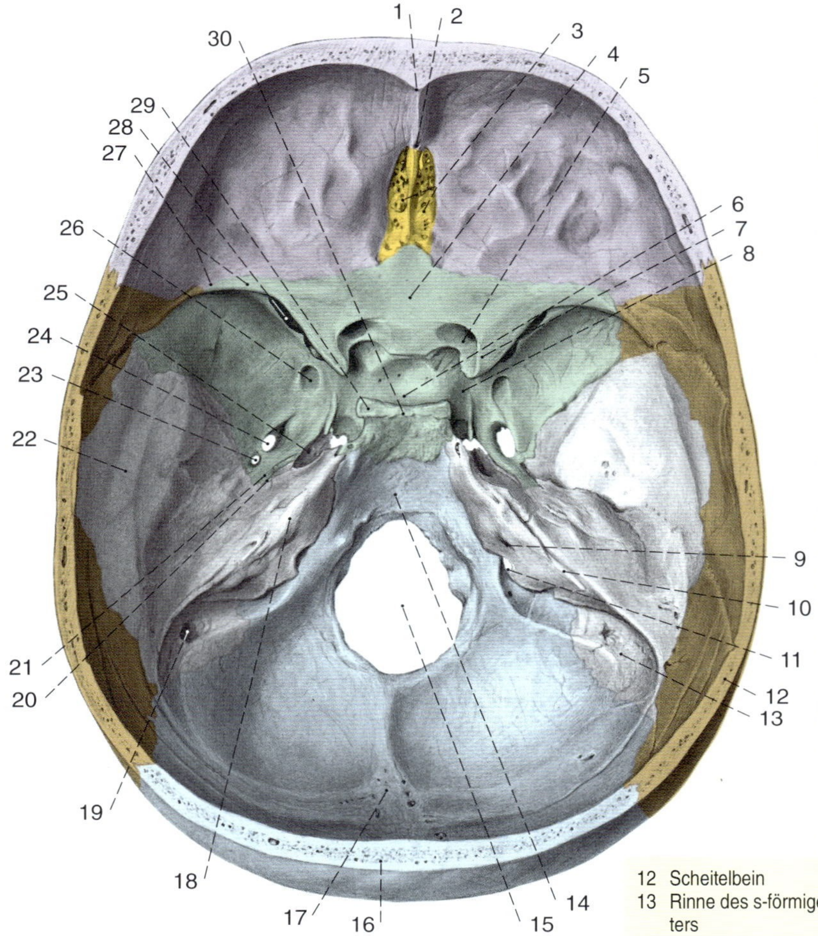

Schädelbasis von oben. *[sb1]*
Der Boden der Schädelhöhle wird auf jeder Seite durch 2 vorspringende Knochenkämme (kleiner Keilbeinflügel, Felsenbeinoberkante) in 3 Gruben gegliedert:

- *vordere Schädelgrube:* für die Stirnlappen des Großhirns.
- *mittlere Schädelgrube* (paarig): für die Schläfenlappen.
- *hintere Schädelgrube:* für Hirnstamm und Kleinhirn.

1	Stirnbein, Stirnkamm	*Os frontale, Crista frontalis*
2	Blindes Loch	*Foramen caecum*
3	Siebbein, Siebplatte	*Os ethmoidale, Lamina cribrosa*
4	Keilbeinkörper	*Os sphenoidale, Corpus*
5	Sehnervkanal	*Canalis opticus*
6	Türkensattel mit Grube der Hirnanhangsdrüse	*Sella turcica, Fossa hypophysialis*
7	Vorderer Bettfortsatz	*Processus clinoideus anterior*
8	Rinne der inneren Kopfarterie	*Sulcus caroticus*
9	Innerer Gehörgang	*Meatus acusticus internus*
10	Oberrand des Felsenbeins	*Margo superior partis petrosae*
11	Drosselloch (für Nerven und innere Halsvene)	*Foramen jugulare*
12	Scheitelbein	*Os parietale*
13	Rinne des s-förmigen Blutleiters	*Sulcus sinus sigmoidei*
14	Abhang (Teil des Hinterhauptbeins)	*Clivus*
15	Großes Hinterhauptloch	*Foramen magnum*
16	Hinterhauptbein	*Os occipitale*
17	Innerer Hinterhauptvorsprung	*Protuberantia occipitalis interna*
18	Schläfenbein, Felsenbein (Teil des Schläfenbeins, der das Innenohr enthält)	*Os temporale, Pars petrosa*
19	Warzenfortsatzloch	*Foramen mastoideum*
20	Rinne des großen Felsenbeinnervs	*Sulcus nervi petrosi majoris*
21	Rinne des kleinen Felsenbeinnervs	*Sulcus nervi petrosi minoris*
22	Schläfenbein, Schuppenteil	*Os temporale, Pars squamosa*
23	Dornloch (für Hirnhautarterie)	*Foramen spinosum*
24	Ovales Loch (für Unterkiefernerv)	*Foramen ovale*
25	Zerrissenes Loch	*Foramen lacerum*
26	Rundes Loch (für Oberkiefernerv)	*Foramen rotundum*
27	Keilbein, kleiner Flügel	*Os sphenoidale, Ala minor*
28	Obere Augenhöhlenspalte	*Fissura orbitalis superior*
29	Hinterer Bettfortsatz	*Processus clinoideus posterior*
30	Sattelrücken	*Dorsum sellae*

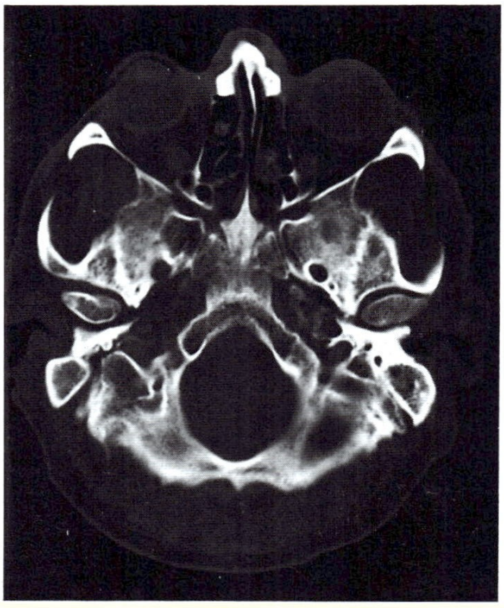

Schädelbasis: Computertomogramm. Man vergleiche mit der Abbildung auf der nächsten Seite. *[be1]*

Schädelbasis von unten. *[sb1]*
Die Schädelbasis enthält zahlreiche Kanäle, durch die Nerven und Blutgefäße in den Schädel ein- oder austreten. Durch das „große Loch“ ist das Gehirn mit dem Rückenmark verbunden.

- Die Bruchlinien bei Schädelbasisbrüchen verbinden bevorzugt diese natürlichen Schwachstellen. Dabei können die durch die Knochenkanäle ziehenden Nerven und Blutgefäße verletzt werden. Folgen sind z.B. Lähmungen von Augen- und Gesichtsmuskeln oder Blutungen aus Hirnhautarterien in die Schädelhöhle.
- Durch eine größere Blutung wird das Gehirn zusammengedrückt und in seinen Aufgaben behindert (der Patient wird bewusstlos). Dann muss man den Schädel eröffnen (Trepanation) und die Blutung beseitigen.

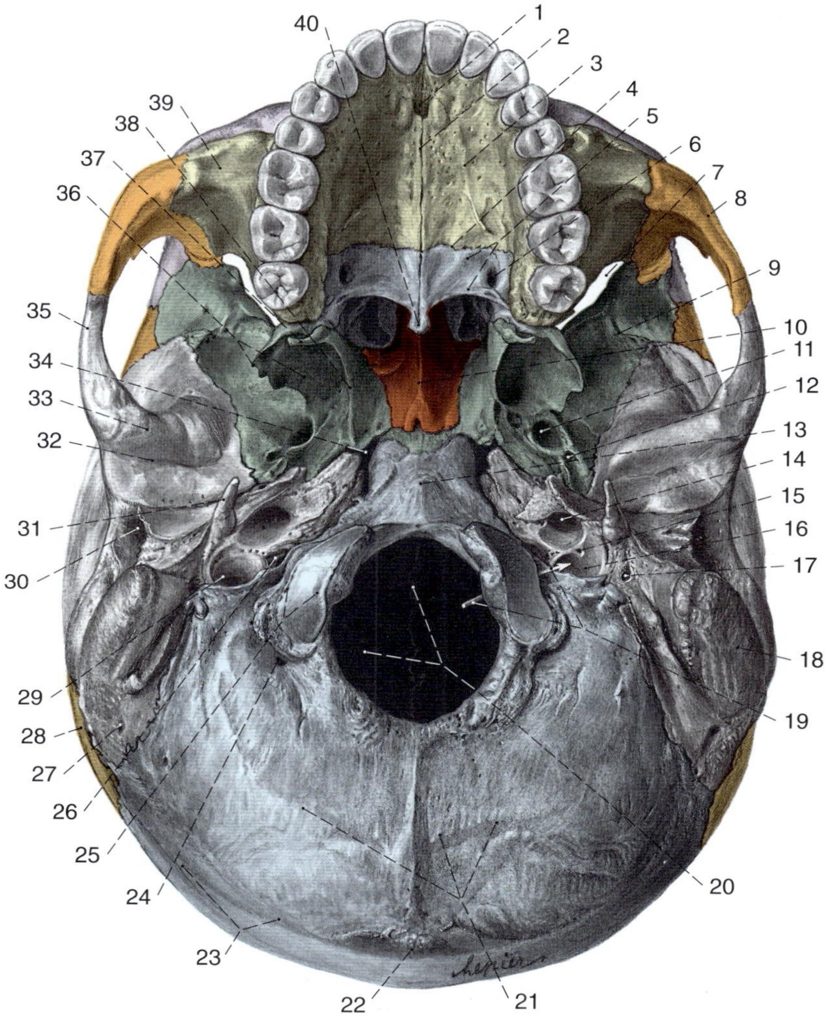

1	Öffnung des Zwischenkieferkanals	*Foramen incisivum*
2	Mittelständige Gaumennaht	*Sutura palatina mediana*
3	Oberkiefer, Gaumenfortsatz	*Maxilla, Processus palatinus*
4	Quere Gaumennaht	*Sutura palatina transversa*
5	Gaumenbein, horizontale Platte	*Os palatinum, Lamina horizontalis*
6	Großes Gaumenloch	*Foramen palatinum majus*
7	Untere Augenhöhlenspalte	*Fissura orbitalis inferior*
8	Jochbogen	*Arcus zygomaticus*
9	Keilbein, großer Flügel	*Os sphenoidale, Ala major*
10	Pflugscharbein	*Vomer*
11	Ovales Loch (für Unterkiefernerv)	*Foramen ovale*
12	Dornloch (für Hirnhautarterie)	*Foramen spinosum*
13	Rachenhöckerchen	*Tuberculum pharyngeum*
14	Kanal der inneren Kopfarterie	*Canalis caroticus*
15	Warzenfortsatzkanälchen	*Canaliculus mastoideus*
16	Drosselgrube (des Schläfenbeins)	*Fossa jugularis*
17	Austrittsstelle des Gesichtsnervs	*Foramen stylomastoideum*
18	Warzenfortsatz (Teil des Schläfenbeins)	*Processus mastoideus*
19	Kanal des Unterzungennervs	*Canalis nervi hypoglossi*
20	Großes Hinterhauptloch	*Foramen magnum*
21	Untere Nackenlinie	*Linea nuchalis inferior*
22	Äußerer Hinterhauptvorsprung	*Protuberantia occipitalis externa*
23	Obere Nackenlinie	*Linea nuchalis superior*
24	Gelenkknorrenkanal	*Canalis condylaris*
25	Gelenkknorren (des Hinterhauptbeins)	*Condylus occipitalis*
26	Felsenbeingrübchen	*Fossula petrosa*
27	Warzenfortsatzloch	*Foramen mastoideum*
28	Scheitelbein	*Os parietale*
29	Drosselloch (für Nerven und innere Halsvene)	*Foramen jugulare*
30	Äußerer Gehörgang	*Meatus acusticus externus*
31	Griffelfortsatz (des Schläfenbeins)	*Processus styloideus*
32	Kiefergelenkpfanne	*Fossa mandibularis*
33	Gelenkhöckerchen	*Tuberculum articulare*
34	Zerrissenes Loch	*Foramen lacerum*
35	Schläfenbein, Jochfortsatz	*Os temporale, Processus zygomaticus*
36	Flügelfortsatz (Teil des Keilbeins), äußere Platte	*Processus pterygoideus, Lamina lateralis*
37	Haken des Flügelfortsatzes	*Hamulus pterygoideus*
38	Flügelfortsatz (Teil des Keilbeins), innere Platte	*Processus pterygoideus, Lamina medialis*
39	Oberkiefer, Jochfortsatz	*Maxilla, Processus zygomaticus*
40	Hinterer Nasenstachel	*Spina nasalis posterior*

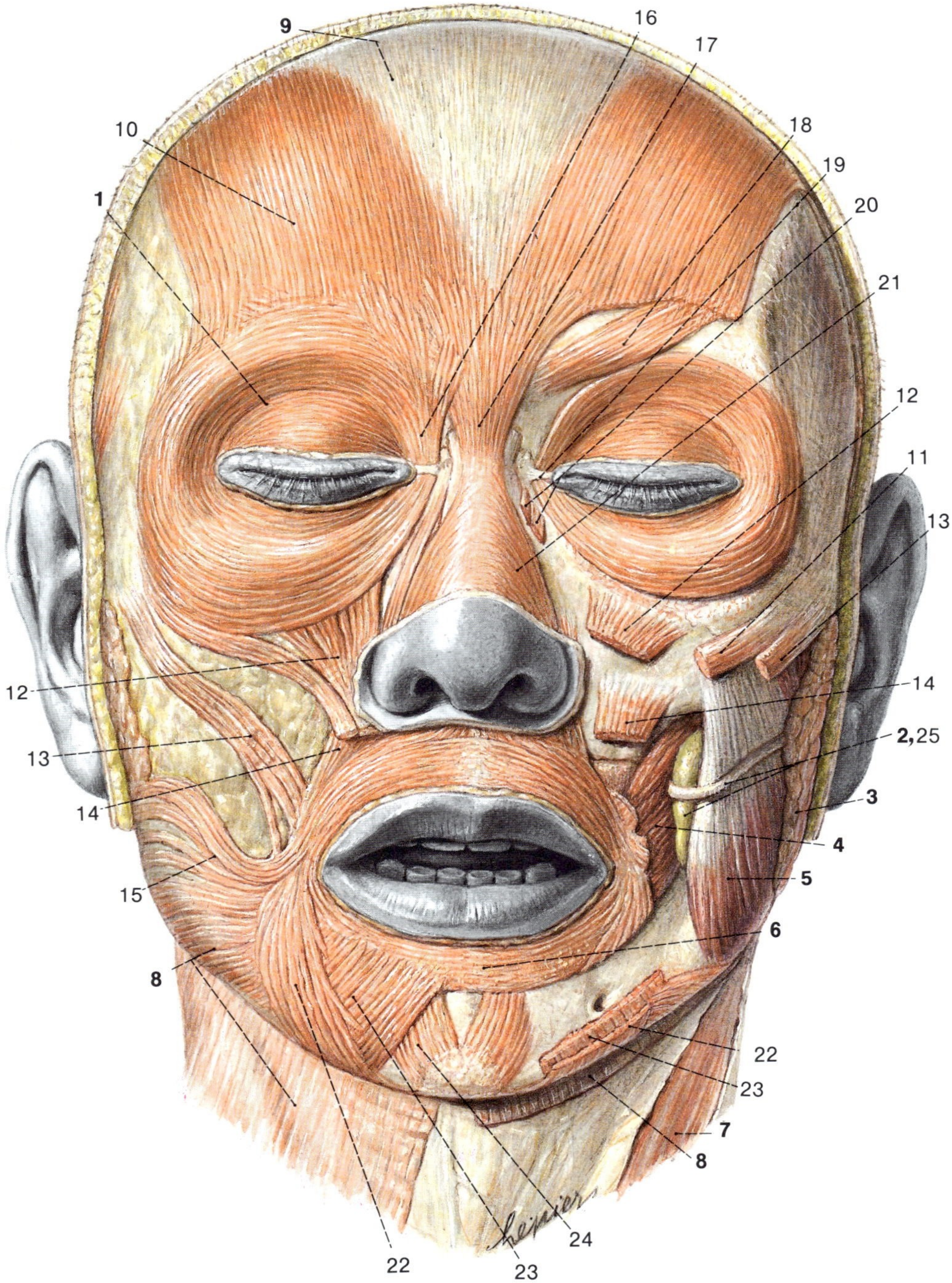

Muskeln des Gesichts. Im Bild links die oberflächliche Schicht (nur mimische Muskeln), rechts die tiefere Schicht (z.T. auch Kaumuskeln). *[sb1]*

Die mimischen Muskeln sind Hautmuskeln. Sie unterscheiden sich von fast allen übrigen Muskeln des Bewegungsapparates:

- Sie entspringen meist nicht an Knochen und setzen auch nicht an ihnen an.
- Sie dienen nicht der Bewegung von Gelenken.
- Sie liegen in der Unterhaut und bewegen die Haut.
- Sie ordnen sich zirkulär und radiär um Körperöffnungen an: um Lidspalten, Nasenöffnungen und Mund und dienen deren Erweiterung und Verengerung. Für den mimischen Ausdruck ist die Muskulatur um die Lidspalte und um den Mund besonders wichtig.
- Sie machen das menschliche Gesicht zur interessantesten Fläche dieser Erde (wie Georg Christoph Lichtenberg schon vor über 2 Jahrhunderten bemerkte).

Gliederung der Kopfmuskeln

• *Mimische Muskeln:* für die Mimik (die Ausdrucksbewegungen des Gesichts), den Lidschlag sowie das Öffnen und Schließen der Lippen. Die Ausdrucksbewegungen der mimischen Muskeln und der Hände schaffen Verständigungsmöglichkeiten zwischen Menschen über alle Barrieren fremder Sprachen hinweg. Sie werden alle vom Gesichtsnerv (Fazialis, 7. Hirnnerv) betätigt.
• *Kaumuskeln:* für die Kieferbewegungen. Alle 4 Kaumuskeln werden vom Trigeminus (Drillingsnerv, 5. Hirnnerv) innerviert.
• *Äußere Augenmuskeln:* für die Bewegungen des Auges. Sie werden von den 3 Augenmuskelnerven (3., 4. und 6. Hirnnerv) gesteuert.
• *Zungenmuskeln:* für die Bewegungen der Zunge. Alle Zungenmuskeln werden vom Unterzungennerv (Hypoglossus, 12. Hirnnerv) innerviert.
• *Gaumenmuskeln:* für die Bewegungen des Gaumensegels.
• *Obere Zungenbeinmuskeln:* Sie gehören auch zu den Halsmuskeln.

←

1	Augenschließmuskel (Augenringmuskel)	*M. orbicularis oculi*
2	Ohrspeichelgang (Ausführungsgang der Ohrspeicheldrüse)	*Ductus parotideus*
3	Ohrspeicheldrüse	*Glandula parotidea*
4	Wangenmuskel (Trompetermuskel)	*M. buccinator*
5	Masseter („Kaumuskel" i.e.S.)	*M. masseter*
6	Mundschließmuskel (Mundringmuskel)	*M. orbicularis oris*
7	Kopfwender	*M. sternocleidomastoideus*
8	Hautmuskel des Halses	*Platysma*
9	Sehnenhaube	*Galea aponeurotica [Aponeurosis epicranialis]*
10	Stirnmuskel (vorderer Sehnenhaubenmuskel)	*M. epicranius, M. occipitofrontalis, Venter frontalis*
11	Kleiner Jochbeinmuskel	*M. zygomaticus minor*
12	Oberlippenheber	*M. levator labii superioris*
13	Großer Jochbeinmuskel	*M. zygomaticus major*
14	Mundwinkelheber	*M. levator anguli oris*
15	Lachmuskel	*M. risorius*
16	Augenbrauenherabzieher	*M. depressor supercilii*
17	Stirnhautherabzieher	*M. procerus*
18	Augenbrauenrunzler	*M. corrugator supercilii*
19	Inneres Lidband	*Lig. palpebrale mediale*
20	Nasenflügelheber	*M. levator labii superioris alaeque nasi*
21	Nasenmuskel	*M. nasalis*
22	Mundwinkelherabzieher	*M. depressor anguli oris*
23	Unterlippenherabzieher	*M. depressor labii inferioris*
24	Kinnmuskel	*M. mentalis*
25	Wangenfettpfropf	*Corpus adiposum buccae*

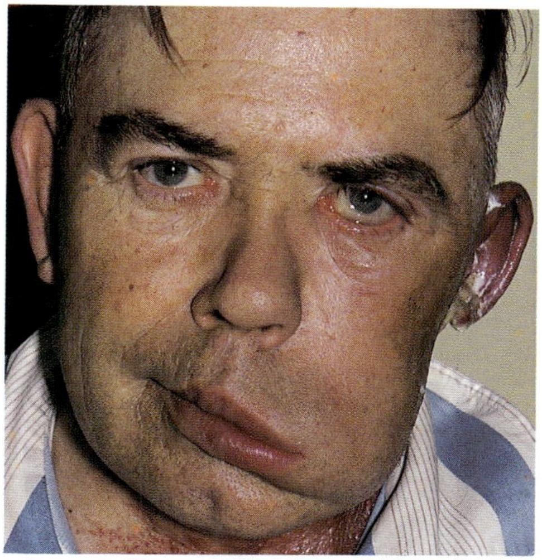

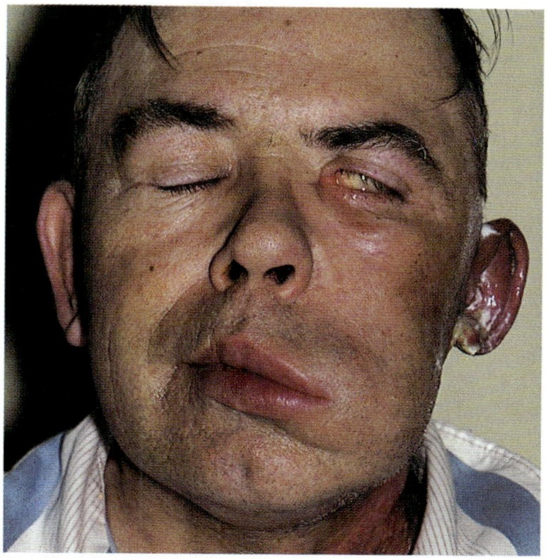

↑ **Lähmung der mimischen Muskeln** (Fazialislähmung). Beim abgebildeten Patienten wurde der Gesichtsnerv (N. facialis, 7. Hirnnerv) auf der linken Seite durch eine Geschwulst der Ohrspeicheldrüse zerstört. Der Patient zeigt das Vollbild der linksseitigen sog. peripheren Fazialislähmung (Lähmung des Gesichtsnervs außerhalb des Schädels): *[li4]*
• Die Stirn kann links nicht gerunzelt werden.
• Das linke Auge kann nicht völlig geschlossen werden: Es bleibt das „Weiße" des Auges (die Lederhaut) sichtbar.
• Die Wange ist links schlaff. Trotz intakter Kaumuskeln ist der Patient auch beim Essen behindert: Wegen des schlaffen Wangenmuskels sammelt sich der Speisebrei in der Wangentasche an. Der Patient muss die Hand zur Hilfe nehmen, um den Speisebrei aus den Wangentaschen herauszumassieren.
• Der Mundwinkel hängt links schlaff herab. Speichel tropft heraus, weil der Patient die Lippen nicht mehr fest schließen kann. Er kann den Mund nicht mehr spitzen, nicht pfeifen oder ein Blasinstrument blasen.
• Die Nase ist zur gesunden rechten Seite verzogen.

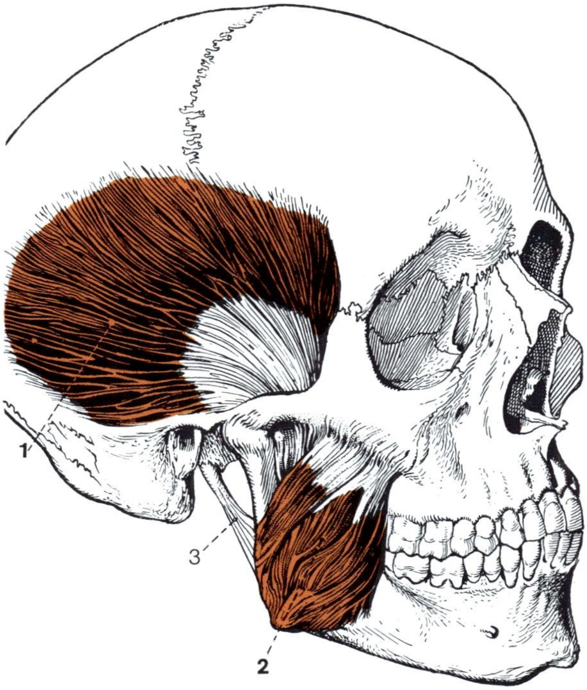

🡐 **Kaumuskeln,** oberflächliche Schicht (Schläfenmuskel und Masseter). *[bg1]*

1	Schläfenmuskel	*M. temporalis*
2	Masseter („Kaumuskel" i.e.S.)	*M. masseter*
3	Griffelfortsatz-Unterkiefer-Band	*Lig. stylomandibulare*

Kaumuskeln

• **Masseter:** Er wird auch als „Kaumuskel" schlechthin bezeichnet. Er zieht vom Jochbogen zum Unterkieferwinkel. Er schließt den Mund und übt Kaudruck aus. Legt man die Hand auf die hintere seitliche Gesichtspartie, so kann man beim Kauen deutlich seine Anspannung fühlen.

• **Schläfenmuskel:** Dieser mächtige Muskel nutzt die Schläfengrube als Ursprungsgebiet. Er setzt mit kräftigen Sehnen am Kronenfortsatz des Unterkiefers an. Während der Masseter und der innere Flügelmuskel ausschließlich Kaudruck ausüben, hat der Schläfenmuskel 2 Funktionen: Seine vorderen Abschnitte wirken wie der Masseter, seine hinteren Abschnitte ziehen den Unterkiefer nach rückwärts. Der Schläfenmuskel ist bei den Raubtieren besonders stark entwickelt.

• **Innerer Flügelmuskel:** Er entspricht auf der Innenseite des Unterkieferastes in etwa dem Masseter auf der Außenseite. Wie dieser schließt er den Mund und übt Kaudruck aus.

• **Äußerer Flügelmuskel:** Er entspringt am Flügelfortsatz des Keilbeins und setzt am Gelenkfortsatz des Unterkiefers und an der Gelenkscheibe des Kiefergelenks an. Er verläuft annähernd horizontal und zieht den Unterkiefer nach vorn. Er ist damit Gegenspieler der hinteren Abschnitte des Schläfenmuskels. Durch Hin- und Herschieben des Unterkiefers wird die Nahrung zwischen den Zahnreihen zerrieben (Mahlbewegungen). Der äußere Flügelmuskel wirkt auch mit bei der Mundöffnung. Die Bezeichnung Flügelmuskeln rührt daher, dass beide an der Flügelgrube des Keilbeins entspringen.

Hilfsmuskeln des Kauens

Außer den Kaumuskeln sind für eine zweckmäßige Zerkleinerung des Bissens jedoch noch 2 mimische Muskeln (vom Fazialis versorgt!) wichtig:

• Der *Ringmuskel des Mundes* schließt die Lippen und verhindert so, dass der Speisebrei aus dem Mund läuft.

• Der *Wangenmuskel* („Trompetermuskel") schiebt den Bissen als Gegenspieler der Zunge zwischen die Zahnreihe. Beim Säugling ist die Wange noch durch einen Fettpfropf versteift, damit sie beim Saugen nicht einfällt.

🡓 **Kaumuskeln** und Hilfsmuskeln. An diesem Präparat sind der Masseter und der Schläfenmuskel abgetragen sowie der Jochbogen und der Kronenfortsatz des Unterkiefers abgesägt. Man sieht so die Flügelmuskeln. *[bg1]*

1	Kiefergelenk (Gelenkkapsel)	*Articulatio temporomandibularis*
2	Äußerer Flügelmuskel	*M. pterygoideus lateralis*
3	Innerer Flügelmuskel	*M. pterygoideus medialis*
4	Flügel-Kiefer-Naht (Sehnenstreifen zwischen Wangenmuskel und oberem Schlundschnürer)	*Raphe pterygomandibularis*
5	Griffelfortsatz-Zungenbein-Muskel	*M. stylohyoideus*
6	Wangenmuskel („Trompetermuskel")	*M. buccinator*
7	Zweibäuchiger Muskel	*M. digastricus*
8	Mundschließmuskel (Mundringmuskel)	*M. orbicularis oris*

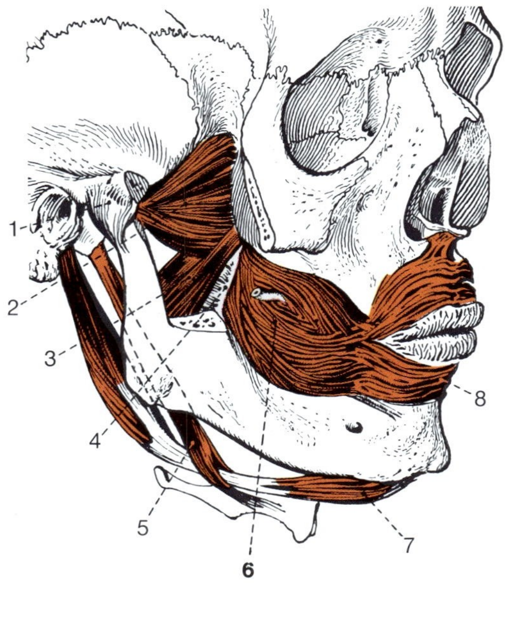

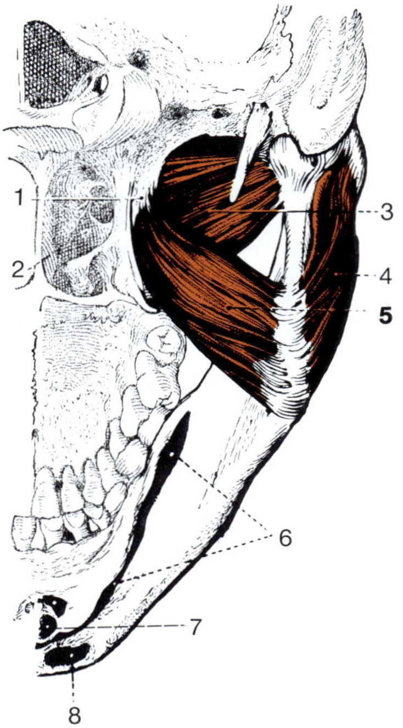

↑ **Kaumuskeln** von unten her gesehen (die Zunge und die Muskeln des Mundbodens sind entfernt). Man beachte die quere Verlaufsrichtung der Flügelmuskeln: Mahlbewegungen der Zähne können so nicht nur von vorn nach hinten und umgekehrt, sondern auch in der Querrichtung ausgeführt werden. *[bg1]*

1	Flügelgrube	*Fossa pterygoidea*
2	Nasenhöhle	*Cavitas nasi*
3	Äußerer Flügelmuskel	*M. pterygoideus lateralis*
4	Masseter („Kaumuskel" i.e.S.)	*M. masseter*
5	Innerer Flügelmuskel	*M. pterygoideus medialis*
6	Unterkiefer-Zungenbein-Muskel	*M. mylohyoideus*
7	Kinn-Zungenbein-Muskel	*M. geniohyoideus*
8	Zweibäuchiger Muskel	*M. digastricus*

Mundboden

Als Mundboden bezeichnet man den vom u-förmigen Unterkieferkörper umschlossenen Raum. Der Unterkiefer-Zungenbein-Muskel ist als quere Platte im „Hufeisen" des Unterkiefers ausgespannt. Er teilt den Mundboden in 2 Stockwerke:

- *Unterstockwerk:* In ihm liegen der vordere Bauch des zweibäuchigen Muskels, der Hauptteil der Unterkieferspeicheldrüse und viele Lymphknoten.
- *Oberstockwerk:* In ihm liegen der Kinn-Zungenbein-Muskel, der Unterkieferspeichelgang, die Unterzungenspeicheldrüse und die Zungenbasis.

Der Mundboden reicht nach hinten bis zum Zungenbein. Das Zungenbein ist der einzige Knochen des menschlichen Körpers, der nicht durch synoviale Gelenke oder Nähte mit Nachbarknochen verbunden ist. Das Zungenbein ist lediglich an Bändern (zur Schädelbasis und zum Kehlkopf) und an Muskeln (Ober- und Unterzungenbeinmuskeln) aufgehängt.

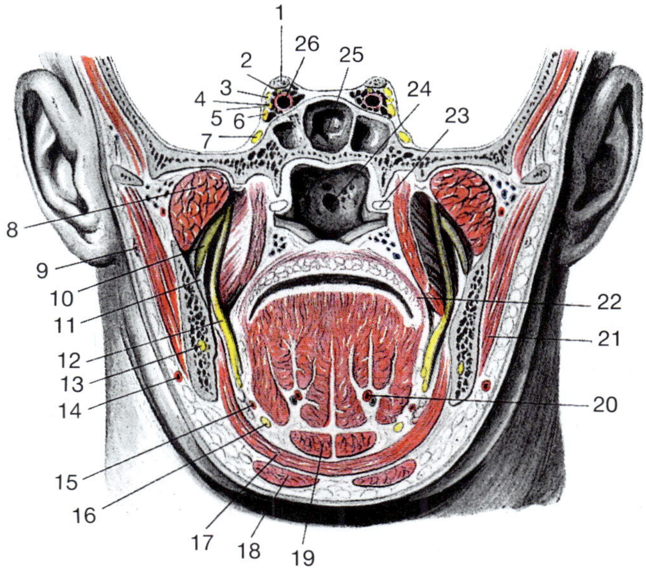

↑ **Frontalschnitt durch den Gesichtsschädel** vor dem Kiefergelenk. Blick auf die hintere Schnittfläche. *[si]*

- Der Schnitt trifft alle 4 Kaumuskeln sowie die Muskeln des Mundbodens. Mächtigster Muskel im Schnitt ist die Zunge, die den größten Teil des Raumes zwischen den beiden Schenkeln des hufeisenförmigen Unterkieferkörpers ausfüllt.
- Bei geschlossenem Mund ist die Mundhöhle nur ein Spalt zwischen Zunge und Gaumen. Da der Schnitt weit rückwärts geführt ist, liegt oberhalb des Gaumens der Nasenrachenraum und darüber die Keilbeinhöhle.

1	Vorderer Bettfortsatz	*Processus clinoideus anterior*
2	Kavernöser Blutleiter	*Sinus cavernosus*
3	Augenbewegungsnerv (3. Hirnnerv)	*N. oculomotorius*
4	Augenrollnerv (4. Hirnnerv)	*N. trochlearis*
5	Augenabziehnerv (6. Hirnnerv)	*N. abducens*
6	Augenhöhlennerv	*N. ophthalmicus*
7	Oberkiefernerv	*N. maxillaris*
8	Äußerer Flügelmuskel	*M. pterygoideus lateralis*
9	Ohrspeichelgang	*Ductus parotideus*
10	Zahnfachnerv des Unterkiefers	*N. alveolaris inferior*
11	Keilbein-Unterkiefer-Band	*Lig. sphenomandibulare*
12	Zungennerv	*N. lingualis*
13	Unterkieferkanal	*Canalis mandibulae*
14	Gesichtsarterie	*A. facialis*
15	Unterkieferspeichelgang	*Ductus submandibularis*
16	Unterzungennerv (12. Hirnnerv)	*N. hypoglossus*
17	Unterkiefer-Zungenbein-Muskel	*M. mylohyoideus*
18	Zweibäuchiger Muskel	*M. digastricus*
19	Kinn-Zungen- Muskel	*M. geniohyoideus*
20	Tiefe Zungenarterie	*A. profunda linguae*
21	Masseter	*M. masseter*
22	Gaumen-Zungen-Muskel	*M. palatoglossus*
23	Gehörgangsknorpel	*Cartilago tubae auditivae [auditoriae]*
24	Rachenmandel	*Tonsilla pharyngea [pharyngealis]*
25	Keilbeinhöhle	*Sinus sphenoidalis*
26	Innere Kopfarterie	*A. carotis interna*

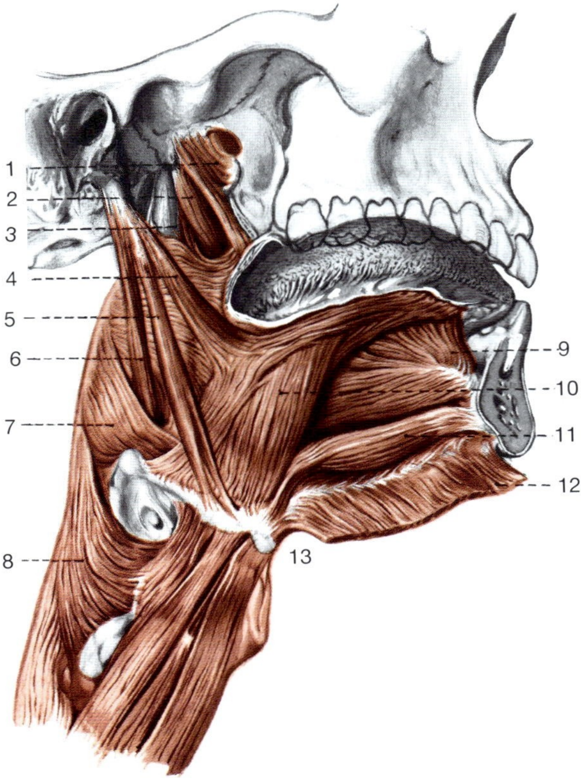

Zungenbein- und Griffelfortsatzmuskeln. *[bg2]* ↑
Viele vordere Halsmuskeln stehen mit dem Zungenbein in Verbindung. Am Zungenbein ist der Kehlkopf aufgehängt. Die Zungenbeinmuskeln heben und senken den Kehlkopf und sind vor allem für den Schluckakt wichtig. Man kann sie zwanglos in 2 Gruppen gliedern:

- *Obere Zungenbeinmuskeln:* Sie befestigen sich von oben am Zungenbein und heben den Kehlkopf: Zungen- und Mundbodenmuskeln.
- *Untere Zungenbeinmuskeln:* Sie kommen von unten (von Brustbein, Schildknorpel und Schulterblatt) zum Zungenbein und senken den Kehlkopf.

Vom Griffelfortsatz gehen ein wichtiges Band (Griffelfortsatz-Zungenbein-Band) und 3 Muskeln aus: Sie heben Rachen, Zungenbein und Zunge und ziehen sie nach hinten.

1	Gaumensegelheber	*M. levator veli palatini*
2	Gaumensegelspanner	*M. tensor veli palatini*
3	Rachen-Schädelbasis-Faszie	*Fascia pharyngobasilaris*
4	Griffelfortsatz-Zungen-Muskel	*M. styloglossus*
5	Griffelfortsatz-Zungenbein-Muskel	*M. stylohyoideus*
6	Griffelfortsatz-Rachen-Muskel	*M. stylopharyngeus*
7	Mittlerer Schlundschnürer	*M. constrictor pharyngis medius*
8	Unterer Schlundschnürer	*M. constrictor pharyngis inferior*
9	Kinn-Zungen-Muskel	*M. genioglossus*
10	Zungenbein-Zungen-Muskel	*M. hyoglossus*
11	Kinn-Zungenbein-Muskel	*M. geniohyoideus*
12	Unterkiefer-Zungenbein-Muskel	*M. mylohyoideus*
13	Zungenbein	*Os hyoideum*

Kopfwender (Sternokleidomastoideus)

Der Kopfwender entspringt mit 2 Köpfen vom Brustbeinhandgriff und vom inneren Ende des Schlüsselbeins. Die beiden Köpfe setzen gemeinsam am Warzenfortsatz an (deshalb Sterno-kleido-mastoideus = Brustbein-Schlüsselbein-Warzenfortsatz-Muskel).
Sie treten am schlanken Hals stark hervor und gliedern damit die Oberfläche des Halses. Zwischen ihnen sinkt über dem Schlüsselbein die Haut ein: kleine Oberschlüsselbeingrube.

- Der Kopfwender neigt den Kopf zur gleichen Seite und nach rückwärts. Er dreht ihn zur Gegenseite und zieht ihn nach vorn.
- Er hebt das Schlüsselbein im inneren Schlüsselbeingelenk.
- Er hebt das Brustbein und damit den Brustkorb und unterstützt damit die verstärkte Einatmung (Hilfseinatemmuskel).

Muskeln des Kopfes und des Halses. Der Hautmuskel des Halses ist entfernt, um den Blick auf die Skelettmuskeln nicht zu verdecken. *[sb1]* →

1	Ohrspeicheldrüse	*Glandula parotidea*
2	Masseter	*M. masseter*
3	Innere Drosselvene	*V. jugularis interna*
4	Kopfwender	*M. sternocleidomastoideus*
5	Trapezmuskel	*M. trapezius*
6	Schultereck	*Acromion*
7	Deltamuskel	*M. deltoideus*
8	Schlüsselbein	*Clavicula*
9	Großer Brustmuskel	*M. pectoralis major*
10	Armnervengeflecht	*Plexus brachialis*
11	Schilddrüse	*Glandula thyroidea*
12	Halsarterie (= gemeinsame Kopfarterie)	*A. carotis communis*
13	Schildknorpel	*Cartilago thyroidea*
14	Zungenbein	*Os hyoideum*
15	Unterkieferspeicheldrüse	*Glandula submandibularis*
16	Mundschließmuskel (Mundringmuskel)	*M. orbicularis oris*
17	Wangenmuskel (Trompetermuskel)	*M. buccinator*
18	Augenschließmuskel (Augenringmuskel)	*M. orbicularis oculi*
19	Ohrspeichelgang	*Ductus parotideus*
20	Nebenohrspeicheldrüse	*Glandula parotidea accessoria*
21	Seitlicher Sehnenhaubenmuskel	*M. epicranius, M. temporoparietalis*
22	Hinterer Sehnenhaubenmuskel	*M. epicranius, M. occipitofrontalis, Venter occipitalis*
23	Halbdornmuskel des Kopfes	*M. semispinalis capitis*
24	Wangenfettpfropf	*Corpus adiposum buccae*
25	Zweibäuchiger Muskel	*M. digastricus*
26	Griffelfortsatz-Zungenbein-Muskel	*M. stylohyoideus*
27	Riemenmuskel	*M. splenius*
28	Schulterblattheber	*M. levator scapulae*
29	Mittlerer Treppenmuskel	*M. scalenus medius*
30	Speichenseitige Hautvene des Arms	*V. cephalica*
31	Schulterblatt-Zungenbein-Muskel	*M. omohyoideus*

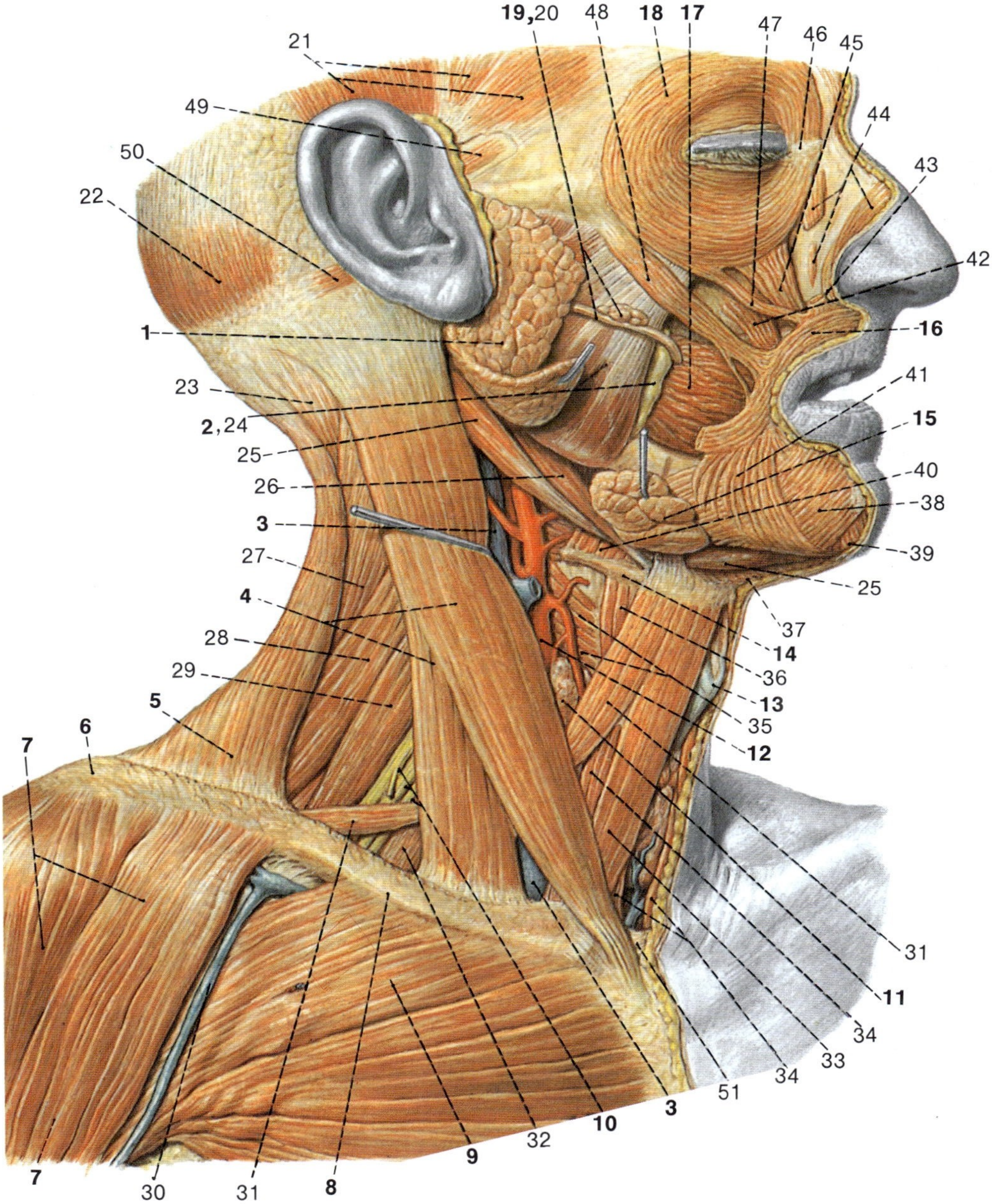

32	Vorderer Treppenmuskel	*M. scalenus anterior*
33	Brustbein-Zungenbein-Muskel	*M. sternohyoideus*
34	Brustbein-Schildknorpel-Muskel	*M. sternothyroideus*
35	Unterer Schlundschnürer	*M. constrictor pharyngis inferior*
36	Schildknorpel-Zungenbein-Muskel	*M. thyrohyoideus*
37	Unterkiefer-Zungenbein-Muskel	*M. mylohyoideus*
38	Unterlippenherabzieher	*M. depressor labii inferioris*
39	Kinnmuskel	*M. mentalis*
40	Zungenbein-Zungen-Muskel	*M. hyoglossus*
41	Mundwinkelherabzieher	*M. depressor anguli oris*
42	Mundwinkelheber	*M. levator anguli oris*
43	Nasenmuskel	*M. nasalis*
44	Nasenflügelheber	*M. levator labii superioris alaeque nasi*
45	Oberlippenheber	*M. levator labii superioris*
46	Inneres Lidband	*Lig. palpebrale mediale*
47	Kleiner Jochbeinmuskel	*M. zygomaticus minor*
48	Großer Jochbeinmuskel	*M. zygomaticus major*
49	Vorderer Ohrmuschelmuskel	*M. auricularis anterior*
50	Hinterer Ohrmuschelmuskel	*M. auricularis posterior*
51	Zwischenschlüsselbeinband	*Lig. interclaviculare*

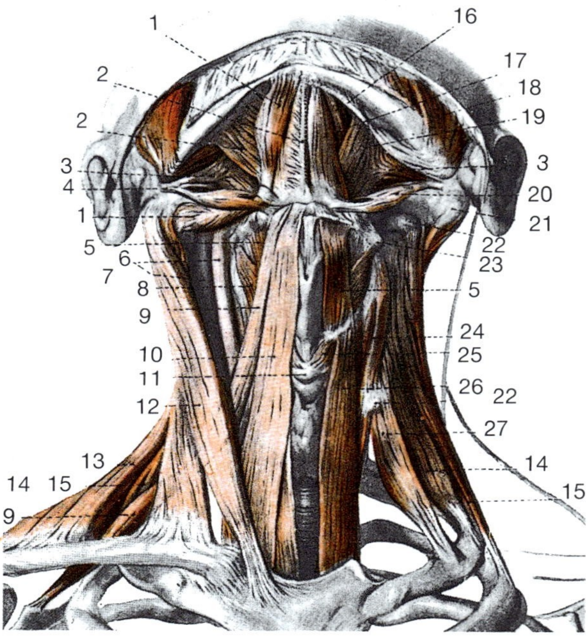

Halsmuskeln. Auf der linken Seite des Präparats (im Bild rechts) sind die näher der Oberfläche gelegenen Muskeln (Kopfwender, Trapezmuskel, Brustbein-Zungenbein-Muskel, Schulterblatt-Zungenbein-Muskel) mit dem Schlüsselbein abgetragen. *[bg1]*

1	Zweibäuchiger Muskel	*M. digastricus*
2	Unterkiefer-Zungenbein-Muskel (mit Zwischensehne)	*M. mylohyoideus*
3	Griffelfortsatz-Zungen-Muskel	*M. styloglossus*
4	Griffelfortsatz (des Schläfenbeins)	*Processus styloideus*
5	Schildknorpel-Zungenbein-Muskel	*M. thyrohyoideus*
6	Halsarterie (= gemeinsame Kopfarterie)	*A. carotis communis*
7	Innere Halsvene (innere Drosselvene)	*V. jugularis interna*
8	Unterer Schlundschnürer	*M. constrictor pharyngis inferior*
9	Schulterblatt-Zungenbein-Muskel	*M. omohyoideus*
10	Brustbein-Zungenbein-Muskel	*M. sternohyoideus*
11	Ringknorpel	*Cartilago cricoidea*
12	Kopfwender („Sternokleidomastoideus")	*M. sternocleidomastoideus*
13	Trapezmuskel	*M. trapezius*
14	Mittlerer Treppenmuskel	*M. scalenus medius*
15	Hinterer Treppenmuskel	*M. scalenus posterior*
16	Kinn-Zungen-Muskel	*M. genioglossus*
17	Kinn-Zungenbein-Muskel	*M. geniohyoideus*
18	Masseter	*M. masseter*
19	Zungenbein-Zungen-Muskel	*M. hyoglossus*
20	Griffelfortsatz-Zungenbein-Muskel	*M. stylohyoideus*
21	Warzenfortsatz	*Processus mastoideus*
22	Querfortsatz	*Processus transversus*
23	Zungenbein	*Os hyoideum*
24	Langer Kopfmuskel	*M. longus capitis*
25	Ringknorpel-Schildknorpel-Muskel	*M. cricothyroideus*
26	Brustbein-Schildknorpel-Muskel	*M. sternothyroideus*
27	Vorderer Treppenmuskel	*M. scalenus anterior*

Gliederung der Halsmuskeln i.e.S.

(ohne Oberzungenbein-, Kehlkopf- und Rachenmuskeln)

- *Oberflächliche Schicht:* Hautmuskel (Platysma), Kopfwender (Sternokleidomastoideus), Trapezmuskel.
- *Mittlere Schicht:* Unterzungenbeinmuskeln (Brustbein-, Schulterblatt- und Schildknorpel-Zungenbein-Muskel sowie Brustbein-Schildknorpel-Muskel).
- *Tiefe Schicht:* Treppenmuskeln (vorderer, mittlerer, hinterer), Schulterblattheber, Muskeln der Vorderseite der Wirbelsäule, Nackenmuskeln (zugleich Teil der tiefen Rückenstrecker).

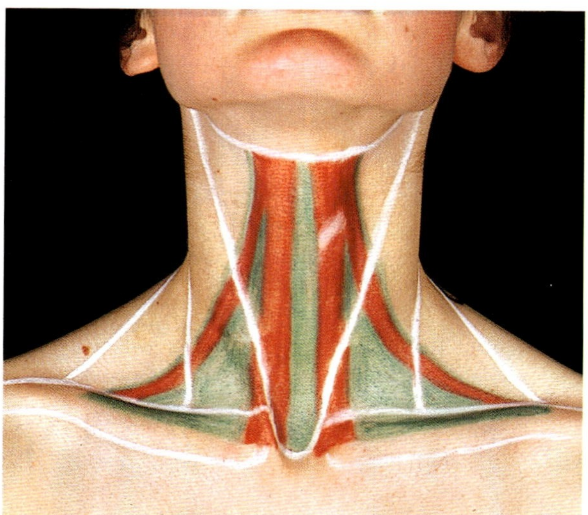

Halsgegenden. Kopfwender (Sternokleidomastoideus) und Trapezmuskel gliedern die Oberfläche des Halses: *[li1]*

- *Vorderes Halsdreieck:* vor dem Kopfwender.
- *Kopfwendergegend:* im Bereich des Kopfwenders.
- H*interes Halsdreieck* (auch seitliche Halsgegend genannt): zwischen Kopfwender und Trapezmuskel.
- *Nackengegend* (hintere Halsgegend): bedeckt vom Trapezmuskel.
- Im Bild weiß markiert als Grenzlinien der Halsgegenden: Zungenbein (oben), Vorder- und Hinterrand des Kopfwenders, Vorderrand des Trapezmuskels, Schlüsselbeinränder (unten).
- Im Bild rotbraun: Unterzungenbeinmuskeln, am weitesten seitlich davon der Schulterblatt-Zungenbein-Muskel, der das vordere und das hintere Halsdreieck unterteilt und das mittlere Blatt der Halsfaszie (grün) spannt. *[li1]*
- Man vergleiche mit dem Bild auf der rechten Seite.

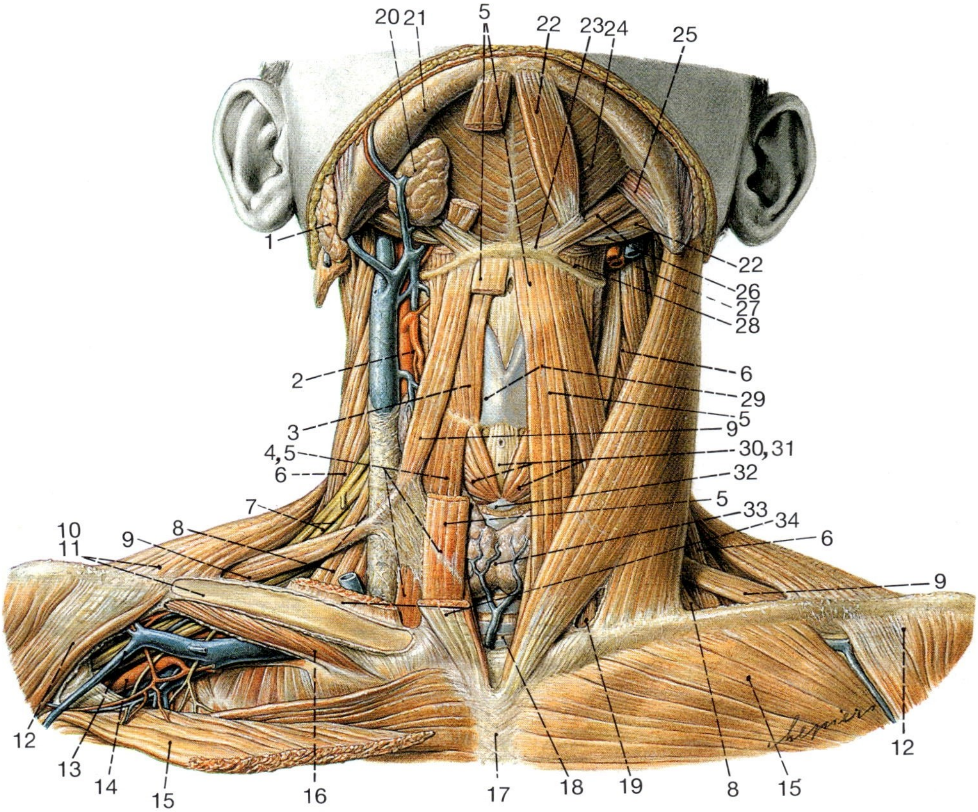

Muskeln und Leitungsbahnen des Halses von vorn. Auf der rechten Seite des Präparats (im Bild links) sind die oberflächlichen Muskeln abgetragen. *[sb1]*

Nach den Bindegeweberäumen ist der Hals in 5 Bereiche zu gliedern (wichtig für das Verständnis der Ausbreitungswege von Entzündungen):

- Vom *oberflächlichen Blatt* der Halsfaszie werden umschlossen: Kopfwender + Trapezmuskel.
- Vom *mittleren Blatt* der Halsfaszie werden eingehüllt: Unterzungenbeinmuskeln.
- Vom *tiefen Blatt* der Halsfaszie werden bedeckt: langer Halsmuskel + Treppenmuskeln, tiefe Rückenstreckmuskeln, Schulterblattheber.
- Von der *Eingeweidefaszie* werden umhüllt: Kehlkopf- und Rachenmuskeln.
- In der *Gefäßscheide* liegen die großen Blutgefäße des Halses: Halsarterie + innere Drosselvene.

1	Ohrspeicheldrüse (Parotis)	*Glandula parotidea*
2	Halsarterie (= gemeinsame Kopfarterie)	*A. carotis communis*
3	Schildknorpel-Zungenbein-Muskel	*M. thyrohyoideus*
4	Brustbein-Schildknorpel-Muskel	*M. sternothyroideus*
5	Brustbein-Zungenbein-Muskel	*M. sternohyoideus*
6	Mittlerer Treppenmuskel	*M. scalenus medius*
7	Armnervengeflecht	*Plexus brachialis*
8	Vorderer Treppenmuskel	*M. scalenus anterior*
9	Schulterblatt-Zungenbein-Muskel	*M. omohyoideus*
10	Trapezmuskel	*M. trapezius*
11	Schlüsselbein	*Clavicula*
12	Deltamuskel	*M. deltoideus*
13	Speichenseitige Hautvene des Arms	*V. cephalica*
14	Achselarterie	*A. axillaris*
15	Großer Brustmuskel	*M. pectoralis major*
16	Unterschlüsselbeinmuskel	*M. subclavius*
17	Brustbein	*Sternum*
18	Luftröhre	*Trachea*
19	Kleine Oberschlüsselbeingrube	*Fossa supraclavicularis minor*
20	Unterkieferspeicheldrüse	*Glandula submandibularis*
21	Unterkiefer	*Mandibula*
22	Zweibäuchiger Muskel	*M. digastricus*
23	Zungenbein	*Os hyoideum*
24	Unterkiefer-Zungenbein-Muskel (mit Zwischensehne)	*M. mylohyoideus*
25	Innerer Flügelmuskel	*M. pterygoideus medialis*
26	Griffelfortsatz-Zungenbein-Muskel	*M. stylohyoideus*
27	Schulterblattheber	*M. levator scapulae*
28	Zungenbein-Zungen-Muskel	*M. hyoglossus*
29	Schildknorpel	*Cartilago thyroidea*
30	Ringknorpel-Schildknorpel-Muskel	*M. cricothyroideus*
31	Mittelständiges Ringknorpel-Schildknorpel-Band	*Lig. cricothyroideum medianum*
32	Ringknorpel	*Cartilago cricoidea*
33	Schilddrüse	*Glandula thyroidea*
34	Kopfwender („Sternokleido“)	*M. sternocleidomastoideus*

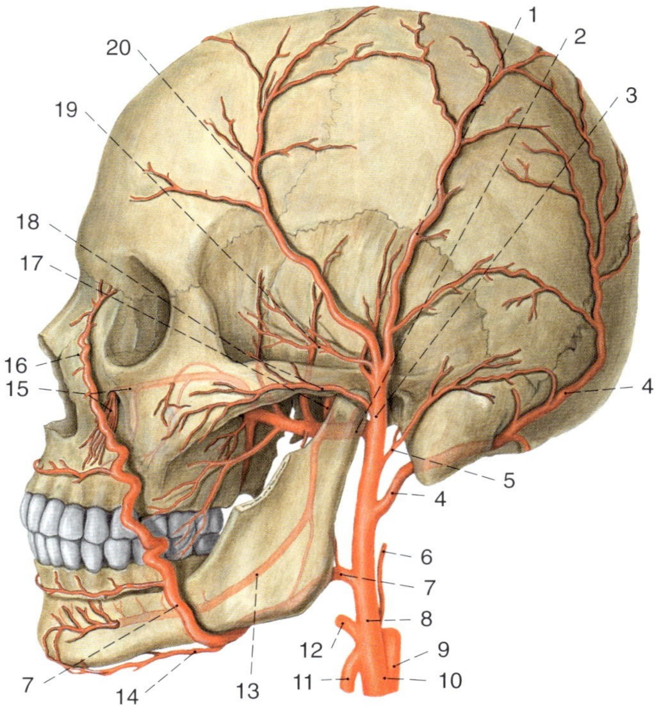

Äußere Kopfarterie mit Ästen. [ss1]

1	Oberflächliche Schläfenarterie, Scheitelast	*A. temporalis superficialis, R. parietalis*
2	Oberkieferarterie	*A. maxillaris*
3	Oberflächliche Schläfenarterie	*A. temporalis superficialis*
4	Hinterhauptarterie	*A. occipitalis*
5	Hintere Ohrmuschelarterie	*A. auricularis posterior*
6	Aufsteigende Rachenarterie	*A. pharyngea ascendens*
7	Gesichtsarterie	*A. facialis*
8	Äußere Kopfarterie	*A. carotis externa*
9	Innere Kopfarterie	*A. carotis interna*
10	Teilung der Halsarterie (Karotisgabel)	*Bifurcatio carotidis*
11	Obere Schilddrüsenarterie	*A. thyroidea superior*
12	Zungenarterie	*A. lingualis*
13	Unterkieferarterie (untere Zahnfacharterie)	*A. alveolaris inferior*
14	Unterkinnarterie	*A. submentalis*
15	Unteraugenhöhlenarterie	*A. infraorbitalis*
16	Winkelarterie	*A. angularis*
17	Mittlere Hirnhautarterie	*A. meningea media*
18	Quere Gesichtsarterie	*A. transversa faciei*
19	Jochbogen-Augenhöhlen-Arterie	*A. zygomaticoorbitalis*
20	Oberflächliche Schläfenarterie, Stirnast	*A. temporalis superficialis, R. frontalis*

3 große Arterien versorgen auf jeder Seite den Kopf:
- innere Kopfarterie (innere Karotis)
- äußere Kopfarterie (äußere Karotis)
- Wirbelarterie

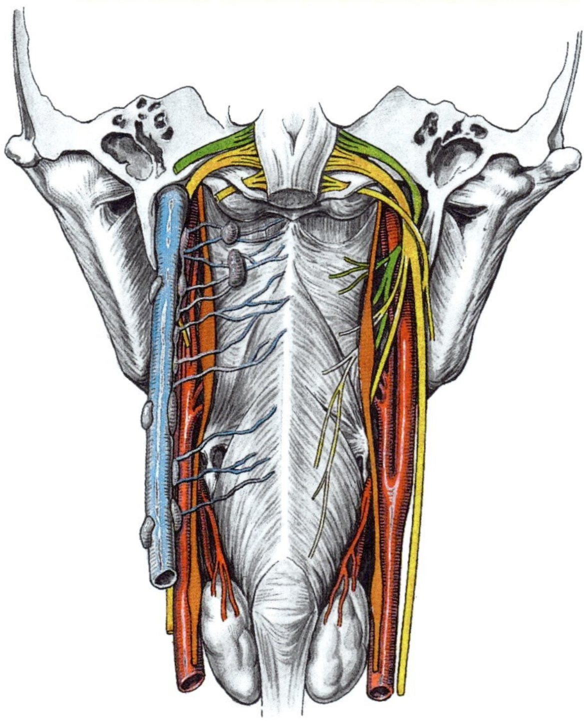

Hals: Blick von hinten auf den vor der Wirbelsäule gelegenen Bereich. Die großen Blutgefäße liegen seitlich vom Rachen (oben) bzw. der Speiseröhre (unten).
- rot: gemeinsame Kopfarterie mit Teilung in innere und äußere Kopfarterie,
- blau: innere Halsvene (innere Drosselvene),
- grün: N. glossopharyngeus (IX),
- gelb: N. vagus (X) und N. hypoglossus (XII),
- braun: Grenzstrang des Sympathikus. [br6]

Arterien des Kopfes und des Halses

Der Aortenbogen entsendet zu jeder Körperseite eine Halsarterie und eine Schlüsselbeinarterie. Auf der rechten Seite bilden diese beiden Gefäße normalerweise einen gemeinsamen Stamm, so dass insgesamt 3 Äste vom Aortenbogen abzweigen.

❶ *Halsarterie* (gemeinsame Kopfarterie, „Karotis"): Sie hat keine Seitenäste und teilt sich etwa auf der Höhe des vierten Halswirbels in die innere und äußere Kopfarterie.

• Die *innere Kopfarterie* läuft in das Schädelinnere und versorgt das Gehirn und die Augen.

• Die *äußere Kopfarterie* verzweigt sich in viele Äste. Diese führen fast der gesamten Oberfläche des Kopfes und dem tiefen Gesichtsbereich das Blut zu.

❷ *Schlüsselbeinarterie* („Subklavia"): Aus ihr entspringt neben zahlreichen Ästen zu Hals, Schulter, Brustwand und Rücken die *Wirbelarterie*, die in den Querfortsatzlöchern der Halswirbel nach oben zieht. Sie erreicht die Schädelhöhle durch das große Hinterhauptloch und versorgt dann vor allem den Hirnstamm und das Kleinhirn mit Blut. Die Schlüsselbeinarterie setzt sich als Achselarterie zum Arm fort.

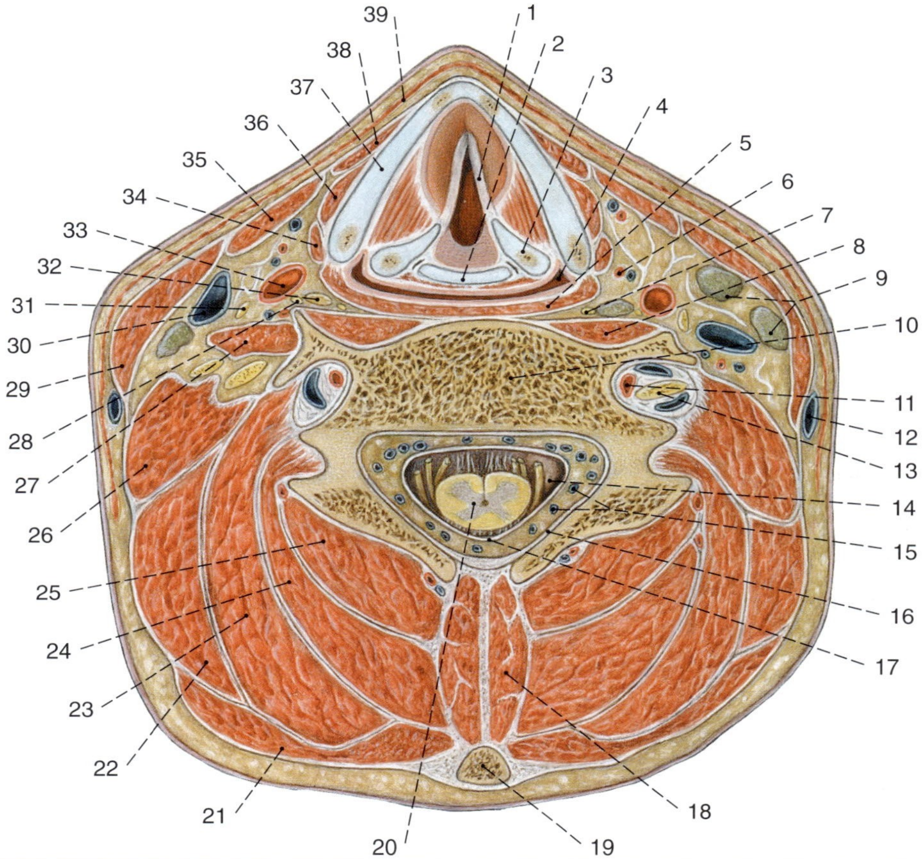

Hals. Querschnitt auf Höhe des Stimmbandes. *[pp1]*

1	Stimmband	*Lig. vocale*
2	Ringknorpelplatte	*Lamina cartilaginis cricoideae*
3	Stellknorpel (Aryknorpel)	*Cartilago arytenoidea*
4	Birnförmige Nische (Rachenbucht neben dem Kehldeckel)	*Recessus piriformis*
5	Unterer Schlundschnürer	*M. constrictor pharyngis inferior*
6	Obere Schilddrüsenarterie	*A. thyroidea superior*
7	Grenzstrang des Sympathikus	*Truncus sympathicus*
8	Langer Halsmuskel	*M. longus colli [cervicis]*
9	Tiefe Halslymphknoten	*Nodi lymphoidei cervicales [colli] laterales profundi*
10	Fünfter Halswirbelkörper	*Corpus vertebrae C V*
11	Wirbelarterie	*A. vertebralis*
12	Äußere Drosselvene	*V. jugularis externa*
13	Fünfter Halsnerv	*N. cervicalis V*
14	Subarachnoidealraum (zwischen Spinnwebenhaut und weicher Rückenmarkhaut)	*Spatium subarachnoideum [leptomeningeum]*
15	Epiduralraum (= Periduralraum) mit innerem Wirbelvenengeflecht	*Spatium epidurale [peridurale] mit Plexus venosus vertebralis internus*
16	Knochenhaut	*Periosteum*
17	Harte Rückenmarkhaut	*Dura mater spinalis*
18	Dornfortsatzmuskel	*M. spinalis*
19	Dornfortsatz, 4. Halswirbel	*Processus spinosus C IV*
20	Rückenmark	*Medulla spinalis*
21	Trapezmuskel	*M. trapezius*
22	Schulterblattheber	*M. levator scapulae*
23	Riemenmuskel des Halses und des Kopfes	*M. splenius cervicis [colli] + capitis*
24	Halbdornmuskel des Kopfes	*M. semispinalis capitis*
25	Vielgefiederter Muskel des Halses	*M. multifidus cervicis [colli]*
26	Mittlerer Treppenmuskel	*M. scalenus medius*
27	Vorderer Treppenmuskel	*M. scalenus anterior*
28	Zwerchfellnerv	*N. phrenicus*
29	Kopfwender („Sternokleido")	*M. sternocleidomastoideus*
30	Innere Halsvene (innere Drosselvene)	*V. jugularis interna*
31	Vagus (zehnter Hirnnerv)	*N. vagus (X)*
32	Mittleres Halsganglion des Sympathikus	*Ganglion cervicale medium*
33	Halsarterie (= gemeinsame Kopfarterie)	*A. carotis communis*
34	Brustbein-Schildknorpel-Muskel	*M. sternothyroideus*
35	Schulterblatt-Zungenbein-Muskel	*M. omohyoideus*
36	Schildknorpel-Zungenbein-Muskel	*M. thyrohyoideus*
37	Schildknorpel	*Cartilago thyroidea*
38	Brustbein-Zungenbein-Muskel	*M. sternohyoideus*
39	Hautmuskel des Halses	*Platysma*

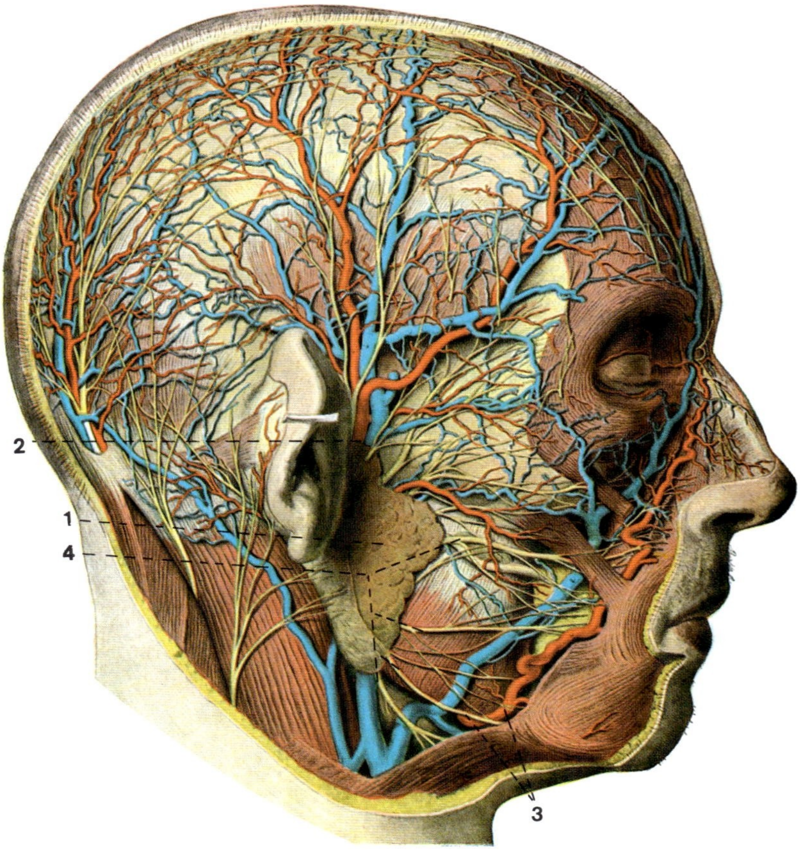

← Oberflächliche Kopfgegenden: Lagebeziehungen der Leitungsbahnen. *[sb3]*
Alle Hautnerven des Gesichts bis zum Scheitel sind Äste des Trigeminus (Drillingsnerv, 5. Hirnnerv), ausgenommen nur der Bereich vor und hinter dem Ohr, der vom Halsnervengeflecht versorgt wird.

1 Ohrspeicheldrüse (Parotis) *Glandula parotidea*
2 Oberflächliche Schläfenarterie *A. temporalis superficialis*
3 Gesichtsarterie *A. facialis*
4 Gesichtsnerv (7. Hirnnerv) *N. facialis*

Puls tasten am Kopf

• Den Puls der oberflächlichen Schläfenarterie kann man auf dem Jochbogen, direkt vor der Ohrmuschel, leicht tasten. Ihr Stirnast liegt unmittelbar unter der Haut und tritt bei manchen Menschen so deutlich hervor, dass man das Pulsieren seitlich an der Stirn sogar sehen kann.

• Mit etwas Geschick findet man auch den Puls der Gesichtsarterie am Unterkiefer am Vorderrand des Masseters.

Venen des Kopfes und des Halses

Vom Kopf fließt das Blut auf beiden Seiten über 2 starke Venen ab:

❶ Innere Drosselvene (innere Halsvene): Sie entsteht an der Schädelbasis als Fortsetzung des s-förmigen Blutleiters, der das Blut vom Gehirn und den Hirnhäuten sammelt (entsprechend dem Stromgebiet der inneren Kopfarterie). Sie verläuft parallel zur inneren Kopfarterie und zur Halsarterie.

• Im sogenannten Venenwinkel vereinigt sie sich mit der Schlüsselbeinvene und der äußeren Drosselvene zur Arm-Kopf-Vene.

• Während ihres Verlaufs nimmt sie zahlreiche Äste auf, die etwa den Ästen der äußeren Kopfarterie entsprechen. Besonders starke Äste sind die Hinterunterkiefervene und die Gesichtsvene.

• Die innere Drosselvene wird (wie die Schlüsselbeinvene) häufig benutzt, um einen zentralen Venenkatheter einzulegen.

❷ Äußere Drosselvene: Sie läuft oberflächlich seitlich am Hals über den Kopfwender hinweg. Sie ist oft gut durch die Haut sichtbar, besonders beim Schreien oder Husten (wenn der Druck im Brustraum erhöht und dadurch der Blutrückfluss erschwert ist). Ist eine intravenöse Injektion am Arm nicht möglich, kann man notfalls hier injizieren.

Tiefe seitliche Gesichtsgegend. Teile von Jochbogen, Jochbein und äußerem Ohr sind entfernt. Ein Teil des Unterkieferastes ist mit dem Ansatz des Schläfenmuskels nach oben, der Masseter nach unten geklappt. Der Unterkieferkanal ist freigelegt. *[fs1]* →

1	Oberflächliche Schläfenarterie, Stirnast	*A. temporalis superficialis, R. frontalis*
2	Schläfenmuskel	*M. temporalis*
3	Stirnmuskel (Stirnbauch des Sehnenhaubenmuskels)	*M. epicranius, M. occipitofrontalis, Venter frontalis*
4	Oberaugenhöhlennerv, seitlicher Ast	*N. supraorbitalis, R. lateralis*
5	Augenringmuskel (Augenschließmuskel)	*M. orbicularis oculi*
6	Oberaugenhöhlennerv, medialer Ast	*N. supraorbitalis, R. medialis*
7	Jochbein	*Os zygomaticum*
8	Oberrollennerv	*N. supratrochlearis*
9	Winkelarterie	*A. angularis*
10	Unterrollennerv	*N. infratrochlearis*
11	Nasenrückenarterie	*A. dorsalis nasi*
12	Gesichtsarterie	*A. facialis*
13	Unteraugenhöhlennerv	*N. infraorbitalis*
14	Wangennerv	*N. buccalis*
15	Wangenmuskel (Trompetermuskel)	*M. buccinator*
16	Wangenarterie	*A. buccalis*
17	Mundringmuskel (Mundschließmuskel)	*M. orbicularis oris*

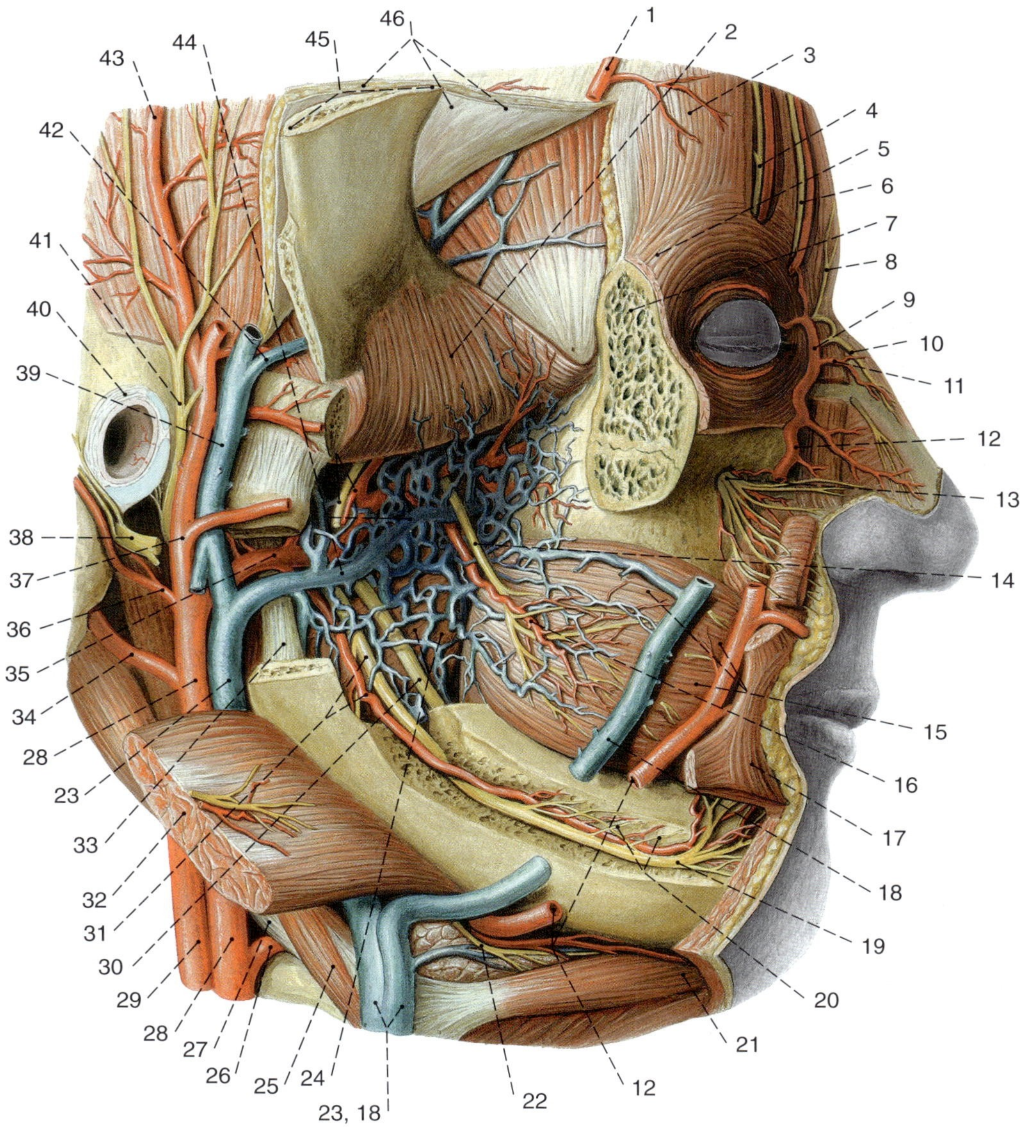

18	Gesichtsvene	*V. facialis*
19	Kinnnerv	*N. mentalis*
20	Unteres Zahnnervengeflecht	*Plexus dentalis inferior*
21	Zweibäuchiger Muskel, vorderer Bauch	*M. digastricus, Venter anterior*
22	Unterkiefer-Zungenbein-Nerv	*N. mylohyoideus*
23	Hinterunterkiefervene	*V. retromandibularis*
24	Innerer Flügelmuskel	*M. pterygoideus medialis*
25	Griffelfortsatz-Zungenbein-Muskel	*M. stylohyoideus*
26	Zungenarterie	*A. lingualis*
27	Zweibäuchiger Muskel, hinterer Bauch	*M. digastricus, Venter posterior*
28	Äußere Kopfarterie	*A. carotis externa*
29	Innere Kopfarterie	*A. carotis interna*
30	Zungennerv	*N. lingualis*
31	Untere Zahnfacharterie + unterer Zahnfachnerv	*A. alveolaris inferior + N. alveolaris inferior*
32	Masseter	*M. masseter*
33	Keilbein-Unterkiefer-Band	*Lig. sphenomandibulare*
34	Hinterhauptarterie	*A. occipitalis*
35	Oberkieferarterie	*A. maxillaris*
36	Hintere Ohrmuschelarterie	*A. auricularis posterior*
37	Oberflächliche Schläfenarterie	*A. temporalis superficialis*
38	Gesichtsnerv (7. Hirnnerv)	*N. facialis (VII)*
39	Oberflächliche Schläfenvene	*V. temporalis superficialis*
40	Knorpeliger äußerer Gehörgang	*Meatus acusticus externus cartilagineus*
41	Ohrmuschel-Schläfen-Nerv	*N. auriculotemporalis*
42	Mittlere Schläfenvene	*V. temporalis media*
43	Oberflächliche Schläfenarterie, Scheitelast	*A. temporalis superficialis, R. parietalis*
44	Flügelvenengeflecht	*Plexus pterygoideus*
45	Unterkieferast	*Ramus mandibulae*
46	Schläfenfaszie, tiefe Lage	*Fascia temporalis, Lamina profunda*

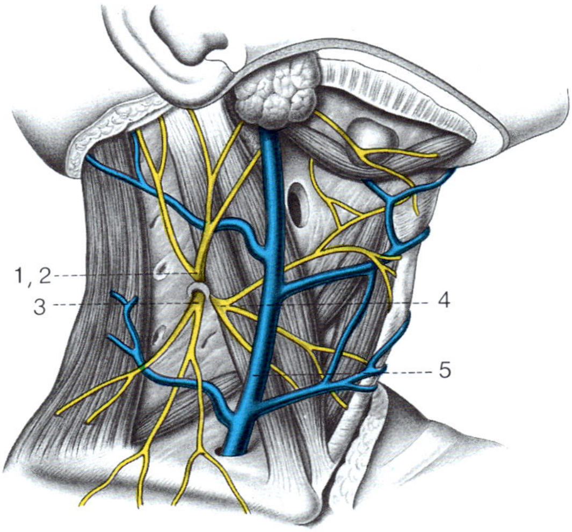

↑ **Hals.** Die Hautäste des Halsnervengeflechts treten etwa an der Mitte des Hinterrandes des Kopfwenders (Sternokleidomastoideus) an die Oberfläche. Ausgenommen die Nackengegend versorgen sie die ganze Oberfläche des Halses und überschreiten noch das Schlüsselbein zur Brustwand. *[su]*

1	Kleiner Hinterhauptnerv	*N. occipitalis minor*
2	Großer Ohrmuschelnerv	*N. auricularis magnus*
3	Überschlüsselbeinnerven	*Nn. supraclaviculares*
4	Querer Halsnerv	*N. transversus colli [cervicalis]*
5	Äußere Drosselvene	*V. jugularis externa*

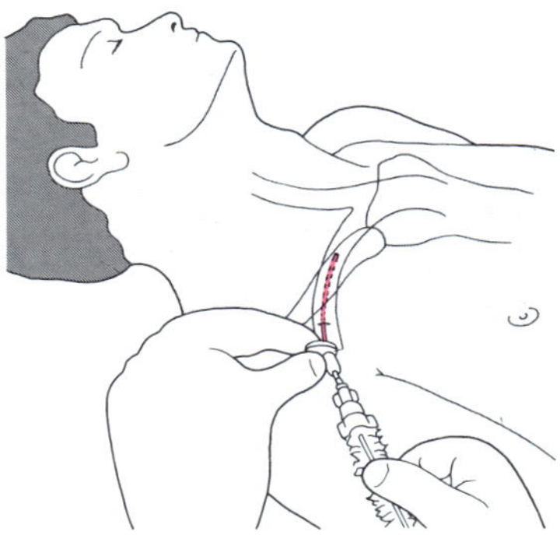

↑ **„Zentraler Zugang":** Einführen eines Katheters in die Schlüsselbeinvene. Die Hohlnadel wird unterhalb des Schlüsselbeins eingestochen und hinter das Schlüsselbein in die weite Vene geschoben. *[bh1]*

→

1	Vagus (10. Hirnnerv)	*N. vagus (X)*
2	Innere Halsvene (innere Drosselvene)	*V. jugularis interna*
3	Aufsteigende Halsarterie	*A. cervicalis ascendens*
4	Hinterhauptarterie	*A. occipitalis*
5	Kleiner Hinterhauptnerv	*N. occipitalis minor*
6	Großer Hinterhauptnerv	*N. occipitalis major*
7	Beinerv (11. Hirnnerv)	*N. accessorius (XI)*
8	Zwerchfellnerv	*N. phrenicus*

→

9	Vorderer Treppenmuskel	*M. scalenus anterior*
10	Quere Halsarterie	*A. transversa colli [cervicis]*
11	Armnervengeflecht	*Plexus brachialis*
12	Überschulterblattnerv	*N. suprascapularis*
13	Überschulterblattarterie	*A. suprascapularis*
14	Schlüsselbein	*Clavicula*
15	Achselarterie	*A. axillaris*
16	Deltamuskel	*M. deltoideus*
17	Brustkorb-Schultereck-Arterie, Schultereckast	*A. thoracoacromialis, R. acromialis*
18	Kleiner Brustmuskel	*M. pectoralis minor*
19	Brustkorb-Schultereck-Arterie	*A. thoracoacromialis*
20	Speichenseitige Hautvene des Arms	*V. cephalica*
21	Medialer Strang des Armnervengeflechts	*Fasciculus medialis*
22	Achselvene	*V. axillaris*
23	Zwischenrippen-Arm-Nerv	*N. intercostobrachialis*
24	Brustkorb-Rücken-Nerv	*N. thoracodorsalis*
25	Langer Brustkorbnerv	*N. thoracicus longus*
26	Brustkorb-Oberbauch-Venen	*Vv. thoracoepigastricae*
27	Seitliche Brustkorbarterie + seitliche Brustkorbvene	*A. thoracica lateralis + V. thoracica lateralis*
28	Medialer Brustmuskelnerv	*N. pectoralis medialis*
29	Erste Rippe	*Costa I*
30	Großer Brustmuskel	*M. pectoralis major*
31	Äußere Drosselvene	*V. jugularis externa*
32	Arm-Kopf-Vene	*V. brachiocephalica*
33	= 2	
34	Halsarterie (gemeinsame Kopfarterie)	*A. carotis communis*
35	Wirbelvene	*V. vertebralis*
36	Mittlerer Halsherznerv	*N. cardiacus cervicalis medius*
37	Untere Schilddrüsenvene	*V. thyroidea inferior*
38	Luftröhre	*Trachea*
39	Rückläufiger Kehlkopfnerv	*N. laryngeus recurrens*
40	Innere Brustkorbarterie	*A. thoracica interna*
41	Schlüsselbeinarterie	*A. subclavia*
42	Schilddrüsen-Hals-Arterienstamm	*Truncus thyrocervicalis*
43	Mittleres Halsganglion des Sympathikus	*Ganglion cervicale medium*
44	Untere Schilddrüsenarterie	*A. thyroidea inferior*
45	Obere Schilddrüsenvene	*V. thyroidea superior*
46	Brustbein-Schildknorpel-Muskel	*M. sternothyroideus*
47	Oberer Halsherznerv	*N. cardiacus cervicalis superior*
48	Unterer Schlundschnürer	*M. constrictor pharyngis inferior*
49	Halsnervenschlinge	*Ansa cervicalis*
50	Vagus, oberer Halsherzast	*N. vagus, R. cardiacus cervicalis superior*
51	Brustbein-Zungenbein-Muskel	*M. sternohyoideus*
52	Obere Schilddrüsenarterie	*A. thyroidea superior*
53	Schulterblatt-Zungenbein-Muskel	*M. omohyoideus*
54	Oberes Halsganglion des Sympathikus	*Ganglion cervicale superius*
55	Innere Kopfarterie	*A. carotis interna*
56	Äußere Kopfarterie	*A. carotis externa*
57	Unterkinnarterie	*A. submentalis*
58	Unterkiefer-Zungenbein-Nerv	*N. mylohyoideus*
59	Gesichtsarterie	*A. facialis*
60	Unterzungennerv (12. Hirnnerv)	*N. hypoglossus (XII)*

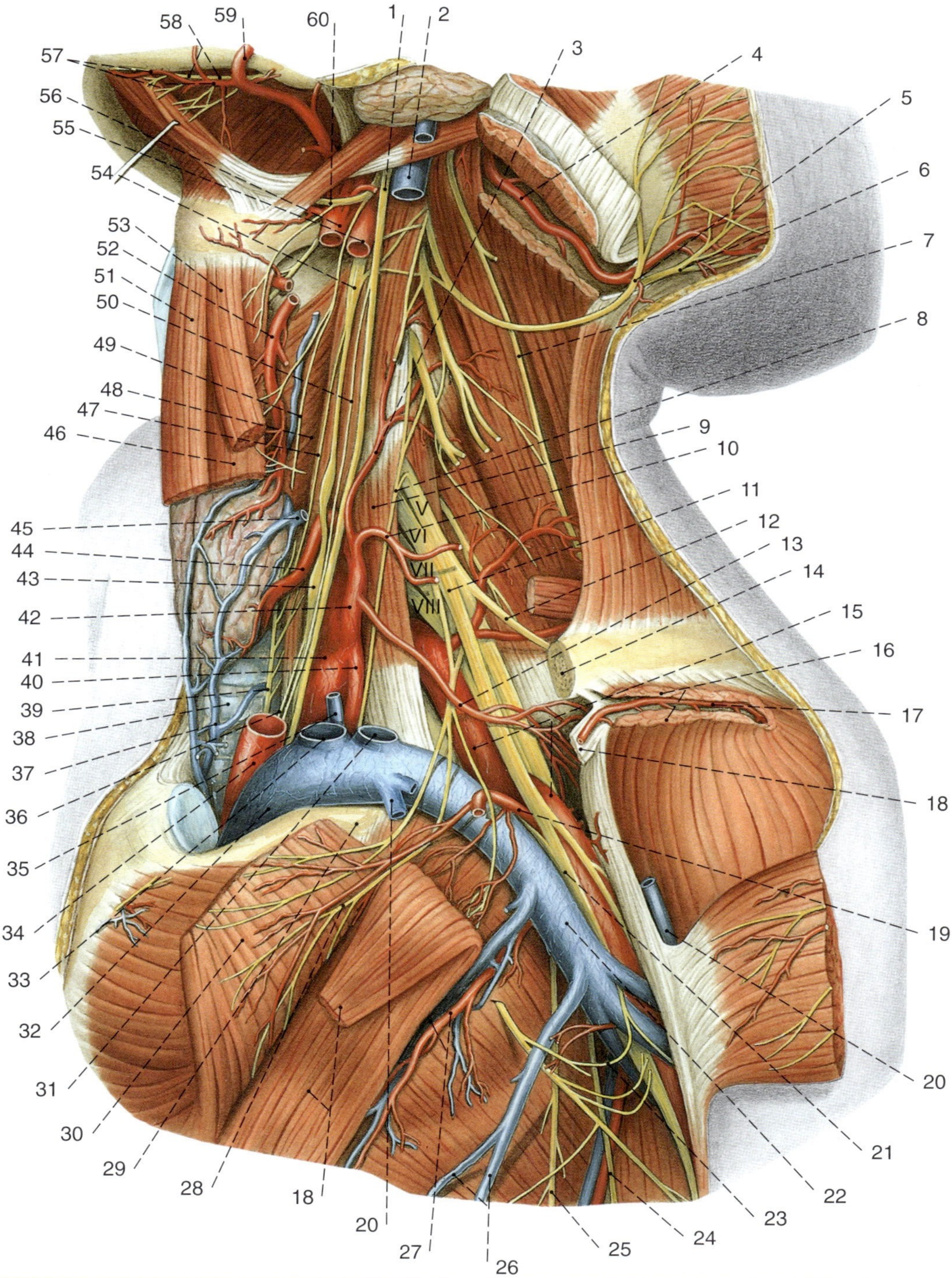

Hals. Mundboden, seitliche Halsgegend und Achselgegend von links vorn. Der Hautmuskel des Halses (Platysma), die medialen ⅔ des Schlüsselbeins, der Kopfwender (Sternokleidomastoideus), die unteren Hälften der Unterzungenbeinmuskeln und Teile der Kopfarterien und Drosselvenen sind entfernt. Der große Brustmuskel ist aufgeklappt. *[fs1*

Das auf den ersten Blick recht verwirrende Bild erschließt sich schnell dem Verständnis, wenn man

- systematisch vorgeht: erst die Knochen, dann die Muskeln, dann die Eingeweide, zuletzt Arterien, Venen und Nerven aufsucht,
- sich auf die wichtigen Strukturen beschränkt und die feineren Einzelheiten zunächst nicht beachtet.

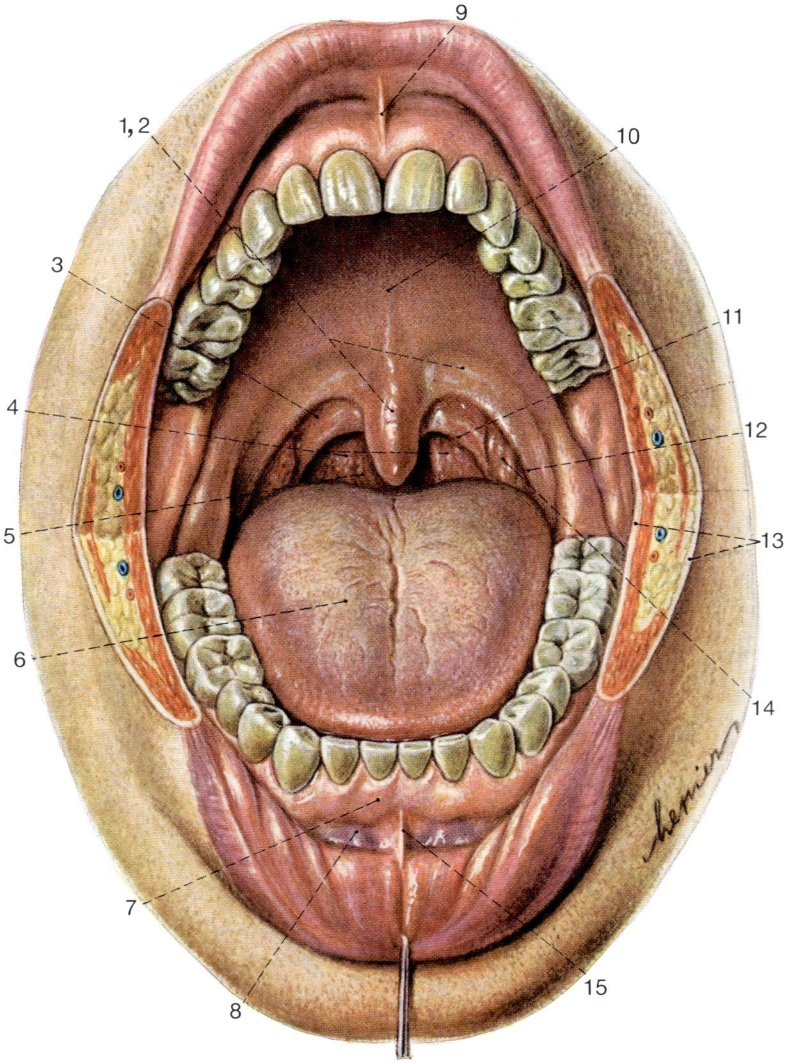

Mundhöhle. Die Wangen sind eingeschnitten, um ihren Bau zu zeigen. Bei weit geöffnetem Mund und flacher Zunge (beim Patienten drückt man die Zunge mit einem Spatel nach unten) kann man die gesamte Mundhöhle beurteilen: Gebiss, Zungenrücken, Gaumen, Wangeninnenseite. Ärztlich besonders wichtig ist der Blick auf die Gaumenmandel zwischen den beiden Gaumenbogen. Durch die Schlundenge hindurch kann man die Rachenhinterwand sehen und gegebenenfalls eine Rachenentzündung erkennen. [sb2]

1	Gaumenzäpfchen	*Uvula palatina*
2	Weicher Gaumen (Gaumensegel)	*Palatum molle [Velum palatinum]*
3	Gaumenmandelnische	*Fossa [Sinus] tonsillaris*
4	Rachen (Hinterwand)	*Pharynx*
5	Schlundenge	*Isthmus faucium*
6	Zungenrücken	*Dorsum linguae*
7	Zahnfleisch	*Gingiva*
8	Vorhof der Mundhöhle	*Vestibulum oris*
9	Oberes Lippenbändchen	*Frenulum labii superioris*
10	Harter Gaumen	*Palatum durum*
11	Hinterer Gaumenbogen	*Arcus palatopharyngeus [Plica posterior faucium]*
12	Vorderer Gaumenbogen	*Arcus palatoglossus [Plica anterior faucium]*
13	Wange	*Bucca*
14	Gaumenmandel	*Tonsilla palatina*
15	Unteres Lippenbändchen	*Frenulum labii inferioris*

Gliederung der Mundhöhle

Die Zähne teilen die Mundhöhle in 2 Bereiche:

- *Vorhof der Mundhöhle:* der Raum zwischen Zähnen und Lippen bzw. Wangen.
- *Mundhöhle im engeren Sinn:* der größere Raum zwischen Zähnen und Schlundenge. Die Mundhöhle wird oben vom Gaumen, unten vom Mundboden begrenzt.

Mundschleimhaut

Die gesamte Mundhöhle ist mit Schleimhaut ausgekleidet. Wegen ihrer starken mechanischen Beanspruchung beim Essen ist sie mit einem mehrschichtigen Plattenepithel bedeckt. Am Zungenrücken ist dieses sogar leicht verhornt. Den Teil der Mundschleimhaut, der die zahntragenden Teile der Kieferknochen überzieht, nennt man Zahnfleisch.

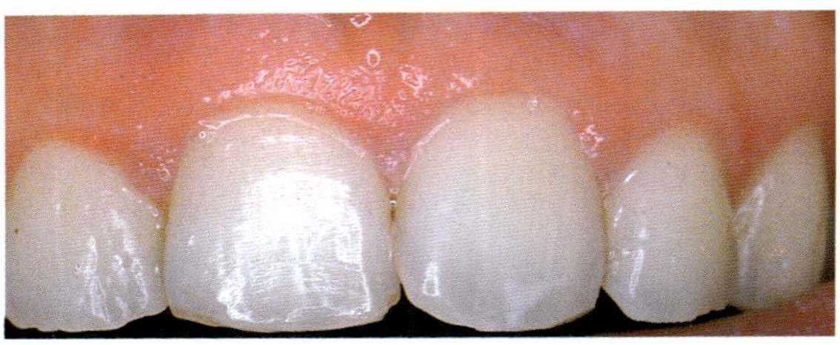

Gesundes Zahnfleisch. Die Zahnfleischpapille schiebt sich in den Zwischenraum zwischen 2 Zähnen und füllt ihn vollständig aus. Löst sich das Zahnfleisch vom Zahn, so können über die dabei entstehenden Taschen Bakterien in den Spaltraum zwischen Zahn und Kieferknochen eindringen. Dort rufen sie eine langwierige Wurzelhautentzündung (Periodontitis) hervor, die sogar zum Verlust des Zahns führen kann. [ke2]

Lippen

Die Lippen sind eigenbewegliche Weichteilfalten. Sie dienen dem gas- und flüssigkeitsdichten Verschluss der Kieferspalte.

Am freien Rand der Lippe findet sich das *Lippenrot*. Dort ist die Haut unbehaart, unpigmentiert und nur leicht verhornt. Deshalb schimmert die gefäßreiche Lederhaut rötlich durch. Bei Sauerstoffmangel im Blut verfärbt sich das Lippenrot bläulich (Zyanose). Die Haut ist hier auch frei von Schweißdrüsen. Daher muss man die Lippen wiederholt mit Speichel befeuchten, damit sie nicht austrocknen. Das Lippenrot ist reich an Nerven. Nach der Zunge ist es der berührungsempfindlichste Teil des menschlichen Körpers (Küssen!).

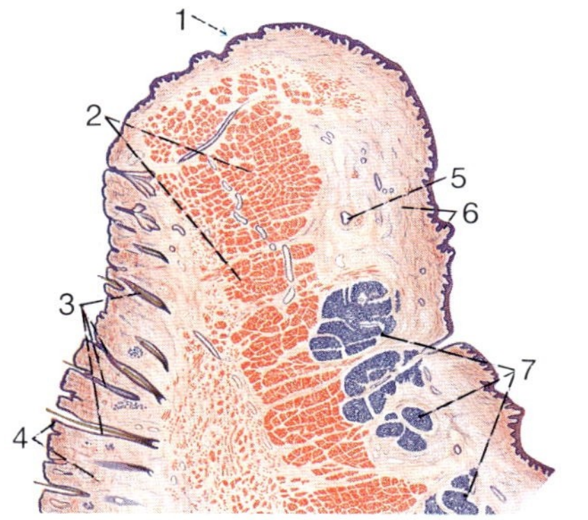

Unterlippe. Lupenbild eines Schnitts (Vergrößerung etwa 4fach). Eine Mittelschicht aus Skelettmuskeln (die mimischen Muskeln des Mundes) ist vorn (im Bild links) von behaarter Haut, hinten von Schleimhaut überzogen. Die Lippendrüsen kann man als „Körnchen" tasten, wenn man die Lippe zwischen Zeigefinger und Daumen fasst. *[wa]*

1	Lippenrot	*Labium, Pars intermedia*
2	Ringmuskel des Mundes	*M. orbicularis oris*
3	Haare	*Pili*
4	Lippenhaut	*Labium, Pars cutanea*
5	Arterie	*Arteria*
6	Lippenschleimhaut	*Labium, Pars mucosa*
7	Lippendrüsen	*Glandulae labiales*

Wangen

Sie sind grundsätzlich ähnlich wie die Lippen gebaut, es fehlt lediglich der freie Rand mit dem Lippenrot. Die Wange besteht daher aus 3 Schichten:

• *Außenschicht:* behaarte Haut. Beim „pausbäckigen" Säugling liegt unter der Haut ein derber Fettpfropf, der die Wange versteift. Er verhindert das Einziehen der Wange beim Saugen.

• *Mittelschicht:* Wangenmuskel (auch Trompetermuskel genannt).

• *Innenschicht:* Mundschleimhaut mit Wangendrüsen.

Gaumen

Die Mundhöhle wird von der Nasenhöhle und dem oberen Teil des Rachens durch den Gaumen getrennt:

• *Harter Gaumen:* Im starrem vorderen Abschnitt des Gaumens liegt unter der Schleimhaut Knochen.

• *Weicher Gaumen = Gaumensegel:* Der hintere Teil ist durch Muskeln beweglich. In der Mitte des Hinterrandes springt das Gaumenzäpfchen vor. Seitlich begrenzen zwei Schleimhautfalten (vorderer und hinterer Gaumenbogen) die Gaumenmandelbucht, in der die Gaumenmandel liegt. Zusammen mit dem Zungengrund umgeben sie die *Schlundenge,* die Öffnung zum Rachen. Beim Schlucken wird das Gaumensegel gespannt und angehoben. Es verhindert den Rückfluss von Speisebrei in die Nasenhöhle. Das Gaumensegel ist auch wichtig beim Sprechen („Gaumensegellaute", z.B. g, k).

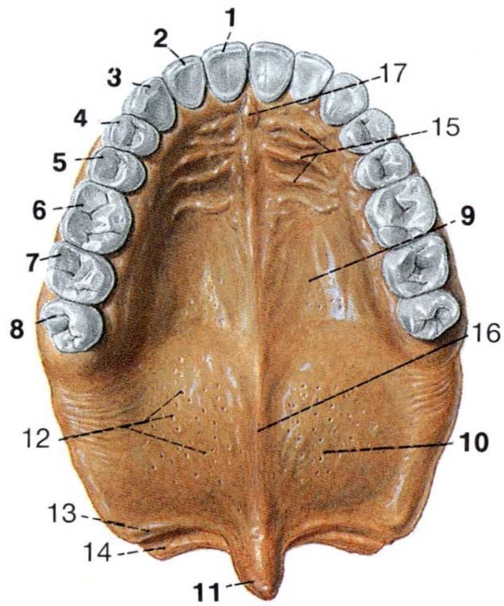

Gaumen und Zahnbogen des Oberkiefers von unten gesehen. *[sb2]*

1–8	Bleibende Zähne	*Dentes permanentes*
1–2	1. + 2. Schneidezahn	*Dens incisivus I + II*
3	Eckzahn	*Dens caninus*
4–5	1. + 2. vorderer Backenzahn (Prämolar)	*Dens premolaris I + II*
6–7	1. + 2. Mahlzahn (Molar)	*Dens molaris I + II*
8	Weisheitszahn (= dritter Mahlzahn)	*Dens molaris tertius [Dens serotinus]*
9	Harter Gaumen	*Palatum durum*
10	Weicher Gaumen (= Gaumensegel)	*Palatum molle [Velum palatinum]*
11	Gaumenzäpfchen	*Uvula palatina*
12	Gaumenspeicheldrüsen (Mündungen)	*Glandulae palatinae*
13	Vorderer Gaumenbogen	*Arcus palatoglossus [Plica anterior faucium]*
14	Hinterer Gaumenbogen	*Arcus palatopharyngeus [Plica posterior faucium]*
15	Quere Gaumenfalten	*Plicae palatinae transversae*
16	Gaumennaht	*Raphe palati*
17	Schneidezahnpapille	*Papilla incisiva*

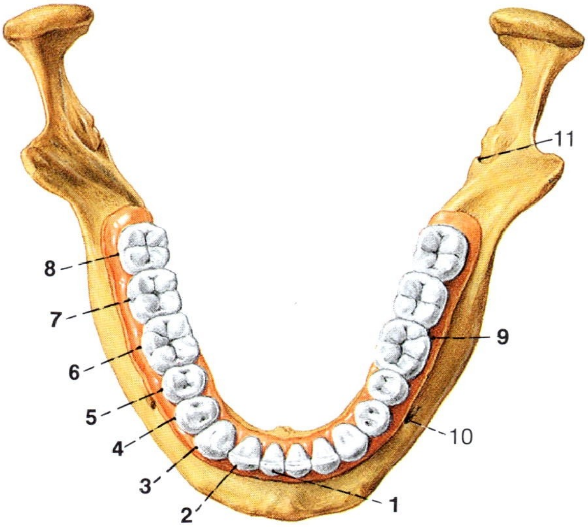

Unterkiefer mit Zähnen von oben. [sb2]

1–2	1. + 2. Schneidezahn	*Dens incisivus I + II*
3	Eckzahn	*Dens caninus*
4–5	1. + 2. vorderer Backenzahn (Prämolar)	*Dens premolaris I + II*
6–7	1. + 2. Mahlzahn (Molar)	*Dens molaris I + II*
8	Dritter Mahlzahn (= Weisheitszahn)	*Dens molaris tertius* [*Dens serotinus*]
9	Zahnfleisch	*Gingiva*
10	Kinnloch	*Foramen mentale*
11	Unterkieferloch	*Foramen mandibulae*

Zahnformel des Erwachsenen: 2–1–2–3
d.h. in jeder Kieferhälfte
- 2 Schneidezähne
- 1 Eckzahn
- 2 vordere Backenzähne (Prämolaren)
- 3 Mahlzähne (Molaren)

Gebiss

Das bleibende Gebiss besteht aus 32 Zähnen, je 8 in einer Ober- bzw. Unterkieferhälfte. Je nach ihrer Lage haben die 8 Zähne unterschiedliche Aufgaben und dementsprechend auch unterschiedliche Formen:
- *Schneidezähne:* Mit den vorderen Zähnen beißt man ab. Ober- und Unterkieferzähne werden dabei wie die beiden Blätter einer Schere aneinander vorbeigeführt. Die Kontaktflächen sind daher schneidenähnlich.
- *Eckzähne:* Sie haben eine lange Wurzel. Bei den Raubtieren sind sie besonders kräftig: Sie dienen dem Halten der Beute.
- *Mahlzähne* (Molaren): Die hinteren Zähne zerquetschen die Nahrung wie Mühlsteine. Die Kontaktflächen sind breit und höckerig.
- *Vordere Backenzähne* (Prämolaren): Sie schieben sich zwischen Eckzähne und Mahlzähne als Übergangsformen ein.

Bezifferung der Zähne

Für den Zahnarzt sind Formulierungen wie „zweiter vorderer Backenzahn rechts oben" zu umständlich. Einfacher ist es, jedem Zahn eine Nummer zu geben. Nach der jetzt üblichen internationalen Formel werden die Zähne in jeder Kieferhälfte zunächst einmal von der Mitte ausgehend mit 1–8 nummeriert. 1 und 2 sind Schneidezähne, 3 der Eckzahn, 4 und 5 vordere Backenzähne und 6–8 Mahlzähne. Jetzt müssen noch der Ober- und der Unterkiefer sowie rechts und links unterschieden werden. Dazu setzt man vor die Zahnnummern 1–8 jeweils eine 1 für die rechte Oberkieferhälfte, eine 2 für die linke Oberkieferhälfte, eine 3 für die linke Unterkieferhälfte und eine 4 für die rechte Unterkieferhälfte. Die komplette Zahnformel lautet:

18 17 16 15 14 13 12 11	21 22 23 24 25 26 27 28
48 47 46 45 44 43 42 41	31 32 33 34 35 36 37 38

46 (gesprochen vier – sechs) bedeutet 1. Mahlzahn im Unterkiefer rechts. Die Notierung erfolgt so, wie der Zahnarzt auf das Gebiss des Patienten sieht.

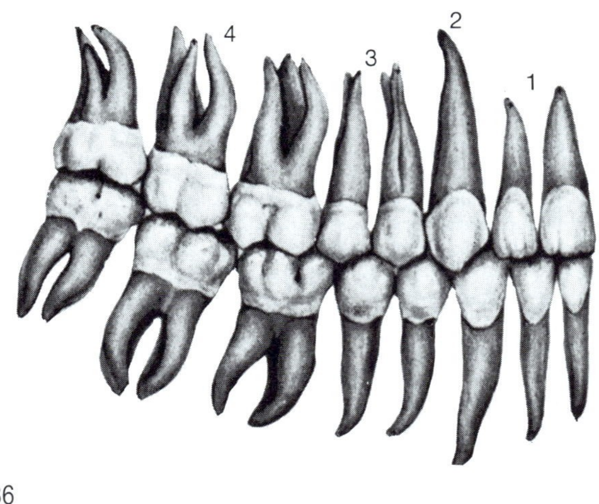

Rechte Gebisshälfte eines Erwachsenen. Die Form der Zähne unterscheidet sich bei den einzelnen Menschen erheblich. Selbst die Zahl der Zahnwurzeln ist nicht bei allen Menschen gleich. Eine Wurzel haben meist die Zähne 1–5 im Unterkiefer sowie 1–3 und 5 im Oberkiefer. Mit 2 Wurzeln sind meist die Zähne 6–8 im Unterkiefer und 4 im Oberkiefer, mit 3 Wurzeln die Zähne 6–8 im Oberkiefer ausgestattet. [jo]
Ober- und Unterkieferzähne stehen sich nicht genau gegenüber. Sie sind bis zu einer halben Zahnbreite gegeneinander verschoben (der erste obere Schneidezahn ist deutlich breiter als der erste untere). Damit haben fast alle Zähne mit jeweils 2 gegenüberliegenden Zähnen Bisskontakt. Bei Ausfall eines Zahnes beißt der entsprechende Zahn des anderen Kiefers nicht ins Leere.

1	Schneidezähne	*Dentes incisivi*
2	Eckzahn	*Dens caninus*
3	Vordere Backenzähne	*Dentes premolares*
4	Mahlzähne (Molaren)	*Dentes molares*

Feinbau des Zahns

Der größte Teil des Zahns besteht aus *Zahnbein* (Dentin), einem Gewebe, das mit dem Knochen verwandt ist. Da sich das Zahnbein beim Kauen zu stark abnützen würde, trägt die Zahnkrone einen Überzug aus dem härtesten Gewebe des menschlichen Körpers, dem *Zahnschmelz*. Die in die Kieferknochen eingebettete Zahnwurzel benötigt keinen Schmelzüberzug, dafür ist hier das knochenähnliche *Zement* zur Befestigung der Wurzelhaut aufgelagert.

3 Zahnhartgewebe:
- *Zahnbein (Dentin):* Hauptteil des Zahns
- *Zahnschmelz:* überzieht die Zahnkrone
- *Zement:* überzieht die Zahnwurzel

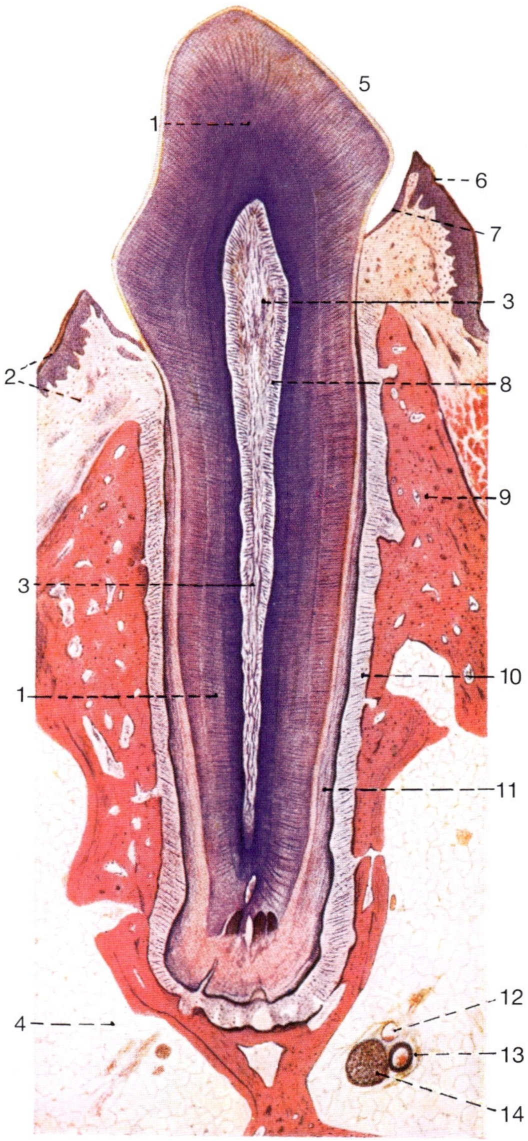

Zahn und Zahnhalteapparat. Schnittbild (Vergrößerung 10fach). Der Anatom nennt den von Zahnschmelz überzogenen Teil des Zahns die Zahnkrone. Der Zahnarzt hingegen bezeichnet den aus dem Zahnfleisch herausragenden Teil des Zahnes als Zahnkrone. Deshalb sollte man zwischen der „klinischen" Zahnkrone und der „anatomischen" Zahnkrone unterscheiden. Wegen des Altersabbaus der Kieferknochen werden die Zähne im Laufe des Lebens scheinbar länger, weil sie immer weniger vom Kiefer verdeckt werden. Während die klinische Zahnkrone „wächst", wird die anatomische durch Abnützung eher kleiner. [wa] ➔

1	Zahnbein (= Dentin)	*Dentinum*
2	Zahnfleisch	*Gingiva*
3	Zahnmark in der Zahnhöhle	*Pulpa dentis, Cavitas dentis [pulparis]*
4	Knochenmark	*Medulla ossium*
5	Zahnschmelz	*Enamelum*
6	Zahnfleischrand	*Margo gingivalis*
7	Zahnfleischrinne	*Sulcus gingivalis*
8	Zahnbeinbildende Zellen	*Dentinoblasti [Odontoblasti]*
9	Alveolarknochen (zahntragender Teil des Unterkiefers bzw. Oberkiefers)	*Pars alveolaris bzw. Processus alveolaris*
10	Wurzelhaut	*Periodontium*
11	Zement	*Cementum*
12–14	Vene + Arterie + Nerv	*Vena + Arteria + Nervus*

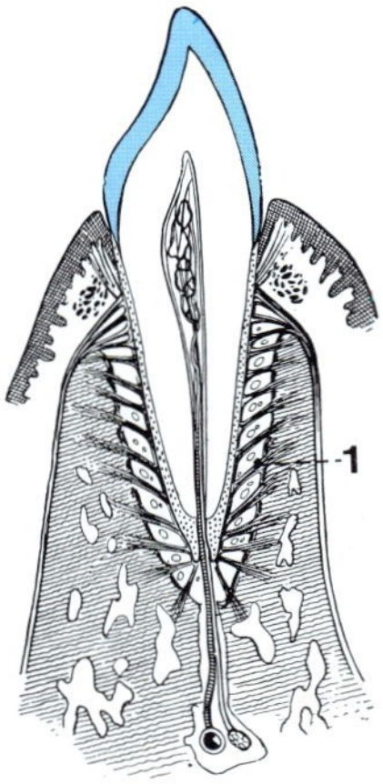

Zahnhalteapparat. Zahnschmelz blau, Zahnbein weiß, 1 = Wurzelhaut. In der Jugend ist der Zahn zu mehr als der Hälfte seiner Länge in den Kieferknochen verankert. Das Zahnfleisch umschließt den Zahnhals. Beim sog. Zahnfleischschwund (Parodontose) schwindet weniger das Zahnfleisch selbst als der von ihm bedeckte zahntragende Knochen. Dann ist der Zahn schlechter verankert. Der Zahn beginnt zu wackeln und fällt schließlich aus. [bg2]

Zahnhalteapparat

Die Zähne sind nicht starr in die Kieferknochen eingebaut, sondern über die *Wurzelhaut* federnd aufgehängt. Dadurch werden Schäden durch harte Nahrungsteile vermieden. Die Wurzelhaut besteht aus zugfesten (kollagenen) Fasern. Diese sind einerseits in der knöchernen Wand der Zahnfächer der Kieferknochen und andererseits in der Zementschicht der Zähne verankert. Zement, Wurzelhaut und Alveolarknochen bilden somit den Zahnhalteapparat.

Die Fasern der Wurzelhaut verlaufen teils horizontal, teils schräg, teils vertikal (von der Wurzelspitze), so dass bei jeder Art der mechanischen Beanspruchung des Zahns Fasern gespannt werden.

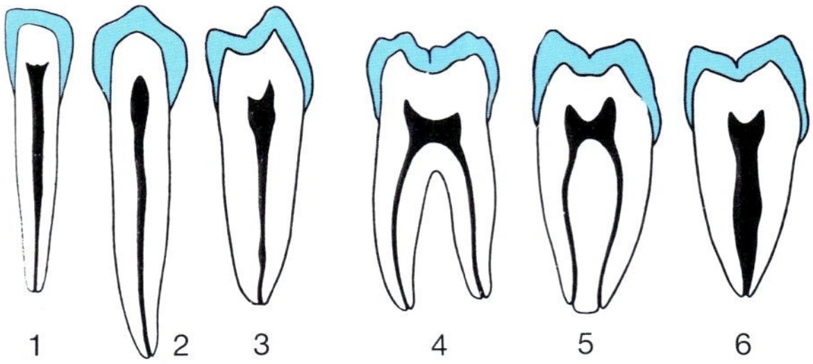

Zähne des Unterkiefers: Schnittbilder. Zahnschmelz blau, Zahnmark („Pulpa") schwarz. Wegen der großen Variabilität können die Abbildungen nur als Beispiele dienen. *[me1]*
1 Schneidezahn,
2 Eckzahn,
3 zweiter vorderer Backenzahn,
4–6 erster Mahlzahn in verschiedenen Schnittrichtungen: 4 in Richtung des Zahnbogens, 5 durch die vordere (mesiale) Wurzel, 6 durch die hintere (distale) Wurzel.

Entwicklung der Zähne

Die Zähne werden im Innern der Kieferknochen aufgebaut. Zuerst wird eine Art Gussform angelegt. An diese „Zahnglocke" lagern auf der Innenseite zahnbeinbildende Zellen das Zahnbein, auf der Außenseite schmelzbildende Zellen den Zahnschmelz an. Ist auf diese Weise die Zahnkrone fertiggestellt, so wartet der Zahn auf seinen „Durchbruch". Dazu wird der Knochen über der Zahnkrone abgebaut. Am anderen Ende des Zahns beginnt die Zahnwurzel zu wachsen und schiebt dadurch die Zahnkrone allmählich aus dem Kieferknochen.

Milchgebiss und Zahnwechsel

Die Kiefer des Kindes sind kleiner als die des Erwachsenen. Das komplette Gebiss kann noch nicht untergebracht werden. Die Kiefer fassen beim Kleinkind 20, beim Schulkind 24, in der Pubertät 28, beim Erwachsenen 32 Zähne. Die ersten 20 Zähne sind in der Größe dem kindlichen Kiefer angepasst. Die durchgebrochenen Zähne aber können nicht mehr wachsen. Daher werden die 20 „Milchzähne" allmählich durch größere „bleibende" Zähne ersetzt. In jeder Kieferhälfte werden also 5 Zähne ausgetauscht (1–5, „Ersatzzähne") und 3 kommen neu hinzu (6–8, „Zuwachszähne").

Zahnformel des Milchgebisses: 2–1–2
- 2 Milchschneidezähne
- 1 Milcheckzahn
- 2 Milchmahlzähne

Internationale Bezifferung: Für die Milchzähne verwendet man sinngemäß die Ziffern von 51–85:

55	54	53	52	51	61	62	63	64	65
85	84	83	82	81	71	72	73	74	75

Die Milchzähne sind Platzhalter für die Ersatzzähne. Vorzeitiger Verlust von Milchzähnen führt häufig zu Engstand der bleibenden Zähne, Hemmung des Kieferwachstums und Bissanomalien mit abnormer Stellung der Kiefer zueinander.

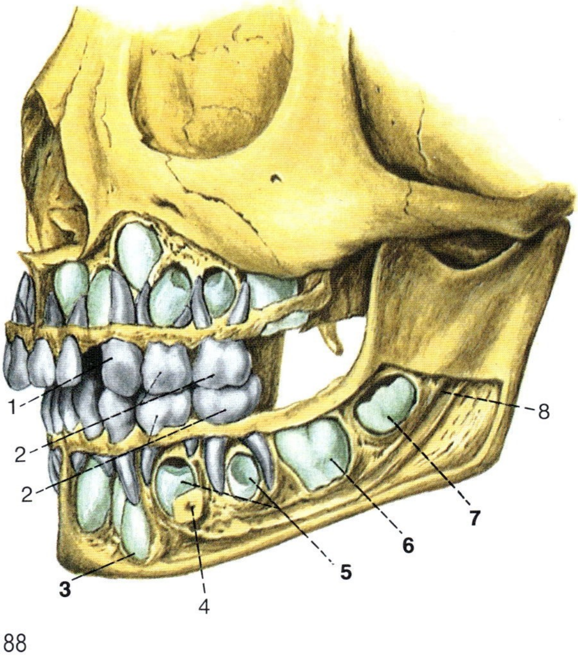

Milchgebiss (blau) **und Anlagen des bleibenden Gebisses** (grün) in den Kieferknochen eines 5-jährigen Kindes. Das Milchgebiss ist noch vollständig. Die bleibenden Zähne sind schon zu großen Teilen in den Kieferknochen angelegt und „warten" bis sie den entsprechenden Milchzahn ersetzen können (Zähne 1–5) bzw. das Gebiss erweitern (Zähne 6–8). Der erste bleibende Zahn (erster Mahlzahn) beginnt im Oberkiefer schon durchzubrechen. Der „Weisheitszahn" (3. Mahlzahn) ist noch nicht angelegt, da für ihn im Kiefer noch kein Platz ist. Treibende Kraft des Zahndurchbruchs ist das Wurzelwachstum, durch das die schon fertige Zahnkrone zur Oberfläche geschoben wird. Bei zu engen oder zu weiten Lücken kann sich ein Zahn verkeilen oder schräg durchbrechen. *[sb2]*

1–2	Milchzähne	*Dentes decidui*
1	Milcheckzahn	*Dens caninus deciduus*
2	Milchmahlzähne (Milchmolaren)	*Dentes molares decidui*
3, 5–7	Bleibende Zähne	*Dentes permanentes*
3	Eckzahn	*Dens caninus*
4	Kinnloch	*Foramen mentale*
5	Vordere Backenzähne	*Dens premolaris I + II*
6–7	1. + 2. Mahlzahn	*Dens molaris I + II*
8	Unterkieferkanal	*Canalis mandibulae*

Keine Regeneration von Zähnen

Nach einem alten Scherz schenkt uns die Natur zwei Sätze von Zähnen, die dritten Zähne aber müssen wir kaufen (zum Wohle der Zahnärzte).

- Zahnschmelz kann sich nicht erneuern, weil die schmelzbildenden Zellen an der äußeren Oberfläche liegen und beim Zahndurchbruch verloren gehen.
- Die zahnbeinbildenden Zellen bleiben zwar erhalten, doch nützt dies wenig, weil sie im Innern des Zahns am Rande der Zahnhöhle sitzen und damit nur innen anbauen, aber Verluste von Zahnbein durch Zahnfäule (Karies) auf der Außenseite nicht ausgleichen können.

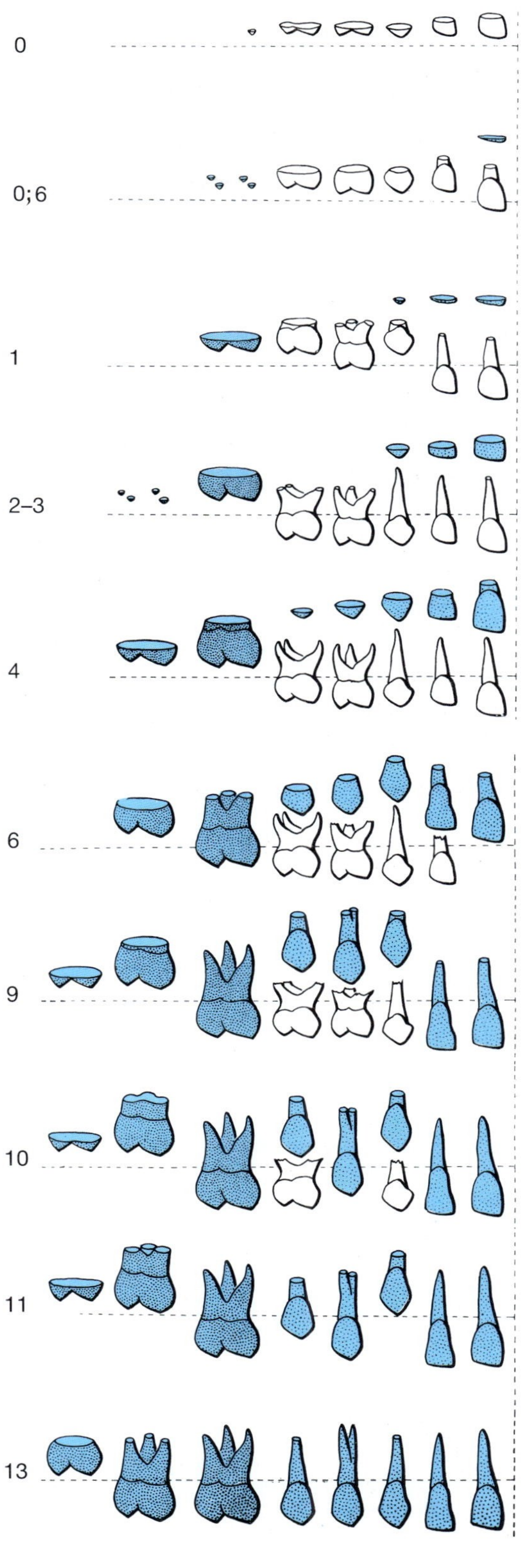

Entwicklung des Gebisses am Beispiel einer Oberkieferhälfte. Milchgebiss weiß, bleibende Zähne blau, unterbrochene Linie = Zahnfleischgrenze. Die Ziffern bedeuten das Alter in Jahren. [me2]

0 *Neugeborenes:* Von allen 5 Milchzähnen jeder Kieferhälfte sind bereits Teile der Krone angelegt. Die Zähne liegen noch innerhalb des Knochens.

0;6 *Säugling von 6 Monaten:* Der erste Milchschneidezahn beginnt durchzubrechen. Dieses „Zahnen" ist mit Schmerzen verbunden. Das Kind schreit viel, nimmt weniger Nahrung auf und kann sogar an Gewicht verlieren.

1 *Ende des 1. Lebensjahres:* Nach dem 1. Milchschneidezahn ist der 2. Milchschneidezahn durchgebrochen (8.–12. Monat). Es folgt im 12.–16. Monat der erste Milchmahlzahn. Der Milcheckzahn dazwischen erscheint meist als 4. Zahn (15.–20. Monat).

2–3 *Kleinkind von 2–3 Jahren:* Als letzter Milchzahn ist der 2. Milchmahlzahn durchgebrochen (20.–40. Monat). Die Wurzeln der Milchmahlzähne sind noch nicht vollendet. Oberhalb und hinter den Milchzähnen beginnt die Entwicklung der bleibenden Zähne.

4 Jahre: Die Entwicklung des Milchgebisses ist abgeschlossen, 7 bleibende Zähne entstehen.

6 Jahre: Der Oberkiefer ist inzwischen so weit gewachsen, dass ein sechster Zahn Platz findet. Als erster bleibender Zahn bricht im Alter von 6–8 Jahren der erste Mahlzahn durch. Die Wurzeln der Milchzähne werden abgebaut. Als erster Milchzahn wird der erste Milchschneidezahn vom nachdrängenden ersten bleibenden Schneidezahn ausgestoßen (6.–9. Jahr). Der erste bleibende Zahn („Sechsjahresmolar") ist naturgemäß am frühesten den schädigenden Einflüssen der Mundhöhle ausgesetzt. Er erkrankt daher häufig als erster der bleibenden Zähne an Zahnfäule (Karies).

9 Jahre: Der 2. Milchschneidezahn wurde durch den 2. bleibenden Schneidezahn ersetzt (7.–10. Jahr).

10 Jahre: Als vierter bleibender Zahn nimmt der erste vordere Backenzahn die Stelle des 1. Milchmahlzahns ein (9.–13. Jahr).

11 Jahre: Auch die letzten beiden Milchzähne sind verloren gegangen. Sie wurden vom 2. Backenzahn und vom bleibenden Eckzahn verdrängt (9.–14. Jahr).

13 Jahre: Der zweite Mahlzahn bricht durch (10.–14. Jahr). Damit ist das bleibende Gebiss bis auf die „Weisheitszähne" vollständig. Diese lassen manchmal viele Jahre auf sich warten oder bleiben ganz aus. Manchmal finden sie auch nicht den richtigen Platz (besonders im Unterkiefer), brechen schräg durch oder werden eingekeilt. Dann muss evtl. sogar ein gesunder Weisheitszahn entfernt werden.

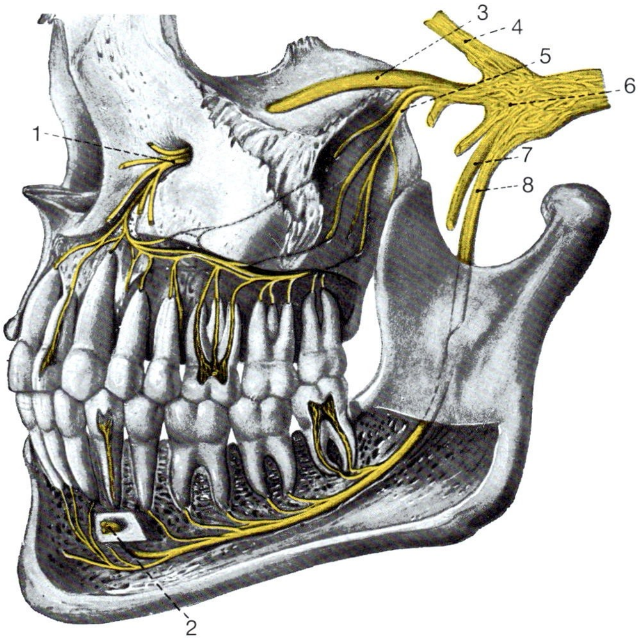

Nervenversorgung des Gebisses. Bei den Zähnen 22, 26, 34 und 38 ist der Eintritt der Zahnfachnerven in das Zahnmark dargestellt. *[bg2]*

Die gesunden Zähne sind lebende Organe. Sie sind daher mit Nerven und Blutgefäßen versehen. Diese treten an den Zahnwurzeln in die Zähne ein. Die Zahnfachnerven (Alveolarnerven) verlaufen kleinere oder größere Strecken in Knochenkanälen des Ober- bzw. Unterkiefers. Sie entstammen alle dem „Trigeminus" (Drillingsnerv = fünfter Hirnnerv):

- Alle Zähne des Oberkiefers werden von dessen zweitem Hauptast, dem Oberkiefernerv, versorgt.
- Alle Zähne des Unterkiefers innerviert sein dritter Hauptast, der Unterkiefernerv.

1	Unteraugenhöhlennerv	*N. infraorbitalis*
2	Kinnnerv	*N. mentalis*
3	2. Hauptast des Trigeminus (Oberkiefernerv)	*N. maxillaris*
4	1. Hauptast des Trigeminus (Augenhöhlennerv)	*N. ophthalmicus*
5	Zahnfachnerven (Alveolarnerven) des Oberkiefers	*Nn. alveolares superiores*
6	Ganglion des Trigeminus (Drillingsnervs)	*Ganglion trigeminale*
7	Zungennerv	*N. lingualis*
8	Zahnfachnerv (Alveolarnerv) des Unterkiefers	*N. alveolaris inferior*

Zahnschmerz

Im Zahnbein liegen viele feine Nervenfasern mit Schmerzempfängern. Sie „schlafen", solange sie allseits von Zahnbein umgeben sind. Werden sie jedoch durch eine Zahnfäule (Karies) oder durch den Bohrer des Zahnarztes freigelegt, so geraten sie in heftige Erregung. Erstes Warnzeichen ist Schmerz bei Kälteeinwirkung auf den Zahn. Dann ist die „Isolierschicht" aus Zahnbein bereits so dünn, dass die Kälte zu den Schmerzempfängern durchdringt.

Besonders heftige Schmerzen verursacht eine Entzündung des Zahnmarks (Pulpitis). In der engen Zahnhöhle führt die mit jeder Entzündung verbundene Schwellung zu einem erheblichen Druck, durch den die Nerven gequetscht werden. Eröffnet der Zahnarzt die Zahnhöhle, so lässt der Schmerz schlagartig nach.

Schmerzbetäubung bei der Zahnbehandlung

Spritzt man ein Lokalanästhetikum (Mittel zur örtlichen Betäubung) um die Zahnwurzeln oder um größere Nervenstämme, so wird die Schmerzleitung in der Nervenbahn vorübergehend unterbrochen.

- Beim Unterkiefer kann man mit einer einzigen Injektion den gesamten Alveolarnerv ausschalten. Damit sind alle unteren Zähne der betreffenden Seite gefühllos.
- Zu den Oberkieferzähnen gelangen mehrere Alveolarnerven. Daher sind mehrere Injektionen nötig, wenn man alle oberen Zähne gefühllos machen will.
- Schmerzen bei der Zahnbehandlung können auch vom Zahnfleisch herrühren. An dessen Innervation beteiligen sich auch der Zungennerv und der Wangennerv.

Schlussbissstellung (Okklusion)

Beim festen Zusammenbeißen können die oberen Schneidezähne vor, auf oder hinter den unteren Schneidezähnen stehen:

- *Überbiss (Scherenbiss):* Obere und untere Schneidezähne gleiten wie die beiden Blätter einer Schere aneinander vorbei (die oberen vor den unteren). Diese Schlussbissstellung ist in Deutschland am verbreitetsten.
- *Kopfbiss (Zangenbiss):* Obere und untere Schneidezähne treffen zangenartig aufeinander. In Deutschland selten.
- *Progeniebiss:* Die unteren Schneidezähne stehen vor den oberen. Diese Schlussbissstellung ist in manchen Familien erblich (z.B. auf Familienbildnissen des 16. Jahrhunderts der deutschen Kaiser aus dem Habsburger Hause deutlich zu sehen).
- *Dachförmiger Überbiss:* Die oberen Schneidezähne stehen schräg vor. Diese Zahnstellung ist bei Chinesen und Japanern häufig (und wird deshalb auch in Karikaturen gern verwandt).

K Panoramaaufnahme des Oberkiefers eines 9-jährigen Kindes. Bei der so genannten Pantomographie werden die Röntgenröhre und der Film synchron (gleichzeitig) horizontal um den festgestellten Kopf herumgeführt und dabei alle Zähne aufgenommen. Die Panoramaaufnahme verschafft einen Überblick über das gesamte Gebiss. Dieser ist besonders bei älteren Kindern und Jugendlichen wertvoll, wenn es gilt, durch kieferorthopädische Maßnahmen (z.B. Zahnspangen) Fehlstellungen von Zähnen zu berichtigen. *[bi2]* ➔

L Panoramaaufnahme des Unterkiefers eines bleibenden Gebisses, bei dem die Weisheitszähne noch nicht durchgebrochen sind. *[bi2]* ➔

Große Speicheldrüsen (grün). Der Mensch hat auf jeder Seite 3 große Speicheldrüsen: Ohrspeicheldrüse, Unterkieferspeicheldrüse und Unterzungenspeicheldrüse. Daneben gibt es viele kleine Speicheldrüsen über die Mundschleimhaut verteilt: Lippendrüsen, Wangendrüsen, Gaumendrüsen und Zungendrüsen. [bg2]

1	Ohrspeicheldrüse („Parotis")	*Glandula parotidea*
2	Ohrspeichelgang (Ausführungsgang der Parotis)	*Ductus parotideus*
3	Unterkieferspeicheldrüse	*Glandula submandibularis*
4	Unterkieferspeichelgang	*Ductus submandibularis*
5	Unterzungenspeicheldrüse	*Glandula sublingualis*
6	Unterkiefer-Zungenbein-Muskel	*M. mylohyoideus*
7	Unterzungenwärzchen (Mündung des Unterkieferspeichelgangs)	*Caruncula sublingualis*

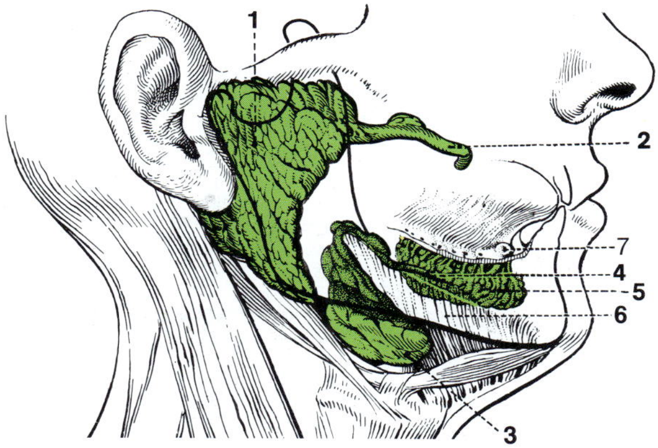

Speichel

Die Nahrung wird in der Mundhöhle zerkleinert und durch Zugabe von Speichel zu einem gut gleitfähigen Brei verarbeitet.

- Mit den Verdauungsenzymen im Speichel (Amylase u.a.) werden z.B. in den Zahnzwischenräumen verbliebene Speisereste aufgelöst. Daneben leiten sie auch die Verdauungsvorgänge im Speisebrei ein.
- Da die Speichelflüssigkeit (wie alle Drüsensekrete) letztlich dem Blutserum entstammt, enthält sie auch Mineralstoffe. Diese setzen sich zum Teil als „Zahnstein" an den Zähnen ab.
- Je nach Art der Nahrung benötigt der Mensch täglich ½-2 Liter Speichel (das Rind 40–60 l).
- Leider findet man im Speichel auch zahlreiche Bakterien, Pilze und Viren (beim Gesunden etwa eine Milliarde je Milliliter). Bissverletzungen sind daher immer infiziert und sollten sorgfältig behandelt werden!

Ohrspeicheldrüse (Parotis)

Die etwa 20–30 g schwere Ohrspeicheldrüse hat im Grunde keine Eigenform. Sie füllt den Raum zwischen Unterkiefer und Warzenfortsatz und dehnt sich auch noch auf die Oberfläche des Kaumuskels (Masseter) aus. Beim Öffnen der Kiefer wird sie zusammengedrückt. Dabei wird der in ihr erzeugte Speichel durch den Ohrspeichelgang in den Mund gepresst. Die Kaubewegung dient also gleichzeitig dem Speicheltransport.

- Der Ausführungsgang der Ohrspeicheldrüse *(Ohrspeichelgang)* endet im Vorhof der Mundhöhle auf Höhe des 2. oberen Mahlzahns. Er läuft oberflächlich zum Masseter etwa fingerbreit unterhalb des Jochbogens. Er ist etwa so dick wie eine Kugelschreibermine und kann beim Anspannen des Masseters (Zähne fest aufeinander beißen!) an dessen Vorderrand gut getastet werden.

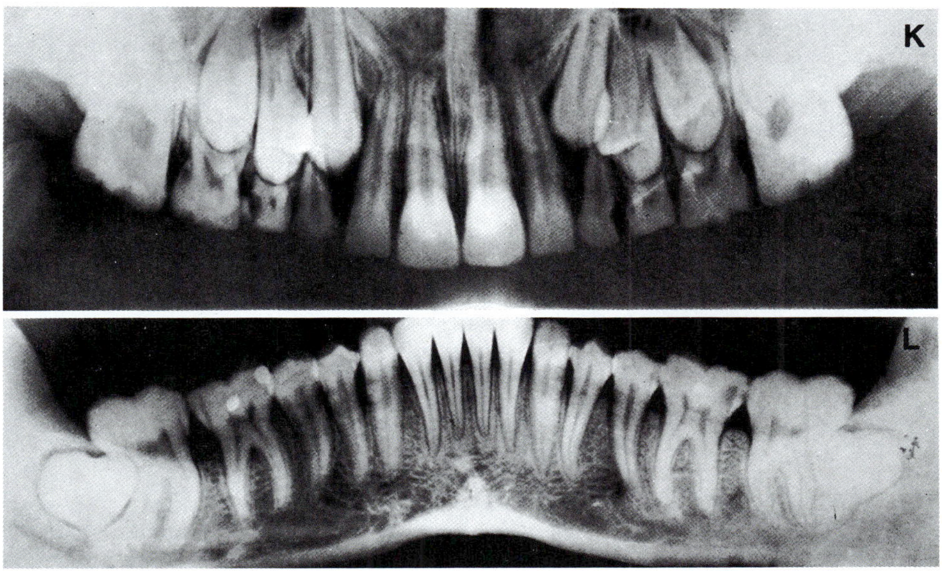

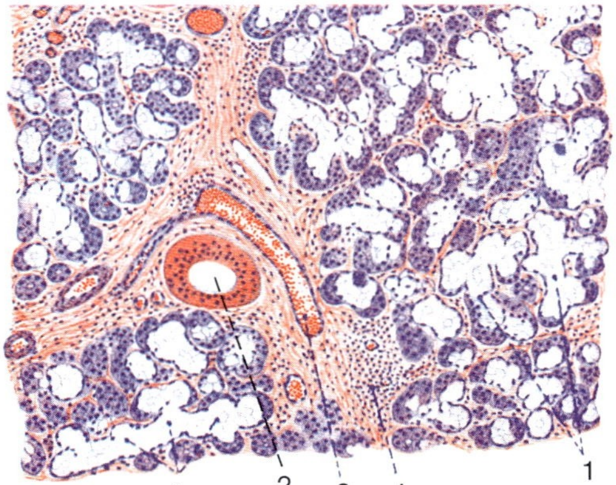

Unterzungenspeicheldrüse. Mikroskopisches Bild (Vergrößerung 80fach). Die im Bild hellen („mukösen") Drüsenabschnitte erzeugen Schleim, die dunklen (violett angefärbten) dünnflüssiges („seröses") Sekret. Die großen Speicheldrüsen unterscheiden sich in den Anteilen muköser und seröser Anteilen: Die Ohrspeicheldrüse ist rein serös, bildet also dünnflüssigen Speichel. Die meisten mukösen Anteile hat die Unterzungenspeicheldrüse, ihr Sekret ist also stark schleimhaltig. *[so]*

1	Schleimbildende Zellen	*Mucocyti*
2	Ausführungsgang	*Ductus excretorius*
3	Vene	*Vena*
4	Lymphozyten	*Lymphocyti*

Unterkieferspeicheldrüse

Die etwa 10–15 g schwere Drüse liegt oberflächlich im Mundboden in Nähe des Kieferwinkels. Der Unterkieferspeichelgang läuft im oberen Stockwerk des Mundbodens nach vorn und mündet am unteren Ende des Zungenbändchens aus.

Unterzungenspeicheldrüse

Die etwa 5 g schwere Drüse liegt in der Tiefe der Rinne zwischen Zunge und Unterkiefer dem Unterkieferspeichelgang an. Sie besteht aus mehreren Teildrüsen, die mit selbständigen Ausführungsgängen an der Schleimhaut der Rinne zwischen Zunge und Unterkiefer ausmünden. Die Unterzungenspeicheldrüse sondert einen stark schleimhaltigen Speichel ab. Die Bewegungen der Zunge und der Mundbodenmuskeln fördern den Speicheltransport aus Unterzungen- und Unterkieferspeicheldrüsen.

Erkrankungen der Speicheldrüsen

- *Speicheldrüsenentzündungen* treten gehäuft *nach Operationen* aller Art auf. Durch die Operation werden die Abwehrkräfte des Körpers geschwächt. Außerdem führt die fehlende oder verminderte Nahrungsaufnahme durch den Mund zu vermindertem Speichelfluss. Normalerweise friedliche Bakterien dringen aus der Mundhöhle in die Ausführungsgänge der Speicheldrüsen ein und lösen akute Entzündungen aus. Besonders gefährdet sind alte Menschen und Patienten in schlechtem Allgemeinzustand. In den Tagen um die Operation ist daher auf sorgfältige Mundpflege besonders zu achten!
- *Mumps* („Ziegenpeter", Parotitis epidemica). Die meist Schulkinder befallende Virusinfektion beginnt nach 18–21 Tagen Inkubationszeit zunächst mit Symptomen einer Erkältung. Nach 1–2 Tagen schwillt die Ohrspeicheldrüse zunächst einer Seite, 1–3 Tage später häufig auch der anderen Seite stark an. Durch die Schwellung wird das Ohrläppchen abgehoben. Die Mündungsstelle des Ohrspeichelgangs in den Vorhof der Mundhöhle ist stark gerötet.

Unterkiefer- und Unterzungenspeicheldrüse. Innenseite (Mundhöhlenseite) des rechten Unterkiefers. Die Zunge ist weggenommen. Dadurch wird der Blick auf die beiden Speicheldrüsen sowie auf den Unterkieferspeichelgang frei. *[sb2]*

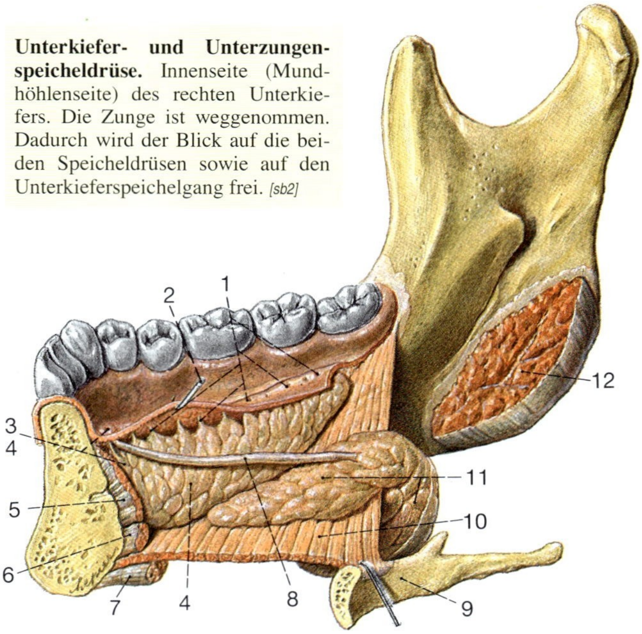

1	Kleine Unterzungenspeichelgänge	*Ductus sublinguales minores*
2	Mundschleimhaut (mit Haken angehoben)	*Tunica mucosa oris*
3	Unterzungenwärzchen (Mündung des Unterkieferspeichelgangs)	*Caruncula sublingualis*
4	Unterzungenspeicheldrüse	*Glandula sublingualis*
5	Kinn-Zungen-Muskel	*M. genioglossus*
6	Kinn-Zungenbein-Muskel	*M. geniohyoideus*
7	Zweibäuchiger Muskel	*M. digastricus*
8	Unterkieferspeichelgang	*Ductus submandibularis*
9	Zungenbein	*Os hyoideum*
10	Unterkiefer-Zungenbein-Muskel	*M. mylohyoideus*
11	Unterkieferspeicheldrüse	*Glandula submandibularis*
12	Innerer Flügelmuskel	*M. pterygoideus medialis*

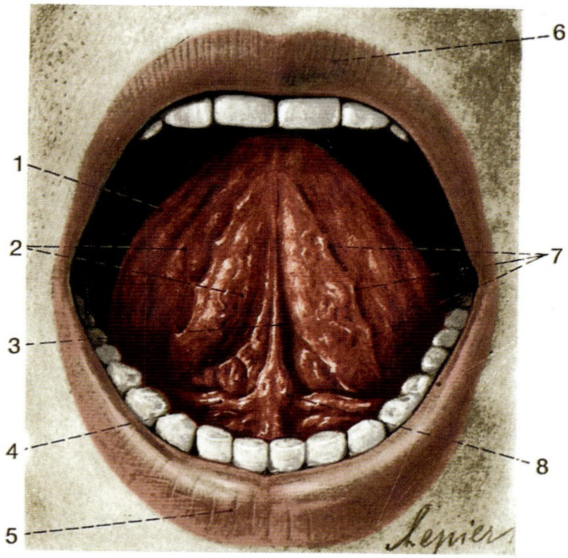

Zungenunterseite. Die Schleimhaut der geschützten Zungenunterseite ist glatt und gefäßreich. Auf beiden Seiten ist meist eine stärkere Vene deutlich sichtbar. Das Deckgewebe ist hier im Gegensatz zum mechanisch stark beanspruchten Zungenrücken niedrig. Es kann sogar in begrenztem Maße Stoffe aufnehmen. Manche Arzneimittel gelangen, unter die Zunge gelegt, sehr rasch in den Kreislauf („sublinguale" Darreichungsform). Median springt eine Schleimhautfalte, das Zungenbändchen, vor. Am Unterzungenwärzchen mündet der Unterkieferspeichelgang (der Ausführungsgang der Unterkieferspeicheldrüse) und meist ein größerer Unterzungenspeichelgang. Kleinere Ausführungsgänge der Unterzungenspeicheldrüse münden entlang der Unterzungenfalte. *[sb2]*

1	Zungenrand	*Margo linguae*
2	Zungenunterfläche	*Facies inferior linguae*
3	Zungenbändchen	*Frenulum linguae*
4	Unterzungenfalte	*Plica sublingualis*
5	Unterlippe	*Labium inferius*
6	Oberlippe	*Labium superius*
7	Fransenfalte	*Plica fimbriata*
8	Unterzungenwärzchen	*Caruncula sublingualis*

Aufgaben der Zunge

- *Saugen:* Wird die Zunge bei geschlossenen Lippen nach rückwärts gezogen, so entsteht Unterdruck im Mund. Auf diesem Weg saugt der Säugling die Milch aus der Brustdrüse der Mutter.
- *Mahlen:* Weiche Speisen werden zwischen Zunge und hartem Gaumen zerrieben. Feste Speisen werden im Wechselspiel von Zunge und Wangen zwischen die Zahnreihen geschoben und dort zermahlen.
- *Schlucken:* Der zerkleinerte und durchspeichelte Bissen wird von der Zunge in den Rachen geschoben, wodurch der Schluckakt eingeleitet wird.
- *Tasten:* Die Zungenspitze ist der berührungsempfindlichste Teil des menschlichen Körpers. Kleine Speisereste zwischen den Zähnen werden von der Zungenspitze als mächtige Brocken empfunden. Beim Zungenkuss wird diese Berührungsempfindung lustvoll ausgekostet.
- *Greifen:* Das Rind rupft mit seiner rauen Zunge Gras ab. Das Chamäleon fängt mit seiner langen Zunge Fliegen. Beim Menschen tritt die Greifaufgabe bei der Zunge in den Hintergrund, weil wir in den Händen die vollendetsten Greifwerkzeuge haben, die von der Natur je hervorgebracht wurden.
- *Schmecken:* Am Zungenrücken liegen die Geschmacksknospen, mit deren Hilfe wir süß, sauer, salzig und bitter unterscheiden können. Der Geschmacksinn dient der groben Prüfung des Bissens: Unzuträgliche Stoffe schmecken häufig schlecht. Allerdings gibt es viele Ausnahmen!
- *Abwehr:* Die Rachenseite der Zunge (Zungengrund) enthält reichlich lymphatisches Gewebe („Zungenmandel").
- *Sprechen:* Die Zunge wirkt entscheidend mit bei der Bildung der Laute. Der Kehlkopf gibt nur die Stimme. Die Laute (Selbstlaute = Vokale und Mitlaute = Konsonanten) werden durch Zunge, Gaumen, Lippen und Zähne gebildet. In vielen Sprachen wird für Zunge und Sprache das gleiche Wort verwendet, z.B. lateinisch und italienisch lingua, spanisch lengua, französisch langue. Man kann also auch nach Entfernung des Kehlkopfs reden, allerdings nur in Flüstersprache.

Die Zunge ist ein mit Schleimhaut überzogener (quergestreifter) Muskel. Sie ist:
- *Bewegungsorgan:* Sie bewegt den Bissen im Mund und bildet Laute beim Sprechen
- *Sinnesorgan:* Sie überprüft Beschaffenheit und Geschmack der Speisen
- *Abwehrorgan:* Der Zungengrund ist mit lymphatischem Gewebe bedeckt (Zungenmandel)

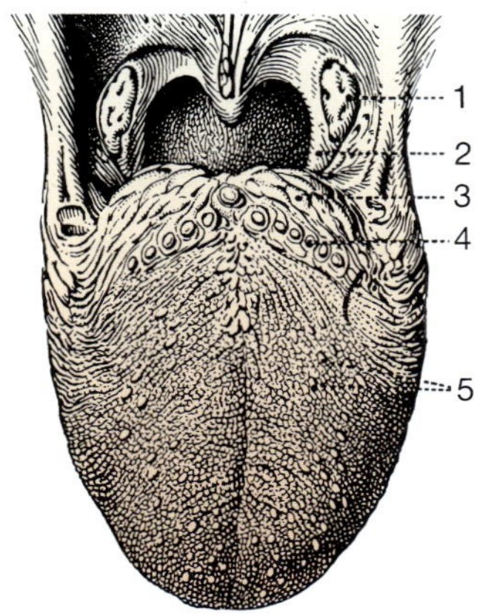

Zungenrücken mit der Schlundenge. Die Wallpapillen liegen v-förmig angeordnet in einer Reihe an der Grenze von Zungenrücken und Zungengrund. *[bg2]*

1 Gaumenmandel
Tonsilla palatina
2 Hinterer Gaumenbogen
Arcus palatopharyngeus
3 Zungenmandel
Tonsilla lingualis
4 Wallpapillen
Papillae vallatae
5 Zungenrücken
Dorsum linguae

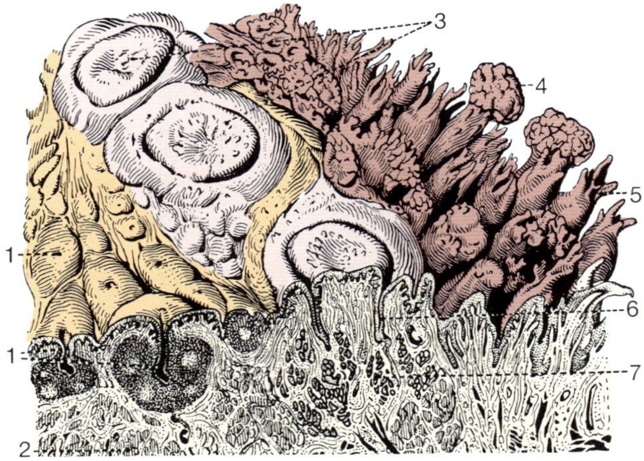

Zungenoberfläche (Lupenvergrößerung). Die Oberfläche der Zungenschleimhaut ist durch 4 Arten von Papillen reich ausgestaltet. Die Fadenpapillen vergrößern die Oberfläche, Pilz- Blatt und Wallpapillen sind Träger der Geschmacksknospen, den Organen des Geschmackssinns. In der zerklüfteten Oberfläche bleiben leicht Speisereste, abgeschilferte Zellen, Bakterien und Pilze haften und bilden den weißlichen Zungenbelag. *[bg2]*

1	Zungenmandel	*Tonsilla lingualis*
2	Schleimdrüsen	*Glandulae mucosae*
3	Wallpapillen	*Papillae vallatae*
4	Pilzpapille	*Papilla fungiformis*
5	Fadenpapille	*Papilla filiformis*
6	Wallgraben	*Vallum papillae*
7	Seröse Spüldrüsen	*Glandulae serosae*

Zungenpapillen

Die Zungenrückenschleimhaut ist durch Papillen aufgeraut. Man unterscheidet 4 Arten von Papillen:

- *Fadenpapillen:* Sie sind reichlich mit Empfängern der Berührungsempfindung besetzt. Als häufigste Form sind sie über den gesamten Zungenrücken verteilt. Die Fadenpapillen rauen die Oberfläche auf, so dass der Bissen besser auf der Zunge haftet. Abhängig von der Art der Nahrung sind ihre Spitzen stärker oder schwächer verhornt.
- *Pilzpapillen:* an der Zungenspitze und am Zungenrand.
- *Blattpapillen:* Es wechseln „Blätter“ und Gräben seitlich am Zungenrand.
- *Wallpapillen:* Sie sind die größten Papillen. Etwa 7–12 sieht man v-förmig am hinteren Rand des Zungenrückens angeordnet. Die runde Papille ist von einem Graben umgeben, in dem die Geschmacksknospen liegen. In den Graben münden Drüsen aus. Ihr Sekret löst Geschmacksstoffe und spült die Gräben („Spüldrüsen“).

Geschmacksknospen

Etwa 20–30 Zellen (Geschmackszellen und Stützzellen) sind zu einem fassförmigen Organ verbunden. In dessen Öffnung an der Schleimhautoberfläche (Geschmackspore) ragen die Sinneshaare. Die einzelne Geschmacksknospe ist vermutlich auf eine Geschmacksqualität spezialisiert. Geschmacksknospen liegen in der Wand der Pilz-, Blatt- und Wallpapillen.

Zungenmuskeln

Die Muskelfasern der Zunge verlaufen in den 3 Hauptrichtungen des Raums: von vorn nach hinten, vom Rand zur Mitte, von oben nach unten. Damit kann die Zunge wie kein anderer Muskel eine Vielfalt von Formen annehmen. Sie kann sich sogar aktiv verlängern, wenn sich die queren und die vertikalen Muskelfasern gemeinsam anspannen. Man kann so „die Zunge herausstrecken“. Die Zungenmuskeln werden vom 12. Hirnnerven (Unterzungennerv = N. hypoglossus) innerviert.

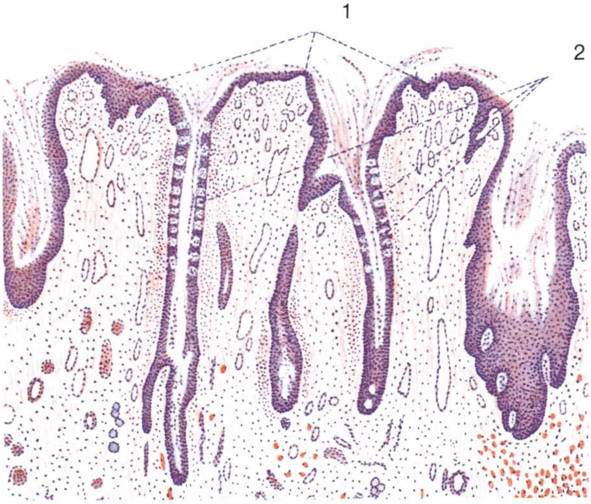

Blattpapillen. Mikroskopisches Schnittbild des Zungenrandes (Vergrößerung etwa 20fach). Die Organe der Geschmacksempfindung, die „Geschmacksknospen“, liegen in Gräben zwischen den Papillen. In ähnlicher Weise findet man bei den Wallpapillen die Geschmacksknospen in den Wallgräben. In den Geschmacksknospen sind Sinneszellen und Stützzellen zu einem tulpenknospenähnlichen Organ zusammengelagert. An den Sinneszellen enden die Geschmacksnerven mit Synapsen. Jede Geschmacksknospe ist vermutlich auf eine Geschmacksqualität spezialisiert: Süß wird vor allem an der Zungenspitze, bitter am hinteren Ende, sauer und salzig am Seitenrand empfunden. *[so]*

1	Blattpapillen	*Papillae foliatae*
2	Geschmacksknospe	*Caliculus gustatorius [Gemma gustatoria]*

Zunge: Einbau in den Muskelapparat des Hals-Kopf-Bereichs. Die Eigenbeweglichkeit der Zunge wird ergänzt von Muskeln, die von vorn (vom Unterkiefer), von hinten unten (vom Zungenbein) und von hinten oben (von der Schädelbasis) in die Zunge einstrahlen. *[sb2]*

1	Unterkiefer	*Mandibula*
2	Zungenbein	*Os hyoideum*
3	Schildknorpel	*Cartilago thyroidea*
4	Luftröhre	*Trachea*
5	Zungenspitze	*Apex linguae*
6	Gaumenmandel	*Tonsilla palatina*
7	Mittlerer Schlundschnürer	*M. constrictor pharyngis medius*
8	Unterer Schlundschnürer	*M. constrictor pharyngis inferior*
9	Speiseröhre	*Oesophagus*
10	Ringknorpel-Luftröhren-Band	*Lig. cricotracheale*
11	Obere Kehlkopfarterie + obere Kehlkopfvene	*A. + V. laryngea superior*
12	Oberer Kehlkopfnerv	*N. laryngeus superior*
13	Kinn-Zungen-Muskel	*M. genioglossus*
14	Kinn-Zungenbein-Muskel	*M. geniohyoideus*
15	Zungenbein-Zungen-Muskel	*M. hyoglossus*
16	Kleines Zungenbeinhorn	*Cornu minus*
17	Schildknorpel-Zungenbein-Membran	*Membrana thyrohyoidea*
18	Schildknorpel-Zungenbein-Muskel	*M. thyrohyoideus*
19	Ringknorpel-Schildknorpel-Muskel („Externus")	*M. cricothyroideus*
20	Unterer Zungenlängsmuskel	*M. longitudinalis inferior*
21	Mundschleimhaut	*Tunica mucosa oris*
22	Griffelfortsatz-Zungen-Muskel	*M. styloglossus*
23	Gaumen-Zungen-Muskel	*M. palatoglossus*
24	Griffelfortsatz (Schläfenbein)	*Processus styloideus*
25	Griffelfortsatz-Zungenbein-Band	*Lig. stylohyoideum*
26	Griffelfortsatz-Rachen-Muskel	*M. stylopharyngeus*
27	Oberer Schlundschnürer	*M. constrictor pharyngis superior*
28	Brustbein-Schildknorpel-Muskel (Ansatz)	*M. sternothyroideus*

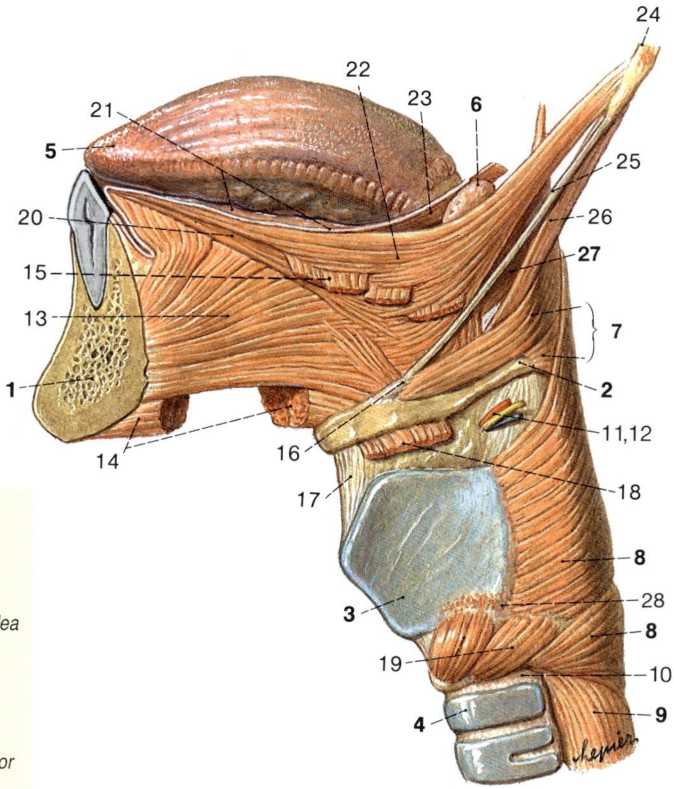

Schluckakt

❶ *Verlagerung des Bissens in den hinteren Teil der Mundhöhle:* Dazu wird der Mundboden nach vorn angehoben und dadurch die Zunge gegen den harten Gaumen gepresst. Bei geschlossenem Mund bleibt dem Bissen nur der Ausweg nach hinten.

❷ *Verschluss des Kehlkopfs:* Speisebrei in den Luftwegen löst heftige Hustenanfälle aus. Deshalb wird der Luftweg so gut wie möglich gegen den Speiseweg abgedichtet. Der Kehlkopf wird angehoben und der Kehldeckel dabei nach unten gestaucht. Er legt sich schützend über den Kehlkopfeingang, ohne diesen jedoch dicht zu verschließen. Deshalb gelangt gelegentlich eine kleine Menge Speisebrei in den falschen Weg. Der schon erwähnte Hustenanfall schützt dann die Lunge. Hingegen ist es gleichgültig, ob Luft in den Verdauungskanal gelangt (Speiseröhre und Magen enthalten immer etwas Luft).

❸ *Verschluss des Nasenrachenraums:* Das Gaumensegel wird angehoben. Ihm wölbt sich ein Wulst der hinteren Rachenwand entgegen.

❹ *Transport des Bissens durch die Schlundenge in die Rachenhöhle:* Die Zunge wird dazu kolbenartig zurückgezogen. Der Bissen gleitet nun schnell in den Mundrachen und weiter links und rechts am Kehldeckel vorbei zum Speiseröhrenmund.

❺ *In der Speiseröhre* schiebt ihn eine *peristaltische Welle* weiter in den Magen.

Beim bewusstlosen Patienten sind die Schutzmechanismen unzureichend. Erbrochenes kann in den Luftweg geraten (Aspiration) und eine heftige Lungenentzündung (Aspirationspneumonie) auslösen (Verätzung durch die Magensäure + Infektion). Deshalb muss der bewusstlose Patient so gelagert werden, dass Erbrochenes aus dem Mund abfließen kann (stabile Seitenlagerung).

Schluckstörungen (Dysphagie)

Der Schluckakt wird von 6 Hirnnerven gesteuert (V, VII, IX-XII). Schon die Funktionsschwäche eines dieser Nerven kann zu Schluckstörungen führen und evtl. auf eine Erkrankung des Hirnstamms hinweisen, z.B. nach Schlaganfall. Häufigste Ursache von Schluckstörungen sind jedoch Erkrankungen des Speiseröhre.

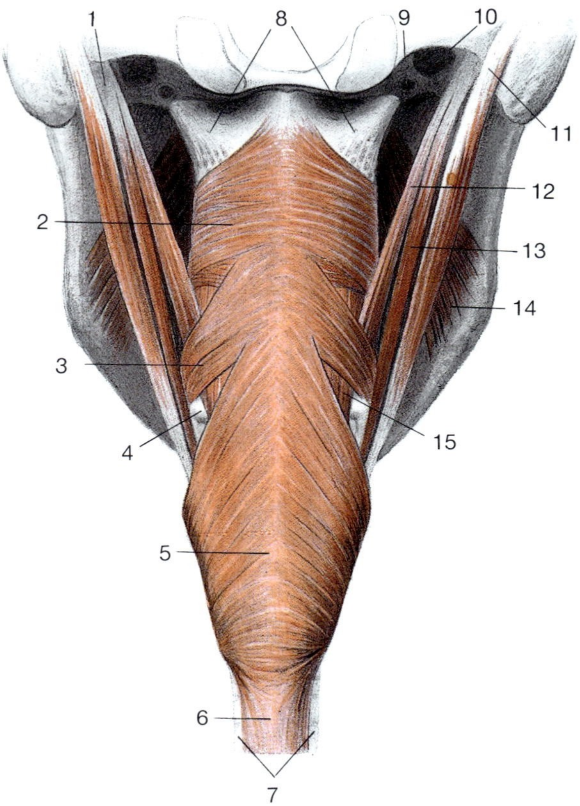

Rachenmuskeln von hinten. *[he3]*

- Der *Schlundschnürer* ist eine geschlossene Platte hufeisenförmig in der hinteren und seitlichen Rachenwand verlaufender Skelettmuskelfasern. Sie wird entsprechend den 3 Stockwerken des Rachens in den oberen, mittleren und unteren Schlundschnürer gegliedert.
- Die *Schlundheber* strahlen vom Griffelfortsatz des Schläfenbeins und vom Gaumensegel in den Schlundschnürer ein.

1	Griffelfortsatz	*Processus styloideus*
2	Oberer Schlundschnürer	*M. constrictor pharyngis superior*
3	Mittlerer Schlundschnürer	*M. constrictor pharyngis medius*
4	Zungenbein	*Os hyoideum*
5	Unterer Schlundschnürer	*M. constrictor pharyngis inferior*
6	Speiseröhre	*Oesophagus*
7	Luftröhre	*Trachea*
8	Rachen-Schädelbasis-Faszie	*Fascia pharyngobasilaris*
9	Kanal der inneren Kopfarterie	*Canalis caroticus*
10	Drosselloch	*Foramen jugulare*
11	Zweibäuchiger Muskel	*M. digastricus*
12	Griffelfortsatz-Rachen-Muskel	*M. stylopharyngeus*
13	Griffelfortsatz- Zungenbein-Muskel	*M. stylohyoideus*
14	Innerer Flügelmuskel	*M. pterygoideus medialis*
15	Gaumen-Rachen-Muskel	*M. palatopharyngeus*

Gliederung und Verbindungen des Rachens

Der Rachen ist nach der Vorderwand in 3 Stockwerke zu gliedern (die Hinterwand läuft ohne Grenzen durch):

- Obergeschoss = *Nasenabschnitt (Nasenrachenraum):* Die Choanen führen in die Nasenhöhle, die Ohrtrompete zur Paukenhöhle (Mittelohr).
- Hauptgeschoss = *Mundabschnitt:* Die Schlundenge grenzt ihn gegen die Mundhöhle ab.
- Keller = *Kehlkopfabschnitt („Kellerrachen"):* Nach vorn führt der Kehlkopfeingang in den unteren Luftweg, nach hinten unten der Speiseröhrenmund in die Speiseröhre.

Der Raum neben dem Rachen

Dem Rachen liegen seitlich die großen Versorgungsstraßen an, die den Kopf mit dem Rumpf verbinden:

- *große Arterien:* Die Halsarterie = gemeinsame Kopfarterie teilt sich in die innere und äußere Kopfarterie. Der Puls ist am Vorderrand des Kopfwenders (M. sternocleidomastoideus) leicht zu tasten.
- *große Venen:* die innere Drosselvene.
- *dicke Nerven:* die Hirnnerven IX bis XII (Zungen-Rachen-Nerv, Vagus, Beinerv, Unterzungennerv) und der Grenzstrang des Sympathikus mit den oberen Halsganglien.

Rachenschleimhaut

Sie ist reich an Drüsen und an lymphatischem Gewebe (Rachendachmandel, Seitenstränge). Im Rachen überkreuzen sich der Luftweg (von der Nasenhöhle zum Kehlkopf) und der Speiseweg (von der Mundhöhle zur Speiseröhre). Es ist also sehr zweckmäßig, hier starke Abwehrstationen aufzubauen.

Rachenentzündung (Pharyngitis)

- *Akute Pharyngitis*: Sie tritt meist bei Virusinfektionen auf, nicht nur bei den „banalen" Erkältungskrankheiten, sondern auch bei ernsteren Virusinfektionen als „Vorkrankheit" vor Ausbruch der Haupterkrankung, z.B. bei Polio (Kinderlähmung).
- *Chronische Pharyngitis*: Sie ist häufig bei Rauchern und Trinkern (wenn hochprozentige Schnäpse genossen werden) sowie bei Aufenthalt in staubiger oder trockener Luft.

(Fortsetzung von rechter Seite) ➔

29	Beinerv (11. Hirnnerv)	*N. accessorius*
30	Unterzungennerv (12. Hirnnerv)	*N. hypoglossus*
31	Zweibäuchiger Muskel	*M. digastricus*
32	Untere Schilddrüsenarterie	*A. thyroidea inferior*
33	Zungen-Rachen-Nerv (9. Hirnnerv)	*N. glossopharyngeus*
34	Hinterhauptarterie	*A. occipitalis*
35	Oberer Schlundschnürer	*M. constrictor pharyngis superior*
36	Gaumen-Rachen-Muskel	*M. palatopharyngeus*
37	Zäpfchenmuskel	*M. uvulae*
38	Obere Kehlkopfarterie + -vene	*A. + V. laryngea superior*
39	Oberer Kehlkopfnerv	*N. laryngeus superior*
23 + 29 + 30 + 33	Hirnnerven	*Nn. craniales*

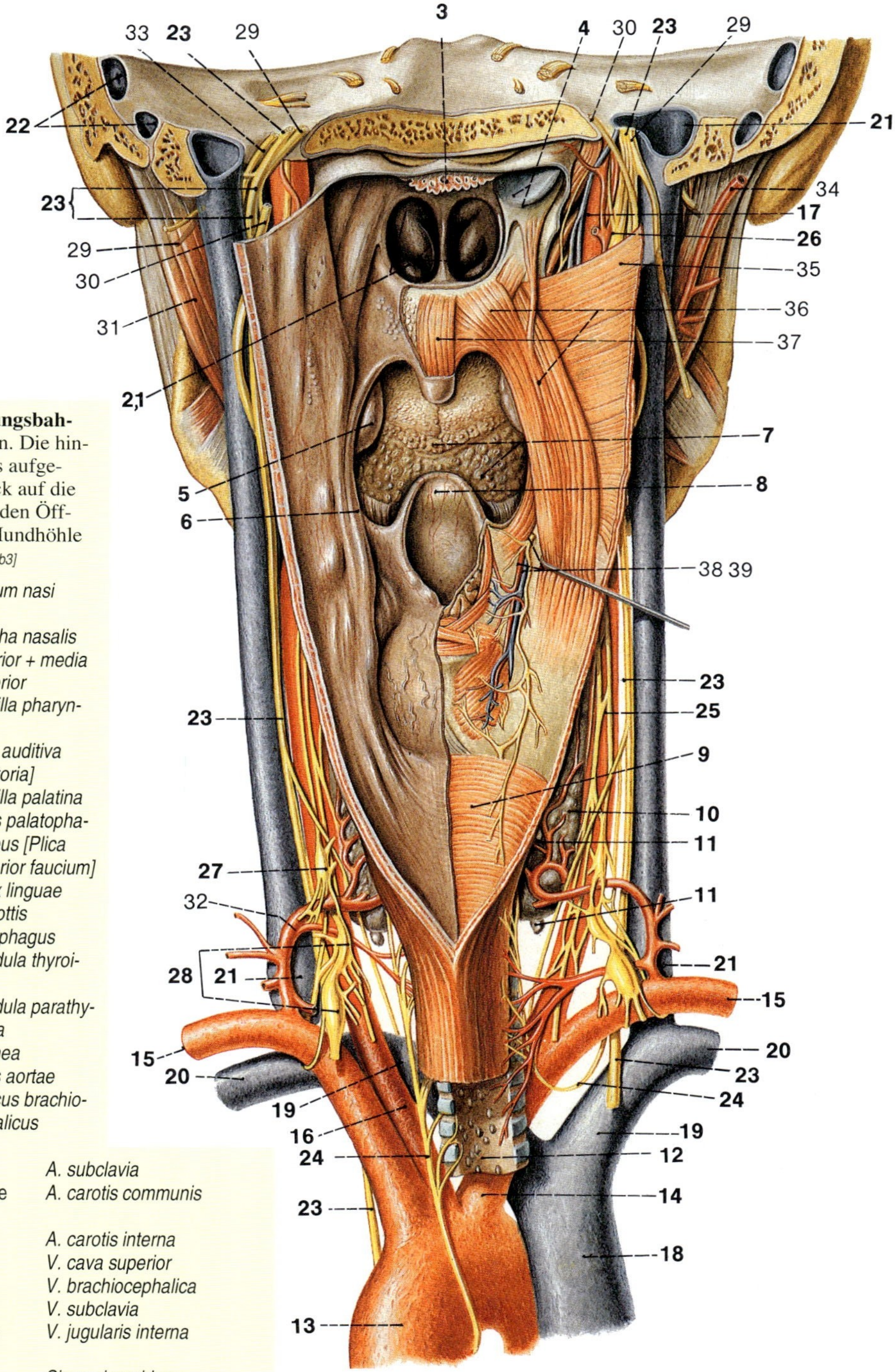

Rachen und große Leitungsbahnen des Halses von hinten. Die hintere Rachenwand ist längs aufgeschnitten, so dass der Blick auf die vordere Rachenwand mit den Öffnungen zu Nasenhöhle, Mundhöhle und Kehlkopf frei wird. *[sb3]*

1	Nasenscheidewand	*Septum nasi*
2	Obere + mittlere + untere Nasenmuschel	*Concha nasalis superior + media + inferior*
3	Rachenmandel	*Tonsilla pharyngea*
4	Ohrtrompete	*Tuba auditiva [auditoria]*
5	Gaumenmandel	*Tonsilla palatina*
6	Hinterer Gaumenbogen	*Arcus palatopharyngeus [Plica posterior faucium]*
7	Zungengrund	*Radix linguae*
8	Kehldeckel	*Epiglottis*
9	Speiseröhre	*Oesophagus*
10	Schilddrüse	*Glandula thyroidea*
11	Nebenschilddrüse	*Glandula parathyroidea*
12	Luftröhre	*Trachea*
13	Aortenbogen	*Arcus aortae*
14	Hals-Kopf-Arterienstamm (nur rechts)	*Truncus brachiocephalicus*
15	Schlüsselbeinarterie	*A. subclavia*
16	Halsarterie (gemeinsame Kopfarterie)	*A. carotis communis*
17	Innere Kopfarterie	*A. carotis interna*
18	Obere Hohlvene	*V. cava superior*
19	Hals-Kopf-Vene	*V. brachiocephalica*
20	Schlüsselbeinvene	*V. subclavia*
21	Innere Halsvene (innere Drosselvene)	*V. jugularis interna*
22	S-förmiger Blutleiter	*Sinus sigmoideus*
23	Vagus (10. Hirnnerv)	*N. vagus*
24	Rückläufiger Kehlkopfnerv („Rekurrens“)	*N. laryngeus recurrens*
25	Grenzstrang des Sympathikus	*Truncus sympathicus*
26	Oberes Halsganglion (des Sympathikus)	*Ganglion cervicale superius*
27	Mittleres Halsganglion (des Sympathikus)	*Ganglion cervicale medium*
28	Unteres Halsganglion („Sternganglion“) (des Sympathikus)	*Ganglion cervicothoracicum [stellatum]*

29–39 Fortsetzung auf linker Seite

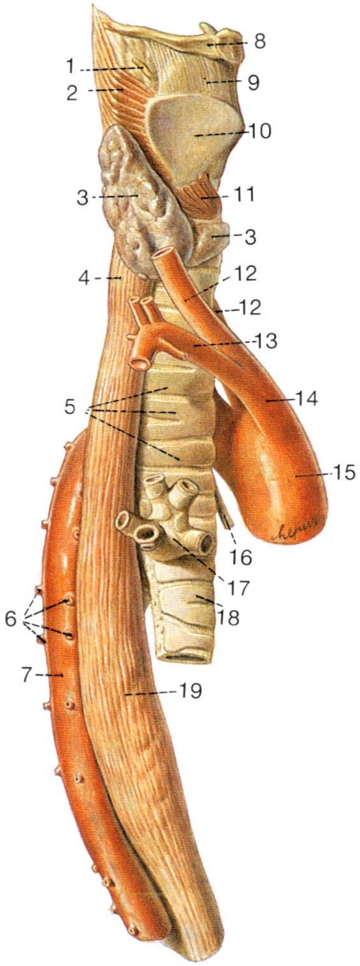

← Speiseröhre, Luftröhre und Aorta von rechts. *[sb2]*

1	Oberer Kehlkopfnerv	*N. laryngeus superior*
2	Unterer Schlundschnürer	*M. constrictor pharyngis inferior*
3	Schilddrüse	*Glandula thyroidea*
4	Speiseröhre, Halsabschnitt	*Oesophagus, Pars cervicalis*
5	Luftröhre	*Trachea*
6	Hintere Zwischenrippenarterie	*A. intercostalis posterior*
7	Brustaorta	*Pars thoracica aortae [Aorta thoracica]*
8	Zungenbein	*Os hyoideum*
9	Schildknorpel-Zungenbein-Membran	*Membrana thyrohyoidea*
10	Schildknorpel	*Cartilago thyroidea*
11	Ringknorpel-Schildknorpel-Muskel („Externus")	*M. cricothyroideus*
12	Halsarterie (= gemeinsame Kopfarterie)	*A. carotis communis*
13	Schlüsselbeinarterie	*A. subclavia*
14	Hals-Kopf-Arterienstamm (nur rechts)	*Truncus brachiocephalicus*
15	Aortenbogen	*Arcus aortae*
16	Arterienband (Rest des Botallo-Gangs)	*Lig. arteriosum*
17	Rechter Oberlappenbronchus	*Bronchus lobaris superior dexter*
18	Rechter Hauptbronchus	*Bronchus principalis dexter*
19	Speiseröhre, Brustabschnitt	*Oesophagus, Pars thoracica*

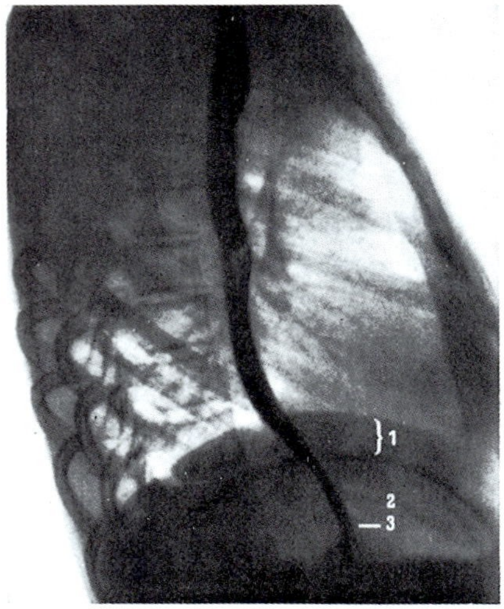

→ Speiseröhre im Röntgenbild. Die Speiseröhre kann man im Röntgenbild sichtbar machen, wenn man einen „Kontrastbrei" (der Röntgenstrahlen gut absorbiert), schlucken lässt. Da das Herz mit seinem linken Vorhof der Speiseröhre anliegt, kann man aus dieser Aufnahme auch etwas über die Form des Herzens, vor allem des linken Vorhofs, erfahren. *[sc6]*

1	Zwerchfell	*Diaphragma*
2	Magenkuppel (mit Luftblase)	*Fundus gastricus*
3	Mageneingang („Kardia")	*Ostium cardiacum*

Länge der Speiseröhre (Oesophagus)

Die Speiseröhre verbindet den Rachen mit dem Magen. Sie ist etwa 25 cm lang. Führt man eine Magensonde über den Mund ein, so erreicht deren Spitze in etwa 15 cm Abstand von den Schneidezähnen den Speiseröhrenmund und in etwa 40 cm den Mageneingang.

Gliederung der Speiseröhre

Man gliedert sie nach dem Verlauf in 3 Abschnitte:

- *Halsabschnitt:* vom Speiseröhrenmund bis zur oberen Brustkorböffnung.
- *Brustabschnitt:* von der oberen Brustkorböffnung bis zum Speiseröhrenschlitz im Zwerchfell.
- *Bauchabschnitt:* vom Zwerchfell bis zum Mageneingang (nur etwa 3 cm lang).

Wandbau der Speiseröhre

Die Speiseröhre folgt dem Bauprinzip der meisten Hohlorgane des Körpers (Dreischichtenbau): Schleimhaut – Muskelwand – bindegewebige Hülle:

- Die **Schleimhaut** schafft die glatte Gleitfläche. Die Grenze zur Lichtung bildet ein mehrschichtiges plattes Deckgewebe, die Grenze zur Unterschleimhaut eine dünne Muskellage. Mit deren Hilfe kann sich die Schleimhaut an die Form des Bissen anpassen und z.B. verhindern. dass sich eine Fischgräte einspießt. Zwischen Schleimhaut und Muskelwand liegt die Unterschleimhaut („Submukosa"): eine lockere Verschiebeschicht mit Blutgefäßen, Nerven und lymphatischem Gewebe.
- Mit Hilfe der **Muskelwand** kann der Speisebrei (auch im Kopfstand) vom Rachen in den Magen befördert werden. Sie ist aus 2 Teilschichten zusammengesetzt: einer Ringschicht innen und einer Längsschicht außen. Im oberen Drittel der Speiseröhre besteht sie aus Skelettmuskelgewebe, darunter aus glattem Muskelgewebe.
- Die **bindegewebige Hülle** dient dem Einbau und dem Verschieben der Speiseröhre in der Umgebung. Dem Bauchabschnitt liegt z.T. das Bauchfell auf.

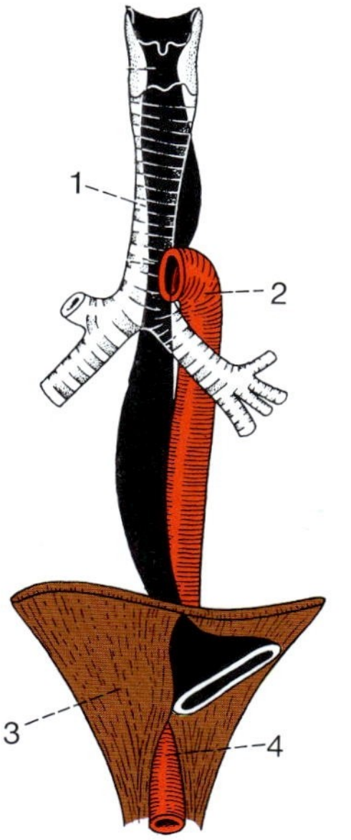

↑ Engstellen der Speiseröhre. Dort bleiben große Fremdkörper bevorzugt stecken: *[bg2]*

- am oberen Ende („Speiseröhrenmund").
- in der Mitte: zwischen Aortenbogen und Luftröhrengabel.
- am unteren Ende: vor der Mündung in den Magen.

1	Luftröhre	*Trachea*
2	Aortenbogen	*Arcus aortae*
3	Zwerchfell	*Diaphragma*
4	Bauchaorta	*Pars abdominalis aortae [Aorta abdominalis]*

Speiseröhre, Luftröhre, Aorta und Zwerchfell von vorn. *[sb2]* ➔

1	Halsarterie = gemeinsame Kopfarterie	*A. carotis communis*
2	Schlüsselbeinarterie	*A. subclavia*
3	Speiseröhre, Halsabschnitt	*Oesophagus, Pars cervicalis*
4	Hals-Kopf-Arterienstamm (nur rechts)	*Truncus brachiocephalicus*
5	Rechter Hauptbronchus	*Bronchus principalis dexter*
6	Rechter Oberlappenbronchus	*Bronchus lobaris superior dexter*
7	Hohlvenenloch	*Foramen venae cavae*
8	Sehnenzentrum (des Zwerchfells)	*Centrum tendineum*
9	Zwerchfell	*Diaphragma*
10	Untere Zwerchfellarterie	*A. phrenica inferior*
11	Aortenschlitz (im Zwerchfell für Aorta)	*Hiatus aorticus*
12	Stamm der Leber-, Milz- und Magenarterien	*Truncus coeliacus*
13	Bauchaorta	*Pars abdominalis aortae [Aorta abdominalis]*
14	Luftröhre	*Trachea*
15	Aortenbogen	*Arcus aortae*
16	Arterienband (Rest des Botallo-Gangs)	*Lig. arteriosum*
17	Luftröhrengabelung	*Bifurcatio tracheae*
18	Linker Hauptbronchus	*Bronchus principalis sinister*
19	Brustaorta	*Pars thoracica aortae [Aorta thoracica]*
20	Speiseröhre, Brustabschnitt	*Oesophagus, Pars thoracica*
21	Speiseröhrenschlitz	*Hiatus oesophageus*
22	Speiseröhre, Bauchabschnitt	*Oesophagus, Pars abdominalis*
23	Mageneingang	*Ostium cardiacum*

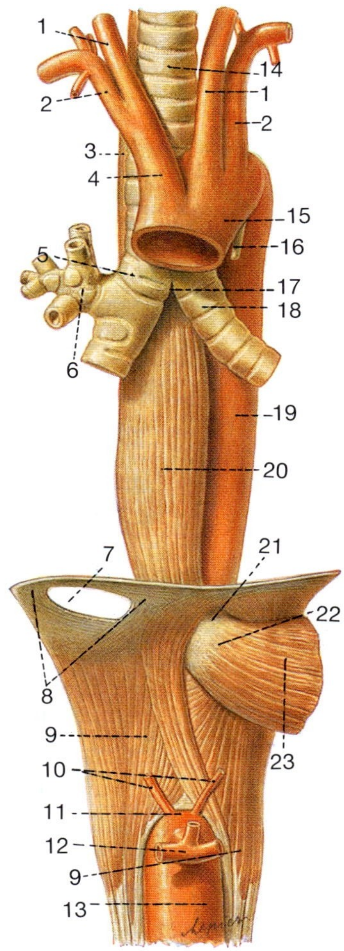

Peristaltische Welle

Zieht sich die Ringschicht der Muskelwand zusammen, so wird der Schlauch enger und länger. Zieht sich die Längsschicht zusammen, so wird der Schlauch kürzer und weiter. Bei der peristaltischen Welle läuft eine Erweiterung über den Schlauch, der unmittelbar eine Verengung folgt. In der Erweiterung liegt der Speisebrei, der von der Verengung weitergeschoben wird. Auf diese Weise wird der Speisebrei durch den Verdauungskanal befördert.

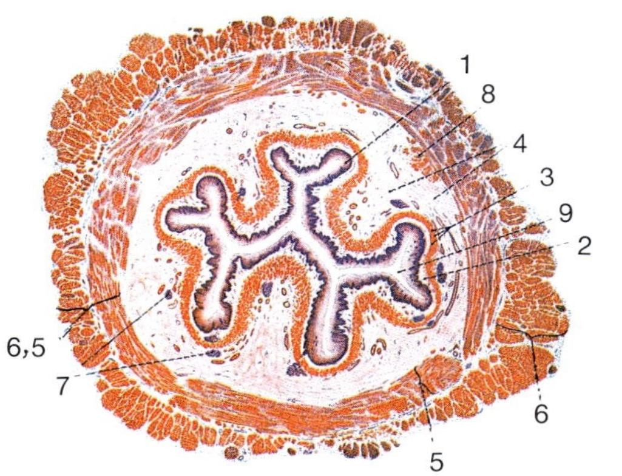

Speiseröhre: Querschnitt (Lupenansicht). Die Schleimhaut ist in Ruhe zusammengefaltet. *[so]*

1–3	Schleimhaut	*Tunica mucosa*
1	Deckgewebe	*Epithelium*
2	Schleimhautbindegewebe	*Lamina propria mucosae*
3	Schleimhautmuskelschicht	*Lamina muscularis mucosae*
4	Unterschleimhaut	*Tela submucosa*
5	Muskelwand der Speiseröhre: Ringschicht	*Tunica muscularis, Stratum circulare*
6	Muskelwand der Speiseröhre: Längsschicht	*Tunica muscularis, Stratum longitudinale*
7	Speiseröhrendrüse	*Glandula oesophagea*
8	Inneres Längsmuskelbündel (Zufallsbefund am abgebildeten Präparat)	
9	Lichtung	*<Lumen>*

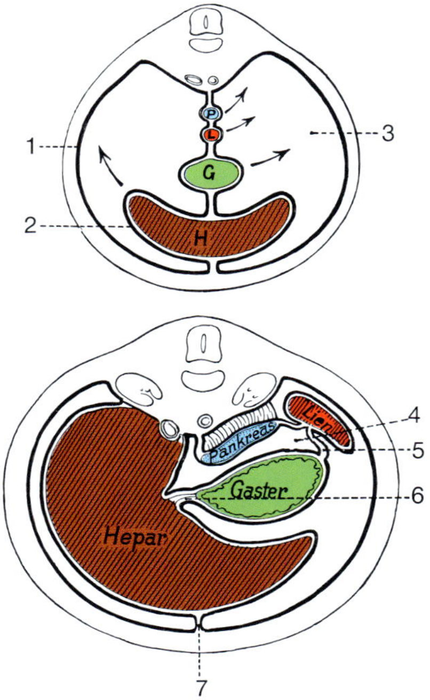

Bauchfell und Entwicklung der Lage der Baucheingeweide: Querschnitte durch den Bauchraum. *[bg2]*
Der Magen-Darm-Kanal durchzieht in frühen Entwicklungsstadien den Embryo in gestreckter Form. Magen (G = Gaster) und Anfangsteil des Zwölffingerdarms sind vorn und hinten durch ein Gekröse mit der Bauchwand verbunden. Im vorderen Magengekröse entwickelt sich die Leber (H = Hepar), im hinteren die Milz (L = Lien) und die Bauchspeicheldrüse (P = Pancreas). Infolge der mächtigen Entfaltung der Leber auf der rechten Seite werden Magen, Milz und Bauchspeicheldrüse nach links verdrängt. Der Magen wird quer gestellt. So entsteht zwischen Magen und Bauchspeicheldrüse eine Bauchfelltasche, der Netzbeutel.

1	Bauchfellüberzug der Bauchwand	*Peritoneum parietale*
2	Bauchfellüberzug der Baucheingeweide	*Peritoneum viscerale*
3	Bauchfellhöhle	*Cavitas peritonealis*
4	Netzbeutel	*Bursa omentalis*
5	Magen-Milz-Band (Bauchfellplatte zwischen Magen und Milzhilum)	*Lig. gastrosplenicum [gastrolienale]*
6	Kleines Netz	*Omentum minus*
7	Sichelband der Leber	*Lig. falciforme*

Bauchfell (Peritoneum)

Das Bauchfell überzieht als spiegelnd glatte Haut die Oberfläche der meisten Bauchorgane und die Innenseite der Bauchwand. Das Bauchfell gehört mit dem Brustfell und dem Herzbeutel zu den „serösen" Häuten. Deren Aufgabe ist es, das Verschieben der inneren Organe in Anpassung an ihren wechselnden Raumbedarf zu erleichtern:

- Die Größe der einzelnen Abschnitte des Magen-Darm-Kanals ändert sich mit ihrem Füllungszustand.
- Der Darm ist in ständiger Bewegung, um die Nahrung mit den Verdauungssäften zu durchmischen.

Deswegen wird die Oberfläche des Bauchfells von einem glatten Deckgewebe gebildet. Die Reibung wird zusätzlich durch Befeuchtung vermindert.

Gekröse (Mesenterien)

Das Bauchfell darf die Bauchorgane nicht vollständig bedecken: Es muss Bereiche freilassen, in denen Blut- und Lymphgefäße, Nerven sowie Haltebänder an die Bauchorgane herantreten können. Diese breiten und flachen Versorgungsstraßen sind meist auf beiden Seiten mit Bauchfell bedeckt. Man nennt sie Gekröse. Magen und Anfangsteil des Zwölffingerdarms haben 2 Gekröse, der übrige Darm nur eines (Verbindung zur hinteres Bauchwand).

➜ **Embryonale Darmdrehung.** Im Laufe der embryonalen Entwicklung wächst der Darm viel rascher als der Körper, hat damit gestreckt nicht mehr genügend Platz und muss sich zwangsweise schlängeln. Der Dickdarm (im Bild dunkelgrün) schiebt sich dabei in einem großen Bogen (entgegen dem Uhrzeigersinn) über den Dünndarm hinweg und „rahmt" ihn gewissermaßen ein. Der Blinddarm mit dem Wurmfortsatz gelangt so in den rechten Unterbauch. Bei fehlerhafter „Darmdrehung" (Malrotation) kann der Wurmfortsatz atypisch zu liegen kommen. Gekröse hellgrün. *[ku2]*

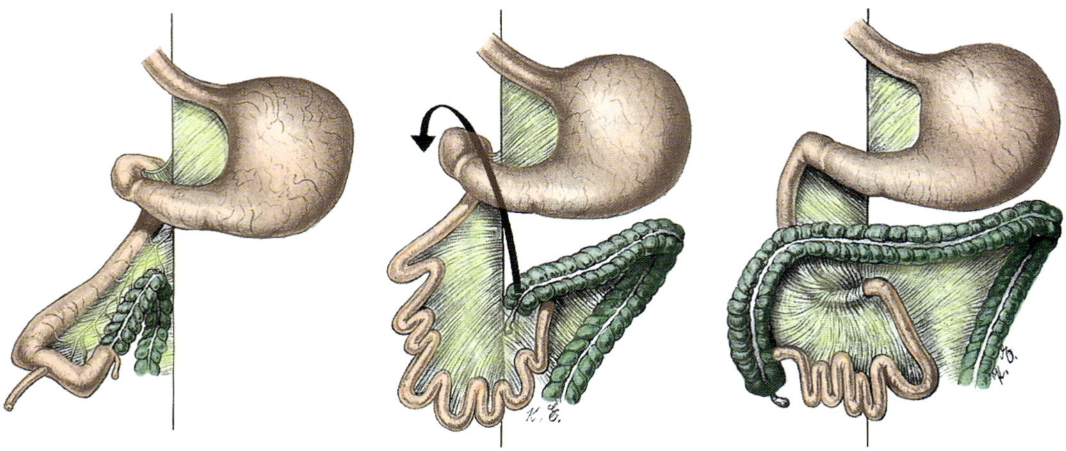

Intra- und retroperitoneale Organe

Die Bauchorgane teilt man nach dem Ausmaß des Bauchfellüberzugs in 2 Gruppen ein:

❶ **Intraperitoneal** nennt man Bauchorgane, die nahezu völlig mit Bauchfell überzogen und nur durch ein Gekröse mit der hinteren Bauchwand verbunden sind. Je länger das Gekröse ist, desto beweglicher ist das Organ.

Intraperitoneale Organe:
- Magen
- Leerdarm
- Krummdarm
- Blinddarm
- Wurmfortsatz
- querer + s-förmiger Teil des Dickdarms
- Leber*
- Milz
- Eierstöcke
- Eileiter
- Gebärmutter

Retroperitoneale Organe:

Primär retroperitoneal:
- Nieren
- Nebennieren
- Harnblase
- Mastdarm

Sekundär retroperitoneal:
- Zwölffingerdarm
- auf- und absteigender Teil des Dickdarms
- Bauchspeicheldrüse

* mit gewisser Einschränkung wegen der breiten Verwachsung mit dem Zwerchfell

❷ **Retroperitoneal** nennt man Organe, die nur auf einer Seite mit Bauchfell überzogen, sonst aber breit mit der Bauch- oder Beckenwand verwachsen sind. Bei ihnen kann man 2 Untergruppen abgrenzen:

• *Primär retroperitoneale Organe* liegen zu allen Entwicklungszeitpunkten hinter dem Bauchfell und sind daher sehr ortsfest.

• *Sekundär retroperitoneale Organe* liegen in frühen Entwicklungsstadien intraperitoneal und lagern sich dann an die hintere Bauchwand an. Ihr hinterer Bauchfellüberzug verklebt mit dem Bauchfell der hinteren Bauchwand und löst sich auf. Sie weisen öfters eine atypische Lage auf, wenn sie zum Zeitpunkt der Verklebung mit der hinteren Bauchwand ihre typische Lage noch nicht erreicht haben. In seltenen Fällen bleiben sie sogar intraperitoneal.

Medianschnitt durch den Bauchraum, schematisiert. Das große Netz entsteht als Aussackung des Netzbeutels aus dem hinteren Magengekröse. *[bg2]*

1	Großes Netz	*Omentum majus*
2	Leber	*Hepar*
3	Magen	*Gaster*
4	Dickdarmgekröse	*Mesocolon*
5	Dickdarm, Querteil	*Colon transversum*
6	Dünndarmgekröse	*Mesenterium*
7	Leerdarm + Krummdarm	*Jejunum + Ileum*

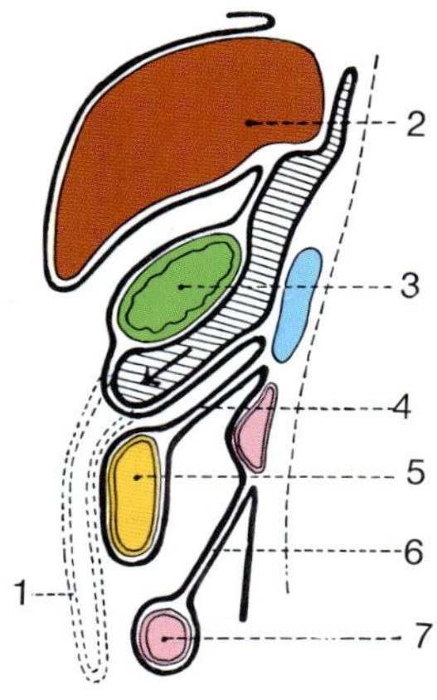

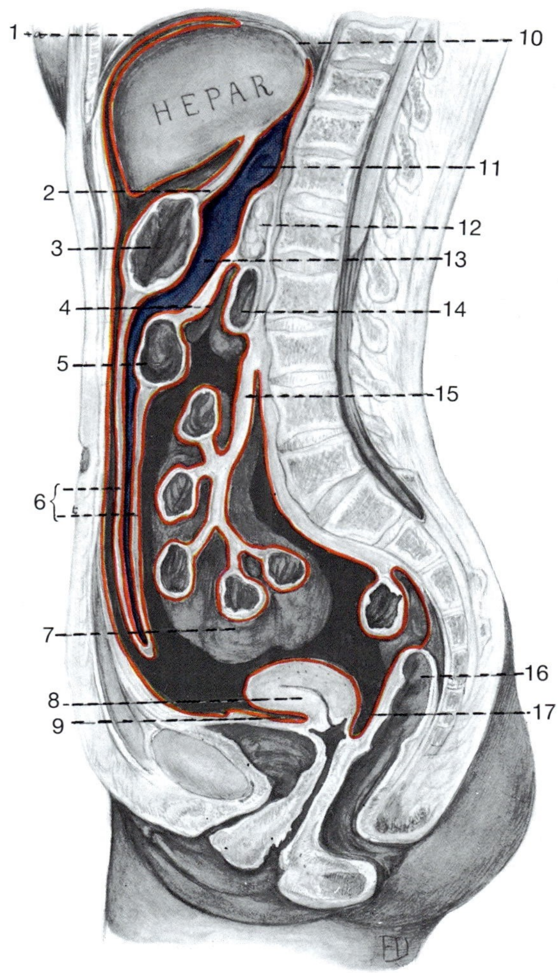

Medianschnitt durch den Bauchraum, schematisiert. Bauchfell rot, Netzbeutel blau. Die genaue Kenntnis der Gekröseverhältnisse ist für den Chirurgen bei allen Operationen im Bauchraum sehr wichtig. *[pe]*

1	Zwerchfell	*Diaphragma*
2	Kleines Netz	*Omentum minus*
3	Magen	*Gaster*
4	Querdickdarmgekröse	*Mesocolon transversum*
5	Dickdarm, Querteil	*Colon transversum*
6	Großes Netz	*Omentum majus*
7	Leerdarm + Krummdarm	*Jejunum + Ileum*
8	Gebärmutter	*Uterus*
9	Bauchfelltasche zwischen Harnblase und Gebärmutter	*Excavatio vesicouterina*
10	Bauchfellfreies Feld der Leber	*Area nuda*
11	Eingang in den Netzbeutel	*Foramen omentale [epiploicum]*
12	Bauchspeicheldrüse	*Pancreas*
13	Netzbeutel	*Bursa omentalis*
14	Zwölffingerdarm	*Duodenum*
15	Dünndarmgekröse	*Mesenterium*
16	Mastdarm	*Rectum*
17	Douglas-Raum	*Excavatio rectouterina*

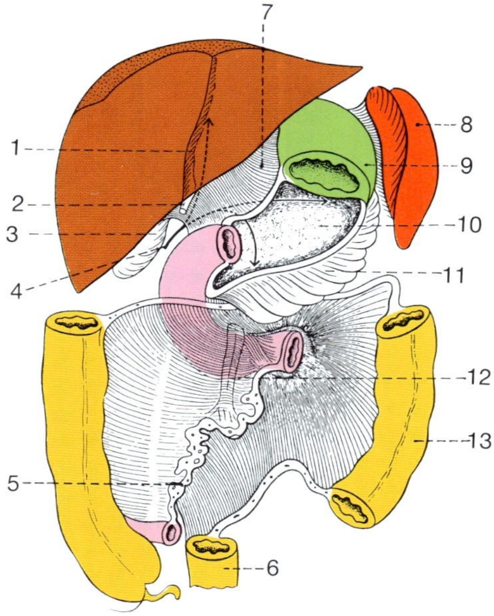

↑ Lage der Baucheingeweide nach Abschluss der Darmdrehung, von vorn gesehen. Teile des Magens sowie die intraperitoneal liegenden Abschnitte des Dünndarms (Leerdarm, Krummdarm) und Dickdarms (querer und s-förmiger Teil) sind entfernt. Die Gekröse sind geschrafft. Das rechte Dickdarmgekröse überlagert den Zwölffingerdarm und drängt dabei das Gekröse von Leer- und Krummdarm zur schräg verlaufenden Gekrösewurzel zusammen. Gleiche Farben wie die Bilder an den beiden vorhergehenden Seiten oben. [bg2]

1	Sichelband der Leber	*Lig. falciforme*
2	Rundes Leberband	*Lig. teres hepatis*
3	Gallenblase	*Vesica biliaris [fellea]*
4	Eingang in den Netzbeutel	*Foramen omentale [epiploicum]*
5	Gekrösewurzel	*Radix mesenterii*
6	Mastdarm	*Rectum*
7	Kleines Netz	*Omentum minus*
8	Milz	*Splen [Lien]*
9	Magen	*Gaster*
10	Netzbeutel	*Bursa omentalis*
11	Großes Netz	*Omentum majus*
12	Obere Gekrösearterie	*A. mesenterica superior*
13	Dickdarm, absteigender Teil	*Colon descendens*

Bauchfellhöhle (Peritonealhöhle)

Das Bauchfell bildet einen geschlossenen Sack, der die Bauchfellhöhle umschließt. In den Bauchfellsack sind die Bauchorgane gewissermaßen von außen „eingeschoben". Sie liegen in der Bauchhöhle, aber nicht innerhalb der Bauchfellhöhle! Diese enthält normalerweise nur etwas Flüssigkeit, um die Reibung zu mindern.

Retroperitonealraum (Hinterbauchfellraum)

Den Bereich hinter dem Bauchfell mit den Nieren, Nebennieren und großen Leitungsbahnen nennt man Retroperitonealraum.

Hinterwand des Bauchraums. [sb2] ➔
Magen, Leber und große Teile von Dünn- und Dickdarm sind entfernt. Vom Dünndarm blieb nur der Zwölffingerdarm, vom Dickdarm der Mastdarm stehen. Von den übrigen Eingeweiden sind im Oberbauch die Bauchspeicheldrüse und die Milz, im kleinen Becken die Eierstöcke, die Eileiter und die Kuppe der Gebärmutter zu sehen. Die Nieren und die Harnleiter wölben das Bauchfell vor. Man achte auf die Ursprungslinien der (abgeschnittenen) Gekröse: Diese gefäß- und nervenreichen Versorgungsstraßen sind bei Operationen an der Hinterwand des Bauchraums sorgfältig zu schonen und behindern daher die Bewegungsfreiheit des Chirurgen an der hinteren Bauchwand erheblich. Unter dem praktisch-chirurgischen Gesichtspunkt wird das Querdickdarmgekröse als innere Grenze zwischen „Oberbauch" und „Unterbauch" angesehen.
* Anheftungsstellen des aufsteigenden und absteigenden Dickdarms an der hinteren Bauchwand.

1	Nebenniere (links unter dem Bauchfell)	*Glandula suprarenalis*
2	Niere (unter dem Bauchfell)	*Ren [Nephros]*
3	Zwölffingerdarm (unter dem Bauchfell)	*Duodenum*
4	Bauchfell	*Peritoneum*
5	Bauchspeicheldrüse (unter dem Bauchfell)	*Pancreas*
6	Mastdarm	*Rectum*
7	Harnblase	*Vesica urinaria*
8	Gebärmutter	*Uterus*
9	Kleines Becken	*Pelvis minor*
10	Eileiter	*Tuba uterina [Salpinx]*
11	Eierstock	*Ovarium*
12	Untere Hohlvene + Lebervenen	*V. cava inferior + Vv. hepaticae*
13	Mageneingang (durchgetrennt)	*Cardia [Pars cardiaca]*
14	Milz	*Splen [Lien]*
15	Harnleiter	*Ureter*
16	Bauchfellfreies Feld der Leber (Verwachsungsfläche mit dem Zwerchfell)	*Area nuda*
17	Eingang in den Netzbeutel	*Foramen omentale [epiploicum]*
18	Kleines Netz (durchgetrennt)	*Omentum minus*
19	Rechte Magen-Netz-Arterie	*A. gastroomentalis dextra*
20	Gekrösewurzel	*Radix mesenterii*
21	Bauchfelltasche oberhalb der Mündung des Krummdarms in den Blinddarm	*Recessus ileocaecalis superior*
22	Wurmfortsatzgekröse	*Mesoappendix*
23	Gemeinsame Beckenarterie + gemeinsame Beckenvene	*A. iliaca communis + V. iliaca communis*
24	Bauchfelltasche zwischen Gebärmutter und Mastdarm (Douglas-Raum)	*Excavatio rectouterina*
25	Bauchfelltasche zwischen Gebärmutter und Harnblase	*Excavatio vesicouterina*
26	Rundes Mutterband	*Lig. teres uteri*
27	Netzbeutel (Teil)	*Bursa omentalis*
28	Magen-Bauchspeicheldrüsen-Falte (Bauchfellfalte in der Rückwand des Netzbeutels)	*Plica gastropancreatica*
29	Magen-Zwerchfell-Band	*Lig. gastrophrenicum*
30	Magen-Milz-Band	*Lig. gastrosplenicum [gastrolienale]*
31	Milzarterie	*A. splenica [lienalis]*

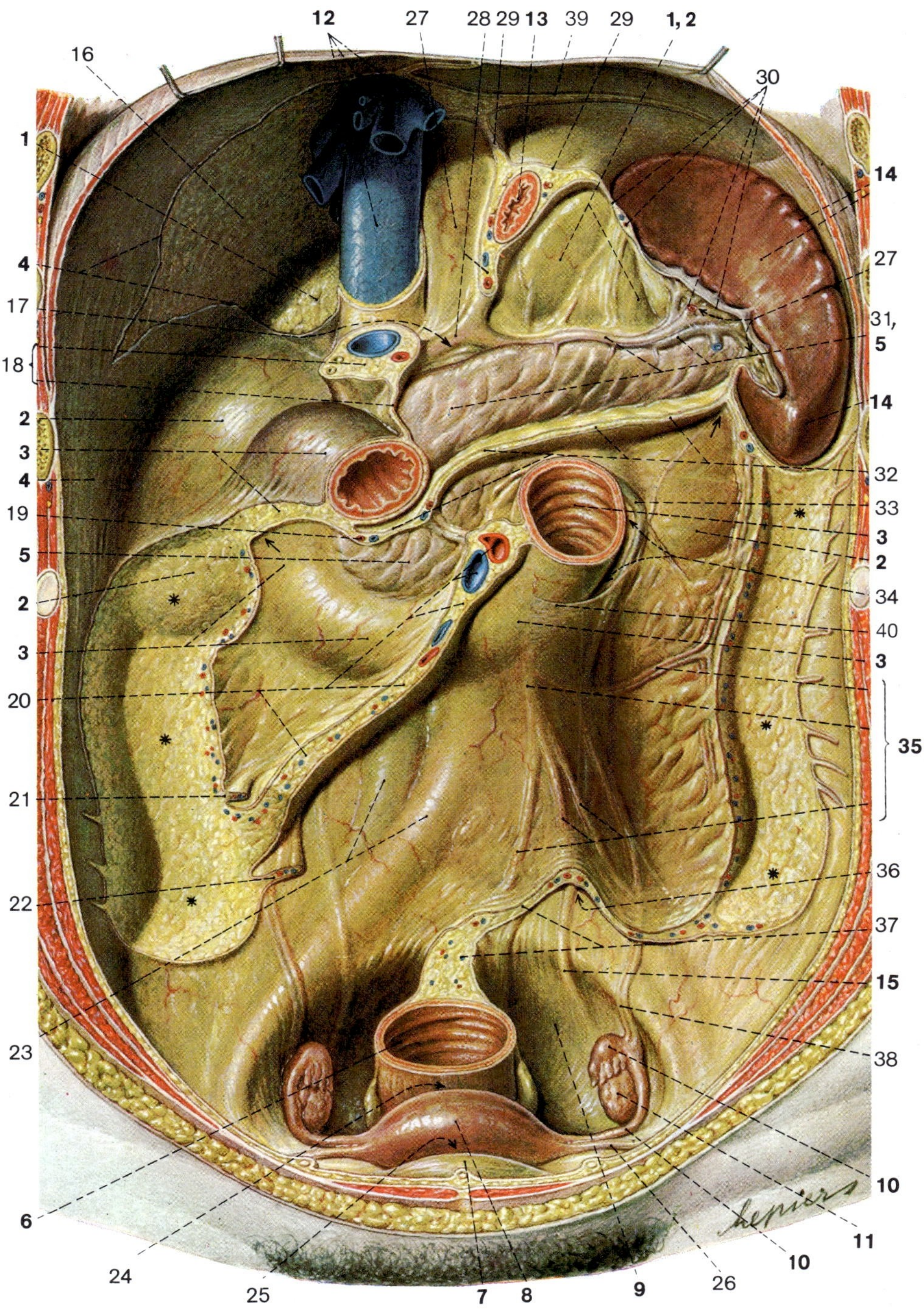

32	Querdickdarmgekröse	*Mesocolon transversum*	36	Bauchfelltasche am Sigma	*Recessus intersigmoideus*
33	Untere Gekrösevene	*V. mesenterica inferior*	37	Sigmagekröse	*Mesocolon sigmoideum*
34	Obere und untere Bauchfelltasche am Übergang vom Zwölffingerdarm in den Leerdarm	*Recessus duodenalis superior + Recessus duodenalis inferior*	38	Eierstockarterie	*A. ovarica*
35	Untere Gekrösearterie (Äste)	*A. mesenterica inferior*	39	Linkes Dreieckband	*Lig. triangulare sinistrum*
			40	Untere Zwölffingerdarmfalte	*Plica duodenalis inferior*

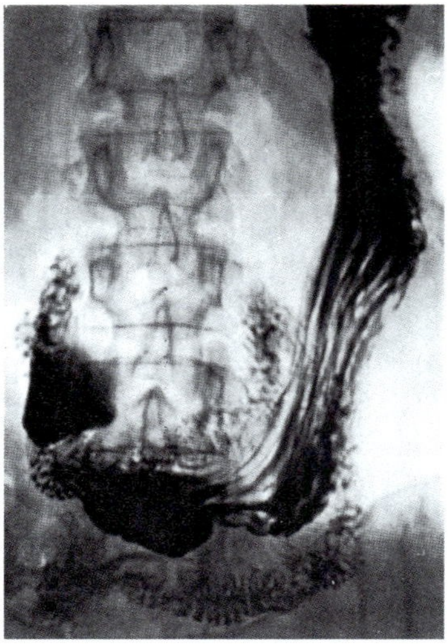

← Röntgenbild des Magens, des Zwölffingerdarms und des Leerdarms nach Einnahme eines Kontrastmittels (sog. „Kontrastbreipassage"). Die Schleimhautfalten des Magens sind vorwiegend in Längsrichtung angeordnet, die des Darms ringförmig. Das Kontrastmittel sammelt sich in den „Tälern" zwischen den Falten der Magenschleimhaut an. Die Falten sind deshalb im Bild hell. Die Form des Magens ist abhängig vom Füllungszustand und von der Körperhaltung. *[ba2]*

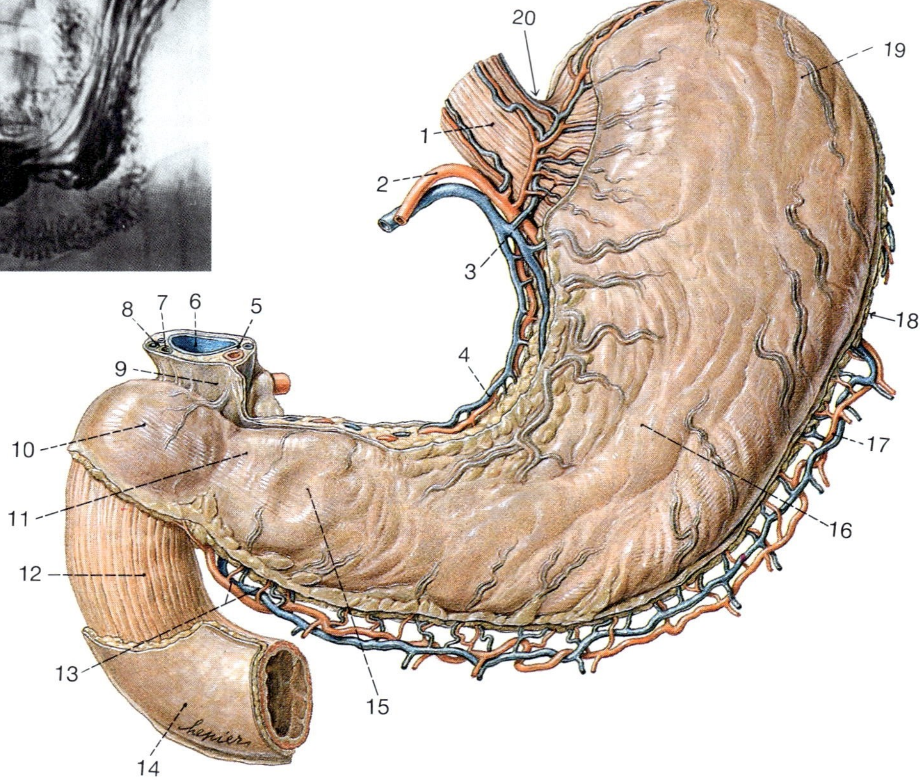

Magen mit Bauchabschnitt der Speiseröhre und Zwölffingerdarm. In der Umgebung des Mageneingangs und am absteigenden Zwölffingerdarm ist der Bauchfellüberzug entfernt. Die großen Blutgefäße laufen an der kleinen und der großen Magenkrümmung entlang und geben nahezu rechtwinklig ihre Äste zur Vorder- und Hinterwand des Magens ab. *[sb2]*

1	Speiseröhre, Bauchabschnitt	*Oesophagus, Pars abdominalis*
2	Linke Magenarterie	*A. gastrica sinistra*
3	Mageneingangnaher Magenabschnitt	*Cardia [Pars cardiaca]*
4	Kleine Magenkrümmung	*Curvatura minor*
5	Leberarterie	*A. hepatica propria*
6	Pfortader	*V. portae hepatis*
7	*Lebergallengang*	*Ductus hepaticus*
8	Gallenblasengang	*Ductus cysticus*
9	Leber-Zwölffingerdarm-Band	*Lig. hepatoduodenale*
10	Zwölffingerdarm, oberer Teil	*Duodenum, Pars superior*
11	*Magenpförtner*	*Pylorus*
12	Zwölffingerdarm, absteigender Teil	*Duodenum, Pars descendens*
13	Rechte Magen-Netz-Arterie	*A. gastroomentalis dextra*
14	Zwölffingerdarm, horizontaler (unterer) Teil	*Duodenum, Pars horizontalis [inferior]*
15	Pförtnernaher Magenabschnitt	*Pars pylorica*
16	Magenkörper	*Corpus gastricum*
17	Linke Magen-Netz-Arterie	*A. gastroomentalis sinistra*
18	Große Magenkrümmung	*Curvatura major*
19	Magenkuppel	*Fundus gastricus*
20	Einschnitt am Mageneingang	*Incisura cardialis*

Lage des Magens

Der Magen liegt im linken Oberbauch. Er grenzt rechts an die Leber, links an die Milz, hinten an die Bauchspeicheldrüse, oben an das Zwerchfell und unten an den Querteil des Dickdarms an. Vom Herzen und der Lunge ist er durch das Zwerchfell getrennt. Der leere Magen ist weitgehend hinter dem linken Rippenbogen verborgen. Der gefüllte Magen sinkt im Stehen bis unter den Nabel herab.

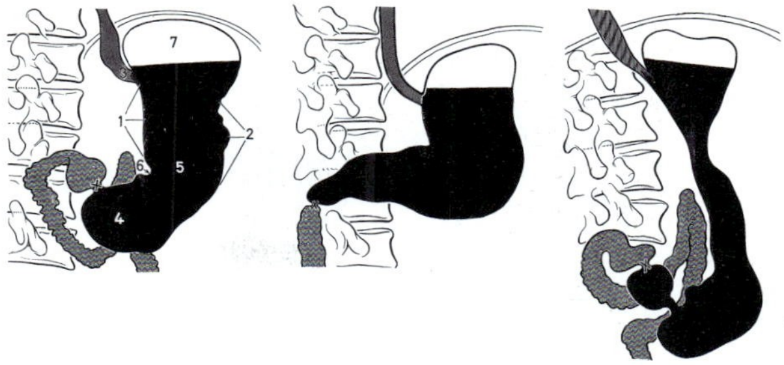

Gesunder Magen. Verschiedene Formen bei der Röntgenuntersuchung (schematisch, Kontrastmittel schwarz). In der Magenkuppel sammelt sich meist etwas Luft an, die mit den Speisen geschluckt wurde. Der Röntgenologe nennt sie die „Magenblase“. Links „normaler“ Magen, Mitte „Stierhornform“ des Magens bei breitwüchsigem Körperbau, rechts „Langmagen“ bei schmalwüchsigem Körperbau. *[ba2]*

1	Kleine Magenkrümmung	*Curvatura minor*
2	Große Magenkrümmung	*Curvatura major*
3	Speiseröhre, Bauchabschnitt	*Oesophagus, Pars abdominalis*
4	Pförtnernaher Magenabschnitt	*Pars pylorica*
5	Magenkörper	*Corpus gastricum*
6	Winkeleinschnitt (tiefster Punkt der kleinen Magenkrümmung)	*Incisura angularis*
7	Magenkuppel	*Fundus gastricus*

Horizontalschnitt durch Brust- und Bauchraum auf Höhe des Schwertfortsatzes des Brustbeins. Ansicht von unten. Man achte auf die dicken Schleimhautfalten der Magenkuppel und die Nachbarschaft zu Milz, Leber, Lunge und Herz. *[li5]*

1	Zwerchfell	*Diaphragma*
2	Rechter Leberlappen	*Lobus hepatis dexter*
3	Untere Hohlvene	*V. cava inferior*
4	Zwischenwirbelscheibe	*Discus intervertebralis*
5	Rückenmark	*Medulla spinalis*
6	Rechte Lunge	*Pulmo dexter*
7	Herz	*Cor*
8	Magen	*Gaster*
9	Linker Leberlappen	*Lobus hepatis sinister*
10	Speiseröhre	*Oesophagus*
11	Bauchaorta	*Pars abdominalis aortae [Aorta abdominalis]*
12	Milz	*Splen [Lien]*
13	Linke Lunge	*Pulmo sinister*

Form und Gliederung des Magens

Der Magen ist ein gekrümmter Schlauch von unterschiedlicher Weite. Seine Form im Röntgenbild wird gewöhnlich mit einem Haken, einem Posthorn oder einem Stierhorn verglichen.

- Rechts ist er eingedellt: *kleine Magenkrümmung*.
- Links ist er ausgebuchtet: *große Magenkrümmung*.
- Nach oben wölbt sich die *Magenkuppel* (Fundus) vor.
- Der *Mageneingang* (Kardia) liegt nicht am höchsten Punkt, sondern ist etwas nach rechts zum oberen Ende der kleinen Magenkrümmung verschoben.
- Der *Magenausgang* (Magenpförtner = *Pylorus*, mit kräftigen Ringmuskeln) liegt ebenfalls rechts. Der vorgelagerte *Pförtnerabschnitt* ist gegen den Hauptteil des Magens = *Magenkörper* (Korpus) im Röntgenbild häufig scharf nach rechts oben abgeknickt (Winkeleinschnitt).
- In leerem Zustand ist der Magen zu einem darmähnlichen Rohr zusammengezogen. Bei der Füllung wird er allmählich nach links erweitert.

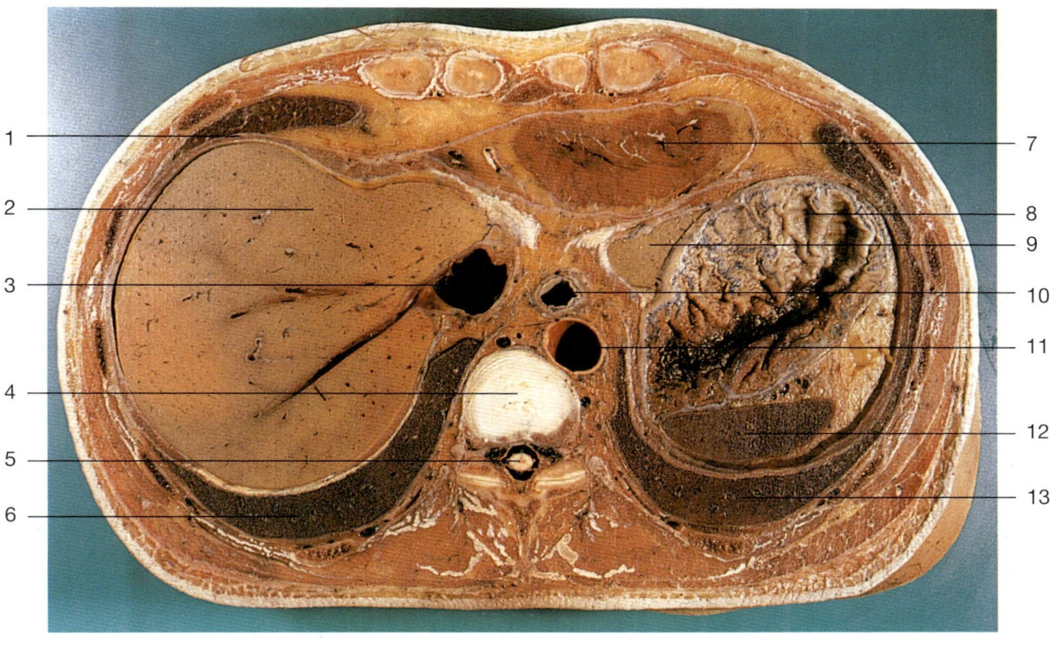

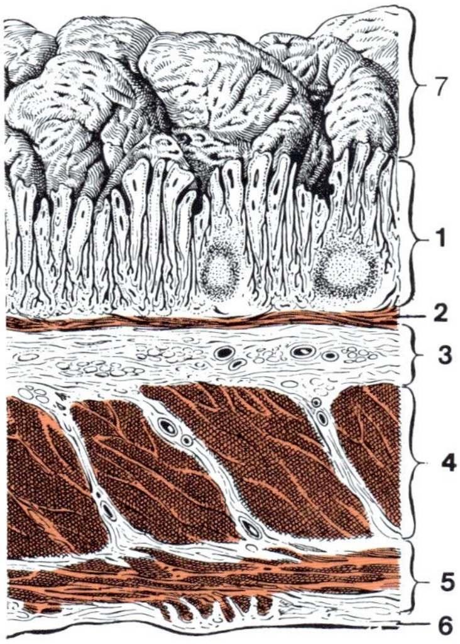

Feinbau der Magenwand (Vergrößerung etwa 15fach). *[bg2]*

1–2	Schleimhaut (des Magens)	*Tunica mucosa*
1	Magendrüsen + Schleimhautbindegewebe	*Glandulae gastricae propriae + Lamina propria mucosae*
2	Schleimhautmuskelschicht	*Lamina muscularis mucosae*
3	Unterschleimhaut	*Tela submucosa*
4	Muskelwand, Ringschicht	*Tunica muscularis, Stratum circulare*
5	Muskelwand, Längsschicht	*Tunica muscularis, Stratum longitudinale*
6	Bauchfellüberzug	*Tunica serosa*
7	Magenfelder (an der Schleimhautoberfläche)	*Areae gastricae*

Aufgaben des Magens

❶ *Speicherung:* Hauptaufgabe des Magens ist es, die Nahrung vorübergehend zu speichern, um diese dann gleichmäßig in kleinen Mengen an den Darm zur weiteren Verdauung weiterzugeben. Der Magen ermöglicht es, den Nahrungsbedarf mit wenigen größeren Mahlzeiten zu decken. Ist der Magen entfernt, so muss die Nahrung über den Tag verteilt in vielen kleinen Portionen eingenommen werden.

❷ *Desinfektion:* Da der Körper auf äußerste Rationalisierung angelegt ist, wird der Magen nicht nur als Vorratsbehälter genutzt. Die Nahrung wird im Magen gleichzeitig auch desinfiziert. Dazu sondert die Magenwand *Salzsäure* ab, welche die meisten Bakterien unschädlich macht. Lediglich bei sehr starker Bakterienbesiedlung der Nahrung wird der Darm infiziert. Die Magenschleimhaut ist zum Schutz vor der eigenen Säure (pH 1,0–1,5!) mit einer Schleimschicht überzogen.

- Läuft Magensaft in die Speiseröhre zurück, so greift die Säure dort die Schleimhaut an („Sodbrennen").
- Ist die Säureproduktion des Magens gestört, so kommt es viel häufiger zu Infektionen des Darms (Durchfall!) und von dort zu Infektionen der Gallenwege, der Leber und der Bauchspeicheldrüse.

❸ *Intrinsic-Faktor:* Die Magenwand sondert einen Stoff ab, der für die Aufnahme von Vitamin B_{12} im Dünndarm nötig ist.

❹ *Verdauung:* Dies ist die am wenigsten wichtige Aufgabe, denn Hauptverdauungsorgan ist der Dünndarm. Die Verdauungsenzyme der Magendrüsen sind speziell auf die Magensäure abgestimmt.

Feinbau der Magenwand

Sie besteht aus 3 Hauptschichten und dazwischen 2 lockeren Verschiebeschichten. Die Hauptschichten sind von innen nach außen:

❶ *Schleimhaut:* Die Grenze zur Lichtung bildet ein einschichtiges Deckgewebe mit hohen (säulenförmigen) Zellen, die Grenze zur Unterschleimhaut („Submukosa") eine dünne Muskellage. Die Schleimhaut ist sehr dick, weil in ihr dicht nebeneinander die schlauchförmigen Magendrüsen liegen.

❷ *Muskelwand:* Sie besteht aus glattem Muskelgewebe und ist aus 3 Teilschichten zusammengesetzt:
- Längsschicht außen.
- Ringschicht in der Mitte.
- unvollständige Längsschicht innen.

❸ *Bauchfell:* Der größte Teil der Magenwand ist mit dem glatten Bauchfell überzogen. Es gestattet die reibungsarme Verschiebung des Magens gegen die Nachbarorgane bei den Größenänderungen im Zusammenhang mit Nahrungsaufnahme und Weitergabe des Speisebreis. Bauchfellfrei sind nur die Ansätze des vorderen und hinteren Magengekröses an der kleinen und der großen Magenkrümmung.

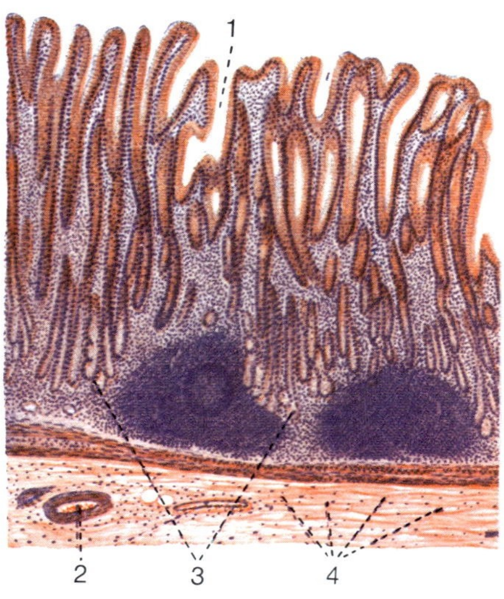

Magenschleimhaut in der Nähe des Übergangs zum Zwölffingerdarm (Schnittbild, Vergrößerung 50fach). *[so]*

1	Magengrübchen	*Foveolae gastricae*
2	Blutgefäß	*Vas sanguineum*
3	Magenpförtnerdrüsen	*Glandulae pyloricae*
4	Unterschleimhaut	*Tela submucosa*

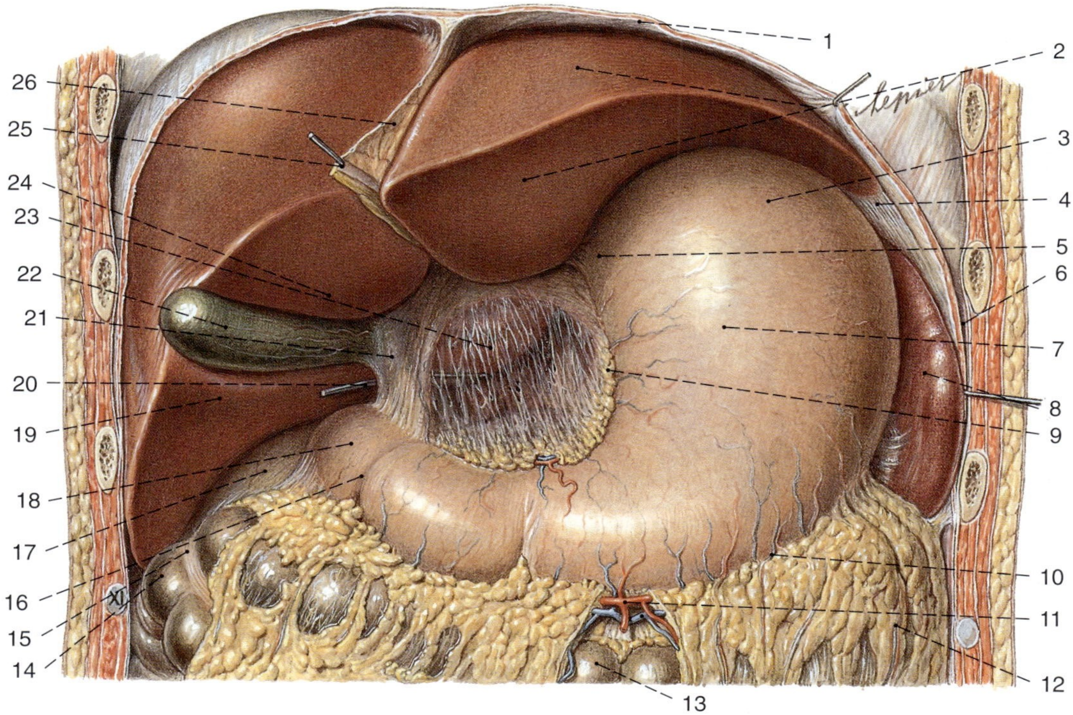

Magen mit Nachbarorganen von vorn gesehen. Die Leber ist hochgezogen, dadurch wird der Blick auf das sich zwischen Leber und kleiner Magenkrümmung ausspannende kleine Netz frei. Von der großen Magenkrümmung hängt das große Netz (mit reichlich Fetteinlagerung) über den Darm nach unten. *[sb2]*

1	Zwerchfell	*Diaphragma*
2	Linker Leberlappen	*Lobus hepatis sinister*
3	Magenkuppel	*Fundus gastricus*
4	(Faserzug)	*Appendix fibrosa hepatis*
5	Mageneingang	*Cardia [Pars cardiaca]*
6	Brustfell	*Pleura*
7	Magenkörper	*Corpus gastricum*
8	Milz	*Splen [Lien]*
9	Kleine Magenkrümmung	*Curvatura minor*
10	Große Magenkrümmung	*Curvatura major*
11	Linke Magen-Netz-Arterie + -vene	*A. + V. gastroomentalis sinistra*
12	Großes Netz	*Omentum majus*
13	Querteil des Grimmdarms	*Colon transversum*
14	Rechte Dickdarmbiegung	*Flexura coli dextra [hepatica]*
15	Bandstreifen mit Netzansatz	*Taenia omentalis*
16	Magenpförtner	*Pylorus*
17	Niere	*Ren [Nephros]*
18	Zwölffingerdarm	*Duodenum*
19	Rechter Leberlappen	*Lobus hepatis dexter*
20	Eingang in den Netzbeutel	*Foramen omentale [epiploicum]*
21	Kleines Netz	*Omentum minus*
22	Gallenblase	*Vesica biliaris [fellea]*
23	Kleines Netz	*Omentum minus*
24	Quadratischer Leberlappen	*Lobus quadratus*
25	Rundes Leberband	*Lig. teres hepatis*
26	Sichelband der Leber	*Lig. falciforme*

Magendrüsen

Nach der Sekretion kann man 3 Bereiche trennen:

- Die *Drüsen des Mageneingangs* (Kardiadrüsen) sondern Schleim ab.
- Die *Drüsen des Magenkörpers* (Korpusdrüsen) bilden die Salzsäure und Pepsinogen, das in der Magenlichtung durch die Magensäure zum eiweißspaltenden Enzym Pepsin aktiviert wird. Sie erzeugen ferner Schleim und den Intrinsic-Faktor. Dieser ist zusammen mit dem Vitamin B_{12} für die Bildung der roten Blutkörperchen wichtig. Der Schleim schützt die Magenwand vor der Selbstverdauung. Nach dem Tod erlischt sehr rasch die Schutzfunktion des Magenschleims. Der noch im Magen vorhandene Magensaft löst dann die Schleimhaut auf.
- Die *magenausgangnahen Drüsen* (Pylorusdrüsen) geben ein alkalisches schleimhaltiges Sekret und das Hormon Gastrin ab.

Steuerung der Magentätigkeit

- *Durch Nerven:* Der 10. Hirnnerv (*Vagus*) regt die Magendrüsen zur Bildung von Pepsinogen und Salzsäure an. Er ist auch für den größten Teil der Magenbewegungen zuständig. Ausgenommen ist jedoch der Magenpförtner. Seine Muskeln werden vom Sympathikus innerviert.
- *Durch Hormone:* Die G-Zellen schütten das Hormon *Gastrin* aus, wenn der Pförtnerabschnitt durch Speisebrei gedehnt wird. Das Gastrin regt die Drüsen im Magenkörper und in der Magenkuppel zu vermehrter Absonderung an.

Mittlerer Dünndarmabschnitt (Leerdarm = Jejunum). Schleimhautbild: hohe Ringfalten, mit Darmzotten besetzt. *[bg2]*

Schichten der Darmwand

Die Reihenfolge der Wandschichten ist im gesamten Magen-Darm-Kanal (ab der Speiseröhre) gleich: 3 Hauptschichten, dazwischen 2 Verschiebeschichten:

❶ **Schleimhaut** („Mukosa"):

- Deckgewebe: Speiseröhre und After tragen mehrschichtiges Plattenepithel, Magen und Darm einschichtiges Säulenepithel.
- Bindegewebeschicht („Propria").
- Muskelschicht der Schleimhaut (Längsmuskeln).

❷ *Unterschleimhaut* („Submukosa"): Verschiebeschicht unter der Schleimhaut mit Blut- und Lymphgefäßen, Nerven und Drüsen.

❸ **Muskelwand** („Muskularis"): obere Speiseröhre quergestreifte, sonst glatte Muskulatur:

- Ringschicht (innen).
- Längsschicht (außen).

❹ *Unterbauchfell* („Subserosa"): Verschiebeschicht unter dem Bauchfell mit Blut- und Lymphgefäßen sowie Nerven.

❺ **Bauchfell** („Serosa") oder *Hüllgewebe* („Adventitia").

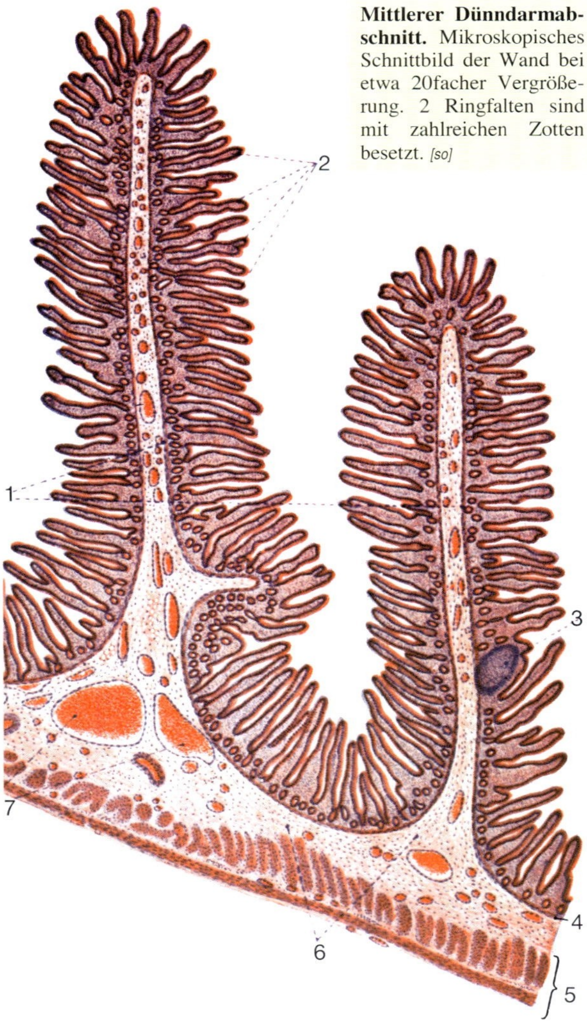

Mittlerer Dünndarmabschnitt. Mikroskopisches Schnittbild der Wand bei etwa 20facher Vergrößerung. 2 Ringfalten sind mit zahlreichen Zotten besetzt. *[so]*

1	Ringfalte der Schleimhaut	*Plica circularis*
2	Darmzotte	*Villus intestinalis*
3	Lymphknötchen	*Nodulus lymphoideus*
4	Schleimhautmuskelschicht	*Lamina muscularis mucosae*
5	Muskelwand	*Tunica muscularis*
6	Unterschleimhaut (Submukosa)	*Tela submucosa*
7	Vene	*Vena*

Oberflächenvergrößerung

Alle Stoffwechselvorgänge vollziehen sich an Oberflächen: Wo etwas „wechseln" soll, muss eine Kontaktfläche vorhanden sein. Je größer die Oberfläche ist, desto mehr Stoffe können ausgetauscht werden. Die resorbierende Darmoberfläche wird in mehreren Stufen auf etwa 100 m^2 vergrößert:

- **Ringfalten:** Sie schneiden bis zu etwa 1 cm in die Darmlichtung ein. Sie vergrößern die Darmoberfläche nur um ein Drittel. Dies reicht nicht aus.
- **Darmzotten:** Diese fingerartigen Ausstülpungen der Darmschleimhaut sind etwa 1 mm lang. Sie sind wie die übrige Schleimhaut von einem einschichtigen hohen Deckgewebe bedeckt. Das Zotteninnere besteht aus Bindegewebe, das Blut- und Lymphgefäße enthält. Durch glatte Muskelzellen kann die Zotte in der Längsrichtung verkürzt werden. Dabei werden die Blut- und Lymphgefäße ausgepresst. Dadurch wird der Abstrom der aufgenommenen Nahrungsbestandteile gefördert („Zottenpumpe").
- **Darmkrypten:** Diese fingerhandschuhartigen Einstülpungen der Darmschleimhaut (also gerade umgekehrt wie die Darmzotten) ähneln den schlauchförmigen Magendrüsen, sind aber kürzer (etwa 0,2–0,4 mm). In ihrer Wand sitzen Drüsenzellen, die Verdauungssäfte oder Schleim erzeugen.
- **Bürstensaum:** Die Mikrozotten (Mikrovilli) der Deckzellen der Darmwand sind nur etwa 1 μm lang. Die der Lichtung zugewandte Seite der Saumzellen ist damit dicht besetzt.

Dünndarmzotten: räumliche Darstellung bei etwa 70facher Vergrößerung. [ta]

1	Darmzotte	*Villus intestinalis*
2	Deckzelle (einschichtiges Säulenepithel)	*Epitheliocytus columnaris villi*
3	Vene	*Vena*
4	Arteriole (Schlagäderchen)	*Arteriola*
5	Lymphgefäß	*Vas lymphaticum*

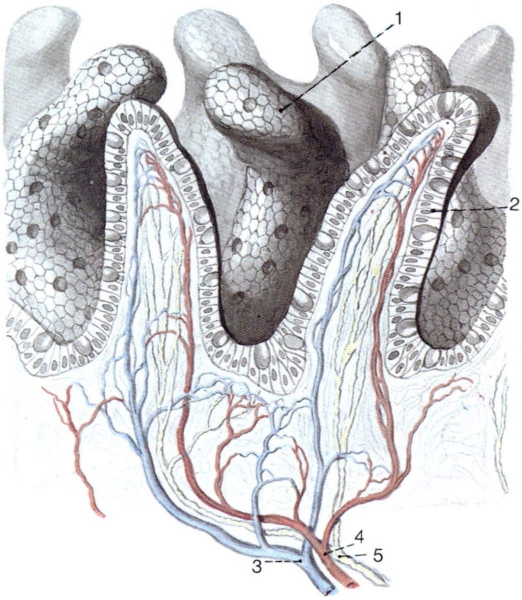

Zellarten des Darmepithels

• *Saumzellen:* Die Mehrzahl der Zellen dient der Stoffaufnahme. An ihrer der Lichtung zugewandten Seite tragen sie viele Mikrozotten (Mikrovilli). Diese liegen dicht nebeneinander wie die Borsten einer Bürste (daher auch Bürstensaum genannt). Die Lebensdauer der Saumzellen beträgt nur etwa 2 Tage. Sie werden ständig aus der Tiefe der Darmkrypten erneuert.
• *Becherzellen:* Sie bilden Schleim.
• *Körnerzellen:* Sie erzeugen Verdauungsenzyme.
• *Hormonbildende Zellen:* Sie bauen Hormone auf, mit denen der Darm seine eigene Tätigkeit, die Arbeit ihm zugeordneter Drüsen und andere Stoffwechselvorgänge steuert. Dazu gehören z.B. Gastrin (regt die Magensaftbildung an), CCK (Cholecystokinin-Pancreozymin, fördert Gallenfluss und Bauchspeichelbildung) u.a.

Gliederung des Darms

Dünndarm:
• Zwölffingerdarm (Duodenum)
• Leerdarm (Jejunum)
• Krummdarm (Ileum)

Dickdarm:
• Blinddarm (Zäkum) mit Wurmfortsatz (Appendix)
• Grimmdarm (Kolon): mit aufsteigendem, querem, absteigendem und s-förmigem Teil
• Mastdarm (Rektum)

Aufgaben des Dünndarms

❶ **Verdauung** = Spaltung der Nahrungsbestandteile in kleine Moleküle: Eiweiße werden zu Aminosäuren, Kohlenhydrate zu einfachen Zuckern, Fette zu Fettsäuren und Glycerin abgebaut. Die Darmwand bildet dazu Enzyme. Sie werden ergänzt durch die Galle (aus der Leber) und den Bauchspeichel (aus der Bauchspeicheldrüse), die beide in den Zwölffingerdarm abgegeben werden.

❷ **Resorption** = Aufnahme der verdauten Nahrungsbestandteile: Sie erfolgt teilweise rein passiv aufgrund des Konzentrationsgefälles, teilweise aktiv aufgrund von „Pumpen" in den Darmwandzellen.
• Die *Aminosäuren* und einfachen *Zucker* gelangen mit dem venösen Blut über die Pfortader zur Leber. Dort werden sie vorübergehend gespeichert oder zu körpereigenen Stoffen umgebaut und wieder an das Blut abgegeben.
• Die *Fette* werden mit der Lymphe abtransportiert. Die Lymphbahnen des Darms vereinigen sich mit anderen Lymphbahnen zum Milchbrustgang. Er mündet in den linken Halsvenenwinkel ein. Erst dort werden die Fette in kleinen Tröpfchen dem Blut beigemischt.

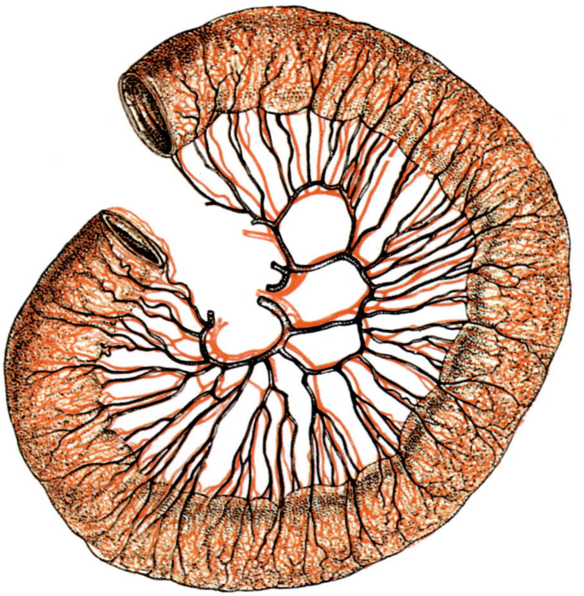

Dünndarmschlinge mit Blutgefäßen: Arterien rot, Venen schwarz. Die Blutgefäße zeichnen sich durch zahlreiche Querverbindungen („Gefäßarkaden") aus, die das Risiko von Durchblutungsstörungen mindern. Sie gelangen über das Gekröse zum Darm. [bg2]

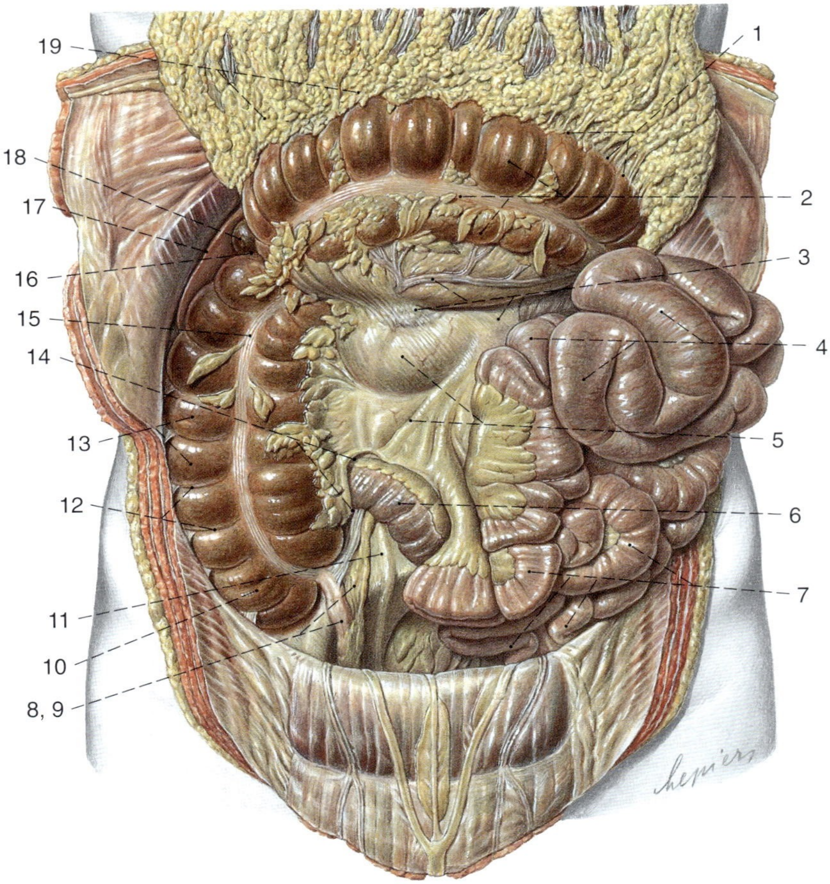

1	Netzansatz am Dickdarm	*Taenia omentalis*
2	Querteil des Grimmdarms	*Colon transversum*
3	Mittlere Grimmdarmarterie und Grimmdarmvene	*A. + V. colica media*
4	Leerdarm	*Jejunum*
5	Zwölffingerdarm	*Duodenum*
6	Krummdarm	*Ileum*
7	Endteil des Krummdarms	*Ileum, Pars terminalis*
8	Wurmfortsatz	*Appendix vermiformis*
9	Wurmfortsatzgekröse	*Mesoappendix*
10	Blinddarm	*Caecum*
11	Harnleiter	*Ureter*
12	Querfalten des Dickdarms	*Plicae semilunares coli*
13	Ausbuchtungen des Dickdarms	*Haustra coli*
14	Krummdarm-Blinddarm-Bauchfelltaschen	*Recessus ileocaecalis superior + inferior*
15	Freier Bandstreifen	*Taenia libera*
16	Rechte Dickdarmbiegung	*Flexura coli dextra*
17	Rechter Leberlappen	*Lobus hepatis dexter*
18	Gallenblase	*Vesica biliaris [fellea]*
19	Großes Netz	*Omentum majus*

↑ **Darmbauch:** Der Querteil des Grimmdarms ist mit dem großen Netz hochgeschlagen, Jejunum und Ileum sind nach links gezogen. Damit wird der Blick auf das Gekröse, den Blinddarm und den Wurmfortsatz frei. Der Zwölffingerdarm schimmert durch das hintere Bauchfell durch. *[sb2]*

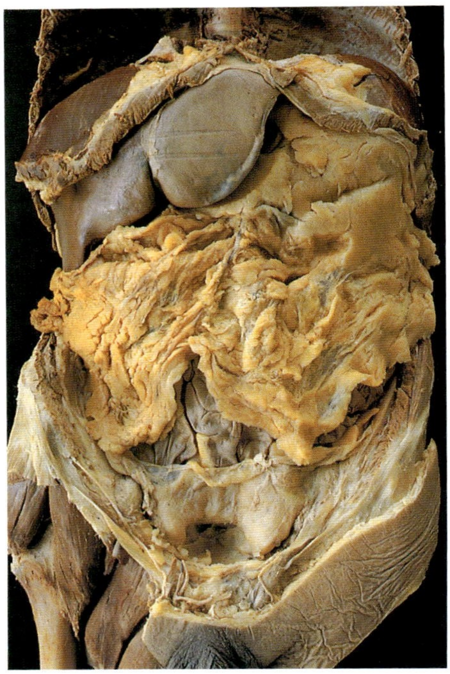

Bauchhöhle nach Wegnahme der Bauchwand. *[li5]* →
Die Brusteingeweide sind entfernt, und das rechte Hüftgelenk ist freigelegt. Foto einer konservierten Leiche. Man sieht oben die Leber und den Magen. Vom Querteil des Dickdarms hängt das große Netz wie eine gelbe Schürze vor dem Dünndarm. Schlüge man das frei bewegliche große Netz nach oben, so würde der Dünndarm sichtbar. Das große Netz ist eine große Bauchfellfalte, die reichlich Abwehrzellen enthält. Im gesunden Zustand ist es ausgebreitet, bei Eiterungen im Bauchraum kann es sich über der erkrankten Stelle zusammenziehen und evtl. einen Durchbruch der Eiterung, z.B. bei der Wurmfortsatzentzündung, abdichten. Seine gelbe Farbe beruht auf der Einlagerung von Fett. Beim Fettsüchtigen kann es dabei mehrere Zentimeter dick werden. Wegen seines Reichtums an Blutgefäßen und seiner großen Oberfläche wirkt es entscheidend an der Erhaltung des Flüssigkeitsgleichgewichts in der Bauchfellhöhle mit. Es kann auch Stoffe aus der Bauchfellhöhle aufsaugen, z.B. Blut bei einer Blutung oder Blutübertragung (beim Fetus).

Obere Gekrösearterie. Sie versorgt mit zahlreichen Seitenästen Leerdarm und Krummdarm und etwa die Hälfte des Dickdarms. Wird sie durch eine Embolie plötzlich verschlossen („akuter Mesenterialinfarkt"), so entsteht wegen der Gefahr des Absterbens von Darmteilen ein lebensbedrohlicher Zustand, der eine sofortige Operation erfordert. *[to]*

1	Querdickdarmgekröse	*Mesocolon transversum*
2	Rechte Dickdarmarterie	*A. colica dextra*
3	Untere Bauchspeicheldrüsen-Zwölffingerdarm-Arterie	*A. pancreaticoduodenalis inferior*
4	Mittlere Dickdarmarterie	*A. colica media*
5	Obere Gekrösearterie	*A. mesenterica superior*
6	Zwölffingerdarm-Leerdarm-Übergang	*Flexura duodenojejunalis*
7	Linke Dickdarmarterie	*A. colica sinistra*
8	Leerdarmarterien	*Aa. jejunales*
9	Krummdarmarterien	*Aa. ileales*
10	Wurmfortsatzgekröse	*Mesoappendix*
11	Wurmfortsatzarterie	*A. appendicularis*
12	Krummdarm-Dickdarm-Arterie	*A. ileocolica*

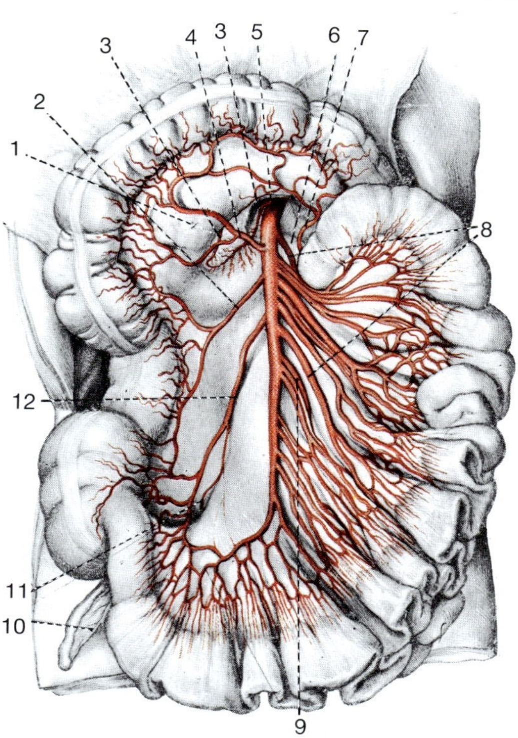

Bewegungen im Magen-Darm-Kanal

❶ **Mischbewegungen:** Sie dienen dem Durchmischen des Speisebreis mit den Verdauungssäften.

• *Segmentierungsbewegung:* Die Ringmuskulatur zieht sich einmal an der einen, dann an einer anderen Stelle zusammen.

• *Pendelbewegung:* Wird die Längsmuskelschicht eingesetzt, so schaukelt der Darminhalt hin und her.

• Da der Darminhalt Gase enthält, hört man bei den Mischbewegungen laufend blubbernde Geräusche. „Totenstille" im Bauchraum weist auf eine Darmlähmung hin.

❷ **Peristaltische Welle:** Mit ihr wird der Darminhalt in einer Richtung (vom Mund zum After) weiterbefördert. Wenn sich nebeneinander liegende Teile der Ringmuskeln nicht gleichzeitig, sondern kurz nacheinander zusammenziehen, schieben sie den Inhalt des Schlauchs weiter. Vor den Ringmuskeln kontrahieren sich die Längsmuskeln. Dadurch wird ein Darmabschnitt verkürzt, aber gleichzeitig auch weiter. Die Mischbewegungen werden von Zeit zu Zeit von einer derartigen peristaltischen Welle unterbrochen, um den Speisebrei weiterzubewegen.

• Als *Antiperistaltik* bezeichnet man eine Umkehrung der Bewegungsrichtung der peristaltischen Welle, z.B. beim Erbrechen.

❸ **Feineinstellung der Schleimhaut:** Sie kann mit ihren zarten Muskelschicht z.B. einer mitgeschluckten Fischgräte ausweichen.

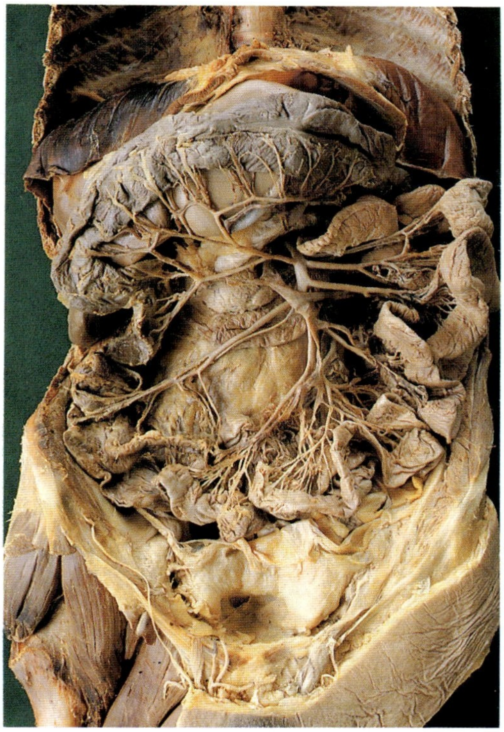

Verzweigung der oberen Gekrösearterie an den Darm. Foto derselben Leiche wie auf der linken Seite nach fortgeschrittener Präparation: Das Bauchfell und das Bindegewebe des Dünndarmgekröses wurden entfernt, um die Blutgefäße sichtbar zu machen. Der Querdickdarm ist über Magen und Leber hochgeschlagen, um die Gesamtverzweigung zu zeigen. Man vergleiche mit der schematisierten Zeichnung oben. Im Unterschied zu diesem Bild sind hier auch die Venen präpariert. Aus ihnen fließt das Blut zur Pfortader ab. *[li5]*

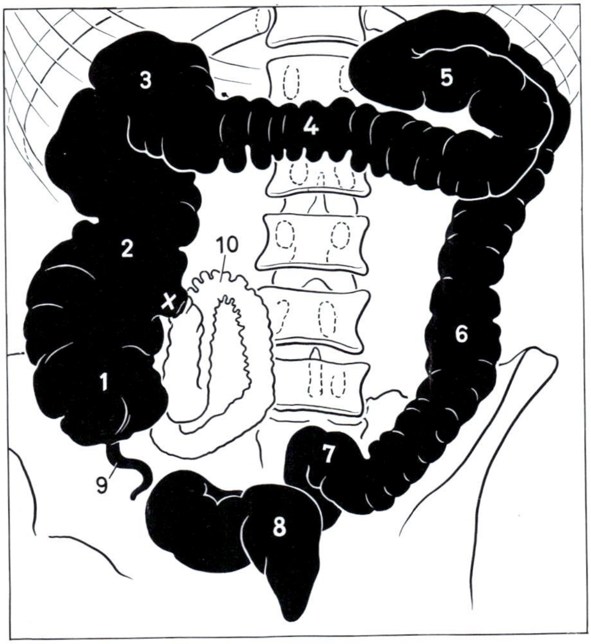

Dickdarm (schematisch nach Röntgenbildern). Die deutsche Bezeichnung Grimmdarm für das *Colon* wird vom Arzt wenig gebraucht. Er spricht vereinfachend gewöhnlich vom Dickdarm, z.B. Querdickdarm statt Querteil des Grimmdarms. Den s-förmigen Teil nennt er oft kurz Sigma oder Sigmoid, den Wurmfortsatz Appendix. *[ba2]*

1	Blinddarm	*Caecum*
2	Grimmdarm, aufsteigender Teil	*Colon ascendens*
3	Rechte Dickdarmbiegung	*Flexura coli dextra [hepatica]*
4	Grimmdarm, Querteil	*Colon transversum*
5	Linke Dickdarmbiegung	*Flexura coli sinistra [splenica]*
6	Grimmdarm, absteigender Teil	*Colon descendens*
7	Grimmdarm, s-förmiger Teil (Sigma, Sigmoid)	*Colon sigmoideum*
8	Mastdarm	*Rectum*
9	Wurmfortsatz	*Appendix vermiformis*
X	Krummdarm-Blinddarm-Klappe (Bauhin-Klappe)	*Ostium ileale*
10	Krummdarm (unterer Dünndarmabschnitt)	*Ileum*

Unterschiede von Dickdarm und Dünndarm

❶ **Äußerlich:** Die Weite allein ist trügerisch: Ein verkrampfter Dickdarm ist enger als ein erschlaffter Dünndarm. Der Dickdarm ist sicher zu erkennen an:

- *Bandstreifen* (Tänien): Die Längsmuskelschicht der Muskelwand bedeckt nicht den ganzen Umfang des Dickdarms, sondern ist zu 3 Streifen zusammengezogen, die gut sichtbar bandartig am Dickdarm entlanglaufen.
- *Schnürringe* und *Ausbuchtungen:* Die Ringschicht der Muskelwand zieht die Dickdarmwand stellenweise ringartig ein, während sich dazwischen die Wand schlaff ausbuchtet. Die Schnürringe sind nicht starr: Jeweils andere Abschnitte der Ringmuskeln kontrahieren sich.
- *Fettanhängsel:* Unter dem Bauchfell wird beim Dickdarm Fett gespeichert. Es wölbt das Bauchfell in erbs- bis walnussgroßen Lappen vor.

❷ **Feinbau:** Der Dünndarm verdaut sehr gründlich, so dass für den Dickdarm diesbezüglich wenig zu leisten übrig bleibt. Seine Schleimhautoberfläche ist daher nicht durch Zotten vergrößert, und es fehlen die enzymbildenden Körnerzellen. Lediglich tiefe Krypten mit reichlich Becherzellen für die Schleimbildung sind vorhanden.

Die sichere Unterscheidung kann bei Operationen für den Patienten lebenswichtig sein.

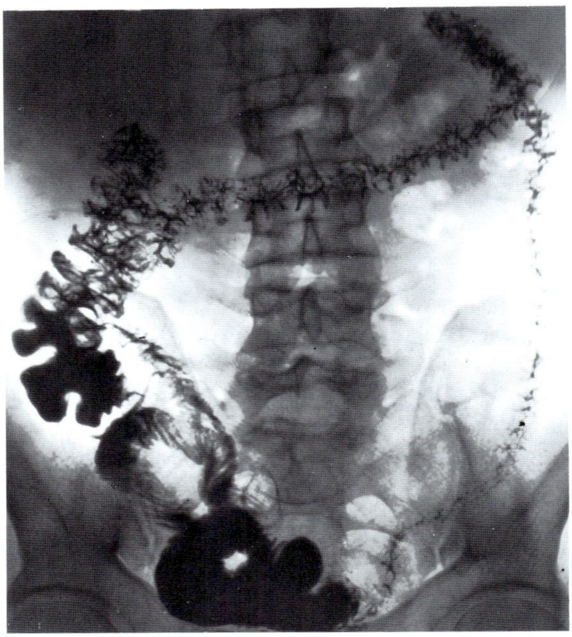

Dickdarm: Röntgenbild nach Kontrastbreieinlauf. *[ba2]*
Die Bakterienbesiedlung des Dickdarms soll nicht auf den Dünndarm übergreifen. Deshalb ist zwischen Dünn- und Dickdarm ein Ventil eingebaut. Es lässt den Flüssigkeitsstrom normalerweise nur in einer Richtung zu: Die *Bauhin-Klappe* ist so in den Dickdarm eingestülpt, dass bei höherem Druck im Dünndarm Brei in den Dickdarm übertreten kann. Bei höherem Druck im Dickdarm wird das Ventil zusammengepresst. Bei der Röntgenuntersuchung des Dickdarms kann man allerdings den Rückstrom kleiner Kontrastmittelmengen in den Dünndarm beobachten (auch in diesem Bild!).

Darmflora

Der Dickdarm ist reichlich mit Bakterien (z.B. Bacteroides, Bifidus und Kolibakterien) besiedelt. Diese spalten einige für den Dünndarm unverdauliche Nahrungsbestandteile (z.B. Zellulose). Für die menschliche Ernährung hat dies kaum Bedeutung, ist aber bei pflanzenfressenden Tieren sehr wichtig. Trotzdem ist auch beim Menschen eine gesunde „Darmflora" für das Wohlbefinden wichtig. Wird diese Flora, z.B. durch Antibiotika, gestört, so treten leicht Durchfallerkrankungen auf.

Stuhl (Fäzes)

• Unverwertbare Nahrungsbestandteile werden mit dem Stuhl wieder aus dem Körper entfernt. Es werden auch noch einige Stoffe ausgeschieden, die der Körper nicht anders loswerden kann, z.B. Schwermetalle.

• Im Dickdarm wird der Stuhl so vorbereitet, dass er gut durch den After gleiten kann: Wasser wird je nach Bedarf aus dem Speisebrei aufgenommen oder ihm zugesetzt. *Schleim* wird beigemengt.

• Bei Entzündungen des Dickdarms kann die Schleimabsonderung so stark werden, dass reine „Schleimstühle" abgesetzt werden.

• Auch ohne Nahrungszufuhr entsteht aus Schleim und abgeschilferten Darmzellen „Stuhl".

• Seine braune Farbe erhält der Stuhl durch die von der Leber abgesonderte Galle. Der gelbe Gallenfarbstoff Bilirubin wird zum braunen Stercobilin abgebaut. Ist der Hauptgallengang verschlossen (z.B. durch einen Gallenstein oder eine Geschwulst), so wird der Stuhl „lehmfarben", ein wichtiges Zeichen für die Diagnostik.

Dickdarmwand. Mikroskopisches Schnittbild (Vergrößerung 33-fach). *[so]*

1 Schleimhaut
Tunica mucosa
2 Unterschleimhaut (Submukosa)
Tela submucosa
3 Muskelwand, Ringschicht
Tunica muscularis, Stratum circulare
4 Muskelwand, Längsschicht
Tunica muscularis, Stratum longitudinale

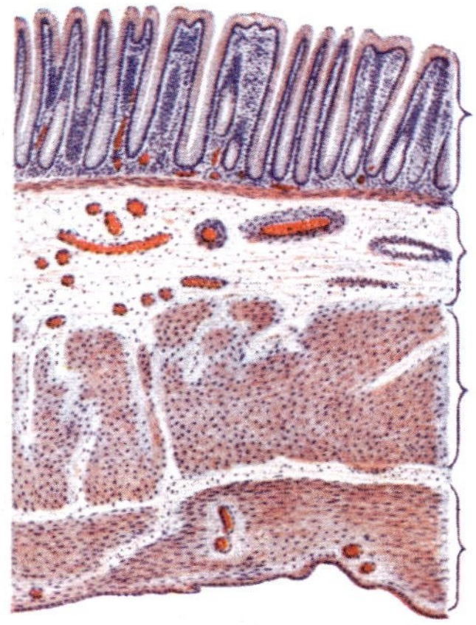

Dickdarmkrebs (Kolon- und Rektumkarzinom)

Etwa 30 000 Menschen (etwa 17 000 Frauen und 13 000 Männer) sterben im Deutschland jährlich an Grimmdarm- und Mastdarmkrebs. Dieser steht damit an zweiter Stelle in der Krebstodesursachenstatistik (nach dem Lungenkrebs mit etwa 34 000 Todesfällen, es folgen der Brustkrebs mit etwa 18 000 und der Magenkrebs mit etwa 17 000 Todesfällen). Frühzeichen sind kleine Blutungen in die Darmlichtung. Daher ist die Untersuchung auf Blut im Stuhl die wichtigste Vorsorgemaßnahme. Häufig entsteht ein Krebs im Mastdarm etwas oberhalb des Afterkanals und kann dann bei der rektalen Untersuchung getastet werden. Bei afternahen Krebsen muss der natürliche After mit der Geschwulst entfernt und ein Kunstafter (Anus praeter, Stoma) angelegt werden.

Dickdarm: Röntgenbild nach der „Doppelkontrastmethode". Ein sehr plastisches Bild der Dickdarmlichtung erhält man, wenn man nach dem Kontrastmitteleinlauf (strahlendichter als das Körpergewebe) noch Luft einbläst (weniger strahlendicht als das Körpergewebe). Dabei werden die halbkugeligen Ausbuchtungen gut sichtbar, die den Dickdarm kennzeichnen. *[ba2]*

Der Dickdarm ist beim Lebenden etwa 1 m, an der Leiche 1,2–1,4 m lang. Er kann bei der Koloskopie in voller Länge mit einem biegsamen optischen Instrument besichtigt werden.

Er ist (im Gegensatz zum Dünndarm) nicht lebensnotwendig. Nach vollständiger Entfernung ist der Patient jedoch aus 2 Gründen beeinträchtigt:

• Da die Eindickung fehlt, ist der Stuhl durchfallartig dünn. Mit dem dünnen Stuhl gehen dem Körper viel Wasser und Mineralstoffe verloren.

• Kann der natürliche After nicht erhalten werden, muss ein Kunstafter (Stoma) an der Bauchwand angelegt werden

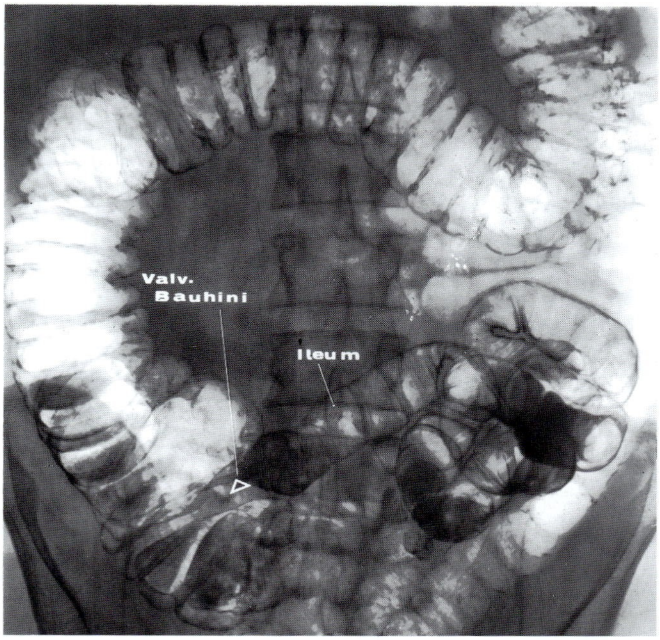

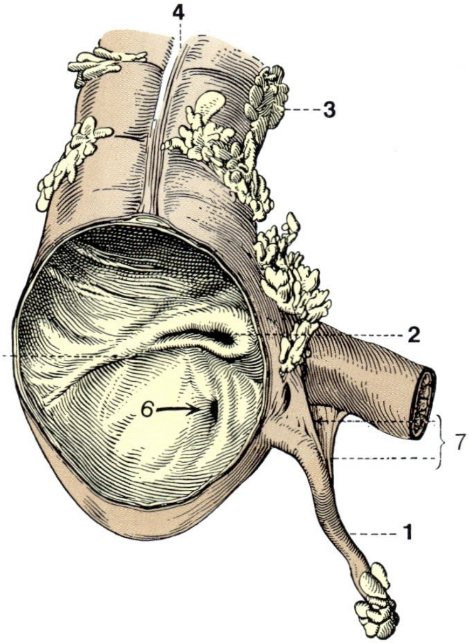

Blinddarm mit Wurmfortsatz. Die Vorderwand des Blinddarms ist entfernt, um die Bauhin-Klappe zu zeigen. Man beachte die Bandstreifen und die Fettanhängsel als Kennzeichen des Dickdarms. *[bg2]*

1	Wurmfortsatz	*Appendix vermiformis*
2	Krummdarm-Blinddarm-Klappe (Bauhin-Klappe)	*Papilla ilealis*
3	Fettanhängsel	*Appendices omentales*
4	Bandstreifen (Längsmuskel der Dickdarmwand)	*Taenia*
5	Zügel der Krummdarm-Blinddarm-Klappe	*Frenulum ostii ilealis*
6	Mündung des Wurmfortsatzes	*Ostium appendicis vermiformis*
7	Wurmfortsatzgekröse	*Mesoappendix*

Blinddarm (Caecum)

Der Blinddarm ist das „blind endende" intraperitoneale Anfangsstück des Dickdarms unterhalb der Bauhin-Klappe. Er ist etwa 7 cm lang und setzt sich nach oben ohne scharfe Grenze in den aufsteigenden Teil des Grimmdarms fort. Verglichen mit Pflanzenfressern ist der Blinddarm beim Menschen sehr kurz: Beim Pferd kann er bis zu 50 Liter fassen!

Wurmfortsatz (Appendix vermiformis)

Der intraperitoneale Wurmfortsatz ist ein beim Menschen verkümmerter Abschnitt des Blinddarms. Seinen Namen bekam er wegen der Ähnlichkeit seiner Abmessungen mit einem Regenwurm: Er ist im Durchschnitt etwa 10 cm lang (Variationsbreite von 0–25 cm), hat einen Durchmesser von etwa 6 mm und eine lichte Weite von 1–2 mm.

Der Wurmfortsatz hat beim Menschen praktisch keine Verdauungsfunktion. Er hat eine neue Aufgabe als Abwehrorgan gefunden. Er steht damit den Mandeln nahe und wurde auch als „Darmmandel" bezeichnet. Lymphatisches Gewebe kommt zwar in allen Darmabschnitten reichlich vor („darmassoziiertes lymphatisches Gewebe", gewöhnlich nach der englischen Bezeichnung abgekürzt als GALT), im Wurmfortsatz aber macht es den Hauptanteil des Gewebes aus.

Wurmfortsatzentzündung (Appendicitis)

Im engen Wurmfortsatz kommt es leicht zu Passagestörungen, die zu Entzündungen führen können. Sie werden in der Umgangssprache fälschlich „Blinddarmentzündung" statt Wurmfortsatzentzündung genannt. Das Abwehrorgan Wurmfortsatz kann dabei auch einmal von den Angreifern, den Bakterien, überwältigt werden.

- Bei der *akuten Wurmfortsatzentzündung* droht der Durchbruch der Eiterung durch die Wand. Dieser hätte die Verbreitung der Krankheitserreger in der Bauchfellhöhle und damit eine lebensbedrohende Bauchfellentzündung zur Folge. In diesem Fall hilft nur die sofortige Operation (Appendektomie). Die Wurmfortsatzentfernung und die Leistenbruchoperation sind die beiden häufigsten Operationen im Bauchbereich.
- Typisch ist ein Schmerz, der zunächst im Nabelbereich beginnt, heftiger wird und sich allmählich in den rechten Unterbauch verlagert. Der Schmerz wird stärker bei Beklopfen und Eindrücken der Bauchwand („Klopfschmerz") und wenn man die tastende Hand rasch zurückzieht („Loslassschmerz").

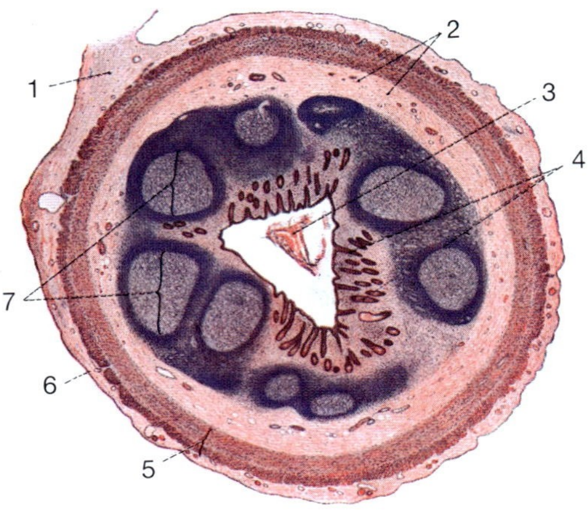

Wurmfortsatz: Querschnitt (10fache Vergrößerung). *[so]*

1	Wurmfortsatzgekröse	*Mesoappendix*
2	Unterschleimhaut (Submukosa)	*Tela submucosa*
3	Lichtung	*<Lumen>*
4	Darmdrüsen (Krypten)	*Glandulae [Cryptae] intestinales*
5	Muskelwand	*Tunica muscularis*
6	Bauchfell	*Peritoneum*
7	Vereinigte Lymphknötchen	*Noduli lymphoidei aggregati*

Wurmfortsatz, Blinddarm und aufsteigender Dickdarm: Projektion auf die Körperoberfläche. [li1] ➔
Auf anatomischen Abbildungen sieht man gewöhnlich den Wurmfortsatz vom Blinddarm in Richtung auf das kleine Becken gezeichnet. Dies dient der Übersichtlichkeit, ist aber beim Patienten nur in etwa einem Drittel der Fälle zu finden. Häufiger ist der Wurmfortsatz nach hinten oben geschlagen, liegt also hinter dem Blinddarm („retrozäkal"). Im Bild sind 6 verschiedene mögliche Lagen des Wurmfortsatzes angegeben, z.B. auch die Lage hinter dem Endteil des Krummdarms.
Je nach Lage des Wurmfortsatzes sind die Nachbarorgane verschieden und damit auch die Reizerscheinungen bei der Wurmfortsatzentzündung:

- Häufig liegt der Wurmfortsatz dem großen Lendenmuskel (M. psoas major) an. Dann verstärkt sich der Schmerz beim Heben des gestreckten rechten Beins („Psoaszeichen").
- Hängt der Wurmfortsatz in das kleine Becken und berührt er dort den inneren Hüftlochmuskel (M. obturatorius internus), so ist die Innenrotation im rechten Hüftgelenk schmerzhaft („Obturatorzeichen").

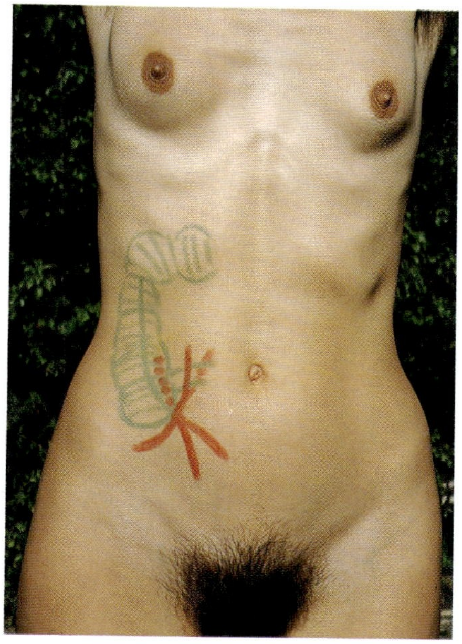

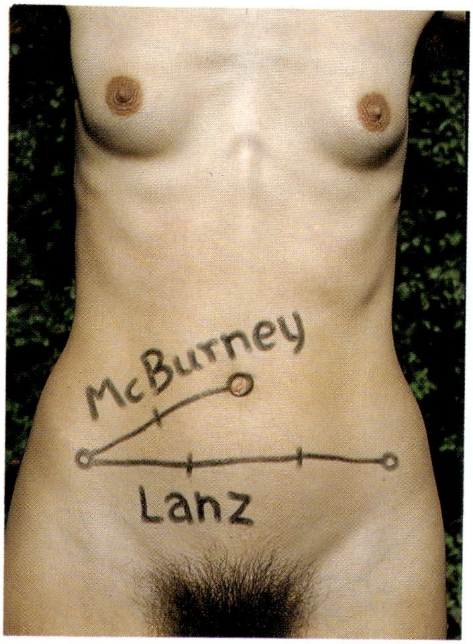

➔ **Typische Druckschmerzpunkte** bei der Wurmfortsatzentzündung: [li1]

- *McBurney-Punkt* etwa in der Mitte bis rechtem Drittelpunkt zwischen Nabel und rechtem vorderem oberen Darmbeinstachel,
- *Lanz-Punkt* am rechten Drittelpunkt der Verbindungslinie der beiden vorderen oberen Darmbeinstachel.

Wie man im Bilde sieht, stimmen die beiden Punkte nicht überein. Es handelt sich nicht um mathematisch definierte Punkte, sondern um Hilfsmittel zur groben Orientierung. Druckempfindlich ist ein größeres Gebiet um die beiden Hilfspunkte herum.

Blinddarm und Wurmfortsatz bei der Schwangeren. [li1] ➔
Die sich stetig vergrößernde Gebärmutter schiebt die Baucheingeweide nach oben. Dabei gelangt der Blinddarm aus dem rechten Unterbauch allmählich in den rechten Oberbauch. In der Mitte der Schwangerschaft steht er etwa auf Höhe des Nabels, gegen Ende der Schwangerschaft am Rippenbogen. Entsprechend verschieben sich auch die Druckschmerzpunkte bei der Wurmfortsatzentzündung.
Auch im Zuge von Entwicklungshemmungen (bei unvollständiger embryonaler Darmdrehung = Malrotation) kann der Blinddarm mit dem Wurmfortsatz atypisch liegen, sogar auf der linken Seite. Dann ist natürlich auch der Schmerz bei der Wurmfortsatzentzündung entsprechend verschoben. Berücksichtigt man dann noch die individuell sehr unterschiedlich Länge des Wurmfortsatzes, so kann man einen langen Wurmfortsatz im gesamten Bauchfellraum antreffen. Denkt der Arzt nicht an diese Möglichkeit, kann dies zu Fehldiagnosen führen.

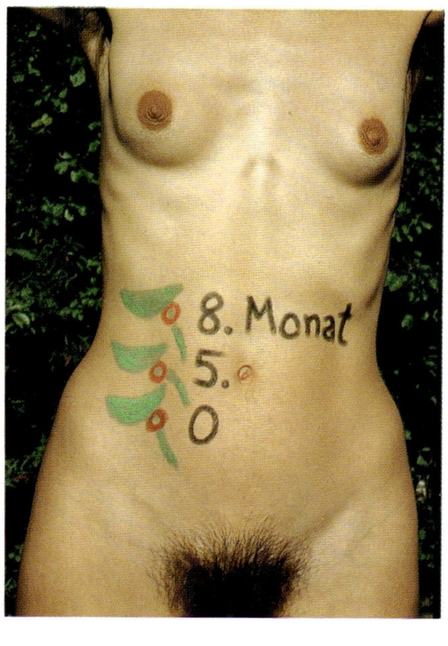

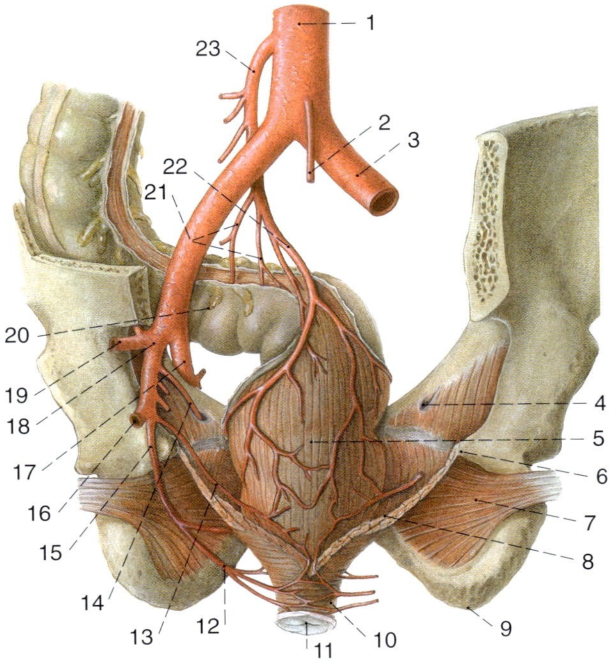

← Mastdarm mit Arterien. Ansicht von hinten nach Wegnahme des Kreuzbeins. Der Afterheber ist aufgeschnitten, um seinen trichterförmigen Verlauf zu verdeutlichen. Die Hauptgefäßversorgung des Mastdarms kommt aus der Bauchaorta über die untere Gekrösearterie. Das Blut fließt hauptsächlich über die untere Gekrösevene zur Pfortader, und damit zur Leber, ab. Deswegen sind die ersten Tochtergeschwülste (Metastasen) beim Dickdarm- und Mastdarmkrebs häufig in der Leber zu finden. [pp2]

1	Bauchaorta	*Pars abdominalis aortae [Aorta abdominalis]*
2	Mittelständige Kreuzbeinarterie	*A. sacralis mediana*
3	Gemeinsame Beckenarterie	*A. iliaca communis*
4	Hüftloch	*Foramen obturatum*
5	Mastdarm	*Rectum*
6	Sitzbeinstachel	*Spina ischiadica*
7	Innerer Hüftlochmuskel	*M. obturatorius internus*
8	Afterheber	*M. levator ani*
9	Sitzbeinhöcker	*Tuber ischiadicum*
10	Äußerer Afterschließmuskel	*M. sphincter ani externus*
11	After	*Anus*
12	Untere Mastdarmarterie	*A. rectalis inferior*
13	Mittlere Mastdarmarterie	*A. rectalis media*
14	Hüftlocharterie	*A. obturatoria*
15	Innere Schamarterie	*A. pudenda interna*
16	Untere Gesäßarterie	*A. glutea inferior*
17	Äußere Beckenarterie	*A. iliaca externa*
18	Innere Beckenarterie	*A. iliaca interna*
19	Obere Gesäßarterie	*A. glutea superior*
20	S-förmiger Grimmdarm (Sigma)	*Colon sigmoideum*
21	Sigmaarterien	*Aa. sigmoideae*
22	Obere Mastdarmarterie	*A. rectalis superior*
23	Untere Gekrösearterie	*A. mesenterica inferior*

↓ Medianschnitte durch das Becken.

• Bild links: Der Mastdarm ist im Ruhezustand oberhalb des Afterkanals nahezu rechtwinklig nach hinten abgebogen. Diese „Dammkrümmung" ist für den sicheren Afterverschluss wichtig: Die Stuhlsäule im Mastdarm lastet nicht auf dem After, sondern weiter rückwärts auf dem Steißbeinbereich. Bei der Stuhlentleerung *(Defäkation)* wird der Mastdarm über den After gehoben. Die Afterkrümmung kommt durch Zug von Muskelschlingen zustande, die vom Schambein entspringen und den Mastdarm bogenförmig umrunden (Schambein-Mastdarm-Muskel = Teil des Afterhebers). Sie bilden den Rand des Levatortors (s. Beckenboden). [wd]

• Bild rechts: Nachbarschaft des Mastdarms. Der Mastdarm liegt hinten dem Kreuzbein an. Sein oberer Teil ist von Bauchfell bedeckt, das bei der Frau zwischen Gebärmutter und Mastdarm zum Douglas-Raum einsinkt. Beim Mann liegt die entsprechende Bauchfelltasche zwischen Mastdarm und Harnblase. [wh]

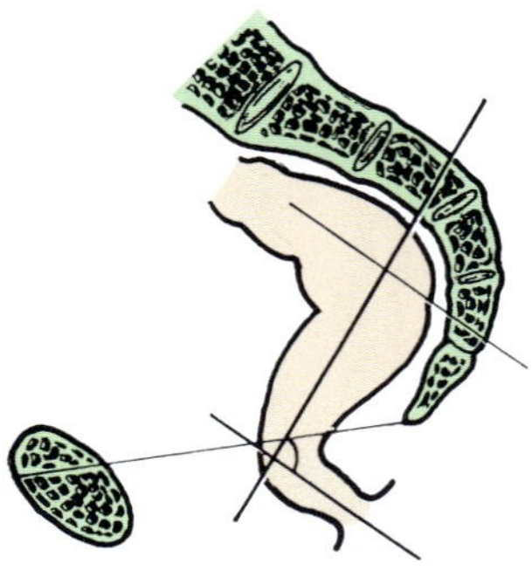

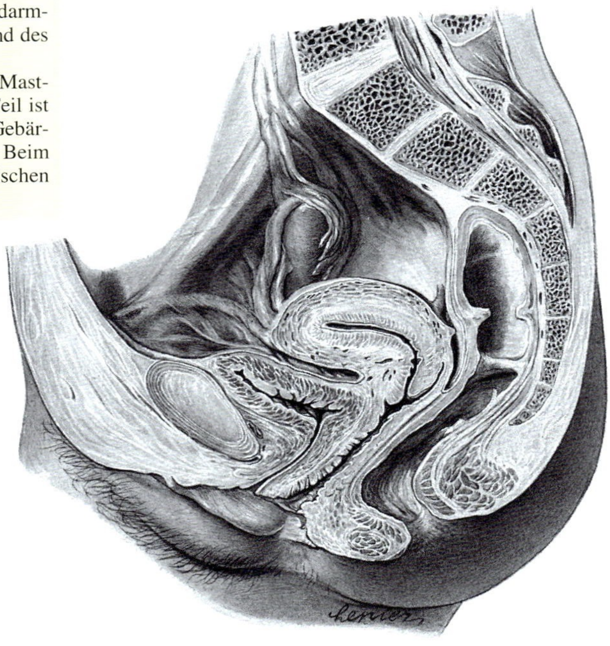

Aufgaben des Mastdarms (Rectum)

Der Mastdarm ist der Endabschnitt des Dickdarms in der Beckenhöhle. Er hat Speicheraufgaben ähnlich wie der Magen. Er verwahrt den Kot, damit dieser nicht ständig in kleinen Mengen, sondern meist nur einmal täglich abgesetzt werden muss.

Gliederung des Mastdarms

Der Mastdarm ist leicht S-förmig gebogen: Zunächst schmiegt er sich der Krümmung des Kreuzbeins an. Am Beckenboden ist er zum After hin scharf abgeknickt. Danach ergeben sich 3 Abschnitte:

- *Mastdarmampulle:* Der obere, größte Teil ist stark erweiterungsfähig und das eigentliche Speicherorgan.
- Das *Mittelstück* zwischen Kreuzbein- und Dammbiegung bleibt meist ungefüllt und wird nur bei der Stuhlentleerung passiert. In seine Lichtung springen einige Schleimhautfalten vor. Bei der Mastdarmspiegelung (Rektoskopie) muss man darauf achten, diese nicht zu verletzen.
- *Afterkanal:* Der 3–4 cm lange Endabschnitt bildet den Verschlussapparat.

Stockwerke des Afterkanals (Canalis analis)

- Zone der abwechselnden Aftersäulen und Afterbuchten (violetter „*Afterkamm*"): Im oberen Stockwerk des Afterkanals ist die Schleimhaut zu 8–10 Längsfalten (Aftersäulen) ausgestülpt, in denen Gefäßgeflechte liegen. Die Aftersäulen schmiegen sich eng aneinander und ermöglichen dadurch den gasdichten Verschluss. Sie werden von sauerstoffreichem Blut durchströmt. Bei Blutungen aus erweiterten Gefäßgeflechten (Hämorrhoiden) ist das Blut hellrot!
- *Zwischenzone:* glatte, weißlich-bläuliche Haut.
- *Hautzone:* stark pigmentierte (braune) Afterhaut.

Den **Afterverschluss** sichern:
- äußerer und innerer Afterschließmuskel
- Dammkrümmung des Mastdarms
- Schwellkörper der Aftersäulen

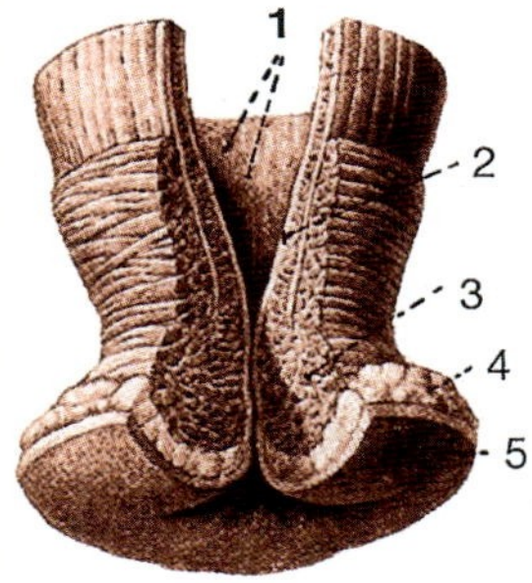

Afterschließmuskeln. Die Ringschicht der Muskelwand des Mastdarms ist in Afternähe verstärkt (innerer Afterschließmuskel). Um diesen glatten Muskel liegt außen noch eine Skelettmuskelschicht (äußerer Afterschließmuskel), die dem Willen unterworfen ist. Am Afterverschluss ist auch der Afterheber beteiligt. *[sb1]*

1	Mastdarmschleimhaut	*Rectum, Tunica mucosa*
2	Innerer Afterschließmuskel	*M. sphincter ani internus*
3	Äußerer Afterschließmuskel	*M. sphincter ani externus*
4	Unterhautfettgewebe	*Panniculus adiposus*
5	Haut	*Cutis*

Rektale Untersuchung

Der durch den After in den Mastdarm eingeführte Finger (Gummihandschuh mit Gleitmittel benetzt) kann nicht nur die Mastdarmwand, sondern bei der Frau auch die Hinterseite der Gebärmutter, beim Mann die Vorsteherdrüse abtasten (der Bereich ist abhängig von der Länge des Fingers). Durch die rektale Vorsorgeuntersuchung kann z.B. ein Mastdarm- oder Vorsteherdrüsenkrebs im Frühstadium erkannt werden, solange er gute Heilungsaussichten bietet.

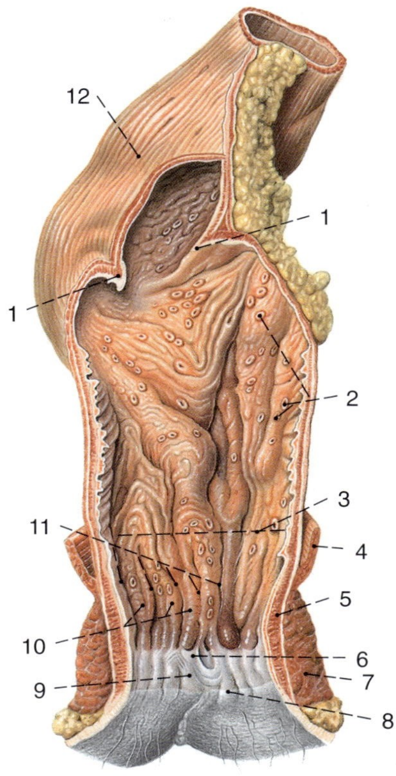

Mastdarm und Afterkanal. Ansicht von vorn. Die Vorderwand ist aufgeschnitten und auseinandergezogen. Man achte auf die 3 Zonen des Afterkanals. *[fs2]*

1	Quere Mastdarmfalte	*Plica transversa recti*
2	Einzelne Lymphknötchen	*Noduli lymphoidei solitarii*
3	Mastdarm-Afterkanal-Grenze	*Junctio anorectalis*
4	Afterheber	*M. levator ani*
5	Innerer Afterschließmuskel	*M. sphincter ani internus*
6	Afterkammlinie	*Linea pectinata*
7	Äußerer Afterschließmuskel	*M. sphincter ani externus*
8	Afterkanal-Haut-Grenze	*Linea anocutanea*
9	Übergangszone des Afterkanals	*Zona transitionalis analis*
10	Aftersäulen	*Columnae anales*
11	Afterbuchten	*Sinus anales*
12	Längsschicht der Muskelwand	*Tunica muscularis, Stratum longitudinale*

Aufgaben der Leber

- *Eiweißstoffwechsel:* Sie baut aus Aminosäuren die Bluteiweiße auf und baut verbrauchte Eiweiße zu Harnstoff ab.
- *Kohlenhydratstoffwechsel:* Sie speichert Zucker als Glycogen (tierische Stärke), das sie bei Bedarf wieder zu Blutzucker = Traubenzucker (Glucose) spaltet. Sie kann auch Eiweiß und Milchsäure in Blutzucker umbauen.
- *Fettstoffwechsel:* Sie erzeugt Fettsäuren und Cholesterin und baut Überschüsse davon ab.
- *Bildung von Galle:* Die Galle ist für die Fettverdauung wichtig (Emulgierung der Fette).
- *Entgiftung:* Viele mit der Nahrung aufgenommene Schadstoffe, aber auch im Körper selbst entstehende giftige Stoffwechselprodukte werden von der Leber unschädlich gemacht.

Die Leber ist das wichtigste Stoffwechselorgan („Zentrallaboratorium") des Körpers. Sie ist absolut lebensnotwendig. Angesichts der Vielfalt ihrer Aufgaben besteht vorerst keine Aussicht, eine vollwertige „künstliche" Leber zu schaffen. Nach Verlust der Leber kann nur eine Leberverpflanzung das Weiterleben ermöglichen.

Transportwege von und zur Leber

❶ **Antransport** nur über das Blut:
- *Pfortader:* nährstoffreiches sauerstoffarmes Blut.
- *Leberarterie:* sauerstoffreiches Blut.

❷ **Abtransport** über:
- *Blut:* Die Lebervenen münden in die untere Hohlvene kurz vor dem rechten Vorhof.
- *Lymphe:* zu Lymphknoten an der Leberpforte und deren Umgebung.
- *Galle:* über die Gallenwege zum Zwölffingerdarm. Mit der Galle werden auch Stoffe ausgeschieden, die mit dem Stuhl den Körper verlassen sollen, z.B. Schwermetalle.

Pfortader

Die Leber ist durch ein „Wundernetz" gekennzeichnet: Venen vereinigen sich normalerweise zu immer größeren Stämmen. Sie leiten das Blut direkt zum Herzen zurück. Die Pfortader bildet eine Ausnahme: Sie spaltet sich „wunderbarerweise" in der Leber wieder in ein Kapillarnetz auf, aus dem dann die Lebervenen hervorgehen. Das Blut muss dabei 2 Kapillarsysteme (in Darm und Leber) durchlaufen, bevor es in der Lunge wieder arterialisiert wird.

Der Sinn des doppelten Kapillarsystems ist einfach zu erklären: In den Darmkapillaren werden Nährstoffe (Kohlenhydrate, Eiweißabbauprodukte, Vitamine, Mineralsalze), aber auch unverwertbare oder gar giftige Stoffe in das Blut aufgenommen. In der Leber werden Nährstoffe in verwertbare Formen umgebaut oder gespeichert und die meisten Giftstoffe unschädlich gemacht. Es ist also sinnvoll, das Blut aus dem Darm nicht erst im ganzen Körper zu verteilen, sondern direkt der Leber zuzuführen.

Von diesem Weg ausgeschlossen sind im Darm aufgenommene Fette: Sie werden nicht über die Pfortader, sondern auf dem Lymphweg abtransportiert. Auf dem Umweg über den Milchbrustgang gelangen sie später doch noch in das Venenblut.

Von der Milz kommen Abbauprodukte des roten Blutfarbstoffs zur Leber, die in die Galle als Gallenfarbstoffe (z.B. Bilirubin) ausgeschieden werden.

Da das Blut der Pfortader im Darmkapillarsystem Sauerstoff und Druck verloren hat, müsste es sauerstoffarm sein und nur langsam strömen. Im Bauchraum gibt es jedoch zahlreiche „Kurzschlüsse" zwischen Arterien und Venen. In ihnen strömt unter Umgehung des Kapillarsystems sauerstoffreiches Blut unter hohem Druck in das Pfortadersystem ein.

In der Pfortader strömt das Blut von Magen, Darm, Bauchspeicheldrüse und Milz zur Leber

Pfortader mit Einzugsgebieten. Die Pfortader entsteht aus dem Zusammenfluss von Milzvene und oberer Gekrösevene. Um die zahlreichen Venen vom Magen-Darm-Kanal besser darstellen zu können, sind im Bild Teile des Magens, der Bauchspeicheldrüse, des Dünndarms und des Dickdarms entfernt. Man achte auf die Venenbogen an der kleinen und der großen Magenkrümmung. Das Blut vom Dünndarm und dem rechten Teil des Dickdarms fließt über die obere Gekrösevene, vom linken Teil des Dickdarms über die untere Gekrösevene zur Pfortader. [sb3] ➔

1	Leber	*Hepar*
2	Magenkuppel	*Fundus gastricus*
3	Milz	*Splen [Lien]*
4	Bauchspeicheldrüse	*Pancreas*
5	Zwölffingerdarm	*Duodenum*
6	Krummdarm	*Ileum*
7	Blinddarm mit Wurmfortsatz	*Caecum + Appendix vermiformis*
8	Grimmdarm (Kolon)	*Colon*
9	Mastdarm	*Rectum*
10	Pfortader + Leberarterie	*V. portae hepatis + A. hepatica propria*
11	Gallenblase mit Gallenblasenvene	*Vesica biliaris [fellea] + V. cystica*
12	Lebergallengang + Gallenblasengang + Hauptgallengang	*Ductus hepaticus + Ductus cysticus + Ductus choledochus [biliaris]*
13	Untere Hohlvene	*V. cava inferior*
14	Stamm der Leber-, Milz- und Magenarterien	*Truncus coeliacus*
15	Milzarterie + Milzvene	*A. + V. splenica [lienalis]*
16	Obere Gekrösearterie	*A. mesenterica superior*
17	Nierenarterie + Nierenvene	*A. renalis + V. renalis*
18	Bauchaorta	*Pars abdominalis aortae [Aorta abdominalis]*
19	Obere Gekrösevene	*V. mesenterica superior*
20	Untere Gekrösevene	*V. mesenterica inferior*
21	Sichelband der Leber	*Lig. falciforme*
22	Rundes Leberband	*Lig. teres hepatis*
23	Rechte Magenvene + Magenausgangvene	*V. gastrica dextra + V. prepylorica*
24	Rechte Magen-Netz-Arterie	*A. gastroomentalis dextra*

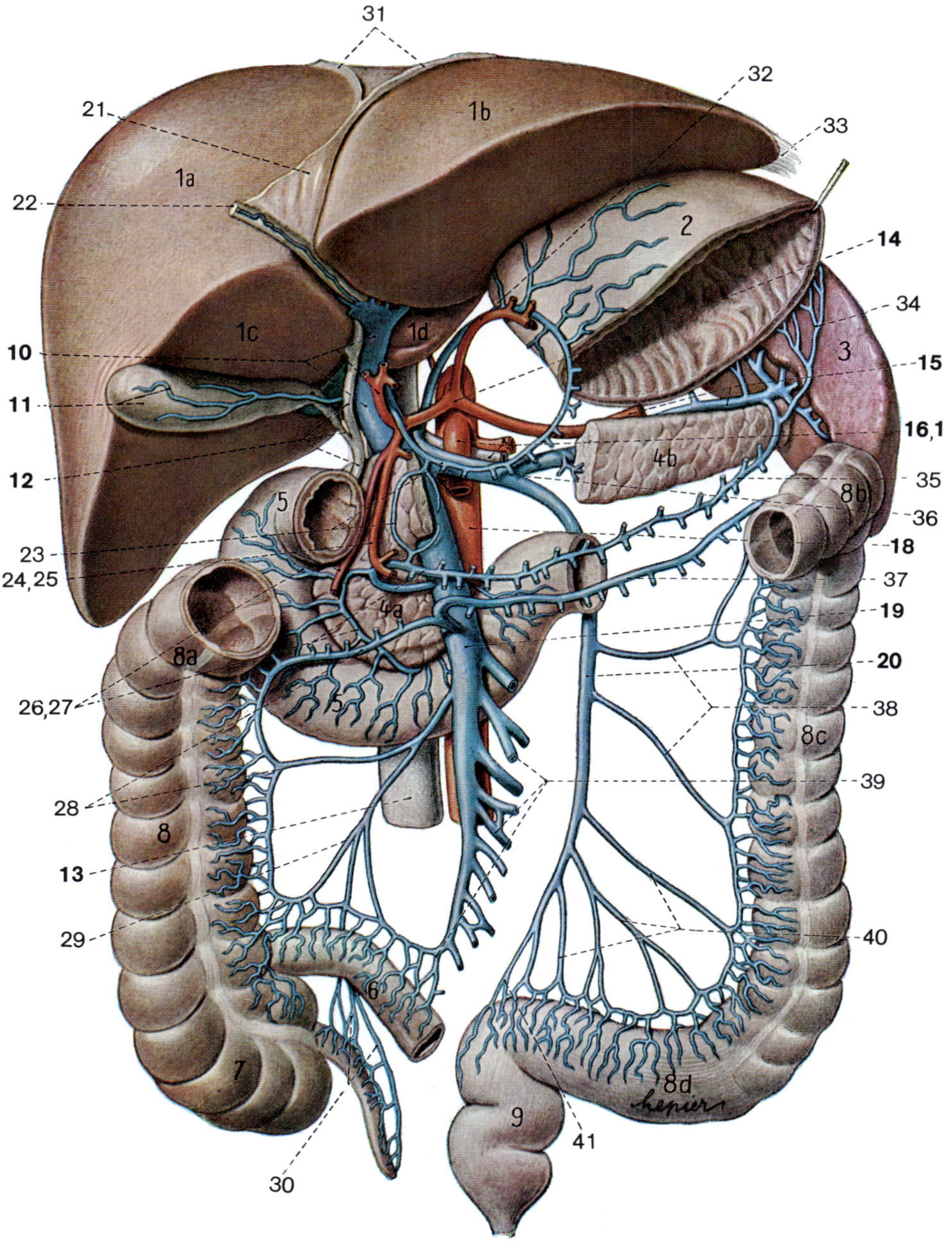

25	Obere Bauchspeicheldrüsen-Zwölffingerdarm-Arterie	*A. pancreaticoduodenalis superior*
26	Bauchspeicheldrüsen-Zwölffingerdarm-Venen	*Vv. pancreaticoduodenales*
27	Rechte Magen-Netz-Vene	*V. gastroomentalis dextra*
28	Rechte Dickdarmvene + mittlere Dickdarmvene	*V. colica dextra + V. colica media*
29	Krummdarm-Dickdarm-Vene	*V. ileocolica*
30	Wurmfortsatzvene	*V. appendicularis*
31	Kronenband (der Leber)	*Lig. coronarium*
32	Linke Magenarterie und -vene	*A. + V. gastrica sinistra*
33	Linkes Dreieckband	*Lig. triangulare sinistrum*
34	Kurze Magenvenen	*Vv. gastricae breves*
35	Linke Magen-Netz-Vene	*V. gastroomentalis [gastroepiploica] sinistra*
36	Mündung der unteren Gekrösevene in die Milzvene	*V. mesenterica inferior + V. splenica [lienalis]*
37	Mittlere Dickdarmvene	*V. colica media*
38	Linke Dickdarmvene	*V. colica sinistra*
39	Leerdarmvenen + Krummdarmvenen	*Vv. jejunales + Vv. ilei*
40	Sigmavenen	*Vv. sigmoideae*
41	Obere Mastdarmvene	*V. rectalis superior*

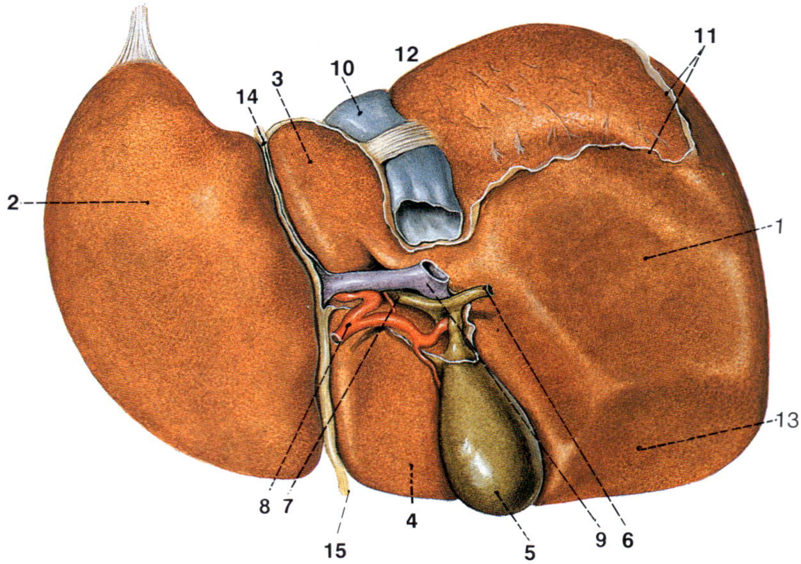

Leber: Unterfläche von hinten gesehen. Die rotbraune Leber ist am ehesten mit einer Halbkugel zu vergleichen: [bg2]

- Die *Zwerchfellseite* (oben) liegt der Zwerchfellkuppel an und ist entsprechend gekrümmt.
- Die *Eingeweideseite* (unten) ist den übrigen Bauchorganen zugewandt und eher flach. In ihre weiche Oberfläche drücken sich die Nachbarorgane ein. Sie wird durch das „H" von Leberpforte und 2 Leberspalten gegliedert:
- An der *Leberpforte* treten die Blut- und Lymphgefäße, Nerven und Gallengänge in die Leber ein bzw. aus.
- Die *linke Leberspalte* ist am runden Leberband und am Sichelband zu erkennen.
- An der *Leberhauptspalte* = rechte Leberspalte dellen die Gallenblase und die untere Hohlvene die Leber breit ein.

1	Rechter Leberlappen	*Lobus hepatis dexter*
2	Linker Leberlappen	*Lobus hepatis sinister*
3	Schwanzlappen der Leber	*Lobus caudatus*
4	Quadratischer Leberlappen	*Lobus quadratus*
5	Gallenblase	*Vesica biliaris [fellea]*
6	Hauptgallengang	*Ductus choledochus [biliaris]*
7	Gemeinsamer Lebergallengang	*Ductus hepaticus communis*
8	Leberarterie	*A. hepatica propria*
9	Pfortader	*V. portae hepatis*
10	Untere Hohlvene	*V. cava inferior*
11	Bauchfell	*Peritoneum*
12	Bauchfellfreies Feld der Leber (Verwachsungsfläche mit dem Zwerchfell)	*Area nuda*
13	Abdruck des Dickdarms (Querteil)	*Impressio colica*
14	Spalte für das Venenband	*Fissura ligamenti venosi*
15	Rundes Leberband	*Lig. teres hepatis*

Gliederung der Leber

❶ **Äußere Gliederung:** Die Leber wird auf der Eingeweideseite durch das „H" von Leberpforte und Leberspalten in 4 Lappen gegliedert: rechter, linker und quadratischer Leberlappen sowie Schwanzlappen.

❷ **Innere Gliederung:** Nach der Aufzweigung von Pfortader, Leberarterie und Gallengängen kann man die Leber in 2 etwa gleich große Bereiche aufteilen. Deren Grenze entspricht etwa der Leberhauptspalte:

- *Rechter Leberteil:* rechter Leberlappen + rechte Hälfte des Schwanzlappens.
- *Linker Leberteil:* linker + quadratischer Leberlappen + linke Hälfte des Schwanzlappens.

Beide Leberteile sind wiederum in 4 Segmente gegliedert. Müssen Teile der Leber entfernt werden, so legt man die Schnittlinie am besten an die Grenzen von Segmenten.

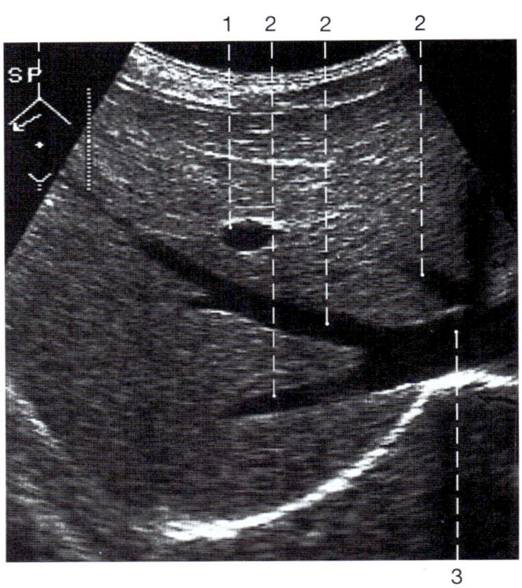

Lage der Leber

Die Leber liegt im Oberbauch unter dem Zwerchfell, etwa ¾ rechts und ¼ links. Die gesunde Leber ist rechts praktisch vollständig vom Brustkorb verdeckt. Sie gleitet mit den Atembewegungen des Zwerchfells auf und ab. Bei tiefer Ausatmung steigt sie bis nahe zur rechten Brustwarze auf.

Leber: Ultraschallbild von einem Schallkopf unterhalb des Rippenbogens (Subkostalschnitt). [fs2]

1	Größerer Ast der Pfortader	(V. portae hepatis)
2	Lebervenen	Vv. hepaticae
3	Untere Hohlvene	V. cava inferior

Horizontales Kernspintomogramm (Magnetresonanzschichtbild, NMR-Bild) durch den Bauchraum auf Höhe des 11. Brustwirbels (Ansicht von unten = Norm beim Betrachten von horizontalen Schnittbildern). *[he2]*
Der Schnitt trifft die Leber, den Magen und die Milz. Vor dem Wirbelkörper sieht man die untere Hohlvene (im Bild links) und die Aorta.
Man vergleiche mit dem Bild unten. Der Horizontalschnitt durch die Leiche erscheint breiter und flacher, weil bei Rückenlagerung nach dem Erschlaffen der Muskeln die Organe zu Boden sinken.
Man sieht die Verformung besonders deutlich bei der unteren Hohlvene, die nach Absinken des Blutdrucks auf Null vom Nachbargewebe zusammengepresst wird und ihren beim lebenden Menschen runden Querschnitt verliert.

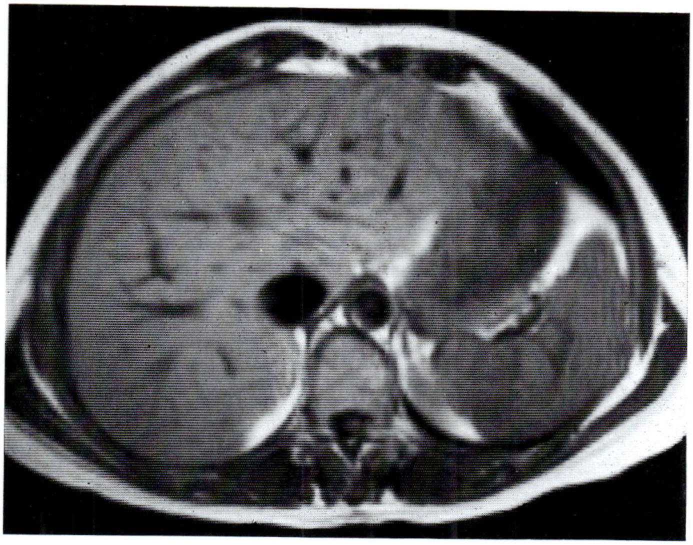

Größe der Leber

Die gesunde Leber eines Erwachsenen wiegt etwa 1,5 kg. Sie ist das größte innere Organ des Menschen. Ihre Größe lässt sich ohne technische Hilfsmittel ziemlich genau durch Abklopfen (Perkussion) der Rumpfwand bestimmen.

- Die gesunde Leber unterschreitet rechts seitlich nicht den Rippenbogen.
- Bei tiefer Ausatmung kommt ihr Oberrand bis nahe an die Höhe der rechten Brustwarze.
- Die Leber ist vergrößert bei Entzündungen und chronischen Vergiftungen (z.B. Alkoholismus).
- Die Leber ist verkleinert im Endstadium vieler Lebererkrankungen, wenn die Leberzellen durch Narbengewebe ersetzt sind (Leberzirrhose).

➔ **Leber, Magen und Milz** auf einem Horizontalschnitt durch den Bauchraum einer Leiche. Man achte auf den Spalt der Bauchfellhöhle, der die Leber umgibt! *[li5]*

1	Bauchaorta	Pars abdominalis aortae [Aorta abdominalis]
2	Leber	Hepar
3	Milz	Splen [Lien]
4	Magen	Gaster

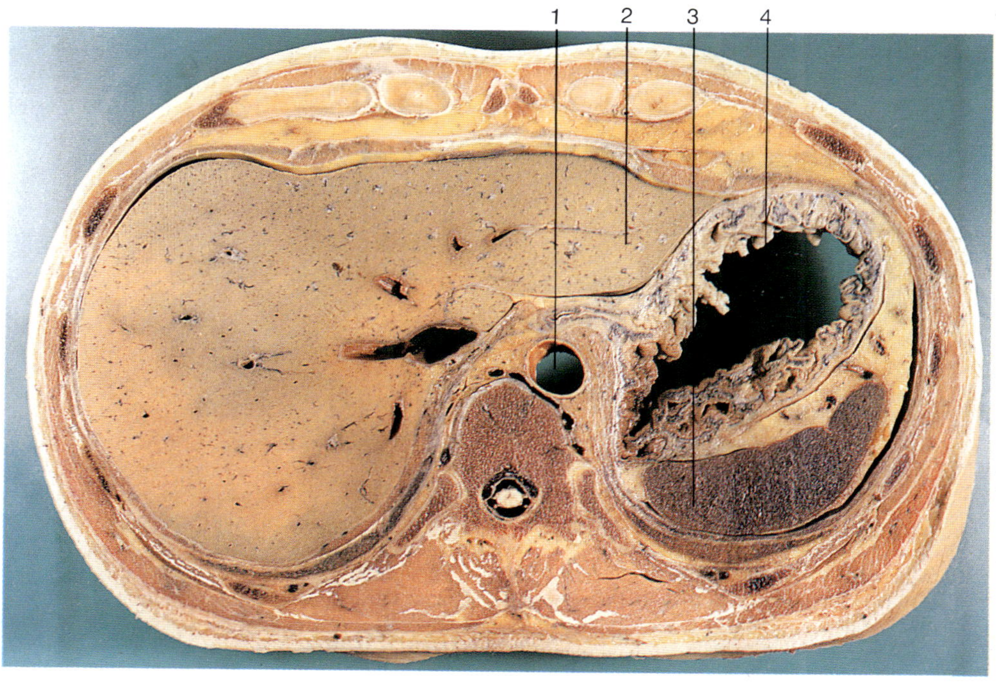

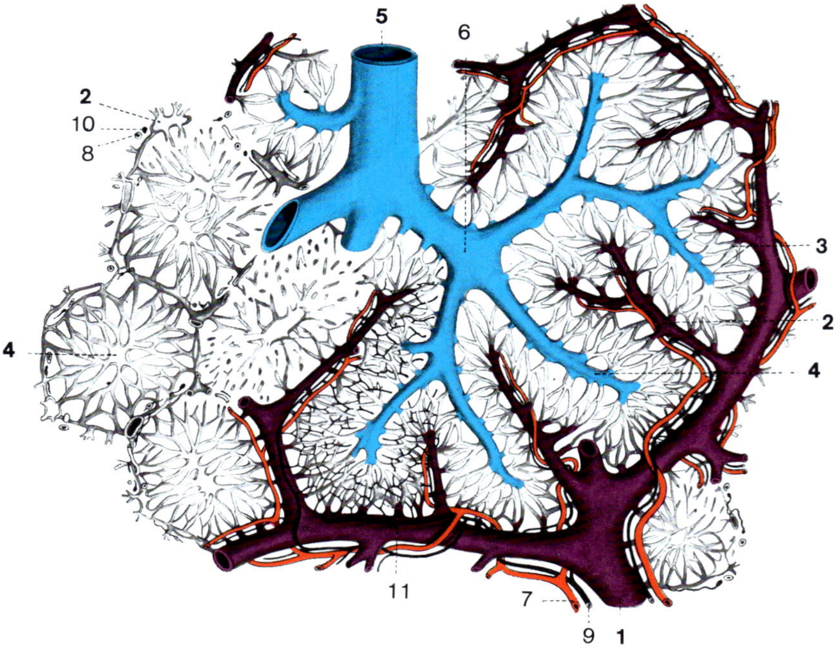

Gefäßverzweigung in der Leber (Schema). Pfortaderäste violett, Lebervenenäste blau, Leberarterienäste rot. [bg2]

1 Größerer Ast der Pfortader (V. portae hepatis)
2 Zwischenläppchenvene *V. interlobularis*
3 Leberkapillaren (Sinusoide) *Vasa capillaria sinusoidea*
4 Zentralvene *V. centralis*
5 Ast der Lebervene (V. hepatica)
6 Schaltvene *V. sublobularis*
7 Ast der Leberarterie *(A. hepatica propria)*
8 Zwischenläppchenarterie *A. interlobularis*
9 Gallengang *Ductulus bilifer*
10 Zwischenläppchengallengang *Ductulus bilifer interlobularis*
11 Gallenkapillare *Canaliculus bilifer*

Leberläppchen

Die Leber ist wie die meisten Organe „hierarchisch" gegliedert. Die schon genannten Lebersegmente sind nach der Verzweigung der Gefäße in immer kleinere Bestandteile zu zerlegen, bis wir als kleinste Funktionseinheiten die „Leberläppchen" abgrenzen können. Sie weisen etwa 1 mm Durchmesser und 1–2 mm Höhe auf. Dementsprechend beträgt die Länge der Leberkapillaren jeweils 0,35–0,5 mm. Diese Länge scheint für die Austauschvorgänge an den Leberzellen optimal zu sein, sonst wäre die hunderttausendfache Wiederholung des Bauprinzips „Leberläppchen" innerhalb einer Leber nicht verständlich.

• Der Blutstrom geht vom Rand des Läppchens zur Mitte. Am Rand des Läppchens liegen die zuführenden Blutgefäße (Äste der Leberarterie und der Pfortader), in der Mitte die Zentralvene, über die das Blut abfließt.

Blutströmung durch die Leberläppchen

Pfortader → Zwischenläppchenvene ↘
Leberarterie → Zwischenläppchenarterie ↙
Leberkapillaren (Sinusoide)
↓
Zentralvene
↓
Lebervene

• In umgekehrter Richtung strömt die Galle zwischen den Leberzellen ab. Die größeren Gallengänge laufen dann gemeinsam mit den Ästen der Pfortader und der Leberarterie.

• Außer dem eben beschriebenen „Zentralvenen-Leberläppchen" kann man auch andere Funktionseinheiten bilden, z.B. wenn man die Leber als gallenabsondernde Drüse ansieht und demgemäß die Gallengänge in den Mittelpunkt stellt. Da Gallengänge und Pfortaderäste nebeneinander laufen, entspricht das „Gallengang-Leberläppchen" dem „Pfortader-Leberläppchen".

Leberkapillaren

Sie unterscheiden sich zweifach von Blutkapillaren im übrigen Körper:

• Blut strömt hier von einer Vene zu einer anderen Vene („venöses Wundernetz").

• Sie sind besonders weit, weshalb man sie *Sinusoide* (lateinisch sinus = Bucht) nennt.

Leberzellen

Entsprechend ihren vielfältigen Aufgaben sind die Leberzellen groß (20–30 μm Durchmesser) und reich an Zellorganellen. Etwa ¼ von ihnen besitzt 2 Zellkerne. Sie sind in Platten und Balken so angeordnet, dass jede Zelle an den Blutstrom angrenzt.

Sternzellen

Ein Teil der Wandzellen der Sinusoide besitzt die Fähigkeit zur Phagozytose: Sie können feste Teilchen mit ihrem Zellleib umfließen und in das Zellinnere aufnehmen. Sie gehören damit zu den Zellen des Makrophagensystems. Deren Aufgabe ist es, das Blut von nicht hineingehörenden ungelösten Teilchen zu reinigen. Solche Zellen findet man außer in der Leber vor allem in den lymphatischen Organen.

Gefäße im Leberläppchen. ➔
Das Blut strömt von der Zwischenläppchenvene (violett) und der Zwischenläppchenarterie (rot) zwischen den Leberzellbalken zur Zentralvene (blau). Die Galle wird in einem eigenen Kanalsystem (grün) transportiert. Pfortaderast, Leberarterienast und Gallenausführungsgang liegen in Bindegewebezwickeln beisammen (Portalkanäle = „Glisson-Dreiecke“). In dieser Abbildung steht die Zwischenläppchenvene und nicht die Zentralvene in der Mitte. Es ist also ein Gallengang-Leberläppchen = Pfortader-Leberläppchen dargestellt. *[wa]*

1 Zwischenläppchenvene — *V. interlobularis*
2 Leberkapillaren (Sinusoide) — *Vasa capillaria sinusoidea*
3 Zentralvene — *V. centralis*
4 Zwischenläppchenarterie — *A. interlobularis*
5 Zwischenläppchengallengang — *Ductulus bilifer interlobularis*
6 Leberzelle — *Hepatocytus*
7 Arteriovenöse Anastomose (Kurzschluss) — *Anastomosis arteriovenosa*
8 Faserige Gefäßscheide (um den Pfortaderast) — *Capsula fibrosa perivascularis*

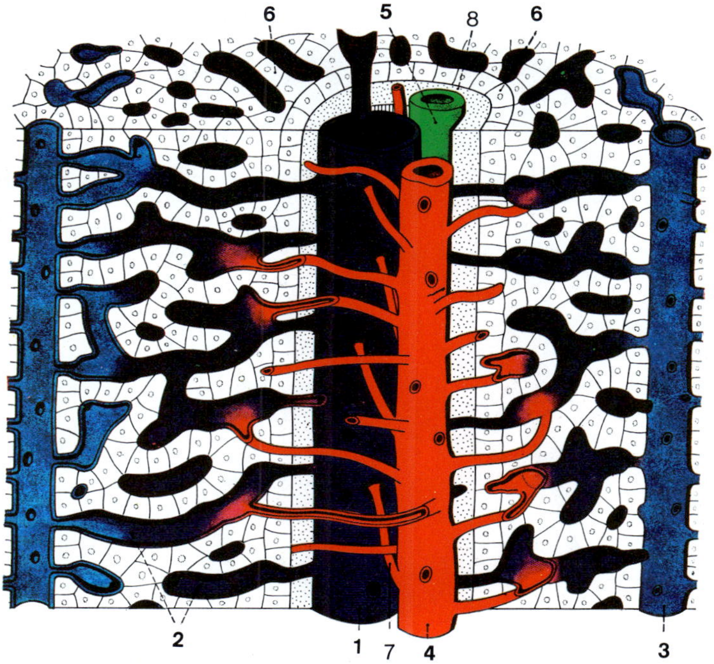

➔ **Zentralvenen-Leberläppchen** (Schnittbild, Vergrößerung etwa 50fach). In die Pfortader einer Kaninchenleber wurde ein blauer Farbstoff eingespritzt, daher treten alle Kapillaren und Venen blau hervor. Die Zellkerne wurden zusätzlich rot angefärbt. In der Mitte sieht man die Zentralvene, am Rand die Zwischenläppchenvenen (1). Das Blut strömt vom Rand des Zentralvenen-Leberläppchens zur Mitte hin. Dabei wird jede einzelne der zu Balken und Platten zusammengelagerten Leberzellen von einer Leberkapillare (Sinusoid) berührt. *[so]*

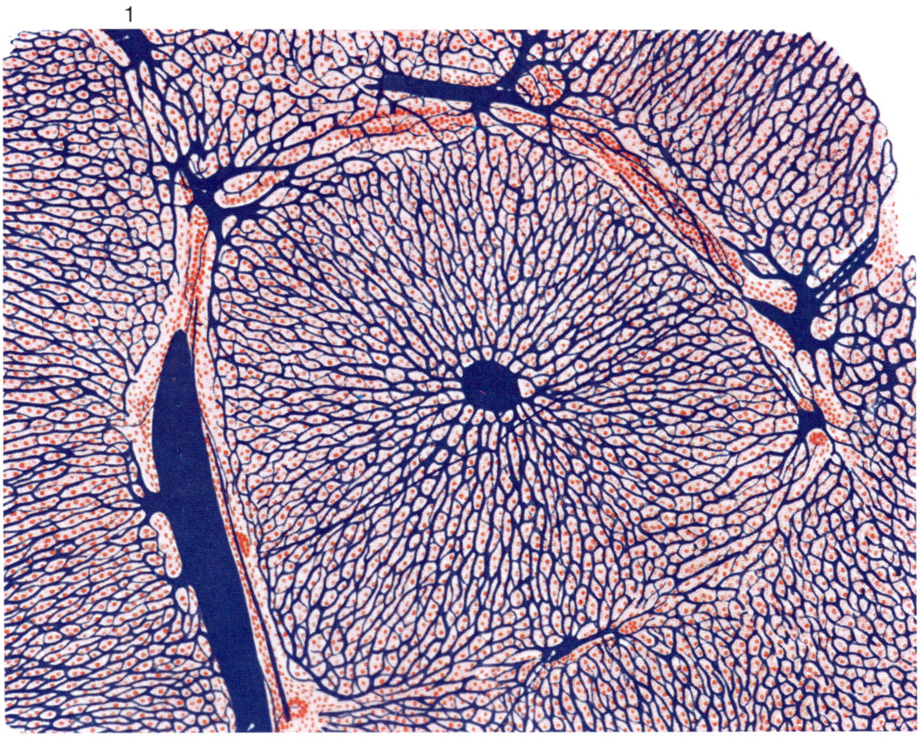

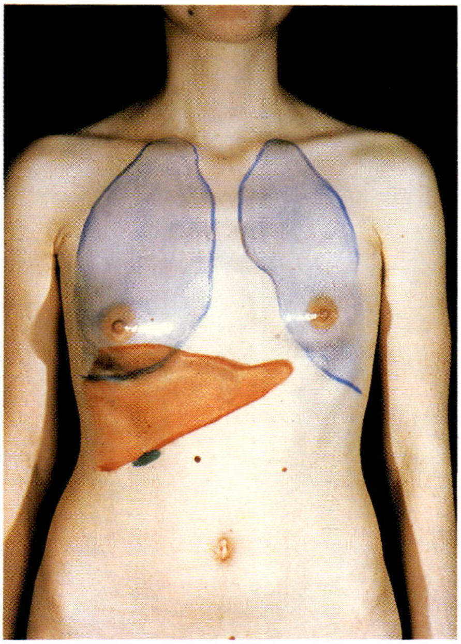

↑ **Leber** (braun), **Gallenblase** (grün) und **Lungen** (blau): Projektion auf die vordere Bauchwand. Die Gallenblase schmiegt sich der Unterseite der Leber an und unterragt deren Unterrand. Der Gallenblasengrund liegt am Rippenbogen, etwa in einer durch die Mitte des rechten Schlüsselbeins (oder rechte Brustwarze) gehenden Längslinie. *[li6]*

Leber und Arzneimittel

Die Leber ist das wichtigste Entgiftungsorgan des Körpers. Leider sieht sie nicht nur Gifte, sondern auch viele Arzneimittel als abzubauende Fremdstoffe an. Daher ist deren Wirkdauer oft nur kurz:

- Geschluckte Arzneimittel gelangen nach der Aufnahme im Dünndarm über das Pfortaderblut direkt zur Leber. Dort wird schon ein Teil von ihnen abgebaut, bevor er noch im Körper an seinen Bestimmungsort gelangen konnte („first pass effect"). Deshalb müssen von *peroral* (durch den Mund) eingenommenen Arzneimitteln meist viel größere Mengen verabreicht werden, damit nach der Leberpassage noch ein Teil im Körper wirksam werden kann.
- Direkt in die Blutbahn eingespritzte Arzneimittel hingegen gelangen in voller Stärke an ihren Wirkungsort. Die *parenterale* (unter Umgehung des Darms) Arzneimittelgabe hat also den Vorteil, dass nicht nur die Unsicherheit der Aufnahme im Darm, sondern auch der Abbau in der Leber beim ersten Durchlauf ausgeschaltet wird. Vom zweiten Blutumlauf an verhalten sich peroral und parenteral verabreichte Arzneimittel gleich.

↓ **Menschliche Leber** (mikroskopisches Schnittbild, Vergrößerung etwa 50fach). Das Leberläppchen ist am besten durch Vergleich mit dem Injektionspräparat auf der vorhergehenden Seite zu erkennen. Die Leberzellen (2) sind in Balken angeordnet. Das Blut strömt von den Zwischenläppchenvenen (4) am Rand des Läppchens zur Zentralvene (1) in der Mitte, die Galle umgekehrt zu den Zwischenläppchengallengängen (3) am Rand. *[so]*

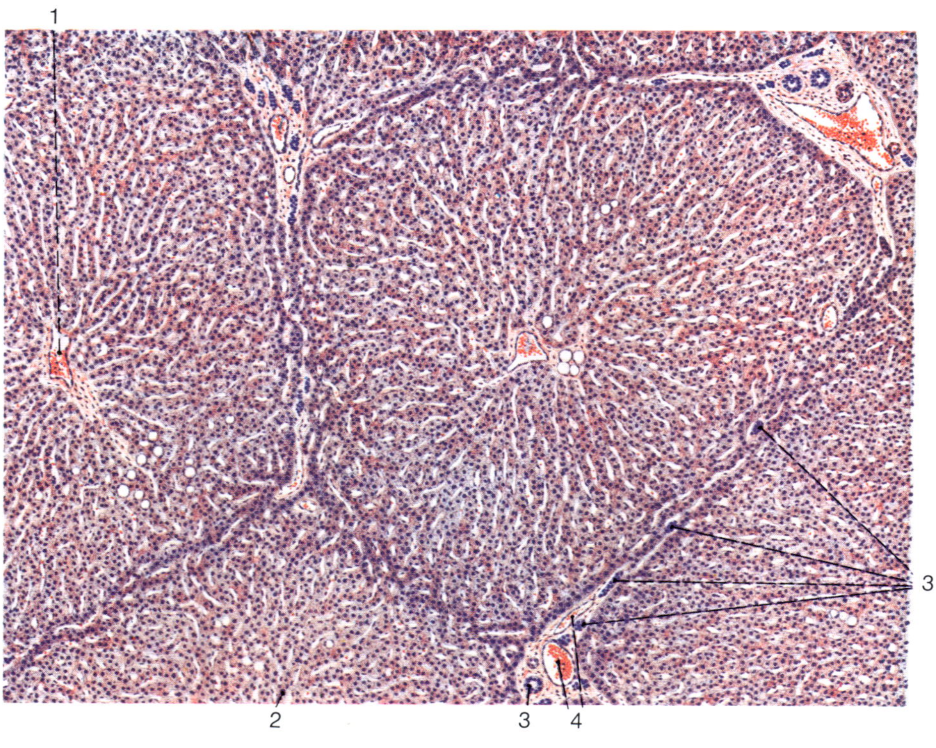

Galle

Pro Tag bildet die Leber etwa 1 l goldgelber Lebergalle, die in der Gallenblase zur grünlichen Blasengalle eingedickt wird. Die Galle enthält:

- *Gallensäuren:* Sie emulgieren Fette (machen feinste Tröpfchen aus ihnen) im Darm. Nach getaner Arbeit werden die wertvollen Gallensäuren aus dem Darm wieder aufgesaugt (resorbiert) und über die Pfortader zur Leber zurücktransportiert, um erneut in die Galle ausgeschieden zu werden.
- *Gallenfarbstoffe* (vor allem Bilirubin): Sie entstehen aus dem Blutfarbstoff Hämoglobin und bedingen die braune Farbe des Stuhls. Gelangt keine Galle in den Darm, so wird der Stuhl hell lehmfarben (z.B. bei Verschluss des Hauptgallengangs). Die Gallenfarbstoffe treten dann in das Blut über und färben den Körper gelb (Verschlussgelbsucht).
- *Cholesterin:* Es bildet mit den Gallensäuren und Lecithin gemischte Mizellen (Molekülaggregate mit hydrophilen = „wasserfreundlichen" Seiten außen und hydrophoben = „wasserabweisenden" Seiten innen), die ein bestimmtes Mengengleichgewicht voraussetzen. Wird dieses gestört, so fällt Cholesterin aus. Dieses kann dann den Kristallisationsmittelpunkt für Gallensteine bilden.
- *Salze, Schleim, Stoffwechselabfallprodukte* usw.

Gliederung der Gallenwege

- *Gallengänge in der Leber:* Die Gallenkanälchen vereinigen sich zu immer größeren Gallengängen bis zu den Segmentgängen und Lappengängen.
- *Gallengänge außerhalb der Leber:* Die beiden Lappengänge treten als rechter und linker Lebergang aus der Leberpforte aus. Sie vereinigen sich zum *gemeinsamen Lebergang*. Von diesem geht der *Gallenblasengang* zur Gallenblase ab. Von dieser Abzweigung an nennt man den Lebergang *Hauptgallengang* (Choledochus).

Lage der Gallenblase

Die Gallenblase liegt im rechten Oberbauch in der Gallenblasengrube auf der Eingeweideseite der Leber. Den Boden der Gallenblase findet man auf der Höhe des Rippenbogens etwa handbreit rechts der Mittellinie. Die Gallenblase berührt außer der Leber auch den absteigenden Teil des Zwölffingerdarms und den Querteil des Dickdarms. Ein fortgeschrittener Gallenblasenkrebs kann daher auf diese Organe übergreifen.

Gallenblase und große Gallengänge (aufgeschnitten). Die Gallenblase ist über den Gallenblasengang an den Abflussweg der Galle von der Leber zum Zwölffingerdarm seitlich angeschlossen. Im Gegensatz zu den glattwandigen Lebergängen und dem Hauptgallengang ist der Gallenblasengang durch eine Spiralfalte eingeengt. Hier können Gallensteine stecken bleiben. [bg2]

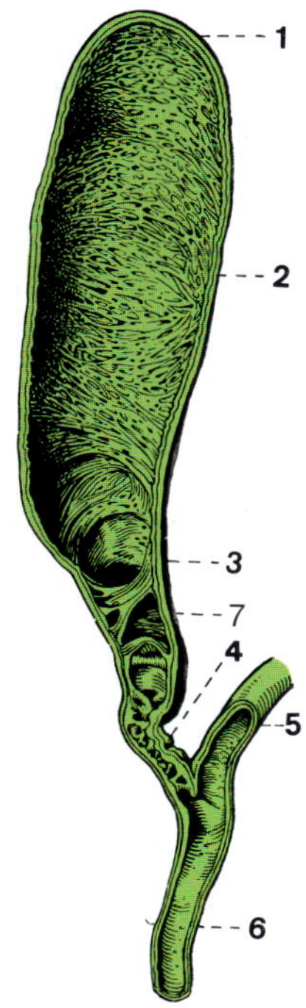

1 Gallenblasengrund *Fundus vesicae biliaris [felleae]*
2 Gallenblasenkörper *Corpus vesicae biliaris [felleae]*
3 Gallenblasenhals *Collum vesicae biliaris [felleae]*
4 Gallenblasengang *Ductus cysticus*
5 Gemeinsamer Lebergallengang *Ductus hepaticus communis*
6 Hauptgallengang *Ductus choledochus [biliaris]*
7 Spiralfalte *Plica spiralis*

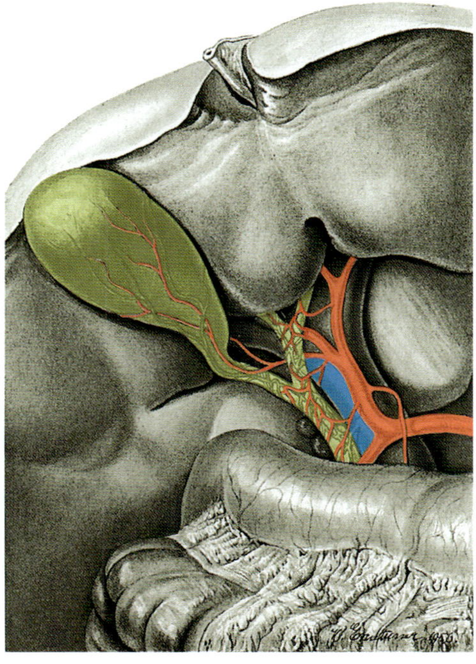

Gallenblase und große Gallengänge an der Eingeweideseite der Leber. Das Bild entspricht dem Anblick, wenn man den Oberbauch breit aufschneidet und die Leber nach oben zieht. Man sieht (von oben nach unten):

- den Unterrand der Leber mit dem runden Leberband (durchgeschnitten).
- die in die Gallenblasengrube der Leber eingeschmiegte Gallenblase.
- die großen Gallengänge (grün), die Leberarterie mit ihren Ästen (rot) und die Pfortader (blau); das sich zwischen Leber und Magen erstreckende kleine Netz wurde bei dem gezeichneten Präparat entfernt, um die großen Gefäße sichtbar zu machen.
- den Pförtnerabschnitt des Magens (rechts) und den oberen Teil des Zwölffingerdarms (Mitte).
- das große Netz bzw. das Magen-Dickdarm-Band.
- die rechte Dickdarmbiegung und den Querteil des Dickdarms. [ku2]

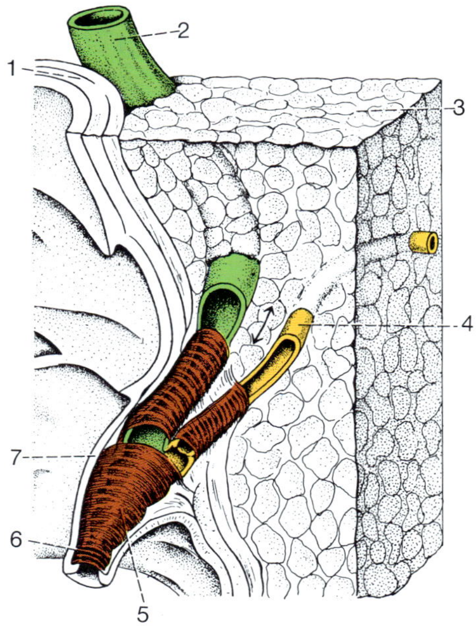

Große Zwölffingerdarmpapille (schematisch). An der Hinterwand des absteigenden Teils des Zwölffingerdarms ist die Schleimhaut zur großen Zwölffingerdarmpapille (meist *Vater-Papille* genannt) vorgewölbt. Hier münden der Hauptgallengang und der Bauchspeichelgang meist gemeinsam (bei einem Drittel der Menschen getrennt) aus. An der Mündung steuert ein Schließmuskel (meist *Oddi-Sphinkter* genannt) den Sekretfluss im Hauptgallengang: Wird im Darm keine Galle benötigt, so schließt er die Mündung. Dann kann die Galle nicht abfließen. Sie wird in die Gallenblase zurückgestaut. Gelangt Speisebrei in den Darm, erschlafft der Schließmuskel, und die Galle fließt aus. *[ba2]*

1	Zwölffingerdarm (Wand)	*Duodenum*
2	Hauptgallengang	*Ductus choledochus [biliaris]*
3	Exkretorische Endstücke der Bauchspeicheldrüse	*Acini pancreatici*
4	Bauchspeichelgang (Wirsung-Gang)	*Ductus pancreaticus*
5	Erweiterung des vereinigten Ausführungsgangs (Hauptgallengang + Bauchspeichelgang)	*Ampulla hepatopancreatica [biliaropancreatica]*
6	Oddi-Schließmuskel	*M. sphincter ampullae*
7	Schleimhaut	*Tunica mucosa*

Aufgaben der Gallenblase

Die Leber erzeugt Tag und Nacht Galle. Diese wird aber nur nach den Mahlzeiten zur Emulgierung der Fette im Darm benötigt. In den Zwischenzeiten wird die Galle in der Gallenblase gespeichert. Da diese nur 40–100 ml aufnehmen kann, wird die Galle durch Wasserentzug auf das 5–10-fache eingedickt. So wird die Speicherleistung erhöht. Nach Öffnen des Oddi-Schließmuskels entleert sich die Gallenblase wieder. Die Kontraktion der glatten Muskeln ihrer Wand wird durch das in der Darmwand gebildete Hormon *Cholecystokinin* angeregt. Dessen Absonderung wird durch Nahrungsmittel im Darm oder psychisch (Vorstellung von Speisen) ausgelöst.

Bau der Gallenblasenwand

Ähnlich wie Magen- und Darmwand hat die Gallenblasenwand 3 Hauptschichten (Schleimhaut, Muskelwand, Bauchfell). Es fehlt die Muskelschicht der Schleimhaut, weil die Gallenblase nicht mit Speisebrei in Berührung kommt und sich daher nicht vor Knochensplittern usw. schützen muss. Das Bauchfell fehlt an der Anlagerungsfläche an die Leber.

Gallenkoliken

Krampfartige Anspannungen der Muskelwand der Gallenblase sind äußerst schmerzhaft. Häufigste Ursache sind Gallensteine. Der Körper versucht Gallensteine auf natürlichem Weg (über den Gallenblasengang und den Hauptgallengang in den Zwölffingerdarm) loszuwerden. In dem sehr engen Gallenblasengang bleiben Steine leicht stecken. Die Gallenblase bemüht sich dann, den Stein durch besonders hohen Druck hindurchzupressen. Die wehenartigen Schmerzen sind meist mit Schweißausbruch, Übelkeit und Erbrechen verbunden.
Kennzeichnend für Gallenkoliken ist, dass der Schmerz häufig nicht nur in der Gallenblasengegend, sondern auch in der rechten Schulter empfunden wird (Head-Zone der Gallenblase).

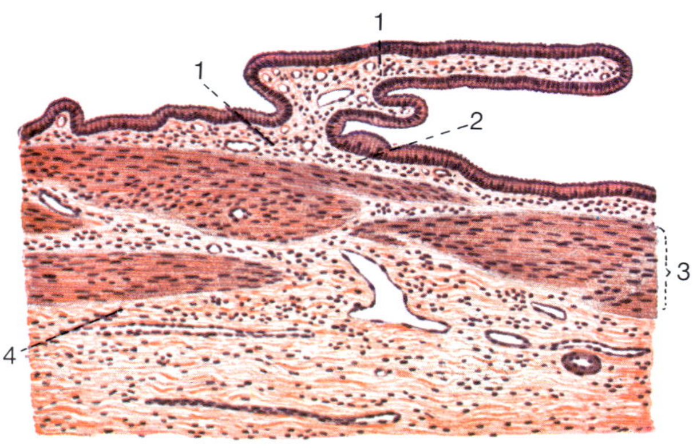

Gallenblasenwand: mikroskopisches Schnittbild (Vergrößerung 80fach). Kennzeichnend sind die großen, parallel zur Wand liegenden Schleimhautfalten. Sie verschmelzen manchmal untereinander zu langen Schläuchen. In der Muskelwand sind die glatten Muskelzellen scherengitterartig durchflochten. Die Gallenblase kann sich deswegen gleichmäßig auf einen Mittelpunkt hin zusammenziehen. *[bg2]*

1	Schleimhaut	*Tunica mucosa*
2	Deckzellschicht	*Epithelium*
3	Muskelwand	*Tunica muscularis*
4	Verschiebeschicht unter dem Bauchfell	*Tela subserosa*

Gallensteine

Das Eindicken der Galle in der Gallenblase birgt Risiken in sich: Die Konzentration einzelner Bestandteile kann so hoch werden, dass diese auskristallisieren. Es entstehen Gallensteine. In den hochindustrialisierten Ländern haben 10–20 % der Erwachsenen Gallensteine. Frauen sind häufiger befallen als Männer. In Hungerländern sind Gallensteine selten.

- Gallensteine begünstigen Reizzustände der Gallenblase (Cholezystitis) mit Schmerzen im rechten Ober- und Mittelbauch.
- Stärkere Beschwerden entstehen, wenn die Gallenblase versucht, die Steine durch den engen Gallenblasengang auszutreiben (Gallenkolik, s.o.).
- Bleibt ein Gallenstein im Hauptgallengang stecken, so kann die Galle nicht mehr abfließen, staut sich in die Leber zurück und tritt dort in das Blut über. Die Gallenfarbstoffe färben dann die Haut gelb (Stauungsgelbsucht). Der Stuhl wird wegen der fehlenden Gallenfarbstoffe lehmfarben hell.

Leben ohne Gallenblase

Die Gallenblase wird bei anhaltenden Beschwerden durch Gallensteine häufig entfernt. Dann fließt die Galle ständig in den Darm ab. Dort kann sie die meiste Zeit nicht verwertet werden, fehlt aber in der nötigen Menge nach den Mahlzeiten. Deshalb müssen Patienten nach der Gallenblasenentfernung evtl. die Fettzufuhr einschränken, um Beschwerden zu vermeiden. Die meisten Menschen ohne Gallenblase leben ohne schwerwiegende Störungen. Dies überrascht nicht, weil bei vielen Säugetieren gar keine Gallenblase angelegt wird (z.B. bei Pferd, Ratte, Elefant, Wal).

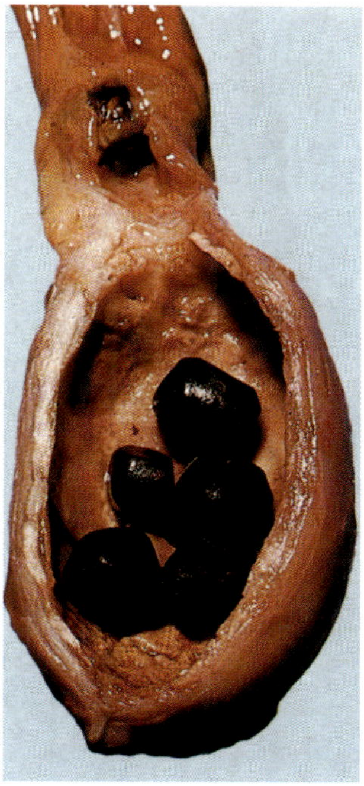

↑ **Gallensteine** (Cholesterin-Pigment-Kalk-Steine) in der aufgeschnittenen Gallenblase. Ein Stein im Gallenblasengang hat den Gallenfluss behindert. Die Wand der Gallenblase ist als Folge chronischer Entzündungen narbig verschwielt und verdickt. *[ka]*

Gallensteine im Röntgenbild. Sofern die Gallensteine Kalk enthalten, sind sie im normalen Röntgenbild zu sehen. Andernfalls kann man die Gallenblase mit einem Kontrastmittel, das von der Leber in die Galle ausgeschieden wird, sichtbar machen. *[mb]* →

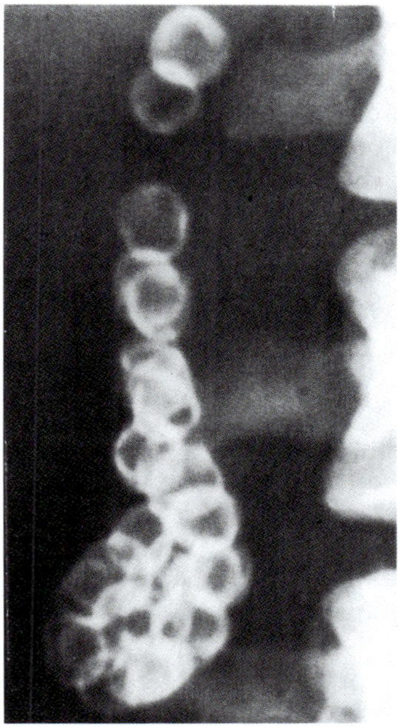

↓ **Gallenblase mit Gallensteinen** (1) im Ultraschallbild. Hinter den Gallensteinen sieht man dunkle Schallschatten (Schallauslöschung, 2). *[bw]*

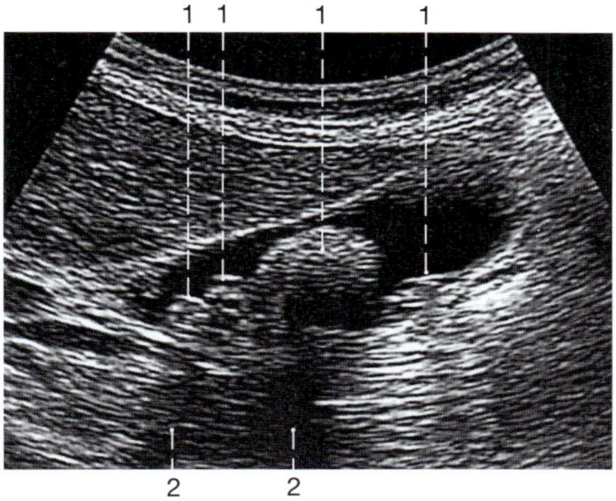

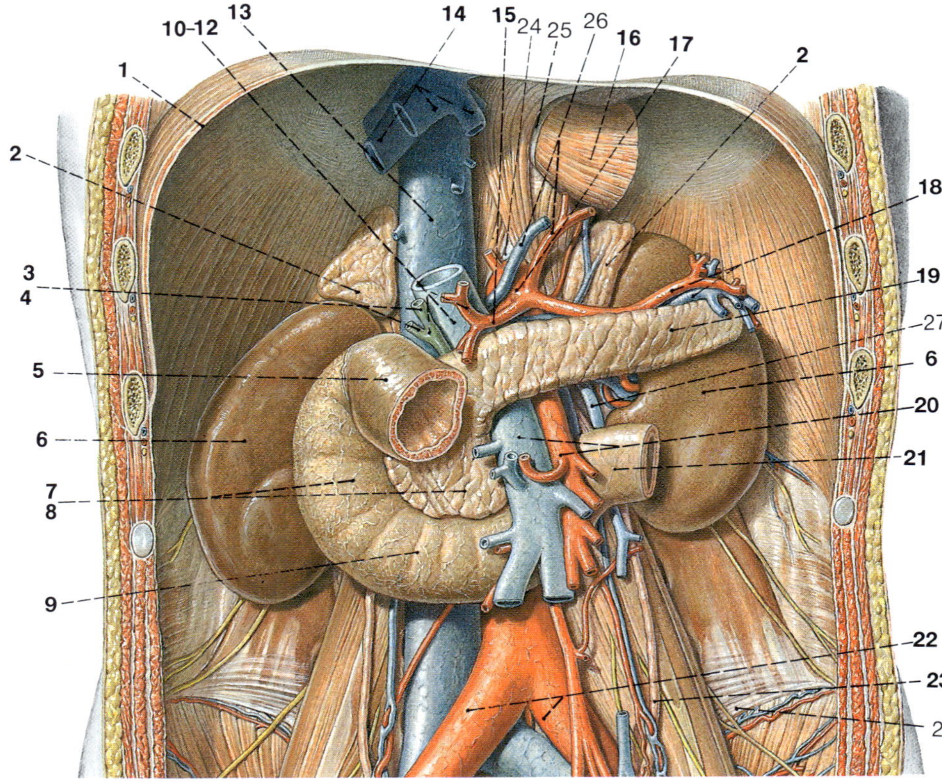

Hinter dem Bauchfell gelegene Organe des Oberbauchs. Die intraperitonealen Organe Magen, Leerdarm, Krummdarm, Leber und Milz, der gesamte Dickdarm (einschließlich der sekundär retroperitonealen Teile) sowie das Bauchfell sind weggenommen. [sb2]

Der Kopf der Bauchspeicheldrüse schlingt sich hakenförmig um die oberen Gekrösegefäße. Er wird vom c-förmigen Zwölffingerdarm umgeben. Ein Krebs der Bauchspeicheldrüse greift daher häufig auf den Zwölffingerdarm über. Dabei wird oft der Hauptgallengang vom Krebsgewebe umwachsen und zusammengedrückt. Die dadurch ausgelöste Gelbsucht infolge mangelnden Gallenabflusses kann erstes Symptom des Krebses sein

1	Zwerchfell	*Diaphragma*
2	Nebenniere	*Glandula suprarenalis*
3	Gemeinsamer Lebergallengang	*Ductus hepaticus communis*
4	Gallenblasengang	*Ductus cysticus*
5	Zwölffingerdarm, oberer Teil	*Duodenum, Pars superior*
6	Niere	*Ren [Nephros]*
7	Zwölffingerdarm, absteigender Teil	*Duodenum, Pars descendens*
8	Kopf der Bauchspeicheldrüse	*Caput pancreatis*
9	Zwölffingerdarm, unterer Teil	*Duodenum, Pars horizontalis [inferior]*
10	Hauptgallengang	*Ductus choledochus [biliaris]*
11	Pfortader	*V. portae hepatis*
12	Leberarterie	*A. hepatica propria*
13	Untere Hohlvene	*V. cava inferior*
14	Lebervenen	*Vv. hepaticae*
15	Gemeinsame Leberarterie	*A. hepatica communis*
16	Mageneingangnaher Magenabschnitt	*Cardia [Pars cardiaca]*
17	Stamm der Leber-, Milz- und Magenarterien	*Truncus coeliacus*
18	Milzarterie + Milzvene	*A. + V. splenica [lienalis]*
19	Bauchspeicheldrüse	*Pancreas*
20	Obere Gekrösearterie + obere Gekrösevene	*A. mesenterica superior + V. mesenterica superior*
21	Zwölffingerdarm-Leerdarm-Übergang	*Flexura duodenojejunalis*
22	Aortengabel (Aufzweigung in die gemeinsamen Beckenarterien)	*Bifurcatio aortae; A. iliaca communis*
23	Harnleiter	*Ureter*
24	Aortenschlitz (im Zwerchfell)	*Hiatus aorticus*
25	Speiseröhrenschlitz (im Zwerchfell)	*Hiatus oesophageus*
26	Linke Magenarterie + linke Magenvene	*A. gastrica sinistra + V. gastrica sinistra*
27	Untere Gekrösevene	*V. mesenterica inferior*
28	Darmbeinkamm	*Crista iliaca*

Gliederung der Bauchspeicheldrüse

❶ Äußerlich: Kopf, Körper und Schwanz

❷ In Feinbau und Funktion:

- *exokriner Teil:* bildet Bicarbonat + Verdauungsenzyme
- *endokriner Teil (Inselorgan):* bildet Insulin, Glucagon und weitere Hormone

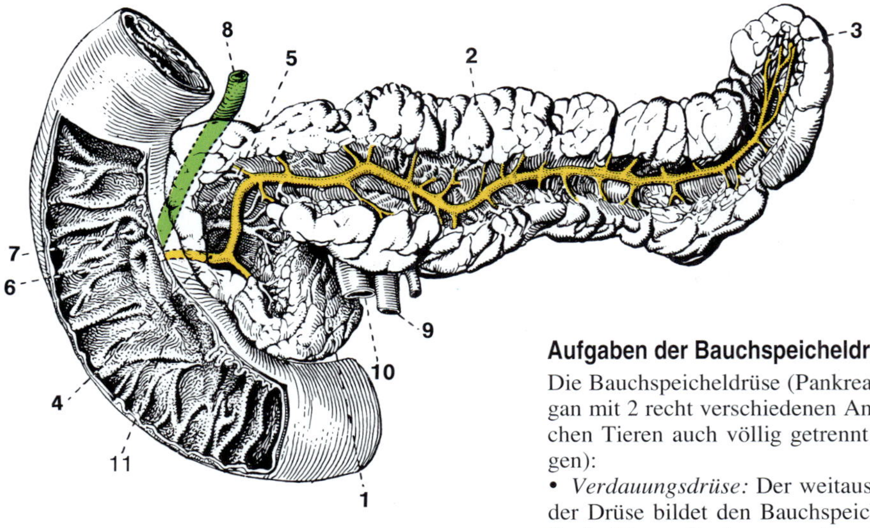

Bauchspeicheldrüse und Zwölffingerdarm. Die Ausführungsgänge sind freipräpariert. Neben dem Hauptausführungsgang findet sich häufig noch ein zusätzlicher Bauchspeichelgang, der gesondert in den Zwölffingerdarm ausmündet. *[bg2]*

Der die ganze langgestreckte Drüse durchziehende Bauchspeichelgang verlässt die Drüse an ihrem rechten Ende. Deshalb darf man bei Operationen vom linken Ende beliebig abschneiden, ohne den Abfluss des Bauchspeichels zu gefährden. Entfernt man jedoch den rechten Teil der Drüse, dann muss man dafür sorgen, dass der Stumpf des Bauchspeichelgangs wieder Anschluss an den Darm findet. Andernfalls würde der zurückgestaute Bauchspeichel die eigene Drüse verdauen.

1	Kopf der Bauchspeicheldrüse	*Caput pancreatis*
2	Körper der Bauchspeicheldrüse	*Corpus pancreatis*
3	Schwanz der Bauchspeicheldrüse	*Cauda pancreatis*
4	Bauchspeichelgang (Hauptausführungsgang = Wirsung-Gang)	*Ductus pancreaticus*
5	Zusätzlicher Bauchspeichelgang (Santorini-Gang)	*Ductus pancreaticus accessorius*
6	Große Zwölffingerdarmpapille (Vater-Papille)	*Papilla duodeni major*
7	Kleine Zwölffingerdarmpapille	*Papilla duodeni minor*
8	Hauptgallengang	*Ductus choledochus [biliaris]*
9	Obere Gekrösearterie	*A. mesenterica superior*
10	Obere Gekrösevene	*V. mesenterica superior*
11	Längsfalte in der Rückwand des Zwölffingerdarms	*Plica longitudinalis duodeni*

Bauchspeichelgänge: Spielarten. *[bg2]* ➔

Im typischen Fall (links oben) mündet der Bauchspeichelgang zusammen mit dem Hauptgallengang an der großen Zwölffingerdarmpapille, der „zusätzliche" Bauchspeichelgang etwas oberhalb an der kleinen Zwölffingerdarmpapille. Die beiden Bauchspeichelgänge sind innerhalb der Bauchspeicheldrüse verbunden. Diese Verbindung kann fehlen, wobei der eine oder der andere Bauchspeichelgang der Hauptabfluss ist. Es kann auch nur einer der Bauchspeichelgänge vorhanden sein oder einer ungewöhnlich verlaufen.

Aufgaben der Bauchspeicheldrüse

Die Bauchspeicheldrüse (Pankreas) ist ein Doppelorgan mit 2 recht verschiedenen Anteilen (die bei manchen Tieren auch völlig getrennt im Bauchraum liegen):

- *Verdauungsdrüse:* Der weitaus überwiegende Teil der Drüse bildet den Bauchspeichel (etwa 1–2 l pro Tag). Dieser Verdauungssaft enthält Bicarbonat sowie eiweiß-, fett- und kohlenhydratspaltende Enzyme. Der Bauchspeichel wird über den Bauchspeichelgang in den absteigenden Teil des Zwölffingerdarms abgegeben. Dort neutralisiert das Bicarbonat die Magensäure.
- *Hormondrüse:* In den Verdauungsdrüsenteil sind kleine Inseln von hormonbildendem Gewebe eingesprengt. Sie erzeugen u.a. das „Inselhormon" Insulin. Dieses ist für die Verwertung des Blutzuckers in den Geweben nötig.

Form der Bauchspeicheldrüse

Die Bauchspeicheldrüse ist ein etwa 15 cm langer, 3–4 cm breiter und 1–2 cm dicker Drüsenstrang von etwa 70–100 g Gewicht. Ihre Oberfläche ist klein gelappt.

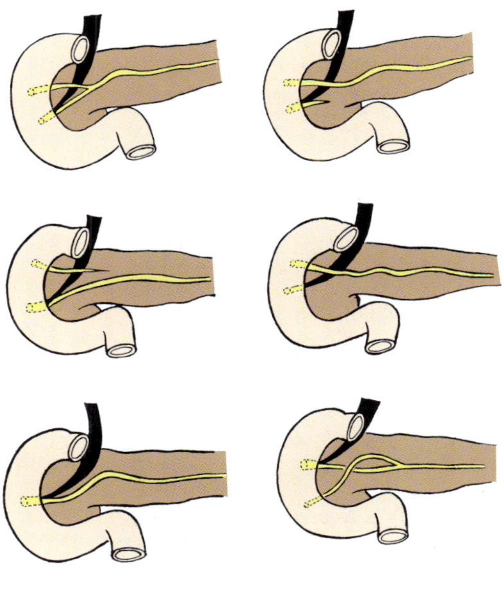

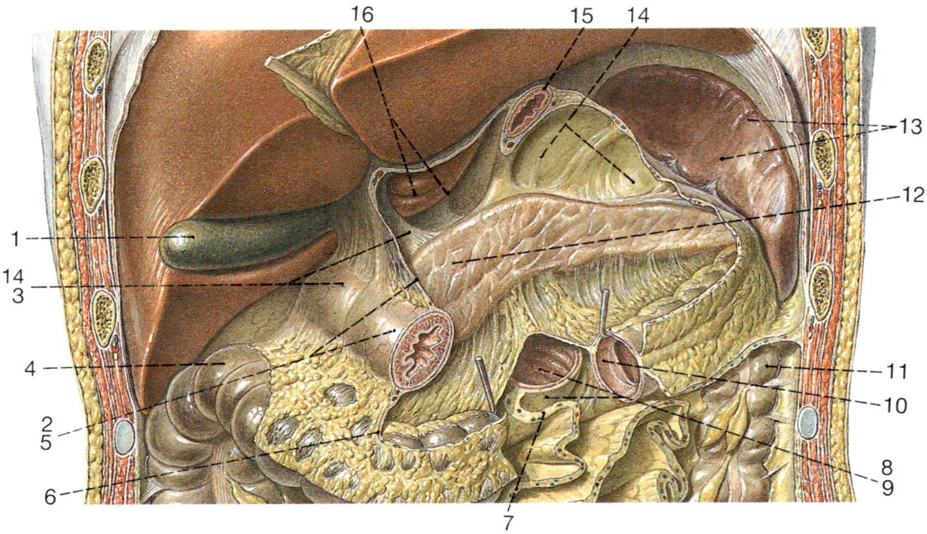

Lage der Bauchspeicheldrüse

Die Bauchspeicheldrüse liegt im Oberbauch an der Hinterwand des Bauchraums. Sie legt sich hufeisenförmig um den 1. oder 2. Lendenwirbelkörper. Sie ist ohne scharfe Grenzen in 3 Teile zu gliedern:

- *Kopf:* Das rechte Ende liegt rechts der Wirbelsäule und schmiegt sich in die Höhlung des „C" des Zwölffingerdarms. In diesen mündet der Ausführungsgang (Bauchspeichelgang), der aus dem Kopf der Drüse austritt.
- *Körper:* Das Mittelstück liegt hinter dem Magen.
- *Schwanz:* Das linke Ende steigt vor der linken Niere zur Milz an.

Der Hauptgallengang zieht häufig durch den Kopf der Bauchspeicheldrüse zum Zwölffingerdarm. Er kann durch eine Geschwulst im Kopf der Bauchspeicheldrüse abgeklemmt werden. Eine Verschlussgelbsucht ist häufig des erste Zeichen eines Bauchspeicheldrüsenkrebses.

↑ **Oberbauchorgane** nach Entfernung von Magen, Leerdarm, Krummdarm sowie von Teilen des kleinen Netzes und des Magen-Dickdarm-Bandes. Der Netzbeutel ist dadurch breit eröffnet. In seiner Rückwand liegt die Bauchspeicheldrüse. Aus dem Querdickdarm ist ein kurzes Stück herausgeschnitten, um das Dünndarmgekröse zu zeigen. Das Bild verdeutlicht die Schwierigkeit des chirurgischen Zugangs zur Bauchspeicheldrüse. *[bg2]*
Bei Verkehrsunfällen kann die Bauchspeicheldrüse z.B. zwischen Lenkrad und Wirbelsäule zerquetscht werden.

1	Gallenblase	*Vesica biliaris [fellea]*
2	Kleines Netz	*Omentum minus*
3	Zwölffingerdarm, oberer Teil	*Duodenum, Pars superior*
4	Rechte Dickdarmbiegung	*Flexura coli dextra [hepatica]*
5	Magen, Pförtnerabschnitt	*Gaster, Pars pylorica*
6	Magen-Dickdarm-Band	*Lig. gastrocolicum*
7	Dünndarmgekröse	*Mesenterium*
8	Zwölffingerdarm-Leerdarm-Übergang	*Flexura duodenojejunalis*
9	Bauchfelltasche unterhalb des Zwölffingerdarms	*Recessus duodenalis inferior*
10	Querteil des Grimmdarms	*Colon transversum*
11	Grimmdarm, absteigender Teil	*Colon descendens*
12	Bauchspeicheldrüse	*Pancreas*
13	Milz	*Splen [Lien]*
14	Netzbeutel (Rückwand)	*Bursa omentalis*
15	Mageneingangnaher Magenabschnitt	*Cardia [Pars cardiaca]*
16	Schwanzlappen der Leber	*Lobus caudatus*

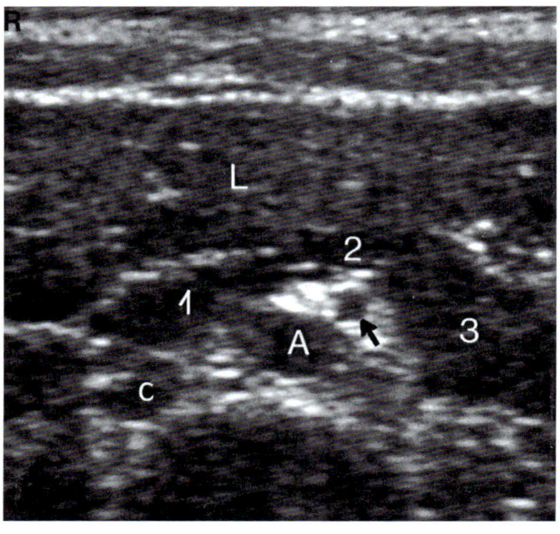

← **Bauchspeicheldrüse** im Ultraschallbild (subkostaler Schrägschnitt). *[st3]*

1	Kopf der Bauchspeicheldrüse	*Caput pancreatis*
2	Körper der Bauchspeicheldrüse	*Corpus pancreatis*
3	Schwanz der Bauchspeicheldrüse	*Cauda pancreatis*
A	Bauchaorta	*Pars abdominalis aortae [Aorta abdominalis]*
C	Untere Hohlvene	*V. cava inferior*
L	Leber	*Hepar*
↖	Obere Gekrösearterie	*A. mesenterica superior*

Bauchspeicheldrüse: mikroskopisches Bild (400fache Vergrößerung). *[bg2]*

1	Haargefäß (Kapillare)	*Vas capillare*
2	Exkretorische Endstücke der Bauchspeicheldrüse	*Acini pancreatici*
3	Ausführungsgang	*Ductus excretorius*
4	Schaltstück	*Ductus intercalatus*
5	Insel der Bauchspeicheldrüse (Langerhans-Insel)	*Insula pancreatica*

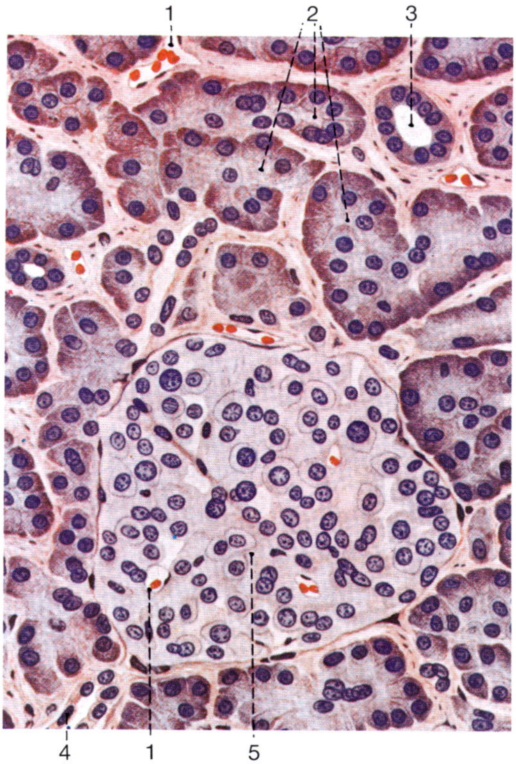

Inselorgan der Bauchspeicheldrüse

In das exokrine Drüsengewebe der Bauchspeicheldrüse sind etwa eine halbe Million kleiner „Inseln" von endokrinen Zellen eingeschlossen (nach ihrem Entdecker *Langerhans-Inseln* genannt). Sie weisen 2 Hauptzelltypen auf:

- Die *B-Zellen* bilden das Inselhormon = *Insulin*. Es fördert den Einstrom von Kohlenhydraten in die Körperzellen und den Aufbau von Stärke (Glycogen) in der Muskulatur. Dadurch senkt es den Blutzuckerspiegel. Bei der „Zuckerkrankheit" (Diabetes mellitus) gelangt zu wenig Insulin in das Blut. Dann steigt der Blutzuckerspiegel an. Der überhöhte Blutzucker wird von den Nieren ausgeschieden und kann im Harn nachgewiesen werden. Die Körperzellen können nicht mehr richtig arbeiten, weil ihnen die Energie fehlt. Es kommt zu lebensbedrohlichen Zuständen, wenn man dem Körper nicht Insulin zuführt (Injektion) oder die Langerhans-Inseln zu vermehrter Ausschüttung von Insulin anregt (Tabletten).
- In den *A-Zellen* wird das Hormon *Glucagon* gebildet. Es mobilisiert in der Leber Kohlenhydrate. Dadurch wird kurzfristig der Blutzucker erhöht. Es erscheint damit als Gegenspieler des Insulins.

↓ **Bauchspeicheldrüse und Zwölffingerdarm** von hinten (der Schwanz der Bauchspeicheldrüse ist abgeschnitten). Der Kopf der Bauchspeicheldrüse schlingt sich hakenförmig um die oberen Gekrösegefäße. Der Hauptgallengang wird oft vom Drüsengewebe der Bauchspeicheldrüse umgeben. *[be4]*

1	Pförtnerabschnitt des Magens	*Pars pylorica*
2	Magenpförtner	*Pylorus*
3	Pfortader	*V. portae hepatis*
4	Zwölffingerdarm, oberer Teil	*Duodenum, Pars superior*
5	Obere Zwölffingerdarmbiegung	*Flexura duodeni superior*
6	Hauptgallengang	*Ductus choledochus [biliaris]*
7	Zwölffingerdarm, absteigender Teil	*Duodenum, Pars descendens*
8	Kopf der Bauchspeicheldrüse	*Caput pancreatis*
9	*Vereinigung von 11 + 16 zu 3*	
10	Zwölffingerdarm, unterer Teil	*Duodenum, Pars horizontalis [inferior]*
11	Obere Gekrösevene	*V. mesenterica superior*
12	Obere Gekrösearterie	*A. mesenterica superior*
13	Zwölffingerdarm, aufsteigender Teil	*Duodenum, Pars ascendens*
14	Einschnitt d. Bauchspeicheldrüse	*Incisura pancreatis*
15	Körper der Bauchspeicheldrüse	*Corpus pancreatis*
16	Milzvene	*V. splenica [lienalis]*

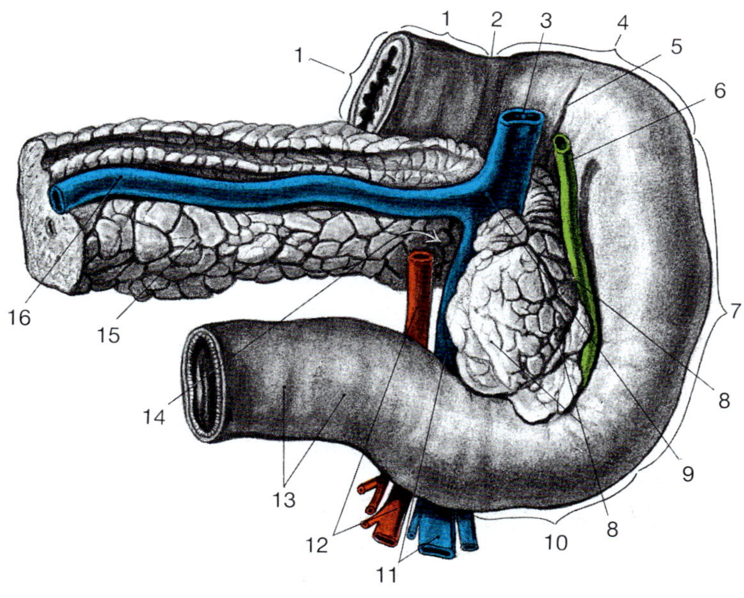

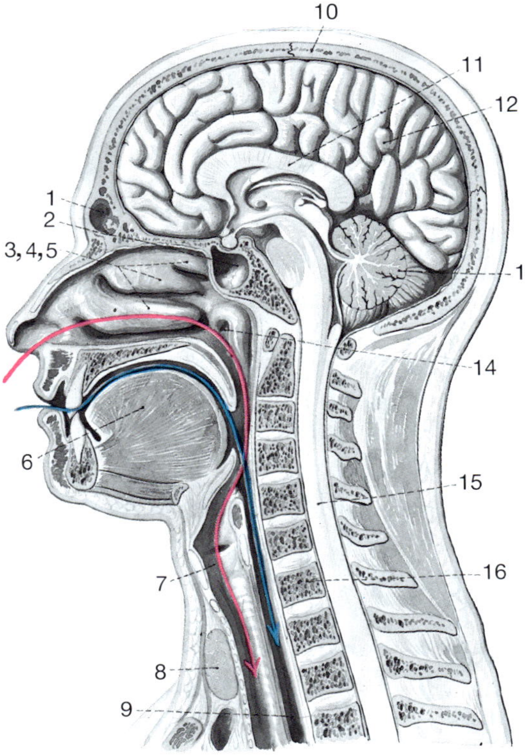

Kopf und Hals: Medianschnitt. Die farbigen Pfeile zeigen die Überkreuzung von Luft- und Speiseweg. Der blaue Pfeil entspricht dem Weg einer Magensonde, der rote Pfeil dem eines Nasotrachealtubus. Im Bild fehlen die Rückenmarkhäute, deshalb erscheint das Rückenmark zu breit. *[ta]*

1	Stirnhöhle	*Sinus frontalis*
2	Keilbeinhöhle	*Sinus sphenoidalis*
3	Obere Nasenmuschel	*Concha nasi superior*
4	Mittlere Nasenmuschel	*Concha nasi media*
5	Untere Nasenmuschel	*Concha nasi inferior*
6	Zunge	*Lingua*
7	Kehlkopf	*Larynx*
8	Schilddrüsenenge	*Isthmus glandulae thyroideae*
9	Speiseröhre	*Oesophagus*
10	Schädeldach	*Calvaria*
11	Balken	*Corpus callosum*
12	Großhirn	*Telencephalon [Cerebrum]*
13	Kleinhirn	*Cerebellum*
14	Ohrtrompete	*Tuba auditiva [auditoria]*
15	Rückenmark	*Medulla spinalis*
16	Wirbelkörper	*Corpus vertebrae*

Aufgaben der Nasenhöhlen

Die Nasenhöhlen haben die Atemluft für die unteren Luftwege vorzubereiten, sie

- *anzuwärmen:* Der Körper lässt die Atemluft durch einen „Warmwasserheizkörper" strömen: Die Rippen des „Heizkörpers" sind die Nasenmuscheln, das „Warmwasser" ist das Blut.
- *anzufeuchten:* Die Nasenmuscheln sind mit gefäßreicher, ständig feuchter Schleimhaut bedeckt.
- *zu reinigen:* Die Deckzellen der Schleimhaut sind mit feinen Flimmerhärchen besetzt. Sie bewegen auf der feuchten Schleimhaut niedergeschlagene Staubteilchen in Richtung Rachen. Der Rachen ist außerdem reich mit lymphatischem Gewebe zur Bakterienabwehr ausgerüstet.
- *chemisch zu prüfen* (durch den Geruchssinn): Viele schädliche Gase riechen übel. Ihre Einatmung wird deswegen vermieden.

Gliederung der Nasenhöhlen

Von der Seitenwand springen 3 Nasenmuscheln (obere, mittlere und untere) in die Lichtung der Nasenhöhle vor. Durch sie wird jede Nasenhöhle in 3 Stockwerke gegliedert:

- oberer Nasengang,
- mittlerer Nasengang,
- unterer Nasengang.

Vor den Nasenmuscheln liegt der Nasenvorhof. Hinter den Nasenmuscheln bildet am Hinterrand der Nasenscheidewand die Choane die Öffnung zum Nasenrachenraum.

Das Skelett der Nasenscheidewand wird teils von Knochen (Siebbein, Pflugscharbein), teils von Knorpel gebildet (Nasenscheidewandknorpel). Es ist auf beiden Seiten von Schleimhaut überzogen.

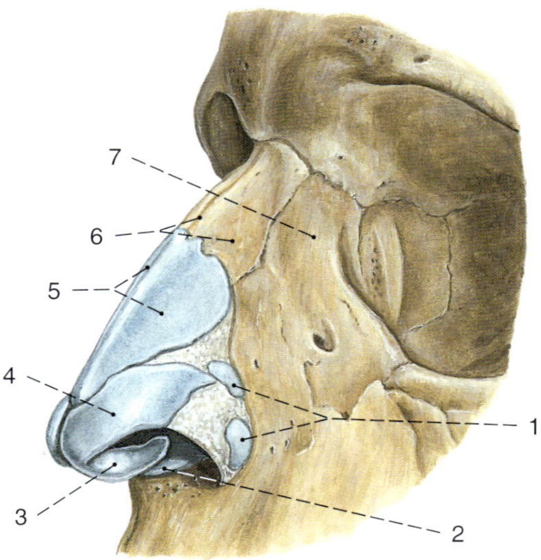

Äußere Nase: Skelett. Knorpel blau. *[sb2]*

1	Kleine Nasenflügelknorpel	*Cartilagines alares minores*
2	Nasenscheidewandknorpel	*Cartilago septi nasi*
3	Großer Nasenflügelknorpel, innerer Schenkel	*Cartilago alaris major, Crus mediale*
4	Großer Nasenflügelknorpel, äußerer Schenkel	*Cartilago alaris major, Crus laterale*
5	Nasenscheidewandknorpel, Seitenfortsatz	*Processus lateralis (cartilaginis septi nasi)*
6	Nasenbein	*Os nasale*
7	Oberkiefer, Stirnfortsatz	*Maxilla, Processus frontalis*

Schädel: Frontalschnitt durch Nasenhöhlen und Nasennebenhöhlen. *[fs1]*
Wände der Nasenhöhle:
- *Dach:* Die Siebplatte des Siebbeins bildet die Grenze zur Schädelhöhle.
- *Mediale Wand:* Die Nasenscheidewand trennt die beiden Nasenhöhlen.
- *Seitenwand:* Mehrere Knochen (Oberkiefer, Siebbein und Gaumenbein) grenzen die Nasenhöhle von der Kieferhöhle, den Siebbeinzellen und der Flügelgaumengrube ab.
- *Boden:* Der knöcherne Gaumen trennt die Nasenhöhle von der Mundhöhle:
- *Vorderwand:* Die äußere Nase umschließt die beiden Nasenöffnungen.
- *Hinterwand:* fehlt. Die Nasenhöhle geht hinter den Nasenmuscheln in den Nasenrachenraum über.

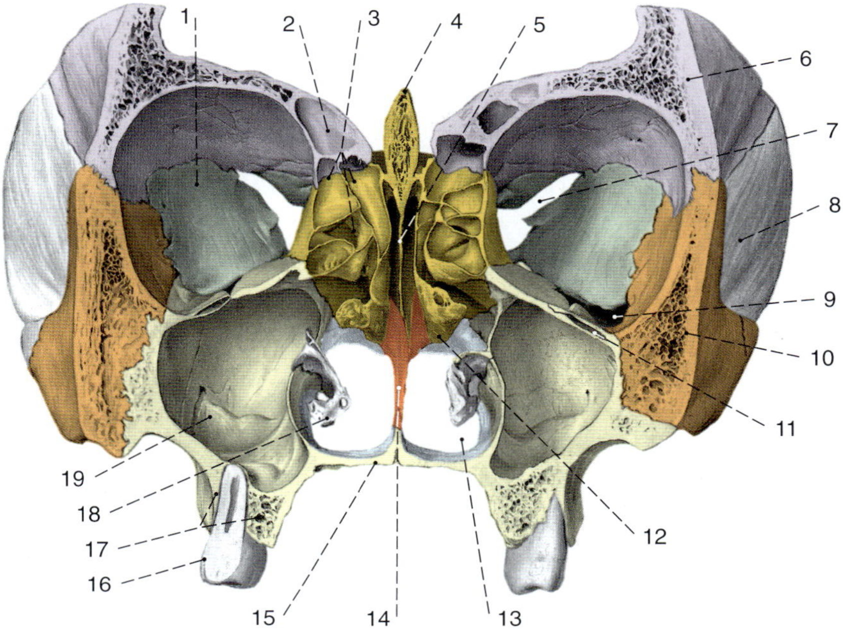

1	Keilbein, großer Flügel	*Os sphenoidale, Ala major*	
2	Stirnhöhle	*Sinus frontalis*	
3	Siebbeinzellen	*Cellulae ethmoidales*	
4	Hahnenkamm	*Crista galli*	
5	Siebbein, lotrechte Platte	*Os ethmoidale, Lamina perpendicularis*	
6	Stirnbein, Augenhöhlenteil	*Os frontale, Pars orbitalis*	
7	Obere Augenhöhlenspalte	*Fissura orbitalis superior*	
8	Schläfenbein, Schuppenteil	*Os temporale, Pars squamosa*	
9	Untere Augenhöhlenspalte	*Fissura orbitalis inferior*	
10	Jochbein	*Os zygomaticum*	
11	Unteraugenhöhlenkanal	*Canalis infraorbitalis*	
12	Mittlere Nasenmuschel	*Concha nasi media*	
13	Nasenhöhle, unterer Nasengang	*Cavitas nasi, Meatus nasi inferior*	
14	Pflugscharbein	*Vomer*	
15	Oberkiefer, Gaumenfortsatz	*Maxilla, Processus palatinus*	
16	Mahlzahn	*Dens molaris*	
17	Oberkiefer, Zahnfachfortsatz	*Maxilla, Processus alveolaris*	
18	Untere Nasenmuschel	*Concha nasi inferior*	
19	Kieferhöhle	*Sinus maxillaris*	

Untere Nasenmuschel und Nasenscheidewand: Frontalschnitt bei 5facher Vergrößerung. Knochen gelb, Knorpel hellblau, Venengeflecht dunkelblau. *[ss1]*
- Feinbau der *Nasenmuscheln:* Ein Skelett aus sehr zartem Knochen ist von einer dicken, gefäßreichen Schleimhaut umhüllt. Bei einer Entzündung (z.B. beim Schnupfen) schwillt die Schleimhaut stark an und kann die Nasengänge verschließen.
- Die Schleimhaut der *Nasenscheidewand* ist zum Teil, ähnlich wie die der Nasenmuscheln, schwellkörperartig verdickt. Nasenbluten erfolgt meist aus diesem Schwellkörper.

1	Mittlere Nasenmuschel	*Concha nasi media*
2	Venengeflecht der Muschel	*Plexus cavernosus conchae*
3	Unterer Nasengang	*Meatus nasi inferior*
4	Untere Nasenmuschel	*Concha nasi inferior*
5	Nasendrüsen	*Glandulae nasales*
6	Oberkiefer, Gaumenfortsatz	*Maxilla, Processus palatinus*
7	Pflugscharbein	*Vomer*
8	Nasenscheidewandknorpel	*Cartilago septi nasi*
9	Siebbein, lotrechte Platte	*Os ethmoidale, Lamina perpendicularis*

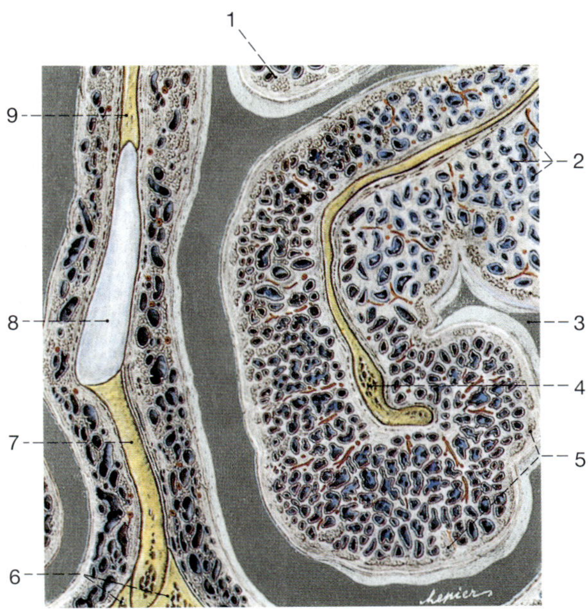

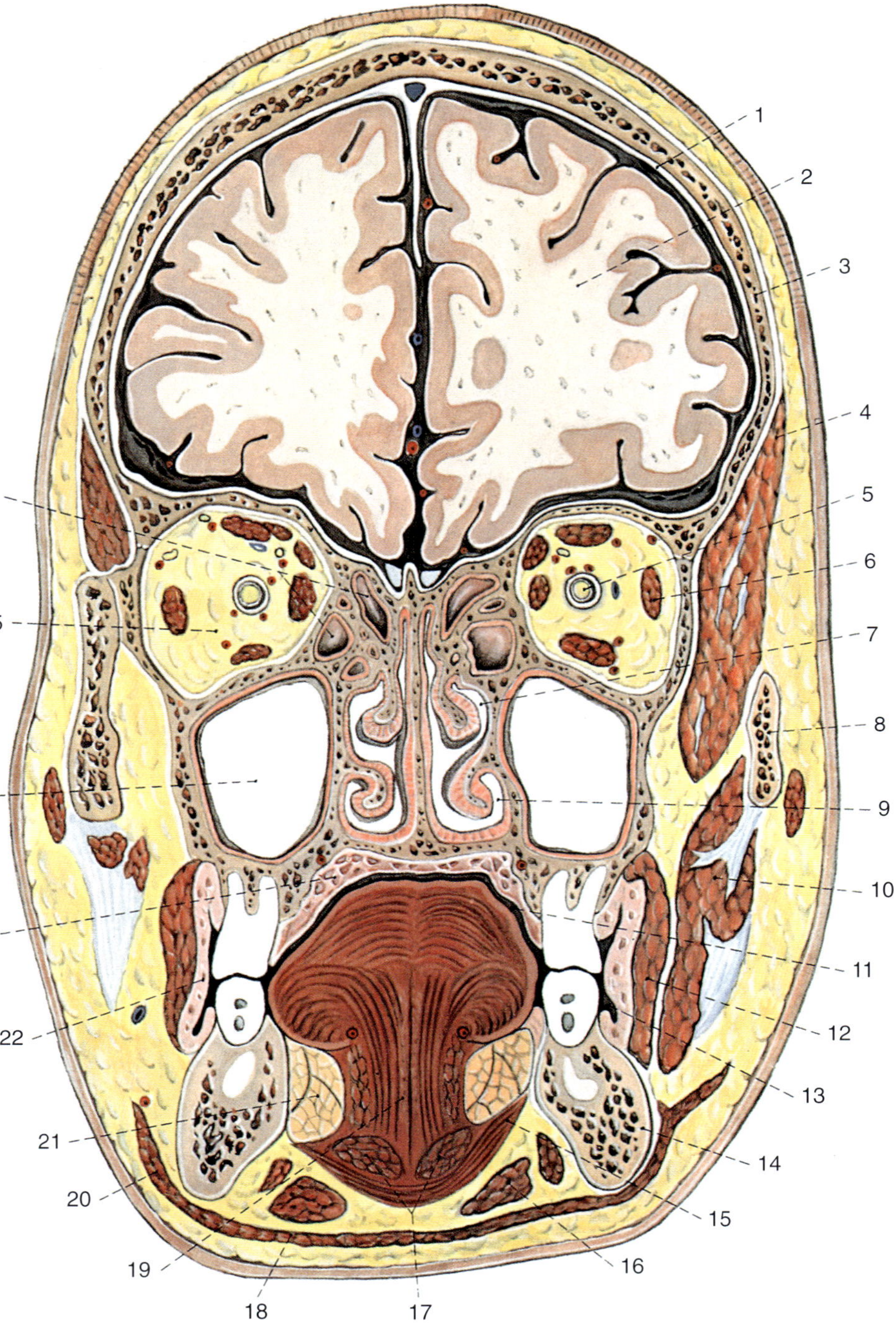

Kopf: Frontalschnitt hinter den Augäpfeln und durch den Mahlzahnbereich der Kiefer. Der Schnitt zeigt die enge Beziehung der Nasenhöhle zur Augenhöhle und zum Gehirn. Die beiden Nasenhöhlen sind häufig nicht symmetrisch, weil die Nasenscheidewand nicht genau in der Mitte steht. Man achte auf die Enge des Luftwegs, der bei einer Schleimhautschwellung verschlossen werden kann („verstopfte Nase").Die Zunge füllt bei geschlossenem Mund nahezu die gesamte Mundhöhle aus. *[fs1]*

1	Harte Hirnhaut	*Dura mater cranialis [encephali]*
2	Stirnlappen (des Großhirns)	*Lobus frontalis*
3	Scheitelbein	*Os parietale*
4	Schläfenmuskel	*M. temporalis*
5	Sehnerv (2. Hirnnerv)	*N. opticus (II)*
6	Seitlicher gerader Augenmuskel	*M. rectus lateralis*

Nasennebenhöhlen

Die Nasennebenhöhlen (Stirnhöhle, Kieferhöhle, Siebbeinzellen und Keilbeinhöhle) sind mit Nasenschleimhaut ausgekleidete, luftgefüllte Hohlräume in Nachbarknochen der Nasenhöhle.

• *Aufgaben:* Die Nasennebenhöhlen dienen in erster Linie der Gewichtsersparnis. Sie sind ferner Resonanzräume für die Stimme und unterstützen die Nasenhöhle bei der Vorbereitung der Atemluft.

• *Entstehung:* Die Gesichtsknochen sind beim Fetus zunächst massive Knochen. Erst kurz vor der Geburt beginnt Nasenschleimhaut in die Nachbarknochen einzuwachsen und den Knochen abzubauen. Die endgültige Größe der Nasennebenhöhlen wird um das 25. Lebensjahr erreicht. Form und Größe der Nasennebenhöhlen sind je nach Ausmaß und Richtung des Knochenabbaus individuell sehr verschiedenen. Meist sind die Nasennebenhöhlen asymmetrisch.

• *Beziehung der Kieferhöhle zu den Zahnwurzeln:* Die Kieferhöhle kann so weit in den Alveolarfortsatz hineinwachsen, dass die Zahnwurzeln nur noch von einer dünnen Knochenlamelle bedeckt werden. Eine Zahnwurzeleiterung kann dann leicht in die Kieferhöhle einbrechen. Umgekehrt schmerzen manchmal bei Schnupfen mit Kieferhöhlenbeteiligung die hinteren oberen Zähne, wenn die Zahnfachnerven nicht in geschlossenen Kanälen verlaufen, sondern ungeschützt unter der Kieferhöhlenschleimhaut liegen.

Mündung der Nasennebenhöhlen

Die Nasennebenhöhlen münden dort, von wo aus die Nasenschleimhaut in den Knochen eingewachsen ist:

• Kieferhöhle, Stirnhöhle und vordere Siebbeinzellen in den mittleren Nasengang,
• hintere Siebbeinzellen in den oberen Nasengang,
• Keilbeinhöhle oberhalb der oberen Nasenmuschel.

←

7	Mittlerer Nasengang	*Meatus nasi medius*
8	Jochbein	*Os zygomaticum*
9	Unterer Nasengang	*Meatus nasi inferior*
10	Masseter	*M. masseter*
11	Mundhöhle (i.e.S.)	*Cavitas oris propria*
12	Wangenmuskel (Trompetermuskel)	*M. buccinator*
13	Vorhof der Mundhöhle	*Vestibulum oris*
14	Unterkiefer	*Mandibula*
15	Unterkiefer-Zungenbein-Muskel	*M. mylohyoideus*
16	Zweibäuchiger Muskel	*M. digastricus*
17	Kinn-Zungenbein-Muskel	*M. geniohyoideus*
18	Hautmuskel des Halses	*Platysma*
19	Kinn-Zungen-Muskel	*M. genioglossus*
20	= 18	
21	Unterzungendrüse	*Glandula sublingualis*
22	Mundschleimhaut (an Wange)	*Tunica mucosa oris (an Bucca)*
23	Mundschleimhaut (am harten Gaumen)	*Tunica mucosa oris (an Palatum durum)*
24	Kieferhöhle	*Sinus maxillaris*
25	Fettkörper der Augenhöhle	*Corpus adiposum orbitae*
26	Siebbeinzellen	*Cellulae ethmoidales*

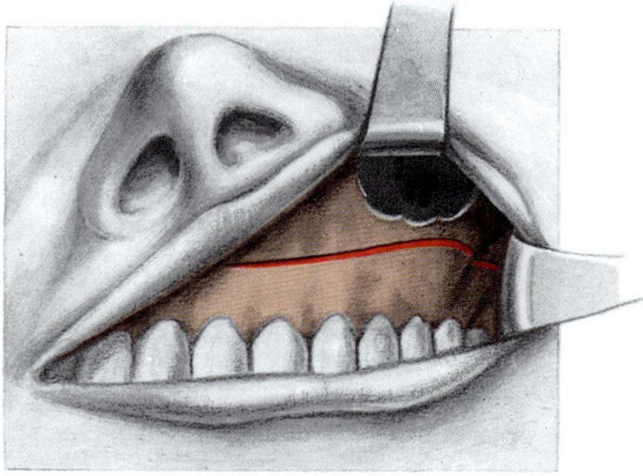

↑ **Kieferhöhle:** operatives Eröffnen vom Vorhof der Mundhöhle aus. *[be5]*

Nebenhöhlenentzündungen sind langwierig

Die Nasennebenhöhlen erkranken meist mit der Nasenhöhle beim Schnupfen. Bei der Entzündung schwillt die Schleimhaut an. Dadurch wird die Mündung in die Nasenhöhle verschlossen. Das entzündliche Sekret kann dann nicht abfließen. Während der Schnupfen in der Nasenhöhle meist innerhalb einer Woche abheilt, kann die Entzündung in den Nebenhöhlen weiterschwelen, vor allem als

• Kieferhöhlenentzündung oder/und
• Stirnhöhlenentzündung.

Beide gehen mit heftigen Kopfschmerzen einher. Führen Medikamente nicht zur Heilung, sollte man die erkrankten Nebenhöhlen wiederholt spülen. Hilft dies nicht, muss man die Höhle operativ eröffnen und die kranke Schleimhaut entfernen. Von der Nasenhöhle wächst nach der Operation wieder gesunde Schleimhaut in die Nebenhöhle ein.

↓ **Stirnhöhle:** Sondieren des Ausführungsgangs. *[be5]*

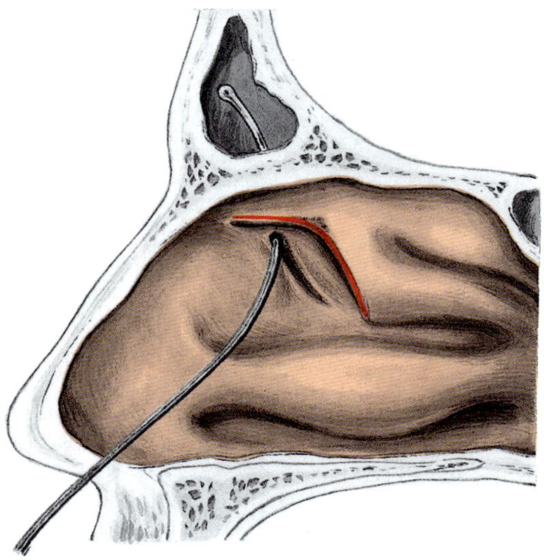

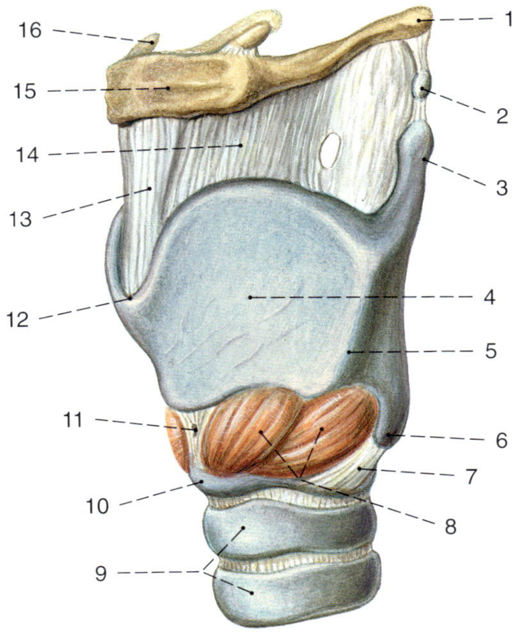

Kehlkopf von links vorn. *[fs1]*

1	Zungenbein, großes Horn	*Os hyoideum, Cornu majus*
2	Weizenkornknorpel	*Cartilago triticea*
3	Schildknorpel, oberes Horn	*Cartilago thyroidea, Cornu superius*
4	Linke Schildknorpelplatte	*Cartilago thyroidea, Lamina sinistra*
5	Schräge Linie	*Linea obliqua*
6	Schildknorpel, unteres Horn	*Cartilago thyroidea, Cornu inferius*
7	Gelenkkapsel des Ringknorpel-Schildknorpel-Gelenks	*Capsula articularis cricothyroidea*
8	Ringknorpel-Schildknorpel-Muskel	*M. cricothyroideus*
9	Luftröhrenknorpel	*Cartilagines tracheales*
10	Ringknorpel	*Cartilago cricoidea*
11	Mittelständiges Ringknorpel-Schildknorpel-Band	*Lig. cricothyroideum medianum*
12	Oberer Schildknorpeleinschnitt	*Incisura thyroidea superior*
13	Mittelständiges Schildknorpel-Zungenbein-Band	*Lig. thyrohyoideum medianum*
14	Schildknorpel-Zungenbein-Membran	*Membrana thyrohyoidea*
15	Zungenbeinkörper	*Corpus ossis hyoidei*
16	Zungenbein, kleines Horn	*Os hyoideum, Cornu minus*

Bau des Kehlkopfs (Larynx)

- 5 große *Kehlkopfknorpel* (und mehrere kleine) bilden das „Skelett" des Kehlkopfs: Kehldeckel, Schildknorpel, Ringknorpel und 2 Stellknorpel.
- Die *Kehlkopfschleimhaut* kleidet den Innenraum des Kehlkopfs aus. Sie springt auf jeder Seite mit 2 Falten in die Lichtung vor: Taschenfalten und Stimmlippen. Legen sich die Stimmlippen aneinander, so schließen sie die Stimmritze.
- Die *Kehlkopfmuskeln* bewegen die Kehlkopfknorpel gegeneinander. Sie schließen und öffnen die Stimmritze und verändern Länge, Dicke und Spannung der Stimmlippe.

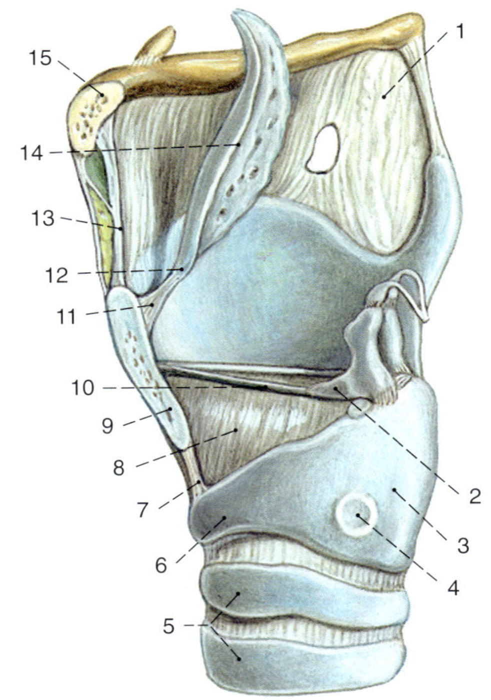

Kehlkopfknorpel von links. Die linke Hälfte des Zungenbeins und des Schildknorpels sind entfernt, so dass die Stimmbänder sichtbar werden. Die Stimmbänder bilden das obere Ende des elastischen Konus, der am Ringknorpel entspringt. *[fs1]*

1	Schildknorpel-Zungenbein-Membran	*Membrana thyrohyoidea*
2	Stellknorpel („Aryknorpel"), Stimmfortsatz	*Cartilago arytenoidea, Processus vocalis*
3	Ringknorpelplatte	*Lamina cartilaginis cricoideae*
4	Gelenkfläche für den Schildknorpel	*Facies articularis thyroidea*
5	Luftröhrenknorpel	*Cartilagines tracheales*
6	Ringknorpelspange	*Arcus cartilaginis cricoideae*
7	Mittelständiges Ringknorpel-Schildknorpel-Band	*Lig. cricothyroideum medianum*
8	Elastischer Konus (zwischen Stimmband und Ringknorpel)	*Conus elasticus*
9	Schildknorpel	*Cartilago thyroidea*
10	Stimmband	*Lig. vocale*
11	Schildknorpel-Kehldeckel-Band	*Lig. thyroepiglotticum*
12	Kehldeckelstiel	*Petiolus epiglottidis*
13	Mittelständiges Schildknorpel-Zungenbein-Band	*Lig. thyrohyoideum medianum*
14	Kehldeckelknorpel	*Cartilago epiglottica*
15	Zungenbeinkörper	*Corpus ossis hyoidei*

Kehlkopf: Frontalschnitt. Blick von hinten auf die vordere Hälfte. Knorpel und Knochen (Zungenbein) blau. *[bg2]*

1	Vorhof des Kehlkopfs	*Vestibulum laryngis*
2	Stellknorpel-Kehldeckel-Muskel (Kehldeckelsenker)	*Pars aryepiglottica des M. arytenoideus obliquus*
3	Stimmritze	*Rima glottidis [vocalis]*
4	Stimmband	*Lig. vocale*
5	Stimmmuskel	*M. vocalis*
6	Ringknorpel-Schildknorpel-Muskel	*M. cricothyroideus*
7	Kehldeckel	*Epiglottis*
8	Zungenbein	*Os hyoideum*
9	Schildknorpel-Zungenbein-Membran	*Membrana thyrohyoidea*
10	Stellknorpel-Kehldeckel-Falte	*Plica aryepiglottica*
11	Taschenfalte	*Plica vestibularis*
12	Kehlkopftasche (Morgagni-Tasche)	*Ventriculus laryngis*
13	Stimmlippe	*Plica vocalis*
14	Elastischer Konus (zwischen Stimmband und Ringknorpel)	*Conus elasticus*
15	Ringknorpel	*Cartilago cricoidea*

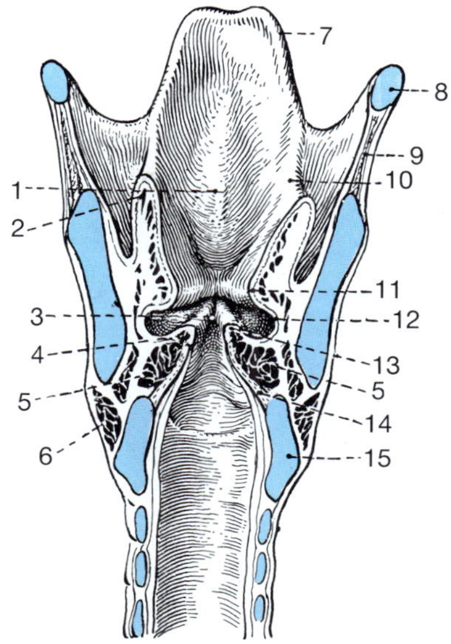

Bau der Stimmlippe

Die Stimmlippe ist eine Schleimhautfalte, in der das Stimmband und der Stimmmuskel liegen:

- *Stimmband:* Es ist etwa 3 mm hoch und 2 mm breit und besteht hauptsächlich aus elastischen Fasern. Es ist vorn an der Innenseite des Schildknorpels, hinten am Stimmfortsatz des Stellknorpels befestigt.
- *Stimmmuskel:* So bezeichnet man den sich an das Stimmband anlagernden Teil des Schildknorpel-Stellknorpel-Muskels. Er schwingt mit dem Stimmband zur Erzeugung von Tönen.
- *Schleimhaut:* Die Schleimhaut der Stimmlippe ist besonders stark beansprucht. Sie trägt daher einen Überzug aus einem mehrschichtigen platten Deckgewebe. Die übrigen Atemwege sind nur von einem einschichtigen Deckgewebe bedeckt.

Bei Entzündung der Stimmlippen, Belag mit Schleim usw. wird die Stimme heiser.

Kehlkopf: Lufträume im Röntgenbild (Schichtaufnahme). Die Konturen des Luftwegs werden durch die Taschenfalte und die Stimmfalte geprägt. *[bg2]*

Durch die Engstellen zwischen den beiden Taschenfalten (Vorhofspalte) und zwischen den beiden Stimmlippen (Stimmritze) wird die Lichtung des Kehlkopfs in 3 Stockwerke gegliedert:

- *Vorhof* des Kehlkopfs: zwischen Kehlkopfeingang und Vorhofspalte.
- Mittelstockwerk *(Glottis):* zwischen Vorhofspalte und Stimmritze, seitlich zur Kehlkopftasche ausladend.
- Unterstockwerk *(subglottischer Raum):* zwischen Stimmritze und Luftröhre.

1	Zungengrund-Kehldeckel-Falte	*Plica glossoepiglottica mediana*
2	Birnförmige Tasche (Rachenbucht neben dem Kehldeckel)	*Recessus piriformis*
3	Rachenbuchten vor dem Kehldeckel	*Valleculae epiglotticae*
4	Vorhof des Kehlkopfs	*Vestibulum laryngis*
5	Taschenfalte	*Plica vestibularis*
6	Kehlkopftasche (Morgagni-Tasche)	*Ventriculus laryngis*
7	Stimmlippe	*Plica vocalis*
8	Unterer Kehlkopfinnenraum (subglottischer Raum)	*Cavitas infraglottica*
9	Luftröhre	*Trachea*

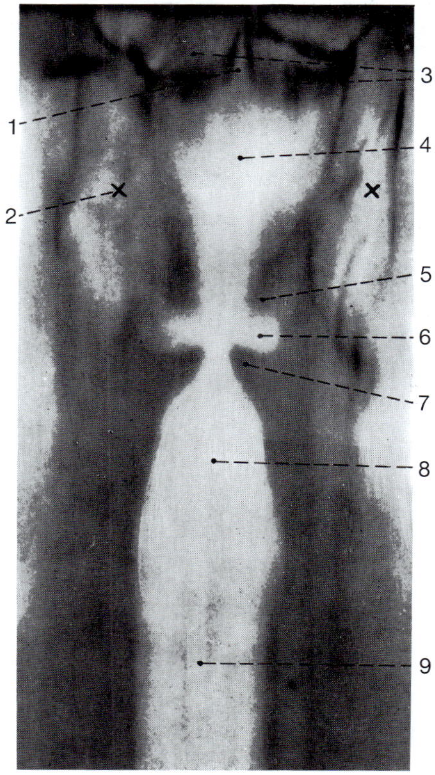

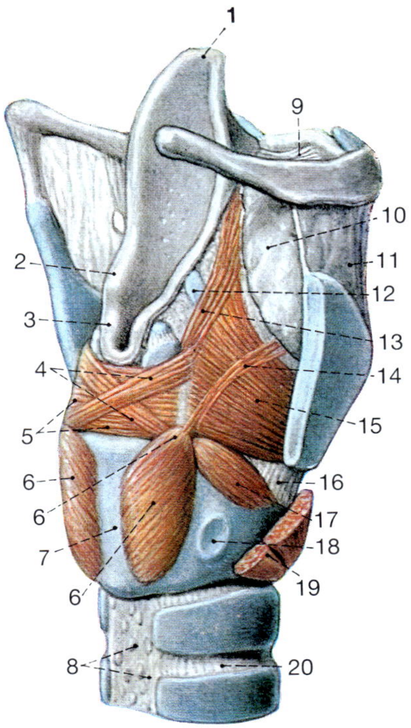

Kehlkopfmuskeln von rechts hinten. Ein Teil der rechten Schildknorpelplatte ist abgetragen. *[sb2]*

1	Kehldeckel	*Epiglottis*
2	Schleimhauthöckerchen über dem Keilknorpel	*Tuberculum cuneiforme*
3	Schleimhauthöckerchen über dem Spitzenknorpel	*Tuberculum corniculatum*
4	Schräger Stellknorpelmuskel	*M. arytenoideus obliquus*
5	Querer Stellknorpelmuskel	*M. arytenoideus transversus*
6	Hinterer Ringknorpel-Stellknorpel-Muskel („Postikus")	*M. cricoarytenoideus posterior*
7	Ringknorpel	*Cartilago cricoidea*
8	Membranöse Hinterwand (der Luftröhre)	*Paries membranaceus*
9	Zungenbein-Kehldeckel-Band	*Lig. hyoepiglotticum*
10	Fettkörper vor dem Kehldeckel	*Corpus adiposum preepiglotticum*
11	Schildknorpel-Zungenbein-Membran	*Membrana thyrohyoidea*
12	Keilknorpel	*Cartilago cuneiformis*
13	Stellknorpel-Kehldeckel-Muskel	*Pars aryepiglottica (des M. arytenoideus obliquus)*
14	(An diesem Präparat atypisch verlaufende Muskelfasern)	
15	Schildknorpel-Stellknorpel-Muskel	*M. thyroarytenoideus*
16	Mittelständiges Ringknorpel-Schildknorpel-Band	*Lig. cricothyroideum medianum*
17	Seitlicher Ringknorpel-Stellknorpel-Muskel („Lateralis")	*M. cricoarytenoideus lateralis*
18	Gelenkfläche für den Schildknorpel	*Facies articularis thyroidea*
19	Ringknorpel-Schildknorpel-Muskel (äußerer Stimmbandspanner)	*M. cricothyroideus*
20	Ringband der Luftröhre (zwischen 2 Knorpelspangen)	*Lig. anulare [tracheale]*

Aufgaben des Kehlkopfs

Der Kehlkopf verengt oder schließt den Luftweg:

- *beim Schlucken* (siehe Rachen).
- *beim Husten:* Die Stimmritze wird geschlossen, gleichzeitig aber eine Ausatmungsbewegung begonnen. Dadurch steigt der Druck in den unteren Luftwegen stark an. Wird dann die Stimmritze freigegeben, so strömt die Luft mit hoher Geschwindigkeit aus und reißt dabei Fremdkörper, Schleim usw. mit. Der Hustenreflex dient somit der Reinigung der Luftwege.
- *beim Sprechen, Singen, Schreien:* Mit dem Verschlussmechanismus werden auch Laute erzeugt. Die Stimmlippen geraten durch den Luftstrom in Schwingungen. Dabei entstehen ähnlich wie bei einem Blasinstrument Töne. Der Ton ist um so höher, je höher die Spannung und je dünner und kürzer die schwingende Stimmlippe ist. Der *Stimmbruch* des Knaben beruht auf dem durch Hodenhormone gesteuerten starken Wachstum des Kehlkopfs in der Pubertät: Die Stimmlippen werden länger, die Tonlage wird tiefer. Beim Kastraten bleibt dies aus.

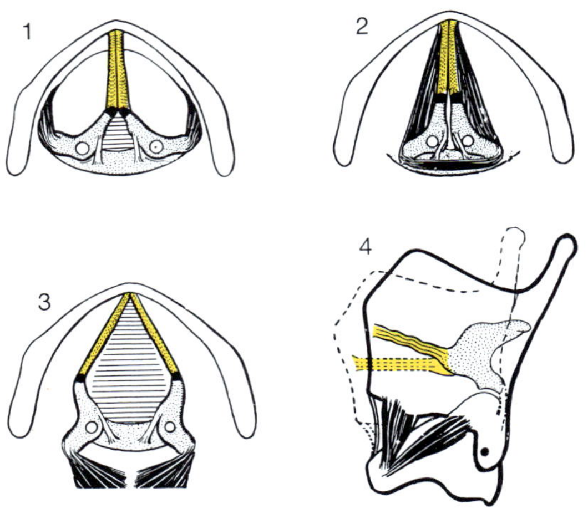

Stimmbänder: Mögliche Stellungen durch Einsatz der Kehlkopfmuskeln. *[bg2]*

1 Stimmritze bei Flüstersprache („Sprechstellung"). Die Stimmbänder sind durch die seitlichen Ringknorpel-Stellknorpel-Muskeln aneinander gelegt. Die Luft streicht zwischen den Stellknorpeln hindurch.
2 Totaler Verschluss der Stimmritze, z.B. vor dem Husten. Auch die Stellknorpel sind aneinander gelegt. Zusammenwirken von Schildknorpel-Stellknorpel-Muskeln und querem und schrägem Stellknorpelmuskeln.
3 Weiteste Öffnung der Stimmritze beim tiefen Einatmen („Atemstellung"). Wirkung der hinteren Ringknorpel-Stellknorpel-Muskeln.
4 Spannen der Stimmbänder durch Kippen des Schildknorpels gegen den Ringknorpel bei festgestellten Stellknorpeln. Wirkung der Ringknorpel-Schildknorpel-Muskeln (äußere Stimmbandspanner).

Kehlkopfspiegelung. Die Projektion der im Kehlkopfspiegelbild sichtbaren Teile des Kehlkopfs (rechts) auf einen Medianschnitt (links) zeigt die unterschiedliche Höhenlage. Naturgemäß kann man mit der abgebildeten Methode nur von oben in den Kehlkopf sehen. Durch Vor- und Rückneigen des Kopfes lässt sich trotzdem ein guter Überblick gewinnen. *[bg2]* ➔

1	Kehldeckel	*Epiglottis*
2	Kehldeckelhöckerchen	*Tuberculum epiglotticum*
3	Stimmlippe (Stimmfalte)	*Plica vocalis*
4	Stellknorpel-Kehldeckel-Falte	*Plica aryepiglottica*
5	Einschnitt zwischen den Stellknorpelspitzen	*Incisura interarytenoidea*

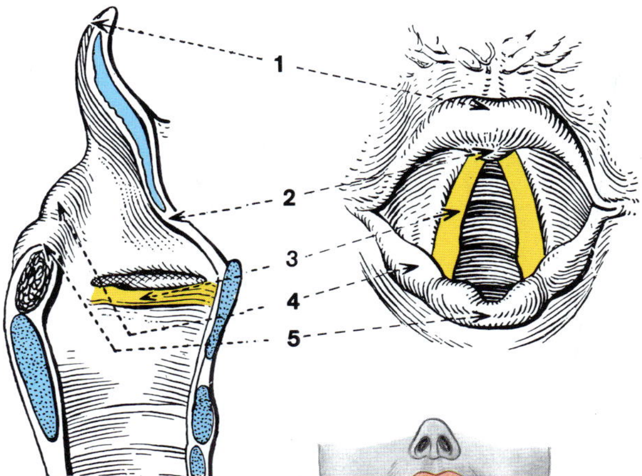

Kehlkopfkrebs

Der Kehlkopfkrebs beginnt meist am Deckgewebe der Stimmlippen. Schon ein kleines Knötchen ruft eine hartnäckige Heiserkeit hervor, die den Patienten zum Arztbesuch veranlasst. Mit Hilfe der Kehlkopfspiegelung kann dann die Erkrankung oft in einem sehr frühen Stadium erkannt und manchmal sogar im Rahmen einer Spiegelung operiert werden. Deshalb sind die Heilungsaussichten beim Kehlkopfkrebs meist besonders gut.

Beim fortgeschrittenen Kehlkopfkrebs muss bisweilen der Kehlkopf entfernt werden. Dann wird meist der Eingang in den Luftweg am Rachen verschlossen, damit nicht Speisen in die Luftröhre gelangen. Der Patient atmet über ein Atemrohr, das durch ein Loch in der Haut des Halses in die Luftröhre eingeführt wird (Luftröhrenschnitt).

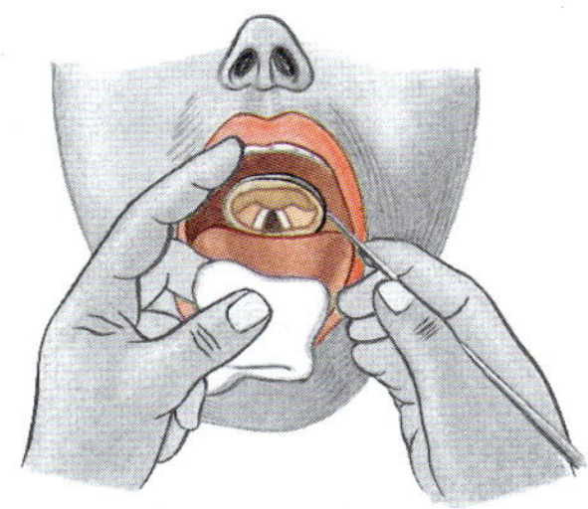

Kehlkopfspiegelung ➔ (indirekte Laryngoskopie): Besichtigen des Kehlkopfs über einen in den Rachen gehaltenen Spiegel. *[ss1]*

Viele Kehlkopflose erlernen die *Speiseröhrensprache*: Sie schlucken Luft und rülpsen diese zum Sprechen wieder hoch. Manche erlernen sogar, den Speiseröhreneingang willkürlich zu verengen und hier eine Art Stimmlippe zu bilden.

Zungenbein und Kehlkopf: Medianschnitte. Links Stellung des Kehldeckels beim Atmen, rechts beim Schlucken. Beim Heben des Kehlkopfs wird der Fettkörper vor dem Kehldeckel zusammengepresst und drückt seinerseits den Kehldeckel hinab, der sich schützend vor den Kehlkopfeingang legt. *[fs1]* ➘

1	Zungenbein-Kehldeckel-Band	*Lig. hyoepiglotticum*
2	Kehldeckelknorpel	*Cartilago epiglottica*
3	Schleimhauthöckerchen über dem Keilknorpel	*Tuberculum cuneiforme*
4	Schleimhauthöckerchen über dem Spitzenknorpel	*Tuberculum corniculatum*
5	Schräger + querer Stellknorpelmuskel	*M. arytenoideus obliquus + transversus*
6	Ringknorpelplatte	*Lamina cartilaginis cricoideae*
7	Luftröhrenknorpel	*Cartilagines tracheales*
8	Ringknorpelspange	*Arcus cartilaginis cricoideae*
9	Schildknorpel	*Cartilago thyroidea*
10	Schildknorpel-Kehldeckel-Band	*Lig. thyroepiglotticum*
11	Schildknorpel- Zungenbein-Band	*Lig. thyrohyoideum medianum*
12	Fettkörper vor dem Kehldeckel	*Corpus adiposum preepiglotticum*
13	Zungenbein	*Os hyoideum*
14	Zungenwurzel	*Radix linguae*

Rekurrenslähmung

Fast alle Kehlkopfmuskeln werden vom rückläufigen Kehlkopfnerv („Rekurrens") betätigt. Bei einseitiger Lähmung kann das zugehörige Stimmband nur noch mangelhaft gespannt werden. Die Stimme ist dann oft heiser. Bei doppelseitiger Lähmung kommt zur Heiserkeit noch die Atemnot hinzu: Die Stimmritze kann nicht mehr erweitert werden. Bei Schilddrüsenoperationen ist der Rekurrens besonders gefährdet.

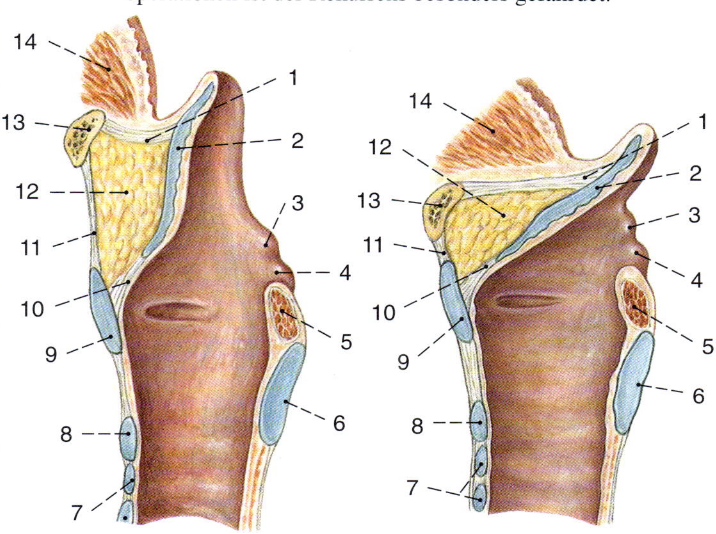

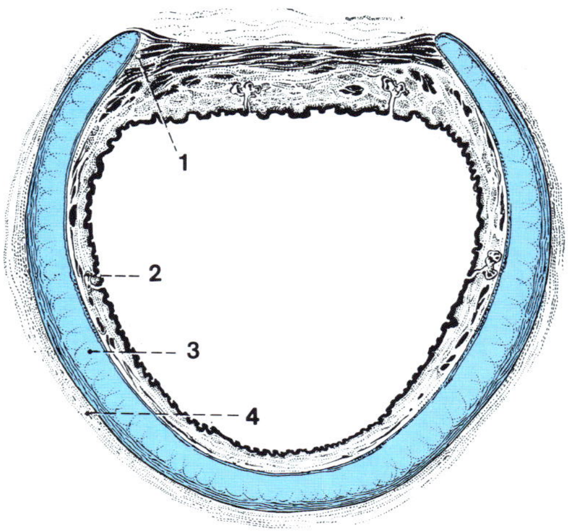

← Luftröhre: Querschnitt. *[bg2]*

1	Membranöse Rückwand (der Luftröhre)	*Paries membranaceus*
2	Schleimhaut	*Tunica mucosa*
3	Luftröhrenknorpel	*Cartilago trachealis*
4	Hüllgewebe (Adventitia)	*Tunica adventitia*

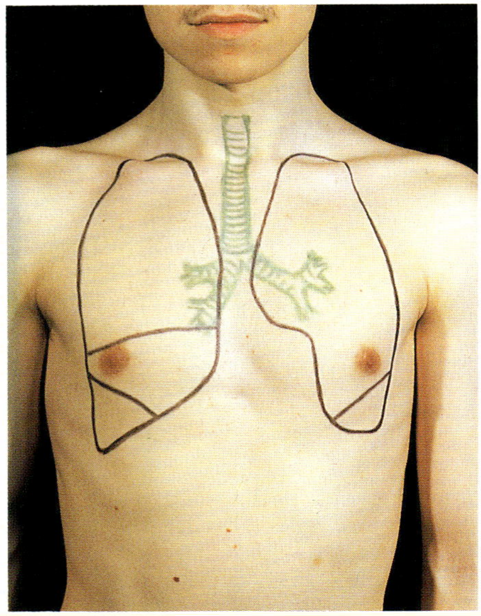

↑ Luftröhre und Lungen: Projektion auf die vordere Leibeswand. Die Luftröhre teilt sich auf Höhe des Brustbeinwinkels (Ansätze der zweiten Rippen am Sternum) in die beiden Hauptbronchen. *[li1]*

Luftröhre (Trachea)

Die Luftröhre verbindet den Kehlkopf mit den Bronchen:

- Oberes Ende: am Ringknorpel des Kehlkopfs
- Unteres Ende: die Luftröhrengabel auf Höhe der zweiten Rippen. Die Luftröhre teilt sich dort in die beiden Hauptbronchen auf.
- Länge: 10–12 cm.
- Lichte Weite: etwa wie der kleine Finger.

Bau der Luftröhrenwand

16–20 hufeisenförmige Knorpelspangen werden durch elastische Ringbänder verbunden. Die Hinterwand besteht aus Bindegewebe und glatter Muskulatur. Dieser Bau macht die Luftröhre sehr anpassungsfähig:

- Da die Knorpel keine geschlossenen Ringe bilden, kann die Weite der Lichtung durch die glatten Muskeln der Hinterwand verändert werden.
- Die elastischen Ringbänder lassen Dehnungen zu, wie sie beim Einatmen, beim Schlucken, beim Strecken des Körpers oder beim Rückneigen des Kopfes auftreten.

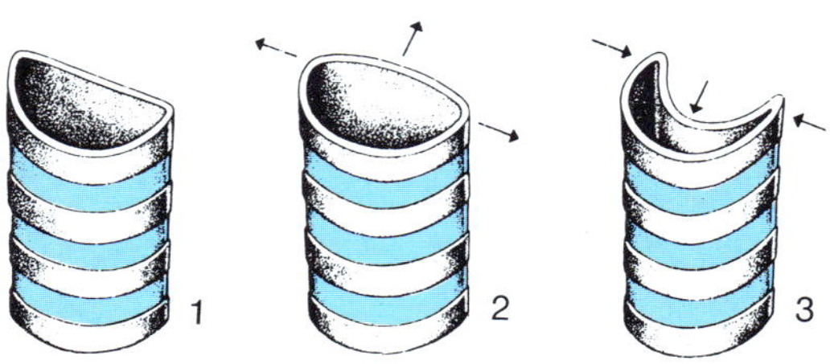

↑ Luftröhre: Die Lichtung ihres Brustabschnitts ändert sich abhängig von der Atmung. *[bg2]*

1 Ruhezustand.
2 Einatmung (durch den Unterdruck im Brustraum wird die Luftröhre auseinander gezogen).
3 Verstärkte Ausatmung beim Hustenstoß (durch den Überdruck im Brustraum wird die Luftröhre zusammengepresst).

1	Keilbeinhöhle	*Sinus sphenoidalis* →
2	Rachenmündung der Ohrtrompete	*Ostium pharyngeum tubae auditivae [auditoriae]*
3	Rachenmandel + Rachennische	*Tonsilla pharyngea [pharyngealis] + Recessus pharyngeus*
4	Atlas (erster Halswirbel)	*Atlas*
5	Gelenk zwischen Atlas und Zapfen des Axis	*Articulatio atlantoaxialis mediana*
6	Mundteil des Rachenraums	*Pars oralis pharyngis*
7	Harte Rückenmarkhaut	*Dura mater spinalis*
8	Speiseröhre	*Oesophagus*
9	Luftröhre	*Trachea*
10	Schilddrüsenenge	*Isthmus glandulae thyroideae*
11	Ringknorpel	*Cartilago cricoidea*
12	Taschenfalte + Stimmlippe	*Plica vestibularis + Plica vocalis*
13	Schildknorpel	*Cartilago thyroidea*
14	Kehldeckel	*Epiglottis*
15	Zungenbein	*Os hyoideum*
16	Unterkiefer	*Mandibula*
17	Gaumenmandel	*Tonsilla palatina*
18	Weicher Gaumen (Gaumensegel)	*Palatum molle [Velum palatinum]*
19	Oberkiefer	*Maxilla*
20	Nasenvorhof	*Vestibulum nasi*
21	Nasenknorpel	*Cartilagines nasi*
22	Nasenrachenraum	*Pars nasalis pharyngis*
23	Nasenscheidewand	*Septum nasi*
24	Nasenbein	*Os nasale*

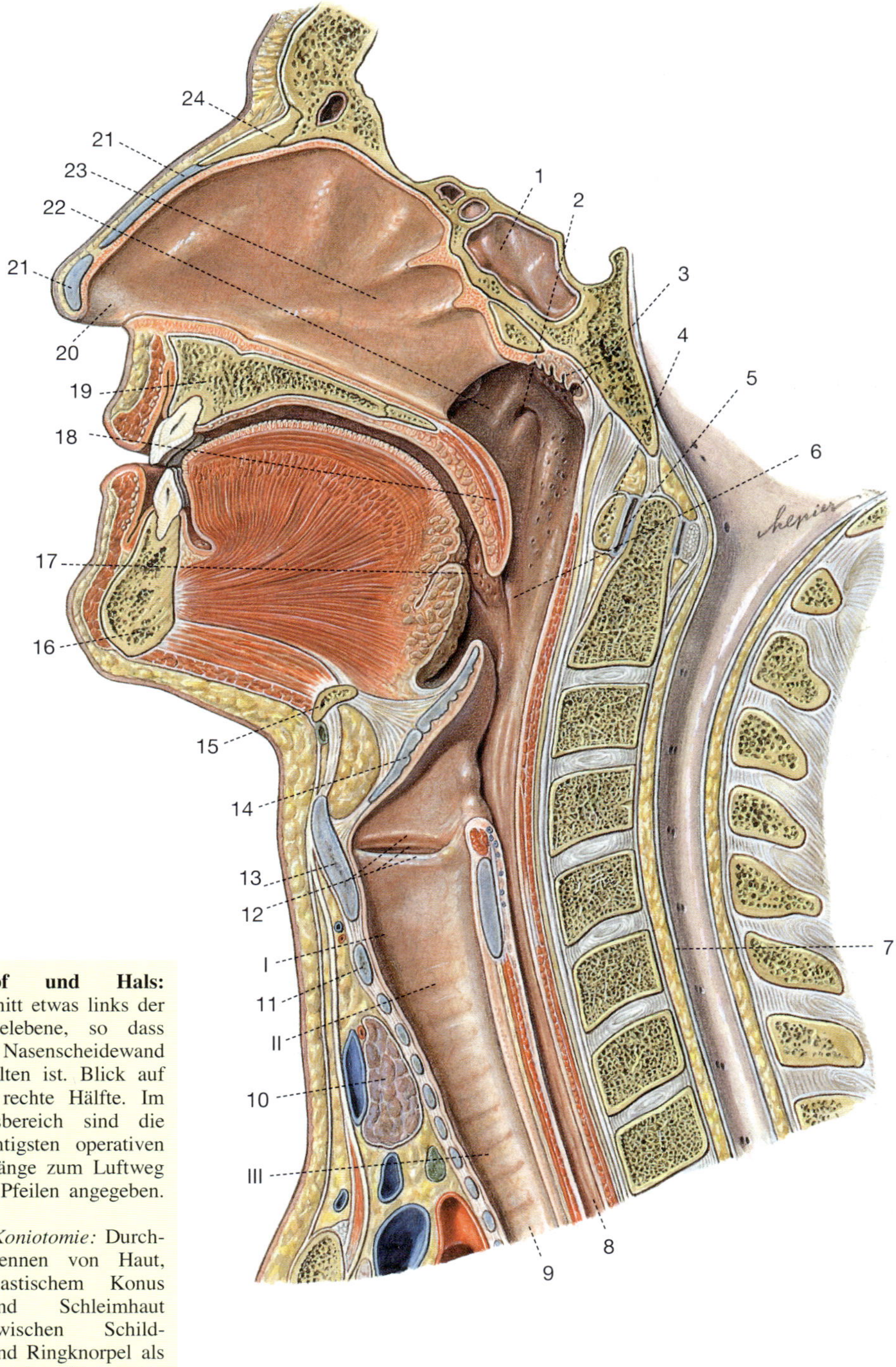

Kopf und Hals: Schnitt etwas links der Mittelebene, so dass die Nasenscheidewand erhalten ist. Blick auf die rechte Hälfte. Im Halsbereich sind die wichtigsten operativen Zugänge zum Luftweg mit Pfeilen angegeben.
[sb2]

I *Koniotomie:* Durchtrennen von Haut, elastischem Konus und Schleimhaut zwischen Schild- und Ringknorpel als Noteingriff bei Erstickungsgefahr.

II *Obere Tracheotomie* (oberer Luftröhrenschnitt).

III *Untere Tracheotomie* (unterer Luftröhrenschnitt, unterhalb der Schilddrüsenenge): Direkter Zugang zur Luftröhre durch die Haut des Halses und Einsetzen einer Atemkanüle, wenn die Luftzufuhr über längere Zeit (mehrere Tage bis Jahre) gesichert werden muss.

Nicht eigens markiert ist die *Intubation* = Einführen eines Atemschlauchs (Tubus) durch Mund oder Nase über den Rachen und den Kehlkopf in die Luftröhre bei überstrecktem Kopf. Dies ist der Standardzugang zum Luftweg zur kurzzeitigen Beatmung, z.B. bei Narkose (Intubationsnarkose).

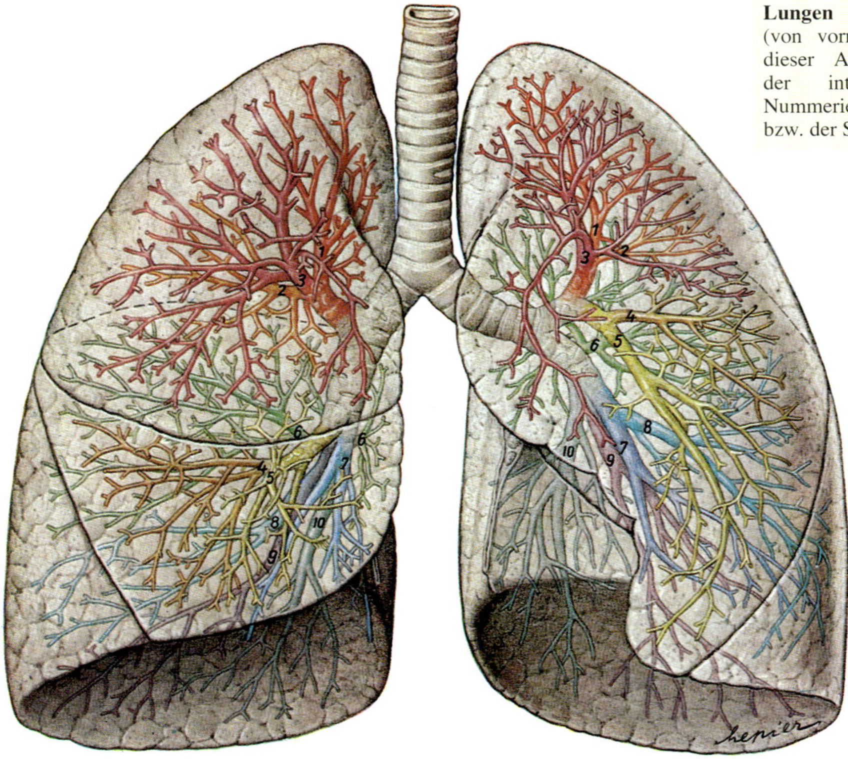

Lungen mit Bronchialbaum (von vorn). Die Nummern in dieser Abbildung entsprechen der international üblichen Nummerierung der Segmente bzw. der Segmentbronchen. *[sb2]*

Aufgaben der Lungen

Die Lungen dienen dem Gasaustausch des Blutes:

- Sauerstoff wird aufgenommen,
- Kohlendioxid wird abgegeben.

Austauschvorgänge sind an Oberflächen gebunden. Der Körper versucht daher, auf kleinstem Raum größtmögliche Oberflächen zu entwickeln. Die Lungen sind folglich nicht wie ein Blasebalg als einfache Hohlräume gebaut, sondern vielfältig gekammert.

Lunge und Lungen

In der Umgangssprache spricht man meist von „der" Lunge (mit dem rechten und dem linken Lungenflügel), in der Medizin von den beiden Lungen (der rechten und der linken Lunge).

Bronchialbaum

Die Luftröhre teilt sich in 2 Hauptbronchen, diese verzweigen sich in je 2–3 Lappenbronchen, diese wiederum in je 2–5 Segmentbronchen usw. So verästelt sich der Luftweg wie ein Baum in immer feinere Zweige, bis am Ende die Lungenbläschen den Blättern entsprechen.

Gliederung der Lungen

Zwischen den einzelnen Ästen des Bronchialbaums bestehen wie beim pflanzlichen Baum keine Querverbindungen. Jeder Bereich der Lungen wird nur über einen einzigen Bronchus beatmet. Dementsprechend sind die Lungen nach dem Bronchialbaum gegliedert:

- Die beiden Hauptbronchen versorgen je eine Lunge (auch Lungenflügel oder Lungenhälfte genannt). Rechte und linke Lunge hängen nur über die Luftröhre zusammen.
- *Lungenlappen:* Der rechte Hauptbronchus teilt sich in 3, der linke in 2 Lappenbronchen. Demgemäß ist die rechte Lunge in 3 Lappen (Ober-, Mittel- und Unterlappen), die linke Lunge in 2 Lappen (Ober- und Unterlappen) gegliedert.
- *Lungensegmente:* Entsprechend der Aufzweigung der Lappenbronchen in 2–5 Segmentbronchen sind die Lappen in 2–5 Segmente geteilt. Die rechte Lunge enthält insgesamt 10 Segmente, die linke 8–10.
- Wie die Bronchen sind auch die Lungenarterien verzweigt. Damit entstehen funktionelle Einheiten, die zudem noch durch Bindegewebe abgegrenzt sind. Der Chirurg kann daher einen Lappen oder ein Segment isoliert entfernen. Muss bei Operationen ein Teil der Lunge entfernt werden, so wird in der Regel ein vollständiges Segment, ein vollständiger Lappen oder ein ganzer Lungenflügel entnommen.
- Weitere Untergliederung: Die Segmente gliedern sich in Untersegmente usw. bis am Ende als die eigentlichen Austauschorgane die Lungenbläschen stehen.
- Die beiden Lungen sind nicht gleich groß. Da das Herz überwiegend in der linken Hälfte der Brusthöhle liegt, ist die linke Lunge etwas kleiner (etwa 10%).

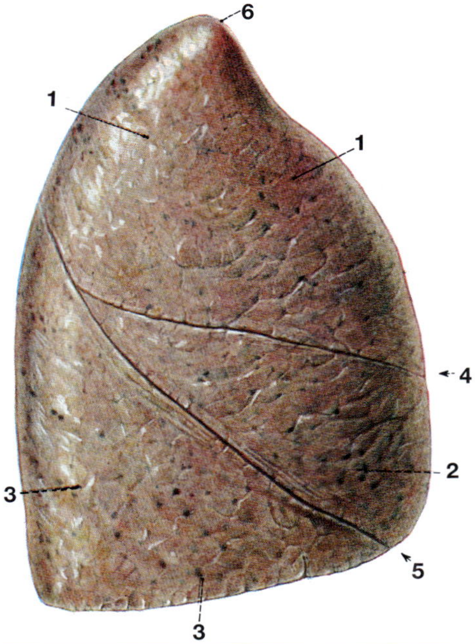

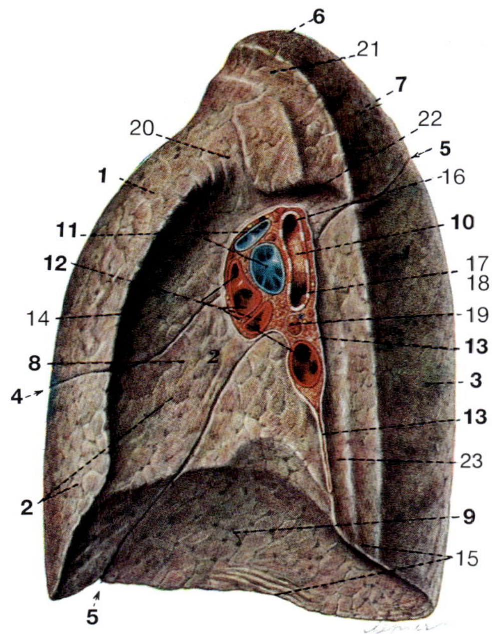

Rechte Lunge: links Rippenseite, rechts Mittelfellseite. Diese liegt hinten der Wirbelsäule, vorn dem Mittelfellraum mit dem Herzen an. Im Lungenhilum sind (anders als im Körperkreislauf) Äste der Lungenarterie blau (sauerstoffarmes Blut!), Äste der Lungenvenen rot (sauerstoffreiches Blut!) dargestellt. *[sb2]*

1	Oberlappen	*Lobus superior*
2	Mittellappen (nur bei der rechten Lunge)	*Lobus medius pulmonis dextri*
3	Unterlappen	*Lobus inferior*
4	Horizontale Lungenspalte (zwischen Ober- und Mittellappen rechts)	*Fissura horizontalis pulmonis dextri*
5	Schräge Lungenspalte (zwischen Ober- und Unterlappen links bzw. Mittel- und Unterlappen rechts)	*Fissura obliqua*
6	Lungenspitze	*Apex pulmonis*
7	Rippenseite (der Lunge)	*Facies costalis*
8	Herzbucht (der Lunge)	*Impressio cardiaca*
9	Zwerchfellseite (der Lunge)	*Facies diaphragmatica*
10	Hauptbronchus = Stammbronchus	*Bronchus principalis*
11	Lungenarterie	*A. pulmonalis*
12	Lungenvenen	*Vv. pulmonales*
13	Brustfell	*Pleura*
14	Vorderer Lungenrand	*Margo anterior*
15	Unterer Lungenrand	*Margo inferior*
16	Oberlappenbronchus	*Bronchus lobaris superior*
17	Mittellappenbronchus	*Bronchus lobaris medius*
18	Unterlappenbronchus	*Bronchus lobaris inferior*
19	Hilumlymphknoten	*Nodus lymphoideus bronchopulmonalis*
20	Rinne der oberen Hohlvene	*(V. cava superior)*
21	Rinne der Schlüsselbeinarterie	*(A. subclavia)*
22	Rinne der rechten hinteren Brustkorblängsvene	*(V. azygos)*
23	Rinne der Speiseröhre	*(Oesophagus)*

Form der Lungen

Die Lungen haben im Grunde genommen keine Eigenform. Sie füllen den Raum aus, der zwischen Brustkorb, Zwerchfell und Mittelfellraum (Herz, große Blutgefäße, Speiseröhre, Thymus, Lymphknoten) übrig bleibt. In ihre Oberfläche drücken sich daher die Nachbarorgane ein. An der Lungenoberfläche unterscheidet man 3 Seiten:

- *Rippenseite:* der größte Teil der Oberfläche.
- *Zwerchfellseite:* Wegen der Zwerchfellkuppel ist die Lungenbasis konkav.
- *Mittelfellseite:* Auf der Medialseite wölbt das Herz die Herzbucht ein. Die großen Blutgefäße hinterlassen Rinnen. Auf der dem Mittelfell zugewandten Seite der Lunge liegt auch das *Hilum*, die Eintrittsstelle der Hauptbronchen. Nur hier treten Blut- und Lymphgefäße in die Lungen ein bzw. aus. Die übrige Oberfläche der Lunge ist mit dem glatten *Lungenfell* (einem Teil des Brustfells) überzogen. Es ermöglicht die Atembewegungen der Lunge.

Blutversorgung der Lungen

- Die *Lungenarterien* leiten das sauerstoffarme (!) Blut von der rechten Herzkammer zum Haargefäßnetz der Lungen. Sie verzweigen sich wie die Bronchen zu Lappenarterien, Segmentarterien usw.
- Die *Lungenvenen* führen das sauerstoffreiche (!) Blut von den Lungen zum linken Vorhof zurück. Anders als die Arterien verlaufen die größeren Venen nicht mit den Bronchen, sondern an den Grenzen der Segmente. Meist münden 4 Lungenvenen getrennt in den rechten Vorhof des Herzens ein.
- Eine kleine Menge sauerstoffarmen Blutes gelangt über Blutgefäße der Bronchen (aus dem großen Kreislauf) zur Lunge.

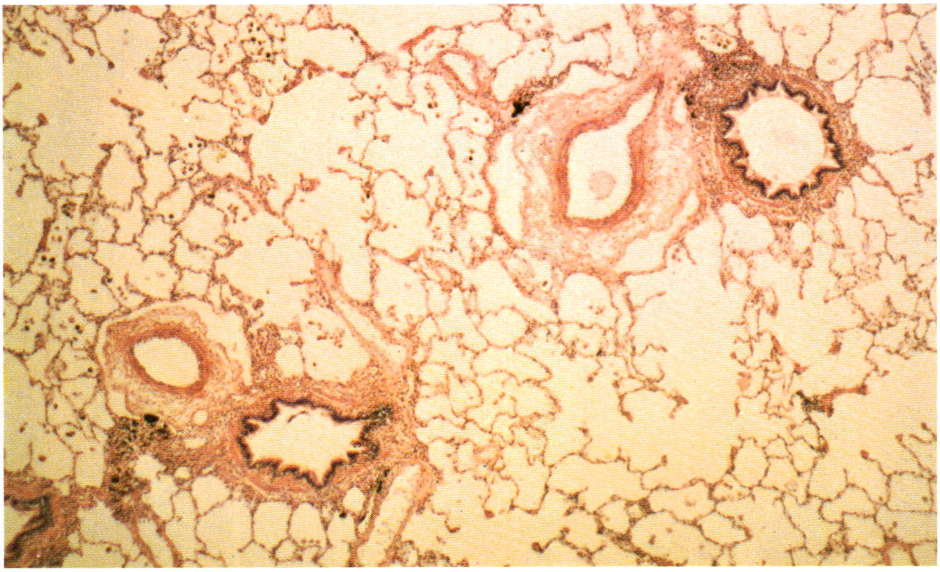

↑ Lunge: mikroskopisches Bild bei etwa 50facher Vergrößerung. *[li1]*

Lungenbläschen

Der Gasaustausch findet in der Wand der Lungenbläschen (Alveolen) statt, die von einem Haargefäßnetz umsponnen werden. Der Gasaustausch geht durch Diffusion und nicht als aktive Gewebeleistung vor sich. Der Austausch wird daher um so besser sein, je dünner die Trennwand zwischen Blut und Atemluft ist. Deshalb sind die Wände der Lungenbläschen hauchdünn. Die Trennwand („Diffusionsbarriere") zwischen Luft und Blut in den Lungenbläschen ist im Mittel nur 2,2 μm (etwa 1/500 mm) dick.

• Die Wand des Lungenbläschens besteht aus einem sehr flachen Deckgewebe, zartem Bindegewebe und einem dichten Haargefäßnetz.

• Bei den Atembewegungen ändert sich der Rauminhalt der Lunge. Da sich die Bronchen aufgrund ihrer Knorpelversteifung nur gering erweitern können, muss sich vor allem die Größe der Lungenbläschen ändern. Beim Erwachsenen haben die Lungenbläschen bei Ausatmung einen Durchmesser von 0,1–0,2 mm, bei Einatmung von 0,3–0,5 mm.

• In das Deckgewebe sind einzelne größere Zellen eingelagert, die das *Surfactant* bilden. Dieses setzt die Oberflächenspannung herab und verhindert das Zusammenfallen der Lungenbläschen. Bei Frühgeborenen wird dieses manchmal nicht ausreichend gebildet, was zu Atemstörungen führt.

• In den Lungenbläschen findet man auch „Staubzellen". Sie beseitigen Staubteilchen, die mit der Atemluft in die Lungenbläschen gelangt sind.

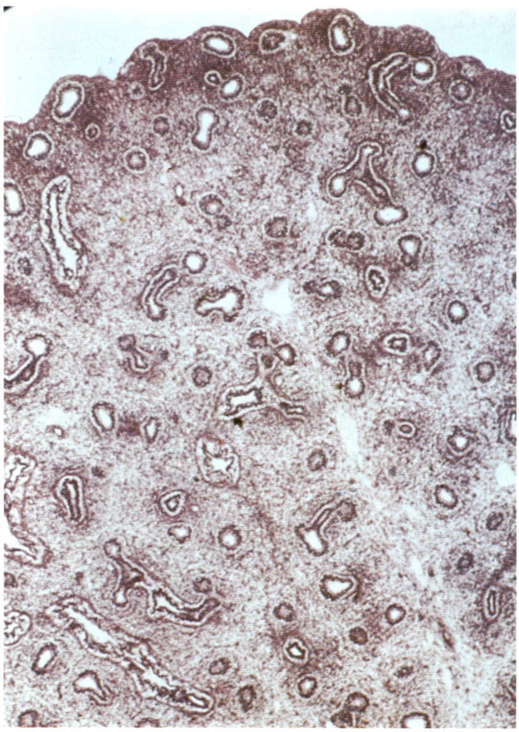

Fetale Lunge: mikroskopisches Bild der noch nicht beatmeten Lunge eines tot geborenen Kindes (Vergrößerung 50fach = gleiche Vergrößerung wie Bild oben). *[li1]*
Die Lunge der Leibesfrucht hat keine Verbindung zur Außenluft. Daher sind die Lungenbläschen noch nicht entfaltet. Die Lunge ist klein und dicht. Beim ersten Atemzug wird Luft in die Lunge gesaugt, und die Lungenbläschen entfalten sich. Das Lungengewebe wird durch den hohen Luftgehalt leicht. Wirft man ein Stückchen Lunge in Wasser, so schwimmt es oben, wenn es beatmet war, oder geht unter, wenn es noch nicht beatmet war. Bei dieser „Schwimmprobe" kann der Rechtsmediziner unterscheiden, ob ein totes Neugeborenes nach der Geburt noch gelebt hat oder tot geboren wurde. ➔

Bronchiole: Plastische Darstellung der Endaufzweigung mit Gefäßnetz. Die Farbe der Blutgefäße ist hier nach dem Wandbau und nicht nach der Blutqualität gewählt: Die Lungenarterie führt „venöses“, die Lungenvene „arterielles“ Blut. *[bg2]*

1	Bronchiole (knorpelfreier kleiner Bronchus)	*Bronchiolus*
2	Ast der Lungenarterie	*(A. pulmonalis)*
3	Endbronchiole	*Bronchiolus respiratorius*
4	Lungenbläschengang	*Ductus alveolaris*
5	Lungenbläschenscheidewand	*Septum interalveolare*
6	Elastischer Faserkorb des Lungenbläschens	*(Fibrae elasticae)*
7	Lungenkapillarnetz	*Rete capillare*
8	Ast einer Lungenvene	*(V. pulmonalis)*

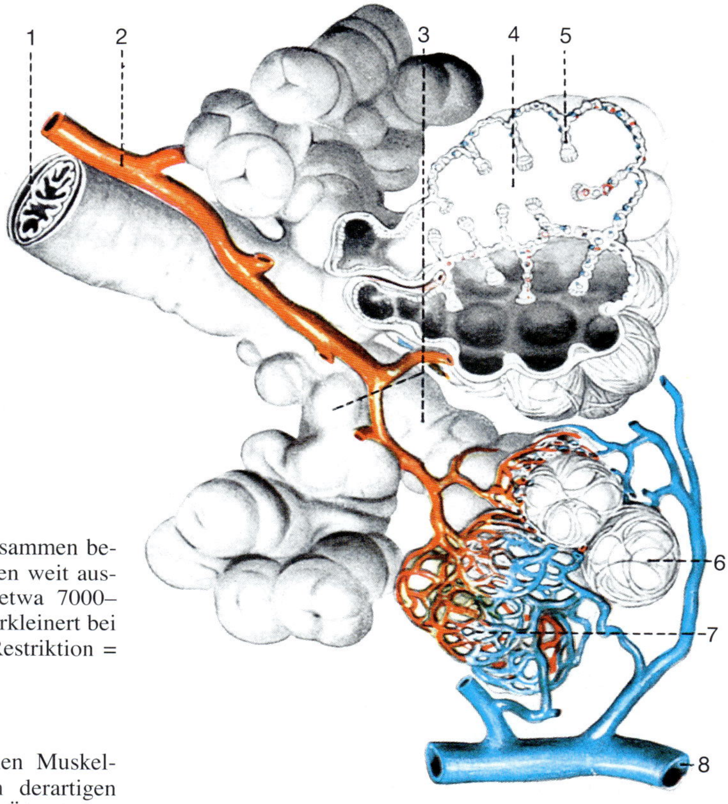

Lungenoberfläche

Die Oberfläche aller Lungenbläschen zusammen beträgt etwa 100 m^2 (die Schätzungen gehen weit auseinander). Durch sie fließen pro Tag etwa 7000–8000 l Blut. Die Lungenoberfläche ist verkleinert bei den restriktiven Lungenerkrankungen (Restriktion = Einschränkung), z.B. dem Lungenödem.

Bau der Bronchen

Die Speiseröhre haben wir als einfachen Muskelschlauch kennen gelernt. Durch einen derartigen Schlauch ist Luft nach dem Unterdruck-Überdruck-System der Atmung nicht angemessen schnell zu bewegen: Bei Erhöhung des Drucks weitet sich zwar der Schlauch aus, bei Sog hingegen fällt er zusammen und lässt keine Luft durch. Deshalb müssen Luftröhre und größere Bronchen versteift werden, um die Durchgängigkeit zu gewährleisten.

• Die Lunge ändert bei den Atembewegungen ihre Größe. Dies führt ebenso wie der Schluckakt oder Vor- und Rückneigen des Kopfes zu Längenänderungen des Bronchialbaums. Dieser darf daher nicht aus starren Rohren bestehen, sondern muss wie die Wirbelsäule abwechselnd aus starren und beweglichen Elementen zusammengesetzt sein. Die starren Elemente sind die Knorpelspangen, die beweglichen elastische Bänder dazwischen.

• Im Gegensatz zu den Luftröhrenknorpeln sind die Bronchialknorpel unregelmäßig geformt. In den kleineren Bronchen werden sie allmählich spärlicher, dafür nimmt der Anteil von glattem Muskelgewebe in der Wand zu.

Bronchiolen

Die Wand der Bronchiolen (kleine Bronchen mit einer Lichtung unter 1 mm Durchmesser) ist frei von Knorpeln, die Muskelwand ist kräftig.

• Diese Muskeln können die lichte Weite der Bronchiolen verändern und an die Bedürfnisse der Atmung anpassen. Sie werden vom autonomen Nervensystem versorgt: Der Parasympathikus verengt die Bronchiolen, der Sympathikus erweitert sie.

• Leider gibt es auch Fehlregulationen: Bei Allergien gegen in der Atemluft enthaltene Allergene (Stoffe, gegen die der betreffende Patient überempfindlich ist) kommt es zu vermehrter Anspannung der Bronchialmuskeln (so als wollten sie durch Engstellen der Bronchen verhindern, dass die Allergene in die Lunge gelangen). Dies erschwert vor allem die Ausatmung.

Obstruktive Atemstörungen

• *Atemnot bei der Ausatmung:* Die Bronchiolen sind nicht durch Knorpel versteift. Deshalb werden sie bei der Einatmung durch den Unterdruck in der Brusthöhle erweitert, bei der Ausatmung durch den Überdruck zusammengepresst. Schleimpfröpfe können dann wie Ventile wirken: Die Luft strömt ein, kann aber nicht mehr hinaus. Durch eine zu starke Anspannung der Wandmuskeln wird die Ausatmung zusätzlich erschwert. Dies ist charakteristisch für das Asthma bronchiale. Bei ihm spielen psychische Faktoren eine große Rolle.

• *Atemnot bei der Einatmung:* Die Obstruktion (= Verstopfung) liegt meist oberhalb der Bronchiolen, z.B. Schwellung der Kehlkopfschleimhaut, zu enge Stimmritze bei Lähmung des rückläufigen Kehlkopfnervs oder Verlegung der Bronchen durch Schleim.

Bronchoskopische Bilder der Luftröhre (oben) und ihrer Aufzweigung (Bifurkation) in die beiden Hauptbronchen (unten). *[pr]* ➔

Das Bronchoskop ist im Prinzip ein Rohr, an dem vorn eine Lampe angebracht ist. Dieses Rohr schiebt man bei stark zurückgeneigtem Kopf über den Rachen und den Kehlkopf in die Luftröhre ein und kann nun die Luftröhre und die Bronchen unmittelbar besichtigen. Durch das Rohr können auch feine Instrumente für kleinere Eingriffe eingeführt werden, z.B. zur Entnahme verdächtigen Gewebes zur Untersuchung. Anstelle starrer Rohre verwendet man heute bevorzugt biegsame Instrumente mit Glasfiberoptiken.

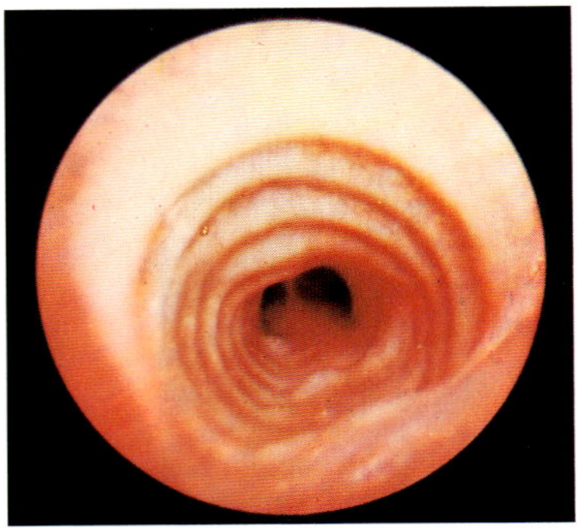

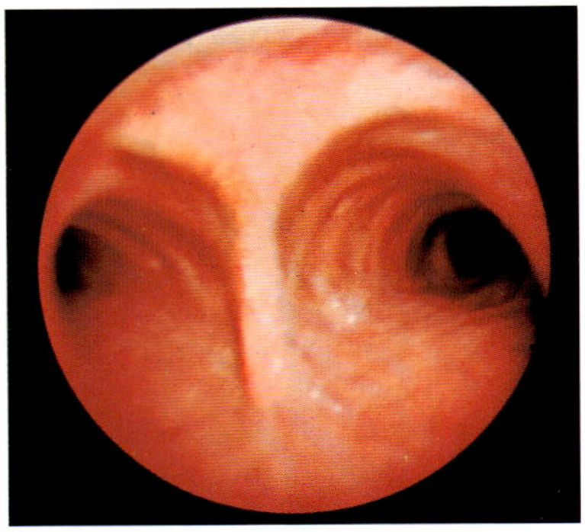

🡻 **Lungenläppchen** (Schema) mit Aufzweigung der Bronchiole (1) in Endbronchiole (5), Lungenbläschengang (6) und Lungenbläschen (2). Darstellung der Kontaktstellen zwischen großem und kleinem Kreislauf:

- rot = Gefäße mit sauerstoffreichem Blut: Ast einer Lungenvene (4), Ast einer Bronchialarterie (7).
- blau = Gefäße mit sauerstoffarmem Blut: Ast der Lungenarterie (3), Ast einer Bronchialvene (8). Sperrarterie (9). *[pa3]*

Blutgefäße der Bronchen: Die Bronchen können „nicht von der Luft leben", sondern müssen wie alle anderen Organe mit Blut versorgt werden. Die Blutgefäße der Bronchen können aber nicht aus dem Lungenkreislauf gespeist werden:

- Das Blut in der Lungenarterie ist sauerstoffarm.
- Das Blut in der Lungenvene ist zwar sauerstoffreich, hat aber einen niedrigen Druck.

Die Arterien der Bronchen entspringen daher aus der Brustaorta. An den Bronchiolen bestehen zwischen Körper- und Lungenkreislauf Verbindungen. Sie können zum Teil durch besondere Sperrvorrichtungen in den Arterien (Sperrarterien) verschlossen werden.

Wie zwischen den Bronchialarterien und den Lungenarterien bestehen auch zwischen den Bronchialvenen und den Lungenvenen Verbindungen. Über diese wird dem frisch arterialisierten Blut bereits in den Lungen wieder ein wenig venöses Blut beigemischt. Im linken Herz kommt dann nochmals etwas venöses Blut aus den kleinsten Herzvenen hinzu, die nicht in die Herzkranzvenen, sondern direkt in die Herzhöhlen münden. Im großen Kreislauf gibt es daher an keiner Stelle rein arterielles Blut.

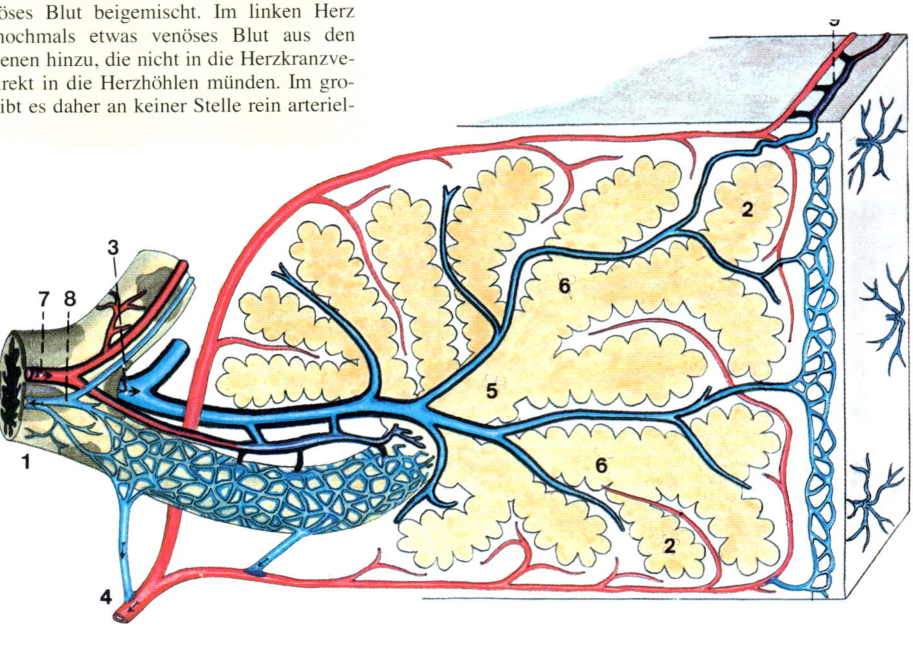

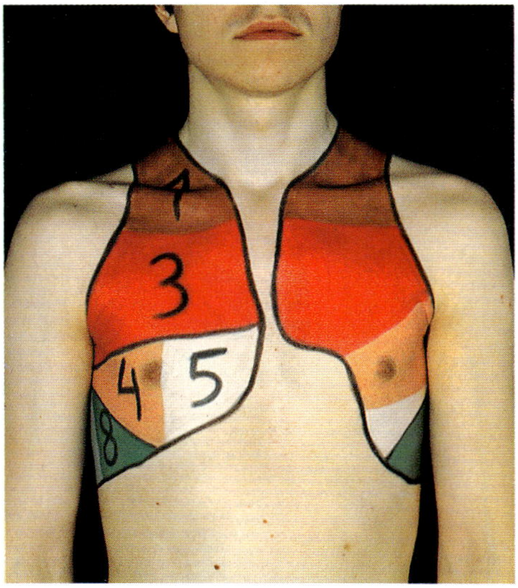

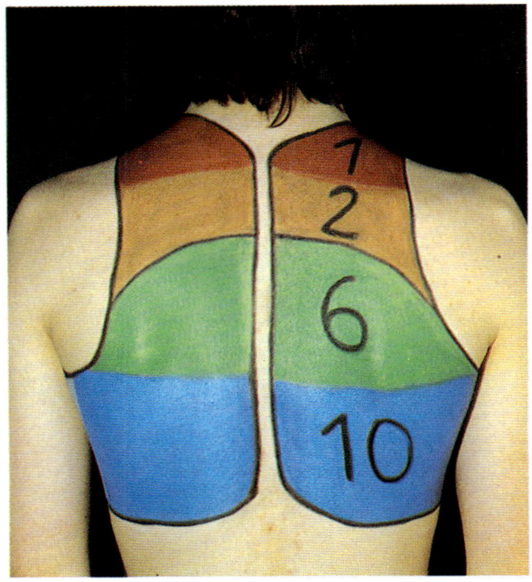

↑↓↗ **Lungensegmente**: Durch Abklopfen (Perkussion) bestimmte Projektion der Lungen auf die vordere, seitliche und hintere Rumpfwand. Die Lungensegmente sind mit der internationalen Bezifferung markiert. Das Segment 7 grenzt nicht an die Brustwand an. Ober- und Mittellappen (Segmente 1–5) liegen überwiegend vorn, der Unterlappen (Segmente 6–10) hinten. Man beachte, dass die Lungen die Schlüsselbeine überragen. Unter den seitlichen Halspartien befinden sich die Lungenspitzen. Ein Stich in den Hals kann die Lunge treffen! *[li1]*
Beim Abklopfen des Körpers kann man unterschiedliche Geräusche auslösen, je nachdem, ob unter der beklopften Stelle lufthaltige Gewebe liegen oder nicht:

- Die fein gekammerte Luft in der Lunge gibt einen lauten, tiefen („sonoren“) Klopfschall.
- Trommelartig laut und hoch („tympanitisch“) klingt der Klopfschall über großen Luftblasen, z.B. im Magen und im Dickdarm.
- Gedämpft, leise und kurz ist der Klopfschall über luftfreien Geweben, z.B. Muskel, Leber, Milz usw.

Durch Abklopfen des Brustkorbs kann man auch die Atembewegungen des Unterrandes der Lunge verfolgen: Er wandert bei tiefer Einatmung einige cm nach unten.

↓ **Bronchialbaum**: Röntgenbild nach Kontrastmitteleinsprühung (Bronchogramm). *[wi1]*

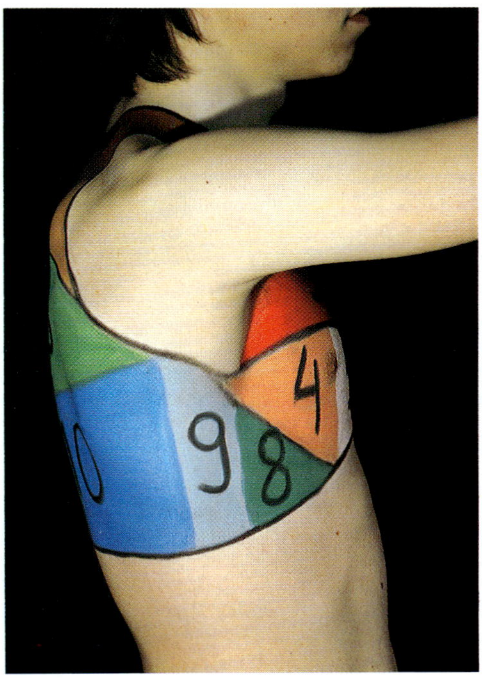

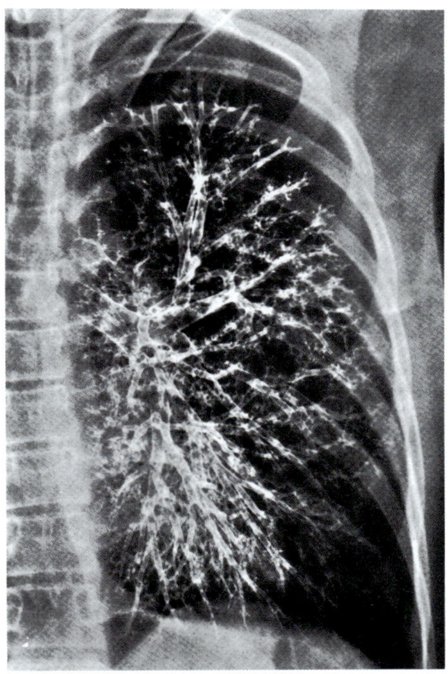

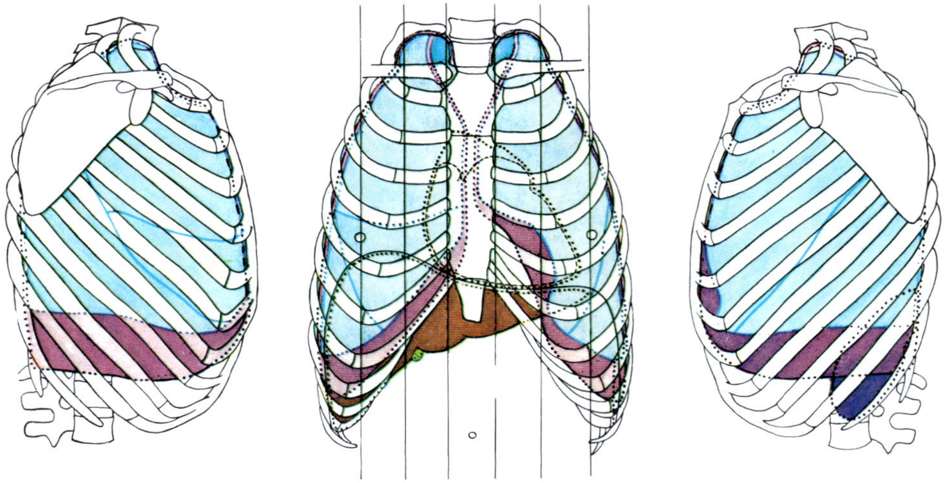

Lungen: Projektion auf die Körperwand. Lungen blau, Entfaltungsraum des Brustfells (Pleura) hellviolett, Milz dunkelviolett, Leber braun, Gallenblase grün, Herzkontur gestrichelt. *[bl]*
Die Lungen füllen nicht den ganzen Brustraum aus. Den mittleren Teil (Mittelfellraum = Mediastinum) nimmt das Herz mit den großen Blutgefäßen ein. Das Zwerchfell steht nicht quer, sondern wölbt sich weit nach oben in den Brustkorb hinein. Herz und Zwerchfell beeinflussen damit sehr wesentlich die Form der Lungen. Diese erreichen auch bei tiefer Einatmung nicht den unteren Rand des Brustkorbs. Die Brustfellgrenzen bestimmen den tiefstmöglichen Stand der Lungen.

Brustfell

Das Brustfell (Pleura) ermöglicht die reibungsarme Verschiebung der Lunge gegen die Nachbarorgane bei den Atembewegungen. Es ist wie das Bauchfell ein geschlossener, praktisch leerer Sack. Der „Brustfellraum" ist somit nur ein Spalt, der einen dünnen Flüssigkeitsfilm enthält. Die Lunge ist so in das Brustfell eingestülpt, dass die eine Seite des Sacks („Lungenfell") die Lungenoberfläche, die andere Seite („Rippenfell") die Wand der Brusthöhle Brustfell bedeckt.
Die Lunge liegt der Brustwand nur lose an. Sie wird von der *Adhäsionskraft* des dünnen Flüssigkeitsfilms im Brustfellspalt an der Brustwand gehalten. Man kann sich dies mit Hilfe eines Plastikbeutels veranschaulichen: Gibt man in einen leeren Plastikbeutel einige Milliliter Wasser, so bilden sie einen dünnen Wasserfilm zwischen den beiden Wänden des Beutels. Man kann dann die beiden Wände nicht voneinander trennen. Bläst man in den Beutel Luft ein, so lassen sich die Wände mühelos auseinanderziehen.

Elastizität der Lunge

Damit die Lunge bei der Ausatmung wieder zur ursprünglichen Form zurückkehrt, ist sie reichlich mit elastischen Fasern durchsetzt. Diese umspinnen nicht nur das einzelne Lungenbläschen, auch Bronchen und Luftröhre weisen ein kräftiges elastisches Längssystem auf. Die Lunge besitzt dadurch die höchste Gewebeelastizität von allen Organen. Der Zug der elastischen Fasern wirkt in Richtung auf die großen Bronchen. Er sucht die Lunge zu verkleinern.

Pneumothorax

Gelangt Luft in den Brustfellspalt, so haftet die Lunge nicht mehr an der Brustwand. Die elastischen Fasern ziehen die Lunge von der Brustwand weg, sie „kollabiert". Damit sinkt die Atemleistung.
• Bei Verletzungen des Brustkorbs, welche die Brustwand durchdringen, muss man die Wunde sofort luftdicht verschließen. Sonst wird bei jeder Einatmung Luft in den Brustfellraum gesaugt, und der Pneumothorax (kurz „Pneu") wächst ständig.
• Ein größerer Pneumothorax kann lebensbedrohend werden, weil nicht nur die Lunge auf der Seite des Pneumothorax behindert wird: Durch den Unterdruck im gesunden Teil der Brusthöhle wird der Mittelfellraum mit dem Herzen hinübergezogen. Dadurch wird auch die gesunde Lunge in ihrer Leistung eingeschränkt. Durch Zug an den Nerven können erhebliche vegetative Störungen ausgelöst werden.

Brustfellerguss

Normalerweise enthält die Brustfellhöhle nur eine geringe Menge Flüssigkeit, gerade soviel, wie zur Benetzung des Brustfells nötig ist. Absonderung und Wiederaufnahme der Flüssigkeit stehen im Gleichgewicht. Wird die Absonderung vermehrt (z.B. bei einer Entzündung) oder ist die Wiederaufnahme gestört (z.B. bei Herzschwäche), so nimmt die Flüssigkeit zu (in extremen Fällen bis zu einigen Litern).

Wegen der Behinderung der Lungen und des Herzens muss man größere Flüssigkeitsmengen entfernen. Bei der „Pleurapunktion" sticht man durch einen Zwischenrippenraum in die Brusthöhle ein und saugt den Erguss ab. Da die beiden Brustfellhöhlen normalerweise vollständig getrennt sind, kann ein Brustfellerguss auf eine Seite beschränkt sein.

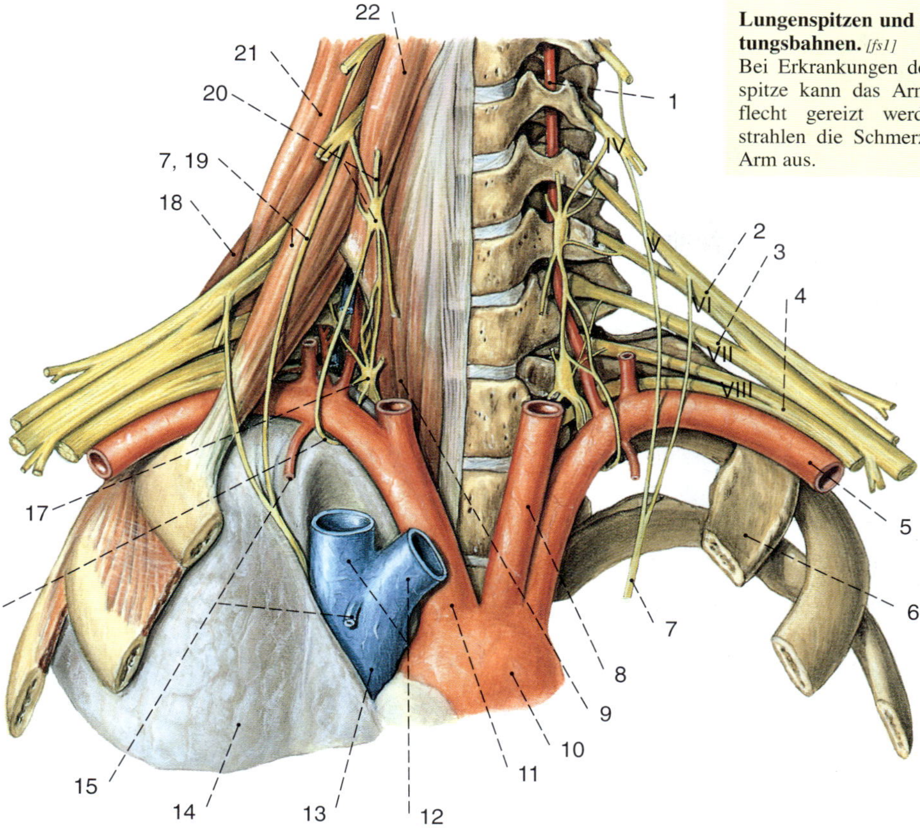

Lungenspitzen und große Leitungsbahnen. *[fs1]*
Bei Erkrankungen der Lungenspitze kann das Armnervengeflecht gereizt werden. Dann strahlen die Schmerzen in den Arm aus.

1	Wirbelarterie	*A. vertebralis*
2–4	Armnervengeflecht	*Plexus brachialis*
2	Oberer Stamm	*Truncus superior*
3	Mittlerer Stamm	*Truncus medius*
4	Unterer Stamm	*Truncus inferior*
5	Schlüsselbeinarterie	*A. subclavia*
6	Erste Rippe	*Costa I*
7	Zwerchfellnerv	*N. phrenicus*
8	Halsarterie (= gemeinsame Kopfarterie)	*A. carotis communis*
9	Langer Halsmuskel	*M. longus colli*
10	Aortenbogen	*Arcus aortae*
11	Arm-Kopf-Arterienstamm (nur rechts)	*Truncus brachiocephalicus*
12	Rechte + linke Arm-Kopf-Vene	*V. brachiocephalica dextra + sinistra*
13	Obere Hohlvene	*V. cava superior*
14	Rippenfell + Rechte Lunge	*Pleura parietalis + Pulmo dexter*
15	Innere Brustkorbarterie + -vene	*A. + V. thoracica interna*
16	Schlüsselbeinschlinge des Sympathikus	*Ansa subclavia*
17	Sternganglion des Sympathikus	*Ganglion cervicothoracicum [stellatum]*
18	Hinterer Treppenmuskel	*M. scalenus posterior*
19	Vorderer Treppenmuskel	*M. scalenus anterior*
20	Grenzstrang des Sympathikus mit mittlerem Halsganglion	*Truncus sympathicus + Ganglion cervicale medium*
21	Mittlerer Treppenmuskel	*M. scalenus medius*
22	Langer Kopfmuskel	*M. longus capitis*

Atembewegungen der Lunge

- Bei der *Brustkorbatmung* wird der Brustkorb vor allem in den unteren Abschnitten breiter und tiefer. Die Lunge wird dabei rhythmisch auseinandergezogen und zusammengepresst.
- Bei der *Zwerchfellatmung* tritt das kuppelförmige Zwerchfell tiefer und gibt am Rand Verschieberäume frei. Dabei wird die Lunge nicht einfach auseinandergezogen, sondern gleitet auch im Brustfellraum auf und ab. Sie bewegt sich bei der Einatmung nach unten, und zwar am Unterrand je nach Atemtiefe etwa 3–10 cm. Damit entfaltet sich die Lunge nicht radiär, sondern von oben nach unten. Die „Lungenspitzen“ bleiben weitgehend in Ruhe.
- In weniger bewegten Lungenteilen setzen sich leichter Infektionen fest. Früher waren „Lungenspitzenkatarrhe“ als milde Erkrankungsformen der Lungentuberkulose häufig.

Bei den Atembewegungen der Lunge gleiten Lungenfell und Rippenfell aneinander. An gesunden, glatten Oberflächen macht dies keine Beschwerden. Am unebenen, geschwollenen Rippenfell bei der Rippenfellentzündung *(Pleuritis)* hingegen wird die Reibung und damit die Erregung der Schmerznerven erheblich. Stechende Schmerzen in der Brustwand sind ein typisches Zeichen der Rippenfellreizung. Der Patient vermeidet dann tiefe Atembewegungen.

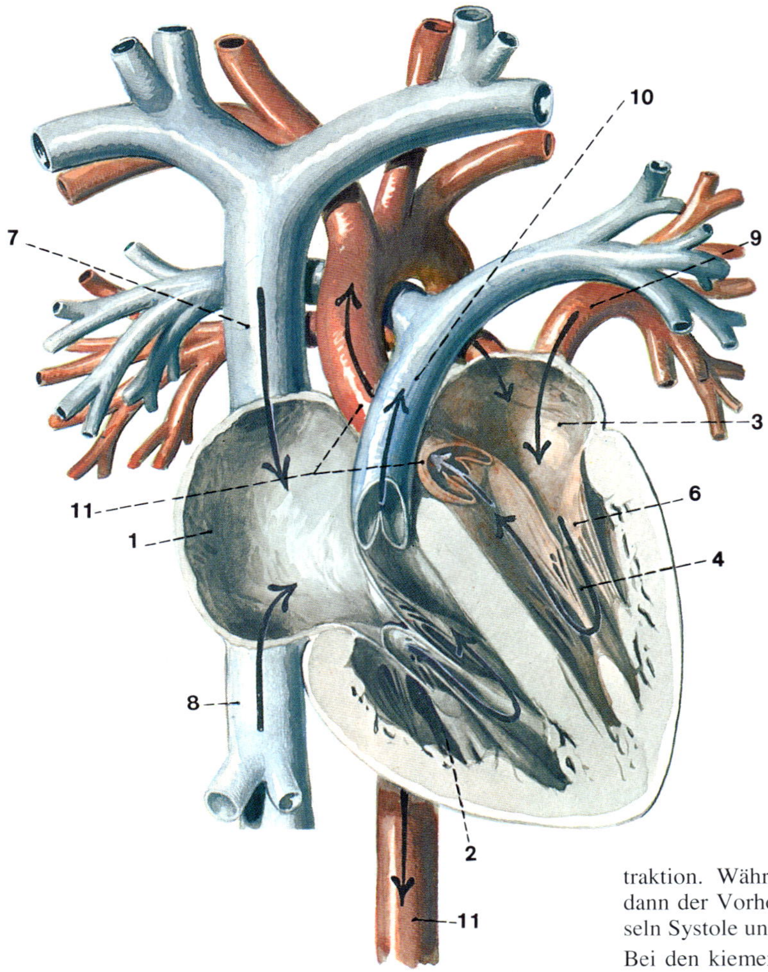

Herz: Längsschnitt, hintere-untere Hälfte (das Herz steht schräg im Brustkorb!). Die Pfeile bezeichnen die Strömungsrichtung des Blutes. Im gesunden Herzen gibt es nur „Einbahnstraßen". Die Farbe der Blutgefäße wurde nach der Blutqualität gewählt: Daher sind die Lungenarterien blau („venöses" Blut), die Lungenvenen rot („arterielles" Blut) gezeichnet. Die Wand der rechten Herzkammer ist in diesem stark schematisierten Bild fälschlich so dick wie die der linken Herzkammer und der Kammerscheidewand gezeichnet. Sie ist jedoch entsprechend dem niedrigeren Druck (etwa 20 mmHg gegenüber etwa 120 mmHg) nur etwa ⅓ so stark. *[ta]*

1	Rechter Vorhof	*Atrium dextrum*
2	Rechte Herzkammer	*Ventriculus dexter*
3	Linker Vorhof	*Atrium sinistrum*
4	Linke Herzkammer	*Ventriculus sinister*
6	Linke Vorhof-Kammer-Klappe (= Mitralklappe)	*Valva atrioventricularis sinistra [Valva mitralis]*
7	Obere Hohlvene	*V. cava superior*
8	Untere Hohlvene	*V. cava inferior*
9	Lungenvene	*V. pulmonalis*
10	Stamm der Lungenarterien	*Truncus pulmonalis*
11	Aorta (Hauptarterie des Körpers)	*Aorta*

Das Herz als Pumpe des Blutkreislaufs

Damit das Blut ständig in Bewegung bleibt, brauchen wir eine Pumpe. Das Herz ist ein Muskelschlauch, der sich rhythmisch zusammenzieht und dabei den Inhalt des Schlauchs auspresst. Diese Bewegung hat nur dann Sinn, wenn das Blut nicht auf beiden Enden herausspritzt, sondern nur an einem. Der Blutstrom läuft dann immer in die gleiche Richtung. Dies wird durch den Einbau von Ventilen, den Herzklappen, erreicht. Das einfachste Herzmodell besteht mithin aus einer *Kammer* mit 2 Klappen an den beiden Enden:

• Die eine verhindert das Rückströmen des Blutes in die zuführenden Gefäße *(Venen)* beim Zusammenziehen der Kammer („Systole").

• Die andere hemmt den Rückfluss des Blutes aus den abführenden Gefäßen (*Arterien* = Schlagadern) in das Herz nach dem Erschlaffen der Kammer („Diastole").

• Damit sich die Kammer rascher füllt, wird vor die Kammer als Sammelbecken ein *Vorhof* gestellt. In ihm sammelt sich das Blut während der Kammerkontraktion. Während der Kammererschlaffung spritzt dann der Vorhof das Blut in die Kammer. So wechseln Systole und Diastole in rascher Folge.

Bei den kiemenatmenden Fischen ist das Herz nach diesem Modell gebaut. Bei den lungenatmenden Säugetieren reicht offenbar ein solches Herz nicht aus: Wir haben ein „rechtes Herz", welches das Blut durch die Lungen presst, und ein „linkes Herz", welches für den Blutfluss im übrigen Körper verantwortlich ist. *Lungenkreislauf* (= kleiner Kreislauf) und *Körperkreislauf* (= großer Kreislauf) sind jedoch nicht unabhängig voneinander. Sie sind nur 2 Abschnitte eines durchgehenden Kreislaufs. Beide Herzen müssen die gleiche Blutmenge auswerfen, sonst staut sich das Blut in einer Kreislaufhälfte an. Deshalb sind die beiden Herzen aneinander gelagert (bzw. wurde das einfache Herz durch eine Scheidewand geteilt). Beide Vorhöfe und beide Kammern ziehen sich jeweils gleichzeitig zusammen.

Gliederung des menschlichen Herzens

Rechtes Herz:	*Linkes Herz:*
• rechter Vorhof	• linker Vorhof
• Trikuspidalklappe	• Mitralklappe
• rechte Herzkammer	• linke Herzkammer
• Pulmonalklappe	• Aortenklappe

Herz von vorn in natürlicher Lage und Größe. Der Herzbeute ist aufgeschnitten und auseinander gezogen. *[sb3]*
Das Herz ist nicht „herzförmig" im Sinne des Lebkuchen- oder Spielkartenherzens. Es steht auch nicht vertikal, sondern schräg im Brustkorb. Damit ruht nicht die Herzspitze, sondern die rechte Herzkammer auf dem Zwerchfell.

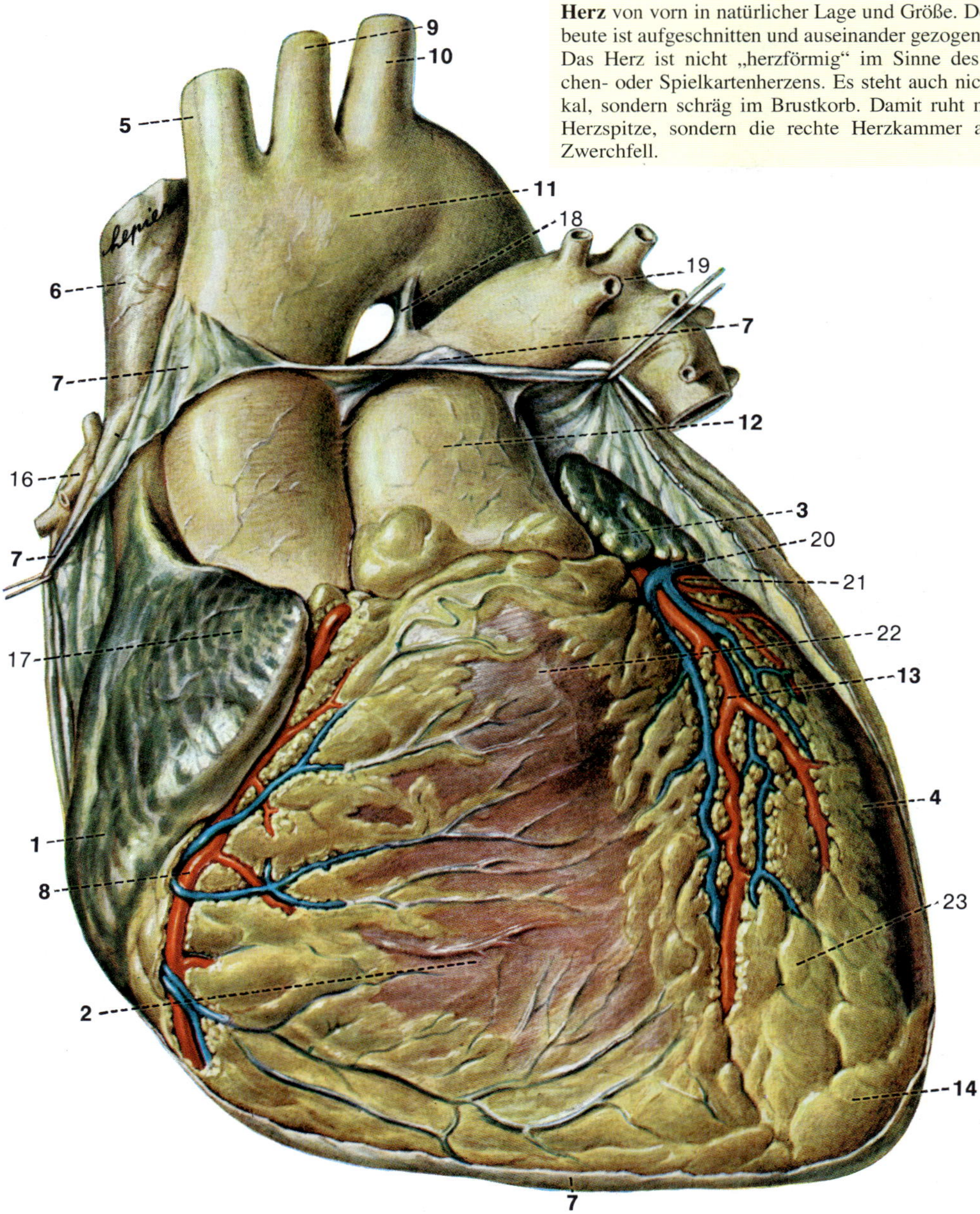

1	Rechter Vorhof	*Atrium dextrum*	13	Linke Herzkranzarterie, vorderer Zwischenkammerast	*A. coronaria sinistra, R. interventricularis anterior*
2	Rechte Herzkammer	*Ventriculus dexter*	14	Herzspitze	*Apex cordis*
3	Linker Vorhof	*Atrium sinistrum*	16	Rechte Lungenarterie	*A. pulmonalis dextra*
4	Linke Herzkammer	*Ventriculus sinister*	17	Rechtes Herzohr	*Auricula dextra*
5	Arm-Kopf-Arterienstamm	*Truncus brachiocephalicus*	18	Botallo-Band	*Lig. arteriosum*
6	Obere Hohlvene	*V. cava superior*	19	Linke Lungenarterie	*A. pulmonalis sinistra*
7	Herzbeutel	*Pericardium*	20	Vordere Zwischenkammervene („große Herzvene")	*V. interventricularis anterior*
8	Rechte Herzkranzarterie	*A. coronaria dextra*	21	Linke Herzkranzarterie, umbiegender Ast	*A. coronaria sinistra, R. circumflexus*
9	Halsarterie (gemeinsame Kopfarterie)	*A. carotis communis*	22	Rechte Ausflussbahn	*Conus arteriosus*
10	Schlüsselbeinarterie	*A. subclavia*	23	Fettgewebe	*Textus adiposus*
11	Aortenbogen	*Arcus aortae*			
12	Stamm der Lungenarterien	*Truncus pulmonalis*			

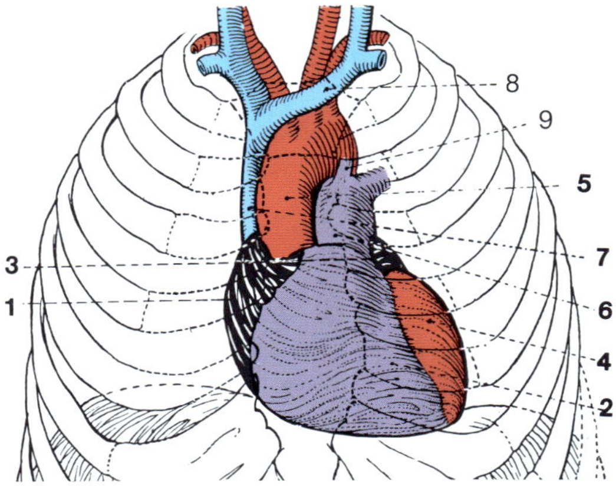

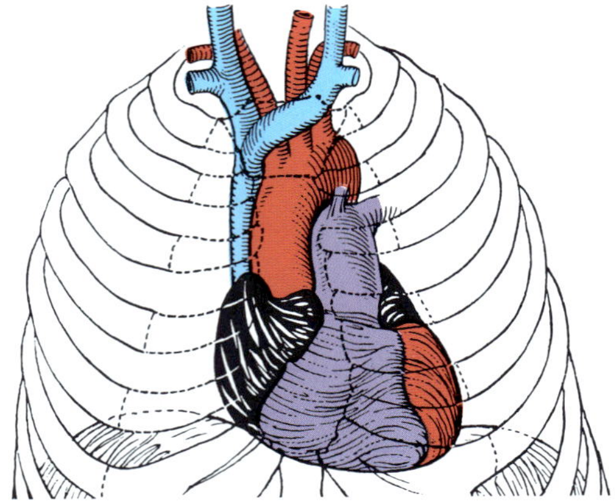

Herz von vorn bei Diastole (Kammererschlaffung, links) und bei Systole (Kammerkontraktion, rechts). *[bg2]*
Das Anspannen der Wand einer Herzhöhle nennt man Systole, das Erschlaffen Diastole. Vorhöfe und Herzkammern ziehen sich nicht zur gleichen Zeit zusammen: Die Vorhofsystole geht der Kammersystole voraus, fällt also in die Zeit der Kammerdiastole. Umgekehrt sind die Vorhöfe erschlafft (Vorhofdiastole), wenn die Kammern ausspritzen (Kammersystole). Werden die Begriffe Systole und Diastole ohne den Zusatz Vorhof- oder Kammer- gebraucht, so ist meist die Kammer gemeint.

1	Rechter Vorhof	*Atrium dextrum*
2	Rechte Herzkammer	*Ventriculus dexter*
3	Linker Vorhof	*Atrium sinistrum*
4	Linke Herzkammer	*Ventriculus sinister*
5	Aorta (Hauptarterie)	*Aorta*
6	Stamm der Lungenarterien	*Truncus pulmonalis*
7	Obere Hohlvene	*V. cava superior*
8	Arm-Kopf-Vene	*V. brachiocephalica*
9	Botallo-Band	*Lig. arteriosum*

Äußere Form des Herzens

• Es ist nicht herzförmig (wie das Spielkartenherz), sondern eher kegelförmig.
• Es hat eine Spitze (unten) und eine Basis (oben).
• Zwischen den Vorhöfen und den Herzkammern schneidet die Herzkranzfurche eine tiefe Rinne ein.
• Die vordere und die hintere Zwischenkammerfurche sind hingegen nur flache Dellen.
• Die beiden Vorhöfe sind um den Stamm der Lungenarterie mit dem rechten und dem linken Herzohr nach vorn ausgestülpt.

Größe des Herzens

Nach der *„Faustregel"* ist das Herz eines Menschen etwas größer als seine geballte Faust. Das ausgespülte Herz einer Frau wiegt im Mittel etwa 250–300 g, das eines Mannes etwa 300–350 g. Das Gesamtvolumen eines Herzens (Hohlräume + Wände) beträgt etwa 0,5–0,8 l, bei Sportlern auch über 1 l.

Lage des Herzens

• Das Herz nimmt die untere Hälfte des Mittelfellraums (Mediastinum) zwischen den Lungen ein.
• Es ist um etwa einen halben rechten Winkel (45°) nach rechts geneigt.
• Das Herz ist auch etwas um seine Längsachse gedreht. Dadurch sieht die rechte Herzkammer nach vorn, die linke mehr nach hinten.
• Schließlich ist das Herz auch noch etwas nach hinten geneigt. Deswegen liegt die Herzspitze der Brustwand, der linke Vorhof der Speiseröhre an.

Röntgenbild des Herzens eines Leistungssportlers im sagittalen Strahlengang (posteroanteriore Aufnahme). Die Größe des Herzens liegt an der oberen Grenze der Norm (die Breite des Herzens sollte den halben Brustkorbdurchmesser nicht überschreiten). *[ba2]*
Im Standardröntgenbild des Brustkorbs bildet das Herz mit den großen Blutgefäßen den sogenannten Mittelschatten zwischen den besser strahlendurchlässigen Lungen. Seine Umrisse bestimmen (man vergleiche mit den Bildern oben):
• *rechts* die oberen Hohlvene (oben) und der rechte Vorhof (unten).
• *links* von oben nach unten die Aorta, die Lungenarterie, der linke Vorhof und die linke Herzkammer.

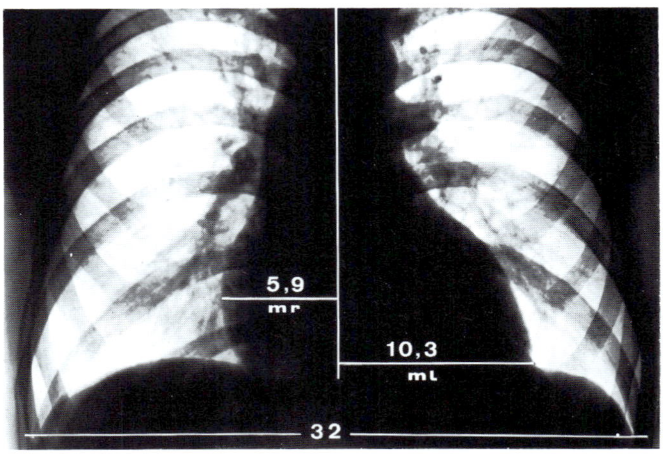

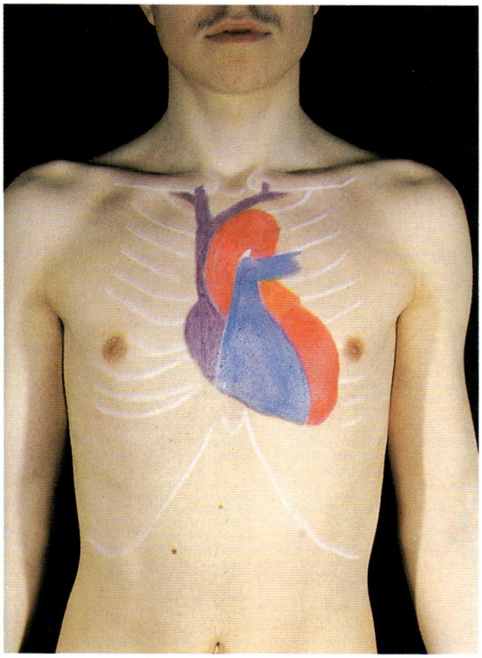

Herz und große Blutgefäße: Projektion auf die vordere Brustwand: *[li1]* ➔
- rechter Vorhof und obere Hohlvene violett,
- rechte Herzkammer und Lungenarterien blau,
- linker Vorhof orange,
- linke Herzkammer und Aorta rot.

Für ein besseres Verständnis der Lage des eigenen Herzens sollte man bei sich selbst vor dem Spiegel oder bei Freunden die Projektion auf die Brustwand mit Schminkestift aufmalen.

- Die Herzbasis liegt auf Höhe des Ansatzes der 3. Rippen am Brustbein, die Herzspitze meist auf Höhe des 5. Zwischenrippenraums. Die Rippen lassen sich neben dem Brustbein gut tasten, die erste Rippe ist jedoch weitgehend vom Schlüsselbein überdeckt. Deshalb beginnt man das Zählen der Rippen mit der zweiten, die am Brustbein dort ansetzt, wo man den Knick zwischen Handgriff und Körper des Brustbeins gut fühlen kann.
- Der Aortenbogen ragt bis in den 1. Zwischenrippenraum (also bis knapp unter das Schlüsselbein) nach oben.
- Die obere Hohlvene liegt unter dem rechten Brustbeinrand.

Herzspitzenstoß

Während jedes Herzschlags ändert das Herz seine Form und seine Lage im Brustkorb. Bei der Kammeranspannung wird dabei eine Stelle der Herzwand in Nähe der Herzspitze gegen die vordere Brustwand gedrängt. Liegt diese Stelle auf der Höhe eines Zwischenrippenraums, so kann man den Herzspitzenstoß tasten oder sogar als rhythmische Vorwölbung sehen.

- Die Lage des Herzspitzenstoßes hängt von der Form und der Größe des Herzens, aber auch von der Form des Brustkorbs, der Körperhaltung usw. ab. Am häufigsten findet man den Herzspitzenstoß im 5. Zwischenrippenraum, etwas rechts der linken Brustwarze.
- Die Lage des Herzspitzenstoßes lässt einen (groben) Schluss auf die Größe des Herzens zu. Das Herz ist meist vergrößert, wenn der Herzspitzenstoß links der linken Brustwarze zu tasten ist.

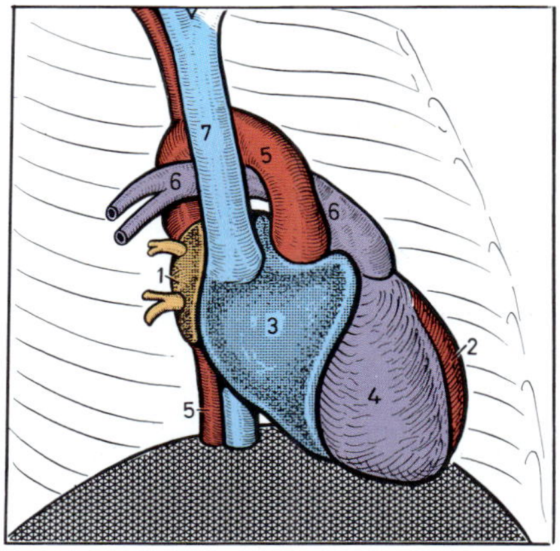

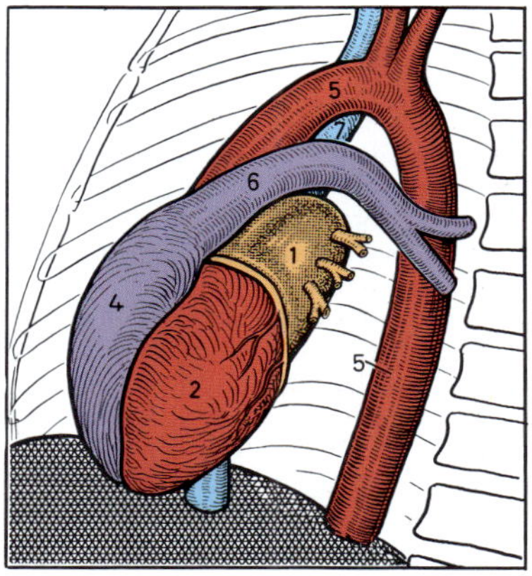

Schrägansichten des Herzens. *[ba2]*
Die rechte Herzkammer und der linke Vorhof sind bei Betrachtung von vorn, z.B. im Standardröntgenbild, nicht gut zu beurteilen, da sie keine Kontur bilden. Diese beiden Herzabschnitte werden bei „schräger" Betrachtung deutlicher. Die Schrägansichten sind vor allem bei der Ultraschalluntersuchung wichtig:

- Oberes Bild: Herz von rechts vorn im sog. 1. schrägen Durchmesser = „Fechterstellung" = RAO (right anterior oblique). ➚
- Unteres Bild: Herz von links vorn im sog. 2. schrägen Durchmesser = „Boxerstellung" = LAO (left anterior oblique). In dieser Stellung ist auch der Aortenbogen besonders gut zu sehen. ➔

1	Linker Vorhof	*Atrium sinistrum*
2	Linke Herzkammer	*Ventriculus sinister*
3	Rechter Vorhof	*Atrium dextrum*
4	Rechte Herzkammer	*Ventriculus dexter*
5	Aorta (Hauptarterie)	*Aorta*
6	Stamm der Lungenarterien	*Truncus pulmonalis bzw. A. pulmonalis*
7	Obere Hohlvene	*V. cava superior*

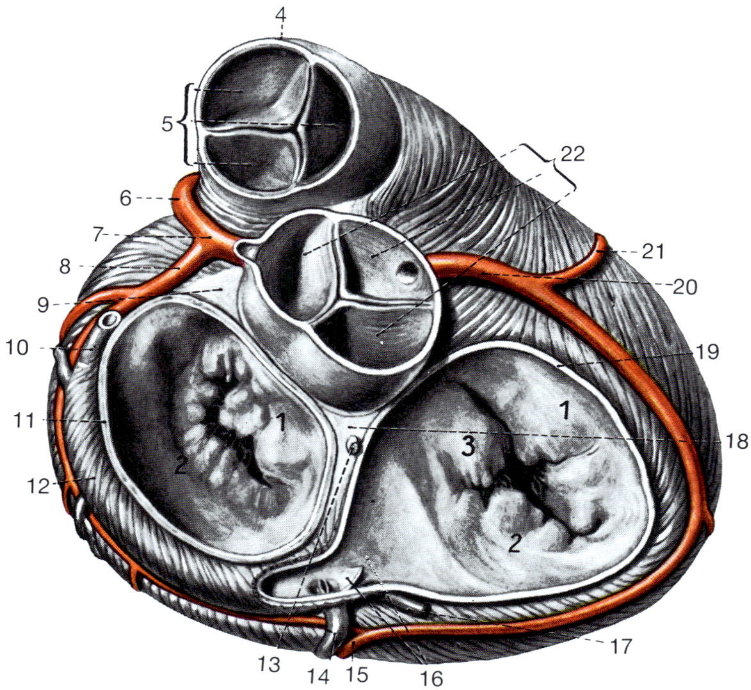

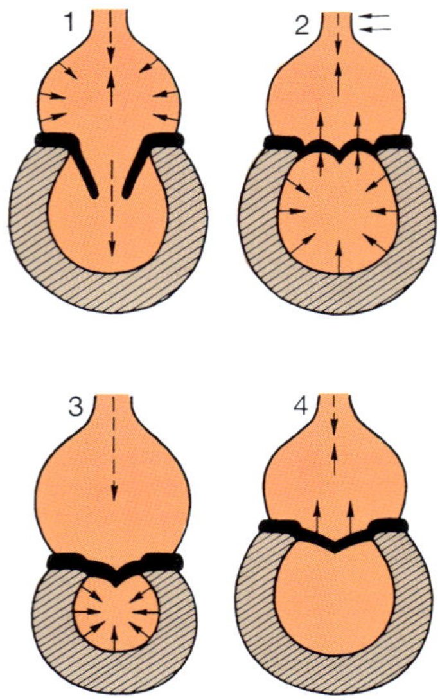

↑ Ventilebene des Herzens mit Herzkranzgefäßen. Die Vorhöfe sind abgetragen. Die Aorta und der Stamm der Lungenarterien sind durchgetrennt. Man sieht, dass die vier großen Herzklappen etwa in einer Ebene liegen. Diese Ebene steht im Körper nicht horizontal, sondern nach rechts hinten unten geneigt. *[sb3]*

1	Vorderer Zipfel	*Cuspis anterior*
2	Hinterer Zipfel	*Cuspis posterior*
3	Septaler Zipfel	*Cuspis septalis*
4	Stamm der Lungenarterien	*Truncus pulmonalis*
5	Lungenarterienklappe (Pulmonalklappe) mit 3 halbmondförmigen Taschen	*Valva trunci pulmonalis mit 3 Valvulae semilunares*
6	Vorderer Zwischenkammerast der linken Herzkranzarterie	*A. coronaria sinistra, R. interventricularis anterior*
7	Linke Herzkranzarterie	*A. coronaria sinistra*
8	Umbiegender Ast der linken Herzkranzarterie	*A. coronaria sinistra, R. circumflexus*
9	Linkes Faserdreieck (des Herzskeletts)	*Trigonum fibrosum sinistrum*
10	Linke Herzkranzvene („große Herzvene")	*V. cardiaca [cordis] magna*
11	Linke Vorhof-Kammer-Klappe (= Mitralklappe)	*Valva atrioventricularis sinistra [Valva mitralis]*
12	Herzkranzbucht (Sammelstelle der Herzvenen)	*Sinus coronarius*
13	Stamm des Erregungsleitungssystems (His-Bündel)	*Fasciculus atrioventricularis*
14	Hintere Zwischenkammervene („mittlere Herzvene")	*V. cardiaca [cordis] media = V. interventricularis posterior*
15	Hinterer Zwischenkammerast der rechten Herzkranzarterie	*A. coronaria dextra, R. interventricularis posterior*
16	Klappe der Herzkranzbucht	*Valvula sinus coronarii*
17	Rechte Herzkranzvene („kleine Herzvene")	*V. cardiaca [cordis] parva*
18	Rechtes Faserdreieck (des Herzskeletts)	*Trigonum fibrosum dextrum*
19	Rechte Vorhof-Kammer-Klappe (= Dreizipfelklappe, Trikuspidalklappe)	*Valva atrioventricularis dextra [Valva tricuspidalis]*
20	Rechte Herzkranzarterie	*A. coronaria dextra*
21	Ast für rechte Ausflussbahn der rechten Herzkranzarterie	*A. coronaria dextra, R. coni arteriosi*
22	Aortenklappe mit 3 halbmondförmigen Taschen	*Valva aortae mit 3 Valvulae semilunares*

↗ 4 Arbeitsphasen der Herzkammern. *[al]*

1 *Füllungsphase:* Die Vorhof-Kammer-Klappen (in den Schemata schwarz) öffnen sich, sobald der Druck in den Vorhöfen höher ist als in den Kammern. Dann fließt das in den Vorhöfen gesammelte Blut in die Herzkammern ein.

2 *Anspannungsphase:* Die Vorhof-Kammer-Klappen schließen sich, sobald der Druck in den Kammern den Druck in den Vorhöfen übersteigt. Dann bleiben alle Klappen geschlossen, bis der Druck in den Herzkammern den Druck in den großen Arterien überschritten hat.

3 *Austreibungsphase:* Die Aortenklappe und die Lungenarterienklappe (im Bild nicht zu sehen) öffnen sich, sobald der Druck in den Kammern höher ist als in der Aorta bzw. den Lungenarterien. Die Klappenebene des Herzens wird nach unten gezogen. Dadurch wird Blut aus den Venen in die Vorhöfe gesaugt.

4 *Entspannungsphase:* Aortenklappe und Lungenarterienklappe schließen sich, wenn der Druck in den Kammern unter den Druck in den großen Arterien fällt. Dann bleiben alle Klappen geschlossen, bis der Druck in den Herzkammern den Druck in den Vorhöfen unterschritten hat.

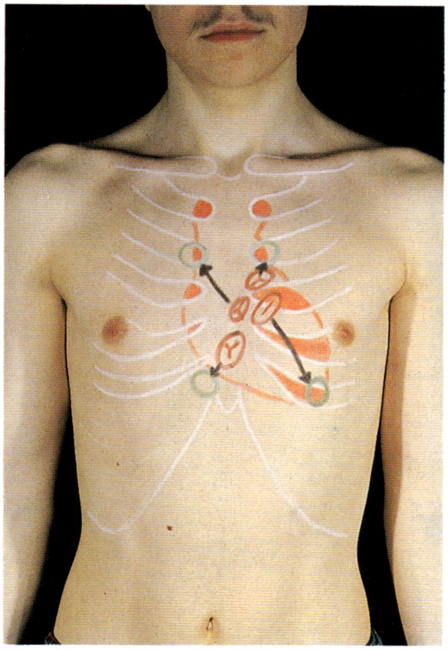

Herz: Projektion der Ventilebene und der typischen Abhörstellen (grüne Ringe) der einzelnen Herzklappen auf die vordere Brustwand. Die Pfeile markieren die Fortleitung des Klappengeräusches. *[li1]*

Herzklappen

Sie sind Rückschlagventile, die den Blutstrom nur in einer Richtung zulassen. Man unterscheidet 2 Typen:

❶ *Segelklappen* = Vorhof-Kammer-Klappen = Atrioventrikularklappen = AV-Klappen: Die Öffnungen zwischen den Vorhöfen und den Herzkammern sind weit (etwa für 3 Finger durchgängig). Die Rückschlagventile bestehen hier aus 2 bzw. 3 segelartigen Falten der Herzinnenhaut. Ist der Druck im Vorhof größer, so weichen die Segel auseinander und geben den Blutstrom frei. Wird der Druck in der Kammer größer, so werden die Segel wie Fallschirme aufgebläht, schlagen zusammen und hemmen den Rückstrom des Blutes in die Vorhöfe.

- Dreizipfelklappe = Trikuspidalklappe (die rechte Segelklappe hat 3 Segel).
- Zweizipfelklappe = Mitralklappe (die linke Segelklappe hat 2 Segel).

❷ *Taschenklappen:* Die großen Arterien sind nur etwa daumendick (Weite 2–3 cm). Die sehr viel kleineren Verschlussmembranen sind taschenartig an der Gefäßwand angewachsen. Beide Taschenklappen haben je 3 Taschen

- Lungenarterienklappe = Pulmonalklappe (rechts).
- Hauptarterienklappe = Aortenklappe (links).

Stellung der Herzklappen in den 4 Arbeitsphasen der Herzkammern:

	Segelklappen	*Taschenklappen*
• Füllungszeit	auf	zu
• Anspannungszeit	zu	zu
• Austreibungszeit	zu	auf
• Entspannungszeit	zu	zu

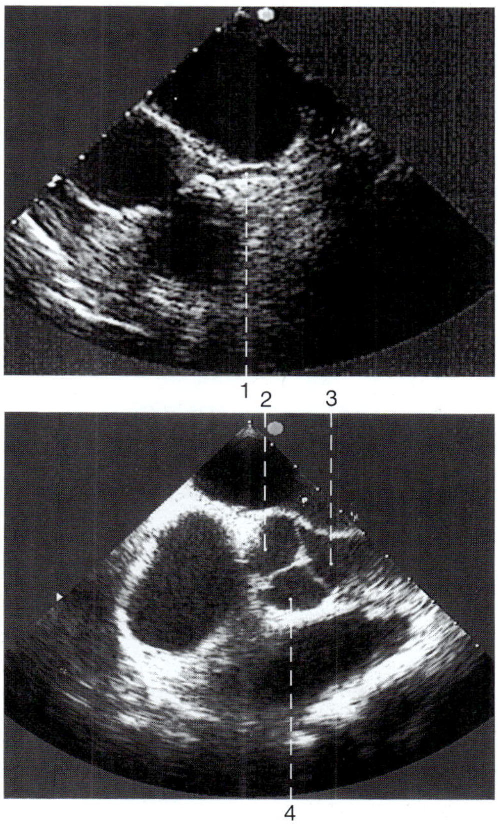

Ultraschalluntersuchung des Herzens mit Schallkopf in der Speiseröhre (transösophageale Echokardiographie). *[ne]*

- Oben: Der Schnitt geht durch den linken Vorhof (im Bild oben), die aufsteigende Aorta auf Höhe des Abgangs der Herzkranzarterien (im Bild links) und den Stamm der Lungenarterien (im Bild unten).
- Unten: Der weiter unten gelegene Schnitt geht durch den linken Vorhof (im Bild oben), den rechten Vorhof (im Bild Mitte links), die Aortenklappe (im Bild Mitte rechts) und die rechte Herzkammer (im Bild unten). Man erkennt deutlich die 3 Zipfel der Aortenklappe.

1	Linke Herzkranzarterie	*A. coronaria sinistra*
2–4	Aortenklappe mit 3 halbmondförmigen Taschen	*Valva aortae mit 3 Valvulae semilunares*
2	Hintere halbmondförmige Tasche	*Valvula semilunaris posterior [Valvula non coronaria]*
3	Linke halbmondförmige Tasche	*Valvula semilunaris sinistra [Valvula coronaria sinistra]*
4	Rechte halbmondförmige Tasche	*Valvula semilunaris dextra [Valvula coronaria dextra]*

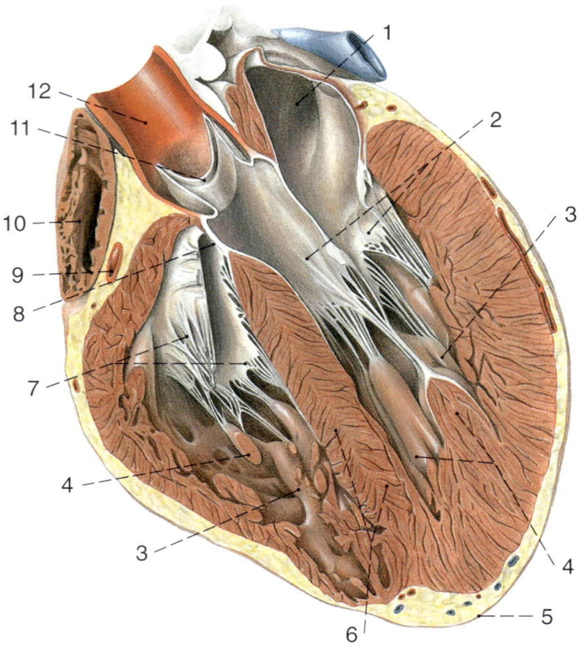

Herz: Längsschnitt mit Eröffnung aller vier großen Herzhöhlen (Ansicht von links vorn oben). *[fs2]*
Man achte auf die unterschiedlichen Wanddicken:
- der Vorhöfe und der Kammern,
- von rechter und linker Kammer,
- der beiden Abschnitte der Kammerscheidewand.

1	Linker Vorhof	*Atrium sinistrum*
2	Linke Vorhof-Kammer-Klappe (= Mitralklappe)	*Valva atrioventricularis sinistra [Valva mitralis]*
3	Hinterer Papillarmuskel	*M. papillaris posterior*
4	Vorderer Papillarmuskel	*M. papillaris anterior*
5	Herzspitze	*Apex cordis*
6	Kammerscheidewand, muskulärer Teil	*Septum interventriculare, Pars muscularis*
7	Rechte Vorhof-Kammer-Klappe (= Dreizipfelklappe, Trikuspidalklappe)	*Valva atrioventricularis dextra [Valva tricuspidalis]*
8	Kammerscheidewand, membranöser Teil	*Septum interventriculare, Pars membranacea*
9	Rechte Herzkranzarterie	*A. coronaria dextra*
10	Rechtes Herzohr	*Auricula dextra*
11	Aortenklappe	*Valva aortae*
12	Aufsteigende Aorta	*Pars ascendens aortae [Aorta ascendens]*

Papillarmuskeln

Die Segel der Segelklappen werden über Haltefäden von den Ausstülpungen der Muskelwand des Herzens, den Papillarmuskeln, festgehalten. Wenn man die Klappensegel mit Fallschirmen vergleicht, dann sind die Papillarmuskeln die Fallschirmspringer, die an den Halteseilen hängen. Die Papillarmuskeln öffnen keinesfalls die Klappen. Dies geschieht rein passiv aufgrund des Druckgefälles. Sie verhindern vielmehr, dass die Segel bei der Kammeranspannung in die Vorhöfe durchschlagen. Fallen Papillarmuskeln aus, z.B. nach einem Herzinfarkt, so schlagen die Segel durch, und die Klappe schließt nicht mehr dicht.

Hauptarten von Herzklappenfehlern

- Undichte Klappe *(Klappeninsuffizienz):* Die Segel oder Taschen legen sich nicht dicht aneinander oder haben Löcher. Durch die undichten Stellen fließt Blut zurück, das beim nächsten Herzschlag erneut weitergepumpt werden muss. Ein Teil des Blutes pendelt also im Herzen hin und her, ohne dass er dem Körper nützt. Das Herz muss deswegen größere Mengen pumpen, als dies beim gesunden Herzen nötig ist. Dies führt früher oder später zu einer Überlastung des Herzmuskels.
- Zu enge Klappe *(Klappenstenose):* Die Klappe öffnet sich nicht weit genug, so dass der Blutstrom behindert ist. Die Durchflussmenge hängt außer von der Weite des Gefäßes auch vom Druck ab. Ist die Klappe zu eng, so muss das Blut mit einem höheren Druck hindurchgepresst werden, damit der Körper ausreichend mit Blut versorgt wird. Das Herz muss also mit größerer Kraft pumpen, als dies beim gesunden Herzen nötig ist und wird vorzeitig erlahmen.
- Kombinierter Herzklappenfehler: eine zu enge Klappe schließt außerdem nicht dicht.

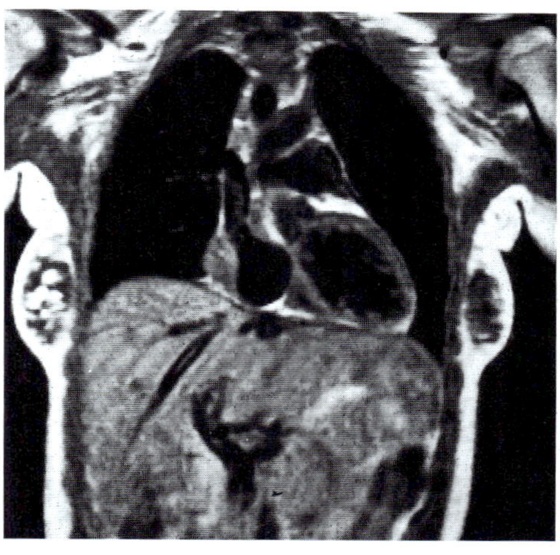

Frontales Kernspintomogramm (Magnetschichtbild = MRT) durch den Oberkörper. *[he2]*
- Das Herz hebt sich deutlich von den beiden Lungen ab. Beim Herzen ist der große dunkle Bereich (im Bild rechts) die linke Herzkammer mit dem Anfang der Aorta. Links daneben im Bild der rechte Vorhof mit der von oben kommenden oberen Hohlvene. Oberhalb der linken Kammer der Stamm der Lungenarterien und der Aortenbogen.
- Unter dem Herzen sieht man in der großen Leber die Lebervenen als dunkle Bänder auf den rechten Vorhof zulaufen.

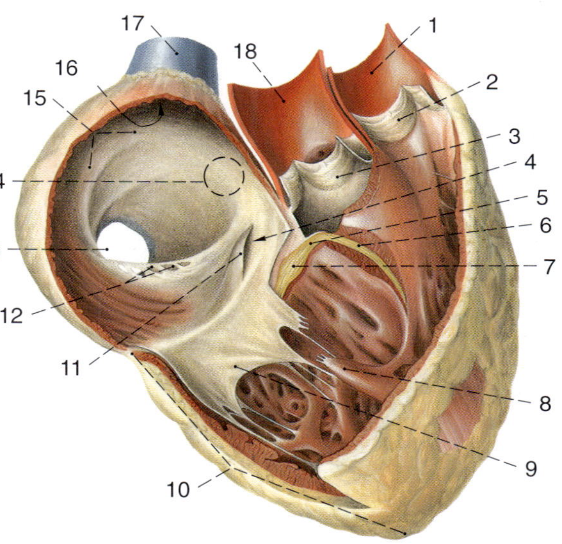

Aufgeschnittenes Herz: Rechter Vorhof, rechte Herzkammer und die beiden großen Arterien sind eröffnet. In der Herzscheidewand ist das Erregungsleitungssystem freigelegt (gelb). *[fs2]*

1	Stamm der Lungenarterien	*Truncus pulmonalis*
2	Lungenarterienklappe (Pulmonalklappe)	*Valva trunci pulmonalis*
3	Aortenklappe	*Valva aortae*
4	Öffnung der Herzkranzbucht	*Ostium sinus coronarii*
5	Stamm des Erregungsleitungssystems (His-Bündel)	*Fasciculus atrioventricularis*
6	Rechter Schenkel (des Erregungsleitungssystems)	*Crus dextrum*
7	Vorhof-Kammer-Knoten (= Aschoff-Tawara-Knoten = AV-Knoten)	*Nodus atrioventricularis*
8	Vorderer Papillarmuskel	*M. papillaris anterior*
9	Rechte Vorhof-Kammer-Klappe (= Dreizipfelklappe, Trikuspidalklappe)	*Valva atrioventricularis dextra [Valva tricuspidalis]*
10	Rechte Herzkammer	*Ventriculus dexter*
11	Klappe der Herzkranzbucht	*Valvula sinus coronarii*
12	Klappe der unteren Hohlvene	*Valvula venae cavae inferioris*
13	Öffnung der unteren Hohlvene	*Ostium venae cavae inferioris*
14	Sinusknoten (= Keith-Flack-Knoten)	*Nodus sinuatrialis*
15	Rechter Vorhof	*Atrium dextrum*
16	Öffnung der oberen Hohlvene	*Ostium venae cavae superioris*
17	Obere Hohlvene	*V. cava superior*
18	Aufsteigende Aorta	*Pars ascendens aortae [Aorta ascendens]*

Hauptursachen von Herzklappenfehlern

• *Herzinnenhautentzündung* (Endokarditis): Die Segel und Taschen der Herzklappen sind Falten der Herzinnenhaut. Sie schwellen bei deren Entzündung an und können miteinander verkleben. Dann wird die Klappe zu eng. Sie können aber auch nach der Entzündung narbig schrumpfen oder Löcher bekommen. Dann schließt die Klappe nicht mehr dicht. Häufigste Folge der Herzinnenhautentzündung ist die zu enge Mitralklappe (Mitralstenose).

• *Herzinfarkt:* Sind von ihm auch Papillarmuskeln betroffen, so schlagen die Klappensegel durch, und die Klappe schließt nicht mehr dicht. Häufigste Folge des Herzinfarkts ist die undichte Mitralklappe (Mitralinsuffizienz).

• *Entwicklungsstörung:* Ein Herzklappenfehler kann angeboren sein. Meist ist dann eine Klappe zu klein. Häufigster angeborener Herzklappenfehler ist die zu enge Lungenarterienklappe (Pulmonalstenose).

Herztöne und Herzgeräusche

Beim gesunden Herzen kann man bei jedem Herzschlag 2 Töne hören:

• *Erster Herzton:* Der dumpfe Herzton entsteht durch den Schluss der Segelklappen und die Anspannung der Herzkammerwand. Er bezeichnet den Beginn der Kammersystole.

• *Zweiter Herzton:* Der helle Herzton kommt durch das Zuschlagen der Taschenklappen zustande. Er bezeichnet den Beginn der Kammerdiastole.

Zusätzlich zu den normalen Herztönen können weitere „Geräusche" zu hören sein, vor allem bei Herzklappenfehlern (Strömungsgeräusche wie bei der Wasserleitung, Schwingungen von Klappensegeln und -taschen). Man nennt sie

• *systolische* Geräusche, wenn sie zwischen 1. und 2. Herzton zu hören sind.

• *diastolische* Geräusche, wenn sie zwischen 2. und 1. Herzton auftreten.

Typische Abhörstellen s. Bild auf vorletzter Seite.

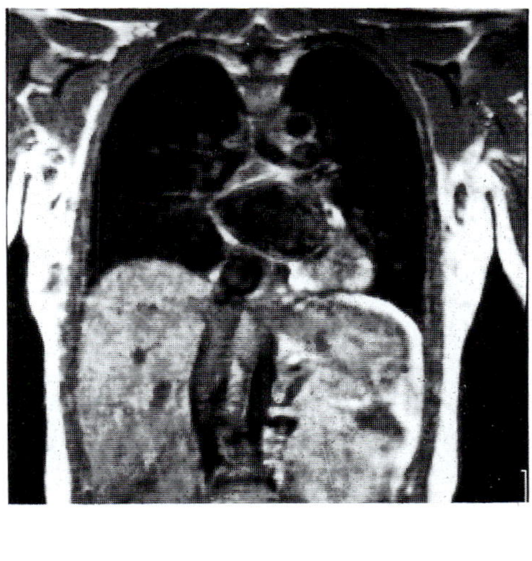

Frontales Kernspintomogramm (Magnetschichtbild = MRT) durch den Oberkörper. Die Schnittebene liegt weiter vorn als in der Abbildung auf der linken Seite. *[he2]*

• Die rechte Herzkammer ist weit geöffnet. In den rechten Vorhof (im Bild linkes unteres Eck des Herzens) mündet von unten die untere Hohlvene ein.

• Die rechte Zwerchfellkuppel (darunter die Leber) steht höher als die linke (darunter der Magen).

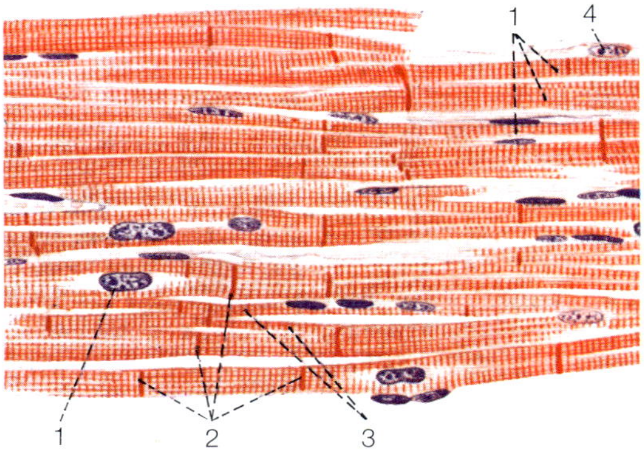

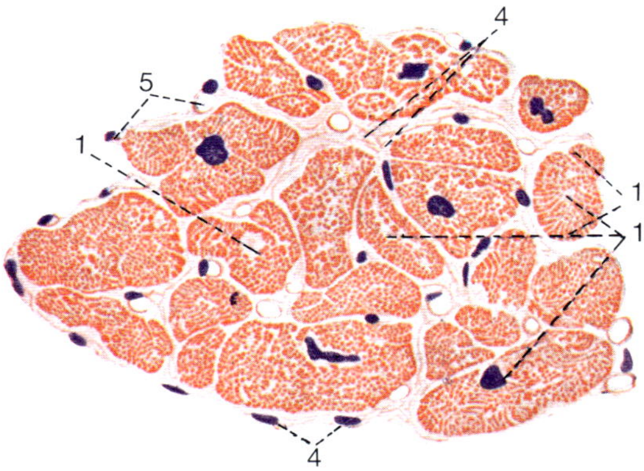

Herzmuskulatur im Längsschnitt (oben) und im Querschnitt (unten). Vergrößerung 400fach. Die Herzmuskelzellen (1) sind quergestreift und bilden ein spitzwinkliges Flechtwerk (3). Die Zellkerne liegen inmitten der Zellen. Die Zellen sind durch Glanzstreifen (2) aneinander gekoppelt. Zwischen den Bündeln von Herzmuskelzellen liegt Bindegewebe (4) mit Blutgefäßen. *[so]*

Schichten der Herzwand

Die Wand des Herzens besteht wie die der Blutgefäße aus 3 Hauptschichten, die durch 2 lockere Verschiebeschichten getrennt werden. Die 3 Hauptschichten sind:

- **Herzinnenhaut** (Endokard): Ein sehr flaches einschichtiges Deckgewebe liegt auf feinfaserigem und elastischem Bindegewebe. Die Herzinnenhaut ist frei von Blutgefäßen. Sie wird auf der einen Seite vom Blut in den Herzhöhlen, auf der anderen Seite von den Blutgefäßen der angrenzenden Verschiebeschicht ernährt. Die Segel und Taschen der Herzklappen sind Falten der Herzinnenhaut, die durch Faserplatten verstärkt sind.
- **Herzmuskel** (Myokard): s.u.
- **Herzaußenhaut** (Epikard): Das Herz ist dauernd in Bewegung und ändert dabei rhythmisch seine Form. Zur Minderung der Reibung ist es daher mit einer glatten Haut (mit Flüssigkeitsschmierung) überzogen. Dieses *Epikard* ist ein Teil des Herzbeutels. Der Glätte der Oberfläche dient ein einschichtiges, plattes bis kubisches Deckgewebe.

Herzmuskel

Der größte Teil der Herzwand besteht aus *Herzmuskelgewebe*. Es handelt sich um eine Sonderform des quergestreiften Muskelgewebes, die an Dauerleistungen besonders angepasst ist. Schließlich darf der Herzmuskel zwischen den einzelnen Schlägen nie länger als für den Bruchteil einer Sekunde erschlaffen.

- Die Dicke des Herzmuskels in der Wand der 4 Herzhöhlen hängt vom darin erzeugten Druck ab: Sie ist gering bei den Vorhöfen, mittelmäßig bei der rechten Herzkammer und am größten bei der linken Herzkammer (einschließlich der Kammerscheidewand, die ja auch ein Teil der Wand der linken Herzkammer ist).
- Eine spezialisierte Form von Herzmuskelzellen bildet das Erregungsleitungssystem des Herzens. Anders als bei allen anderen Muskeln übernehmen hier nicht Nerven, sondern die Muskelzellen selbst die Erregungsleitung.
- Beim Erwachsenen werden keine neuen Herzmuskelzellen mehr gebildet. Beim Herzinfarkt zerstörte Herzmuskelzellen werden durch Bindegewebe ersetzt (Narbe).
- Bei besonderer Beanspruchung des Kreislaufs verdicken und verlängern sich die einzelnen Fasern. Durch die gleichmäßige Größenzunahme der einzelnen Fasern wird das Herz insgesamt größer. Damit wachsen auch die Hohlräume, so dass das Schlagvolumen zunimmt. Die Zahl der Blutkapillaren ändert sich dabei nicht.
- Wächst die Muskelfaser über ein vernünftiges Maß hinaus, so reicht die Blutzufuhr nicht mehr aus. Die Leistung fällt wieder ab. Diese Herzmuskelschwäche („Herzinsuffizienz") tritt verfrüht auf, wenn das Herz, z.B. durch undichte oder zu enge Klappen, unwirtschaftlich arbeitet.

Herzbeutel (Perikard)

Das Herz „steckt" im Herzbeutel wie der Darm im Bauchfell oder die Lunge im Brustfell. Auch der Herzbeutel ist ein geschlossener Sack, ähnlich wie ein Fußball, aus dem die Luft ausgelassen und der dann mit der Faust eingedellt wurde. Das Herz im engeren Sinn ist der Faust zu vergleichen. Es wird von dem „eingedellten" Blatt des Herzbeutels überzogen, das so die Außenhaut (Epikard) des Herzens bildet. Während sich Brust- und Bauchfell an die Leibeswand anlegen können, muss sich der Herzbeutel die Außenwand seiner Höhle selbst schaffen. Sie liegt als derber Beutel (zugfestes Bindegewebe wie bei flachen Sehnen) in der Brusthöhle. Am Herzbeutel im weiteren Sinn kann man daher 2 Anteile unterscheiden:

- die derbe Hülle (Herz-„Beutel" im engeren Sinn).
- die glatte Innenhaut, die sowohl die Oberfläche des Herzens (Epikard) als auch die des Beutels überzieht und die Herzbeutelhöhle umschließt.

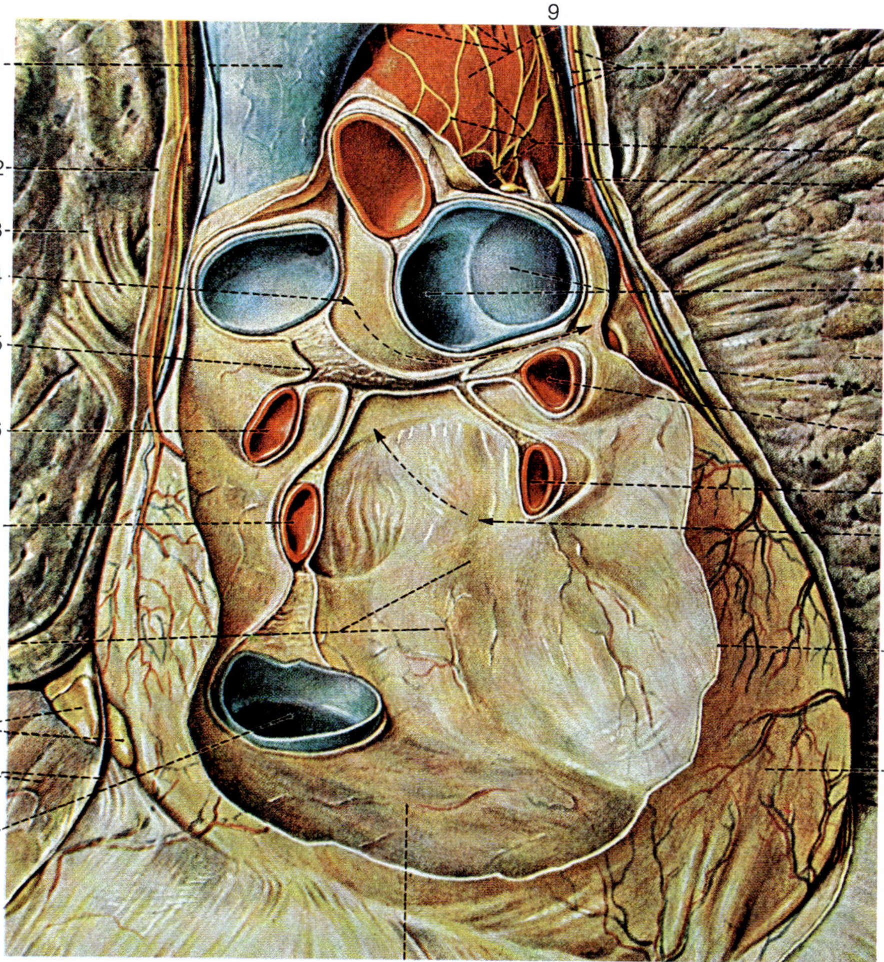

Hinterwand des Herzbeutels nach Entnahme des Herzens. Das Herz ist nur durch die großen Blutgefäße mit dem übrigen Körper verbunden. Nach Eröffnen des Herzbeutels kann man das Herz herausnehmen, wenn man die großen Blutgefäße durchtrennt. Arterien und Venen sind durch die quere Herzbeutelbucht getrennt. Lungenarterien blau („venöses" Blut), Lungenvenen rot („arterielles" Blut). *[sb3]*

1	Obere Hohlvene	*V. cava superior*
2	Brustfell	*Pleura*
3	Lunge	*Pulmo*
4	Quere Herzbeutelbucht	*Sinus transversus pericardii*
5	Herzbeutel	*Pericardium*
6	Lungenvenen	*Vv. pulmonales*
7	Fettgewebe	*Textus adiposus*
8	Untere Hohlvene	*V. cava inferior*
9	Aorta (Hauptarterie)	*Aorta*
10	Zwerchfellnerv + Herzbeutel-Zwerchfell-Arterie + -Vene	*N. phrenicus + A. + V. pericardiacophrenica*
11	Autonomes Nervengeflecht an der Aorta	*Plexus aorticus*
12	Vagus (zehnter Hirnnerv)	*N. vagus*
13	Stamm der Lungenarterien	*Truncus pulmonalis*
14	Schräge Herzbeutelbucht	*Sinus obliquus pericardii*

Herzbeutelerguss

In der Herzbeutelhöhle befindet sich normalerweise eine geringe Flüssigkeitsmenge, um die glatte Oberfläche zu schmieren. Ähnlich wie in der Brustfellhöhle oder der Bauchfellhöhle kann die Flüssigkeitsmenge, z.B. durch eine Blutung, zunehmen.

• Der Herzbeutelerguss ist ungleich gefährlicher als ein Brustfellerguss oder gar ein Bauchfellerguss: Während sich der Bauchraum erweitern und mühelos mehrere Liter Erguss aufnehmen kann, ist dies beim derben Herzbeutel nicht der Fall. Die Flüssigkeit im Herzbeutel nimmt dem Herzen Platz weg. Je größer der Erguss, desto kleiner wird das Herz. Schon bei etwa 300 ml wird es kritisch: Wird der Druck in der Herzbeutelhöhle höher als in den Vorhöfen, so werden diese zugedrückt. Dann kann kein Blut in das Herz einfließen. Wenn nichts hineinkommt, kann auch nichts herauskommen („Herzbeuteltamponade"). Das Herz hört auf zu pumpen.

• Der Tod kann nur durch sofortige Punktion und Absaugen des Herzbeutelergusses abgewendet werden.

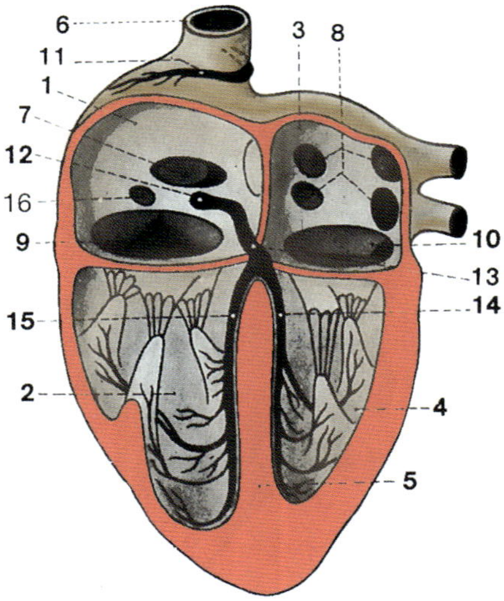

Erregungsleitungssystem (schwarz) des Herzens (schematisch). *[sb3]*

1	Rechter Vorhof	*Atrium dextrum*
2	Rechte Herzkammer	*Ventriculus dexter*
3	Linker Vorhof	*Atrium sinistrum*
4	Linke Herzkammer	*Ventriculus sinister*
5	Kammerscheidewand	*Septum interventriculare*
6	Obere Hohlvene	*V. cava superior*
7	Untere Hohlvene	*V. cava inferior*
8	Lungenvenen	*Vv. pulmonales*
9	Rechte Vorhof-Kammer-Klappe (= Dreizipfelklappe, Trikuspidalklappe)	*Valva atrioventricularis dextra [Valva tricuspidalis]*
10	Linke Vorhof-Kammer-Klappe (= Mitralklappe)	*Valva atrioventricularis sinistra [Valva mitralis]*
11	Sinusknoten	*Nodus sinuatrialis*
12	Vorhof-Kammer-Knoten (= AV-Knoten)	*Nodus atrioventricularis*
13	Stamm des Erregungsleitungssystems (His-Bündel)	*Fasciculus atrioventricularis*
14	Linker Schenkel (des Erregungsleitungssystems)	*Crus sinistrum*
15	Rechter Schenkel (des Erregungsleitungssystems)	*Crus dextrum*
16	Herzkranzbucht	*Sinus coronarius*

Erregungsleitungssystem des Herzens

Muskeln arbeiten nur, wenn vom Nervensystem ein entsprechender Impuls zu ihnen kommt. Beim Herzmuskel wäre dies unpraktisch und gefährlich: Zum einen müsste das Nervensystem die Impulse in Abständen von weniger als einer Sekunde tagaus tagein pausenlos senden. Zum anderen könnte eine kurz dauernde Störung im Nervensystem zum Herzstillstand führen. Mit seinem eigenen Erregungsbildungs- und Erregungsleitungssystem aus spezialisierten Herzmuskelzellen ist das Herz weitgehend unabhängig vom Nervensystem. Es sorgt dafür, dass

- das Herz regelmäßig und pausenlos arbeitet.
- sich die einzelnen Abschnitte der Herzwand in einer sinnvollen Reihenfolge anspannen, also zuerst die Vorhöfe und dann, mit einer kleinen Verzögerung (0,1–0,2 s), die Herzkammern.

Gliederung des Erregungsleitungssystems

- *Sinusknoten:* In einem kleinen Knoten in der Nähe der Mündung der oberen Hohlvene entstehen rhythmisch Erregungen. Diese breiten sich in weniger als 0,1 s über die beiden Vorhöfe aus und veranlassen deren Anspannung. Die Erregung springt nicht auf die Kammern über, da die Muskeln der Vorhöfe und der Kammern durch die Ventilebene vollständig voneinander getrennt sind.
- *AV-Knoten* (Atrioventrikularknoten): In der Nähe der Ventilebene liegt in der Vorhofscheidewand ein zweiter Knoten, der für die Erregung der Herzkammermuskeln zu sorgen hat. Zu ihm gelangt die Vorhoferregung. Sie wird aber nicht sofort an die Kammern weitergegeben, sondern etwa 0,1 s festgehalten. In dieser Zeit füllen die Vorhöfe die Kammern.
- *His-Bündel:* In der Ventilebene ist eine Lücke für den Durchtritt des Erregungsleitungssystems gelassen. Durch sie läuft ein Strang vom AV-Knoten zur Kammerscheidewand. Er wird nach dem Entdecker His-Bündel genannt. Er teilt sich in 2 Schenkel auf:
- *Schenkel* des Erregungsleitungssystems: Auf jeder Seite der Kammerscheidewand zieht ein Schenkel in Richtung Herzspitze (links meist zweigeteilt). Er spaltet sich in zahlreiche *Purkinje-Fasern* auf, über welche die Erregung zu den Muskelzellen der Herzkammerwand und der Papillarmuskeln gelangt.

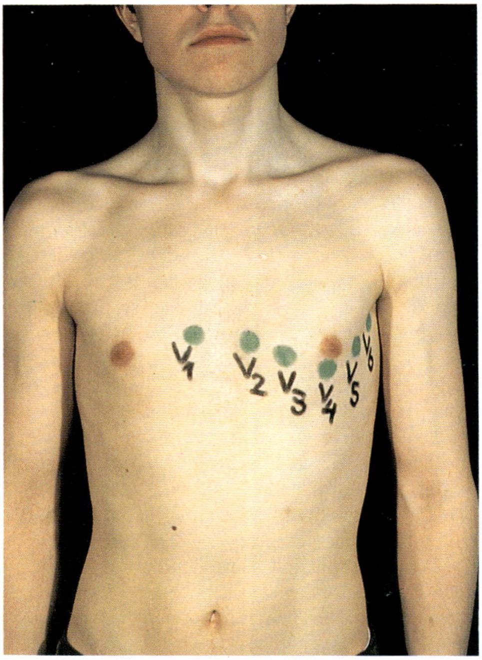

Brustwandableitungen des EKG. Die grünen Punkte bezeichnen die Stellen für das Anlegen der Brustwandelektroden. Im Elektrokardiogramm wird der Ablauf der Erregung über den Herzmuskel aufgezeichnet. *[li1]*

Herz von vorn mit Zwerchfellnerv und Vagus. Die punktierte Linie an den großen Gefäßen bezeichnet die Umschlagstelle des Herzbeutels. Lungenarterien violett, Lungenvenen orange. *[bl]*

1	Linker Vorhof	*Atrium sinistrum*
2	Linke Herzkammer	*Ventriculus sinister*
3	Rechter Vorhof	*Atrium dextrum*
4	Rechte Herzkammer	*Ventriculus dexter*
5	Aorta (Hauptarterie)	*Arcus aortae*
6	Stamm der Lungenarterien	*Truncus pulmonalis*
7	Obere Hohlvene	*V. cava superior*
8	Innere Halsvene (innere Drosselvene)	*V. jugularis interna*
9	Schlüsselbeinvene	*V. subclavia*
10	Arm-Kopf-Vene	*V. brachiocephalica*
11	Zwerchfell	*Diaphragma*
12	Schlüsselbeinarterie	*A. subclavia*
13	Bronchus	*Bronchus*
14	Lungenvenen	*Vv. pulmonales*
15	Vagus (10. Hirnnerv)	*N. vagus (X)*
16	Zwerchfellnerv	*N. phrenicus*
17	Herzganglion	*Ganglion cardiacum*
18	Rechtes Herzohr	*Auricula dextra*
19	Rückläufiger Kehlkopfnerv („Rekurrens")	*N. laryngeus recurrens*
20	Vorderer Treppenmuskel	*M. scalenus anterior*
21	Herzbeutel	*Pericardium*

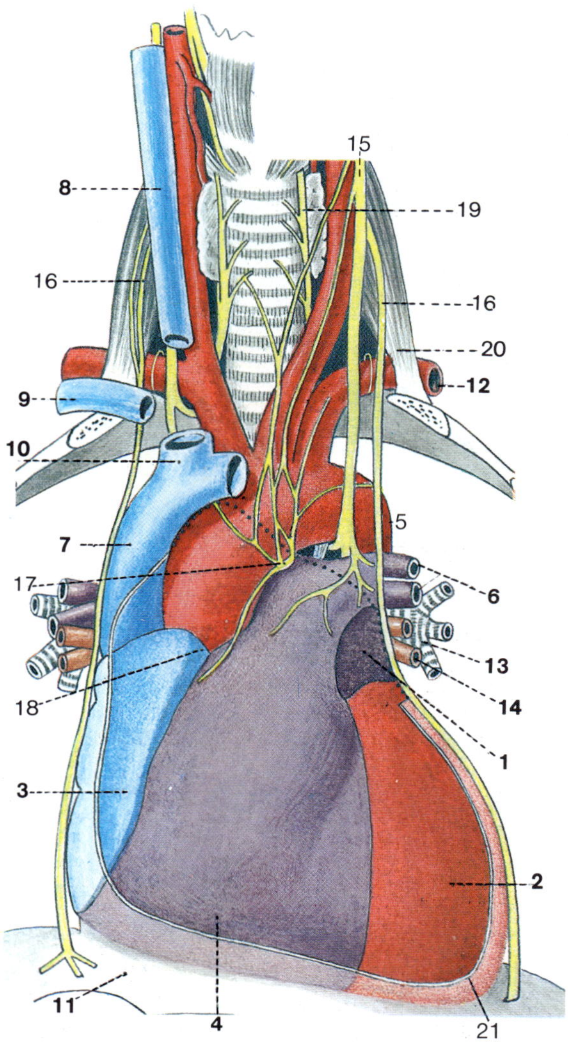

Aufgaben der Herznerven

Im Sinusknoten entstehen normalerweise etwa 70 Erregungen pro Minute. Über die Herznerven wird der Sinusknoten zu schnellerer (Sympathikus) oder langsamerer (Parasympathikus) Erregungsbildung veranlasst. Ähnlich wie der Sympathikus wirken die Hormone des Nebennierenmarks (Adrenalin, Noradrenalin) und verwandte Arzneimittel.

Herzrhythmusstörungen

• *Ausfall des Sinusknotens:* Das Herz bleibt dann nicht stehen, weil auch der AV-Knoten rhythmisch Erregungen erzeugt, und zwar etwa 40 pro Minute. Sie werden normalerweise nicht wirksam, weil der Sinusknoten schneller ist. Fällt jedoch die Erregung des Sinusknotens aus, so schlägt das Herz im langsamen Rhythmus des AV-Knotens weiter.

• *Überleitungsstörungen:* Beim gesunden Herzen folgt jeder Vorhofkontraktion eine Kammerkontraktion zum günstigsten Zeitpunkt. Bei einem SA-Block (sinuatrialen Block), AV-Block (atrioventrikulären Block) oder einem Schenkelblock kann dieses Zusammenspiel von Vorhöfen und Kammern verloren gehen. Die Diagnose erfolgt aus dem EKG.

• In beiden Fällen wird die Herztätigkeit unwirtschaftlich (wie bei einem Automotor, dessen Zündzeitpunkt schlecht eingestellt ist). Es ist dann das Einsetzen eines künstlichen Herzschrittmachers zu erwägen.

Windkesselfunktion

In der Hauptarterie (Aorta) und den Anfangsabschnitten ihrer großen Äste wird die Mittelschicht der Wand nicht von glatten Muskelzellen, sondern von elastischem Bindegewebe gebildet („Arterie vom elastischen Typ"). Dies hängt mit deren „Windkesselfunktion" zusammen:

• Das Blut strömt aus dem Herzen nur beim Zusammenziehen der Herzkammern (Systole) aus. Wären die Arterien starre Rohre, so würde das Blut jeweils nur dann in ihnen fließen. Während der Füllungsphase der Herzkammern käme der Blutstrom zum Stehen. Dies wäre schlecht für die zu versorgenden Organe. Hinter das Herz ist deswegen ein Behältnis geschaltet, das sich bei Auswurf des Blutes erweitert, dann aber wieder zusammenzieht. So wird eine gleichmäßige Blutströmung gewährleistet.

• Diese Aufgabe erfüllt am einfachsten elastisches Bindegewebe: Im Gegensatz zu Muskeln hat Bindegewebe eine niedrige Stoffwechselrate. Es entfällt auch das Problem, das Zusammenziehen und Erschlaffen von Muskelfasern mit der Tätigkeit des Herzens abzustimmen.

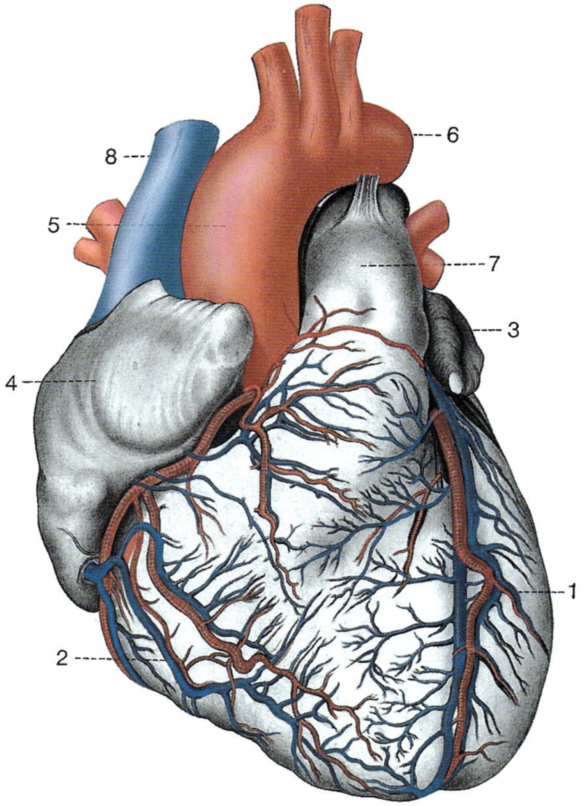

Herz mit Herzkranzgefäßen von vorn. *[la1]*

1	Vorderer Zwischenkammerast (der linken Herzkranzarterie) + vordere Zwischenkammervene	*R. interventricularis anterior + V. interventricularis anterior*
2	Rechte Herzkranzvene („kleine Herzvene")	*V. cardiaca [cordis] parva*
3	Linker Vorhof	*Atrium sinistrum*
4	Rechter Vorhof	*Atrium dextrum*
5	Aufsteigende Aorta	*Pars ascendens aortae [Aorta ascendens]*
6	Aortenbogen	*Arcus aortae*
7	Stamm der Lungenarterien	*Truncus pulmonalis*
8	Obere Hohlvene	*V. cava superior*

Verlauf der Herzkranzarterien (Koronararterien)

Die beiden Herzkranzarterien entspringen als erste Äste aus der aufsteigenden Aorta unmittelbar oberhalb der Aortenklappe und verlaufen in der Herzkranzfurche zwischen Vorhöfen und Kammern, was ihnen ihren Namen eingebracht hat.

• *Rechte Herzkranzarterie:* Sie läuft in der rechten Herzkranzfurche von vorn um den rechten Umfang des Herzens nach rückwärts und steigt dann als hinterer Zwischenkammerast in der hinteren Zwischenkammerfurche ab.

• *Linke Herzkranzarterie:* Sie teilt sich schon nach etwa 1 cm in 2 Äste: vorderer Zwischenkammerast (meist abgekürzt RIVA) und umbiegender Ast (CX). Der Hauptstamm und der umbiegende Ast liegen in der linken Herzkranzfurche. Der vordere Zwischenkammerast zieht in der vorderen Zwischenkammerfurche zur Herzspitze. Die beiden Äste sind jeder etwa so dick wie die rechte Herzkranzarterie. Deshalb spricht der Kardiologe (Herzarzt) bei der koronaren Herzkrankheit (KHK) von einer Ein-, Zwei- oder Dreigefäßerkrankung, je nachdem wie viel Äste befallen sind.

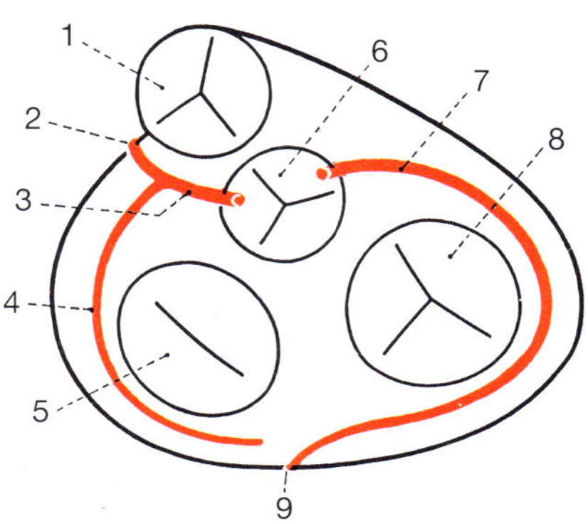

Versorgungsbereiche der Herzkranzarterien

Die rechte und die linke Herzkranzarterie versorgen nicht getrennt die rechte und die linke Herzhälfte. Die Grenze ist vorn nach rechts und hinten nach links verschoben. Demnach gehören zur:

• *rechten Herzkranzarterie:* der größte Teil der rechten Herzkammerwand und der rechten Vorhofwand sowie ein kleiner Teil der Kammerscheidewand und der linken Herzkammerwand im Bereich der Hinterwand. Meist gehören auch der Sinusknoten und der AV-Knoten zur rechten Herzkranzarterie.

• *linken Herzkranzarterie:* der größte Teil der linken Herzkammerwand, der linken Vorhofwand und der Kammerscheidewand sowie ein kleiner Teil der rechten Herzkammerwand im Bereich der Vorderwand.

Ventilebene mit den Herzkranzarterien (Ansicht von hinten oben. *[li2]*

1	Lungenarterienklappe (Pulmonalklappe) mit 3 halbmondförmigen Taschen	*Valva trunci pulmonalis + Valvulae semilunares*
2	Vorderer Zwischenkammerast (der linken Herzkranzarterie)	*R. interventricularis anterior*
3	Linke Herzkranzarterie	*A. coronaria sinistra*
4	Umbiegender Ast (der linken Herzkranzarterie)	*R. circumflexus*
5	Linke Vorhof-Kammer-Klappe (= Mitralklappe)	*Valva atrioventricularis sinistra [Valva mitralis]*
6	Aortenklappe mit 3 halbmondförmigen Taschen	*Valva aortae; Valvulae semilunares*
7	Rechte Herzkranzarterie	*A. coronaria dextra*
8	Rechte Vorhof-Kammer-Klappe (= Dreizipfelklappe, Trikuspidalklappe)	*Valva atrioventricularis dextra [Valva tricuspidalis]*
9	Hinterer Zwischenkammerast (der rechten Herzkranzarterie)	*R. interventricularis posterior*

Herz mit Herzkranzgefäßen (Ansicht von hinten unten). *[bg2]*

1	Aortenbogen	*Arcus aortae*
2	Lungenarterie	*A. pulmonalis*
3	Lungenvenen	*Vv. pulmonales*
4	Linker Vorhof	*Atrium sinistrum*
5	Linke Herzkranzarterie	*A. coronaria sinistra*
6	Herzkranzbucht (Sammelstelle der Herzvenen)	*Sinus coronarius*
7	Hinterer Zwischenkammerast (der rechten Herzkranzarterie)	*R. interventricularis posterior*
8	Linke Herzkammer	*Ventriculus sinister*
9	Obere Hohlvene	*V. cava superior*
10	Rechter Vorhof	*Atrium dextrum*
11	Untere Hohlvene	*V. cava inferior*
12	Rechte Herzkranzarterie	*A. coronaria dextra*
13	Rechte Herzkammer	*Ventriculus dexter*

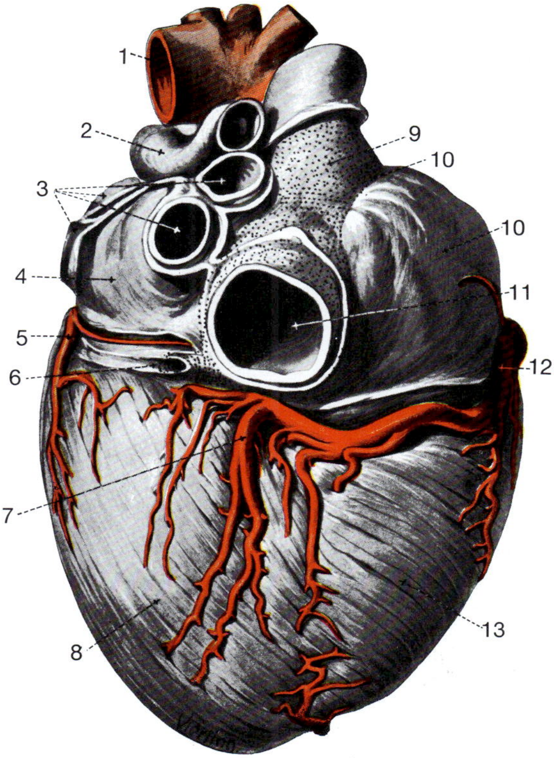

Koronare Herzkrankheit

Durchblutungsstörungen der Herzkranzarterien führen zu heftigstem Beklemmungsgefühl *(Angina pectoris)*. Die Schmerzen strahlen häufig vom Brustkorb in den linken Oberarm aus.

• Bei plötzlichem Verschluss eines größeren Astes einer Herzkranzarterie kann die Blutversorgung des zugehörigen Herzteils meist nicht von Nachbargefäßen mit übernommen werden. Der betroffene Abschnitt stellt seine Tätigkeit ein und geht zugrunde. Der Patient bricht häufig nach kurzem, vernichtendem Brustschmerz bewusstlos zusammen. Der *Herzinfarkt* ist Ursache der meisten plötzlichen Todesfälle aus scheinbar völliger Gesundheit. Das Infarktrisiko wird durch Rauchen und Übergewicht wesentlich erhöht. Im vereinten Deutschland sterben jährlich etwa 85 000 Menschen am akuten Herzinfarkt.

• Wenn der Herzinfarkt überlebt wird, ersetzt der Körper das abgestorbene Herzmuskelgewebe durch Bindegewebe (Narbenbildung). Dieser Bereich der Herzwand kann sich nun nicht mehr zusammenziehen. Je größer der abgestorbene Bereich, desto geringer wird die Pumpleistung des Herzens. Erschwerend kann der Ausfall von Papillarmuskeln und des Erregungsleitungssystems hinzukommen (Folge: undichte Segelklappen bzw. Herzrhythmusstörungen).

Herzvenen

Die mit den Herzkranzarterien verlaufenden *Herzvenen* vereinigen sich in der Herzkranzbucht. Diese mündet in den rechten Vorhof.

Kunststoffausguss der Arterien des Herzens (Korrosionspräparat). Ein flüssiger roter Kunststoff wurde über die Aorta unter hohem Druck in die Herzkranzarterien eingespritzt. Nach dem Härten des Kunststoffs wurde das Herzgewebe mit Laugen aufgelöst. Man sieht die großen Gefäße an der Oberfläche des Herzens verlaufen. Von ihnen ziehen kleine Äste in die Muskelwand des Herzens und zweigen sich dort in ein dichtes Netz auf. Das Bild zeigt die Aufzweigung der linken Herzkranzarterie:

- im Bild links der vordere Zwischenkammerast,
- im Bild rechts der umbiegende Ast,
- in der Mitte der linke Randast. *[li5]*

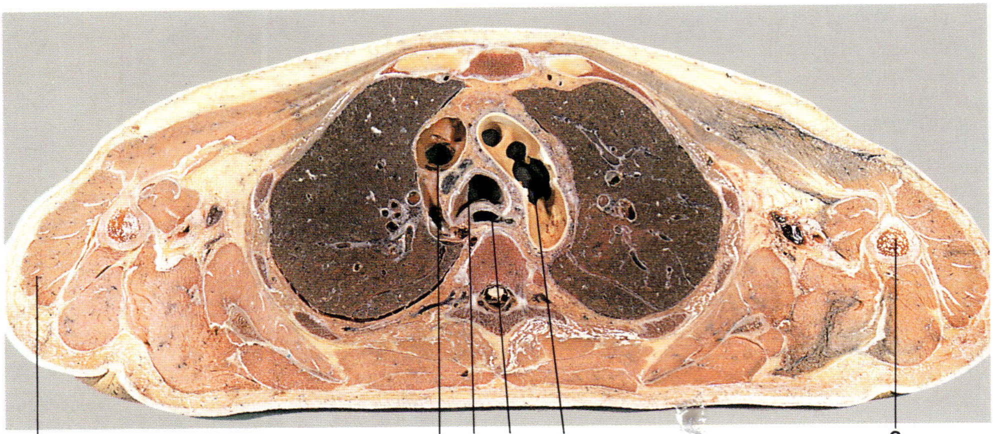

↑ **Querschnitt durch den Oberkörper** (Horizontalschnitt) auf Höhe des Ansatzes der ersten Rippen am Handgriff des Brustbeins (Anblick von unten). Der Schnitt geht durch den Gipfel des Aortenbogens. Man sieht die Abgänge der großen Äste. *[li5]*

1	Deltamuskel	*M. deltoideus*
2	Obere Hohlvene	*V. cava superior*
3	Luftröhre	*Trachea*
4	Speiseröhre	*Oesophagus*
5	Aortenbogen	*Arcus aortae*
6	Oberarmbein	*Humerus*

↓ **Querschnitt durch den Oberkörper** auf Höhe des Ansatzes der dritten Rippen am Brustbein unmittelbar oberhalb des Herzens (Anblick von unten). Der Schnitt geht durch die Aufzweigung des Stamms der Lungenarterien. Die Aorta ist im Schnitt zweimal getroffen (vorn der aufsteigende, hinten der absteigende Teil). *[li5]*

1	Großer Brustmuskel	*M. pectoralis major*
2	Kleiner Brustmuskel	*M. pectoralis minor*
3	Lungenvene	*V. pulmonalis*
4	Obere Hohlvene	*V. cava superior*
5	Aufsteigende Aorta	*Pars ascendens aortae [Aorta ascendens]*
6	Brustbein	*Sternum*
7	Stamm der Lungenarterien	*Truncus pulmonalis*
8	Schulterblatt	*Scapula*
9	Rechte Lunge	*Pulmo dexter*
10	Bronchus	*Bronchus*
11	Trapezmuskel (Kapuzenmuskel)	*M. trapezius*
12	Wirbelkörper	*Corpus vertebrae*
13	Brustaorta	*Pars thoracica aortae [Aorta thoracica]*
14	Wirbelsäulenaufrichter	*M. erector spinae*
15	Linke Lunge	*Pulmo sinister*

↓

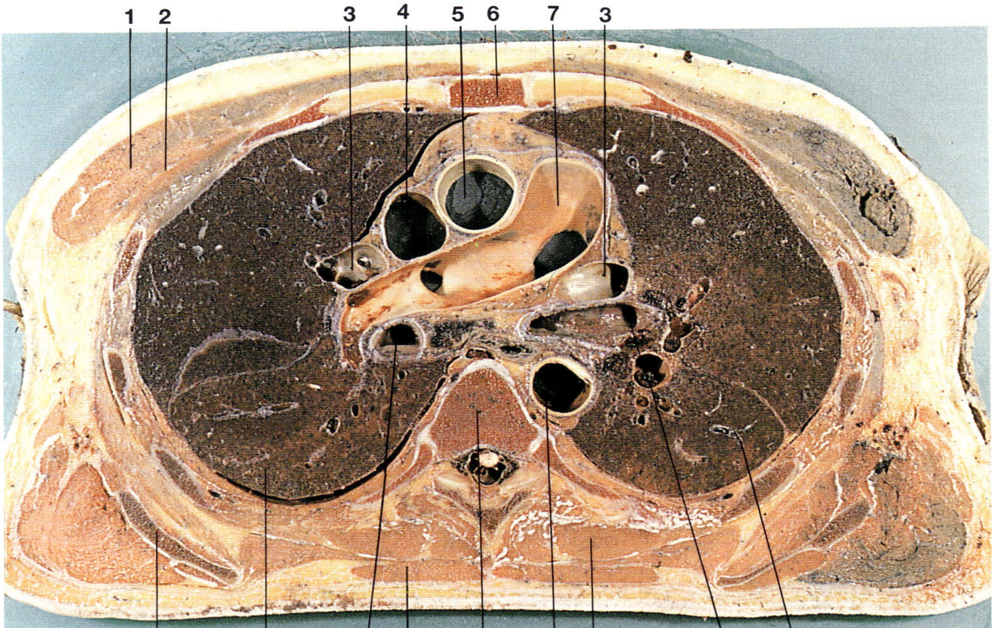

Herz mit Herzkranzgefäßen (Ansicht von hinten unten). *[bg2]*

1	Aortenbogen	*Arcus aortae*
2	Lungenarterie	*A. pulmonalis*
3	Lungenvenen	*Vv. pulmonales*
4	Linker Vorhof	*Atrium sinistrum*
5	Linke Herzkranzarterie	*A. coronaria sinistra*
6	Herzkranzbucht (Sammelstelle der Herzvenen)	*Sinus coronarius*
7	Hinterer Zwischenkammerast (der rechten Herzkranzarterie)	*R. interventricularis posterior*
8	Linke Herzkammer	*Ventriculus sinister*
9	Obere Hohlvene	*V. cava superior*
10	Rechter Vorhof	*Atrium dextrum*
11	Untere Hohlvene	*V. cava inferior*
12	Rechte Herzkranzarterie	*A. coronaria dextra*
13	Rechte Herzkammer	*Ventriculus dexter*

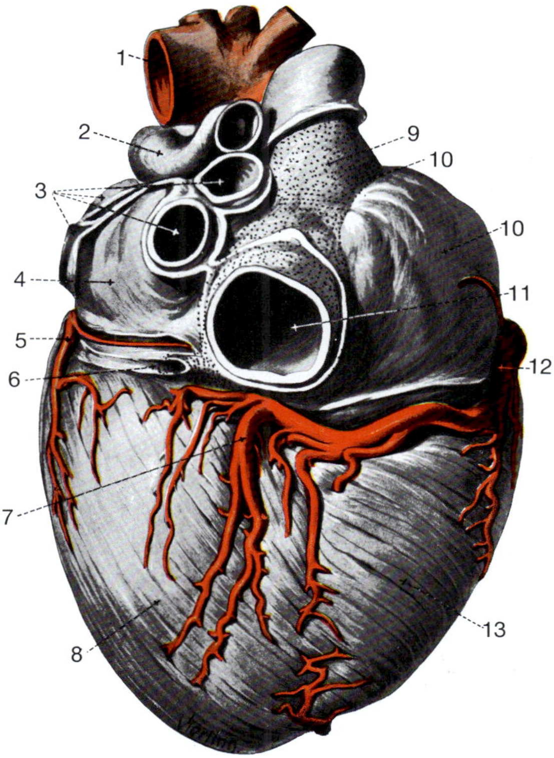

Koronare Herzkrankheit

Durchblutungsstörungen der Herzkranzarterien führen zu heftigstem Beklemmungsgefühl *(Angina pectoris)*. Die Schmerzen strahlen häufig vom Brustkorb in den linken Oberarm aus.

• Bei plötzlichem Verschluss eines größeren Astes einer Herzkranzarterie kann die Blutversorgung des zugehörigen Herzteils meist nicht von Nachbargefäßen mit übernommen werden. Der betroffene Abschnitt stellt seine Tätigkeit ein und geht zugrunde. Der Patient bricht häufig nach kurzem, vernichtendem Brustschmerz bewusstlos zusammen. Der *Herzinfarkt* ist Ursache der meisten plötzlichen Todesfälle aus scheinbar völliger Gesundheit. Das Infarktrisiko wird durch Rauchen und Übergewicht wesentlich erhöht. Im vereinten Deutschland sterben jährlich etwa 85 000 Menschen am akuten Herzinfarkt.

• Wenn der Herzinfarkt überlebt wird, ersetzt der Körper das abgestorbene Herzmuskelgewebe durch Bindegewebe (Narbenbildung). Dieser Bereich der Herzwand kann sich nun nicht mehr zusammenziehen. Je größer der abgestorbene Bereich, desto geringer wird die Pumpleistung des Herzens. Erschwerend kann der Ausfall von Papillarmuskeln und des Erregungsleitungssystems hinzukommen (Folge: undichte Segelklappen bzw. Herzrhythmusstörungen).

Herzvenen

Die mit den Herzkranzarterien verlaufenden *Herzvenen* vereinigen sich in der Herzkranzbucht. Diese mündet in den rechten Vorhof.

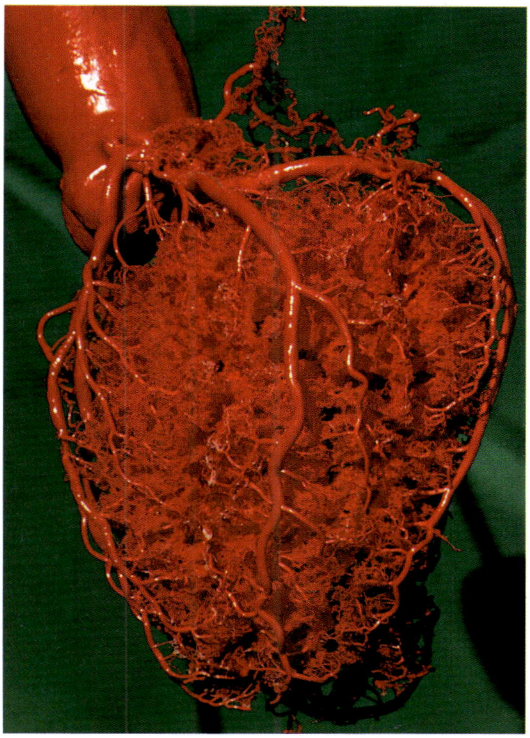

Kunststoffausguss der Arterien des Herzens (Korrosionspräparat). Ein flüssiger roter Kunststoff wurde über die Aorta unter hohem Druck in die Herzkranzarterien eingespritzt. Nach dem Härten des Kunststoffs wurde das Herzgewebe mit Laugen aufgelöst. Man sieht die großen Gefäße an der Oberfläche des Herzens verlaufen. Von ihnen ziehen kleine Äste in die Muskelwand des Herzens und zweigen sich dort in ein dichtes Netz auf. Das Bild zeigt die Aufzweigung der linken Herzkranzarterie:

- im Bild links der vordere Zwischenkammerast,
- im Bild rechts der umbiegende Ast,
- in der Mitte der linke Randast. *[li5]*

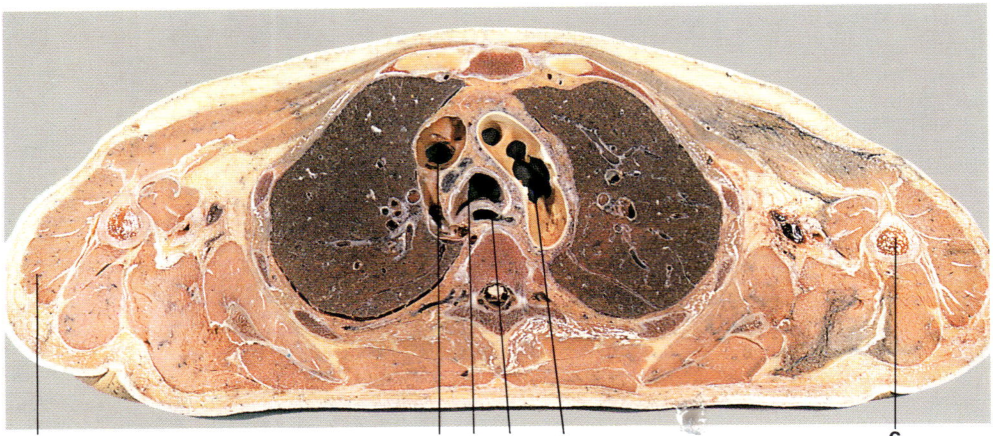

↑ Querschnitt durch den Oberkörper (Horizontalschnitt) auf Höhe des Ansatzes der ersten Rippen am Handgriff des Brustbeins (Anblick von unten). Der Schnitt geht durch den Gipfel des Aortenbogens. Man sieht die Abgänge der großen Äste. *[li5]*

1	Deltamuskel	*M. deltoideus*
2	Obere Hohlvene	*V. cava superior*
3	Luftröhre	*Trachea*
4	Speiseröhre	*Oesophagus*
5	Aortenbogen	*Arcus aortae*
6	Oberarmbein	*Humerus*

↓ Querschnitt durch den Oberkörper auf Höhe des Ansatzes der dritten Rippen am Brustbein unmittelbar oberhalb des Herzens (Anblick von unten). Der Schnitt geht durch die Aufzweigung des Stamms der Lungenarterien. Die Aorta ist im Schnitt zweimal getroffen (vorn der aufsteigende, hinten der absteigende Teil). *[li5]*

1	Großer Brustmuskel	*M. pectoralis major*
2	Kleiner Brustmuskel	*M. pectoralis minor*
3	Lungenvene	*V. pulmonalis*
4	Obere Hohlvene	*V. cava superior*
5	Aufsteigende Aorta	*Pars ascendens aortae [Aorta ascendens]*
6	Brustbein	*Sternum*
7	Stamm der Lungenarterien	*Truncus pulmonalis*
8	Schulterblatt	*Scapula*
9	Rechte Lunge	*Pulmo dexter*
10	Bronchus	*Bronchus*
11	Trapezmuskel (Kapuzenmuskel)	*M. trapezius*
12	Wirbelkörper	*Corpus vertebrae*
13	Brustaorta	*Pars thoracica aortae [Aorta thoracica]*
14	Wirbelsäulenaufrichter	*M. erector spinae*
15	Linke Lunge	*Pulmo sinister*

↓

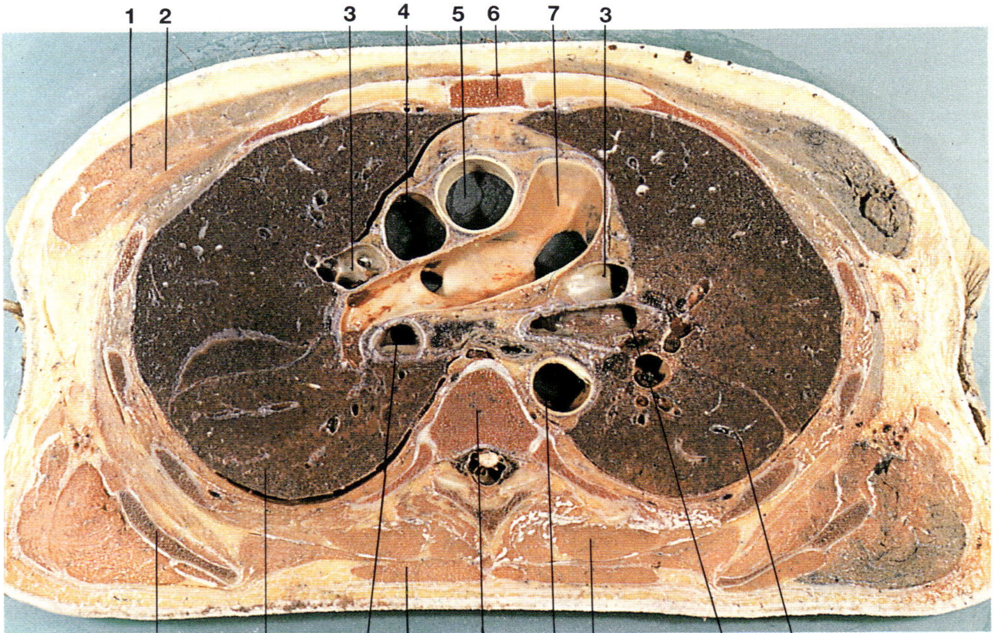

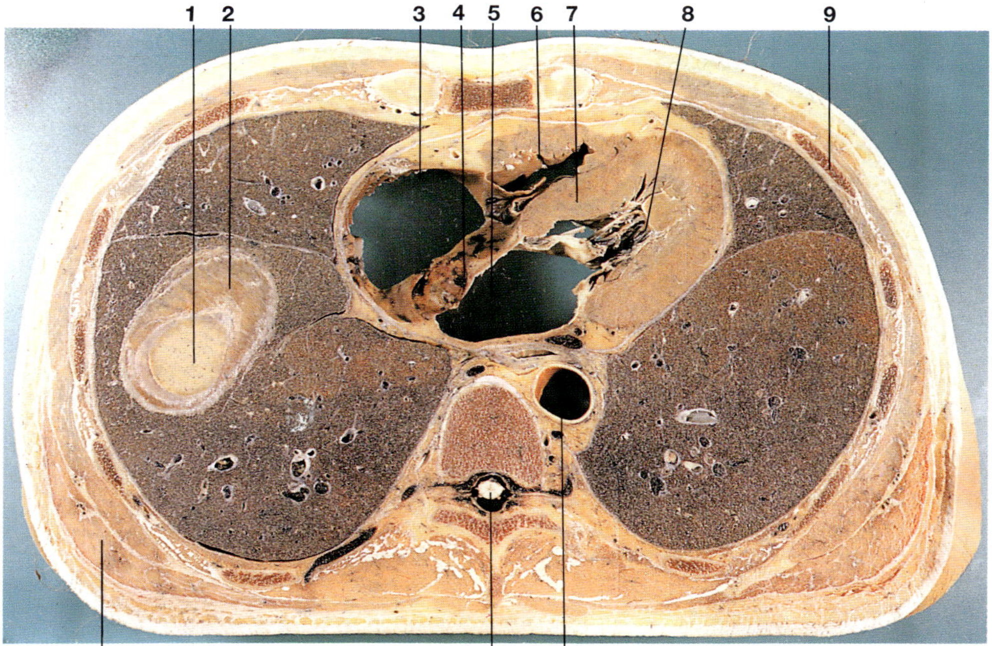

Querschnitt durch den Oberkörper auf Höhe des Ansatzes der 5. Rippen am Brustbein (Anblick von unten). Der Schnitt geht wegen der Schräglage des Herzens durch die Vorhöfe und die Herzkammern. Wegen der extremen Hochlage des Zwerchfells bei der Leiche trifft der Schnitt auch noch den höchsten Teil der Leber. *[li5]*

1	Leber	*Hepar*
2	Zwerchfell	*Diaphragma*
3	Rechter Vorhof	*Atrium dextrum*
4	Vorhofscheidewand	*Septum interatriale*
5	Linker Vorhof	*Atrium sinistrum*
6	Rechte Herzkammer	*Ventriculus dexter*
7	Herzkammerscheidewand	*Septum interventriculare*
8	Linke Herzkammer	*Ventriculus sinister*
9	Rippe	*Costa*
10	Breiter Rückenmuskel	*M. latissimus dorsi*
11	Rückenmark	*Medulla spinalis*
12	Aorta (Hauptarterie)	*Aorta*

Äußere Herzmassage

Bei Unfällen bleibt manchmal das Herz stehen, wenn das parasympathische Nervensystem übermäßig gereizt wird (reflektorischer Herzstillstand). Dann ist es lebenswichtig, für einige Minuten den Blutkreislauf in Gang zu halten, bis das Herz wieder zu schlagen beginnt. Dazu presst man den Brustkorb rhythmisch etwa 60mal pro Minute kräftig (!) zusammen. Das Herz kann im straffen Herzbeutel dem Druck nicht seitlich ausweichen. Es muss vielmehr seinen Rauminhalt verkleinern, d.h., Blut wird in die Arterien ausgeworfen. Bei Entlastung wird jeweils Blut aus den Venen angesaugt. Da sich die Klappen in der Aorta und in der Lungenarterie rein passiv öffnen und schließen, kommt so auch ohne aktive Mitwirkung der Herzmuskulatur eine gerichtete Blutströmung zustande. Durch diese kann über die kritischen Minuten das Leben des Verunglückten erhalten werden.

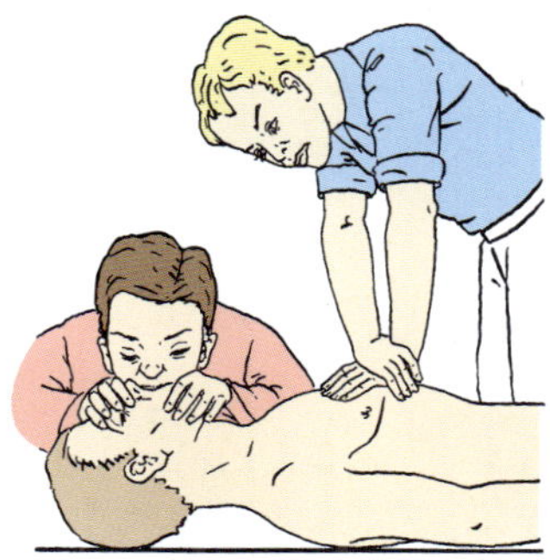

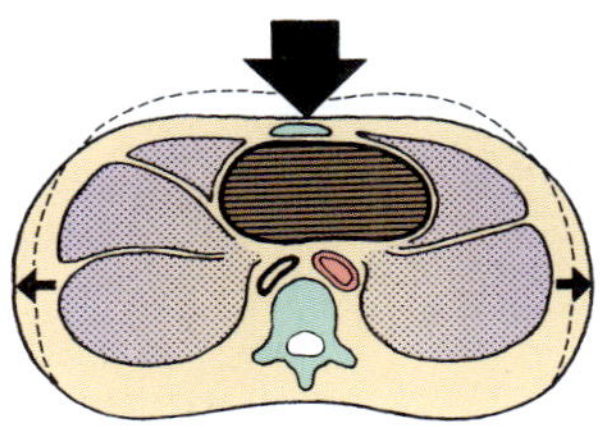

Äußere Herzmassage. Das Herz nimmt fast den ganzen Raum zwischen Brustbein und Wirbelsäule ein. Druck auf den Brustkorb von vorn muss daher das Herz zusammenpressen. Man achte auf die empfehlenswerte Handhaltung. Das obere Bild zeigt zusätzlich die Mund-zu-Mund-Beatmung durch einen zweiten Helfer. Wichtig ist dabei das Überstrecken des Kopfes des Verunglückten, um die Atemwege freizuhalten. *[sc7]*

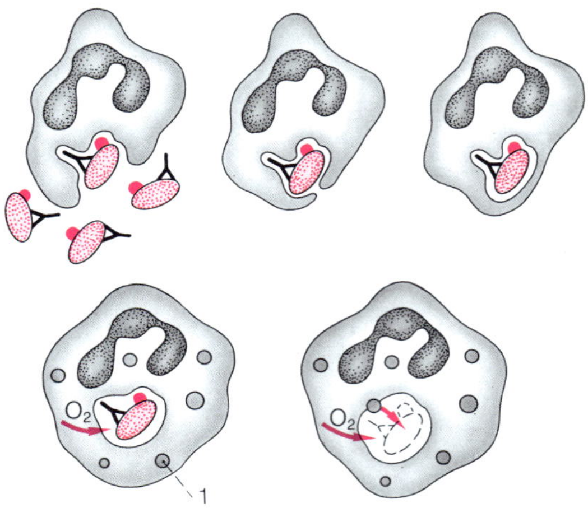

Phagozytose: Ein neutrophiler Granulozyt „frisst" ein durch Antikörper und Komplement markiertes Bakterium. Das Bakterium wird vom Zellleib umflossen, in den Zellleib aufgenommen und mit Hilfe von O_2-Radikalen und Lysosomenenzymen aufgelöst. 1 = Lysosom. *[pp3]*

Kleinlebewesen im menschlichen Körper

Leben ist immer ein Kampf um das Überleben. Natürliche Feinde aller höheren Lebewesen sind Kleinlebewesen. Viren, Bakterien, Pilze, ein- und mehrzellige Parasiten nisten sich in den Körpern der höheren Lebewesen ein und leben auf deren Kosten.

• In Einzelfällen kommt es dabei zu einem friedlichen Miteinander, das beiden Teilen Vorteile bringt (Symbiose), z.B. die säurebildenden Bakterien (Lactobacillus acidophilus) in der Scheide der gesunden Frau. Die von ihnen gebildete Säure verhindert die Vermehrung krankheitserregender Bakterien und schützt somit vor Infektionen der Scheide.

• Nicht ganz so friedlich ist das Zusammenleben mit bestimmten Dickdarmbakterien (Escherichia coli). Im Dickdarm stören sie nicht und werden daher vom Körper geduldet. In anderen Organen, z.B. den Harnwegen, können sie jedoch gefährliche Entzündungen hervorrufen. Sie müssen daher außerhalb des Darms bekämpft werden.

2 Stufen der Abwehr gegen Krankheitserreger
- Die allgemeine (angeborene) Abwehr richtet sich gegen Kleinlebewesen ganz allgemein
- Die spezifische (erlernte) Abwehr richtet sich gegen einen speziellen Krankheitserreger

Allgemeine (unspezifische) Abwehr

• *Haut:* Die gesunde Haut ist für Bakterien kaum zu durchdringen. Hat man sich jedoch verletzt, so besteht hohe Infektionsgefahr.

• *Magensäure:* Sie vernichtet mit den Speisen aufgenommene Bakterien. Wird zu wenig Magensäure gebildet, so sind Durchfallerkrankungen häufiger.

• *Schleim und Flimmerhaare* in den Luftwegen: Mit der Atemluft in den Körper gelangte Bakterien und Staubteilchen bleiben am Schleim hängen. Sie werden dann durch den Schlag der Flimmerhaare, verstärkt durch Husten und Niesen, aus dem Körper geschleust.

• *Abwehrstoffe:* Viele Zellen und Sekrete des Körpers enthalten das Enzym Lysozym. Es greift die Zellwand zahlreicher Bakterien an. Die geschädigte Zellwand wird dann vom „Komplement" (einer Gruppe von etwa 20 Bluteiweißkörpern) aufgelöst („lytischer Reaktionsweg"). Die „Akutphasenproteine" werden während einer Infektion vom Körper vermehrt erzeugt. Sie unterstützen das Komplement und die Abwehrzellen.

• *Fresszellen (Phagozyten):* Sie nehmen nicht in den Körper gehörende Teilchen (Bakterien, Staub usw.) in ihren Zellleib auf und zerstören sie mit ihren Enzymen. Sie werden z.T. durch Lockstoffe zu den Krankheitsherden geleitet (Chemotaxis). Solche Lockstoffe entstehen z.B. beim Zerfall geschädigter Körperzellen. Zu den Fresszellen gehören die neutrophilen Granulozyten (kleine Fresszellen) und alle Zellen des Makrophagensystems (große Fresszellen). Früher meinte man, dass diese Zellen direkt aus dem retikulären Bindegewebe und den Blutgefäßwänden entstünden und nannte daher das Makrophagensystem retikuloendotheliales System (RES).

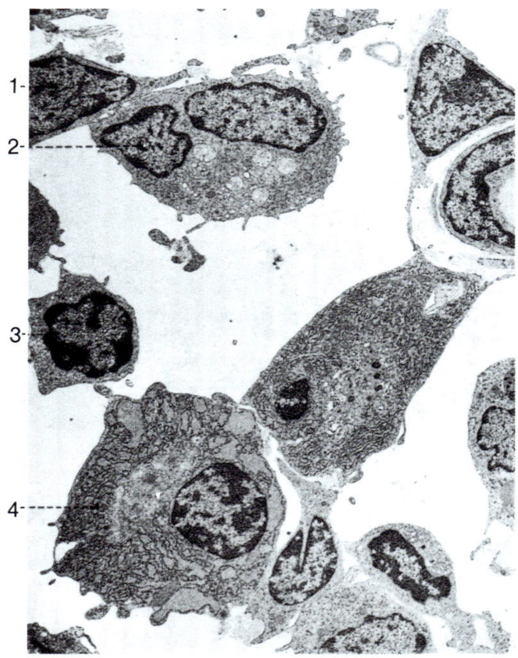

Abwehrzellen aus einem Lymphknoten im elektronenmikroskopischen Bild (Vergrößerung 1800fach): Retikulumzelle (1), Makrophage (2), kleiner Lymphozyt (3), Plasmazelle (4). *[be2]*

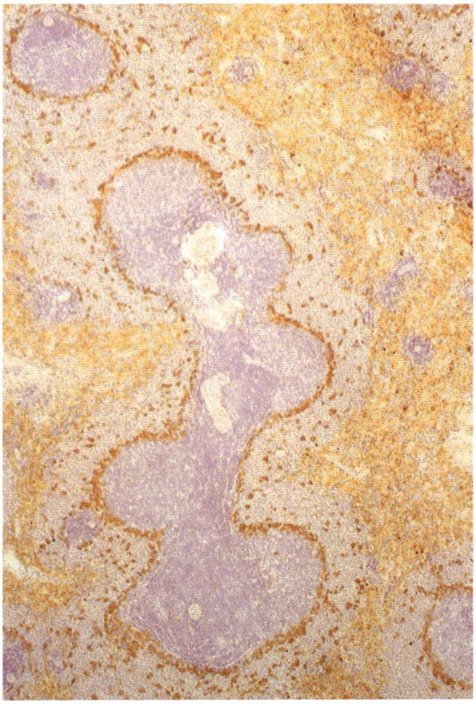

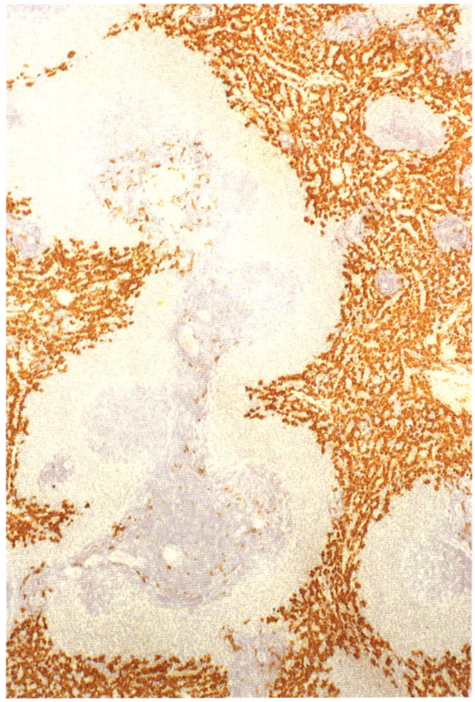

↑ **Makrophagen** (große Fresszellen) in der Milz im lichtmikroskopischen Bild (Vergrößerung 70fach, indirekte Immunperoxidasereaktion). Zwei Gruppen von Fresszellen sind mit Hilfe eines an verschiedene Antikörper gebundenen braunen Farbstoffs zu unterscheiden. Hier wird am etwa gleichen mikroskopischen Schnittpräparat gezeigt, wie die an sich frei beweglichen Abwehrzellen sich je nach ihrer Aufgabe bevorzugt an bestimmten Stellen der einzelnen Organe aufhalten. *[we3]*

• Linkes Bild: Die mit dem Antikörper ED3 markierten Makrophagen stehen im Dienst der Infektionsabwehr. Sie halten sich an der Grenze zwischen den B- und T-Lymphozyten-Regionen in der weißen Pulpa der Milz auf.

• Rechtes Bild ↑: Die mit dem Antikörper ED2 markierten Makrophagen beseitigen überalterte rote Blutkörperchen (Erythrozyten), die sich im Maschenwerk der roten Pulpa der Milz verfangen haben (nähere Erläuterung s. Milz).

Makrophagensystem

In den Maschenräumen des retikulären Bindegewebes findet man größere Zellen mit der Fähigkeit zur Phagozytose (Fremdkörper zu „fressen") und Speicherung. Sie werden daher „große Fresszellen" (Makrophagen) genannt. Sie gehen aus Monozyten hervor, die aus dem Blut in die Gewebe ausgewandert sind. Zum Makrophagensystem gehören die Monozyten im Blut, die Histiozyten im Gewebe, die Fresszellen der Gefäßinnenwand (Endothel) von Knochenmark, Lymphknoten und Milz, die Sternzellen der Leber, die Staubzellen der Lunge und die knochenabbauenden Zellen (Osteoklasten).

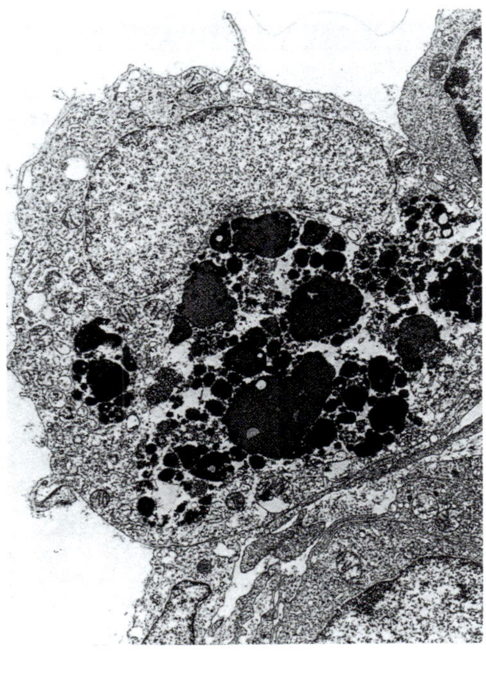

Makrophage (große Fresszelle) aus einem Lymphknoten (Vergrößerung 4000fach). Die dunklen Stellen in diesem elektronenmikroskopischen Bild stellen von der Fresszelle aufgenommene Öltröpfchen eines Röntgenkontrastmittels dar. *[be2]* →

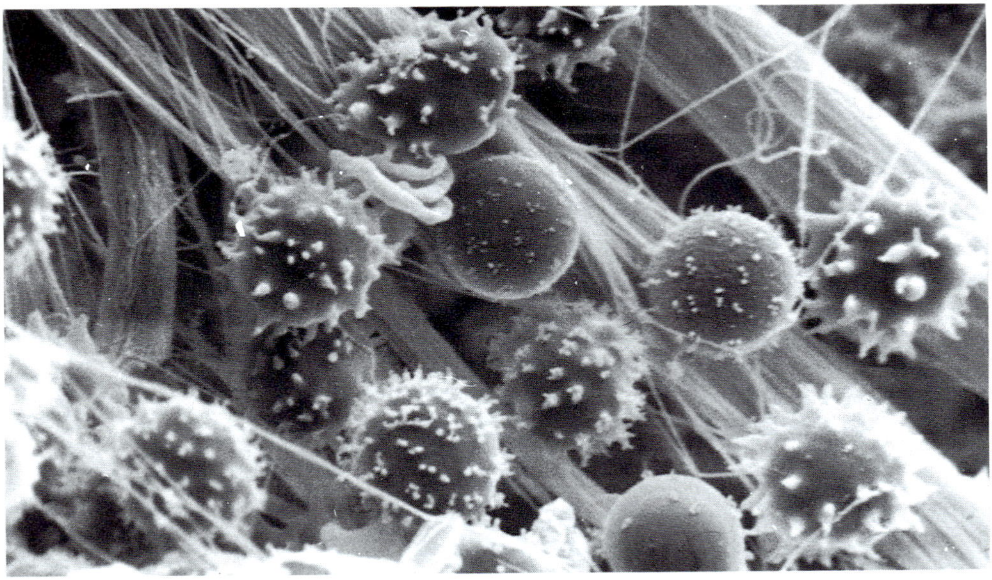

Lymphozyten der Lederhaut aus der Umgebung einer bösartigen Geschwulst im rasterelektronenmikroskopischen Bild (Vergrößerung 2400fach). B- und T-Lymphozyten unterscheiden sich nicht in ihrem Aussehen. Im Bild sieht man außerdem parallele Bündel zugfester (kollagener) Fasern. Sie werden von einzelnen elastischen Fasern umsponnen. *[be2]*

Spezifische Abwehr

Die spezifische Abwehr richtet sich jeweils nur gegen einen einzigen Feind. Beim erstmaligen Kontakt mit einem Krankheitserreger bildet der Körper Zellen in der speziellen Abwehr dieses Krankheitserregers aus, um bei einem erneuten Kontakt gewappnet zu sein. Die spezifische Abwehr wird hauptsächlich von den Lymphozyten getragen.

Lymphozyten im Blut

Die Lymphozyten sind die kleinsten weißen Blutkörperchen (Leukozyten). Die meisten sind kaum größer als die roten Blutkörperchen (Erythrozyten), doch kommen auch größere Zellen („große Lymphozyten") vor. Die Lymphozyten stellen etwa ein Viertel der Leukozyten im Blut. Ihr Anteil steigt bei chronischen Entzündungen an. Die Lebensdauer der Lymphozyten beträgt 10 Tage bis mehrere Jahre („Gedächtniszellen").

Arten der Lymphozyten

Die Stammzellen der Lymphozyten liegen im Knochenmark. Aus ihnen entstehen über Lymphoblasten die Basislymphozyten. Diese verlassen das Knochenmark und begeben sich in lymphatische Organe. Dort spezialisieren sie sich weiter zu T- oder B-Lymphozyten oder Nullzellen:

❶ Die **T-Lymphozyten** (etwa 80 %) bekämpfen gemeinsam mit den Fresszellen in den Körper eingedrungene Bakterien direkt *(zelluläre Immunreaktion)*. Die Bezeichnung T-Lymphozyt kommt daher, dass diese Zellen im Thymus eine Art Spezialausbildung durchmachen. Es gibt mehrere Arten:

- *Zytotoxische T-Zellen* (T_C) können fremde Zellen direkt töten: Mit dem Eiweiß Perforin durchbrechen sie die Zellmembran der Fremdzelle.
- *Helfer-T-Zellen* (T_H, T_4) unterstützen andere Lymphozyten beim Erkennen von Antigenen. Sie sind bei AIDS stark vermindert.
- *Suppressor-T-Zellen* (T_S) verhindern, dass Lymphozyten körpereigenes Gewebe angreifen.

❷ Die **B-Lymphozyten** (etwa 15 %) erkennen mit Rezeptoren an ihrer äußeren Zellmembran Antigene. Nach dem Antigenkontakt wandeln sie sich unter zahlreichen Zellteilungen (klonale Vermehrung) in *Plasmazellen* um. Diese bilden *Antikörper (humorale Immunreaktion)*. Antikörper richten sich jeweils nur gegen einen bestimmten körperfremden Stoff. Die B-Lymphozyten reifen bei Vögeln in der Bursa Fabricii heran (daher der Name B-Lymphozyten). Beim Menschen fehlt dieses Organ. Bei ihm erfolgt die Prägung der B-Lymphozyten im Knochenmark, im lymphatischen Gewebe des Darms und durch die Langerhans-Zellen der Haut.

❸ **Nullzellen** (etwa 5 %) sind Lymphozyten, die weder T- noch B-Lymphozyten sind:

- *Killerzellen* (K-Zellen) töten nur Zellen, die mit bestimmten Antikörpern markiert sind.
- *Natürliche Killerzellen* (NK-Zellen) töten unspezifisch Geschwulstzellen und virusbefallene Zellen.

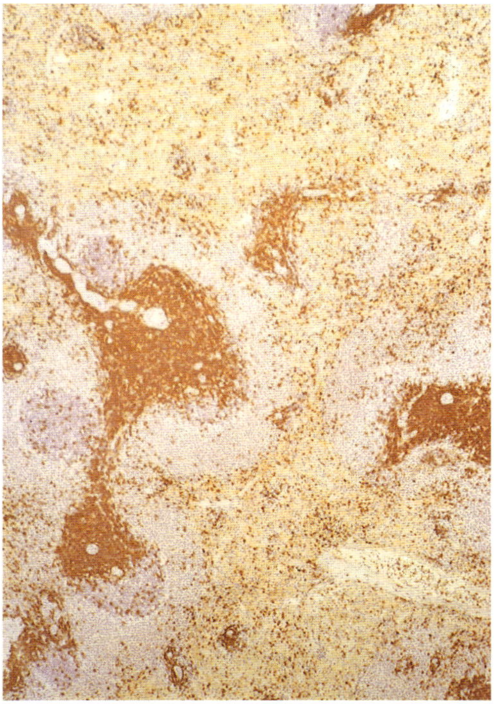

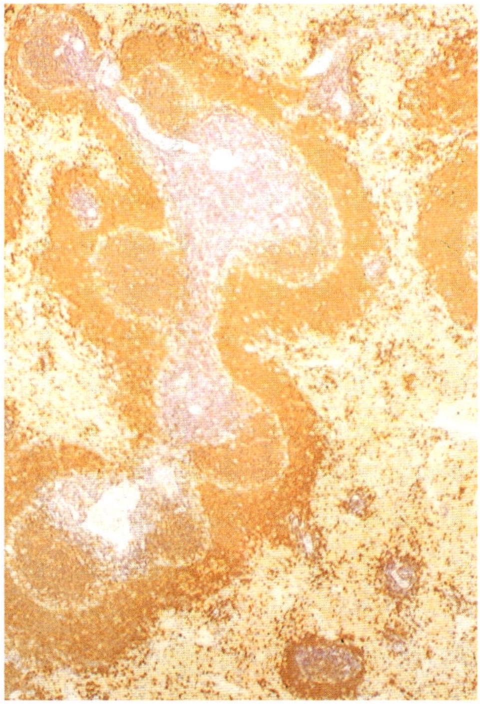

Lymphozyten der Milz im lichtmikroskopischen Bild (Vergrößerung 70fach). Fortsetzung der Bildreihe von vorletzter Seite. B- und T-Lymphozyten sind mit Hilfe eines an unterschiedliche Antikörper gebundenen braunen Farbstoffs zu unterscheiden: *[we3]*
• Linkes Bild: Die mit dem Antikörper Ox19 markierten T-Lymphozyten sammeln sich in den Begleitscheiden der Milzknötchenarterien an
• Rechtes Bild: Die mit dem Antikörper His14 markierten B-Lymphozyten besiedeln die Marginalzone und die Milzknötchen (nähere Erläuterung s. Milz).

Antigenpräsentierende Zellen

Die Arbeit der Lymphozyten wird durch Zellen unterstützt, die selbst weder Fremdzellen töten, noch Antikörper bilden. Sie binden sich vielmehr an das Antigen und bringen es zu den Lymphozytenstationen. Zu ihnen gehören:
• die *Langerhans-Zellen* der Haut.
• *follikuläre dendritische* (bäumchenartige) *Zellen* in den Lymphfollikeln (B-Lymphozyten-Region).
• *interdigitierende* (mit fingerartigen Fortsätzen) *dendritische Zellen* in T-Lymphozyten-Regionen.

Immunität

Nach dem ersten Kontakt mit einem Krankheitserreger (Antigen) bilden die aus den B-Lymphozyten entstandenen Plasmazellen Antikörper. Es dauert etwa 10 Tage, bis der Körper damit „aufgerüstet" ist. Dann holt er zum großen Schlag aus. Die nun ablaufenden *Antigen-Antikörper-Reaktionen* führen bei manchen Infektionskrankheiten zu Hautausschlägen.
• Nach dem Überstehen der Krankheit behalten einige langlebige Lymphozyten als „Gedächtniszellen" über Jahre hinweg die Fähigkeit zur Bildung des speziellen Antikörpers. Bei einem neuerlichen Kontakt mit dem Krankheitserreger wird dieser sofort durch die Antikörper unschädlich gemacht. Es kommt gar nicht mehr zum Ausbruch der Krankheit.
• Nach bestimmten Erkrankungen hält die Antikörperbildung zeitlebens an. An Masern erkrankt man nur einmal. Die Krankheit hinterlässt eine lebenslange Immunität. Höchstens in stark geschwächtem Zustand des Körpers oder im Alter lässt die Antikörperbildung nach. Dann ist eine zweite Erkrankung an Masern möglich.
• Bei anderen Infektionskrankheiten ist die Immunität kürzer. Von „Erkältungskrankheiten" kann man mehrfach im gleichen Winter heimgesucht werden. Dies liegt allerdings z.T. daran, dass es eine große Zahl unterschiedlicher Erreger gibt.
• *Schutzimpfungen:* Antikörper können auch auf andere Lebewesen übertragen werden und diese schützen. Bei dieser „passiven" Schutzimpfung hält der Schutz nur solange an, wie die übertragenen Antikörper im Blut kreisen. Einen lang andauernden Schutz erreicht man mit der „aktiven" Schutzimpfung: Der Körper wird zur eigenen Erzeugung von Antikörpern angeregt, indem man eine abgeschwächte Form des Krankheitserregers in den Körper bringt. Im Gegensatz zur Antikörperbildung nach einer echten Erkrankung hält die Antikörperbildung nach Schutzimpfungen vielfach nur begrenzte Zeit an. Deshalb sind Auffrischimpfungen nötig.

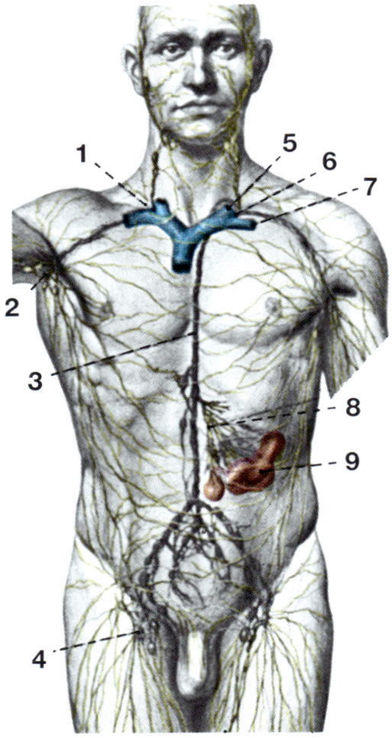

Lymphstraßen. Die Lymphgefäße folgen im allgemeinen den großen Venen. Diese ziehen an Kopf, Hals und Extremitäten oberflächlich. Im Rumpf liegen die wichtigen Lymphbahnen in der Tiefe (z.B. an der Hinterwand des Bauchraums entlang den großen Gefäßen). Größtes Lymphgefäß ist der *Milchbrustgang*, der die Lymphe von den Beinen und aus dem Bauchraum sammelt. Der Name rührt daher, dass die Lymphe vom Darm die resorbierten Fette enthält, die ihr ein milchiges Aussehen verleihen. Der Milchbrustgang mündet in den linken Halsvenenwinkel ein. *[ta]*

1	Rechter Hauptlymphgang	*Ductus lymphaticus dexter*
2	Achsellymphknoten	*Nodi lymphoidei axillares*
3	Milchbrustgang	*Ductus thoracicus*
4	Leistenlymphknoten	*Nodi lymphoidei inguinales*
5	Innere Halsvene (innere Drosselvene)	*V. jugularis interna*
6	Mündung des Milchbrustgangs in die Arm-Kopf-Vene	*(V. brachiocephalica sinistra)*
7	Schlüsselbeinvene	*V. subclavia*
8	Lymphgefäße vom Darm	*(Vasa lymphatica)*
9	Dünndarm	*Intestinum tenue*

➜ **Lymphstauung** am Bein (Elephantiasis). Bei gestörtem Lymphabfluss, z.B. bei bestimmten Erkrankungen, nach Operationen und Bestrahlungen, schwillt der betreffende Körperteil u.U. gewaltig an. Vorübergehende milde Lymphstauung des Arms tritt nach Brustkrebsoperation mit Ausräumen der Achsellymphknoten häufig auf. *[sc3]*

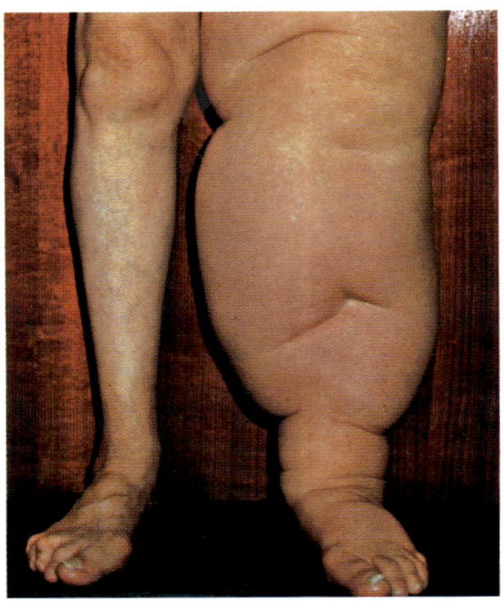

Lymphgefäße als Transportsystem

Die Lymphbahn dient dem Transport von Stoffen, die nicht sofort dem Blut beigemischt werden können oder sollen. Dazu gehören:

- die aus der Nahrung aufgenommenen Fette.
- Teilchen, die so groß sind, dass sie nicht ohne weiteres die Haargefäßwand durchdringen können, z.B. Ruß, Bakterien und Geschwulstzellen.

Beim Lymphstrom handelt sich um keinen Kreislauf: Die Lymphgefäße beginnen blind und münden zuletzt in Venen ein (im Venenwinkel rechts und links am Hals).

- In die Lymphgefäße sind Klappen eingebaut, die den Lymphstrom nur in einer Richtung zulassen. Die Wand der Lymphgefäße enthält glatte Muskelzellen, durch welche der Lymphstrom in Gang gehalten wird. Außerdem wirkt der Druck der Umgebung bei Körperbewegungen wie auf die Venen auch auf die Lymphgefäße ein.
- Der Lymphstrom ist jedoch wesentlich langsamer (etwa 1,5 ml/min) als der vom Herzen angetriebene Blutstrom (etwa 5000 ml/min). Pro Tag werden insgesamt nur etwa 2 l Lymphe transportiert (gegenüber 7000 l Blut).

„Wanderung" der Lymphozyten

Die Lymphozyten halten sich vorwiegend (etwa 98 %) in den lymphatischen Organen auf. Nur ein kleiner Teil (etwa 2 %) ist jeweils in den Lymphgefäßen und im Blut unterwegs.

- Die „Rezirkulation" geht von den lymphatischen Organen über deren abführenden Lymphgefäße zu den Lymphknoten und von diesen über die größeren Lymphbahnen und den Milchbrustgang in den Blutkreislauf. Von dort wandern die Lymphozyten nach einigen Minuten wieder in die Organe des lymphatischen Systems aus.
- Da jeder Lymphozyt auf ein ganz bestimmtes Antigen spezialisiert ist, wird durch den „Streifengang" die Wahrscheinlichkeit des Zusammentreffens mit diesem Antigen erhöht. Wenige Minuten Aufenthalt im Blut genügen, um in alle Winkel des Körpers zu kommen: Die „Kreislaufzeit", d.h. die Reisezeit eines Blutkörperchens vom Ausgangspunkt durch den großen und den kleinen Kreislauf und zurück zum Ausgangspunkt, dauert nur etwa eine Minute.

Lymphknötchen

Rundliche Ansammlungen von Lymphozyten im Gewebe nennt man Lymphknötchen (Lymphfollikel) (nicht zu verwechseln mit Lymphknoten!).

- Im mikroskopischen Präparat haben sie häufig einen dunkleren Rand und eine hellere Mitte (Keimzentrum). Im Keimzentrum teilen sich die Lymphozyten lebhaft.
- Lymphknötchen werden überwiegend von B-Lymphozyten besiedelt. Lymphknötchen sind besonders reichlich in den B-Lymphozyten-Regionen der lymphatischen Organe, kommen aber auch in vielen anderen Organen vor.

Lymphknoten: Bauschema (Vergrößerung etwa 10fach). *[bg2]*
In einen Lymphknoten münden mehr Lymphgefäße ein, als aus ihm abgehen. Dies ist möglich, weil ein Teil der Lymphe nach „Filterung“ im Lymphknoten in die Blutbahn weitergeleitet wird. Im Schnittbild sieht man
• zahlreiche Lymphknötchen (Lymphfollikel, Ansammlung von Lymphozyten).
• weite Maschenräume (Lymphsinus), die von Lymphe durchströmt werden
• Klappen in den Lymphgefäßen (ähnlich Venenklappen): Sie geben den Lymphstrom nur in einer Richtung frei.

1	Zuführendes Lymphgefäß	*Vas lymphaticum afferens*
2	Kapsel	*Capsula*
3	Randsinus	*Sinus subcapsularis*
4	Lymphknötchen	*Nodulus lymphoideus*
5	Abführendes Lymphgefäß	*Vas lymphaticum efferens*
6	Blutgefäße	*Vasa sanguinea*

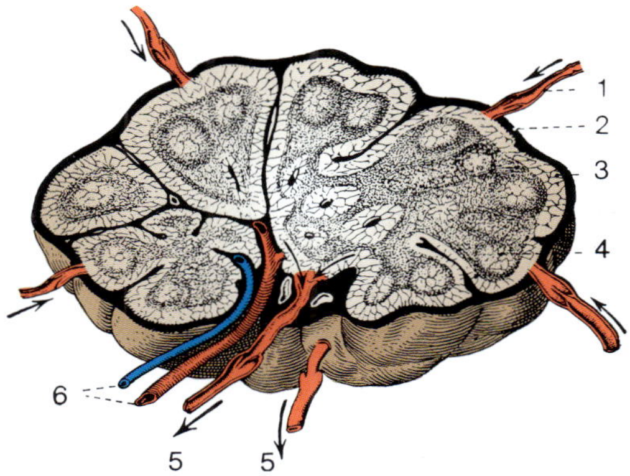

Aufgaben der Lymphknoten

• *„Filtern“ der Lymphe:* Man hat die Lymphknoten deshalb auch als „Kläranlagen des Abwassersystems“ bezeichnet. Die gesamte Lymphe wird einoder mehrmals gefiltert, bevor sie ins Blut gelangt.
• *Abwehrreaktionen:* durch B- und T-Lymphozyten, z.B. Antikörperbildung.
• *Neubildung von Lymphozyten.*

Bau der Lymphknoten

In die Lymphknoten münden meist mehrere zuführende Lymphgefäße ein. Die Lymphe gelangt hier in die Lymphsinus. Sie enthalten ein feines Gerüstwerk (Retikulum), das nach Art einer Reuse Teilchen abfangen kann.
• In den Wänden der Sinus können die *Uferzellen* (gehören zu den Makrophagen) Teilchen aufnehmen (Phagozytose). So werden z.B. Bakterien von den Uferzellen „gefressen“ und unschädlich gemacht. Die gereinigte Lymphe fließt dann in den abführenden Lymphgefäßen weiter.
• Der Raum zwischen den Sinus ist von Lymphozyten gefüllt. In der Rinde und im Mark findet man in den Lymphknötchen überwiegend B-Lymphozyten, im dazwischen gelegenen Parakortex T-Lymphozyten.

Lymphknoten: Tastbefund

Normale Lymphknoten haben einen Durchmesser von wenigen Millimetern (hirsekorn- bis bohnengroß). Bei Entzündungen können sie bis zu Pflaumengröße anschwellen (Einwanderung von Lymphozyten aus der Blutbahn und vermehrte eigene Neubildung).
• Gesunde Lymphknoten sind weich wie Fettgewebe und daher in der Unterhaut nicht zu tasten.
• Bei Erkrankungen können sie stark anschwellen und tastbar werden. Als Folge einer Entzündung wird vermehrt Bindegewebe eingebaut (Vernarbung). Dann bleibt ein Lymphknoten zeitlebens verhärtet. In der Leistengegend sind bei fast allen Erwachsenen verhärtete Lymphknoten zu tasten.
• Krebsbefallene Lymphknoten sind besonders hart. Jede neu entstehende schmerzlose Lymphknotenverhärtung ist daher krebsverdächtig! Das Abtasten der wichtigen Lymphknotengruppen gehört zu jeder eingehenden ärztlichen Untersuchung.

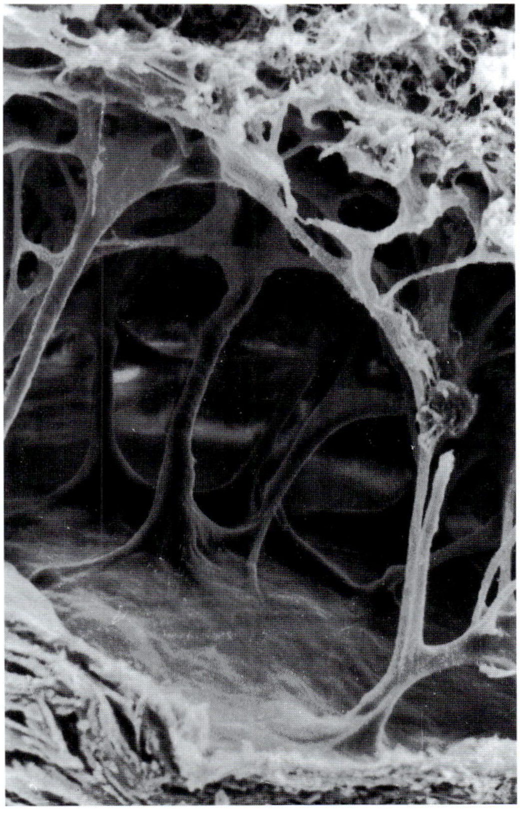

Rasterelektronenmikroskopisches Bild des bindegewebigen Gerüsts des Randsinus eines Lymphknotens (Vergrößerung 1450fach). *[be2]*

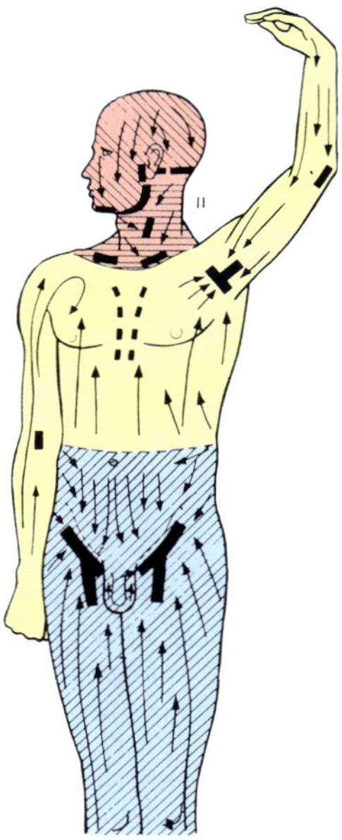

↑ Lymphknoten: Einzugsgebiete. Die großen Lymphknotenansammlungen findet man am Hals, in der Achselgegend und in der Leistengegend. *[le3]*

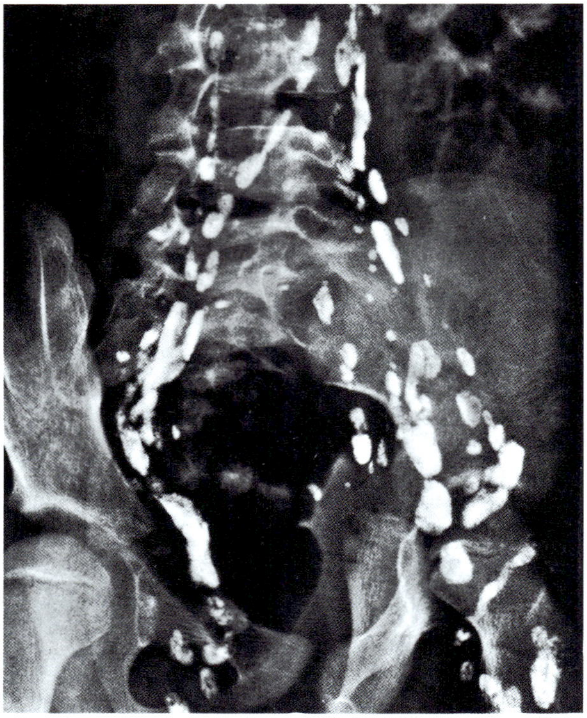

↑ Lymphographie: Darstellung der Leisten-, Becken- und Lendenlymphknoten im Röntgenbild. *[wi1]*
Im normalen Röntgenbild sind die Lymphknoten nicht sichtbar. Bei der *Lymphographie* spritzt man ein Röntgenkontrastmittel in ein Lymphgefäß ein und verfolgt dann den weiteren Weg der Lymphe. Zunächst injiziert man einen bestimmten Farbstoff unter die Haut z.B. des Fußrückens. Die Farbstoffteilchen werden auf dem Lymphweg abtransportiert und färben so Lymphgefäße an. Ein nun durch die Haut sichtbares Lymphgefäß wird freipräpariert. Mit einer Injektionsmaschine spritzt man ganz langsam Kontrastmittel ein. Das Kontrastmittel reichert sich in den Lymphknoten an und macht sie gut sichtbar. Die arbeitsaufwendige Lymphographie hat wegen der Fortschritte der Computertomographie und Kernspintomographie an Bedeutung verloren.

Regionäre Lymphknoten

Die Lymphknoten sind nicht wahllos über den Körper verstreut. Sie sind gewissermaßen als Wachposten an den Grenzen des Rumpfes zusammengezogen:

- Die Lymphe der Beine, der Bauchwand und der Gesäßgegend wird von den Leistenlymphknoten gefiltert.
- Die Lymphe der Arme sowie der vorderen und hinteren Brustwand fließt zu den Achsellymphknoten ab.
- Die Lymphe vom Kopf durchströmt mehrere Gruppen von Halslymphknoten.
- Die Lymphe der Brustorgane gelangt zu Lymphknoten im Mittelfellraum.
- Die Lymphe der Bauchorgane findet ihre Lymphknoten großteils entlang der Bauchaorta und der unteren Hohlvene.

Jeder Körperteil, jedes Organ hat einen bestimmten Lymphknoten, der die erste Filterstation der abströmenden Lymphe bildet. Dieser wird „regionärer Lymphknoten" genannt.

Ärztliche Bedeutung der Lymphknoten

Bakterien und Geschwulstzellen werden auf dem Lymphweg abtransportiert. Sie bleiben in den Filtereinrichtungen der Lymphknoten hängen. Bei Infektionen erkranken daher die regionären Lymphknoten häufig mit. Bei bösartigen Geschwülsten (Krebs) wachsen die ersten Tochtergeschwülste (Metastasen) meist in den regionären Lymphknoten heran.

- Eine Eiterung an der Hand zieht nach einiger Zeit Schmerzen in der Achselgrube nach sich: Die Infektion ist entlang der Lymphbahn weitergewandert und hat zu einer Entzündung der Achsellymphknoten geführt.
- Bei jeder Krebsoperation sollten die regionären Lymphknoten zumindest überprüft werden, am besten durch Entnahme einiger Lymphknoten zur mikroskopischen Untersuchung. Bei der radikalen Operation des Brustkrebses werden gleich die Achsellymphknoten mit entfernt. Eine vorübergehende Schwellung des Arms muss man wegen der Unterbrechung der Lymphbahn in Kauf nehmen.
- Bei der Krebsbestrahlung werden die regionären Lymphknoten meist vorsorglich mitbestrahlt, wenn deren Lage dies zulässt.

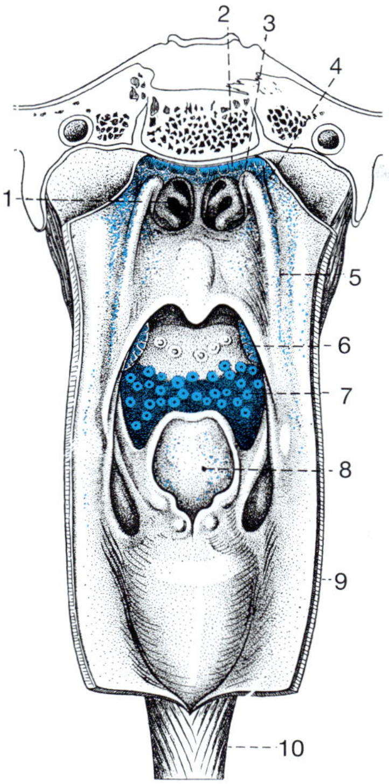

↑ Lymphatischer Rachenring. *[bg2]*
Zu ihm gehören: die Gaumenmandeln, die Rachenmandel, die Zungengrundmandel, die Ohrtrompetenmandeln und die „Seitenstränge" (Ansammlungen lymphatischen Gewebes in der Rachenhinterwand).

1	Hintere Nasenöffnung	*Choana [Apertura nasalis posterior]*
2	Rachenmandel	*Tonsilla pharyngea [pharyngealis]*
3	Rachenmündung der Ohrtrompete	*Ostium pharyngeum tubae auditivae [auditoriae]*
4	Rachendachnische	*Recessus pharyngeus*
5	„Seitenstrang"	*Plica salpingopharyngea*
6	Gaumenmandel	*Tonsilla palatina*
7	Zungenmandel	*Tonsilla lingualis*
8	Kehldeckel	*Epiglottis*
9	Rachen (aufgeschnittene Hinterwand)	*Pharynx*
10	Speiseröhre	*Oesophagus*

Mandeln

Diese lymphatischen Organe liegen in der Schleimhaut. Sie besiedeln auch das Deckgewebe mit Lymphozyten. Sie haben nur abführende, aber keine zuführenden Lymphgefäße. Sie können daher keine Filterstationen für Lymphe sein. Ihrer Lage nach kontrollieren sie die Eingänge in den Luftweg und den Speiseweg („lymphatischer Rachenring"). Wie sie arbeiten, darüber sind die Meinungen geteilt:

- Sie vernichten Bakterien und Viren, die mit der Atemluft oder Nahrung in den Körper gelangen.
- Sie identifizieren eingedrungene Kleinstlebewesen und lösen entsprechende Immunreaktionen aus.

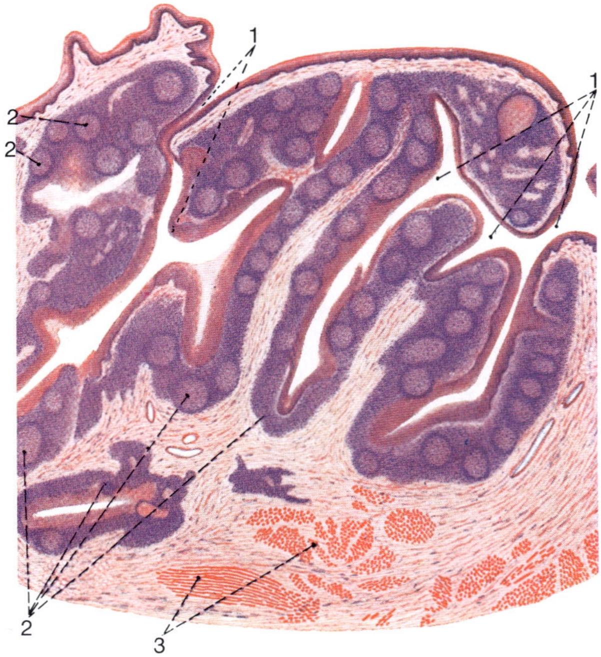

↑ Gaumenmandel: Schnittbild (Vergrößerung 8fach). 10–20 Mandelbuchten (1) reichen weit in die Tiefe. Sie geben der Oberfläche der Gaumenmandel ein zerklüftetes Aussehen. Unter dem Deckgewebe liegen zahlreiche Lymphknötchen (2). Das Deckgewebe selbst ist reichlich mit Lymphozyten durchsetzt. Die im Bild sichtbaren Muskelfasern (3) gehören zu den Gaumenmuskeln. *[so]*
In den Mandelbuchten kommt es leicht zu Eiterungen. Die Gaumenmandel schwillt dann an. Dadurch wird die Schlundenge eingeengt („Angina"). Bei chronischen Entzündungen entfernt man die Gaumenmandeln, weil sie als Krankheitsherde möglicherweise auch andere Organe gefährden („Herdkrankheiten"). Nach der Lage der Gaumenmandeln ist anzunehmen, dass sie der Abwehr von Infektionen dienen, die über die Mundhöhle eindringen. Der Kontakt mit den Krankheitserregern ist vor allem für die Antikörperbildung wichtig.

Mandelähnliche Organe

- In der Wand des Dünndarms, vor allem des Krummdarms, liegen zahlreiche kleine Ansammlungen von Lymphknötchen unmittelbar unter dem Deckgewebe. Einige davon werden mehrere Zentimeter lang (Peyer-Platten). Der Wurmfortsatz ist als ganzer mehr oder weniger vom Verdauungsorgan zum lymphatischen Organ umgestaltet. Man fasst all die kleineren und größeren „Darmmandeln" unter dem Begriff *darmassoziiertes lymphatisches Gewebe* zusammen (abgekürzt GALT).
- Ähnliches lymphatisches Gewebe findet man in der Schleimhaut der Bronchen und der Geschlechtsorgane, in Speicheldrüsen, in der Brustdrüse usw. Man hat hierfür den Sammelbegriff *schleimhautassoziiertes lymphatisches Gewebe* (MALT) vorgeschlagen.

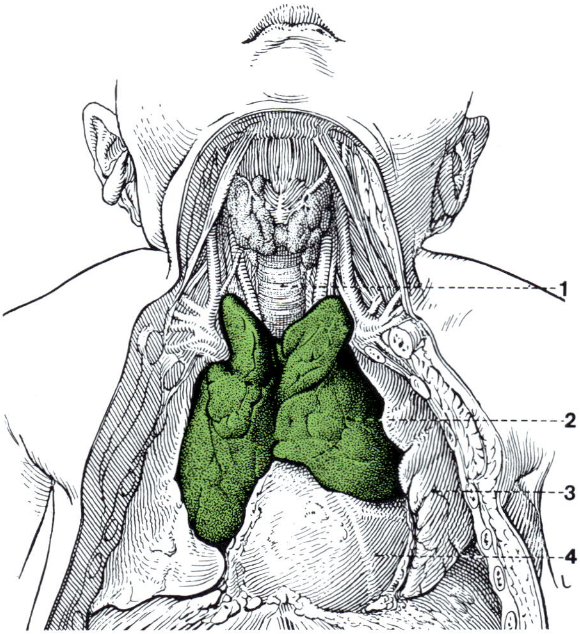

↑ **Thymus** beim Neugeborenen. *[bg]*

1	Luftröhre	*Trachea*
2	Thymus (Bries)	*Thymus*
3	Lunge	*Pulmo*
4	Herz (im Herzbeutel)	*Cor + Pericardium*

↓ **Thymus:** mikroskopisches Schnittbild (Vergrößerung etwa 200fach). Charakteristisch für den Thymus sind die *Hassall-Körperchen*. Die Aufgabe dieser schon beim Neugeborenen vorhandenen, zwiebelschalenartig geschichteten Zellkugeln ist immer noch unklar. *[li1]*

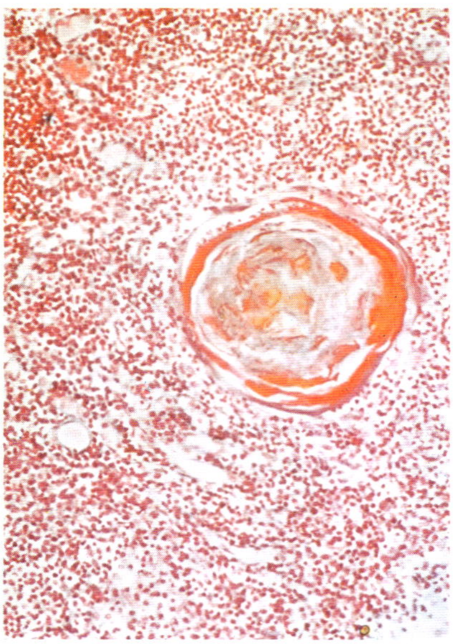

Lage und Größe des Thymus

Der Thymus (die deutsche Bezeichnung Bries wird meist nur bei Schlachttieren verwendet) ist ein lymphatisches Organ im oberen Mittelfellraum hinter dem Brustbein.

• Beim Säugling besteht der Thymus aus 2 Lappen von je etwa 5 cm Länge und 2 cm Breite. Er wächst beim Kleinkind noch etwas und bleibt dann bis zur Pubertät etwa gleich groß. Anschließend bildet er sich allmählich zum Thymusrestkörper zurück und verfettet.

Aufgaben des Thymus

Da der Thymus keinen Ausführungsgang besitzt, hielt man ihn früher für eine Hormondrüse. Er sollte etwas mit dem Wachstum zu tun haben. Heute sieht man den Thymus als primäres lymphatisches Organ an. Als solches hat er keine unmittelbare Abwehrfunktion, sondern übergeordnete Aufgaben.

• Er ist der „Ausbildungsort" der T-Lymphozyten (thymusabhängige Lymphozyten). Er wird fast ausschließlich von T-Lymphozyten bevölkert. Da die B-Lymphozyten weitgehend fehlen, findet man in ihm auch keine Lymphknötchen (als typische B-Lymphozyten-Ansammlungen). Aus dem Thymus wandern die T-Lymphozyten in die übrigen lymphatischen Organe aus und nehmen an der Rezirkulation teil.

• Die Lymphozytenbildung ist besonders reichlich in der Kindheit. Beim Zehnjährigen enthält der Thymus etwa 400 Milliarden Lymphozyten. Im Erwachsenenalter fällt die Zahl dann allmählich ab. Mit der Rückbildung des Thymus hängt vermutlich die Abwehrschwäche des alten Menschen zusammen.

• Da der Thymus keine unmittelbare Abwehraufgabe hat, reagiert er auch nicht so heftig auf Infektionen wie die anderen lymphatischen Organe.

• Möglicherweise bildet er auch Hormone, z.B. Thymosin, das die Entwicklung der lymphatischen Organe fördert.

• Die Muskelschwächekrankheit (Myasthenie) wird mit einer „Überfunktion" des Thymus in Zusammenhang gebracht. Sie wird jedenfalls durch Entfernen des Thymus gebessert.

Altersabhängigkeit des lymphatischen Systems

Die Immunabwehr wird in der Kindheit aufgebaut, weil hier der erste Kontakt mit vielen Krankheitserregern erfolgt, gegen die man dann oft zeitlebens immun ist. Die lymphatischen Organe sind folglich in der Kindheit am größten.

• Beispiel: Die Rachenmandel ist bei manchen Kindern so groß, dass sie die hinteren Nasenöffnungen einengt. Dann reicht die Atmung durch die Nase nicht mehr aus, und der Mund muss geöffnet gehalten werden (was dem Kind ein „schwachsinniges" Aussehen verleiht). In diesem Fall wird man die Rachenmandel operativ verkleinern, um die Nase für die Atmung frei zu bekommen.

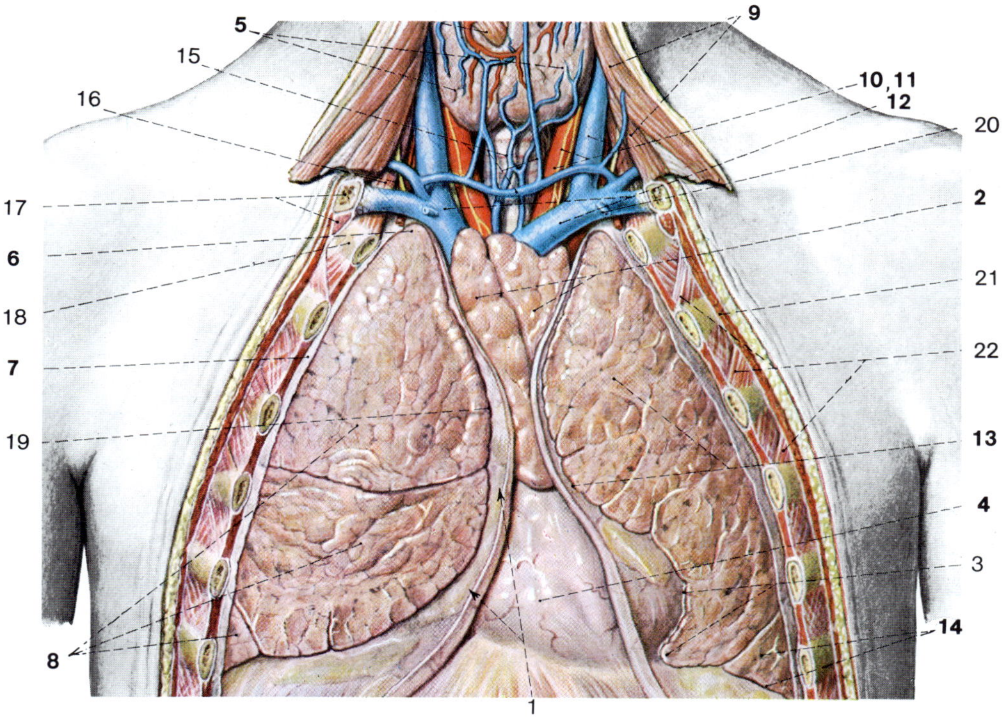

Thymus beim Erwachsenen. *[sb2]*

1	Wandständiges Brustfell, Mittelfellabschnitt	*Pleura parietalis, Pars mediastinalis*
2	Thymus (Bries)	*Thymus*
3	Herzeinschnitt (der linken Lunge)	*Incisura cardiaca pulmonis sinistri*
4	Herzbeutel	*Pericardium*
5	Schilddrüse	*Glandula thyroidea*
6	Lungenspitze	*Apex pulmonis*
7	Rippenfell	*Pleura parietalis, Pars costalis*
8	Rechte Lunge: Ober-, Mittel- und Unterlappen	*Pulmo dexter: Lobus superior, Lobus medius, Lobus inferior*
9	Kopfwender („Sternokleido")	*M. sternocleidomastoideus*
10	Halsarterie (gemeinsame Kopfarterie)	*A. carotis communis*
11	Innere Halsvene (innere Drosselvene)	*V. jugularis interna*
12	Arm-Kopf-Vene	*V. brachiocephalica*
13	Oberlappen der linken Lunge	*Pulmo sinister, Lobus superior*
14	Unterlappen der linken Lunge	*Pulmo sinister, Lobus inferior*
15	Unpaare Schilddrüsenvenen	*Plexus thyroideus impar*
16	Vorderer Treppenmuskel (Rippenheber)	*M. scalenus anterior*
17	Schlüsselbein und Unterschlüsselbeinmuskel	*Clavicula; M. subclavius*
18	1. Rippe	*Costa prima*
19	Vorderrand (der Lunge)	*Margo anterior*
20	Innere Brustkorbvene	*V. thoracica interna*
21	Großer Brustmuskel	*M. pectoralis major*
22	Kleiner Brustmuskel (Ursprünge)	*M. pectoralis minor*

Angeborenes Fehlen des Thymus

Fehlt der Thymus (Thymusaplasie), können keine T-Lymphozyten gebildet werden. Folge ist eine besondere Anfälligkeit gegen Infektionskrankheiten (ähnlich wie bei AIDS). Dies stört die körperliche Entwicklung empfindlich. Oft wird das Säuglingsalter nicht überlebt.

• Fehlen des Thymus gibt es auch als Erbkrankheit bei der Maus, kombiniert mit einem Defekt der Fellbildung. Diese „Nacktmaus" ist ein wichtiges Versuchstier (und wird deswegen gezüchtet): Wegen der fehlenden T-Zellen unterbleibt die Abstoßungsreaktion bei der Einpflanzung von Geweben anderer Arten. Man kann auf die Nacktmaus auch menschliche Gewebe verpflanzen und deren Wachstum beobachten. Dies dient vor allem der Krebsforschung: Man überträgt Krebsgewebe vom Menschen auf die Nacktmaus und testet an ihr unter den Bedingungen des lebenden Organismus verschiedene krebshemmende Arzneimittel (Zytostatika), um das am besten wirksame zu finden.

Lymphatisches System

Zu diesem „Abwehrsystem" gehören:

• *Lymphgefäße.*

• *Lymphatische Organe:* Lymphknoten, Mandeln, Thymus und Milz.

• *Schleimhautassoziiertes lymphatisches Gewebe,* vor allem im Darm, aber auch in zahlreichen weiteren Organen, wie Bronchen, Geschlechtsorganen, Speicheldrüsen, Brustdrüse usw.

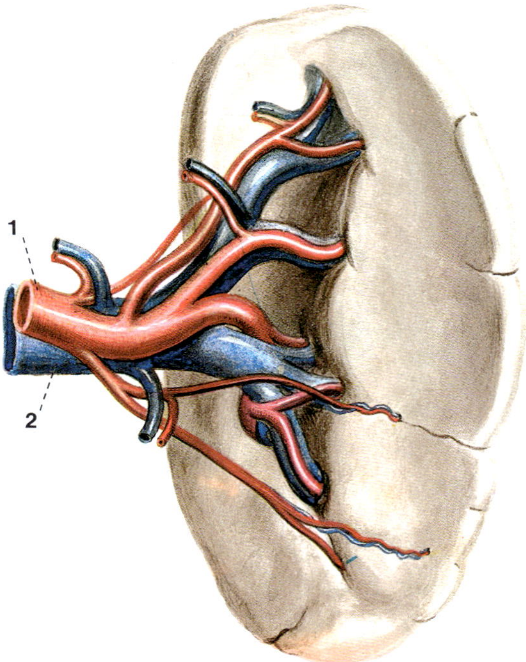

Milz: Eingeweidefläche mit Milzarterie und Milzvene. *[he3]*

1	Milzarterie	*A. splenica [lienalis]*
2	Milzvene	*V. splenica [lienalis]*

Lage, Größe und Form der Milz

Die Milz liegt im linken Oberbauch seitlich hinten etwa im Bereich der 9.–11. Rippe. Die gesunde Milz ist etwa 4 cm dick, 7 cm breit, 11 cm lang („4711“) und wiegt etwa 150 g. Die Form kann man mit etwas Phantasie mit einem Orangenviertel vergleichen: Die Zwerchfellfläche ist gleichmäßig konvex. Die Eingeweidefläche wird vorn vom Magen und von der linken Dickdarmbiegung, hinten von der linken Niere eingedellt. Dazwischen treten die Milzgefäße am Milzhilum in die Milz ein bzw. aus.

Innere Gliederung der Milz

Schneidet man eine Milz durch, so sieht man außer dem bindegewebigen Balkenwerk weißliche (weiße Pulpa) und rötliche Bereiche (rote Pulpa). Die weiße Pulpa wird von den Milzkörperchen und den Lymphscheiden gebildet. Die rote Pulpa erhält ihre Farbe durch reichlich rote Blutkörperchen in den weiten Milzkapillaren (Sinus). Etwa ¼ des Funktionsgewebes ist der weißen Pulpa, etwa ¾ sind der roten Pulpa zuzurechnen.

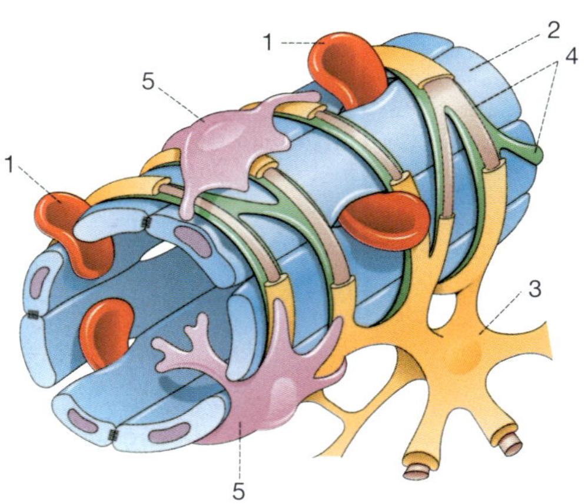

Milz: Die roten Blutkörperchen (1) zwängen sich durch Lücken zwischen den Endothelzellen (2) und das Netz der Retikulumzellen (3) und Basalmembranstreifen (4). Altersstarre und atypisch geformte Erythrozyten werden von Makrophagen (5) abgebaut. *[sh]*

Aufgaben der weißen Pulpa

Mit ihr gehört die Milz zu den lymphatischen Organen. Sie erzeugt Lymphozyten und Abwehrstoffe. Sie ist in den Aufgaben am ehesten mit einem in die Blutbahn eingeschalteten Lymphknoten zu vergleichen. Während ein Lymphknoten aber die Lymphe einer bestimmten Körperregion filtert, ist die Milz für die gesamte Blutbahn zuständig. Bei einer lokalen Infektion entzündet sich der regionäre Lymphknoten. Bei massiver Einschwemmung von Krankheitserregern in die Blutbahn („Blutvergiftung“ = Sepsis) ist die Milz das zentrale Abwehrorgan und schwillt an. In der Milz halten sich etwa 20mal soviel Lymphozyten auf wie in allen Lymphknoten zusammengenommen.

Aufgaben der roten Pulpa

Diese steht im Dienst des Kreislaufs. In ihr werden gealterte rote Blutkörperchen abgebaut.

- Den Mechanismus der *Blutmauserung* stellt man sich folgendermaßen vor: In der roten Pulpa müssen sich die roten Blutkörperchen durch Lücken zwischen den Endothelzellen des Milzsinus und das enges bindegewebiges Netzwerk der Milzstränge zwängen. Junge Blutkörperchen können sich gut verformen und schlüpfen daher durch das Netz. Alte Blutkörperchen sind weniger verformbar. Sie verfangen sich in den Maschen und werden von Fresszellen abgebaut. Die mittlere Lebensdauer der roten Blutkörperchen beträgt etwa 4 Monate.
- Die roten Blutkörperchen bestehen zu etwa einem Drittel aus dem roten Blutfarbstoff (Hämoglobin). Beim Abbau der Blutkörperchen wird der Blutfarbstoff frei und muss entsorgt werden. Er wird gespalten und „recycelt“: Ein Teil wird zu Gallenfarbstoffen umgebaut und über die Pfortader zur Leber transportiert. Diese scheidet ihn in die Galle aus. Bei verstärktem Blutabbau in der Milz kann die Haut durch die vermehrten Gallenfarbstoffe ein gelbliches Aussehen annehmen (Gelbsucht infolge vermehrten Blutabbaus = hämolytischer Ikterus, z.B. beim Neugeborenen).

Milz: Schema der Lymphozytenbesiedlung. Die Pfeile zeigen die Wanderung der B-Lymphozyten (B) und der T-Lymphozyten (T) an. *[pa1]*

1	Rote Milzpulpa	*Pulpa rubra*
2	Milzbalken	*Trabecula splenica*
3	Balkenvene	*V. trabecularis*
4	Balkenarterie	*A. trabecularis*
5	Milzknötchenarterie (Zentralarterie)	*A. lymphonoduli*
6–10	Weiße Milzpulpa	*Pulpa alba*
6	Begleitscheide der Milzknötchenarterie	*Vagina periarterialis lymphatica*
7	Fresszellenscheide um Haargefäße	*Vagina pericapillaris macrophagiosa*
8–10	Milzknötchen (Malpighi-Körperchen)	*Nodulus lymphoideus splenicus [lienalis]*
8	Keimzentrum	*Centrum germinale*
9	Korona (Kranz)	*Corona*
10	Randzone (Marginalzone)	*(Zona marginalis)*

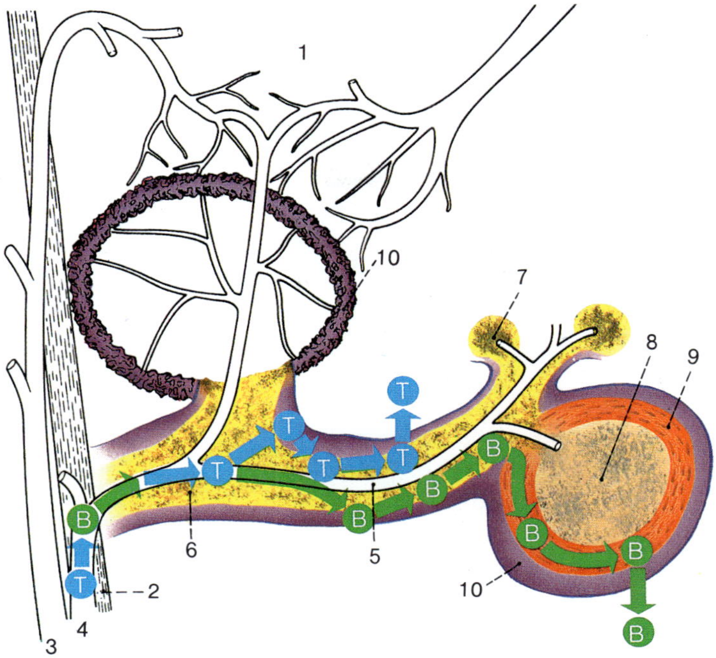

Die Milz ist nicht lebensnotwendig

Ihre Aufgaben als lymphatisches Organ können beim Erwachsenen von den anderen lymphatischen Organen übernommen werden. Für ihre Aufgabe beim Blutabbau springt die Leber ein. Die Milz wird daher bei manchen Erkrankungen operativ entfernt. Dazu gehören angeborene Anomalien der roten Blutkörperchen, z.B. die Sichelzellenanämie, bei denen die Milz vermehrt Erythrozyten abbaut. Trotzdem wird man die Milz nicht leichtfertig herausnehmen: Der Patient ist ohne Milz stärker durch eine Blutvergiftung gefährdet. Besonders Kinder sind dann anfälliger für Erkrankungen durch Bakterien.

Unfallgefährdung der Milz

Das pralle Organ hat eine verhältnismäßig zarte bindegewebige Kapsel. Bei Quetschungen des Bauchraums mit erhöhtem Druck in der Milz, z.B. bei Verkehrsunfällen, kann die Kapsel aufplatzen. Dann blutet es bedrohlich. Früher wurde in solchen Fällen die Milz einfach entfernt. Heute bemüht man sich, die Milz wegen ihrer Abwehraufgaben zu erhalten und den Riss zu kleben.

Die Milz kann auch bei Operationen im Bauchraum leicht verletzt werden. Besonders gefährdet ist sie bei Operationen am Magen, dem sie hinten unmittelbar anliegt. Der Chirurg muss daher in der Milzgegend sehr behutsam vorgehen.

Die Milz als Blutspeicher

Bei vielen Tieren dient die Milz auch als Blutspeicher, in welchem Blut „gelagert“ und bei Bedarf in den Kreislauf ausgeschüttet wird. Beim Menschen ist dies wenig wichtig.

Nebenmilz

Etwa jeder 5. Mensch hat noch eine zweite, meist sehr kleine Milz. Sie liegt gewöhnlich in der Nähe der Hauptmilz, gelegentlich aber auch irgendwo sonst im Bauchraum. Sogar im Hodensack wurde schon eine Nebenmilz gefunden.

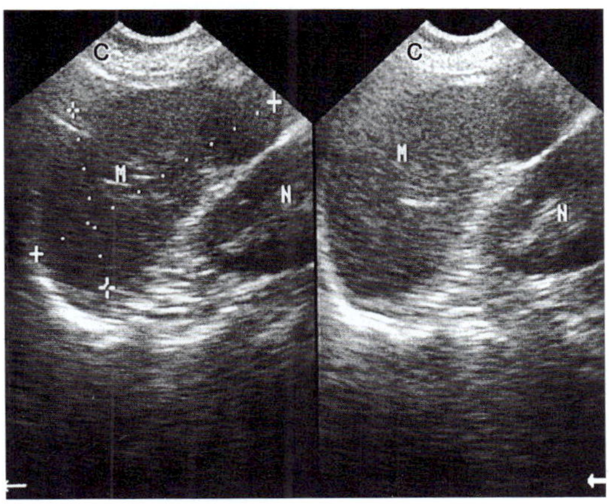

Milz (M) und linke Niere (N) im Ultraschallbild (linksseitiger Flankenschnitt). Im linken Bild sind die Messstrecken angegeben. Der Längsdurchmesser beträgt 9,6, der transversale Durchmesser 6,1 cm. c = kranial. *[st3]*

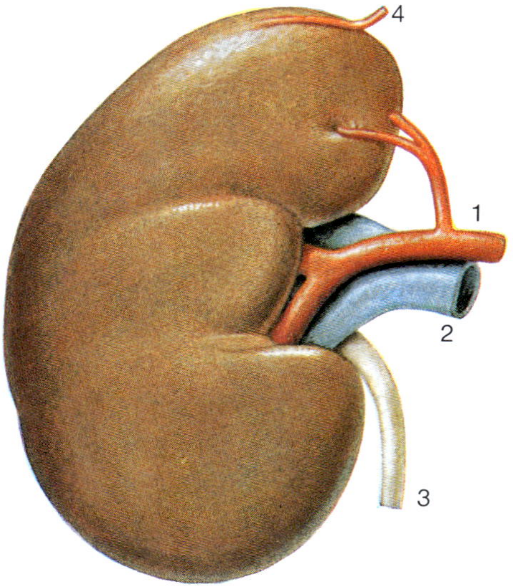

Rechte Niere von vorn. *[sb2]*

1	Nierenarterie	*A. renalis*
2	Nierenvene	*V. renalis*
3	Harnleiter	*Ureter*
4	Zusätzliche Nierenarterie (kommt häufig am oberen oder unteren Nierenpol vor)	*A. renalis (accessoria)*

Gliederung der Harnorgane

• *Harnbereitende Organe:* Nieren.

• *Harnableitende Organe* (Harnwege): Harnleiter (Ureter), Harnblase, Harnröhre (Urethra). Das Nierenbecken gehört der Lage nach zur Niere, nach Aufgaben und Wandbau zu den Harnwegen.

Äußere Form der Niere

Die menschliche Niere sieht wie eine riesige dunkelrotbraune Bohne aus. Sie ist etwa 4 cm dick, 7 cm breit, 11 cm lang (Merkwort „4711") und wiegt etwa 120–200 g. Man unterscheidet einen oberen und einen unteren Pol, eine Vorder- und eine Hinterseite, einen inneren und einen äußeren Rand. Der innere Rand ist buchtartig eingezogen. Dort treten die Blut- und Lymphgefäße, die Nerven und der Harnleiter in die Niere ein bzw. aus.

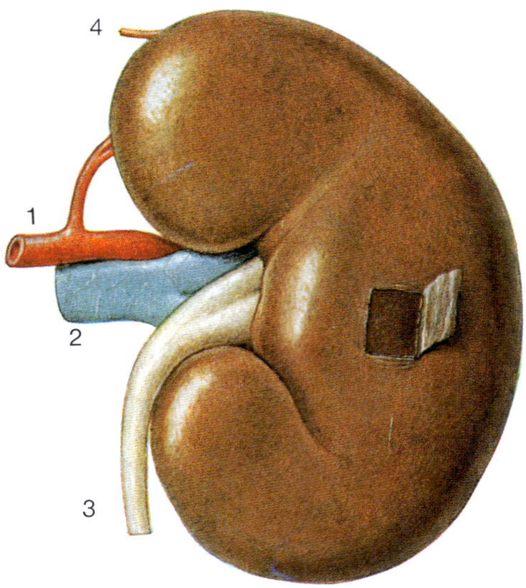

Rechte Niere von hinten. Aus der bindegewebigen Nierenkapsel ist ein Fenster aufgeklappt. *[sb2]*

1	Nierenarterie	*A. renalis*
2	Nierenvene	*V. renalis*
3	Harnleiter	*Ureter*
4	Zusätzliche Nierenarterie	*A. renalis (accessoria)*

Nierenhilum

Die eng umgrenzte Eintrittsstelle der Blutgefäße in Niere, Lunge und Milz nennt man Hilus oder Hilum. Im Nierenhilum und der seitlich davon sich ausweitenden Nierenbucht liegen die Blutgefäße vorn, das Nierenbecken bzw. der Harnleiter hinten. Operationen am Nierenbecken werden daher meist von hinten her vorgenommen.

Aufgaben der Nieren

- Ausscheiden von Stoffwechselschlacken.
- Regeln des Wasser- und Salzhaushalts.
- Nebenwirkung auf Blutdruck und Blutbildung über die Hormone Renin und Erythropoetin.

Die Niere ist der Filteranlage eines Schwimmbeckens zu vergleichen, wobei das Blut dem Badewasser entspricht. Die wirksamste Reinigung des Schwimmbeckens wäre, das gesamte Wasser abzulassen und frisches Wasser einzufüllen. Dagegen sprechen die Kosten. Man begnügt sich damit, ständig einen Teil des Wassers durch eine Filteranlage laufen zu lassen, die diesen Teil des Wassers gereinigt an das Becken zurückgibt. Der Schmutz im großen Becken wird so zwar nicht beseitigt, aber ständig „verdünnt", so dass er nicht überhand nimmt. Ähnlich wäre die einfachste „Blutreinigung", das gesamte Blut abzulassen und neues zu bilden. Dies ist natürlich unmöglich, da wir nicht zwischendurch einmal ohne Blut auskommen können. Es werden also von der Niere die Stoffwechselschlacken im Blut ständig nur verdünnt, nie aber vollständig beseitigt.

• Die Niere unterscheidet sich in einem Punkt sehr wesentlich von der Kläranlage eines Schwimmbeckens: Dieses soll möglichst reines Wasser an das Becken zurückliefern, die Niere hingegen soll nicht klares Wasser, sondern vollwertiges Blut an den Kreislauf zurückführen. Die Niere muss also entscheiden, was für den Körper wichtig ist (und damit im Blut bleiben soll) und was dem Körper abträglich ist (und daher ausgeschieden werden muss).

• Diese schwierige Aufgabe wird von der Niere in 2 Stufen bewältigt: Zunächst scheidet sie in den Nierenkörperchen sehr viel mehr aus, als für den Körper zuträglich ist, dann aber holt sie in den Nierenkanälchen den größten Teil dieses „Primärharns" wieder zurück.

Linke Niere von vorn (natürliche Größe). Ein Teil des Nierengewebes ist abgetragen, um den Blick auf das Nierenbecken freizugeben. *[sb2]*

Mit freiem Auge kann man 2 verschiedene Gewebearten an der Nierenschnittfläche unterscheiden: die feingekörnte *Rinde* und das längsgestreifte *Mark*. Das Nierenmark bildet keine zusammenhängende Schicht. Es ist in einzelne Lappen, die Nierenpyramiden, gegliedert. An deren Spitze wird der Harn jeweils in den zugehörenden „Kelch" des Nierenbeckens abgegeben.

1	Nierenrinde	*Cortex renalis*
2	Bindegewebige Nierenkapsel	*Capsula fibrosa*
3	Nierenpapillen (Spitzen der Nierenpyramiden)	*Papillae renales*
4	Nierenarterie	*A. renalis*
5	Nierenbecken (aufgeschnitten)	*Pelvis renalis*
6	Nierenvene	*V. renalis*
7	Fettgewebe	*Textus adiposus*
8	Harnleiter	*Ureter*
9	Nierenmark (gebildet von den Nierenpyramiden)	*Medulla renalis; Pyramides renales*
10	Nierensäule (Teil der Nierenrinde zwischen den das Nierenmark bildenden Nierenpyramiden)	*Columna renalis*
11	Nierenkelch (Teil des Nierenbeckens)	*Calix renalis*
12	Bogenarterie	*A. arcuata*

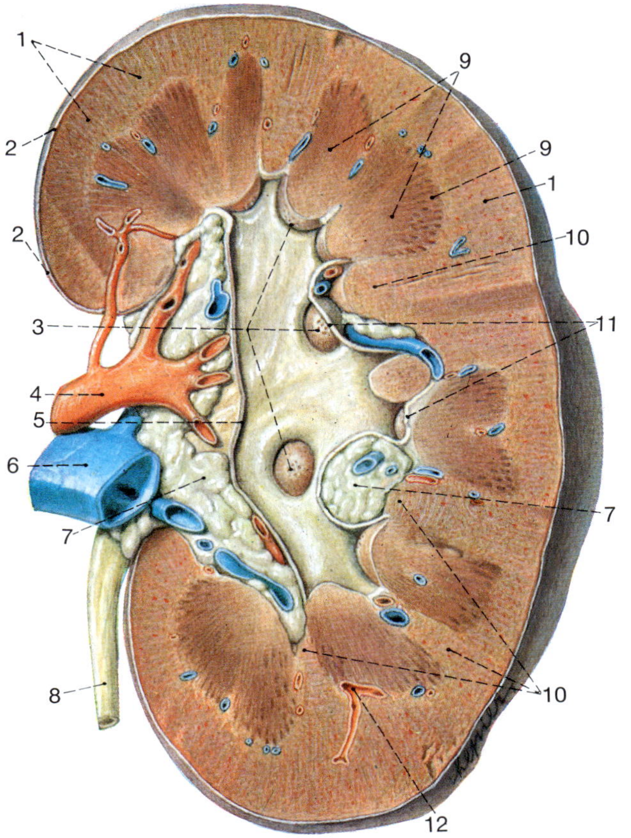

Lage der Nieren

Die Nieren sind in eine Fettkapsel eingehüllt der Hinterwand des Bauchraums angelagert etwa auf Höhe der 12. Rippen neben den Wirbelkörpern des 12. Brust- bis 3. Lendenwirbels. Sie ändern ihre Lage in Abhängigkeit von der Atmung, der Körperhaltung, dem Blutdruck, dem Ernährungszustand usw.

• Die rechte Niere steht wegen der großen Leber etwas tiefer als die linke.

Nieren: Verschiebung bei tiefer Ein- und Ausatmung. *[bg2]*

Die Nieren sind nicht fest mit der hinteren Bauchwand verwachsen, sondern sind im wesentlichen an den Blutgefäßen aufgehängt. Durch den hohen Druck in der Nierenarterie werden sie in der Schwebe gehalten. Diese Aufhängung lässt ihre Verschiebung bei den Atembewegungen des Zwerchfells zu. Die Nieren treten nicht einfach tiefer, sondern beschreiben etwa Kreisbahnen um die Abgangspunkte der Nierenarterien an der Bauchaorta. Man beachte die Lage der Nieren vor den 12. Rippen. Bei Operationen an der Niere vom Rücken her wird die 12. Rippe abgebogen oder notfalls entfernt, um den Zugang zu erleichtern.

1–5	Erster bis fünfter Lendenwirbel	*Vertebra lumbalis I-V*
12	Zwölfter Brustwirbel und zwölfte Rippen	*Vertebra thoracica XII + Costae XII*

• Die Klopfschmerzhaftigkeit des Nierenlagers prüft man in der Lendengegend (zwischen Brustkorb und Darmbeinkamm) seitlich der tiefen Rückenstreckmuskeln.

Kann man ohne Nieren leben?

Ja, aber man muss sich dann 2- bis 3-mal wöchentlich einer „künstlichen" Niere bedienen (Dialyse), um das Blut von Stoffwechselschlacken zu reinigen und den Salz- und Wasserhaushalt in Ordnung zu bringen.

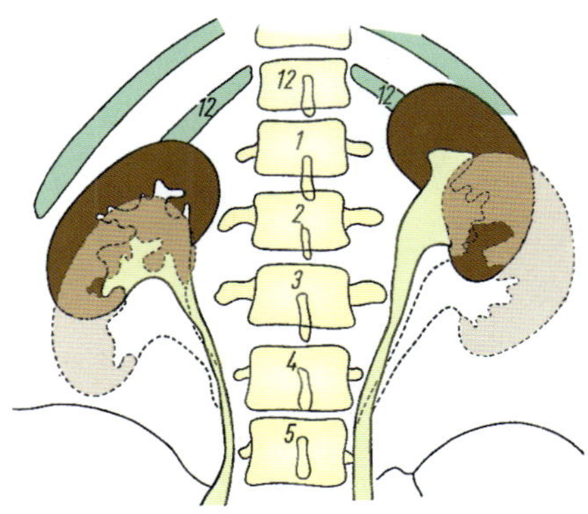

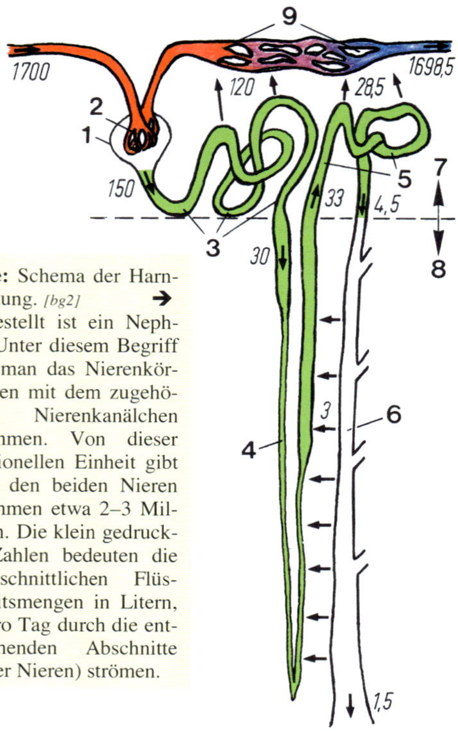

Niere: Schema der Harnbereitung. *[bg2]* ➔
Dargestellt ist ein Nephron. Unter diesem Begriff fasst man das Nierenkörperchen mit dem zugehörigen Nierenkanälchen zusammen. Von dieser funktionellen Einheit gibt es in den beiden Nieren zusammen etwa 2–3 Millionen. Die klein gedruckten Zahlen bedeuten die durchschnittlichen Flüssigkeitsmengen in Litern, die pro Tag durch die entsprechenden Abschnitte (beider Nieren) strömen.

Durch den Blutdruck wird etwa ein Zehntel der durch die Nieren fließen den Flüssigkeitsmenge (etwa 1700 l Blut pro Tag) als *Primärharn* (150–170 l pro Tag) abgepresst. Von diesem Primärharn wird in den Nierenkanälchen in mehreren Stufen der größte Teil wieder aufgesaugt, so dass zuletzt nur etwa 1,5 l endgültiger Harn über die ableitenden Harnwege ausgeschieden werden.

1	Nierenkörperchen	*Corpusculum renale*
2	Gefäßknäuel	*Glomerulus*
3–5	Nierenkanälchen (= Harnkanälchen)	*Tubulus renalis*
3	Hauptstück, gewundener Teil (proximales Tubuluskonvolut) + Hauptstück, gestreckter Teil	*Tubulus contortus proximalis + Tubulus rectus proximalis*
4	Überleitungsstück (dünner Teil der Henle-Schleife)	*Tubulus attenuatus*
5	Mittelstück, gestreckter Teil (distaler Tubulus) + Mittelstück, gewundener Teil (distales Tubuluskonvolut)	*Tubulus rectus distalis + Tubulus contortus distalis*
6	Sammelrohr	*Tubulus renalis colligens*
7	Nierenrinde	*Cortex renalis*
8	Nierenmark	*Medulla renalis*
9	Haargefäßnetz um die Nierenkanälchen	*Rete capillare peritubulare*

Nierenkörperchen

Jedes der etwa 1 Million Nierenkörperchen in einer Niere besteht aus 3 Hauptteilen:

• *Haargefäßknäuel* (Glomerulus): Aus ihm wird der Primärharn abgepresst. Die Wand der Kapillarknäuel ist so beschaffen, dass Wasser, Salze, einfache Zucker und ähnliche Stoffe hindurchtreten können, während Eiweiße und Blutkörperchen zurückgehalten werden. Zu jedem Haargefäßknäuel kommt das Blut in einer zuführenden Arteriole und fließt in einer wegführenden Arteriole (nicht in einer Vene!) ab, da es im Kapillarknäuel kaum Sauerstoff abgibt. Der Sauerstoff wird erst im zweiten Haargefäßnetz um die Nierenkanälchen benötigt, wo die Rückresorption von Stoffen ein aktiver Zellvorgang ist.

• *Kapselraum:* Er nimmt den Primärharn auf und öffnet sich in das zugehörige Nierenkanälchen

• *Kapsel:* Sie umgibt den Kapselraum ähnlich wie das Bauchfell den Bauchraum. Ein Blatt bildet die äußere Wand, das andere (Füßchenzellen) legt sich auf den Haargefäßknäuel.

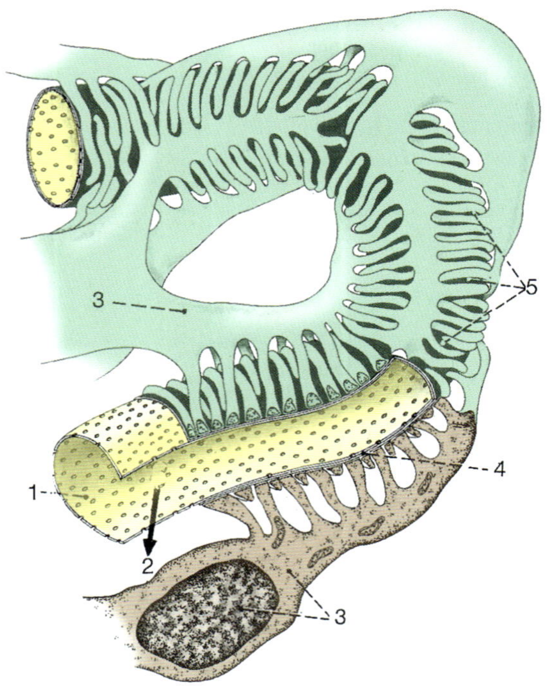

🡐 **Nierenkörperchen:** Schema des „Filters". *[bg4]*
Die Wand zwischen dem Blut und dem Kapselraum des Nierenkörperchens besteht aus 3 Schichten:

• *Deckgewebe des Haargefäßes* (Kapillarendothel, 1): Die flachen Zellen enthalten Fenster, durch welche Flüssigkeiten, aber nicht Blutzellen hindurchtreten können.

• *Grundhäutchen* (Basalmembran, 4): Es lässt nur Stoffe bis zu einer relativen Molekülmasse (Molekulargewicht) von etwa 65 000 durch. Damit werden die Bluteiweiße im Blut zurückgehalten.

• *Füßchenzellen:* Sie haben zahlreiche Fortsätze, zwischen denen Schlitzporen von gleichmäßiger Weite offen bleiben. Die Füßchenzellen (3) bilden das innere Blatt der Kapsel des Kapselraums (5), der den Primärharn (2) auffängt.

Gliederung des Nierenkanälchens (Tubulus)

Für das etwa 3–4 cm lange Nierenkanälchen gibt es eine verwirrende Vielfalt von Gliederungen und Bezeichnungen, z.B. Hauptstück, Überleitungsstück, Mittelstück und Verbindungsstück. Das Bauprinzip ist jedoch einfach: geknäuelt – gestreckt – geknäuelt:

- *Erster Kanälchenknäuel* (proximales Tubuluskonvolut): Der Anfangsabschnitt des Nierenkanälchens ist aufgeknäuelt und liegt seinem Nierenkörperchen an.
- *Kanälchenschleife* (Henle-Schleife): Ein langer gestreckter Abschnitte steigt in das Nierenmark ab und kehrt haarnadelartig als zweiter gestreckter Abschnitt wieder zur Rinde zurück.
- *Zweiter Kanälchenknäuel* (distales Tubuluskonvolut): Der Endabschnitt des Nierenkanälchens ist wieder aufgeknäuelt und liegt ebenfalls seinem Nierenkörperchen an.

Sammelrohre

Etwa je 10 Nierenkanälchen münden mit einem Verbindungsstück in einen größeren Kanal ein, den man Sammelrohr nennt. Ähnlich wie Venen vereinigen sich die Sammelrohre zu laufend größeren Gefäßen, bis sie schließlich als Papillengänge an einer Nierenpapille in das Nierenbecken münden.

Aufgaben der Nierenkanälchen

Die Nierenkanälchen werden vom zweiten Haargefäßnetz der Nierengefäße umsponnen. Dadurch ist ein Flüssigkeits- und Stoffaustausch zwischen Nierenkanälchen und Blutgefäßen möglich. Nach dem Abpressen des Primärharns ist das Blut in den wegführenden Arteriolen stark eingedickt. Es saugt daher im Haargefäßgebiet aufgrund des osmotischen Drucks Flüssigkeit aus den Nierenkanälchen zurück (rund 99 % des Primärharns). Wesentlich ist dabei die unterschiedliche Behandlung der gelösten Stoffe. Zum Teil werden diese aus dem Primärharn gut rückresorbiert (z.B. Traubenzucker, Kochsalz usw.), zum Teil nur wenig oder gar nicht. Von den Kanälchenzellen werden auch noch Stoffe aktiv an den Harn abgegeben.

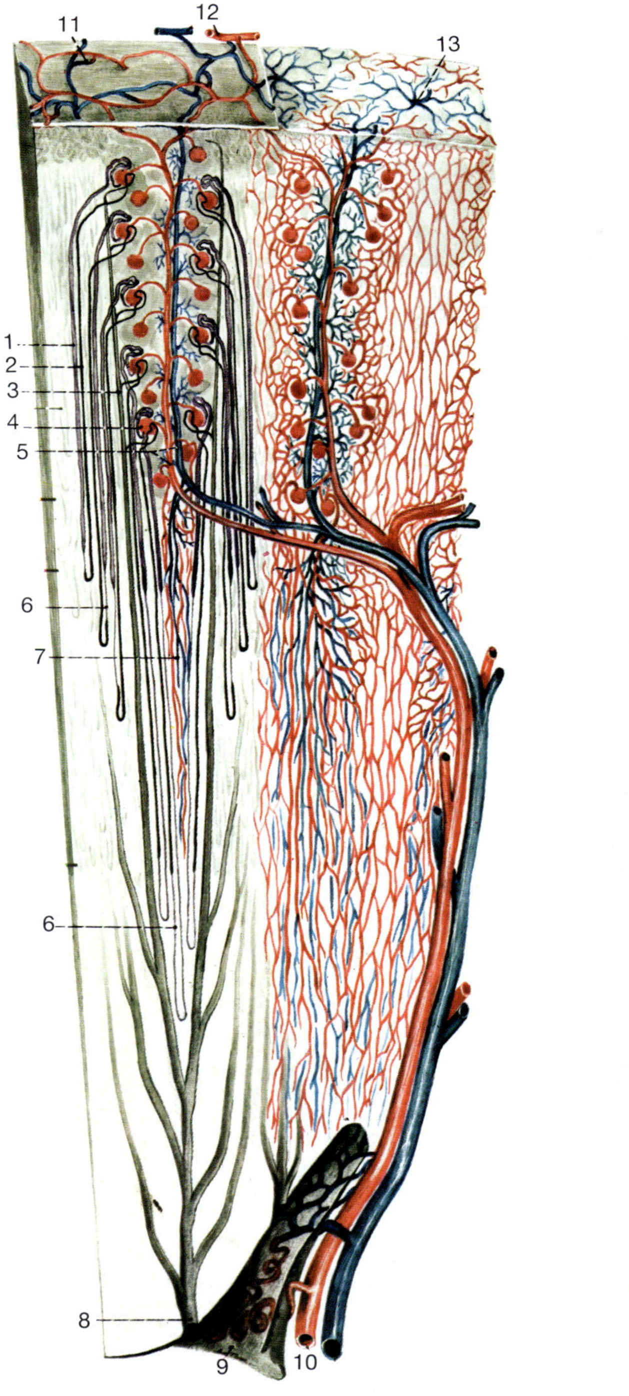

1	Hauptstück (proximaler Tubulus), gestreckter Teil	*Tubulus rectus proximalis*
2	Mittelstück (distaler Tubulus), gestreckter Teil	*Tubulus rectus distalis*
3	Sammelrohr	*Tubulus renalis colligens*
4	Gefäßknäuel	*Glomerulus*
5	Zwischenläppchenarterie	*A. interlobularis*
6	Überleitungsstück (dünner Teil der Henle-Schleife)	*Tubulus attenuatus*
7	Gerade Blutgefäße	*Arteriolae rectae [Vasa recta]*
8	Papillengang	*Ductus papillaris*
9	Nierenkelch	*Calix renalis*
10	Zwischenlappenarterie	*A. interlobaris*
11	Bindegewebige Nierenkapsel (mit Blutgefäßen)	*Capsula fibrosa*
12	Blutgefäße der Fettkapsel	*(Capsula adiposa)*
13	Sternvene	*V. stellata*

Niere: Schema der Verzweigung der Nierenarterie. Die Nierenkörperchen hängen wie Früchte an den Zweigen des Baums der Nierenarterie. Die Arterien sind rot, die Venen blau, die Hauptstücke der Nierenkanälchen violett, die Sammelrohre und der Papillengang graubraun gezeichnet. *[pa3]*

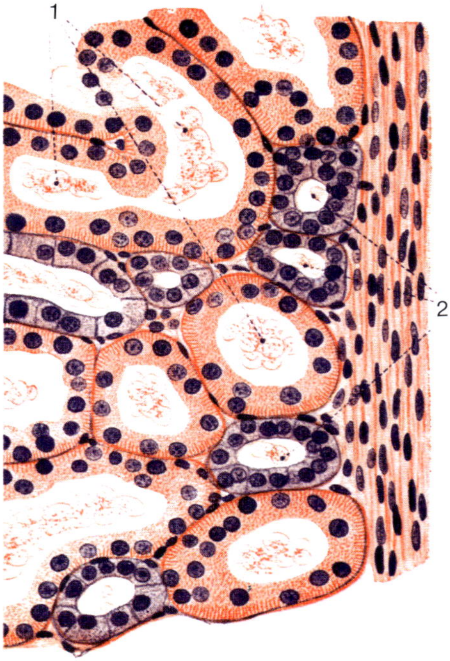

Niere: Schnittbild von Nierenkanälchen der Nierenrinde (Vergrößerung 320fach). *[so]*

1	Hauptstück, gewundener Teil (proximales Tubuluskonvolut)	*Tubulus contortus proximalis*
2	Mittelstück, gewundener Teil (distales Tubuluskonvolut)	*Tubulus contortus distalis*

Juxtaglomerulärer Apparat

Die hormonbildenden Zellen der Niere sowie die Zellen, mit denen die Niere den Blutdruck und den Salzgehalt des Blutes prüft, liegen dem Gefäßknäuel (Glomerulus) an. Sie werden unter dem Begriff juxtaglomerulärer Apparat zusammengefasst.

Nierenhormone

- *Renin:* Die Niere kann nur Primärharn abpressen, wenn der Blutdruck im Gefäßknäuel höher ist als der Druck im Kapselraum + dem Widerstand im Nierenfilter. Sinkt der Blutdruck zu sehr ab, so muss die Niere die Arbeit einstellen. Deshalb verfügt die Niere über einen Steuerungsmechanismus, mit dessen Hilfe sie den Blutdruck erhöhen kann. Sie sondert dazu das Hormon Renin ab. Dieses löst im Blutplasma die Bildung von Angiotensin aus. Dieses wiederum verengt die kleinen Arterien im Körper und erhöht dadurch den Blutdruck. Außerdem bewirkt es in der Nebennierenrinde die Erzeugung des Hormons Aldosteron. Dieses wirkt auf die Niere zurück, indem es die Natrium- und Wasseraufnahme im Nierenkanälchen fördert. Dadurch wird die Blutflüssigkeit vermehrt, was ebenfalls den Blutdruck steigert.
- *Erythropoetin:* Das 2. Nierenhormon regt die Bildung roter Blutkörperchen an.

Nierenbecken

Das Nierenbecken fängt den Harn auf, der aus den Papillengängen tropft. Es ist in etwa 10 Nierenkelche gegliedert, die je 1–3 Nierenpapillen (mit je 10–30 Papillengängen) umgeben. Das Nierenbecken verengt sich trichterförmig zum Harnleiter.
- Das Nierenbecken bietet offenbar gute Lebensbedingungen für Bakterien. Jedenfalls ist eine Nierenbeckenentzündung (Pyelitis) meist recht hartnäckig. Die Entzündung greift in der Regel auf das Nierengewebe über (Pyelonephritis).
- Im Nierenbecken können auch Harnsteine entstehen.

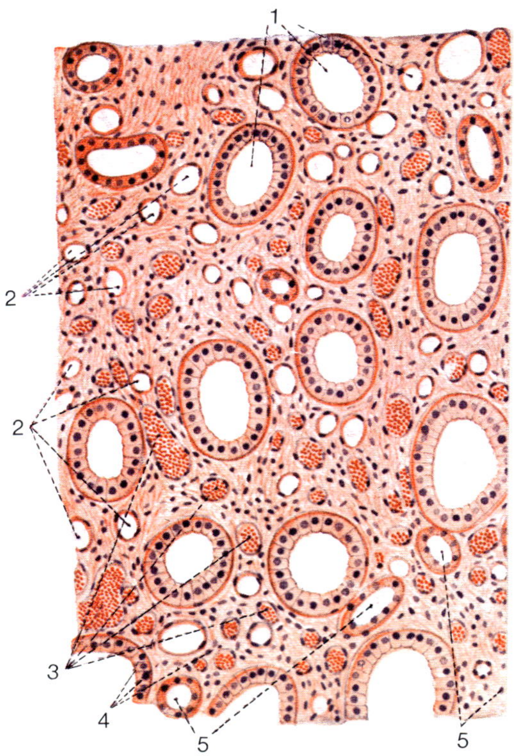

Niere: Schnittbild von Nierenkanälchen im Nierenmark (Vergrößerung 150fach). Getroffen sind die engen absteigenden und die etwas weiteren aufsteigenden Teile der Henle-Schleife sowie die weiten Sammelrohre. *[so]*

1	Sammelrohr	*Tubulus renalis colligens*
2	Überleitungsstück (dünner Teil der Henle-Schleife)	*Tubulus attenuatus*
3	Haargefäßnetz um die Nierenkanälchen	*Rete capillare peritubulare*
4	Bindegewebe	*Textus connectivus*
5	Gerader Teil des Mittelstücks	*Tubulus rectus distalis*

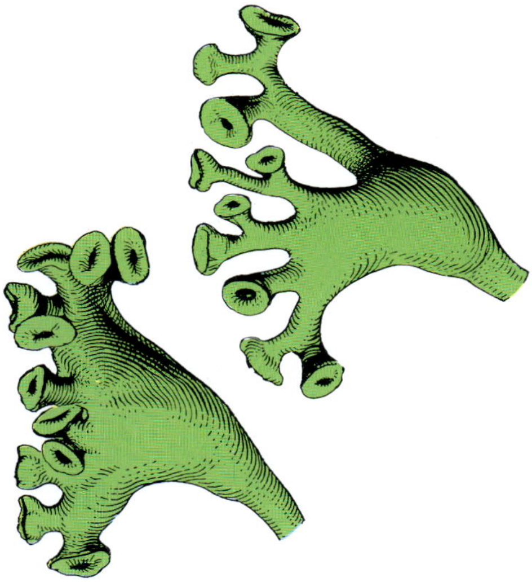

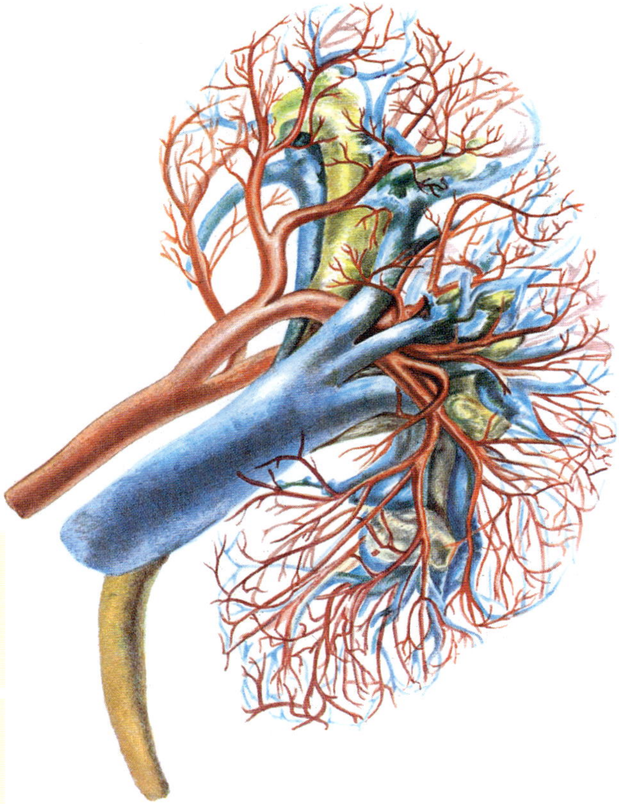

↑ Nierenbecken, normale Formen: *[bg2]*
• Links ampullärer (sackartiger) Typ: Die Nierenkelche sind kurz. Sie münden in einen weiten Sack.
• Rechts dendritischer (baumartiger) Typ: Die Nierenkelche sind lang. Das Nierenbecken erscheint baumartig verzweigt.

Nierenbecken und Nierengefäße: Ausgusspräparat ↗ in natürlicher Größe. Um eine anschauliche Vorstellung von der Verästelung und gegenseitigen Durchdringung von Arterien und Venen zu gewinnen, injiziert man in sie gefärbte Kunststoffe und löst anschließend das Gewebe mit starken Laugen auf. Es bleibt nur der Kunststoffausguss der Gefäße übrig („Korrosionspräparat"). Im Bild sind die Arterien rot, die Venen blau, das Nierenbecken und der Harnleiter gelb angefärbt. *[ca]*

Nierenbecken (dendritischer Typ) und Harnleiter im Röntgenbild. Es gibt 2 Wege, die ableitenden Harnwege im Röntgenbild sichtbar zu machen: *[sb2]* →
• *Intravenöse Pyelographie:* Man spritzt in eine Vene ein Röntgenkontrastmittel ein, das von den Nieren in den Harn ausgeschieden wird. Mit dem Harn stellen sich dann das Nierenbecken und die übrigen ableitenden Harnwege im Röntgenbild dar. Gefahr dieses Verfahrens ist die allergische Reaktion auf das Kontrastmittel (zwar selten, dann aber mitunter lebensbedrohend).
• *Retrograde Pyelographie:* Man schiebt durch Harnröhre, Harnblase und Harnleiter einen Katheter bis in das Nierenbecken vor und spritzt dann das Röntgenkontrastmittel dort direkt ein. Dieser Weg ist mühsam (Harnblasenspiegelung nötig) und birgt die Gefahr in sich, Bakterien aus infizierten Harnwegen in das Nierenbecken zu verschleppen. Dieses Verfahren wird daher nur in besonderen Fällen angewandt.

1	Gasblasen im absteigendem Dickdarm	*(Colon descendens)*
3	Großer Lendenmuskel (Seitenrand)	*M. psoas major*
4	Nierenbecken	*Pelvis renalis*
5	Nierenkelche	*Calices renales*
6	Harnleiter	*Ureter*
7	Unterer Nierenpol	*Extremitas inferior (renis)*

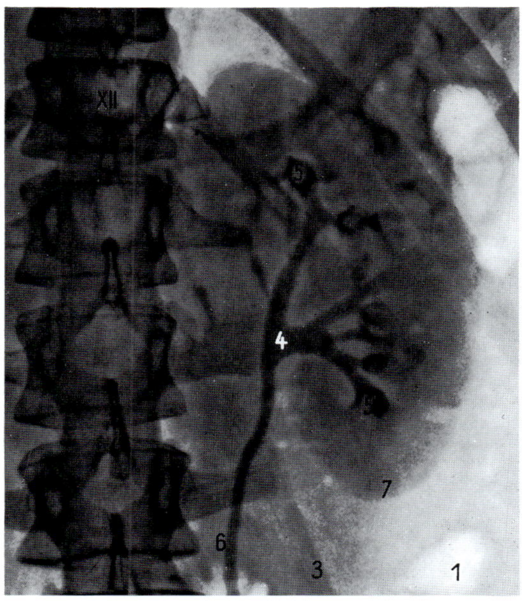

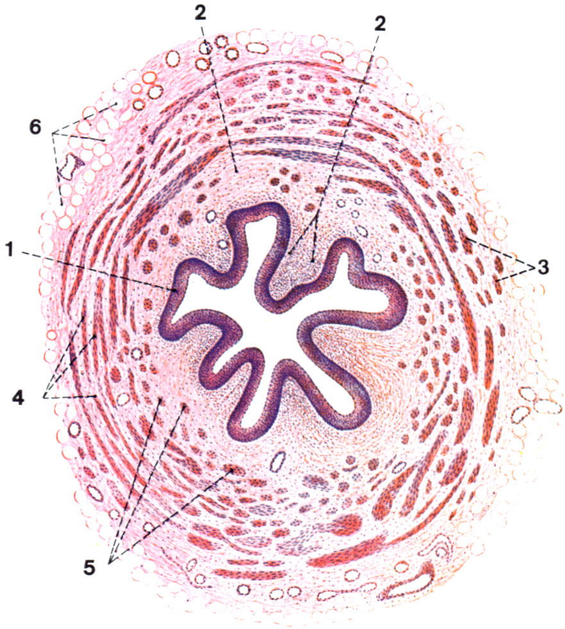

Harnleiter: Querschnitt (Vergrößerung etwa 20fach). In entspanntem Zustand ist die Schleimhaut gefaltet. *[so]*

1	Übergangsepithel	*Epithelium transitionale*
2	Verschiebeschicht der Schleimhaut	*Lamina propria*
3–5	Muskelwand	*Tunica muscularis*
3	Äußere Längsschicht	*Stratum longitudinale externum*
4	Mittlere Ringschicht	*Stratum circulare*
5	Innere Längsschicht	*Stratum longitudinale internum*
6	Bindegewebige Hülle mit Blutgefäßen	*Tunica adventitia*

Harnleiter

Der Harnleiter ist ein etwa 30–35 cm langer Schlauch, der das Nierenbecken mit der Harnblase verbindet. Seine Wand hat den typischen Dreischichtenbau vieler Hohlorgane:

• *Schleimhaut* mit Übergangsepithel: In leerem Zustand ist die Schleimhaut wie bei allen Hohlorganen in Falten gelegt. Deswegen ist das Epithel durch lockeres Verschiebegewebe von der Muskelwand getrennt.

• *Muskelwand:* Sie hat die Aufgabe, den Harn vom Nierenbecken zur Harnblase zu transportieren. Dies kann man nicht einfach der Schwerkraft überlassen. Sonst würde sich im Liegen der Harn im Nierenbecken anstauen. Ein- bis viermal pro Minute läuft eine „peristaltische Welle" vom Nierenbecken zur Harnblase über den Harnleiter hinweg. Deswegen sind die Muskelfasern nicht wie bei der Skelettmuskulatur parallel angeordnet, sondern gitterartig: außen und innen mehr in der Längsrichtung, dazwischen mehr ringförmig.

• *Bindegewebige Hülle:* Sie dient der Verschiebung gegenüber den Nachbarorganen. In ihr verlaufen auch die Blutgefäße und Nerven des Harnleiters.

Übergangsepithel

Harn reizt die Haut: Beim Säugling muss man häufig die Windeln wechseln, um Hautreizungen zu vermeiden. Die Schleimhaut der Harnwege muss daher eine besondere Anpassung an die ständige Benetzung mit Harn zeigen: Es ist das sogenannte „Übergangsepithel", das alle Harnwege auskleidet. Bei ihm bilden große haubenförmige Zellen die Grenzschicht zur Lichtung.

• Das Übergangsepithel bildet eine Durchlässigkeitsschranke: Es verhindert, dass Harn aus den Harnwegen wieder in den Körper aufgenommen wird. Muss man, z.B. wegen eines Krebses, die Harnblase entfernen, so kann man zwar aus Darm eine „Ersatzblase" schaffen. Man kann sie aber nicht mit Übergangsepithel auskleiden. Deshalb wird ein Teil des Harns von der Ersatzblasenwand wieder aufgesaugt.

• Das Übergangsepithel ist sehr dehnbar und kann sich daher den wechselnden Füllungszuständen der harnableitenden Organe gut anpassen.

Peristaltische Welle

Die Muskelwand zieht sich nie gleichzeitig in allen Schichten oder gar über die ganze Länge des Harnleiters zusammen. Die peristaltische Welle beginnt mit einer Kontraktion der Längsschichten am Ausgang des Nierenbeckens. Dadurch wird der Harnleiter an dieser Stelle etwas verkürzt, aber zugleich auch erweitert. In diese Erweiterung fließt eine kleine Menge Harn. Durch Kontraktion der Ringschicht wird das Zurückströmen dieser Harnmenge in das Nierenbecken verhindert.

• Die peristaltische Welle läuft nun folgendermaßen ab: Zuerst kontrahieren sich die Längsschichten und erweitern die Lichtung, kurz danach folgt die Ringschicht und verhindert den Rückfluss nach oben. Der Harntropfen wird so durch den Harnleiter geschoben.

• Ähnlich wird ein kleiner Nierenstein durch den Harnleiter transportiert.

Engstellen des Harnleiters

An 3 Stellen ist der Harnleiter besonders eng:

• am oberen Ende am Übergang vom Nierenbecken.

• etwa in der Mitte, an der Stelle, wo er die großen Blutgefäße des Beckens überkreuzt.

• am unteren Ende am Eintritt in die Harnblase.

Harnleiterkoliken

Kleine Nierensteine gehen aus dem Nierenbecken auf „natürlichem Wege" über den Harnleiter in die Harnblase ab. Gelegentlich bleibt dabei ein Stein im Harnleiter stecken (bevorzugt an einer der 3 Engstellen). Der Harnleiter versucht dann mit verstärkter Peristaltik den Stein weiterzuschieben. Dabei kann sich die Muskelwand des Harnleiters sehr schmerzhaft verkrampfen. Die Flankenschmerzen strahlen bei der Frau in die großen Schamlippen, beim Mann in den Hodensack aus.

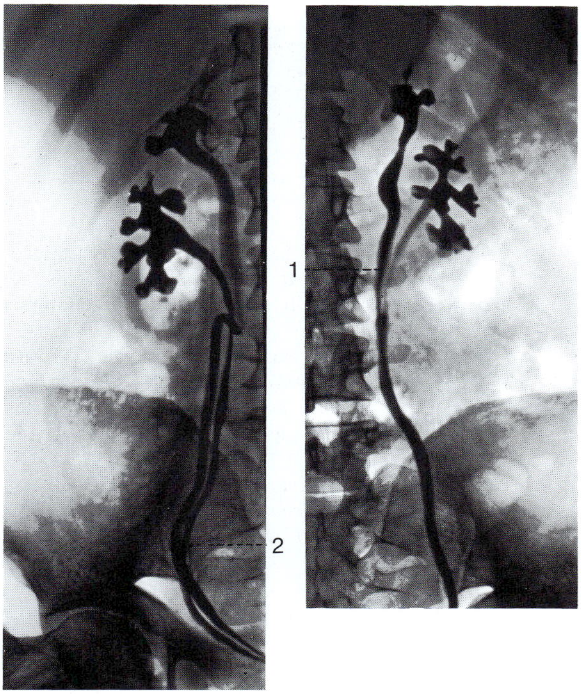

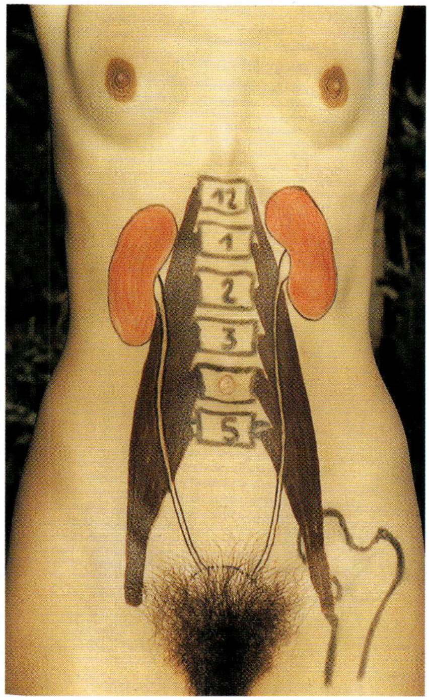

↑ **Harnleiter:** häufige Varietäten (meist belanglos): *[ba2]* Normalerweise hat der Mensch auf jeder Seite einen Harnleiter. Gelegentlich sind es aber zwei. Dann sind auch zwei Nierenbecken vorhanden. *[ba2]*

• Linkes Bild: doppelter Harnleiter (Ureter duplex). Von der Niere ziehen 2 Harnleiter zur Harnblase. Bei doppeltem Harnleiter mündet der aus dem oberen Nierenbecken kommende in die Harnblase etwas tiefer ein. Deshalb überkreuzen sich die beiden Harnleiter (2). Manchmal mündet dieser Harnleiter sogar „dystop" (an einer falschen Stelle), z.B. in die Harnröhre, die Scheide oder den Mastdarm. Dies ist dann nicht mehr belanglos, weil es zum unwillkürlichen Harnabgang oder zur aufsteigenden Infektion des Nierenbeckens kommen kann.

• Rechtes Bild: zweigeteilter (gespaltener) Harnleiter (Ureter bifurcatus). Aus einem geteilten Nierenbecken entspringen 2 Harnleiter, die sich jedoch irgendwo auf ihrem Weg zur Harnblase vereinigen (1).

Nieren und Harnleiter: Projektion auf die vordere Bauchwand. Um die Nieren auf die Bauchwand zu malen, geht man am besten in folgenden Schritten vor: ↑

• Zuerst sollte man sich die Lendenwirbelsäule einzeichnen (1–3 + 5 = Lendenwirbel, 12 = 12. Brustwirbel). Der 4. Lendenwirbel entspricht etwa der Höhe des Nabels.

• Als nächstes sollte man sich den Verlauf des großen Lendenmuskels von der Wirbelsäule zum kleinen Rollhügel des Oberschenkelbeins klarmachen. Jetzt ist der Mittelbereich dargestellt, dem die Nieren außen anliegen.

• Zuletzt trägt man die Nieren (Länge 10–12 cm) so ein, dass

1. die Nierenbucht auf der Innenseite liegt,
2. die rechte Niere etwa 2–3 cm tiefer steht,
3. die Nieren nach unten entsprechend dem Rand des großen Lendenmuskels auseinander weichen.

Da die Nieren um ihre Längsachse gedreht sind (Nierenbecken schräg nach vorn), erscheinen sie in der sagittalen Projektion verschmälert. *[li1]*

Fehlbildungen der Nieren

Die Nieren machen eine komplizierte Entwicklung durch: Die Nephrone und die Sammelrohre entstehen aus getrennten Anlagen, die zu einander finden müssen. Entwicklungsstörungen sind daher häufig:

• *Einzelniere:* Auf einer Seite fehlt die Niere völlig.

• *Abnorm kleine Niere:* Sie erkrankt häufiger an einer Nierenbeckenentzündung und löst auch häufig einen Bluthochdruck aus.

• *Doppelniere:* eine Niere mit 2 getrennten Nierenbecken.

• *Beckenniere:* Die Niere steigt während ihrer Entwicklung normalerweise aus dem Becken in die Lendengegend auf. Sie bleibt gelegentlich an der Beckenwand liegen.

• *Hufeisenniere:* Die beiden Nieren sind an den unteren Polen zu einer verschmolzen, die dann gewöhnlich hufeisenförmig um den Abgang der unteren Gekrösearterie aus der Bauchaorta liegt.

• *Kuchenniere:* eine Niere ohne typische Nierenform.

• *Sackniere:* Niere mit einem abnorm weiten Nierenbecken.

• *Zystenniere:* Die Niere enthält kleinere oder größere Hohlräume. Es kann sich um eine Einzelzyste handeln. Es kann die Niere aber auch völlig von Hohlräumen durchsetzt sein, so dass kaum noch arbeitsfähiges Nierengewebe übrig bleibt.

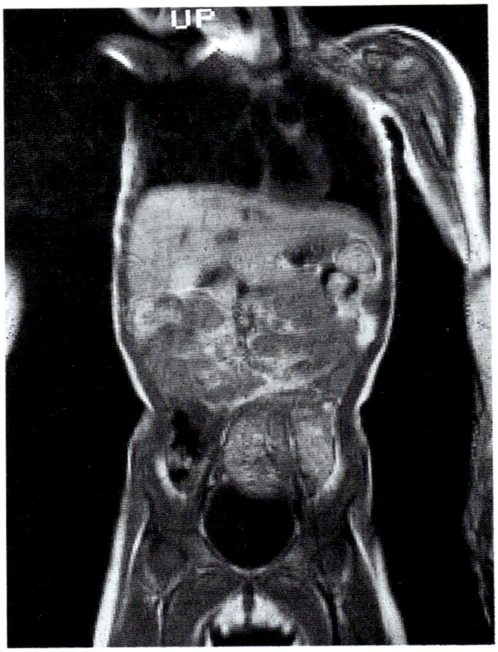

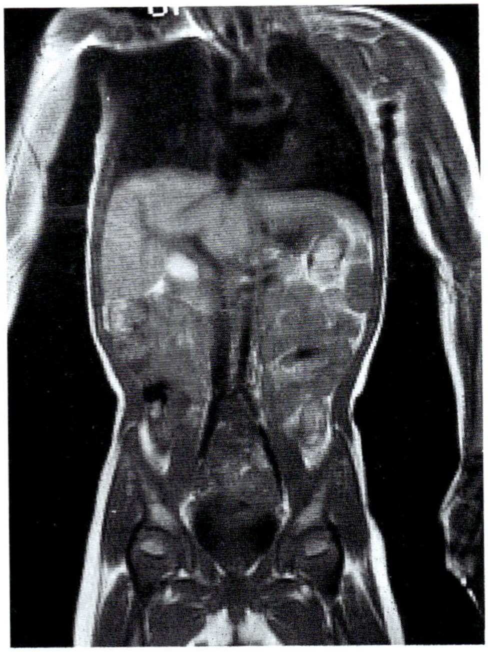

↑ **Frontale Kernspintomogramme** (MRT) durch den Rumpf eines 2-jährigen Kindes. Die Bildserie wird auf der übernächsten Seite fortgeführt. *[he2]*

- Schwarz: flüssigkeits- und luftgefüllte Organe: Lunge, Herzhöhlen, Blutgefäße, Gasblasen im Darm, Harnblase.
- Dunkelgrau: Muskeln (stark durchblutet!).
- Mittel- bis hellgrau: parenchymatöse Organe (Leber, Milz, Nebennieren, Nieren) und Darm.
- Weiß: Fettgewebe.

Linkes Bild: In der vordersten Schicht sind die äußeren Beckengefäße und die Oberschenkelgefäße getroffen.
Rechtes Bild: Die zweite Schicht zeigt die Aortengabel, daneben die untere Hohlvene, an der Leber die Pfortader.

Retroperitonealraum (Hinterbauchfellraum)

Im „Raum hinter dem Bauchfell" liegen neben oder unmittelbar vor der Wirbelsäule:

- Nieren, Harnleiter und Nebennieren.
- Bauchaorta und untere Hohlvene mit Ästen.
- zahlreiche Lymphknoten.

Nicht zum Retroperitonealraum zählt man die sekundär retroperitonealen Verdauungsorgane.

1	Wirbelarterie	*A. vertebralis* →
2	Innere Halsvene (innere Drosselvene)	*V. jugularis interna*
3	Schilddrüse	*Glandula thyroidea*
4	Siebenter Halswirbel	*Vertebra prominens [C VII]*
5	Arm-Kopf-Vene	*V. brachiocephalica*
6	Schlüsselbein	*Clavicula*
7	Schultereck	*Acromion*
8	Schulterblattgräte	*Spina scapulae*
9	Luftröhrengabel	*Bifurcatio tracheae*
10	Medialer Rand (des Schulterblatts)	*Margo medialis (scapulae)*
11	Speiseröhre	*Oesophagus*
12	Nebenniere	*Glandula suprarenalis*
13	Leber	*Hepar* →
14	Bauchaorta	*Pars abdominalis aortae [Aorta abdominalis]*
15	Rechte Dickdarmbiegung	*Flexura coli dextra [hepatica]*
16	Gallenblase	*Vesica biliaris [fellea]*
17	Niere	*Ren [Nephros]*
18	Bauchspeicheldrüse	*Pancreas*
19	Dickdarm, aufsteigender Teil	*Colon ascendens*
20	Harnleiter, Bauchabschnitt	*Ureter, Pars abdominalis*
21	Darmbeinkamm	*Crista iliaca*
22	Krummdarm-Blinddarm-Klappe (Bauhin-Klappe)	*Ostium ileale*
23	Krummdarm	*Ileum*
24	Blinddarm	*Caecum*
25	Wurmfortsatz	*Appendix vermiformis*
26	Vorsteherdrüse	*Prostata*
27	Bläschendrüse (Samenblase)	*Glandula vesiculosa [Glandula seminalis] [Vesicula seminalis]*
28	Samenleiter	*Ductus deferens*
29	Harnleiter, Beckenabschnitt	*Ureter, Pars pelvica*
30	Dickdarm, s-förmiger Teil	*Colon sigmoideum*
31	Dickdarm, absteigender Teil	*Colon descendens*
32	Zwölffingerdarm	*Duodenum*
33	Nierenbecken	*Pelvis renalis*
34	Linke Dickdarmbiegung	*Flexura coli sinistra [splenica]*
35	Milz	*Splen [Lien]*
36	Unterer Schulterblattwinkel	*Angulus inferior (scapulae)*
37	Herz	*Cor*
38	Brustaorta	*Pars thoracica aortae [Aorta thoracica]*
39	Brustfellkuppel	*Cupula pleurae*
40	Rachen	*Pharynx*
41	Zapfen (Zahn) des 2. Halswirbels	*Dens axis*

Projektion der Rumpfeingeweide auf das Skelett. Ansicht von hinten. Die Nieren liegen im Bereich der 11. und 12. Rippe. Bei Operationen an der Niere von hinten muss man die 12. Rippe nach oben drängen, um den Zugang zu erleichtern. Man achte auch auf die den Nieren kappenförmig aufsitzenden Nebennieren sowie auf die Lage der Milz im Bereich der 9. + 10. linken Rippe und ihre Nachbarschaft zu linker Lunge, linker Niere und Dickdarm. *[ss2]*

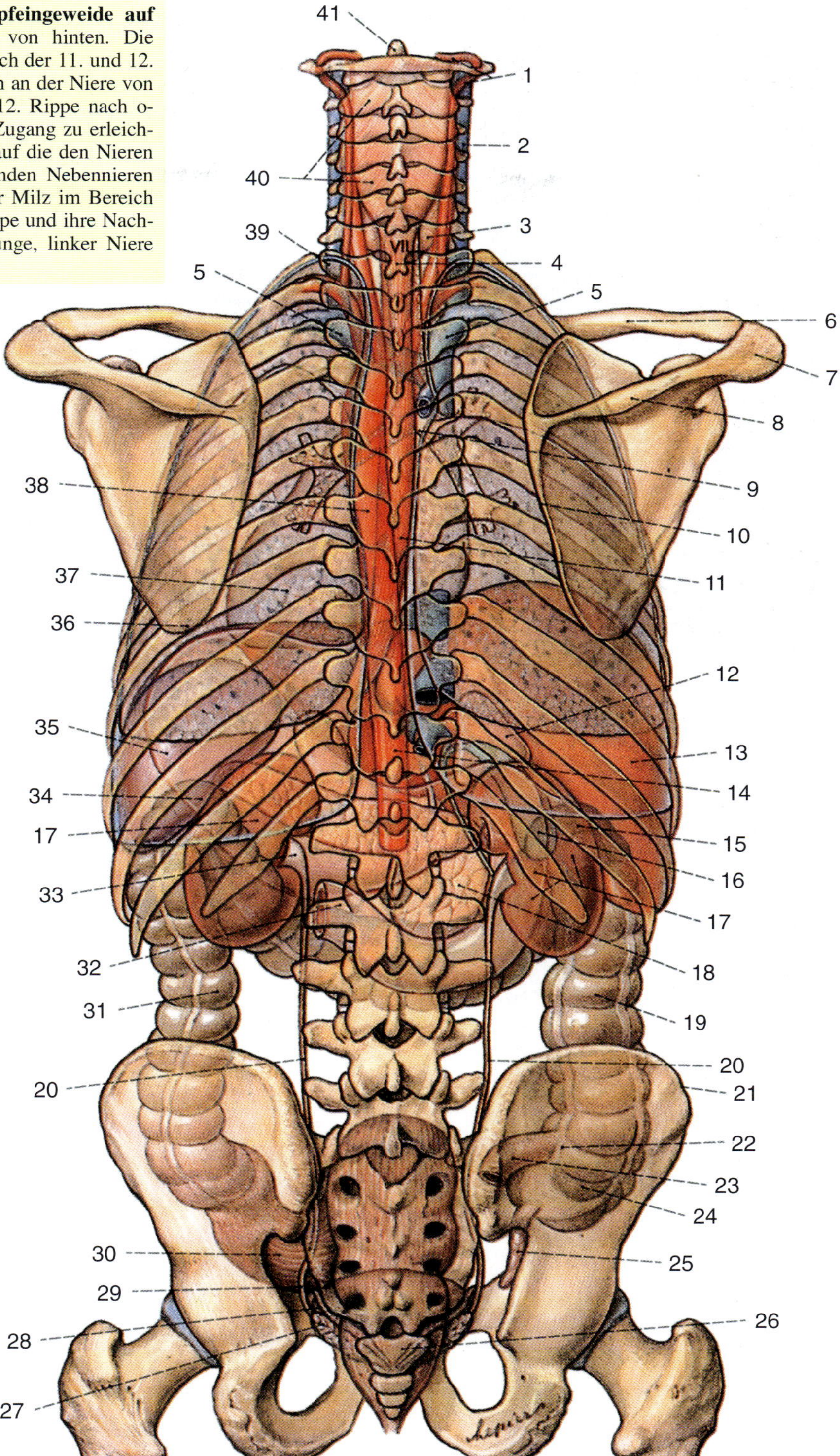

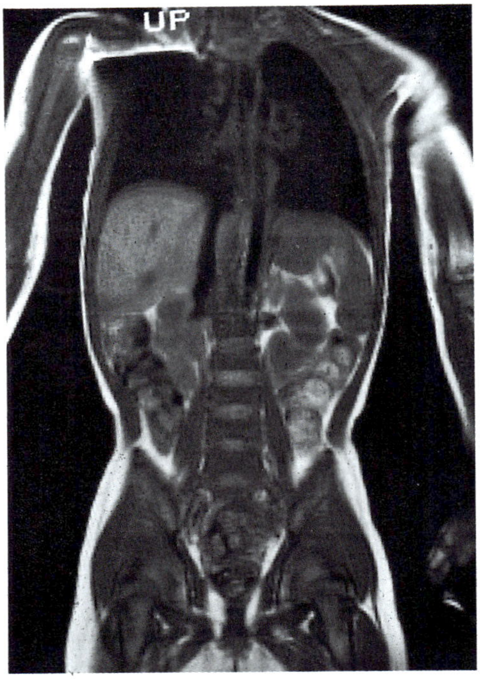

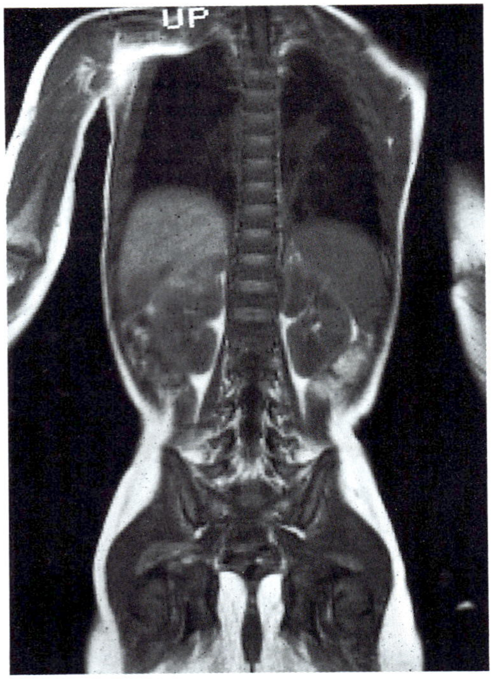

↑ **Frontale Kernspintomogramme** (MRT) durch den Rumpf eines 2jährigen Kindes. Fortsetzung der Bildserie von der vorletzten Seite. *[he2]*
Linkes Bild: In der dritten Schicht sieht man den weiten Abstand von unterer Hohlvene und Aorta im Oberbauch.
Rechtes Bild: Die hinterste Schicht geht durch die Wirbelkörper und die Nieren. Alle großen Gefäße liegen weiter vorn.

1	Niere	*Ren [Nephros]* →
2	Harnleiter	*Ureter*
3	Harnblase	*Vesica urinaria*
4	Zwerchfell	*Diaphragma*
5	Nebenniere	*Glandula suprarenalis*
6	Mageneingang	*Cardia [Pars cardiaca]*
7	Mastdarm	*Rectum*
8	Stamm der Leber-, Milz- und Magenarterien	*Truncus coeliacus*
9	Obere Gekrösearterie	*A. mesenterica superior*
10	Nierenarterie	*A. renalis*
11	Hodenarterie	*A. testicularis*
12	Untere Gekrösearterie	*A. mesenterica inferior*
13	Gemeinsame Beckenarterie	*A. iliaca communis*
14	Innere Beckenarterie	*A. iliaca interna*
15	Untere Hohlvene	*V. cava inferior*
16	Lebervenen	*Vv. hepaticae*
17	Nierenvene	*V. renalis*
18	Hodenvene	*V. testicularis*
19	Gemeinsame Beckenvene	*V. iliaca communis*
20	Innere Beckenvene	*V. iliaca interna*
21	Großer Lendenmuskel	*M. psoas major*
22	Gerader Bauchmuskel	*M. rectus abdominis*
23	Querer Bauchmuskel	*M. transversus abdominis*
24	Innerer schräger Bauchmuskel	*M. obliquus internus abdominis*
25	Untere Zwerchfellarterie	*A. phrenica inferior*
26	Untere Zwerchfellvene	*V. phrenica inferior*

27	Mittlere Nebennierenarterie	*A. suprarenalis media* →
28	Nebennierenvene	*V. suprarenalis*
29	Zwischenrippenmuskeln	*Mm. intercostales*
30	Lendenarterie + -vene	*A. + V. lumbalis*
31	Zwölfte Rippe	*Costa XII*
32	Unterrippennerv	*N. subcostalis*
33	Darmbein-Unterbauch-Nerv	*N. iliohypogastricus [iliopubicus]*
34	Viereckiger Lendenmuskel	*M. quadratus lumborum*
35	Darmbein-Leisten-Nerv	*N. ilioinguinalis*
36	Darmbein-Lendenwirbel-Band	*Lig. iliolumbale*
37	Äußerer Oberschenkelhautnerv	*N. cutaneus femoris lateralis*
38	Kleiner Lendenmuskel (Sehne)	*M. psoas minor*
39	Darmbeinmuskel	*M. iliacus*
40	Lenden-Kreuzbein-Knick	*Promontorium*
41	Mittelständige Kreuzbeinarterie	*A. sacralis mediana*
42	Obere Mastdarmarterie	*A. rectalis superior*
43	Oberschenkelnerv	*N. femoralis*
44	Darmbein-Lenden-Arterie	*A. iliolumbalis*
45	Schamgegend-Oberschenkel-Nerv	*N. genitofemoralis*
46	Mittelständige Nabelfalte	*Plica umbilicalis mediana*
47	Mediale Nabelfalte	*Plica umbilicalis medialis*
48	Seitliche Nabelfalte	*Plica umbilicalis lateralis [Plica epigastrica]*
49	Bauchfelltasche zwischen Blase und Mastdarm	*Excavatio rectovesicalis*
50	Gekröse des s-förmigen Dickdarms	*Mesocolon sigmoideum*
51	Arterien zum s-förmigen Dickdarm	*Aa. sigmoideae*
52	Fettkapsel der Niere	*Capsula adiposa*
53	Zusätzliche Nierenarterie	*A. renalis <accessoria>*
54	Bauchfell	*Peritoneum*

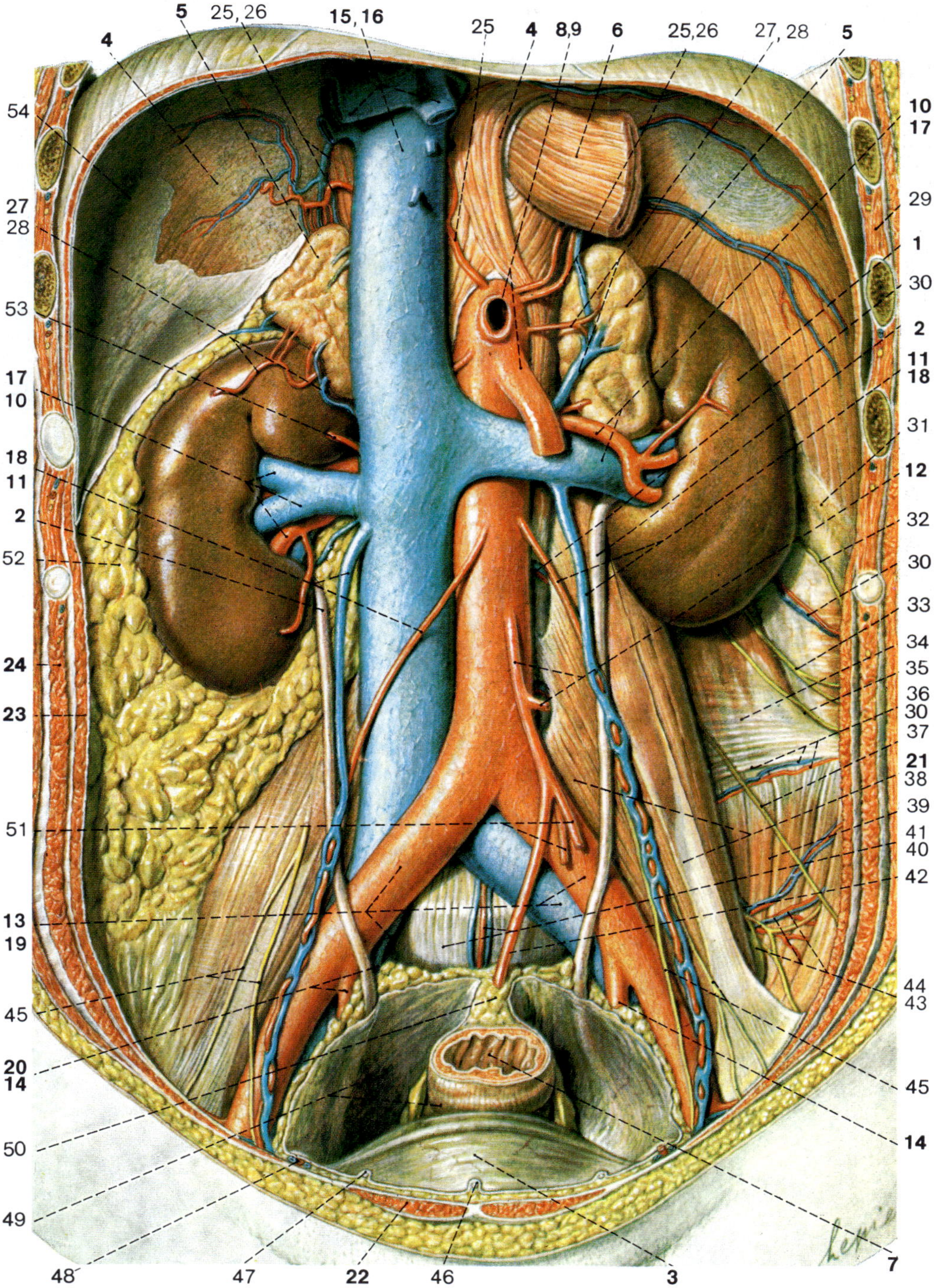

Retroperitonealraum: Hinterwand des Bauchraums mit Nieren und Harnwegen (ohne sekundär retroperitoneale Organe). *[sb2]*

Um in diesem an Einzelheiten so reichen Bild die Übersicht zu erleichtern, wurden die wichtigen Strukturen mit fetten Ziffern hervorgehoben: Man suche zuerst die Eingeweide und das Zwerchfell auf (Ziffern 1–7), dann die großen Blutgefäße (Ziffern 8–20) und schließlich einige kräftige Muskeln (Ziffern 21–24). Die mit mageren Ziffern bezeichneten übrigen Strukturen sind nur beschriftet, um das Nachschlagen bei besonderem Interesse zu ermöglichen.

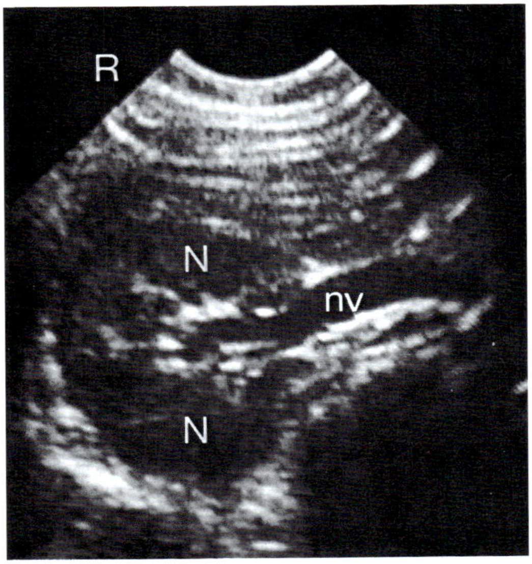

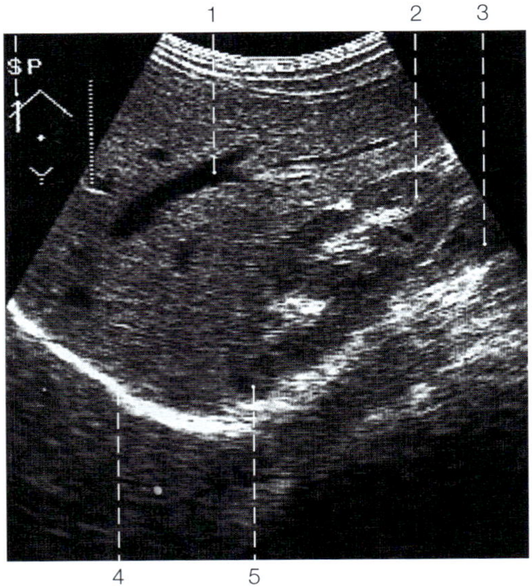

↑ Niere: Querschnitt des rechten Nierenhilum im Ultraschallbild. Die Nierenrinde (N) ist dunkler als das Nierenmark. Das Fettgewebe der Nierenbucht ist weiß wiedergegeben. Der Schnitt trifft die Nierenvene (nv). R = rechts. *[st3]*

↓ Querschnitt (Transversalschnitt) durch den Rumpf auf Höhe der Zwischenwirbelscheibe zwischen 11. und 12. Brustwirbel. Die große Leber drängt die rechte Niere nach unten. Deswegen ist nur die linke Niere vom Schnitt getroffen. *[li5]*

↓

1	Leber	*Hepar*
2	Untere Hohlvene	*V. cava inferior*
3	Zwischenwirbelscheibe	*Discus intervertebralis*
4	Rückenmark	*Medulla spinalis*
5	Aorta	*Aorta*
6	Zwerchfell (Lendenteil)	*Diaphragma*
7	Wirbelsäulenaufrichter	*M. erector spinae*
8	Magen	*Gaster*
9	Bauchspeicheldrüse	*Pancreas*
10	Niere	*Ren [Nephros]*

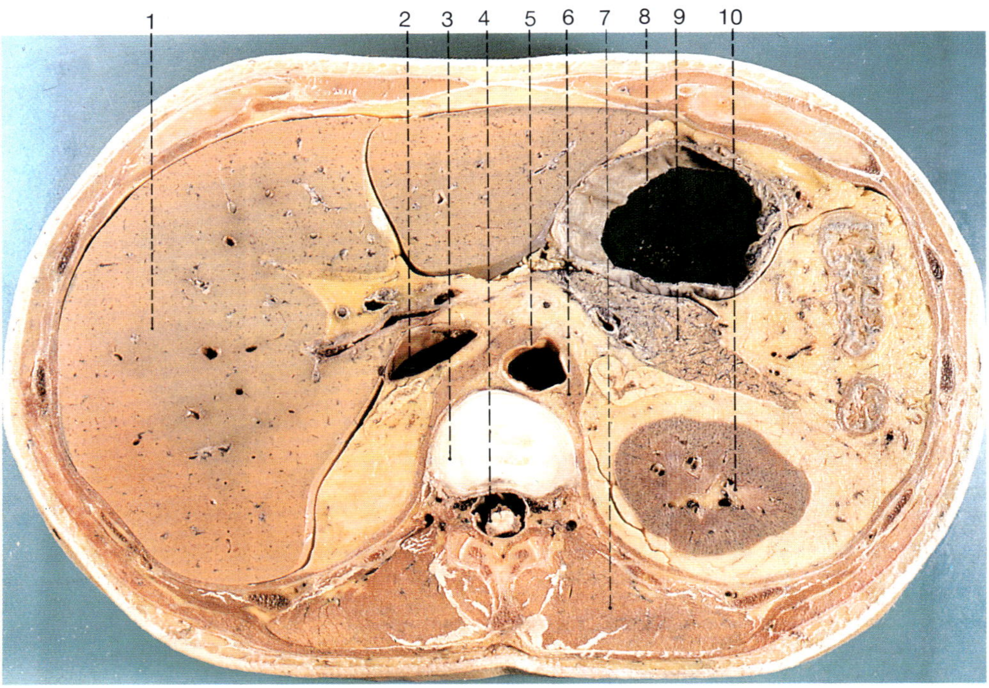

🡐 **Niere und Leber:** Rechter Leberlappen und rechte Niere im Ultraschallbild (Längsschnitt rechts der Medioklavikularlinie). Im Bauchwandschema links oben ist die Lage der Schnittebene angegeben. *[ks]*
Man achte auf die Weite der Venen beim Lebenden, während sie an der Leiche (Bilder unten) wegen des fehlenden Blutdrucks zusammengepresst sind.

1	Lebervene	*V. hepatica*
2	Unterer Nierenpol	*Ren [Nephros], Extremitas inferior*
3	Großer Lendenmuskel	*M. psoas major*
4	Zwerchfell	*Diaphragma*
5	Oberer Nierenpol	*Ren [Nephros], Extremitas superior*

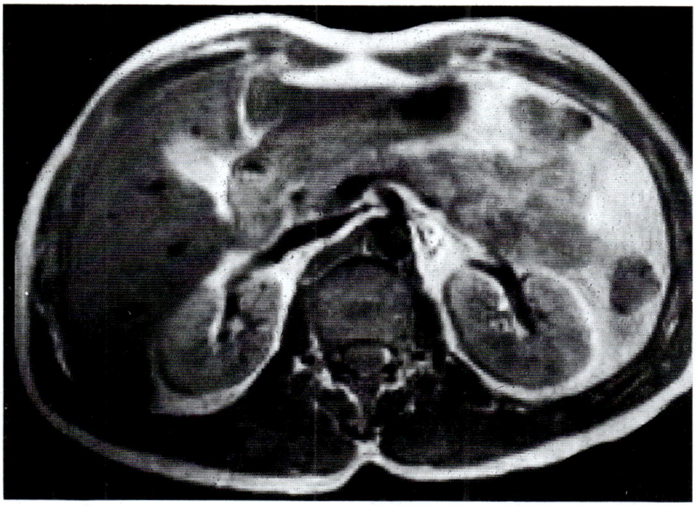

🡑 **Nieren:** Horizontales Kernspintomogramm (MRT) auf Höhe des 1. Lendenwirbelkörpers. Man sieht den rechten Leberlappen, den Darm mit Gekrösen, beide Nieren mit den Nierenvenen, die Milz und die Aorta. *[he2]*

🡓 **Querschnitt** (Transversalschnitt) durch den Rumpf auf Höhe des Oberrandes des 3. Lendenwirbels. (Alle Transversalschnitte in diesem Buch sind von unten gesehen, entsprechend der Norm der Computertomographie.) *[li5]*

1	Leber	*Hepar*
2	Niere	*Ren [Nephros]*
3	Gerader Bauchmuskel	*M. rectus abdominis*
4	Untere Hohlvene	*V. cava inferior*
5	Wirbelkörper	*Corpus vertebrae*
6	Bauchaorta	*Pars abdominalis aortae [Aorta abdominalis]*
7	Großer Lendenmuskel	*M. psoas major*
8	Wirbelsäulenaufrichter	*M. erector spinae*

Chirurgische Zugänge zur Niere

- *Von vorn:* Ein Teil der Vorderfläche der Niere ist von Bauchfell bedeckt. Daher kann man durch die Bauchfellhöhle zur Niere gelangen, wenn man den Darm usw. zur Seite schiebt.
- *Von der Seite:* Von einem Flankenschrägschnitt aus gelangt man hinter dem Bauchfell zur Niere.
- *Von hinten:* nach Hochdrängen der 12. Rippe.

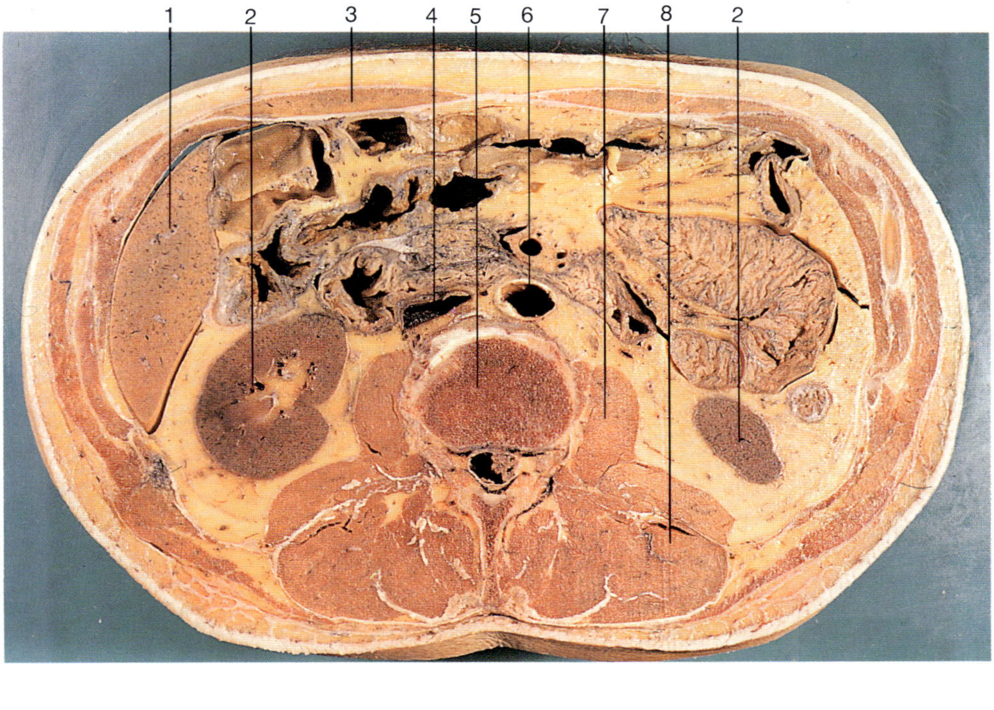

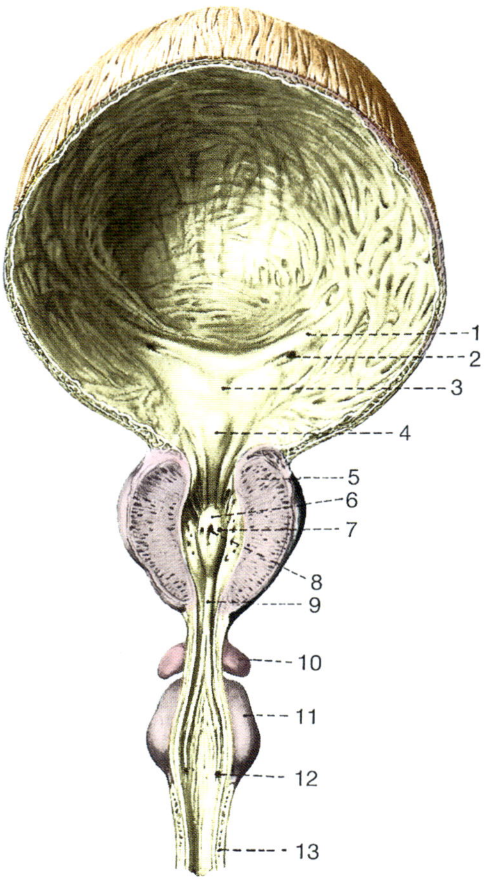

↑ Harnblase und männliche Harnröhre von vorn eröffnet. Die Schleimhaut ist bei gefüllter Harnblase glatt, bei entleerter in Falten gelegt. *[bg2]*

1	Durch den Harnleiter aufgewölbte Schleimhautfalte	*Plica ureterica*
2	Harnleitermündung	*Ostium ureteris*
3	Harnblasendreieck (zwischen den Mündungen der Harnleiter und der Harnröhre)	*Trigonum vesicae*
4	Harnblasenzäpfchen (über der Vorsteherdrüse)	*Uvula vesicae*
5	Vorsteherdrüse	*Prostata*
6	Samenhügel	*Colliculus seminalis*
7	Mündung des (linken) Spritzkanals	*(Ductus ejaculatorius)*
8	(Rest der Müller-Gänge, aus denen bei der Frau die Gebärmutter und die Eileiter entstehen)	*Utriculus prostaticus*
9	Schleimhautfalte an der Hinterwand der Harnröhre	*Crista urethralis*
10	Cowper-Drüse	*Glandula bulbourethralis*
11	Verdicktes Ende des Harnröhrenschwellkörpers	*Bulbus penis*
12	Ausführungsgang der Cowper-Drüse (Mündung)	*Ductus glandulae bulbourethralis*
13	Harnröhrenschwellkörper	*Corpus spongiosum penis*

Harnblase

Sie ist etwa einem Ball zu vergleichen. Gefüllt ist sie eine pralle Kugel. Entleert ist sie eingedellt. Die Größe wechselt mit dem Füllungszustand. Bei einer Füllung von etwa 0,2 l tritt Harndrang auf, der ab etwa 0,4 l sehr heftig wird.

• Die Harnblase liegt im kleinen Becken hinter der Schambeinfuge oberhalb des Afterhebers. Sie ist das vorderste Organ im kleinen Becken. Sie grenzt hinten bei der Frau an die Gebärmutter und die Scheide, beim Mann an den Mastdarm an.

• Die Harnblase hat 3 Öffnungen: vorn den inneren Harnröhrenmund, hinten die beiden Harnleitermündungen. Sie bilden die Eckpunkte eines Dreiecks, in welchem die Schleimhaut immer glatt bleibt.

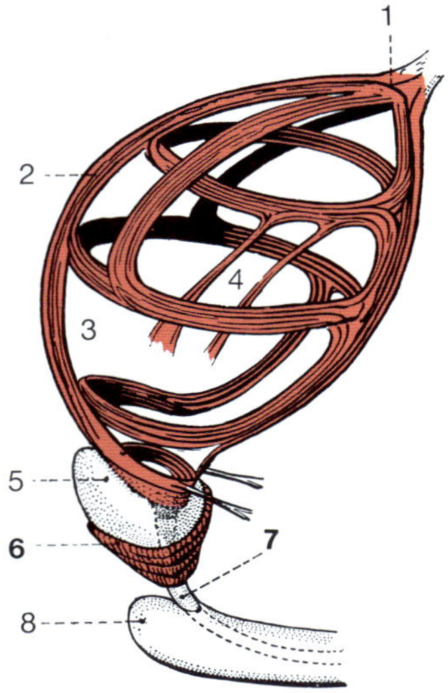

↑ Harnblase: Schema des Muskelverlaufs. *[bg2]*

• Die Muskelzellen sind in Schlingen angeordnet, die aus einer inneren Längslage in eine mittlere Ringschicht und von da in eine äußere Längslage umbiegen. Auf diese Weise kann sich die Harnblase harmonisch verkleinern und sich dabei vollständig entleeren.

• Beim Zusammenziehen der Muskeln der Harnblasenwand („Harnblasenauspresser") wird der Harnblasenhals erweitert und der Harnabfluss freigegeben (wenn gleichzeitig der willkürlich beeinflussbare Harnröhrenschließmuskel erschlafft).

1	Harnblasenspitze	*Apex vesicae*
2–4	Muskelwand (Harnblasenauspresser)	*Tunica muscularis [M. detrusor vesicae]*
2	Äußere Längsschicht	*Stratum longitudinale externum*
3	Mittlere Ringschicht	*Stratum circulare*
4	Innere Längsschicht	*Stratum longitudinale internum*
5	Vorsteherdrüse	*Prostata*
6	Äußerer Harnröhrenschließmuskel	*M. sphincter urethrae externus*
7	Männliche Harnröhre	*Urethra masculina*
8	Verdicktes Ende des Harnröhrenschwellkörpers	*Bulbus penis*

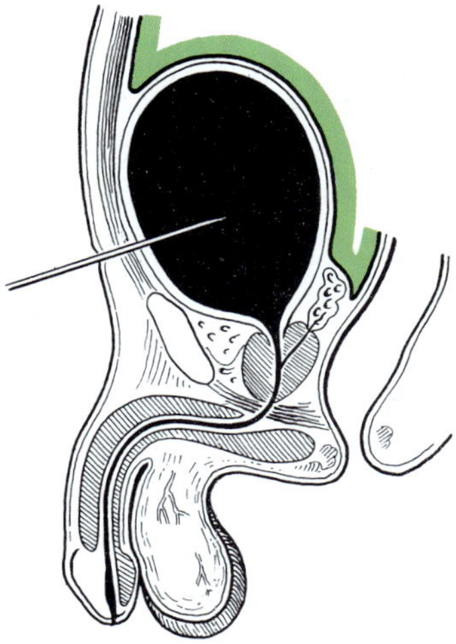

↑ **Suprapubische Harnblasenpunktion** zur Harnableitung bei Intensivpatienten oder zum keimfreien Gewinnen von Harn zur Untersuchung. Der Harnblasenscheitel und ein Teil des Harnblasenkörpers sind von Bauchfell (grün) überzogen. Bei der Füllung dehnt sich die Harnblase nach oben aus und hebt dabei das Bauchfell mit an. Deshalb kann man die gefüllte Harnblase mit einer langen Hohlnadel durch die Bauchwand oberhalb der Schambeinfuge anstechen und einen Katheter einführen, ohne das Bauchfell zu verletzen. *[st1]*

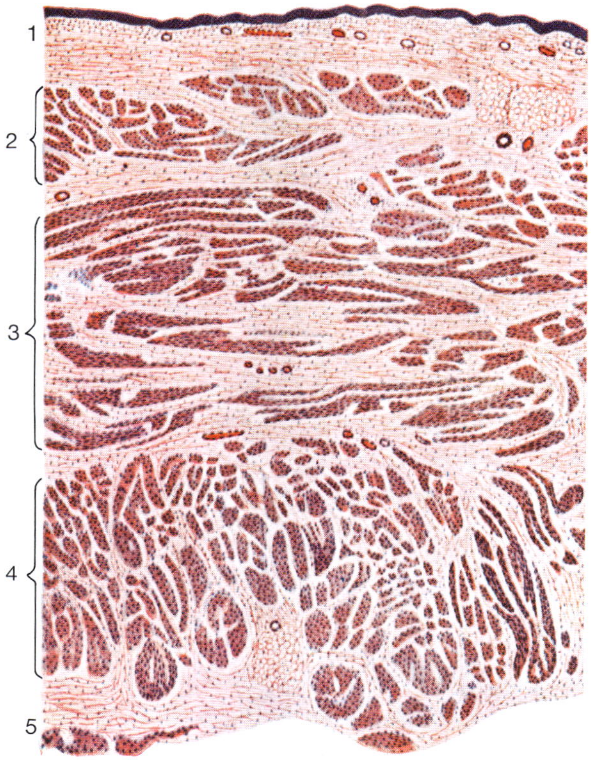

↑ **Harnblase:** mikroskopisches Schnittbild der Harnblasenwand (Vergrößerung 18fach). Diese weist den typischen Dreischichtenbau der Hohlorgane auf. *[so]*

1	Schleimhaut mit Übergangsepithel	*Tunica mucosa; Epithelium transitionale*
2–4	Muskelwand (Harnblasenauspresser)	*Tunica muscularis [M. detrusor vesicae]*
2	Innere Längsschicht	*Stratum longitudinale internum*
3	Mittlere Ringschicht	*Stratum circulare*
4	Äußere Längsschicht	*Stratum longitudinale externum*
5	Bindegewebige Hülle mit Blutgefäßen	*Tunica adventitia*

Verschluss von Harnblase und Harnröhre

Zwischen innerem und äußerem Harnröhrenmund liegen nur 2 Verschlussmechanismen:

- *Innerer Verschluss:* Der innere Harnröhrenmund wird von elastischen Netzen geschlossen gehalten. Die elastischen Netze werden von Muskelzügen unterstützt, die vom Schambein aus den Harnröhrenmund schlingenförmig umgreifen.
- *Äußerer Verschluss:* Dieser liegt nicht am äußeren Harnröhrenmund, sondern am Durchtritt der Harnröhre durch die Dammmembran. Dort umgreift der äußere Harnröhrenschließmuskel die Harnröhre ringförmig.

An der Harnentleerung beteiligte Nerven

- *Autonome Nerven* versorgen die Muskelwand der Harnblase und der Harnröhre. Für den Austreibungsmuskel ist der Parasympathikus zuständig. Nahezu ebenso wichtig wie die motorischen Nerven sind die sensorischen, die den Füllungszustand der Harnblase dem Zentralnervensystem melden.
- *Willkürnerven* (Schamnerv) versorgen den Harnröhrenschließmuskel. Beim Säugling entleert sich die Harnblase automatisch, wenn eine bestimmte Füllung erreicht ist. Dann wird das Kind trainiert, den Harnröhrenschließmuskel dauernd angespannt zu halten und ihn nur zur gewollten Harnentleerung zu entspannen. Dieser Mechanismus ist doppelt störanfällig: Bei starker Aufregung kann man einnässen.

Umgekehrt fällt es oft schwer, unter ungewohnten Bedingungen, z.B. im Liegen nach einer Operation, Wasser zu lassen.

Wie wird verhindert, dass Harn aus der Harnblase in den Harnleiter zurückläuft?

Die Harnleiter durchsetzen die Muskelwand der Harnblase nicht gerade, sondern schräg. Deswegen werden sie mit zunehmender Füllung der Harnblase immer stärker zusammengepresst. Die Harnleiter müssen mit Hilfe ihrer Peristaltik den Harn durch die Enge spritzen. Versagt dieser Verschlussapparat, so kommt es zum „vesikoureteralen Reflux“. Dieser begünstigt den Aufstieg einer Infektion aus der Harnblase zum Nierenbecken.

Weibliches Becken von vorn nach Entfernen der Bauchwand. Die Gebärmutter ist bei diesem Präparat etwas nach rechts verlagert (Dextroposition). Dadurch wird der linke Eierstock nach vorn gezogen. Der Wurmfortsatzes berührt den rechten Eierstock. *[sb2]*

1	Wurmfortsatz	*Appendix vermiformis*
2	Blinddarm	*Caecum*
3	Fransentrichter des Eileiters	*Infundibulum tubae uterinae*
4	Eierstock	*Ovarium*
5	Eileiter	*Tuba uterina [Salpinx]*
6	Gebärmutter	*Uterus*
7	Bauchfelltasche zwischen Harnblase und Gebärmutter	*Excavatio vesicouterina*
8	Harnblase	*Vesica urinaria*
9	Gerader Bauchmuskel	*M. rectus abdominis*
10	Douglas-Raum (Bauchfelltasche zwischen Gebärmutter und Mastdarm, tiefster Punkt der Bauchfellhöhle)	*Excavatio rectouterina*
11	Harnleiter	*Ureter*
12	Beckengefäße (durch das Bauchfell durchscheinend)	*A. + V. iliaca; Peritoneum*
13	Dickdarm, s-förmiger Teil	*Colon sigmoideum*
14	Äußerer schräger Bauchmuskel	*M. obliquus externus abdominis*
15	Innerer schräger Bauchmuskel	*M. obliquus internus abdominis*
16	Querer Bauchmuskel	*M. transversus abdominis*
17	Eierstockaufhängeband	*Lig. suspensorium ovarii*
18	Eierstockband (Gebärmutter-Eierstock-Band)	*Lig. ovarii proprium [Lig. uteroovaricum]*
19	Rundes Mutterband	*Lig. teres uteri*

Gliederung der weiblichen Geschlechtsorgane

❶ *Innere weibliche Geschlechtsorgane:*
- Eierstock (Ovar)
- Eileiter (Tube)
- Gebärmutter (Uterus)
- Scheide (Vagina)

❷ *Äußere weibliche Geschlechtsorgane (Vulva):*
- Kitzler (Clitoris)
- Scheidenvorhof
- Scheidenvorhofdrüsen
- kleine Schamlippen
- große Schamlippen

Bauchfelltaschen im weiblichen Becken

Eierstock, Eileiter und Gebärmutter liegen intraperitoneal, d.h. sie sind ausgedehnt von Bauchfell bedeckt. Von der Gebärmutter zieht eine queren Bauchfellfalte (breites Mutterband) zur seitlichen Beckenwand. Vor und hinter dieser Falte erstreckt sich die Bauchfellhöhle weit nach unten:

• Bauchfelltasche zwischen Harnblase und Gebärmutter: Sie reicht bis an den Gebärmutterhals.

• Bauchfelltasche zwischen Mastdarm und Gebärmutter (meist Douglas-Raum genannt): Sie reicht bis an die hintere Scheidenwand. Sie bildet den tiefsten Punkt der Bauchfellhöhle. Deshalb sammeln sich hier Blut und Eiter bei entsprechenden Erkrankungen an. Sie können bei einer „Douglas-Punktion" durch die Scheide abgesaugt werden.

Eierstock: Lupenpräparat, Vergrößerung 5fach. Man sieht Follikel in verschiedenen Reifungsstufen. *[so]*

1	Wachsender Follikel („Sekundärfollikel")	*Folliculus ovaricus secundarius*
2	Bläschenfollikel („Tertiärfollikel")	*Folliculus ovaricus tertiarius [vesiculosus]*
3	Ruhender Follikel („Primärfollikel")	*Folliculus ovaricus primarius*
4	Bläschenfollikel in Rückbildung	*Folliculus atreticus*
5	Weißkörper (zurückgebildeter Gelbkörper)	*Corpus albicans*
6	Vene	*Vena*
7	Grundgewebe des Eierstocks	*Stroma ovarii*

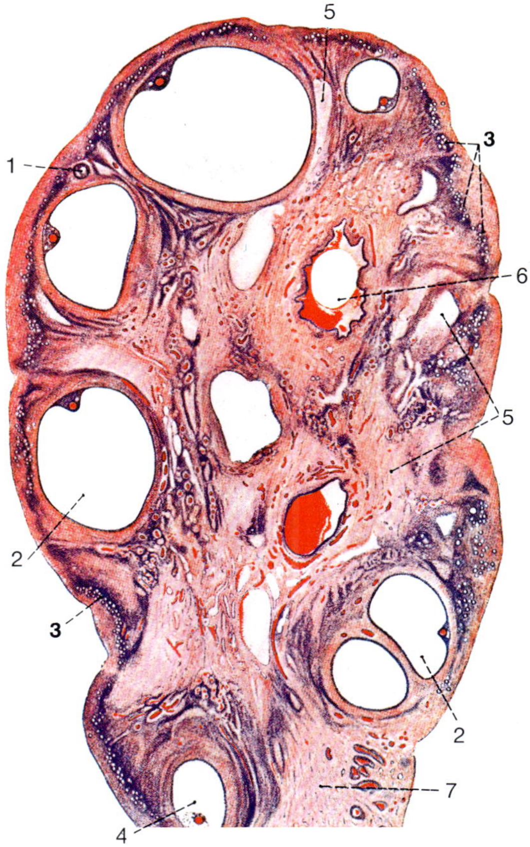

Aufgaben des Eierstocks

Der Eierstock erfüllt zwischen Pubertät und Wechseljahren 2 Aufgaben:

- *Keimzellbildung*: In meist vierwöchigen Abständen reifen Eizellen zur Befruchtungsfähigkeit heran.
- *Hormondrüse*: In von der Eizellreifung abhängigen Rhythmen werden die weiblichen Geschlechtshormone Follikelhormon und Gelbkörperhormon erzeugt.

Form, Größe und Lage des Eierstocks

Der flach eiförmige Eierstock einer geschlechtsreifen Frau ist etwa 4 cm lang, 2 cm breit und 1 cm dick (etwa pflaumengroß). In den Wechseljahren bildet er sich zurück und ist bei der Greisin manchmal nur noch mandelgroß.

- Der Eierstock liegt an der Seitenwand des kleinen Beckens in der Eierstockgrube (zwischen äußeren und inneren Beckengefäßen). Vom unteren Pol zieht das Eierstockband zur Gebärmutter. Über den oberen Pol stülpt sich der Fransentrichter des Eileiters. Im Aufhängeband des Eierstocks treten von oben die Eierstockgefäße in den Eierstock ein bzw. aus.

Innere Gliederung des Eierstocks

Man erkennt von außen nach innen 4 Schichten:

- *Bauchfell:* Es bedeckt den größten Teil der Oberfläche (der Eierstock liegt intraperitoneal). Es schafft die glatte Oberfläche für die reibungsarme Verschiebung gegen Nachbarorgane (vor allem Darm). Beim Eisprung tritt die reife Eizelle durch das Bauchfell in die Bauchfellhöhle, wird aber meist vom Fransentrichter des Eileiters aufgefangen.
- *Bindegewebige Kapsel.*
- *Eierstockrinde:* Sie enthält zahlreiche kleinere oder größere Hohlräume, die Eierstockfollikel mit den Eizellen. Beim weiblichen Neugeborenen ist bereits die endgültige Zahl von Eizellen (etwa 200 000) in jedem Eierstock vorhanden. Nach der Geburt wächst der Eierstock noch, aber die Eizellen vermehren sich nicht mehr. Zwischen Pubertät und Wechseljahren gelangen höchstens 400–500 Eizellen zur vollen Reife. Die Eizellen sind von Hüllzellen (Follikelzellen) umgeben, die Hormone erzeugen.
- *Eierstockmark:* lockeres Bindegewebe mit Blut- und Lymphgefäßen sowie Nerven.

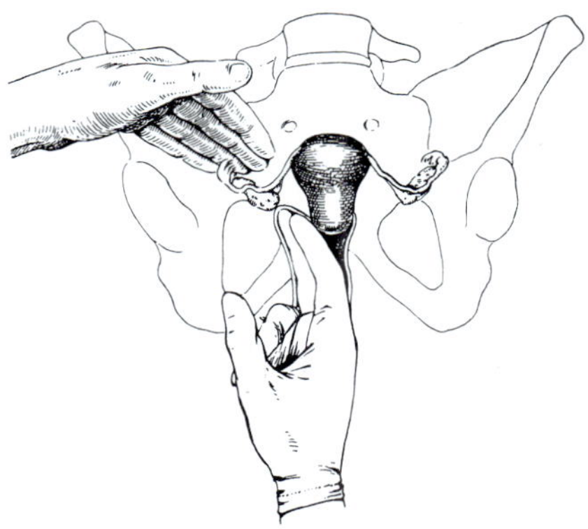

Eierstock: Tasten durch Scheide und Bauchwand mit 2 Händen („bimanuell"). Die äußere Hand drückt die Bauchdecke über dem Eierstock ein und schafft einen Fixpunkt, gegen den die innere Hand aus dem seitlichen Scheidengewölbe neben der Gebärmutter tastet. Der Eierstock weicht leicht aus. Bei Entzündungen ist er oft schwierig gegen den Eileiter abzugrenzen. Deshalb gebraucht der Frauenarzt gern den Begriff *Adnexe* für beide (Adnexitis = Entzündung von Eierstock und Eileiter). Auch der gesunde Eierstock ist (wie der Hoden) sehr druckempfindlich. *[dö]*

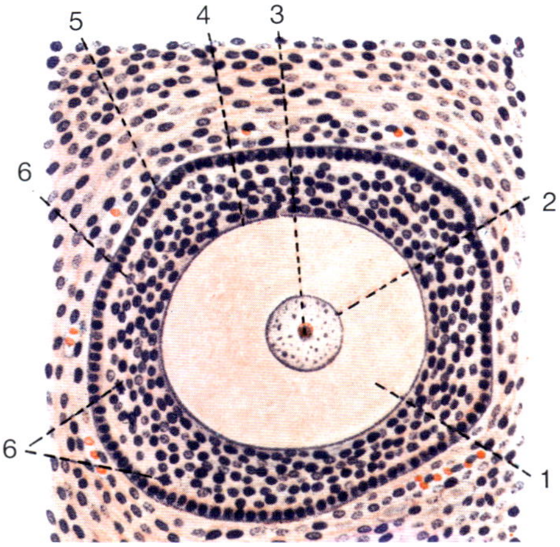

Sekundärfollikel (Vergrößerung 225fach). *[so]*

1	Eizelle	*Ovocytus*
2	Zellkern (der Eizelle)	*Nucleus*
3	Kernkörperchen	*Nucleolus*
4	Glashaut	*Zona pellucida*
5	Grundhäutchen	*Membrana basalis*
6	Körnerschicht (kernreiche Schicht von Follikelzellen)	*Epithelium folliculare [Stratum granulosum]*

Entwicklungsstadien des Eierstockfollikels

- *Primordialfollikel:* Die Eizelle ist von einer Schicht flacher Follikelzellen umgeben. Die *Eizelle* ist mit etwa 1/8 mm Durchmesser eine der größten Zellen des menschlichen Organismus.
- *Primärfollikel:* Die Follikelzellen werden kubisch.
- *Sekundärfollikel:* Die Follikelzellen liegen in bis zu 5 Schichten übereinander.
- *Tertiärfollikel* = Bläschenfollikel: Zwischen den Follikelzellen bildet sich ein flüssigkeitsgefüllter Hohlraum. Die Eizelle liegt am Rand im Eihügel. Der sprungreife Eierstockfollikel hat einen Durchmesser von etwa 1–2 cm. Man nennt ihn nach seinem Entdecker auch Graaf-Follikel. Er wölbt die Oberfläche des Eierstocks vor.

Eisprung (Ovulation)

In die Follikelhöhle wird dauernd Flüssigkeit abgesondert, so dass der Druck im Bläschenfollikel steigt. Er wird immer praller. Schließlich reißt die Wand an der Oberfläche des Eierstocks ein. Die Follikelflüssigkeit strömt in die Bauchfellhöhle aus und reißt den Eihügel mit. Der Fransentrichter des Eileiters hat sich schon vorher über die erwartete Rissstelle geschoben und fängt normalerweise die Eizelle (mit ihren Hüllzellen) auf.

Entstehung des Gelbkörpers (Corpus luteum)

Nach dem Ausströmen der Follikelflüssigkeit wird der geplatzte Eierstockfollikel vom Nachbargewebe zusammengepresst. Körnerschicht und bindegewebige Hülle verdicken sich und verfärben sich allmählich gelblich wegen der Einlagerung fettähnlicher Stoffe (Lipoiden). Der Gelbkörper wird zur Hormondrüse:

- *Granulosaluteinzellen:* Die Zellen der ehemaligen Körnerschicht erzeugen das Gelbkörperhormon Progesteron (Gestagen).
- *Thekaluteinzellen:* Zellen der ehemaligen bindegewebigen Hülle sondern weiterhin das Follikelhormon (Östrogen) ab.

Bläschenfollikel = Tertiärfollikel = Graaf-Follikel (Vergrößerung 80fach). *[so]*

- Die Eizelle liegt am Rand der Follikelhöhle von einer Glashaut und einem Kranz von Follikelzellen umgeben.
- Die Follikelhöhle ist von einer zellkernreichen Schicht von Follikelzellen (Granulosazellen) umkleidet. Wegen ihres körnigen (granulierten) Aussehens wird sie Körnerschicht genannt.
- Die bindegewebige Hülle (Theka) enthält auch hormonbildende Zellen (Thekazellen), die das Follikelhormon (Östrogen) absondern. Um die nötige Hormonmenge erzeugen zu können, reifen in jedem Menstruationszyklus mehrere Follikel heran, von denen aber meist nur einer zum Eisprung kommt.

1	Eizelle	*Ovocytus*
2	Zellkern (der Eizelle)	*Nucleus*
3	Körnerschicht (kernreiche Schicht von Follikelzellen)	*Epithelium folliculare [Stratum granulosum]*
4	Ruhender Follikel („Primärfollikel")	*Folliculus ovaricus primarius*
5	Innere Follikelhülle (bildet Follikelhormon)	*Theca interna*
6	Äußere Follikelhülle	*Theca externa*

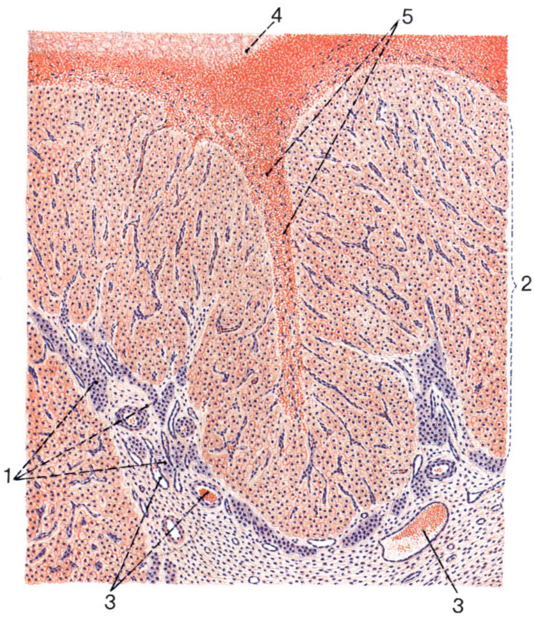

Gelbkörper (Corpus luteum): Vergrößerung 50fach. *[so]* Er besteht hauptsächlich aus 2 Arten hormonbildender Gelbkörperzellen (Luteozyten): Thekaluteinzellen (1) und Granulosaluteinzellen (2). Man sieht ferner Blutgefäße (3), Fibrin (4) und die Reste des beim Eisprung entstandenen Blutergusses (Hämatom, 5).

Schicksal des Gelbkörpers

Es hängt davon ab, ob die Eizelle befruchtet wird oder nicht:

• *bei Befruchtung:* Schon kurz nach dem Einnisten der befruchteten Eizelle in die Gebärmutterschleimhaut sondern bestimmte Zellen der Leibesfrucht, der Trophoblast = Vorläufer des Mutterkuchens (Plazenta), das Hormon Choriongonadotropin (HCG) ab. Unter seinem Einfluss wandelt sich der „Zyklusgelbkörper" in den „Schwangerschaftsgelbkörper" um. Dieser vergrößert sich und versorgt etwa 3 Monate Mutter und Leibesfrucht mit weiblichen Geschlechtshormonen. Dann wird diese Aufgabe von der Plazenta übernommen. Der Gelbkörper verkümmert, und der Eierstock ruht meist bis zum Ende der Stillzeit.

• *ohne Befruchtung:* Der Gelbkörper bildet sich nach 2 Wochen zum funktionslosen „Weißkörper" zurück.

Steuerung von Follikelreifung und Gelbkörperbildung

❶ Unmittelbar durch die gonadotropen (auf die Keimdrüsen gerichteten) Hormone der **Hirnanhangsdrüse** (Hypophyse):

• In der ersten Hälfte des Geschlechtszyklus der Frau (Menstruationszyklus) veranlasst das *follikelstimulierende Hormon* (FSH) das Heranreifen von etwa 20 Follikeln, von denen normalerweise nur einer zum Eisprung gelangt. Die übrigen dienen vermutlich nur der Erzeugung von Follikelhormon.

• In der Mitte des Geschlechtszyklus kommt es unter seinem Einfluss des *Luteinisierungshormons* (LH) zum Eisprung und zur Gelbkörperbildung.

❷ Mittelbar durch Hormone des **Zwischenhirns**: Dieses überprüft die Blutspiegel der Eierstockhormone und steuert danach die Hormonabgabe der Hirnanhangsdrüse mit Releasinghormonen:

• Nach der Rückbildung des Gelbkörpers (welche die Regelblutung auslöst) fallen die Blutspiegel der Eierstockhormone stark ab. Dies wird vom Zwischenhirn bemerkt. Es schickt daraufhin das Releasinghormon für das follikelstimulierende Hormon (FSH-RH) zur Hirnanhangsdrüse. Diese gibt daraufhin FSH in das Blut ab, das im Eierstock die Follikelreifung einleitet.

• Zeigt ein hoher Follikelhormonspiegel die vollzogene Follikelreifung an, so veranlasst das Zwischenhirn die Hirnanhangsdrüse zur Abgabe von Luteinisierungshormon. Dieses löst im Eierstock den Eisprung und die Gelbkörperbildung aus.

• Ein hoher Blutspiegel an Gelbkörperhormon zeigt dem Zwischenhirn die vollzogene Gelbkörperbildung an. Es gibt daraufhin der Hirnanhangsdrüse keine weiteren Befehle zur Bildung von FSH und LH. Die Hirnanhangsdrüse stellt daraufhin die Abgabe von FSH und LH ein. Der Gelbkörper ist aber ohne LH nicht lebensfähig und bildet sich also zurück. Dies löst in der Gebärmutter die Regelblutung (Menstruation) aus.

• Bei Eintritt einer Schwangerschaft sondern die Trophoblastzellen der Leibesfrucht das LH-ähnliche Hormon Choriongonadotropin (HCG) ab, das den Zusammenbruch des Gelbkörpers verhindert. Die Blutspiegel der Eierstockhormone bleiben hoch. Deshalb gibt das Zwischenhirn keine Releasinghormone und die Hirnanhangsdrüse keine auf den Eierstock gerichteten Hormone ab. Daher reifen keine neuen Follikel heran. Es kommt zu keinem Eisprung, und die Frau kann während einer Schwangerschaft nicht noch einmal schwanger werden.

Schwangerschaftsverhütung durch die „Pille"

• Durch die Einnahme von Eierstockhormonen wird im Körper eine Hormonsituation wie während einer Schwangerschaft geschaffen. Zwischenhirn und Hirnanhangsdrüse werden auf diese Weise ruhiggestellt. Es kommt daher kein Anstoß zur Follikelreifung und zum Eisprung. Wenn keine Eizelle heranreift, kann auch keine befruchtet werden.

• Voraussetzung für eine sichere empfängnisverhütende Wirkung ist die regelmäßige Einnahme: Sinkt der Hormonspiegel im Blut auch nur einmal stark ab, so kann über das Zwischenhirn und die Hirnanhangsdrüse eine Follikelreifung in Gang gesetzt werden.

• Bei der Mikropille wird der Eisprung belassen und nur der Schleimpfropf im Gebärmutterhalskanal für Samenzellen undurchlässig gemacht.

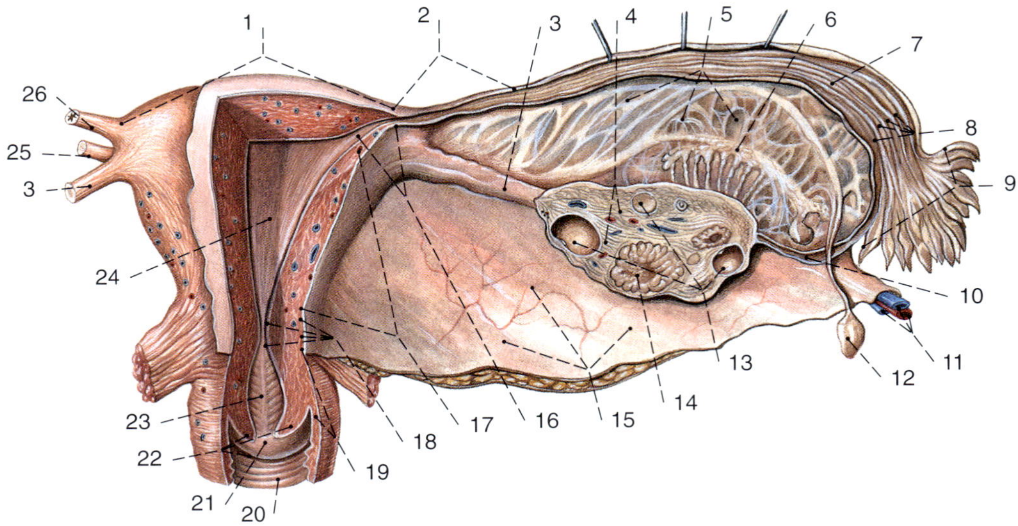

Innere weibliche Geschlechtsorgane: Überblick. Eierstock, Eileiter, Gebärmutter und Scheide sind aufgeschnitten. Ansicht von hinten. *[fs2]*

1	Gebärmutterkuppe („Muttergrund“)	*Fundus uteri*
2	Eileiterenge	*Isthmus tubae uterinae*
3	Eierstockband (Gebärmutter-Eierstock-Band)	*Lig. ovarii proprium [Lig. uteroovaricum]*
4	Grundgewebe des Eierstocks	*Stroma ovarii*
5	Eileitergekröse	*Mesosalpinx*
6	Nebeneierstock	*Epoophoron*
7	Weiter Teil des Eileiters	*Ampulla tubae uterinae*
8	Eileiterfalten	*Plicae tubariae*
9	Fransentrichter des Eileiters	*Infundibulum tubae uterinae*
10	Eierstockfranse	*Fimbria ovarica*
11	Eierstockarterie + -vene	*A. + V. ovarica*
12	Bläschenanhang	*Appendix vesiculosa*
13	Bläschenfollikel	*Folliculi ovarici vesiculosi*
14	Gelbkörper	*Corpus luteum*
15	Breites Mutterband	*Lig. latum uteri*
16	In der Gebärmutterwand gelegener Teil (des Eileiters)	*Pars uterina (tubae uterinae)*
17	Gebärmutterkörper	*Corpus uteri*
18	Gebärmutterenge	*Isthmus uteri*
19	Oberhalb der Scheide gelegener Teil des Gebärmutterhalses	*Portio supravaginalis cervicis*
20	Querfalten der Scheidenschleimhaut	*Rugae vaginales*
21	Muttermund	*Ostium uteri*
22	In die Scheide ragender Teil des Gebärmutterhalses („Portio“)	*Portio vaginalis cervicis*
23	Gebärmutterhalskanal, fächerförmige Falten	*Canalis cervicis uteri, Plicae palmatae*
24	Gebärmutterhöhle	*Cavitas uteri*
25	Rundes Mutterband	*Lig. teres uteri*
26	Eileiter	*Tuba uterina [Salpinx]*

Form und Gliederung des Eileiters

Der Eileiter ist ein etwa 12–15 cm langer Schlauch, der von der Gebärmutter seitlich oben abgeht. Er ist an seinem freien Ende trichterartig erweitert und mit Fransen besetzt (Fransentrichter). Er fängt die beim Eisprung aus dem Eierstock austretende Eizelle auf und transportiert sie zur Gebärmutter. Er ist in 4 Abschnitte zu gliedern:

- *Gebärmutterteil:* Er durchsetzt die Muskelwand der Gebärmutter seitlich an der Gebärmutterkuppe und mündet in die Gebärmutterhöhle.
- *Enger Teil:* Anschließend an die Gebärmutter ist der Eileiter über eine Strecke von 3–4 cm sehr eng.
- *Weiter Teil:* Zur Seite erweitert er sich allmählich und legt sich bogenförmig um den Eierstock.
- *Fransentrichter:* Das freie Ende ist lose über den oberen Pol des Eierstocks gestülpt. Es öffnet sich frei in die Bauchfellhöhle.

Wandbau des Eileiters

- *Schleimhaut:* Das hohe einschichtige Deckgewebe besteht aus 2 Zellarten: Drüsenzellen erzeugen Nährstoffe für die Eizelle und Schleim. Bewimperte Zellen schlagen mit ihren Wimpern in Richtung Gebärmutter. Dadurch wird der Schleim in Richtung Gebärmutter bewegt. Die Schleimhaut ist dicht in Falten gelegt.
- *Muskelwand:* Sie setzt sich ähnlich wie bei der Speiseröhre oder dem Darm aus einer inneren Ringschicht und einer äußeren Längsschicht zusammen. Damit sind die Voraussetzungen für peristaltische Wellen gegeben. Durch diese wird die Eizelle auf dem langsamen Fließband der Schleimstraße rascher gebärmutterwärts bewegt.
- *Bauchfell:* Der Eileiter liegt intraperitoneal, d.h., der größte Teil seiner Oberfläche ist mit Bauchfell überzogen. Dieses gibt dem Eileiter die nötige Beweglichkeit, um seinen Fransentrichter jeweils über die Stelle des Eisprungs zu stülpen und den großen Lageänderungen der Gebärmutterkuppe während der Schwangerschaft zu folgen. Zwischen Bauchfell und Muskelwand schiebt sich lockeres Bindegewebe.

Arterien der inneren weiblichen Geschlechtsorgane (Anblick von hinten). *[sb3]*
Es handelt sich im wesentlichen um 2 Arterien:
- die *Eierstockarterie* direkt aus der Bauchaorta,
- die *Gebärmutterarterie* aus der inneren Beckenarterie.

Die beiden Arterien anastomosieren (verbinden sich) miteinander am Eileiter und am Eierstockband.
Man beachte in diesem Bild auch den Verlauf des Eileiters: Er nimmt nicht den kürzesten Weg von der Gebärmutter zum Eierstock, sondern umgreift diesen in weitem Bogen. Dies gibt ihm den Bewegungsspielraum, um sich jeweils der Stelle des Eisprungs anlegen zu können.

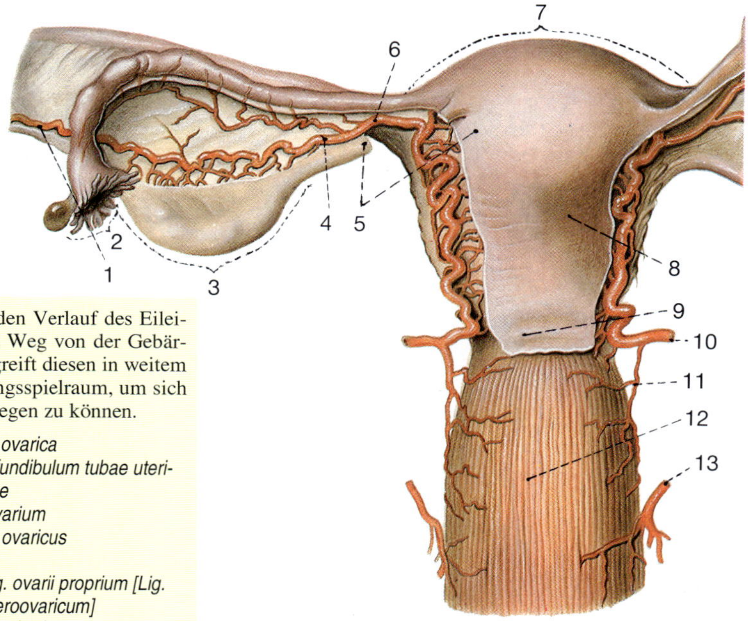

1	Eierstockarterie	*A. ovarica*
2	Fransentrichter des Eileiters	*Infundibulum tubae uterinae*
3	Eierstock	*Ovarium*
4	Eierstockast (der Gebärmutterarterie)	*R. ovaricus*
5	Eierstockband (Gebärmutter-Eierstock-Band)	*Lig. ovarii proprium [Lig. uteroovaricum]*
6	Eileiterast (der Gebärmutterarterie)	*R. tubarius*
7	Gebärmutterkuppe („Muttergrund")	*Fundus uteri*
8	Gebärmutterkörper	*Corpus uteri*
9	Gebärmutterhals	*Cervix uteri*
10	Gebärmutterarterie	*A. uterina*
11	Scheidenäste (der Gebärmutterarterie)	*Rr. vaginales*
12	Scheide	*Vagina*
13	Scheidenarterie	*A. vaginalis*

Breites Mutterband

Von der Gebärmutter zieht eine breite Bauchfellfalte zur seitlichen Beckenwand. Sie überzieht:
- vorn oben das runde Mutterband.
- hinten oben den Eileiter.
- etwas darunter das Eierstockband.
- in der Tiefe das Kardinalband und die Gebärmuttergefäße.

Eileiter: Querschnitt durch den weiten Teil (Vergrößerung etwa 20fach). *[so]*
Die Schleimhaut ist außerordentlich reich gefaltet. Die Muskelwand enthält viele Blutgefäße. Bei Zerreißung des Eileiters, z.B. beim Platzen einer Eileiterschwangerschaft, kommt es zu einer lebensbedrohenden Blutung, die eine sofortige Operation erfordert.

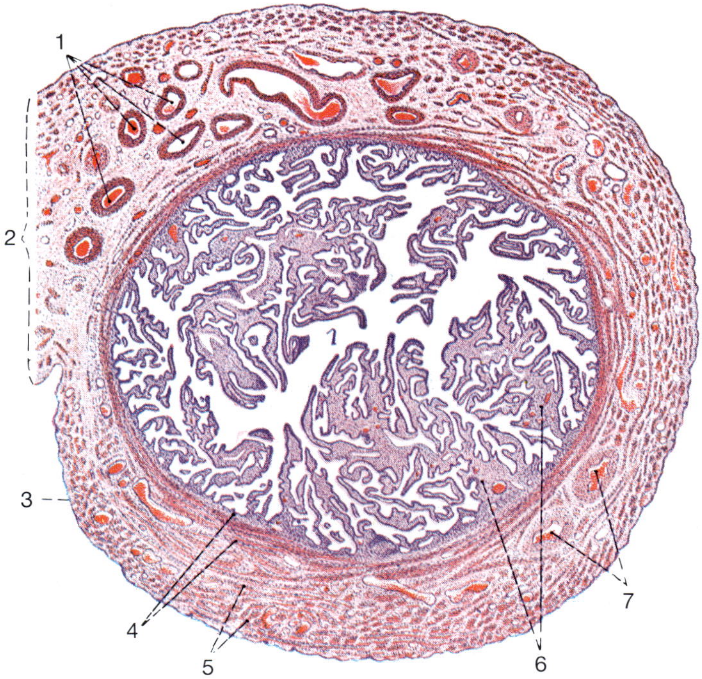

1 Arterien
Arteriae
2 Eileitergekröse
Mesosalpinx
3 Bauchfellüberzug
Tunica serosa
4 + 5 Muskelwand (des Eileiters)
Tunica muscularis
4 Ringmuskelschicht
Stratum circulare
5 Längsmuskelschicht
Stratum longitudinale
6 Falten der Eileiterschleimhaut
Plicae tubariae
7 Venen
Venae

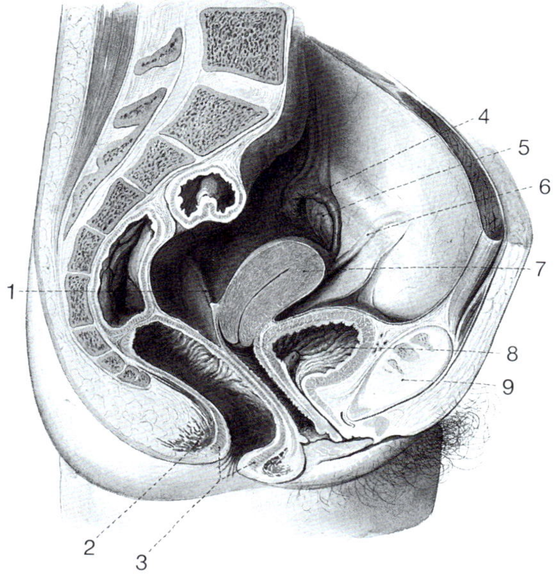

Gebärmutter: Stellung im weiblichen Becken: Medianschnitt. Mit zunehmender Füllung der Harnblase wird die Gebärmutter aufgerichtet und die Bauchfelltasche zwischen Gebärmutter und Harnblase entfaltet. *[we1]*

1	Mastdarm-Gebärmutter-Falte (des Bauchfells)	*Plica rectouterina*
2	Äußerer Afterschließmuskel	*M. sphincter ani externus*
3	Innerer Afterschließmuskel	*M. sphincter ani internus*
4	Eileiter	*Tuba uterina [Salpinx]*
5	Eierstock	*Ovarium*
6	Rundes Mutterband	*Lig. teres uteri*
7	Gebärmutter	*Uterus*
8	Harnblase	*Vesica urinaria*
9	Schambeinfuge	*Symphysis pubica*

Form und Abschnitte der Gebärmutter

Die nichtschwangere Gebärmutter hat die Form einer etwas abgeflachten Birne.

- *Gebärmutterkörper* (Korpus): der breite obere Teil.
- *Gebärmutterhals* (Zervix, Kollum): der walzenförmige untere Teil.
- Gebärmutterkörper und Gebärmutterhals sind durch die Gebärmutterenge (Isthmus) verbunden. Den in die Scheide ragenden Teil des Gebärmutterhalses nennt man meist Portio.

Größe der Gebärmutter

- Sie ist bei der geschlechtsreifen Frau etwa 7–10 cm lang, 4–5 cm breit, 2–3 cm dick und wiegt etwa 50 g.
- In der Schwangerschaft steigt das Gewicht der Gebärmutterwand allmählich auf etwa 1 kg, also etwa das Zwanzigfache, an. Im Wochenbett fällt es innerhalb von 6 Wochen wieder auf 50–70 g ab.
- Nach den Wechseljahren bildet sich die Gebärmutter stark zurück. Im Greisenalter ist sie oft zu einem kleinen Restkörper verkümmert.

Schichten der Gebärmutterwand

Die 3 Schichten entsprechen den Aufgaben der Gebärmutter als „Fruchthalter":

- *Schleimhaut* (Endometrium): Sie ist reich an Drüsen und Blutgefäßen. Sie bietet beste Ernährungsbedingungen für die befruchtete Eizelle. Nach dem Verhalten während des Menstruationszyklus kann man 2 Teilschichten unterscheiden: die oberflächliche Funktionsschicht und die tiefe Basalschicht.
- *Muskelwand* (Myometrium): Die glatten Muskelzellen können sich während der Schwangerschaft bis auf das 20fache verlängern. Bei der Geburt der Leibesfrucht spannt sich die Muskelwand rhythmisch an („Wehen").
- *Bauchfell* (Perimetrium): Der glatte Überzug ermöglicht die freie Entfaltung in der Bauchfellhöhle. Die in der Schwangerschaft stark wachsende Gebärmutter drängt die anderen intraperitonealen Bauchorgane zur Seite.

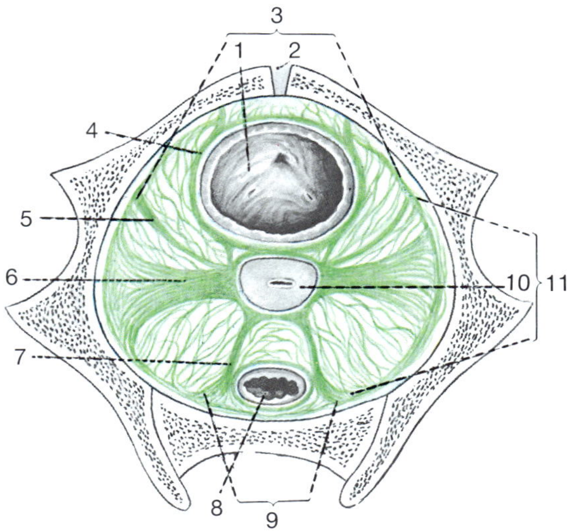

Gebärmutter: Befestigung an der Beckenwand. Züge straffen Bindegewebes grün. *[bl]*

1	Harnblase	*Vesica urinaria*
2	Schambeinfuge	*Symphysis pubica*
3	Bindegeweberaum neben der Harnblase	*<Paracystium>*
4	Schambein-Gebärmutterhals-Band	*Lig. pubocervicale*
5	Rundes Mutterband	*Lig. teres uteri*
6	Hauptaufhängeband der Gebärmutter	*Lig. cardinale*
7	Mastdarm-Gebärmutter-Band	*Lig. rectouterinum*
8	Mastdarm	*Rectum*
9	Bindegeweberaum neben dem Mastdarm	*<Paraproctium>*
10	Gebärmutterhals	*Cervix uteri*
11	Bindegeweberäume neben der Gebärmutter	*Parametrium + Paracervix*

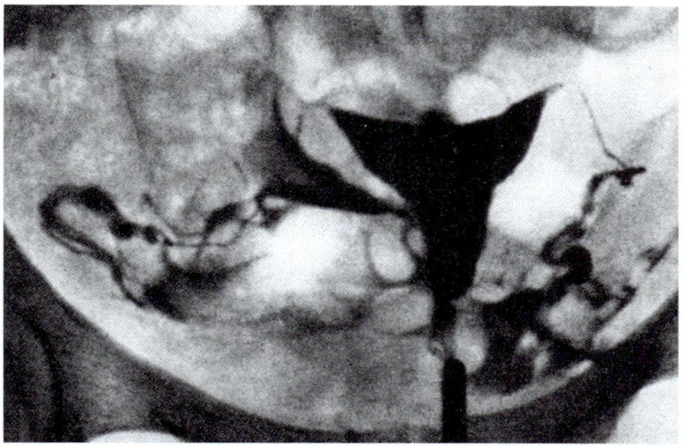

↑ **Gebärmutterhöhle und Eileiterlichtung** im Röntgenbild (Hysterosalpingogramm). Bei der „Hysterosalpingographie" wird ein Röntgenkontrastmittel in die Gebärmutterhöhle eingespritzt. Es läuft von hier durch die Eileiter und tropft schließlich aus deren offenen Enden in die Bauchfellhöhle. Auf diese Weise kann man die Durchgängigkeit der Eileiter prüfen, z.B. um die Ursache von Unfruchtbarkeit zu klären. *[ko]*

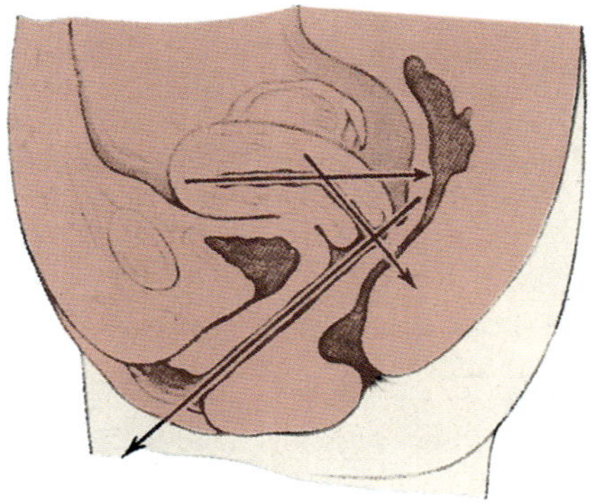

↗ **Gebärmutter:** Winkel. Normalerweise ist die Gebärmutter doppelt nach vorn abgeknickt: *[dö]*
• der Gebärmutterkörper gegenüber dem Gebärmutterhals (Anteflexion).
• die Gebärmutter als ganzes gegenüber der Scheide (Anteversion). Der Abknickwinkel ist abhängig von der Füllung der Harnblase. Mit zunehmender Größe der Harnblase wird die auf ihr liegende Gebärmutter immer stärker aufgerichtet. Eine stark rückwärtsgewandte Gebärmutter (Retroversion) kann sich bei einer Schwangerschaft schlechter aufrichten.

Gebärmutterhöhle

Bei der nichtschwangeren Gebärmutter ist sie in der Seitenansicht nur ein Spalt. Von vorn betrachtet ist der Hohlraum des Gebärmutterkörpers dreieckig: Die oberen Eckpunkte bilden die Eileitermündungen. Am unteren Eckpunkt beginnt der Gebärmutterhalskanal mit dem inneren Muttermund. Er endet mit dem äußeren Muttermund an der Oberfläche der Portio (= der in die Scheide ragende Teil des Gebärmutterhalses).

Befestigung der Gebärmutter

Die Gebärmutter darf nicht zu fest verankert sein, sonst könnte sie sich bei der Schwangerschaft nicht frei entfalten. Sie erhält einen gewissen Halt durch:

❶ *Nachbarorgane,* vor allem durch die Scheide, die ihrerseits durch den Beckenboden gestützt wird.

❷ *Bänder:* Vom Gebärmutterhals zieht in der Tiefe des breiten Mutterbandes straffes Bindegewebe zur seitlichen Beckenwand (*„Kardinalband"*). Einzelne Bindegewebezüge umgreifen die Harnblase und den Mastdarm und befestigen die Gebärmutter auch vorn und rückwärts. Diese Züge sind so angeordnet, dass sie die Harnblase und den Mastdarm nicht behindern.

Weniger wichtig für die Befestigung sind die vom Gebärmutterkörper ausgehenden Bänder:
• Das *runde Mutterband* läuft ähnlich wie der Samenleiter des Mannes durch den Leistenkanal. Es endet in der Haut der großen Schamlippen.
• Das *Eierstockband* verbindet die Gebärmutter mit dem Eierstock, der seinerseits mit seinem Aufhängeband an der Beckenwand befestigt ist.

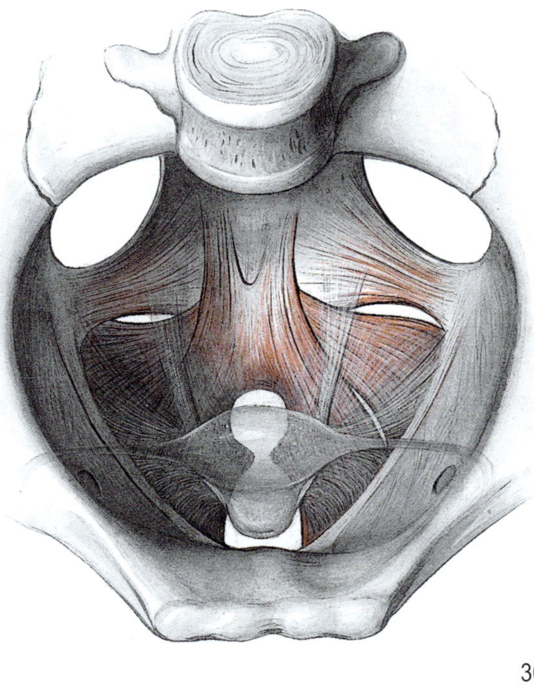

Gebärmutter und Beckenboden: Blick von oben in die Beckenhöhle. *[wel]*
Die Gebärmutter schwebt über dem Levatortor (der großen Öffnung im Afterheber für den Harn- und Geschlechtsweg). Sie ist vor allem durch die Kardinalbänder an der seitlichen Beckenwand aufgehängt. Nach mehreren Entbindungen können die Aufhängevorrichtungen der Gebärmutter überdehnt sein. Dann verliert diese den Halt. Sie sinkt in die Scheide und kann in schweren Fällen sogar die Scheide umkrempeln und in den Scheidenvorhof austreten (Gebärmuttervorfall).

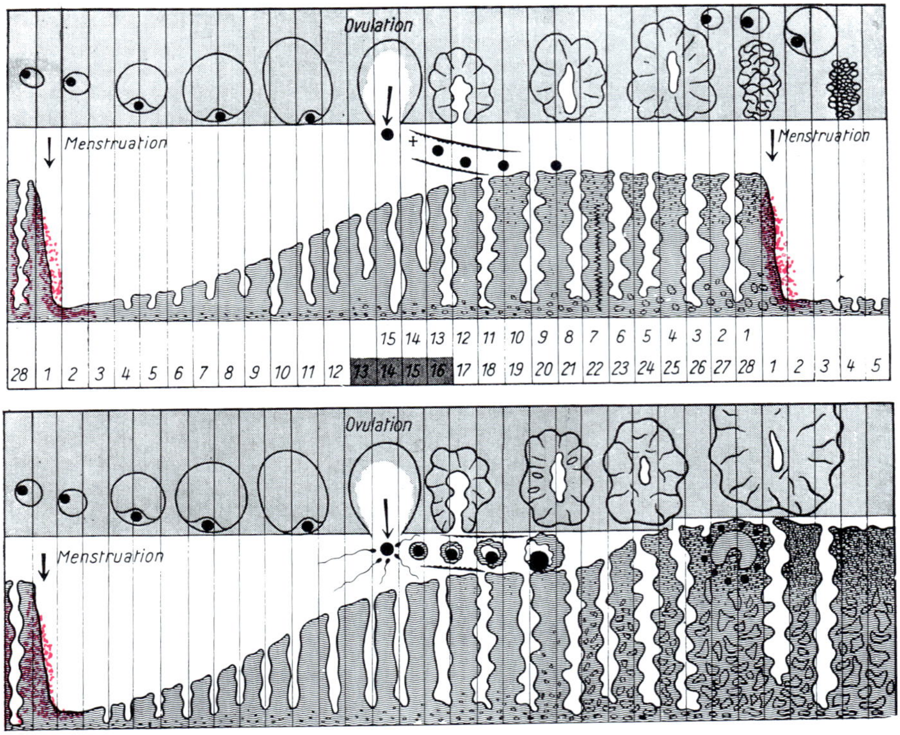

Weiblicher Geschlechtszyklus: Zuordnung der Vorgänge im Eierstock (Heranreifen eines Follikels, Eisprung und Umwandlung in Gelbkörper) und in der Gebärmutter (Wachstum der Schleimhaut und zunehmende Schlängelung der Drüsen). *[bg2]*

- Oberes Bild: ohne Befruchtung der Eizelle.
- Unteres Bild: mit Befruchtung der Eizelle und deren Einnistung in die Gebärmutterschleimhaut.

Menstruationszyklus der Gebärmutter

Der weiter oben beim Eierstock beschriebene Geschlechtszyklus mit der Steuerung durch den Vorderlappen der Hirnanhangsdrüse (Hypophyse) und das Zwischenhirn tritt für die Frau augenfällig mit der Monatsblutung (Menstruation) zutage. Der Geschlechtszyklus beginnt in ärztlicher Rechnung mit der Menstruation, denn während in der Gebärmutter noch die Reste der alten Schleimhaut abgestoßen werden, reifen im Eierstock bereits die nächsten Follikel heran.

- *Blutungsphase* (Menstruationsphase): Wird die Eizelle nach dem Eisprung nicht befruchtet, so wird die auf die Einnistung der Eizelle vorbereitete vollsaftige Funktionsschicht der Schleimhaut des Gebärmutterkörpers nicht mehr benötigt und „entsorgt". Dabei blutet es aus den aufgerissenen Blutgefäßen. Das „Menstruationsblut" besteht aus Blut und Schleimhautfetzen.
- *Wachstumsphase* (Proliferationsphase): Nach der Regelblutung wird unter dem Einfluss des Follikelhormons (Östrogen) des Eierstocks die Funktionsschicht der Gebärmutterschleimhaut von der erhaltenen Basalschicht aus erneuert und für die Aufnahme der nächsten Eizelle vorbereitet. Die Oberfläche der Gebärmutterhöhle wird mit einem neuen Deckgewebe überzogen. Drüsen sprossen aus der Basalschicht aus. Sie sind zunächst gerade und am Ende der Wachstumsphase leicht geschlängelt.
- *Absonderungsphase* (Sekretionsphase): Nach dem Eisprung schlängeln sich die Drüsen stärker. Sie erscheinen im Schnittbild ziehharmonikaartig gefaltet. In den Drüsen treten Bläschen auf, die Glycogen enthalten. Um den 4. Tag nach dem Eisprung (dem wahrscheinlichen Ankunftstermin der Eizelle in der Gebärmutterhöhle) beginnen die Drüsen angeregt vom Gelbkörperhormon (Gestagen) des Eierstocks Schleim und Glycogen abzusondern.
- *Blutleerephase* (Ischämiephase): Wird die Eizelle nicht befruchtet, so stellt der Gelbkörper meist 12 Tage nach dem Eisprung die Hormonbildung ein. Die kleinen Arterien der Gebärmutterkörperschleimhaut reagieren darauf mit Krämpfen ihrer Wandmuskeln. Schießt nach Lösen des Krampfes das Blut wieder ein, so platzen die geschädigten Haargefäße, und die Regelblutung beginnt.

Geschlechtszyklus der Frau

Eierstockzyklus:	*Gebärmutterzyklus:*	*Tage:*
Follikelreifungsphase	Blutungsphase (Menstruation)	1–4
Follikelphase	Wachstumsphase	5–14
Gelbkörperphase	Absonderungsphase	15–26
Rückbildungsphase	Blutleerephase	27–28

Dauer eines Menstruationszyklus

Der Organismus braucht nach dem Eisprung meist 12 Tage für die Entscheidung zur Menstruation. Nach dem Eisprung und der Befruchtung benötigt die Frucht einige Tage, bis sie ausreichende Mengen von Choriongonadotropin absondern kann. Diese Rückmeldefrist muss der Eierstock abwarten, bevor der Gelbkörper seine Hormonproduktion einstellen darf. Erst wenn der Hormonspiegel im Blut abgesunken ist, treten die Gefäßkrämpfe in der Funktionsschicht der Gebärmutterschleimhaut auf. Dann vergehen nochmals 2 Tage, bis die Funktionsschicht abgestoßen wird.

• Die unterschiedliche Zyklusdauer beruht demnach überwiegend auf der unterschiedlichen Zeitspanne, welche die Follikelreifung benötigt. Beim 28-Tage-Zyklus erfolgt der Eisprung normalerweise am 15. Zyklustag, beim 21-Tage-Zyklus am 8. Tag, beim 35-Tage-Zyklus am 22. Tag. Es gibt allerdings auch Frauen, bei denen die Absonderungsphase kürzer oder länger als der „Standard" von 12 Tagen ist.

• Nur bei erfahrungsgemäß gleich langen Zyklen kann man den Zeitpunkt des Eisprungs einigermaßen sicher vorausberechnen. Nach dem Absetzen der „Pille" ist die erste Follikelphase häufig verlängert. Dies ist beim Übergang zur „Zeitwahl" zu beachten!

Gebärmutterschleimhaut: Vergrößerung etwa 60fach.
• Links: Wachstumsphase (Proliferationsphase).
• Rechts: Absonderungsphase (Sekretionsphase). Man beachte die Zunahmen der Höhe der Schleimhaut und der Weite der Drüsen. *[wa]*

1	Deckgewebe	*Epithelium*
2	Bindegewebe der Schleimhaut („Stroma")	*Lamina propria mucosae [Stroma endometriale]*
3	Gebärmutterdrüsen	*Glandulae uterinae*
4	Muskelwand (der Gebärmutter)	*Tunica muscularis [Myometrium]*
5	Schraubenarterien	*Aa. spirales*

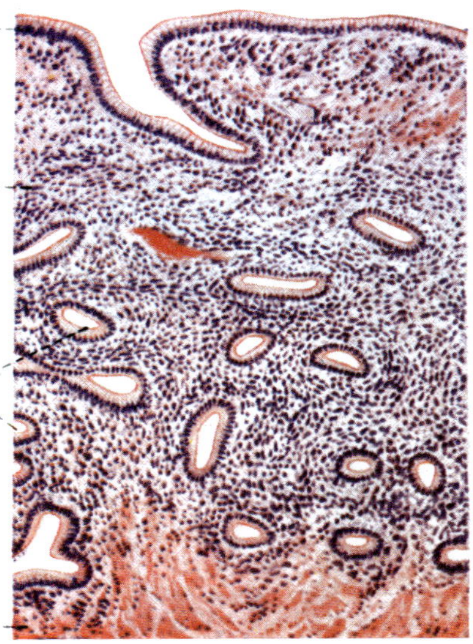

• Die Körpertemperatur ist während der Gelbkörperphase um etwa 0,5° Celsius höher als während der Follikelphase. Die Temperatur steigt erst nach dem Eisprung an. Bei der Basaltemperaturmessung zur Empfängnisverhütung kann man allerdings durch eine Erkältung irregeführt werden und ein leichtes Fieber fälschlich als „Entwarnung" deuten.

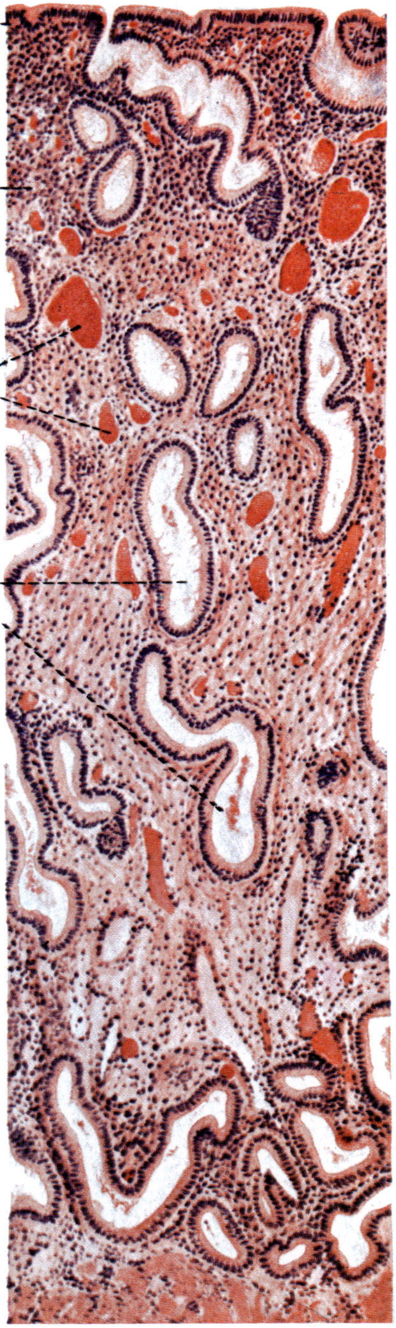

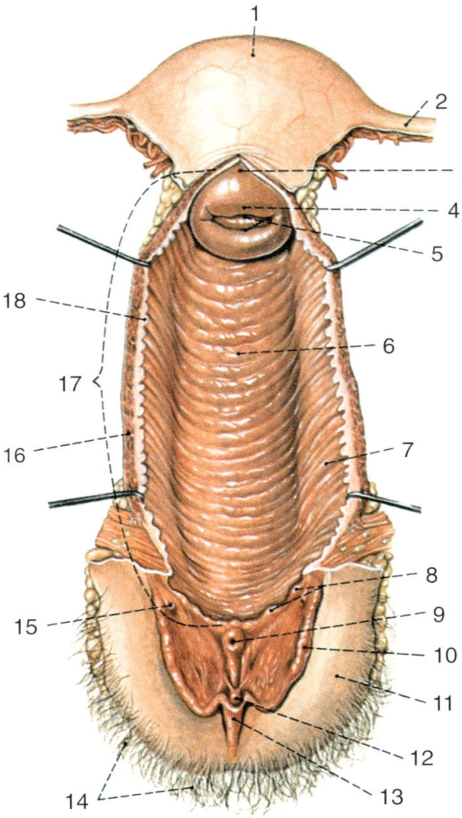

Gebärmutter und Scheide. Die Hinterwand der Scheide ist der Länge nach aufgeschnitten und mit 4 Haken auseinandergezogen. Die Scheidenschleimhaut weist zahlreiche Querfalten auf. Den Muttermund verschließt ein Schleimpfropf. *[sb2]*

Merkwürdigerweise haben viele Deutsche Hemmungen, die weiblichen wie die männlichen Geschlechtsorgane mit deutschen Bezeichnungen zu nennen. Häufig hört man Vagina (noch dazu falsch betont Vagina statt richtig Vagina) anstelle von Scheide, Penis anstelle von Glied.

1	Gebärmutterkörper	*Corpus uteri*
2	Eileiter	*Tuba uterina [Salpinx]*
3	Gebärmutterhals	*Cervix uteri*
4	In die Scheide ragender Teil des Gebärmutterhalses („Portio“)	*Portio vaginalis cervicis*
5	Muttermund (mit Schleimpfropf)	*Ostium uteri*
6	Vordere Querfaltensäule der Scheidenschleimhaut	*Columna rugarum anterior*
7	Hintere Querfaltensäule der Scheidenschleimhaut	*Columna rugarum posterior*
8	Reste des Jungfernhäutchens	*Carunculae hymenales*
9	Äußerer Harnröhrenmund	*Ostium urethrae externum*
10	Kleine Schamlippe	*Labium minus pudendi*
11	Große Schamlippe	*Labium majus pudendi*
12	Kitzler	*Clitoris*
13	Kitzlervorhaut	*Preputium clitoridis*
14	Schamhaare	*Pubes*
15	Große Scheidenvorhofdrüse (Mündung des Ausführungsgangs)	*Glandula vestibularis major*
16	Muskelwand (der Scheide)	*Tunica muscularis (vaginae)*
17	Scheide	*Vagina*
18	Schleimhaut (der Scheide)	*Tunica mucosa (vaginae)*

Scheide

Sie ist wie die Wand der meisten schlauchförmigen Organe aus 3 Schichten zusammengesetzt:

- *Schleimhaut:* Sie trägt ein mehrschichtiges unverhorntes bis leicht verhorntes plattes Deckgewebe ohne Drüsen. Ihre Oberfläche wird nicht durch Drüsensekrete, sondern durch eine direkte Ausschwitzung (Transsudat) aus dem dichten Blutgefäßnetz der Schleimhaut schlüpfrig gemacht. Die verstärkte Befeuchtung (Lubrikation) der Scheide ist kennzeichnend für die sexuelle Erregung der Frau.
- *Muskelwand:* Die glatten Muskelzellen sind innen mehr ringförmig, außen eher in der Längsrichtung angeordnet. Mit Hilfe der Muskelwand kann die beim Geschlechtsverkehr oder in extremer Weise bei der Entbindung aufgedehnte Scheide wieder verengt werden.
- *Bindegewebige Hülle:* Sie ist mit den bindegewebigen Hüllen von Harnröhre, Harnblase, unterem Mastdarm und Beckenboden verbunden. Nur das hintere Scheidengewölbe (das obere Ende hinter der Portio) ist mit Bauchfell bedeckt.

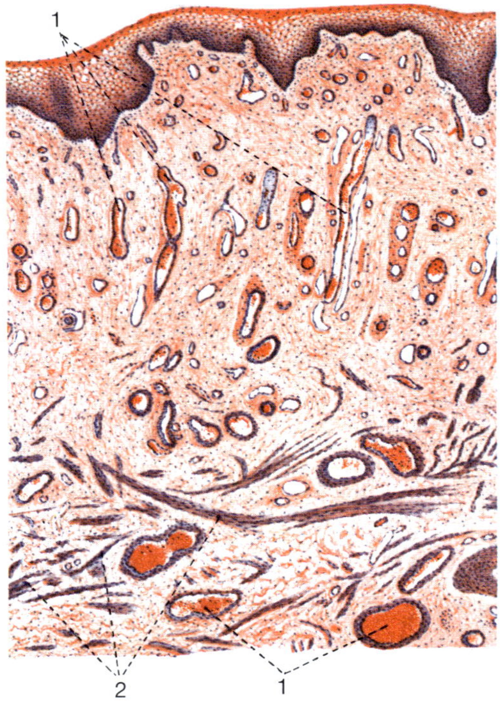

Scheidenwand: Schnittbild bei 25facher Vergrößerung. Das mikroskopische Bild der Scheide ist gekennzeichnet durch das mehrschichtige unverhornte platte Deckgewebe, die reichlichen Blutgefäße (1), die glatte Muskulatur (2) und das Fehlen von Drüsen. *[so]*

Lymphabflusswege der weiblichen Geschlechtsorgane. Da die weiblichen Geschlechtsorgane, vor allem die Gebärmutter, häufig an Krebs erkranken, ist die Kenntnis der regionären Lymphknoten als wahrscheinlichster Ort der ersten Tochtergeschwülste wichtig: *[we1]* ➔

- Für den Gebärmutterhals und einen Teil des Gebärmutterkörpers liegen sie in der Tiefe des breiten Mutterbandes und an der seitlichen Beckenwand.
- Von einem Teil des Gebärmutterkörpers fließt die Lymphe entlang dem runden Mutterband zu den Leistenlymphknoten ab. Dorthin gelangt auch die Lymphe vom unteren Teil der Scheide und von den äußeren Geschlechtsorganen.
- Von Eierstock und Eileiter folgt die Lymphe der Eierstockarterie zu Lymphknoten an der Bauchaorta.

1	Lymphknoten entlang der gemeinsamen Beckengefäße	*Nodi lymphoidei iliaci communes*
2	Lymphknoten neben dem Mastdarm	*Nodi lymphoidei pararectales [anorectales]*
3	Lymphknoten seitlich und vor der Aorta	*Nodi lymphoidei aortici laterales + preaortici*
4	Lymphknoten entlang der inneren und äußeren Beckengefäße	*Nodi lymphoidei iliaci interni + externi*
5	Leistenlymphknoten	*Nodi lymphoidei inguinales*
6	Lymphknoten neben der Gebärmutter	*Nodi lymphoidei parauterini*

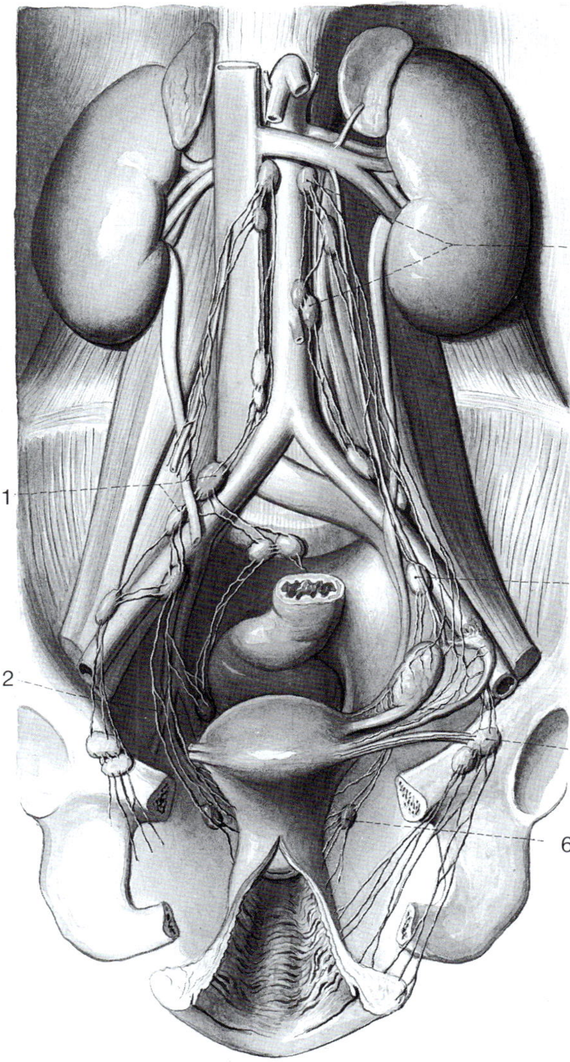

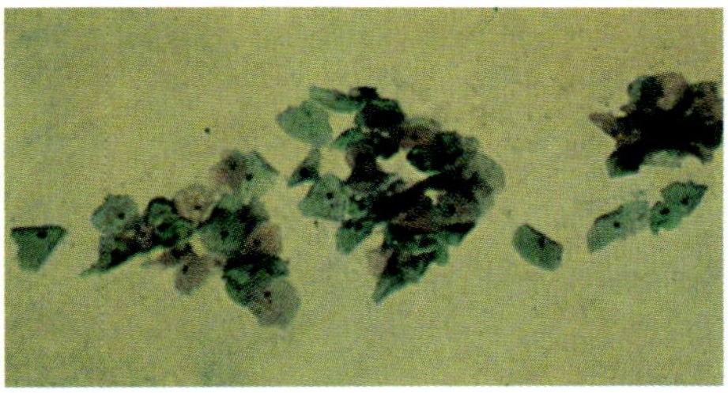

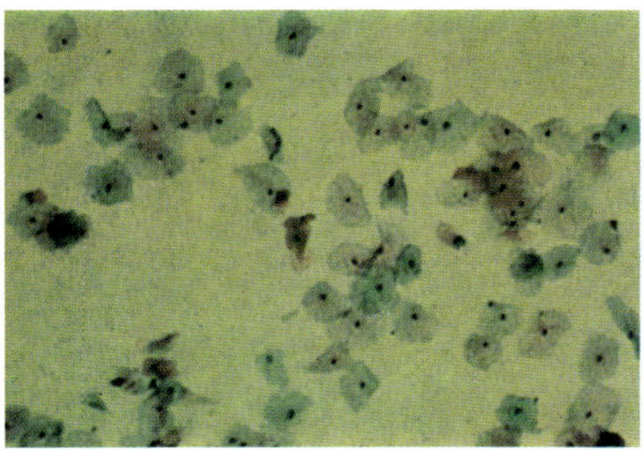

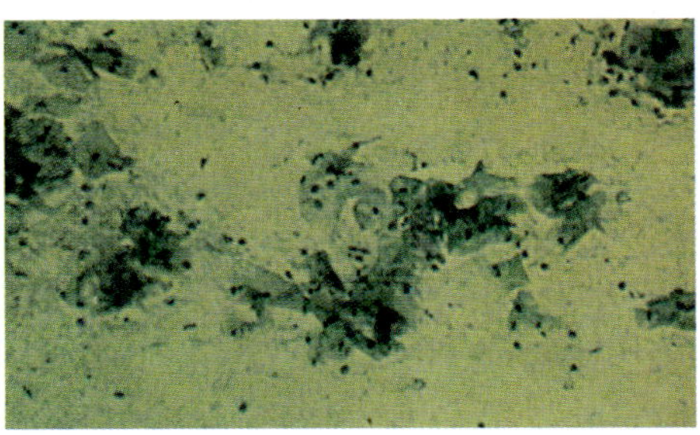

← **Scheidenabstriche:** Zellbilder aus verschiedenen Phasen des Geschlechtszyklus. *[ts]*

Das Deckgewebe verändert sich während des Menstruationszyklus: Es ist am Anfang unverhornt. Gegen die Mitte des Zyklus verhornt es leicht. Anschließend schuppt die Hornschicht wieder ab. In einem Abstrichpräparat kann man an der vorherrschenden Zellform die Zyklusphase erkennen.

Das Deckgewebe enthält reichlich Glycogen. Aus abgeschilferten Zellen wird dieses durch die Scheidenbazillen zu Milchsäure abgebaut. Das saure Milieu bietet (begrenzten) Schutz gegen Infektionen. Bei hohen Blutspiegeln der Eierstockhormone (Schwangerschaft, Pille) ist die Schleimhaut besonders aufgelockert und saftreich. Dann gedeihen manche Einzeller (z.B. Trichomonaden) und Pilze (Soor) besonders gut.

1 Erste Zyklushälfte.
2 Mitte des Zyklus.
3 Zweite Zyklushälfte.

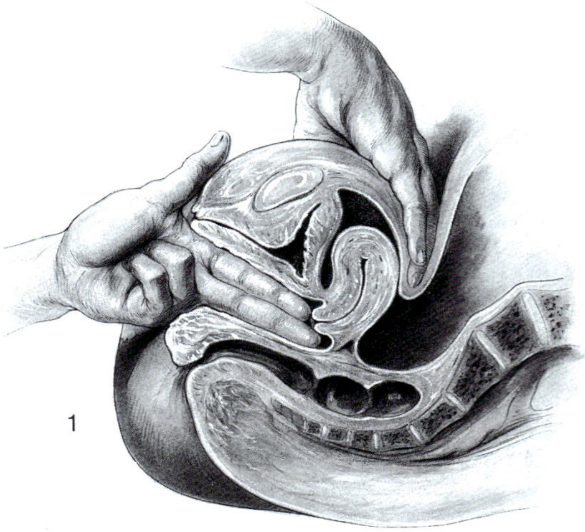

1

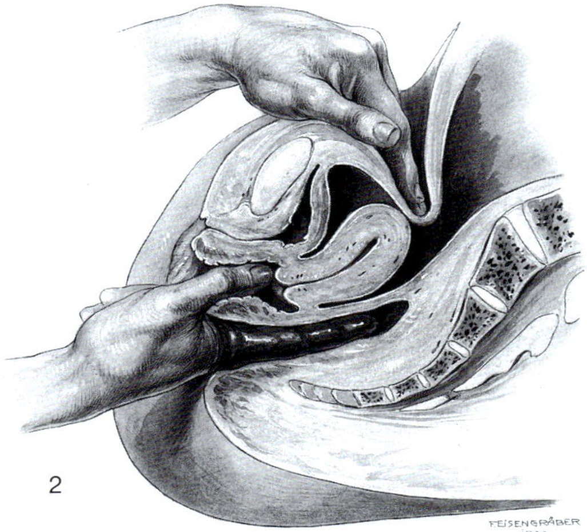

2

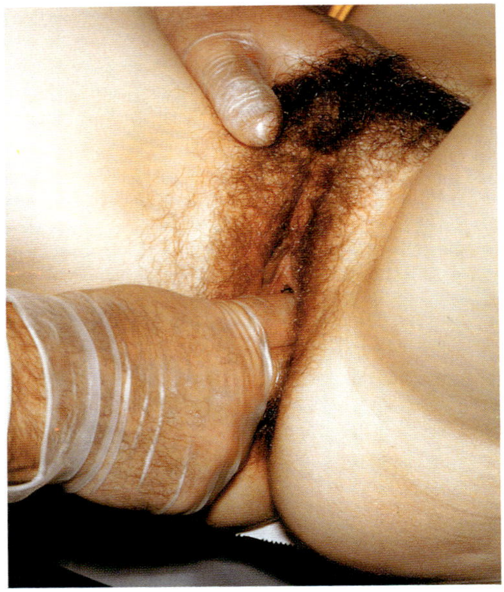

Tasten der inneren Geschlechtsorgane mit 2 Händen („bimanuell"): Dabei tastet die eine Hand durch die Scheide (1) oder den Mastdarm (2), die andere Hand drückt durch die Bauchdecke dagegen. ← *[po]*, ↑ *[lk]*

Über die Scheide sind die meisten Beckenorgane gut abzutasten. Die Untersuchung wird gewöhnlich in Rückenlage der Frau mit angewinkelten Oberschenkeln (am bequemsten im gynäkologischen Untersuchungsstuhl mit Beinstützen) vorgenommen. Der rechtshändige Arzt spreizt mit Daumen und Zeigefinger der linken Hand die Scham auseinander und führt dann zunächst den Zeigefinger, bei genügender Weite zusätzlich den Mittelfinger der rechten Hand in die Scheide ein (Gummihandschuhe als Infektionsschutz!).

Zur Beurteilung der *Gebärmutter* drücken die in die Scheide eingeführten Finger drücken die Portio gegen die Bauchdecke, die andere Hand durch die Bauchdecke dagegen. Die Gebärmutter wird so zangenartig gefasst:

- Größe: Die nichtschwangere Gebärmutter entspricht etwa einem Hühnerei.
- Form: birnförmig, nach vorn geknickt.
- Lage: nach vorn geneigt, der Harnblase anliegend.
- Gewebebeschaffenheit: Die nichtschwangere Gebärmutter ist derb, die schwangere aufgelockert (eines der frühesten Schwangerschaftszeichen).
- Beweglichkeit: Die gesunde Gebärmutter ist in allen Richtungen schmerzlos zu verschieben. Schmerzen und Bewegungseinschränkungen weisen auf Erkrankungen der Beckenorgane hin.

Um die Rückseite der Gebärmutter abzutasten, geht man besser durch den Mastdarm als durch die Scheide vor: Man kann den Finger weiter nach oben schieben.

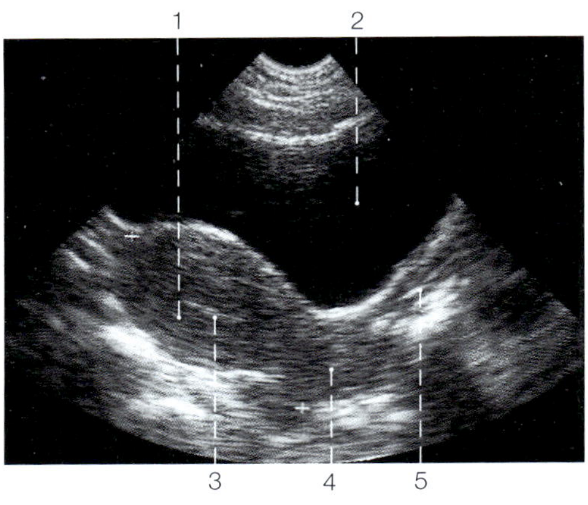

Gebärmutter und Scheide im Ultraschallbild (Längsschnitt, 18jährige Frau, 5. Zyklustag). *[sk]*

1	Gebärmutterkörper	*Corpus uteri*
2	Harnblase	*Vesica urinaria*
3	Gebärmutterschleimhaut	*Endometrium*
4	Gebärmutterhals	*Cervix uteri*
5	Scheide	*Vagina*

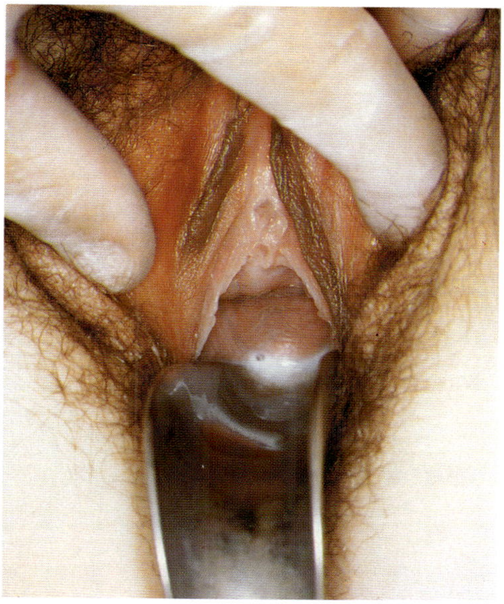

Einführen eines Scheidenspiegels („Spekulums") in die Scheide. Scheidenschleimhaut und Portio kann man direkt besichtigen, wenn man mit einem Scheidenspiegel („Spekulum") die Scheide spreizt. Das Spekulum ist nicht, wie der Name nahe legt, ein Spiegel, sondern ein zweiblättriges Metallinstrument, dessen beide Blätter in die Vagina eingeführt und dann auseinander gezogen werden, so dass der Einblick frei wird. *[lk]*
Mit Daumen und Zeigefinger der einen Hand werden die großen Schamlippen auseinander gedrängt. Mit der anderen Hand wird der Scheidenspiegel (beim meistverwandten Scheidenspiegel mit 2 getrennten Blättern zunächst das hintere Blatt) unter sanftem Drehen vorgeschoben.

Besichtigung der Portio

Der in die Scheide ragende Teil des Gebärmutterhalses, kurz genannt „Portio", ist bei der gynäkologischen Untersuchung direkt zu besichtigen:

- Er ist wie die Scheide von einem mehrschichtigen platten Deckgewebe überzogen. Der Gebärmutterhalskanal hingegen ist mit dem säulenförmigen Deckgewebe der Gebärmutterhöhle ausgekleidet (das jedoch bei der Regelblutung nicht mit abgestoßen wird, da es auch nicht für die Einnistung der befruchteten Eizelle vorgesehen ist).
- Die Grenze zwischen den beiden Deckgeweben liegt nicht genau am äußeren Muttermund. Bei der jungen geschlechtsreifen Frau dehnt sich das Deckgewebe des Gebärmutterhalskanals häufig noch auf einen Teil der Oberfläche der Portio aus. In der Grenzzone der beiden Gewebe entsteht der Gebärmutterhalskrebs (Zervixkarzinom).
- Jodprobe: Betupft man die Oberfläche der Portio mit Lugol-Lösung, so färbt sich das mehrschichtige platte Deckgewebe der Scheide braun an, während das hohe Deckgewebe der Gebärmutter und Krebsgewebe ungefärbt bleiben.

Portioabstrich

Der eigentlichen Krebserkrankung gehen Veränderungen am Deckgewebe der Portio meist schon viele Jahre voraus. Sie schreiten sehr langsam fort. Es dauert im Durchschnitt etwa 7 Jahre, bis aus einer leichten Dysplasie (Bereiche mit abnormen Zellen) eine schwere Dysplasie geworden ist. In etwa der Hälfte der Fälle heilt eine leichte Dysplasie auch ohne Behandlung aus. Leichte Dysplasien werden am häufigsten bei Frauen in den späten Zwanzigerjahren angetroffen. Deshalb sind regelmäßige jährliche Abstrichuntersuchungen ab dem 25. Lebensjahr zweckmäßig. Damit kann ein Gebärmutterhalskrebs noch im Vorstadium erfasst und ohne größeren Aufwand sicher geheilt werden.

Die Befunde im Abstrich werden meist zu einer Formel „Pap I" (normales Zellbild) bis „Pap V" (Krebs) zusammengefasst. Pap ist die Abkürzung für *Papanicolaou*, dem Namen eines New Yorker Arztes, der in der ersten Hälfte des zwanzigsten Jahrhunderts die Zelluntersuchung empfohlen hat.

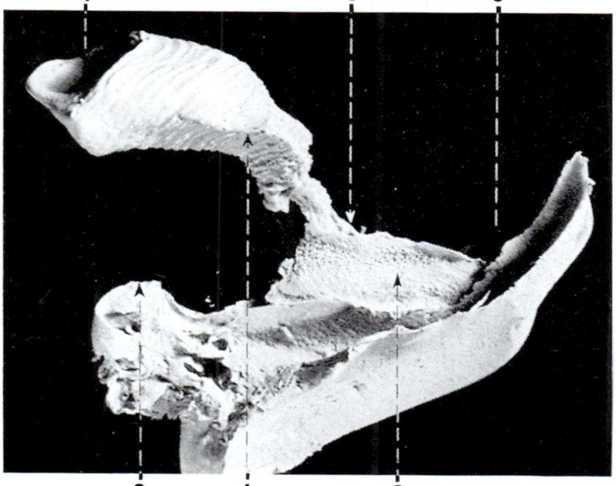

Scheide und Scheidenvorhof: Kunststoffabdruck von einer jungen Frau. *[ri]*
Die Scheide ist im oberen Teil weit, im unteren Teil eng. Die Enge ist durch die Beckenbodenmuskeln bedingt. Man kann die Anspannung der Randzüge des Afterhebers um das Levatortor bei der vaginalen Untersuchung deutlich fühlen. Der obere Teil der Scheide ist weich. Derb ist nur die in die Scheidenlichtung vorspringende Portio des Gebärmutterhalses. Das gestreifte Aussehen des Scheidenabdrucks kommt von den Querfalten der Scheidenschleimhaut.

1	Scheide	*Vagina*
2	Scheidenvorhof	*Vestibulum vaginae*
3	After	*Anus*
4	Portio (in die Scheide ragender Teil des Gebärmutterhalses)	*Portio vaginalis cervicis*
5	Scheidenmund	*Ostium vaginae*
6	Kitzler	*Clitoris*

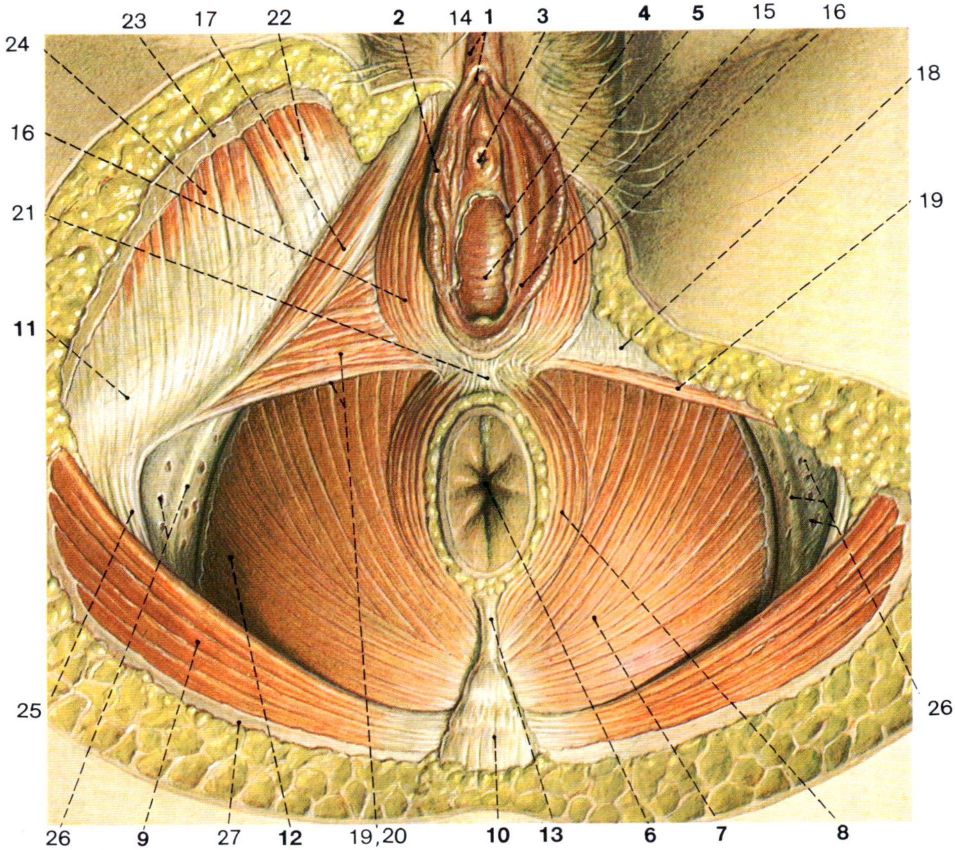

Beckenboden der Frau. *[sb2]*
Ausgedehntester Muskel des Beckenbodens ist der Afterheber. Er ist nicht horizontal im Becken ausgespannt, sondern läuft trichterförmig auf den After zu (sonst könnte er nicht heben).
Der Beckenboden ist bei Frau und Mann nach dem gleichen Bauplan gestaltet. Unterschiede ergeben sich aus der größeren Weite des Beckenausgangs der Frau und vor allem aus dem Einbau des Geburtswegs. Die im Schambeinbogen ausgespannte Bindegewebe-Muskel-Platte (Dammmembran mit Dammmuskeln) ist bei der Frau breiter. Sie wird von der Scheide und dem Scheidenvorhof durchbrochen. Der Schwellkörpermuskel umgreift beim Mann den Harnröhrenschwellkörper. Bei der Frau zieht er zweigeteilt um die kleinen Schamlippen. Der „Damm" (zwischen äußeren Geschlechtsorganen und After) ist bei der Frau viel kürzer als beim Mann. Überdehnung des Beckenbodens durch mehrere Geburten begünstigt die Senkung der Beckenorgane, z.B. den Gebärmuttervorfall.

1	Kitzler	*Clitoris*
2	Kleine Schamlippe	*Labium minus pudendi*
3	Äußerer Harnröhrenmund	*Ostium urethrae externum*
4	Reste des Jungfernhäutchens	*Carunculae hymenales*
5	Scheide	*Vagina*
6	After	*Anus*
7	Afterheber	*M. levator ani*
8	Äußerer Afterschließmuskel	*M. sphincter ani externus*
9	Großer Gesäßmuskel	*M. gluteus maximus*
10	Steißbein	*Os coccygis [Coccyx]*
11	Sitzbeinhöcker	*Tuber ischiadicum*
12	Sitzbein-After-Grube (zwischen Beckenwand und Afterheber)	*Fossa ischioanalis*
13	After-Steißbein-Band	*Corpus [Lig.] anococcygeum*
14	Kitzlervorhaut	*Preputium clitoridis*
15	Große Scheidenvorhofdrüse (Mündung)	*Glandula vestibularis major*
16	Vorhofschwellkörpermuskel	*M. bulbospongiosus*
17	Sitzbein-Schwellkörper-Muskel	*M. ischiocavernosus*
18	Dammmembran	*Membrana perinei*
19	Oberflächlicher querer Dammmuskel	*M. transversus perinei superficialis*
20	Quere Muskelzüge der Dammmembran	*(M. transversus perinei profundus)*
21	Dammzentrum	*Corpus perineale [Centrum perinei]*
22	Schlanker Muskel	*M. gracilis*
23	Oberschenkelfaszie	*Fascia lata*
24	Halbsehniger Muskel	*M. semitendinosus*
25	Kreuzbein-Sitzbeinhöcker-Band	*Lig. sacrotuberale*
26	Beckenfaszie (auf dem inneren Hüftlochmuskel)	*Fascia obturatoria*
27	Gesäßfaszie	*<Fascia glutea>*

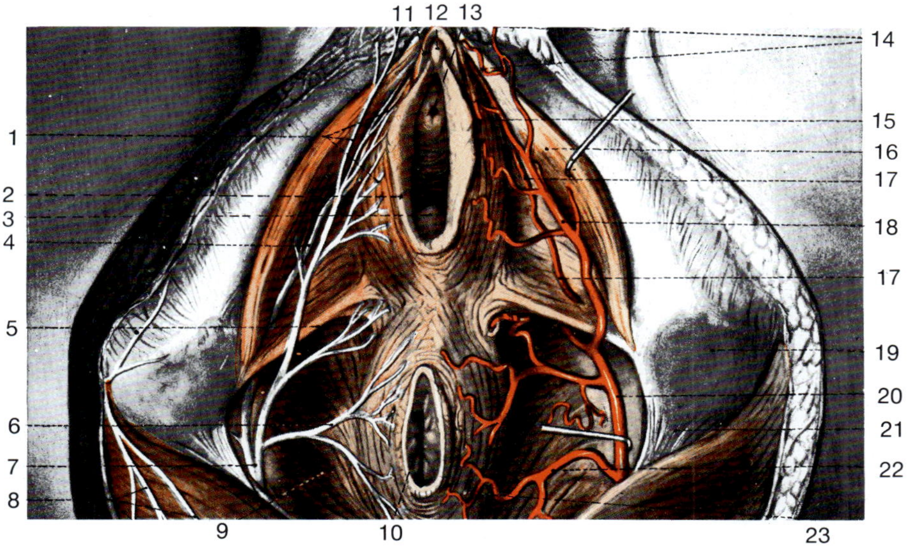

Beckenboden und äußere Geschlechtsorgane der Frau: Blutgefäße und Nerven. Rechte Bildhälfte Arterien, linke Bildhälfte Nerven. Die großen Blutgefäß- und Nervenstämme liegen in der Sitzbein-After-Grube (zwischen dem Afterheber und der Beckenwand). [bg2]

1	Hintere Schamlippennerven	*Nn. labiales posteriores*
2	Kleine Schamlippe	*Labium minus pudendi*
3	Scheide	*Vagina*
4	Kitzlerrückennerv	*N. dorsalis clitoridis*
5	Dammmembran	*Membrana perinei*
6	Untere Mastdarmnerven	*Nn. anales [rectales] inferiores*
7	Schamnerv	*N. pudendus*
8	Untere Gesäßhautnerven	*Nn. clunium inferiores*
9	Afterheber	*M. levator ani*
10	After	*Anus*
11	Kitzlervorhaut	*Preputium clitoridis*
12	Kitzler	*Clitoris*
13	Äußerer Harnröhrenmund	*Ostium urethrae externum*
14	Hintere Schamlippenarterien	*Rr. labiales posteriores*
15	Vorhofschwellkörpermuskel	*M. bulbospongiosus*
16	Sitzbein-Schwellkörper-Muskel	*M. ischiocavernosus*
17	Tiefe Kitzlerarterie	*A. profunda clitoridis*
18	Dammarterie	*A. perinealis*
19	Sitzbeinhöcker	*Tuber ischiadicum*
20	Innere Schamarterie	*A. pudenda interna*
21	Kreuzbein-Sitzbeinhöcker-Band	*Lig. sacrotuberale*
22	Untere Mastdarmarterie	*A. rectalis inferior*
23	Äußerer Afterschließmuskel	*M. sphincter ani externus*

Beckenboden der Frau

2 Muskel-Bindegewebe-Platten schließen den Beckenausgang:

- oben: „Beckenzwerchfell" (Afterheber + äußerer Afterschließmuskel + After-Steißbein-Band): Es lässt das Levatortor für den Geburtsweg frei
- unten: Dammmembran mit Dammmuskeln: nur vorn, um den Harn- und Geschlechtsweg, sie decken das Levatortor ab.

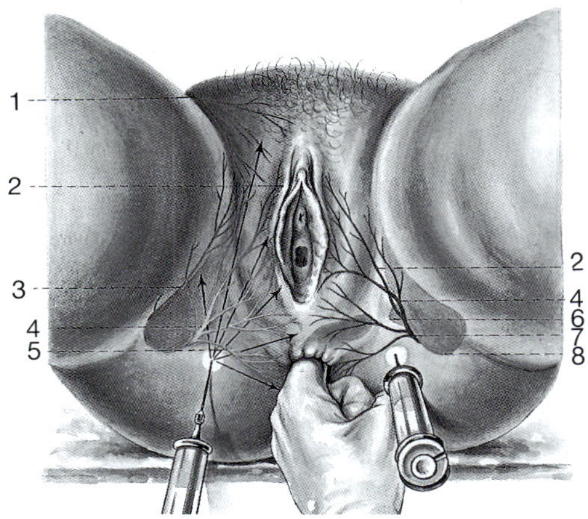

Betäubung des Schamnervs („Pudendusanästhesie"). Im Bild sind links die oberflächlichen, rechts die tieferen Nerven dargestellt. [us]
Durch eine Injektion neben dem Sitzbeinhöcker kann man die Nerven der äußeren Geschlechtsorgane (ausgenommen die vorderen Bereiche der großen Schamlippen) und der Afterumgebung betäuben.

1	Vordere Schamlippennerven (aus dem Darmbein-Leisten-Nerv)	*Nn. labiales anteriores (aus N. ilioinguinalis)*
2	Hintere Schamlippennerven	*Nn. labiales posteriores*
3	Dammäste des hinteren Oberschenkelhautnervs	*N. cutaneus femoris posterior, Rr. perineales*
4	Dammnerven	*Nn. perineales*
5	Untere Afternerven	*Nn. anales [rectales] inferiores*
6	Sitzbeinstachel	*Spina ischiadica*
7	Schamnerv	*N. pudendus*
8	Sitzbeinhöcker	*Tuber ischiadicum*

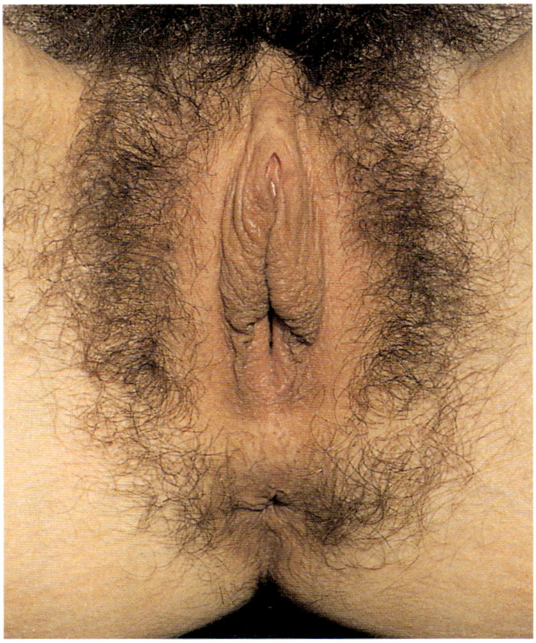

Schamgegend (Vulva) einer jungen Frau. Die kleinen Schamlippen liegen normalerweise auch beim Spreizen der Beine aneinander und verschließen den Eingang in den Scheidenvorhof. *[li6]*

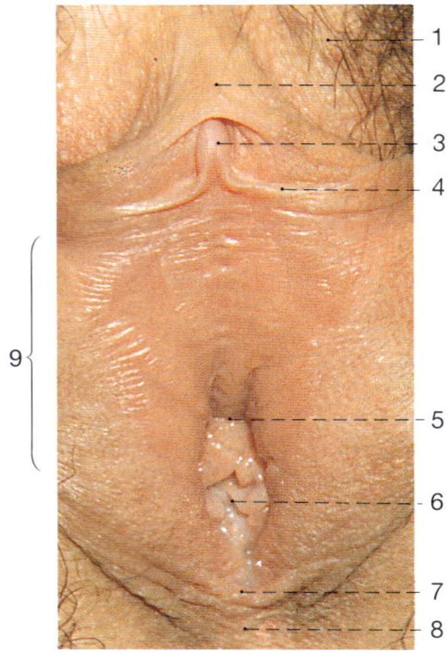

Schamgegend (Vulva) einer jungen Frau. Kitzler und Kitzlerzügel werden sichtbar, wenn man die Kitzlervorhaut nach oben und die kleinen Schamlippen stark auseinander zieht. *[li6]*

1 Große Schamlippe — *Labium majus pudendi*
2 Kitzlervorhaut — *Preputium clitoridis*
3 Kitzler — *Clitoris*
4 Kitzlerzügel — *Frenulum clitoridis*
5 Äußerer Harnröhrenmund — *Ostium urethrae externum*
6 Scheidenmund — *Ostium vaginae*
7 Schamlippenzügel (hintere Vereinigung der kleinen Schamlippen) — *Frenulum labiorum pudendi*
8 Hinterer Zusammenschluss der großen Schamlippen — *Commissura labiorum posterior*
9 Scheidenvorhof (von den kleinen Schamlippen umfasster Raum) — *Vestibulum vaginae*

Weibliche Schamgegend

Unter „weiblicher Scham" (Vulva) fasst man die äußeren weiblichen Geschlechtsorgane zusammen:

- *Große Schamlippen:* Sie gehen vorn vom Schamberg aus und umgrenzen die Schamspalte. Sie sind mit Schamhaaren besetzt.
- *Kleine Schamlippen:* Diese unbehaarten Hautfalten liegen in der Schamspalte und umschließen den Scheidenvorhof. Vorn laufen sie in die Vorhaut des Kitzlers und in den Kitzlerzügel aus.
- *Scheidenvorhof:* Er ist mit einem unverhornten mehrschichtigen platten Deckgewebe ausgekleidet und wird von den Scheidenvorhofdrüsen befeuchtet.
- *Kitzler* (Klitoris): Er ist der Bereich stärkster sexueller Erregbarkeit. Er kann mit Hilfe von Schwellkörpern etwas aufgerichtet werden. Bei allen Untersuchungen oder Pflegemaßnahmen in der Dammgegend ist die hohe Berührungsempfindlichkeit des Kitzlers zu beachten.

Vergleich der äußeren Geschlechtsorgane

So sehr verschieden dem Laien die äußeren Geschlechtsorgane des Mannes und der Frau erscheinen, haben sie doch einen gemeinsamen Bauplan:

- Die *großen Schamlippen* entsprechen dem Hodensack, nur bleiben sie leer. Bei der Frau wird wie beim Mann ein Leistenkanal angelegt, der dann freilich nicht für den Durchtritt des Hodens benutzt wird. Beim Mann wird der Hoden durch ein Leitband durch den Leistenkanal gezogen. Ein entsprechendes Band wird auch bei der Frau angelegt: Es ist das runde Mutterband. Es zieht von der Gebärmutter durch den Leistenkanal zu den großen Schamlippen.
- Die *kleinen Schamlippen* entsprechen der verschieblichen Haut des Gliedschafts.
- Der *Kitzler* der Frau entspricht dem Glied des Mannes. Bei bestimmten Störungen der Hormonproduktion und bei manchen Zwitterformen kann der Kitzler so stark vergrößert sein, dass er dem männlichen Glied ähnlich wird und sogar eine Art Geschlechtsverkehr mit ihm ausgeübt werden kann. Der Kitzler ist wie die Eichel des Gliedes mit einer Vorhaut bedeckt. Schwellkörper besitzt der Kitzler wie das Glied, nur sind sie entsprechend kleiner. Der Kitzler ist damit auch zu einer gewissen Aufrichtung und Versteifung (Erektion) befähigt.

Äußere weibliche Geschlechtsorgane mit Schwellkörpern, Dammmembran und Skelett: *[fs2]*

1	Kitzleraufhängeband	*Lig. suspensorium clitoridis*
2	Leistenband	*Lig. inguinale*
3	Kitzlerschwellkörper	*Corpus cavernosum clitoridis*
4	Kitzlervorhaut	*Preputium clitoridis*
5	Kitzlerzügel	*Frenulum clitoridis*
6	Äußerer Harnröhrenmund	*Ostium urethrae externum*
7	Reste des Jungfernhäutchens	*Carunculae hymenales*
8	Sitzbein-Schwellkörper-Muskel	*M. ischiocavernosus*
9	Vorhofschwellkörpermuskel	*M. bulbospongiosus*
10	Dammmembran	*Membrana perinei*
11	Sitzbeinhöcker	*Tuber ischiadicum*
12	Scheidenvorhof + Schamlippenzügel	*Vestibulum vaginae + Frenulum labiorum pudendi*
13	Äußerer Afterschließmuskel	*M. sphincter ani externus*
14	After	*Anus*
15	After-Steißbein-Band	*Corpus [Lig.] anococcygeum*
16	Oberflächlicher querer Dammmuskel	*M. transversus perinei superficialis*
17	Tiefer Dammraum	*Saccus profundus perinei [Spatium profundum perinei]*
18	Große Scheidenvorhofdrüse (Bartholin-Drüse)	*Glandula vestibularis major*
19	Vorhofschwellkörper	*Bulbus vestibuli*
20	Scheidenmund	*Ostium vaginae*
21	Kleine Schamlippe	*Labium minus pudendi*
22	Kitzlereichel	*Glans clitoridis*
23	Schambeinhöckerchen	*Tuberculum pubicum*
24	Schambeinfuge	*Symphysis pubica*

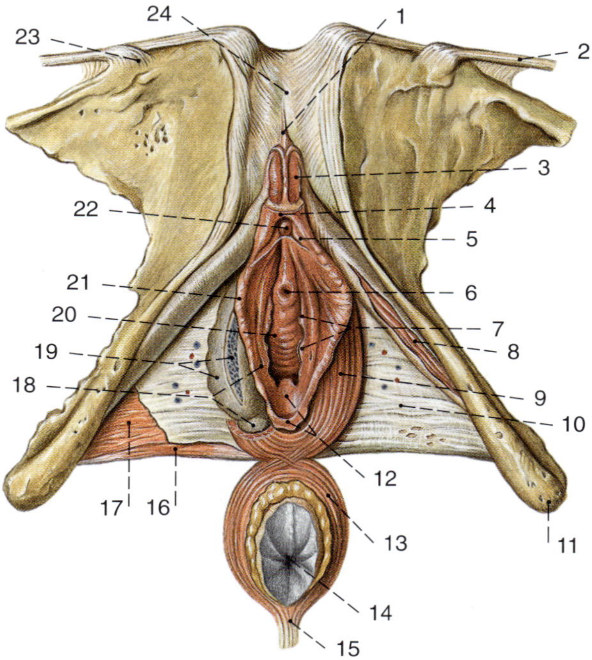

Scheidenvorhof

Den von den kleinen Schamlippen umschlossenen Raum nennt man Scheidenvorhof. In ihn münden:

- *Scheide:* mit dem Scheidenmund, der vor der Entjungferung durch das Jungfernhäutchen weitgehend verschlossen ist.
- *Harnröhre:* mit dem äußeren Harnröhrenmund.
- *Große Scheidenvorhofdrüsen* (Bartholin-Drüsen): auf jeder Seite eine etwa erbsgroße Schleimdrüse. Die Mündung ist meist nur bei Entzündungen als roter Punkt an der Innenseite der kleinen Schamlippen sichtbar. Die entzündete Drüse kann zu Hühnereigröße anschwellen und dann die große Schamlippe vorwölben. Die große Scheidenvorhofdrüse entspricht der Cowper-Drüse des Mannes.
- *Kleine Scheidenvorhofdrüsen.*
- *Skene-Gänge:* 2 etwa 2 cm lange Blindsäcke neben dem äußeren Harnröhrenmund. In ihnen können sich Infektionen lange halten.

Jungfernhäutchen (Hymen): verschiedene Formen. *[hu]*
Die Jungfräulichkeit der Frau ist durch ein Jungfernhäutchen auch körperlich sichtbar. Ein entsprechender Nachweis beim Mann fehlt. Aus ärztlicher Sicht ist es ein Schutz gegen das Eindringen von Bakterien in die Scheide. Dieser ist vor allem beim Säugling nötig, bei dem die Schamgegend mit Stuhl beschmiert wird. Auch das unversehrte Jungfernhäutchen muss eine Öffnung haben, damit das Blut der Monatsblutung abfließen kann. Fehlt ausnahmsweise diese Öffnung, so staut sich nach Eintritt der Geschlechtsreife das Blut an. Dann muss der Arzt das Jungfernhäutchen einschneiden.

1 „Normalfall“: Das Jungfernhäutchen hat eine zentrale Öffnung.
2 Halbmondförmige Öffnung.
3 Die Öffnung ist durch eine Gewebebrücke zweigeteilt.
4 Siebförmiges Jungfernhäutchen.
5 Jungfernhäutchen mit sehr kleiner Öffnung.
6 Fehlende Öffnung: ärztlicher Eingriff nötig.

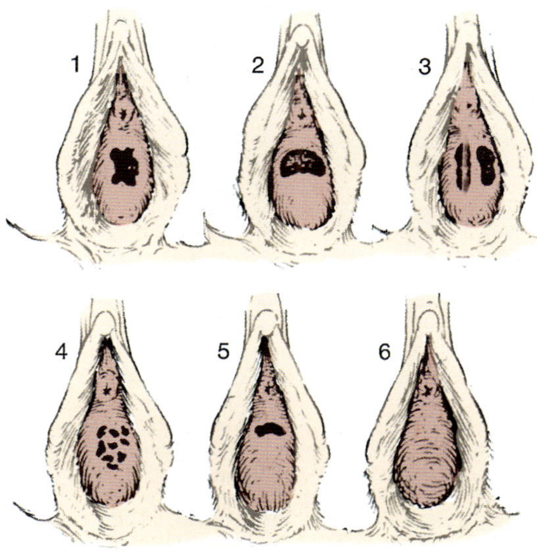

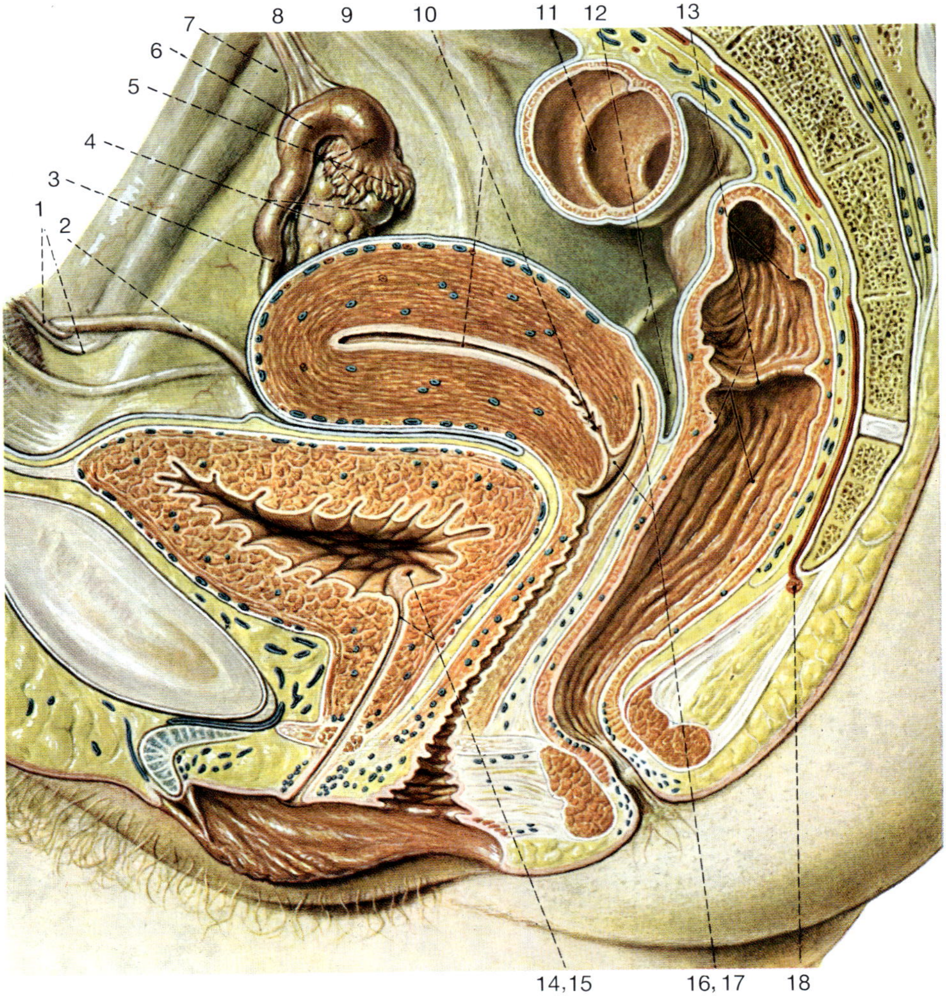

Weibliches Becken: Medianschnitt. *[sb2]*
Dieses Bild am Ende der Besprechung der weiblichen Geschlechtsorgane soll noch einmal die Lagebeziehungen verdeutlichen: Gebärmutter und Scheide sind zwischen Harnblase und Mastdarm eingeschoben. Darauf bezieht sich ein auf die Antike zurückgehendes Sprichwort: Zwischen Stuhl und Harn werden wir geboren (inter faeces et urinas nascimur).

- Die 4 genannten Organe wechseln ihre Größe mit dem Füllungszustand und beeinflussen damit jeweils ihre Nachbarn: Durch die volle Harnblase wird die Gebärmutter aufgerichtet. Die in der Schwangerschaft gewaltig anwachsende Gebärmutter drückt auf die Harnblase und verursacht vermehrten Harndrang.
- Die Harnröhre ist als rundlicher Strang durch die vordere Scheidenwand zu tasten. Beim Geschlechtsverkehr wird indirekt auch die Harnröhre durchmassiert. Dabei können Bakterien aus dem unteren Harnröhrenabschnitt nach oben in die Harnblase gepresst werden und dort einen Reizzustand auslösen („Honeymoon-Zystitis").
- Der Harnleiter gelangt von der seitlichen Beckenwand neben dem Gebärmutterhals zur Harnblase. Er kann bei Operationen an der Gebärmutter leicht verletzt werden.

1	Untere Bauchwandarterie + untere Bauchwandvene	*A. epigastrica inferior + V. epigastrica inferior*
2	Rundes Mutterband	*Lig. teres uteri*
3	Eileiterenge	*Isthmus tubae uterinae*
4	Eierstock	*Ovarium*
5	Fransentrichter des Eileiters	*Infundibulum tubae uterinae*
6	Eileiter, weiter Teil	*Ampulla tubae uterinae*
7	Äußere Beckenvene	*V. iliaca externa*
8	Eierstockaufhängeband	*Lig. suspensorium ovarii*
9	Harnleiter	*Ureter*
10	Gebärmutterhöhle	*Cavitas uteri*
11	Dickdarm, s-förmiger Teil („Sigma")	*Colon sigmoideum*
12	Douglas-Raum (zwischen Gebärmutter und Mastdarm)	*Excavatio rectouterina*
13	Mastdarm (mit Querfalten)	*Ampulla recti; Plicae transversae recti*
14	Innerer Harnröhrenmund	*Ostium urethrae internum*
15	Harnleitermündung	*Ostium ureteris*
16	Muttermund	*Ostium uteri*
17	Scheidengewölbe, hinterer Teil	*Fornix vaginae, Pars posterior*
18	Steißgefäßknäuel	*Glomus coccygeum*

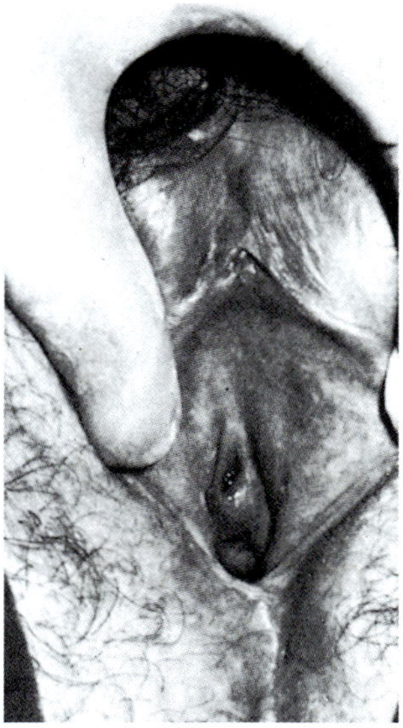
1

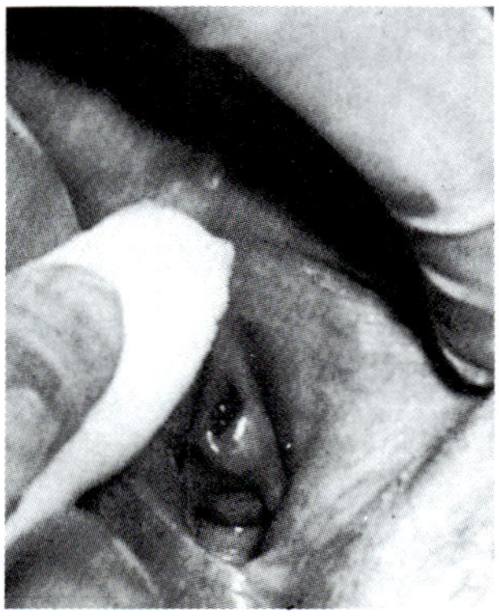
2

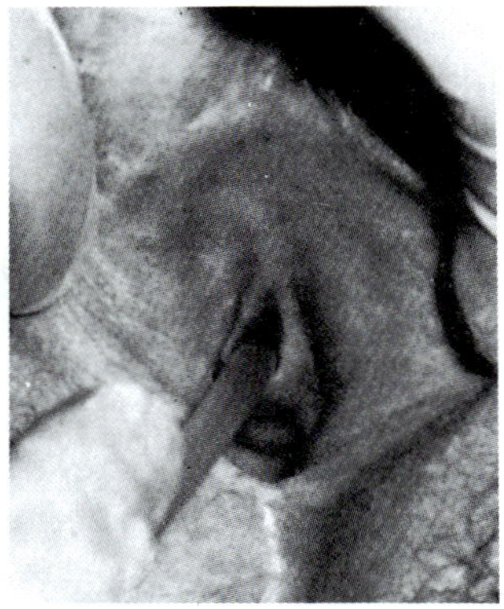
3

Katheterisieren (Einführen eines Katheters in die Harnblase) bei der Frau. Keimfreies Arbeiten ist erforderlich, um nicht Krankheitserreger mit dem Katheter in die Harnblase zu bringen. *[kl]*

1 Spreizen der Schamlippen (sterile Handschuhe!), um die Harnröhrenmündung im Scheidenvorhof sichtbar zu machen.
2 Desinfizieren und Abtupfen mit sterilem Tupfer.
3 Sanftes Einführen des sterilen Katheters. Nicht vergessen, eine Schale zum Auffangen des Harns darunter zu halten! Die Frau kann den Harn nicht mehr willkürlich zurückhalten, sobald der Katheter in die Harnblase eingetreten ist (kein Schließmuskel kann einen Katheter abklemmen).

Weibliche Harnröhre

Die Harnröhre der Frau ist gerade und sehr viel kürzer (3–5 cm) als die des Mannes (25–30 cm):

- Sie ist daher leicht zu katheterisieren.
- Sie begünstigt aber aufsteigende Infektionen. Infektionen der Harnwege sind beim weiblichen Geschlecht sehr viel häufiger als beim männlichen. Besonders häufig sind Schulmädchen befallen. Ursache ist meist unzweckmäßige Reinigung nach der Stuhlentleerung. Dabei werden Darmbakterien (Kolibakterien) in den Scheidenvorhof verschleppt und steigen dann in der kurzen Harnröhre zur Harnblase auf. Während die Harnblasenentzündung (Zystitis) mehr oder weniger nur lästig ist, drohen bei weiterem Aufstieg der Infektion durch die Harnleiter zu den Nierenbecken ernste Gefahren für die Nieren (Pyelonephritis). Deshalb ist konsequente Behandlung angezeigt.
- Die Harnröhre wird beim Durchtritt durch die Dammmembran vom willkürlich zu betätigenden Harnröhrenschließmuskel umschlossen

Unwillkürlicher Harnabgang

Die sichere Daueranspannung der Verschlussmechanismen von Harnblase und Harnröhre erlernen nicht nur Kleinkinder, sondern auch Haustiere. Trotzdem kommt Einnässen auch beim Erwachsenen vor und bildet dann ein ernstes soziales Problem. Man unterscheidet folgende Formen:

- Harnträufeln bei Anstrengung *(Stressinkontinenz)*: Es beruht meist auf einer Schwäche der Verschlussmechanismen. Besonders gefährdet ist die Frau nach mehreren Entbindungen, bei denen jeweils der Beckenboden stark aufgedehnt wird. Senkt sich dann die Gebärmutter, so wird auch die mit der vorderen Scheidenwand verwachsene Harnröhre in ihrer Lage beeinträchtigt.
- Unwiderstehlicher Harndrang *(Dranginkontinenz)*: Hauptursache ist ein Reizzustand der Schleimhaut (Reizblase). Die sensorischen Nerven werden erregt, bevor noch die Harnblase gefüllt ist. Wird dem dadurch ausgelösten Harndrang nicht stattgegeben, so zieht der Körper die „Notbremse" und lässt den Harn entgegen dem Willen laufen.
- *Reflexblase:* Ist die Verbindung zwischen dem Gehirn und den Harnblasenzentren im unteren Rückenmark unterbrochen (z.B. bei einer Querschnittlähmung), so wird weder der Harndrang bewusst, noch kann der Harnröhrenschließmuskel willentlich betätigt werden. Die Harnblase wird dann automatisch über Dehnungsreflexe geleert.
- *Überlaufblase:* Sind die Nerven zur Harnblase oder das Zentrum im Rückenmark gestört, so sind auch die Reflexe erloschen. Die Harnblase kann dann nicht mehr aktiv entleert werden. Wenn sie voll ist, läuft sie über. Die Harnblasennerven können bei Operationen im kleinen Becken und bei Unfällen mit Einspießen von Gegenständen in die Dammgegend (Pfählungsverletzung) beschädigt werden.
- *Harnfistel:* Als Missbildung kann ein Harnleiter statt in die Harnblase in die Scheide oder in die Harnröhre unterhalb des Harnröhrenschließmuskels ausmünden. Dann träufelt der Harn aus, wie er von der Niere abgesondert wird. Ähnlich können durch Geschwülste oder als Bestrahlungsfolge Verbindungen zwischen der Harnblase und der Scheide entstehen, durch die Harn abläuft.

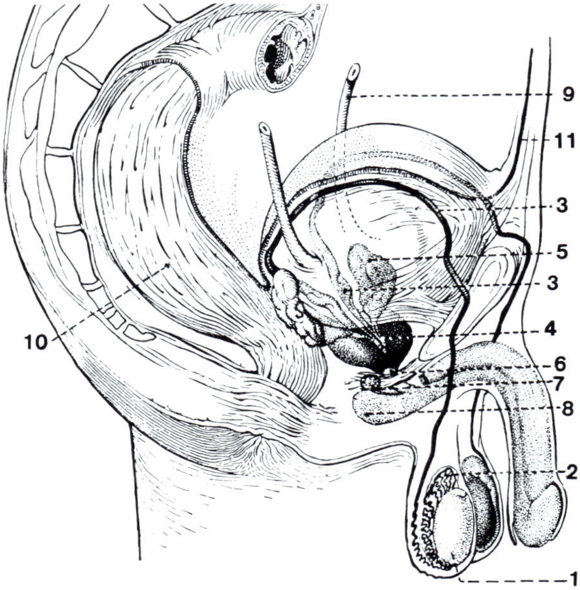

Männliche Geschlechtsorgane: Überblick. *[bg2]*
Es mag überraschen, dass Hoden und Nebenhoden zu den „inneren" Geschlechtsorganen gerechnet werden, da sie doch offensichtlich „außen" liegen. Sie werden jedoch wie die Eierstöcke im Innern des Körpers angelegt und wandern erst kurz vor der Geburt durch den Leistenkanal in den Hodensack („Abstieg" des Hodens).

1	Hoden	*Testis [Orchis]*
2	Nebenhoden	*Epididymis*
3	Samenleiter	*Ductus deferens*
4	Vorsteherdrüse	*Prostata*
5	Bläschendrüse (Samenblase)	*Glandula vesiculosa [Glandula seminalis] [Vesicula seminalis]*
6	Harnröhre, membranöser Abschnitt	*Urethra masculina, Pars intermedia [membranacea]*
7	Cowper-Drüse	*Glandula bulbourethralis*
8	Verdicktes Ende des Harnröhrenschwellkörpers	*Bulbus penis*
9	Harnleiter	*Ureter*
10	Mastdarm	*Rectum*
11	Bauchfell	*Peritoneum*

Gliederung der männlichen Geschlechtsorgane

❶ **Innere männliche Geschlechtsorgane:**
- Hoden
- Nebenhoden
- Samenleiter
- Samenblase
- Vorsteherdrüse
- Cowper-Drüse

❷ **Äußere männliche Geschlechtsorgane:**
- Glied (Penis)
- Hodensack

Aufgaben des Hodens

Der Hoden hat (wie der Eierstock) 2 Aufgaben:
- *Keimzellbildung:* Ab der Geschlechtsreife bis ins hohe Alter entstehen im Hoden Samenzellen.
- *Hormondrüse:* Das ganze Leben, schon vor der Geburt beginnend, erzeugt er das männliche Geschlechtshormon Testosteron.

Bau des Hodens

Der beim geschlechtsreifen Mann etwa walnuss- bis hühnereigroße Hoden ist von einer bindegewebigen Kapsel umhüllt. Von dieser ziehen Scheidewände in die Tiefe. Sie teilen den Hoden in etwa 250 Läppchen auf. Jedes von diesen enthält 2–4 Hodenkanälchen mit dem samenzellbildenden Gewebe.
- Entwirrt man das dicht zusammengeknäuelte Hodenkanälchen, so ist es gestreckt etwa 50 cm lang. Bei insgesamt etwa 600 Hodenkanälchen ergibt dies eine samenbildende Röhre von 300 m Länge.
- Im Bindegewebe zwischen den Hodenkanälchen liegen die hormonbildenden Hodenzwischenzellen (nach ihrem Entdecker auch Leydig-Zellen genannt).

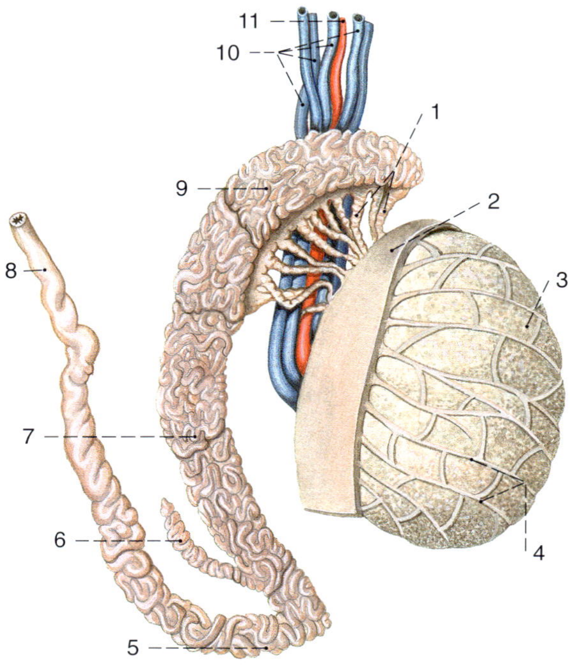

Hoden und Nebenhoden. Die derbe bindegewebige Hülle des Hodens ist größtenteils entfernt. In den Nebenhodenläppchen wurden die Ausführungsgänge des Hodens freigelegt. *[fs2]*

1	Abführende Hodenkanälchen	*Ductuli efferentes testis*
2	Bindegewebehülle des Hodens	*Tunica albuginea*
3	Hodenläppchen	*Lobuli testis*
4	Hodenzwischenwände	*Septula testis*
5	Nebenhodenschwanz	*Cauda epididymidis*
6	Blind endender Seitenast	*Ductulus aberrans inferior*
7	Nebenhodenkörper	*Corpus epididymidis*
8	Samenleiter	*Ductus deferens*
9	Nebenhodenkopf	*Caput epididymidis*
10	Rankenvenengeflecht	*Plexus pampiniformis*
11	Hodenarterie	*A. testicularis*

Hoden: Schnittbild (Vergrößerung 40fach). *[so]*
Im Hoden sind ähnlich wie in der Bauchspeicheldrüse zwei Organe vereinigt:
- Die Hodenkanälchen erzeugen die Samenzellen,
- das Zwischengewebe männliche Geschlechtshormone.

1	Bindegewebehülle des Hodens	*Tunica albuginea*
2	Hodenzwischenwände	*Septula testis*
3	Hodenkanälchen (= Samenkanälchen)	*Tubuli seminiferi*
4	Hodenzwischenzellen (Leydig-Zellen)	*Endocrinocyti interstitiales*

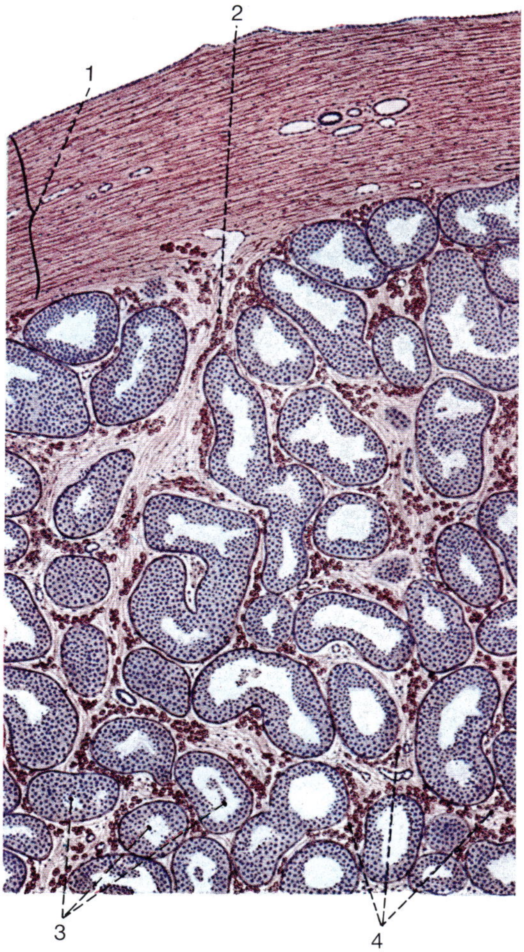

Warum liegt der Hoden im Hodensack?

Bei Körpertemperatur vermag der Hoden zwar Hormone, aber keine Samenzellen zu bilden. Dazu ist offenbar eine etwas niedrigere Temperatur nötig. Deshalb werden die beim Embryo in der Lendengegend angelegten Hoden gegen Ende der vorgeburtlichen Entwicklung aus der Bauchhöhle durch den Leistenkanal in den Hodensack verlagert.

• Männer, bei denen die Hoden in der Bauchhöhle verblieben sind, können zwar den Geschlechtsverkehr vollziehen, aber in der Regel nicht zeugen.

Aufgaben und Bau des Nebenhodens

Im Nebenhoden werden die Samenzellen gespeichert, bis sie zum Samenerguss benötigt werden. Dabei reifen sie völlig aus. Der Nebenhoden ernährt die gespeicherten Samenzellen.

• Der Nebenhodengang ist ein etwa 4–5 m langer Schlauch, der auf etwa 5 cm Länge zusammengeknäuelt ist. Die Wand wird von einem mehrreihigen Deckgewebe, glatten Muskelzellen und Bindegewebe aufgebaut. Die Muskelschicht wird in Richtung Samenleiter immer stärker.

Gliederung des Nebenhodens

• *Nebenhodenkopf:* Er liegt dem oberen Hodenpol an. Das runde Dutzend abführender Hodenkanälchen geht hier in ebenso viele Nebenhodenläppchen über. Diese münden in den Nebenhodengang.

• *Nebenhodenkörper:* Er erstreckt sich am hinteren Rand des Hodens.

• *Nebenhodenschwanz:* Er biegt am unteren Hodenpol haarnadelförmig in den Samenleiter um.

Hoden und Nebenhoden, schematisch. Man vergleiche mit dem Bild auf der linken Seite. *[bg2]*
Die Hodenkanälchen münden in ein Kanälchennetz (Hodennetz) ein, aus dem etwa ein Dutzend abführender Hodenkanälchen zum Nebenhoden zieht.

1	Hodenkanälchen (= Samenkanälchen)	*Tubuli seminiferi*
2	Nebenhodengang	*Ductus epididymidis*
3	Samenleiter	*Ductus deferens*
4	Hodennetz	*Rete testis*
5	Abführende Hodenkanälchen	*Ductuli efferentes testis*
6	Nebenhodenläppchen (mit 1–2 abführenden Hodenkanälchen)	*Lobulus epididymidis*
7	Blind endender Seitenast	*Ductulus aberrans*
8	Beihoden (Reste von Urnierenkanälchen)	*Paradidymis*

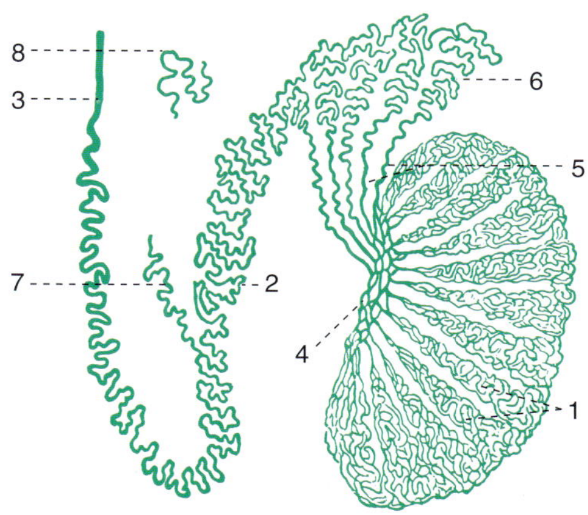

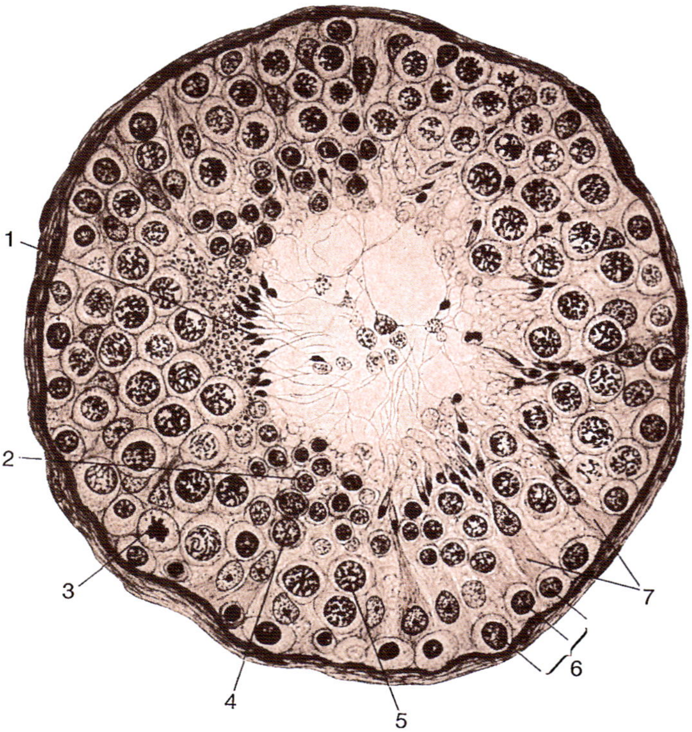

Hodenkanälchen: Querschnitt. *[bg2]*
In den Hodenkanälchen entstehen die Samenzellen. Am Rande des Kanälchens liegen die unreifsten Vorstufen (*Stammsamenzellen* = Spermatogonien, 6). Sie entwickeln sich durch fortgesetzte Teilung (3) und Umbildung zu *Spermatozyten* I. (5)und II. Ordnung (4), dann zu *Spermatiden* (2) und schließlich zu reifen *Samenzellen* (Spermien = Spermatozoen, 1) weiter. Die jeweils reifere Form liegt näher zur Mitte des Kanälchens, denn die reifen Geschlechtszellen werden zum Nebenhoden abtransportiert.
• Während dieser Entwicklung finden auch die beiden „Reifeteilungen" statt. Jede Samenzelle erhält (wie die Eizelle) nur einen einfachen Chromosomensatz (Einzelheiten im Kapitel Entwicklungsgeschichte).
• In den Hodenkanälchen liegen auch Stützzellen (*Ammenzellen* = Sertoli-Zellen, 7), die vermutlich eine Art Ernährungsaufgabe für die heranreifenden Samenzellen übernehmen. Sie erzeugen unter dem Einfluss der Hirnanhangsdrüse ein spezielles Eiweiß (androgenbindendes Protein), das die männlichen Geschlechtshormone im Hodenkanälchen festhält.

Entstehung der Samenzellen (Spermiogenese)

In der Wand der Hodenkanälchen liegen die *Stammsamenzellen*. Sie teilen sich laufend in Stammzellen A und B.
• Die *Stammzellen A* sind für den Erhalt der Stammzellen bestimmt (sie teilen sich weiter in A- und B-Zellen).
• Die *Stammzellen B* entwickeln sich über mehrere Zwischenstufen zu den Samenzellen weiter. Dabei werden die beiden Reifeteilungen durchlaufen.
• Die Samenzellbildung dauert 2–3 Monate.

Unterschiede von Ei- und Samenzellbildung

• *Eizellbildung:* Sie läuft größtenteils schon vor der Geburt ab. Beim neugeborenen Mädchen ist bereits die endgültige Zahl von Eizellen (etwa 200 000 in jedem Eierstock) erreicht. Die Eizellen sind schon in die Reifeteilungen eingetreten. Sie werden dann unterbrochen, bis die einzelne Eizelle 10–50 Jahre später in „ihrem" Zyklus innerhalb von etwa 10 Tagen heranreift.
• *Samenzellbildung:* Der Hoden des neugeborenen Knaben enthält nur einige Stammsamenzellen. Erst in der Pubertät beginnt deren Vermehrung und die Entwicklung der Samenzellen. Das Heranreifen der Samenzelle dauert daher wesentlich länger als das der schon vorentwickelten Eizelle. Dafür können Samenzellen das ganze restliche Leben und in nahezu unbegrenzter Zahl erzeugt werden. Bei einem Samenerguss werden rund 300 Millionen Samenzellen ausgeworfen!

Samenerguss (Ejakulation)

Kurz nacheinander spritzen die Vorsteherdrüse, die Samenleiter und die Samenblasen ihren Inhalt in die Harnröhre. Dieser wird dann durch rhythmisches Zusammenziehen der Beckenbodenmuskeln, vor allem des Harnröhren-Schwellkörper-Muskels, aus der Harnröhre nach außen geschleudert.
• Der Samenerguss wird vom Sympathikus (Drüsen und Samenleiter) und vom Schamnerv (Beckenbodenmuskeln) gesteuert.

Nebenhodenpunktion

Als Samenspeicher enthält der Nebenhoden massenhaft Samenzellen. Bei Unfruchtbarkeit infolge Unwegsamkeit des Samenleiters kann man Samenzellen aus dem Nebenhoden für eine künstliche Befruchtung gewinnen.
• Auch wenn keine natürliche Entleerung der Samenzellen möglich ist, geht die Bildung von Samenzellen im Hoden weiter. Die nicht mehr verwertbaren Samenzellen werden im Nebenhoden abgebaut.

Hodenschmerz

Der Hoden ist sehr schmerzempfindlich, besonders auf Druck. Nach einem Schlag auf die Hoden krümmt sich der Mann vor Schmerz zusammen. Die von einem Manne zu sehr bedrängte Frau kann durch Hochreißen eines Knies in die Schamgegend des Mannes diesen vorübergehend „außer Gefecht setzen" und die gewonnene Zeitspanne evtl. zur Flucht nutzen.

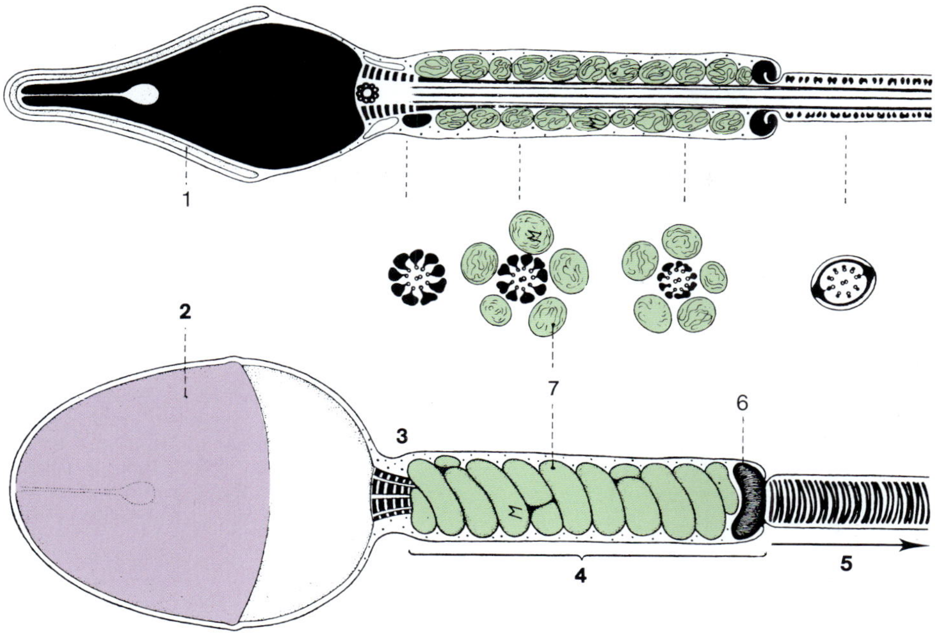

Samenzelle (Spermatozoon = Spermium), vorderer Abschnitt, schematisch nach elektronenmikroskopischen Befunden (Vergrößerung 10 000fach). *[bg2]*

- Oben: Längsschnitt.
- Mitte: Querschnitte.
- Unten: Flächenansicht.

Die Samenzelle wird in Kopf (1 + 2) und Geißel (3-7) gegliedert. Ihre Länge beträgt etwa 0,06 mm. Wäre die Geißel in ganzer Länge gezeichnet worden, so hätte die Abbildung beim gegebenen Maßstab um einen halben Meter nach rechts fortgesetzt werden müssen.

- Der *Kopf* der Samenzelle ist flach und besteht im wesentlichen aus dem Zellkern mit den Chromosomen. Der vordere Teil des Kopfes ist mit der dünnen Kopfkappe (Akrosom, 1) überzogen. Diese enthält die Enzyme, mit denen die Samenzelle die Hüllen der Eizelle durchdringt.
- An der *Geißel* werden ein Verbindungsstück (Hals, 3), ein Mittelstück (4), ein Hauptstück (5) und ein Endstück unterschieden. Im Mittelstück sind Mitochondrien (7) schraubig um den Achsenfaden gewickelt. Das Mittelstück endet mit dem Schlussring (6). Das Hauptstück ist durch eine Scheide ringförmig angeordneter Fibrillen gekennzeichnet.

Samenflüssigkeit (Sperma)

Die Gesamtmenge der bei einem Samenerguss (Ejakulation) ausgespritzten Samenflüssigkeit beträgt im Durchschnitt 2–4 ml. Davon stammen etwa 10 % aus Hoden + Nebenhoden, 20–30 % aus der Vorsteherdrüse und 60–70 % aus den Samenblasen. Die zunächst gallertige Masse wird innerhalb von 5–30 Minuten dünnflüssig. Die Samenflüssigkeit enthält:

- *Samenzellen:* Normalerweise enthält die Samenflüssigkeit etwa 60–120 Millionen Samenzellen pro Milliliter. Davon sind etwa 5–10 % tot und 10–30 % abnorm. Die angegebenen Werte gelten nach mindestens fünftägiger sexueller Enthaltsamkeit.
- *Drüsenabsonderungen:* Sie stammen aus der Vorsteherdrüse und den Samenblasen und machen den Hauptteil der Samenflüssigkeit aus. Für die Ernährung der Samenzellen ist der Gehalt an Fruchtzucker besonders wichtig.
- *Zufallsbestandteile:* abgeschilferte Deckzellen, Blutkörperchen, Zelltrümmer usw.

Spermatogramm = Spermiogramm: Ähnlich wie man für das „Blutbild" die roten und weißen Blutkörperchen nach Verdünnen des Blutes in einer Zählkammer auszählt (heutzutage meist automatisiert) verfährt man für das „Samenzellbild". Die Samenflüssigkeit wird durch Selbstbefriedigung (Masturbation) gewonnen.

- Sinkt die Zahl der Samenzellen unter 10 Millionen pro ml, ist der Mann erfahrungsgemäß unfruchtbar.
- Das gleiche gilt, wenn die Zahl abnorm gestalteter Samenzellen (Zwerg- und Riesenformen, mehrköpfige und mehrschwänzige Samenzellen) überhand nimmt (Teratospermie).
- Bei Mangel an männlichen Geschlechtshormonen ist die Spermamenge vermindert, bei Reizzuständen der Bläschen- und Vorsteherdrüse vermehrt.

Befruchtungsfähigkeit der Samenzellen

Die Samenzelle kann sich pro Minute um 1–4 mm vorwärts bewegen. Sie kann also den Weg aus der Scheide zum Eileiter (wo meist die Befruchtung stattfindet) in 1–2 Stunden zurücklegen. Im sauren Milieu der Scheide gehen die Samenzellen rasch zugrunde. Hingegen können sie in der Gebärmutter und im Eileiter 1–2 Wochen beweglich bleiben. Die Befruchtungsfähigkeit ist vermutlich auf Stunden bis wenige Tage begrenzt.

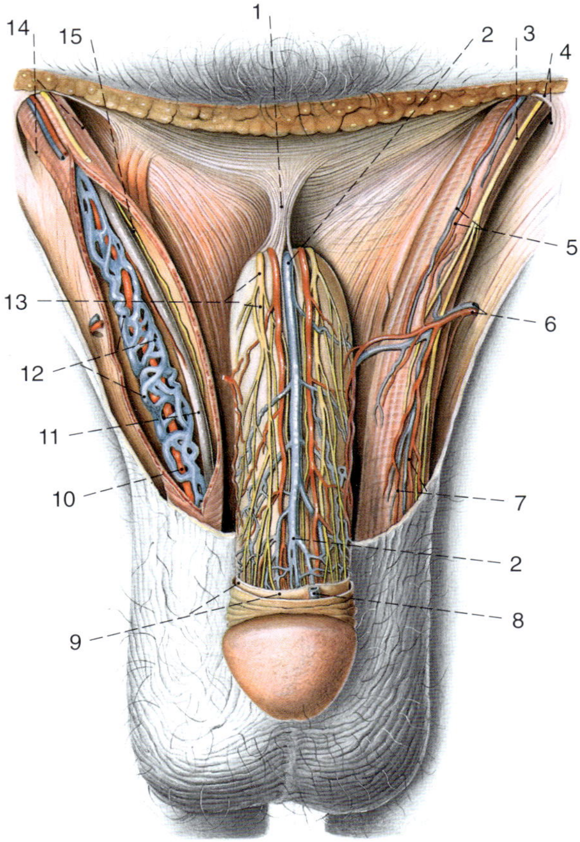

Samenleiter und Samenstrang sowie äußere männliche Geschlechtsorgane mit Blutgefäßen und Nerven. Auf der rechten Seite des Präparats (linke Bildhälfte) ist der Samenstrang eröffnet. *[fs2]*

Der Samenstrang ist in ganzer Länge gut durch die dünne Haut des Hodensacks zu tasten. Den Samenleiter kann man wegen seiner derben Muskelwand als härtestes Gebilde im Samenstrang gut von den Gefäßen und Nerven unterscheiden. Die von den Hodenhüllen umschlossenen Leitungsbahnen sind gegeneinander gut verschieblich. Man kann den Samenleiter im Samenstrang hin- und herbewegen und auch an den Rand unter die Haut drängen.

1	Schlingenband des Glieds	*Lig. fundiforme penis*
2	Tiefe Gliedrückenvene	*V. dorsalis profunda penis*
3	Darmbein-Leisten-Nerv	*N. ilioinguinalis*
4	Oberflächlicher Leistenring	*Anulus inguinalis superficialis*
5	Hodenheberarterie + -vene	*A. + V. cremasterica*
6	Äußere Schamarterie + äußere Schamvene	*A. pudenda externa* *V. pudenda externa*
7	Vordere Hodensackäste	*Rr. scrotales anteriores*
8	Oberflächliche Gliedrückenvene	*V. dorsalis superficialis penis*
9	Gliedfaszie	*Fascia penis*
10	Hodenarterie	*A. testicularis*
11	Samenleiter	*Ductus deferens*
12	Rankenvenengeflecht	*Plexus pampiniformis*
13	Gliedrückennerv	*N. dorsalis penis*
14	Samenstrang	*Funiculus spermaticus*
15	Schamgegend-Oberschenkel-Nerv, Genitalast	*N. genitofemoralis, R. genitalis*

Samenleiter und Samenstrang

• *Samenleiter:* Der etwa stricknadeldicke, 50–60 cm lange, muskelkräftige Gang verbindet den Nebenhoden mit der Harnröhre. Er durchquert die Bauchwand im Leistenkanal. Der größte Teil des Samenleiters ist ein Muskelschlauch und sorgt nur für den Samentransport. Die letzten Zentimeter vor der Einmündung der Samenblase sind erweitert. In der Wand liegen Drüsenzellen. Die Endstrecke (Spritzkanal) liegt in der Vorsteherdrüse. Sie ist zugleich Ausführungsgang der Samenblase.

• *Samenstrang:* Das Anfangsstück des Samenleiters zwischen Nebenhoden und Bauchwand wird von Blut- und Lymphgefäßen sowie Nerven vom und zum Hoden und Nebenhoden begleitet. Sie werden von Bindegewebe und dem Hodenhebermuskel (den Hodenhüllen entsprechend) umhüllt. Alles zusammen macht den Samenstrang aus.

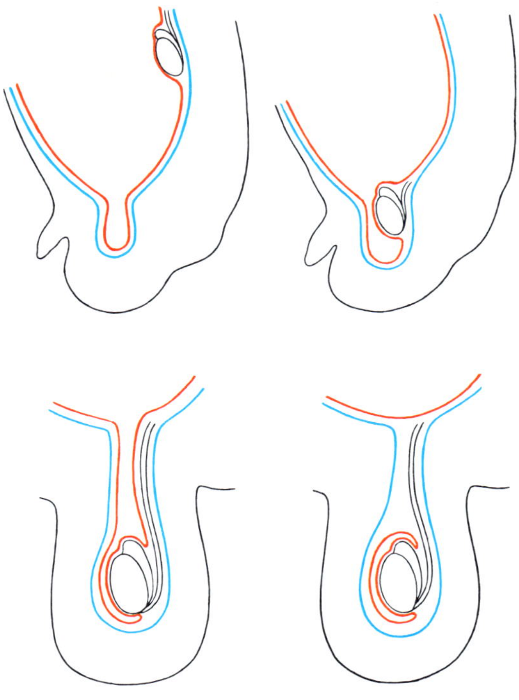

Abstieg des Hodens während der Fetalzeit und Entstehung der Hodenhüllen. Bauchfell rot. Bauchwandfaszie und Abkömmlinge blau. *[le2]*

Der Hoden gleitet an einem Bauchfellfortsatz entlang durch den Leistenkanal. Von ihm bleibt ein Rest als seröse Hodenhülle erhalten. Die Bedeutung des Bauchfellfortsatzes für die Entstehung der angeborenen Leistenbrüche und der Wasserbrüche ist beim Leistenkanal bereits eingehend besprochen worden. Auf seinem Weg durch die Bauchwand stülpt der Hoden alle übrigen Schichten der Bauchwand aus. Dazu gehören mehrere Faszien und der Hodenhebermuskel als Abspaltung der Bauchmuskeln.

Männliche Beckenorgane nach Entfernen der rechten Beckenhälfte. Bauchfell bläulich. Man achte auf die Lage der Vorsteherdrüse und auf die tiefe Einsenkung des Bauchfells zwischen Mastdarm und Harnblase. Sie reicht meist bis an die Kuppen der Bläschendrüsen. *[bl]*

1	Mastdarm	*Rectum*
2	Harnblase	*Vesica urinaria*
3	Vorsteherdrüse	*Prostata*
4	Gemeinsame Beckenarterie	*A. iliaca communis*
5	Gemeinsame Beckenvene	*V. iliaca communis*
6	Gekröse des s-förmigen Dickdarms	*Mesocolon sigmoideum*
7	Obere Mastdarmarterie	*A. rectalis superior*
8	Innere Beckenvene	*V. iliaca interna*
9	Innere Beckenarterie	*A. iliaca interna*
10	Harnleiter	*Ureter*
11	Nabelarterie	*A. umbilicalis*
12	Äußere Beckenvene	*V. iliaca externa*
13	Äußere Beckenarterie	*A. iliaca externa*
14	Untere Bauchwandarterie	*A. epigastrica inferior*
15	Nabelarterienstrang	*Chorda arteriae umbilicalis*
16	Samenleiter	*Ductus deferens*
17	Bläschendrüse (Samenblase)	*Glandula vesiculosa [Glandula seminalis] [Vesicula seminalis]*
18	Tiefe Gliedrückenvene	*V. dorsalis profunda penis*
19	Äußerer Harnröhrenschließmuskel	*M. sphincter urethrae externus*
20	Cowper-Drüse	*Glandula bulbourethralis*
21	Untere Beckenzwerchfellfaszie	*Fascia inferior diaphragmatis pelvis*
22	Obere Beckenzwerchfellfaszie	*Fascia superior diaphragmatis pelvis*
23	Äußerer Afterschließmuskel	*M. sphincter ani externus*
24	Afterheber	*M. levator ani*
25	Steißmuskel	*M. ischiococcygeus [coccygeus]*

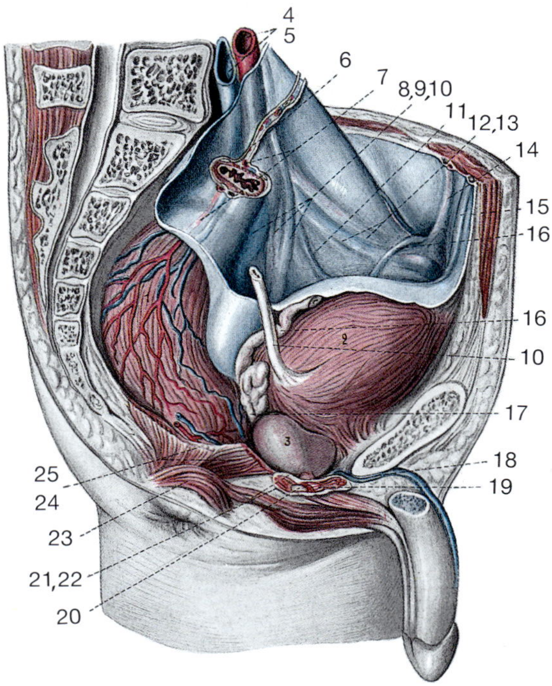

Sterilisation des Mannes

Der Mann ist auf einfache Weise unfruchtbar zu machen: Man muss nur den Samenzelltransport im Samenleiter unterbinden. Die Samenleiter sind im Hodensack leicht zu tasten und durch einen kleinen Einschnitt in die Haut des Hodensacks freizulegen. Dann schneidet man ein 1–2 cm langes Stück aus jedem Samenleiter heraus. Der Eingriff ist ambulant durchzuführen.

• Nachteil des Verfahrens: Es ist nicht beliebig rückgängig zu machen (die operative „Rekanalisierung" gelingt nicht immer).

Bläschendrüse (Samenblase)

Die alte Bezeichnung Samenblase ist irreführend: Es handelt sich nicht um einen Samenspeicher (das ist der Nebenhoden), sondern um eine Drüse. Ihr Ausführungsgang vereinigt sich mit dem Samenleiter zum sog. Spritzkanal. Dieser zieht durch die Vorsteherdrüse hindurch und mündet in die Harnröhre. Wegen der offenen Verbindung zum Samenleiter verirren sich auch einige Samenzellen in die Lichtung der Bläschendrüse. Dies hatte zu der irrigen Annahme eines Samenspeichers geführt.

• *Bau:* Ein etwa 15 cm langer Drüsenschlauch ist auf etwa 5 cm Länge und 1–2 cm Dicke zusammengeknäuelt. Die Schleimhaut ist reich gefaltet. Die Muskelwand presst die Drüse beim Samenerguss aus. Die beiden Bläschendrüsen liegen der Hinterwand der Harnblase an. Das Bauchfell bedeckt normalerweise ihre Kuppen.

• *Sekret:* Die Bläschendrüsen sondern eine fruchtzuckerreiche Flüssigkeit ab. Sie ernährt die Samenzellen, mit denen sie beim Samenerguss vermischt wird. Auf sie entfällt der Hauptanteil (50–70 %) des beim Samenerguss ausgespritzten „Samens".

Samenleiter: Schnittbild (Vergrößerung 10fach). *[pl]*
Die Wand zeigt den typischen Dreischichtenbau der meisten Schlauchorgane (Schleimhaut – Muskelwand – bindegewebige Hülle). Die Muskelwand ist im Verhältnis zur Weite der Lichtung dicker als bei den anderen Schlauchorganen: Sie muss beim Samenerguss in wenigen Sekunden den gesamten Samenleiter entleeren.

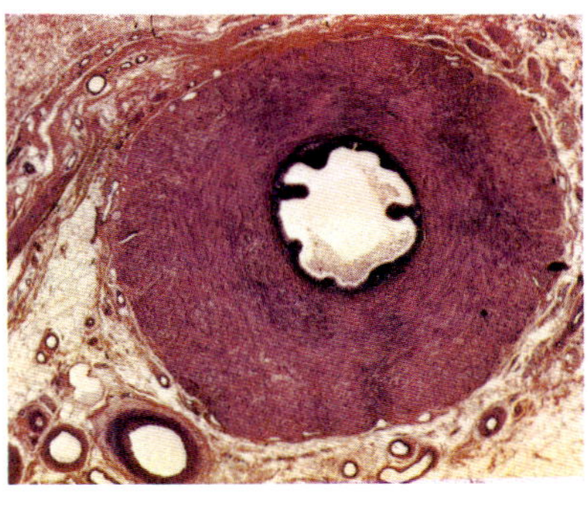

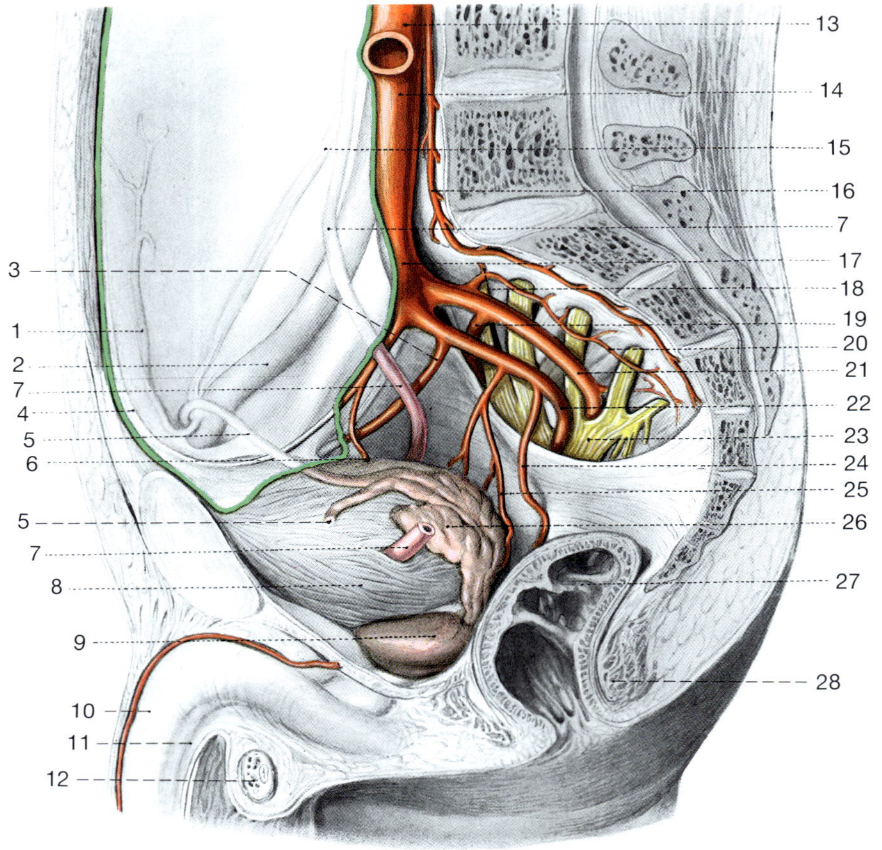

Männliche Beckenorgane mit Arterien und Nerven. Man achte im Bild besonders auf die Lage der Vorsteherdrüse, den Verlauf des Beckenabschnitts des Samenleiters und die Bläschendrüsen an der Hinterwand der Harnblase. *[bg2]*

1	Untere Bauchwandarterie	*A. epigastrica inferior*
2	Äußere Beckenarterie	*A. iliaca externa*
3	Hüftlocharterie	*A. obturatoria*
4	Nabelarterie bzw. Nabelarterienstrang	*A. umbilicalis bzw. Chorda arteriae umbilicalis*
5	Samenleiter	*Ductus deferens*
6	Obere Harnblasenarterie	*A. vesicalis superior*
7	Harnleiter	*Ureter*
8	Harnblase	*Vesica urinaria*
9	Vorsteherdrüse	*Prostata*
10	Gliedschwellkörper	*Corpus cavernosum penis*
11	Harnröhrenschwellkörper	*Corpus spongiosum penis*
12	Samenstrang	*Funiculus spermaticus*
13	Aortengabel	*Bifurcatio aortae*
14	Gemeinsame Beckenarterie	*A. iliaca communis*
15	Tiefe umbiegende Darmbeinarterie	*A. circumflexa ilium profunda*
16	Mittelständige Kreuzbeinarterie	*A. sacralis mediana*
17	Innere Beckenarterie	*A. iliaca interna*
18	Darmbein-Lenden-Arterie	*A. iliolumbalis*
19	Obere Gesäßarterie	*A. glutea superior*
20	Seitliche Kreuzbeinarterie	*A. sacralis lateralis*
21	Untere Gesäßarterie	*A. glutea inferior*
22	Innere Schamarterie	*A. pudenda interna*
23	Kreuzbeinnervengeflecht	*Plexus sacralis*
24	Mittlere Mastdarmarterie	*A. rectalis media*
25	Untere Harnblasenarterie	*A. vesicalis inferior*
26	Bläschendrüse (Samenblase)	*Glandula vesiculosa [Glandula seminalis] [Vesicula seminalis]*
27	Mastdarm	*Rectum*
28	Äußerer Afterschließmuskel	*M. sphincter ani externus*

Bau der Vorsteherdrüse (Prostata)

Die gesunde Vorsteherdrüse hat etwa die Form und die Größe einer Kastanie. Sie ist aus etwa 30–50 Einzeldrüsen zusammengesetzt, die mit 15–25 Ausführungsgängen in die Harnröhre einmünden. Sie wiegt etwa 20–25 g.

Sie besteht aus 3 Gewebeanteilen:

• *Drüsengewebe:* Die Absonderung enthält Zitronensäure und Enzyme. Sie bedingt den typischen Geruch der Samenflüssigkeit.

• *Glattes Muskelgewebe:* Die Drüse enthält soviel Muskelzellen wie keine andere Drüse. Deshalb fühlt sich die Vorsteherdrüse, die man durch den Mastdarm tasten kann, recht derb an. Die Muskeln pressen die Drüse beim Samenerguss rasch aus.

• *Kapsel:* aus straffem Bindegewebe und glatten Muskeln.

Vorsteherdrüse und Samenblasen: Untersuchung vom Mastdarm aus. *[bg2]* ➔

Mit dem in den Mastdarm eingeführten Zeigefinger kann der Arzt fast das gesamte kleine Becken austasten (*rektale Untersuchung*). Von besonderem Interesse ist dabei der Mastdarm selbst (wegen des Mastdarmkrebses) und die Vorsteherdrüse (wegen der häufigen Erkrankung im Alter).

1	Bläschendrüse (Samenblase)	*Glandula vesiculosa [Glandula seminalis] [Vesicula seminalis]*
2	Mastdarm	*Rectum*
3	Spritzkanal	*Ductus ejaculatorius*
4	Vorsteherdrüse	*Prostata*
5	Harnblase	*Vesica urinaria*
6	Schambeinfuge	*Symphysis pubica*

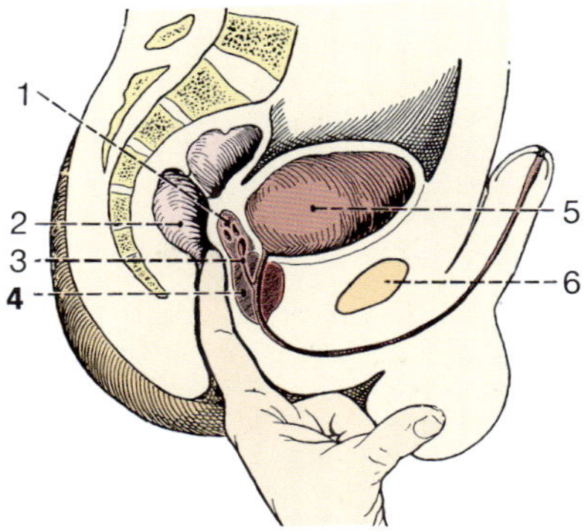

Vorsteherdrüse und Harnblase im Ultraschallbild (Querschnitt, 28jähriger Mann). *[do]* ➔

1	Harnblase	*Vesica urinaria*
2	Vorsteherdrüse	*Prostata*

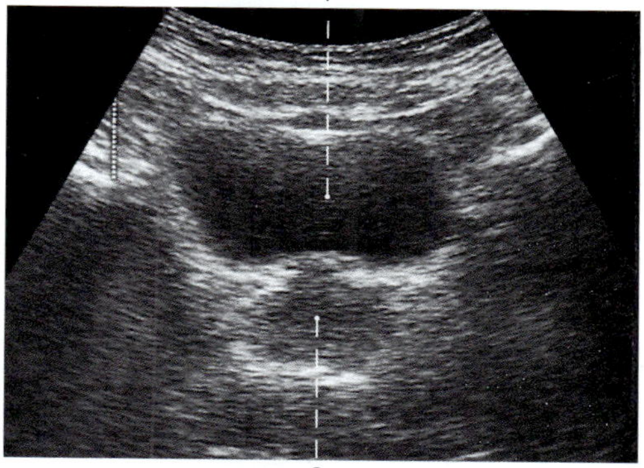

Lage der Vorsteherdrüse

Die Vorsteherdrüse liegt im kleinen Becken oberhalb des Beckenzwerchfells. Sie umgibt die Harnröhre unmittelbar unter der Harnblase. Hiervon kommt auch ihr Name: Dringt man vom Damm aus zur Harnblase vor, so steht die Vorsteherdrüse vor der Harnblase. Jede Schwellung der Vorsteherdrüse engt die Harnröhre ein:

- Die beim älteren Mann sehr häufige gutartige Geschwulst der Vorsteherdrüse (benigne Prostatahyperplasie) ist die häufigste Ursache einer Harnverhaltung beim Mann.
- Auch der Krebs der Vorsteherdrüse (Prostatakarzinom) kann die Harnröhre einengen. Er ist die häufigste Krebserkrankung des Mannes im Greisenalter. Er wächst meist sehr langsam, ruft manchmal lange Zeit keine Beschwerden hervor und bleibt daher oft unbemerkt.

🡣 **Vorsteherdrüse:** zentrale Lage vor dem Mastdarm auf einem Horizontalschnitt durch den Rumpf auf Höhe der Hüftköpfe. Der operative Zugang zur Vorsteherdrüse ist wegen der Enge des männlichen Beckens schwierig. Gutartige Geschwülste werden meist durch die Harnröhre hindurch abgetragen (transurethrale Prostataresektion). *[li5]*

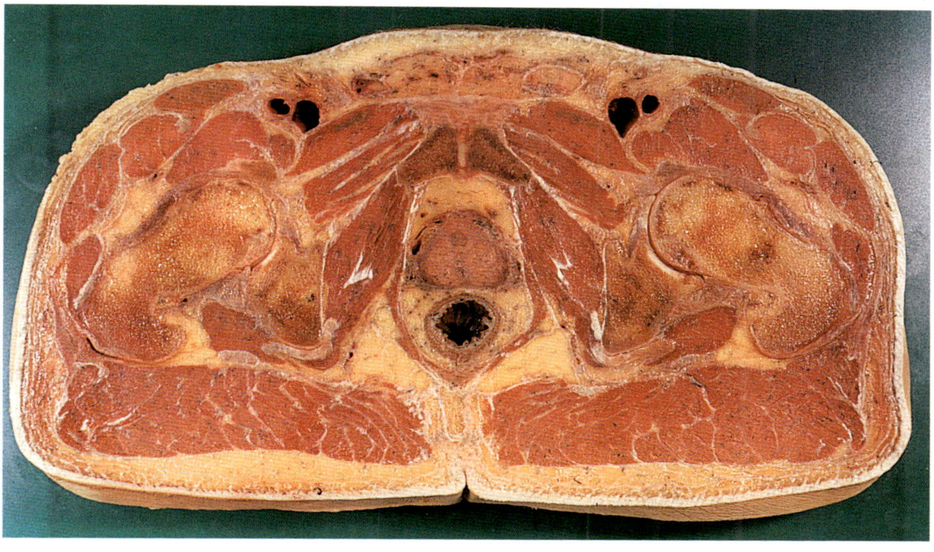

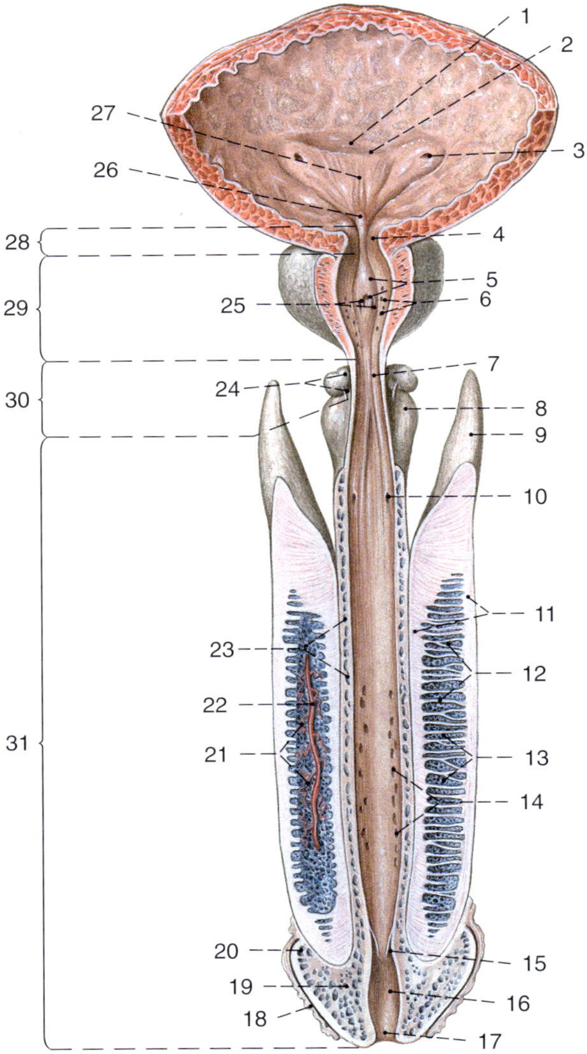

Männliche Harnröhre und Harnblasengrund, von vorn her eröffnet. *[fs2]*

1	Harnblasengrund	*Fundus vesicae*
2	Schleimhautfalte zwischen den Harnleitermündungen	*Plica interureterica*
3	Harnleitermündung	*Ostium ureteris*
4	Innerer Harnröhrenmund	*Ostium urethrae internum*
5	Samenhügel	*Colliculus seminalis*
6	Ausführungsgänge der Vorsteherdrüse	*Ductuli prostatici*
7	Schleimhautfalte an der Hinterwand der Harnröhre	*Crista urethralis*
8	Verdicktes Ende des Harnröhrenschwellkörpers	*Bulbus penis*
9	Gliedschenkel (am Schambein angeheftet)	*Crus penis*
10	Ausführungsgang der Cowper-Drüse	*Ductus glandulae bulbourethralis*
11	Derbe Bindegewebehülle der Gliedschwellkörper	*Tunica albuginea corporum cavernosorum*
12	Schwellkörperbälkchen	*Trabeculae corporum cavernosorum*
13	Schwellkörperkavernen (blutgefüllte Räume)	*Cavernae corporum cavernosorum*
14	Buchten der Harnröhrenschleimhaut (mit Mündungen der Harnröhrendrüsen)	*Lacunae urethrales*
15	Schleimhautfalte am Oberrand der kahnförmigen Grube	*Valvula fossae navicularis*
16	Kahnförmige Grube (Erweiterung der Harnröhre vor dem äußeren Harnröhrenmund)	*Fossa navicularis urethrae*
17	Äußerer Harnröhrenmund	*Ostium urethrae externum*
18	Vorhaut	*Preputium penis*
19	Eichel	*Glans penis*
20	Eichelkrone	*Corona glandis*
21	Rankenarterien	*Aa. helicinae*
22	Tiefe Gliedarterie	*A. profunda penis*
23	Harnröhrenschwellkörper	*Corpus spongiosum penis*
24	Cowper-Drüse	*Glandula bulbourethralis*
25	Spritzkanäle	*Ductus ejaculatorii*
26	Harnblasenzäpfchen (Vorwölbung über Vorsteherdrüse)	*Uvula vesicae*
27	Harnblasendreieck	*Trigonum vesicae*
28–31	Männliche Harnröhre	*Urethra masculina*
28	Harnröhre, Abschnitt in der Harnblasenwand	*Pars intramuralis [preprostatica]*
29	Harnröhre, Abschnitt in der Vorsteherdrüse	*Pars prostatica*
30	Harnröhre, membranöser Abschnitt	*Pars intermedia [membranacea]*
31	Harnröhre, Abschnitt im Harnröhrenschwellkörper	*Pars spongiosa*

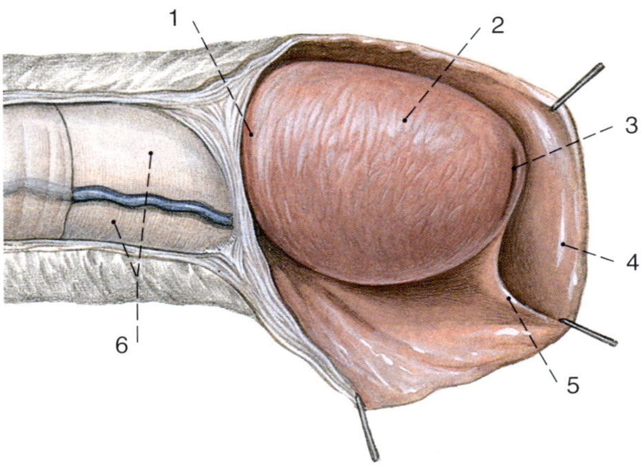

Männliches Glied (Penis): Auf der rechten Gliedseite wurde ein Teil der Haut abgetragen. Der Vorhautsack ist mit Häkchen auseinander gezogen. Die Vorhaut ist mit dem Vorhautbändchen an der Eichelunterseite angewachsen. Die gesunde Vorhaut kann ohne Schwierigkeit zurückgestreift werden, so dass die Eichel freiliegt. *[fs2]*

1	Eichelkrone	*Corona glandis*
2	Eichel	*Glans penis*
3	Äußerer Harnröhrenmund	*Ostium urethrae externum*
4	Vorhaut	*Preputium penis*
5	Vorhautzügel (-bändchen)	*Frenulum preputii*
6	Gliedfaszie	*Fascia penis*

Männliche Harnröhre mit Harnblase, Schwellkörpern und Drüsen von hinten gesehen. Aus der Vorsteherdrüse ist ein Segment herausgeschnitten, um den Spritzkanal darzustellen. Das untere Ende des Harnröhrenschwellkörpers ist von den Gliedschwellkörpern gelöst und mit der Eichel zur Seite gezogen worden. *[fs2]*

1	Mittelständiges Nabelband	*Lig. umbilicale medianum*
2	Mittelständige Nabelfalte	*Plica umbilicalis mediana*
3	Wandständiges Bauchfell	*Peritoneum parietale*
4	Nabelarterienstrang	*Chorda arteriae umbilicalis*
5	Mediale Nabelfalte	*Plica umbilicalis medialis*
6	Samenleiter	*Ductus deferens*
7	Harnleiter	*Ureter*
8	Oberer Schambeinast (abgesägt)	*Ramus superior ossis pubis*
9	Bauchfelltasche zwischen Harnblase und Mastdarm	*Excavatio rectovesicalis*
10	Bläschendrüse (Samenblase)	*Glandula vesiculosa [Glandula seminalis] [Vesicula seminalis]*
11	Harnblasengrund	*Fundus vesicae*
12	Vorsteherdrüse	*Prostata*
13	Unterer Schambeinast (abgesägt)	*Ramus inferior ossis pubis*
14	Cowper-Drüse	*Glandula bulbourethralis*
15	Verdicktes Ende des Harnröhrenschwellkörpers	*Bulbus penis*
16	Gliedschwellkörper	*Corpora cavernosa penis*
17	Harnröhrenschwellkörper	*Corpus spongiosum penis*
18	Eichel	*Glans penis*
19	Eichelkrone	*Corona glandis*
20	Gliedschenkel (am Schambein angeheftet)	*Crus penis*
21	Harnröhre, membranöser Abschnitt	*Urethra masculina, Pars intermedia [membranacea]*
22	Samenleiter, weiter Teil	*Ampulla ductus deferentis*
23	Leistenband	*Lig. inguinale*
24	Innere Beckenarterie + -vene	*A. + V. iliaca interna*
25	Untere Bauchwandarterie + untere Bauchwandvene	*A. + V. epigastrica inferior*
26	Harnblase	*Vesica urinaria*

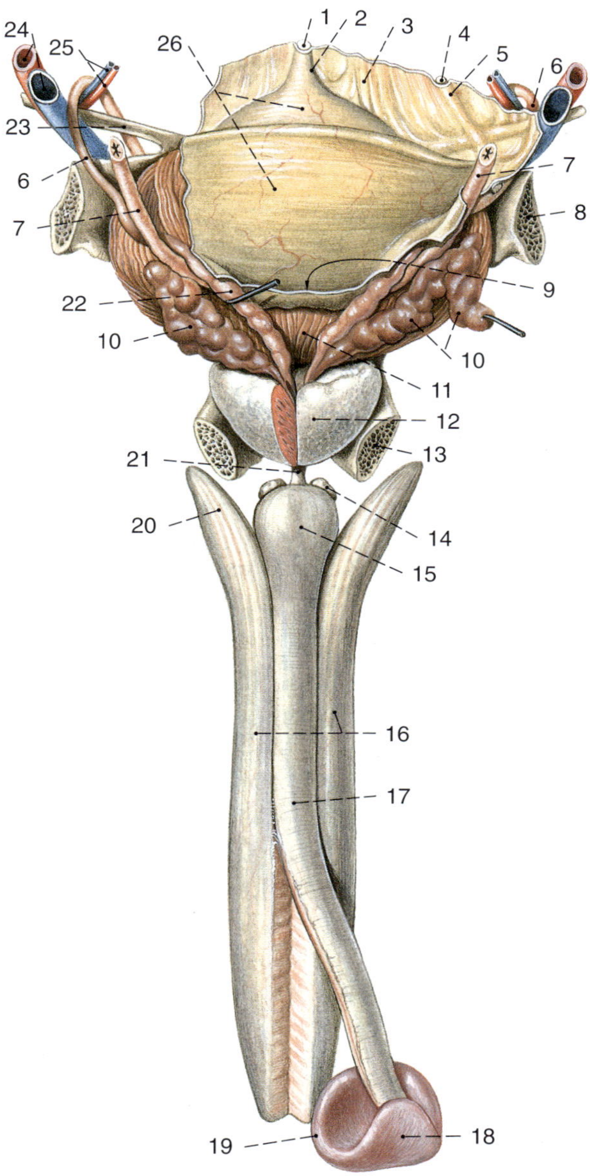

Gliederung der männlichen Harnröhre

- *Harnblasenteil:* in der Harnblasenwand mit dem inneren Harnröhrenmund.
- *Vorsteherdrüsenteil:* Unmittelbar unter dem inneren Harnröhrenmund durchsetzt die Harnröhre die Vorsteherdrüse (Länge etwa 3 cm). Ihre Lichtung ist dort nicht rund, sondern hufeisenförmig, weil sich von rückwärts der Samenhügel in sie vorbuchtet. An ihm münden die beiden Spritzkanäle (die Endabschnitte der Samenleiter) in die Harnröhre. Die Ausführungsgänge der Vorsteherdrüse münden in den Buchten links und rechts von ihm.
- *Membranöser Teil:* Unterhalb der Vorsteherdrüse durchsetzt die Harnröhre die Dammmembran. Sie wird dabei vom äußeren Harnröhrenschließmuskel umgeben. Dieser willkürlich beeinflussbare Muskel ist der einzige aktive Verschlussmechanismus der Harnröhre.
- *Schwellkörperteil:* Die längste Strecke der Harnröhre liegt im Harnröhrenschwellkörper. Kurz vor dem äußeren Harnröhrenmund an der Eichel ist die Harnröhre zur kahnförmigen Grube erweitert.

Männliches Glied (Penis)

Man grenzt von vorn nach hinten 3 Abschnitte ab:

- *Eichel:* Das vordere Ende mit dem äußeren Harnröhrenmund ist weich („Stoßdämpfer").
- *Gliedschaft:* Der bewegliche Abschnitt kann hart anschwellen.
- *Gliedwurzel:* Das hintere Ende ist an den Schambeinen und an der Dammmembran befestigt.

Die *Haut* ist besonders dünn und gut verschieblich. Vorn endet die Haut mit einer Hautfalte (Vorhaut), die von der Eichel auf den Gliedschaft zurückgezogen werden kann. Die Vorhaut ist mit dem Vorhautbändchen an der Unterseite der Eichel befestigt.

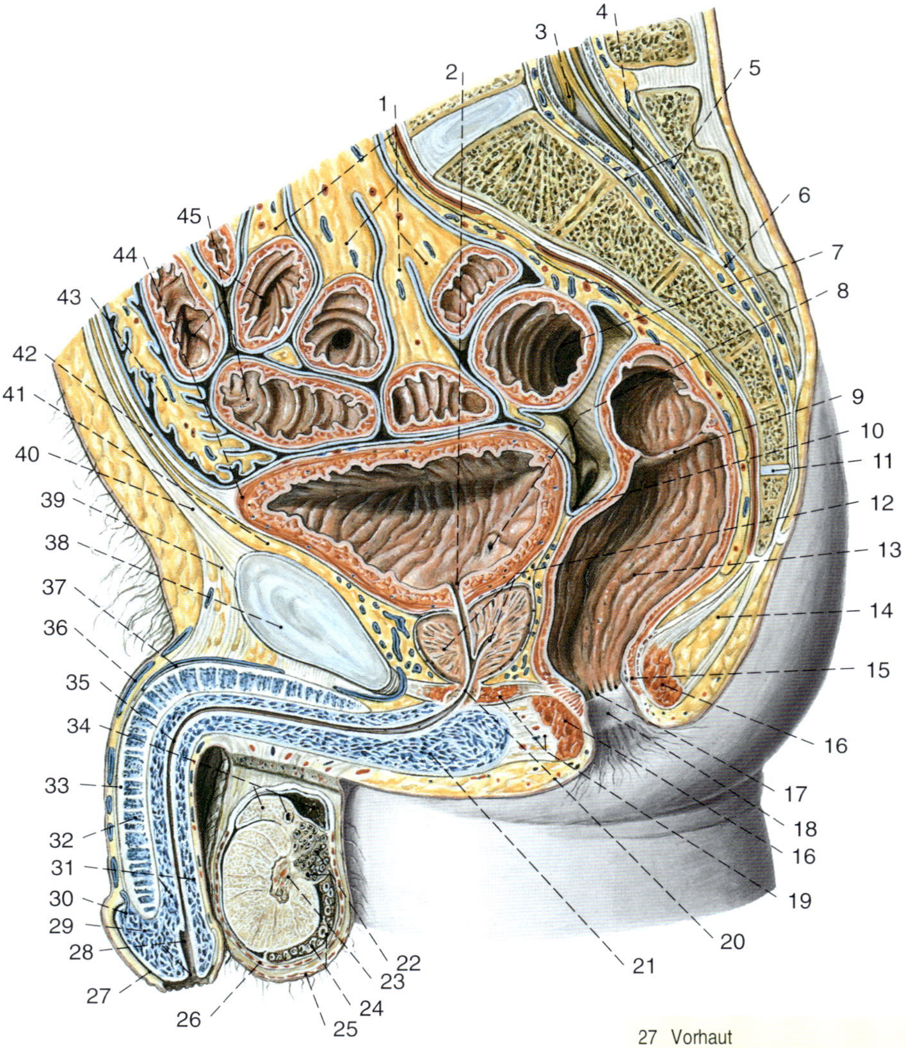

Männliches Becken mit halb gefüllter Harnblase: Medianschnitt. [fs2]

1	Dünndarmgekröse	*Mesenterium*
2	Innerer Harnröhrenmund	*Ostium urethrae internum*
3	Wurzel des 1. Kreuzbeinnervs	*N. sacralis I (Radix)*
4	Endfaden der weichen Rückenmarkhaut	*Filum terminale, Pars pialis*
5	Epiduralraum (Periduralraum)	*Spatium epidurale [peridurale]*
6	Endfaden der harten Rückenmarkhaut	*Filum terminale, Pars duralis*
7	Dickdarm, s-förmiger Teil	*Colon sigmoideum*
8	Harnleitermündung	*Ostium ureteris*
9	Querfalte des Mastdarms	*Plica transversa recti*
10	Bauchfelltasche zwischen Harnblase und Mastdarm	*Excavatio rectovesicalis*
11	Kreuzbein-Steißbein-Gelenk	*Articulatio sacrococcygea*
12	Vorsteherdrüse	*Prostata*
13	Mastdarm, weiter Teil	*Ampulla recti*
14	After-Mastdarm-Band	*Corpus [Lig.] anococcygeum*
15	Innerer Afterschließmuskel	*M. sphincter ani internus*
16	Äußerer Afterschließmuskel	*M. sphincter ani externus*
17	Kammlinie	*Linea pectinata*
18	Übergangszone des Afterkanals	*Zona transitionalis analis*
19	Äußerer Harnröhrenschließmuskel + Dammzentrum	*M. sphincter urethrae externus + Corpus perineale [Centrum perinei]*
20	Harnröhre, membranöser Abschnitt	*Urethra masculina, Pars intermedia [membranacea]*
21	Verdicktes Ende des Harnröhrenschwellkörpers	*Bulbus penis*
22	Abführende Hodenkanälchen	*Ductuli efferentes testis*
23	Hodengekröse	*Mediastinum testis*
24	Nebenhodenschwanz	*Cauda epididymidis*
25	Hodensack	*Scrotum*
26	Hodenhebermuskel + Hodenheberfaszie	*M. cremaster + Fascia cremasterica*
27	Vorhaut	*Preputium penis*
28	Kahnförmige Grube	*Fossa navicularis urethrae*
29	Eichel	*Glans penis*
30	Eichelkrone	*Corona glandis*
31	Harnröhrenschwellkörper	*Corpus spongiosum penis*
32	Gliedschwellkörper	*Corpus cavernosum penis*
33	Derbe Bindegewebehülle der Gliedschwellkörper	*Tunica albuginea corporum cavernosorum*
34	Nebenhodenkopf	*Caput epididymidis*
35	Harnröhre, Schwellkörperabschnitt	*Urethra masculina, Pars spongiosa*
36	Oberflächliche Gliedrückenvene	*V. dorsalis superficialis penis*
37	Tiefe Gliedrückenvene	*V. dorsalis profunda penis*
38	Schambeinfuge	*Symphysis pubica*
39	Schlingenband des Glieds	*Lig. fundiforme penis*
40	Weiße Linie	*Linea alba*
41	Verschieberaum vor der Harnblase	*Spatium retropubicum*
42	Mittelständiges Nabelband	*Lig. umbilicale medianum*
43	Großes Netz	*Omentum majus*
44	Harnblasenspitze	*Apex vesicae*
45	Dünndarm	*Intestinum tenue*

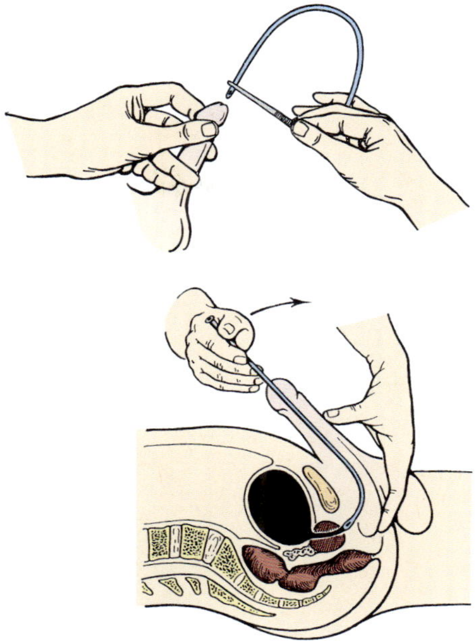

Katheterisieren der Harnblase beim Mann.
- Oben: mit dem biegsamen Kunststoffkatheter. *[eu1]*
- Unten: mit dem starren Metallkatheter. *[st1]*

Die männliche Harnröhre hat 2 Krümmungen:
- *Feste Krümmung:* Beim Eintritt in den Harnröhrenschwellkörper biegt die Harnröhre nach vorn ab.
- *Bewegliche Krümmung:* Das Glied hängt in Ruhe nach unten. Dementsprechend ist die Harnröhre in ihrem Schwellkörperteil nach unten gebogen.

Die bewegliche Krümmung kann man verändern, die feste nicht. Das Einführen eines Katheters wird erleichtert, wenn man die s-förmige Krümmung zu einer gleichförmigen umgestaltet. Dazu hebt man das Glied in Richtung Bauchwand an. Beim Einführen eines starren Katheters muss man besonders sacht vorgehen, um die Harnröhrenwand im Bereich der festen Krümmung nicht zu durchbohren.

Bau des männlichen Glieds

Es besteht aus 3 Schwellkörpern und Gliedhüllen:
- *Gliedschwellkörper:* 2 „kavernöse" Schwellkörper werden von Arterienblut unter hohem Druck gefüllt und dadurch knorpelhart. Sie sind mit den Gliedschenkeln an den unteren Schambeinästen verankert.
- *Harnröhrenschwellkörper:* Er wird nur venös gestaut. Er bleibt weich. Dies ist nötig, damit die in ihm liegende Harnröhre nicht zugedrückt wird. Sie muss für den Samenerguss offen bleiben. Der Harnröhrenschwellkörper endet mit der Eichel.
- *Gliedbinden:* Straffes Bindegewebe fasst die 3 Schwellkörper zu einer Einheit zusammen.

Versteifung (Erektion) des männlichen Glieds

Es füllen sich die im schlaffen Zustand unentfalteten Hohlräume der Schwellkörper mit Blut:
- *Öffnen der Rankenarterien:* Die in Ruhe durch Polster der Gefäßinnenhaut verschlossenen kleinen Arterien der Gliedschwellkörper öffnen sich. Dadurch schießt Blut unter dem hohen arteriellen Blutdruck in die Kavernen ein.
- *Erschlaffen der glatten Muskeln:* Die Kavernen sind in Ruhe durch glatte Muskeln in ihren Wänden zusammengezogen.
- *Schließen arteriovenöser Kurzschlüsse:* In Ruhe wird ein Teil des Blutes von den Arterien unter Umgehung der Kavernen direkt in Venen eingeleitet.
- *Abklemmen von Venen:* Die Schwellkörpervenen durchsetzen die Gliedbinden schräg. Beim Prallwerden der Schwellkörper werden diese Venen abgeklemmt.

Das männliche Glied wird versteift (erigiert):
- bei sexueller Erregung.
- im Schlaf in den Traumphasen (REM-Phasen, in denen die Augen rasche Bewegungen ausführen).
- krankhaft bei bestimmten Störungen im Rückenmark oder bei Thrombosen der Schwellkörper (Priapismus, umgangssprachlich „Dauerständer").

Willentliche Anstrengung nützt wenig bei mangelnder Versteifung des männlichen Glieds: Die Versteifung ist kein Anspannungs-, sondern ein Entspannungsvorgang. Die Polster der Gefäßinnenhaut müssen abschwellen, die glatten Muskeln der Kavernenwand müssen erschlaffen. Besonderer Leistungsdruck stört die Entspannung und führt zur „Impotenz".

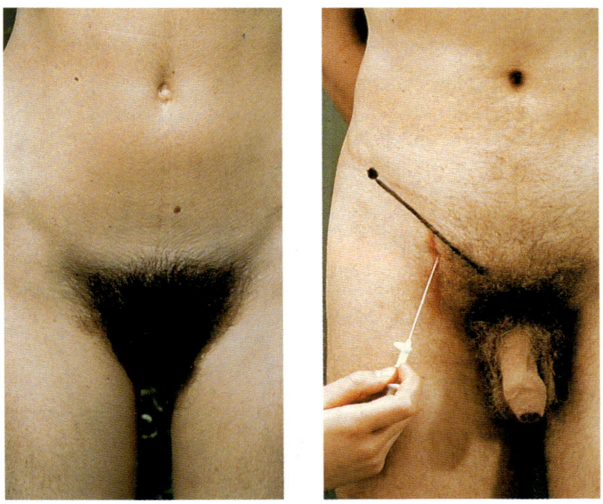

Schambehaarung: Unterschiedliche Begrenzung nach oben bei Frau und Mann: *[li1]*
- Bei der Frau endet normalerweise das Schamhaar horizontal und ziemlich scharf begrenzt kurz oberhalb der Schambeinfuge.
- Beim Mann hingegen zieht es sich dreieckig bis zum Nabel hinauf, wobei es allmählich dünner wird. Die Kanüle im Bild weist auf die Stelle, an der man den Puls der Oberschenkelarterie tasten kann.

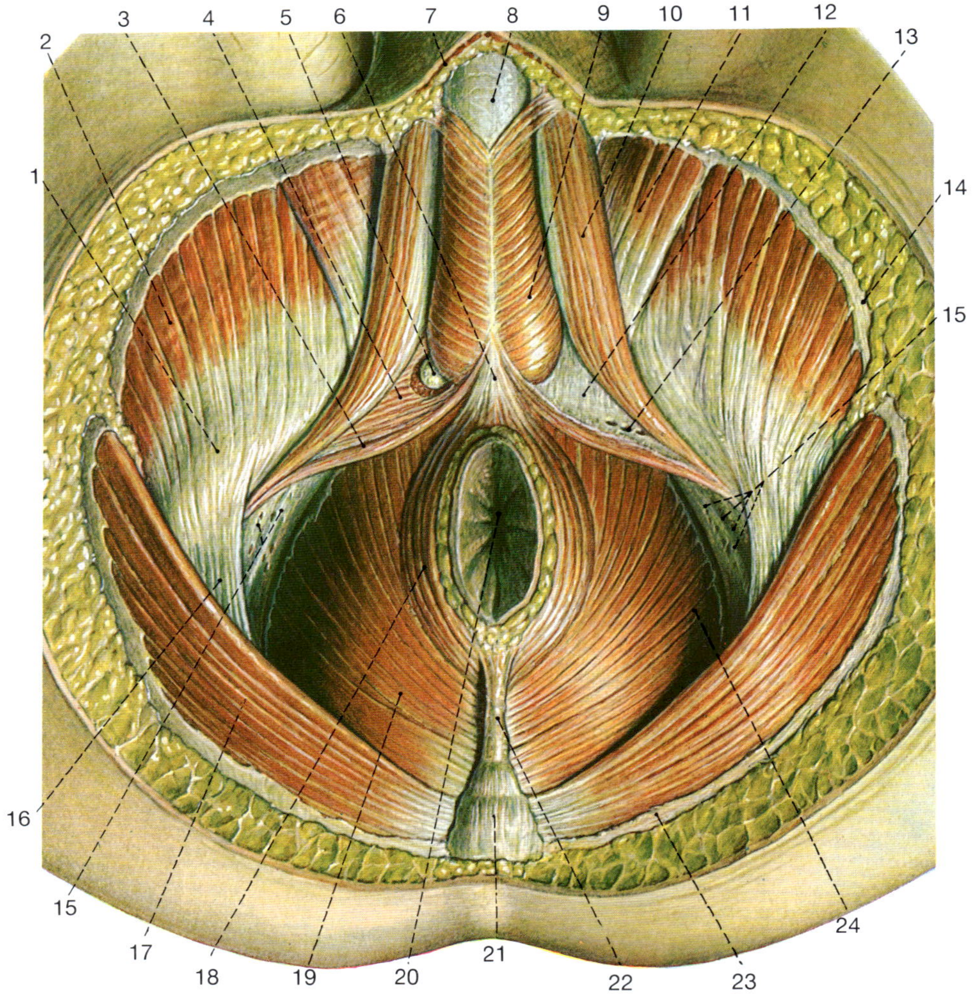

Beckenboden des Mannes mit Schwellkörpermuskeln. Die rückwärtigen Abschnitte der Schwellkörper sind von quergestreiften Muskeln umhüllt: Die beiden Sitzbein-Schwellkörper-Muskeln fördern die Versteifung. Der Harnröhrenschwellkörpermuskel presst die Harnröhre beim Samenerguss aus. *[sb2]*
Im Bild sieht man auch die rechte Cowper-Drüse. Die beiden erbsgroßen Cowper-Drüsen münden in die männliche Harnröhre unterhalb der Vorsteherdrüse. Sie entsprechen den großen Scheidenvorhofdrüsen der Frau. Sie befeuchten die Harnröhre und die Eichel mit Schleim.

1	Sitzbeinhöcker	*Tuber ischiadicum*
2	Großer Anzieher	*M. adductor magnus*
3	Oberflächlicher querer Dammmuskel	*M. transversus perinei superficialis*
4	Tiefer querer Dammmuskel	*M. transversus perinei profundus*
5	Cowper-Drüse	*Glandula bulbourethralis*
6	Dammzentrum	*Corpus perineale [Centrum perinei]*
7	Fleischhaut des Hodensacks	*Tunica dartos*
8	Harnröhrenschwellkörper	*Corpus spongiosum penis*
9	Harnröhrenschwellkörpermuskel	*M. bulbospongiosus*
10	Sitzbein-Schwellkörper-Muskel	*M. ischiocavernosus*
11	Schlanker Muskel	*M. gracilis*
12	Dammmembran	*Membrana perinei*
13	Durchtrittsstellen für Gefäße und Nerven	-
14	Oberschenkelfaszie	*Fascia lata*
15	Beckenfaszie (auf dem inneren Hüftlochmuskel)	*Fascia obturatoria*
16	Kreuzbein-Sitzbeinhöcker-Band	*Lig. sacrotuberale*
17	Großer Gesäßmuskel	*M. gluteus maximus*
18	Äußerer Afterschließmuskel	*M. sphincter ani externus*
19	Afterheber	*M. levator ani*
20	After	*Anus*
21	Steißbein	*Os coccygis [Coccyx]*
22	After-Steißbein-Band	*Corpus [Lig.] anococcygeum*
23	Gesäßfaszie (auf dem großen Gesäßmuskel)	*<Fascia glutea>*
24	Sitzbein-After-Grube (zwischen Beckenwand und Afterheber)	*Fossa ischioanalis*

Männliches Becken: Frontalschnitt, von hinten gesehen. Auf der rechten Seite sind die Beckenorgane nicht mit geschnitten. *[sb2]* ➔
Das Bild zeigt sehr schön den trichterförmigen Verlauf des Afterhebers, der mit dem After auch die Vorsteherdrüse anhebt. Die Dammmembran aber ist quer ausgespannt.

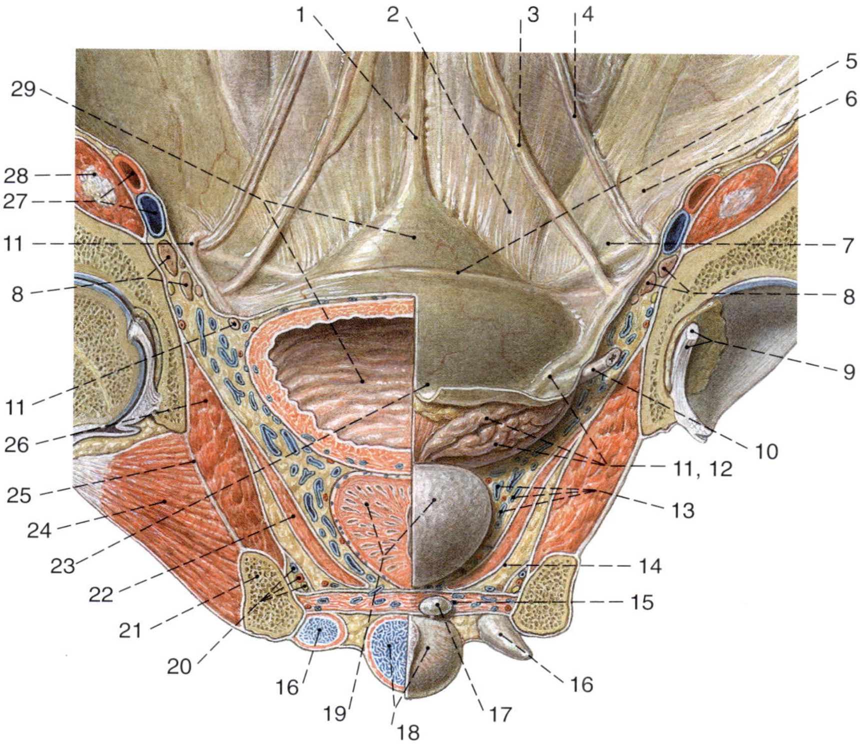

1	Mittelständige Nabelfalte	*Plica umbilicalis mediana*
2	Bauchfellgrube oberhalb der Harnblase	*Fossa supravesicalis*
3	Mediale Nabelfalte	*Plica umbilicalis medialis*
4	Seitliche Nabelfalte	*Plica umbilicalis lateralis [Plica epigastrica]*
5	Quere Harnblasenfalte	*Plica vesicalis transversa*
6	Seitliche Leistengrube	*Fossa inguinalis lateralis*
7	Mediale Leistengrube	*Fossa inguinalis medialis*
8	Äußere Beckenlymphknoten	*Nodi lymphoidei iliaci externi*
9	Hüftkopfband	*Lig. capitis femoris*
10	Harnleiter	*Ureter*
11	Samenleiter	*Ductus deferens*
12	Bläschendrüse (Samenblase) + weiter Teil des Samenleiters	*Glandula vesiculosa [Glandula seminalis] [Vesicula seminalis] + Ampulla ductus deferentis*
13	Harnblasenvenengeflecht + Vorsteherdrüsenvenengeflecht	*Plexus venosus vesicalis + Plexus venosus prostaticus*
14	Sitzbein-After-Grube (zwischen Beckenwand und Afterheber)	*Fossa ischioanalis*
15	Dammmembran	*Membrana perinei*
16	Gliedschenkel	*Crus penis*
17	Cowper-Drüse	*Glandula bulbourethralis*
18	Verdicktes Ende des Harnröhrenschwellkörpers	*Bulbus penis*
19	Vorsteherdrüse	*Prostata*
20	Innere Schamarterie + -vene	*A. + V. pudenda interna*
21	Sitzbein	*Os ischii*
22	Afterheber	*M. levator ani*
23	Bauchfelltasche zwischen Harnblase und Mastdarm	*Excavatio rectovesicalis*
24	Äußerer Hüftlochmuskel	*M. obturatorius externus*
25	Hüftlochmembran	*Membrana obturatoria*
26	Innerer Hüftlochmuskel	*M. obturatorius internus*
27	Äußere Beckenarterie + äußere Beckenvene	*A. + V. iliaca externa*
28	Kleiner Lendenmuskel	*M. psoas major*
29	Harnblase	*Vesica urinaria*

Männliches Glied (Penis): Querschnitt. *[so]* ➔

1	Gliedfaszie	*Fascia penis*
2	Tiefe Gliedarterie	*A. profunda penis*
3	Harnröhrenschwellkörper	*Corpus spongiosum penis*
4	Harnröhre, Schwellkörperabschnitt	*Urethra masculina, Pars spongiosa*
5	Gliedschwellkörper	*Corpus cavernosum penis*
6	Gliedscheidewand	*Septum penis*
7	Gliedrückennerv	*N. dorsalis penis*
8	Tiefe Gliedrückenvene	*V. dorsalis profunda penis*

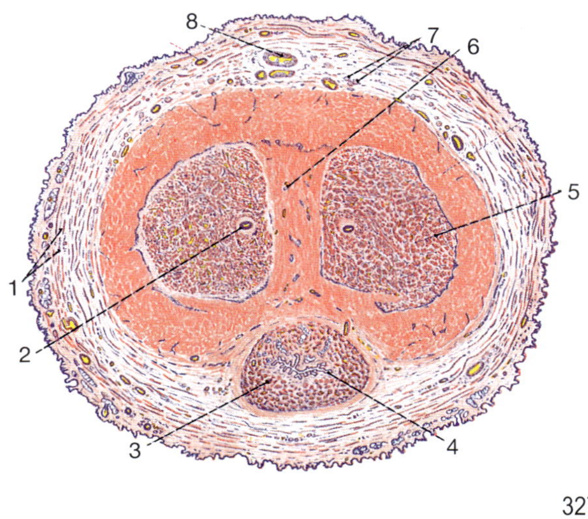

Reifeteilungen

Hätte jede der beiden Keimzellen den vollen Bestand an Chromosomen, so müsste die befruchtete Eizelle den doppelten Bestand haben. In der nächsten Generation würde sich dann der Bestand vervierfachen usf. Um dies zu verhindern, wird bei der Bildung der Keimzellen die Zahl der Chromosomen halbiert. Die beiden Zellteilungen, aus denen die reifen Keimzellen mit dem halben Chromosomensatz hervorgehen, nennt man Reifeteilungen.

- Bei der *1. Reifeteilung* bleiben die Tochterchromosomen verbunden, aber die Chromosomenpaarlinge trennen sich. Das Ergebnis ist zwar der halbe Chromosomensatz, aber jedes Chromosom hat den doppelten DNS-Gehalt. Eine Besonderheit der 1. Reifeteilung ist der Austausch von Chromosomenteilen zwischen den von Mutter und Vater stammenden Chromosomenpaarlingen (Chiasmabildung, crossing over). Dadurch wird das Erbgut neu kombiniert.
- Vor der *2. Reifeteilung* fällt die Synthesephase mit der DNS-Verdoppelung aus. Damit wird bei der Trennung der Tochterchromosomen der doppelte DNS-Gehalt auf den einfachen zurückgeführt.
- Die Eizellen haben einheitlich 22 Autosomen und 1 X-Chromosom.
- Bei den Samenzellen gibt es 2 Sorten: solche mit X- und solche mit Y-Chromosom. Bei der Befruchtung der Eizelle mit einer X-Samenzelle entsteht ein Mädchen, mit einer Y-Samenzelle ein Knabe.
- Die Y-Samenzellen scheinen im Wettstreit um die Eizelle im Vorteil zu sein: Es werden wesentlich mehr Knaben als Mädchen gezeugt. Die Sterblichkeit männlicher Embryonen ist jedoch höher als die der weiblichen, so dass nur noch etwa 5 % mehr Knaben als Mädchen geboren werden. Im Greisenalter kehrt sich das Geschlechtsverhältnis um, weil die mittlere Lebenserwartung der Frau höher ist als die des Mannes: in hochindustrialisierten Ländern 6–7 Jahre, in Ländern der dritten Welt z.T. nur 3–4 Jahre, aus den ärmsten Ländern fehlen verlässliche Statistiken.

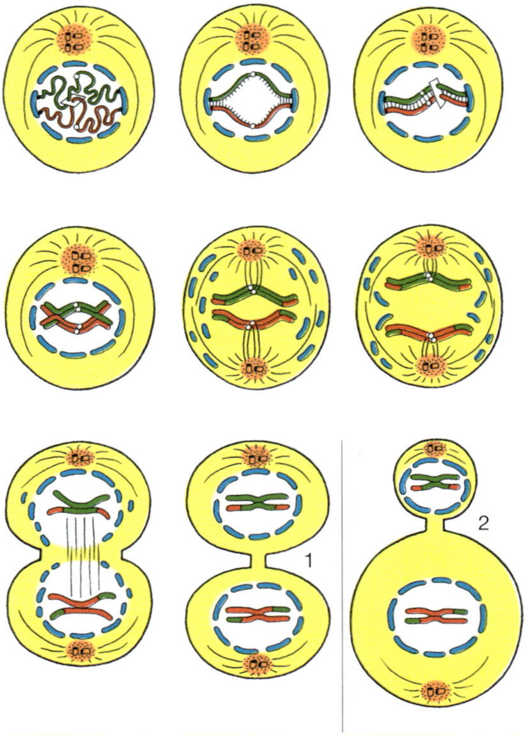

↑ Erste Reifeteilung: Man beachte den Austausch von Chromosomenteilen zwischen den von der Mutter (rotbraun) und vom Vater (grün) stammenden Chromosomenpaarlingen. Gleiche Verteilung des Zellleibs bei der Samenzelle (1), asymmetrische bei der Eizelle (2). *[dr5]*

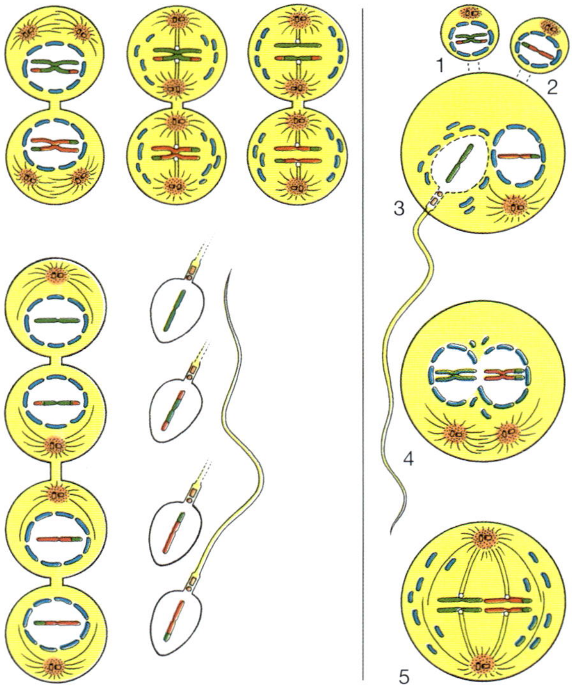

← Zweite Reifeteilung und Befruchtung: Schema. Während bei den Reifeteilungen aus einem Spermatozyten 4 gleichwertige Samenzellen entstehen (linke Bildhälfte), schnürt die Eizelle ihre überschüssigen Chromosomen als kleine Polkörperchen (1, 2) ab. Es entsteht nur eine reife Eizelle, die das gesamte Zellplasma erhält. Die Eizelle tritt bereits vor der Geburt in die erste Reifeteilung ein. Diese wird erst mit der Follikelreifung beendet. Die zweite Reifeteilung beginnt zur Zeit des Eisprungs und wird erst nach dem Eindringen der Samenzelle (3) abgeschlossen. Die Zellkerne von Ei- und Samenzelle verschmelzen nicht sofort, sondern wandeln sich in 2 getrennte Vorkerne (4) um, an denen die erste Furchungsteilung (5) abläuft. Erst in den Zellkernen des 2-Zellen-Stadiums der Frucht sind die beiden haploiden Chromosomensätze (je 23 Chromosomen von Mutter und Vater) zum normalen diploiden Chromosomensatz (46 Chromosomen) vereinigt. *[dr5]*

Eileiter mit Eierstock und Gebärmutter. Das Schema zeigt oben die Entwicklungsschritte der befruchteten Eizelle, die bei Befruchtung im Fransentrichter bestimmten Wegstrecken im Eileiter und in der Gebärmutter entsprechen. *[go]*
Nach neuerer Auffassung durchquert die Eizelle relativ rasch den weiten Teil des Eileiters und verweilt dann am Übergang zum engen Eileiterteil bis zu 3 Tage. Meist wird sie dort erst befruchtet.
Umstritten ist auch, in welchem Entwicklungsstadium die befruchtete Eizelle in der Gebärmutterhöhle ankommt, ob als beginnenden Blasenkeim (wie im Bild gezeichnet) oder schon im Maulbeerstadium von etwa 16 Zellen.

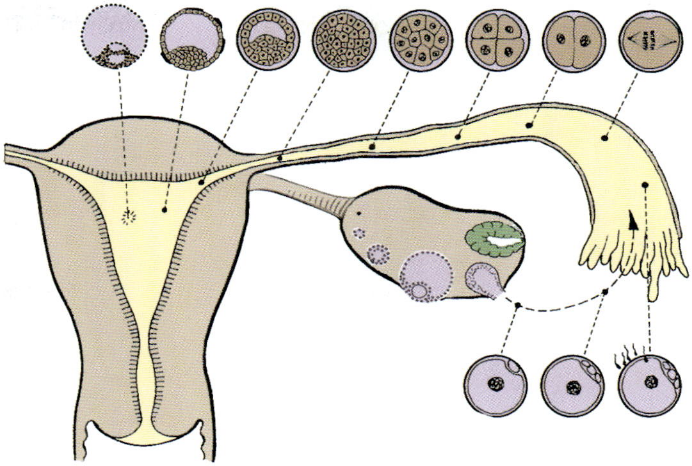

Befruchtung

Die beim Eisprung (Ovulation) aus dem Eierstock ausgetretene Eizelle wird vom Fransentrichter des Eileiters aufgefangen. Die der Eizelle entgegen schwimmenden Samenzellen machen in der Gebärmutter noch eine Membranreifung durch („Capacitation"). Treffen sie auf die Follikelzellen, so läuft die „Akrosomenreaktion" ab: Die Membran der Kopfkappe wird aufgelöst, und die Akrosomenenzyme werden frei. Mit deren Hilfe durchdringt die Samenzelle die Glashaut der Eizelle.

• Sobald sich die Zellmembranen eines Samenzellkopfes und der Eizelle vereinigt haben, erfolgt der „Polyspermieblock", der das Eindringen weiterer Samenzellen verhindert. Erst jetzt vollendet die Eizelle die bereits vor der Geburt begonnene 2. Reifeteilung. Die Zellkerne der Eizelle und der Samenzelle verschmelzen nicht, sondern verdoppeln als „Vorkerne" noch ihre Chromosomen. Dann werden die Kernmembranen aufgelöst. Es bildet sich eine gemeinsame Teilungsspindel für die erste Furchungsteilung. Erst im 2-Zellen-Stadium vereinigen sich mütterliches und väterliches Erbgut in einem gemeinsamen Zellkern.

Maulbeerstadium (Morula)

Die ersten Entwicklungsschritte der befruchteten Eizelle (Zygote) bestehen in Zellteilungen, wobei die Zahl der Zellen jeweils verdoppelt wird (2 → 4 → 8 → 16 → 32 Zellen usw.). Bei diesen „Furchungsteilungen" erfolgt noch kein Wachstum. Die Zellen werden folglich immer kleiner. Den kugeligen Zellhaufen vergleicht man mit einer Maulbeere. Bis zum 4-Zellen-Stadium könnte sich jede Zelle noch zu einem vollständigen Embryo weiterentwickeln (eineiige Zwillinge!). Dann vollzieht sich die erste Spezialisierung der Zellen in:

• *Embryoblast:* Aus den im Innern der Morula gelegenen Zellen wird der *Embryo* hervorgehen.
• *Trophoblast:* Aus den äußeren Zellen entstehen die Eihäute und der Mutterkuchen (Plazenta).

Bläschenstadium (Blastozyste, Blasenkeim)

Am 4. und 5. Entwicklungstag erweitern sich die Zwischenzellräume im Innern der Morula und fließen zu einer gemeinsamen Höhle (Blastozysthöhle) zusammen. Am Embryoblasten lassen sich 2 Zellschichten erkennen:

• Das primäre innere Keimblatt (Endoderm) grenzt an die Blastozysthöhle.
• Das primäre äußere Keimblatt (Ektoderm) liegt dem Trophoblasten an.

Der Trophoblast beginnt Choriongonadotropin (HCG) abzusondern, um im Eierstock den Gelbkörper zu erhalten und damit die Menstruation zu verhindern.

Dauer der vorgeburtlichen Entwicklung

Von der Befruchtung bis zur Geburt der reifen Leibesfrucht verstreichen durchschnittlich 268 ± 10 Tage. Das sog. „Entwicklungsalter" der Frucht wird von der Befruchtung an gerechnet.

• Da der Zeitpunkt der Empfängnis meist nicht genau zu ermitteln ist, rechnet man das Alter der Frucht jedoch üblicherweise als „Menstruationsalter" vom ersten Tag der letzten Regelblutung an, obwohl der Eisprung und damit die Befruchtung und der Beginn der Entwicklung durchschnittlich erst 2 Wochen später erfolgen. Nach dieser Rechnung dauert das Leben in der Gebärmutter durchschnittlich 282 Tage = rund 40 Wochen = 10 Mondmonate („Schwangerschaftsmonate" zu 28 Tagen).

• Für die Frau beginnt die „Schwangerschaft" subjektiv mit dem Ausbleiben der erwarteten Regelblutung, also zu einem Zeitpunkt, an dem die Frucht bereits 2 Wochen ihrer Entwicklung zurückgelegt hat (am Ende des 1. „Schwangerschaftsmonats"). Dies sieht auch der Jurist so: Eingriffe vor diesem Zeitpunkt, die zum Abgang der befruchteten Eizelle führen, gelten nicht als Abtreibung.

• Bei allen Zeitangaben sollte man daher sorgfältig zwischen Entwicklungszeiten und Schwangerschaftszeiten unterscheiden.

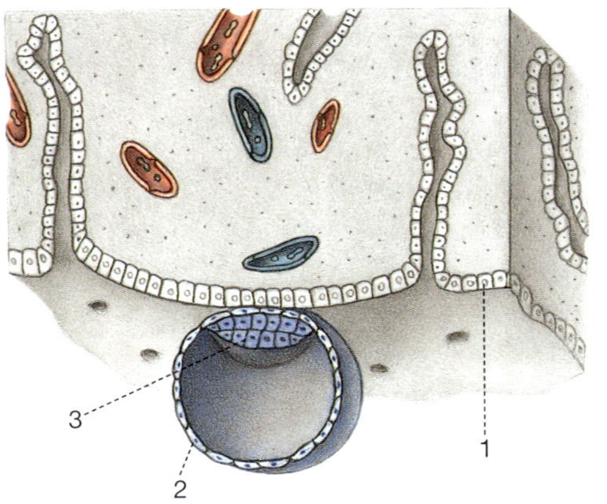

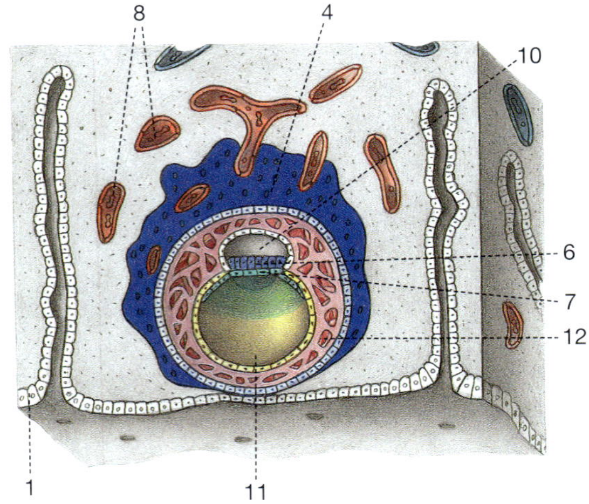

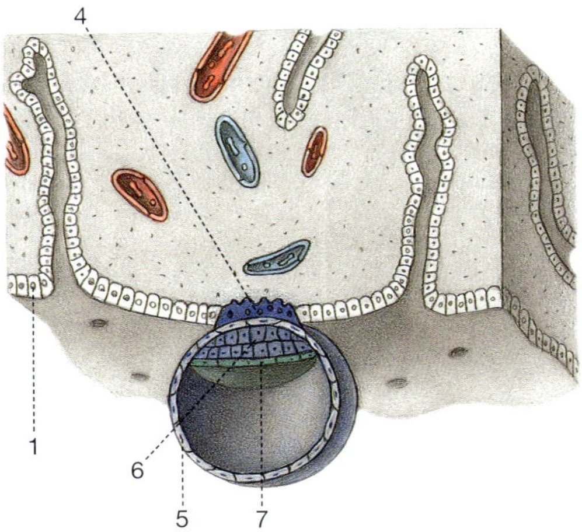

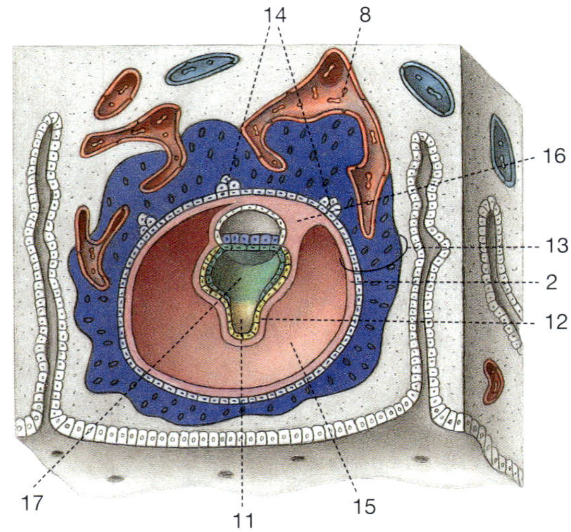

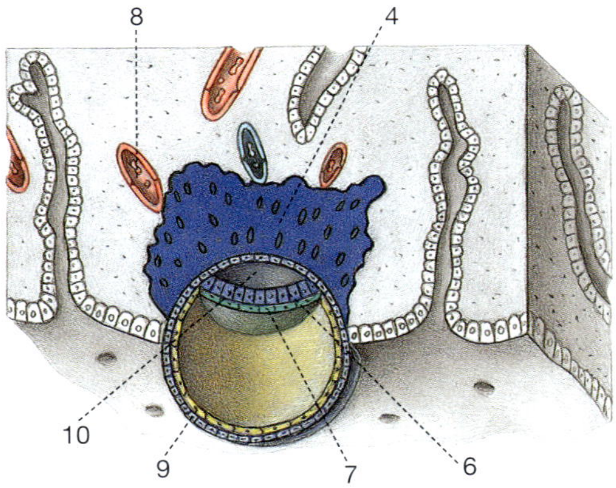

Einnistung (Implantation) der befruchteten Eizelle in die Gebärmutterschleimhaut (Endometrium, 1). *[de4]*

• Bild links oben: *5.–6. Tag nach der Befruchtung.* Der Blasenkeim hat sich mit dem Trophoblasten (2) an die Deckzellschicht der Gebärmutterschleimhaut (1) angeheftet. 3 = Embryoblast.

• Bild links Mitte: *7. Tag nach der Befruchtung.* Der Trophoblast wuchert mit einer Zellmasse ohne Zellgrenzen (Synzytiotrophoblast, 4) in die Gebärmutterschleimhaut ein. Im übrigen Trophoblasten bleiben die Zellgrenzen erhalten (Zytotrophoblast, 5). Am Embryoblasten sieht man zwei Zellschichten: das primäre äußere Keimblatt (Ektoderm, 6) und das primäre innere Keimblatt (Endoderm, 7).

• Bild links unten: *8. Tag nach der Befruchtung.* Der Synzytiotrophoblast wuchert tiefer in die Gebärmutterschleimhaut ein und beginnt deren Kapillaren (8) anzunagen. Die Heuser-Membran (9) umkleidet den primären Dottersack. Zwischen dem äußeren Keimblatt und dem Trophoblasten entsteht ein neuer Hohlraum, die Fruchtwasserhöhle (Amnionhöhle, 10).

• Bild rechts oben: *9. Tag nach der Befruchtung.* Der Keim liegt vollständig innerhalb der Gebärmutterschleimhaut. Der Raum außerhalb von Amnionhöhle und primärem Dottersack (11) wird mit Zellen des mittleren Keimblatts (extraembryonales Mesoderm, 12) gefüllt.

• Bild rechts unten: *13. Tag nach der Befruchtung.* Der Trophoblast wandelt sich zur Zottenhaut (Chorion, 13) um, die den gesamten Keim umgibt. Die Primärzotten (14) beginnen auszuwachsen. Die Chorionhöhle (15) umgibt den Embryo bis auf den Haftstiel (16). Zellen des inneren Keimblatts beginnen den primären Dottersack auszukleiden, der dadurch zum sekundären Dottersack (17) wird.

Einnistung (Implantation)

Etwa am 6. Entwicklungstag beginnt sich die Glashaut der befruchteten Eizelle aufzulösen. Dadurch erlangen die Trophoblastzellen Kontakt mit der Gebärmutterschleimhaut (Endometrium) und dringen immer tiefer in diese ein.

- Der Trophoblast eröffnet mütterliche Blutgefäße. Blut strömt in die im Trophoblasten entstehenden Hohlräume aus. Diese vereinigen sich und werden von mütterlichem Blut durchspült. Die Gebärmutterschleimhaut schließt sich über dem eingedrungenen Keim, der nun völlig innerhalb der Schleimhaut liegt.
- Im Keim bilden sich 3 Hohlräume: Chorionhöhle, Amnionhöhle (Fruchtwasserhöhle) und Dottersack. Mit Hilfe dreier Luftballons kann man sich die Situation veranschaulichen: 2 kleine Luftballons (Amnionhöhle + Dottersack) sind miteinander verklebt (Verklebungsstelle = Keimscheibe). Sie befinden sich innerhalb eines größeren Luftballons (Chorionhöhle), an dessen Innenwand sie mit dem Haftstiel aufgehängt sind.
- Entwicklungsstörungen: Unterbleibt die Auflösung der Glashaut, so kann sich der Keim nicht anheften und geht durch die Scheide ab. Damit unterbleibt die weitere Sekretion von HCG. Die Menstruation läuft normal ab. Die Frau erfährt nicht von der erfolgten Befruchtung. Man vermutet, dass auch mehr als die Hälfte der eindringenden Keime zugrunde geht. Hauptursachen dürften Chromosomenanomalien des Keims oder unzureichende Ernährung (ungenügende Eindringtiefe, mangelnder mütterlicher Blutstrom) sein.

Bildung des mittleren Keimblatts (Gastrulation)

Die ursprünglich runde Keimscheibe streckt sich und wird sandalenförmig. Im äußeren Keimblatt sinkt eine mediane Vertiefung ein, die *Primitivrinne*. Von ihr ausgehend wandern Zellen zwischen äußeres und inneres Keimblatt kranial und seitwärts aus. Da der Embryoblast kaum gewachsen ist, beträgt der Durchmesser der nunmehr dreiblättrigen Keimscheibe immer noch etwa 0,2 mm. Der Gesamtdurchmesser der Zottenhaut (Chorion) ist jedoch schon auf einige Millimeter angestiegen. An der Oberfläche der Zottenhaut sprossen die Zotten aus.

Bildung des Neuralrohrs (Neurulation)

In der Mitte des mittleren Keimblatts verdichtet sich das Gewebe zur Rückensaite (Chorda), der Vorläuferin der Wirbelsäule. Über der Rückensaite wächst im äußeren Keimblatt die Neuralplatte flügelartig aus und schließt sich zum Neuralrohr, dem Vorläufer des Zentralnervensystems. Seitlich der Rückensaite gliedert sich das mittlere Keimblatt in einander ähnliche Abschnitte, die Ursegmente (insgesamt etwa 44). Am oberen Ende der Keimscheibe entsteht die Herzanlage. Die Fruchtwasserhöhle wächst seitlich an der Keimscheibe vorbei, so dass der Embryo bis auf den Haftstiel, der späteren Nabelschnur, von Fruchtwasser umgeben ist.

Gastrulation (Einstülpen des mittleren Keimblatts). Äußeres Keimblatt (Ektoderm) blau, mittleres (Mesoderm) braun, inneres Keimblatt (Endoderm) rosa. *[pa3]*
Oben: Blick aus der Amnionhöhle auf die Keimscheibe.
Unten: Querschnitt.

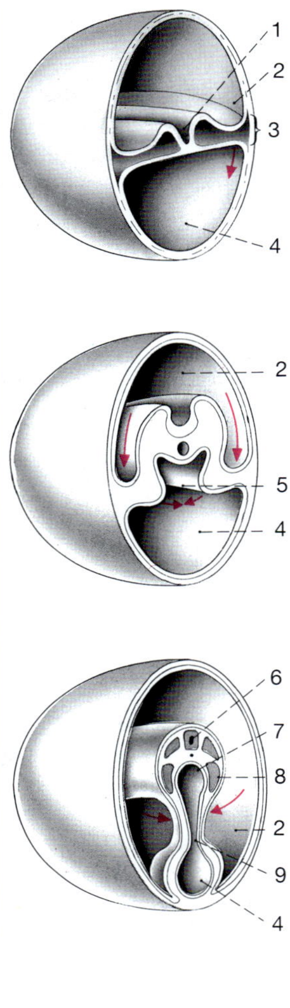

Neurulation (Bildung des Neuralrohrs) und Abfaltung des Embryos. *[rr2]*

- Oben: etwa 16. Entwicklungstag. Die Neuralrinne (1) sinkt ein. Die Keimscheibe (3), zwischen Amnionhöhle (2) und Dottersack (4).
- Mitte: Anfang der 4. Entwicklungswoche. Beginn der Abfaltung. Starkes Wachstum des Keims. Der Dottersack bleibt im Wachstum zurück. Die Amnionhöhle (2) wächst seitlich am Embryo vorbei. Dadurch hebt sich der Keim aus dem ursprünglichen Niveau der Keimscheibe heraus. Die Darmbucht (5) beginnt sich zu schließen.
- Unten: Mitte der 4. Entwicklungswoche. Die Abfaltung ist vollzogen. Neuralrohr (6) und Darmrohr (7) sind geschlossen. Der Mitteldarm bleibt durch den Dottergang (9) mit dem Dottersack (4) verbunden. Die intraembryonale Leibeshöhle (8) entsteht.

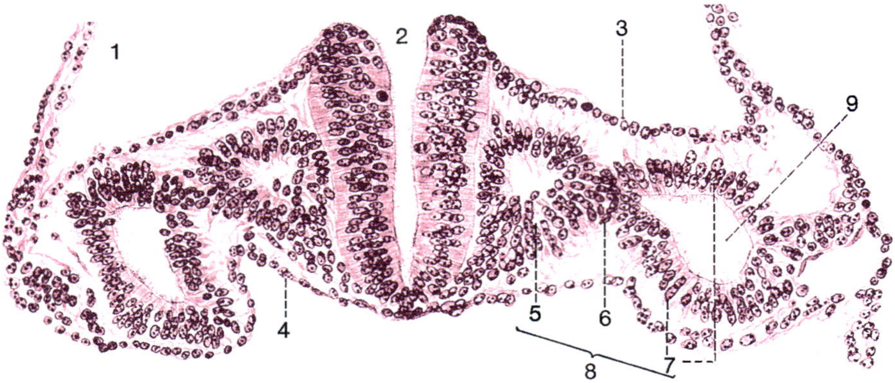

Embryo am Beginn der 4. Woche nach der Befruchtung, Querschnitt. *[pa3]*
In der 4.-8. Entwicklungswoche entstehen die Organanlagen. Als erste Organe werden das Zentralnervensystem und das Herz angelegt. Das an die Fruchtwasserhöhle (1) angrenzende äußere Keimblatt (3) faltet sich zur Neuralrinne (2) ein. Sie schließt sich in den nächsten Tagen zum Neuralrohr. Im mittleren Keimblatt (8) ist eine Gliederung in drei Bereiche zu erkennen: Aus dem achsennahen Bereich (5) gehen die Ursegmente, aus dem Zwischenbereich (6) die Nierenanlagen, aus den Seitenplatten (7) die serösen Häute hervor, die die Leibeshöhle (9) auskleiden. Inneres Keimblatt (4).

Gliederung der vorgeburtlichen Entwicklung

• *Präembryonalperiode:* von der Befruchtung bis zur dreiblättrigen Keimscheibe (1.–3. Entwicklungswoche).
• *Embryonalperiode:* In ihr laufen alle wesentlichen Organentwicklungen ab (4.–8. Entwicklungswoche). Die Leibesfrucht heißt in dieser Zeit Embryo (Mehrzahl Embryonen oder Embryos).
• *Fetalperiode:* Sie ist überwiegend durch Wachstumsvorgänge gekennzeichnet (9.–38. Entwicklungswoche). Die Leibesfrucht nennt man in diesem Entwicklungsabschnitt Fetus (Mehrzahl Feten oder Fetusse).

Embryonalperiode

In der 4.–8. Entwicklungswoche werden alle Organe angelegt. Dabei entstehen aus dem:
• *äußeren Keimblatt:* Nervensystem, Auge, Innenohr und Oberhaut.
• *inneren Keimblatt:* das Deckgewebe der Verdauungs- und der Atmungsorgane einschließlich der zugehörigen Drüsen (Speicheldrüsen, Leber), der Harnblase und der Abkömmlinge des Rachenraums (Paukenhöhle, Mandeln, Schilddrüse, Nebenschilddrüsen, Thymus).
• *mittleren Keimblatt:* alle übrigen Organe: Knochen, Muskeln, Herz, Blut- und Lymphgefäße, Großteil der Harn- und Geschlechtsorgane sowie die bindegewebigen Anteile der sonst vom äußeren oder inneren Keimblatt gebildeten Organe.

Am Ende der 8. Entwicklungswoche sieht die Leibesfrucht bereits menschenähnlich aus.
Etwa am 23. Entwicklungstag, bevor noch seine eigene Entwicklung abgeschlossen ist, beginnt das Herz zu schlagen. Die Herzscheidewand bildet sich erst während der laufenden Arbeit des Herzens. Durch den eigenen Blutkreislauf der Leibesfrucht wird der Stoffaustausch zwischen mütterlichem und kindlichem Blut wesentlich verbessert.

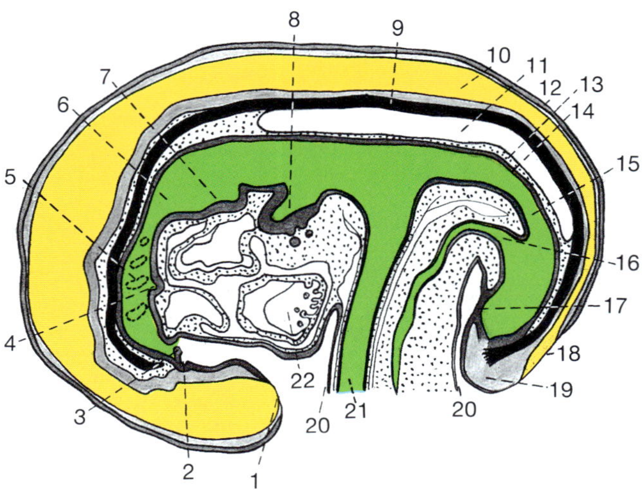

Embryo am Ende der 4. Entwicklungswoche (24 Ursegmente), Medianschnitt. *[pa3]*
• Gelb: Abkömmlinge des äußeren Keimblatts (12). Neuralrohr (10) mit Kopfende (1) und Schwanzende (18), Anlage der Hirnanhangsdrüse (Hypophyse, 2), Schafshaut (Amnion, 20), Fruchtwasserhöhle (Amnionhöhle, 1).
• Grün: Abkömmlinge des inneren Keimblatts (14). Rachenmembran (3), Schilddrüsenanlage (4), Schlundtaschen (5), Vorderdarm (6), beginnende Abgrenzung der Luftröhre (7), Leberdivertikel (8), Hinterdarm (15), Urharnsack (Allantois, 16), Aftermembran (17), Dottergang (21).
• Punktiert: Abkömmlinge des mittleren Keimblatts (13). Rückensaite (Chorda, 9), Hauptarterie (Aorta, 11), Schwanzknospe (19), Herz (22).

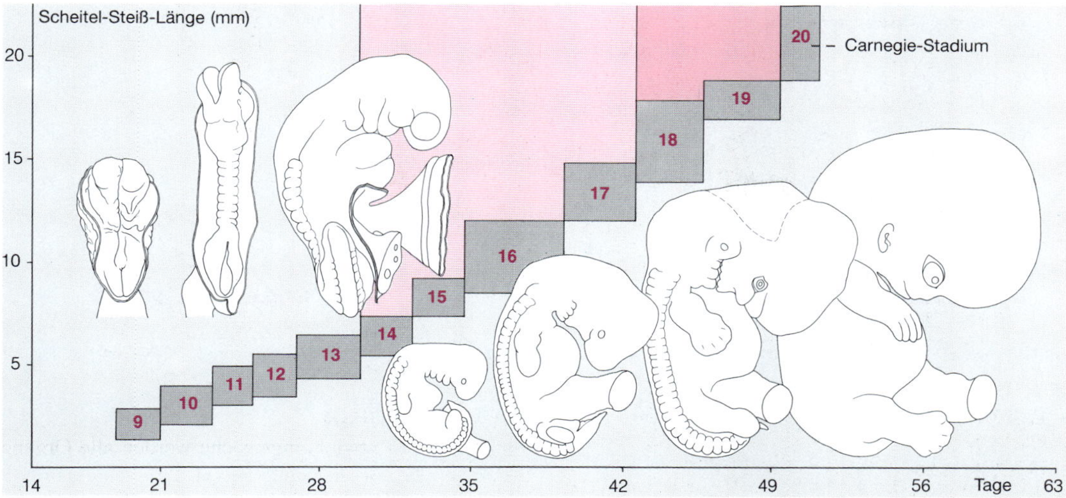

↑ Wachstum und äußere Form der Frucht bis zum Ende der Embryonalperiode (8. Entwicklungswoche). *[dr2]*

Entwicklung der Gliedmaßen

- In der 5. Entwicklungswoche entstehen die ersten Anlagen der Arme und Beine als paddelähnliche Ausstülpungen.
- In der 6. Entwicklungswoche ist bereits die Gliederung in die 3 Hauptabschnitte Oberarm, Unterarm und Hand bzw. Oberschenkel, Unterschenkel und Fuß erkennbar.
- In der 8. Entwicklungswoche werden die Finger und Zehen getrennt.

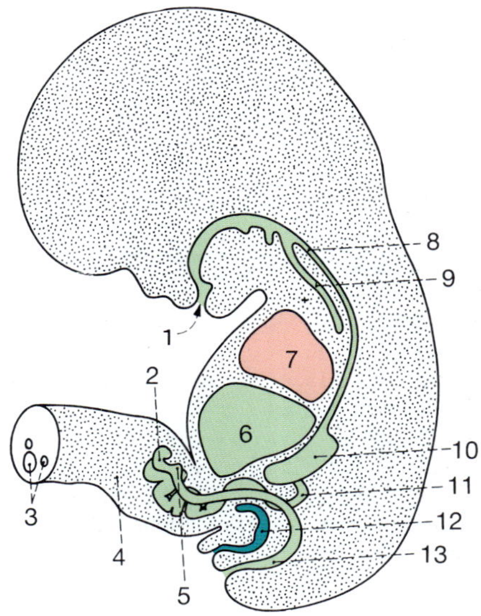

Embryo in der 7. Woche nach der Befruchtung, schematisierter Längsschnitt. *[bg4]* ➔

Bis zum Ende des 2. Entwicklungsmonats sind alle wichtigen Organe angelegt. Der Embryo beginnt menschenähnlich auszusehen. Sein Herz schlägt schon seit der 5. Entwicklungswoche. Die äußeren Geschlechtsorgane von Mädchen und Knaben unterscheiden sich noch nicht.

- Mundbucht (1), Nabelvene und Nabelarterien (3) in der Nabelschnur (4), Herz (7), Harnblase (12).
- Grün: Abkömmlinge des inneren Keimblatts. Speiseröhre (8), Luftröhre (9), Magen (10), Zwölffingerdarm (11), Nabelschleife des Darms (2), Blinddarm (5), Mastdarm (13), Leber (6).

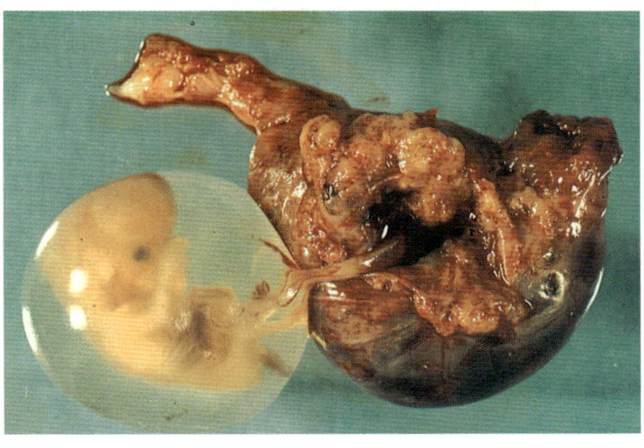

Fruchtblase mit Fetus (etwa 11. Entwicklungswoche) bei geplatzter Eileiterschwangerschaft (rupturierte Tubargravidität). *[pa2]* ➔

Die Entwicklung der Leibesfrucht ist nicht an die Gebärmutter gebunden. Am 5.-6. Tag nach der Befruchtung beginnt sich die Eizelle einzunisten, wo sie sich gerade befindet. Verzögert sich der Transport durch den Eileiter, so verbleibt die Eizelle dort. Auch die Eileiterschleimhaut bietet zunächst gute Entwicklungsbedingungen. Die Muskelwand kann allerdings mit dem Wachstum der Frucht nicht Schritt halten. Meist platzt sie im 2. oder 3. Schwangerschaftsmonat. Eine schwere Blutung ist die Folge. Die Lebensgefahr ist nur durch die sofortige Operation abzuwenden.

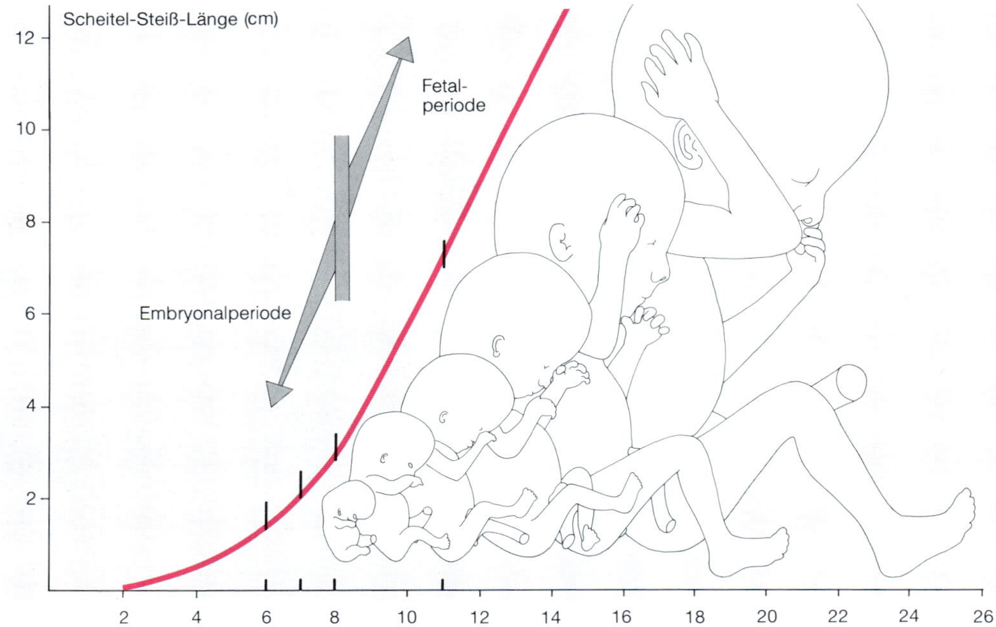

↑ **Wachstum und äußere Form der Frucht** in der frühen Fetalperiode (Zeitskala in Entwicklungswochen). *[dr2]*

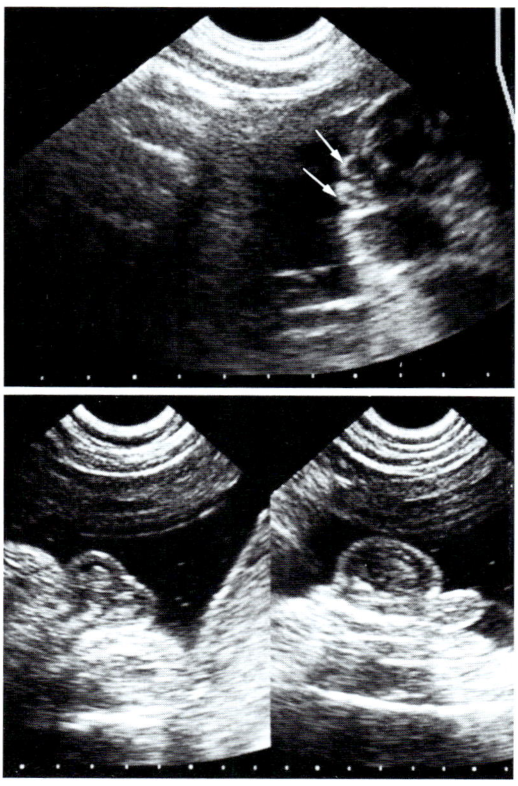

Wachstum der Leibesfrucht

Eine ungefähre Vorstellung von der Größe des Kindes gewinnt man nach folgender (allerdings sehr groben) Regel: Die größte Länge beträgt am Ende der ersten 5 Schwangerschaftsmonate jeweils das Quadrat der Monatszahl in cm, also 1 – 4 – 9 – 16 – 25. Anschließend nimmt die Länge jeweils 5 cm pro Monat zu: 30 – 35 – 40 – 45 – 50. Man beachte, dass Schwangerschaftsmonate immer als „Mondmonate" zu 28 Tagen gerechnet werden.

Wann beginnt das selbständige Leben eines Menschen?

In der Sicht des Anatomen mit der Befruchtung. Von diesem Zeitpunkt an sind alle erblichen Merkmale eines Menschen festgelegt. Von da ab entwickelt sich die Leibesfrucht nach ihren eigenen Gesetzen. Bereits nach 5–6 Tagen dringt sie mit Hilfe eigener Enzyme in die Gebärmutterschleimhaut der Mutter ein. In der 2. Entwicklungswoche übernimmt sie schon die Steuerung der mütterlichen Eierstöcke (mit dem Hormon Choriongonadotropin = HCG).
Die Leibesfrucht wird nicht etwa von der Mutter zusammengebaut, sondern entwickelt sich selbst. Sie nimmt lediglich die Angebote der Mutter an Ernährung und Schutz in Anspruch. Freilich kann sie nicht ohne die Mutter leben.

← **Geschlechtsdiagnose** vor der Geburt im Ultraschallbild. *[sc2]*
- Oben: große Schamlippen (→) zwischen den Gesäßbacken (30. Entwicklungswoche).
- Unten links: Hodensack zwischen den Gesäßbacken.
- Unten rechts: Hodensack und Penis längs getroffen (34. Entwicklungswoche).

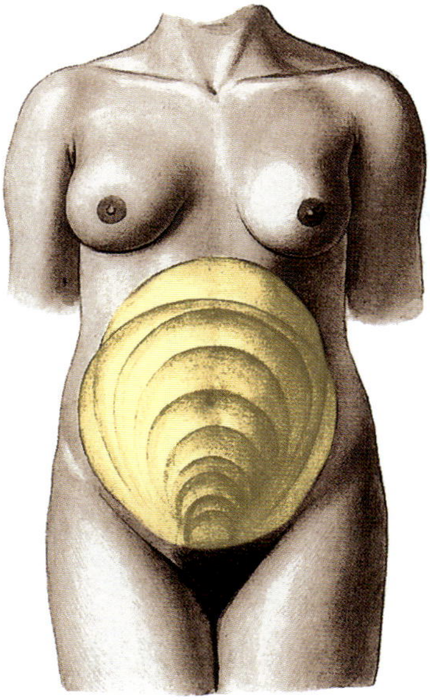

↑ Vergrößerung des Gebärmutter während der Schwangerschaft: *[we1]*

- Am Ende des 6. Schwangerschaftsmonats erreicht die Gebärmutterkuppe den Nabel.
- Am Ende des 9. Monats ist am Rippenbogen der höchste Stand erreicht.
- Im 10. Monat senkt sie sich etwas. Sie wird dabei breiter.
- Das Gewicht steigt während der Schwangerschaft auf etwa das Hundertzwanzigfache an: von etwa 50 g auf etwa 6 kg. Davon entfallen etwa 3–3,5 kg auf die Leibesfrucht, etwa 0,5 kg auf die Plazenta, etwa 1 kg auf das Fruchtwasser und etwa 1 kg auf die Gebärmutterwand.

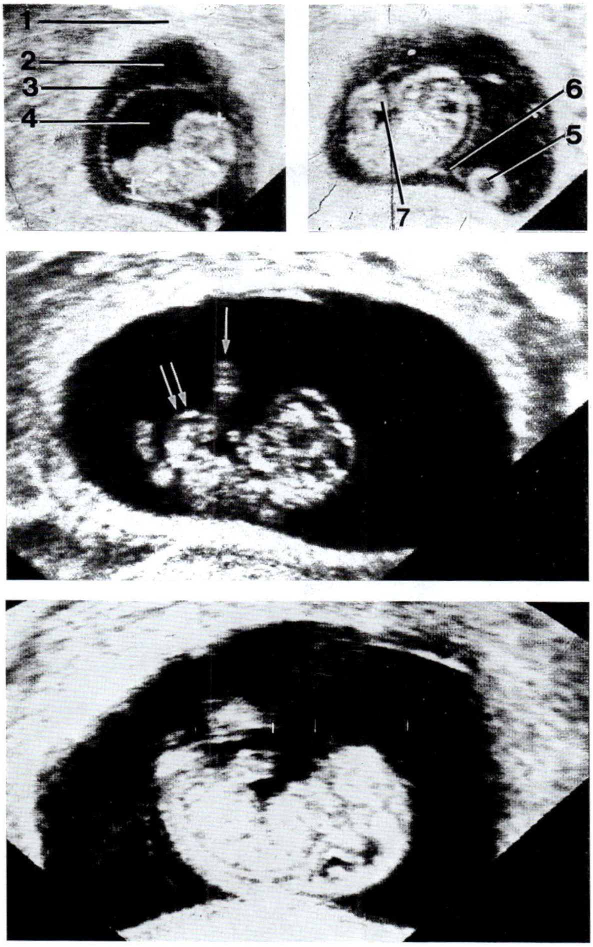

↑ Frühschwangerschaft im Ultraschallbild. *[sc2]*

- Oben: 45. Entwicklungstag (8½ Wochen nach Beginn der letzten Menstruation).
- Mitte: 50. Entwicklungstag (9 Wochen nach Beginn der letzten Menstruation).
- Unten: 57. Entwicklungstag (10 Wochen nach Beginn der letzten Menstruation).

1	Zottenhaut	*Chorion*
2	Chorionhöhle	*Cavitas chorionica [Coeloma extraembryonicum]*
3	Schafshaut	*Amnion*
4	Fruchtwasserhöhle (Amnionhöhle)	*Cavitas amniotica*
5	Dottersack	*Saccus vitellinus*
6	Dottergang	*Ductus vitellinus*
7	+ ↓ Nabelschnur	*Funiculus umbilicalis*
↓↓	Physiologischer Nabelbruch	

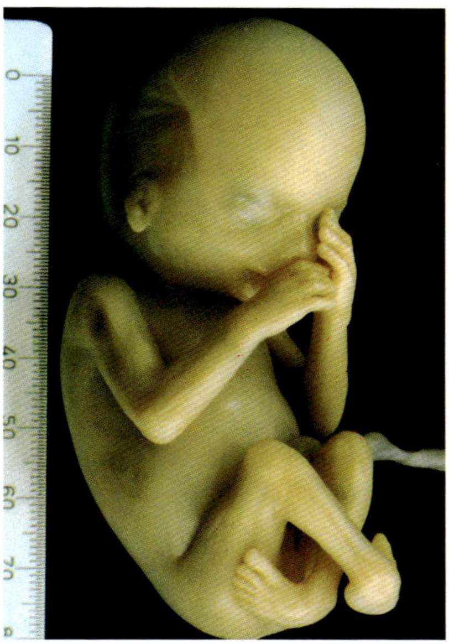

← Fetus am Ende der 14. Entwicklungswoche (Ende des 4. Schwangerschaftsmonats). *[li5]*

Der Kopf ist im Wachstum weit vorausgeeilt, während die Gliedmaßen zurückgeblieben sind. Die Raumnot in der Gebärmutterhöhle zwingt den Fetus, sich zusammenzukrümmen. Die Unterschenkel sind überkreuzt, die Füße erscheinen sichelförmig verformt.

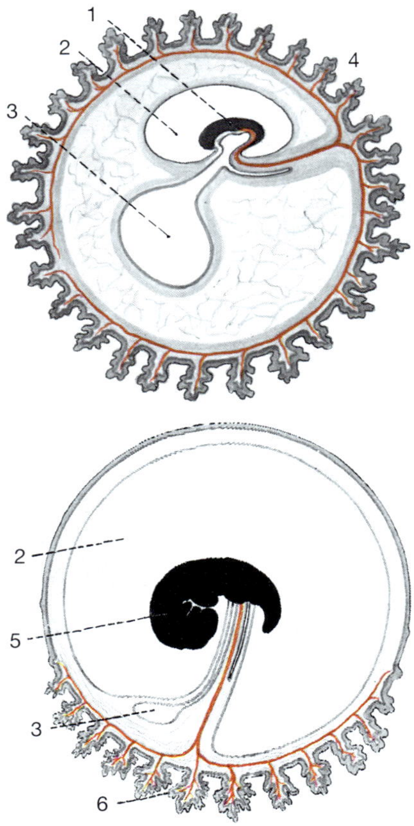

Entwicklung der Eihäute und der Nabelschnur. *[we1]*
In frühen Entwicklungsstadien (Bild oben) umgibt die Zottenhaut die ganze Frucht. In späteren Stadien (Bild unten) beschränken sich die Zotten auf den Bereich des Mutterkuchens (Plazenta). Die Amnionhöhle enthält das Fruchtwasser. Es umgibt schützend die Frucht ähnlich wie das Hirnwasser das Zentralnervensystem.

1	Keimscheibe (im Stadium der Abfaltung)	*Discus embryonicus*
2	Fruchtwasserhöhle (Amnionhöhle)	*Cavitas amniotica*
3	Dottersack	*Saccus vitellinus*
4	Zottenhaut	*Chorion*
5	Embryo	*Embryo*
6	Mutterkuchen (Plazenta)	*Placenta*

Aufgaben der Plazenta (Mutterkuchen)

Sie dient dem Stoffaustausch zwischen Leibesfrucht und Mutter. Sie übernimmt vor der Geburt die Aufgaben von Lunge, Darm und Nieren:

- Dem mütterlichen Blut werden entnommen: Sauerstoff, Nährstoffe (Eiweiß, Fett, Kohlenhydrate, Vitamine, Mineralstoffe), Antikörper, Arzneimittel, aber auch im Blut enthaltene Umwelt- und Genussgifte (Alkohol, Nicotin).
- An das mütterliche Blut werden abgegeben: Kohlendioxid, Stoffwechselschlacken, Hormone (von der Plazenta erzeugt, um den Körper der Mutter zu steuern).

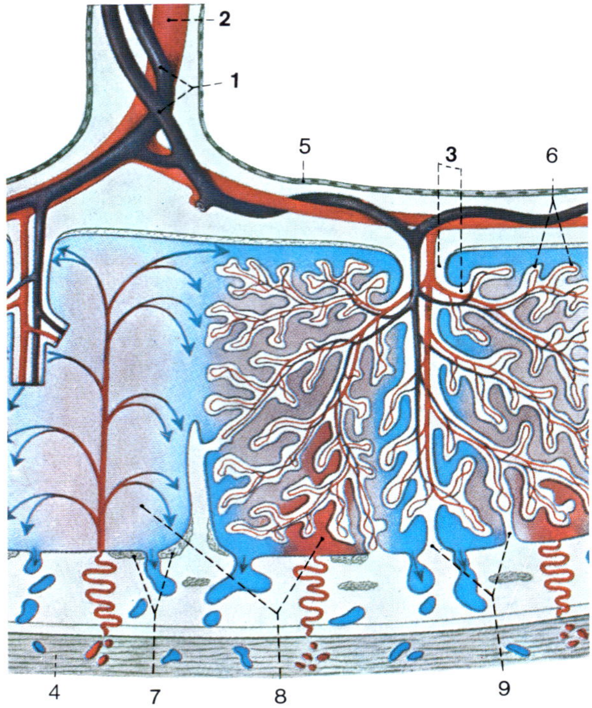

Plazenta: Bauschema. *[wa]*
Die deutsche Bezeichnung „Mutterkuchen" für das Ernährungsorgan der Frucht ist unglücklich: Es verbindet sich zu leicht die Vorstellung damit, dass dieser „Kuchen" von der Mutter für den Embryo gemacht wird. Die Frucht sorgt jedoch weitgehend für sich selbst. Die Plazenta besteht daher in erster Linie aus Geweben, die sich vom Trophoblasten, also der Frucht, ableiten. In der Abbildung gehören nur die unteren (grau gezeichneten) Schichten (Schleimhaut und Muskelwand der Gebärmutter) zur Mutter.

- Das Bild zeigt oben den Abgang der *Nabelschnur*. Diese verbindet den Fetus mit seinem Ernährungsorgan. Sie ermöglicht ihm die freie Bewegung und die rasche Trennung von der Plazenta nach der Geburt. Die Nabelschnur ist etwa so lang wie der Fetus, also am Ende der Schwangerschaft etwa 50 cm. Sie ist dann etwa 1 cm dick. In der Nabelschnur verlaufen die stark umeinander gewundenen Nabelgefäße (1 Nabelvene + 2 Nabelarterien) und eine Verbindung von der Harnblase zum Urharnsack. Die Wand der Nabelarterien enthält reichlich glatte Muskeln. Diese klemmen die Arterien nach der Geburt ab und verhindern so eine stärkere Blutung.

1	Nabelarterien	*Aa. umbilicales*
2	Nabelvene	*V. umbilicalis*
3	Zottenhaut	*Chorion*
4	Muskelwand der Gebärmutter	*Tunica muscularis [Myometrium]*
5	Schafshaut (Wand der Fruchtwasserhöhle)	*Amnion*
6	Endzotten	*Villi liberi*
7	Fibrin	*Substantia fibrinoidea*
8	Zwischenzottenraum (mit mütterlichem Blut gefüllt)	*Spatium intervillosum*
9	Haftzotten	*Villi ancorales*

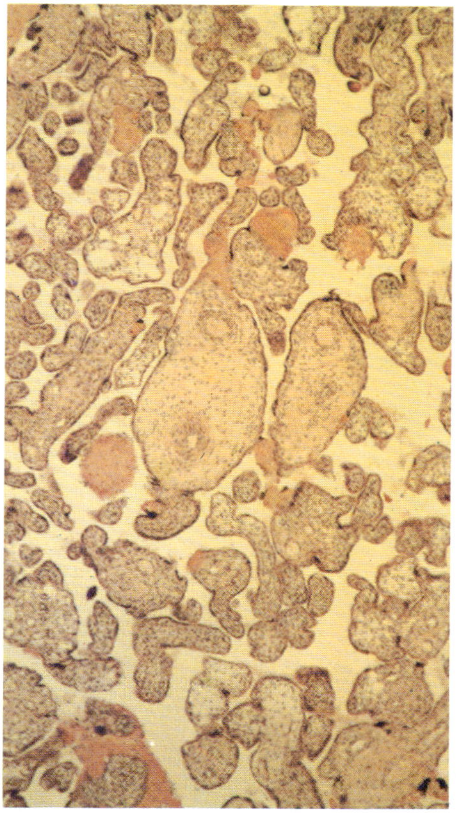

Plazenta: mikroskopisches Bild (Vergrößerung etwa 40fach). Im Gegensatz zu den Darmzotten sind die Plazentazotten recht ungleich groß. [li4]

Fetus mit Eihäuten und Plazenta: Operationspräparat nach Entfernung der Gebärmutter einer schwangeren Frau. Man sieht den Fetus in typischer gebeugter Stellung mit gekreuzten Armen und Beinen. Das Präparat ist durch die Konservierung verfärbt. [li5]

Bau der Plazenta

Bauprinzip: Die Zotten der Zottenhaut der Leibesfrucht ragen in Hohlräume, die von mütterlichem Blut durchströmt werden.

- Die Zottenhaut wächst in die Gebärmutterschleimhaut ein, reißt deren Blutgefäße auf und wird vom mütterlichen Blut umspült. In den Zotten baut die Frucht ihr eigenes Blutgefäßsystem auf. Es ist schon ab der 4. Entwicklungswoche funktionsfähig. Der Blutstrom in den Zotten wird vom Herzen des Embryos in Fluss gehalten.
- Die Blutkreisläufe des Kindes und der Mutter bleiben dabei vollständig getrennt. Dies ist nötig, weil die Blutkörperchen des Kindes andere Blutgruppenmerkmale haben als die der Mutter. Gelangen bei Verletzungen der Plazenta kindliche Blutkörperchen in den Kreislauf der Mutter, so werden sie als fremd betrachtet und Antikörper gegen sie gebildet. Diese können über die Plazenta in den kindlichen Kreislauf gelangen und die Leibesfrucht schwer schädigen. Der Embryo ist also kein Teil des mütterlichen Körpers, sondern von der Befruchtung an ein selbständiges Lebewesen. Er bewohnt lediglich den Körper der Mutter und lebt von ihm.

Plazenta als Hormondrüse

Bereits wenige Tage nach der Befruchtung muss das neu entstandene Lebewesen um sein Überleben kämpfen und die drohende Monatsblutung verhindern. Dazu muss der Gelbkörper im Eierstock aktiv erhalten werden. Die Zottenhaut der Frucht bildet dazu *Choriongonadotropin* (HCG). Dieses Hormon wird in die mütterliche Blutbahn abgegeben und gelangt mit dem Blut zum Eierstock. Erst auf diesem Weg erfährt der Körper der Mutter von der Befruchtung der Eizelle. Er kann sich nun auf die Schwangerschaft einstellen.

- Die Zottenhaut erzeugt bald soviel HCG, dass man bereits am ersten Tag des Ausbleibens der Monatsblutung dieses Hormon im Harn der Mutter nachweisen kann („Schwangerschaftstest").
- In der Folgezeit erzeugt die Plazenta auch *Follikel- und Gelbkörperhormon*. Ab dem 3. Schwangerschaftsmonat wird bis zur Geburt die gesamte Hormonbildung der Eierstöcke von der Plazenta übernommen. Die Leibesfrucht sorgt damit soweit wie nur möglich für sich selbst.

Blutkreislauf vor der Geburt: rot = sauerstoffreiches Blut, blau = sauerstoffarmes Blut, violett = Mischblut. Der besseren Verständlichkeit wegen wurde das Bild auf den Kopf gestellt (in der normalen Spätschwangerschaft steht der Kopf des Fetus unten!). *[sb3]*

1	Gebärmutterhalskanal	*Canalis cervicis uteri*
2	Fruchtwasserhöhle (Amnionhöhle)	*Cavitas amniotica*
3	Arteriengang (Botallo-Gang)	*Ductus arteriosus*
4	Aortenbogen	*Arcus aortae*
5	Obere Hohlvene	*V. cava superior*
6	Stamm der Lungenarterien	*Truncus pulmonalis*
7	Rechter Vorhof	*Atrium dextrum*
8	Venengang (Arantius-Gang)	*Ductus venosus*
9	Untere Hohlvene	*V. cava inferior*
10	Nabelvene	*V. umbilicalis*
11	Pfortader	*V. portae hepatis*
12	Nabelarterien	*Aa. umbilicales*
13	Linker Vorhof	*Atrium sinistrum*
14	Nabelschnur	*Funiculus umbilicalis*
15	Muttermund	*Ostium uteri*
16	Gebärmutterenge	*Isthmus uteri*

(Fortsetzung rechte Seite)

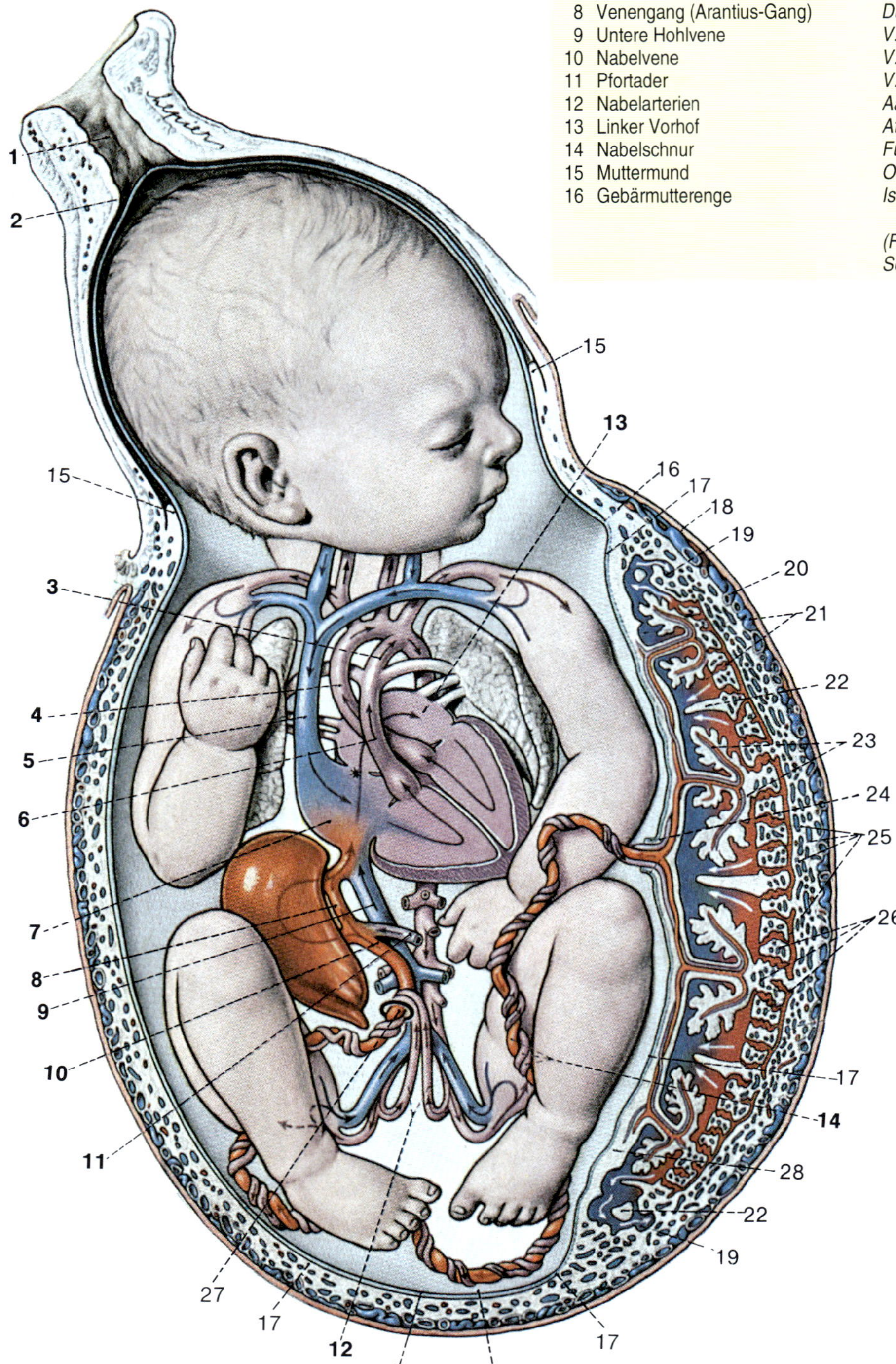

17	Schafshaut (Wand der Fruchtwasserhöhle)	*Amnion*
18	Bauchfellüberzug der Gebärmutter	*Tunica serosa [Perimetrium]*
19	Randsinus (des Mutterkuchens)	*Sinus marginalis*
20	Gebärmuttervenengeflecht	*Plexus venosus uterinus*
21	Zwischenzottenraum (mit mütterlichem Blut gefüllt)	*Spatium intervillosum*
22	Scheidewand (der Siebhaut)	*Septum*
23	Freie Zotten	*Villi liberi*
24	Abgang (der Nabelschnur) aus der Mitte (des Mutterkuchens)	*Fixio centralis*
25	Schraubenarterien	*Aa. spirales*
26	Siebhaut (Schleimhaut der schwangeren Gebärmutter)	*Decidua*
27	Nabelring	*Anulus umbilicalis*
28	Zottenreicher Teil der Zottenhaut	*Chorion frondosum*
29	Glatter Teil der Zottenhaut	*Chorion laeve*

Kurzschlüsse im Kreislauf vor der Geburt

Die Leibesfrucht bezieht ihren Sauerstoff nicht aus ihrer Lunge, sondern über die Plazenta aus dem mütterlichen Blut. Es ist daher nicht nötig, das gesamte Blut durch die (noch unentfaltete) Lunge zu leiten.

- Durch das *ovale Loch* (in der Vorhofscheidewand) und den *Botallo-Gang* (von der Lungenarterie zur Aorta) wird Blut vom rechten Herzen gleich an das linke bzw. an den großen Kreislauf weitergegeben. Damit wird die Lunge umgangen.
- Ähnlich wird mit dem *Arantius-Gang* (von der Pfortader zur unteren Hohlvene) verhindert, dass das gesamte von der Nabelvene kommende Blut durch die Leber läuft.
- Nach der Geburt schließen sich die 3 Kurzschlüsse, wenn nicht, so arbeitet das Herz unwirtschaftlich.

Angeborene Herzfehler

In der 3.–6. Entwicklungswoche macht das Herz alle wichtigen Entwicklungsschritte durch. Anschließend wächst es nur noch (von den Umstellungen nach der Geburt abgesehen). Wenn die Schwangere ihr Kind nicht gefährden will, wird sie in dieser Zeitspanne nicht rauchen, keinen Alkohol trinken, möglichst keine Medikamente einnehmen und sich keinen radioaktiven Strahlen oder Röntgenstrahlen aussetzen. Eine Rötelnerkrankung in dieser Zeitspanne führt mit hoher Wahrscheinlichkeit zu Herzfehlern. Deshalb sollte jede Frau schon vor Eintritt einer Schwangerschaft gegen Röteln geimpft worden sein.

Knapp 1 % der Neugeborenen ist mit schwereren Herzfehlern behaftet. Die häufigsten sind:

- *Ventrikelseptumdefekt* (abgekürzt VSD): Ein Loch in der Kammerscheidewand bringt vor der Geburt keine Nachteile, weil das ovale Loch in der Vorhofscheidewand schon normalerweise vorhanden ist. Die Probleme treten erst nach dem ersten Atemzug auf, wenn der Lungenkreislauf voll in Betrieb genommen wird. Dann steigt der Druck in der linken Herzhälfte an. Durch ein verbleibendes Loch in der Scheidewand wird sauerstoffreiches Blut aus der linken Herzhälfte in die rechte gespritzt und erneut zur Lunge befördert (Links-rechts-Nebenschluss). Diese Blutmenge fehlt im Körperkreislauf, aber belastet den Lungenkreislauf zusätzlich. Die rechte Herzkammer muss mehr arbeiten als beim gesunden Herzen. Dies kann zu vorzeitigem Versagen führen: Mit einem großen Loch in der Kammerscheidewand stirbt das Kind ohne Operation schon mit 1–2 Jahren.
- *Vorhofseptumdefekt* (ASD): Durch ein Loch in der Vorhofscheidewand fließt Blut aus der linken in die rechte Herzkammer zurück, das damit dem Körperkreislauf nicht zugute kommt.
- *Transposition der großen Arterien* (TGA): Entspringt die Aorta aus der rechten und die Lungenarterie aus der linken Herzkammer, so sind großer und kleiner Kreislauf vollständig getrennt. Vor der Geburt stört dies nicht, weil der Lungenkreislauf sowieso durch 2 Kurzschlüsse weitgehend umgangen wird. Nach der Geburt wird die Lage kritisch: Das sauerstoffreiche Blut aus der Lunge wird zur Lunge zurückgeschickt, das sauerstoffarme aus dem Körper erneut in den Körper ausgeworfen. Dies würde zum sofortigen Tod führen, wenn nicht die beiden Kurzschlüsse noch einige Zeit offen wären. Ohne Operation besteht keine Überlebenschance.
- *Dextroposition der Aorta:* Die Aorta „reitet" auf der Kammerscheidewand und erhält Blut aus beiden Herzkammern.
- *Aortenisthmusstenose:* Zwischen Aortenbogen und absteigender Aorta ist die Lichtung eingeengt
- Manchmal sind mehrere Herzfehler gleichzeitig vorhanden, z.B. bei der häufigen *Fallot-Tetralogie:* Loch in der Kammerscheidewand + reitende Aorta + Engstelle in der Lungenarterie + Verdickung der Wand der rechten Herzkammer.

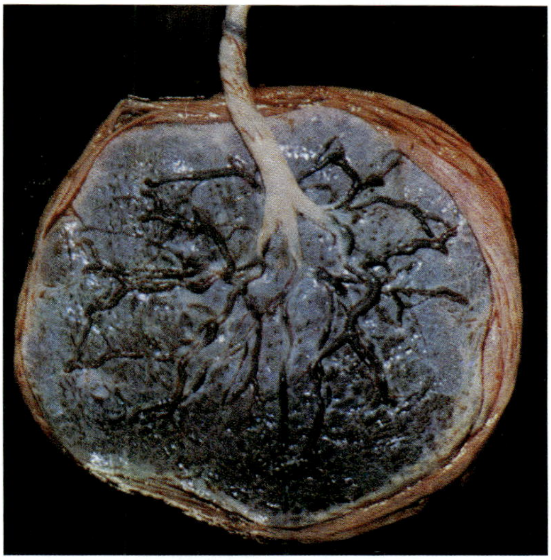

Plazenta mit Nabelschnur: Foto eines Nachgeburtspräparats. Man beachte die weiten Blutgefäße an der der Fruchtwasserhöhle zugewandten Seite. *[sb2]*

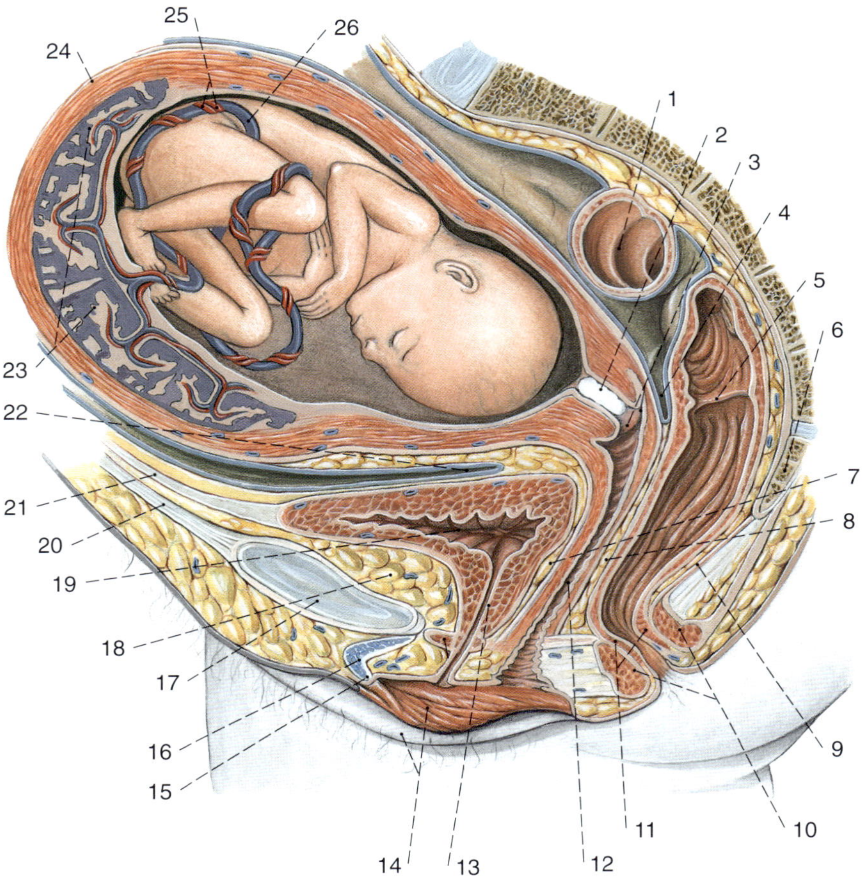

Schwangere Gebärmutter auf einem Medianschnitt durch das Becken. *[fs2]*

Die gewaltige Größenzunahme der Gebärmutter muss zwangsläufig zu einer Verdrängung der benachbarten Organe führen. Hier bewährt sich die Beweglichkeit der Bauchorgane mit Hilfe des Bauchfellüberzugs. Der Darm wird an seinen Gekrösen nach oben geschoben. Eine Erweiterung des Bauchraums ist in 2 Richtungen möglich:

• Die freie Bauchwand wölbt sich nach vorn vor. Die Gebärmutter legt sich der vorderen Bauchwand an.

• Die Grenze zwischen Brust- und Bauchraum wird nach oben verschoben. Das Zwerchfell tritt in eine Ausatmungsstellung. Dadurch wird die Atemmenge und damit die körperliche Leistungsfähigkeit gemindert.

• Die Raumnot im Becken beeinträchtigt den venösen Blutrückstrom. Krampfadern an den Beinen und Hämorrhoiden sind die Folge. Häufig sind auch die Harnwege gestört.

1	Dickdarm, s-förmiger Teil	*Colon sigmoideum*
2	Gebärmutterhalskanal (mit Schleimpfropf)	*Canalis cervicis uteri*
3	Muttermund an der Portio	*Ostium uteri + Portio vaginalis cervicis*
4	Douglas-Raum (zwischen Gebärmutter und Mastdarm)	*Excavatio rectouterina*
5	Querfalte der Mastdarmschleimhaut	*Plica transversa recti*
6	Steißbein	*Os coccygis [Coccyx]*
7	Bindegewebeplatte zwischen Harnblase und Scheide	*<Fascia vesicovaginalis (Septum vesicovaginale)>*
8	Bindegewebeplatte zwischen Scheide und Mastdarm	*Fascia rectovaginalis [Septum rectovaginale]*
9	After-Steißbein-Band	*Corpus [Lig.] anococcygeum*
10	Äußerer Afterschließmuskel	*M. sphincter ani externus*
11	Innerer Afterschließmuskel	*M. sphincter ani internus*
12	Scheide	*Vagina*
13	Weibliche Harnröhre	*Urethra feminina*
14	Große + kleine Schamlippe	*Labium majus pudendi + Labium minus pudendi*
15	Kitzlereichel	*Glans clitoridis*
16	Kitzlerschwellkörper	*Corpus cavernosum clitoridis*
17	Schambeinfuge	*Symphysis pubica*
18	Verschieberaum zwischen Schambeinen und Harnblase	*Spatium retropubicum*
19	Harnblase	*Vesica urinaria*
20	Weiße Linie	*Linea alba*
21	Mittelständiges Nabelband	*Lig. umbilicale medianum*
22	Bauchfelltasche zwischen Harnblase und Gebärmutter	*Excavatio vesicouterina*
23	Mutterkuchen	*Placenta*
24	Gebärmutterkuppe	*Fundus uteri*
25	Nabelarterien	*Aa. umbilicales*
26	Nabelvene	*V. umbilicalis*

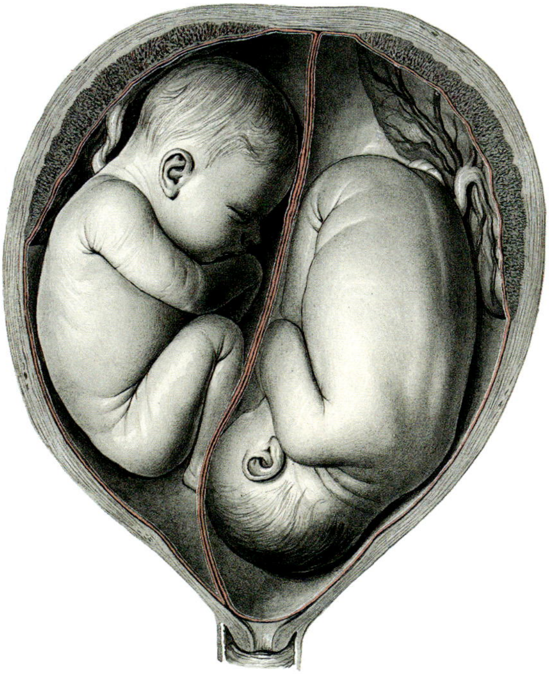

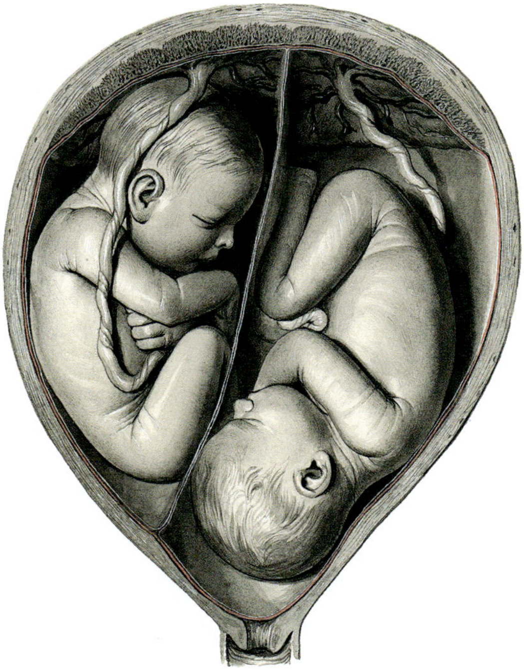

↑ Eihäute bei Zwillingsschwangerschaften. *[we1]*
• Links: *Zweieiige Zwillinge* haben in der Regel getrennte Plazenten und getrennte Fruchtwasserräume. Die beiden Plazenten können jedoch gelegentlich sekundär miteinander verwachsen.
• Rechts: Bei *eineiigen Zwillingen* hängt es vom Zeitpunkt der Trennung des Entwicklungswegs ab, ob Plazenta, Fruchtwasserraum und Nabelschnur gemeinsam oder getrennt sind. Das Bild stellt den Fall einer monochorialen (gemeinsame Zottenhaut) diamnialen (getrennte Fruchtwasserräume) Plazenta dar. Bei der monamnialen Plazenta würde die dünne Trennwand zwischen den Fruchtwasserräumen fehlen. Bei der monofunikulären Plazenta entspringt aus der Plazenta nur eine Nabelschnur, die sich dann zu den beiden Früchten aufzweigt.

Doppelmissbildung: Die Körper von eineiigen → Zwillingen haben sich in einem sehr frühen Entwicklungsstadium nicht völlig voneinander getrennt oder sind nachträglich wieder verschmolzen. Auf etwa 50 000 Geburten entfällt eine Doppelmissbildung. Da Zwillinge etwa bei jeder 80. Geburt zur Welt kommen, führt etwa jede 600. Zwillingsschwangerschaft zu einer Doppelmissbildung. Die Formenvielfalt ist groß. Am häufigsten sind die Kinder im Brustbereich verwachsen. Der volkstümliche Name „siamesische Zwillinge“ geht auf das in Siam 1811 geborene Geschwisterpaar Chang und Eng Bunkes zurück, die 63 Jahre ungetrennt lebten. Sie waren mit einem Schwesternpaar verheiratet und hatten 22 Kinder. Heute bemüht man sich, Doppelmissbildungen im frühen Kindesalter zu trennen, um ihnen eine normale gesellschaftliche Entwicklung zu ermöglichen. Die Medien berichten meist ausführlich darüber. *[li5] [qh]*

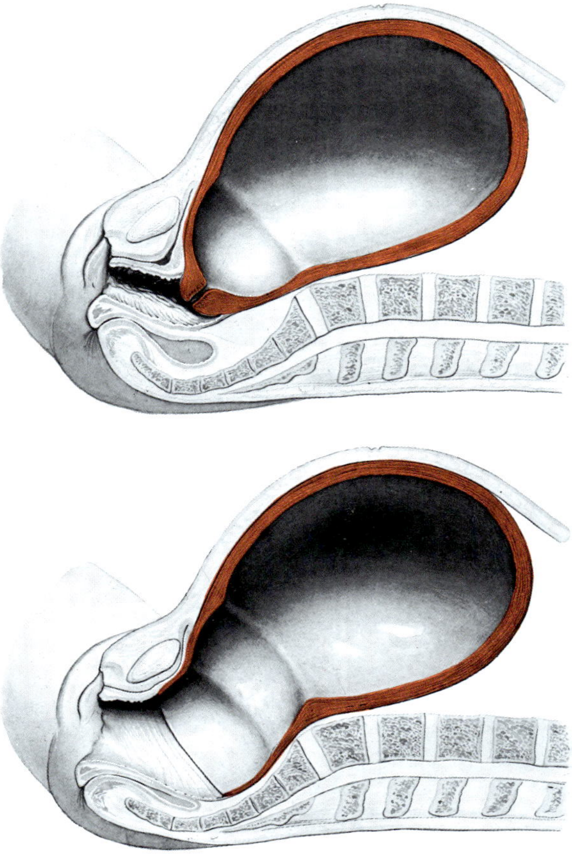

↑ Eröffnungsphase: Öffnen des Gebärmutterhalskanals. Das Fortschreiten der Geburt erkennt man am Weiterwerden des Muttermunds. *[we1]*

Abschnitte des Geburtsvorgangs

- *Eröffnungsphase:* Der Gebärmutterhalskanal wird aufgedehnt. Die Eröffnungsphase endet normalerweise mit dem Platzen der Fruchtblase und dem Auslaufen von Fruchtwasser
- *Austreibungsphase:* Die Leibesfrucht wird durch den Beckenkanal der Mutter gepresst.
- *Nachgeburtsphase:* Die Plazenta wird mit dem Rest der Eihäute ausgestoßen.

Anzeichen der bevorstehenden Geburt

- *Vorwehen:* Die Gebärmutterwand spannt sich jeweils für einige Sekunden an, erst nur vereinzelt, dann allmählich häufiger werdend. Die Frau verspürt dabei einen ziehenden Schmerz.
- *Erleichtertes Atmen:* Durch die Vorwehen wird die Leibesfrucht in den Beckeneingang gedrängt. Die Gebärmutter senkt sich dadurch ein wenig. Dies schafft Platz im Oberbauch und darüber im Brustraum.
- *Abgang eines Schleimpfropfs:* Der Gebärmutterhalskanal wird allmählich erweitert. Dadurch verliert der dortige Schleimpfropf seinen Halt und wird ausgestoßen.
- *Plötzliche Gewichtsabnahme:* Aufgrund der Hormonumstellung scheidet die Niere mehr Wasser aus. Die Schwangere muss häufig Wasser lassen und verliert dadurch 1–2 kg an Gewicht.

Den Beginn der Geburt setzt man mit dem Zeitpunkt an, zu dem die Wehen regelmäßig etwa alle 5 Minuten kommen und etwa eine Minute anhalten.

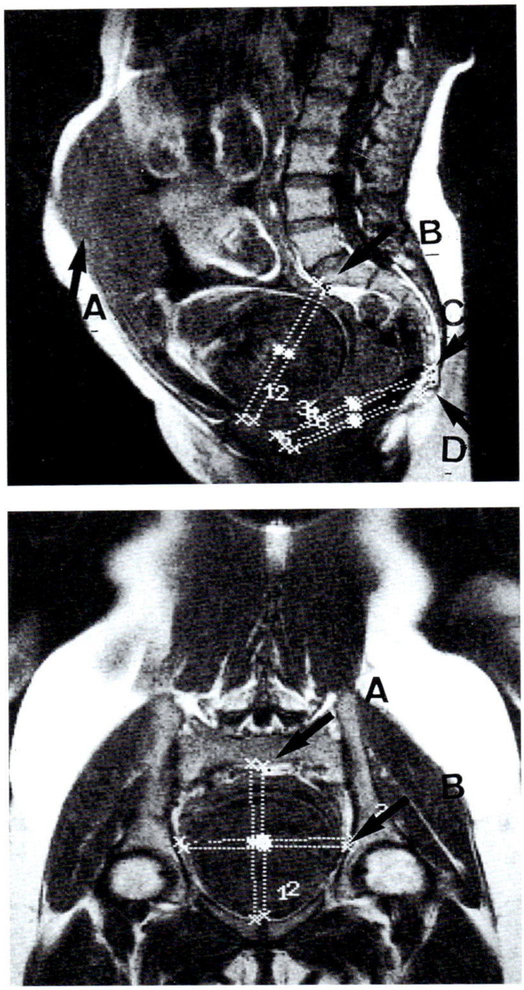

Beckenmessung: kernspintomographisches Vermessen des Beckenkanals und des Kindskopfes vor der Geburt (Pelvimetrie und Fetometrie). Bei einem großen Fetus oder einem engen Becken kann u.U. eine Geburt auf natürlichem Wege unmöglich sein. Die Entscheidung für die Schnittentbindung („Kaiserschnitt") wird durch Messungen erleichtert. 1 + 3 + 5 Knochenmaß, 2 + 4 + 6 Weichteilmaß. *[rk]*

- Oberes Bild: mediane Schnittebene:. A Plazenta (an der Vorderwand der Gebärmutter), B Beckeneingang, C Kreuzbein, D Steißbein.
- Unteres Bild: Axialschnitt. A maximaler Längsdurchmesser, B maximaler Querdurchmesser.

Dauer der Geburt

Sie ist individuell sehr verschieden. Die erste Entbindung einer Frau beansprucht meist sehr viel mehr Zeit als die folgenden. Im Durchschnitt dauert die Entbindung einer Erstgebärenden vom Einsetzen regelmäßiger Wehen bis zum Ausstoßen der Nachgeburt 16 Stunden, davon entfallen 14 Stunden auf die Eröffnungsphase, 1,5 Stunden auf die Austreibungsphase und eine halbe Stunde auf die Nachgeburtsphase. Die Mehrgebärende schafft es in durchschnittlich der halben Zeit.

Warum dauert die Eröffnungsphase so lang?

Brutraum ist die Gebärmutterkörperhöhle. Der Gebärmutterhalskanal hingegen bleibt während der Schwangerschaft eng. Er verschließt den Brutraum und verhindert das Eindringen von Bakterien usw. Der erste Abschnitt der Geburt dient dazu, den Gebärmutterhalskanal aufzuweiten. Bei jeder Wehe wird die Leibesfrucht gegen den Gebärmutterhals gepresst und dehnt ihn auf diese Weise allmählich aus. Gleichzeitig werden die spiralig angeordneten Muskelzellen des Gebärmutterhalses durch den Zug von oben abgewickelt. Während der Gebärmutterkörper im Verlauf von Monaten aufgeweitet wurde, muss dies beim Gebärmutterhals in Stunden geschehen. Dies ist mühsam und schmerzhaft für die Frau.

Drehungen des Kindes im Beckenkanal

Die Leibesfrucht wird normalerweise erst zu einem Zeitpunkt geboren, in dem sie nur noch mit Mühe den Beckenkanal durchsetzen kann. Der Kopf ist der am meisten Platz beanspruchende Teil der Leibesfrucht. Sein Längsdurchmesser (Durchmesser in Pfeilrichtung) ist größer als der Querdurchmesser.

- Beim *Beckeneingang* ist jedoch der Längsdurchmesser kleiner als der Querdurchmesser. Deshalb tritt der kindliche Kopf mit zur Seite gewendetem Gesicht in den Beckenkanal ein.
- Im *Beckenausgang* ist der Längsdurchmesser größer als der Querdurchmesser, weil das Steißbein nach hinten abgebogen werden kann. Deshalb wird der kindliche Kopf auf dem Weg durch den Beckenkanal in die Längsrichtung zurückgedreht.
- Nachdem der Kopf ausgetreten ist, dreht sich das Kind nochmals in die Querrichtung, weil der Querdurchmesser des Brustkorbs größer ist als der Längsdurchmesser.

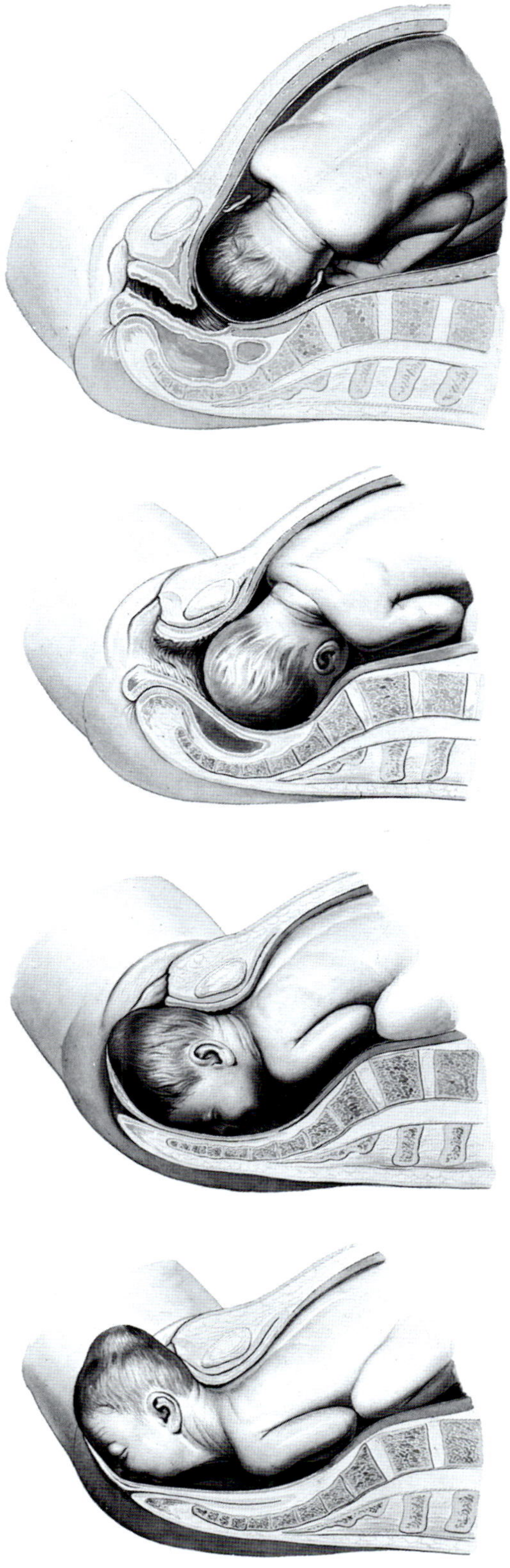

Austreibungsphase in „Hinterhauptlage“ des Kindes. Man achte auf die Drehung des Kopfes des Kindes. *[we1]*
In der überwiegenden Mehrzahl der Geburten geht der Kopf des Kindes voran. Wegen seiner rundlichen Form kann er die Geburtswege besonders gut erweitern. Der Rumpf des Kindes ist im Umfang kleiner und folgt dem Kopf ohne Schwierigkeiten. Geht hingegen das untere Rumpfende bei der Geburt voran („Steißlage“), so kommt (im wörtlichen Sinne) „das dicke Ende nach“. Ebenso wie bei Fehldrehungen im Becken sind dann Komplikationen häufiger („regelwidrige Geburt“).

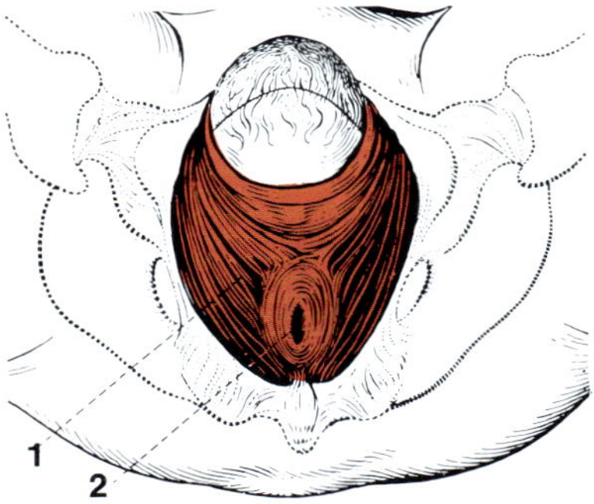

Austreibungsphase: Beckenboden der Frau beim Durchtritt des kindlichen Kopfes. Der Afterheber (1) wird gewaltig gedehnt. After (2). *[bg2]*

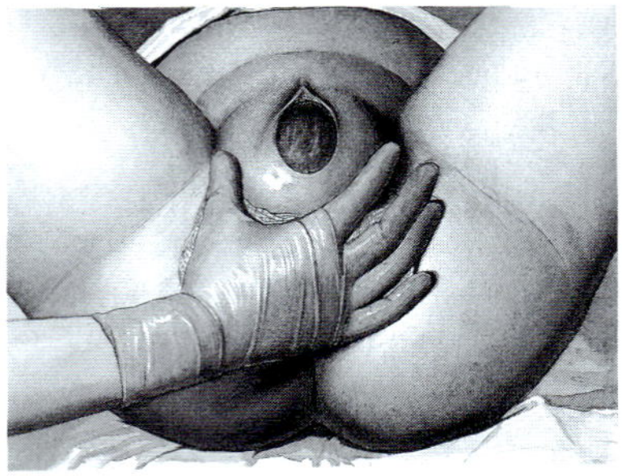

Austreibungsphase: „Dammschutz“: Die Geburtshelferin stützt den Beckenboden ab, um eine Überdehnung mit Dammriss zu verhüten. *[we1]*

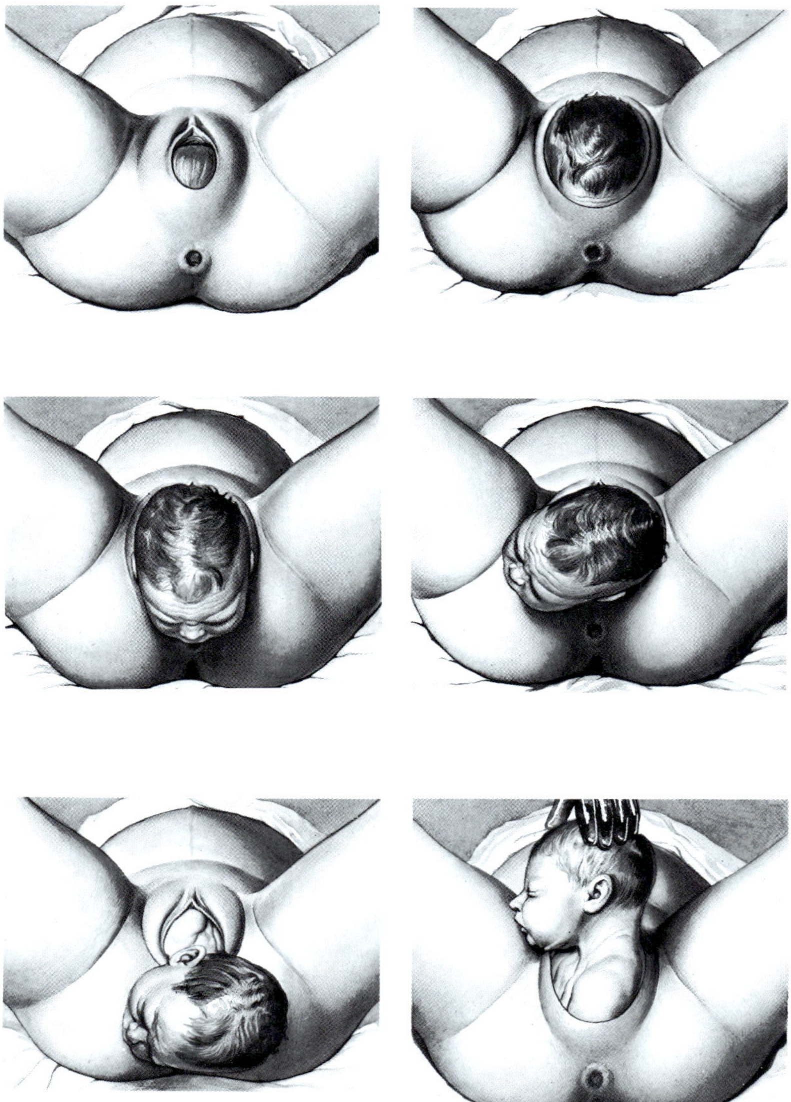

Austreibungsphase: Durchtritt des Kindes durch den Beckenboden. *[we1]*
Beim Rumpf des Kindes ist umgekehrt wie beim Kopf der Querdurchmesser etwas größer als der Sagittaldurchmesser. Der Rumpf des Kindes dreht sich daher ähnlich wie dies für den Kopf auf der vorhergehenden Seite abgebildet worden war:

- Nach dem Durchtritt des Kopfes in sagittaler Richtung, wendet sich der Körper des Kindes in die Querrichtung.
- Die beiden Schultern kommen nacheinander zum Vorschein.
- Ist der Brustkorb geboren, gleiten Becken und Beine ohne Schwierigkeiten nach außen.
- Der kindliche Kopf kann sich auf dem Weg durch das Becken den unterschiedlichen Durchmessern etwas anpassen: Die einzelnen Knochen des Schädeldachs sind noch nicht miteinander verwachsen. Sie sind durch breite Bindegewebezonen voneinander getrennt (besonders weit in den Fontanellen). Die Knochen können sich dann dachziegelartig übereinander schieben.

Nachgeburtsphase: Ausstoßen der Plazenta als Nachgeburt. *[we1]*
Nach der Geburt des Kindes löst sich die Plazenta manchmal sofort, manchmal auch erst nach 30–60 Minuten von der Gebärmutterwand ab und gleitet dann ohne Schwierigkeiten durch die vom Kind erweiterten Geburtswege nach außen. Dann prüft die Geburtshelferin die Nachgeburt sorgfältig auf Vollständigkeit: In der Gebärmutter zurückbleibende Plazentateile behindern das Zusammenziehen der Muskelwand und damit das Abklemmen der eröffneten Blutgefäße. Langanhaltende Blutungen sind die Folge. Zurückgebliebene Plazentateile müssen daher (auch wegen der Infektionsgefahr) ausgeräumt werden.

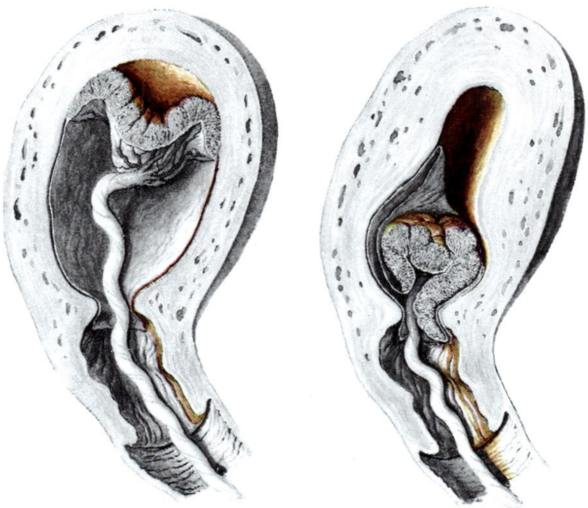

Wochenbett

Etwa 6–8 Wochen nach der Entbindung werden benötigt, um den Körper der Mutter wieder auf den nichtschwangeren Zustand umzustellen:

• *Verkleinerung der Gebärmutter:* Nach einer Woche wiegt die Gebärmutter noch etwa 500 g, nach 2 Wochen 350 g, nach 6 Wochen 50–70 g.

• *Abheilen der Gebärmutterwunde:* Nach dem Ausstoßen der Nachgeburt bleibt die Gebärmutterwand angespannt. Dadurch werden die aufgerissenen Blutgefäße abgeklemmt. Die Blutung lässt daher bald nach. Der Ausfluss aus der Gebärmutter ist zunächst noch bluthaltig (roter Wochenfluss), wird dann wegen der großen Zahl weißer Blutkörperchen eiterähnlich (weißer Wochenfluss) und schließlich dünnflüssig (wässriger Wochenfluss).

• *Festigen des Beckenbodens:* Die stark gedehnten Muskeln und Bindegewebe des Beckenbodens nehmen wieder normale Maße an.

• *Entwässerung:* Die Schwangere hat vermehrt Wasser im Körper festgehalten. Schon kurz vor der Entbindung beginnend werden in einer „Harnflut" oft 2–3 l Harn pro Tag ausgeschieden. Die Wöchnerin freut sich über die rasche Gewichtsabnahme.

• *Stillen:* Unmittelbar nach der Geburt wird von den Brustdrüsen eine fettarme Vormilch (Kolostrum) mit reichlich weißen Blutkörperchen abgegeben. Nach 2–3 Tagen schießt die richtige Muttermilch ein. Sie wird solange erzeugt, wie an der Brustwarze gesaugt wird. Über einen „neurohormonalen Reflex" wird die Milchbildung in Gang gehalten.

Reifezeichen des Neugeborenen

- Gewicht: mindestens 2500 g
- Körperlänge: mindestens 48 cm
- Haut: blassrosa mit gutem Unterhautfettpolster
- Fingernägel: überragen Fingerkuppen
- kleine Schamlippen: von den großen Schamlippen verdeckt
- Hoden: im Hodensack

Das „lebensfrische" gesunde Neugeborene schreit kräftig, bewegt sich aktiv, zeigt lebhafte Reflexe, rosige Haut und eine Herzfrequenz von über 100. Diese 5 Kriterien werden im „Apgar-Schema" eine, 5 und 15 Minuten nach der Geburt geprüft. Ein Neugeborenes, das nur das Gesicht verzieht, ohne zu schreien, mit schlaffen Muskeln, nicht reagiert, mit bläulicher oder weißlicher Haut und einer Herzfrequenz unter 100 ist gefährdet.

Gefahren für die Leibesfrucht

In der Phase der Organbildung ist der Embryo besonders anfällig gegen Störungen. Gefahren drohen durch Viruserkrankungen der Mutter, die auf ihn übergreifen können. Aber auch Medikamente und andere chemische Stoffe können durch die Plazenta in den Embryo gelangen und dort verheerend wirken. Kurzwellige Strahlen schädigen vor allem rasch wachsende Gewebe, was auch dem Embryo gefährlich werden kann.

Schädigungen des Embryos führen zu *Missbildungen* oder zum Tod. Je nach dem Zeitpunkt der Schädigung sind die Missbildungen verschieden, z.B. in der 4. Entwicklungswoche Missbildungen des Gehirns, in der 5. Woche Missbildungen der Gliedmaßen usw. Nach der 9. Entwicklungswoche entstehen kaum noch Missbildungen.

Unglücklicherweise liegt die besonders empfindliche Phase der Entwicklung in einem so frühen Zeitpunkt, in dem sich die Frau über den Eintritt der Schwangerschaft oft noch nicht sicher ist. Die entscheidende Phase der Gehirnanlage liegt nur eine Woche nach dem Termin der fälligen Menstruation. Da die Menstruation bei der nichtschwangeren Frau auch einmal einige Tage später einsetzen kann, stellen sich zu diesem Zeitpunkt viele Frauen noch nicht auf eine Schwangerschaft ein. Dabei erfordert gerade die Frühschwangerschaft besondere Rücksicht der Mutter auf das Kind: Sie sollte möglichst keine Medikamente einnehmen und nicht rauchen. Röntgenuntersuchungen sollten, wenn möglich, bis nach dem dritten Schwangerschaftsmonat verschoben werden. Jede Frau, die nicht an Röteln erkrankt war, sollte vor der ersten Schwangerschaft gegen Röteln geimpft worden sein.

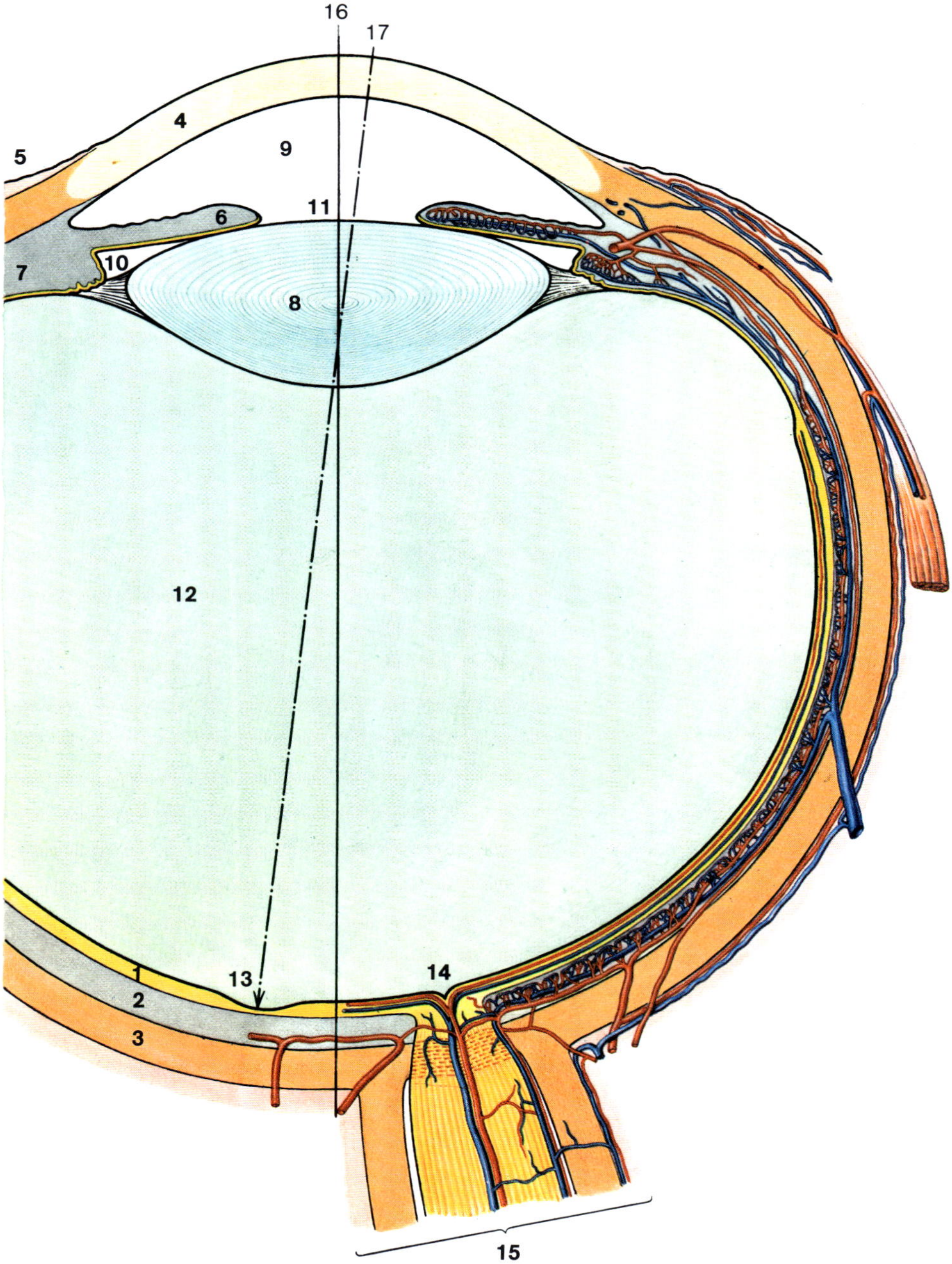

Linker Augapfel: Horizontalschnitt; untere Hälfte. *[pa3]*

1	Netzhaut	*Retina*
2	Aderhaut	*Choroidea*
3	Lederhaut	*Sclera*
4	Hornhaut	*Cornea*
5	Bindehaut	*Tunica conjunctiva*
6	Regenbogenhaut	*Iris*
7	Strahlenkörper	*Corpus ciliare*
8	Linse	*Lens*
9	Vordere Augenkammer	*Camera anterior*
10	Hintere Augenkammer	*Camera posterior*
11	Sehloch (= Pupille)	*Pupilla*
12	Glaskörper	*Corpus vitreum*
13	Gelber Fleck (Stelle schärfsten Sehens)	*Macula lutea*
14	„Blinder Fleck" (= Sehnerv-papille)	*Discus nervi optici*
15	Sehnerv (2. Hirnnerv)	*N. opticus*
16	Achse des Augapfels	*Axis bulbi*
17	Hauptsehlinie (zur Stelle des schärfsten Sehens)	*Axis opticus*

Vergleich zwischen Kamera und Auge

Videokamera:	*Auge:*
Gehäuse	Lederhaut und knöcherne Wand der Augenhöhle
Objektiv mit Entfernungseinstellung	• Hornhaut starr • Augenlinse verstellbar
Blende	Regenbogenhaut um Pupille
Verschluss	Lider (als „Objektivkappe", Pupille kann nicht völlig geschlossen werden)
Film bzw. lichtempfindlicher Raster	Netzhaut mit Lichtrezeptoren: helligkeitsempfindlichen Stäbchen und farbempfindlichen Zapfen
Kabel zum Videorecorder	Sehnerv + Sehstrang
Schirmbild bzw. Videokassette	Primäres Sehzentrum im Hinterlappen des Großhirns
Betrachter (Fotograf)	Übergeordnete Sehzentren des Großhirns
Stromversorgung (Batterie)	Energieversorgung über den Blutkreislauf (Blutgefäße sind besonders reichlich in der Aderhaut)
Zoom	fehlt

Ist die Kamera beschädigt, bringt man sie zur Reparatur. Das Auge repariert kleinere Schäden selbst, manchmal muss der Arzt mithelfen. Hat man die Kamera verloren, kauft man sich eine neue. Ein zerstörtes Auge kann man auch für noch so viel Geld nicht ersetzen. Man kann zwar die Hornhaut verpflanzen, nicht aber ein vollständiges Auge.

Augenlinse

Die Augenlinse ist ein glasklares, stark lichtbrechendes, linsenförmiges Gebilde im Innern des Auges. Ihr Durchmesser beträgt etwa 1 cm und ihre größte Dicke 4 mm.

• Mit Hilfe der Augenlinse wird das Bild auf der Netzhaut scharf eingestellt. Wenn die Augenlinse sich stärker krümmt, so wird der Brennpunkt nach vorn verlagert (Naheinstellung), bei schwächerer Krümmung nach hinten (Ferneinstellung). Die Augenlinse hat aufgrund ihrer natürlichen Elastizität eine Neigung sich abzurunden. Sie ist mit feinen Fasern im Strahlenkörper aufgehängt und wird von ihm gestreckt. Der Linsenmuskel zieht die mittlere Augenhaut nach vorn und entspannt damit den Strahlenkörper. Die Augenlinse kugelt sich dann aufgrund ihrer eigenen Elastizität ab (sie wird nicht etwa durch den Muskel zusammengepresst).

• Ab dem 45. Lebensjahr nimmt die Elastizität der Augenlinse deutlich ab, um das 60. Lebensjahr ist sie praktisch erloschen. Sie verharrt zuletzt in der Ferneinstellung. Bei Entspannung des Strahlenkörpers durch den Linsenmuskel kann sich die Augenlinse dann nicht mehr abrunden. Die Naheinstellung unterbleibt (*Alterssichtigkeit*). Durch Vorsetzen einer geeigneten Linse vor das Auge kann man im Nahbereich wieder scharf sehen. Auch der Normalsichtige benötigt etwa ab dem 45. Lebensjahr eine Lesebrille.

• Grauen Star *(Katarakt)* nennt man eine Trübung der Augenlinse. Ist sie hochgradig, so können die Lichtstrahlen nicht mehr zur Netzhaut gelangen. Entfernt man die trübe Augenlinse (Staroperation), so kehrt das Sehvermögen zurück. Um scharf sehen zu können, muss man allerdings eine Kunststofflinse an die Stelle der entfernten Augenlinse in das Auge oder eine Starbrille vor das Auge setzen.

Brechungsfehler des Auges

Scharfe Bilder bekommt man beim Fotoapparat nur dann, wenn das Bild genau auf den Film geworfen wird. Ebenso muss beim Auge das Bild genau auf der Netzhaut liegen. Das Bild von nahe vor dem Auge befindlichen Gegenständen liegt bei Ferneinstellung hinter der Netzhaut. Durch die stärkere Abkugelung der Linse (oder im Alter durch die Lesebrille) wird es nach vorn auf die Netzhaut gezogen. Der Augapfel kann jedoch so unglückliche Maße aufweisen, dass trotz Nah- und Ferneinstellung das Bild nicht immer auf die Netzhaut geworfen wird.

• Bei *Kurzsichtigkeit* ist der Augapfel zu lang.

• Bei *Weitsichtigkeit* ist der Augapfel zu kurz.

• Verzerrungen können entstehen, wenn die Hornhaut nicht gleichmäßig gekrümmt ist. Ist diese z.B. in der Horizontalen anders gekrümmt als in der Vertikalen, so entsteht die *Stabsichtigkeit* (Astigmatismus). Diese kann durch Vorsetzen von Zylindergläsern ausgeglichen werden. Die Stabsichtigkeit kann mit Kurz- oder Weitsichtigkeit verbunden sein. Auch Hornhautnarben bedingen Verzerrungen des Bildes. Sie sind dann meist nicht durch eine Brille, oft aber durch Kontaktlinsen („Haftschalen") auszugleichen. Manchmal hilft nur die Hornhautverpflanzung.

Brechungsfehler des Auges. *[sr]*
• Bei der *Weitsichtigkeit* (Hyperopie) ist das Auge zu kurz (1 + 2). Das Bild liegt hinter der Netzhaut.
• Bei der *Kurzsichtigkeit* (Myopie) ist das Auge zu lang (3–5). Das Bild liegt vor der Netzhaut.
• Dem Weitsichtigen kann durch Vorsetzen einer Sammellinse geholfen werden, die das Bild nach vorn zieht (2).
• Dem Kurzsichtigen nützt eine Streulinse. Das Bild wird dadurch nach hinten verlagert (5).

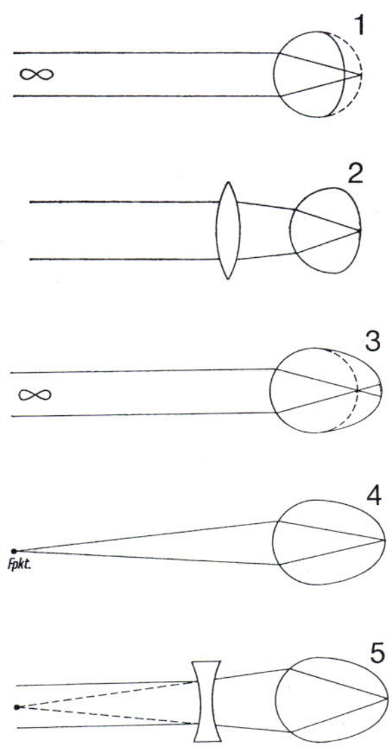

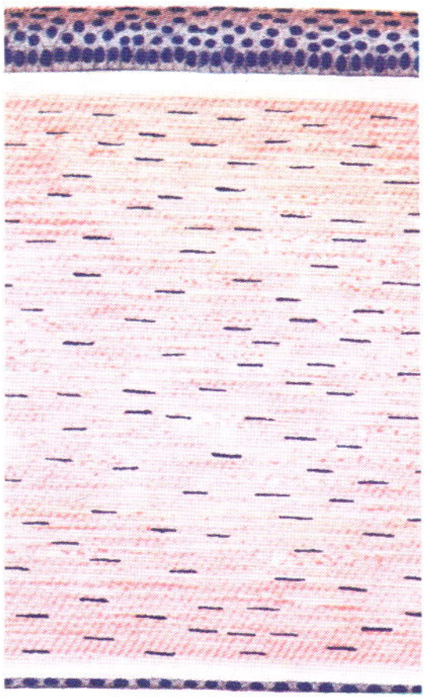

Hornhaut: Schnittbild, Vergrößerung 80fach. *[so]*
Das vordere, der Außenwelt zugewandte Deckgewebe ist ein mehrschichtiges Plattenepithel. Es ist unverhornt, da die Hornhaut von der Tränenflüssigkeit befeuchtet wird und die Lider schützend vor ihr geschlossen werden können. Das hintere Epithel dient nur der Abgrenzung der vorderen Augenkammer. Es ist einschichtig und flach.

Hauptschichten der Wand des Augapfels

Die Wand des Auges bilden 3 Augenhäute:

❶ **Äußere** = faserreiche Augenhaut:
- *Lederhaut:* weiß, undurchsichtig.
- *Hornhaut:* glasklar durchsichtig.

❷ **Mittlere** = gefäßreiche Augenhaut:
- *Aderhaut:* eine gefäßreiche Schicht zwischen Lederhaut und Netzhaut.
- *Strahlenkörper:* Er sondert das Kammerwasser ab und enthält den Linsenmuskel.
- *Regenbogenhaut:* Sie stellt die Pupille enger oder weiter.

❸ **Innere** = nervenzellreiche Augenhaut: Netzhaut.

Äußere Augenhaut

Die äußere Augenhaut besteht hauptsächlich aus zugfesten Fasern. Sie ist daher ähnlich wie Bänder und Sehnen weiß gefärbt *(Lederhaut)*. Nur im vordersten Abschnitt sind die Fasern in eine Grundsubstanz mit gleichem Lichtbrechungsindex eingelagert und deswegen durchsichtig *(Hornhaut)*.

- Diese derbe äußere Augenhaut ersetzt dem Auge das Skelett. Gegenüber einem starren Skelett besitzt sie den Vorteil der Unzerbrechlichkeit. Allerdings können Stiche die Hornhaut und die Lederhaut durchdringen. Dann tritt Flüssigkeit aus (Kammerwasser und Glaskörper): Das Auge „läuft aus".

Hornhaut (Kornea)

Die Hornhaut ist etwas stärker gekrümmt als die Lederhaut und wölbt sich daher vor. Trocknet die Hornhaut ein, so wird sie trüb. Sie muss daher ständig mit Tränenflüssigkeit befeuchtet werden. Die gesunde Hornhaut ist frei von Blutgefäßen, damit sie durchsichtig bleibt. Sie wird vom Kammerwasser auf dem Wege der Diffusion ernährt und auf der Vorderseite von der Tränenflüssigkeit befeuchtet. Als Folge von Entzündungen oder Verletzungen kann sich die Hornhaut teilweise oder vollständig eintrüben. Manchmal kann dann durch Übertragen einer gesunden Hornhaut das volle Sehvermögen wiederhergestellt werden.

Augenkammern und Kammerwasser

Das Kammerwasser ist eine klare Flüssigkeit, die den Hohlraum zwischen der Hornhaut und der Augenlinse füllt. Dieser Hohlraum wird durch die Regenbogenhaut zweigeteilt: vordere und hintere Augenkammer, die durch die Pupille verbunden sind.

- Das Kammerwasser wird vom Deckgewebe des Strahlenkörpers abgesondert. Es ist für den Augeninnendruck und für die Ernährung der gefäßfreien Hornhaut verantwortlich.
- Grünen Star *(Glaukom)* nennt man eine Erhöhung des Augeninnendrucks. Sie ruft heftige Schmerzen hervor. Das Auge kann wegen des Drucks auf die Netzhaut erblinden (in Mitteleuropa häufigste Ursache von Erblindung). Zugrunde liegt meist ein gestörter Abfluss des Kammerwassers (im Kammerwinkel zwischen Hornhaut und Regenbogenhaut).

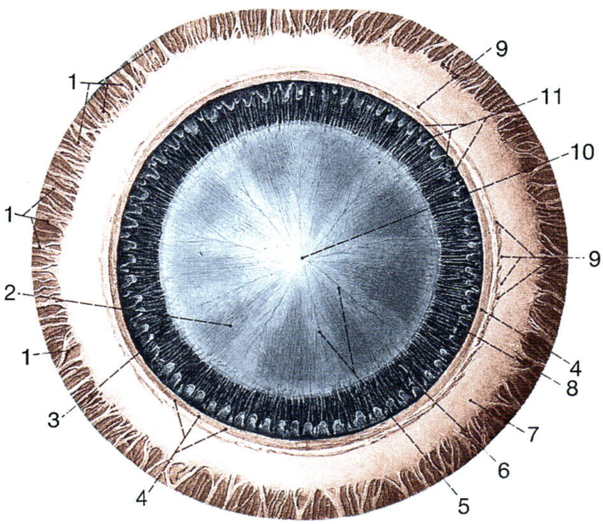

Aufhängeapparat der Augenlinse (Vergrößerung 5fach). Hornhaut und Lederhaut sind entfernt. Die Regenbogenhaut ist an ihrem Strahlenkörperrand abgeschnitten. *[sb3]*

1	Blutgefäße + Nerven zum Strahlenkörper	*Aa. ciliares + Nn. ciliares breves*
2	Linsenvorderfläche	*Facies anterior (lentis)*
3	Vordere Augenkammer	*Camera anterior*
4	Strahlenkörperrand der Regenbogenhaut	*Margo ciliaris (iridis)*
5	Linsenstrahlen	*Radii (lentis)*
6	Strahlenzone	*Zonula ciliaris*
7	Strahlenkörper	*Corpus ciliare*
8	Fasern der Strahlenzone	*Fibrae zonulares*
9	Kammerwinkel	*Angulus iridocornealis*
10	Vorderer Linsenpol	*Polus anterior (lentis)*
11	Strahlenfortsätze	*Processus ciliares*

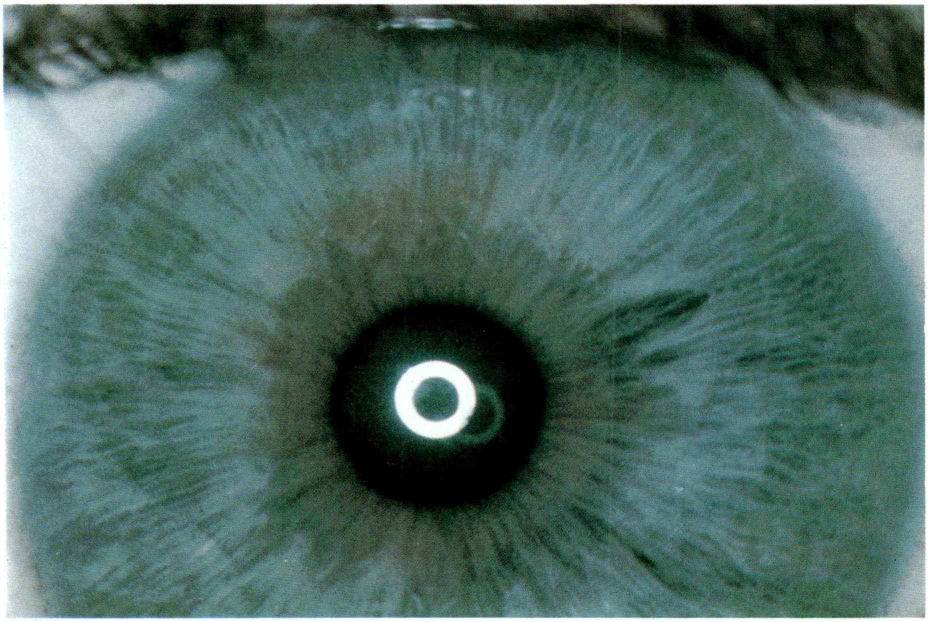

Regenbogenhaut (Iris) mit Pupille (Foto, Vergrößerung 10fach). Die weißen Ringe in der Pupille sind die Reflexe des Ringblitzes von Hornhaut und Augenlinse. Die so unregelmäßig erscheinende Struktur ist genetisch festgelegt und meist an beiden Augen gleich. *[li1]*

Regenbogenhaut (Iris)

Die Regenbogenhaut regelt den Lichteintritt zur Netzhaut, wirkt also als Blende:

- Im Hellen wird die Pupille (Sehloch) verengt.
- Im Dunkeln wird die Pupille erweitert.

Sie verändert die Weite der Pupille mit Hilfe zweier Muskeln: des Schließmuskels und des Erweiterers der Pupille. Der Schließmuskel verläuft annähernd kreisförmig nahe dem Rand der Pupille. Der Erweiterer ist radspeichenartig angeordnet. Beide Muskeln unterstehen dem autonomen Nervensystem:

- der Schließmuskel dem Parasympathikus.
- der Erweiterer dem Sympathikus. Bei Aufregung und Angst (Sympathikuserregung) werden die Pupillen weit.

Die Bedeutung der Regenbogenhaut als Blende kann man beim Prüfen des *Pupillenreflexes* an den eigenen Augen beobachten: Man stelle sich in einem mäßig hellen Raum vor einen Spiegel und beobachte die Pupillen. Sie werden in Anpassung an die Dunkelheit weit sein. Dann leuchte man mit einer hellen Taschenlampe von der Seite auf das eine Auge. Sofort werden beide (!) Pupillen eng. Die Nerven der Regenbogenhautmuskeln sind so geschaltet, dass beide Pupillen gleich weit sind (wenn sie es nicht sind, liegt eine Nervenstörung vor).

Eine Blende ist nur dann wirksam, wenn nur das Loch in der Mitte, nicht aber der Blendenkörper selbst das Licht durchlässt. Die Regenbogenhaut ist daher an ihrer Rückseite mit dem Pigmentepithel der Netzhaut überzogen. Dieses schimmert bläulich durch die Regenbogenhaut und bedingt die Farbe der „blauen Augen“. Beim „braunen“ Auge ist zusätzlich Pigment in die Regenbogenhaut selbst eingelagert.

Glaskörper

Der Glaskörper ist eine zellfreie, durchsichtige Gallerte, die den Hohlraum zwischen Augenlinse und Netzhaut ausfüllt.

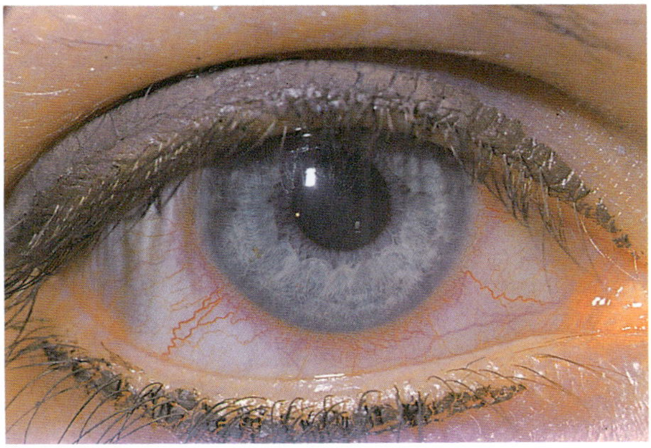

Regenbogenhautentzündung (Iritis): Erweiterung der Blutgefäße um den Rand der Regenbogenhaut (durch die Lederhaut bläulich durchscheinend), vom Augenarzt traditionell „ziliare Injektion“ genannt (hier wird „Injektion“ nicht im Sinne von Einspritzung, sondern im Sinne von verstärkter Durchblutung gebraucht!). *[bu2]*

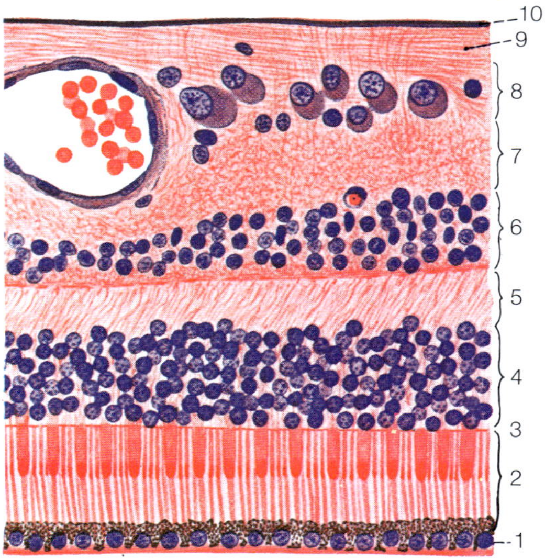

↑ Netzhaut: Schnittbild, Vergrößerung 400fach. *[so]* Das Licht erreicht erst nach drei Schichten von Zellkernen (8, 6, 4) die lichtempfindlichen Stäbchen und Zapfen. Lebendes Gewebe ist durchsichtig, sofern nicht Farbstoffe usw. eingelagert sind. Die Bezifferung der Schichten folgt nicht dem Gang des Lichts (von 10 nach 2), sondern dem Lauf der Erregung (von 2 nach 9).

1	Pigmentepithel	*Stratum pigmentosum*
2	Schicht der Stäbchen und Zapfen	*Stratum neuroepitheliale [photosensorium]*
3	Äußere Grenzmembran	*Stratum limitans externum*
4	Äußere Körnerschicht	*Stratum nucleare externum*
5	Äußere Netzschicht	*Stratum plexiforme externum*
6	Innere Körnerschicht	*Stratum nucleare internum*
7	Innere Netzschicht	*Stratum plexiforme internum*
8	Schicht der Sehnervzellen	*Stratum ganglionicum*
9	Schicht der Sehnervfasern	*Stratum neurofibrarum*
10	Innere Grenzmembran	*Stratum limitans internum*

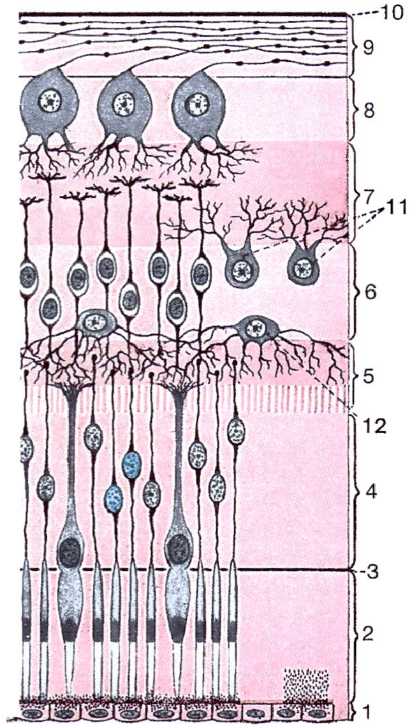

↑ Netzhaut (Retina): Zellschema. 1–10 wie Bild links, 11 = amakrine Zelle, 12 = Horizontalzelle. *[wa]*

Lichtsinneszellen (Photorezeptoren)

Die Netzhaut enthält die Lichtsinneszellen und zahlreiche weitere Nervenzellen. Das menschliche Auge nimmt mit 2 Arten von Sinnesfortsätzen (Rezeptoren) Lichtreize auf:

- Die *Stäbchen* melden nur hell oder dunkel.
- Mit den *Zapfen* können Farben (Grundfarben: Rot, Grün und Blau) unterschieden werden.

↓ Gelber Fleck (Makula) = Stelle des schärfsten Sehens in der Netzhaut: Schnittbild, Vergrößerung 175fach. *[so]* Hier ist die Netzhaut (Schichten 1–10 wie Abbildung links oben) so gebaut, dass das Bild möglichst wenig verfälscht wird. Der gelbe Fleck (12) ist frei von größeren Blutgefäßen. Die inneren Schichten der Netzhaut weichen etwas zur Seite. Am gelben Fleck gibt es nur die tageslichtempfindlichen Zapfen (13). Im Dunkeln kann man daher nicht scharf sehen. 11 = Sehnervzellen.

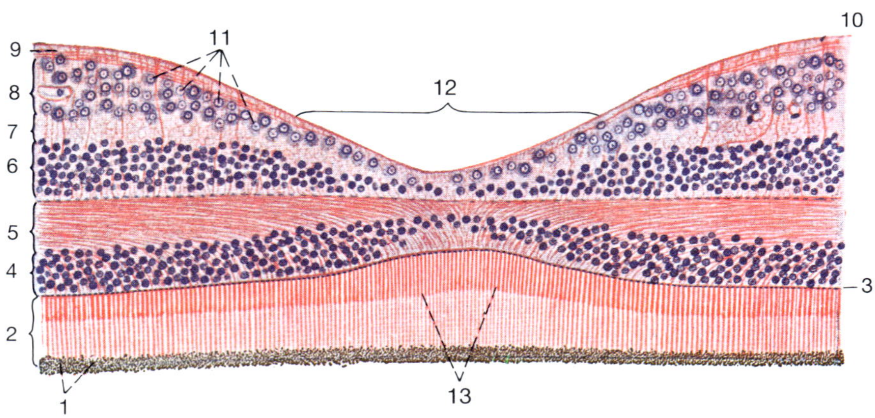

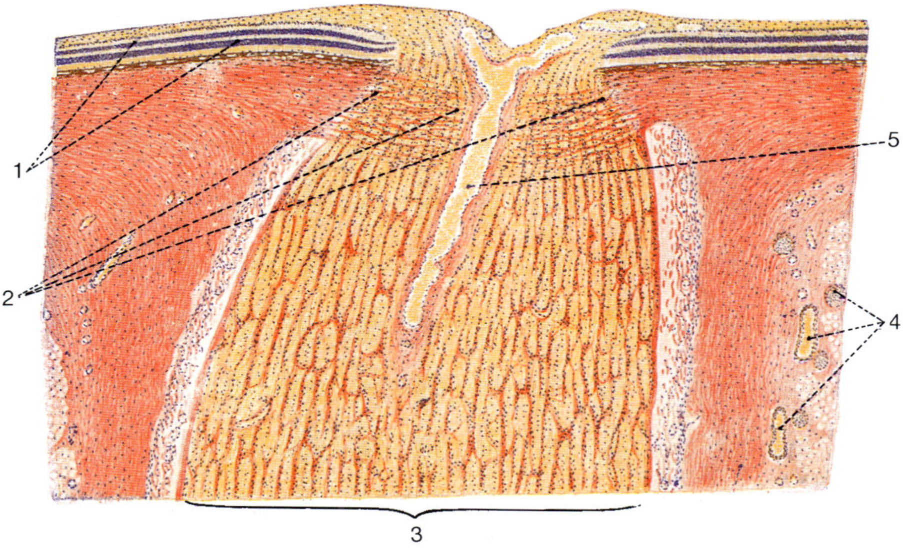

Weg des Lichts in der Netzhaut (Retina)

Die Netzhaut ist in 10 Schichten zu gliedern:

• Die äußerste Schicht (Pigmentepithel) ist reich an einem braunen Farbstoff. Durch diesen werden Lichtreflexe im Auge verhindert.

• Die inneren 9 Schichten sind durchsichtig. Das Licht muss erst 8 Schichten durchqueren, bis es auf die lichtempfindliche Schicht der Stäbchen und Zapfen trifft. Dies hat einen einfachen Grund. Die Netzhaut regelt ihre Lichtempfindlichkeit, indem sie die lichtempfindlichen Stäbchen und Zapfen verschieden weit mit einem dunklen Pigment umhüllt. Die Stäbchen und Zapfen müssen also der Pigmentschicht anliegen, damit sich diese nach Bedarf zwischen die Stäbchen und Zapfen schieben kann. Da man die dunkle Schicht natürlich nicht vor das Licht stellen kann, ist das hochentwickelte Wirbeltierauge als „umgekehrtes Auge" gebaut. Der zunächst naheliegende Bau, die lichtempfindlichen Zellen dem Licht zuzuwenden, kommt nur bei niederen Tieren vor.

• Die Erregung läuft umgekehrt wie das Licht durch jeweils 3 Nervenzellen (Neuronen): Sie entsteht in den Stäbchen und Zapfen (2. Schicht), deren Zellkerne in der 4. Schicht liegen. Die Erregung wird an ein zweites Neuron weitergegeben (Zellkerne in der 6. Schicht), dabei werden Gruppen von Zellen zusammengeschaltet. Das dritte Neuron bilden die Ganglienzellen des Sehnervs in der 8. Schicht.

Gelber Fleck (Makula)

Um einen Gegenstand genau zu betrachten, dreht man das Auge so, dass das Bild des Gegenstands auf die Stelle des schärfsten Sehens in der Netzhaut fällt. Diese Stelle sieht im Augenhintergrundbild leicht gelblich aus. Sie wird daher auch „gelber Fleck" genannt. Dort liegen nur die farbempfindlichen Zapfen. Diese benötigen helleres Licht als die Stäbchen. Deshalb kann man im Dunkeln nicht scharf sehen.

Blinder Fleck: Schnittbild, Vergrößerung 20fach. *[so]*
Hier brechen die Sehnervfasern durch die Lederhaut. Sie verlassen als Sehnerv das Auge. Der Sehnerv wird von Bindegewebe umhüllt. Es entspricht den Hirnhäuten.

1	Netzhaut	*Retina*
2	Siebplatte der Lederhaut	*Lamina cribrosa sclerae*
3	Sehnerv	*N. opticus*
4	Blutgefäße + Nerven	*Vasa + Nervi*
5	Zentrale Netzhautarterie	*A. centralis retinae*

Blinder Fleck (Sehnervpapille)

Die Stächen- und Zapfenzellen melden dem Gehirn die Lichtreize über den Sehnerv. Die Sehnervenfasern verlassen die Netzhaut nicht einzeln, sondern gebündelt an einer ganz bestimmten Stelle. Da hier praktisch ein Loch in der Netzhaut ist und die Stäbchen und Zapfen fehlen, kann man an dieser Stelle nicht sehen. Normalerweise bemerkt man den Gesichtsfeldausfall nicht, da man mit 2 Augen sieht und die blinden Flecke nicht zusammenfallen. Außerdem „ergänzt" auch beim einäugigen Sehen das Großhirn den Ausfall.

• An der Sehnervpapille treten auch die Blutgefäße der Netzhaut in das Augeninnere ein.

• Man kann sich leicht vom Vorhandensein des blinden Flecks überzeugen: Man nehme 2 kleine Papierstücke, male sich auf das eine ein Kreuz, auf das andere einen farbigen Punkt von etwa 1 cm Durchmesser und lege sie vor sich auf den Tisch. Nun schließe man das linke Auge und fixiere mit dem rechten das Kreuz. Dann bewege man den farbigen Punkt vom Kreuz weg langsam nach rechts. Im Abstand von 10–12 cm verschwindet er plötzlich aus dem Gesichtsfeld. Bei weiterer Seitwärtsbewegung kommt er ebenso plötzlich wieder zum Vorschein. Voraussetzung für das Gelingen dieses Versuchs ist das sorgfältige Fixieren des Kreuzes, d.h., das Auge darf nicht bewegt werden.

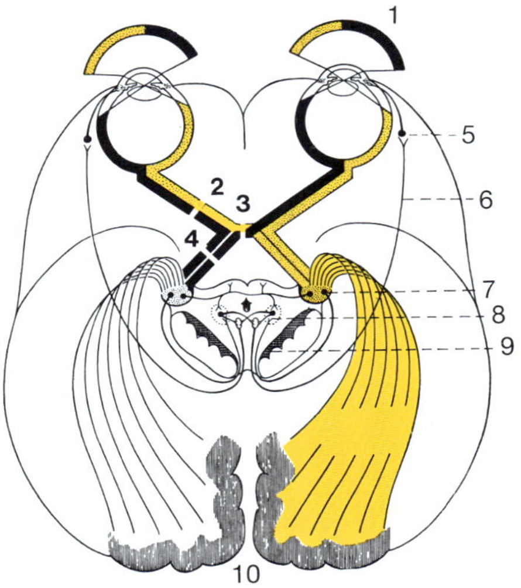

Sehbahn

Weg der Nervenerregung nach einem Lichtreiz:

❶ Im Augapfel selbst: 3 Schichten Nervenzellen in der Netzhaut.

❷ Vom Augapfel zum Gehirn:

- Sehnerv: durch Augenhöhle und Sehnervkanal.
- Sehnervenkreuzung vor dem Zwischenhirn in der Nähe der Hirnanhangsdrüse (Hypophyse).
- Sehstrang (= Fortsetzung des Sehnervs nach der Kreuzung).

❸ Im Gehirn:

- Äußerer Kniehöcker des Zwischenhirns.
- Sehstrahlung zur Sehrinde im Hinterhauptlappen des Großhirns (primäres Sehzentrum).

← **Sehbahn** (Weg der Nervenerregung nach einem Lichtreiz): Schema. Die rechte Hälfte des Gesichtsfelds ist schwarz, die linke gelb markiert. *[bg3]*

Blindheit kann nicht nur durch Erkrankung des Auges, sondern auch durch eine Störung in jeder der Teilstrecken der Sehbahn bedingt sein. Dabei sind auch Teilblindheiten möglich, d.h. Ausfall bestimmter Bereiche des Gesichtsfelds. In der Sehnervenkreuzung kreuzen jeweils nur die Nervenfasern, die zu den äußeren Gesichtsfeldhälften gehören. Also finden sich im linken Sehstrang die Nerven der rechten (schwarz), im rechten die der linken (gelb) Gesichtsfeldhälfte. Im rechten Großhirn wird verarbeitet, was wir links sehen, im linken, was wir rechts sehen. Im Mittelhirn werden die Sinneseindrücke mit Muskelbewegungen gekoppelt.

- Bei Zerstörung eines Sehnervs ist das betreffende Auge blind.
- Bei Zerstörung der Sehnervenkreuzung ist das Gesichtsfeld auf den zentralen Bereich geschrumpft (so als ob man Scheuklappen trüge).
- Bei Zerstörung eines Sehstrangs fällt die gegenüberliegende Gesichtsfeldhälfte aus.
- Bei Erkrankungen des Mittelhirns können Reflexe, z.B. Pupillenreflex, Hornhautreflex, gestört sein.

1	Gesichtsfeld	-
2	Sehnerv (2. Hirnnerv)	*N. opticus*
3	Sehnervenkreuzung	*Chiasma opticum*
4	Sehstrang	*Tractus opticus*
5	Ziliarganglion (Augenhöhlenganglion)	*Ganglion ciliare*
6	Augenbewegungsnerv (3. Hirnnerv)	*N. oculomotorius*
7	Seitlicher Kniehöcker	*Corpus geniculatum laterale*
8	Kern des Augenbewegungsnervs	*Nucleus nervi oculomotorii [Nucleus oculomotorius]*
9	Schwarzer Kern	*Substantia nigra*
10	Hinterhauptlappen (des Großhirns)	*Lobus occipitalis*

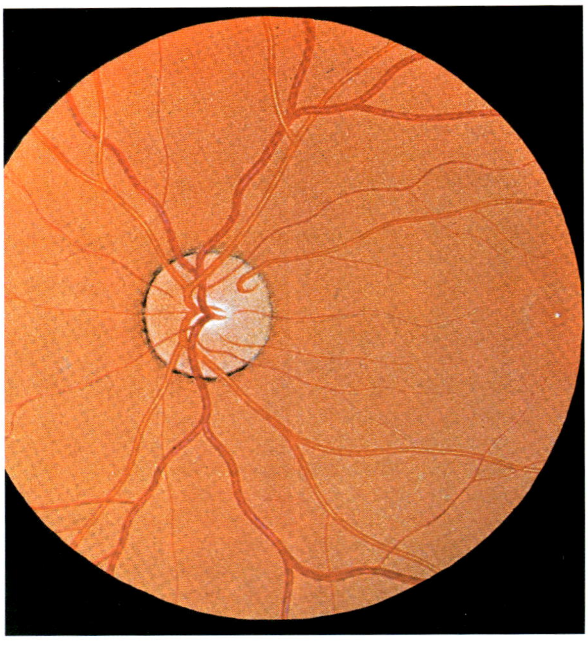

← **Augenhintergrund:** Foto bei Augenspiegelung (Ophthalmoskopie). *[ms]*

Die größeren Blutgefäße laufen alle auf eine helle Scheibe, die *Sehnervpapille*, zusammen. An ihr verlassen die Nervenfasern der Netzhaut das Auge, um zum Zwischenhirn zu ziehen. An dieser Stelle treten auch die Blutgefäße der Netzhaut in das Augeninnere ein.

↓ **Stauungspapille.** *[böl]*

Bei einem erhöhten Druck in der Schädelhöhle („Hirndruck") wölbt sich die Sehnervpapille in das Augeninnere vor. Bei Verdacht auf Hirndruck, z.B. bei einer Hirngeschwulst oder einer Hirnblutung, ist mit dem Augenspiegel die Diagnose leicht zu stellen.

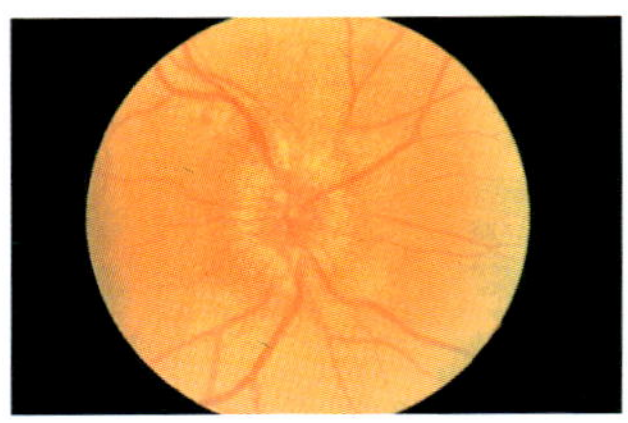

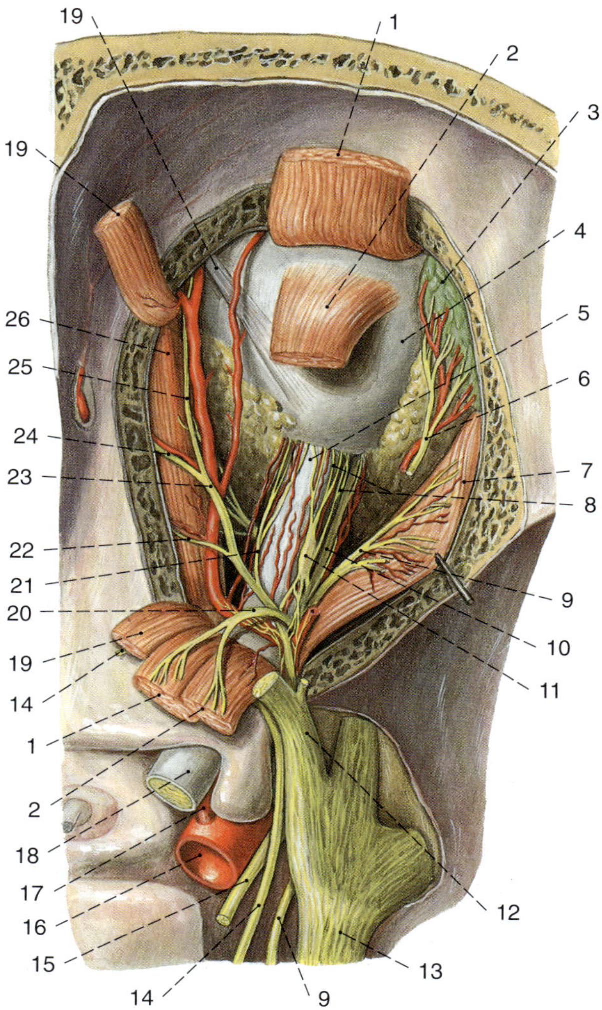

Augenhöhle: Muskeln, Arterien und Nerven nach Entfernen des Augenhöhlendachs und eines Teils der harten Hirnhaut (Dura) der mittleren Schädelgrube. Die 3 oberen Augenmuskeln sind z.T. entfernt, um den Blick auf die mittlere Schicht der Augenhöhle freizugeben. *[fs1]*
Die Nerven der Augenhöhle gehören zu 3 Gruppen:
- Sehnerv (2. Hirnnerv, etwa 4 mm Durchmesser).
- Augenmuskelnerven: 3., 4. und 6. Hirnnerv.
- Sensorische Nerven: alle Äste des 5. Hirnnervs.

1	Oberlidheber	*M. levator palpebrae superioris*
2	Oberer gerader Augenmuskel	*M. rectus superior*
3	Tränendrüse	*Glandula lacrimalis*
4	Augapfel	*Bulbus oculi*
5	Sehnerv (2. Hirnnerv)	*N. opticus (II)*
6	Tränennerv	*N. lacrimalis*
7	Äußerer gerader Augenmuskel	*M. rectus lateralis*
8	(Nerven zu den Augenbinnenmuskeln)	*Nn. ciliares breves*
9	Augenabziehnerv (6. Hirnnerv)	*N. abducens (VI)*
10	Augenbewegungsnerv (3. Hirnnerv), unterer Ast	*N. oculomotorius (III), R. inferior*
11	Augenhöhlenganglion (für Augenbinnenmuskeln)	*Ganglion ciliare*
12	Augenhöhlennerv (1. Hauptast des Drillingsnervs)	*N. ophthalmicus (V_1)*
13	Drillingsnerv (5. Hirnnerv)	*N. trigeminus (V)*
14	Augenrollnerv (4. Hirnnerv)	*N. trochlearis (IV)*
15	Augenbewegungsnerv (3. Hirnnerv)	*N. oculomotorius (III)*
16	Innere Kopfarterie	*A. carotis interna*
17	Augenarterie	*A. ophthalmica*
18	Sehnerv (2. Hirnnerv)	*N. opticus (II)*
19	Oberer schräger Augenmuskel	*M. obliquus superior*
20	Augenbewegungsnerv (3. Hirnnerv), oberer Ast	*N. oculomotorius (III), R. superior*
21	(Nerv zum Augapfel)	*N. ciliaris longus*
22	Hinterer Siebbeinnerv	*N. ethmoidalis posterior*
23	Nasen-Lid-Nerv	*N. nasociliaris*
24	Vorderer Siebbeinnerv	*N. ethmoidalis anterior*
25	(Nerv zum Augenlid)	*N. infratrochlearis*
26	Innerer gerader Augenmuskel	*M. rectus medialis*

Augenspiegelung (Ophthalmoskopie)

Die Pupille erscheint schwarz, weil es im Auge dunkel ist. Leuchtet man mit einer Lampe in das Auge, so verdeckt die Lampe den Einblick. 1851 hatte Helmholtz die geniale Idee, das Licht über einen Spiegel in das Auge zu werfen und in der Mitte des Spiegels ein Loch anzubringen, durch das man mit dem Lichtstrahl in das Auge sehen kann. Das Prinzip der „Spiegeluntersuchungen" war damit entdeckt.

Mit der Augenspiegelung kann man nicht nur Erkrankungen des Auges, z.B. Altersveränderungen und Netzhautablösung, erkennen. Man kann auch kleine Arterien und Venen beobachten, ohne den Körper aufschneiden zu müssen. Man kann so z.B. Gefäßveränderungen beim Bluthochdruck sehen.

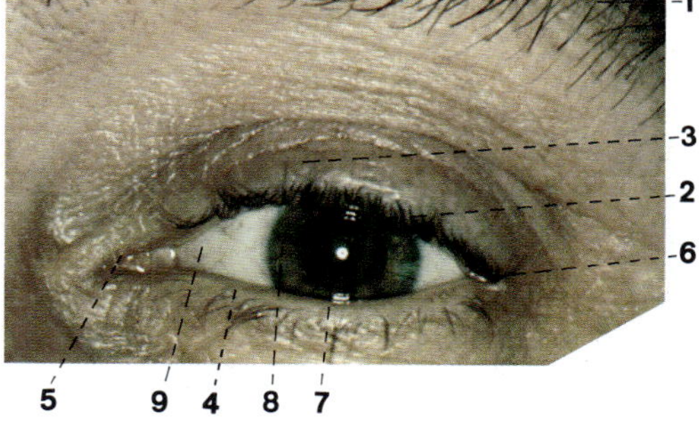

Linke Augengegend: Foto. *[li1]*

1	Augenbrauen	*Supercilia*
2	Wimpern	*Cilia*
3	Oberlid	*Palpebra superior*
4	Unterlid	*Palpebra inferior*
5	Innerer Augenwinkel	*Angulus oculi medialis*
6	Äußerer Augenwinkel	*Angulus oculi lateralis*
7	Sehloch (= Pupille)	*Pupilla*
8	Regenbogenhaut	*Iris*
9	Lederhaut	*Sclera*

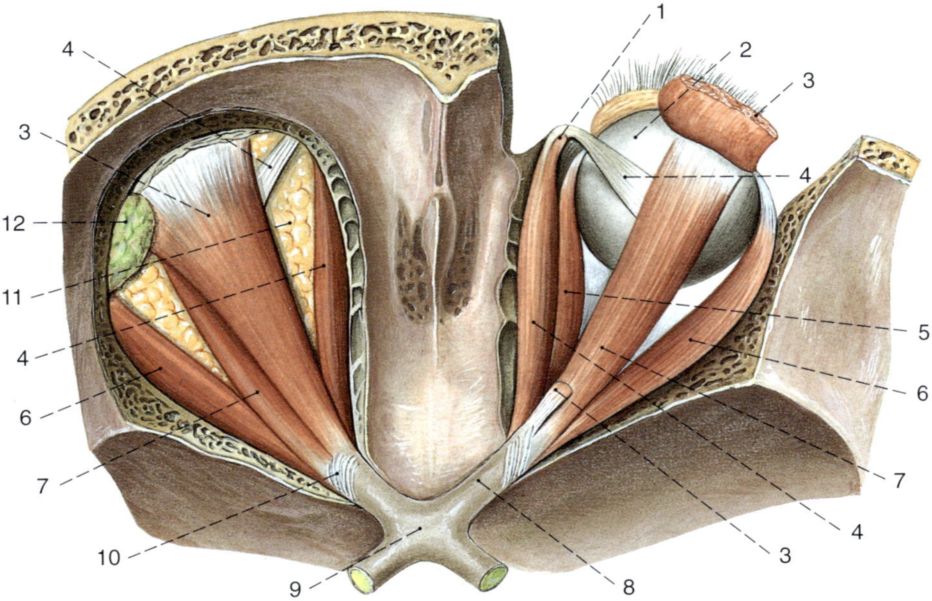

Augenmuskeln

Die Muskeln des Auges kann man nach der Lage und der Innervation 2 Gruppen zuordnen:

❶ 3 **innere Augenmuskeln** liegen in der Regenbogenhaut bzw. im Strahlenkörper. Sie regeln die Weite der Pupille und die Entfernungseinstellung der Augenlinse. Beides sind Vorgänge, die wir nicht willkürlich beeinflussen können. Die inneren Augenmuskeln werden dementsprechend von autonomen Nerven innerviert:

- der Erweiterer der Pupille vom Sympathikus.
- der Schließmuskel der Pupille und der Linsenmuskel vom Parasympathikus.

Augenhöhlen: Lage der Augäpfel, der äußeren Augenmuskeln und der Sehnerven. Die Schädelknochen sind von oben her abgemeißelt. *[fs1]*

1	Rolle (des oberen schrägen Augenmuskels)	*Trochlea (musculi obliqui superioris)*
2	Augapfel	*Bulbus oculi*
3	Oberlidheber	*M. levator palpebrae superioris*
4	Oberer schräger Augenmuskel	*M. obliquus superior*
5	Innerer gerader Augenmuskel	*M. rectus medialis*
6	Äußerer gerader Augenmuskel	*M. rectus lateralis*
7	Oberer gerader Augenmuskel	*M. rectus superior*
8	Sehnerv	*N. opticus*
9	Sehnervenkreuzung	*Chiasma opticum*
10	Sehnenring um den Sehnerv	*Anulus tendineus communis*
11	Fettkörper der Augenhöhle	*Corpus adiposum orbitae*
12	Tränendrüse	*Glandula lacrimalis*

❷ 6 **äußere Augenmuskeln** (4 „gerade" und 2 „schräge") entspringen rund um den Sehnerv oder vom Boden der Augenhöhle und setzen vor oder hinter dem Äquator außen am Augapfel an. Sie dienen den Blickbewegungen des Auges und werden daher von Willkürnerven innerviert:

- innerer + oberer + unterer gerader + unterer schräger Augenmuskel vom Augenbewegungsnerv (Okulomotorius, 3. Hirnnerv).
- oberer schräger Augenmuskel vom Augenrollnerv (Trochlearis, 4. Hirnnerv).
- äußerer gerader Augenmuskel vom Augenabziehnerv (Abduzens, 6. Hirnnerv).

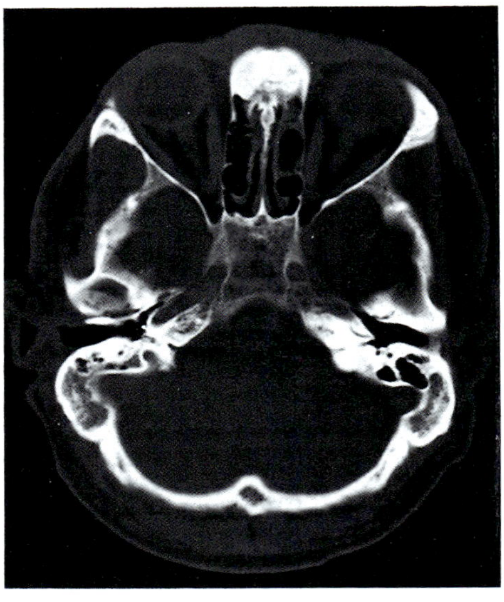

Schädelbasis: horizontales Computertomogramm. In den Augenhöhlen sieht man (bei genauerem Hinsehen) die Augäpfel, die Sehnerven sowie die inneren und äußeren geraden Augenmuskeln. Man vergleiche mit der Abbildung oben. *[be1]*

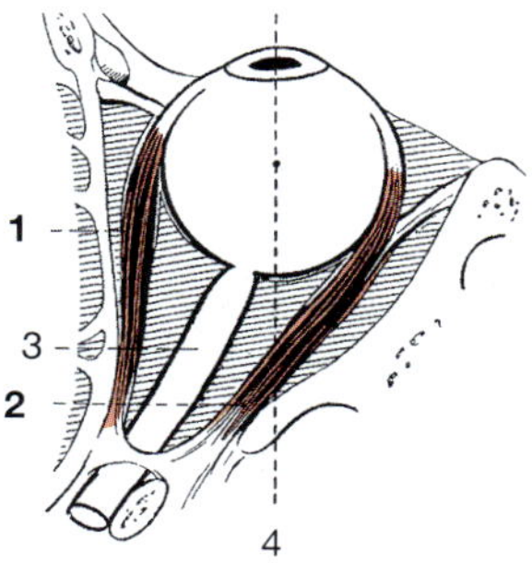

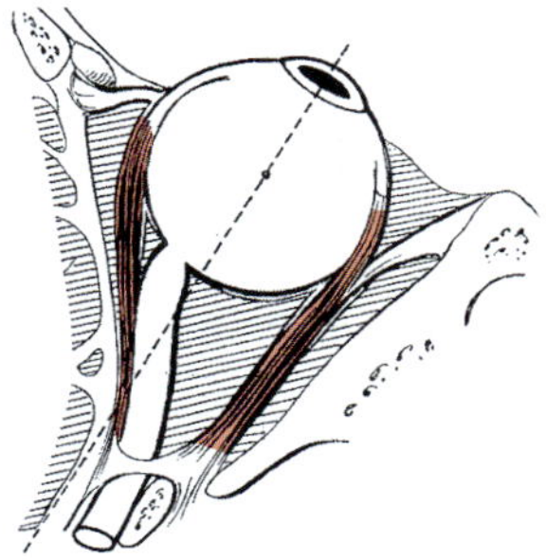

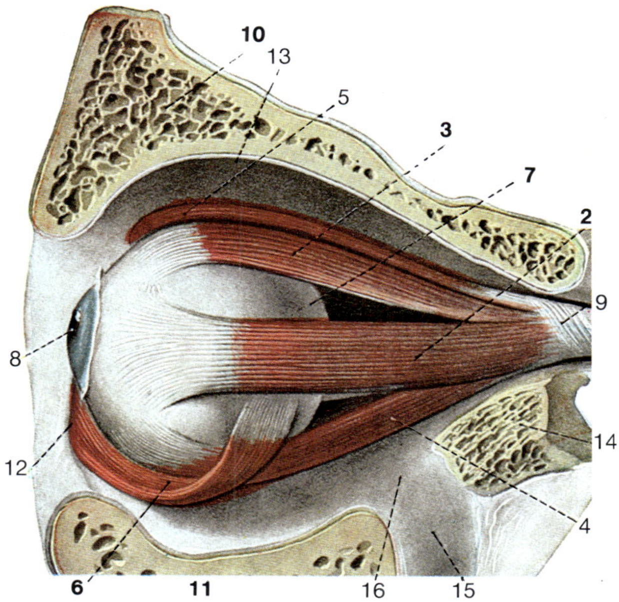

Auge und Sehnerv: Stellung beim Blick geradeaus und zur Seite. Der äußere gerade Augenmuskel dreht das Auge nach außen. *[bg3]*

Die geraden Augenmuskeln entspringen von einem Sehnenring um den Sehnerv. Sie müssten bei ihrer Kontraktion den Augapfel in die Augenhöhle zurückziehen, wenn sie nicht durch gegensinnige Kräfte daran gehindert würden:

- Die Sehnen der schrägen Augenmuskeln kommen von vorn zum Augapfel und ziehen ihn nach vorn.
- Die Augapfelscheide, eine bindegewebige Hülle noch außerhalb der Lederhaut, ist an der Wand der Augenhöhle aufgehängt (in den Bildern zu sehen, aber nicht beziffert). Die Augapfelscheide ist ein Teil der Faszie des Fettkörpers der Augenhöhle und durch einen Spalt vom Augapfel getrennt. Sie spielt in der Augenchirurgie eine wichtige Rolle, weil der Augapfel gut aus ihr auszuschälen ist (Enukleation = „Entkernung" des Auges).

1	Innerer gerader Augenmuskel	*M. rectus medialis*
2	Äußerer gerader Augenmuskel	*M rectus lateralis*
3	Sehnerv	*N. opticus*
4	Hauptsehlinie	*Axis opticus*

Muskeln des linken Auges von lateral (nach Wegnahme der Seitenwand der Augenhöhle). Der obere schräge Augenmuskel ist durch den oberen geraden Augenmuskel verdeckt. *[sb3]*

2	Äußerer gerader Augenmuskel	*M. rectus lateralis*
3	Oberer gerader Augenmuskel	*M. rectus superior*
4	Unterer gerader Augenmuskel	*M. rectus inferior*
5	Oberlidheber	*M. levator palpebrae superioris*
6	Unterer schräger Augenmuskel	*M. obliquus inferior*
7	Augapfel	*Bulbus oculi*
8	Hornhaut	*Cornea*
9	Sehnenring um den Sehnerv	*Anulus tendineus communis*
10	Stirnbein	*Os frontale*
11	Oberkiefer	*Maxilla*
12	Unterer Vorderrand der Augenhöhle	*Margo infraorbitalis*
13	Knochenhaut	*Periosteum*
14	Keilbein	*Os sphenoidale*
15	Unterschläfengrube	*Fossa infratemporalis*
16	Untere Augenhöhlenspalte	*Fissura orbitalis inferior*

Bewegungen der äußeren Augenmuskeln

- Der innere (= mediale) und äußere (= laterale) gerade Augenmuskel bewegen das Auge ausschließlich in einer Hauptrichtung (nasen- bzw. schläfenwärts).
- Der obere und untere gerade Augenmuskel bewegen das Auge nicht nur nach oben oder unten, sondern zusätzlich leicht nach innen (nasenwärts) und drehen es um seine Längsachse.
- Die beiden schrägen Augenmuskeln treten von vorn an das Auge heran. Da sie hinter dem Äquator ansetzen, dreht der obere schräge Augenmuskel das Auge nach unten, der untere schräge Augenmuskel das Auge nach oben. Sie bewegen das Auge zusätzlich leicht nach außen und drehen es um seine Längsachse.
- Bei Störungen von Augenmuskelnerven ist das betroffene Auge nicht mehr in alle Stellungen zu bringen. Die Bilder der beiden Augen sind nicht mehr deckungsfähig: Es treten Doppelbilder auf.
- Beim Blick in die Ferne stehen normalerweise die beiden Augen parallel. Je näher ein Gegenstand kommt, desto stärker werden die Augen nach innen gedreht (Konvergenz). Die Entfernungseinstellung der Augenlinse (Akkommodation) und die Konvergenzbewegung sind miteinander gekoppelt. Dies führt bei angeborenen Brechungsfehlern zu Problemen: Kurzsichtige schielen in der Regel nach außen, Weitsichtige nach innen. Die Schielbehandlung sollte schon beim Kleinkind beginnen, da sonst ein Auge schwachsichtig bleibt.

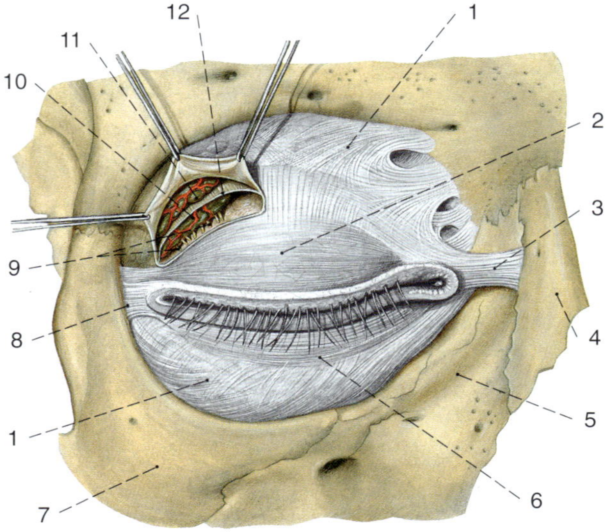

Augenlider und Tränendrüse des rechten Auges nach Entfernen der Haut und des Augenschließmuskels. [fs1]

1	Bindegewebeplatte am Eingang der Augenhöhle	*Septum orbitale*
2	Obere Lidplatte	*Tarsus superior*
3	Inneres Lidband	*Lig. palpebrale mediale*
4	Nasenbein	*Os nasale*
5	Oberkiefer	*Maxilla*
6	Untere Lidplatte	*Tarsus inferior*
7	Jochbein	*Os zygomaticum*
8	Äußeres Lidband	*Lig. palpebrale laterale*
9	Ausführungsgänge (der Tränendrüse)	*Ductuli excretorii (glandulae lacrimalis)*
10	Tränendrüse, Lidteil	*Glandula lacrimalis, Pars palpebralis*
11	Tränendrüse, Augenhöhlenteil	*Glandula lacrimalis, Pars orbitalis*
12	Oberlidheber (Sehne)	*M. levator palpebrae superioris*

Tränendrüse und Tränenwege

Täglich wird etwa ein halber Liter Tränenflüssigkeit erzeugt. Sie dient dem:

- Reinigen der Bindehautsäcke.
- Befeuchten der Hornhaut.
- Ausgleich kleiner Unebenheiten der Hornhaut, damit auf der Netzhaut kein verzerrtes Bild entsteht.

Die Tränenflüssigkeit wird von der *Tränendrüse* (oben seitlich in der Augenhöhle) abgesondert. Sie wird beim Lidschlag über die Vorderfläche des Augapfels verteilt.

Am inneren Augenwinkel wird die Tränenflüssigkeit über die Tränenröhrchen in den *Tränensack* abgesaugt und dann über *den Tränen-Nasen-Gang* in die Nasenhöhle abgeleitet. Dort hilft sie mit beim Anfeuchten der Atemluft. Wird mehr Tränenflüssigkeit gebildet, als über die Tränenwege abfließen kann, so perlt sie als „Tränen" über die Kante des Unterlids.

Bindehaut (Konjunktiva)

Die Bindehaut ist eine Schleimhaut. Sie bedeckt die Hinterseite der Lider und an der Vorderseite des Auges die Lederhaut (nicht die Hornhaut). Im Bindehautsack schlägt sie sich vom Lid auf das Auge um. Augentropfen werden in den Bindehautsack geträufelt.

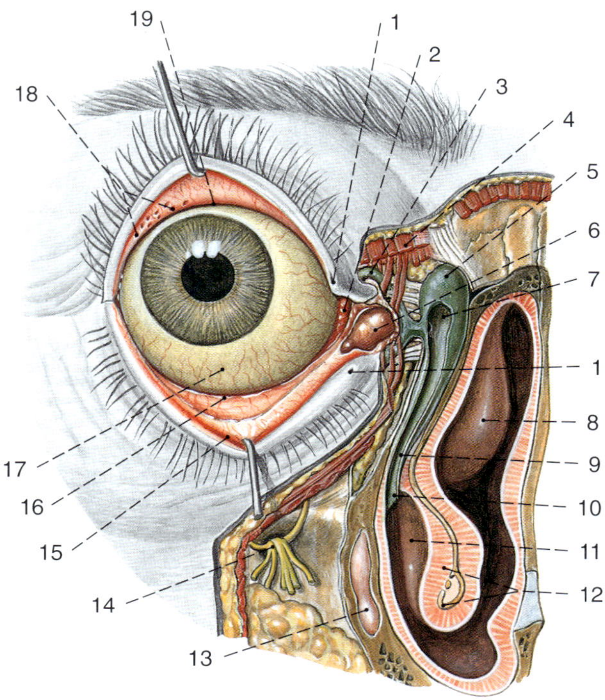

Ableitende Tränenwege des rechten Auges. [fs1]

1	Tränenpunkt auf dem Tränenhügel	*Punctum lacrimale + Papilla lacrimalis*
2	Halbmondförmige Falte	*Plica semilunaris*
3	Tränenröhrchen	*Canaliculus lacrimalis*
4	Augenschließmuskel	*M. orbicularis oculi*
5	Kuppel des Tränensacks	*Fornix sacci lacrimalis*
6	Tränenwärzchen	*Caruncula lacrimalis*
7	Tränensack	*Saccus lacrimalis*
8	Mittlere Nasenmuschel	*Concha nasi media*
9	Tränen-Nasen-Gang	*Ductus nasolacrimalis*
10	Tränenfalte (Hasner-Klappe)	*Plica lacrimalis*
11	Unterer Nasengang	*Meatus nasi inferior*
12	Untere Nasenmuschel	*Concha nasi inferior*
13	Kieferhöhlenschleimhaut	*(Sinus maxillaris)*
14	Unteraugenhöhlennerv	*N. infraorbitalis*
15	Lidbindehaut	*Tunica conjunctiva palpebrarum*
16	Unterer Umschlag der Bindehaut	*Fornix conjunctivae inferior*
17	Augapfelbindehaut (auf der Lederhaut)	*Tunica conjunctiva bulbi*
18	Ausführungsgänge (der Tränendrüse)	*Ductuli excretorii (glandulae lacrimalis)*
19	Oberer Umschlag der Bindehaut	*Fornix conjunctivae superior*
16 + 19	Bindehautsack	*Saccus conjunctivalis*

➘ **Bindehautentzündung** (Konjunktivitis): Es rötet sich das „Weiße" des Auges, weil sich in der sonst klaren Bindehaut die Blutgefäße erweitern („konjunktivale Injektion"). Die Bindehautgefäße sind im Gegensatz zu denen des Strahlenkörpers bei der „ziliaren Injektion" (s.o.) auf der Oberfläche des Augapfels verschieblich! *[bu2]*

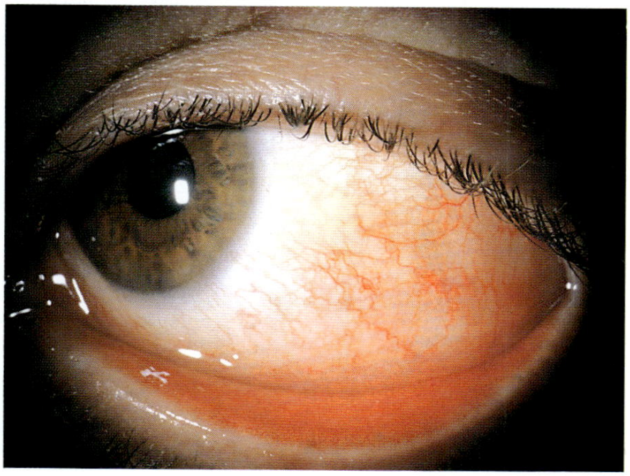

Aufgaben der Augenlider

- *Lichtschutz:* Mit Hilfe der Lider kann man das Sehorgan nahezu „abschalten".
- *Blendschutz:* Durch „Zukneifen" der Lider kann man die „Abblendung" unterstützen.
- *Schutz vor Austrocknung:* Mit dem Lidschlag wird die Tränenflüssigkeit über die Augenvorderfläche verteilt, damit die Hornhaut nicht austrocknet.
- *Mechanischer Schutz:* Bei Annäherung einer Gefahr werden die Lider reflektorisch geschlossen.

Bau der Augenlider

- *Lidplatte:* Ein Streifen dicht verfilzten zugfesten Bindegewebes bildet eine Art Skelett des Lids. Er ist im Oberlid etwa 10 mm, im Unterlid 5 mm hoch.
- *Augenschließmuskel:* Eine Schicht ringförmig die Lidspalte umziehender Muskelfasern liegt vor der Lidplatte. Bei Ausfall des Gesichtsnervs (Fazialislähmung) kann die Lidspalte nicht mehr geschlossen werden. Dann droht die Hornhaut auszutrocknen und sich zu trüben. Zum Schutz davor muss der Patient einen „Uhrglasverband" tragen.
- *Oberlidheber:* Das Oberlid wird von einem Muskel gehoben, der mit den äußeren Augenmuskeln aus der Tiefe der Augenhöhle kommt.
- *Wimpern:* Kräftige Haare an den Lidkanten halten Insekten usw. vom Auge fern.
- *Liddrüsen:* An der Lidkante münden 3 Arten von Drüsen: Lidplattendrüsen, Wimperndrüsen und Talgdrüsen. Das schmerzhafte Gerstenkorn ist die Eiterung einer Wimperndrüse.

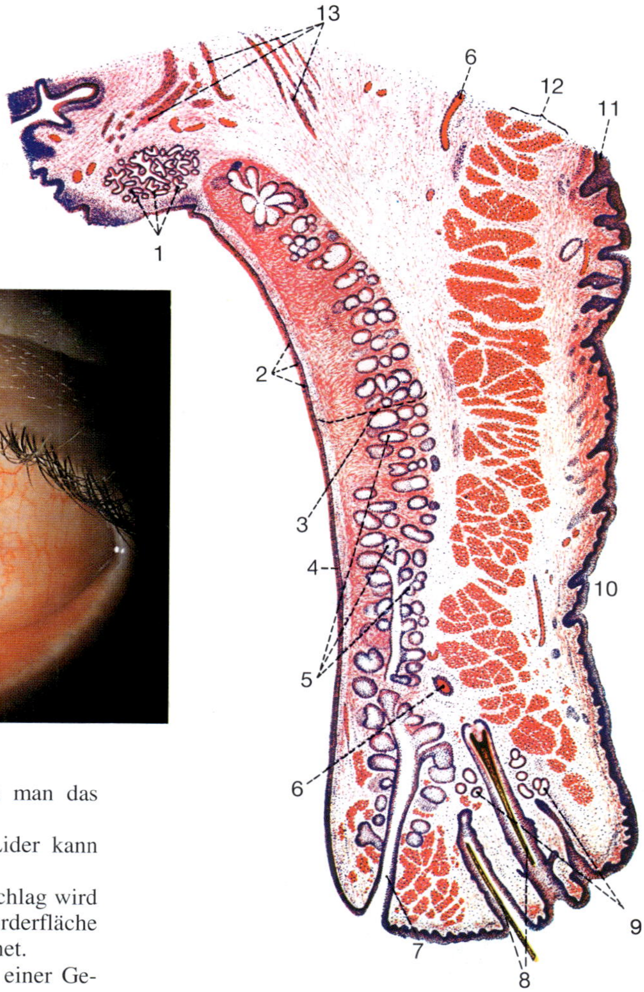

➚ **Oberlid:** Schnittbild, Vergrößerung 12fach. *[so]*
Die Augenlider sind Platten aus Bindegewebe und Skelettmuskel, die außen von zarter Haut, innen von Schleimhaut (Bindehaut) überzogen sind:

1	Nebentränendrüse	*Glandula lacrimalis accessoria*
2	Bindehaut	*Tunica conjunctiva*
3	Obere Lidplatte	*Tarsus superior*
4	Hinterseite des Augenlids	*Facies posterior palpebrae*
5	Lidplattendrüse (Meibom-Drüse)	*Glandula tarsalis*
6	Blutgefäß	*Vas sanguineum*
7	Lidplattendrüse (Ausführungsgang)	*Glandula tarsalis*
8	Wimpern (Zilien)	*Cilia*
9	Wimperndrüsen (Moll-Drüsen)	*Glandulae ciliares*
10	Vorderseite des Augenlids	*Facies anterior palpebrae*
11	Oberhaut	*Epidermis*
12	Augenschließmuskel (= Augenringmuskel), Lidteil	*M. orbicularis oculi, Pars palpebralis*
13	Oberer Lidplattenmuskel	*M. tarsalis superior*

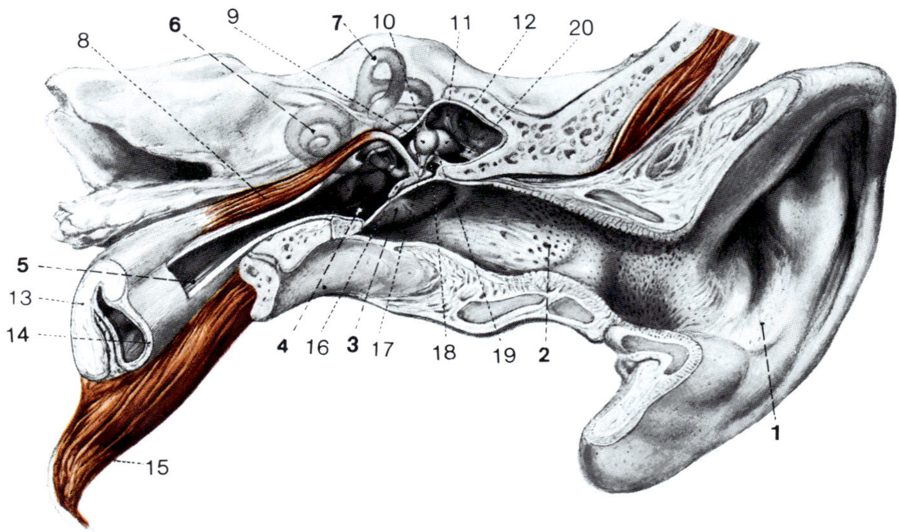

Gliederung des Hör- und Gleichgewichtsorgans

❶ Schalltrichter = **äußeres Ohr:** Ohrmuschel, äußerer Gehörgang und Trommelfell.

❷ Verstärker = **Mittelohr:** Paukenhöhle mit Gehörknöchelchen, Ohrtrompete und Hohlräume des Warzenfortsatzes.

❸ Analysator = **Innenohr:**
- *Schneckenlabyrinth* (Hörorgan) und
- *Vorhoflabyrinth* (Gleichgewichtsorgan) mit 2 Vorhofsäckchen und 3 Bogengängen.
- Innerer Gehörgang.

Linkes Hör- und Gleichgewichtsorgan, Überblick. *[bg3]*

1	Ohrmuschel	*Auricula*
2	Äußerer Gehörgang	*Meatus acusticus externus*
3	Trommelfell	*Membrana tympanica*
4	Paukenhöhle	*Cavitas tympani*
5	Ohrtrompete (Tube)	*Tuba auditiva [auditoria]*
6	Schnecke	*Cochlea*
7	Bogengang	*Canalis semicircularis*
8	Trommelfellspanner	*M. tensor tympani*
9	Hammer	*Malleus*
10	Oberes Hammerband	*Lig. mallei superius*
11	Paukenhöhlenbucht oberhalb des Trommelfells	*Recessus epitympanicus*
12	Amboss	*Incus*
13	Ohrtrompetenknorpel	*Cartilago tubae auditivae [auditoriae]*
14	Membranöse Wand (der Ohrtrompete)	*Lamina membranacea*
15	Gaumensegelheber	*M. levator veli palatini*
16	Hammergriff	*Manubrium mallei*
17	Vorderer Hammerfortsatz	*Processus anterior (mallei)*
18	Seitlicher Hammerfortsatz	*Processus lateralis (mallei)*
19	Seitliches Hammerband	*Lig. mallei laterale*
20	Hinteres Ambossband	*Lig. incudis posterius*

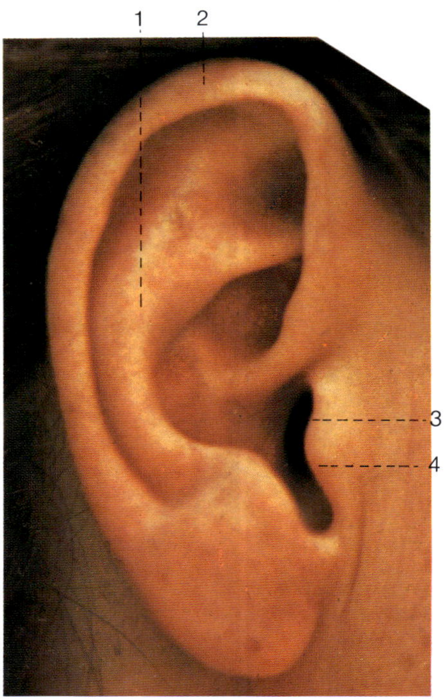

Rechte Ohrmuschel. *[li1]*
Infolge ihres Stützgerüstes aus elastischem Knorpel ist die Ohrmuschel in allen Richtungen biegsam und kehrt doch immer wieder zu ihrer angeborenen Form zurück. Abstehende Ohren mit Verbänden zu behandeln, ist vergebliche Mühe. Nach Abnehmen des Verbandes stehen die Ohren wieder ab. Hier hilft nur die chirurgische Korrektur mit Herausschneiden eines Keils aus dem elastischen Knorpel.
- Druckempfindlichkeit der Ohrecke („Tragusschmerz") weist auf eine akute Entzündung im äußeren Gehörgang oder der Paukenhöhle hin.

1	Gegenleiste	*Antihelix*
2	Ohrleiste	*Helix*
3	Äußerer Gehörgang	*Meatus acusticus externus*
4	Ohrecke („Ziegenbock")	*Tragus*

Äußerer Gehörgang: Ausschnitt aus Schnittbild, Vergrößerung 16fach. *[so]*

1	Ohrschmalzdrüsen	*Glandula ceruminosa*
2	Talgdrüsen	*Glandulae sebaceae*
3	Gehörgangsknorpel	*Cartilago meatus acustici*

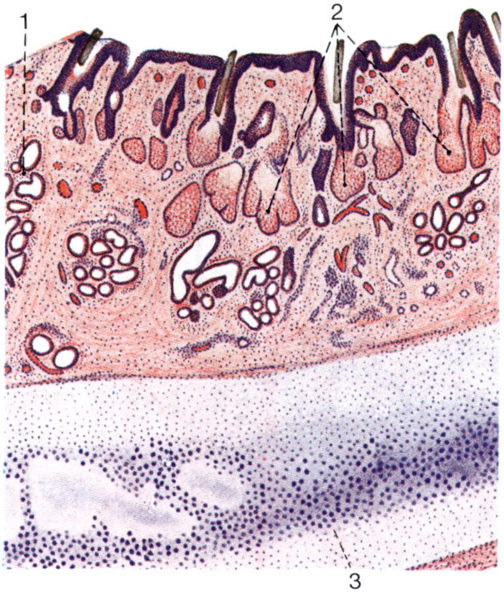

Äußerer Gehörgang

Der äußere Gehörgang ist 3–4 cm lang und 5–10 mm weit. Er beginnt an der Ohrmuschel und endet am Trommelfell. Sein Stützgerüst besteht teils aus Knochen, teils aus elastischem Knorpel. Er ist mit Haut ausgekleidet, die Talgdrüsen und Ohrschmalzdrüsen enthält. Kräftige Haare erschweren das Eindringen von Insekten.

- Ein Teil des äußeren Gehörgangs wird sensibel vom zehnten Hirnnerv (Vagus) versorgt. Dieser führt die parasympathischen Fasern für die Brusteingeweide und einen großen Teil der Bauchorgane. Bei Reizung des äußeren Gehörgangs, z.B. mit einem Ohrschmalzlöffel, kann der Herzschlag unregelmäßig werden. Sogar Ohnmachten können auftreten.
- *Gehörgangspülung*. Ohrschmalzpfröpfe und Fremdkörper entfernt man aus dem Gehörgang besser nicht mit einem starren Gegenstand, sondern durch Spülen. Man verwendet hierzu meist eine große Spritze mit Fingerringen. Der Patient fängt mit einer Nierenschale das (körperwarme!) Spülwasser auf. Die Ohrmuschel wird nach hinten oben gezogen, weil dadurch der Gehörgang begradigt wird. Auch bei der Ohrenspiegelung ermöglicht man so den Blick auf das Trommelfell.

Aufgaben des Trommelfells

- Es überträgt die im äußeren Gehörgang ankommenden Schallschwingungen auf die Gehörknöchelchen.
- Es dichtet die Paukenhöhle gegen den äußeren Gehörgang ab. Ist das Trommelfell durchlöchert, so kann beim Schwimmen Wasser in die Paukenhöhle eindringen und Gleichgewichtsstörungen auslösen.

Bau des Trommelfells

Es ist eine annähernd kreisförmige bindegewebige Membran von etwa 1 cm Durchmesser und 0,1 mm Dicke. Sie ist über einen Faserknorpelring im Knochen verankert. Die Mitte ist durch den angelagerten Hammergriff trichterförmig nach innen eingezogen.

- Die Gehörgangseite ist mit äußerer Haut, die Paukenhöhlenseite mit Schleimhaut überzogen.
- Das Trommelfell steht nicht quer zum Gehörgang, sondern ist von hinten-oben-außen nach vorne-unten-innen geneigt. Am oberen Umfang ist eine besonders dünne Stelle. Hier bricht der Eiter bei einer Mittelohrentzündung häufig durch.

Ohrenspiegelung (Otoskopie)

Der Ohrenspiegel ist eine Art Trichter, den man in den äußeren Gehörgang einführt, um die Haare zur Seite zu drängen. Zum Ausgleich der Krümmungen zieht man die Ohrmuschel nach hinten oben. Durch eine in den Trichter eingebaute Lampe oder mit Hilfe des Stirnspiegels beleuchtet man das Trommelfell.

- Das gesunde Trommelfell ist rauchgrau. Das entzündete Trommelfell ist meist diffus gerötet.
- Das gesunde Trommelfell hat keine Öffnung. Löcher sind meist Folge einer Mittelohreiterung. Bei sehr intensiver Schalleinwirkung, z.B. Explosion oder Schlag auf den Gehörgang, kann das Trommelfell reißen. Auch ein kräftiger Kuss auf die Gehörgangsöffnung kann bewirken, dass man liebevoll geflüsterte Worte nicht mehr hört.

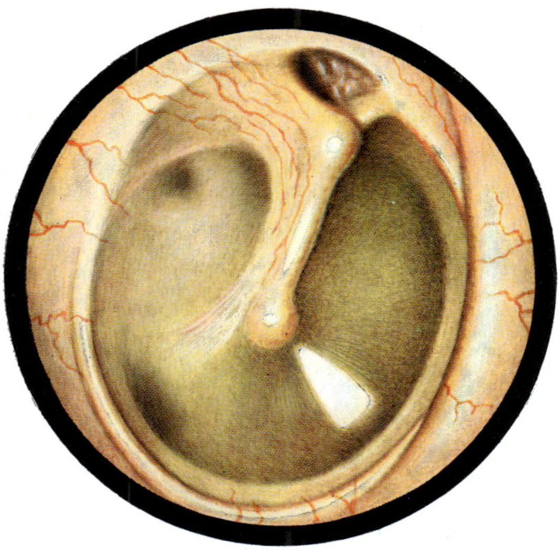

Trommelfell von außen, 6fache Vergrößerung. *[sb3]*
Bei der Ohrenspiegelung (Prinzip wie Augenspiegelung) leuchtet das gesunde Trommelfell rauchgrau auf. Die Gehörknöchelchen, vor allem der Hammergriff, scheinen durch. Der weiße Keil rechts unten ist ein Lichtreflex.

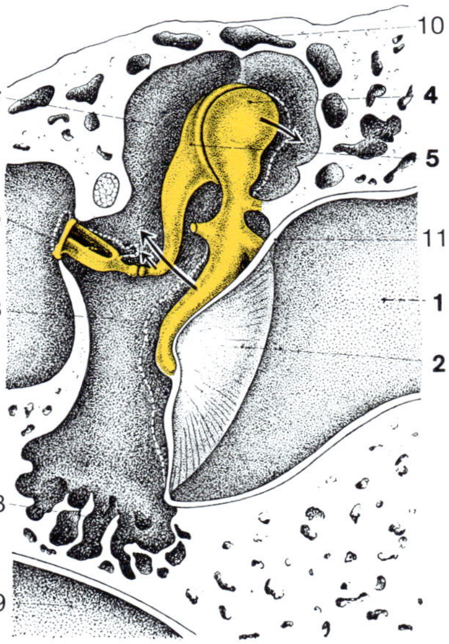

← **Mittelohr:** Frontalschnitt, Vergrößerung 3fach. Die Pfeile geben die Hauptbewegungsrichtung der Gehörknöchelchen bei Schalleinwirkung wieder. Die Gehörknöchelchen sind so geschickt aufgehängt, dass Erschütterungen durch das Gehen usw. nicht zum Mitschwingen und dadurch zu Geräuschempfindungen führen. *[bg3]*

1	Äußerer Gehörgang	*Meatus acusticus externus*
2	Trommelfell	*Membrana tympanica*
3	Paukenhöhle	*Cavitas tympani*
4	Hammer	*Malleus*
5	Amboss	*Incus*
6	Steigbügel	*Stapes*
7	Paukenhöhlenbucht über dem Trommelfell	*Recessus epitympanicus*
8	Paukenhöhlenboden	*Paries jugularis*
9	Innere Halsvene (innere Drosselvene)	*V. jugularis interna*
10	Paukenhöhlendach (Teil des Felsenbeins)	*Pars petrosa, Tegmen tympani*
11	Schlaffer Teil des Trommelfells	*Membrana tympanica, Pars flaccida*

Gliederung des Mittelohrs

- Grenze zum äußeren Ohr: Trommelfell.
- Hauptraum: Paukenhöhle mit den 3 Gehörknöchelchen: Hammer, Amboss und Steigbügel.
- Verbindung zum Rachen: Ohrtrompete.
- Nebenräume: Warzenfortsatzzellen.

Aufgaben der Gehörknöchelchen

Die 3 nur wenige Millimeter langen Gehörknöchelchen *(Hammer, Amboss* und *Steigbügel)* übertragen die Schallschwingungen vom Trommelfell über das ovale Fenster auf die Flüssigkeit im Innenohr. Dabei werden die Schallwellen verstärkt, weil das Trommelfell eine viel größere Fläche (etwa 8 x 10 mm) als das ovale Fenster (etwa 2 x 4 mm) hat. Diese Verstärkung ist nötig, weil durch die Flüssigkeit im Innenohr die Schwingungen stark gedämpft werden. Die Gesamtverstärkung durch das Mittelohr beträgt 26 dB (dB = Dezibel = Maß der relativen Lautstärke). Bei der Übertragung der Schallwellen von der Luft im äußeren Gehörgang auf die Flüssigkeit im Innenohr würde ohne Verstärker ein Verlust von 70 dB auftreten. Bei Zerstörung des Mittelohrs tritt keine völlige Taubheit, sondern Schwerhörigkeit (eben mit Verlust von 26 dB) ein.

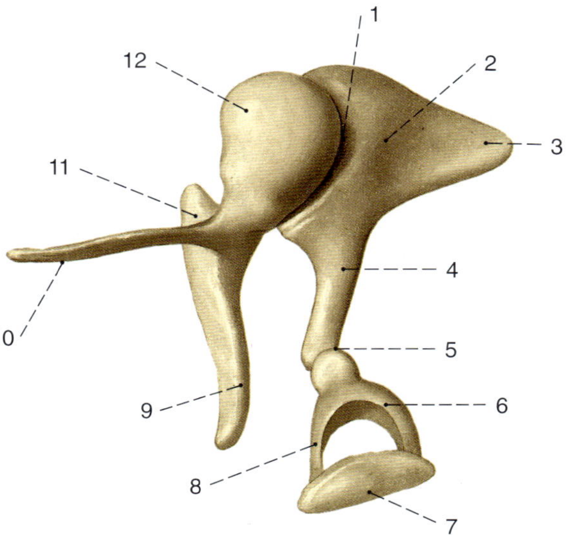

↙ **Gehörknöchelchen:** Ansicht von oben innen, Vergrößerung 7fach. *[fs1]*

1	Amboss-Hammer-Gelenk	*Articulatio incudomallearis*
2	Ambosskörper	*Corpus incudis*
3	Kurzer Ambossschenkel	*Incus, Crus breve*
4	Langer Ambossschenkel	*Incus, Crus longum*
5	Amboss-Steigbügel-Gelenk	*Articulatio incudostapedialis*
6	Hinterer Steigbügelschenkel	*Stapes, Crus posterius*
7	Steigbügelplatte	*Basis stapedis*
8	Vorderer Steigbügelschenkel	*Stapes, Crus anterius*
9	Hammergriff	*Manubrium mallei*
10	Vorderer Hammerfortsatz	*Malleus, Processus anterior*
11	Hinterer Hammerfortsatz	*Malleus, Processus lateralis*
12	Hammerkopf	*Caput mallei*

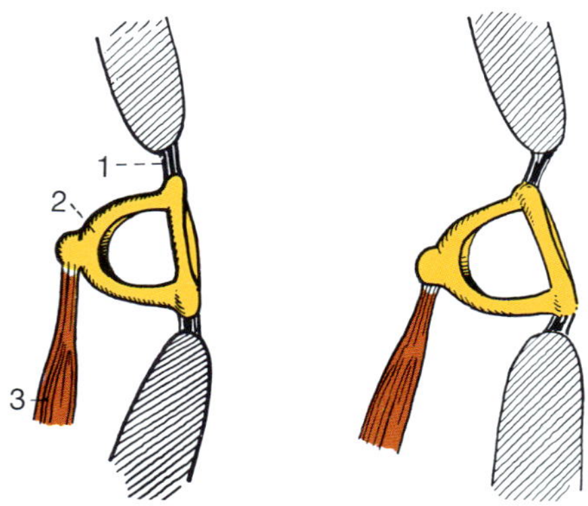

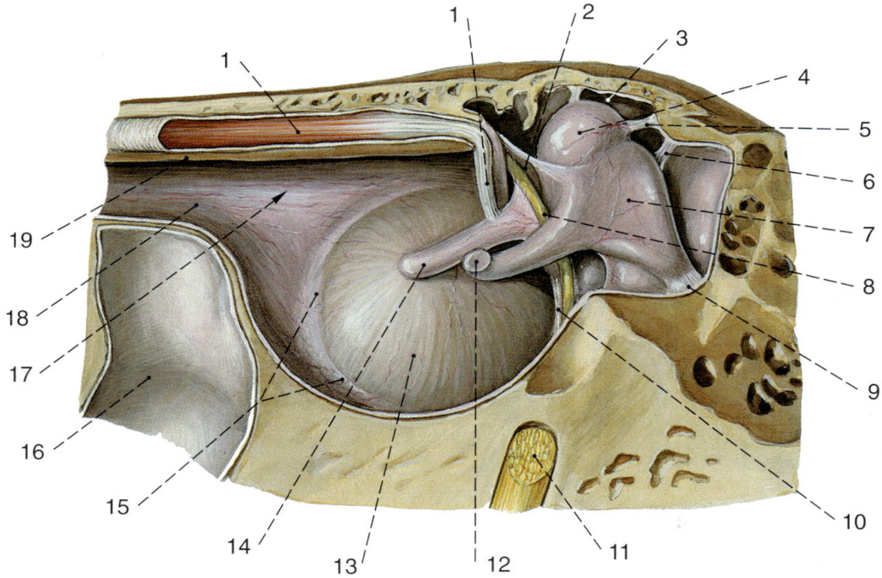

↑ Paukenhöhle: vom Innenohr aus gesehen. Der Steigbügel ist entfernt. Rechts blickt man in das Hohlraumsystem des Warzenfortsatzes. Man achte auf die Nähe der Kanäle der inneren Kopfarterie und des Gesichtsnervs. *[fs1]*

1	Trommelfellspanner	*M. tensor tympani*
2	Vordere Hammerfalte	*Plica mallearis anterior*
3	Paukenhöhlenbucht über dem Trommelfell	*Recessus epitympanicus*
4	Hammerkopf	*Caput mallei*
5	Oberes Hammerband	*Lig. mallei superius*
6	Oberes Ambossband	*Lig. incudis superius*
7	Amboss	*Incus*
8	Paukensaite	*Chorda tympani*
9	Hinteres Ambossband	*Lig. incudis posterius*
10	Hintere Hammerfalte	*Plica mallearis posterior*
11	Gesichtsnerv	*N. facialis*
12	Amboss-Steigbügel-Gelenk	*Articulatio incudostapedialis*
13	Trommelfell	*Membrana tympanica*
14	Hammergriff	*Manubrium mallei*
15	Faserknorpelring	*Anulus fibrocartilagineus*
16	Kanal der inneren Kopfarterie	*Canalis caroticus*
17	Paukenhöhlenöffnung der Ohrtrompete	*Ostium tympanicum tubae auditivae [auditoriae]*
18	Ohrtrompete	*Tuba auditiva [auditoria]*
19	Scheidewand des Muskel-Ohrtrompeten-Kanals	*Septum canalis musculotubarii*

← Steigbügelmuskel: Bei Anspannen des Muskels wird die Steigbügelplatte im ovalen Fenster verkantet und dadurch weniger beweglich. Auf diese Weise werden laute Geräusche gedämpft. Bei Lähmung des Gesichtsnervs, der den Steigbügelmuskel innerviert, werden laute Geräusche schmerzhaft empfunden. *[bg3]*

1	Aufhängung der Steigbügelplatte im ovalen Fenster	*Syndesmosis tympanostapedialis*
2	Steigbügel	*Stapes*
3	Steigbügelmuskel	*M. stapedius*

↓ Warzenfortsatz und Kiefergelenk: Röntgenbild. *[bi2]*

1	Gelenkfortsatz (des Unterkiefers)	*Processus condylaris (mandibulae)*
2	Kiefergelenk	*Articulatio temporomandibularis*
3	Höcker vor Kiefergelenk	*Tuberculum articulare*
4	Keilbeinhöhle	*Sinus sphenoidalis*
5	Innerer Gehörgang	*Meatus acusticus internus*
6	Labyrinth	*Labyrinthus*
7	+ 8 Warzenfortsatzzellen	*Cellulae mastoideae*
9	Warzenfortsatz	*Processus mastoideus*
10	Hinterhauptbein	*Os occipitale*
11	Ohrmuschel	*Auricula*

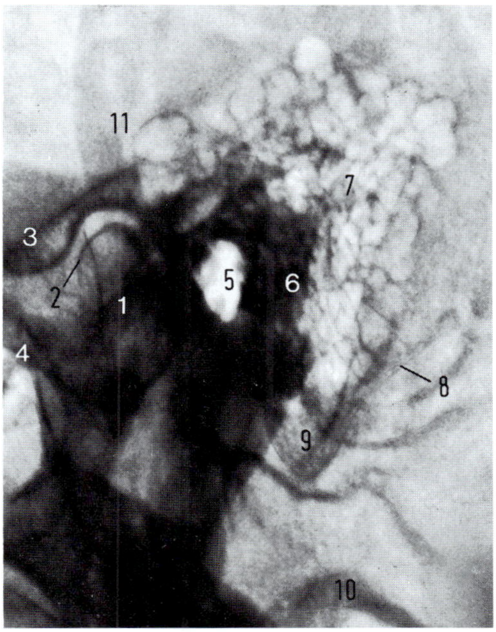

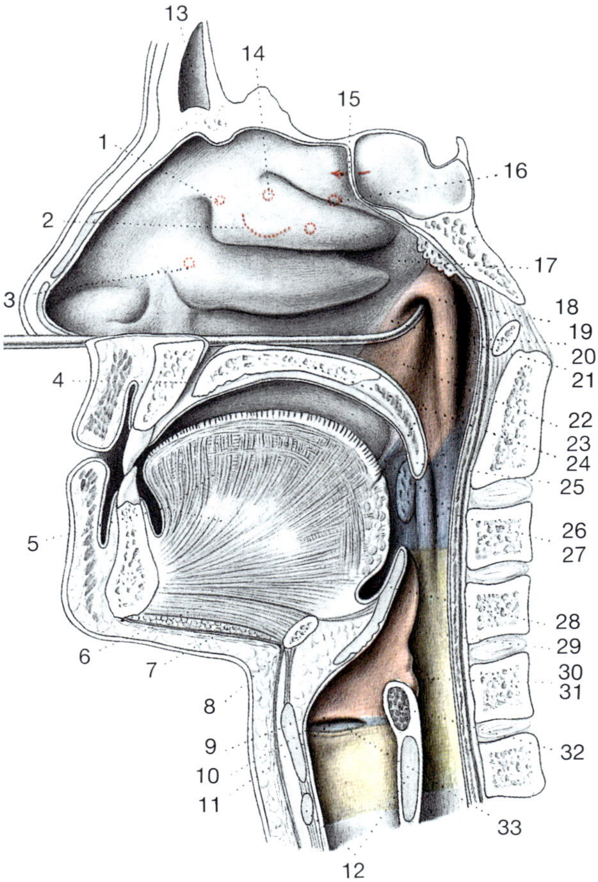

← Rachenmündung der Ohrtrompete: Einführen einer Hohlsonde. Die 3 Stockwerke des Rachens und des Kehlkopfs sind durch unterschiedliche Farben gekennzeichnet. *[bl]*

1	Stirnhöhle (Mündung)	*(Sinus frontalis)*
2	Kieferhöhle (Mündung in der halbmondförmigen Spalte)	*(Sinus maxillaris); Hiatus semilunaris*
3	Tränen-Nasen-Gang (Mündung)	*(Ductus nasolacrimalis)*
4	Kanal des Zwischenkiefers	*Canalis incisivus*
5	Zunge	*Lingua*
6	Kinn-Zungenbein-Muskel	*M. geniohyoideus*
7	Unterkiefer-Zungenbein-Muskel	*M. mylohyoideus*
8	Zungenbein	*Os hyoideum*
9	Schildknorpel	*Cartilago thyroidea*
10	Taschenfalte	*Plica vestibularis*
11	Kehlkopftasche (Morgagni-Tasche)	*Ventriculus laryngis*
12	Ringknorpel	*Cartilago cricoidea*
13	Stirnhöhle	*Sinus frontalis*
14	Mündung der vorderen und mittleren Siebbeinzellen	*(Cellulae ethmoidales anteriores + medii)*
15	Keilbeinhöhle (Vorderwand)	*(Sinus sphenoidalis)*
16	Hintere Siebbeinzellen (Mündung)	*(Cellulae ethmoidales posteriores)*
17	Nasen-Rachen-Gang	*Meatus nasopharyngeus*
18	Ohrtrompetenwulst	*Torus tubarius*
19	Rachennische	*Recessus pharyngeus*
20	Ohrtrompeten-Gaumen-Falte	*Plica salpingopalatina*
21	Ohrtrompeten-Rachen-Falte	*Plica salpingopharyngea*
22	Gaumenheberwulst	*Torus levatorius*
23	Harter Gaumen	*Palatum durum*
24	Weicher Gaumen (Gaumensegel)	*Palatum molle [Velum palatinum]*
25	Gaumenzäpfchen	*Uvula palatina*
26	Vorderer Gaumenbogen	*Arcus palatoglossus [Plica anterior faucium]*
27	Hinterer Gaumenbogen	*Arcus palatopharyngeus [Plica posterior faucium]*
28	Kehldeckel	*Epiglottis*
29	Stellknorpel-Kehldeckel-Falte	*Plica aryepiglottica*
30	Schleimhauthöckerchen über dem Keilknorpel	*Tuberculum cuneiforme*
31	Schleimhauthöckerchen über dem Spitzenknorpel	*Tuberculum corniculatum*
32	Querer Stellknorpelmuskel	*M. arytenoideus transversus*
33	Stimmlippe	*Plica vocalis*

Ohrtrompete (Eustachi-Röhre)

Die Ohrtrompete verbindet die Paukenhöhle mit dem Nasenrachenraum. Bei jedem Schlucken wird die Ohrtrompete durch die Gaumensegelmuskeln geöffnet. Dann strömt Luft aus dem Nasenrachenraum in die Paukenhöhle.

• Wie wichtig diese Belüftung ist, merkt man bei einer Rachenentzündung. Dann schwillt meist die Schleimhaut der Ohrtrompete zu, und die Belüftung der Paukenhöhle ist aufgehoben. Der Körper saugt die Luft aus der Paukenhöhle auf. Durch den äußeren Luftdruck wird das Trommelfell in die Paukenhöhle gepresst und kann nicht mehr schwingen. Die Folge ist eine Schwerhörigkeit. Sie verschwindet schlagartig, wenn die Ohrtrompete wieder aufgeht.

• Ähnlich ist es bei raschen Talfahrten mit Bergbahnen: Man muss dann zum Druckausgleich öfters schlucken, um die Paukenhöhlen zu belüften.

• Über die Ohrtrompete wandern leider auch Krankheitserreger in die Paukenhöhle ein. Die Mittelohrentzündung ist meist Folge einer Racheninfektion.

Warzenfortsatz: Operationsbild nach Ausräumen der Warzenfortsatzzellen. Vorn oben gelangt man in die Paukenhöhle. *[ur]* →

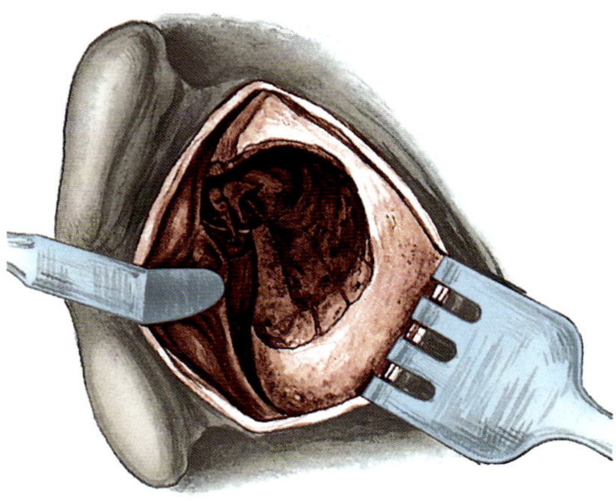

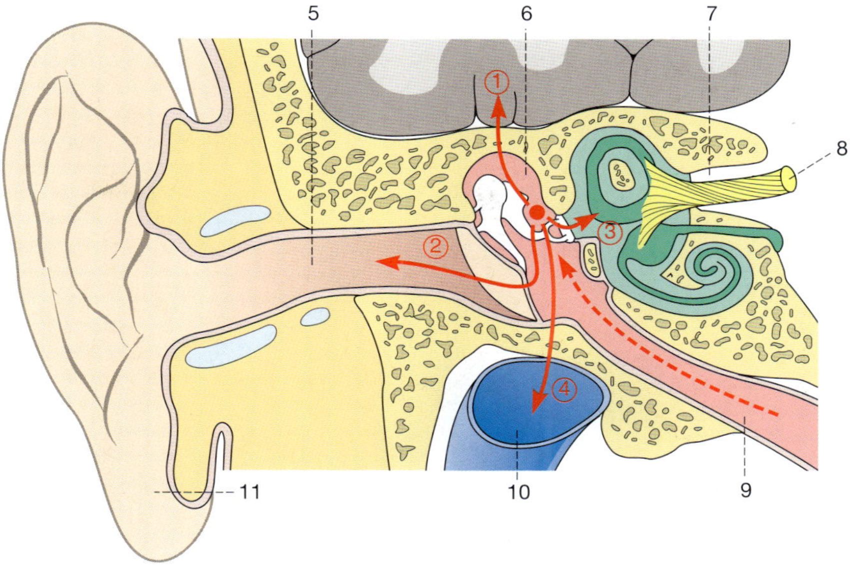

Mittelohreiterung: Infektionsweg und Ausbreitungswege (→). Es drohen: Hirnhautentzündung und Hirnabszess (1), Durchbruch durch das Trommelfell (2), Innenohrentzündung (3) und Thrombose der inneren Drosselvene (4). *[de5]*

5 Äußerer Gehörgang *Meatus acusticus externus*
6 Paukenhöhle *Cavitas tympani*
7 Innerer Gehörgang *Meatus acusticus internus*
8 Hör- und Gleichgewichtsnerv (8. Hirnnerv) *N. vestibulocochlearis*
9 Ohrtrompete *Tuba auditiva [auditoria]*
11 Ohrmuschel *Auricula*

Begrenzung der Paukenhöhle

Die Paukenhöhle ist mit einem winzigen schmalen (3–6 mm breiten) Zimmer zu vergleichen:

- Die Decke grenzt an die mittlere Schädelgrube mit dem Schläfenlappen des Großhirns.
- Die Außenwand bildet das Trommelfell gegen den äußeren Gehörgang.
- Die Innenwand grenzt an das Innenohr.
- Aus der Vorderwand zieht die Ohrtrompete zum Nasenrachenraum.
- An der Hinterwand ist der Eingang zu den Hohlräumen im Warzenfortsatz.
- Unter dem Boden liegt die innere Drosselvene, über die das Blut aus dem Gehirn abströmt.

Rechte Paukenhöhle: Darstellung des Kanals des Gesichtsnervs nach Aufmeißeln des Warzenfortsatzes, Entfernen der Gehörknöchelchen und des Trommelfells sowie Eröffnen der Kanäle des Innenohrs. *[bg3]*
In dem engen Knochenkanal ist der Gesichtsnerv durch Felsenbeinbrüche und vom Mittelohr auf ihn übergreifende Entzündungen gefährdet. Folge ist eine Lähmung der mimischen Muskeln der gleichen Gesichtsseite.

1	S-förmiger Blutleiter (der harten Hirnhaut)	*Sinus sigmoideus*
2	Knochenkanal des hinteren Bogengangs	*Canalis semicircularis posterior*
3	Knochenkanal des vorderen Bogengangs	*Canalis semicircularis anterior*
4	Knochenkanal des seitlichen Bogengangs	*Canalis semicircularis lateralis*
5	Kanal des Gesichtsnervs	*Canalis nervi facialis*
6	Ovales Fenster	*Fenestra vestibuli*
7	Kiefergelenk	*Articulatio temporomandibularis*
8	Vorwölbung durch die Schnecke	*Promontorium*
9	Ohrtrompete	*Tuba auditiva [auditoria]*
10	Warzenfortsatzzellen	*Cellulae mastoideae*

Warzenfortsatzzellen

Die Warzenfortsatzzellen entstehen ähnlich wie die Nasennebenhöhlen größtenteils erst nach der Geburt. Die Schleimhaut der Paukenhöhle wächst in den Knochen ein und baut ihn ab. Dadurch wird der Knochen leichter. Das dabei entstehende Kammersystem ist nach Ausdehnung und Kammerung individuell verschieden. Es gibt Warzenfortsätze mit großen und solche mit kleinen Zellen.

- Bei einer Mittelohrentzündung erkranken die Warzenfortsatzzellen mit. Der Eiter kann schlecht abfließen, daher ist die *Warzenfortsatzentzündung* (Mastoiditis) sehr hartnäckig. Während die Paukenhöhle meist rasch ausheilt, können Eiterungen in den engen Zellen des Warzenfortsatzes über Wochen weiterschwelen. Oft muss man dann den Warzenfortsatz aufstemmen und den Eiter ausräumen. Wegen der Nähe des Gehirns, des Innenohrs und großer Blutgefäße ist eine Warzenfortsatzeiterung gefährlich.

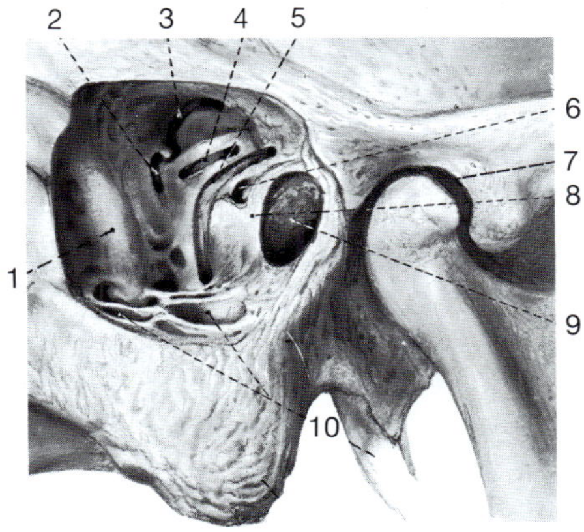

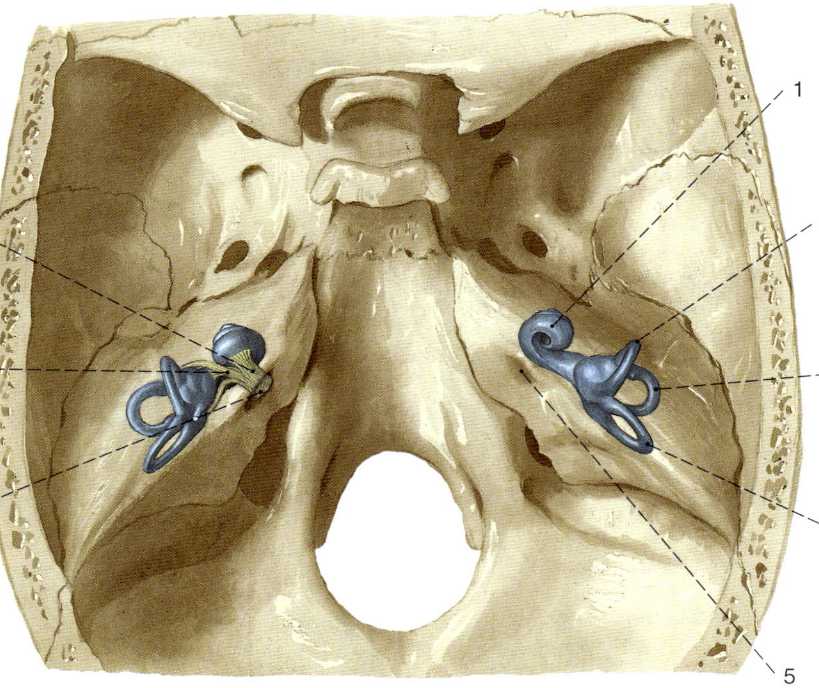

Innenohr: Lage des Hör- und Gleichgewichtsorgans im Felsenbein. Links ist auch der zugehörige Nerv im inneren Gehörgang eingezeichnet. *[ss1]*

1	Schnecke (Hörorgan)	*Cochlea*
2	Vorderer Bogengang	*Ductus semicircularis anterior*
3	Seitlicher Bogengang	*Ductus semicircularis lateralis*
4	Hinterer Bogengang	*Ductus semicircularis posterior*
5	Innerer Gehörgang	*Meatus acusticus internus*
6	Hör- und Gleichgewichtsnerv (8. Hirnnerv)	*N. vestibulocochlearis (VIII)*
7	Gleichgewichtsnerv	*N. vestibularis*
8	Hörnerv	*N. cochlearis*

Labyrinth

Das Innenohr besteht aus einem komplizierten Kanal- und Schlauchsystem im Felsenbein. Es ist von außen nicht zu sehen, weil es in den Knochen eingeschlossen ist. Man muss den Knochen aufmeißeln, um die Kanäle freizulegen. Da die Orientierung schwierig ist, liegt der Vergleich mit einem Irrgarten (Labyrinth) nahe. Man unterscheidet:

- *häutiges Labyrinth:* das Sinnesorgan.
- *knöchernes Labyrinth:* das Kanalsystem im Felsenbein, in dem das häutige Labyrinth liegt.

Gliederung des Innenohrs

Das Innenohr enthält 2 Sinnesorgane:

- *Hörorgan:* Es liegt in dem Teil des Labyrinths, den man wegen seiner Form Schnecke nennt.
- *Gleichgewichtsorgan:* Es besteht aus den beiden Vorhofsäckchen (Lageempfindung), den 3 Bogengängen (Bewegungsempfindung) und einem Druckausgleichsgang.

Vorhofsäckchen

In den beiden Vorhofsäckchen liegt eine Schicht winziger Kalksteinchen (kleiner als rote Blutkörperchen) auf den Sinneshaaren der Sinneszellen. Je nach Lage des Körpers werden die Sinneshaare vom Gewicht der Steinchen anders abgebogen.

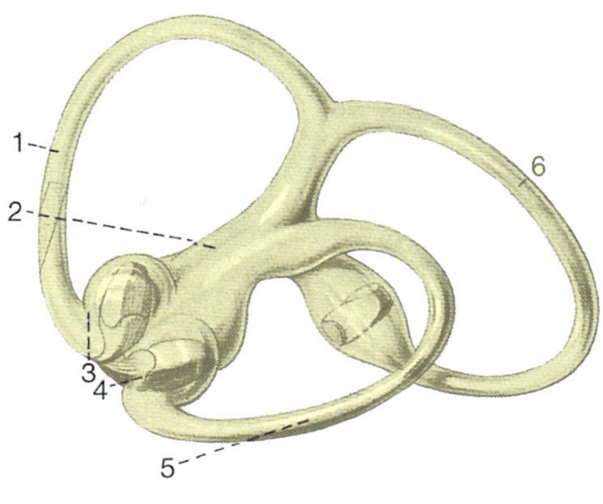

Gleichgewichtsorgan. *[bg3]*

1	Vorderer Bogengang	*Ductus semicircularis anterior*
2	Vorhofsäckchen	*Utriculus + Sacculus*
3	Erweiterung (Ampulle) des Bogengangs	*Ampulla membranacea*
4	Sinneskamm	*Crista ampullaris*
5	Seitlicher Bogengang	*Ductus semicircularis lateralis*
6	Hinterer Bogengang	*Ductus semicircularis posterior*

Endo- und Perilymphräume des Innenohrs. ➔
Die Schallschwingungen werden über das ovale Fenster auf die Perilymphe übertragen und klingen über das runde Fenster aus. *[go]*

1	Hammer	*Malleus*
2	Amboss	*Incus*
3	Steigbügel mit ovalem Fenster	*Stapes + Fenestra vestibuli*
4	Perilymphraum	*Spatium perilymphaticum*
5	Endolymphraum	*Spatium endolymphaticum*
6	Bogengänge	*Ductus semicirculares*
7	Gallertkuppel	*Cupula ampullaris*
8	Sinnesfeld des hinteren Vorhofsäckchens	*Macula utriculi*
9	Sinnesfeld des vorderen Vorhofsäckchens	*Macula sacculi*
10	Wiedervereinigungsgang	*Ductus reuniens*
11	Schneckenloch	*Helicotrema*
12	Häutiger Schneckengang	*Ductus cochlearis*
13	Paukentreppe	*Scala tympani*
14	Vorhoftreppe	*Scala vestibuli*
15	Rundes Fenster	*Fenestra cochleae*
16	Paukenhöhle	*Cavitas tympani*
17	Trommelfell	*Membrana tympanica*
18	Äußerer Gehörgang	*Meatus acusticus externus*

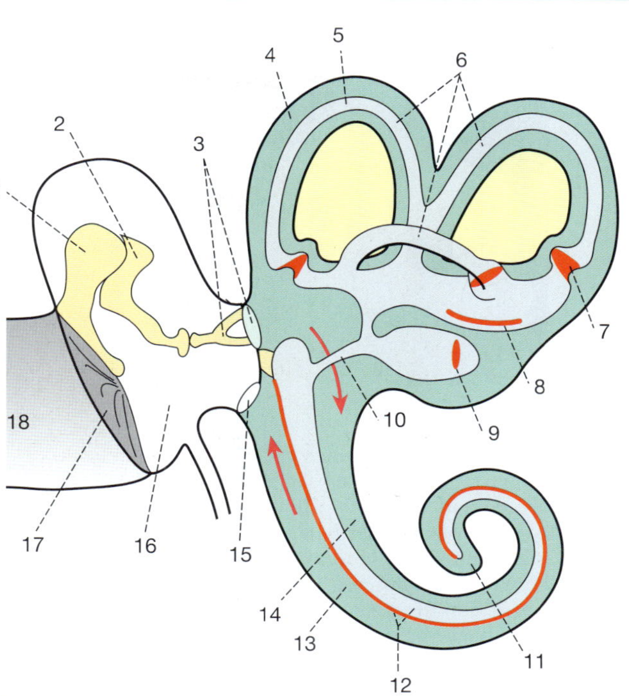

➔ Weichteile des Innenohrs („häutiges Labyrinth"), Vergrößerung etwa 6fach. *[pa3]*

1	Labyrintharterie, Schneckenast	*A. labyrinthi, R. cochlearis*
2	Labyrintharterie, Vorhofast	*A. labyrinthi, R. vestibularis*
3	Gleichgewichtsnerv	*N. vestibularis*
4	Vorderes Vorhofsäckchen	*Sacculus*
5	Hinteres Vorhofsäckchen	*Utriculus*
6	Vorderer Bogengang	*Ductus semicircularis anterior*
7	Seitlicher Bogengang	*Ductus semicircularis lateralis*
8	Hinterer Bogengang	*Ductus semicircularis posterior*
9	Endolymphsack (zum Druckausgleich)	*Saccus endolymphaticus*
10	Häutiger Schneckengang	*Ductus cochlearis*
11	Hörnerv (Äste)	*N. cochlearis*

Endolymphe und Perilymphe

- Das häutige Labyrinth ist mit einer wässrigen Flüssigkeit gefüllt, die man Endolymphe (Innenwasser) nennt.
- Zwischen dem häutigen Labyrinth und der Wand des Knochenkanals befindet sich eine ähnliche Flüssigkeit, die wegen ihrer Lage als Perilymphe (Außenwasser) bezeichnet wird. Endo- und Perilymphe sind streng voneinander getrennt.

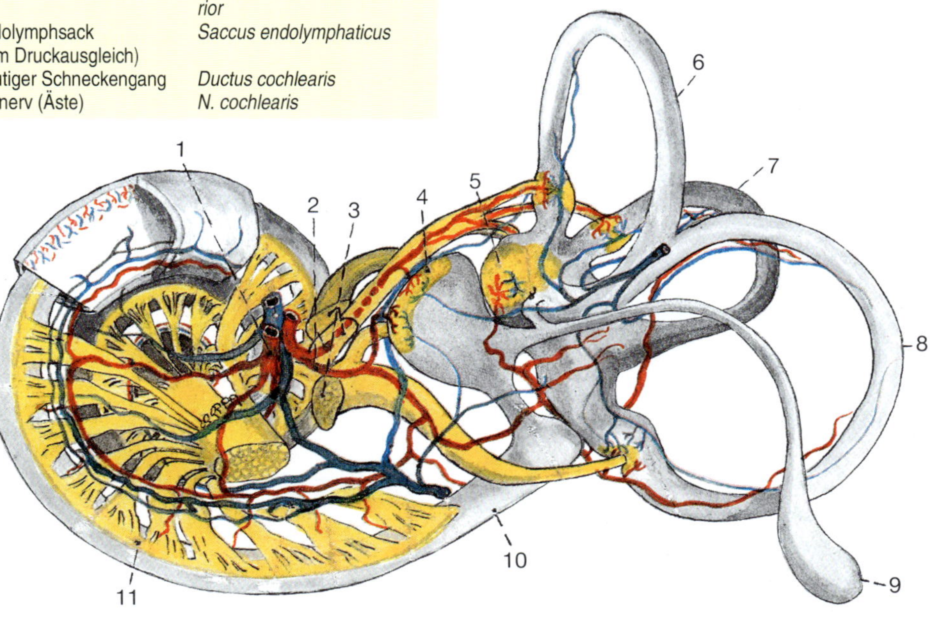

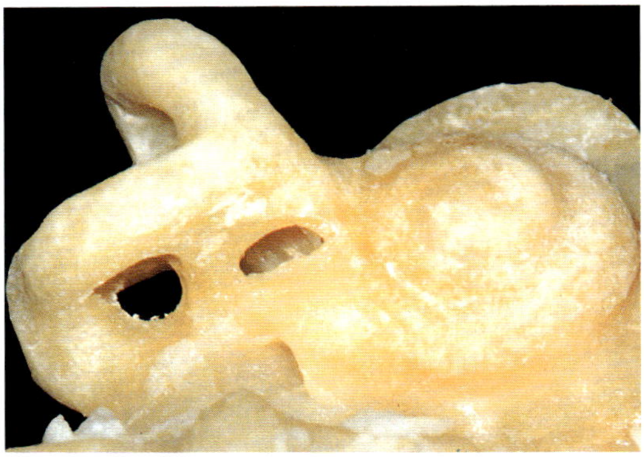

Knöchernes Labyrinth, aus dem Felsenbein herausgefräst, Foto, Vergrößerung etwa 3fach. *[re2]*
Die knöcherne Wand des Kanalsystems besteht aus besonders dichtem Knochen und kann durch Abtragen des lockerer gebauten Knochens der Umgebung freigelegt werden.

Bogengänge

In den erweiterten Teilen der Bogengänge liegen die Sinneskämme mit den Gallertkuppeln. Die Bogengänge sind mit einer wässrigen Flüssigkeit (Endolymphe) gefüllt. Bei Bewegungen des Kopfes bleibt diese Flüssigkeit aufgrund ihrer Trägheit zunächst etwas zurück und biegt dabei eine Gallertkuppel entgegen der Bewegung des Kopfes ab. Das Ausmaß der Ablenkung der Gallertkuppel entspricht der Stärke der Beschleunigung.

• Das Sinnesorgan spricht nicht auf die Bewegung als solche, sondern nur auf die Geschwindigkeitsänderung (Beschleunigung oder Verzögerung) an. Bei sehr langsamem Anfahren eines Zuges kann z.B. die Reizschwelle nicht erreicht werden. Wir sehen die Bewegung, glauben aber, der Zug am Nachbargeleise führe.

• Die 3 Bogengänge stehen rechtwinklig zueinander entsprechend den 3 Dimensionen des Raums. Das Gehirn erhält Informationen der Sinneskämme von insgesamt 6 Bogengängen. Es ermittelt daraus die Richtung der Bewegung.

Gliederung der Schnecke

Das knöcherne Schneckenlabyrinth ist in 2½ Windungen um die Schneckenspindel spiralig aufgerollt. Seine Lichtung wird durch die Basilarmembran und die Reissner-Membran in 3 Gänge zerlegt:

• In der Mitte liegt der *häutige Schneckengang*. Er ist mit Endolymphe gefüllt.

• Die beiden anderen Gänge enthalten Perilymphe. Sie heißen *Vorhoftreppe* (zur Schneckenkuppel zu) und *Paukentreppe* (zur Schneckenbasis zu).

Weg der Schallschwingungen zum Spiralorgan

Vom Mittelohr werden die Schallschwingungen über die Steigbügelplatte im ovalen Fenster auf die Perilymphe übertragen. Sie laufen in der Vorhoftreppe bis zur Schneckenkuppel und über die Paukentreppe zurück zum runden Fenster in der Wand zwischen Innen- und Mittelohr. Von der Perilymphe gehen die Schallschwingungen über die beiden trennenden Membranen auf die Endolymphe im häutigen Schneckengang über.

Spiralorgan (Corti-Organ)

Das eigentliche Hörorgan mit den Hörsinneszellen liegt im Schneckengang. Es wird nach seinem Erforscher auch Corti-Organ genannt. Es ruht auf der Basilarmembran, die den Schneckengang von der Paukentreppe trennt. Über einen Hügel mit Sinneszellen wölbt sich die gallertige Deckmembran.

• Das Spiralorgan vibriert mit der Basilarmembran. Dadurch verschiebt sich die Flüssigkeit zwischen den Sinneszellen und der Deckmembran. Dabei werden die Sinneshaare abgebogen.

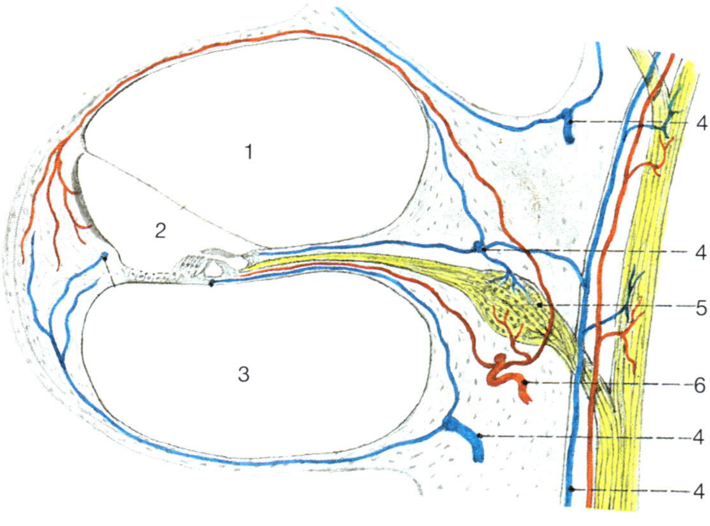

Knöcherner Schneckengang mit Nerven und Blutgefäßen: Schnitt, Vergrößerung 30fach. *[pa3]*
Durch 2 Membranen (Basilarmembran und Reissner-Membran) wird der Endolymphraum (im häutigen Schneckengang) vom Perilymphraum (in Vorhof- und Paukentreppe) abgegrenzt.

1	Vorhoftreppe	*Scala vestibuli*
2	Häutiger Schneckengang	*Ductus cochlearis*
3	Paukentreppe	*Scala tympani*
4	Labyrinthvenen (Äste)	*Vv. labyrinthi*
5	Spiralganglion (= Nervenknoten des Hörnervs)	*Ganglion cochleare [spirale cochleae]*
6	Labyrintharterie, Schneckenast	*A. labyrinthi, R. cochlearis*

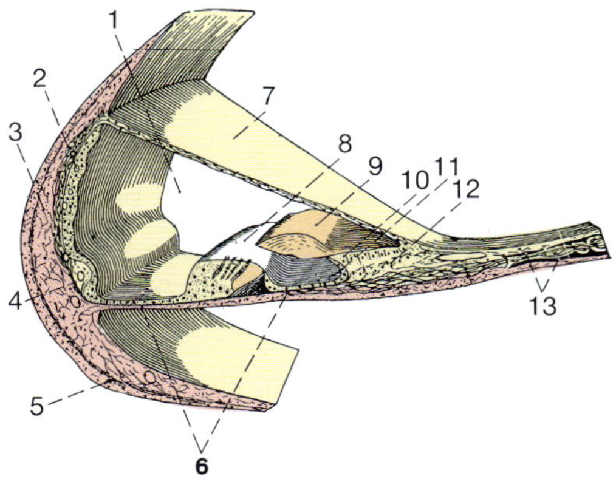

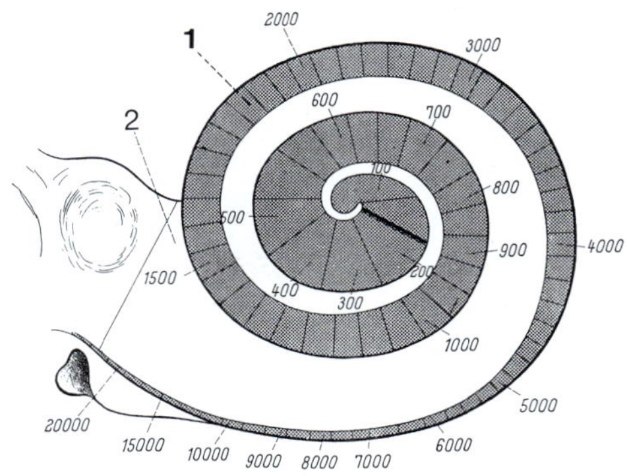

↑ Häutiger Schneckengang mit dem eigentlichen Hörorgan (Spiralorgan = Corti-Organ), Vergrößerung 60fach. *[bg3]*

1	Häutiger Schneckengang	*Ductus cochlearis*
2	Gefäßstreifen, der die Endolymphe bildet	*Stria vascularis*
3	Spiralband der Schnecke	*Lig. spirale*
4	Ausstrahlung der Basilarmembran	*Crista basilaris [spiralis]*
5	Knochenhaut	*Periosteum*
6	Basilarmembran	*Lamina basilaris*
7	Reissner-Membran (trennt Schneckengang und Vorhoftreppe)	*Paries vestibularis ductus cochlearis [Membrana vestibularis]*
8	Spiralorgan (= Corti-Organ)	*Organum spirale*
9	Deckmembran	*Membrana tectoria [gelatinosa]*
10	Vorhoflippe am Rand des knöchernen Spiralblatts	*Labium limbi vestibulare*
11	Innere Spiralrinne	*Sulcus spiralis internus*
12	Rand des knöchernen Spiralblatts	*Limbus spiralis*
13	Knöchernes Spiralblatt	*Lamina spiralis ossea*

↘ Spiralorgan (Corti-Organ) im Innenohr: mikroskopischer Bau, 300fache Vergrößerung. Am Spiralorgan werden zahlreiche Zellarten unterschieden. Ihre Aufgaben sind z.T. noch nicht geklärt. In der Abbildung sind daher die verschiedenen Arten von „Hörzellen" (Haarzellen, 1) und „Stützzellen" (Pfeilerzellen, 4) nicht besonders bezeichnet (Hörzellen und Hörnerv gelb). Deckmembran (2), Basilarmembran (3). *[pa3]*

↑ Basilarmembran in der Schnecke: Schema mit Angabe der zugehörigen Tonhöhen (in Hertz). Basilarmembran (1), knöchernes Spiralblatt (2). *[bg3]*

- Die Basilarmembran ist die schwingende Saite an der Grenze von Perilymphraum und Endolymphraum in der Schnecke. Ihr liegt das eigentliche Hörorgan (Spiralorgan = Corti-Organ) an. Die Basilarmembran ist in der Schneckenbasis etwa 0,1 mm, in der Schneckenkuppel jedoch etwa 0,5 mm breit. Je nach Tonhöhe schwingen verschiedene Bereiche der Basilarmembran besonders stark. Hohe Töne werden nahe der Schneckenbasis, tiefe nahe der Schneckenkuppel registriert.
- Ursprünglich hatte man angenommen, dass die Basilarmembran aus einzelnen Saiten verschiedener Länge und Dicke aufgebaut wäre. Sie sollten jeweils bei einem ganz bestimmten Ton mitschwingen. Diese „Resonanztheorie" ist inzwischen verlassen worden, weil ein entsprechender Aufbau der Basilarmembran nicht gefunden wurde.
- Nach der heute gültigen Wanderwellentheorie laufen die Schallwellen je nach Tonhöhe mit unterschiedlicher Geschwindigkeit durch die Schnecke. Die Wellengeschwindigkeit für hohe Töne ist sehr viel höher als für niedere. Die Geschwindigkeit hängt auch von der Kanaltiefe ab. Die Welle „brandet" an einer bestimmten Stelle der Basilarmembran. Allerdings handelt es sich dabei nicht um eng begrenzte Bereiche. Bei mittleren Tonhöhen schwingt etwa ein Drittel der ganzen Basilarmembran.

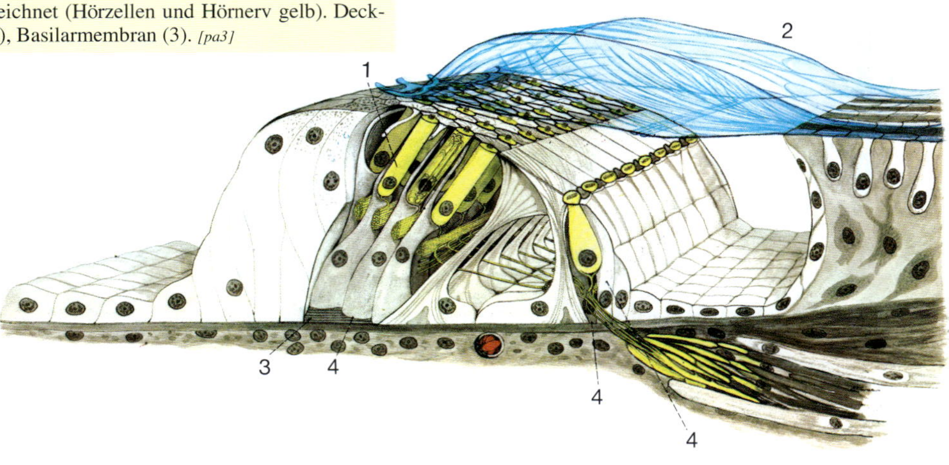

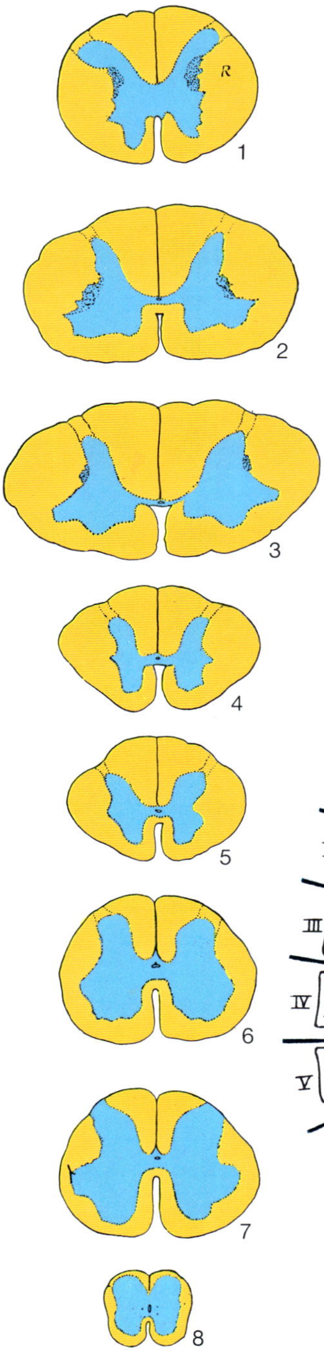

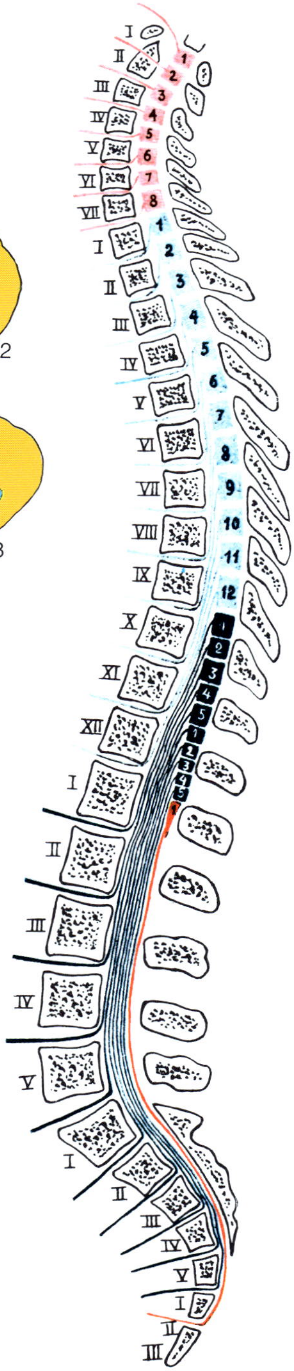

← Rückenmark und Wirbelsäule: Schema der Segmentanordnung. Halsmark rosa, Brustmark blau, Lenden- und Sakralmark schwarz, Steißmark rot, Wirbel römische Ziffern (I–XII), Rückenmarksegmente arabische Ziffern (1–12). *[bl]*
Man beachte, dass im Halsbereich 7 Wirbel, aber 8 Segmentnerven liegen: Der Nerv unter dem Hinterhauptbein wurde als 1. Halsnerv in die Rechnung mit einbezogen. Dadurch verschieben sich die Nummern der Halsnerven gegenüber den Zwischenwirbellöchern um 1: Der 4. Halsnerv kommt durch das 3. Halszwischenwirbelloch (zwischen 3. und 4. Halswirbel), dagegen der 4. Brustnerv durch das 4. Brustzwischenwirbelloch (zwischen 4. und 5. Brustwirbel). *[bl]*

Gliederung des Nervensystems

• Nach der Lage in *zentrales* und *peripheres* Nervensystem: Das Zentralnervensystem umfasst Gehirn und Rückenmark, das periphere Nervensystem die Hirn- und Rückenmarknerven.

• Nach den Aufgaben in *animalisches* und *autonomes* (= vegetatives) Nervensystem. Das animalische Nervensystem dient vor allem der Auseinandersetzung mit der Umwelt. Die Vorgänge in ihm sind zumindest teilweise bewusst und dem Willen unterworfen. Das autonome Nervensystem steuert vor allem die inneren Organe. Die Vorgänge in ihm laufen überwiegend unbewusst ab und können im allgemeinen vom Willen nicht beeinflusst werden.

Graue und weiße Substanz

Auf Schnitten durch das Gehirn oder das Rückenmark sieht man dunklere und hellere Bereiche scharf voneinander abgegrenzt: In den dunkleren Bereichen = *graue Substanz* liegen die Zellkörper der Nervenzellen. In den helleren Bereichen = *weiße Substanz* findet man überwiegend Nervenfasern. Die fettartigen Stoffe in deren Markscheiden bedingen die helle Farbe.

• Die *graue Substanz* bildet auf Querschnitten des Rückenmarks eine graue „Schmetterlingsfigur". Ihre Größe wird von der Zahl der Zellen bestimmt, die in dem entsprechenden Segment benötigt werden. Die graue Substanz ist besonders ausgedehnt im unteren Halsabschnitt, im unteren Lenden- und im oberen Kreuzbeinabschnitt, weil hier die Nervenzellkörper für die Arme und Beine liegen.

• Die *weiße Substanz* nimmt im Rückenmark von unten nach oben zu: Es lagern sich immer neue Züge von sensorischen Nervenfasern mit Verlauf in Richtung Gehirn an. Umgekehrt schwenken von oben nach unten immer mehr motorische Nervenfasern zu den Muskeln ab. Das Lendenmark beherbergt also viel weniger Bahnen als das Halsmark.

↑ Querschnitte des Rückenmarks auf verschiedenen Höhen bei etwa 3facher Vergrößerung. Graue Rückenmarksubstanz im Bild blau, weiße Rückenmarksubstanz im Bild gelb. *[bg3]*
1 Erstes Halssegment (C_1)
2 Viertes Halssegment (C_4)
3 Siebentes Halssegment (C_7)
4 Zweites Brustsegment (T_2)
5 Zwölftes Brustsegment (T_{12})
6 Fünftes Lendensegment (L_5)
7 Erstes Kreuzbeinsegment (S_1)
8 Viertes Kreuzbeinsegment (S_4)

Gliederung des Rückenmarks

- Nach *Segmenten* (ähnlich wie die Wirbelsäule): 8 Halssegmente (C_1–C_8), 12 Brustsegmente (Th_1–Th_{12}), 5 Lendensegmente (L_1–L_5), 5 Kreuzbeinsegmente (S_1–S_5), 1–3 Steißsegmente (Co_1–Co_3). Aus jedem Segment entspringt rechts und links ein Segmentnerv = Rückenmarknerv.
- Nach *grauer* und *weißer Substanz:* s. linke Seite.
- Nach der *Leitungsrichtung:* in einen vorderen motorischen und einen hinteren sensorischen (sensiblen) Teil.

Segmente von Rückenmark und Wirbelsäule

In der embryonalen Entwicklung jedes Menschen wird zuerst das Rückenmark mit seinen Nerven angelegt. Erst später bildet sich die Wirbelsäule um das Rückenmark herum aus. Bei der jungen Leibesfrucht füllt das Rückenmark noch den ganzen Wirbelkanal. Dann wächst die Wirbelsäule rascher als das Rückenmark. Das untere Ende des Rückenmarks steigt daher im Wirbelkanal auf.

- Das Rückenmark ist beim Erwachsenen deutlich kürzer als die Wirbelsäule. Sein unteres Ende findet man meist auf Höhe der 1. Lendenzwischenwirbelscheibe (zwischen erstem und zweitem Lendenwirbel). Deshalb liegen die einander entsprechenden Segmente der Wirbelsäule und des Rückenmarks nicht auf gleicher Höhe.
- Die segmentalen Rückenmarknerven behalten ihre beim Embryo festgelegten Austrittsstellen aus dem Wirbelkanal bei, auch wenn das Rückenmark aufsteigt. Die Nervenwurzeln steigen daher im Wirbelkanal ab. Unterhalb des Rückenmarkendes füllen die Wurzeln der unteren Lenden-, der Kreuzbein- und der Steißnerven den Wirbelkanal. Die zahlreich nebeneinander liegenden Nervenwurzeln erinnern an einen Pferdeschweif und werden deshalb so genannt.

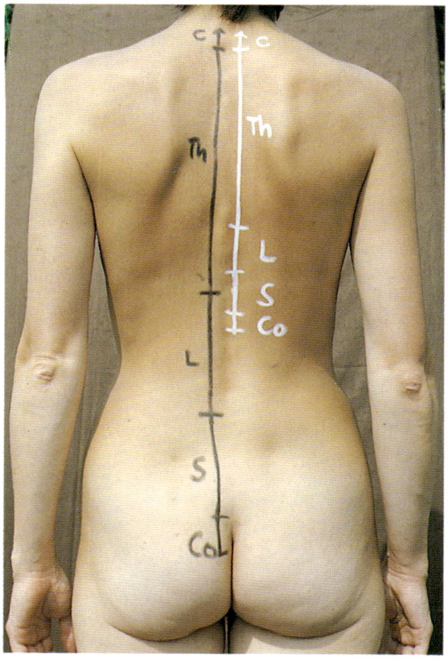

↑ Wirbelsäulen- und Rückenmarksegmente: Projektion auf den Rücken. Bereiche der Wirbelsäule schwarz, Bereiche des Rückenmarks weiß markiert: C = Halsbereich (zervikal), Th = Brustbereich (thorakal), L = Lendenbereich (lumbal), S = Kreuzbeinbereich (sakral), Co = Steißbeinbereich (kokzygeal). Das Rückenmark endet schon auf Höhe des ersten bis zweiten Lendenwirbels. Die Rückenmarkhäute mit dem Hirnwasser (Liquor) reichen jedoch bis zum zweiten Kreuzbeinsegment. *[li1]*

Wirbelkanal im Lendenbereich. Die Wirbelbogen und die hinteren Abschnitte der harten Rückenmarkhaut („Durasack“) und der Spinnwebenhaut (Arachnoidea) sind stufenweise von oben nach unten weggenommen. Das Rückenmark endet bereits auf Höhe der Bandscheibe L_1/L_2, deshalb sieht man im unteren Lendenbereich im Wirbelkanal nur die dicht nebeneinander liegenden Wurzeln des „Pferdeschweifs“. *[pp1]* ➔

1	Zwischenbogenband	*Lig. flavum*
2	Viereckiger Lendenmuskel	*M. quadratus lumborum*
3	Oberer Gelenkfortsatz	*Processus articularis superior*
4	Pferdeschweif	*Cauda equina*
5	Harte Rückenmarkhaut („Dura“)	*Dura mater spinalis*
6	Hirnwasserraum (Subarachnoidealraum)	*Spatium subarachnoideum [leptomeningeum]*
7	Spinnwebenhaut des Rückenmarks („Arachnoidea“)	*Arachnoidea mater spinalis*
8	Epiduralraum (= Periduralraum) + hinteres inneres Wirbelvenengeflecht	*Spatium epidurale [peridurale] + Plexus venosus vertebralis internus posterior*
9	Spinalganglion (Nervenknoten neben dem Rückenmark)	*Ganglion sensorium nervi spinalis*

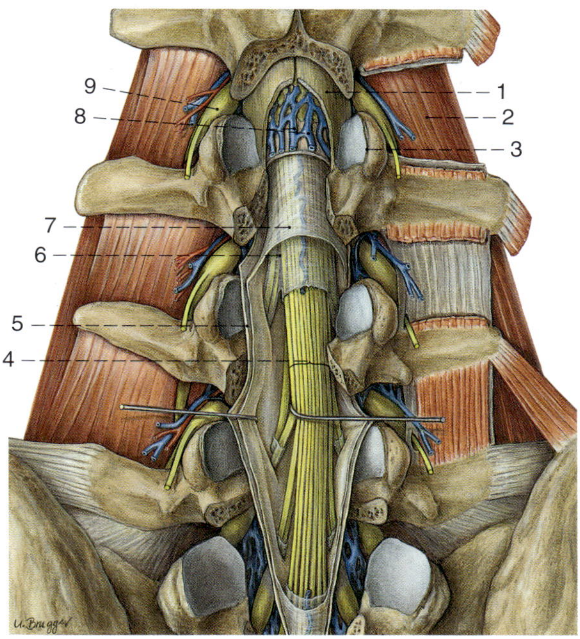

Hirn- und Rückenmarkhäute

Gehirn und Rückenmark sind von 3 Bindegewebelagen umhüllt:

• *weiche Hirnhaut bzw. Rückenmarkhaut* (Pia): Sie schmiegt sich der Oberfläche des Gehirns bzw. des Rückenmarks unmittelbar an.

• *harte Hirnhaut bzw. Rückenmarkhaut* (Dura): Sie besteht aus durchflochtenem straffen Bindegewebe und bietet damit einen mechanischen Schutz für Gehirn und Rückenmark. In der Schädelhöhle liegt sie den Knochen des Schädeldachs und der Schädelbasis unmittelbar an. Im Wirbelkanal bildet sie einen derben Sack (Durasack). Der Durasack ist oben am großen Hinterhauptloch aufgehängt, wo er in die Knochenhaut übergeht.

• *Spinnwebenhaut* (Arachnoidea): Sie ist, wie der Name besagt, besonders dünn. Sie liegt der harten Hirnhaut innen an.

1	Knochenhaut	*Periosteum*
2	Epiduralraum (= Periduralraum)	*Spatium epidurale [peridurale]*
3	Subduralraum	*Spatium subdurale*
4	Harte Rückenmarkhaut („Dura")	*Dura mater spinalis*
5	Hirnwasserraum (Subarachnoidealraum)	*Spatium subarachnoideum [leptomeningeum]*
6	Rückenmarknerv, hinterer Ast	*N. spinalis, R. posterior*
7	Rückenmarknerv, vorderer Ast	*N. spinalis, R. anterior*
8	Rückenmarknerv, Verbindungsast (zum Grenzstrang des Sympathikus)	*N. spinalis, R. communicans*
9	Rückenmarknerv, Ast zu den Rückenmarkhäuten	*N. spinalis, R. meningeus [recurrens]*
10	Rückenmarknerv, vordere (= motorische) Wurzel	*N. spinalis, Radix anterior [motoria]*
11	Gezähntes Band	*Lig. denticulatum*
12	Spinalganglion (Nervenknoten neben dem Rückenmark)	*Ganglion sensorium nervi spinalis*
13	Rückenmarknerv, hintere (= sensorische) Wurzel	*N. spinalis, Radix posterior [sensoria]*
14	Weiche Rückenmarkhaut („Pia")	*Pia mater spinalis*
15	Spinnwebenhaut des Rückenmarks („Arachnoidea")	*Arachnoidea mater spinalis*

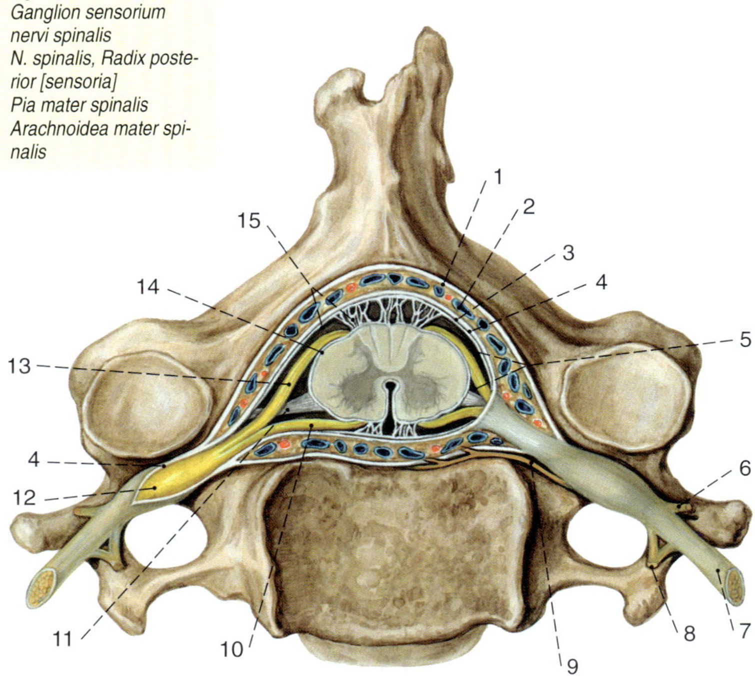

Rückenmark im Wirbelkanal im Halsbereich. *[ss1]*

• Man achte auf die Gliederung der Rückenmarkhäute und die von ihnen begrenzten Räume im Wirbelkanal. Das von der weichen Rückenmarkhaut überzogene Rückenmark ist an den abgehenden Nerven und am Gehirn aufgehängt. Es „schwimmt" im Hirnwasserraum. Die träge Flüssigkeit dämpft heftige Bewegungen, so dass es nur selten zur „Rückenmarkerschütterung" kommt.

• Bei einem entsprechenden Bild aus dem unteren Lendenbereich würde das Rückenmark fehlen!

Gliederung der Räume im Wirbelkanal

Durch die Rückenmarkhäute wird der Wirbelkanal in 4 Bereiche gegliedert. Dies sind von innen nach außen:

• *Rückenmark:* umgrenzt von der weichen Rückenmarkhaut.

• *Subarachnoidealraum* (Hirnwasserraum = Liquorraum): zwischen weicher Rückenmarkhaut und Spinnwebenhaut. Er ist mit Hirnwasser (Liquor) gefüllt.

• *Subduralraum:* ein Spalt zwischen Spinnwebenhaut und harter Rückenmarkhaut.

• *Epiduralraum (= Periduralraum):* zwischen harter Rückenmarkhaut und Knochenhaut des Wirbelkanals. Er enthält das innere Wirbelvenengeflecht.

Hirnwasser (Liquor)

Das Hirnwasser ist eine wasserklare Flüssigkeit, welche die Hirnwasserräume (Liquorräume) füllt:

• *innerer Hirnwasserraum:* 4 Hirnkammern (Ventrikel) im Innern des Gehirns (2 seitliche Hirnkammern im Großhirn, die 3. Hirnkammer im Zwischenhirn, die 4. Hirnkammer im Rautenhirn).

• *äußerer Hirnwasserraum:* zwischen Spinnwebenhaut und weicher Hirnhaut (Subarachnoidealraum). Im Wirbelkanal umschließt er das Rückenmark.

Hauptaufgabe des Hirnwassers ist der mechanische Schutz des Zentralnervensystems. Gehirn und Rückenmark schwimmen gewissermaßen im Hirnwasser. Dadurch wird ihre Mitbewegung bei heftigen Bewegungen des Körpers gebremst. Die empfindlichen Nervenzellen werden so vor Quetschung bewahrt.

Lumbalpunktion (Lendenstich): Orientierung am Rücken. Der Hirnwasserraum (blau, Dura = harte Rückenmarkhaut) reicht bis in den Kreuzbeinkanal, das Rückenmark (weiß) jedoch nur bis zum zweiten Lendenwirbel (Abschnitte der Wirbelsäule und Darmbeinkämme schwarz). Man kann deshalb im unteren Lendenbereich eine Hohlnadel in den Hirnwasserraum einstechen, ohne das Rückenmark zu gefährden. Den vierten Lendendornfortsatz (im Bild markiert mit O) findet man in der Verbindungslinie der höchsten Punkte der beiden Darmbeinkämme. Die Abkürzungen für die Abschnitte der Wirbelsäule und des Rückenmarks sind bei der entsprechenden Abbildung auf der vorvorletzten Seite erläutert. *[li1]*

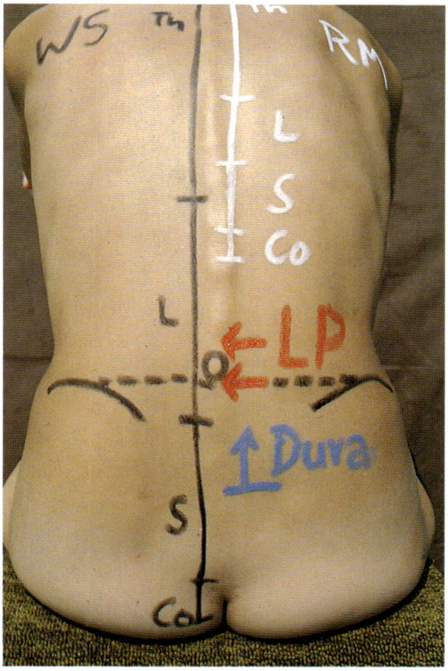

Lumbalpunktion

Die Untersuchung des Hirnwassers liefert wichtige Aufschlüsse bei Erkrankungen der Hirnhäute und des Zentralnervensystems. Am einfachsten gewinnt man Hirnwasser zur Untersuchung durch einen Einstich in den Hirnwasserraum im Lendenbereich = Lumbalpunktion (in der Klinik oft abgekürzt LP):

- Wenn es der Zustand des Patienten zulässt, wird der Patient im Sitzen punktiert. Beim sitzenden Patienten kann der Arzt die Körpermittelebene des Patienten leichter einhalten und sticht nicht am Wirbelkanal vorbei. Der Patient muss sich stark krümmen („Katzenbuckel"), um die Zwischenräume zwischen den Dornfortsätzen zu erweitern. Gleichzeitig wird hierbei das Venengeflecht im Epiduralraum hinter dem Durasack zusammengepresst und entleert. Die Hohlnadel wird dann nicht durch Blut verunreinigt (was bei der Untersuchung des Hirnwassers auf eine Blutung in den Hirnwasserraum wichtig ist).
- Die lange Punktionsnadel wird zwischen den Dornfortsätzen des 3. und 4. oder 4. und 5. Lendenwirbels eingestochen und dann genau in der Körpermittelebene vorgeschoben. Der Weg der Punktionsnadel führt zuerst mühsam durch das dichte Gewebe der hinteren Bänder der Wirbelsäule (Zwischendornfortsatzband und Zwischenbogenband) in den Wirbelkanal. Nach dem Durchsetzen der harten Rückenmarkhaut gleitet die Punktionsnadel mühelos voran: Ihre Spitze liegt im Hirnwasserraum. Dann kann Hirnwasser entnommen oder ein Betäubungsmittel zur Spinalanästhesie eingespritzt werden.
- Etwa 10–15 % der Patienten klagen über heftige Kopfschmerzen, Übelkeit und Erbrechen nach der Lumbalpunktion. Ursache ist ein Unterdruck im Hirnwasserraum, weil durch den Stichkanal etwas Liquor in den Epiduralraum aussickert. Die Beschwerden klingen meist nach 2–3 Tagen ab und halten nur selten über eine Woche an. Vorsorglich sollte der Patient nach der Lumbalpunktion 24 Stunden strenge Bettruhe einhalten.

Rückenmarknahe Leitungsbetäubungen

Die dichte Lage der Nervenwurzeln im Wirbelkanal nutzt man, um die Schmerzempfindung in größeren Bereichen des Körpers ohne Narkose auszuschalten. Dazu spritzt man ein Lokalanästhetikum in den Liquorraum oder in den Epiduralraum:

❶ **Spinalanästhesie:** Bei einer Lumbalpunktion wird das Betäubungsmittel in den Hirnwasserraum eingespritzt. Je nach Lagerung des Patienten (aufgerichtet oder schräg) und Dichte des Betäubungsmittels (schwerer oder leichter als Liquor) wird dieses auf einen kleineren oder größeren Teil der Nervenwurzeln verteilt. Dementsprechend ist der betäubte Bereich auf die Dammgegend, die Beine oder die gesamte untere Körperhälfte ausgedehnt.

❷ **Epiduralanästhesie** (= Periduralanästhesie): Das Betäubungsmittel wird nicht in den Hirnwasserraum, sondern in den Epiduralraum (zwischen harter Rückenmarkhaut und Wand des Wirbelkanals) eingespritzt. Je nach Höhe der Einstichstelle ist ein entsprechender Teil der Körperoberfläche betäubt.

- Die Schmerzfreiheit kann beliebig lange ausgedehnt werden, wenn man durch die Punktionsnadel einen Katheter einführt, über den man laufend Anästhetikum nachspritzt, z.B. bei Patienten mit unerträglichen Dauerschmerzen (Opiatanalgesie).
- *Sakrale Epiduralanästhesie:* Am einfachsten und am wenigsten gefährlich ist die Epiduralanästhesie im unteren Kreuzbeinbereich. Der gesamte Kreuzbeinkanal unterhalb von S2 gehört zum Epiduralraum. Eingestochen wird durch die untere Öffnung des Kreuzbeinkanals, die man unschwer durch die Haut tasten kann. Das Anästhetikum wird dann im Kreuzbeinkanal bis auf Höhe von S3 verteilt. Bei der typischen sakralen Epiduralanästhesie wird die Sensibilität in einem Hautgebiet ausgeschaltet, das etwa dem Ledereinsatz früher üblicher Reithosen entspricht („Reithosenanästhesie"). Diese Form der Epiduralanästhesie eignet sich daher besonders für Eingriffe an den Geschlechtsorganen und am After.

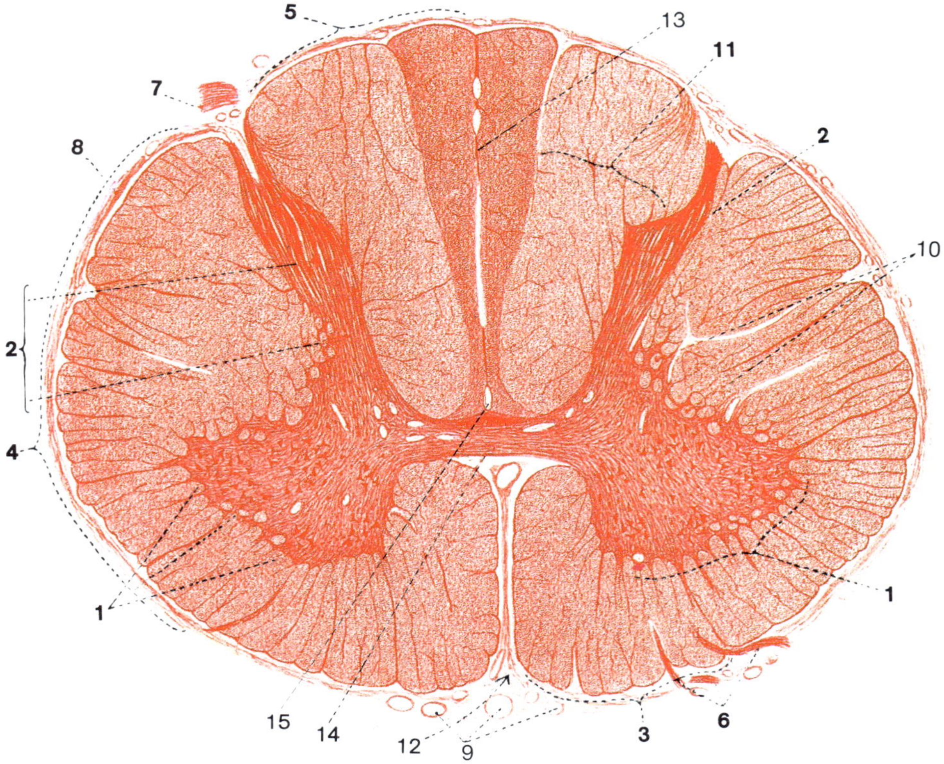

Rückenmark: Querschnitt im unteren Halsbereich (Vergrößerung 8fach). Das Rückenmark ist hier wegen der vielen Nerven zum Arm besonders breit. Bei der angewandten Färbung (Karmin) tritt die „Schmetterlingsfigur" der grauen Rückenmarksubstanz deutlich hervor. In die vordere Mittelspalte dringen mit der weichen Rückenmarkhaut auch Blutgefäße ein.*[so]*

1	+ 2 Graue Rückenmarksubstanz	*Substantia grisea*
1	Vordersäule bzw. Vorderhorn	*Columna anterior; Cornu anterius*
2	Hintersäule bzw. Hinterhorn	*Columna posterior; Cornu posterius*
3	+ 4 + 5 Weiße Rückenmarksubstanz	*Substantia alba*
3	Vorderstrang	*Funiculus anterior*
4	Seitenstrang	*Funiculus lateralis*
5	Hinterstrang	*Funiculus posterior*
6	+ 7 Rückenmarknerv	*N. spinalis*
6	Vordere (motorische) Wurzel	*Radix anterior [motoria]*
7	Hintere (sensorische) Wurzel	*Radix posterior [sensoria]*
8	Weiche Rückenmarkhaut	*Pia mater spinalis*
9	Blutgefäße	*Vasa sanguinea*
10	Netzsubstanz	*Formatio reticularis*
11	Burdach-Strang (äußere sensorische Hinterstrangbahn)	*Fasciculus cuneatus*
12	Vordere Mittelspalte	*Fissura mediana anterior*
13	Hintere Rückenmarkscheidewand	*Septum medianum posterius*
14	Zentrale graue Substanz	*Substantia intermedia centralis*
15	Zentralkanal	*Canalis centralis*

Gliederung der grauen Rückenmarksubstanz

Die „Flügel" der „Schmetterlingsfigur" werden als Hörner oder Säulen bezeichnet:

- *Vorderhorn:* Es enthält die Zellkörper der vorderen = motorischen Wurzeln der Rückenmarknerven.
- *Hinterhorn:* Es enthält die Zellkörper bestimmter sensorischer Neuronen, die als hintere = sensorische Wurzel in das Rückenmark eintreten.
- *Seitenhorn:* Es enthält die Zellkörper autonomer Nervenzellen. Ein Seitenhorn gibt es nur in den Segmenten C_8 bis L_2 und S_2 bis S_4.

Gliederung der weißen Rückenmarksubstanz

Die Oberfläche des Rückenmarks wird durch 6 Rinnen gegliedert:

- Vordere Mittelspalte: mit weicher Hirnhaut und der vorderen Rückenmarkarterie.
- Vorderseitenfurche (paarig): mit dem Austritt der vorderen = motorischen Wurzeln der Rückenmarknerven.
- Hinterseitenfurche (paarig): mit dem Eintritt der hinteren = sensorischen Wurzeln.
- Hintere Mittelfurche: ohne Spalt, nur mit bindegewebiger Scheidewand.

Durch die Furchen werden auf jeder Seite 3 Stränge unscharf abgegrenzt:

- Vorderstrang.
- Seitenstrang.
- Hinterstrang.

Rückenmark: Räumliche Schemata mit Rückenmarknerv und Reflexbogen (Erläuterung s. unten). *[bg3]* ➔

1	Weiße Rückenmarksubstanz	*Substantia alba*
2	Graue Rückenmarksubstanz	*Substantia grisea*
3	Vorderhorn (der grauen Rückenmarksubstanz)	*Cornu anterius*
4	Hinterhorn (der grauen Rückenmarksubstanz)	*Cornu posterius*
5	Vordere (motorische) Wurzel (des Rückenmarknervs)	*Radix anterior [motoria]*
6	Hintere (sensorische) Wurzel (des Rückenmarknervs)	*Radix posterior [sensoria]*
7	Spinalganglion (Nervenknoten neben dem Rückenmark)	*Ganglion sensorium nervi spinalis*
8	Rückenmarknerv	*N. spinalis*
9	Zellkörper der Nervenzelle	*Corpus neurale*
10	Quergestreifte Muskelfasern	*Myofibrae*
11	Oberhaut	*Epidermis*

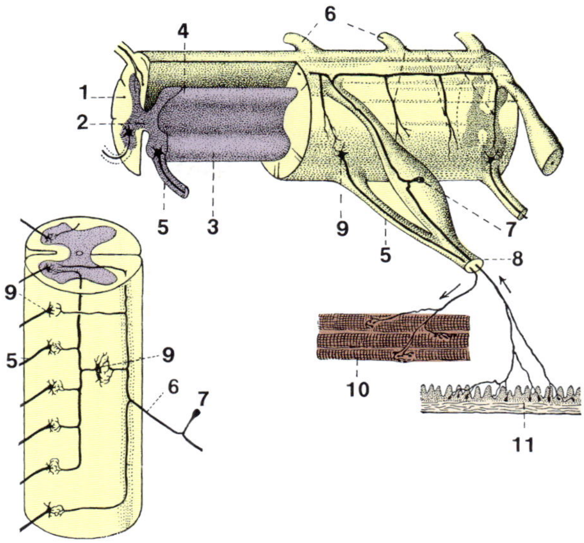

Wurzeln des Rückenmarknervs

Motorische und sensorische Nervenfasern treten getrennt aus dem Rückenmark aus bzw. in dieses ein:

- *Vordere = motorische Wurzel:* Alle motorischen Nervenfasern verlassen das Rückenmark in der Vorderseitenfurche zwischen Vorder- und Seitenstrang.
- *Hintere = sensorische Wurzel:* Alle sensorischen Nervenfasern treten in der Hinterseitenfurche in das Rückenmark ein.

Vordere und hintere Wurzel vereinigen sich zum Rückenmarknerv erst im Zwischenwirbelloch.

Ganglien (Nervenknoten)

Die Zellkörper der Nervenzellen befinden sich weitaus überwiegend im Zentralnervensystem. Außerhalb des Zentralnervensystems findet man sie gewöhnlich in Gruppen angeordnet, die man Nervenknoten oder Ganglien nennt:

- *Spinalganglien:* Die Zellkörper aller sensorischen Nervenfasern eines Rückenmarknervs liegen in einem Ganglion in der hinteren Wurzel im Zwischenwirbelloch.
- *Autonome Ganglien:* die motorischen und sekretorischen Zellkörper des Parasympathikus findet man meist in der Wand der versorgten Organe, die des Sympathikus in seinem „Grenzstrang" neben der Wirbelsäule.

Reflexe

Reflexe sind Kurzschlussverbindungen zwischen sensorischen und motorischen Neuronen ohne Einschaltung des Großhirns. Sie dienen der sehr raschen Reaktion auf Reize. Man unterscheidet:

- *Muskeleigenreflexe:* Die ruckartige Dehnung eines Muskels (z.B. durch Beklopfen seiner Sehne mit dem Reflexhammer) löst sein Zusammenziehen aus: Bekannteste Beispiele sind der Kniesehnenreflex und der Achillessehnenreflex.
- *Fremdreflexe* (Hautreflexe): Bestreichen der Haut löst eine Bewegung aus, z.B. Bauchhautreflex oder Fluchtreflex der Fußsohle.

➔ **Reflexbahnen** der Spinalnerven. Die Pfeile geben die Leitungsrichtung der Bahnen an. Sensorische Nervenfasern blau, motorische Nervenfasern rot. *[ss1]*

- Linke Bildseite *Muskeleigenreflex:* von den Muskelspindeln (7) über das Spinalganglion in der hinteren Wurzel und das Rückenmark zurück über die vordere Wurzel zu den motorischen Endplatten (6) des gleichen Muskels. Am Reflexbogen sind nur zwei Nervenzellen mit einer Synapse beteiligt (monosynaptischer Reflex).
- Rechte Bildseite *Fremdreflex* (Hautreflex): von den Sinnesorganen der Haut (4) über das Spinalganglion (1) und das Rückenmark zu den motorischen Endplatten (5) eines oder mehrerer Muskeln. Die Schaltung von der sensorischen Bahn auf die motorischen Nervenzellen (Motoneuronen, 3) der Vordersäulen erfolgt über Zwischennervenzellen (Interneurone, 2). Am Reflexbogen sind mehrere Nervenzellen mit mehreren Synapse beteiligt (polysynaptischer Reflex).

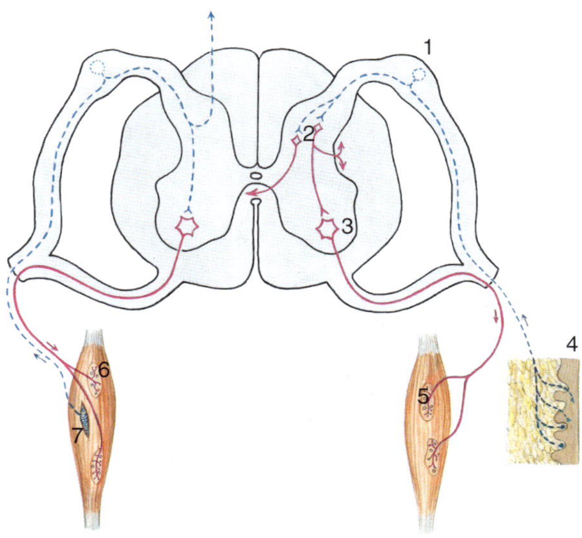

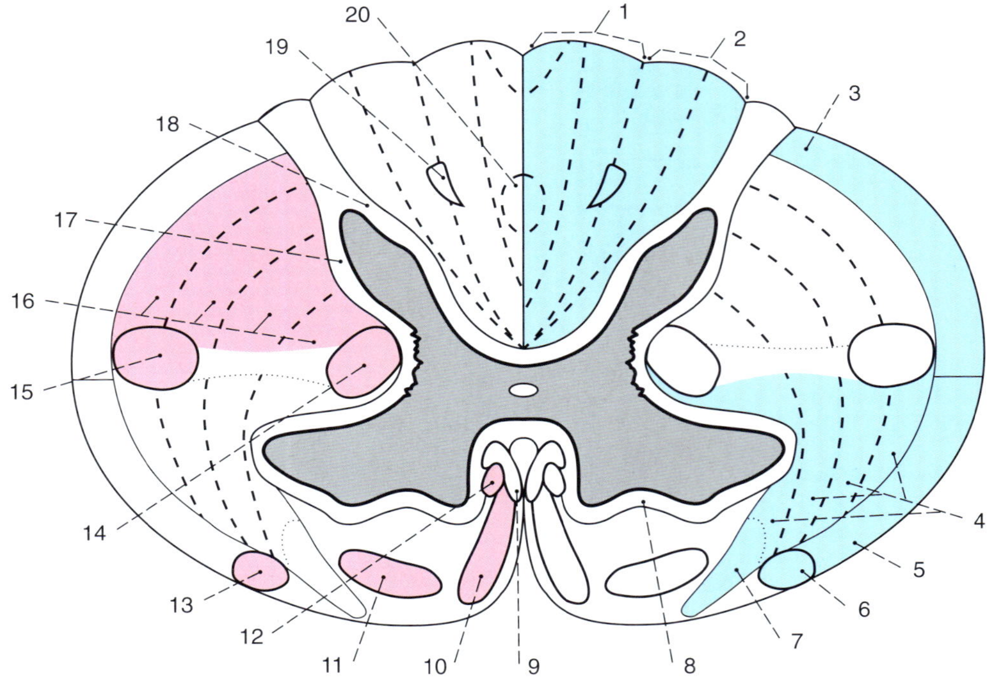

Rückenmark: Lage wichtiger Bahnen auf einem Querschnitt durch das Halsmark. Linke Bildseite absteigende (motorische) Bahnen (rot), rechte Bildseite aufsteigende (sensorische) Bahnen (blau). Die Lage kleinerer Bahnen ist z.T. umstritten, außerdem ist – wie immer in der Anatomie – mit einer gewissen interindividuellen Variabilität zu rechnen. Deshalb stimmen die entsprechenden Abbildungen in verschiedenen Lehrbüchern nicht völlig überein. *[ss1]*

1	Goll-Strang (innere sensorische Hinterstrangbahn)	*Fasciculus gracilis*
2	Burdach-Strang (äußere sensorische Hinterstrangbahn)	*Fasciculus cuneatus*
3	Hintere Kleinhirn-Seitenstrang-Bahn (Flechsig-Bündel)	*Tractus spinocerebellaris posterior*
4	Seitliche Rückenmark-Sehhügel-Bahn (Schmerz- + Temperaturempfindung)	*Tractus spinothalamicus lateralis*
5	Vordere Kleinhirn-Seitenstrang-Bahn (Gowers-Bündel)	*Tractus spinocerebellaris anterior*
6	Rückenmark-Olivenkern-Bahn	*Tractus spinoolivaris*
7	Vordere Rückenmark-Sehhügel-Bahn (Druck- und Berührungsempfindung)	*Tractus spinothalamicus anterior*
8	Vorderstranggrundbündel	*Fasciculus proprius anterior*
9	Mediales Längsbündel	*Fasciculus longitudinalis medialis*
10	Pyramidenvorderstrangbahn	*Tractus corticospinalis anterior*
11	Vorhof-Rückenmark-Bahn (von den Kernen des Gleichgewichtsnervs)	*Tractus vestibulospinalis*
12	Mittelhirndach-Rückenmark-Bahn	*Tractus tectospinalis*
13	Olivenkern-Rückenmark-Bahn	*Fibrae olivospinales*
14	Bahn von der Netzsubstanz des verlängerten Marks zum Rückenmark	*Tractus bulboreticulospinalis*
15	Bahn vom roten Kern zum Rückenmark	*Tractus rubrospinalis*
16	Pyramidenseitenstrangbahn	*Tractus corticospinalis lateralis*
17	Seitenstranggrundbündel	*Fasciculus proprius lateralis*
18	Hinterstranggrundbündel	*Fasciculus proprius posterior*
19	Halbmondförmiges Bündel (Schultze-Komma)	*Fasciculus interfascicularis [semilunaris]*
20	Ovales Bündel (nur im Lendenbereich)	*Fasciculus septomarginalis*

Nervenbahnen der weißen Rückenmarksubstanz

Die langen Fortsätze der Nervenzellen laufen im Zentralnervensystem nicht wirr durcheinander, sondern in Bündeln mit gleichem Bestimmungsort.

❶ Wichtige absteigende Bahnen (vom Gehirn):
• *Pyramidenbahn:* für willkürliche Bewegungen.
• *extrapyramidalmotorische Bahnen:* für unwillkürliche Bewegungen (z.B. Bewegungen zum Erhalten des Gleichgewichts).

❷ Wichtige aufsteigende Bahnen (zum Gehirn):
• *Hinterstrangbahnen:* für Druck-, Berührungs- und Vibrationsempfindung sowie Tiefensensibilität.
• *Rückenmark-Sehhügel-Bahn:* für Schmerz-, Kälte- und Wärmeempfindung.
• *Kleinhirn-Seitenstrang-Bahnen:* verbinden das Rückenmark mit dem Kleinhirn.

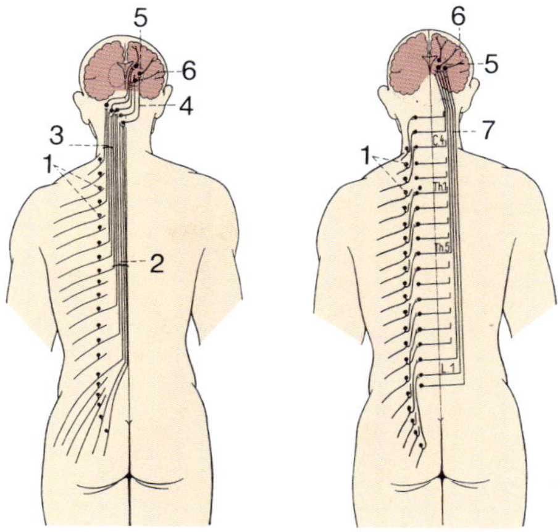

Sensorische Bahnen: *[bg3]*

• Linkes Bild: Die Hinterstrangbahnen (Tastempfindung und Tiefensensibilität) steigen auf der gleichen Seite auf und kreuzen erst im Hirnstamm. Die Nervenfasern von den Beinen und vom Becken liegen der Mittelebene an. Die weiter oben hinzukommenden werden seitlich davon angefügt.

• Rechtes Bild: Die Rückenmark-Sehhügel-Bahn (Wärme-, Kälte-, Schmerz- und Berührungsempfindung) wechselt bereits im Rückenmark die Körperseite. Sie endet aber im Großhirn in Nähe der Hinterstrangbahnen.

• Die sensorische Bahn besteht vom Hautsinnesorgan bis zum Großhirn aus nur 3 Nervenzellen (Neuronen). Die Zellkörper des 1. Neurons liegen im Spinalganglion, die des 3. im Sehhügel (Thalamus), die des 2. bei den Hinterstrangbahnen im Hirnstamm, bei der Rückenmark-Sehhügel-Bahn im Rückenmark.

1	Spinalganglion (Nervenknoten neben dem Rückenmark)	*Ganglion sensorium nervi spinalis*
2	Goll-Strang (innere sensorische Hinterstrangbahn)	*Fasciculus gracilis*
3	Burdach-Strang (äußere sensorische Hinterstrangbahn)	*Fasciculus cuneatus*
4	Innere Schleife	*Lemniscus medialis*
5	Sehhügel (Teil des Zwischenhirns)	*Thalamus*
6	Großhirnrinde	*Cortex cerebri [Pallium]*
7	Rückenmark-Sehhügel-Bahn	*Tractus spinothalamicus*

Querschnittverletzungen

Das Rückenmark ist nur etwa 1 cm breit. Auch eine kleine Verletzung führt daher zu einer Zerstörung relativ großer Anteile. Der Ausfall eines begrenzten Bereichs der grauer Rückenmarksubstanz trifft den Patienten meist nicht allzu schwer: Ein Teil eines Muskels ist gelähmt oder eine Körperstelle gefühllos. Schwerwiegend ist hingegen die Zerstörung von weißer Rückenmarksubstanz: Dabei gehen Verbindungen vom oder zum Gehirn verloren.

❶ **Vollständige Querschnittlähmung:** Die weiße Rückenmarksubstanz ist auf beiden Seiten durchgetrennt. Häufigste Ursache ist ein Unfall.

• Im akuten Stadium sind von der Querschnittstelle an nach unten alle Muskeln schlaff gelähmt (einschließlich Harnblase und Mastdarm) und alle Empfindungen aufgehoben.

• Im Lauf von Wochen und Monaten gewinnt der unterhalb der Querschnittstelle gelegene Rückenmarkbereich eine gewisse Selbständigkeit: Zuerst kehren Reflexe der Harnblase und des Mastdarms zurück (automatische Entleerung bei Füllung), dann auch die Muskeleigenreflexe. Der Muskeltonus nimmt zu bis zur Spastik.

• Je höher die Verletzungsstelle im Wirbelkanal liegt, desto größer ist der Körperbereich, der keine Verbindung zum Gehirn mehr hat, z.B. bei Verletzung auf Höhe des 12. Brustsegments sind beide Beine gelähmt (Paraplegie), bei Verletzung auf Höhe des 5. Halssegments aber alle 4 Gliedmaßen (Tetraplegie) und der Rumpf.

❷ **Halbseitige Querschnittverletzung** (Brown-Séquard-Syndrom): Häufigste Ursache ist eine Geschwulst, die das Rückenmark zusammenpresst. Die Ausfälle liegen nicht alle auf der verletzten Seite, da die Nervenbahnen auf ihrem Weg zwischen Großhirn und Rückenmark die Seite wechseln („kreuzen"). Die Kreuzungsstelle liegt bei den einzelnen Nervenbahnen auf unterschiedlichen Höhen. Unterhalb der Verletzungsstelle bestehen:

• auf der Seite der Verletzung: erhebliche Muskelschwäche (Parese) und stark verminderte Berührungsempfindung (Hypästhesie).

• auf der Gegenseite: leichte Muskelschwäche und Ausfall der Schmerz- und Temperaturempfindung.

• Harnblase und Mastdarm sind wegen der doppelseitigen Innervation meist nicht wesentlich beeinträchtigt.

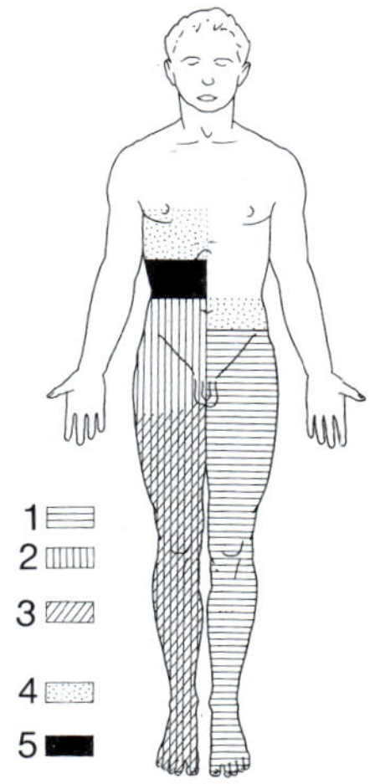

Ausfallserscheinungen bei einer halbseitigen Querschnittverletzung des Rückenmarks in der Mitte des Brustbereichs rechts. Da die einzelnen Bahnen auf verschiedener Höhe zur Gegenseite kreuzen, sind nicht alle Symptome auf der Seite der Verletzung. *[lo]*

1 Ausfall der Schmerz- und Temperaturempfindung: Die Bahnen kreuzen erst im Rückenmark, so dass der Ausfall auf der gesunden Seite liegt.
2 Muskellähmung: Die motorischen Bahnen kreuzen überwiegend im Hirnstamm, folglich sind die Muskeln auf der Seite der Verletzung gelähmt.
3 Ausfall der Tiefensensibilität (Lage- und Bewegungsempfindung).
4 Überempfindlicher Bereich.
5 Ausfall aller Empfindungsqualitäten: Die Bahnen der Berührungsempfindung kreuzen z.T. ober- z.T. unterhalb, deshalb ist diese auf beiden Seiten geschwächt, aber nur im unmittelbar zerstörten Bereich vollständig aufgehoben.

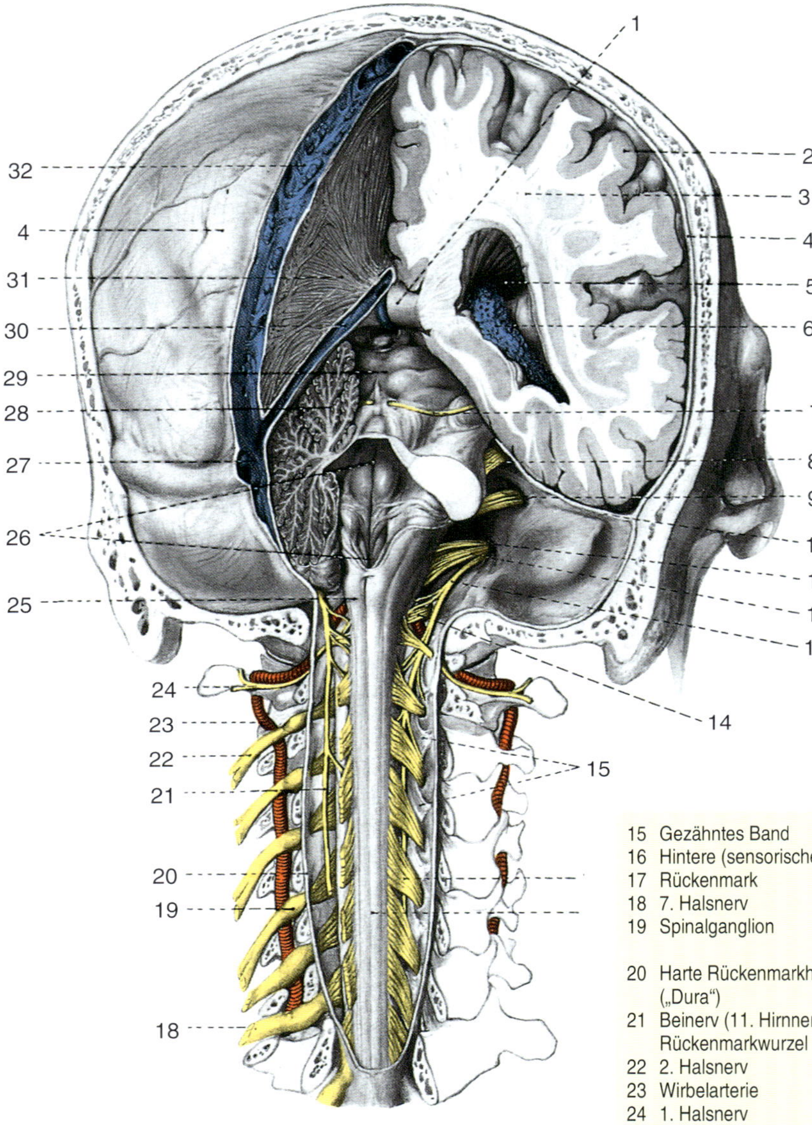

1 Balken *Corpus callosum*
2 Großhirnrinde *Cortex cerebri*
3 Weiße Substanz *Substantia alba*
4 Harte Hirnhaut („Dura") *Dura mater cranialis [encephali]*
5 Seitliche Hirnkammer (Seitenventrikel) *Ventriculus lateralis*
6 Adergeflecht *Plexus choroideus*
7 Augenrollnerv (4. Hirnnerv) *N. trochlearis (IV)*
8 Drillingsnerv (5. Hirnnerv) *N. trigeminus (V)*
9 Gesichtsnerv (7. Hirnnerv) + Hör- und Gleichgewichtsnerv (8. Hirnnerv) *N. facialis (VII) + N. vestibulocochlearis (VIII)*
10 Kleinhirnzelt *Tentorium cerebelli*
11 Zungen-Rachen-Nerv (9. Hirnnerv) *N. glossopharyngeus (IX)*
12 Vagus (10. Hirnnerv) *N. vagus (X)*
13 Beinerv (11. Hirnnerv) *N. accessorius (XI)*
14 Unterzungennerv (12. Hirnnerv) N. hypoglossus (XII)
15 Gezähntes Band *Lig. denticulatum*
16 Hintere (sensorische) Wurzel *Radix posterior [sensoria]*
17 Rückenmark *Medulla spinalis*
18 7. Halsnerv *N. cervicalis VII*
19 Spinalganglion *Ganglion sensorium nervi spinalis*
20 Harte Rückenmarkhaut („Dura") *Dura mater spinalis*
21 Beinerv (11. Hirnnerv), Rückenmarkwurzel *N. accessorius (XI), Radix [Pars] spinalis*
22 2. Halsnerv *N. cervicalis II*
23 Wirbelarterie *A. vertebralis*
24 1. Halsnerv *N. cervicalis I*
25 Verlängertes Mark *Myelencephalon [Medulla oblongata] [Bulbus]*
26 Rautengrube (Boden der vierten Hirnkammer) *Fossa rhomboidea*
27 Zusammenfluss der Blutleiter *Confluens sinuum*
28 Kleinhirnwurm *Vermis cerebelli*
29 Vierhügelplatte *Lamina tecti [quadrigemina]*
30 Gerader Blutleiter *Sinus rectus*
31 Hirnsichel *Falx cerebri*
32 Oberer Hirnsichelblutleiter *Sinus sagittalis superior*

Rückenmark und Gehirn von hinten freigelegt. Die rechte Hälfte des Kleinhirns und der hintere Teil der rechten Großhirnhemisphäre wurden entfernt. Dadurch wurden die vierte und die rechte seitliche Hirnkammer eröffnet. Links ist das Gehirn noch von der harten Hirnhaut umschlossen. Der Schnitt geht durch den Zusammenfluss der Hirnleiter. Man achte auf den Verlauf der Wirbelarterie durch die Querfortsätze der Halswirbel. *[ze]*

Gliederung des Gehirns

Nach Entwicklung, äußerer Form und Aufgaben kann man das Gehirn in 3 Haupt- und 6 Unterabschnitte gliedern:

Vorderhirn:	• Endhirn = Großhirn • Zwischenhirn
Mittelhirn	
Rautenhirn:	• Brücke • Kleinhirn • verlängertes Mark

Das Rautenhirn erhielt seinen Namen von der rautenförmigen Grube im Boden der vierten Hirnkammer. Unter *Hirnstamm* versteht man Mittelhirn, Brücke und verlängertes Mark (also das Gehirn ohne Groß-, Zwischen- und Kleinhirn).

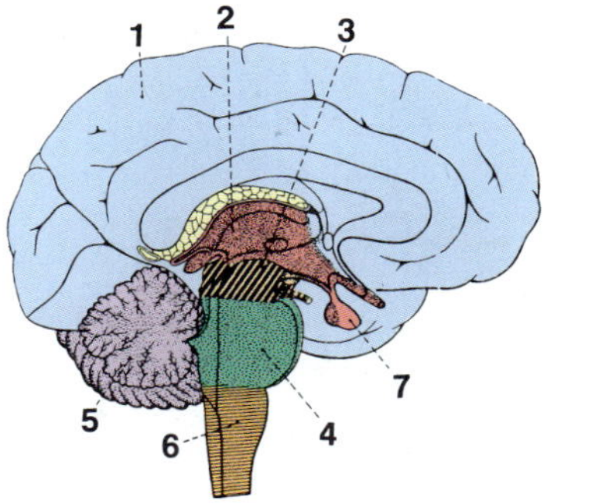

Gehirn: Hauptabschnitte verschiedenfarbig auf einem Medianschnitt markiert. *[bg3]*

1	Großhirn = Endhirn	*Telencephalon [Cerebrum]*
2	Zwischenhirn	*Diencephalon*
3	Mittelhirn	*Mesencephalon*
4	Brücke	*Pons*
4	+ 5 Hinterhirn	*Metencephalon*
4	+ 5 + 6 Rautenhirn	*Rhombencephalon*
5	Kleinhirn	*Cerebellum*
6	Verlängertes Mark	*Myelencephalon [Medulla oblongata] [Bulbus]*
7	Hirnanhangsdrüse (Hypophyse)	*Hypophysis [Glandula pituitaria]*

Größe des menschlichen Gehirns

Das Gehirn des erwachsenen Menschen wiegt 1100–1500 g. Der Mensch hat jedoch nicht das größte Gehirn unter allen Lebewesen: Die Gehirne der größten Säugetiere sind schwerer (Elefant 5000 g, Wal bis 7000 g). Der Mensch hat auch nicht das relativ größte Gehirn (bezogen auf das Körpergewicht): Das „Spatzenhirn" ist relativ größer.

• Das Gehirn ist die zentrale Verwaltungsstation des Körpers, in der alle Informationen aus dem Körper gesammelt und von der Befehle an alle Körperzellen erteilt werden. Die Größe dieses Hirnteils ist naturgemäß von der Zahl der Körperzellen abhängig.

• Der andere Hirnteil ist abhängig von der Entwicklungshöhe des Lebewesens. Der Apparat für die Koordination einiger Instinkte ist kleiner als ein „Denkgebäude". Für eine bestimmte Organisationshöhe kann dieser Hirnteil eine Mindestgröße nicht unterschreiten. Er wird beim Spatzen nicht kleiner sein können als beim Adler. Deswegen haben kleine Tiere relativ größere Gehirne als vergleichbare große.

• Das Neugeborene hat ein relativ größeres Gehirn als der Erwachsene (bezogen auf das Körpergewicht). Es ist schließlich ein Lebewesen der Organisationshöhe Mensch. Die Gedächtnisspeicher sind lediglich noch nicht gefüllt. Die zunehmende Erfahrung lässt die angeborenen Fähigkeiten immer besser nutzen. Das menschliche Gehirn erreicht bereits mit 3 Jahren nahezu seine endgültige Größe. Unterernährung des Kleinkinds kann die Intelligenzentwicklung empfindlich stören.

• Wenn das mittlere Hirngewicht bei der Frau etwas geringer ist als beim Mann, so ist dies Ausdruck einer im Durchschnitt geringeren Körpergröße und nicht einer minderen Leistungsfähigkeit.

• Für die Leistungsfähigkeit eines Gehirn ist weniger das Gewicht als die innere Vernetzung (die Zahl der nutzbaren Synapsen) entscheidend. Sie ist abhängig von der Nutzung (dem Training).

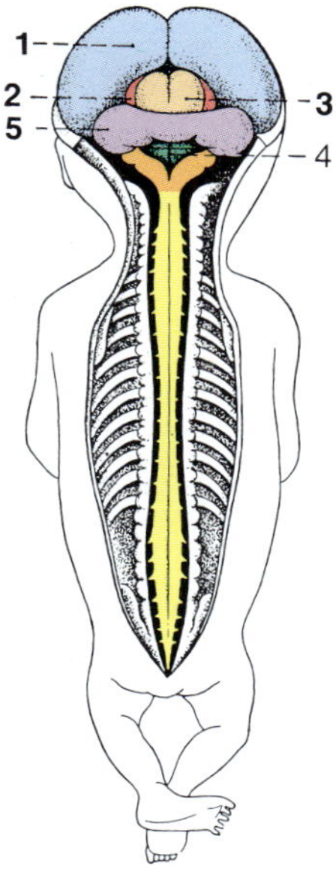

Zentralnervensystem eines Fetus im dritten Entwicklungsmonat. Am Gehirn ist schon die Gliederung in Hauptabschnitte deutlich. Das Großhirn wächst in der Folgezeit rascher als die übrigen Hirnabschnitte und überwölbt diese. Die Wirbel entwickeln sich um das Rückenmark herum. Das Rückenmark (gelb) füllt noch den ganzen Wirbelkanal aus. *[bg3]*

1 Großhirn = Endhirn
Telencephalon [Cerebrum]
2 Zwischenhirn
Diencephalon
3 Mittelhirn
Mesencephalon
4 Rautengrube
Fossa rhomboidea
5 Kleinhirn
Cerebellum

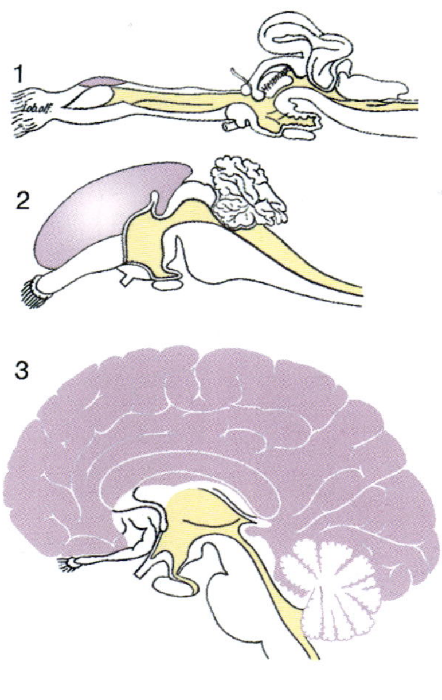

Vergleichende Anatomie des Gehirns dreier Wirbeltiere: Hai (1), Kaninchen (2), Mensch (3). Das Großhirn ist violett, die Hirnkammern sind gelb gezeichnet. *[le5]*
Die 6 Abschnitte des Gehirns sind bei den einzelnen Ordnungen der Wirbeltiere je nach deren Lebensweise und Entwicklungsstand verschieden groß. Die schwerstwiegenden Unterschiede findet man beim Großhirn, das beim Menschen die Hauptmasse des Gehirns ausmacht.

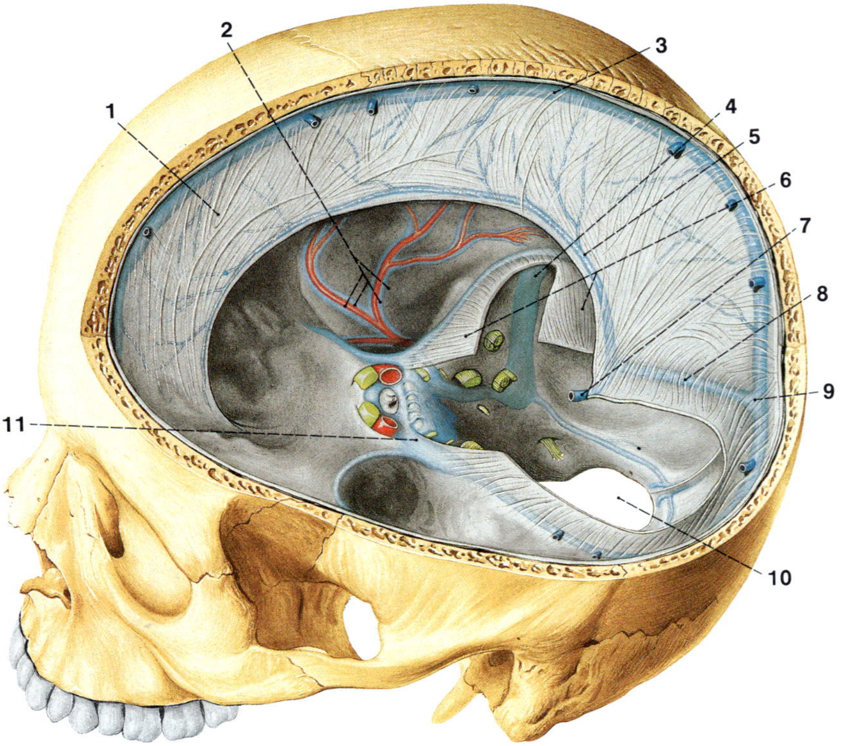

1 Hirnsichel (Teil der harten Hirnhaut) *Falx cerebri*
2 Mittlere Hirnhautarterie + mittlere Hirnhautvene *A. + V. meningea media*
3 Oberer Hirnsichelblutleiter *Sinus sagittalis superior*
4 S-förmiger Blutleiter *Sinus sigmoideus*
5 Unterer Hirnsichelblutleiter *Sinus sagittalis inferior*
6 Kleinhirnzelt (Teil der harten Hirnhaut) *Tentorium cerebelli*
7 Große Großhirnvene *V. magna cerebri*
8 Gerader Blutleiter *Sinus rectus*
9 Zusammenfluss der Blutleiter *Confluens sinuum*
10 Großes Hinterhauptloch *Foramen magnum*
11 Kavernöser Blutleiter *Sinus cavernosus*

Harte Hirnhaut und Blutleiter in der Schädelhöhle. Auf beiden Seiten ist ein Teil des Kleinhirnzeltes entfernt, um den Blick in die hintere Schädelgrube freizugeben. *[sb3]*

Aufgaben der harten Hirnhaut

Die harte Hirnhaut unterscheidet sich in ihren Aufgaben von der bereits besprochenen harten Rückenmarkhaut, weil sie nicht wie diese einen freien Sack bildet, sondern sich direkt den Wandknochen der Schädelhöhle anlegt. Es fehlt damit der Epiduralraum (= Periduralraum). Die im Wirbelkanal den Epiduralraum füllenden Venengeflechte finden sich in der Schädelhöhle als Blutleiter in die harte Hirnhaut eingeschlossen.

• *Mechanisch:* Aufgrund ihrer Derbheit trägt die harte Hirnhaut zur Festigkeit des Schädels bei und sichert so auch das Gehirn.

• *Knochenbildung:* Die harte Hirnhaut übernimmt die Aufgaben der Knochenhaut auf der Innenseite der die Schädelhöhle umgrenzenden Knochen.

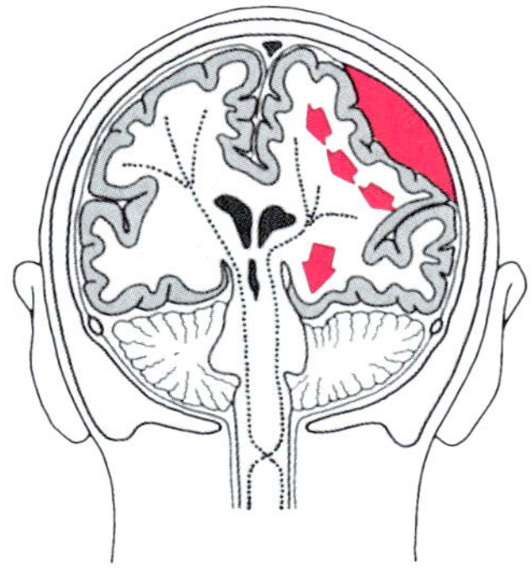

Epidurales Hämatom: Bluterguss zwischen Schädeldach und harter Hirnhaut. *[bh1]*
Durch die Blutung wird die harte Hirnhaut vom Knochen abgehoben. Das Gehirn weicht zur Gegenseite und nach unten aus. Dabei kann es an der Kante der Kleinhirnsichel oder im großen Hinterhauptloch gequetscht werden.

• *Gliederung der Schädelhöhle:* Die harte Hirnhaut liegt dem Knochen an und springt mit Scheidewänden in das Innere der Schädelhöhle vor. Wichtige Scheidewände sind die Hirnsichel zwischen den beiden Großhirnhälften und das Kleinhirnzelt zwischen Groß- und Kleinhirn.

• *Blutleiter:* In die harte Hirnhaut eingeschlossen sind Abflusskanäle für das vom Gehirn abströmende Blut. Ihrer Aufgabe nach sind sie Venen. Man nennt sie aber nicht so, weil ihre Wände nicht wie Venenwände gebaut sind.

Blutungen im Bereich der Hirnhäute

• *Epidurale Blutung:* zwischen harter Hirnhaut und Knochen. Durch den Bluterguss wird das Gehirn zusammengedrückt („Hirndruck"). Die harte Hirnhaut wird dabei vom Knochen abgehoben. Deshalb wächst der Bluterguss nur langsam an. Meist liegen einige Stunden zwischen dem Unfall und der erneuten Bewusstlosigkeit des Patienten. Die Blutung erfolgt meist aus der mittleren Hirnhautarterie.

• *Subdurale Blutung:* zwischen harter Hirnhaut und Spinnwebenhaut. Meist handelt es sich um eine venöse Sickerblutung. Es dauert oft mehrere Tage oder sogar Wochen, bis der Hirndruck so stark ist, dass der Patient bewusstlos wird.

• *Subarachnoideale Blutung:* zwischen Spinnwebenhaut und weicher Hirnhaut (in den äußeren Hirnwasserraum). Das Blut mischt sich mit dem Liquor. Den Patienten quälen schwerste Kopfschmerzen.

1 Pfeilnaht *Sutura sagittalis*
2 Oberer Hirnsichelblutleiter *Sinus sagittalis superior*
3 Zotten der Spinnwebenhaut *Granulationes arachnoideae*
4 + 5 Haut *Cutis*
4 Oberhaut Epidermis
5 Lederhaut *Dermis [Corium]*
6 Sehnenhaube *Galea aponeurotica [Aponeurosis epicranialis]*
7–9 Schädeldach *Calvaria*
7 Äußere kompakte Schicht *Lamina externa*
8 Diploe (aufgelockerte Knochenschicht) *Diploe*
9 Innere kompakte Schicht *Lamina interna*
10 Harte Hirnhaut *Dura mater cranialis [encephali]*
11 Spinnwebenhaut des Gehirns *Arachnoidea mater cranialis [encephali]*
12 Subarachnoidealraum (Hirnwasserraum) *Spatium subarachnoideum [leptomeningeum]*
13 Weiche Hirnhaut *Pia mater cranialis [encephali]*
14 Großhirnrinde *Cortex cerebri [Pallium]*
15 = 3
16 Emissarienvene (Verbindung zwischen Blutleiter und Kopfhautvene) *V. emissaria*

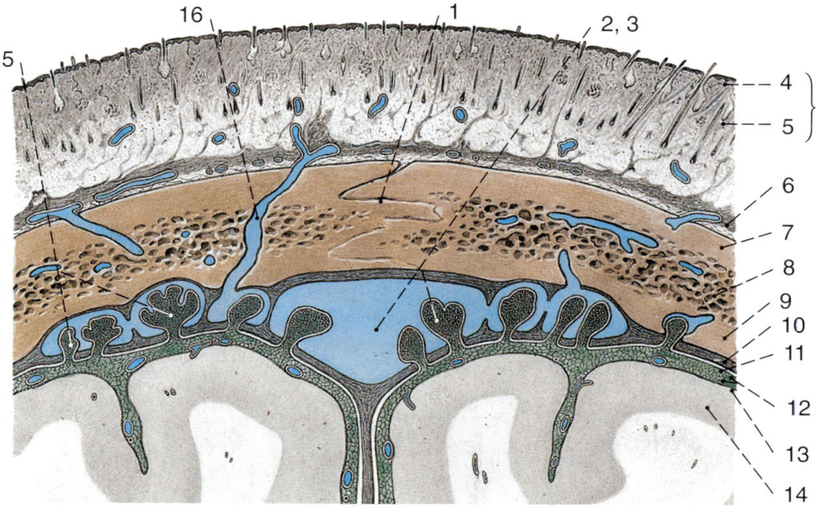

Schädeldach und Hirnhäute am Ansatz der Hirnsichel: schematisierter Frontalschnitt. Schädeldach braun, harte Hirnhaut dunkelgrau, Spinnwebenhaut grün. *[ss1]*
In die weiten Blutleiter (blau) ragen die Zotten der Spinnwebenhaut. Über diese fließt ein Teil des Hirnwassers (Liquor) in das Venenblut ab.

Hirnstammeinklemmung bei Hirndruck

Die starre Wand der Schädelhöhle schützt zwar das Gehirn bestens vor direkter Gewalteinwirkung, hat aber auch Nachteile. Bei raumfordernden Prozessen in der Schädelhöhle, z.B. Blutung oder Hirnödem, kann das Gehirn nicht ausweichen und wird zusammengepresst. Die Druckerhöhung in der Schädelhöhle behindert den Blutzufluss. Dies führt zur Minderdurchblutung des Gehirns und zu Funktionsausfällen.

- *Untere Hirnstammeinklemmung*: Das einzige größere Loch in der starren Wand für den Druckausgleich ist das große Hinterhauptloch. Das Gehirn wird also in das große Loch gepresst. Dabei werden die Funktionen des Hirnstamms stark beeinträchtigt.
- *Obere Hirnstammeinklemmung*: Eine ähnliche Engstelle ist der Ausschnitt im Kleinhirnzelt für den Hirnstamm (Tentoriumschlitz). Die harte Hirnhaut ist sehr zugfest, und die scharfen Kanten des Tentoriumschlitzes wirken ähnlich wie der Randknochen des großen Lochs.

Bei raschem Druckanstieg werden 3 Stadien der Bewusstseinsänderung durchlaufen:

- Schläfrigkeit (Somnolenz): Der Patient ist ansprechbar, aber reagiert verlangsamt.
- Starke Benommenheit (Sopor): Der Patient ist nicht mehr ansprechbar, aber reagiert auf Schmerzreize mit ungezielten Bewegungen.
- Tiefe Bewusstlosigkeit (Koma): keine Reaktion auf Umweltreize.

Hirnhautentzündung (Meningitis)

Sie kann durch Übergreifen von der Nachbarschaft (z.B. Durchbruch von Eiterungen des Warzenfortsatzes oder der Stirnhöhlen in das Schädelinnere) oder auf dem Blutweg (hämatogen) entstehen. Sie können als Begleiterscheinung verschiedener Infektionskrankheiten, z.B. der Tuberkulose, oder als eigenständige Erkrankung, z.B. Meningokokken-Meningitis, auftreten. Wichtige Symptome sind:

- *Kopfschmerz*: Harte und weiche Hirnhaut sind reichlich mit Schmerznerven versorgt.
- *Nackensteifigkeit*: Bewegungen des Kopfes führen zu Zug an den Hirn- und Rückenmarkhäuten, wodurch der Schmerz verstärkt wird.
- *Typische Körperhaltung*: Zur Entspannung der Hirn- und Rückenmarkhäute werden der Kopf nach hinten geneigt und die Wirbelsäule gestreckt.

↓ **Adergeflecht** (Gefäßzottenwulst) der Hirnkammern: Schnittbild (Vergrößerung 30fach). Die Adergeflechte sondern das Hirnwasser ab (s. nächste Seite). *[li1]*

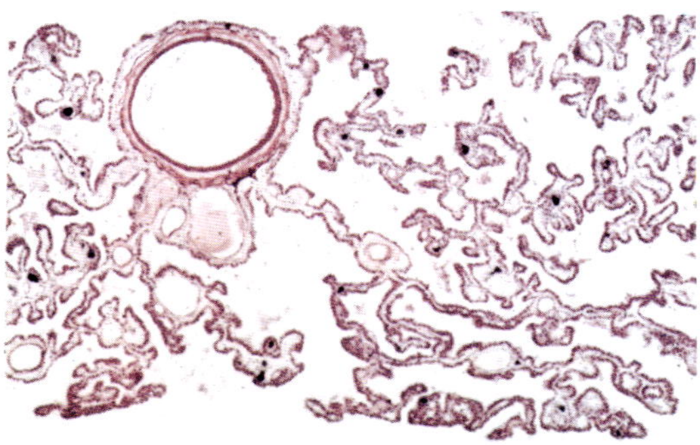

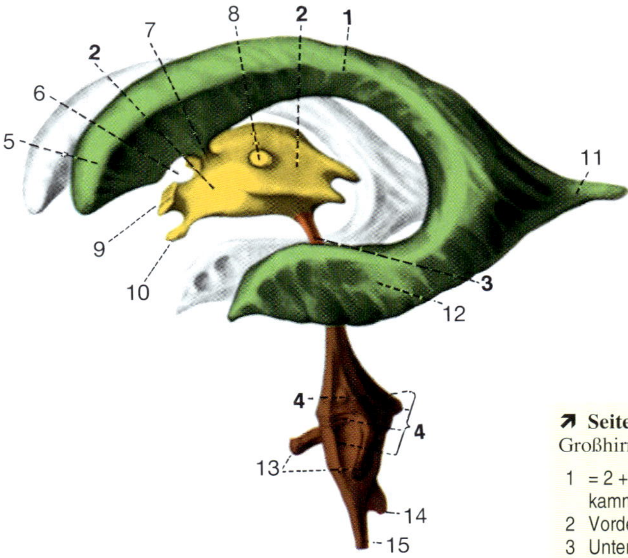

↑ Hirnkammern (= Ventrikel): Ausguss der flüssigkeitsgefüllten Räume im Gehirn. Ansicht von links. Etwa natürliche Größe. *[sb3]*

1	Seitliche Hirnkammer (Seitenventrikel)	*Ventriculus lateralis*
2	Dritte Hirnkammer (dritter Ventrikel)	*Ventriculus tertius*
3	Wasserleiter des Mittelhirns (Aquädukt)	*Aqueductus mesencephali [cerebri]*
4	Vierte Hirnkammer (vierter Ventrikel)	*Ventriculus quartus*
5	Vorderhorn (der seitlichen Hirnkammer)	*Cornu frontale [anterius]*
6	Vordere Querverbindung	*Commissura anterior*
7	Zwischenkammerloch (zwischen seitlicher und dritter Hirnkammer)	*Foramen interventriculare*
8	Haftstelle der Sehhügel	*Adhesio interthalamica*
9	Kammerbucht oberhalb der Sehnervenkreuzung	*Recessus opticus*
10	Trichterbucht (in den Stiel der Hirnanhangsdrüse)	*Recessus infundibuli*
11	Hinterhorn (der seitlichen Hirnkammer)	*Cornu occipitale [posterius]*
12	Unterhorn (der seitlichen Hirnkammer)	*Cornu temporale [inferius]*
13	Seitenbucht der vierten Hirnkammer	*Recessus lateralis (ventriculi quarti)*
14	Mittlere Öffnung der vierten Hirnkammer	*Apertura mediana (ventriculi quarti)*
15	Zentralkanal (des Rückenmarks)	*Canalis centralis*

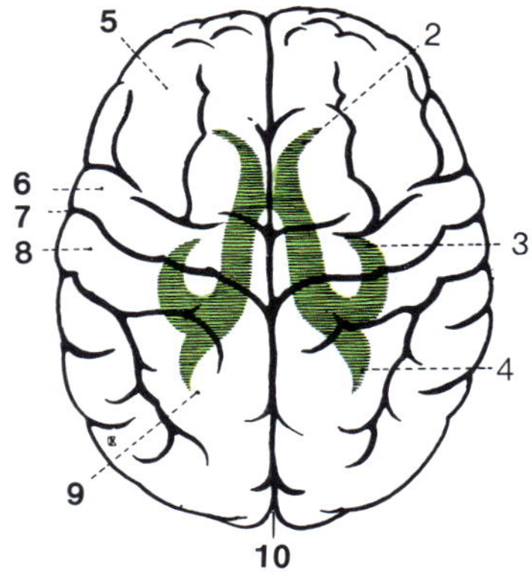

↗ Seitenventrikel: Projektion auf die Oberfläche des Großhirns. *[bg3]*

1	= 2 + 3 + 4 Seitliche Hirnkammer (Seitenventrikel)	*Ventriculus lateralis*
2	Vorderhorn	*Cornu frontale [anterius]*
3	Unterhorn	*Cornu temporale [inferius]*
4	Hinterhorn	*Cornu occipitale [posterius]*
5	Stirnlappen (des Großhirns)	*Lobus frontalis*
6	Vordere Zentralwindung	*Gyrus precentralis*
7	Zentralfurche	*Sulcus centralis*
8	Hintere Zentralwindung	*Gyrus postcentralis*
9	Scheitellappen	*Lobus parietalis*
10	Längsspalte des Großhirns	*Fissura longitudinalis cerebri*

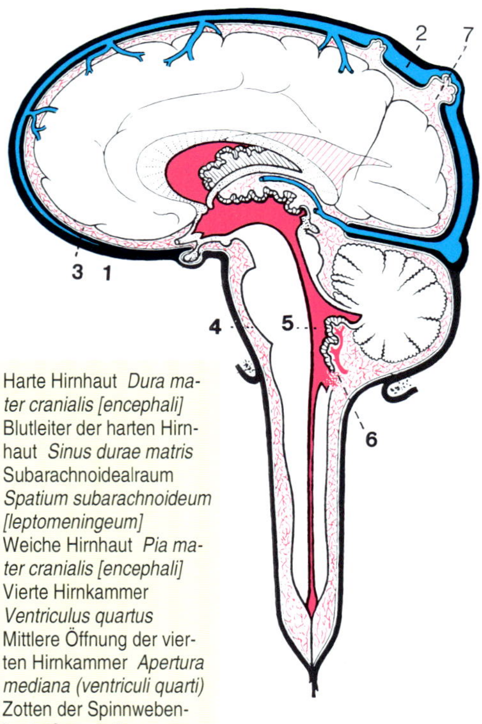

Hirnhäute und Liquorräume: Schema. Harte Hirnhaut dicke schwarze Linie, Blutleiter blau, äußere Hirnwasserräume (Subarachnoidealraum) rotes Maschenwerk, innere Hirnwasserräume (Hirnkammern) rot. *[bg3]* →

- Die weiche Hirnhaut (Pia) schmiegt sich unmittelbar der Hirnrinde an und dringt in alle Furchen ein.
- Zwischen weicher Hirnhaut und Spinnwebenhaut erstreckt sich der liquorgefüllte Subarachnoidealraum.
- Spinnwebenhaut (Arachnoidea) und harte Hirnhaut trennt nur ein schmaler Spalt (Subduralraum).

1 Harte Hirnhaut *Dura mater cranialis [encephali]*
2 Blutleiter der harten Hirnhaut *Sinus durae matris*
3 Subarachnoidealraum *Spatium subarachnoideum [leptomeningeum]*
4 Weiche Hirnhaut *Pia mater cranialis [encephali]*
5 Vierte Hirnkammer *Ventriculus quartus*
6 Mittlere Öffnung der vierten Hirnkammer *Apertura mediana (ventriculi quarti)*
7 Zotten der Spinnwebenhaut *Granulationes arachnoideae*

Gehirn: median durchgeschnitten, linke Hälfte. Hirnkammern rot hervorgehoben. *[bg3]* ➔

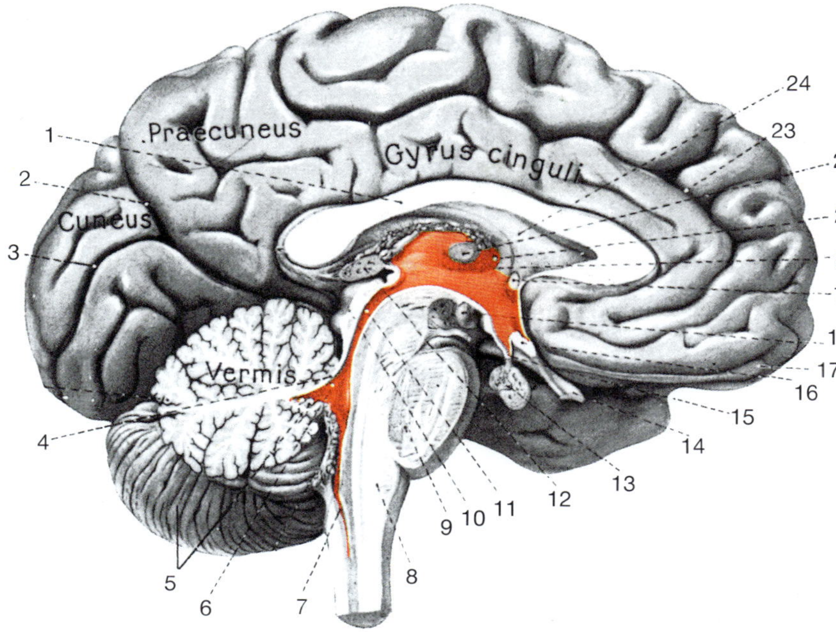

1 Balken *Corpus callosum*
2 *Furche zwischen Scheitel- und Hinterhauptlappen Sulcus parietooccipitalis*
3 Spornfurche (Kalkarinafurche) *Sulcus calcarinus*
4 Oberes Marksegel *Velum medullare superius*
5 *Kleinhirn Cerebellum*
6 Vierte Hirnkammer (vierter Ventrikel) *Ventriculus quartus*
7 Zentralkanal (des Rückenmarks) *Canalis centralis*
8 Verlängertes Mark *Myelencephalon [Medulla oblongata] [Bulbus]*
9 *Brücke Pons*
10 Vierhügelplatte *Lamina tecti [quadrigemina]*
11 Wasserleiter (Aquädukt) des Mittelhirns *Aqueductus mesencephali [cerebri]*
12 Zirbeldrüse (Epiphyse) *Corpus pineale [Glandula pinealis]*
13 Hirnanhangsdrüse (Hypophyse) *Hypophysis [Glandula pituitaria]*
14 Sehnerv (2. Hirnnerv) *N. opticus (II)*
15 Trichter *Infundibulum*
16 Sehnervenkreuzung *Chiasma opticum*
17 Riechkolben *Bulbus olfactorius*
18 Warzenkörper des Zwischenhirns *Corpus mammillare*
19 Vordere Querverbindung (vordere Kommissur) *Commissura anterior*
20 Dritte Hirnkammer (dritter Ventrikel) *Ventriculus tertius*
21 Zwischenkammerloch *Foramen interventriculare*
22 Haftstelle der Sehhügel *Adhesio interthalamica*
23 Gürtelwindung *Sulcus cinguli*
24 Durchscheinende Scheidewand (der Vorderhörner der seitlichen Hirnkammern) *Septum pellucidum*

Hirnwasser (Liquor): Absonderung und Abfluss

Die Gesamtmenge an Hirnwasser in den inneren und äußeren Liquorräumen beträgt etwa 100–200 ml.

• Täglich werden von den Adergeflechten in den 4 Hirnkammern sowie von der weichen Hirnhaut etwa 650 ml Hirnwasser neu abgesondert.

• Aus den inneren Hirnwasserräumen gelangt es durch 3 Öffnungen im Dach der 4. Hirnkammer in den äußeren Hirnwasserraum. Sind die Öffnungen verschlossen, so droht beim Kind die Entstehung eines „Wasserkopfes", beim Erwachsenen der Hirndruck.

• Täglich fließen etwa 650 ml Hirnwasser über die weiche Hirnhaut und die Zotten der Spinnwebenhaut ab, sodass die Gesamtmenge gleich bleibt.

➔ **Wasserkopf** (Hydrozephalus). Ist der Hirnwasserabfluss gestört, steigt der Druck im Schädelinnern. Beim Fetus und beim Kleinkind gibt der Schädel dem höheren Druck nach und wächst stark. Beim Wasserkopf wird das Hirngewebe geschädigt, und es droht Schwachsinn. Deshalb muss dem Hirnwasser operativ Abfluss verschafft werden, z.B. mit einem Kunststoffschlauch von einer seitlichen Hirnkammer durch das Schädeldach zu einer Vene im Brustraum oder in die Bauchfellhöhle. *[li5]*

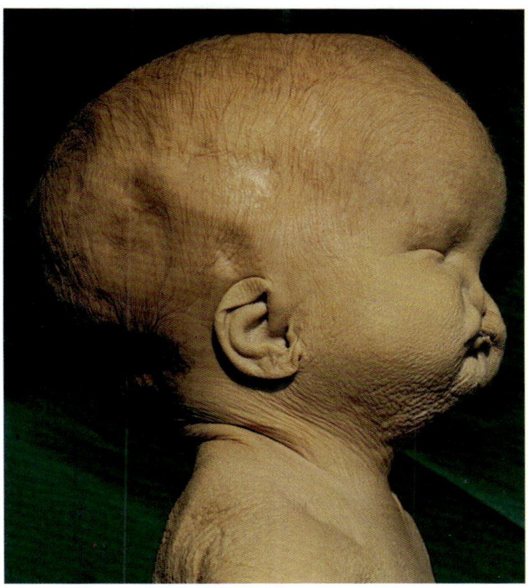

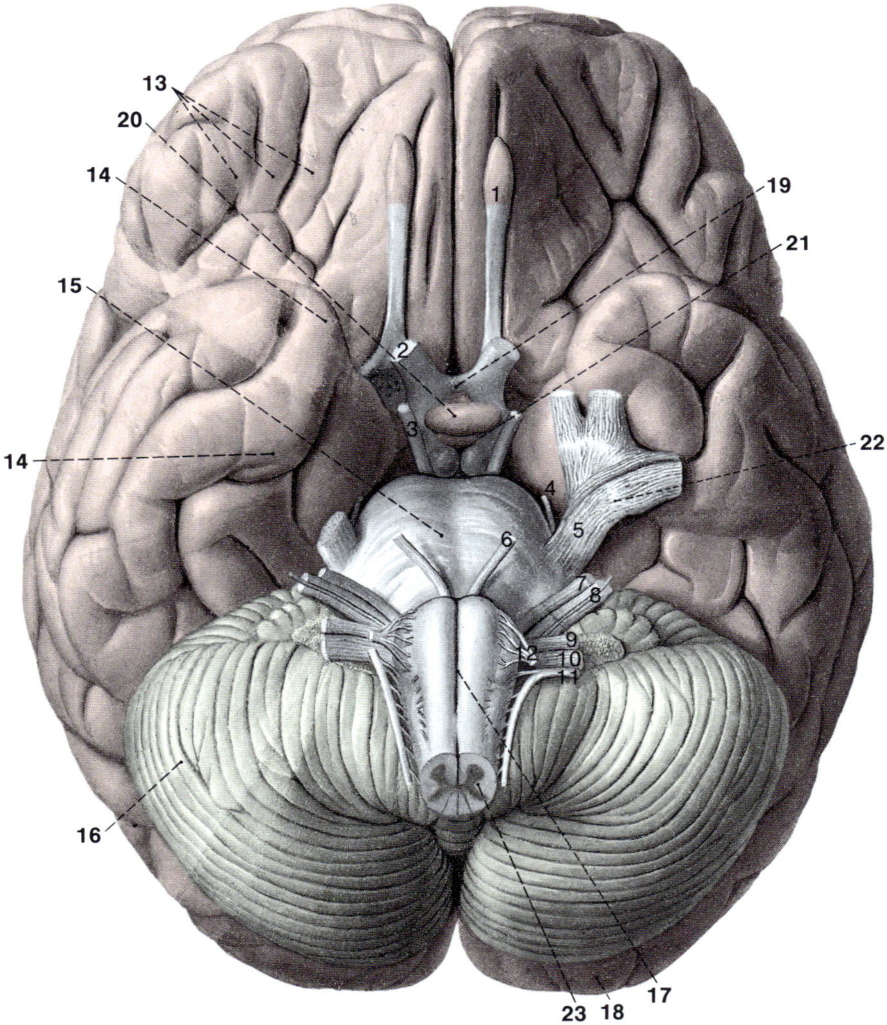

Hirnbasis mit den zwölf Hirnnerven (I-XII): Großhirn rosa, Kleinhirn gelb, Hirnstamm und Hirnnerven weiß. *[sb3]*

Das Rautenhirn ist vorn deutlich in Brücke, Kleinhirn und verlängertes Mark gegliedert. Die tiefe Einsenkung zwischen den 3 Teilen wird Kleinhirn-Brücken-Winkel genannt. Dort entstehen nicht selten „gutartige" Geschwülste (Kleinhirn-Brücken-Winkel-Tumoren), die aber durch Druck auf die dicht nebeneinander austretenden Hirnnerven schwere Schäden verursachen können.

1–12	Die 12 Hirnnerven	*Nn. craniales*
1	Riechkolben (zum 1. Hirnnerven gehörig)	*Bulbus olfactorius (I)*
2	Sehnerv (2. Hirnnerv)	*N. opticus (II)*
3	Augenbewegungsnerv (3. Hirnnerv)	*N. oculomotorius (III)*
4	Augenrollnerv (4. Hirnnerv)	*N. trochlearis (IV)*
5	Drillingsnerv (5. Hirnnerv)	*N. trigeminus (V)*
6	Augenabziehnerv (6. Hirnnerv)	*N. abducens (VI)*
7	Gesichtsnerv (7. Hirnnerv)	*N. facialis (VII)*
8	Hör- und Gleichgewichtsnerv (8. Hirnnerv)	*N. vestibulocochlearis (VIII)*
9	Zungen-Rachen-Nerv (9. Hirnnerv)	*N. glossopharyngeus (IX)*
10	Vagus (10. Hirnnerv)	*N. vagus (X)*
11	Beinerv (11. Hirnnerv)	*N. accessorius (XI)*
12	Unterzungennerv (12. Hirnnerv)	*N. hypoglossus (XII)*
13	Stirnlappen (des Großhirns)	*Lobus frontalis*
14	Schläfenlappen (des Großhirns)	*Lobus temporalis*
15	Brücke	*Pons*
16	Kleinhirn	*Cerebellum*
17	Verlängertes Mark	*Myelencephalon [Medulla oblongata] [Bulbus]*
18	Hinterhauptlappen (des Großhirns)	*Lobus occipitalis*
19	Sehnervenkreuzung	*Chiasma opticum*
20	Hirnanhangsdrüse (Hypophyse)	*Hypophysis [Glandula pituitaria]*
21	Zwischenhirn	*Diencephalon*
22	Ganglion des Drillingsnervs	*Ganglion trigeminale*
23	Rückenmark	*Medulla spinalis*

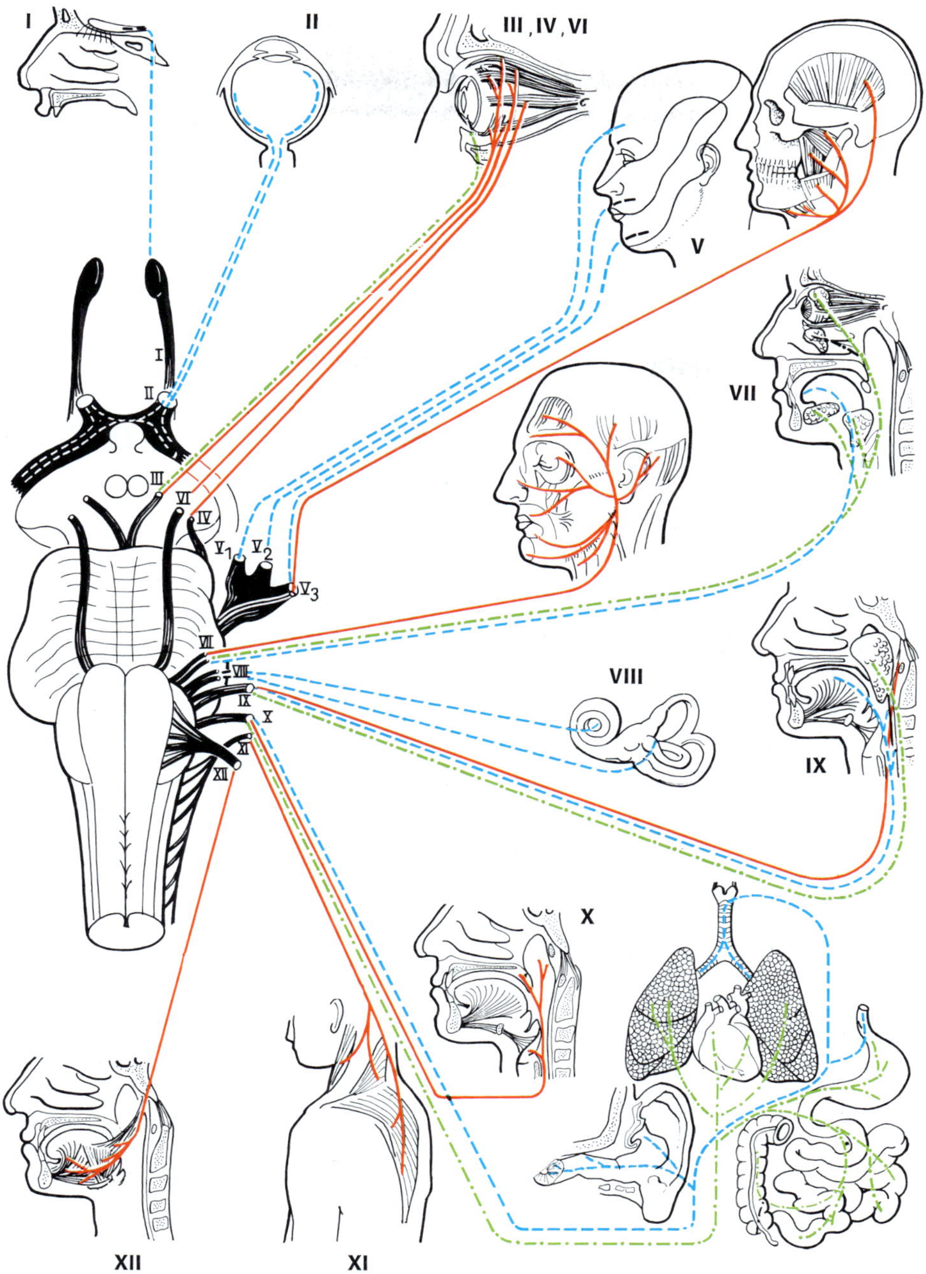

Hirnnerven: stark schematisierter Überblick. Man vergleiche mit dem Bild links. Die einzelnen Hirnnerven werden auf den folgenden Seiten näher erläutert. *[br4]*

• Rot: motorische Nervenfasern zu Skelettmuskeln.

• Blau: sensorische Nervenfasern zu höheren Sinnesorganen (I, II, VII–IX), Haut (V), Schleimhäuten (IX, X).

• Grün: parasympathische Nervenfasern zu Drüsen (VII, IX, X), glatten Muskeln (III, X), Herz (X).

Der Mensch hat auf jeder Seite 12 Hirnnerven:

I	Riechnerv („Olfaktorius“)
II	Sehnerv („Optikus“)
III	Augenbewegungsnerv („Okulomotorius“)
IV	Augenrollnerv („Trochlearis“)
V	Drillingsnerv („Trigeminus“)
VI	Augenabziehnerv („Abduzens“)
VII	Gesichtsnerv („Fazialis“)
VIII	Hör- und Gleichgewichtsnerv („Vestibulokochlearis“, früher auch „Statoakustikus“ genannt)
IX	Zungen-Rachen-Nerv („Glossopharyngeus“)
X	Vagus
XI	Beinerv („Akzessorius“)
XII	Unterzungennerv („Hypoglossus“)

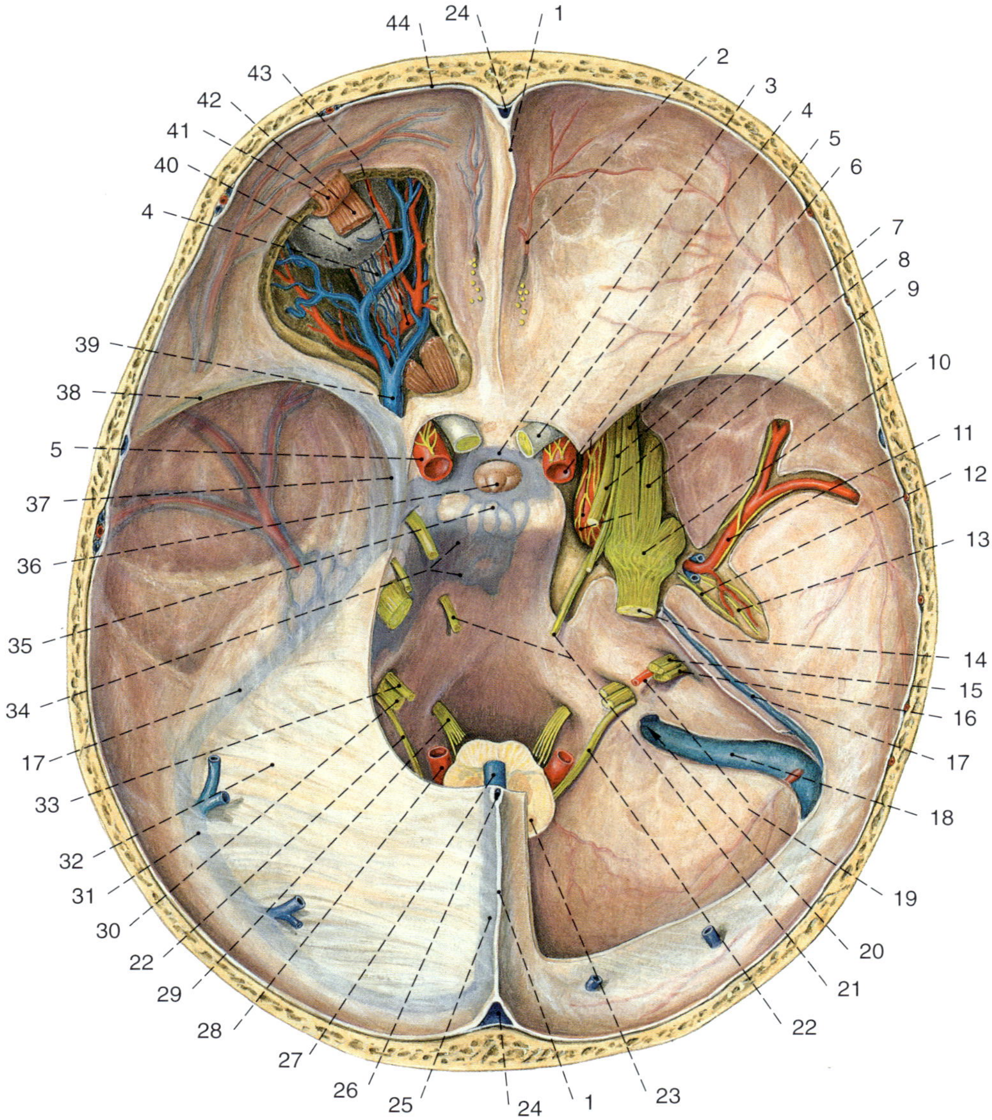

Hirnnerven und Blutgefäße an der Schädelbasis nach Entnahme des Gehirns und Entfernung der Hirnsichel, des Kleinhirnzelts (rechts) und des Dachs der Augenhöhle (links). An der mittleren und hinteren Schädelgrube ist z.T. die harte Hirnhaut über Blutgefäßen und Nerven abgetragen. *[ss1]*

1	Hirnsichel	*Falx cerebri*
2	Vordere Siebbeinarterie	*A. ethmoidalis anterior*
3	Vorderer interkavernöser Blutleiter	*Sinus intercavernosus anterior*
4	Sehnerv (2. Hirnnerv)	*N. opticus (II)*
5	Innere Kopfarterie	*A. carotis interna*
6	Augenhöhlennerv (1. Hauptast des Drillingsnervs)	*N. ophthalmicus (V1)*
7	Augenrollnerv (4. Hirnnerv)	*N. trochlearis (IV)*
8	Augenbewegungsnerv (3. Hirnnerv)	*N. oculomotorius (III)*
9	Oberkiefernerv (2. Hauptast des Drillingsnervs)	*N. maxillaris (V2)*
10	Ganglion des Drillingsnervs	*Ganglion trigeminale*
11	Mittlere Hirnhautarterie	*A. meningea media*
12	Großer Felsenbeinnerv	*N. petrosus major*
13	Kleiner Felsenbeinnerv	*N. petrosus minor*
14	Drillingsnerv (5. Hirnnerv)	*N. trigeminus (V)*
15	Gesichtsnerv (7. Hirnnerv)	*N. facialis (VII)*
16	Hör- und Gleichgewichtsnerv (8. Hirnnerv)	*N. vestibulocochlearis (VIII)*
17	Oberer Felsenbeinblutleiter	*Sinus petrosus superior*
18	S-förmiger Blutleiter	*Sinus sigmoideus*
19	Labyrintharterie	*A. labyrinthi*
20	Drosselloch	*Foramen jugulare*
21	Augenabziehnerv (6. Hirnnerv)	*N. abducens (VI)*
22	Beinerv (11. Hirnnerv)	*N. accessorius (XI)*
23	Verlängertes Mark	*Myelencephalon [Medulla oblongata] [Bulbus]*

Hirnnerven I + II

Sie sind, genau genommen, keine Nerven, sondern Teile des Großhirns (I) bzw. Zwischenhirns (II), die aus der Schädelhöhle nach außen verlagert wurden. Sie werden jedoch immer noch bei den Hirnnerven aufgeführt, weil sonst die traditionelle Nummerierung nicht mehr stimmte.

I. **Riechnerv** (Olfaktorius): Die feinen Riechfäden ziehen von der Riechschleimhaut in den obersten Abschnitten der Nasenhöhle durch die Siebplatte zum Riechkolben an der Basis des Stirnlappens des Großhirns. Das Riechvermögen ist beim Menschen im Gegensatz zu vielen Tieren schlecht entwickelt (manche Schmetterlinge riechen den Partner über Kilometer hinweg). Das zum Riechnerv gehörende „Riechhirn“ hat aber auch beim Menschen wichtige Aufgaben. Es ist ein Teil des „limbischen Systems“, das Hunger, Durst, Sexualität, Aufmerksamkeit und Aggressivität („jemanden nicht riechen können“) steuert. Das limbische System ist Angriffspunkt vieler Psychopharmaka.

II. **Sehnerv** (Optikus): Er ist beim Auge bereits eingehend beschrieben worden. Die Hüllen des Sehnervs sind im Grunde Hirnhäute.

Augenmuskelnerven (III + IV + VI)

III. Augenbewegungsnerv (Okulomotorius):

- Er innerviert 4 äußere Augenmuskeln (oberer, innerer und unterer gerader sowie unterer schräger Augenmuskel) und den Oberlidheber.
- Parasympathische Fasern ziehen zum Schließmuskel der Pupille und zum Linsenmuskel (Naheinstellung des Auges).

←

24	Oberer Hirnsichelblutleiter	*Sinus sagittalis superior*
25	Gerader Blutleiter	*Sinus rectus*
26	Unterer Hirnsichelblutleiter	*Sinus sagittalis inferior*
27	Große Großhirnvene	*V. magna cerebri*
28	Wirbelarterie	*A. vertebralis*
29	Unterzungennerv (12. Hirnnerv)	*N. hypoglossus (XII)*
30	Vagus (10. Hirnnerv)	*N. vagus (X)*
31	Querer Blutleiter	*Sinus transversus*
32	Kleinhirnzelt	*Tentorium cerebelli*
33	Zungen-Rachen-Nerv (9. Hirnnerv)	*N. glossopharyngeus (IX)*
34	Schädelbasisvenengeflecht	*Plexus basilaris*
35	Hinterer interkavernöser Blutleiter	*Sinus intercavernosus posterior*
36	Hirnanhangsdrüse (Hypophyse)	*Hypophysis [Glandula pituitaria]*
37	Kavernöser Blutleiter	*Sinus cavernosus*
38	Keilbein-Scheitelbein-Blutleiter	*Sinus sphenoparietalis*
39	Obere Augenhöhlenvene	*V. ophthalmica superior*
40	Augapfel	*Bulbus oculi*
41	Oberlidheber	*M. levator palpebrae superioris*
42	Oberer gerader Augenmuskel	*M. rectus superior*
43	Augenarterie	*A. ophthalmica*
44	Harte Hirnhaut („Dura“)	*Dura mater cranialis [encephali]*

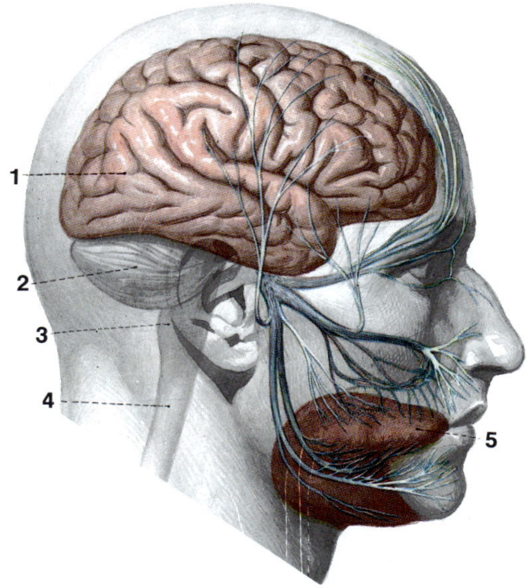

↑ **Drillingsnerv** (Trigeminus, V): Aufzweigung in die Hauptäste. *[ta]*

1	Großhirn (= Endhirn)	*Telencephalon [Cerebrum]*
2	Kleinhirn	*Cerebellum*
3	Verlängertes Mark	*Myelencephalon [Medulla oblongata] [Bulbus]*
4	Rückenmark	*Medulla spinalis*
5	Zunge	*Lingua*

IV. **Augenrollnerv** (Trochlearis): zum oberen schrägen Augenmuskel. Er ist der einzige Hirnnerv, der den Hirnstamm auf der Hinterseite verlässt.

VI. **Augenabziehnerv** (Abduzens): zum äußeren geraden Augenmuskel. Er wird häufig bei Schädelbasisbrüchen verletzt. Es treten dann Doppelbilder beim Blick nach der erkrankten Seite auf.

Drillingsnerv (Trigeminus, V)

Er wird so genannt, weil er 3 Hauptäste hat: Augenhöhlennerv, Oberkiefernerv und Unterkiefernerv. Diese gehen von seinem mächtigen Ganglion (früher Gasser-Ganglion genannt) aus, das in einer Tasche der harten Hirnhaut liegt.

- Der Drillingsnerv versorgt mit seinen sensorischen Anteilen den Großteil der Haut des Gesichts und der Schleimhäute von Mund- und Nasenhöhle.
- Der Drillingsnerv ist für alle Zahnschmerzen verantwortlich. Schmerzfreie Zahnbehandlung ist nach Betäuben der entsprechenden Äste des Drillingsnervs möglich.
- Die motorischen Anteile des Drillingsnervs innervieren die 4 Kaumuskeln (Masseter, Schläfenmuskel, innerer und äußerer Flügelmuskel).
- Bei Entzündungen des Nervs können so starke Schmerzen im Gesichtsbereich auftreten („Trigeminusneuralgie“), dass manche Kranke an den Rand des Selbstmords getrieben werden.

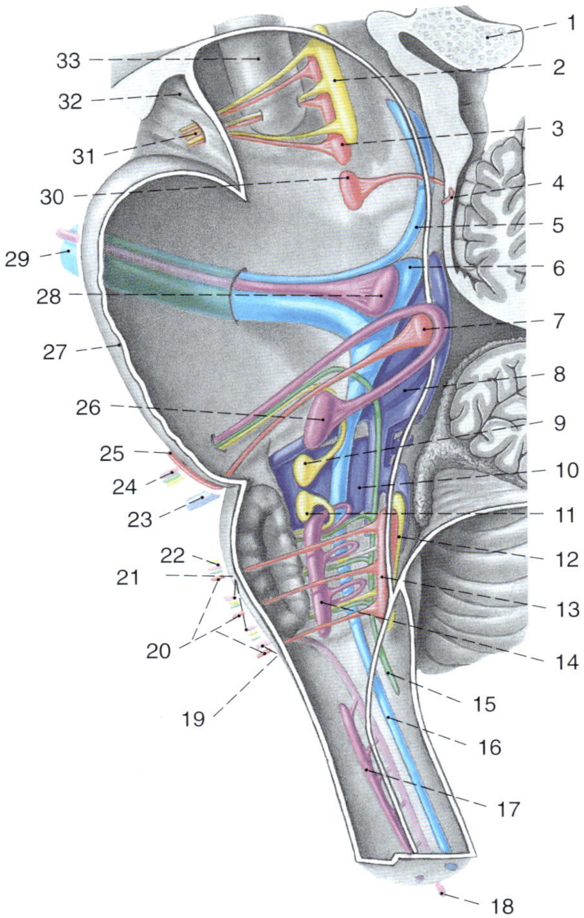

Hirnstamm: Medianschnitt mit plastischer Darstellung der Kerngebiete des 3.–12. Hirnnervs: *[ss1 nach br2]*

• Rot: motorische Kerne und Wurzeln.
• Blau: sensorische Kerne und Wurzeln.
• Gelb: parasympathische Kerne und Wurzeln.
• Grau: extrapyramidalmotorische Kerne (roter Kern und Olivenkern).

1	Zirbeldrüse (Epiphyse)	*Glandula pinealis [Corpus pineale]*
2	Parasympathische Kerne des Augenbewegungsnervs	*Nuclei accessorii nervi oculomotorii*
3	Kern des Augenbewegungsnervs	*Nucleus nervi oculomotorii*
4	Augenrollnerv (4. Hirnnerv)	*N. trochlearis (IV)*
5	Mittelhirnkern des Drillingsnervs	*Nucleus mesencephalicus nervi trigemini*
6	Hauptkern des Drillingsnervs	*Nucleus principalis nervi trigemini*
7	Kern des Augenabziehnervs	*Nucleus nervi abducentis*
8	Kerne des Gleichgewichtsnervs	*Nuclei vestibulares*
9	Oberer Speichelkern	*Nucleus salivatorius superior*
10	Kerne des Hörnervs	*Nuclei cochleares*
11	Unterer Speichelkern	*Nucleus salivatorius inferior*
12	Parasympathischer Kern des Vagus	*Nucleus posterior [dorsalis] nervi vagi*
13	Kern des Unterzungennervs	*Nucleus nervi hypoglossi*
14	Motorischer Kern des 9.–11. Hirnnervs	*Nucleus ambiguus*
15	Geschmackskerne	*Nuclei tractus solitarii*
16	Unterer Kern des Drillingsnervs	*Nucleus spinalis nervi trigemini*
17	Kern des Beinervs	*Nucleus nervi accessorii*
18	Beinerv (11. Hirnnerv), Rückenmarkwurzel	*N. accessorius (XI), Radix [Pars] spinalis*
19	Beinerv (11. Hirnnerv)	*N. accessorius (XI)*
20	Unterzungennerv (12. Hirnnerv)	*N. hypoglossus (XII)*
21	Vagus (10. Hirnnerv)	*N. vagus (X)*
22	Zungen-Rachen-Nerv (9. Hirnnerv)	*N. glossopharyngeus (IX)*
23	Hör- und Gleichgewichtsnerv (8. Hirnnerv)	*N. vestibulocochlearis (VIII)*
24	Gesichtsnerv (7. Hirnnerv)	*N. facialis (VII)*
25	Augenabziehnerv (6. Hirnnerv)	*N. abducens (VI)*
26	Kern des Gesichtsnervs	*Nucleus nervi facialis*
27	Brücke	*Pons*
28	Motorischer Kern des Drillingsnervs	*Nucleus motorius nervi trigemini*
29	Drillingsnerv (5. Hirnnerv)	*N. trigeminus (V)*
30	Kern des Augenrollnervs	*Nucleus nervi trochlearis*
31	Augenbewegungsnerv (3. Hirnnerv)	*N. oculomotorius (III)*
32	Hirnschenkel	*Crus cerebri*
33	Roter Kern	*Nucleus ruber*

Aufgaben des Hirnstamms

Unter dem Begriff Hirnstamm fasst man Mittelhirn, Brücke und verlängertes Mark zusammen. Dieser Teil des Gehirns ähnelt im Bau noch etwas dem Rückenmark. Er enthält:

• die Kerngebiete des 3. bis 12. Hirnnervs.
• Nervenbahnen vom Gehirn zum Rückenmark und umgekehrt.
• Nervenbahnen vom Großhirn zum Kleinhirn und umgekehrt.
• Steuerungszentren des autonomen Nervensystems: Atemzentrum, Kreislaufzentrum, Schluckzentrum, Brechzentrum usw. Sie werden in Lehrbüchern der Physiologie eingehend behandelt.

Gesichtsnerv (Fazialis, VII)

• Sein Hauptanteil ist motorisch. Er versorgt alle mimischen Muskeln. Der Gesichtsnerv ist somit verantwortlich für den Schluss der Lidspalte und des Mundes. Bei Fazialislähmung ist das Auge gefährdet, wenn die Lidspalte nicht mehr schützend geschlossen werden kann (Austrocknung der Hornhaut).
• Die parasympathischen und die Geschmacksfasern des Gesichtsnervs bilden meist einen eigenen Stamm, den Zwischennerv (Intermedius).
• Die parasympathischen Fasern ziehen zur Tränendrüse, zur Unterzungenspeicheldrüse, zur Unterkieferspeicheldrüse und zu den kleinen Gaumen- und Nasendrüsen.
• Die Geschmacksfasern kommen von den vorderen zwei Dritteln der Zunge.

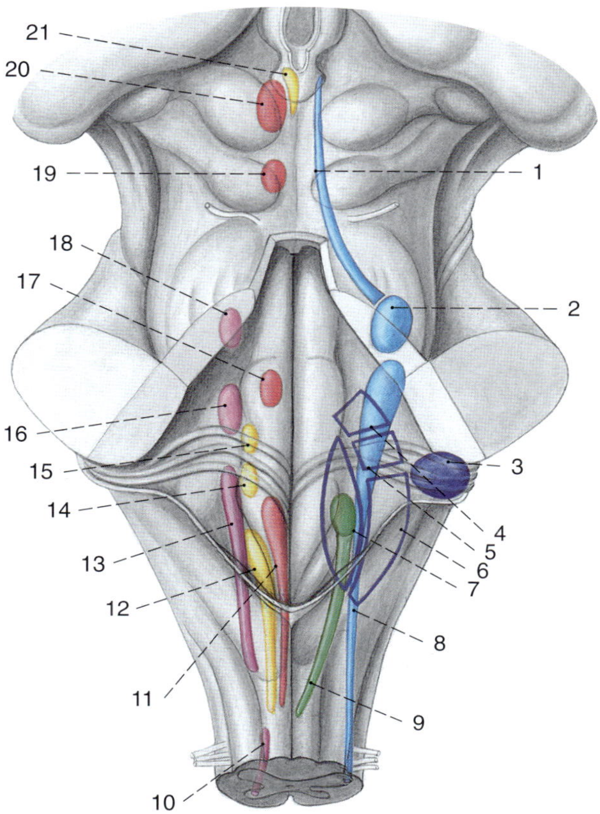

Hirnstamm mit plastischer Darstellung der Kerngebiete des 3.–12. Hirnnervs von hinten. Motorische Kerne rot, sensorische blau, parasympathische gelb. [ss1]

1	Mittelhirnkern des Drillingsnervs	*Nucleus mesencephalicus nervi trigemini*
2	Hauptkern des Drillingsnervs	*Nucleus principalis nervi trigemini*
3	Hinterer Kern des Hörnervs	*Nucleus cochlearis posterior*
4	Oberer Kern des Gleichgewichtsnervs	*Nucleus vestibularis superior*
5	Seitlicher Kern des Gleichgewichtsnervs	*Nucleus vestibularis lateralis*
6	Unterer Kern des Gleichgewichtsnervs	*Nucleus vestibularis inferior*
7	Medialer Kern des Gleichgewichtsnervs	*Nucleus vestibularis medialis*
8	Unterer Kern des Drillingsnervs	*Nucleus spinalis nervi trigemini*
9	Geschmackskerne	*Nuclei tractus solitarii*
10	Kern des Beinervs	*Nucleus nervi accessorii*
11	Kern des Unterzungennervs	*Nucleus nervi hypoglossi*
12	Parasympathischer Kern des Vagus	*Nucleus posterior [dorsalis] nervi vagi*
13	Motorischer Kern des 9.–11. Hirnnervs	*Nucleus ambiguus*
14	Unterer Speichelkern	*Nucleus salivatorius inferior*
15	Oberer Speichelkern	*Nucleus salivatorius superior*
16	Kern des Gesichtsnervs	*Nucleus nervi facialis*
17	Kern des Augenabziehnervs	*Nucleus nervi abducentis*
18	Motorischer Kern des Drillingsnervs	*Nucleus motorius nervi trigemini*
19	Kern des Augenrollnervs	*Nucleus nervi trochlearis*
20	Kern des Augenbewegungsnervs	*Nucleus nervi oculomotorii*
21	Parasympathische Kerne des Augenbewegungsnervs	*Nuclei accessorii nervi oculomotorii*

Hirnnerven VIII–XII

VIII. Hör- und Gleichgewichtsnerv (Vestibulokochlearis):

• Hörnerv: vom Spiralorgan in der Schnecke.

• Gleichgewichtsnerv: von den Vorhofsäckchen und den Bogengängen.

IX. Zungen-Rachen-Nerv (Glossopharyngeus):

• Motorisch zu den Rachenmuskeln.

• Schleimhautsensibilität von Rachen und Paukenhöhle.

• Geschmacksempfindung des hinteren Zungendrittels.

X. Vagus („umherschweifender“ Nerv, da sein Versorgungsbereich vom Kopf bis zum Bauch reicht).

• Er innerviert alle Kehlkopfmuskeln und einen Teil der Rachenmuskeln.

• Er hat ein kleines sensorisches Gebiet im äußeren Gehörgang.

• Er entsendet parasympathische Fasern zu den meisten Brust- und Bauchorganen. Bisweilen wird für ihn der deutsche Name Lungen-Magen-Nerv gebraucht. Diese Bezeichnung ist jedoch viel zu eng, da er nicht nur Lunge und Magen versorgt. Er lässt das Herz langsamer schlagen, regt die Sekretion der Verdauungssäfte an und steuert die meisten glatten Eingeweidemuskeln.

XI. Beinerv (Akzessorius): motorisch zu Kopfwender und Trapezmuskel sowie einem Teil der Rachenmuskeln.

XII. Unterzungennerv (Hypoglossus, „motorischer Zungennerv“): Er versorgt alle Zungenmuskeln. Ist die linke Zungenhälfte gelähmt, so weicht die Zungenspitze beim Herausstrecken der Zunge nach links ab. Die gelähmte Zungenhälfte ist deutlich kleiner, weil die Muskelfasern zurückgebildet sind.

Reflexe der Hirnnerven

• *Pupillenreflex:* auf Lichteinfall wird die Pupille verengt (2. + 3. Hirnnerv).

• *Masseterreflex:* Schlägt man bei leicht geöffnetem Mund von oben auf das Kinn, so wird der Unterkiefer gehoben. (3. Hauptast des Drillingsnervs).

• *Lidschlussreflexe:* Die Lider werden geschlossen, wenn dem Auge eine Gefahr droht, z.B. bei Berühren der Hornhaut (Kornealreflex) oder der Bindehaut des Auges (Konjunktivalreflex) (5. + 7. Hirnnerv).

• *Würgreflex:* Berühren des Zungengrundes, des Gaumenzäpfchens, der Gaumenbogen oder der Rachenwand löst Kontraktionen der Rachenmuskeln und Brechreiz aus (9.–11. Hirnnerv).

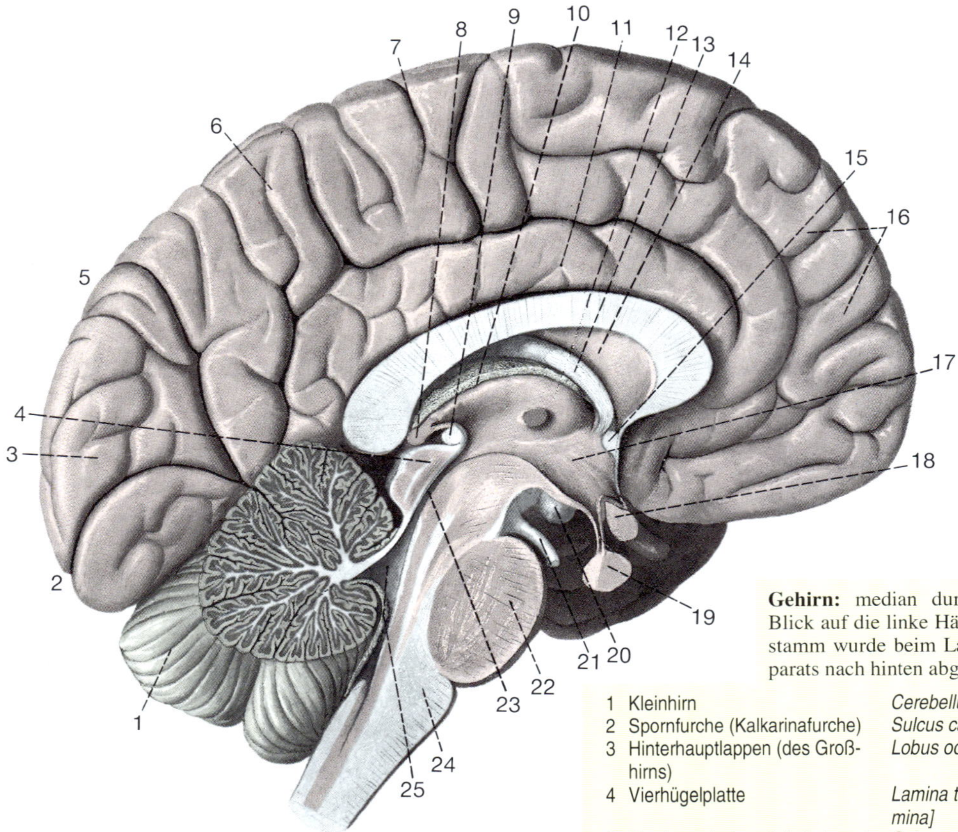

Gehirn: median durchgeschnitten, Blick auf die linke Hälfte. Der Hirnstamm wurde beim Lagern des Präparats nach hinten abgebogen. *[sb3]*

1	Kleinhirn	*Cerebellum*
2	Spornfurche (Kalkarinafurche)	*Sulcus calcarinus*
3	Hinterhauptlappen (des Großhirns)	*Lobus occipitalis*
4	Vierhügelplatte	*Lamina tecti [quadrigemina]*
5	Furche zwischen Scheitel- und Hinterhauptlappen	*Sulcus parietooccipitalis*
6	Scheitellappen (des Großhirns)	*Lobus parietalis*
7	Zentralfurche	*Sulcus centralis*
8	Zirbeldrüse (Epiphyse)	*Glandula pinealis [Corpus pineale]*
9	Hintere Querverbindung (hintere Kommissur)	*Commissura posterior [epithalamica]*
10	Adergeflecht der dritten Hirnkammer	*Plexus choroideus (ventriculi tertii)*
11	Gürtelwindung	*Gyrus cinguli*
12	Balken	*Corpus callosum*
13	Hirngewölbe	*Fornix*
14	Durchscheinende Scheidewand	*Septum pellucidum*
15	Vordere Querverbindung	*Commissura anterior*
16	Stirnlappen (des Großhirns)	*Lobus frontalis*
17	Dritte Hirnkammer (dritter Ventrikel)	*Ventriculus tertius*
18	Sehnervenkreuzung	*Chiasma opticum*
19	Hirnanhangsdrüse (Hypophyse)	*Hypophysis [Glandula pituitaria]*
20	Warzenkörper des Zwischenhirns	*Corpus mammillare*
21	Augenbewegungsnerv (3. Hirnnerv)	*N. oculomotorius*
22	Brücke	*Pons*
23	Wasserleiter (Aquädukt) des Mittelhirns	*Aqueductus mesencephali [cerebri]*
24	Verlängertes Mark	*Myelencephalon [Medulla oblongata] [Bulbus]*
25	Vierte Hirnkammer (vierter Ventrikel)	*Ventriculus quartus*

Kleinhirn

• Lage: Es füllt den hinter dem Hirnstamm verbleibenden Raum der hinteren Schädelgrube unter dem Kleinhirnzelt der harten Hirnhaut aus. Durch 3 Paare von Kleinhirnstielen (oberer, mittlerer und unterer) ist es mit dem Hirnstamm verbunden.

• Größe: Sie wird gewöhnlich mit der eines Gänseeies verglichen (größter Durchmesser etwa 10 cm). Das Kleinhirn wiegt 130–140 g (also etwa 1/10 des Hirngewichts).

• Bau: Die graue Substanz liegt als Kleinhirnrinde an der Oberfläche und in Form von beidseits 4 Kleinhirnkernen (Zahnkern, Pfropfkern, Kugelkern und Dachkern) im Inneren der weißen Substanz. Die Windungen des Kleinhirns sind sehr viel feiner als jene des Großhirns und ergeben ein blattartiges Aussehen. Deshalb wurde das Schnittbild in alten Zeiten als „Lebensbaum" bezeichnet.

• Gliederung nach der äußeren Form: in 2 seitliche Kleinhirnhemisphären und den in der Mittelebene gelegenen Kleinhirnwurm.

• Gliederung nach der Entwicklung und den Verbindungen: in Urkleinhirn (enger Bezug zu den Gleichgewichtsnerven), Altkleinhirn (Verbindung zum Rückenmark) und Neukleinhirn (über die Brücke mit dem Großhirn verbunden).

Kleinhirn: Horizontalschnitt. *[bg3]*

1	Kleinhirnrinde	*Cortex cerebelli*
2	Kleinhirnblätter	*Folia cerebelli*
3	Oberer Kleinhirnstiel	*Pedunculus cerebellaris superior*
4	Vierte Hirnkammer	*Ventriculus quartus*
5	Oberes Marksegel	*Velum medullare superius*
6	Kleinhirnzünglein	*Lingula cerebelli*
7	Dachkern	*Nucleus fastigii [medialis cerebelli]*
8	Zahnkern (des Kleinhirns)	*Nucleus dentatus [lateralis cerebelli]*
9	Kleinhirnwurm	*Vermis cerebelli*
10	Kugelkern	*Nucleus interpositus posterior [Nucleus globosus]*
11	Pfropfkern	*Nucleus interpositus anterior [Nucleus emboliformis]*
12	Kleinhirnmark	*Corpus medullare cerebelli*
13	Markstrahlen	*Laminae albae*

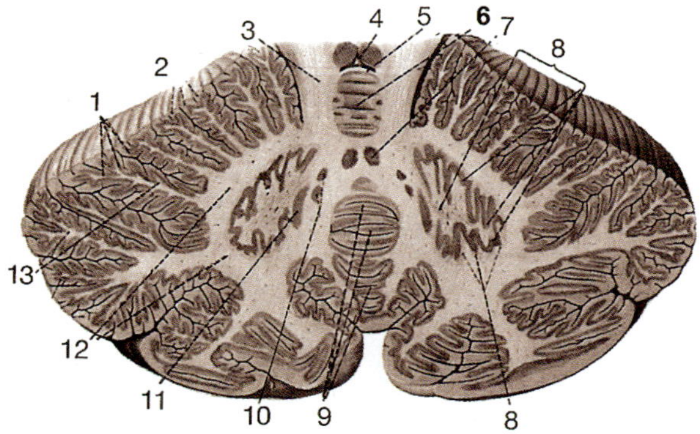

Aufgaben des Kleinhirns

- Erhalten des *Gleichgewichts:* in Zusammenarbeit mit dem Gleichgewichtsorgan (8. Hirnnerv).
- Regeln des *Muskeltonus:* in Zusammenarbeit mit den Muskelspindeln.
- Steuern des *Zusammenspiels der Bewegungen:* in Zusammenarbeit mit dem Großhirn.

Bei Kleinhirnerkrankungen kann der Patient nicht

- zielsicher greifen.
- rasche Bewegungsfolgen ausführen, wie sie etwa beim Klavierspiel oder beim Schreiben auf einer Computertastatur nötig sind.
- sicher stehen.
- fließend sprechen usw.

Paramedianes Kernspintomogramm (MRT) durch den Kopf etwas seitlich der Medianebene. Die Großhirnwindungen und -furchen sind deutlich zu erkennen. Man vergleiche mit der Abbildung auf der linken Seite. *[he2]*

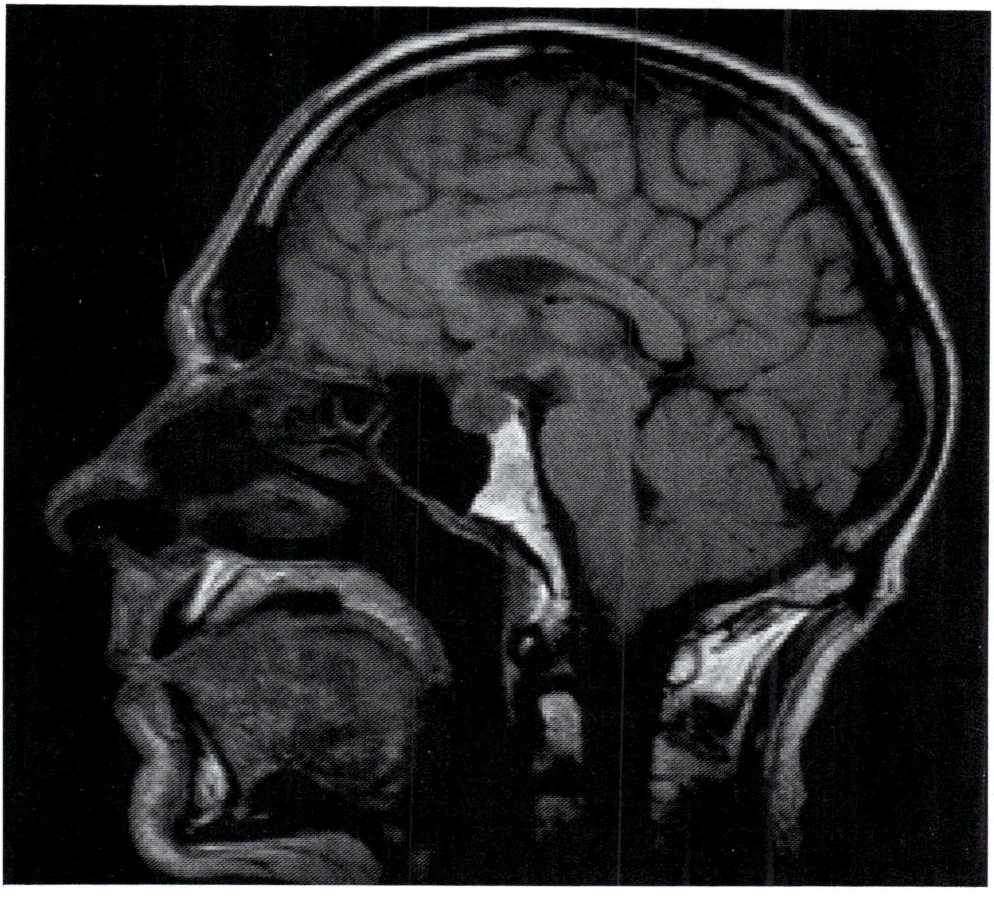

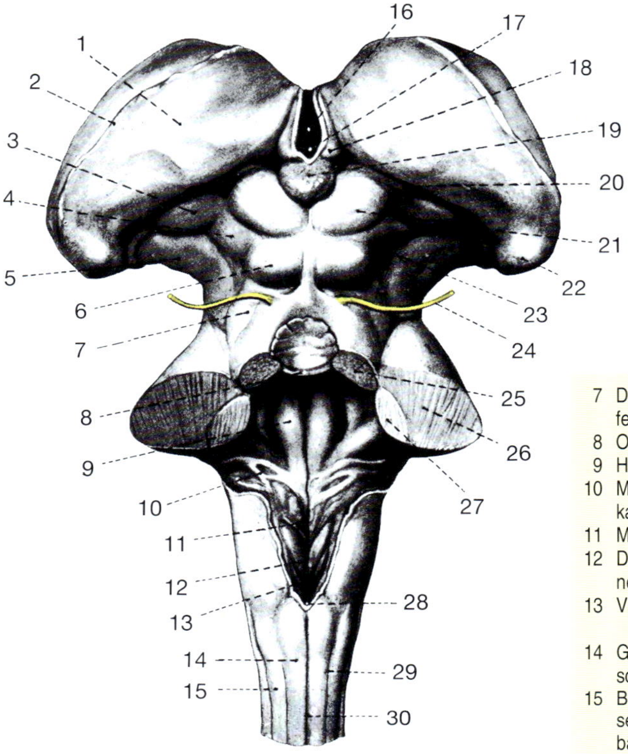

Zwischenhirn und Hirnstamm von hinten. Das Großhirn und das Kleinhirn wurden entfernt. Zum Zwischenhirn gehören 1, 3, 18, 19, 22. *[bg3]*

1	Sehhügel	*Thalamus*
2	Ansatz des Adergeflechts	*Taenia choroidea*
3	Innerer Kniehöcker (Teil der Hörbahn)	*Corpus geniculatum mediale*
4	Arm des unteren Hügels	*Brachium colliculi inferioris*
5	Großhirnschenkel (Pyramiden- und Brückenbahn)	*Crus cerebri*
6	Unterer Hügel (Teil der Hörbahn)	*Colliculus inferior*
7	Dreieck der äußeren Schleife	*Trigonum lemnisci*
8	Oberes Marksegel	*Velum medullare superius*
9	Hügel des Gesichtsnervs	*Colliculus facialis*
10	Markstreifen der 4. Hirnkammer	*Striae medullares (ventriculi quarti)*
11	Mittelrinne	*Sulcus medianus*
12	Dreieck des Unterzungennervs	*Trigonum nervi hypoglossi*
13	Vagusdreieck	*Trigonum nervi vagi [Trigonum vagale]*
14	Goll-Strang (innere sensorische Hinterstrangbahn)	*Fasciculus gracilis*
15	Burdach-Strang (äußere sensorische Hinterstrangbahn)	*Fasciculus cuneatus*
16	Dritte Hirnkammer	*Ventriculus tertius*
17	Hintere Querverbindung (schlecht sichtbar)	*Commissura posterior [epithalamica]*
18	Haubendreieck	*Trigonum habenulare*
19	Zirbeldrüse (Epiphyse)	*Glandula pinealis [Corpus pineale]*
20	Arm des oberen Hügels	*Brachium colliculi superioris*
21	Oberer Hügel (optisches Reflexzentrum)	*Colliculus superior*
22	Seitlicher Kniehöcker (Teil des Sehbahn)	*Corpus geniculatum laterale*
23	Vierhügelplatte	*Lamina tecti [quadrigemina]*
24	Augenrollnerv (4. Hirnnerv)	*N. trochlearis (IV)*
25	Oberer Kleinhirnstiel	*Pedunculus cerebellaris superior*
26	Mittlerer Kleinhirnstiel	*Pedunculus cerebellaris medius*
27	Unterer Kleinhirnstiel	*Pedunculus cerebellaris inferior*
28	Riegel	*Obex*
29	Hinterseitenfurche	*Sulcus posterolateralis*
30	Hintere Mittelrinne	*Sulcus medianus posterior*

Hauptabschnitte des Zwischenhirns

Das Zwischenhirn ist weitgehend vom Großhirn umgeben. Lediglich an der Hirnbasis wird ein Teil des Zwischenhirns an der Hirnoberfläche sichtbar. Die Grenzen des Zwischenhirns zu den benachbarten Hirnteilen sind fließend. Es ist daher einfacher zu definieren, was zum Zwischenhirn gehört, als wo die Grenzen liegen. Das Zwischenhirn umschließt den Spaltraum der dritten Hirnkammer und wird durch diesen in 2 symmetrische Hälften zerlegt. Es ist in 4 Abschnitte zu gliedern: Thalamus, Hypothalamus, Epithalamus und Subthalamus.

Thalamus (Sehhügel)

Dieser eiförmige Komplex von mehr als 100 Einzelkernen füllt den Raum zwischen dem oberen Teil der dritten Hirnkammer und dem Zentralteil der seitlichen Hirnkammer. An seinem verbreiterten hinteren Ende wölben sich unten die beiden Kniehöcker, Teile der Hörbahn bzw. der Sehbahn, vor.

- In seinen sensorischen Schaltkernen werden alle zum Großhirn aufsteigenden sensorischen Bahnen auf ein neues Neuron umgeschaltet, u.a. auch die Sehbahn (der deutsche Name Sehhügel greift einseitig diese Funktion heraus).
- Seine motorischen Schaltkerne wirken mit bei der Koordination von Bewegungen.
- Die unspezifischen Schaltkerne empfangen Informationen vorwiegend aus der Netzsubstanz des Hirnstamms.
- *Thalamusstrahlung:* Diese Fasermassen steigen vom Thalamus zur Hirnrinde auf oder von der Hirnrinde zum Thalamus ab. Sie machen einen wesentlichen Teil der inneren Kapsel aus.
- *Sehstrahlung:* vom seitlichen Kniehöcker zur „Kalkarinarinde" (um die Spornfurche) im Hinterhauptlappen des Großhirns.
- *Hörstrahlung:* vom medialen Kniehöcker unter dem Linsenkern zu den Querwindungen des Schläfenlappens des Großhirns.

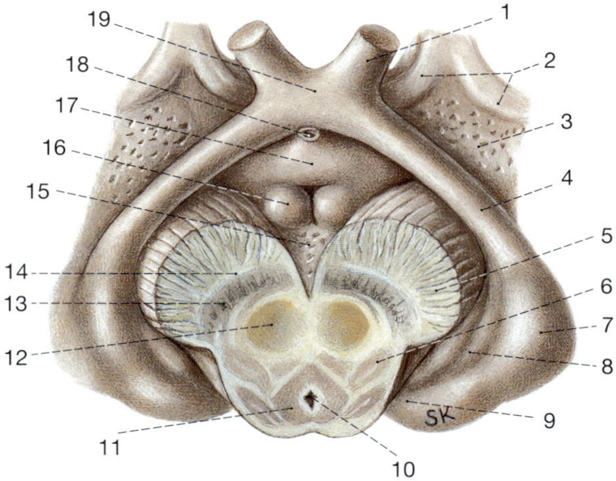

Zwischenhirn und Mittelhirn von unten gesehen. Die Sehnerven, der Hypophysenstiel und das Mittelhirn sind durchgetrennt. Man vergleiche mit dem Bild der Hirnbasis auf S. 382. *[sb3]*
Der Hypophysenstiel verbindet den Hypothalamus mit dem Hinterlappen der Hirnanhangsdrüse (Neurohypophyse), der ein Teil des Zwischenhirns ist (der Vorderlappen ist ein Abkömmling des Rachens).

1	Sehnerv (2. Hirnnerv)	*N. opticus (II)*
2	Riechstreifen	*Striae olfactoriae*
3	Vordere durchlöcherte Substanz	*Substantia perforata anterior [rostralis]*
4	Sehstrang	*Tractus opticus*
5	Hirnschenkel (Pyramiden- und Brückenbahn)	*Crus cerebri*
6	Mittelhirnhaube	*Tegmentum mesencephali*
5 + 6	Großhirnstiel	*Pedunculus cerebri*
7	Seitlicher Kniehöcker (Teil des Sehbahn)	*Corpus geniculatum laterale*
8	Innerer Kniehöcker (Teil der Hörbahn)	*Corpus geniculatum mediale*
9	Kissen des Sehhügels	*Pulvinar thalami*
10	Wasserleiter des Mittelhirns (Aquädukt)	*Aqueductus mesencephali [cerebri]*
11	Zentrale graue Substanz	*Substantia grisea centralis*
12	Roter Kern	*Nucleus ruber*
13	Schwarzer Kern, kompakter Teil	*Substantia grisea, Pars compacta*
14	Schwarzer Kern, Netzteil	*Substantia grisea, Pars reticularis*
15	Grube zwischen den Hirnschenkeln	*Fossa interpeduncularis*
16	Warzenkörper des Zwischenhirns	*Corpus mammillare*
17	Grauer Höcker	*Tuber cinereum*
18	Hypophysenstiel	*Infundibulum*
19	Sehnervenkreuzung	*Chiasma opticum*

Epithalamus

Der hinten oberhalb des Thalamus gelegene kleine Teil des Zwischenhirns (wörtlich übersetzt „Oberschlafgemach") umfasst u.a. die Zirbeldrüse (s. Hormondrüsen) und Kerngebiete, die für den Pupillenreflex wichtig sind.

Subthalamus

In ihm liegen wichtige Teile des basalen motorischen Systems. Der Subthalamuskern hemmt die Motorik der gegenüberliegenden Körperhälfte. Für seinen Ausfall sind spontan einsetzende Schleuderbewegungen der Arme und Beine der gegenüberliegenden Körperseite charakteristisch (Hemiballismus).

Hypothalamus

Er bildet den unteren Teil der Seitenwand und den Boden der dritten Hirnkammer. Es gibt keine gängige deutsche Bezeichnung, die wörtliche Übersetzung wäre „Unterschlafgemach". Der Hypothalamus ist die oberste Instanz für alle vegetativen Funktionen. Er regelt Essen, Trinken, Körpertemperatur, usw. über Triebe und Gestimmtheiten: Hunger, Durst usw. Er bildet auch Hormone, mit denen er die Hirnanhangsdrüse (Hypophyse) steuert (s. Hormondrüsen).

• Die Steuerung vegetativer Funktionen durch den Hypothalamus unterscheidet sich von ähnlichen Aufgaben in Zentren des Hirnstamms durch den Einsatz von Trieben und Gestimmtheiten. Sie motivieren uns zu einem den somatischen Bedürfnissen entsprechenden Verhalten. Die Kreislauf- und Atemzentren im verlängerten Mark können rein somatisch regulieren, ohne dass uns dies bewusst wird. Wassermangel kann jedoch nicht innerhalb des Körpers allein behoben werden. Es bedarf dazu eines Verhaltens in der Umwelt, das zur Wasseraufnahme führt. Der Hypothalamus produziert den Affekt Durst, der so heftig werden kann, dass die gesamte Kapazität des Großhirns eingesetzt wird, um den Wassermangel zu beseitigen.
• Der Hypothalamus regelt die einzelnen Funktionen über das Fließgleichgewicht jeweils zweier gegeneinander wirkenden Zentren. Beispiel Körpertemperatur: Ein „Abkühlungszentrum" im vorderen Hypothalamus und ein „Erwärmungszentrum" im hinteren Hypothalamus werden von einer Zellgruppe mit Thermorezeptoren gesteuert. Steigt die Bluttemperatur, so wird das Abkühlungszentrum aktiviert. Fällt die Körpertemperatur so wird das Erwärmungszentrum erregt. Der Hypothalamus regelt die Temperatur teils rein somatisch: Erweiterung der Hautgefäße bzw. Muskelaktivität (Zittern beim „Schüttelfrost"), teils über Handlungsantriebe: das Bedürfnis, wärmende Kleidung anzulegen oder auszuziehen.
• Ähnlich wird das „Esszentrum" („Hungerzentrum") im lateralen Hypothalamus durch Geruch, Anblick oder Vorstellung von Speisen stimuliert. Das Esszentrum wird durch eine medial benachbarte Zellgruppe gehemmt. Diese spricht auf Magenfüllung, erhöhten Blutzuckerspiegel, erhöhte Körpertemperatur usw. an. Bei Zerstörung des Esszentrums, z.B. durch eine Geschwulst, erlischt das Bedürfnis nach Nahrungsaufnahme (Anorexie).
• Eine wichtige Kontrollfunktion über den Hypothalamus übt das limbische System (s.u.) aus.

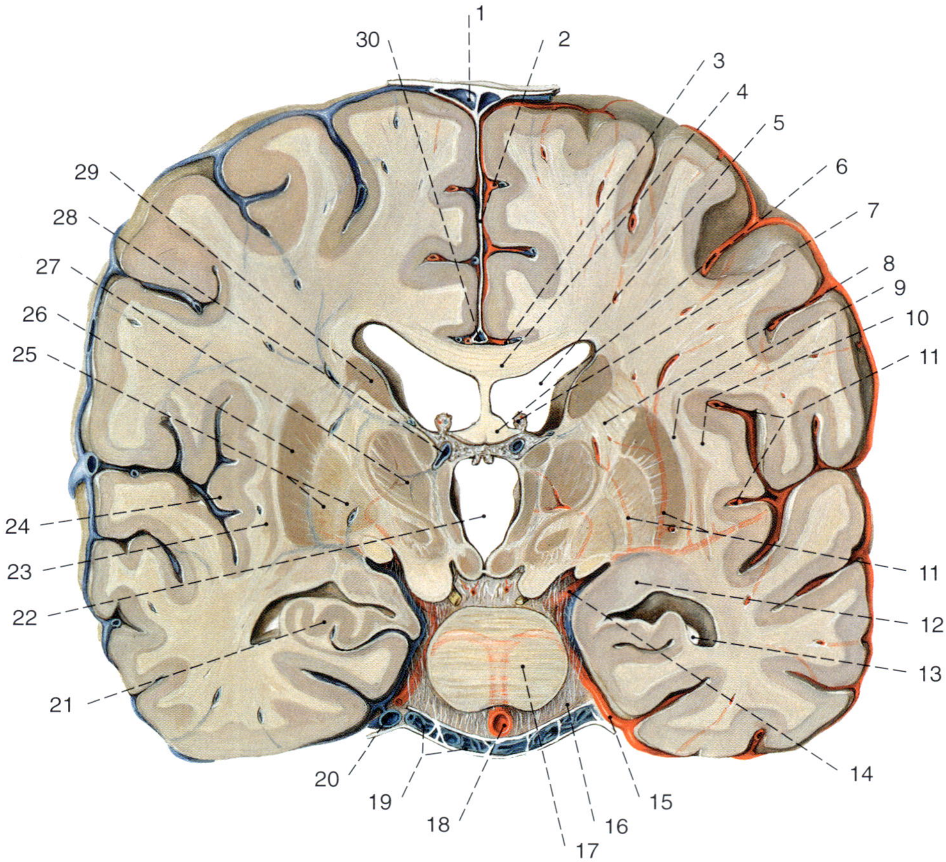

Gehirn: Frontalschnitt. Auf der rechten Bildseite sind die Arterien, auf der linken die Venen eingezeichnet. Der Schnitt geht durch Großhirn und Zwischenhirn. Vom Hirnstamm ist die vorragende Brücke getroffen. Die seitlichen Hirnkammern sind zweimal angeschnitten (Zentralteil und Unterhorn). *[pp1]*

Durch die tief einschneidende Hirnsichel der harten Hirnhaut wird das Großhirn in zwei Hälften (Großhirnhemisphären) geteilt, die aber durch quer verlaufende Faserzüge im Balken verbunden bleiben. Das Bild zeigt sehr schön die Verteilung der grauen Substanz:

- *Großhirnrinde:* durch Furchen in Windungen gelegt.
- *Basale Großhirnkerne* im Großhirnmark seitlich des Zwischenhirns.

1	Oberer Hirnsichelblutleiter	*Sinus sagittalis superior*
2	Hirnsichel	*Falx cerebri*
3	Vordere Großhirnarterie (Äste)	*A. cerebri anterior*
4	Balken (Querverbindung der Großhirnhälften)	*Corpus callosum*
5	Seitliche Hirnkammer, Zentralteil	*Ventriculus lateralis, Pars centralis*
6	Hirngewölbe	*Fornix*
7	Adergeflecht der seitlichen Hirnkammer	*Plexus choroideus (ventriculi lateralis)*
8	Innere Kapsel	*Capsula interna*
9	Äußere Kapsel	*Capsula externa*
10	Äußerste Kapsel	*Capsula extrema*
11	Mittlere Großhirnarterie (Äste)	*A. cerebri media*
12	Mandelkern	*Corpus amygdaloideum*
13	Seitliche Hirnkammer, Unterhorn	*Ventriculus lateralis, Cornu temporale [inferius]*
14	Mittlere Großhirnarterie, horizontaler Abschnitt	*A. cerebri media, Pars sphenoidalis [horizontalis] = Segmentum M1*
15	Hintere Großhirnarterie	*A. cerebri posterior*
16	Große Zisterne	*Cisterna pontocerebellaris*
17	Brücke	*Pons*
18	Schädelbasisarterie	*A. basilaris*
19	Schädelbasisvenengeflecht	*Plexus basilaris*
20	Schädelbasisvene	*V. basalis*
21	Hippokampus („Seepferdchen")	*Hippocampus*
22	Dritte Hirnkammer	*Ventriculus tertius*
23	Vormauer	*Claustrum*
24	Insellappen (des Großhirns)	*Insula [Lobus insularis]*
25	Bleichkörper (innerer Teil des Linsenkerns)	*Globus pallidus medialis + lateralis*
26	Schale (äußerer Teil des Linsenkerns)	*Putamen*
25 + 26	Linsenkern	*Nucleus lentiformis*
27	Sehhügel	*Thalamus*
28	Innere Großhirnvene	*V. interna cerebri*
29	Schweifkern, Kopf	*Nucleus caudatus, Caput*
30	Unterer Hirnsichelblutleiter	*Sinus sagittalis inferior*

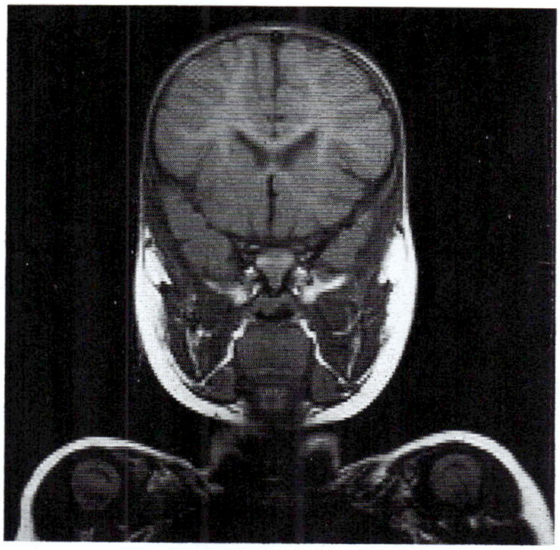

Frontales Kernspintomogramm (MRT) durch den Kopf. Die Seitenventrikel sind deutlich zu sehen. Man vergleiche mit dem Bild auf der linken Seite. *[he2]*

Gliederung des Großhirns

Das Großhirn kann man nach mehreren Gesichtspunkten gliedern:

❶ Nach der äußeren Form:

• Durch die große Längsspalte wird das Großhirn in eine rechte und linke Hälfte *(Großhemisphäre)* geteilt. Die beiden Großhirnhälften bleiben durch den Balken verbunden.

• Jede Großhirnhemisphäre wird in 6 *Lappen* gegliedert: Stirnlappen, Scheitellappen, Hinterhauptlappen, Schläfenlappen, Insellappen und limbischer Lappen. Die Lappen sind z.T. durch markante Furchen voneinander getrennt, z.B. der Stirnlappen vom Schläfenlappen durch die seitliche Hirnfurche, der Stirnlappen vom Scheitellappen durch die Zentralfurche.

• Innerhalb der Lappen werden nach der Oberflächengestaltung zahlreiche *Windungen* und *Furchen* benannt: z.B. die vordere und hintere Zentralwindung vor und hinter der Zentralfurche.

❷ Nach der Nervenzellkörperdichte:

• Aus nervenzellkörperreicher *grauer Substanz* bestehen die Großhirnrinde und die Basalganglien.

• Aus nervenzellkörperarmer, aber nervenzellfortsatzreicher *weißer Substanz* besteht das Großhirnmark.

❸ Nach der Aufgabe:

• Die Zentralfurche teilt die Großhirnrinde in einen vorderen motorischen und einen hinteren sensorischen Bereich.

• Innerhalb dieser Bereiche werden primäre, sekundäre und höhere Zentren abgegrenzt.

Bau des Großhirnmarks

Das Großhirnmark besteht aus Nervenbahnen. Es handelt sich um Fortsätze von Nervenzellen, die diese mit anderen Nervenzellen verbinden. Man unterscheidet 3 Arten:

• Längsverbindungen *(Assoziationsbahnen):* zwischen Nervenzellen einer Großhirnhälfte.

• Querverbindungen *(Kommissurenbahnen):* zwischen Nervenzellen der rechten und der linken Großhirnhälfte. Die größte Ansammlung von Querverbindungen ist der Balken.

• Ab- oder aufsteigende Verbindungen *(Projektionsbahnen):* zwischen Nervenzellen des Großhirns und Nervenzellen anderer Teile des Zentralnervensystems. Die wichtigsten ab- oder aufsteigenden Verbindungen liegen in der inneren Kapsel beisammen.

Bau der Großhirnrinde (Kortex)

Die Großhirnrinde ist etwa 2–4 mm dick, hat eine Oberfläche von etwa 1/5 Quadratmeter und enthält etwa 10 Milliarden Nervenzellen. Der Feinbau in den einzelnen Hirnwindungen unterscheidet sich etwas, je nach deren Aufgaben: In den entwicklungsgeschichtlich jüngeren Rindenbereichen (Neokortex) liegen 6 Schichten von Nervenzellen übereinander, in den älteren Bereichen (Paläokortex und Archikortex) nur 3.

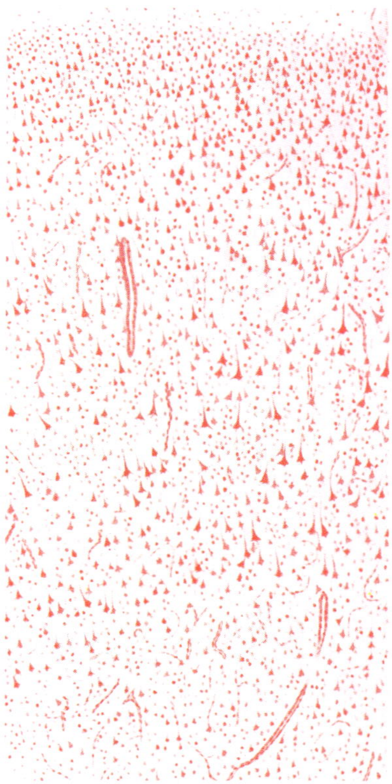

Großhirnrinde: Schnittbild, Vergrößerung 20fach. Charakteristisch sind die großen pyramidenförmigen Nervenzellen. Entsprechend den unterschiedlichen Aufgaben der einzelnen Rindengebiete sind Zahl, Form und Anordnung der Nervenzellen verschieden. *[so]*

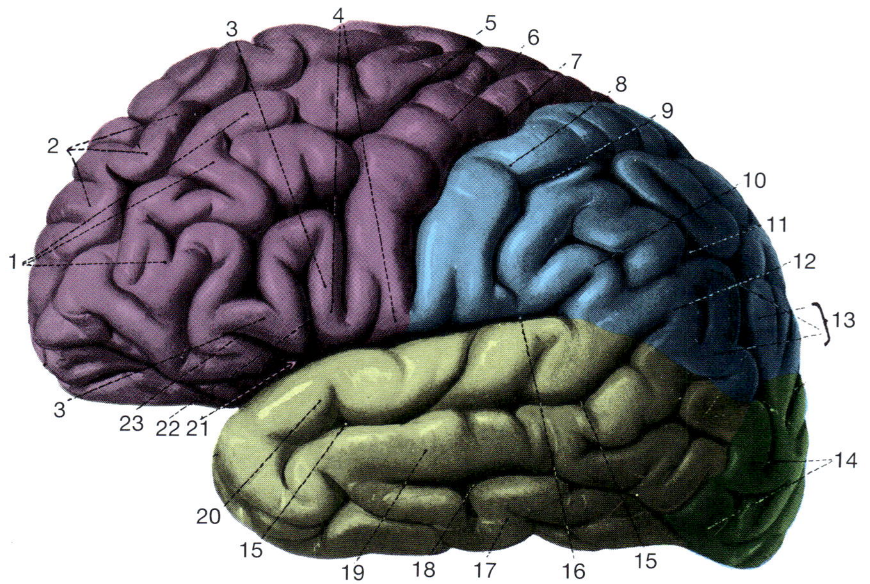

Linke Großhirnhälfte (Großhirnhemisphäre), von außen betrachtet. Die Lappen des Großhirns sind durch verschiedene Farben gekennzeichnet: Stirnlappen violett, Scheitellappen blau, Schläfenlappen gelb, Hinterhauptlappen grün. Man achte auf die Zentralfurche und die seitliche Großhirnfurche als natürliche Lappengrenzen. *[bg3]*

1	Mittlere Stirnhirnwindung	*Gyrus frontalis medius*
2	Obere Stirnhirnwindung	*Gyrus frontalis superior*
3	Untere Stirnhirnwindung	*Gyrus frontalis inferior*
4	Deckelteil (der unteren Stirnhirnwindung)	*Pars opercularis [Operculum frontale]*
5	Furche vor der vorderen Zentralwindung	*Sulcus precentralis*
6	Vordere Zentralwindung	*Gyrus precentralis*
7	Zentralfurche (zwischen Stirn- und Scheitellappen)	*Sulcus centralis*
8	Hintere Zentralwindung	*Gyrus postcentralis*
9	Furche hinter der hinteren Zentralwindung	*Sulcus postcentralis*
10	Oberrandwindung	*Gyrus supramarginalis*
11	Scheitellappenfurche	*Sulcus intraparietalis*
12	Winkelwindung	*Gyrus angularis*
13	Unteres Scheitelläppchen	*Lobulus parietalis inferior*
14	Hinterhauptlappen (des Großhirns)	*Lobus occipitalis*
15	Obere Schläfenfurche	*Sulcus temporalis superior*
16	Seitliche Großhirnfurche, hinterer Ast	*Sulcus lateralis, R. posterior*
17	Untere Schläfenwindung	*Gyrus temporalis inferior*
18	Untere Schläfenfurche	*Sulcus temporalis inferior*
19	Mittlere Schläfenwindung	*Gyrus temporalis medius*
20	Obere Schläfenwindung	*Gyrus temporalis superior*
21	Seitliche Großhirnfurche (Sylvius-Spalte)	*Sulcus lateralis*
22	Seitliche Großhirnfurche, aufsteigender Ast	*Sulcus lateralis, R. ascendens*
23	Seitliche Großhirnfurche, vorderer Ast	*Sulcus lateralis, R. anterior*

Funktionelle Gliederung der Großhirnrinde

Die Großhirnrinde ist die oberste Befehlszentrale des Körpers. Ähnlich wie die Regierung eines Landes in Ministerien, Abteilungen, Unterabteilungen usw. gegliedert ist, haben auch verschiedene Bereiche der Großhirnrinde verschiedene Aufgaben. Man konnte sie anhand der Symptome erforschen, unter denen Patienten mit ganz begrenzten Zerstörungen der Großhirnrinde leiden (z.B. bei Schussverletzungen). Danach kann man den Großhirnlappen folgende Hauptaufgaben zuordnen:

- *Stirnlappen:* Motorik, Denken.
- *Scheitellappen:* Tastempfindung (Sensibilität).
- *Hinterhauptlappen:* Sehen.
- *Schläfenlappen:* Hören.
- *Limbischer Lappen:* Gedächtnis, Umsetzung von Gefühlen und Trieben in Verhaltensmuster.

Innerhalb der einzelnen Lappen übernehmen Teilbereiche besondere Aufgaben in den primären und sekundären Zentren.

Primäre motorische Großhirnrinde

Von der vorderen Zentralwindung (+ Umgebung) gehen alle Impulse für willkürliche Körperbewegungen aus. Sie ist den motorischen Kerngebieten der Hirnnerven im Hirnstamm und der Rückenmarknerven in der Vordersäule des Rückenmarks übergeordnet. In ihr ist jeweils einer Gruppe von Nervenzellen eine bestimmte Muskelgruppe zugeordnet. Werden diese Nervenzellen zerstört, so können die zugehörigen Muskeln nicht mehr willkürlich bewegt werden.

- Wenn Sie jetzt diese Zeilen lesen, so mussten Sie die Halsmuskeln veranlassen, den Kopf so einzustellen, dass das Gesicht über dem Buch steht. Die Augenmuskeln mussten dann die Augen so drehen, dass genau das Bild des Wortes am gelben Fleck der Netzhaut abgebildet wird, das Sie jetzt lesen. Der unmittelbare Impuls zu den Halsmuskeln kam von den Vorderhornzellen im Halsmark, zu den Augenmuskeln aus dem Mittelhirn. Diese Impulse wurden von der vorderen Zentralwindung auf dem Weg der „Pyramidenbahn" ausgelöst.
- In der vorderen Zentralwindung des Stirnlappens sind alle Muskeln des Körpers wie auf einer Landkarte repräsentiert: im unteren Teil die Zunge, darüber die Muskeln des Gesichts, des Arms, des Rumpfes und schließlich am oberen Ende die Muskeln des Beins.

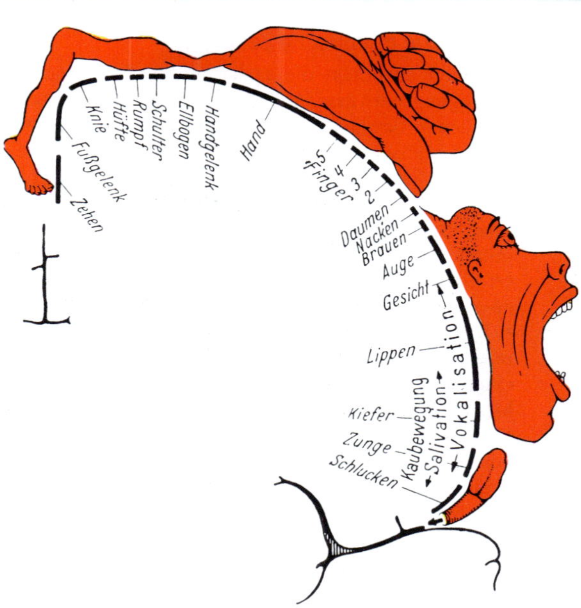

Vordere Zentralwindung (primäre motorische Großhirnrinde): Zuordnung des Körpers zu bestimmten Rindengebieten. *[lr]*
In der Großhirnrinde bestimmt die biologische Wertigkeit die Größe des Rindengebietes: Hand und Mund nehmen zusammen mehr als die Hälfte der gesamten motorischen Repräsentation ein. Sie bedürfen der sorgfältigsten Abstimmung ihrer Bewegungen. Mit ihnen verglichen, ist das Bewegungsspiel des Rumpfes unbedeutend. Die vordere Zentralwindung enthält also ein Bild des Körpers, das nur auf den ersten Blick verzerrt erscheint.

Primäre somatosensorische Großhirnrinde

In der hinteren Zentralwindung (+ Umgebung) enden die Bahnen der Tast-, Schmerz- und Temperaturempfindung. Ähnlich wie bei der primären motorischen Großhirnrinde ist hier der ganze Körper Punkt für Punkt repräsentiert, jedoch mit etwas anderen Gewichten. Am unteren Ende liegt der Kopf. Dann folgen nach oben (ähnlich wie bei der primären motorischen Großhirnrinde) Arm, Rumpf und Bein.

• Die rechte Körperhälfte ist in der linken Großhirnhälfte, die linke Körperhälfte in der rechten Großhirnhälfte repräsentiert, weil die Nervenbahnen bei ihrem Verlauf zwischen Großhirn und Rückenmark die Seite wechseln.

Ausfälle primärer Zentren

Wenn bei einer eng begrenzten Verletzung (z.B. einer Schussverletzung) im Bereich der vorderen Zentralwindung Nervenzellen oder Nervenbahnen zerstört werden, so erhält der zugehörige Rückenmarkbereich keine Impulse mehr. Die zugehörige Muskelgruppe erscheint gelähmt. Nehmen wir an, der Schaden liege an der oberen Kante der linken Großhirnhälfte, wo das Bein repräsentiert ist. Da fast alle Bahnen vom Großhirn zum Bein die Mittellinie kreuzen, ist mithin das rechte Bein gelähmt. Fordert man den Patienten auf, das Bein zu heben, so kann er dies nicht. Schlägt man aber mit dem Reflexhammer auf das Kniescheibenband, so zuckt das Bein, als sei es gesund. Der Patient kann z.B. auch einen Krampf im Bein bekommen, der von dem nicht der Willkür unterliegenden „extrapyramidalmotorischen System" ausgelöst wird. Eine willkürliche Bewegung ist jedoch nicht möglich.

• Bei Zerstörung eines Teils der hinteren Zentralwindung besteht für den repräsentierten Körperabschnitt eine Empfindungsstörung. Eine Verbrennung z.B. wird nicht bemerkt. Hingegen kann der Patient unter Umständen auf eine Berührung reflexartig zusammenzucken, denn der für Reflexe verantwortliche sensorische Apparat des Rückenmarks ist nicht unmittelbar betroffen.

• Eine derartige Empfindungsstörung kann Bewegungsstörungen nach sich ziehen. Die Steuerung der Bewegungen geschieht mit Hilfe der sensorischen Rückmeldungen an die Hirnrinde über das erreichte Bewegungsausmaß. Bleiben diese Rückmeldungen aus, so können die Bewegungen nicht mehr optimal gesteuert werden.

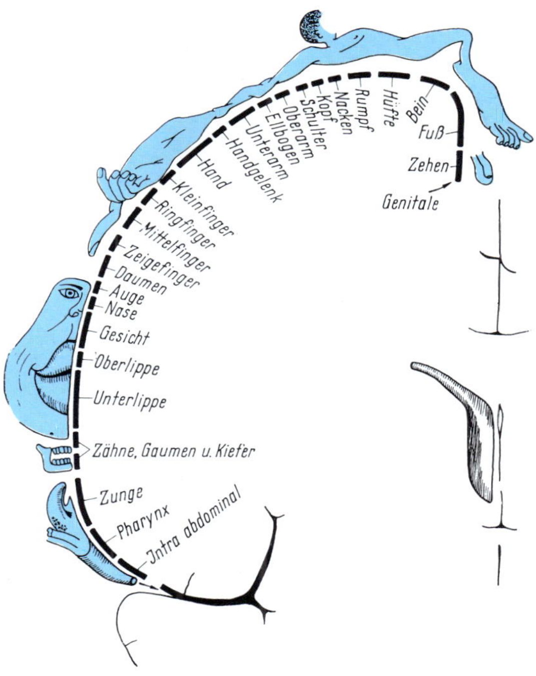

Hintere Zentralwindung (primäre somatosensorische Großhirnrinde): Repräsentation des Körpers. *[lr]*
Jede Gruppe von Großhirnrindenzellen ist für die Berührungsempfindung usw. in einem bestimmten Bereich der Haut oder Schleimhaut zuständig. Sind diese Zellen zerstört, so fehlt die Empfindung an der zugehörigen Hautstelle.

Sekundäre motorische Zentren

In ihnen entstehen die Handlungsantriebe und die Bewegungsentwürfe. Will man z.B. einen zu Boden gefallenen Gegenstand aufheben, muss man sich zunächst bücken, dann die Hand ausstrecken, zugreifen, sich wieder erheben und den Gegenstand ablegen. Dabei wird eine Vielzahl von Muskeln eingesetzt. Sie müssen in der richtigen Reihenfolge und mit der richtigen Kraft betätigt werden. Zusätzlich erfolgen noch Ausgleichsbewegungen zum Erhalten des Gleichgewichts.

- Die sekundären motorischen Zentren im Stirnhirn müssen daher ihre Bewegungsentwürfe mit zahlreichen Zentren abstimmen, vor allem mit dem Kleinhirn.
- Eine Störung der sekundären motorischen Zentren nennt man *Apraxie*. Dabei sind die Muskeln nicht gelähmt, der Patient kann aber mit ihnen keine sinnvollen Bewegungen ausführen.

Sekundäre sensorische Zentren

In ihnen entstehen aus Empfindungen Wahrnehmungen. Wird uns bei geschlossenen Augen z.B. ein Schlüssel in die Hand gedrückt, so fühlen wir zunächst die Kühle und Härte des Metalls, die Zacken des Bartes usw. in der primären somatosensorischen Großhirnrinde. Diese gibt die Informationen an die sekundären Zentren im Scheitellappen weiter. Dort werden sie zusammengefügt, mit Erinnerungsbildern verglichen, bis schließlich das Muster „Schlüssel" passt.

- Störungen der sekundären sensorischen Zentren nennt man *Agnosien*. Bei der taktilen Agnosie kann z.B. die Kühle, Härte und Zackigkeit des Schlüssels beschrieben werden, der Schlüssel wird jedoch erst erkannt, wenn die Augen geöffnet werden.

Sprachzentren

- *Motorisches Sprachzentrum* (Broca-Zentrum): Es gehört zu den sekundären motorischen Zentren. In ihm werden die Stellungen von Lippen, Zunge, Gaumensegel, Rachenwand, Kehlkopfmuskeln, Atemmuskeln usw. so aufeinander abgestimmt, dass bedeutsame Lautfolgen entstehen, die wir Sprache nennen. Das motorische Sprachzentrum liegt in der unteren Stirnhirnwindung.
- *Sensorisches Sprachzentrum* (Wernicke-Zentrum): Es gehört zu den sekundären Hörzentren. In ihm werden Lautfolgen als Worte gedeutet. Es liegt im Schläfenlappen des Großhirns.
- Die beiden Sprachzentren sind nur in der dominanten Großhirnhälfte (s.u.) ausgebildet.

Aphasien

Aphasien sind Störungen der Sprachzentren. Häufigste Ursache ist der linksseitige Schlaganfall.

- *Motorische Aphasie:* Das motorische Sprachzentrum ist gestört. Der Patient kann essen, pfeifen usw., aber nicht sprechen. Er versteht, was man spricht, kann aber vorgesprochene Wörter nicht nachsprechen.
- *Sensorische Aphasie:* Das sensorische Sprachzentrum ist gestört. Der Patient hört zwar die Laute, versteht aber nicht, was man zu ihm spricht. Es ist, als ob man in einer ihm nicht bekannten Fremdsprache zu ihm spräche. Da der Patient auch nicht mehr versteht, was er selbst spricht, ist indirekt auch sein Sprechen gestört.

Sehzentren

- *Primäres Sehzentrum:* In den beiden primären Sehzentren ist je eine Gesichtsfeldhälfte vertreten: im rechten Sehzentrum die linke Gesichtsfeldhälfte und umgekehrt im linken Sehzentrum die rechte. Jeder Nervenzellgruppe des Sehzentrums entspricht ein bestimmter Bereich des Gesichtsfeldes. Das primäre Sehzentrum liegt im Hinterhauptlappen des Großhirns in der Umgebung der Spornfurche (Kalkarinafurche).
- *Sekundäre Sehzentren:* In ihnen werden die in den primären Sehzentren gesehenen Formen und Farben gedeutet, z.B. ein schwarzer Kreis auf weißem Grund als Buchstabe O (im Lesezentrum).

Rindenblindheit und Seelenblindheit

- *Rindenblindheit:* Ein primäres Sehzentrum ist gestört. Dem Patienten fehlt eine Gesichtsfeldhälfte. Bei beidseitigem Ausfall der Sehzentren ist der Patient blind. Die Augen können dabei völlig in Ordnung sein, wie die intakten Reflexe beweisen, z.B. Verengung der Pupille auf Lichtreize.
- *Seelenblindheit* (optische Agnosie): Die Störung liegt in den sekundären Sehzentren. Die gesehenen Formen und Farben können nicht mehr gedeutet werden. Es gibt verschiedene Formen der Seelenblindheit. Bei der Buchstabenblindheit (Alexie) werden die Buchstaben zwar gesehen, nicht aber in ihrer Bedeutung erkannt. Bei der Wortblindheit werden die Buchstaben noch richtig benannt, sie können jedoch nicht mehr zu Wörtern zusammengefügt werden.

Dominante und untergeordnete Großhirnhälfte

Bei den sekundären Großhirnrindenbereichen übernimmt eine Großhirnhälfte die Führung. Es gäbe ein Chaos, wenn die beiden Großhirnhälften unabhängig voneinander koordinieren wollten. Bei den meisten Menschen ist die linke Großhirnhälfte „dominant", beim Linkshänder manchmal auch die rechte. Die dominante Großhirnhälfte vollzieht bewusste Entscheidungen. Die „untergeordnete" steht dem Gefühl und dem Unbewussten näher. Das motorische Sprachzentrum liegt in der dominanten Hemisphäre. Deren Verletzung belastet den Patienten meist stärker als eine Verletzung der untergeordneten. Allerdings kann diese bei Ausfall der übergeordneten Großhirnhälfte im Laufe der Zeit einen Teil deren Aufgaben übernehmen.

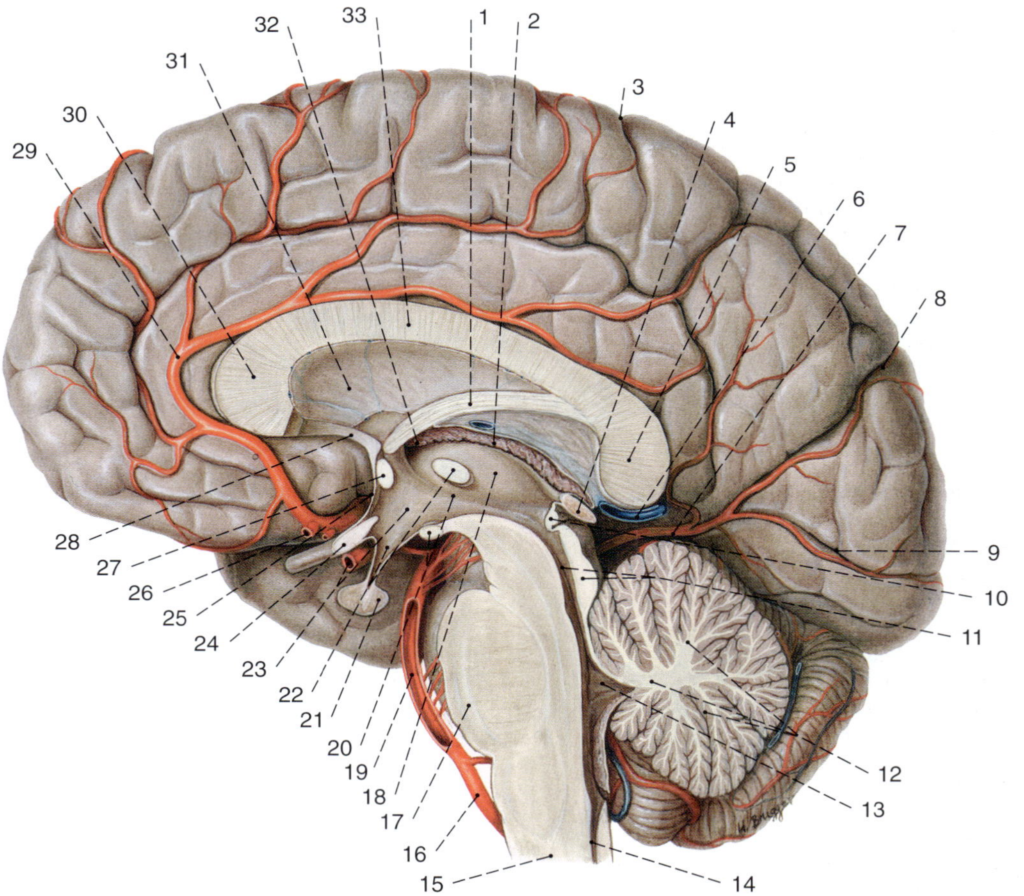

Gehirn: Medianschnitt mit Arterien. Man sieht die Medialseite der rechten Großhirnhemisphäre. Das primäre Sehzentrum (Kalkarinarinde) liegt in der Umgebung der Spornfurche (9). *[pp1]*

1	Hirngewölbe	*Fornix*
2	Adergeflecht der dritten Hirnkammer	*Plexus choroideus (ventriculi tertii)*
3	Zentralfurche (zwischen Stirn- und Scheitellappen)	*Sulcus centralis*
4	Zirbeldrüse (Epiphyse)	*Glandula pinealis [Corpus pineale]*
5	Balken, Wulst	*Corpus callosum, Splenium*
6	Große Großhirnvene	*V. magna cerebri*
7	Hintere Großhirnarterie	*A. cerebri posterior*
8	Furche zwischen Scheitel- und Hinterhauptlappen	*Sulcus parietooccipitalis*
9	Spornfurche (Kalkarinafurche)	*Sulcus calcarinus*
10	Hintere Querverbindung (hintere Kommissur)	*Commissura posterior [epithalamica]*
11	Wasserleiter (Aquädukt) des Mittelhirns + Mittelhirndach	*Aqueductus mesencephali [cerebri] + Tectum mesencephali*
12	Kleinhirn	*Cerebellum*
13	Vierte Hirnkammer (vierter Ventrikel)	*Ventriculus quartus*
14	Zentralkanal	*Canalis centralis*
15	Verlängertes Mark	*Myelencephalon [Medulla oblongata] [Bulbus]*
16	Wirbelarterie	*A. vertebralis*
17	Brücke	*Pons*
18	Dritte Hirnkammer (dritter Ventrikel) + Sehhügel	*Ventriculus tertius + Thalamus*
19	Unpaare Schädelbasisarterie	*A. basilaris*
20	Warzenkörper des Zwischenhirns + Hypothalamusfurche	*Corpus mammillare + Sulcus hypothalamicus*
21	Hirnanhangsdrüse (Hypophyse)	*Hypophysis [Glandula pituitaria]*
22	Hypophysenstiel + Haftstelle der Sehhügel	*Infundibulum + Adhesio interthalamica*
23	Innere Kopfarterie + Hypothalamus	*A. carotis interna + Hypothalamus*
24	Sehnervenkreuzung	*Chiasma opticum*
25	Endplatte der dritten Hirnkammer	*Lamina terminalis*
26	Vordere Verbindungsarterie	*A. communicans anterior*
27	Vordere Querverbindung (vordere Kommissur)	*Commissura anterior*
28	Balken, Schnabel	*Corpus callosum, Rostrum*
29	Vordere Großhirnarterie	*A. cerebri anterior*
30	Balken, Knie	*Corpus callosum, Genu*
31	Durchscheinende Scheidewand (der Seitenventrikel)	*Septum pellucidum*
32	Zwischenkammerloch	*Foramen interventriculare*
33	Balken, Stamm	*Corpus callosum, Truncus*

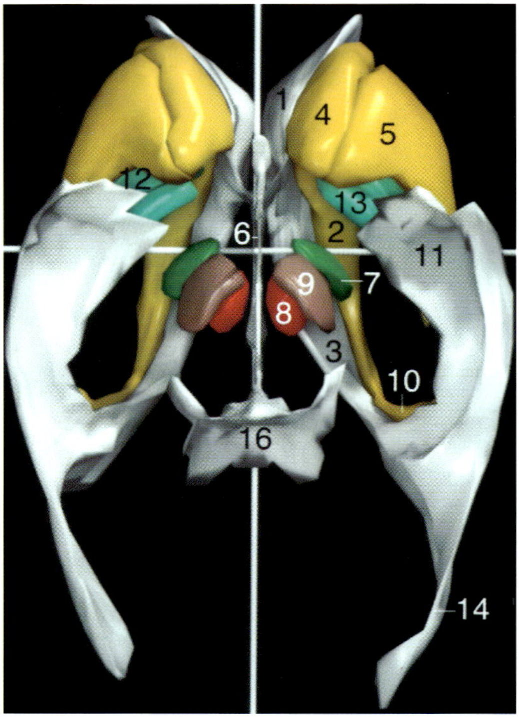

Basales motorisches System und Hirnkammern. Computergraphisches Bild, aus Serienschnitten durch das in natürlicher Lage fixierte Gehirn berechnet. Ansicht von unten. Hirnkammern grau, basales motorisches System farbig: Streifenkörper gelb, bleicher Kern türkis, Subthalamus grün, schwarzer Kern braun, roter Kern rot. Wiedergabe in 85 % der natürlichen Größe. Man vergleiche mit dem Bild auf der rechten Seite. *[kr2]*

1	Seitliche Hirnkammer (Seitenventrikel), Vorderhorn	*Ventriculus lateralis, Cornu frontale [anterius]*
2	Schweifkern, Körper	*Nucleus caudatus, Corpus*
3	Seitliche Hirnkammer (Seitenventrikel), Zentralteil	*Ventriculus lateralis, Pars centralis*
4	Schweifkern, Kopf	*Nucleus caudatus, Caput*
5	Schale	*Putamen*
6	Dritte Hirnkammer (dritter Ventrikel)	*Ventriculus tertius*
7	Untersehhügelkern (Subthalamus)	*Nucleus subthalamicus*
8	Roter Kern	*Nucleus ruber*
9	Schwarzer Kern	*Substantia nigra*
10	Schweifkern, Schwanz	*Nucleus caudatus, Cauda*
11	Seitliche Hirnkammer (Seitenventrikel), Unterhorn	*Ventriculus lateralis, Cornu temporale [inferius]*
12	Bleicher Kern, seitlicher Teil	*Globus pallidus lateralis*
13	Bleicher Kern, medialer Teil	*Globus pallidus medialis*
14	Seitliche Hirnkammer (Seitenventrikel), Hinterhorn	*Ventriculus lateralis, Cornu occipitale [posterius]*
16	Vierte Hirnkammer (vierter Ventrikel)	*Ventriculus quartus*

Basalganglien

Unter diesem Begriff fasst man einige größere Ansammlungen grauer Substanz (= Kerne) im Großhirnmark zusammen. Die wichtigsten sind der Schweifkern und der Linsenkern. Sie gehören zum basalen motorischen (extrapyramidalmotorischen) System.

Basales motorisches System

Das basale motorische System steuert die unwillkürlichen Bewegungen. Es wurde deshalb im Unterschied zu den Pyramidenbahnen der Willkürmotorik auch extrapyramidalmotorisches System genannt. Bei Störungen dieses Systems leidet der Patient unter Muskelsteife und Zittern oder Muskelzuckungen oder unwillkürlichen absonderlichen Bewegungen. Zu den basalen motorischen Kernen gehören u.a.:

- im Großhirn: die Basalganglien (*Schweifkern* und *Linsenkern*).
- im Zwischenhirn: *Subthalamus*.
- im Mittelhirn: *roter* und *schwarzer Kern* (bei Störung des schwarzen Kerns kommt es zur Parkinson-Krankheit = „Schüttellähmung").
- im verlängerten Mark: *Olivenkern*.

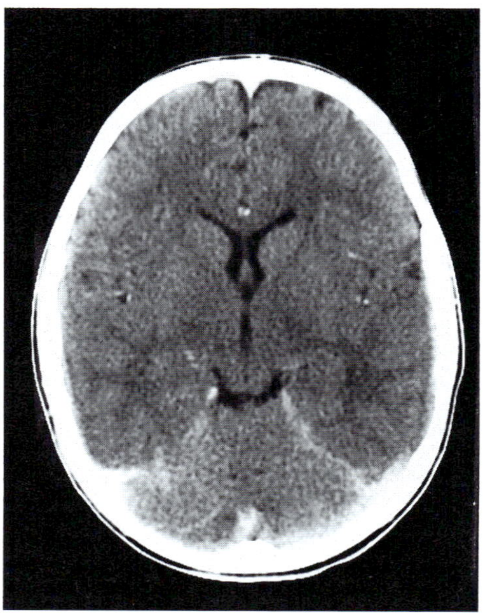

Horizontales Computertomogramm (CT) des Kopfes. Das Großhirnmark bildet sich dunkler ab als die Großhirnrinde, weil es besser strahlendurchlässig ist. Am dunkelsten sind die mit Hirnwasser gefüllten Räume (Hirnkammern und Subarachnoidealraum). Besonders hell sind der knöcherne Schädel (die eiförmige weiße Umrandung) und die bindegewebigen Scheidewände in der Schädelhöhle (Hirnsichel und Kleinhirnzelt). In die Blutgefäße ist ein Röntgenkontrastmittel eingespritzt worden, damit sie sich vom Hirngewebe abheben. Man vergleiche Einzelheiten mit dem Bild auf der rechten Seite. Das CT ist jedoch stärker nach hinten geneigt. Deshalb sieht man unten schon das Kleinhirn und das Kleinhirnzelt angeschnitten. *[be1]*

Gehirn: Der Horizontalschnitt zeigt die Lage der inneren Kapsel zwischen den Basalganglien des Großhirns und dem Sehhügel (Thalamus) des Zwischenhirns. Der Balken, der Schweifkern und die seitlichen Hirnkammern werden wegen ihrer Krümmung vom Schnitt zweimal getroffen. *[pp1]*

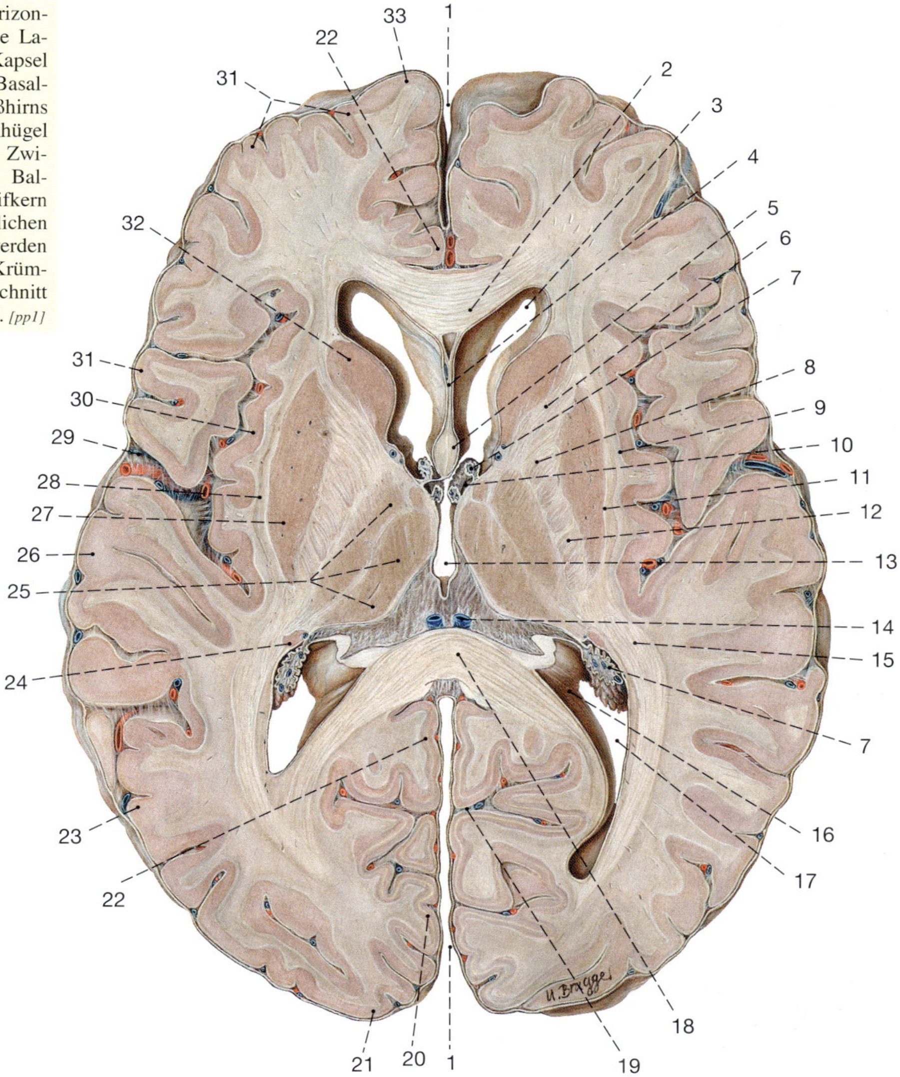

1	Längsspalte des Großhirns	*Fissura longitudinalis cerebri*	16	Hippokampus	*Hippocampus*
2	Balken, Knie	*Corpus callosum, Genu*	17	Seitliche Hirnkammer (Seitenventrikel), Hinterhorn	*Ventriculus lateralis, Cornu occipitale [posterius]*
3	Seitliche Hirnkammer (Seitenventrikel), Vorderhorn	*Ventriculus lateralis, Cornu frontale [anterius]*	18	Balken, Wulst	*Corpus callosum, Splenium*
4	Durchscheinende Scheidewand (der Seitenventrikel)	*Septum pellucidum*	19	Spornfurche	*Sulcus calcarinus*
			20	Keil	*Cuneus*
5	Hirngewölbe	*Fornix*	21	Hinterhauptpol	*Polus occipitalis*
6	Innere Kapsel, Vorderschenkel	*Capsula interna, Crus anterius*	22	Gürtelwindung	*Gyrus cinguli*
			23	Mittlere Schläfenwindung	*Gyrus temporalis medius*
7	Adergeflecht der seitlichen Hirnkammer	*Plexus choroideus (ventriculi lateralis)*	24	Schweifkern, Schwanz	*Nucleus caudatus, Cauda*
			25	Sehhügel	*Thalamus*
8	Innere Kapsel, Knie	*Genu capsulae internae*	26	Obere Schläfenwindung	*Gyrus temporalis superior*
9	Äußerste Kapsel	*Capsula extrema*	27	Schale (äußerer Teil des Linsenkerns)	*Putamen*
10	Zwischenkammerloch	*Foramen interventriculare*			
11	Äußere Kapsel	*Capsula externa*	28	Vormauer	*Claustrum*
12	Innere Kapsel, Hinterschenkel	*Capsula interna, Crus posterius*	29	Seitliche Großhirnfurche	*Sulcus lateralis*
			30	Insellappen (des Großhirns)	*Insula [Lobus insularis]*
13	Dritte Hirnkammer	*Ventriculus tertius*	31	Untere Stirnhirnwindung	*Gyrus frontalis inferior*
14	Innere Großhirnvene	*V. interna cerebri*	32	Schweifkern, Kopf	*Nucleus caudatus, Caput*
15	Sehstrahlung	*Radiatio optica*	33	Stirnpol	*Polus frontalis*

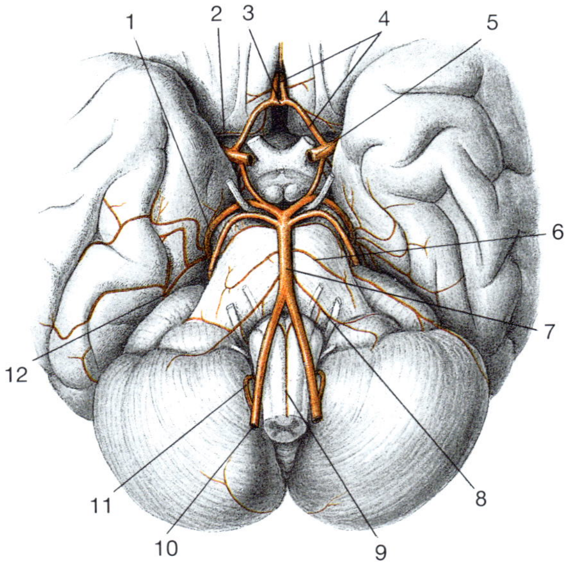

↑ **Arterien des Gehirns** (stark schematisiert). Blick von vorn unten. *[he3]*
Die beiden Wirbelarterien vereinigen sich vor dem Hirnstamm zur unpaaren Schädelbasisarterie (Basilararterie). Diese bildet gemeinsam mit den beiden inneren Kopfarterien vor dem Zwischenhirn den Arterienring des Gehirns (Circulus arteriosus cerebri).

1	Hintere Großhirnarterie	*A. cerebri posterior*
2	Mittlere Großhirnarterie	*A. cerebri media*
3	Vordere Verbindungsarterie	*A. communicans anterior*
4	Vordere Großhirnarterie	*A. cerebri anterior*
5	Innere Kopfarterie	*A. carotis interna*
6	Brückenarterien	*Aa. pontis*
7	Unpaare Schädelbasisarterie	*A. basilaris*
8	Untere vordere Kleinhirnarterie	*A. inferior anterior cerebelli*
9	Vordere Rückenmarkarterie	*A. spinalis anterior*
10	Wirbelarterie	*A. vertebralis*
11	Untere hintere Kleinhirnarterie	*A. inferior posterior cerebelli*
12	Obere Kleinhirnarterie	*A. superior cerebelli*

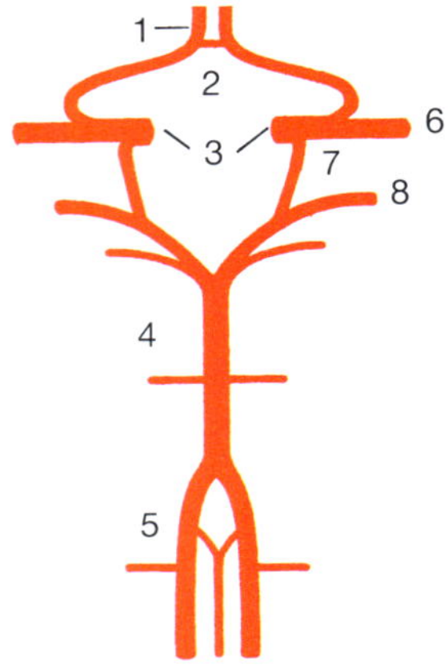

↑ **Arterienring des Gehirns** (Schema). Man vergleiche mit dem Bild links. *[li2]*

1	Vordere Großhirnarterie	*A. cerebri anterior*
2	Vordere Verbindungsarterie	*A. communicans anterior*
3	Innere Kopfarterie	*A. carotis interna*
4	Unpaare Schädelbasisarterie	*A. basilaris*
5	Wirbelarterie	*A. vertebralis*
6	Mittlere Großhirnarterie	*A. cerebri media*
7	Hintere Verbindungsarterie	*A. communicans posterior*
8	Hintere Großhirnarterie	*A. cerebri posterior*

Arterienring des Gehirns

Vom Hals ziehen 4 große Arterien zum Gehirn: beidseits die innere Kopfarterie und die Wirbelarterie. Diese 4 Arterien sind durch Verbindungsarterien ähnlich wie die Straßen eines Kreisverkehrs zu einem Gefäßring zusammengeschlossen.

• Dies ist als Sicherheitsmaßnahme zu verstehen: Das Gehirn reagiert sehr empfindlich auf Störungen der Blutversorgung. Durch die Querverbindungen zwischen den großen Blutgefäßen kann der Ausfall einer Arterie ohne Schwierigkeiten ausgeglichen werden. Allerdings ist dieser Arterienring – wie alles in der Anatomie – sehr unterschiedlich ausgebildet: Gelegentlich kommt es nach Verschluss einer Arterie doch zu Ausfallerscheinungen.

• Aus dem Arterienring entspringen beidseits 3 Großhirnarterien (vordere + mittlere + hintere).

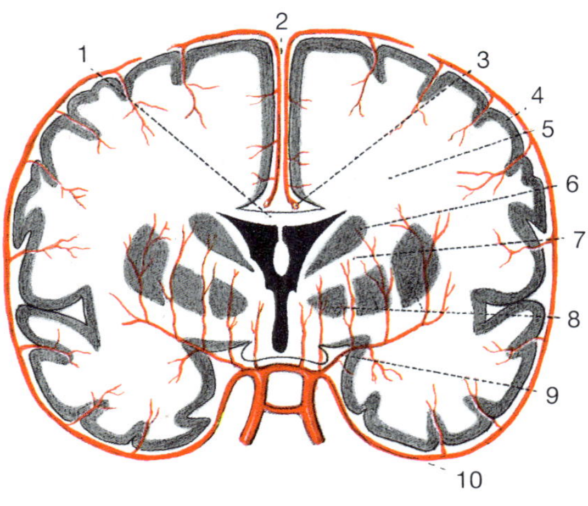

← **Arterien des Großhirns** in einen Frontalschnitt eingezeichnet. Die Arterien treten von der Oberfläche in das Gehirn ein. *[bl]*

1	Balken	*Corpus callosum*
2	Längsspalte des Großhirns (zwischen den Großhirnhemisphären)	*Fissura longitudinalis cerebri*
3	Vordere Großhirnarterie	*A. cerebri anterior*
4	Großhirnrinde	*Cortex cerebri [Pallium]*
5	Weiße Substanz	*Substantia alba*
6	Sehhügel	*Thalamus*
7	Innere Kapsel	*Capsula interna*
8	Linsenkern	*Nucleus lentiformis*
9	Zentralarterien	*Aa. centrales*
10	Mittlere Großhirnarterie, Rindenteil	*A. cerebri media, Pars terminalis [corticalis]*

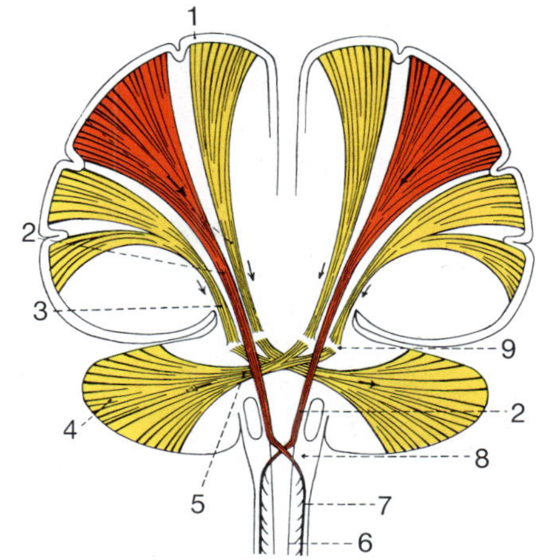

Pyramidenbahn und Großhirn-Kleinhirn-Bahnen: Schema. *[bg3]* ➔

Nahezu alle Verbindungen vom Großhirn zu Hirnstamm, Kleinhirn und Rückenmark kreuzen zur Gegenseite. In der rechten Großhirnhemisphäre ist deshalb die linke Körperhälfte, in der linken Großhirnhemisphäre die rechte Körperhälfte repräsentiert.

1	Großhirnrinde	*Cortex cerebri [Pallium]*
2	Pyramidenbahn	*Fibrae corticospinales*
3	Großhirn-Brücken-Bahn	*Tractus corticopontinus*
4	Kleinhirn	*Cerebellum*
5	Mittlerer Kleinhirnstiel	*Pedunculus cerebellaris medius*
6	Pyramidenvorderstrangbahn	*Tractus corticospinalis anterior*
7	Pyramidenseitenstrangbahn	*Tractus corticospinalis lateralis*
8	Pyramidenkreuzung	*Decussatio pyramidum*
9	Brückenkerne	*Nuclei pontis*

Innere Kapsel

Die innere Kapsel ist ein Teil des Großhirnmarks, zwischen den Basalganglien und dem Zwischenhirn. Auf engstem Raum liegen hier die wichtigsten Verbindungen von und zum Großhirn beisammen, z.B.:

- Pyramidenbahn: Willkürmotorik.
- Sehhügelstrahlung: Körperfühlbahn.
- Sehstrahlung und Hörstrahlung.
- Großhirn-Brücken-Bahn: zum Kleinhirn.

Unglücklicherweise ist beim Schlaganfall gerade die innere Kapsel häufig geschädigt. Wegen der dicht gedrängten Bahnen kann schon eine kleine Durchblutungsstörung verheerende Folgen haben.

Schlaganfall (Apoplexie)

Erkrankungen der Hirngefäße gehören zu den häufigsten Todesursachen. Man unterscheidet 2 Fälle:

- *Hirnblutung:* Eine Arterie platzt, z.B. bei zu hohem Blutdruck. Die Blutung schädigt Hirngewebe.
- *Hirninfarkt:* Eine Arterie ist verschlossen, z.B. durch ein Blutgerinnsel. Das Hirngewebe, das sonst von dieser Arterie ernährt wurde, geht zugrunde.
- Es gibt auch die Kombination: In einen Infarkt blutet es sekundär ein.

Dem Hirninfarkt gehen häufig schon wochenlang kurzdauernde Hirnstörungen (transiente ischämische Attacken = TIA) voraus. Die Folgen von Hirnblutung und Hirninfarkt sind ähnlich: Lähmung und Gefühlsstörung einer Körperhälfte (Halbseitenlähmung). Sprachstörungen kommen meist nur beim linksseitigen Schlaganfall hinzu. Wird der frische Schlaganfall überlebt, so können im Laufe von Monaten und Jahren gesund gebliebene Hirnteile Aufgaben der zugrunde gegangenen übernehmen.

2	Seitliche Hirnkammer (Seitenventrikel), Vorderhorn	*Ventriculus lateralis, Cornu frontale [anterius]*
3	Dritte Hirnkammer (dritter Ventrikel)	*Ventriculus tertius*
4	Seitliche Hirnkammer (Seitenventrikel), Zentralteil	*Ventriculus lateralis, Pars centralis*
5	Seitliche Hirnkammer (Seitenventrikel), Hinterhorn	*Ventriculus lateralis, Cornu occipitale [posterius]*
7	Unpaare Schädelbasisarterie	*A. basilaris*
9	Hintere Verbindungsarterie	*A. communicans posterior*
10	Innere Kopfarterie	*A. carotis interna*
11	Seitliche Hirnkammer (Seitenventrikel), Unterhorn	*Ventriculus lateralis, Cornu temporale [inferius]* ➔

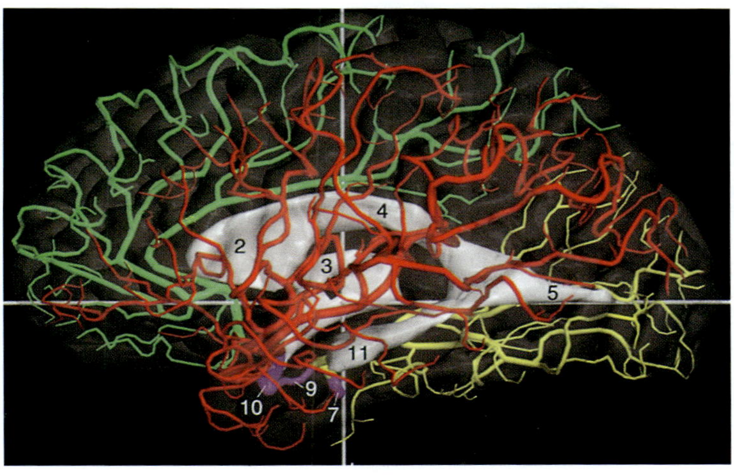

Großhirnarterien: Computergraphische Bilder, aus Serienschnitten durch das in natürlicher Lage fixierte Gehirn berechnet. Das Großhirn ist transparent dargestellt. *[kr2]*

- Grün: vordere Großhirnarterie: Sie verzweigt sich am Stirnlappen und an der Medialseite des Scheitellappens.
- Rot: mittlere Großhirnarterie: Sie versorgt den Großteil der Seitenfläche der Großhirnhemisphäre.
- Gelb: hintere Großhirnarterie: zum Hinterhauptlappen.
- Violett: innere Kopfarterie, hintere Verbindungsarterie und unpaare Schädelbasisarterie.

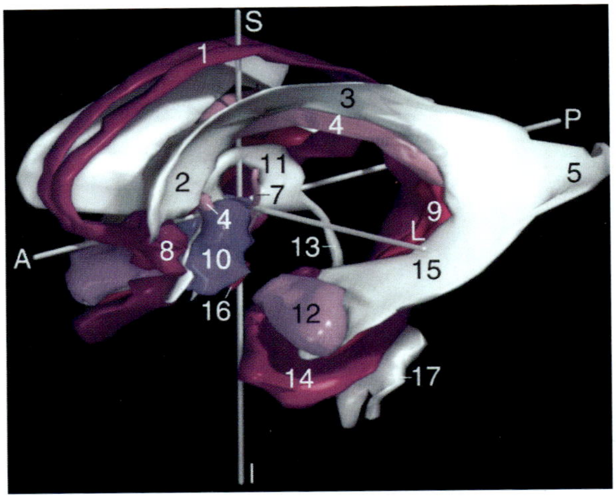

← Limbisches System und Hirnkammern: computergraphisches Bild, aus Serienschnitten durch das in natürlicher Lage fixierte Gehirn berechnet. Achsenkreuz: A = anterior (vorn), P = posterior (hinten), S = superior (oben), I = inferior (unten), L = links. Hirnkammern grau, limbisches System violett. Schrägansicht von links vorn. Wiedergabe in 75 % der natürlichen Größe. Ein dreidimensionales Modell eines Gebirges kann man basteln, wenn man aus einer Landkarte die Höhenschichtenlinien auf Sperrholz überträgt, sie aussägt und die Scheiben übereinander klebt. Im Prinzip ähnlich geht man in der Anatomie vor, wenn man von feinen, schwer vorstellbaren Strukturen ein anschauliches Modell herstellen will: Man schneidet das betreffende Organ in dünne Scheiben, markiert darin die interessierenden Strukturen, erstellt digitalisierte Fotos in genau gleichem Maßstab von allen Scheiben und lässt dann den Computer das Modell errechnen. *[kr2]*

1	Grauer Schleier mit innerem + äußerem Markstreifen	*Indusium griseum mit Stria medullaris medialis + lateralis*
2	Seitliche Hirnkammer (Seitenventrikel), Vorderhorn	*Ventriculus lateralis, Cornu frontale [anterius]*
3	Seitliche Hirnkammer (Seitenventrikel), Zentralteil	*Ventriculus lateralis, Pars centralis*
4	Hirngewölbe	*Fornix*
5	Seitliche Hirnkammer (Seitenventrikel), Hinterhorn	*Ventriculus lateralis, Cornu occipitale [posterius]*
7	Warzenkörper-Sehhügel-Bahn (Vicq-d'Azyr-Bündel)	*Fasciculus mammillothalamicus*
8	Paraterminalwindung	*Gyrus paraterminalis*
9	Fasziolarwindung + gezähnte Windung	*Gyrus fasciolaris + Gyrus dentatus*
10	Hypothalamus	*Hypothalamus*
11	Dritte Hirnkammer (dritter Ventrikel)	*Ventriculus tertius*
12	Mandelkörper	*Corpus amygdaloideum*
13	Wasserleiter des Mittelhirns (Aquädukt)	*Aqueductus mesencephali [cerebri]*
14	Hippokampus + Parahippokampuswindung	*Hippocampus + Gyrus parahippocampalis*
15	Seitliche Hirnkammer (Seitenventrikel), Unterhorn	*Ventriculus lateralis, Cornu temporale [inferius]*
16	Warzenkörper des Zwischenhirns	*Corpus mammillare*
17	Vierte Hirnkammer (vierter Ventrikel)	*Ventriculus quartus*

Limbisches System

Unter diesem Begriff werden bestimmte Teile des Großhirns und des Zwischenhirns zusammengefasst, die für die Gefühle, Stimmungen, Affekte, Triebe und Strebungen wichtig sind. Zu ihm gehören u.a.:

- *im Großhirn:* Ein Ring beginnt unter dem Balkenschnabel mit der Paraterminalwindung, zieht sich mit dem „grauer Schleier" und 2 Markstreifen sowie den anliegenden Teilen der Gürtelwindung auf der Oberseite des Balkens nach hinten und endet über die Fasziolarwindung, die „gezähnte Windung" und die Ammonshornwindung am *Hippokampus* (Ammonshorn) im Boden des Unterhorns der seitlichen Hirnkammer. Vor dem Hippokampus liegt noch der Mandelkörper. Das „Hirngewölbe" ist ein markanter Faserzug (mit etwa 1 Million Axonen).
- *im Zwischenhirn:* die Warzenkörper, die Zügelkerne und Teile des Sehhügels (Thalamus).

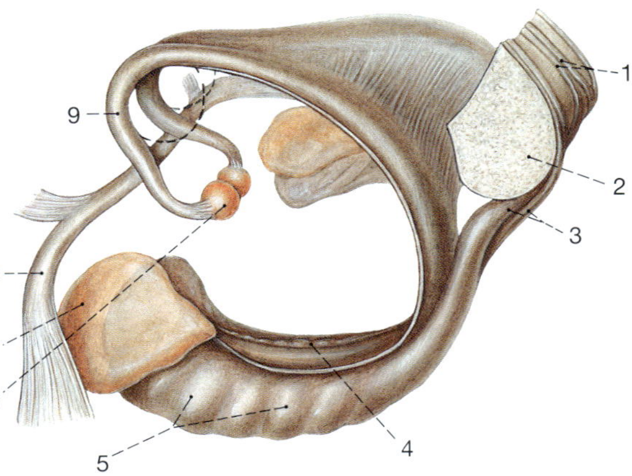

← Limbisches System (Teile) und vordere Querverbindung von links hinten gesehen. *[pp1]*

1	Grauer Schleier mit innerem + äußerem Markstreifen	*Indusium griseum mit Stria medullaris medialis + lateralis*
2	Balken	*Corpus callosum*
3	Fasziolarwindung	*Gyrus fasciolaris*
4	Gezähnte Windung	*Gyrus dentatus*
5	Hippokampus	*Hippocampus*
6	Warzenkörper des Zwischenhirns	*Corpus mammillare*
7	Mandelkörper	*Corpus amygdaloideum*
8	Vordere Querverbindung	*Commissura anterior*
9	Hirngewölbe	*Fornix*

1 Schweifkern, Kopf
Nucleus caudatus, Caput
2 Sehhügel
Thalamus
3 Balken
Corpus callosum
4 Adergeflecht der seitlichen Hirnkammer
Plexus choroideus (ventriculi lateralis)
5 Spornfurche
Sulcus calcarinus
6 Seitliche Hirnkammer (Seitenventrikel), Hinterhorn
Ventriculus lateralis, Cornu occipitale [posterius]
7 Hippokampus
Hippocampus
8 Hirngewölbe
Fornix
9 Seitliche Hirnkammer (Seitenventrikel), Zentralteil
Ventriculus lateralis, Pars centralis
10 Insellappen (des Großhirns)
Insula [Lobus insularis]
11 Zwischenkammerloch
Foramen interventriculare
12 Seitliche Hirnkammer (Seitenventrikel), Vorderhorn
Ventriculus lateralis, Cornu frontale [anterius]
13 Gürtelwindung
Gyrus cinguli

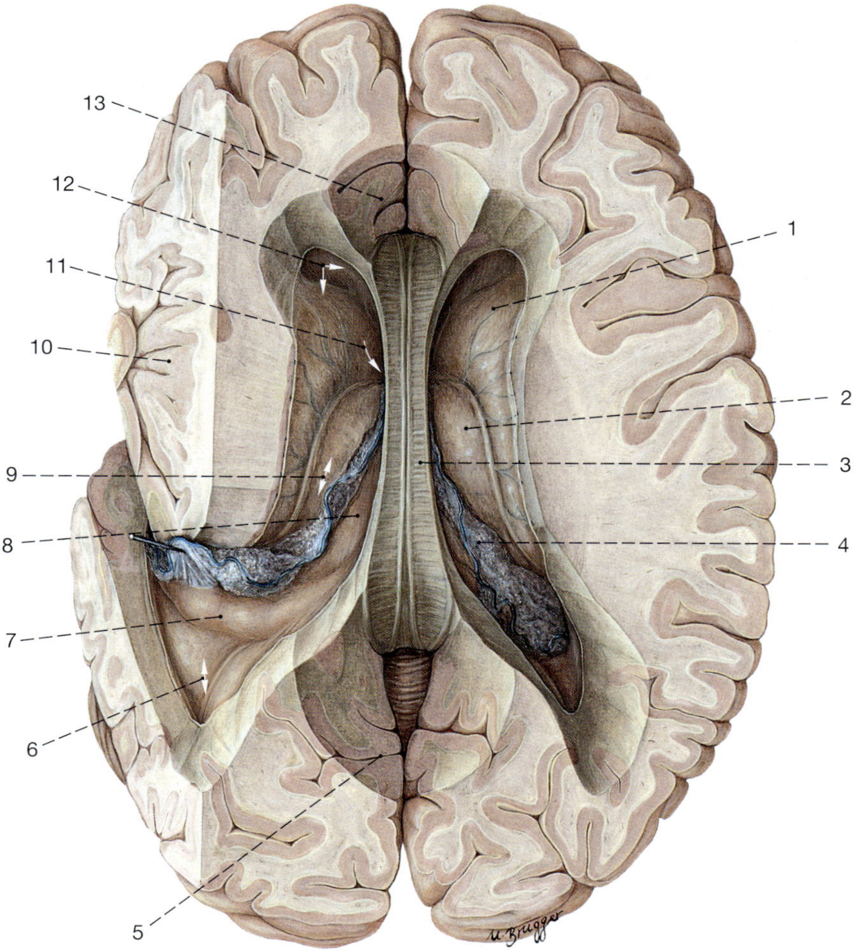

Limbisches System und seitliche Hirnkammern: Horizontalschnitt durch das Großhirn, bei dem weitere Großhirnteile entfernt wurden, um die seitlichen Hirnkammern in ganzer Ausdehnung sichtbar zu machen. Der Balken wurde erhalten, jedoch wurde die Balkenstrahlung auf beiden Seiten abgetragen. *[pp1]*
Das Bild soll die in der Tiefe des Großhirns verborgene Lage des limbischen Lappens veranschaulichen. Er gehört zu den ältesten Teilen des Großhirns (Archikortex), die von den neueren Teilen (Neokortex) umwachsen und dabei in die Tiefe verlagert wurden. Die durch diesen Bereich verlaufende Querverbindung der beiden Großhirnhälften (der Balken) ist immer mächtiger geworden und hat den limbischen Lappen zu einem Ring auseinander gedrängt. Von diesem sind im Boden der linken seitlichen Hirnkammer das Hirngewölbe und der Hippokampus, am Balken die Markstreifen sichtbar.

Aufgaben des limbischen Systems

- Limbisches System als Ganzes: Es setzt Gefühle, Stimmungen, Affekte, Triebe, Strebungen usw. in Verhaltensmuster um. Ihm kommt in besonderem Maß eine Kontrolle des Hypothalamus zu.
- *Hippokampus:* Obwohl selbst kein Gedächtnisspeicher, scheint der Hippokampus für komplizierte Lernvorgänge sehr wichtig zu sein. Er entscheidet offenbar über die Aufnahme von Inhalten des Kurzzeitgedächtnisses in das Langzeitgedächtnis. Damit wird er auch für die zeitliche Einordnung von Wahrnehmungen und Erlebnissen wichtig.
- *Mandelkörper:* Bei Affen und Katzen erzielte man bei elektrischer Reizung des Mandelkörpers Aggressionen, durch Entfernung besondere Zahmheit (Verlust von Furcht- und Wutreaktionen).
- *Area septalis:* Durch Elektrostimulation ließen sich auch bei Menschen angenehme Gefühle bis zum Orgasmus auslösen.
- *Nucleus accumbens:* Nach Tierversuchen scheint dieser Kern eine bedeutende Rolle in der Entwicklung von Suchtverhalten zu spielen.

Das limbischen System hat in den letzten Jahren besonderes Interesse in der Arzneimittellehre (Pharmakologie) gefunden, da zahlreiche Psychopharmaka an ihm angreifen.

Gliederung des autonomen Nervensystems

Das autonome Nervensystem steuert vor allem die inneren Organe. Die Vorgänge laufen überwiegend unbewusst ab und können im allgemeinen vom Willen nicht beeinflusst werden. Die Steuerung vollzieht sich in 2 Stufen:

- durch Nerven, die vom Zentralnervensystem zu den Organen gelangen: Sympathikus und Parasympathikus.
- durch Nervenzellen, die in den Organen selbst liegen und auch unabhängig vom Zentralnervensystem arbeiten können: das intramurale System.

Sympathikus und Parasympathikus

Die Geschwindigkeit beim Automobil kann man sehr genau mit Gasgeben und Bremsen einstellen. Ähnlich regelt der Körper die Tätigkeit der inneren Organe sehr genau durch das Gegenspiel zweier Nerven, des Sympathikus und des Parasympathikus. Bei beiden handelt es sich um Oberbegriffe für eine Vielzahl einzelner Nerven, die durch gemeinsame Aufgaben und vor allem durch die Überträgerstoffe (Neurotransmitter) an den Synapsen (Nervenkontaktstellen) gekennzeichnet sind.

Stark vereinfachend kann man die Aufgaben des Sympathikus mit „Leistung" und „Kampfbereitschaft", die des Parasympathikus mit „Aufbau" und „Erholung" charakterisieren.

Gegenspiel im autonomen Nervensystem:

Sympathikus:	*Parasympathikus:*
• erweitert Pupillen	• verengt Pupillen
• erweitert Bronchen	• verengt Bronchen
• erhöht Pulsfrequenz	• vermindert Pulsfrequenz
• erhöht Herzkraft	• vermindert Herzkraft
• mindert Magen- und Darmbewegungen	• vermehrt Magen- und Darmbewegungen
• vermindert Magen- und Darmsekretion	• vermehrt Magen- und Darmsekretion
• spannt Schließmuskeln an („Kontinenz")	• entspannt Schließmuskeln (Stuhlgang, Wasserlassen)
• verengt Arterien	• (keine Wirkung)
• fördert Schweißabsonderung	• (trockene Haut)
• (trockener Mund)	• fördert Speichelfluss

• *Rezeptoren:* Die getrennte Ausführung der einzelnen Aufgaben wird dadurch erleichtert, dass die autonomen Nerven über verschiedenartige Rezeptoren in den einzelnen Organen wirken: Beim Sympathikus unterscheidet man Alpha- und Betarezeptoren (mit Untergruppen α_1, α_2, β_1, β_2), beim Parasympathikus N- und M-Rezeptoren (mit Untergruppen M_1, M_2). Die moderne Medizin verfügt über Arzneimittel, die gezielt einzelne Rezeptorentypen hemmen oder erregen. Besonders weite Verwendung finden die Betarezeptorenblocker.

• *Autonome Ganglien:* Während die motorischen Nervenfasern des animalischen peripheren Systems ohne Unterbrechung vom Hirnstamm und vom Rückenmark zu den Muskeln ziehen (nur ein Neuron), ist in die autonomen motorischen und sekretorischen Bahnen immer noch ein Ganglion mit einer weiteren Nervenzelle eingeschaltet (also zwei Neuronen: eines vom Zentralnervensystem zum autonomen Ganglion, das zweite vom Ganglion zum inneren Organ).

1	Wirbelkörper	*Corpus vertebrae*
2	Wirbelbogen	*Arcus vertebrae*
3	Querfortsatz	*Processus transversus*
4	Rippe	*Costa*
5	Zwerchfell (bedeckt von Pleura)	*Diaphragma*
6	Speiseröhre	*Oesophagus*
7	Aorta, absteigender Teil	*Pars descendens aortae [Aorta descendens]*
8	Hintere Zwischenrippenarterie + -vene + Zwischenrippennerv	*A. + V. intercostalis posterior + N. intercostalis*
9	Untere Hohlvene	*V. cava inferior*
10	Milchbrustgang	*Ductus thoracicus*
11	Vordere (motorische) Wurzel	*Radix anterior [motoria]*
12	Harte Rückenmarkhaut	*Dura mater spinalis*
13	Spinnwebenhaut des Rückenmarks	*Arachnoidea mater spinalis*
14	Spinalganglion	*Ganglion sensorium nervi spinalis*
15	Grenzstrang des Sympathikus	*Truncus sympathicus*
16	Vagus (zehnter Hirnnerv)	*N. vagus (X)*
17	Herzbeutel	*Pericardium*
18	Hintere (sensorische) Wurzel	*Radix posterior [sensoria]*
19	Brustganglien (des Sympathikus)	*Ganglia thoracica*
20	Verbindungsäste	*Rr. communicantes*
21	Inneres vorderes Wirbelvenengeflecht	*Plexus venosus vertebralis internus anterior*
22	Rippengelenkfläche des Querfortsatzes	*Fovea costalis processus transversi*
23	Speiseröhren-Nervengeflecht	*Plexus oesophageus*
24	Gezähntes Band (der weichen Rückenmarkhaut)	*Lig. denticulatum*
25	Rippenkopfgelenk	*Articulatio capitis costae*
26	Äußerer Zwischenrippenmuskel	*M. intercostalis externus*
27	Innerer Zwischenrippenmuskel	*M. intercostalis internus*
28	Brustfell	*Pleura*
29	Großer Eingeweidenerv (des Sympathikus)	*N. splanchnicus major*
30	Zwerchfellnerv + Herzbeutel-Zwerchfell-Arterie + -Vene	*N. phrenicus + A. + V. pericardiacophrenica*
31	Rechte hintere Brustkorblängsvene	*V. azygos*
32	Nervenast zu den Rückenmarkhäuten	*R. meningeus*
33	Epiduralraum = Periduralraum	*Spatium epidurale [peridurale]*
34	Hinteres Längsband	*Lig. longitudinale posterius*
35	Vorderes Längsband	*Lig. longitudinale anterius*
36	Linke hintere Brustkorblängsvene	*V. hemiazygos*
37	Innere Brustkorbfaszie	*Fascia endothoracica*
38	Brustaorta-Nervengeflecht	*Plexus aorticus thoracicus*
39	Speiseröhrenarterien + Speiseröhrenvenen	*Rr. + Vv. oesophageales*
40	Vordere Rückenmarkarterie	*A. spinalis anterior*

Grenzstrang des Sympathikus mit Brustwirbelsäule und Rückenmark. Die Rippen sind im oberen Bildteil entfernt. *[sb3]*

Der Grenzstrang des Sympathikus ist eine perlschnurartige Kette von 22–23 autonomen Ganglien, die der Wirbelsäule von der Schädelbasis bis zum Steißbein seitlich anliegt (3 Halsganglien, 11–12 Brustganglien, 4 Lendenganglien, 4–5 Kreuzbeinganglien, 1 unpaares Steißganglion). Die einzelnen Ganglien sind untereinander durch Zwischenganglienäste verbunden (die „Schnur" der „Perlschnur").

Die Grenzstrangganglien erhalten ihre Impulse aus den Seitenhörnern des Rückenmarks nur aus den Segmenten C8 bis L3 über die weißen (markreichen) Verbindungsäste. Vom Grenzstrang gehen unter anderen ab:

- graue (markarme) Verbindungsäste zu den Rückenmarknerven mit den Nervenfasern für die Gefäßmuskeln, Haarbalgmuskeln und Schweißdrüsen.
- Äste zu den Nervengeflechten der Kopfarterien, z.B. für den Erweiterer der Pupille.
- Herznerven von den 3 Halsganglien und den obersten Brustganglien.
- Äste zum Brustaortennervengeflecht für Speiseröhre und Lunge.
- Großer und kleiner Eingeweidenerv, 4 Lendeneingeweidenerven und 4 Kreuzbeineingeweidenerven zum Bauchaortennervengeflecht.

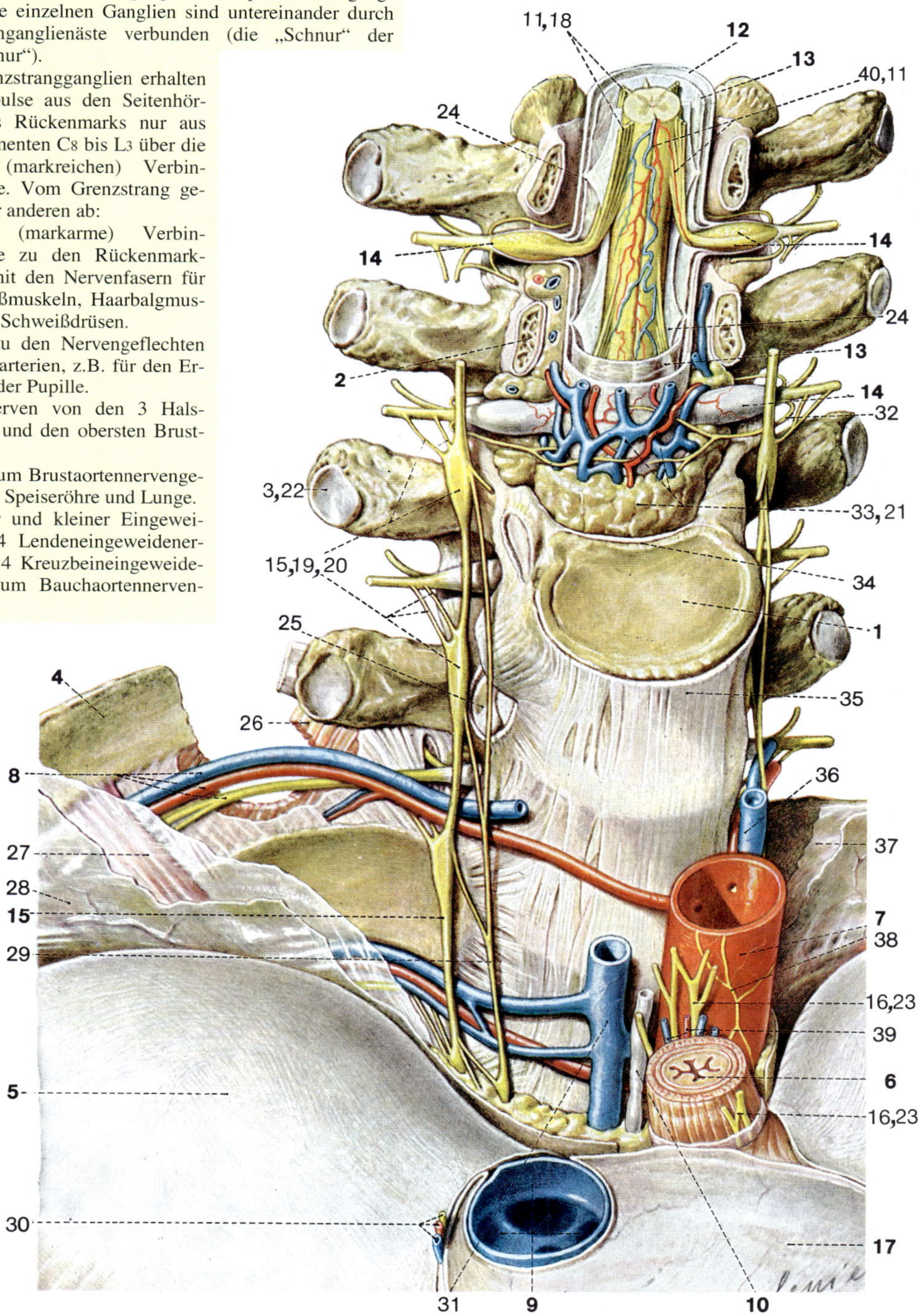

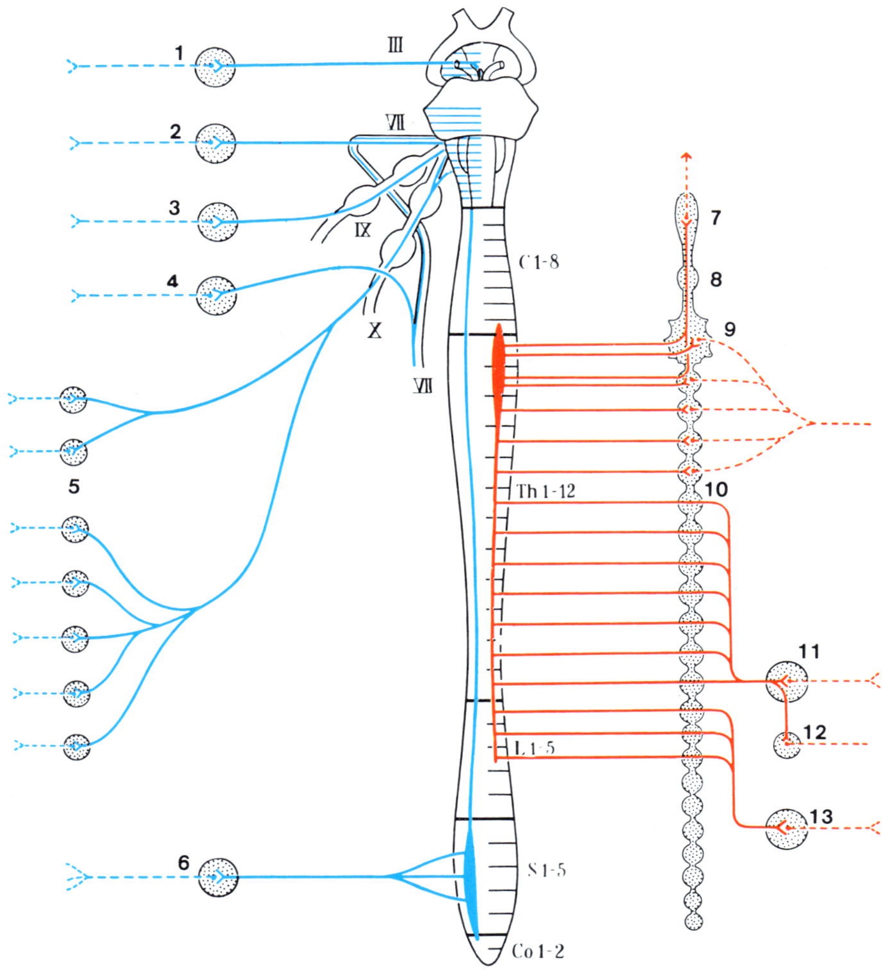

Autonome Ganglien und Lage der Kerngebiete des Sympathikus (rot) und Parasympathikus (blau) im Zentralnervensystem. *[sb3]*

Das Kerngebiet des *Sympathikus* findet man in den Seitenhörnern des Brust- und oberen Lendenmarks, das des *Parasympathikus* im Hirnstamm und im Kreuzbeinabschnitt.

- Alle sympathischen Nervenfasern nehmen ihren Weg über den *Grenzstrang,* eine Kette autonomer Ganglien beidseits der Wirbelkörper.
- Die parasympathischen Nervenfasern laufen zu einem großen Teil über den 10. Hirnnerv *(Vagus)* und über die Beckeneingeweidenerven.
- Die motorischen Fasern für die Bauch und Beckenorgane durchlaufen die Grenzstrangganglien ungeschaltet und werden erst in einem organnahen Eingeweidenervengeflecht auf die zweite Nervenzelle umgeschaltet (z.B. im Sonnengeflecht).

III	Augenbewegungsnerv (3. Hirnnerv)	*N. oculomotorius (III)*
VII	Gesichtsnerv (7. Hirnnerv)	*N. facialis (VII)*
IX	Zungen-Rachen-Nerv (9. Hirnnerv)	*N. glossopharyngeus (IX)*
X	Vagus (10. Hirnnerv)	*N. vagus (X)*
1	Ziliarganglion (für Schließmuskel der Pupille und Linsenmuskel)	*Ganglion ciliare*
2	Flügelgaumenganglion (für Tränendrüse)	*Ganglion pterygopalatinum*
3	Ohrganglion (für Ohrspeicheldrüse)	*Ganglion oticum*
4	Unterkieferganglion (für Unterkiefer- + Unterzungenspeicheldrüse)	*Ganglion submandibulare*
5	Autonome Ganglien (für die Brust- und Bauchorgane)	*Ganglia visceralia*
6	Beckenganglien	*Ganglia pelvica*
7	Oberes Halsganglion (des Sympathikus)	*Ganglion cervicale superius*
8	Mittleres Halsganglion (des Sympathikus)	*Ganglion cervicale medium*
9	Unteres Halsganglion („Sternganglion") (des Sympathikus)	*Ganglion cervicothoracicum [stellatum]*
10	Brustganglien (des Sympathikus)	*Ganglia thoracica*
11	Ganglien des Sonnengeflechts	*Ganglia coeliaca*
12	Oberes Gekröseganglion + unteres Gekröseganglion	*Ganglion mesentericum superius + inferius*
13	Lenden- und Kreuzbeinganglien (des Sympathikus)	*Ganglia lumbalia + Ganglia sacralia*

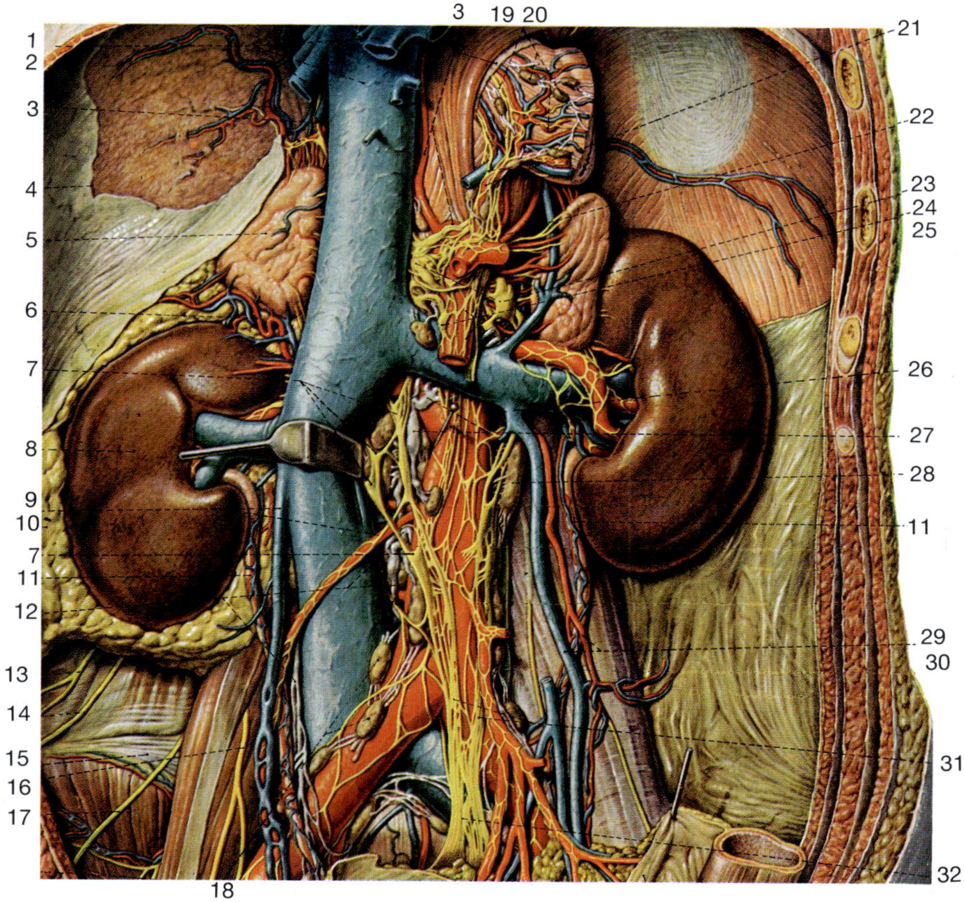

Autonome Nervengeflechte an der Bauchaorta. *[sb3].* Die Ansammlung autonomer Ganglien um die großen Eingeweidearterien an der Hinterwand des Bauchraums wird in der klinischen Medizin häufig *Sonnengeflecht* („Plexus solaris") genannt, weil von ihr Nervenfasern zu allen Baucheingeweiden ausstrahlen. Die sympathischen Nerven kommen vom Grenzstrang, die parasympathischen vom 10. Hirnnerv (Vagus).

1	Lebervenen	*Vv. hepaticae*
2	Untere Hohlvene	*V. cava inferior*
3	Untere Zwerchfellarterie, untere Zwerchfellvene	*A. phrenica inferior + V. phrenica inferior*
4	Bauchfell (abgeschnitten)	*Peritoneum*
5	Nebenniere	*Glandula suprarenalis*
6	Untere Nebennierenarterie	*A. suprarenalis inferior*
7	Lendenganglien (des autonomen Nervensystems)	*Ganglia lumbalia*
8	Niere	*Ren [Nephros]*
9	Rechte Eierstockvene	*V. ovarica dextra*
10	Rechte Eierstockarterie	*A. ovarica dextra*
11	Harnleiter	*Ureter*
12	Lendenlymphstamm	*Truncus lumbalis*
13	Darmbein-Unterbauch-Nerv	*N. iliohypogastricus [iliopubicus]*
14	Darmbein-Leisten-Nerv	*N. ilioinguinalis*
15	Darmbein-Lenden-Band	*Lig. iliolumbale*
16	Schamgegend-Oberschenkel-Nerv	*N. genitofemoralis*
17	Seitlicher Oberschenkelhautnerv	*N. cutaneus femoris lateralis*
18	Lymphknoten entlang der gemeinsamen Beckenarterie	*Nodi lymphoidei iliaci communes*
19	Vagus (10. Hirnnerv)	*N. vagus*
20	Magenlymphknoten	*Nodi lymphoidei gastrici*
21	Linke Magenarterie mit Magennerven	*A. gastrica sinistra; Plexus gastricus*
22	Stamm der Leber-, Milz- und Magenarterien	*Truncus coeliacus*
23	Nervengeflecht um die Leber-, Milz- und Magenarterien	*Plexus coeliacus*
24	Obere Gekrösearterie	*A. mesenterica superior*
25	Oberes Gekrösenervengeflecht	*Plexus mesentericus superior*
26	Bauchaorta	*Pars abdominalis aortae [Aorta abdominalis]*
27	Sammelstelle der Lymphe des Bauchraums	*Cisterna chyli*
28	Lendenlymphknoten	*Nodi lymphoidei lumbales*
29	Linke Eierstockarterie	*A. ovarica sinistra*
30	Linke Eierstockvene	*V. ovarica sinistra*
31	Lendeneingeweidenerven	*Nn. splanchnici lumbales*
32	Oberes Beckengeflecht der autonomen Nerven	*Plexus hypogastricus superior [N. presacralis]*

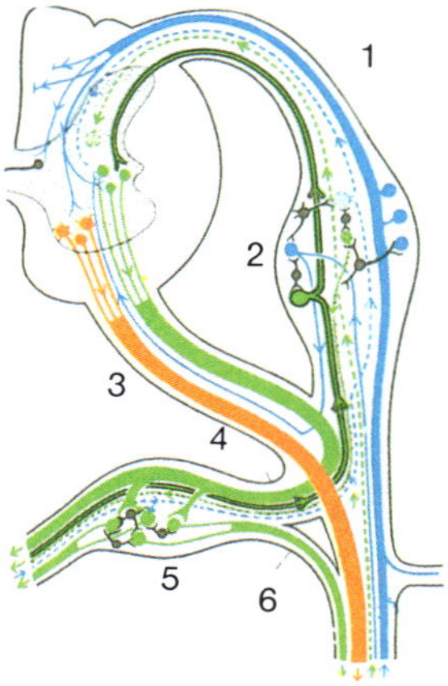

Sympathikus: Schaltschema. Autonome Nervenfasern grün, absteigende (efferente) animalische orange, aufsteigende (afferente) animalische blau. Die Pfeilspitzen geben die Leitungsrichtung an. Die hier im Spinalganglion eingezeichneten Zwischenneuronen sind umstritten. *[bg3]*

- Die motorischen und sekretorischen autonomen Nervenfasern verlassen das Rückenmark mit der vorderen (motorischen) Wurzel des Rückenmarknervs.
- Die aufsteigenden autonomen Bahnen (Eingeweidesensibilität) haben ihre Zellkörper im Spinalganglion und treten mit der hinteren (sensorischen) Wurzel des Rückenmarknervs in das Rückenmark ein.
- Der weiße (markreiche) Verbindungsast bringt die Sympathikusfasern vom Stamm des Rückenmarknervs zum Grenzstrangganglion. Von dort kehren die sympathischen Nervenfasern für die Schweißdrüsen und Haarbalgmuskeln über den grauen (markarmen) Verbindungsast zum Rückenmarknerv zurück (Schwitzen und Gänsehaut bei Aufregung!).

1	Hintere Wurzel (des Rückenmarknervs)	*Radix posterior [sensoria]*
2	Spinalganglion	*Ganglion sensorium nervi spinalis*
3	Vordere Wurzel (des Rückenmarknervs)	*Radix anterior [motoria]*
4	Weißer Verbindungsast	*R. communicans albus*
5	Grenzstrangganglion	*Ganglion trunci sympathici*
6	Grauer Verbindungsast	*R. communicans griseus*

Eingeweidesensibilität

Die Steuerung der inneren Organe durch das autonome Nervensystem setzt voraus, dass dieses Informationen über die augenblickliche Situation in diesen Organen erfährt. Deshalb findet man in den peripheren autonomen Nerven auch aufsteigende (sensorische) Nervenfasern zu den Zentren von Sympathikus und Parasympathikus im Rückenmark und im Hirnstamm. Die Nervenfasern der Eingeweidesensibilität ziehen ohne Schaltung durch die autonomen Ganglien. Sie haben ihre Zellkörper im Spinalganglion wie die Nerven der Hautsensibilität. Von dort laufen die Bahnen beider größtenteils gemeinsam weiter.

- Der größte Teil dieser Informationen wird nicht bewusst, z.B. Säuregrad in Magen und Darm. Andere werden über den Hypothalamus und das limbische System bewusst, wenn es darum geht, Verhaltensänderungen zu bewirken, z.B. „Magenschmerzen" und Übelkeit nach dem Verzehr bestimmter Speisen, um deren Aufnahme künftig zu vermeiden.

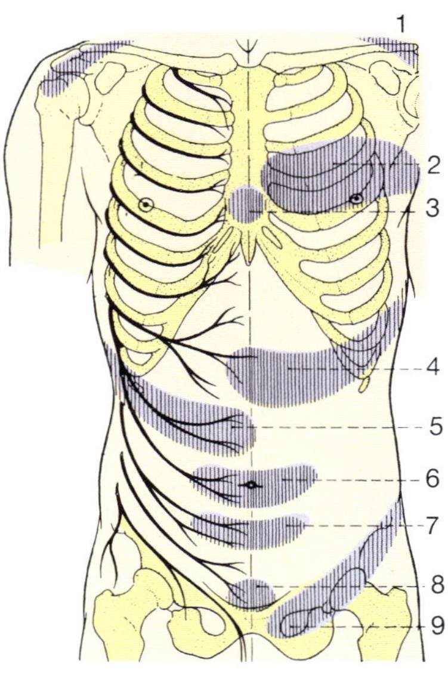

Head-Zonen

Im Gehirn werden die Meldungen von den Eingeweiden so behandelt, als ob sie von der Haut kämen, und in das zum betreffenden Segment gehörende Hautgebiet projiziert. Diese Hautgebiete liegen nicht immer direkt über dem Organ und können in andere Gebiete ausstrahlen, so dass leicht Irrtümer über den Erkrankungsherd entstehen:

- Der Schmerz bei der Durchblutungsstörung des Herzmuskels (Angina pectoris) wird vom Patienten oft als Magenschmerz (Schmerzzentrum in der Magengrube), als Schulterschmerz (Schmerzzentrum im linken Oberarm) oder als Beklemmung in der Halsgegend verkannt.

Head-Zonen = Hautgebiete, in welche die Schmerzen von inneren Organen projiziert werden: *[bg3]*

1 Zwerchfell (C_4): beide Schultern.
2 Herz (T_3–T_4): um vierte Rippe links vorn + linker Oberarm.
3 Speiseröhre (T_4–T_5): unterer Teil des Brustbeins.
4 Magen (T_8): Magengrube und linke Rippenbogengegend.
5 Leber und Gallenblase (T_8–T_{11}): rechte Rippenbogengegend und rechte Schulter.
6 Dünndarm (T_{10}): Nabelgegend.
7 Dickdarm (T_{11}–L_1): Unterbauch.
8 Harnblase (T_{11}–L_1): Schamhaargegend oberhalb der Schambeinfuge.
9 Niere und Hoden (T_{10}–L_1): von der 12. Rippe in die Leistengegend und die großen Schamlippen bzw. den Hodensack ausstrahlend.

Nicht im Bild: Bauchspeicheldrüse: linke Rippenbogengegend, nach hinten zum Schulterblatt aufsteigend.

Autonome Nerven des Herzens. Die sympathischen Nerven kommen vom Grenzstrang, die parasympathischen vom N. vagus (X). *[bg3]*
Sympathikus und Parasympathikus sind am Herzen Gegenspieler: Der Sympathikus erhöht die Herzfrequenz (lässt das Herz schneller schlagen), verkürzt die Überleitungszeit der Erregung von den Vorhöfen auf die Herzkammern und erhöht die Herzmuskelkraft. Der Parasympathikus wirkt umgekehrt. Er schont das Herz und lässt es ökonomisch arbeiten.

1	Innere Kopfarterie + Nervengeflecht der inneren Kopfarterie	*A. carotis interna + Plexus caroticus internus*
2	Oberes Halsganglion (des Sympathikus)	*Ganglion cervicale superius*
3	Vagus (10. Hirnnerv)	*N. vagus (X)*
4	Mittleres Halsganglion (des Sympathikus)	*Ganglion cervicale medium*
5	Unteres Halsganglion („Sternganglion") (des Sympathikus)	*Ganglion cervicothoracicum [stellatum]*
6	Oberer Kehlkopfnerv	*N. laryngeus superior*
7	Rückläufiger Kehlkopfnerv („Rekurrens")	*N. laryngeus recurrens*

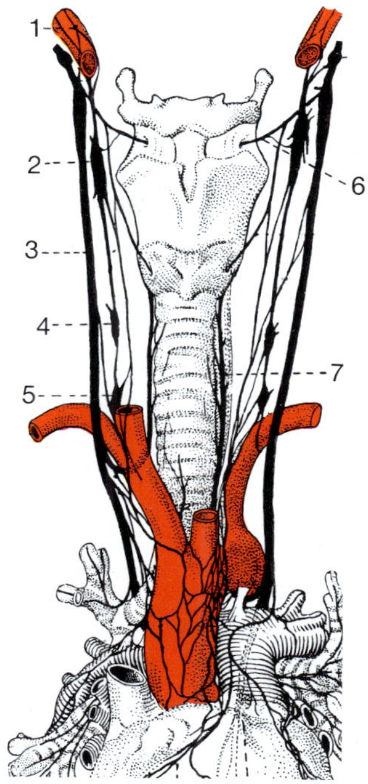

Blutgefäße der Eingeweide und der Haut

Die für die Head-Zonen maßgebende enge Beziehung zwischen Eingeweiden und Haut besteht auch in der Weite der kleinen Arterien: Eine Gefäßverengung in der Tiefe zieht eine gleichsinnige Reaktion der Hautgefäße nach sich: Die Haut wird kühler. Umgekehrt kann man durch warme Umschläge die Blutgefäße der Haut und über die nervöse Koppelung auch die der inneren Organe erweitern. Das Wohlgefühl an der Haut löst Krämpfe der inneren Organe. Die seit der Antike geübte örtliche Wärmebehandlung ist durchaus wissenschaftlich begründet.

Intramurales System

Beim intramuralen System handelt sich um Gruppen von Nervenzellen in der Wand der inneren Organe, die weder dem Sympathikus noch dem Parasympathikus zuzuordnen sind. Sie steuern die Organe durch Verarbeiten von Reizen, die innerhalb der Organe entstehen. Sie werden vom Sympathikus und Parasympathikus beeinflusst, können aber auch unabhängig von diesen wirken. Dadurch bleiben die inneren Organe auch bei Ausfall des Zentralnervensystems funktionsfähig. Allerdings können sie sich dann nur schlecht an die Bedürfnisse des Gesamtorganismus anpassen.

Autonome Innervation der Bauch- und Beckenorgane: vereinfachtes Schema. Sympathikus rot, Parasympathikus blau, autonome Bahnen des Rückenmarks gelb. *[no2]*

1	Rückenmark, Lendenteil	*Medulla spinalis, Pars lumbalis*
2	Rückenmark, Kreuzbeinteil	*Medulla spinalis, Pars sacralis*
3	Beckeneingeweidenerven	*Nn. splanchnici pelvici*
4	Gebärmutter-Scheiden-Nervengeflecht (Frankenhäuser-Plexus)	*Plexus uterovaginalis*
5	Verbindungsäste	*Rr. communicantes*
6	Grenzstrang (des Sympathikus)	*Truncus sympathicus*
7	Vagus (10. Hirnnerv)	*N. vagus (X)*
8	Großer und kleiner Eingeweidenerv	*N. splanchnicus major + minor*
9	Muskelwand-Nervengeflecht des Darms	*Plexus myentericus*
10	Nervengeflecht um die Leber-, Magen- und Milzarterien	*Plexus coeliacus*
11	Unteres Gekrösenervengeflecht	*Plexus mesentericus inferior*
12	Nervengeflecht um die Beckenarterien	*Plexus iliacus*
13	Harnblasennervengeflecht	*Plexus vesicalis*

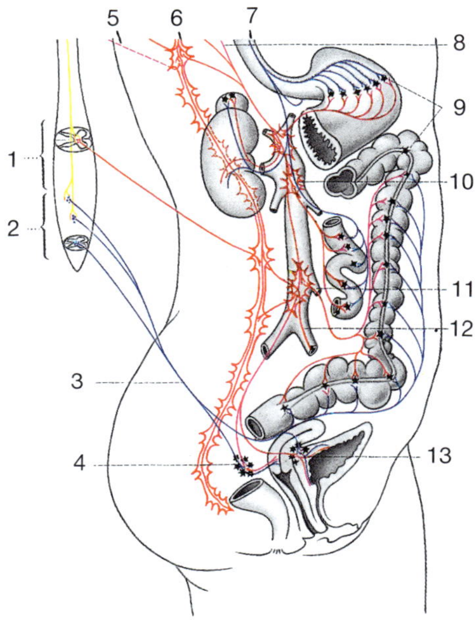

Autonome Innervation der Geschlechtsorgane. Rechts Frau, links Mann. Bei den sexuellen Vorgängen wirken 3 Komponenten des Nervensystems zusammen: *[pp2]*

- Die Aufrichtung (Erektion) von Kitzler und Glied wird vom Parasympathikus (im Bild violett) gesteuert.
- Der Sympathikus (grün) kontrahiert die glatten Muskeln und presst damit Samenleiter und Drüsen aus.
- Animalische Nerven (gelb) sind für die rhythmische Anspannung der Beckenbodenmuskeln im Orgasmus bei Frau und Mann zuständig.

1	Rückenmark	*Medulla spinalis*
2	Verbindungsäste	*Rr. communicantes*
3	Oberes Beckengeflecht der autonomen Nerven	*Plexus hypogastricus superior [N. presacralis]*
4	Grenzstrangganglien (des Sympathikus)	*Ganglia trunci sympathici*
2 + 4	Grenzstrang (des Sympathikus)	*Truncus sympathicus*
5	Autonomer Unterbauchnerv	*N. hypogastricus*
6	Unteres Beckengeflecht der autonomen Nerven	*Plexus hypogastricus inferior [Plexus pelvicus]*
7	Beckeneingeweidenerven	*Nn. splanchnici pelvici*
8	Vordere (motorische) Wurzeln (der Spinalnerven)	*Radices anteriores [motoriae]*
9	Kreuzbeinnervengeflecht	*Plexus sacralis*
10	N. pudendus	*Schamnerv*
11	Hintere Schamlippennerven	*Nn. labiales posteriores*
12	Eierstocknervengeflecht um die Eierstockarterie	*Plexus ovaricus + A. ovarica*
13	Gebärmutter-Scheiden-Nervengeflecht (Frankenhäuser-Plexus)	*Plexus uterovaginalis*
14	Scheidennerven	*Nn. vaginales*
15	Hodennervengeflecht um die Hodenarterie	*Plexus testicularis + A. testicularis*
16	Samenleiternervengeflecht um den Samenleiter	*Plexus deferentialis + Ductus deferens*
17	Vorsteherdrüsennervengeflecht um die Vorsteherdrüse	*Plexus prostaticus + Prostata*

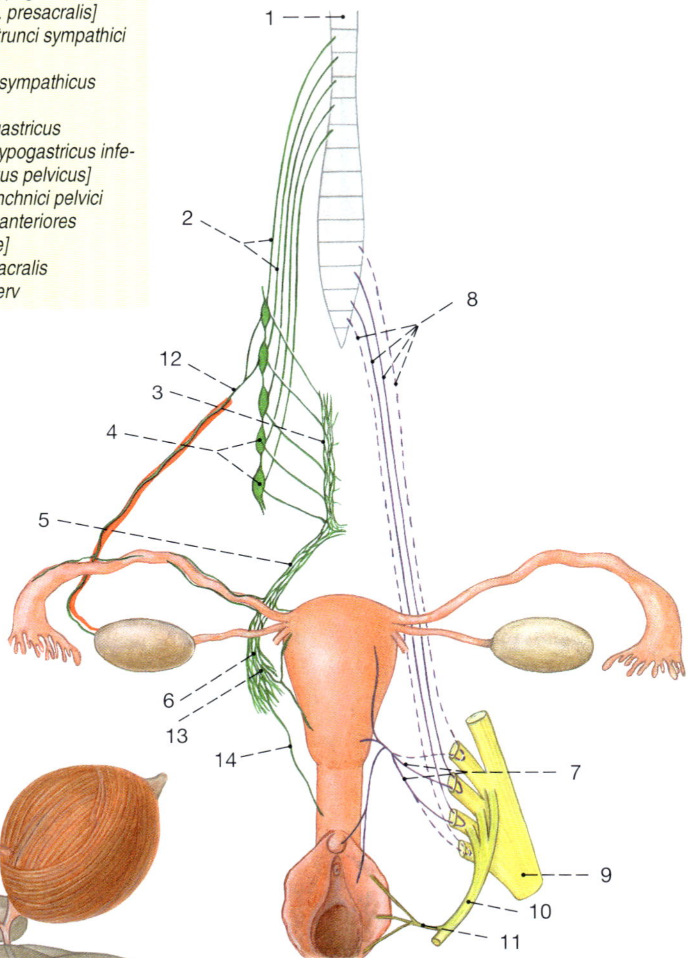

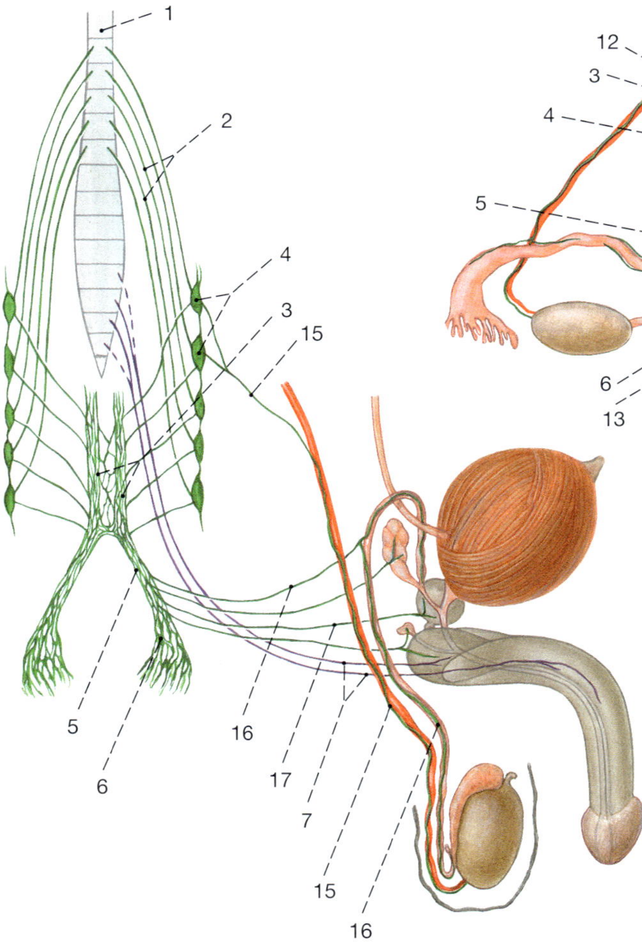

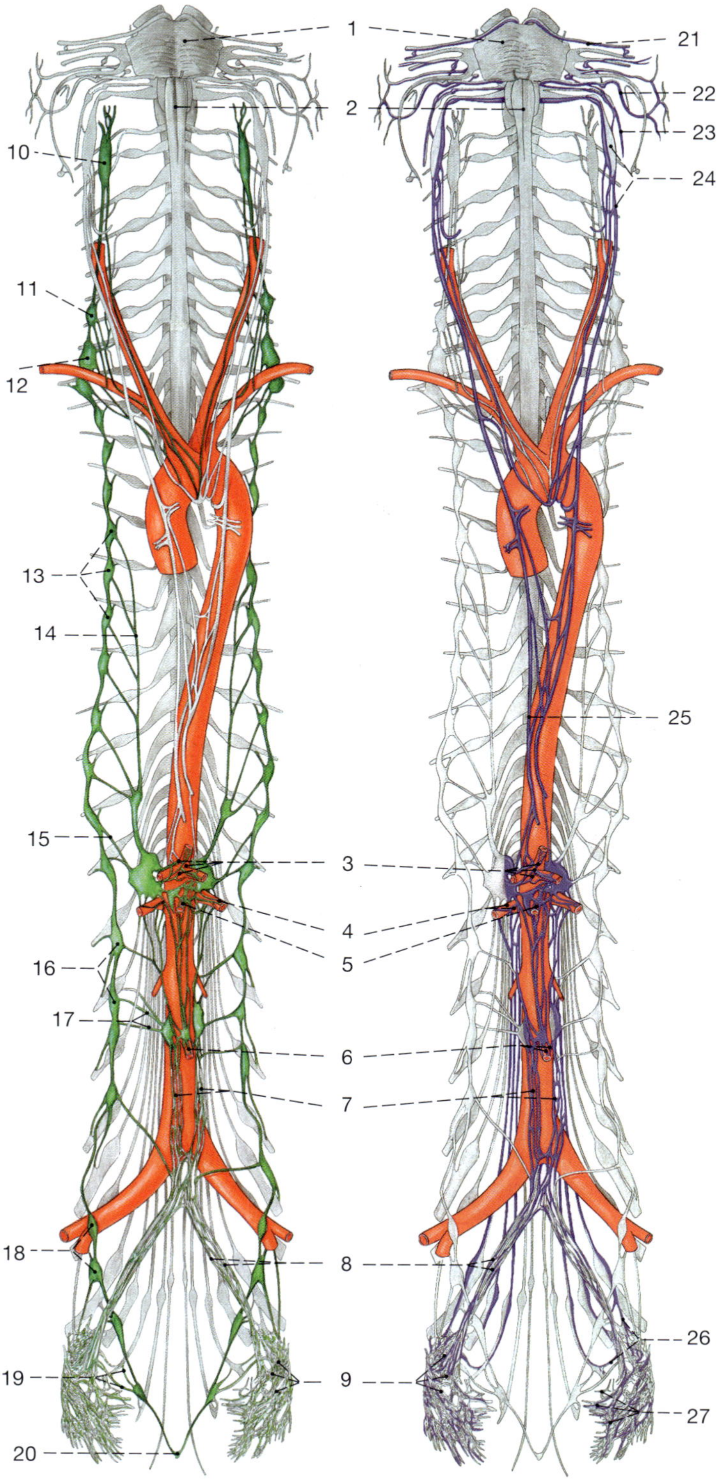

Autonomes Nervensystem: Gesamtübersicht. Nebeneinander zweimal das gleiche Bild: im linken ist der Sympathikus grün, im rechten der Parasympathikus violett hervorgehoben. Im Hintergrund Hirnstamm und Rückenmark mit Hirn- und Rückenmarknerven sowie die Aorta mit Hauptästen. *[pp1]*

1	Brücke	*Pons*
2	Verlängertes Mark	*Myelencephalon [Medulla oblongata] [Bulbus]*
3	Nervengeflecht um den Stamm der Leber-, Milz- und Magenarterien	*Plexus coeliacus + Truncus coeliacus*
4	Nierennervengeflecht um die Nierenarterie	*Plexus renalis + A. renalis*
5	Oberes Gekrösenervengeflecht um die obere Gekrösearterie	*Plexus mesentericus superior + A. mesenterica superior*
6	Unteres Gekrösenervengeflecht um die untere Gekrösearterie	*Plexus mesentericus inferior + A. mesenterica inferior*
7	Oberes Beckengeflecht der autonomen Nerven	*Plexus hypogastricus superior [N. presacralis]*
8	Autonomer Unterbauchnerv	*N. hypogastricus*
9	Unteres Beckengeflecht der autonomen Nerven	*Plexus hypogastricus inferior [Plexus pelvicus]*
10	Oberes Halsganglion (des Sympathikus)	*Ganglion cervicale superius*
11	Mittleres Halsganglion (des Sympathikus)	*Ganglion cervicale medium*
12	Unteres Halsganglion („Sternganglion") (des Sympathikus)	*Ganglion cervicothoracicum [stellatum]*
13	Brustganglien	*Ganglia thoracica*
14	Großer Eingeweidenerv	*N. splanchnicus major*
15	Kleiner Eingeweidenerv	*N. splanchnicus minor*
16	Lendenganglien	*Ganglia lumbalia*
17	Lendeneingeweidenerven	*Nn. splanchnici lumbales*
18	Kreuzbeinganglien	*Ganglia sacralia*
19	Kreuzbeineingeweidenerven	*Nn. splanchnici sacrales*
20	Unpaares Ganglion (des Sympathikus)	*Ganglion impar*
21	Augenbewegungsnerv (3. Hirnnerv)	*N. oculomotorius (III)*
22	Gesichtsnerv (7. Hirnnerv)	*N. facialis (VII)*
23	Zungen-Rachen-Nerv (9. Hirnnerv)	*N. glossopharyngeus (IX)*
24	Vagus (10. Hirnnerv)	*N. vagus (X)*
25	Speiseröhren-Nervengeflecht	*Plexus oesophageus*
26	Beckeneingeweidenerven	*Nn. splanchnici pelvici*
27	Beckenganglien	*Ganglia pelvica*

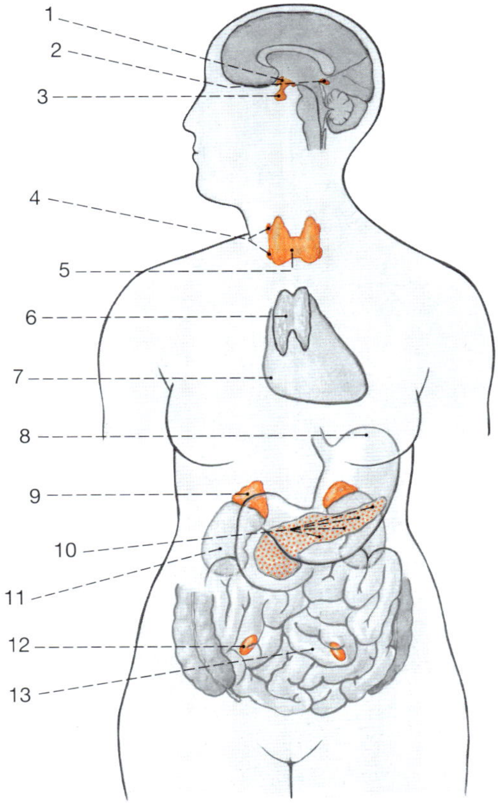

Hormonbildungsstätten der Frau. *[pp1]*
Der Thymus wurde ursprünglich als Hormondrüse angesehen, wird heute aber zu den lymphatischen Organen gerechnet. Man hatte angenommen, dass er ein entwicklungsförderndes Hormon absondere. Denn bei mangelhafter Ausbildung des Thymus ist die Entwicklung in der Kindheit empfindlich gestört (oft schon Tod im Säuglingsalter). Diese Entwicklungsstörung führt man heute auf die beeinträchtigte Immunsituation zurück (starke Infektanfälligkeit). Der Thymus erzeugt aber auch das hormonartige *Thymosin*, das die Entwicklung der lymphatischen Gewebe stimuliert.

1	Hypothalamus	*Hypothalamus*
2	Zirbeldrüse (Epiphyse)	*Glandula pinealis [Corpus pineale]*
3	Hirnanhangsdrüse (Hypophyse)	*Hypophysis [Glandula pituitaria]*
4	Nebenschilddrüsen (Epithelkörperchen)	*Glandulae parathyroideae*
5	Schilddrüse	*Glandula thyroidea*
6	Thymus (Bries)	*Thymus*
7	Herz	*Cor*
8	Magen	*Gaster*
9	Nebennieren	*Glandulae suprarenales*
10	Bauchspeicheldrüse	*Pancreas*
11	Niere	*Ren [Nephros]*
12	Eierstock	*Ovarium*
13	Darm	*Intestinum*

Wo werden im Körper Hormone gebildet?

• In einigen Drüsen, deren ausschließliche Aufgabe die Hormonbildung ist (Hormondrüsen im engeren Sinn): *Hirnanhangsdrüse* (Hypophyse), *Schilddrüse, Nebenschilddrüsen, Nebennieren.* Sie werden auf den nächsten Seiten eingehend beschrieben.
• In einigen Organen mit Doppelfunktion, in denen die Hormonbildung eine zweite Hauptaufgabe ist: *Bauchspeicheldrüse, Keimdrüsen* (Eierstöcke, Hoden) und *Plazenta* (sie übernimmt ab dem zweiten Schwangerschaftsdrittel die gesamte Versorgung mit weiblichen Geschlechtshormonen für Mutter und Kind, die Eierstöcke ruhen dann). Sie wurden bereits bei den Verdauungsorganen und Geschlechtsorganen bzw. bei der Entwicklungsgeschichte behandelt.
• An vielen weiteren Stellen des Körpers, an denen einzelne Zellen oder Zellgruppen Hormone erzeugen, z.B. in *Zwischenhirn, Herz, Magen, Darm* und *Nieren.*

Hormone des Herzens

Ausgelöst durch eine Vorhofdehnung sezerniert die Vorhofwand:
• *Cardionatrin* (atriales natriuretisches Polypeptid): Es regt die Niere zu vermehrter Ausscheidung von Natriumionen und Wasser an.
• *Cardiodilatin:* Es erweitert Blutgefäße.

Hormone des Magens und des Darms

Unter dem Begriff gastrointestinales endokrines System fasst man alle hormonbildenden Zellen im Magen und im Darm zusammen. Bis jetzt ist bereits über ein Dutzend verschiedener Hormone nachgewiesen worden, z.B.:
• *Gastrin* regt die Absonderung von Magensaft an.
• *CCK* (Cholecystokinin-Pancreozymin) fördert die Bewegung der Gallenblase und die Absonderung von enzymreichem Bauchspeichel.
• *Secretin* regt die Bildung von bicarbonatreichem Bauchspeichel an.
• *Enteroglucagon* wirkt ähnlich wie das Glucagon der Inseln der Bauchspeicheldrüse und erhöht die Blutzuckerkonzentration.
• *Serotonin* wirkt auf glatte Muskelzellen.
• *Somatostatin* mit einer Fülle von Wirkungen, darunter auch die Hemmung einiger anderer Hormone.
• *Gastroinhibitorisches Peptid* hemmt die Absonderung von Magensäure.

Hormone der Niere

Die Nierenhormone werden im juxtaglomerulären Apparat gebildet:
• *Renin* erhöht den Blutdruck (und sichert damit die Hauptaufgabe der Niere, die nur bei einem ausreichend hohen Blutdruck den Primärharn in den Nierenkörperchen abpressen kann).
• *Erythropoetin* regt die Bildung roter Blutkörperchen (die Erythropoese) an.
• *D-Hormon* (Calcitriol) wird aus dem Vitamin D umgebaut. Es fördert die Calciumaufnahme in Darm und Niere sowie die Knochenreifung.

Hypophysen-Zwischenhirn-System. *[la2]*

• Die Zellen der großzelligen Kerne des Hypothalamus (Nucleus supraopticus und Nucleus paraventricularis hypothalami, 1) erzeugen die Hormone Adiuretin (ADH) und Oxytocin, die in den Axonen zum Hinterlappen der Hirnanhangsdrüse (Neurohypophyse) transportiert werden („Hypothalamus synthetisiert, Neurohypophyse sezerniert")

• Die Zellen der kleinzelligen Kerne des Hypothalamus (3) geben Hormone ab, mit denen die Produktion der Hormone (Tropine) des Hypophysenvorderlappens (Adenohypophyse, 2) gesteigert (Liberine) oder gehemmt (Statine) wird. Diese Hormone werden nicht von den Zellkörpern in das Blut abgegeben, sondern zunächst in den Axonen zum Hypophysenstiel transportiert. Dort zweigt sich die obere Hypophysenarterie zu einem dichten Kapillarnetz auf, das die Enden der Axone umspinnt und deren Hormone aufnimmt. Aus diesem primären Kapillarnetz zieht die „Hypophysenpfortader" (5) zum Hypophysenvorderlappen und zweigt sich dort in ein zweites Kapillarnetz auf. Auf diese Weise werden die Hormone des Zwischenhirns unter Umgehung des allgemeinen Kreislaufs in hoher Konzentration dem Hypophysenvorderlappen direkt zugeführt.

• Die groß- und kleinzelligen Kerne werden ihrerseits über Rückkoppelungsmechanismen und übergeordnete Zentren des Hypothalamus (4) gesteuert.

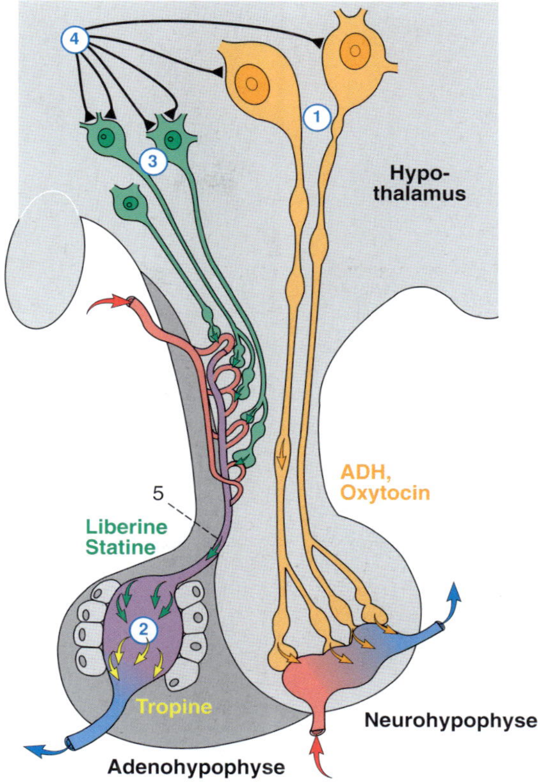

Hormone des Zwischenhirns

Zwischen dem Hypothalamus (dem unteren Hauptteil des Zwischenhirns) und der Hirnanhangsdrüse (Hypophyse) bestehen enge Beziehungen

• In den *großzelligen Kernen* des Hypothalamus werden die Hormone des Hypophysenhinterlappens (s. übernächste Seite) aufgebaut, dann in den Axonen zum Hypophysenhinterlappen transportiert und erst dort nach Bedarf in die Kapillaren abgegeben.

• Die *kleinzelligen Kerne* des Hypothalamus erzeugen Hormone, welche die Sekretion der Hormone des Hypophysenvorderlappens fördern (Liberine = Releasinghormone = RH) oder hemmen (Statine = Inhibitinghormone = IH).

• Die Abgabe der Hypothalamushormone wird über Chemorezeptoren gesteuert, welche die Blutspiegel der peripheren Hormondrüsen kontrollieren (Rückkoppelungsmechanismen = Regelkreise). Fällt z.B. der Blutspiegel der Schilddrüsenhormone unter eine bestimmte Marke ab, so entsendet das Zwischenhirn TRH zur Hirnanhangsdrüse. Diese schüttet daraufhin schilddrüsenanregendes Hormon in das Blut aus. Dieses gelangt über den Kreislauf zur Schilddrüse und regt diese zu vermehrter Bildung der Schilddrüsenhormone an. Durch die nun steigenden Blutspiegel der Schilddrüsenhormone wird die TRH-Abgabe im Zwischenhirn gehemmt, solange bis ein bestimmter Spiegel wieder unterschritten wird.

• Es braucht nicht zu verwundern, dass Nervenzellen Hormone synthetisieren. Schließlich muss jede Nervenzelle die Überträgerstoffe (Neurotransmitter) an den Synapsen bereitstellen. Die Hypothalamushormone könnte man daher als Überträgerstoffe ansehen, die von einem Axon in ein Blutgefäß abgegeben werden.

• Zum Zwischenhirn gehört auch die etwa 0,1–0,2 g schwere zapfenförmige *Zirbeldrüse*. Jahrhunderte rätselte man über ihre Bedeutung. Descartes vermutete in ihr den Sitz der Seele. Auch heute noch sind ihre Aufgaben nicht völlig geklärt. Sie beeinflusst mit dem Hormon Melatonin die Hautfarbe und biologische Rhythmen.

Releasinghormone („Liberine")

- Thyroliberin = Thyrotropin-Releasinghormon (TRH)
- Corticoliberin = Corticotropin-Releasinghormon (CRH = ACTH-RH)
- Gonadoliberin = Releasinghormon der gonadotropen Hormone (GnRH)
- Somatoliberin = Somatotropin-(Wachstumshormon-)Releasinghormon (SRH)
- Prolactoliberin = Prolactin-Releasinghormon (PRH)
- Melanoliberin = Melanotropin-Releasinghormon (MRH)

Inhibitinghormone („Statine")

- Somatostatin = Somatotropin-Inhibitinghormon (SIH)
- Prolactostatin = Prolactin-Inhibitinghormon (PIH)
- Melanostatin = Melanotropin-Inhibitinghormon (MIH)

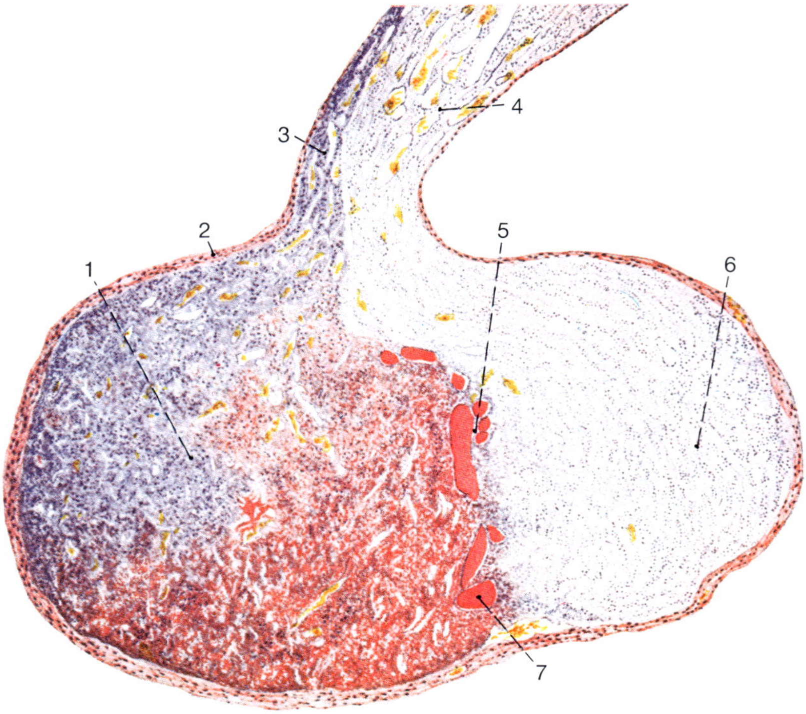

Hirnanhangsdrüse (Hypophyse): Lupenbild eines Medianschnitts, Vergrößerung 10fach. Der mit dem Zwischenhirn verbindende Hypophysenstiel ist durchgeschnitten. *[wa]*

1 Vorderlappen (= Adenohypophyse) *Adenohypophysis [Lobus anterior]*
2 Drüsenkapsel *Capsula glandularis*
3 Trichterlappen (zum Vorderlappen gehörend) *Pars tuberalis*
4 Hypophysenstiel *Infundibulum*
5 Mittellappen (zum Vorderlappen gehörend) *Pars intermedia*
6 Hinterlappen (= Neurohypophyse) *Neurohypophysis [Lobus posterior]*
7 Reste der Rachenwand

Hirnanhangsdrüse (Hypophyse)

Wie der Name besagt, ist sie ein Anhang des Gehirns. Das bohnengroße, etwa 0,7 g schwere Organ liegt im Türkensattel, einer Grube des Keilbeins. Durch einen Stiel ist es mit dem Zwischenhirn verbunden. Im seitlichen Röntgenbild des Kopfes ist der Türkensattel gut zu erkennen und danach die Größe der Hirnanhangsdrüse zu beurteilen.

Die Hirnanhangsdrüse besteht aus 2 Lappen mit verschiedener Herkunft und verschiedenen Aufgaben:

- *Vorderlappen* (Adenohypophyse): Er geht aus der Rachenwand hervor. Er erzeugt mehrere Hormone, darunter solche, durch die andere Hormondrüsen gesteuert werden. Daher bezeichnet man die Hirnanhangsdrüse auch als übergeordnete Hormondrüse.
- *Hinterlappen* (Neurohypophyse): Er ist eigentlich ein Teil des Zwischenhirns. Er erzeugt seine Hormone nicht selbst. Sie entstehen im Hypothalamus (einem anderen Teil des Zwischenhirns) und gelangen durch den Hypophysenstiel in den Hinterlappen. Dort werden sie gespeichert und bei Bedarf an das Blut abgegeben.

Unmittelbar vor der Hirnanhangsdrüse liegt die Sehnervenkreuzung. Sie kann durch den Wachstumsdruck von Geschwülsten der Hirnanhangsdrüse geschädigt werden. Dabei gehen die kreuzenden Fasern der beiden Sehnerven zugrunde, während die nicht kreuzenden erhalten bleiben. Der Patient hat dann das Gefühl, als ob er Scheuklappen trüge (s. S. 352).

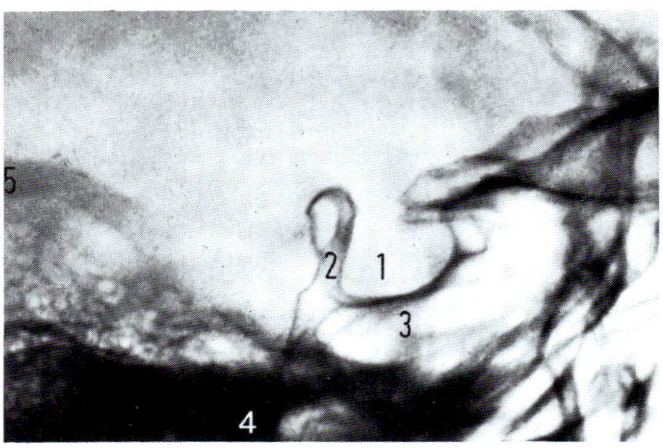

Türkensattel: Röntgenbild (rechts im Bild ist vorn). *[bi2]*
Die Hypophyse ist im Röntgenbild nicht zu sehen. Da sie aber den Türkensattel praktisch völlig ausfüllt, kann man von der Größe des Türkensattels auf die Größe der Hypophyse schließen. Bei Geschwülsten der Hirnanhangsdrüse wird der Türkensattel ausgeweitet. Jeder Knochen gibt allmählich zunehmendem Druck nach: Auf der einen Seite wird Knochen abgebaut, auf der anderen angebaut.

- Man achte auf die große Keilbeinhöhle unter dem Türkensattel: Operationen an der Hirnanhangsdrüse können auch durch Nasenhöhle und Keilbeinhöhle hindurch vorgenommen werden.
- Im Computertomogramm und im Kernspinresonanztomogramm ist die Hypophyse direkt zu beurteilen.

1 Türkensattel *Sella turcica*
2 Sattellehne (Rückwand des Türkensattels) *Dorsum sellae*
3 Keilbeinhöhle *Sinus sphenoidalis*
4 Felsenbein *Pars petrosa*
5 Ohrmuschel *Auricula*

Hirnanhangsdrüse, Vorderlappen (Adenohypophyse): schematisiertes Schnittbild (Kresazanfärbung, Vergrößerung etwa 800fach). *[wa]*
Die Zellen des Hypophysenvorderlappens kann man nach ihrem Färbeverhalten in drei Gruppen einteilen:
• Zellen, die sich nur schwach anfärben (chromophobe Zellen): Gammazelle 1.
• Zellen, die sich mit sauren Farbstoffen anfärben (acidophile Zellen): Alphazelle (Wachstumshormonzelle, 3), Epsilonzelle (Prolactinzelle, 4).
• Zellen, die sich mit basischen Farbstoffen anfärben (basophile Zellen): Betazelle (TSH- und ACTH-Zelle, 5), Deltazelle (Gonadotropinzelle, 6).
2 = Kapillare, 7 = Stammzellen.

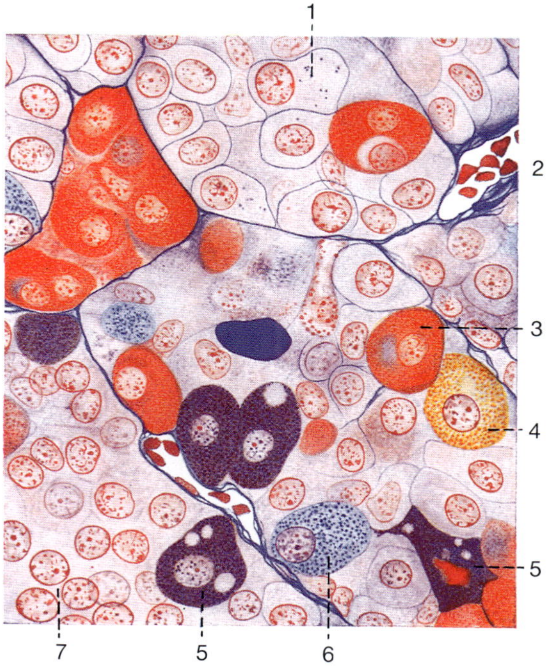

Vorderlappenhormone

• Schilddrüsenanregendes Hormon (Thyrotropin, internationale Abkürzung *TSH*) veranlasst die Schilddrüse zur Bildung von Thyroxin (T_4) und Trijodthyronin (T_3) und fördert das Wachstum der Schilddrüse.
• Nebennierenrindenanregendes Hormon (Corticotropin = *ACTH*): Die Nebennierenrinde erzeugt daraufhin eine Vielzahl von Hormonen (Corticosteroiden, darunter Cortison).
• Keimdrüsenanregende Hormone (Gonadotropine): bei der Frau follikelstimulierendes Hormon (Follitropin, *FSH*, regt die Weiterentwicklung von Follikeln an) und Luteinisierungshormon (Lutropin, *LH*, regt den Eisprung und die Umwandlung des Follikels in den Gelbkörper an), beim Mann zwischenzellanregendes Hormon (*ICSH*, es ist identisch mit dem LH der Frau).
• Wachstumshormon (Somatotropin = *STH*) veranlasst die Leber zur Bildung von Wachstumsfaktoren, die das Gewebewachstum, vor allem in den Wachstumsfugen der Knochen anregen.
• Prolactin *(PRL)* setzt die Milcherzeugung in der Brustdrüse in Gang.
• Pigmentzellanregendes Hormon (Melanotropin = *MSH*) wirkt auf die braune Hautfarbe.
• Lipotropin *(LPH)* fördert den Fettstoffwechsel.

Der Vorderlappen wird selbst wieder durch „Releasing-„ und „Inhibitinghormone" des Zwischenhirns gesteuert (s. Seite 413).

Hinterlappenhormone

• *Oxytocin:* Es regt die glatten Muskelzellen der Gebärmutter zum Zusammenziehen an und ist damit für die Wehen bei der Entbindung wichtig. In der Brustdrüse veranlasst es die myoepithelialen Zellen, die Alveolen zusammenzupressen und damit den Milchfluss in Gang zu setzen. Beim Mann fördert es den Transport der Samenzellen aus den Hodenkanälchen zum Nebenhoden.
• *Adiuretin* (ADH): Es veranlasst die Wasserrückresorption in den Sammelrohren der Nieren (Eindickung des Harns). Bei Ausfall dieses Hormons werden riesige Mengen dünnen Harns ausgeschieden. Der Patient leidet unter entsetzlichem Durst, weil er die Wasserverluste durch Trinken ausgleichen muss (Wasserharnruhr = Diabetes insipidus).

Akromegalie: Vergröberung der Gesichtszüge bei übermäßiger Produktion von Wachstumshormon im Erwachsenenalter, z.B. bei manchen Geschwülsten der Hirnanhangsdrüse. *[wi2]*
Durch das Wachstumshormon wird das Knochenwachstum angeregt. Beim Erwachsenen ist ein nennenswertes Längenwachstum nicht mehr möglich, weil die knorpeligen Wachstumszonen (Epiphysenfugen) in den langen Röhrenknochen schon verknöchert sind. Das Breitenwachstum der Knochen (Knochenanbau durch die Knochenhaut) geht jedoch zeitlebens weiter. Übermäßiges Breitenwachstum wird vor allem am Kopf, an den Händen und an den Füßen bemerkt: Schuhe, die früher gut gepasst hatten, beginnen zu drücken, die Handschuhe werden zu eng, der Hut wird zu klein.

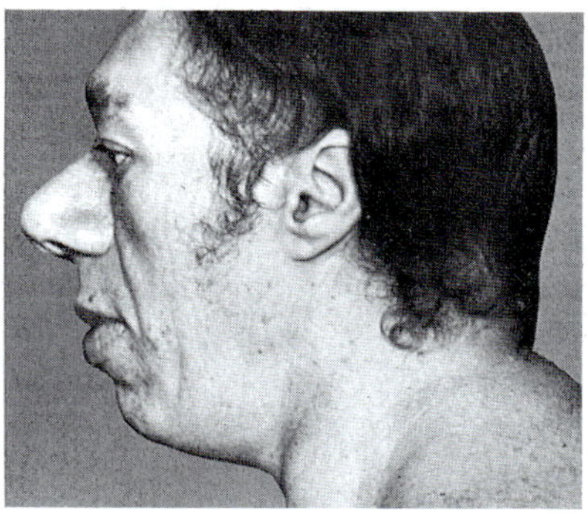

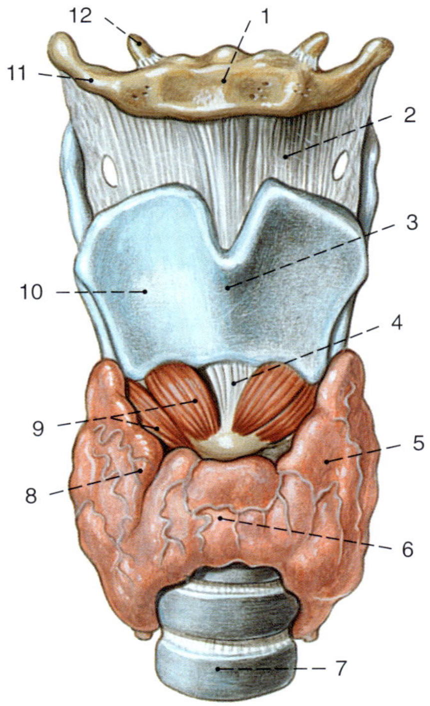

Schilddrüse, Kehlkopf und Zungenbein. *[fs1]*

1	Zungenbeinkörper	*Corpus ossis hyoidei*
2	Schildknorpel-Zungenbein-Membran	*Membrana thyrohyoidea*
3	Adamsapfel	*Prominentia laryngea*
4	Mittelständiges Ringknorpel-Schildknorpel-Band	*Lig. cricothyroideum medianum*
5	Schilddrüse, linker Lappen	*Glandula thyroidea, Lobus sinister*
6	Schilddrüsenenge	*Isthmus glandulae thyroideae*
7	Luftröhre	*Trachea*
8	Schilddrüse, rechter Lappen	*Glandula thyroidea, Lobus dexter*
9	Ringknorpel-Schildknorpel-Muskel	*M. cricothyroideus*
10	Schildknorpel	*Cartilago thyroidea*
11	Großes Zungenbeinhorn	*Os hyoideum, Cornu majus*
12	Kleines Zungenbeinhorn	*Os hyoideum, Cornu minus*

Schilddrüse

- *Form:* Die etwa 50 g schwere Drüse hat die Form eines „H“: 2 seitliche Lappen sind durch einen etwa fingerdicken queren Strang (Schilddrüsenenge = Isthmus) verbunden.
- *Lage:* Die Schilddrüse liegt in der vorderen Halsgegend. Der Isthmus ist etwa 2 Fingerbreit unterhalb des Ringknorpels vor der Luftröhre besonders beim Schlucken leicht zu tasten. Die beiden Lappen schmiegen sich an die Luftröhre. Sie werden von den Kopfwendern bedeckt. Manchmal erstreckt sich ein bleistiftdicker Fortsatz am Kehlkopf vorbei bis zur Zunge nach oben. Eine vergrößerte Schilddrüse (Kropf) kann auch in den Brustraum nach unten reichen.

Hormone der Schilddrüse

Die Schilddrüse enthält 2 Arten von Drüsenzellen, die 2 Arten von Hormonen erzeugen:

- *Follikelzellen:* In ihnen entstehen die Hormone Thyroxin (abgekürzt T_4) und Trijodthyronin (T_3) mit 4 bzw. 3 Jodatomen pro Molekül. Sie steigern den Energieumsatz („Grundumsatz“) der Körperzellen. Sie sind lebensnotwendig, können aber auch als Tabletten zugeführt werden.
- *C-Zellen:* Sie erzeugen Calcitonin, das an der Regelung des Calciumstoffwechsels beteiligt ist, aber notfalls entbehrt werden kann.
- Die hormonbildenden Zellen umgeben als einschichtiges kubisches Deckgewebe kleine Hohlräume, in denen die jodhaltigen Hormone gespeichert werden. Die Durchmesser dieser *Schilddrüsenfollikel* wechseln je nach der Menge gespeicherten Hormons etwa zwischen 0,05 und 0,5 mm. Der größte Teil der Follikelwand wird von Follikelzellen eingenommen. Zwischen sie sind einzelne C-Zellen eingesprengt.
- Die Schilddrüsenfunktion wird durch einen „Regelkreis“ gesteuert: Sind im Blut zu wenig Schilddrüsenhormone, so bildet das Zwischenhirn das „Releasinghormon“ TRH. Es veranlasst den Hypophysenvorderlappen, thyreotropes Hormon (TSH) auszuschütten. Dieses löst in der Schilddrüse vermehrte Hormonbildung aus. Diese registriert das Zwischenhirn und gibt kein weiteres Releasinghormon ab.

Szintigramm der Schilddrüse. *[th]*
Die Schilddrüse speichert in den Körper aufgenommenes Jod, um immer genügend für den Aufbau von T_3 und T_4 vorrätig zu haben. Kein anderes Organ enthält soviel Jod. Führt man dem Körper radioaktives Jod zu, so wird auch dieses in der Schilddrüse festgehalten. Die von ihm ausgehende Strahlung kann man aufzeichnen und so die Schilddrüse abbilden.

Schilddrüse: Schnittbild, Vergrößerung 120fach. *[so]*
Die Größe der Follikel im mikroskopischen Präparat hängt von der Aktivität der Schilddrüse ab. Bei hohem Hormonbedarf sind die Follikel (1) klein, dafür die Zellen hoch, und man findet zahlreiche Resorptionsvakuolen im Kolloid (3). Ruhende Follikel sind groß mit niedrigen Zellen. Bindegewebe zwischen den Follikeln (2), Vene (4).

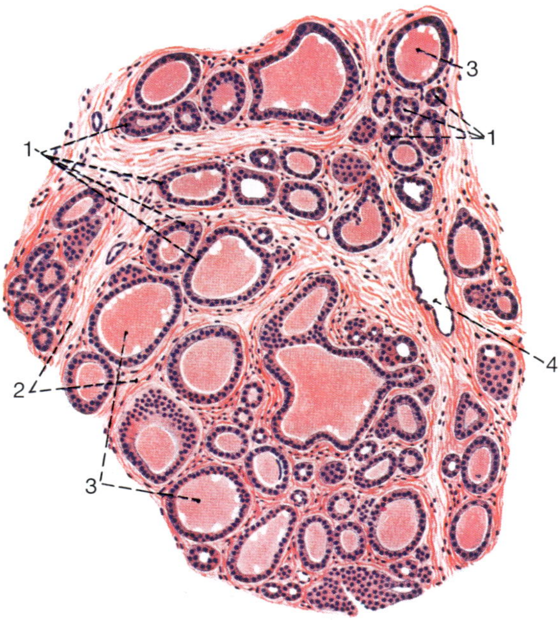

Funktionsstörungen der Schilddrüse

- *Überfunktion* (Hyperthyreose): Es wird zuviel T_3 und T_4 erzeugt. Da die jodhaltigen Schilddrüsenhormone den Energieumsatz des Körpers erhöhen, ist es dem Patienten ständig zu warm. Er isst viel, wird aber nicht dick. Der gesteigerte Grundumsatz belastet das Herz. Die Überfunktion der Schilddrüse kommt zwar der „schlanken Linie" entgegen, ist aber trotzdem nicht erstrebenswert: Der gesteigerte Grundumsatz belastet den Kreislauf (das Herz schlägt schneller) und führt zu Nervosität. Die körperliche Leistungsfähigkeit lässt nach, weil der „auf Hochtouren laufende" Organismus bei Bedarf keine Reserven einsetzen kann.
- *Unterfunktion* (Hypothyreose): Es wird zuwenig T_3 und T_4 erzeugt. Der Grundumsatz ist vermindert. Der Patient fröstelt, hat wenig Appetit und setzt trotzdem Fett an. Auch die geistigen Vorgänge können verlangsamt sein.

Kropf (Struma)

Ein Kropf ist eine Vergrößerung der Schilddrüse. Häufigste Ursache ist der Jodmangel. Jod wird besonders mit dem Trinkwasser dem Körper zugeführt. Mancherorts, vor allem in den Alpenländern, ist das Wasser jodarm. Deswegen kann die Schilddrüse nicht genügend Hormone bilden. Der Körper lässt die Schilddrüse wachsen, um gewissermaßen durch eine größere Drüse den Hormonbedarf sicherzustellen (was bei Jodmangel nichts nützt, so dass der Kropf immer größer wird).

Gefahren des Kropfes: Ein stark wachsender Jodmangelkropf kann die Speiseröhre und die Luftröhre zusammenpressen und dadurch Schluck- und Atemstörungen auslösen. Andere Kropfarten können durch eine Überfunktion *(Basedow-Krankheit)* oder durch bösartiges Wachstum *(Schilddrüsenkrebs)* den Patienten gefährden. Bei jedem Kropf sollte daher die Ursache eindeutig geklärt werden.

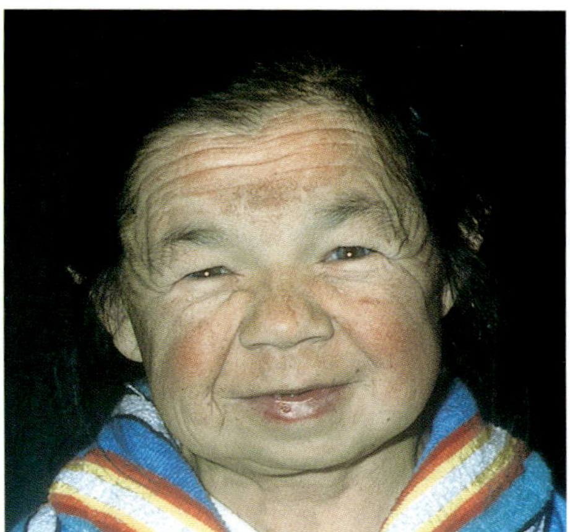

Kretinismus (angeborene schwere Unterfunktion der Schilddrüse). Körperliche und geistige Entwicklung sind stark beeinträchtigt. *[sp2]*

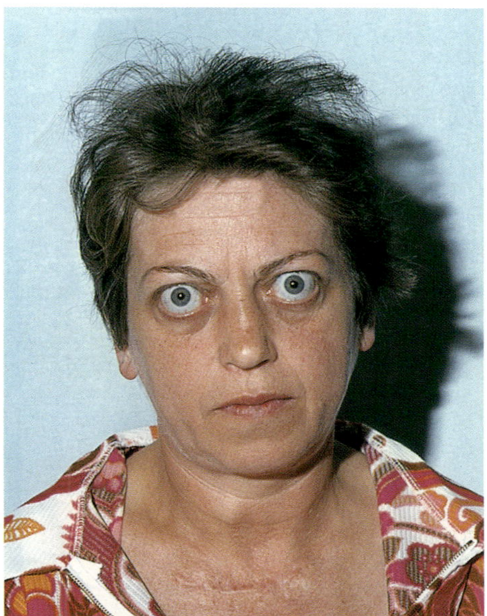

Basedow-Krankheit bei Schilddrüsen-Überfunktion mit den 3 Hauptsymptomen: Kropf, Glotzauge (Exophthalmus) und raschem Herzschlag (Tachykardie). *[sp2]*

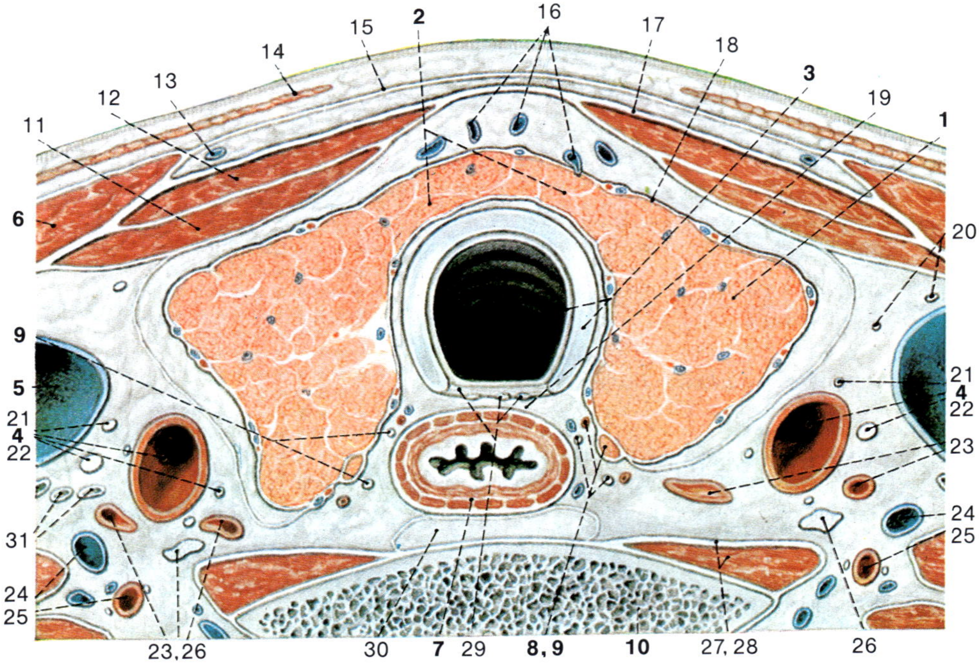

Horizontalschnitt durch den vorderen Halsbereich auf Höhe des Isthmus der Schilddrüse. *[sb2]*
Der Schnitt veranschaulicht die Lage der Schilddrüse und der Nebenschilddrüsen zu Luftröhre und Speiseröhre. Eine Vergrößerung der Schilddrüse (Kropf) kann infolge Drucks auf Luft- und Speiseröhre zu Atem- und Schluckbeschwerden führen. Lebensgefährlich wird es, wenn durch den Druck die Luftröhrenknorpel geschädigt werden und die Luftröhre dann säbelscheidenartig zusammengepresst wird. Die operative Entfernung der vergrößerten Schilddrüse ist dann unumgänglich.

1	Schilddrüse	*Glandula thyroidea*
2	Schilddrüsenenge	*Isthmus glandulae thyroideae*
3	Luftröhre	*Trachea*
4	Halsarterie (gemeinsame Kopfarterie)	*A. carotis communis*
5	Innere Halsvene (innere Drosselvene)	*V. jugularis interna*
6	Kopfwender („Sternokleido“)	*M. sternocleidomastoideus*
7	Speiseröhre	*Oesophagus*
8	Nebenschilddrüse (Epithelkörperchen)	*Glandula parathyroidea*
9	Rückläufiger Kehlkopfnerv („Rekurrens“)	*N. laryngeus recurrens*
10	Siebenter Halswirbel	*Vertebra cervicalis VII*
11	Brustbein-Schildknorpel-Muskel	*M. sternothyroideus*
12	Brustbein-Zungenbein-Muskel	*M. sternohyoideus*
13	Vordere Halsvene	*V. jugularis anterior*
14	Hautmuskel des Halses	*Platysma*
15	Oberflächliche Halsfaszie	*Fascia cervicalis [colli], Lamina superficialis*
16	Untere Schilddrüsenvenen	*V. thyroidea inferior*
17	Mittlere Halsfaszie	*Fascia cervicalis [colli], Lamina pretrachealis*
18	Kapsel (der Schilddrüse)	*Capsula fibrosa*
19	Verschiebераum zwischen Luftröhre und Speiseröhre	-
20	Nerven zu den unteren Zungenbeinmuskeln	*Ansa cervicalis*
21	Oberer Herznerv (sympathisch)	*N. cardiacus cervicalis superior*
22	Vagus (zehnter Hirnnerv)	*N. vagus*
23	Untere Schilddrüsenarterie	*A. thyroidea inferior*
24	Wirbelvene	*V. vertebralis*
25	Wirbelarterie	*A. vertebralis*
26	Unteres Halsganglion („Sternganglion“) des Sympathikus	*Ganglion cervicothoracicum [stellatum]*
27	Tiefe Halsfaszie	*Fascia cervicalis [colli], Lamina prevertebralis*
28	Langer Halsmuskel	*M. longus colli [cervicis]*
29	Membranöse Rückwand (der Luftröhre)	*Paries membranaceus*
30	Verschieberaum hinter der Speiseröhre	-
31	Halslymphstamm	*Truncus jugularis*

Nebenschilddrüsen

Die 4 etwa linsengroßen Nebenschilddrüsen liegen den Schilddrüsenlappen hinten an (je 2 rechts und links). In ihren Aufgaben sind Nebenschilddrüsen und Schilddrüse völlig unabhängig voneinander. Um Verwechslungen mit der Schilddrüse auszuschließen, werden die Nebenschilddrüsen vielfach auch *Epithelkörperchen* genannt.

• Die Nebenschilddrüsen sondern das lebensnotwendige Parathormon ab. Bei Ausfall der körpereigenen Erzeugung nach operativer Entfernung der Nebenschilddrüsen muss man lebenslang ein Ersatzpräparat für das Parathormon einnehmen.

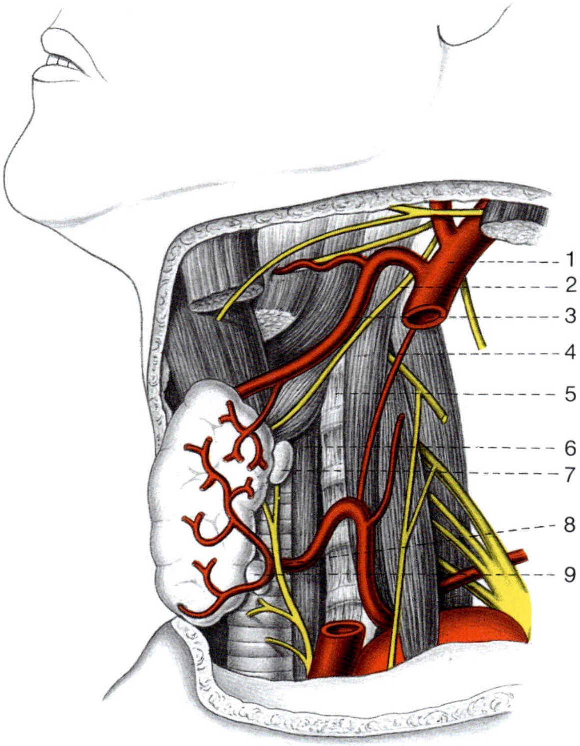

Nebenschilddrüsen (Epithelkörperchen): Lage an der Hinterfläche der Schilddrüsenlappen. Der Gefäß-Nerven-Strang des Halses und der Grenzstrang wurden größtenteils entfernt. *[br3]*

1	Äußere Kopfarterie	*A. carotis externa*
2	Oberer Kehlkopfnerv, äußerer Ast	*N. laryngeus superior, R. externus*
3	Obere Schilddrüsenarterie	*A. thyroidea superior*
4	Aufsteigende Halsarterie	*A. cervicalis ascendens*
5	Wirbelsäule	*Columna vertebralis*
6	Speiseröhre	*Oesophagus*
7	Obere Nebenschilddrüse (Epithelkörperchen)	*Glandula parathyroidea superior*
8	Untere Schilddrüsenarterie + rückläufiger Kehlkopfnerv („Rekurrens")	*A. thyroidea inferior + N. laryngeus recurrens*
9	Untere Nebenschilddrüse (Epithelkörperchen)	*Glandula parathyroidea inferior*

Parathormon

Das Hormon der Nebenschilddrüsen fördert die Aufnahme von Calcium aus der Nahrung im Darm und den Abbau von Calcium aus den Knochen. Es vermindert die Calciumausscheidung durch die Nieren. Durch alle 3 Maßnahmen erhöht Parathormon den Calciumspiegel im Blut.

• Der richtige Calciumgehalt des Blutes ist für viele Lebensvorgänge, u.a. für die Herztätigkeit, wichtig. Fällt der Calciumspiegel im Blut, so treten Muskelkrämpfe auf (Tetanie).

Überfunktion der Nebenschilddrüsen

Bei übermäßiger Absonderung von Parathormon „verkalkt" der Körper wegen des erhöhten Calciumspiegels im Blut. Besonders die Nieren werden dadurch geschädigt.

• Wegen des vermehrten Calciumabbaus aus den Knochen werden diese bruchanfälliger.

• Bei einer plötzlichen Übersteigerung *(hypercalcämische Krise)* kann es sogar zum Herzstillstand kommen.

• Eine Überfunktion der Nebenschilddrüsen beruht häufig auf einer gutartigen Geschwulst in einer der 4 Nebenschilddrüsen. Diese muss dann entfernt werden. Die Lage der Nebenschilddrüsen ist jedoch bei verschiedenen Menschen recht unterschiedlich. Manchmal liegt eine Nebenschilddrüse gar nicht der Schilddrüse an, sondern ist in den Brustraum verlagert (meist an den Thymus). Die Suche nach der erkrankten Nebenschilddrüse ist für den Chirurgen oft recht mühsam.

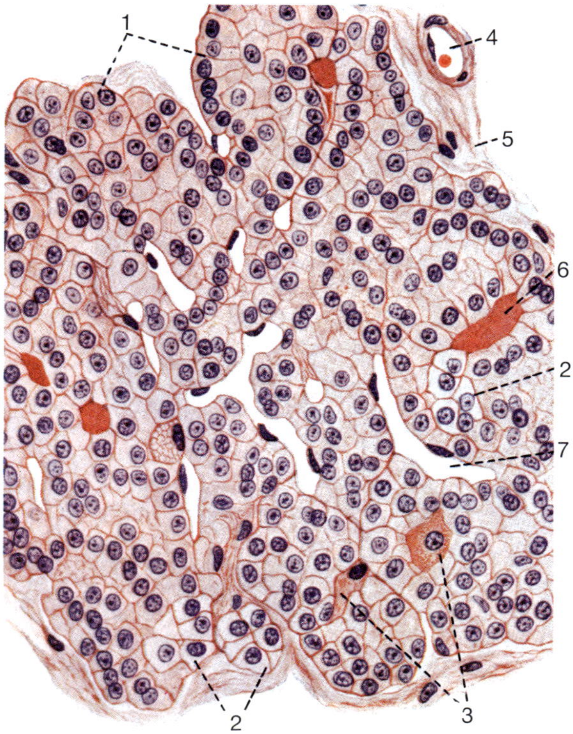

Nebenschilddrüse (Epithelkörperchen): Schnittbild, Vergrößerung 400fach. 1–3 hormonbildende Nebenschilddrüsenzellen: 1 dunkle Hauptzelle, 2 helle Hauptzelle, 3 acidophile Zelle. 4 Arteriole, 5 Bindegewebe, 6 Kolloid, 7 Kapillare. *[wa]*
Die dichte Lage der Drüsenzellen wird nur durch das Haargefäßnetz, dagegen kaum durch Bindegewebe unterbrochen. Wegen des dadurch bedingten deckgewebeartigen Aussehens nennt man die Nebenschilddrüsen auch Epithelkörperchen.

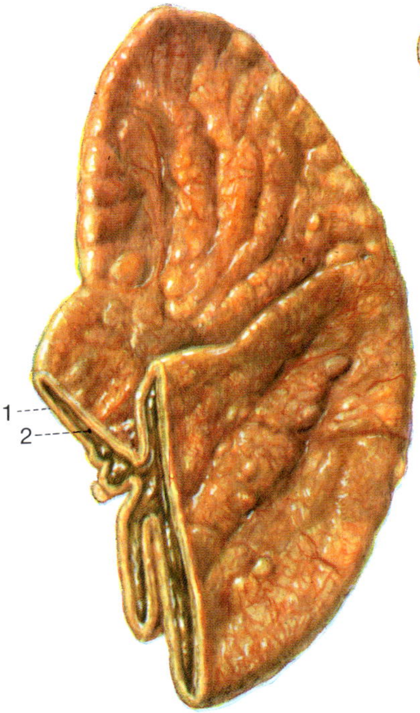

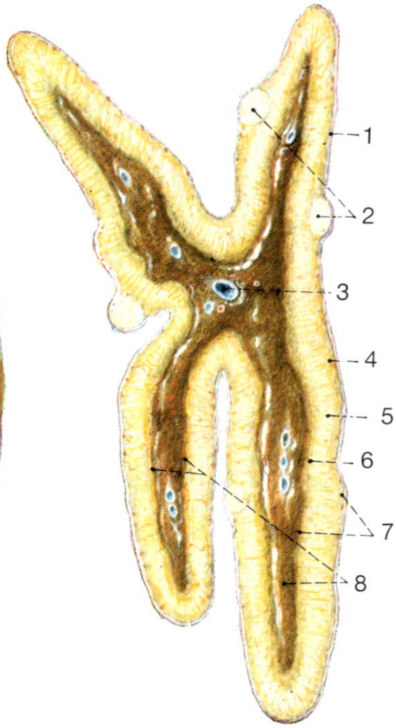

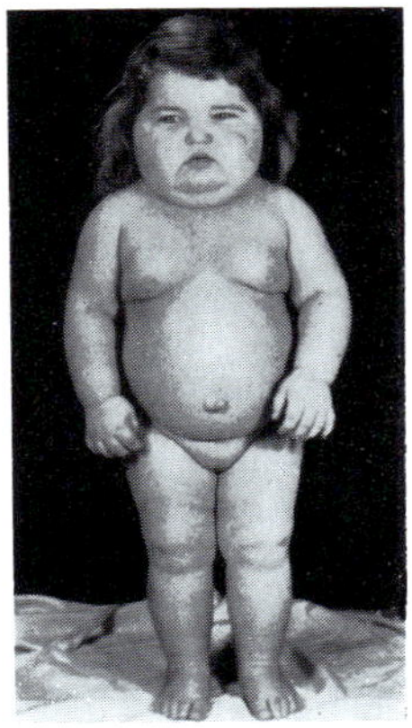

↑ Cushing-Krankheit im frühen Kindesalter. Bei vermehrter Bildung von Glucocorticoiden in der Nebenniere ist das Wachstum verzögert. Es wird vermehrt Fett angesetzt: „Vollmondgesicht", „Büffelnacken" und Stammfettsucht. *[lo]*

↑ Nebenniere in doppelter natürlicher Größe. Der untere Pol ist abgeschnitten, um die beiden Anteile der Nebenniere (Mark und Rinde) zu zeigen. *[sb2]*

1	Nebennierenrinde	*Cortex (glandulae suprarenalis)*
2	Nebennierenmark	*Medulla (glandulae suprarenalis)*

↑ Nebenniere: Schnittfläche. Beim lebenden Menschen ist das Mark mausgrau. Es verfärbt sich beim Aufschneiden an der Luft rasch braunrot. Die Rindensubstanz bleibt gelb. Charakteristisch für eine Hormondrüse ist der Reichtum an Venen, denn sie gibt ihre Produkte direkt in das Blut ab. Die Venen sind gewissermaßen die Ausführungsgänge dieser Drüsen. *[sb2]*

1	Bindegewebige Kapsel	*Capsula*
2	Rindenadenome	-
3	Zentralvene	*V. centralis*
4	Knäuelzone (Außenschicht der Rinde)	*Zona glomerulosa*
5	Bündelzone (Mittelschicht der Rinde)	*Zona fasciculata*
6	Netzzone (Innenschicht der Rinde)	*Zona reticularis*
7	Nebennierenrinde	*Cortex (glandulae suprarenalis)*
8	Nebennierenmark	*Medulla (glandulae suprarenalis)*

Nebennieren

Die beiden etwa je 10 g schweren Nebennieren liegen den oberen Polen der beiden Nieren kappenartig an. Eine Nebenniere ist etwa 5 cm lang, 3 cm breit und 1 cm dick. Herkunft und Aufgaben von Nebennieren und Nieren sind jedoch völlig verschieden. In den menschlichen Nebennieren sind 2 Hormondrüsen vereint, die bei niederen Wirbeltieren, z.B. Haien, als getrennte Organe im Bauch liegen: *Nebennierenrinde* und *Nebennierenmark*.

Hormone des Nebennierenmarks

Die nahe verwandten Hormone Adrenalin und Noradrenalin erregen beide den Sympathikus. Sie beschleunigen dadurch den Herzschlag, erhöhen den Blutdruck und den Blutzucker und versetzen den Körper insgesamt in Alarmstimmung. Adrenalin wird auch bei psychischer Erregung ausgeschüttet.

• Anders als die meisten übrigen Hormondrüsen speichern die Nebennierenmarkzellen die Hormone und geben sie erst auf einen nervösen Reiz hin ab.

• Unabhängig von der Nebenniere werden Adrenalin und Noradrenalin an den Synapsen des Sympathikus in den Erfolgsorganen als Überträgerstoffe verwendet. Dabei werden sie gezielt an einer motorischen Endplatte usw. gebildet.

• Als Hormone im Blut erreichen sie auf einen Schlag alle „adrenergen" Synapsen (alle die Adrenalin, Noradrenalin und verwandte Stoffe als Überträgerstoff benutzen). Sie können damit den gesamten sympathischen Teil des autonomen Nervensystems in Erregung versetzen.

Zonen der Nebennierenrinde

Nach der Anordnung der Drüsenzellen lassen sich in der Nebennierenrinde 3 Zonen abgrenzen:

• *Knäuelzone:* Hier werden Mineralocorticoide, z.B. Aldosteron, aufgebaut.

• *Bündelzone:* In ihr werden Glucocorticoide, z.B. Cortison und Hydrocortison, synthetisiert.

• *Netzzone:* Hier entstehen Androgene.

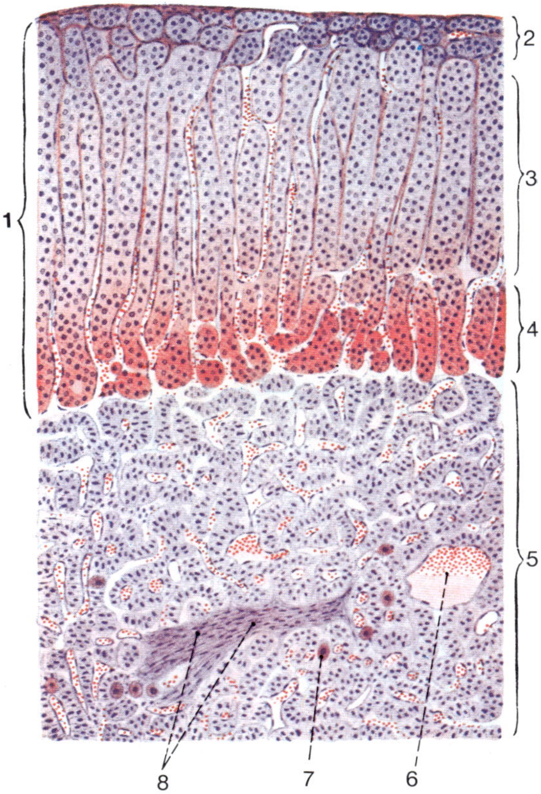

Nebenniere eines älteren Menschen mit schmaler Knäuelzone: Schnittbild, Vergrößerung 100fach. *[so]*
1 *Nebennierenrinde:* 2 Knäuelzone, 3 Bündelzone, 4 Netzzone.
5 *Nebennierenmark:* 6 Vene, 7 Nervenzelle, 8 Nervenfasern.

Hormone der Nebennierenrinde

In der Nebennierenrinde sind mehr als 50 verschiedene Hormone nachgewiesen worden. Sie sind chemisch nahe miteinander verwandt (Sterine) und lassen sich nach der Funktion 3 Gruppen zuordnen:

• *Glucocorticoide:* Sie wirken auf den Kohlenhydratstoffwechsel (Glucose = Blutzucker). Sie erhöhen den Blutzuckerspiegel, indem sie den Abbau von Glycogen in den Speichern und die Neubildung von Blutzucker fördern. Sie sind damit Gegenspieler des Insulins der Bauchspeicheldrüse. Sie wirken stark entzündungshemmend. Deswegen werden chemisch von ihnen abgeleitete Stoffe in der Medizin viel verwendet.

• *Mineralocorticoide:* Hormone für den Salz- und Wasserhaushalt.

• *Androgene:* Hormone, die den männlichen Geschlechtshormonen nahe stehen, z.B. Dehydroepiandrosteron (DHEA). Sie werden sowohl beim Mann als auch bei der Frau gebildet. Bei der Frau überwiegt jedoch die Wirkung der von den Eierstöcken gebildeten Östrogene und Gestagene. In den Wechseljahren nimmt die Bildung der weiblichen Geschlechtshormone ab, dadurch werden die Androgene relativ stärker wirksam. Dann treten bei der Frau männliche Körperbaumerkmale hervor, z.B. stärkere Körperbehaarung.

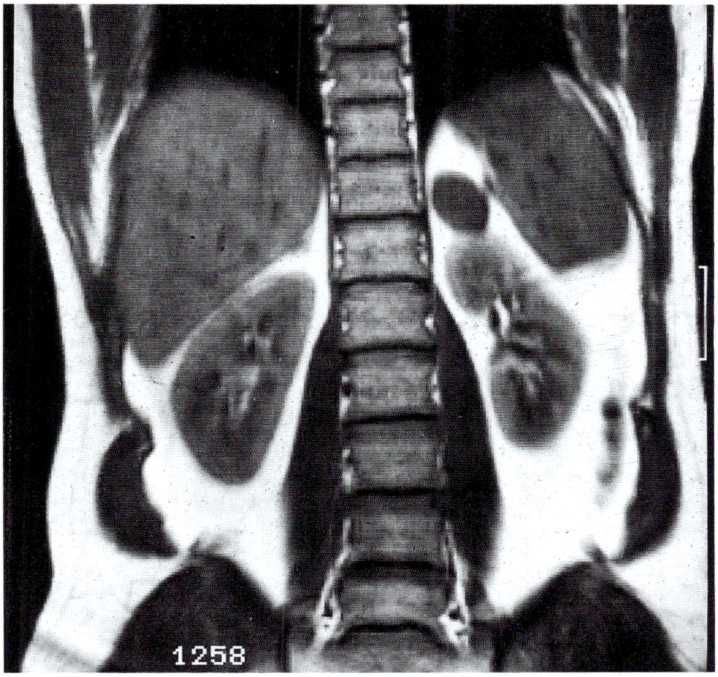

Nebenniere in einem frontalen Kernspintomogramm (MRT) des Hinterbauchraums. *[he2]*

• In der Mitte des Bildes sieht man die Wirbelsäule (Wirbelkörper hellgrau, Zwischenwirbelscheiben dunkel) und in der unteren Hälfte beidseits den großen Lendenmuskel (Psoas, dunkel).

• Oben beidseits der Wirbelsäule die Lungen (dunkel).

• Unter der rechten Zwerchfellkuppel (im Bild links) liegt die Leber (hellgrau), darunter die rechte Niere.

• Unter der linken Zwerchfellkuppel findet man die Milz und die linke Niere.

• Der ovale dunkle Fleck zwischen Milz und Wirbelsäule oberhalb der Niere ist eine Geschwulst der Nebennierenrinde, die ein adrenogenitales Syndrom verursacht hat.

• Ganz unten in der Mitte das Kreuzbein und beidseits die Darmbeinschaufeln.

• Fettgewebe weiß.

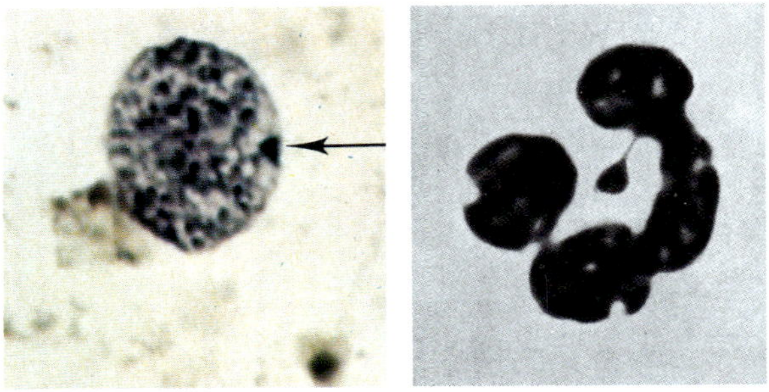

Geschlechtschromatin in einer Epithelzelle der Mundschleimhaut (links *[li4]*) und als trommelschlegelähnliches Kernanhängsel (drum stick) eines neutrophilen Granulozyten (rechts *[ov]*).
Von den beiden X-Chromosomen in den Zellkernen der Frau wird nur eines benötigt und entspiralisiert. Das andere bleibt in der verdichteten Form der Chromosomen bestehen. Anhand dieses Geschlechtschromatins kann man das genetische Geschlecht eines Menschen erkennen. Der Rechtsmediziner kann u.U. an einer einzigen Haarwurzel das Geschlecht bestimmen!

Geschlechtshormone

- *Weibliche Geschlechtshormone* (Östrogene und Gestagene) werden vom Eierstock und der Plazenta erzeugt.
- *Männliche Geschlechtshormone* (Androgene) werden vom Hoden (Testosteron) und bei Frau und Mann in der Nebennierenrinde gebildet.
- Die Geschlechtshormone werden nicht von den Keimzellen (Eizellen bzw. Samenzellen), sondern bei der Frau von den Follikelzellen, beim Mann von zwischen den Samenkanälchen liegenden „Zwischenzellen" sezerniert.
- Die Hormonproduktion der Keimdrüsen wird vom Vorderlappen der *Hirnanhangsdrüse* (Hypophyse) mit Hilfe der gonadotropen Hormone (gonadotrop: auf die Keimdrüsen = Gonaden gerichtet) gesteuert:
- Der Geschlechtszyklus der Frau ist bereits bei den weiblichen Geschlechtsorganen ausführlich dargestellt worden.
- Auch beim Mann wird von der Hirnanhangsdrüse Luteinisierungshormon erzeugt. Es fördert die Testosteronbildung in den Zwischenzellen (interstitielle Zellen) und wird daher auch „Interstitielle-Zellen-stimulierendes-Hormon" (ICSH) genannt.

Geschlecht eines Menschen

Es wird in 4 Stufen festgelegt:

- Das *genetische = chromosomales Geschlecht* ist nach der Konstellation der Geschlechtschromosomen definiert: XX = Frau, XY = Mann.
- Das *gonadale Geschlecht* ist nach der Art der Keimdrüse definiert. Aus dem indifferenten Stadium der Keimdrüsen entwickeln sich bei Keimen mit Y-Chromosomen Hoden, ohne Y-Chromosomen Eierstöcke.
- Das *somatische Geschlecht* ist nach der Körperform und den äußeren Geschlechtsorganen definiert. Die Differenzierung ist abhängig vom Vorhandensein von Hoden. Diese erzeugen bereits im 4. Entwicklungsmonat das männliche Geschlechtshormon Testosteron und ein „Antimüllerhormon" (aus den Müller-Gängen gehen die inneren weiblichen Geschlechtsorgane hervor). Ohne diese Hormone entsteht die weibliche Form des Genitales.
- Das *psychische Geschlecht* ist nach dem Gefühl, Frau oder Mann zu sein, definiert. Es wird durch die Erziehung stark geprägt.

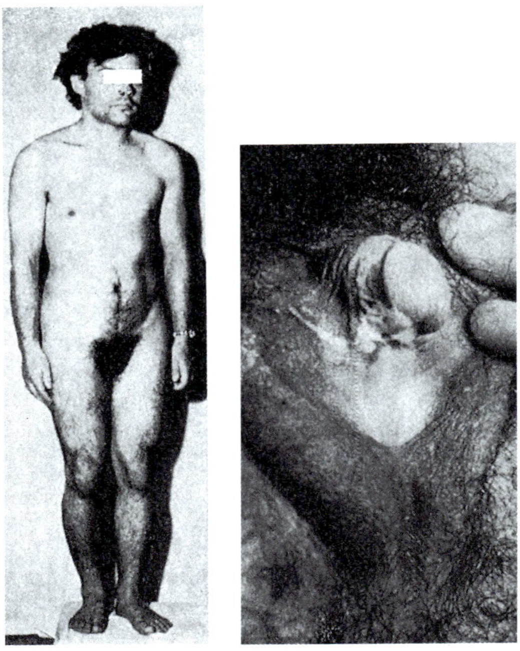

Adrenogenitales Syndrom bei einer 22-jährigen Patientin mit angeborener Überfunktion der Nebennierenrinde. Der Kitzler ist penisartig vergrößert. Harnröhre und Scheide münden gemeinsam. *[ha]*
Bei der Frau überwiegt normalerweise die Wirkung der von den Eierstöcken sezernierten weiblichen Geschlechtshormone (Östrogene und Gestagene) über die der Androgene der Nebennierenrinde. Dieses Übergewicht kann gestört werden, wenn entweder die Nebennierenrinden infolge einer Überfunktion oder einer Geschwulst (Abbildung auf der vorhergehenden Seite) vermehrt Androgene oder die Eierstöcke zu wenig weibliche Geschlechtshormone erzeugen. Es kommt dann zur Vermännlichung der Frau (Virilisierung). Symptome:

- eine mehr männliche Körperform.
- Verkleinerung der Brüste.
- männlicher Typ der Schambehaarung (bei der Frau ist die Schambehaarung nach oben hin horizontal begrenzt, beim Mann reicht sie, allmählich dünner werdend, bis zum Nabel hinauf).
- stärkere Ausbildung der Körperbehaarung, besonders auf der Brust und an den Beinen (*Hirsutismus*).
- Ausbleiben der Regelblutung.

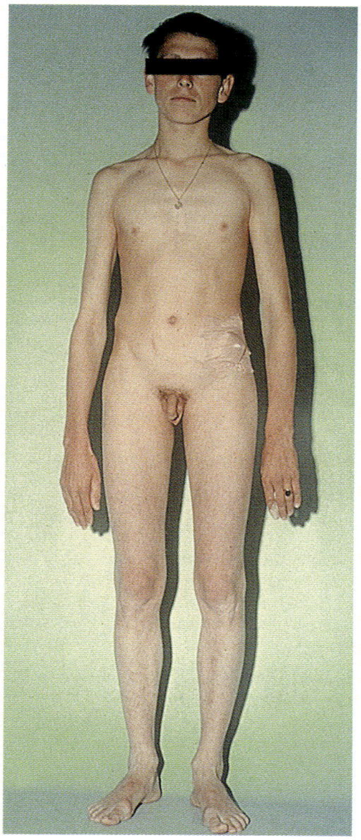

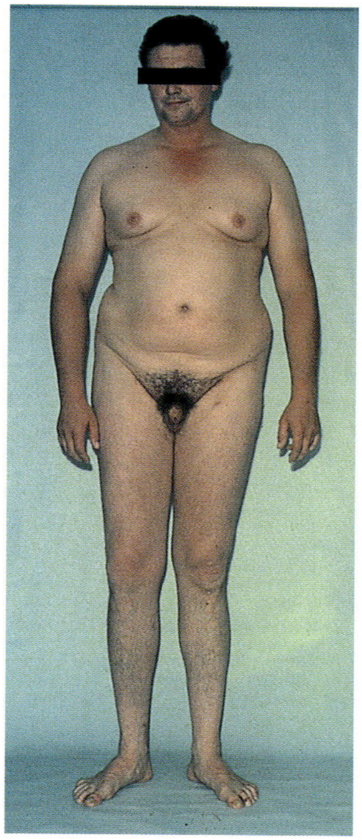

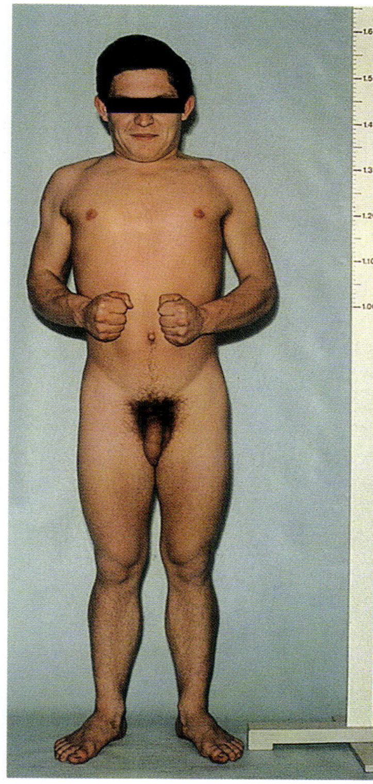

↑ **Männlicher Hypogonadismus:** veränderte Körperform bei mangelhafter Testosteronproduktion. *[js]*
- Links: eunuchoider Hochwuchs. Bei unterentwickelten Keimdrüsen bleibt die Pubertät aus. Der Penis bleibt klein, die Körperbehaarung schwach und die Stimme hoch. Das normalerweise von den Geschlechtshormonen gehemmte Wachstum geht länger weiter (die Folge ist Hochwuchs mit besonders langen Beinen und Armen).
- Mitte: Klinefelter-Syndrom. Die Chromosomenkonstellation XXY kommt bei etwa jeder 600. Knabengeburt vor. Die Hoden bleiben klein und bilden keine Samenzellen (deshalb wird die Anomalie nicht vererbt). Die Körperform ist eher weiblich mit vergrößerten Brüsten (Gynäkomastie). Die Diagnose erfolgt über das Geschlechtschromatin.

↗ **Adrenogenitales Syndrom** bei einem 13-jährigen Knaben. *[js]*
Das angeborene adrenogenitale Syndrom beruht meist auf einem Enzymdefekt, der zur vermehrten Ausschüttung von ACTH im Hypophysenvorderlappen führt. Diese verursacht u.a. die gesteigerte Sekretion von Androgenen in der Nebennierenrinde. Es kommt zur vorzeitigen scheinbaren Geschlechtsreife (Pseudopubertas praecox) und zu früher Beendigung des Längenwachstums. Die Hodenentwicklung wird gehemmt.

Zwitter und Scheinzwitter

Auf allen 4 Stufen der Festlegung des Geschlechts können im Laufe der Entwicklung Störungen auftreten:

❶ **Echte Zwitter** (Hermaphroditen): Hoden und Eierstöcke sind in einem Individuum extrem selten gleichzeitig anzutreffen. Es kommen auch gemischte Keimdrüsen mit Hoden- und Eierstockanteilen in einem Organ vor. Ursache ist ein Defekt am Y-Chromosom.

❷ **Scheinzwitter** (Pseudohermaphroditen): Die Keimdrüsen des einen Geschlechts sind jeweils mit den übrigen Organen des anderen Geschlechts kombiniert:

- *Männliche Scheinzwitter:* Hoden + äußere weibliche Geschlechtsorgane + weibliche Körperformen. Ursache: Der fetale Hoden sezerniert kein oder ein atypisches Testosteron, oder es fehlt das Rezeptorprotein für Androgene. Je nach Wirksamwerden des Antimüllerhormons sind Eileiter und Gebärmutter vorhanden oder nicht.
- *Weibliche Scheinzwitter:* Eierstöcke + sonst männliches Erscheinungsbild. Beim fetalen „adrenogenitalen Syndrom“ sezerniert die Nebenniere vermehrt Androgene und induziert damit die Entwicklung der Körperform im männlichen Sinn. Der Kitzler wächst penisartig aus, der Scheidenvorhof ist verengt, die großen Schamlippen wölben sich hodensackartig vor. Da das Antimüllerhormon fehlt, bilden sich Eileiter und Gebärmutter aus.
- *Scheinzwittertum bei abweichender Zahl der Geschlechtschromosomen:* Turner-Syndrom (X0), Klinefelter-Syndrom (XXY).

Bildnachweis

Die Abbildungen entstammen den nachstehenden Quellen, wurden jedoch überwiegend geändert. Soweit nichts anderes angegeben ist, sind die Bücher im Verlag Urban & Schwarzenberg, München – Wien – Baltimore bzw. (vor 1976) München – Berlin - Wien, oder (ab 1999) Urban & Fischer, München – Jena, erschienen.

[ah] Ahrer, E.: Praktische Diagnostik in der Unfallchirurgie, 2. Aufl. 1962.

[al] Altmann, R.: Klinische Venenpulsregistrierung. In: Klinik der Gegenwart, Bd. 6, S. 167-208. 1958.

[ba2] Bauer, R.: Einführung in die Röntgendiagnostik innerer Organe. 1971.

[be1] Becker, H.: freundlicherweise zur Veröffentlichung überlassene Computertomogramme. Auch abgedruckt in Lippert, H.: Lehrbuch Anatomie, 5. Aufl., 2000.

[be2] Berens von Rautenfeld, D. : freundlicherweise zur Veröffentlichung überlassene elektronenmikroskopische Aufnahmen. Auch abgedruckt in Lippert, H.: Lehrbuch Anatomie, 5. Aufl., 2000.

[be3] Bernau, A.: Orthopädische Röntgendiagnostik. Einstelltechnik. 1982.

[be4] Bernhard, F.: Die Chirurgie der Bauchspeicheldrüse. In: Kirschner, M., O. Nordmann (Hrsg.): Die Chirurgie, 2. Aufl., Bd. 7, S. 297. 1942.

[be5] Beyer, H.: Die Chirurgie der Nase und der Nebenhöhlen. In: Kirschner, M., O. Nordmann (Hrsg.): Die Chirurgie, Bd. 4, Tl. 2, S. 953-1036. 1927.

[bg1] Benninghoff, A., K. Goerttler: Lehrbuch der Anatomie des Menschen, Bd. 1, 10. Aufl. 1968.

[bg2] Benninghoff, A., K. Goerttler: Lehrbuch der Anatomie des Menschen, Bd. 2, 8. Aufl. 1967.

[bg3] Benninghoff, A., K. Goerttler: Lehrbuch der Anatomie des Menschen, Bd. 3, 8. Aufl. 1967.

[bg4] Benninghoff/Goerttler: Lehrbuch der Anatomie des Menschen, hrsg. von H. Ferner, J. Staubesand. Bd. 2, 11. Aufl. 1977.

[bg5] Benninghoff/Goerttler: Lehrbuch der Anatomie des Menschen, hrsg. von H. Ferner, J. Staubesand. Bd. 3, 10. Aufl. 1977.

[bh1] Berchtold, R., H. Hamelmann, H.-J. Peiper: Chirurgie. 1987.

[bi2] Birkner, R.: Das typische Röntgenbild des Skeletts. 1977.

[bl] Blumberg, J.: Lehrbuch der topographischen Anatomie mit besonderer Berücksichtigung ihrer Anwendung. 1926

[bö1] Böhnke, M., J. Garweg, R. Unsöld, F. Körner: Autoimmune Erkrankungen der Orbita und des Auges. In: Peter, H.-H., W. J. Pichler (Hrsg.): Klinische Immunologie, 2.Aufl., S. 588-605. 1996.

[bö2] Böcker, W, H. Denk, Ph. U. Heitz: Entzündung. In: Böcker, W, H. Denk, Ph. U. Heitz: Pathologie, S. 66–97. 1997.

[br1] Brandt, G.: Eingriffe an den Extremitäten. In: Breitner, B.: Chirurgische Operationslehre, Bd. 4/2, Tl. 1. 1959.

[br2] Braus, H., C. Elze: Anatomie des Menschen, Bd. 3, 2. Aufl. Springer, Berlin - Göttingen - Heidelberg 1960.

[br3] Breitner, B.: Die Chirurgie der Schilddrüse, der Nebenschilddrüsen und des Thymus. In: Kirschner, M., O. Nordmann (Hrsg.): Die Chirurgie, 2. Aufl., Bd. 4, S. 27-152. 1944.

[br4] Broser, F.: Topische und klinische Diagnostik neurologischer Krankheiten. 1975.

[br6] Brüning, F.: Die Chirurgie der Mundhöhle, der Speicheldrüsen und des Rachens. In: Kirschner, M., O. Nordmann (Hrsg.): Die Chirurgie, Bd. 4, Tl. 2, S. 1-156. 1927.

[bu1] Burckhardt, W.: Atlas und Praktikum der Dermatologie und Venerologie, 10. Aufl. 1972.

[bu2] Busse, H. (Hrsg.): Augenerkrankungen. 1990.

[bw] Banholzer, P., B. Weigold: Gallenwege. In: Kremer, H., W. Dobrinski (Hrsg.): Sonographische Diagnostik, 4. Aufl., S. 95-111. 1994.

[ca] Casper, L.: Lehrbuch der Urologie mit Einschluß der männlichen Sexualerkrankungen. 5. Aufl.1932.

[cl] Clara, M., K. Herschel, H. Ferner: Atlas der normalen mikroskopischen Anatomie des Menschen. 1974.

[de1] Delventhal, S.: freundlicherweise zur Veröffentlichung überlassene Mikrofotos. Auch abgedruckt in Lippert, H.: Lehrbuch Anatomie, 5. Aufl., 2000.

[de2] Denck, H.: Eingriffe an der Brustwand. In: Breitner, B.: Chirurgische Operationslehre, Bd. 2, Tl. 6. 1980.

[de3] Denk, H.: Organisation der Zelle. In: Böcker, W, H. Denk, Ph. U. Heitz: Pathologie, S. 32–65. 1997.

[de4] Dermietzel, R.: Differenzierung der befruchteten Eizelle zu den Hauptgeweben und Strukturen des Säugetierorganismus. In: Drenckhahn, D., W. Zenker (Hrsg.): Benninghoff Anatomie, 15. Aufl., Bd. 1, S. 95-108. 1994.

[de5] Denk, H.: Ohr. In: Böcker, W, H. Denk, Ph. U. Heitz: Pathologie, S. 347–350. 1997.

[do] Dobrinski, W.: Harnblase und Prostata. In: Kremer, H., W. Dobrinski (Hrsg.): Sonographische Diagnostik, 4. Aufl., S. 261-268. 1994.

[dö] Döderlein, G., G. Mestwerdt, E. Göltner: Gynäkologie und Geburtshilfe. 1973.

[dr1] Drenckhahn, D.: Untere Extremität. In: Drenckhahn, D., W. Zenker (Hrsg.): Benninghoff Anatomie, 15. Aufl., Bd. 1, S. 325-404. 1994.

[dr2] Drews, U.: Geschlechtsspezifische Entwicklung. In: Künzel, W., K.-H. Wulf (Hrsg.): Klinik der Frauenheilkunde und Geburtshilfe, 3. Aufl., Bd. 1, S. 3-24, 1995.

[dr3] Drenckhahn, D.: Allgemeine Gelenklehre. In: Drenckhahn, D., W. Zenker (Hrsg.): Benninghoff Anatomie, 15. Aufl., Bd. 1, S. 215-228. 1994.

[dr4] Drenckhahn, D.: Obere Extremität. In: Drenckhahn, D., W. Zenker (Hrsg.): Benninghoff Anatomie, 15. Aufl., Bd. 1, S. 405-470. 1994.

[dr5] Drenckhahn, D.: Zellenlehre. In: Drenckhahn, D., W. Zenker (Hrsg.): Benninghoff Anatomie, 15. Aufl., Bd. 1, S. 9–94. 1994.

[eu1] Eufinger, H.: Kleine Chirurgie, 5. Aufl. 1974.

[fs1] Ferner, H., J. Staubesand (Hrsg.): Sobotta Atlas der Anatomie des Menschen, 18.Aufl., Bd. 1. 1982.

[fs2] Ferner, H., J. Staubesand (Hrsg.): Sobotta Atlas der Anatomie des Menschen, 18.Aufl., Bd. 2. 1982.

[go2] Golenhofen, K.: Physiologie. 1997.

[gö] Gögler, E.: Erste Versorgung von Verletzten. In: Chirurgie der Gegenwart, Bd. 4, Tl. 3. 1973.

[ha] Hauser, G. A.: Intersexualität. In: Schwalm, H., G. Döderlein (Hrsg.): Klinik der Frauenheilkunde und Geburtshilfe, Bd. 5, S. 613-640. 1966.

[he1] Hegge, A.: freundlicherweise zur Veröffentlichung überlassenes Foto.

[he2] Heintz, P.: freundlicherweise zur Veröffentlichung überlassene Kernspintomogramme. Auch abgedruckt in Lippert, H.: Lehrbuch Anatomie, 5. Aufl., 2000.

[he3] Heitzmann, C.: Atlas der descriptiven Anatomie des Menschen. 9. Aufl. von E. Zuckerkandl. Braumüller, Wien-Leipzig 1902/1905.

[he5] Hesse, I.: freundlicherweise zur Veröffentlichung überlassene rasterelektronenmikroskopische Aufnahmen. Auch abgedruckt in Lippert, H.: Lehrbuch Anatomie, 5. Aufl., 2000.

[hk] Heni, F., D. Klaus: Innersekretorische Drüsen (ohne Keimdrüsen). In: Schwalm, H., G. Döderlein (Hrsg.): Klinik der Frauenheilkunde und Geburtshilfe, Bd. 7, S. 1-217. 1968.

[hu] Huffmann, J. W.: Gynäkologie des Kindesalters. In: Schwalm, H., G. Döderlein, K. H. Wulf (Hrsg.): Klinik der Frauenheilkunde und Geburtshilfe, Bd. 1, S. 261-314. 1974.

[jo] Jonge, Th. E. de: Anatomie der Zähne. In: Häupl, K., W. Meyer, K. Schuchardt (Hrsg.): Die Zahn-, Mund- und Kieferheilkunde, Bd. 1, S. 169-232. 1958.

[js] Janssen, O.E., P.C. Scriba: Hodenveränderungen und männlicher Hypogonadismus. In: Classen, M, V. Diehl, K.-M. Koch, K. Kochsieck, D. Pongratz, P.C. Scriba: Differentialdiagnose Innere Medizin, S. 347–360 1998.

[ka] Klinge, O., H.-W. Altmann: Extrahepatische Gallenwege. In: Grundmann, E. (Hrsg.): Spezielle Pathologie. Farbatlas der makroskopischen und mikroskopischen Pathologie, S. 129-134. 1986.

[kb] Kaboth, W., H. Begemann: Blut. In: Gauer, O. H., K. Kramer, R. Jung (Hrsg.): Physiologie des Menschen, Bd. 5. 1971.

[ke2] Ketterl, W.: In Horch, H., L. Hupfauf, W. Ketterl, G. Schmuth: Praxis der Zahnheilkunde, 2.Aufl. 1992.

[kk] Klemperer, G., F. Klemperer: Neue Deutsche Klinik. 1928f.

[kl] Kremling, H., W. Lutzeyer, R. Heintz: Gynäkologische Urologie und Nephrologie, 2.Aufl. 1982.

[ko] Korte, W.: Sterilität bei Frau und Mann. In: Schwalm, H., G. Döderlein (Hrsg.): Klinik der Frauenheilkunde und Geburtshilfe, Bd. 5, S. 329-480. 1966.

[kr1] Krause, R. (Hrsg.): Enzyklopädie der mikroskopischen Technik, 3. Aufl. 1926/1927.

[kr2] Kretschmann, H.-J., W. Weinrich: Dreidimensionale Computergraphik neurofunktioneller Systeme. Grundlagen für die neurologisch-topische Diagnostik und die kranielle Bilddiagnostik (Magnetresonanztomographie und Computertomographie). Thieme, Stuttgart – New York 1996.

[ks] Kremer, H., M. A. Schreiber: Technik und Ablauf der Oberbauchsonographie. In: Kremer, H., W. Dobrinski (Hrsg.): Sonographische Diagnostik, 4. Aufl., S. 53-61. 1994.

[ku1] Kummer, B.: Statik und Dynamik des menschlichen Körpers. In: Lehmann, G. (Hrsg.): Handbuch der gesamten Arbeitsmedizin, Bd. 1, S. 9-65. 1961.

[ku2] Kunz, H.: Die Eingriffe an den Gallenwegen und an der Leber. In: Breitner, B.: Chirurgische Operationslehre, Bd. 3, Tl. 9. 1957.

[la1] Lamberg, J.: Leitfaden der ersten Hilfe, 3.Aufl. 1922.

[la2] Lang, E.: Hormone. In: Deetjen, P., E.-J. Speckmann (Hrsg.): Physiologie, 3.Aufl., S. 566–592. 1999.

[le1] Lehmann, J. C.: Die Chirurgie der Bauchwand. In: Kirschner, M., O. Nordmann (Hrsg.): Die Chirurgie, 2. Aufl., Bd. 6, S. 1-46. 1941.

[le2] Lehmann, J. C.: Die Chirurgie der Hernien. In: Kirschner, M., O. Nordmann (Hrsg.): Die Chirurgie, 2. Aufl., Bd. 6, S. 47-110. 1941.

[le3] Leiber, B.: Der menschliche Lymphknoten. 1961.
[le4] Lewit, K.: Manuelle Medizin, 2. Aufl. 1977.
[le5] Lewy, F. H.: In: Th. Brugsch, F. H. Lewy: Die Biologie der Person. 1926/1931.
[li1] Lippert, H.: Originalfotos des Verfassers (z.T. unter Mitarbeit von S. Delventhal, G. Filler, U. Harenkamp, N. Klein, P. Köpf-Maier, A. Luhmann, E. Schalber, K. Spätlich und Studenten aus Übungen zur Anatomie am Lebenden an der Medizinischen Hochschule Hannover).
[li2] Lippert, H.: Arterienvarietäten. 60 Beilagetafeln zu Medizinische Klinik, Bd. 62-64. 1967/1969. Auch abgedruckt in: Lippert, H., R. Pabst: Arterial variations in man. Classification and frequency. Bergmann, München
[li4] Lippert, H.: Lehrbuch Anatomie, 5. Aufl., 2000.
[li5] Lippert, H., A. Buchhorn, A. Luhmann, U. Thorns: Fotos von Präparaten der Sammlung des Zentrums Anatomie der Medizinischen Hochschule Hannover, z.T. auch abgedruckt in: Lippert, H.: Lehrbuch Anatomie, 5. Aufl., 2000.
[li6] Lippert, H., S. Delventhal: In: Lippert, H.: Lehrbuch Anatomie, 5. Aufl., 2000.
[li7] Lippert, H.: Graphiksammlung des Verfassers.
[lk] Lemtis, H., P. Köpf-Maier: freundlicherweise zur Veröffentlichung überlassene Fotos. Auch abgedruckt in Lippert, H.: Lehrbuch Anatomie, 5. Aufl., 2000.
[lo] Leiber, B., G. Olbrich: Die klinischen Syndrome. Bd. 1, 5. Aufl. 1972.
[lr] Landois-Rosemann: Lehrbuch der Physiologie des Menschen. 28. Aufl. Bd. 1, 1960: Bd. 2, 1962.
[mb] Meyer-Burg, J., R. Häring, H. Henning, F. Lindlar, G. Palme, U. Ziegler, W. Schlungbaum: Die kranke Gallenblase. 1974.
[me1] Meyer, W.: Histologie der Zähne und des Gebisses. In: Häupl, K., W. Meyer, K. Schuchardt (Hrsg.): Die Zahn-, Mund- und Kieferheilkunde, Bd. 1, S. 253-296. 1958.
[me2] Meyer, W.: Entwicklung der Zähne und des Gebisses. In: Häupl, K., W. Meyer, K. Schuchardt (Hrsg.): Die Zahn-, Mund- und Kieferheilkunde, Bd. 1, S. 307-346. 1958.
[ms] Marchesani, O., H. Sautter: Atlas des Augenhintergrundes, 2. Aufl. 1959.
[mv] Müller-Vahl, H.: Iatrogene Läsionen an peripheren Nerven und an der Muskulatur. Med. Habil.-Schrift, Hannover 1985.
[ne] Neff, M., H. Kremer: Transösophageale Echokardiographie. In: Kremer, H., W. Dobrinski (Hrsg.): Sonographische Diagnostik, 4. Aufl., S. 373-387. 1994.
[no2] Novak, J.: Beziehungen zwischen Nervensystem und Genitale. In: Halban, J., L. Seitz (Hrsg.): Biologie und Pathologie des Weibes, Bd. 5, Tl. 4, S. 1369-1528. 1928.
[ov] Overzier, C.: Erkrankungen der männlichen Keimdrüsen und die Intersexualität. In: Klinik der Gegenwart, Bd. 9, S. 97-124. 1959.
[pa1] Pabst, R.: Die Milz - ein überflüssiges Organ? Med Klin. 76 (1981), 210-216.
[pa2] Pape, C.: Extrauteringravidität. In: Künzel, W., K.-H. Wulf (Hrsg.): Klinik der Frauenheilkunde und Geburtshilfe, 3. Aufl., Bd. 3, S. 351-376. 1994.
[pa3] Patzelt, V.: Histologie, 3. Aufl. 1948.
[pe] Petermann, J.: Die Chirurgie des Bauchfells und des Netzes. In: Kirschner, M., O. Nordmann (Hrsg.): Die Chirurgie, Bd. 6, S. 111-208. 2. Aufl. 1941.
[pi] Pitzen, P., H. Rössler: Kurzgefaßtes Lehrbuch der Orthopädie, 13. Aufl. 1976.
[pl] Pabst, R., A. Luhmann: freundlicherweise zur Veröffentlichung überlassene Mikrofotos. Auch abgedruckt in Lippert, H.: Lehrbuch Anatomie, 5. Aufl., 2000.
[po] Polano, O.: Gynäkologische Untersuchungslehre. In: Halban, J., L. Seitz (Hrsg.): Biologie und Pathologie des Weibes, Bd. 2, S. 63-115. 1924.
[pp1] Putz, R., R. Pabst (Hrsg.): Sobotta Atlas der Anatomie des Menschen, 20.Aufl., Bd. 1. 1993.
[pp2] Putz, R., R. Pabst (Hrsg.): Sobotta Atlas der Anatomie des Menschen, 20.Aufl., Bd. 2. 1993.
[pp3] Pichler, W. J., H.-H. Peter, M. G. Hänsch: Prinzipien des Immunsystems. In: Peter, H.-H., W. J. Pichler (Hrsg.): Klinische Immunologie, 2.Aufl., S. 3-54. 1996.
[pr] Primer, G.: Einführung in die Bronchoskopie. 1978.
[pt] Pichler, H., R. Trauner: Mund- und Kieferchirurgie, 3. Aufl. 1948.
[pu] Putz, R.: Rumpf. In: Drenckhahn, D., W. Zenker (Hrsg.): Benninghoff Anatomie, 15. Aufl., Bd. 1, S. 245-324. 1994.
[qh] Quast-Hötte, G., H. Lippert: Doppelmißbildungen ("siamesische Zwillinge"). Med. Klin. 72, 758-762, 1977.
[ra] Rassner, G., U. Steinert: Dermatologie, 4. Aufl. 1992.
[re2] Reiss, G: freundlicherweise zur Veröffentlichung überlassene Mikrofotos. Auch abgedruckt in Lippert, H.: Lehrbuch Anatomie, 5. Aufl., 2000.
[ri] Richter, K.: Erkrankungen der Vagina. In: Schwalm, H., G. Döderlein (Hrsg.): Klinik der Frauenheilkunde und Geburtshilfe, Bd. 8, S. 433-587. 1971.
[rk] Rotte, K., M. Kuhnert: Röntgendiagnostik und Kernspintomographie in der Geburtshilfe. In: Künzel, W., K.-H. Wulf (Hrsg.): Klinik der Frauenheilkunde und Geburtshilfe, 3. Aufl., Bd. 4, S. 267-275, 1992.
[rr2] Rehder, H., R. Rauskolb: Normale und pathologische Entwicklung des Verdauungstraktes und der Bauchwand. In: Künzel, W., K.-H. Wulf (Hrsg.): Klinik der Frauenheilkunde und Geburtshilfe, 3. Aufl., Bd. 4, S. 389-396. 1992.
[rr3] Rössler, H., W. Rüther: Orthopädie, 17. Aufl. 1997.
[sb1] Sobotta, J., H. Becher: Atlas der Anatomie des Menschen, Bd. 1, 16 Aufl. 1967.
[sb2] Sobotta, J., H. Becher: Atlas der Anatomie des Menschen, Bd. 2, 16. Aufl. 1965.
[sb3] Sobotta, J., H. Becher: Atlas der Anatomie des Menschen, Bd. 3, 16. Aufl. 1962.
[sb4] Sobotta, J., H. Becher: Atlas der Anatomie des Menschen, hrsg. von H. Ferner, J. Staubesand. Bd. 2, 17. Aufl. 1972.
[sc1] Schink, W.: Gelenkmessungen an den Gliedmaßen nach der Neutral-Null-Methode. In: Chirurgie der Gegenwart, Bd. 5, Tl. 16. 1977.
[sc2] Schlensker, K.-H.: Ultraschall-Screening. In: Künzel, W., K.-H. Wulf (Hrsg.): Klinik der Frauenheilkunde und Geburtshilfe, 3. Aufl., Bd. 4, S. 201-232, 1992.
[sc3] Schmidtke, I.: Diagnostik, Beurteilung und Therapie des Lymphödems der unteren Extremitäten. Med. Klin. 71 (1976), 1351-1364.
[sc6] Schultze, O.: Atlas und kurzgefaßtes Lehrbuch der topographischen und angewandten Anatomie, 4. Aufl. von W. Lubosch. Lehmann, München 1935.
[sc7] Schuster, H. P.: Notfallmedizin - Intensivmedizin. In: Klinik der Gegenwart, Bd. 11, S. 733. 1978.
[sh] Sobotta/Hammersen: Histologie. Farbatlas der mikroskopischen Anatomie, 4. Aufl. bearb. v. U. Welsch. 1994.
[si] Sicher, H.: In: Scheff, J., H. Pichler (Hrsg.): Handbuch der Zahnheilkunde, 4. Aufl., Bd. 5. 1930.
[sk] Schramm, T., H. Kremer: Aspekte der gynäkologischen Sonographie für den Internisten und Allgemeinarzt. In: H. Kremer, W. Dobrinski (Hrsg.): Sonographische Diagnostik, 4. Aufl., S. 273-280. 1994.
[so] Sobotta, J.: Atlas und Lehrbuch der Histologie und mikroskopischen Anatomie, 4. Aufl. Lehmann, München 1929.
[sp1] Schertel, L. , D. Puppe, E. Schwepper, H. Witt, K. zum Winkel: Atlas der Xeroradiographie. 1976.
[sp2] Scriba, P.C., D. Pongratz: Gesichtsveränderungen. In: Classen, M, V. Diehl, K.-M. Koch, K. Kochsieck, D. Pongratz, P.C. Scriba: Differentialdiagnose Innere Medizin, S. 229–236 1998.
[sr] Schütz, E., K. E. Rotschuh: Bau und Funktion des menschlichen Körpers, 10./11. Aufl. 1968.
[ss1] Staubesand, J. (Hrsg.): Sobotta Atlas der Anatomie des Menschen, 19.Aufl., Bd. 1. 1988.
[ss2] Staubesand, J. (Hrsg.): Sobotta Atlas der Anatomie des Menschen, 19.Aufl., Bd. 2. 1988.
[st1] Stein, E.: Technik der diagnostischen und therapeutischen Eingriffe in der Inneren Medizin. In: Klinik der Gegenwart, Bd. 5, S. 639-712. 1963.
[st3] Struve, C.: Sonographie des Abdomens, 5. Aufl. 1994.
[su] Sudeck, P.: Die Chirurgie der Drüsen mit innerer Sekretion. In: Kirschner, M., O. Nordmann (Hrsg.): Die Chirurgie, Bd. 3, S. 193-348. 1930.
[ta] Tandler, J.: In: A. Bum (Hrsg.): Handbuch der Krankenpflege, 2. Aufl. 1922.
[th] Toldt, C., F. Hochstetter: Anatomischer Atlas, hrsg. von J. Krmpotic-Nemanic. Bd.1, 27. Aufl.
[to] Toldt, C.: In: The Urban & Schwarzenberg collection of medical illustrations since 1896. 1977.
[ts] Tscherne, E.: Menstruation und Menstruationsstörungen. In: Schwalm, H., G. Döderlein (Hrsg.): Klinik der Frauenheilkunde und Geburtshilfe, Bd. 6, S. 157-260. 1967.
[ur] Urbantschitsch, V.: Lehrbuch der Ohrenheilkunde, 5. Aufl. 1910.
[us] Urban & Schwarzenberg: Bilder aus dem Verlagsarchiv.
[ve] Vesalius, A.: De humani corporis fabrica libri septem. Basel 1543.
[vo] Vorherr, H.: Physiologie und Pathologie der Laktation. Mastitis. In: Schwalm, H., G. Döderlein (Hrsg.): Klinik der Frauenheilkunde und Geburtshilfe, Bd. 3, S. 165. 1977
[vv] Verschuer, O. v.: Genetik des Menschen. 1959.
[wa] Wallraff, J.: Leitfaden der Histologie des Menschen, 8. Aufl. 1972.
[wb] Weigold, B., P. Banholzer: Retroperitoneale Gefäße. In: Kremer, H., W. Dobrinski (Hrsg.): Sonographische Diagnostik, 4. Aufl., S. 207-220. 1994.
[wd] Widmer, A., F. Deucher: Eingriffe an Kolon, Rektum und Anus. Grundzüge und allgemeine Richtlinien. In: Breitner, B.: Chirurgische Operationslehre, Bd. 6, Tl. 10. 1977.
[we1] Weibel, W.: Lehrbuch der Frauenheilkunde, 7. Aufl. 1944.
[we3] Westermann, J.: freundlicherweise zur Veröffentlichung überlassene Mikrofotos. Auch abgedruckt in Lippert, H.: Lehrbuch Anatomie, 5. Aufl., 2000.
[wh] Winter, G., J. Halban: Lehrbuch der operativen Geburtshilfe, 2. Aufl. 1934.
[wi1] Wicke, L.: Atlas der Röntgenanatomie. 1977.
[wi2] Winkelmann, W.: Akromegalie. In: Klinik der Gegenwart, Bd. 7, S. E235-244. 1979.
[wt] Wendt, G. G., U. Theile: Humangenetik und prophylaktische Medizin. In: Klinik der Gegenwart, Bd. 11, S. 283-356. 1974
[ze] Zenker, W.: Hüllen des Zentralnervensystems, Ventrikelauskleidung und Liquor cerebrospinalis. In: Drenckhahn, D., W. Zenker (Hrsg.): Benninghoff Anatomie, 15. Aufl., Bd. 2, S. 339-360. 1994.
[zu] Zukschwerdt, L.: Eingriffe wegen Erkrankungen des Thorax, der Pleura, der Lungen und des Mediastinums. In: Breitner, B.: Chirurgische Operationslehre, Bd. 2, Tl. 6. O.J.

Sachverzeichnis

• Gerade Seitenzahlen = Textstellen.

• **Fette gerade Seitenzahlen** = ausführliche Textstellen.

• *Kursive Seitenzahlen* = Abbildungen (dies schließt nicht aus, dass die Struktur auf der gleichen Seite auch im Text behandelt wird).

• ***Fette kursive Seitenzahlen*** = Abbildungen, auf denen die Struktur besonders klar oder groß zu sehen ist oder dass auf die Struktur auch im Text eingehend eingegangen wird.

• Die alphabetische Ordnung folgt dem Beispiel von Duden und Brockhaus, d.h., die Umlaute ä, ö und ü werden wie a, o und u behandelt (im Gegensatz zu DIN 5007).

A

B

C

D

E

F

H

L

M

N

O

P

S

U

W